Edith Hallwass
Mehr Erfolg mit gutem Deutsch

Das Handbuch für alle sprachlichen
Probleme des Alltags

Mosaik Verlag

Der Mosaik Verlag ist ein Unternehmen
der Verlagsgruppe Bertelsmann

© Mosaik Verlag GmbH 1991 / 5 4 3 2 1
Satz: Filmsatz Schröter GmbH, München
Druck und Bindung: Mladinska Knijga Ljubljana
Layout und Herstellung: Hanne Koblischka
Einbandgestaltung: Studio Schübel
ISBN 3-576-09493-8 · Printed in Yugoslavia

Inhalt

12 Abkürzungsverzeichnis

13 **Nutzen durch Benutzen**
Eine Art Gebrauchsanleitung

Wissenswertes zum Thema Deutsch

16 **Eine Blütenlese mit Anmerkungen**
Zu Stil und Sprachgefühl, Grammatik und Sprachrichtigkeit

Grammatik contra Sprachgefühl · Sprachschnitzer von heute – Sprachrichtigkeit von morgen? · Testen Sie Ihre Deutschkenntnisse

27 **Wieviel Wörter hat die deutsche Sprache?**
Sprachbetrachtung unter besonderen Gesichtspunkten

Aus der Geschichte unserer Sprache · Ein bißchen Sprachgeographie · Mundartliches · Koseformen und kurzlebige Wörter · Deutsch, wie es nicht im Buche steht · Ist ‚Politik' kein deutsches Wort? · Des Dachdeckers Mönche und Nonnen · Leuchter lassen sich auf zweierlei Art versilbern · Gezähltes und Geschätztes

42 Testbogen 1

44 **Wortarten**
Schema ohne feste Grenzen

Übersichtstabelle: die zehn Wortarten

48 Testbogen 2

Das Zeitwort

50 **Das Wort, das ins Schwarze trifft**
Von der Ausdruckskraft des Zeitworts

Das Zeitwort fängt das Leben ein

53 **Ein Blick auf die Grammatik**
Starke und schwache Zeitwörter

Jacob Grimm und die Folgen · Hat es in Onkel Emil gegärt oder gegoren?

58 Testbogen 3

60 **Ottilie ärgert**
Zielende und nichtzielende Zeitwörter

Wird Erz geschmelzt oder geschmolzen?

68 Testbogen 4

70 **Handgearbeitet oder gehandarbeitet?**
Trennbar und untrennbar zusammengesetzte Zeitwörter

Werden Gußstücke gesandstrahlt oder sandgestrahlt?

74 Testbogen 5

76 **Brauchen Sie Geld? Oder können Sie welches gebrauchen?**
Zeitwörter, die oft verwechselt werden

88 Testbogen 6

90 **Von der Kunst, Papierdeutsch zu fabrizieren**
Wie man Zeitwörter mit Hilfe von Vorsilben bürokratisieren kann

Noch papierener geht's nicht mehr

102 Testbogen 7

104 **Kleine Münzen von geringem Wert?**
Hilfszeitwörter und Modalverben

S e i n oder h a b e n – das ist die Frage · Was nicht ist, das kann noch werden · Vorsicht! Rechtschreibung! · Sieben auf einen Streich: Modalverben · Lieber ein lebendiges Verb?

116 Testbogen 8

118 **Essen und gefressen werden**
Die Handlungsarten des Zeitwortes

Wurde oder bin ich in Berlin geboren? · Fürs Passiv zu passiv · Das Passiv hilft verdeutlichen · Täterabgewandte Passivkonstruktionen – die schwache Seite der Techniker · Leserzugewandte Aktivkonstruktionen – die starke Seite der Werbetexter · Mehr als eine Modekrankheit

126 Testbogen 9

128 **Man nehme . . .**
Die Aussageweisen des Zeitworts

129 **Die Geschichte mit dem Konjunktiv**
Wirklichkeits- und Möglichkeitsform

Wirklichkeit und Möglichkeit in der abhängigen Rede · Wirklichkeit und Möglichkeit im abhängigen Satz · Konjunktiv schon – aber welcher? · Was irreal ist, steht im Irreal · Der Konjunktiv in der Alltagspraxis · Wann darf mit ‚würde' umschrieben werden? · „Ich würde sagen...", „Ich würde meinen..." · „Haste Töne oder haßte Töne?" · Der Indikativ verdrängt den Konjunktiv

141 **Wenn das Wörtchen „wenn" nicht wär'...**
Die Bedingungsform des Zeitworts

143 **Also, hören Sie zu!**
Die Befehlsform
Der Imperativ der Bürokraten

148 Testbogen 10

150 **Über und unter Zeiten**
Die Zeitstufen

Erst tot und dann lebendig? · O tempora, o mores! (O Zeiten, o Sitten!)

158 Testbogen 11

160 **Mir oder mich?**
Zweifelsfälle bei der Fallfolge nach Zeitwörtern

166 Testbogen 12

Das Hauptwort

168 **Das Wort, das Dinge beim Namen nennt**
Das Substantiv als Ausdrucksmittel unserer verwalteten Welt

Vom Bildgehalt der Sprache · Warum heißt das Hauptwort ‚Hauptwort'? · Unserer Sprache droht Gefahr · Sankt Bürokratius erfindet ständig neue Hauptwörter

175 **Der Kaiser geht nicht über die Grammatiker**
Vom Geschlecht der Hauptwörter

Evas kurzgefaßter Lebenslauf · Nachahmungstrieb · Warum ist die Erde weiblich? ·
Eine schöne Bescherung · Vom Geschlecht der Fremdwörter · Landschaftsübliche Besonderheiten · Darf ein Mädchen weiblich sein? · Eva, die Männin

188 Testbogen 13

190 **„Der Werwolf, des Weswolfs..."**
Zur Beugung der Hauptwörter

Vom Kasus und vom Würfelspiel · Der Werwolf · Wie bilden wir den Genitiv? · Der schärfste Konkurrent des Genitivs · Wer modellierte und porträtierte wen? · Zu schweres Gepäck · Stirbt der Genitiv? · Wenn das Herr Duden wüßte! · Amputationen nicht gestattet! · Keine Angst vor der Beugung von Straßennamen und Titeln! · Fügungen mit Verhältniswort lösen den reinen Dativ ab · Korrekt bis komisch und passé: das Dativ-‚e' · Des Herrn Geheimrat Professor Dr. Schneider Tabakspfeife · Wenn Herr Müller plötzlich Franziska heißt

208 Testbogen 14

210 **Von Fachleuten und Hampelmännern**
Einzahl und Mehrzahl

Wauwaus und Ticktacks · Postschecks, Postschecke und Postschecken · Blaue Jungens, die sind richtig... · Müllers besuchen Meiers · Wie heißt eigentlich die Einzahl von ‚Eltern'? · Stromverbrauche und Zählerstände · Männer und Leute · Hähne und Hahnen · O diese Fremdwörter! · Man muß die Dinge beim rechten Namen nennen · Graues Haar und graue Haare · Prüfungsängste und Todesangst

222 Testbogen 15

224 **Schulen für Mädchenhandel?**
Von richtig und falsch zusammengesetzten Hauptwörtern

Die Laubsäge sägt kein Laub, der Kraftfahrer fährt keine Kraft · Zum knäcklichen Brot tomatliche Scheiben auf quarklicher Basis – mögen Sie das? · Kalbfleisch, Kalbsbraten und Kälbermagen · Milchtüte, Tüte Milch, Tütenmilch · Die fahrbare Motorsägenbesitzerstochter · Die Todesnachricht unseres verehrten Seniorchefs · Kinderpullis von 8 bis 10 Jahren · Mädchenhandel in Deutschland?

234 Testbogen 16

236 **Substantivitis**
Hauptwörterkrankheit

Tempo und Geschwätzigkeit · Diagnose: Büroschreibtisch als Krankheitsherd · Aber nicht das Kind mit dem Bade ausschütten! · Für und wider die Endsilbe ‚-ung' · Kaulquappen der Sprache · Doppelt gemoppelt · Weshalb so gekünstelt? · Verdoppelt und an Ausdruckskraft verloren: Adler und Aar · Neue Verben – ein Mittel gegen die Substantivitis?

246 Testbogen 17

Das Geschlechtswort

248 **Begleiter des Substantivs**
Der Artikel: woher er kommt, wann man ihn braucht und wie man ihn gebraucht

1000 Jahre der–die–das · Bestimmter und unbestimmter Artikel · Wann mit, wann ohne der-die-das? · ‚zu gegebener Zeit' oder ‚zur gegebenen Zeit'? · Bringt man Waren zu oder zum Versand? · Keine Unterschlagungen! · … aus und für den Gebrauch der Poeten · Ohne (den) Artikel wird (die) Sprache formelhaft

258 Testbogen 18

Das Eigenschaftswort

260 **Wunderliche und wirtschaftswunderliche Wörter**
Wert und Unwert des Adjektivs

Wörter, die nichts sagen · Übertriebene Genauigkeit · Wes das Herz voll ist … · Mit weniger Worten mehr sagen · Schmückende Eigenschaftswörter · Hoch solln sie leben, die Adjektive, dreimal hoch!

267 **Der Dritte im Bunde**
Beifügend und aussagend gebrauchte Eigenschafts- und Mittelwörter

Mit knapper Mühe und Not · Papierdeutschproduktion · Billige Preise und obige Schreiben · „Das nicht dick genuge Fell" · Die „stattgefundene" und die ausgefallene Versammlung · Dann wird die Sache doppeldeutig · „Mein das Geschäft übernommener Sohn" · Mensch, ärgere dich nicht! · Unfreiwillige Komik · Manche mögen's steif

276 Testbogen 19

278 **Hänschen klein mit lila Hut**
Besonderheiten bei der Beugung von Eigenschaftswörtern

Hüte in Lila · „Dieser Fehler ist ein häufiger" · Frohes Herzens genießen – daran findet heute niemand mehr Geschmack · Eine Regel, die nicht immer befolgt wird · Unterzeichnende, Unbesonnene und Beamte

282 Testbogen 20

284 **Endung richtig, alles richtig**
Die häufigsten Endungen der Eigenschaftswörter und ihre Bedeutung

292 Testbogen 21

294 **Urteilen beruht auf Vergleichen**
Die Vergleichsformen von Eigenschafts- und Mittelwort

„tot-toter-am totesten" · Graduelle Unterschiede · Steigerung oder Vergleich? · „… noch heiser und erkälteter als ich" · ‚weitestgehend' oder ‚weitgehendst'? · „Da steh' ich nun, ich armer Tor, und bin so klug als wie zuvor" · Kann etwas richtiger als richtig sein? · Vorsicht vor dem Superlativ! · Könner brauchen keine Superlative!

302 Testbogen 22

304 **‚gesandt' und ‚geschickt' muß nicht dasselbe sein!**
Eigenschaftswörter, die man nicht verwechseln sollte

308 Testbogen 23

Das Fürwort

310 **Der Stellvertreter**
Wesen und Aufgabe des Pronomens

312 **Vom Duzen, Ihrzen und Siezen**
Persönliche Fürwörter

SIE, DU und IHR – groß oder klein? · Bestehen Ihrerseits Bedenken? · Wir – und was dahintersteckt · Bitte keinen grammatischen Selbstmord! · Die persönliche Wirkung der persönlichen Fürwörter · „Ich bitte um es" · Rollentausch nicht gestattet · Irgend etwas stimmt hier nicht

317 **Ich – mich, du – dich, er – sich**
Rückbezügliche Fürwörter

„Sie können bei Ihnen zu Hause . . ." · Wohin gehört das ‚sich' im Satz?

319 **Mein und Dein**
Besitzanzeigende Fürwörter

321 **Dies und das**
Hinweisende Fürwörter

Dieser und jener · Ist ‚nächsten Sonnabend' noch diese Woche? · Dieser–der–er · Die Schwierigkeit mit ‚der', ‚derer' und ‚deren' · Wenn zwei dasselbe tun . . .

324 **Die, die die, die die Buchstaben zählen . . .**
Bezügliche Fürwörter

Des Guten zuviel · Des Guten zuwenig · ‚das' oder ‚was'? · Relativsatz gleich hinters Bezugswort! · Verdunkelungsgefahr · Hauptsache in den Hauptsatz, Nebensache in den Nebensatz! · „Die Schule, wo ich viel vergessen habe . . ."

331 **Das Fragen lernt der Mensch zuerst**
Fragefürwörter

Was für ein Auto? / Welches Auto?

332 **Das gewisse Etwas ist etwas Ungewisses**
Unbestimmte Für- und Zahlwörter

Am 5. jedes/jeden Monats?

334 Testbogen 24

Das Zahlwort

336 **Von Zahlen, Ziffern und vom Zählen**
Zahlwörter, Maß- und Mengenangaben

Es war einmal . . . · Ziffer oder Zahl? · Wieviel wiegen drei Kilo Dosen? · Hartplatten von 205 Zentimeter (?) Breite · „Eine Dose flüssigen Chromputzes" · Schreibung von Zahlen und Zahlengliederungen nach den „Regeln für Maschinenschreiben" DIN 5008

344 Testbogen 25

Das Umstandswort

346 **Der Umstände halber:**
Das Wichtigste über das Adverb

Adverb oder Adjektiv? · Umstandswörter, die oft verwechselt werden

352 Testbogen 26

Das Verhältniswort

354 **Die herrschende Klasse**
Präpositionen und wie sie entstehen

Komplizierte Verhältnisse · Schwierige Präpositionen von A bis Z · „Infolge von durch stilistische Erwägungen nicht zu erschütternder Unbekümmertheit . . ."

374 Testbogen 27

Das Bindewort

376 **Der Kitt im Satz**
Konjunktionen: ihre Wirkung, ihre Funktion

Vom richtigen Umgang mit schwierigen Konjunktionen · Und wie sieht's in der Praxis aus?

390 Testbogen 28

Der Satzbau

392 **Der Ton macht die Musik, der Platz im Satz den Ton**
Wo die Wörter am besten stehen

Beim Schreiben kommt es auf die Wortfolge an · Beim mündlichen Verhandeln · Beim schriftlichen Verhandeln · Jede Stelle im Satz hat einen anderen Mitteilungswert · Kleine Grammatik-Lektion für Egozentriker · Der Journalisten-Akkusativ · Was an der Spitze steht, reicht weit · Zweideutige Beziehungen

402 Testbogen 29

404 **Wer den (Satz-)Bogen raushat, überspannt ihn nicht**
Verbaler Rahmen und Ausklammerung

Stopfstil produziert man so · Bevor Satzklammer und Lesergeduld platzen: ausklammern! · Nachklapp · Fazit

410 Testbogen 30

412 **Bei Kummer mit der Kongruenz: Nur den Kopf und nicht die Köpfe schütteln**
Zur Formabstimmung der Satzglieder

Ist 250 Schweizer Franken eine Menge Geld? · Ist ‚Anzahl‘ Einzahl oder Mehrzahl? · Bei nur einem „Täter": Einzahl · Bei mehreren „Tätern": Mehrzahl · Sinngemäß richtig, grammatisch falsch · Selber denken und kritisch urteilen erwünscht! · Im Zweifelsfall: Das kleinere Übel wählen! · Kongruenz im Genus – meist funktioniert sie „von allein" · Knifflig wird es nur bei Firmennamen · „Siemens seine" oder „Siemens ihre"? · Empfehlenswert: Toleranz · Kasuskongruenz – und was davon noch übrig ist · Wie sage ich's meinem Chef? · Der Dativ als neuer Nullkasus · Nutzanwendung für uns

422 Testbogen 31

424 **NEEgationen**
Oder: Man muß auch nein sagen können

Können Sie uns nicht mitteilen, ob . . . · „Unsere Weiber haben nie kein Geld" · Wie verhindert ein kluger Verkäufer, daß sein Kunde nicht zur Konkurrenz abwandert? · „nicht, bevor . . ." Und wie weiter? · „Beanstandungen haben wir keine" · ‚kein‘ oder ‚nicht‘ – das ist die Frage · ‚gilt als nicht korrekt‘ / ‚nicht als korrekt‘ · Täuschungsmanöver · ‚Der Einwand ist nicht unberechtigt‘

430 Testbogen 32

432 **Vom Schachtelsatz zur nominalen Kette**
Oder auch: Vom Regen in die Traufe

So schrieb man Anno dazumal · Patent ist das Patentdeutsch nicht · Heute sind die meisten Sätze kürzer · Kürze ist keine Gewähr für Verständlichkeit · Nominalstil: Die Chance des Sich-nicht-festlegen-Müssens · Nominalstil als Notwendigkeit · Nominalstil als Imponiergehabe · Das allerwichtigste: abwechseln! · Das treffende Wort wiederholen – den Satz variieren!

440 Testbogen 33

Rechtschreibung

442 **Orthograviechereien**
Zunächst ein Test

Sattelfest im Rechtschreibtest? · Haben Sie es gewußt? · Wertung: Wie viele Punkte haben Sie?

448 **Kaum zu glauben, aber wahr: In der Rechtschreibung steckt System!**
Fünf Gesetzmäßigkeiten bestimmen die Schreibung der Wörter

1. Grundsatz: „Schreibe, wie du sprichst!" · 2. Grundsatz: Gleichartiges wird gleich geschrieben · 3. Grundsatz: Die Schreibweise richtet sich nach der Wortart · 4. Grundsatz: Alte Schreibgewohnheiten gelten noch immer · 5. Grundsatz: Verschiedenartiges wird verschieden geschrieben

454 Testbogen 34

456 **Was schreibt man groß, was klein?**
Das Wichtigste über die Schreibung hauptwörtlich gebrauchter Wortformen

Die Anfänge der Großschreibung · Woran erkennt man, was ein Hauptwort ist? · Was wäre eine Regel ohne Ausnahme!

460 Testbogen 35

462 **Zweifeln, aber nicht verzweifeln!**
Zusammen- und Getrenntschreibung

Sprache lebt und ändert sich · Im Zweifelsfalle schreibe man getrennt! · Rechtschreibgewohnheiten und grammatische Logik – das ist zweierlei · Fazit für Pragmatiker

468 Testbogen 36

470 **Wenn man nur wüßte, was ein Name ist!**
Besonderheiten bei der Schreibung von Namen und namenähnlichen Wörtern

Früher war die Welt noch in Ordnung . . . · Wenn Name und Sache zu koppeln sind · Wie schreibt man Straßennamen? · Bekennen Sie Farbe! · Welche Tricks helfen uns, Farbnamen richtig zu schreiben? · Und da sage einer nicht „Haarspaltereien!" · „. . . wenn sie nicht Teil eines Namens sind" · Und die Moral von der Geschichte'? Schreibregeln pauken lohnt sich nicht

478 Testbogen 37

480 **Sil-ben-tren-nung**
Nach Sprech- und nach Sprachsilben

Wie also dann? · Trennung nach Sprechsilben · Trennung nach Sprachsilben · Kunstwörter trennen – ein kleines Kunststück! · Schwierige Fremdwörter, richtig getrennt und richtig geschrieben · Trennung zusammengesetzter Fremdwörter · Silbentrennung per Computer? · Silbentrennungs-Song

486 Testbogen 38

488 **Ungeliebter Bindestrich**
Lese-erleichterndes Schriftzeichen bei Wortzusammensetzungen

„Heil Kräuter!" · Frau Zwicky in Zürich schreibt einen Brief · Und hier das Wichtigste über den Bindestrich

494 Testbogen 39

496 **Die Rechtschreibung vereinfachen – aber wie?**
Zur Diskussion um die seit langem geplante Rechtschreibreform

Die Geschichte mit der Reform ist bereits Geschichte · Pro und contra Kleinschreibung · Gegenvorschlag: Vereinfachte Großschreibung statt „gemäßigter kleinschreibung" · „Mei 1989: Um Haresbreite an der Enttronung des Keisers vorbei" · Fast jeder liest mehr, als er schreibt · Was ließe sich am ehesten reformieren? · Eine Rechtschreibreform muß gründlich durchdacht sein · Fünf Schritte zur Abschaffung der Orthographie

Zeichensetzung

510 **Norm – Ausdrucksmittel – soziale Funktion**
Mit dem Komma ändert sich der Sinn – und das gar nicht so selten!

Der ehrbare Kaufmann im Massengrab · Bitte nachzählen! · Vorsicht, nicht in die Kommafuge zwischen zwei Adjektiven purzeln! · Leere Versprechungen, leere Drohungen · Gute Nacht! · Der Sinn hat Vorrang vor der Regel!

518 Testbogen 40

520 **Komma-Konflikte im Kaufmannsdeutsch**
Und was sich dagegen tun läßt

Das Komma bei ‚bitte' und ‚bitten'

524 Testbogen 41
Was ein verrücktes Komma alles kann

527 **Pausenzeichen verschiedener Intensität**
Strichpunkt, Punkt, Doppelpunkt

Zwischen Punkt und Komma: Das Semikolon · Nichts für Einfältige · Nützlich ist das Semikolon vor allem in drei Fällen · Das Semikolon als Stilmittel · Der Punkt als Schlußpunkt · Der wunde Punkt · Der gescheiteste Punkt ist der Punkt vor der Pointe · Wechseln Sie ab! · Der Doppelpunkt: praktischer Satzgliederer und Jetzt-kommt-was-Interessantes-Zeichen · Was weiß man schon vom Doppelpunkt? · Mit Doppelpunkten sind Sie up to date... · ...und ‚daß' und ‚nämlich' sparen Sie auch!

536 Testbogen 42

538 **Alle anderen Satzzeichen**
Weniger eine Frage der Zeichensetzung – mehr eine Frage des Stils

Fragezeichen sorgen für Lebendigkeit · Die Norm darf nicht zum Dogma werden · Die Lärmstange alias Ausrufezeichen · Mixtur für Ausruf und Frage: das Interrobang · Kein Ausrufezeichen hinter dem abhängigen Satz · Na so was! · „Gänsefüßchen-Strichelei" = Wichtigtuerei · Direkte Rede und wörtlich wiedergegebene Gedanken · Mit dem Zitat ist's so im Leben... · Titel bekannter Werke · An seinen Gänsefüßen verrät sich der Stilistiker · Überflüssige und fehlende Verdeutlichungen · Gänsefüßchen bitten um Entschuldigung · Vorsicht vor ironisierenden Anführungszeichen! · Der Gedankenstrich – als Pausenzeichen nicht zu übersehen · Der Gedankenstrich früher und heute · Gedankenstriche als Schaltzeichen · Wo ist denn nun der Witz dabei?

550 Testbogen 43

Aküsprache

552 **Nur für Eingeweihte!**
Abkürzungen, Kurz- und Kunstwörter

Verwirrend vieldeutig · Bei den Alten fing es an · Teils akzeptabel, teils unaussprechlich ·

Amerika, du kannst es besser . . . · Abkürzungen bremsen, Kurzwörter nicht · Krimis, Schiris und Azubis · Fragwürdiger Zeitgewinn · Wörter aus der Retorte · Per Bus zum Kurlaub mit Brunch im Tirotel · Sprechende Kopflautwörter · Abkürzungen ziehen Grenzen · Und die Moral von der Geschicht'?

566 **Testbogen 44**

Fremdwörter

568 **Ein heißes Eisen**
Jedes vierte Wort ist ein Fremdwort
Wer hat recht? · Fremdwörter gibt es seit eh und je · Die „guten deutschen" Namen Hans und Grete · Kampf dem Fremdwort (!)? · Zerdeutschtes · Sprachverein auf Fremdwortjagd · „Der Muttersprache Not" · Aus Fremdwortjägern werden Sprachauskunftgeber · Importe aus England und den USA · English made in Germany · Fremde Prägung mit deutschem Klang · Fremdwörter, die keine mehr sind · Schoffför, Scharm und Schokolade · Stewardeß = Flugschwester? · Backfisch, Jungmädel, Teenager und Teen – vier Generationen · Selbst Verdeutschungen sind nicht unsterblich · Delikatesse – Feinkost und Zartgefühl · Fremdwörter sind keine Frage der Sprachschönheit · Fremdwörter sind keine Frage nationaler Gesinnung · Fremdwortgeschichte – ein Stück Kulturgeschichte · Fremdwörter sind eine Frage des Takts · Ein trauriger Witz

592 **Testbogen 45**

Gesprächswörter

594 **Wenn Briefe nicht wie Menschen reden**
Elemente der gesprochenen Sprache machen die geschriebene natürlicher
Wie uns das Ausland sieht · Wir sind ein Volk von Schwätzern · Die lange Leitung der Sprachwissenschaft · Was Modalpartikeln bewirken · Wenn Rationalisierer Nachaßbriefe in die Mangel nehmen · Muß eine Schlagzeile klotzen? · Ein Mann, ein Wort. Eine Frau – ein Wörterbuch · Zwischen Wortdisziplin und Geschwätzigkeit

600 **Testbogen 46**

Sprach- und Denkklischees

602 **Und wie man sich gegen sie wehrt:**
Sprachbewußtsein schützt vor Verführbarkeit
Hier hilft nur selber denken · Kraft und -kräfte · Käsebewußtsein auf halbfetter Basis · Unverantwortliches · „Götter, Gräber und Gelehrte" · „unverzichtbare Forderungen" und was dahintersteckt · Dumme Sprüche · Raum- und Sprachpflege · Person und Persönlichkeit · Gestaltung und Gestalter · Die Last mit den Trägern · Anhängselkultur · Worte und Werte · Von den Müttern zum Signal-I in der EselInnenbrücke · „Sprachbarrieren" sind Fachbarrieren · Statt der üblichen Fragen

Grammatikteil

627 **Das Verb**
Finites und infinites Verb · Stammformen · Starke und schwache Konjugation · Übersichtstabellen: Konjugation von *haben, sein, werden, hören* und *sehen* · Übersichtstabelle: Präfixe und ihre Bedeutung in der Sprache der Technik

636 **Das Substantiv**
Wie wir nach den Fällen fragen · Übersichtstabellen: starke, schwache und gemischte Deklination von Maskulinum, Femininum und Neutrum

642 **Der Artikel**
Deklination des bestimmten und des unbestimmten Artikels

643 **Das Adjektiv**
Deklination des attributiven Adjektivs und Partizips: starke und schwache Deklination · Übersichtstabelle: Deklination des Adjektivs nach Pronominaladjektiven · Deklination von Substantiven, deren erstes Glied ein flektierbares Adjektiv ist · Deklination des substantivierten Adjektivs und Partizips · Komparation

649 **Das Pronomen**
Arten · Übersichtstabellen: Deklination von Personal-, Reflexiv-, Possessiv-, Demonstra-

tiv-, Relativ-, Interrogativ- und Indefinitpronomen

656 Das Numerale
Übersicht über die bestimmten Numeralien · Indeklinable Numeralien · Deklination der Numeralien

658 Das Adverb
Formen · Übersicht über die Arten · Pronominaladverbien · Komparation

662 Die Präposition
Herkunft · Rektion · Präpositionen mit dem Genitiv · Dativ und flexionslose Form anstelle des Genitivs · Präpositionen mit Dativ oder Akkusativ

665 Die Konjunktion
Konjunktionen und Adverbien · Übersichtstabelle: Einteilung der Konjunktionen

667 Syntax
Übersichtstabellen: Die Satzarten (Aussage-, Aufforderungs-, Ausrufe-, Frage- und Wunschsatz) · Wortart und Satzglied · Satzglieder (Subjekt · Prädikat · Objekt · Adverbialbestimmung) und Satzgliedteile (Attribute) · Zwischen Satzglied und Satz: die Wortgruppe (Infinitiv- und Partizipialgruppe) · Die drei Satzzonen (Vorder-, Mittel- und Nachfeld) · Satzgliedfolge · Die drei Rahmen (Satzklammer, konjunktional-prädikativer und nominaler Rahmen) · Haupt- und Nebensatz · Satzreihe, Satzverbindung, Satzgefüge · Einteilung der Nebensätze: nach ihrer Stellung (Vorder-, Zwischen- und Nachsatz), nach ihrer Form (Subjekt-, Objekt-, Adverbial- und Attributsatz), nach dem Grad ihrer Abhängigkeit (Nebensatz ersten, zweiten und dritten Grades)

683 Interpunktion
Übersicht über die zwölf Satzzeichen (Komma, Semikolon, Punkt, Doppelpunkt, Fragezeichen, Ausrufezeichen, Anführungszeichen, halbe Anführungszeichen, Gedankenstrich, runde Klammern, eckige Klammern, Auslassungspunkte) mit Kurzcharakteristik ihrer grammatischen und ihrer stilistischen Leistung und Hinweisen zu ihrer Anwendung

Fremdworttabellen

687 Häufig vorkommende Vorsilben griechischen und lateinischen Ursprungs
Herkunft · Bedeutung · Beispiele

694 Häufig vorkommende Grund- und Bestimmungswörter griechischen und lateinischen Ursprungs
Herkunft · Bedeutung · Beispiele

Anhang

727 Stichwortverzeichnis
750 Fachwortverzeichnis
764 Weiterführende Literatur

Abkürzungsverzeichnis

ahd.	althochdeutsch	Ggs.	Gegensatz	mhd.	mittelhochdeutsch	s.	siehe
Akk.	Akkusativ	gr., griech.	griechisch	mlat.	mittellateinisch	schwed.	schwedisch
amer.	amerikanisch	hebr.	hebräisch	nhd.	neuhochdeutsch	schweiz.	schweizerisch
arab.	arabisch	hg., Hg.	herausgegeben, Herausgeber	nordd.	norddeutsch	Sing.	Singular
Aufl.	Auflage			östr.	österreichisch	span.	spanisch
eigtl.	eigentlich	Ind.	Indikativ	Pers.	Person	u.	und
engl.	englisch	it.	italienisch	Plur., Pl.	Plural	vgl.	vergleiche
franz.	französisch	lat.	lateinisch	Prät.	Präteritum	wörtl.	wörtlich

Nutzen durch Benutzen

Eine Art Gebrauchsanleitung

In einem Märchen wird ein Tausendfüßler gefragt, wie er beim Gehen die Füße setze. Der Tausendfüßler dachte nach und verlernte das Gehen. Wenn nun jemand wie Sie sich darauf einläßt, über seine Muttersprache nachzudenken – ob der nicht auch das flüssige, unbefangene Sprechen verlernt? Eine ernst zu nehmende Frage.

Es wird nicht ausbleiben, daß Sie in diesem Buch auf Wörter und Fügungen stoßen, die Sie bisher nicht ganz richtig gebraucht haben. Vielleicht stammen Sie aus Süddeutschland, haben früher am Monatsende „Ihren Gehalt" in Empfang genommen und erfahren nun, daß *der Gehalt* etwas anderes ist als *das Gehalt*. Sie nehmen sich vor, sich den Unterschied zu merken. Das gelingt Ihnen auch – für ein paar Tage. Am Mittwoch, dem 29., treffen Sie in der Kantine Ihren Kollegen aus der Buchhaltung. Sie fragen ihn: „Überweist uns Ihr Computer noch diese Woche oder erst Montag..." Ja, was? – *unsern Gehalt* oder *unser Gehalt*? Sie überlegen, kommen ins Stocken, beginnen den Satz neu: „Wird uns noch diese Woche oder erst Montag..." Wieder das gleiche, wieder wissen Sie nicht, ob nun *der* oder *das Gehalt* überwiesen werden soll. Erst beim dritten Anlauf wird's ein ganzer Satz: „Überweisen Sie uns noch diese Woche oder erst Montag – unser Geld?"

Sie ärgern sich: „Früher bin ich niemals über so eine Lappalie gestolpert, da habe ich geredet, frisch und frei von der Leber weg, gerade so, wie mir der Schnabel gewachsen ist. Inzwischen habe ich mir ein Sprachbuch angeschafft, um noch was dazuzulernen. 57 Seiten daraus habe ich schon gelesen – aber was muß ich feststellen? Unsicher bin ich geworden. Ich weiß nur noch, daß ich früher manches falsch gemacht habe, aber wie's richtig heißen muß, das habe ich wieder vergessen. Jetzt kann ich nicht mal mehr mit unserm Buchhalter sprechen, ohne ins Stottern zu kommen."

Falls es Ihnen tatsächlich so oder ähnlich gehen sollte, was dann? Sie haben zwei Möglichkeiten. Sie können tüchtig auf dieses Buch schimpfen, Sie können es in die hinterste Ecke Ihres Bücherschranks stellen und drei heilige Eide schwören, niemals mehr etwas für Ihre Fortbildung zu tun und schon gar nicht für Ihre Sprache, die Ihnen früher wie geschmiert über die Zunge ging.

Sie können sich aber auch sagen: „Schlage ich das Buch wirklich nicht mehr auf, dann ist es für mich nutzlos; denn der Wert eines Buches liegt ja nicht in dem, was an klugem Schnickschnack darin gedruckt sein mag – der Wert liegt für mich einzig und allein in dem, was ich für mich aus dem Buch heraushole." Um aus einem Buch Nutzen herauszuholen, muß man es lesen. Dazu muß man lesen können. Und lesen können heißt nicht, bloß mit den Augen über die Buchstaben zu wischen und am Ende einer Seite nicht mehr recht zu wissen, was oben stand.

> Bildung ist das, was übrigbleibt, wenn wir vergessen, was wir gelernt haben.

Ein Buch wie dieses ist kein Roman, den man am Stück verschlingt. Lesen Sie portionsweise, das ist bekömmlicher. Dabei müssen Sie um Himmels willen nicht das Buch von vorn bis hinten durchlesen wollen, Sie können am Schluß anfangen oder in der Mitte. Blättern Sie zunächst im Buch, lesen Sie ein paar Stellen an, und lesen Sie da weiter, wo es Ihnen das meiste zu sagen hat.

Gedacht war das Buch ursprünglich für sprachinteressierte Leser, die nicht die höhere Schule besuchen konnten; ihnen sollte es helfen, Halbvergessenes aufzufrischen und Neues zu entdecken. Deshalb greift das Buch weniger als üblich auf die lateinische Grammatik zurück, deshalb auch neben den lateinischen die deutschen Fachwörter der Grammatik. Die Grammatik selbst wird auf ein Mindestmaß beschränkt (Übersichtstabellen hinten im Buch). Wo im Text grammatische Zusammenhänge für das Verständnis der lebenden Sprache unentbehrlich sind, werden sie so einfach wie möglich erklärt – in der Annahme, daß Leser mit relativ geringen Vorkenntnissen für einfache Sprache und leichtfaßliche Darstellung dankbar sind und Leser mit guten Deutschkenntnissen gewisse Vereinfachungen komplizierter grammatischer Zusammenhänge nicht übelnehmen. Dieser zweiten Lesergruppe sind die lateinischen Termini und das Fachwortverzeichnis (Seite 750–763) zugedacht. Falls jetzt einer fragt: „Was sollen Leute, die schon gut Deutsch können, noch mit einem Buch über die deutsche Sprache?", dann kann ich nur antworten mit einer Erfahrung, die ich im Laufe meiner Arbeit gemacht habe: Ein Buch, das Sprache erklärt, wird am häufigsten von denen aufgeschlagen, die es am wenigsten nötig haben.

Wenn Sie nun etwas lesen, was Sie sich ganz fest merken möchten, und wenn Sie es drei Wochen später doch wieder vergessen haben, dann klagen Sie nicht Ihr Gedächtnis an. Unser Gedächtnis ist leider so eingerichtet, daß es nur einen Bruchteil von allem, was wir lesen, speichert und im rechten Augenblick auch wieder parat hat. Das ist bei uns allen gleich. Aber unser Gedächtnis läßt sich schulen. Lernen ist nicht dasselbe wie lesen, lernen ist: aufmerksam lesen, nicht nur einmal, sondern drei- oder viermal, und nach Möglichkeit laut.

Gehalt

Mit einem Bleistift in der Hand lernt es sich leichter. Gehört dieses Buch Ihnen ganz allein, dann scheuen Sie sich nicht, anzustreichen oder zu unterstreichen, was Ihnen wichtig scheint. Sonst nehmen Sie am besten ein kleines Heft und schreiben sich's auf. Aufgeschrieben prägt es sich besser ein: *das Gehalt* = Besoldung, Lohn, Honorar; *der Gehalt* = Wert, Inhalt (vgl. Seite 181).

Stichwortregister

„Aber wie finde ich jetzt in diesem 750-Seiten-Buch", werden Sie vielleicht fragen, „die Stelle wieder, die Auskunft gibt über *das* und *den Gehalt*?" Auf Seite 727 beginnt ein S t i c h w o r t r e g i s t e r. Suchen Sie unter dem Buchstaben G bitte das Stichwort *Gehalt*. Haben Sie es? Dann sehen Sie dahinter zwei Zahlen, eine davon in Magerdruck; sie verweist auf die Seite, die Sie gerade lesen: Seitenzahl in Magerdruck bedeutet Kurzerläuterung. Die nächste Seitenzahl heißt **181** und ist halbfett gedruckt. Halbfett bedeutet: wichtiger Hinweis. Suchen Sie auf Seite **181** nun das kursiv gedruckte Randstichwort *Gehalt*. Schon gefunden? Auf gleicher Höhe beginnt die Erklärung im Text. Und wenn Sie nun noch die paar Zeilen mitlesen, die obendrüber (*der Verdienst / das Verdienst*) und untendrunter (*der Entgelt / das Entgelt*) stehen, dann schleift sich allmählich in Ihr Gedächtnis die Vorstellung ein, daß bei „Geldbegriffen" das Genus schwankt.

Genus – was ist das nun wieder? *Genus* ist ein Fachwort der Grammatik; was es bedeutet, sagt Ihnen das gleichfalls alphabetisch angelegte F a c h w o r t v e r z e i c h n i s (Seite 750–763). Unter G finden Sie den Fachbegriff in halbfetter Schrift: *Genus* = ‚Geschlecht, vor allem des Hauptworts', dazu die Seitenverweise und darunter verschiedene Spezifizierungen wie ‚Genus der Fremdwörter', ‚Genuswechsel' – Orientierungshilfe für alle, die mit der Grammatik nicht mehr per Sie sind. Auch übers Fachwortverzeichnis finden Sie also Antwort auf die Frage *der* oder *das Gehalt*: Die halbfette Seitenzahl **175** weist auf den Beginn des Buchkapitels, das vom Geschlecht der Hauptwörter handelt. Und schlagen Sie, weil Ihnen das Fachwort *Genus* nicht gleich einfällt, unter *Maskulinum* oder *Neutrum* nach, finden Sie ebenfalls den Verweis auf Seite **175**.

Genus Fachwortverzeichnis

Damit Sie sich beim Blättern im Buch noch schneller zurechtfinden: Oberhalb der linken Textseiten sehen Sie die Kapitelüberschrift fortgeführt, oberhalb der rechten Textseiten finden Sie den sogenannten lebenden Kolumnentitel, eine kurze Inhaltsangabe, die sich auf die beiden gerade aufgeschlagenen Seiten bezieht. Die halbfetten Fachbegriffe auf dem Rand der Textseiten finden Sie im Fachwortverzeichnis, die schräggedruckten Wörter im Stichwortverzeichnis wieder.

Ganz vorn im Buch haben Sie das, was in keinem ordentlichen Buch fehlen darf: ein ausführliches I n h a l t s v e r z e i c h n i s, dahinter ein V e r z e i c h n i s d e r i m B u c h v e r w e n d e t e n A b k ü r z u n g e n. Das Inhaltsverzeichnis sieht man sich einmal an, um sich einen Überblick zu verschaffen, und dann gewöhnlich nie wieder. Wer etwas nachschlagen möchte, kommt über Stich- und Fachwortverzeichnis viel schneller den Dingen auf die Spur.

Inhaltsverzeichnis Abkürzungsverzeichnis

Haben Sie die Erläuterungen zu einem Zweifelsfall vier- oder fünfmal nachgeschlagen, dann können Sie so gut wie sicher sein, daß Sie beim sechstenmal nicht mehr nachzuschlagen brauchen. Sie werden merken, wie Sie langsam wieder Boden unter den Füßen gewinnen, wie die Unsicherheit Sie Stückchen um Stückchen wieder verläßt. Sie ist nichts als ein Durchgangsstadium, eine Vorstufe zum Wissen, und das bekommt niemand geschenkt. Falls Sie sich jetzt fragen, ob es die Mühe überhaupt wert ist, so seien Sie sicher: Lernen lohnt immer – auch wenn man darüber schon einmal anders dachte.

Von Mitte der siebziger bis Anfang der achtziger Jahre war es an bundesdeutschen Universitäten üblich, die normative Grammatik als undemokratisch zu verteufeln. So mancher sich fortschrittlich dünkende Universitätslehrer sah damals in den herrschenden Normen die Normen der Herrschenden, ein bildungsbürgerliches Relikt, mit dem sich eine relativ kleine Zahl von Sprachkennern die Macht über viele weniger kompetente und deshalb unterprivilegierte Sprachbenutzer zu erhalten suche. Um das zu ändern und den angeblich Benachteiligten die gleichen Chancen einzuräumen, waren maßgebliche Linguisten bestrebt, Anforderungen nach unten zu nivellieren und bei der Gelegenheit gleich das halbe Regelwerk der Sprache über Bord zu werfen. Der Versuch ist kläglich gescheitert.

Heute hat sich allgemein die Einsicht durchgesetzt, daß Sprachkompetenz etwas höchst Demokratisches ist. Sie zu erlangen steht jedem offen – wie alles, was sich im Leben durch eigene Anstrengung erreichen läßt.

Dies Buch bietet allen Lesern die gleiche Chance. Wieweit er sie nutzen will, entscheidet jeder für sich.

Wissenswertes zum Thema Deutsch

Eine Blütenlese mit Anmerkungen

Zu Stil- und Sprachgefühl, Grammatik und Sprachrichtigkeit

Haben Sie schon einmal Zeitung gelesen mit dem Rotstift in der Hand? Daß ein Reporter r i c h t i g e s Deutsch schreibt, sollte man erwarten dürfen, daß er g u t e s Deutsch schreibt, kann man nicht ohne weiteres von ihm verlangen. Dazu reicht ihm die Zeit nicht immer, mahnt doch so manches Mal die Setzerei das Manuskript schon an, bevor er weiß, was er schreiben könnte. Gut Ding braucht Weile, gutes Deutsch Zeit.
Aber es gibt in der Zeitung auch Texte, deren Verfasser genügend Muße gehabt hätten, sich ihre Formulierungen zu überlegen. Das wäre nicht einmal anstrengend gewesen, denn diese Texte sind nur wenige Zeilen lang. Sie stehen ganz hinten, im Anzeigenteil. Für den vielzitierten „kleinen Mann" ist eine Kleinanzeige oftmals die einzige Chance, sich gedruckt zu sehen. Und was macht er aus dieser Chance seines Lebens? Eine Fundgrube allen Unsinns, den Gedankenlosigkeit anrichten kann.

Heirat

> Welcher liebe, charaktervolle Mann
> wagt es, mit 34jährigem Mädel den
> Lebensweg gemeinsam zu durchwandern?

Wie sagte doch Karl Kraus? „Es genügt nicht, keine Gedanken zu haben; man darf sie auch nicht ausdrücken können."

Romantische Vorstellungen und richtiges Deutsch brauchen sich nicht auszuschließen. Wanderlustige dürfen wandern: durch die Wälder, durch die Felder, durch die Auen, durch die Städte, durchs Leben – aber nicht durch den Lebensweg. Gefühlvolle wandern den Lebensweg entlang, die andern gehen ihn. Und ob man mit 34 noch ein Mädel ist, das ist auch so eine Frage. – Heiratsanzeigen lassen manchmal tiefer blicken, als Heiratslustigen lieb ist; denn dem Kenner sagt die Sprache mehr, als was der Inserent auszudrücken meint.

> Industriekaufmann, 54 Jahre, wünscht Ehe.
> Vollschlanke Damen (Blondinen)
> möchten Bild und Vermögen einsenden.

Vorsicht, das riecht nach Heiratsschwindelei! Und ob sie möchten (statt zu *mögen*), steht in den Sternen.

Stellenangebote

> Kindermädchen
> für zweijähriges Kind gesucht, das
> auch bügeln, nähen und kochen kann.

Wozu dieses Wunderkind noch ein Kindermädchen braucht? Umgekehrt wird ein Schuh draus: Kindermädchen, das auch bügeln, nähen und kochen kann, für zweijähriges Kind gesucht.

> Erfahrenes Mädchen
> für bäuerlichen Zweipersonenhaushalt gesucht.
> Muß zwei Stück Rindvieh versorgen können.

Ehrlich währt am längsten. Nicht jeder Inserent bekennt sich so freimütig zu der Gattung, der er angehört.

> Gesucht für sofort in die Schweiz
> Tochter
> im Alter von 20 bis 25 Jahren.
> Zimmer mit TV, guter Lohn,
> geregelte Freizeit.
> Reise wird entschädigt.

Da kann sich die Reise aber freuen. Was wird sich die Reise dafür kaufen? Vielleicht ein neues Reisekleid? Spaß beiseite. Die Reise kann nicht entschädigt werden. Entschädigt werden könnte höchstens die Reisende, und zwar für die Kosten, die ihr durch die Reise entstanden sind. Entschädigt werden immer nur Personen; Kosten (Fahr-, Reise-, Umzugskosten) werden erstattet oder ersetzt oder vergütet.

> Eingestellt werden als
> „Finanzanwärter für die Steuerinspektorenlaufbahn":
> Abiturienten / Abiturientinnen
> und zweijähr. höhere Handelsschüler.
> Die gründliche und vielseitige Ausbildung
> dauert drei Jahre.

Als Zweijähriger bereits das Handelsschulabschlußzeugnis in die Patschhändchen gedrückt bekommen und schon mit fünf Jahren fertig ausgebildeter Staatsdiener sein – wenn das keine Kletterchancen für unsere Jüngsten sind! Also heraus aus den Kinderkrippen, hinein in die Finanzämter.

> Zuschneider auf Damenhosen
> gesucht.

Auf Damenhosen? Sollte der Herr beim Zuschneiden auf Damenhosen sitzen? Kaum, höchstens auf dem eigenen Hosenboden, aber normalerweise schneidet man im Stehen zu. Wer aus der Branche kommt, macht vielleicht folgenden Änderungsvorschlag:

> Zuschneider in Damenhosen
> gesucht.

Vorsicht! Ein aufmerksamer Leser könnte bemerken, daß Männer keine Damenhosen tragen. Sicher müßte es heißen: Zuschneiderin in Damenhosen gesucht, wobei aber offenbleibt, was die Zuschneiderin zuschneiden soll. Wie wäre es so:

> Zuschneider von Damenhosen
> gesucht.

Das geht auch nicht, denn nun suchen sich die Damenhosen ihren Zuschneider selbst. Die Sache wird immer verzwickter.
‚Damenhosen-Zuschneider' scheint auf den ersten Blick zwar besser, ist aber für eine Anzeige zu lang und auch zu eng gefaßt. Nein, gesucht wird ein Zuschneider, der sich auf das Zuschneiden von Damenhosen spezialisiert hat. Die Vorstellung ‚sich auf etwas spezialisieren' mag bei der ersten Fassung ‚Zuschneider auf Damenhosen' mitgespielt haben. Man sollte sich aber im Anzeigentext nicht zu kurz ausdrücken, er bekommt sonst zu schnell einen komischen Nebensinn.

Vermietungen

> Zimmer abzugeben
> an möbliertes Fräulein,
> das auch im Haushalt mithilft.

Mehr darüber auf Seite 230

Das „möblierte Fräulein" ist, sprachlich gesehen, eine Verkürzung aus dem „möblierten Zimmerfräulein". Es gehört in die gleiche Kategorie wie die fünfstöckige Hausbesitzerin, die landwirtschaftliche Maschinenfabrik, die junge Erbsensuppe, der sechsköpfige Familienvater, der elektrische Straßenbahnschaffner, das saure Gurkenfaß.

> Möbliertes Zimmer
> an jungen Herrn mit fließendem Wasser
> zu vermieten. Tel. 7 13 63.

Eine infolge falscher Wortstellung nicht ganz stubenreine Angelegenheit.

> Schloßwohnung
> 17 km von Heilbronn, 11 km Autob. Weinsberg,
> umständehalber
> Parterreflügel ohne Kinder
> zu vermieten.

Daß man Kinder nicht vermiete, verlangt ja wohl die Etikette. Daß aber Parterreflügel Kinder haben können – das gab's noch nie.

> Elise Recknagel geb. Lehmann
> Ralf Recknagel, Diplom-Ingenieur
> Wir haben uns im Namen unserer Eltern
> vermählt.

Familiennachrichten

Ob diese Ehe halten wird? Nicht einmal früher, als Eltern in solcher Angelegenheit noch mitsprechen durften, war es üblich, sich in ihrem Namen zu vermählen; die jungen Paare zeigten lediglich ihre Vermählung zugleich im Namen der Eltern an.

> Für die zahlreichen Glück- und Segenswünsche
> zu unserer Vermählung,
> über die wir uns sehr gefreut haben,
> sagen wir hiermit allen Verwandten und
> Bekannten herzlichen Dank.

Daß man sich über seine Hochzeit freut, braucht nicht noch extra betont zu werden – oder? Hier stimmt der Satzbau nicht. Ein bezügliches Fürwort bezieht sich auf das letzte der vorangehenden Hauptwörter gleichen Geschlechts, in diesem Fall fälschlich auf ‚Vermählung' und nicht auf ‚Glück- und Segenswünsche'.

> Mei liabs Dickbäuchle
> Happy Birthdayle
> i moag De
> Dei Kloine

A klois schwäbischs Bombohle – auf hochdeutsch: ein kleiner schwäbischer Bonbon. Großmannssucht kann man den Schwaben wirklich nicht nachsagen; sie neigen im Gegenteil zum Verkleinern, an alles mögliche hängen sie ihr liebenswürdiges *-le*. Daß sogar ein englisches Wort mit dem schwäbischen Diminutiv verziert wird, mag eine Laune des Augenblicks gewesen sein. Gang und gäbe ist dagegen die Umwandlung eines Abschiedsgrußes in einen Frauennamen: *Adele!*

-le

> Ein grausames Schicksal entriß uns
> unsern einzigsten Sohn.

einzig

Sehr traurig, wenn Eltern ihren einzigen Sohn verlieren; einzigste Söhne gibt es nicht.

> Nach langem, schwerem Leiden hat es Gott gefallen,
> meinen lieben Vater
> zu sich in die Ewigkeit zu nehmen.

Dem lieben Gott zu unterstellen, daß auch er krank werden kann, ist eine weitverbreitete Gedankenlosigkeit.

> Während seines Urlaubs an der Nordsee weilend,
> entriß uns der grausame Tod unsern lieben
> Vater.

Wenn das die Gewerbeaufsicht wüßte, daß Freund Hein im Urlaub Schwarzarbeit macht!

um zu

> Er vollendete das 82. Lebensjahr
> in voller körperlicher und geistiger Frische,
> um drei Tage später zu sterben.

Ein eigenartiger Zusammenhang von Ursache und Wirkung. Vorsicht bei Sätzen mit *um zu*!

Verloren

> Silbernes Armband
> Sonntag nachmittag auf dem Wege vom
> Marktplatz zum Bahnhof verloren.
> Abzugeben Hermannstr. 12a
> täglich von 18 bis 19 Uhr
> gegen 20 DM Belohnung.

Die Belohnung kann sich sehen lassen. Täglich 20 Mark, das macht im Jahr 7300 Mark. Aber damit der ehrliche Finder täglich das Armband abgeben kann, müßte es der Besitzer erst einmal jeden Tag verlieren.

Erholung

Um auch vom Fremdenverkehr zu profitieren, preist ein italienisches Dorf in den Abruzzen seine abgeschiedene Lage mit folgenden Worten:

> Wir bieten Ihnen Stille und Einsamkeit.
> Der Weg zu uns herauf ist nur für Esel
> passierbar, so daß Sie sich in unserer
> romantischen, weltabgeschiedenen Gegend
> besonders wohl fühlen werden.

Ob inzwischen viele Esel an diesem idyllischen Plätzchen ihren Urlaub verbracht haben?

Von der Reise zurück

> Von der Reise zurück,
> nehmen meine Sprechstunden wieder ihren Anfang.

Hoffentlich haben sich die Sprechstunden gut erholt.

Geschäftseröffnung

> Am 1. März
> Eröffnung der Gastwirtschaft
> „Zum Löwen"
> Berliner Straße / Ecke Bahnhofstraße.
> Wir würden uns auf Ihren Besuch freuen.

Freuen kann man sich sowohl auf einen Besuch als auch über einen Besuch. Freut man sich auf einen Besuch, so ist der Besuch noch nicht eingetroffen, freut man sich über ihn, ist er bereits da. Also entweder ‚Wir freuen uns auf Ihren Besuch' oder ‚Wir würden uns über Ihren Besuch freuen'.

> Der Lutscher heißt jetzt Lollipop, die Unterhose Slip, statt Pullis trägt man Sweat-Shirts, zum Hamburger sagt man Big-Mäc. Fürs Kofferradio dröhnt jetzt der Walkman, für die Timex tickt 'ne Swatch. Man fährt nicht Fahrrad, sondern Mountain-Bike und Rollerskate statt Rollschuh.
> Und so heißt unser Geschäft jetzt
> OUTFIT
> Das ist Jacke wie Hose

Die Anzeige stand anno 1990 in der „Sillenbucher Rundschau". Und ob Sie's glauben oder nicht: Sillenbuch liegt in Deutschland! Dem geschäftstüchtigen Outfitter (vormals „Herrenausstatter") muß man bescheinigen, daß er up to date ist. Zu seinem Glück ist er nicht auf die Idee gekommen, gleich *the whole outfit* anzubieten; denn das wäre auf deutsch nicht etwa „Alles für den Herrn", sondern bloß ‚der ganze Krempel'.

> Bitte sehen Sie sich einmal unverbindlich unser reichhaltiges Angebot an modernen Polster- und formschönen Kleinmöbeln an.
> Die Preise übertreffen alle Erwartungen.

Werbung und Verkauf

Hier hat der gute Werbeonkel genau das Gegenteil behauptet von dem, was er ausdrücken wollte: Wenn die Preise alle Erwartungen *über*treffen, sind sie leider höher, als man erwartet.

> Frischeier
> werden direkt vom Hersteller ins Haus geliefert.
> Postkarte genügt. Marie Krause, Gartenstr. 14.

Das ist Dienst am Kunden! Wir schreiben Marie Krause eine Postkarte, ein paar Tage später klingelt's bei uns, und wer steht draußen mit einem Korb frischer Eier? Henne Gackeleia oder der Osterhas'.

> Strickwaren
> in Damen und Herren,
> preisgünstig ab Fabrik.

Zweifellos gibt es bestrickende Damen. Wenn bestrickende Damen für Ehe- und sonstige Männer stricken, gibt es auch bestrickte Herren. Aber gestrickt gibt's weder Damen noch Herren, sondern nur Pullover und Jacken. Das Verhältniswort ‚in' hat sich in diese Anzeige eingeschlichen, weil Kaufleute die Angewohnheit haben, *in* Textilien zu handeln, wo wir sprachlichen Normalverbraucher (vielmehr: wir normalen Sprachverbraucher) *mit* Textilien handeln würden. Kaufleute bieten Kleider *in* Baumwolle

in

an, Kunden kaufen Kleider *aus* Baumwolle. Wer in Berlin einen Seifenhandel aufmacht, „macht in Seife". Merken wir uns: Wer „in Gemüse macht", macht Kohl. Also nicht: Strickwaren *in*, sondern *für* Damen und Herren.

> Sie finden bei uns ein reichhaltiges Angebot
> an Nähmaschinen. Auf Wunsch bauen wir auch
> Ihre Alte in ein neues Möbel um.

Eine Chance, die sich unzufriedene Ehemänner nicht entgehen lassen sollten. Vielleicht bringt uns eines Tages eine Rechtschreibreform die Kleinschreibung der Hauptwörter, und dann haben sie die Gelegenheit verpaßt, ihre „Alte" auf diese Weise modernisieren zu lassen.

> Bringen Sie Ihre Frau nicht um!
> Lassen Sie die schmutzige Arbeit
> von der Waschmaschine besorgen.

Der Waschmaschinentexter hat wirklich „saubere" Arbeit geleistet.

Diese Blütenlese mag genügen. Ein wenig Nachdenken hätte ausgereicht, die meisten Blüten im Keim zu ersticken – die meisten, nicht alle. Beim Sprechen und Schreiben zu denken ist äußerst wichtig. Aber denken allein genügt noch nicht. Wer sein Deutsch richtig sprechen und schreiben will, muß außerdem noch etwas w i s s e n.

Grammatik contra Sprachgefühl

Zum Wissen gehören auch die Grundkenntnisse der Grammatik, erst die Grammatik vermittelt Einsichten in das Funktionieren der Sprache. Wer nicht weiß, wie Wörter im Satz passend zugerichtet und Satzteile aufeinander bezogen werden müssen, kann keine richtigen Sätze bilden. Allerdings haben eine Menge Leute von sich die hohe Meinung, ihnen genüge allein ihr Sprachgefühl. Lassen wir ihnen den Glauben. Es gibt tatsächlich so etwas wie ein Gespür für sprachliche Dinge. Wenn viele auch nicht wissen, weshalb – sie können doch schlechten Stil von gutem unterscheiden.

> Wer fremde Sprachen nicht kennt, weiß nichts von seiner eigenen.
> GOETHE, „Maximen und Reflexionen"

Die gefühlsmäßige Unterscheidung von *falsch* und *richtig* ist dagegen eine heikle Sache. Wer a l l e i n seinem Sprachgefühl vertraut, erleidet früher oder später Schiffbruch – spätestens dann, wenn er eine Fremdsprache lernt. Dann ist's vorbei mit dem so oft bemühten Sprachgefühl. Wie sollte einer z. B. den französischen Teilungsartikel (Genitivus partitivus) richtig gebrauchen lernen, wenn er nicht weiß, was ein Genitiv ist? Generationen von Oberschülern haben die Baugesetze der deutschen Sprache erst im Lateinunterricht begriffen. Wer in seiner Schulzeit nur wenig verwertbare Deutschkenntnisse vermittelt bekam und auch davon den größten Teil wieder vergessen hat, der versuche es als Erwachsener getrost noch einmal. Diesmal mit der nötigen Distanz zum Stoff. Soll heißen: Sie müssen beileibe nicht alles kritiklos hinnehmen, was in diesem Buche steht. Und vor allem müssen Sie nicht hemmungslos an die Sprachregeln glauben. Sprachregeln überleben sich, im Grunde müßte jede Generation sie neu formulieren. Daß die meisten Menschen die Grammatik für eine heilige Kuh halten, liegt wirklich nicht an der Grammatik.

Sprachschnitzer von heute – Sprachrichtigkeit von morgen?

Was ist das eigentlich: richtiges Deutsch? Nur das Deutsch, das in den zehn Duden-Bänden steht? Sprache läßt sich nicht ganz und gar in Regeln fassen, Sprache lebt und webt und ändert sich. Ein Regelwerk wie der Duden muß sich aber – das liegt in der Natur der Sache – sprachlichen Änderungen gegenüber abwartend verhalten. Wollte er alle sprachlichen Neubildungen sofort verzeichnen, hörte er bald auf, ein allgemein verbindliches Auskunftsbuch über richtiges und falsches Deutsch zu sein. An seiner Stelle erhielten wir dann eine Art Wörterbuch der deutschen Umgangssprache, aus dem sich ein jeder das ihm Zusagende herausfischen könnte. Daß solch ein nahezu regelloser Zustand Korrektoren und Lehrern höchst verdrießlich wäre, liegt auf der Hand, aber wahrscheinlich würde er auch für alle andern nicht gerade das Paradies auf Erden sein und bei allem Geschriebenen und Gedruckten ungeahnte Komplikationen und Mißverständnisse heraufbeschwören. Seien wir froh, daß wir ein verbindliches Regelbuch besitzen, und nehmen wir es dem Duden nicht übel, daß er sich in der Rechtschreibung stark an Althergebrachtes hält und auch sonst in einigen Punkten der sprachlichen Entwicklung hinterherhinkt.

Sprachrichtigkeit

Wie alt muß eigentlich eine orthographische oder sprachliche Neuerung werden, bis sie vom Duden gebilligt wird? Überspitzt könnte man sagen, die Sprachschnitzer von heute seien der Sprachgebrauch von morgen, und der Sprachgebrauch von morgen werde die Sprachgesetzlichkeit von übermorgen sein. Das klingt ein bißchen boshaft, aber wenn wir uns unter ‚heute', ‚morgen' und ‚übermorgen' jeweils einige Jahrzehnte vorstellen, kommen wir der Wirklichkeit ziemlich nahe. So lange dauert es oft, bis sich ein neues Wort oder eine neue Schreibweise ohne behördliche Unterstützung durchgesetzt hat.

Erst in der Spannung zwischen der vorgezeichneten Sprache und der Eigenwilligkeit derer, die von ihr Gebrauch machen, kann Stil sich entwickeln. Und wenn für viele, die von Sprachproblemen fasziniert werden, erst bei Stilfragen die Sache interessant wird, so bleibt doch als notwendige Voraussetzung das Regelsystem.
NIKOLAS BENCKISER

Wir können uns diesen Vorgang auch durch ein Bild veranschaulichen. Unsere Sprache wird oft poetisch mit einem Garten verglichen. Wir weichen insofern vom Bilde ab, als jetzt nicht von prachtvollen Blüten und üppig wucherndem Unkraut die Rede sein soll, das so oft Gegenstand pessimistischer Betrachtungen ist. Uns geht es um die breiten und schmalen, aber immer schnurgerade verlaufenden Pfade zwischen den Beeten. Das sind die gangbaren Wege, sozusagen das Regelwerk unserer Sprache. Wer sich an diese Wege hält, wird immer *sicher gehen* und somit *sichergehen*.

sicher / gehen

Nun sind wir Menschen aber nicht alle aus dem gleichen Holz geschnitzt, und neben den braven Spaziergängern gibt es auch einmal einen eigensinnigen Zeitgenossen, der nicht bloß immer auf ausgetretenen Pfaden wandeln will. Er hat es eiliger als die andern und verkürzt sich den Weg, indem er von einem Beet eine Ecke abschneidet. Einen zweiten reizen die Fußabdrücke, er stapft hinterdrein. Ein dritter und ein vierter folgen der Spur, und dann trampeln wohl noch etliche andere schräg über das Beet hinüber. Jetzt merkt es sogar die Sprachpolizei; sie stellt ein Schild auf: „Durchgang für Unbefugte verboten!" Die meisten respektieren das Verbot und laufen gehorsam außen herum. Ein Vorwitziger aber hält sich nicht für unbefugt, läuft wieder hinüber, andere folgen erneut, und so entsteht allmählich, was wir drastisch als „Trampelpfad" bezeichnen: ein schmaler, abkürzender, meist nicht ganz gerader und eigentlich verbotener Weg. Die Hüter des Gesetzes sehen ein, daß hier nicht mehr viel zu machen ist, drücken erst ein, dann beide Augen zu, und langsam wird aus dem Trampelpfad ein öffentlicher Weg, nur: krumm ist er immer noch.

Natürlich ist es nicht so, daß nun jede Abweichung vom Regelsystem, jede „Sprachsünde", „Sprachtorheit" in hundert Jahren offiziell erlaubt sein wird. Auch in der Sprache lebt manche Mode nicht länger als eine Saison. Halten wird sich auf die Dauer nur, was eine Funktion erfüllt.

> Es ist leichter, vorauszusagen, was die Welt in hundert Jahren wird, als wie sie in hundert Jahren schreiben wird.
> ROBERT MUSIL
> (1880–1942)

Testen Sie Ihre Deutschkenntnisse

An den folgenden Fragen können Sie prüfen, wie gut oder wie überholungsbedürftig Ihre Deutschkenntnisse sind. Nehmen Sie sich bitte Bleistift und Notizblock und ein Blatt Papier, mit dem Sie, von oben nach unten gleitend, die Antworten abdecken können. Bei völlig richtiger Beantwortung der Fragen, 1, 2, 5, 6, 8, 9 und 10 dürfen Sie sich je 3 Punkte, bei teilweise richtiger Beantwortung dieser Fragen nur 1 Punkt gutschreiben. Für jede richtige Einzelantwort der Fragen 3, 4 und 7 rechnen Sie sich einen Punkt an. Sind Sie der Ansicht, daß Sie eine der Fragen 1, 2, 5, 6, 8, 9 und 10 beinahe richtig beantwortet und mehr als bloß einen einzigen Punkt verdient hätten, nun gut, dann rechnen Sie sich eben 2 Punkte an. Aber seien Sie nicht zu nachsichtig mit sich selbst! Schummeln gilt nicht – in Ihrem eigenen Interesse.

Rektion
beißen

1. Hat der Hund *mir* oder *mich* ins Bein gebissen?

   Sowohl – als auch, b e i d e s i s t r i c h t i g. Jedoch sagt man meist:
   Der Hund hat *meiner* Schwester (also *ihr*) ins Bein gebissen; ich habe *mir* in den Finger geschnitten.
   Fehlt aber die Umstandsbestimmung (*ins Bein, in den Finger*), ist nur der 4. Fall (Wenfall) zulässig:
   Der Hund hat *meine* Schwester (also *sie*) gebissen; ich habe *mich* geschnitten.

Kongruenz
um zu

2. Wer will hier nicht nach Hause?
   „Die Nacht ist viel zu schön, um schon um acht nach Haus zu gehn."

   Im Grunde will hier d i e N a c h t nicht nach Hause. *um zu* ist nämlich nur erlaubt, wenn Haupt- und Nebensatz den gleichen Satzgegenstand haben, z. B.: *Ich* finde die Nacht viel zu schön, um schon um acht nach Haus zu gehn. – *Das* ist zu schön, um wahr zu sein.

3. Welches Geschlechtswort gehört vor die folgenden Wörter, *der, die* oder *das*?

   Püree – Butter – Klafter Holz – Fräulein Schmidt – Gelee – Nut – Knäuel Wolle – Soda – Hobby

das Püree, die Butter, der (auch das oder die) Klafter Holz, **Genus**
das (nur mundartlich: die, meist ohne Geschlechtswort) Fräulein
Schmidt, das (auch der) Gelee, die Nut, der (auch das) Knäuel
Wolle, die (auch das) Soda, das Hobby

4. Mit oder ohne Komma? **Komma**

„Wir wünschen Ihnen glückliche (,) frohe Feiertage."
„Wir wünschen Ihnen ein glückliches (,) neues Jahr."

Wir wünschen Ihnen glückliche, frohe Feiertage (Komma!).
Wir wünschen Ihnen ein glückliches neues Jahr (kein Komma, *neues Jahr* ist e i n Begriff).

5. Welche Zahlwörter stecken in *Eimer* und *Zuber*? **Etymologie**

Ein E i m e r ist ein Gefäß, das an e i n e m Henkel g e t r a g e n wird. *Eimer*
Eimer geht zurück auf das alte Wort *eimbar*. Das setzt sich zusam- *Bahre*
men aus *ein*, dessen *n* sich dem folgenden *b* als *m* angeglichen hat, *Tragbahre*
und aus *bëren* = tragen. *bëren* ist uns als Zeitwort nicht mehr geläu- *fruchtbar*
fig, aber es hat sich in manchem anderen Wort versteckt. Da ist zum *gebären*
Beispiel die *Bahre* = Trage; eine *Tragbahre* ist, sprachlich gesehen,
ein Doppelmops. Was Frucht trägt, ist frucht*bar*. Im Englischen hat
sich das alte Wort *bëren* als *bear* = ‚tragen' und ‚gebären' erhalten. *Zuber*
zwei
Ein Z u b e r ist eigentlich ein Gefäß, das (von zwei Personen) an *Zwiespalt*
z w e i Henkeln g e t r a g e n wird. Der Name kommt von dem alten *Zwietracht*
Wort *zuibar*, auch *zwibar* geschrieben. In der ersten Silbe *zwi* steckt *Zwielicht*
unser Zahlwort *zwei*. Wir sagen heute noch *Zwiespalt, Zwietracht,* *Zwiegespräch*
Zwielicht und *Zwiegespräch*, wir sprechen von *Zwillingen* und vom *Zwillinge*
Zwieback, der im Gegensatz zum ‚Einback' von zwei Seiten gebak- *Zwieback*
ken wird. *Einback*

6. Wo steckt hier der Fehler, in der Anschrift oder im Absender?

H. Schwarzkopf
Schillerstraße 34
1000 Berlin 19

                    Frau
                    Elisabeth Müller
                    Heilbronnerstraße 52
                    7000 Stuttgart 1

In der Anschrift stimmt etwas nicht.

 Straßennamen auf *-er*, die von Ortsnamen abgeleitet wurden, werden **Straßennamen**
getrennt.

Die Straße, die in Richtung Heilbronn führt, ist darum – richtig
geschrieben – die H e i l b r o n n e r S t r a ß e. Bei *Schillerstraße* endet
zwar das Bestimmungswort auch auf *-er*, doch leitet sich der Name
nicht von einem Ort namens „Schill" her (den gibt es nämlich nicht),
sondern von einer nicht ganz unbekannten Persönlichkeit namens
‚Schiller'.

Silbentrennung

7. Wie trennt man am Zeilenende? Bitte nur die Hauptfugen kennzeichnen.
Signal – Pädagogik – Atmosphäre – Interesse – herüber – Ehe – Schützenfest – Katzen – beobachten – Zucker

Si-gnal, Päd-agogik, Atmo-sphäre, Inter-esse, her-über, Schützen-fest, Kat-zen, beob-achten, Zuk-ker
Ein so kurzes Wort wie *Ehe* bleibt ungetrennt.

8. Wieso hat in mancher Ehe die Frau *die Hosen* an, obwohl sie – abgesehen vom Höschen – nur *eine* oder *keine Hose* trägt?

Hose

Eine Antwort darauf gibt weder die Tiefenpsychologie noch die Grammatik, wohl aber die Kulturgeschichte. Im Mittelalter war *Hose* der Name für einen langen Strumpf, der mit Schnürbändern an der Bruoch befestigt wurde; die Bruoch war eine Art Lendenschurz. Als man dazu überging, Beinlinge und Bruoch zusammenzunähen oder aus einem Stück anzufertigen, übertrug sich der Name der beiden Beinlinge (der beiden Hosen) auf das g a n z e Kleidungsstück.

9. Ist *Fontanelle* der Name eines hundert Jahre alt gewordenen französischen Schriftstellers oder eines deutschen des 19. Jahrhunderts, oder ist *Fontanelle* eine Knochenlücke im kindlichen Schädel, ein Springbrunnen oder weiches Zuckerwerk?

Eine K n o c h e n l ü c k e im kindlichen Schädel. Der französische philosophische Schriftsteller, dessen Name so ähnlich klingt, hieß *Fontenelle* (1657–1757), der deutsche, in Berlin und der Mark Brandenburg zu Hause gewesene: Theodor *Fontane* (1819–1898). Ein Springbrunnen ist eine *Fontäne*, und *Fondant* ist der Name der Näscherei.

10. Dreht sich die Sonne scheinbar oder anscheinend um die Erde?

Die Sonne dreht sich nur s c h e i n b a r um die Erde, in Wirklichkeit tut sie es nicht.

scheinbar
anscheinend

scheinbar = nur dem Schein nach, entspricht nicht der Wirklichkeit;
anscheinend = hat den Anschein, als ob es der Wirklichkeit entspräche.

Nun, wie haben Sie abgeschnitten? Nicht berühmt? Es waren aber auch ein paar knifflige Fragen dabei. Wer über 40 Punkten liegt, hat wahrscheinlich ein bißchen gemogelt. Bei 35 (ehrlich gezählten!) Punkten können Sie sicher sein, daß Sie sich in Ihrer Muttersprache besser auskennen als mancher andere. Zwischen 20 und 30 Punkten – das wäre noch ein annehmbares Ergebnis. Bei einer darunterliegenden Punktzahl haben Sie zwei Möglichkeiten: Entweder Sie klappen das Buch zu – oder Sie lesen weiter.

Wieviel Wörter hat die deutsche Sprache?

Sprachbetrachtung unter besonderen Gesichtspunkten

Die Schätzungen gehen weit auseinander; genaue Zählungen liegen noch nicht vor.
Schuld daran, daß wir nicht wissen, wieviel Wörter die deutsche Sprache hat, ist die deutsche Sprache selbst. Daß es auch mit hochentwickelten technischen Hilfsmitteln nicht leicht sein dürfte, unser Wortgut l ü c k e n - l o s zu erfassen, sieht wohl jeder ein. Aber das Hauptproblem steckt woanders. Man weiß nicht, was man als deutsches Wortgut zählen soll; man weiß nicht recht, was das eigentlich ist: deutsche Sprache.

> Der immer komplette Deutsche kann leichter jedes Buch vollständig schreiben als ein Wörterbuch seiner Sprache.
> JEAN PAUL (1763–1825)

Sicher schütteln Sie jetzt den Kopf und sagen sich: „Was ‚Deutsch' ist, weiß doch jedes Kind: die Sprache, die in Deutschland, Österreich und der Schweiz gesprochen und verstanden wird." Stimmt, so viel weiß jedes Kind. Aber wie ist das nun eigentlich, wenn Sie – sagen wir – in Reutlingen aufgewachsen sind und nach Hamburg umziehen – hano, moinet denn ir, die an dr Alschtr verschtandet, was ir do schwätzet? Und doch spricht man in Reutlingen und in Hamburg deutsch. So einfach, wie es auf den ersten Blick scheint, läßt sich nicht sagen, was deutsche Sprache ist.

Sehen wir uns zuerst das Wort *deutsch* an. Es läßt sich zurückführen auf ein germanisches Wort, das ‚Volk' bedeutet. Um das Jahr 1000 lautete dieses Wort *diot*, um 1300 *diët*; in den Vornamen *Diet*er, *Diet*mar, *Diet*rich, *Diet*linde, *Det*lev u. a. lebt es heute noch. Zum Hauptwort *diot* gehörte das Eigenschaftswort *diutisk*, zu *diët* gehörte *diutsch* (gesprochen: *dütsch*) oder *tiusch*; *deutsch* bedeutete also ‚dem Volke eigen', ‚volkstümlich'. Die deutsche Sprache war die volkstümliche Sprache, die Sprache des Volkes. Sie wurde von Bauern, Handwerkern und Söldnern gesprochen; die Gelehrten, die Pastoren und die Gebildeten unter den Fürsten sprachen und schrieben Latein.

Etymologie
deutsch
Dieter
Dietmar
Dietrich
Dietlinde
Detlev

Die Kluft zwischen der Sprache des Volkes und der Sprache der Gelehrten versperrte dem einfachen Mann jahrhundertelang den Zugang zur Bildung. Noch 1765 erschien die LEIPZIGER ZEITUNG zweisprachig, lateinisch und deutsch! Als der Leipziger Universitätsprofessor Thomasius (1655–1728) als erster es wagte, Vorlesungen in deutscher Sprache zu halten, wurde er seines Amtes enthoben. Unter dem Geläut des Armesünderglöckchens mußte er Leipzig verlassen. – Inzwischen hat das Lateinische immer mehr an Boden verloren. Allerdings sind noch viele Fachausdrücke der Wissenschaft, namentlich der Pflanzenkunde und der Medizin, aber auch der Grammatik, lateinisch. Weil das aber nicht nur bei uns so ist, sondern bei allen Kulturvölkern, ist das für Fachleute auch wieder sehr praktisch. Mit Hilfe lateinischer Fachausdrücke können sich z. B. deutsche und südamerikanische Botaniker schneller verständigen.

deutsch hängt mit *deutlich* zusammen; daran erinnert eine alte Redensart. Wer mit jemandem deutsch redet, der sagt ihm unmißverständlich die Meinung.

Von diesen spärlichen Resten abgesehen, wird heute in Deutschland in deutscher Sprache gelehrt, geschrieben und gedruckt. Leider ist aber heutzutage gedrucktes Deutsch oft alles andere als volkstümlich. So mancher, der heute den Wirtschaftsteil einer Zeitung liest, ist kaum besser dran, als es sein Ur-Ur-Ur-Urgroßvater war, dem die LEIPZIGER ZEITUNG die neuesten Begebenheiten aus dem Siebenjährigen Krieg in lateinischer Sprache vorsetzte.

Wenn nun das Deutsche im Gegensatz zu seinem Namen nicht mehr die Sprache des „einfachen Volkes" ist – was ist es dann? Vielleicht kommen wir der Antwort näher, wenn wir unsere Sprache unter verschiedenen Blickwinkeln betrachten.

Aus der Geschichte unserer Sprache

Betrachten wir unser Deutsch zuerst mit den Augen eines Sprachgeschichtlers. So ein Mann befaßt sich mit der Entwicklung der deutschen Sprache von ihren Anfängen bis zur Gegenwart. Dabei unterscheidet er vier große Sprach-Epochen:

> Althochdeutsch (750 bis 1050)
> Mittelhochdeutsch (1050 bis 1350)
> Frühneuhochdeutsch (1350 bis 1650)
> Neuhochdeutsch (seit 1650)

Die ältesten uns bekannten deutschen Texte stammen aus der Zeit um 800. Sie wurden von Mönchen verfaßt oder aufgeschrieben und sind nur spärlich überliefert. Von Karl dem Großen erzählt man, er habe, obgleich er Latein sprach und Griechisch verstand, erst als älterer Mann schreiben gelernt.

unterzeichnen

Vordem habe er Schriftstücke nicht unterschrieben, sondern unterzeichnet. Und das hat so ausgesehen:

vom Schreiber vorgezeichnet   von Kaiser Karl ergänzt

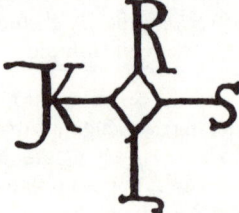 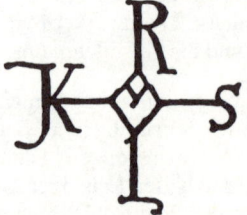

Eine kleine Raute und ein kurzes Strichlein dran – und der Namenszug *Carolus* war vollzogen.

althochdeutsch

Ließe sich's einrichten, daß ein Zeitgenosse Kaiser Karls uns einen Besuch abstattete, wir würden ohne althochdeutsches Wörterbuch seine Sprache nicht verstehen. Der *Papst* war der *bābes*, unserm Gott hieß *gode unserēmo*, und der *Teufel* ist uns als *tiufal, diufal, tiufil, tiubil, diobol, diubil* und *tiefel* überliefert – eine einheitliche Rechtschreibung gab es ja damals noch nicht.

mittelhochdeutsch

Das Mittelhochdeutsche klingt uns schon vertrauter. Es ist die Sprache Walthers von der Vogelweide und Wolframs von Eschenbach. Auch die großen Heldenepen, das Nibelungen- und das Gudrunlied, wurden in dieser Epoche niedergeschrieben. Hier als kleine Sprachprobe aus der Zeit um 1200 die erste Strophe des Nibelungenliedes:

ALTES, MITTELALTERLICHES, VERALTENDES

> Uns ist in alten mæren wunders vil geseit
> von helden lobebæren, von grôzer arebeit,
> von fröuden, hôchgezîten, von weinen und von klagen,
> von küener recken strîten muget ir nu wunder hœren sagen.

Im Mittelalter schrieb man die Hauptwörter klein; ihre Großschreibung ist eine Errungenschaft späterer Jahrhunderte.

1827 übertrug der Dichter und Germanist Karl Simrock das Nibelungenlied in die Sprache seiner Zeit. Hier die erste Strophe:

> Viel Wunderdinge melden die Mären alter Zeit
> Von preiswerten Helden, von großer Kühnheit,
> Von Freud' und Festlichkeiten, von Weinen und von Klagen,
> Von kühner Recken Streiten mögt ihr nun Wunder hören sagen.

Sehen Sie, das ist der Grund, weswegen unserer Sprache mit statistischen Mitteln so schwer beizukommen ist. Sprache lebt, sie ändert sich, sie läßt sich nicht festhalten. Vor 165 Jahren konnte ein hochgeachteter Germanist von „preiswerten Helden" schreiben, ohne daß an dieser Wendung auch nur ein einziger Zeitgenosse Anstoß genommen hätte. Und heute? Wohl niemand, der nicht darüber lachen muß. Das Wort *preiswert* wurde im Laufe der letzten hundert Jahre in seiner Bedeutung derart eingeengt, daß wir es heute nur noch auf billig angebotene Ware beziehen.

preiswert

An Wörtern, die im Wörterbuch sozusagen sich selbst überleben, ist unsere Sprache nicht arm. Sollte man diese sterbenden Wörter wirklich zum lebendigen Wortgut zählen? Da ist z. B. der *Jüngling*, der sich früher sprachlich so geschickt zwischen ‚Knabe' und ‚Mann' einschieben ließ. Wer spricht heute noch von ihm? Zuweilen wird in Stellenanzeigen aus der deutschsprachigen Schweiz noch ein „intelligenter Jüngling" gesucht; in Deutschland selbst gibt es nur junge Männer oder Twens. Auch der *Knabe* ist aus der Alltagssprache nahezu verschwunden. Er fristet sein Dasein kümmerlich als *Chor-, Sänger-* und *Musterknabe*, umgangssprachlich auch als „alter Knabe". Kaufhäuser preisen hier und da noch *Knabenanzüge* an, und nur Mediziner und Statistiker sprechen durchweg von *Knabengeburten*. Warum ein bestimmtes Wort *verschillt* (um eine gänzlich verschollene Form eines seltenen Wortes zu gebrauchen), ist schwer zu sagen. Oft hat allzu häufiger Gebrauch ein solches Wort abgegriffen und fadenscheinig gemacht. Umschichtungen der Werte kommen hinzu. Dürfen wir *weilen* noch zum lebendigen Sprachgut rechnen? Vor einem Vierteljahrhundert hätte ich auf die Frage geantwortet: „Kaum. Wer in Baden-Baden zur Kur weilt, muß entweder sehr alt und sehr berühmt oder sehr reich sein, zumindest sehr reich gewesen sein. Die andern weilen nicht zur Kur, sie fahren in den Schwarzwald, verbringen dort ihren Urlaub oder sind zur Erholung in (der Nähe von) Baden-Baden. Auf keinen Fall darf aber Kollege Kunze im Landheim seines Betriebes zur Erholung weilen. Die vom Betriebsrat befürwortete Erholungsreise verträgt sich nicht mit dem Wort *weilen*, das einer gehobeneren Stilschicht, einer sogenannten besseren Gesellschaft und einer mit ihr untergegangenen Zeit angehört." Die Tageszeitung FRANKFURTER ALLGEMEINE vertrat im April 1966 die gleiche Auffassung. In einer Sprachglosse erinnerte sie daran, daß ein Schauspieler, der an einer fremden Bühne gastierte, in Kollegenkreisen scherzhaft als „Mauerweiler" galt, weil das Lokalblatt jener Gastspielstadt von ihm zu berichten pflegte: „...weilt seit gestern als Gast in unsern Mauern." Das Wort *weilen*, so hieß es weiter,

veraltende Wörter

Jüngling

Knabe

weilen

> Was langsam veraltet, gilt bald als gehoben.
> UWE FÖRSTER

„wurde zu oft als gehobener Ausdruck gebraucht, mehr und mehr als pathetisch empfunden, darum zum Spaß verwendet, also umgewertet, abgewertet, entwertet. Vom Erhabenen zum Lächerlichen war auch hier nur ein Schritt. Und Lächerlichkeit bringt nicht nur Leute, sondern auch Wörter um; zuweilen, wie das nun einmal so geht, die falschen."

Dieser Grabgesang erschien ein paar Jahre zu spät. Das totgesagte Wort hatte inzwischen unbemerkt fröhliche Urständ gefeiert, und zwar gesamtdeutsch. In Ost und West weilt man heute nicht nur im Urlaub oder irgendwo zur Erholung oder im Ausland, nein, man weilt auch da, wo man Wichtigeres zu tun hätte:

„Ein junger deutscher Arzt *weilte* als Gast in einer südindischen Klinik",

berichtete die Wochenzeitung CHRIST UND WELT im Vorspann des Abdrucks seiner Aufzeichnungen über Indiens ärztliche Probleme. Und die LEIPZIGER VOLKSZEITUNG schrieb:

„Die Zahl der Besucher der Leipziger Messen geht ja in die Millionen, und Vertreter fast aller Nationen *weilten* als Aussteller, Käufer oder Besucher hier bei uns."

Woher im Messegetriebe Aussteller und Käufer Zeit und Ruhe zum Weilen nehmen sollten, scheint die jüngere Publizistik nicht zu kümmern, ungeniert gebraucht sie das begrifflich an Muße und Beschaulichkeit gebundene *weilen* für ‚sich aufhalten', ‚sich befinden', ‚besuchen' oder ‚sein'.

„Drei Löschzüge der Feuerwehr *weilten* bereits seit fünf Minuten am Brandort, bevor die Hausbewohner das Feuer bemerkten."

Zu solchen stilistischen Fehlgriffen kann es nur kommen, weil vielen weder die eigentliche Bedeutung von *weilen* bekannt ist noch der Vorbehalt, den sprachlich Geschulte der Verwendung des Wortes entgegenbrachten und entgegenbringen. Die Frage für uns ist nur: weilen die Wörter *weilen* und *verweilen* noch unter den lebenden – oder weilen sie schon wieder? Darf man so halblebige Geschöpfe dem deutschen Wortgut von heute zurechnen? Ich würde sagen: ja.

Ein bißchen Sprachgeographie

Genauso, wie wir eben versucht haben, sprachliche Vorgänge mit den Augen eines Historikers zu betrachten, könnten wir unsere Sprache mit den Augen eines Geographen sehen. Dann würden wir eine Grenze wahrnehmen, die mitten durch Deutschland verläuft, nicht von Norden nach Süden, sondern quer von Westen nach Osten, etwa von Aachen über Magdeburg bis südlich von Berlin. An dieser West-Ost-Furche machte vor rund tausend Jahren eine merkwürdige sprachliche Erscheinung halt, die von der Sprachwissenschaft hochdeutsche Lautverschiebung genannt wird.

hochdeutsche Lautverschiebung

Vor langer, sehr langer Zeit hatten die Bayern angefangen, die Mitlaute anders auszusprechen. So sagten sie statt ‚p' jetzt ‚pf' oder ‚f', ‚t' verschob sich beim Sprechen zu ‚z‘, ‚tz‘, ‚s‘ oder ‚ss‘, und ‚k‘ wurde zu ‚ch‘ verändert. Wieso die Mitlaute ins Rutschen kamen, können sich selbst Fachleute nicht erklären. Fest steht, daß die Lautverschiebung im Gebirge ihren Anfang nahm. Man fragt sich allen Ernstes, ob vielleicht beim Bergsteigen die Menschen so ins Schnaufen gekommen seien, daß sie unter Atemnot die Mitlaute haben anders aussprechen müssen. Wie dem auch sei, die Alemannen machten es den Bayern nach, und im Laufe der folgenden Jahrhunderte ergriff diese Lautverschiebung alle deutschen Stämme südlich der Grenze Aachen–Berlin. Der Norden hat einen älteren, unverschobenen Lautstand bewahrt. Kennzeichnend für den Norden sind Formen wie *Dorp, Pund, slapen, dat, wat, Tid, setten* und *maken*; sie wurden im süddeutschen Sprachraum zu *Dorf, Pfund, schlafen, das, was, Zeit, setzen* und *machen* verschoben. Im Süden ißt man *Äpfel* und raucht *Pfeife*, im Norden ißt man *Äppel* und raucht *Piepe*; im Süden heißt es *ich* und *Wasser*, im Norden *ik* und *Water (Waterkant)*. Vereinfachend kann man sagen, daß die West-Ost-Furche das hochdeutsche Sprachgebiet im Süden vom niederdeutschen Sprachgebiet im Norden trennt.

Hochdeutsch und Niederdeutsch sind nicht zwei Mundarten, sondern zwei Sprachen. Dem Hochdeutschen, das sich vor rund 1200 Jahren aus dem Westgermanischen gegen das Angelsächsische und das Niederdeutsche ausgliederte, gehören zwei große Mundartgruppen an: das Oberdeutsche (das sich aus dem Bairisch-Österreichischen, dem Alemannischen und Teilen des Fränkischen zusammensetzt) und das Mitteldeutsche (das vom Mittel- und Rheinfränkischen, vom Thüringischen, Sächsischen und Schlesischen gebildet wird). Das Niederdeutsche lebt fort im Holländischen – *Dutch*, das englische Wort für ‚holländisch‘, ist eine Variante des Wortes *deutsch* –, im Flämischen und im Plattdeutschen. Das Niederdeutsche ähnelt teilweise der englischen Sprache mehr als dem Hochdeutschen, weil das Englische genausowenig wie das Niederdeutsche von der hochdeutschen Lautverschiebung erreicht wurde. Man muß sich einmal überlegen, was das heißt: Wenn nicht das Hochdeutsch des im Mittelalter kulturell überlegenen Südens auch für das niederdeutsche Sprachgebiet verbindliche Schriftsprache geworden wäre, hätte es vielleicht niemals ein politisch geeintes Deutschland gegeben. Menschen, die verschiedene Sprachen sprechen, lassen sich schwer unter einen Hut bringen.

Uns ist in diesem Zusammenhang wiederum die Frage interessant, ob bei einer Zählung des deutschen Wortguts nicht auch das Niederdeutsche zu berücksichtigen sei. So mächtig sich nämlich das Hochdeutsche erwiesen hat, nicht alle Spuren des Niederdeutschen hat es vertilgen können. Ausdrücke der Seemannssprache müssen ursprünglich dem Hochdeutschen fremd gewesen sein, denn *Klippen, Deiche, Ebbe* und *Bernstein* gibt es nur an der See, und auch die Ausdrücke *Strand* und *Ufer* drangen erst im Spätmittelalter von Norden nach Süden. Ein Süddeutscher konnte sich unter *Tran* und *Teer, Bagger* und *Stapel, Flagge, Kajüte* und *Flotte* aber auch gar nichts vorstellen. Erst als er auf Reisen in den Norden oder durch Hörensagen diese Dinge kennenlernte, übernahm er mit den Dingen ihre niederdeutschen Bezeichnungen. Uns sind diese Namen heute geläufig; wir müssen erst mit der Nase drauf gestupst werden, um zu merken, daß sie niederdeutscher Herkunft sind. Und doch liegt die Zeit, als sie zum erstenmal in unserer hochdeutschen Schriftsprache auftauchten, noch gar nicht weit zurück. Vor dem 16. Jahrhundert hatte keines dieser Wörter die Lautverschiebungsgrenze Aachen–Magdeburg–Berlin in Richtung Süden überschritten.

Hochdeutsch und Niederdeutsch

Befragt, was Plattdeutsch sei, antwortete der niederdeutsche Erzähler Rudolf Kinau (1887–1975): „Up een'n Breef ut Sweden: Wat Plattdütsch ook 'n Sprok wir (so as Hoochdütsch) oder blooß 'n Dialekt? hebb ick trückschreben: ‚Plattdütsch is 'n Sprok, Hoochdütsch is man blooß 'n Dialekt!"

Schildpatt

paddeln

Wer denkt schon daran, daß er statt *Schildpatt* eigentlich ‚Schildkrot' sagen müßte, wenn er sich hochdeutsch ausdrücken wollte? *Schildpatt* nennt man die getrockneten Hornplatten der Schildkröte. *Kröte* heißt im Niederdeutschen *Padde*. Das wiederum läßt uns an *paddeln* denken, das aber nicht niederdeutschen Ursprungs ist, sondern aus dem Englischen entlehnt wurde.

Mundartliches

Dialekte

Mundarten grenzen ein, Gemeinsprache schlägt Brücken.

Wir können unser Deutsch nicht vom sprachgeographischen Standpunkt aus erfassen wollen, ohne an die Mundarten (Dialekte; griech. *dialektos* = Mundart) zu denken. Mundarten sind nicht verfälschte Schriftsprache, wie manch einer irrtümlich annimmt. Im Gegenteil, sie sind viel älter als unsere gemeinsame Schriftsprache, die erst in der Überwindung der Mundarten entstand. Landschaftsgebundene Sprache hatte jahrhundertelang Barrieren gesetzt: Am Bodensee sprach man alemannische Mundarten, am Niederrhein mittelfränkische. Die waren so unterschiedlich, daß man sich in ihnen schwer verständigen konnte. ‚höchst' zum Beispiel hieß bei den Schwaben *hoherost*, bei den Rheinländern *hoste*; für ‚Zoll' sagten die einen *mute*, die anderen *tol*. Eine das ganze Reich umfassende überregionale Verkehrssprache setzte sich erst im Spätmittelalter durch. Die Mundarten konnten sich so lange „unverfälscht" erhalten, weil jedes Ländchen durch Zollschranken vom Nachbarn abgeriegelt war und vielfach die Fürsten ihren Landeskindern die Ehe mit Fremden nicht erlaubten.

Die Zeiten haben sich geändert. Doch wehe dem Schriftsteller, der in München seine Heldin Blumenkohl statt *Karfiol*, in Stuttgart Johannisbeeren statt *Träuble* und in Wien Aprikosen statt *Marillen* kaufen läßt! Legt er Wert auf getreue Lokalfärbung, muß er z. B. genau überlegen, ob er den

Flur

Flur der Wohnung, die er beschreibt, als *Diele, Eingang, Entree, Eren, Ern, Fletz, Flur, Gang, Haustenne, Korridor* oder *Vorplatz* zu bezeichnen hat. Will er aber ein Kochbuch verfassen und überall in deutschen Landen verstanden werden, darf nicht von *Bibbeleskäs, Glumse, Gugger, Hopf, Hotte, Käseschmer, Käsle, Luggeleskäs, Matten, Matz, Mutz, Quieke,*

Quark

Schotten, Topfen, Trebach, Trontere, weechem Kees, Weißkäse oder *Wrungel* die Rede sein, das gäbe schönen Q u a r k.

Zu einer Zeit, als es noch Straßenbahnschaffner gab, arbeitete ich an einer in Zürich erscheinenden Zeitschrift mit. Das hatten wir so arrangiert: ich schrieb, der Redaktor schrieb um, und hinterher konnte ich lesen, wie ich hätte schreiben müssen, damit es nicht gar so hochdeutsch wirkt. Wenn im Manuskript stand:

Schweizerisches

Hat Ihnen der Schaffner in der Straßenbahn nicht gesagt, Sie müßten an der nächsten Haltestelle umsteigen?

Für *Schaffner* sagen die Schweizer auch noch *Kondukteur*.

dann nahm sich das gedruckt so aus:

Hat Ihnen der Billeteur im Tram nicht gesagt, Sie müßten an der nächsten Haltestelle wechseln?

Als das Volksstück „Das Geld liegt auf der Bank" des Berliner Autors Curth Flatow in Wien aufgeführt werden sollte, mußte es auch erst einmal für die Wiener aufbereitet werden. Flatow darüber im TAGESSPIEGEL:

„Uns Deutsche verbindet ja so viel mit Österreich – außer der Sprache. Das muß auch mein ‚Nachdichter' so empfunden haben. Als witziger Mann erfand er die amüsante Formulierung: ‚Aus dem Deutschen ins Österreichische übersetzt von Hans Weigel.' Da wurde dann der Geldschrank zur Panzerkasse, das Miethaus zur Zinskaserne, die Stehbierhalle zur Stehweinhalle..." Und diese Textstelle des Berliners

Österreichisches

> Der Nachtwächter war keine fünfzig Meter entfernt! Da wären wir dran gewesen. Wolfgang, meine Hausschuhe...

hört sich in der österreichischen Version so an:

> Der Wach- und Schließwachtel war keine fünfzig Meter weit von uns. Da wären wir im Kübel gewesen. Hugo, meine Patschen!

Wo Menschen zusammenkommen, die verschiedene Mundarten sprechen, kann man eine sprachliche Angleichung beobachten. In der Regel wird der *Zugereiste* (wie die Bayern ihn nennen), der *Reingeschmeckte* (wie er im Schwabenland heißt), der *Quittje* (der nach Hamburg Zugezogene) oder der *Hergeflogene* (so im Odenwald) unwillkürlich seine Sprache der neuen Umgebung anpassen. Umgekehrt wird ein Witz daraus: Jan, ein Berliner Knirps, verbringt die Ferien bei Verwandten in der Pfalz. Als die Schule wieder anfängt, fragt ihn der Lehrer: „Nun, Jan, kannst du jetzt die Pfälzer Mundart?" Darauf Jan: „Nee, aba det janze Dorf berlinat."

Ermahnung eines schwäbischen Schulmeisters: „Man sagt nicht: *Ma secht.* – Ma secht: *Man sagt.*"

Mundart galt lange Zeit als Bildungshemmnis. „Sprich anständig!" mahnten Mütter und Lehrer und meinten damit: Sprich hochdeutsch! Das änderte sich Ende der siebziger Jahre. Von den Alpen bis zur Waterkant war Mundart plötzlich in. Die Norddeutschen konnten wieder ungeniert *schnacken* und *klönen*, die Emsländer *proten*, die Westfalen *küern* und die Schwaben das tun, was sie seit eh und je ohne schlechtes Gewissen getan haben: *schwätze*. Lieder und Gottesdienste in Mundart wurden Mode, Zeitungen druckten Mundartgedichte, die Werbung sprach Noch-nicht-Kunden in heimeliger Mundart an, und Psychologen empfahlen die gefühlsbetonte heimische Sprechweise sogar als Mittel gegen Streß. Aber wie das mit der Mode so ist – sie verschwindet unbemerkt und macht Neuem Platz, auch wenn das Neue etwas Uraltes ist. Heute gewinnt wieder die Einsicht an Boden, daß Mundart ausgrenzt, zumindest aber die Verständigung mit Außenstehenden unnötig erschwert. Wer vom Dorf in die Großstadt zieht, macht nichts falsch, wenn er neben mancher lieben Gewohnheit auch seinen Dialekt daheim läßt und fortan, wie man im Schwabenland sagt, nach der Schrift spricht. Oft gelingt das in so erstaunlichem Maße, daß man dem Sprecher nicht mehr anmerkt, aus welcher Gegend er stammt. Nur in unkontrollierten Augenblicken, wenn er sich freut oder in Wut gerät, fällt er in die heimatliche Mundart zurück. Merkwürdig, in welch tiefen Bewußtseinsschichten unsere Sprache wurzelt. Wenn Sie eine Fremdsprache lernen, werden Ihre Fremdsprachenkenntnisse so lange angehäuftes Vokabelwissen bleiben, bis Sie sich selbst im Traum in der fremden Sprache reden hören.

Der Dialekt ist das Element, das aus der Seele spricht.
GOETHE

In Stuttgart gehört und gesehen (zu einer Zeit, als das Straßenbahnfahren noch gemütlicher war): Ein junges Mädchen läuft hinter der anfahrenden Straßenbahn her. Im letzten Moment springt sie auf. Ein älterer Herr hilft ihr in den Wagen und erkundigt sich freundlich: „Hano, Mädle, hascht arg saue misse?" Daraufhin sie, noch ganz atemlos: „Menschenskind, bin ick jepeest!" *saue(n)* oder *springe(n)* sagt man im Schwabenländle und *peesen* oder *atzen* in Berlin und Umgebung für ‚schnell laufen'.

Für uns ergibt sich hier wieder die Frage, ob man bei einer Zählung des deutschen Wortguts solche idiomatischen Ausdrücke erfassen sollte oder besser nicht.

Koseformen und kurzlebige Wörter

Mädchen

Mädel, Maderl, Mädle, Maidle, Meitli, Mäken, Meechen – sind das nun zusammen mit *Mädchen* acht verschiedene deutsche Wörter, oder handelt es sich um ein Wort mit sieben mundartlichen Entsprechungen? Ja, wir können sogar noch weiter gehen und fragen, ob *Mädchen* überhaupt als selbständiges deutsches Wort anzusehen sei. Wer Lessings Dramen liest, weiß, woher das Mädchen kommt. Lessing schrieb nämlich noch *Mägdchen*. Ein Mädchen ist also eigentlich eine kleine Magd. Sind ursprüngliche Verkleinerungsformen oder Diminutive (lat. *deminuere* = vermindern) als selbständige deutsche Wörter zu zählen?

Etymologie

Diminutive

In der Zeit des Nationalsozialismus hießen die Angehörigen des weiblichen Arbeitsdienstes *Arbeitsmaiden*, die Nachrichtenhelferinnen *Blitzmädel* – zwei Namen, die heute schon wieder aus unserem Wortschatz verschwunden sind. Sind das also keine deutschen Wörter mehr?

Nulltarif

Wie ist das überhaupt mit den Bildungen, die zwar dem zur Zeit aktuellen Wortbestand angehören, aber erst seit kurzem im Duden zu finden sind? Nehmen wir ein Wort wie *Nulltarif*. Werden wir in zehn Jahren den Nulltarif haben oder vergessen haben? Ich tippe auf „vergessen haben". Dürfen wir solche „sprachlichen Eintagsfliegen" überhaupt unserm heutigen Wortbestand zurechnen? Fragen über Fragen.

Deutsch, wie es nicht im Buche steht

Wir können unser Deutsch auch einmal mit den Augen eines Ausländers betrachten, der jahrelang in seiner Heimat die deutsche Sprache studiert hat. Bei seinem ersten Besuch in Deutschland muß er feststellen, daß er die Deutschen kaum versteht; sie sprechen ein anderes Hochdeutsch, als ihm beigebracht worden ist. Er hat gelernt, es heiße:

> Ich habe meine Manschettenknöpfe verlegt. Hast du sie gesehen? Würdest du so freundlich sein, mir suchen zu helfen?

Und wie drücken wir das aus?

> Hast du nicht meine Manschettenknöpfe gesehen? Die sind einfach weg, spurlos verschwunden. Such doch auch mal mit.

Er ist mit einem Sack voll deutscher Vokabeln nach Deutschland gekommen, aber ein großer Teil dieser Vokabeln nützt ihm nicht viel. Sicher, die

Deutschen verstehen ihn schon, aber sie selbst drücken sich ein bißchen anders aus. Wenn jemand sich mit ihm einen Scherz erlaubt, dann sagt er:

> Sie spaßen, Sie belieben zu scherzen, mein Herr, Sie treiben Ihren Ulk mit mir.

Auf (großstadt)deutsch heißt das:

> Mann, Sie wollen mich wohl aufziehen, verkohlen, veräppeln; Sie wollen mich doch nicht auf den Arm nehmen oder durch den Kakao ziehen?

Diese oft sehr bildkräftige Ausdrucksweise bezeichnen wir als U m g a n g s - s p r a c h e , ist sie auf bestimmte soziale Gruppen beschränkt, auch als J a r g o n . Den Begriff ‚Umgangssprache', auch A l l t a g s s p r a c h e , hält heute so mancher für anfechtbar, weil ein Fließbandarbeiter angeblich einen anderen Umgang hat als ein Zahnarzt und der Alltag einer Verkäuferin im Supermarkt anders abläuft als der einer Mathematiklehrerin – mir scheinen beide Begriffe als Kriterien für die Grobeinteilung recht brauchbar. Vielleicht könnten wir uns darauf einigen: Umgangssprache ist so, wie Schulmeister wollen, daß Schüler nicht schreiben – und wie Fachautoren schreiben müßten, um auch von Nichtfachleuten verstanden zu werden. Viele sehen in der Umgangssprache ein Zwischending zwischen Mundarten und Gemeinsprache, wobei sie unter G e m e i n s p r a c h e eine allgemein verständliche Verkehrssprache verstehen.

Als Gegenteil der Umgangssprache wird die H o c h - oder S t a n d a r d - s p r a c h e angesehen, sie ist frei von mundartlichen Einflüssen und umgangssprachlichen Wendungen. Die Standardsprache ist nicht eigentlich gesprochene Sprache, eher geschriebene Sprache, sie gilt als höchste Form der S c h r i f t s p r a c h e . Die Schriftsprache wiederum hat man nach ihren Anfängen benannt: Schriftsprache, weil sie einst die geschriebene Sprache war, im Gegensatz zur Mundart, der gesprochenen Sprache. Nur im Schriftlichen strebte man nach breiterer Verständlichkeit, nach allgemeiner Gültigkeit – was man sprach, blieb auch nach Luthers Zeit noch lange Mundart. Allmählich aber wurde die Schriftsprache nachgesprochen, zuerst vereinzelt von den Gebildeten bei besonderen Anlässen, dann immer häufiger von immer mehr Menschen. Dieser Übergang vollzog sich so unmerklich, daß es schwerfällt, ihn zu datieren. Aus der nachgesprochenen Schriftsprache entstanden Gemeinsprache und Umgangssprache. Im täglichen Leben, in unseren Geschäftsbriefen, in Versammlungen, in den Unterhaltungen während der Mittagspause und hier in diesem Buch haben wir es mit den letztgenannten Sprachformen zu tun. – Um auf unsere Ausgangsfrage zurückzukommen: Wieweit gehören umgangssprachliche Wendungen wie *verkohlen, durch den Kakao ziehen* zum deutschen Wortgut?

Umgangssprache
Jargon
Alltagssprache

Der Jargon bekräftigt die Gemeinschaft der Gleichsprechenden und grenzt diese aggressiv gegenüber denjenigen ab, die anders sprechen.
HERMANN GLASER

Gemeinsprache

Hochsprache
Standardsprache

Schriftsprache

Ist ‚Politik' kein deutsches Wort?

Wir könnten unsere Sprache auch durch die Brille eines Puristen betrachten, also eines Menschen, der sämtliche Fremdwörter am liebsten mit der nächsten Rakete auf den Mond befördern möchte. Auf deutsch nennt er sich Sprachreiniger. Nichts gegen seine guten Absichten, wir haben ihm und seinen Kollegen – Verzeihung, *Genossen!* – eine große Zahl brauchbarer

Fremdwörter

Die Mode mit all ihren Schöpfungen stammt aus Paris, während der Kleiderbrauch in Barnim bei Potsdam erfunden wurde.
H. J. RECHTMANN

Politik

Lehnwörter

Ball

Verdeutschungen zu verdanken. Nur darf er nicht das Kind mit dem Bade ausschütten. Wollte man ihm glauben, dürfte man das jedem bekannte Wort *Politik* nicht zum deutschen Wortgut zählen, denn es ist ein Fremdwort. Sprechen Sie aber einmal deutsch ohne dieses Wort! Wie sollte man es verdeutschen? *Politik* = Lehre von der Staatsführung. Was ist dann ein Politiker? Ein Lehrer von der Staatsführung? Und was ist ein Biertischpolitiker? Es gibt Fremdwörter, die sich nicht verdeutschen lassen. Wollten wir konsequent sein, dürften wir auch Wörter wie *Mauer, Fenster, Speicher, Küche, Keller* und *Schule* nicht als deutsche Wörter zählen. Als unsere Vorfahren bei den Römern aus Stein gebaute Häuser kennenlernten, übernahmen sie mit der Technik des Hausbaus auch die Bezeichnungen. Auch *mauern* und *Maurer, Mörtel* und *Kalk* sind lateinischer Herkunft. – Bisweilen fallen ein deutsches und ein fremdes Wort zusammen: *Ball* im Sinne eines runden Körpers, einer Kugel, ist schon im Althochdeutschen vorhanden; *Ball* in der Bedeutung ‚Tanzfest' wurde erst im 17. Jahrhundert aus dem Französischen entlehnt.

Des Dachdeckers Mönche und Nonnen

Fachsprache

Unsere Sprache hat viele Seiten. Wir könnten sie auch mit den Augen eines Fachmannes betrachten, der im Deutschen Institut für Normung (DIN) für die begriffliche Festlegung der F a c h a u s d r ü c k e verantwortlich ist. Wörter der Meßtechnik wie *Istwert, Sollwert, Regelstrecke* bleiben dem Laien fremder als manches Fremdwort, doch Fachwörter sollen ja auch nur Fachleuten untereinander zur schnellen Verständigung dienen. In der Sprache der Technik geht es immer um eindeutige Festlegung der Begriffe, damit Mißverständnisse von vornherein ausgeschlossen sind.

Kunstwörter

Plexiglas

Buna
Perlon

Größtmögliche Eindeutigkeit scheint gewährleistet, wenn eine neue technische Errungenschaft mit einem K u n s t w o r t bezeichnet wird. Kunstwörter lassen sich nach folgendem Rezept fabrizieren: Man nehme bekannte oder auch geheimnisvolle Wortteile, nach Möglichkeit aus den alten Sprachen, und füge sie so zusammen, daß das neue Wort keiner Sprache anzugehören scheint. Nach diesem Muster sind in den letzten Jahrzehnten viele neue Wörter entstanden, *Plexiglas* zum Beispiel. Das ist aber kein Glas, sondern ein Kunstharz, eigentlich ‚Flechtharz' (lat. *plexi* = ich habe geflochten). *Buna* ist eine Anlautbildung, der synthetische Kautschuk wurde so genannt nach den Bestandteilen *Bu*tadien und *Na*trium. *Perlon* (Grundwort *Perle* + griech. Endung *-on*) klang seinen Erfindern werbewirksamer als ‚Perlfaser'. *Konkord* erinnert an ‚Konkordia', ist aber kein auf neumodisch zugerechtgestutzter Vereinsname, sondern ein EDV-Programm für Sparkassen, ein *k*undenorientiertes System für *K*reditinstitute mit *O*n-line-Datenerfassung und *R*eal-time-*D*isposition. – Sind solche Kunstwörter nun als deutsche Wörter anzusehen? Sie klingen so international, daß sie nicht übersetzt zu werden brauchen.

Berufssprachen

Die alten Sondersprachen der verschiedenen Handwerkszweige kannten keine Kunstwörter. Zünfte und Innungen schöpften vielmehr aus dem Wortvorrat der Gemeinsprache. Sie statteten so manches gut bekannte Wort mit neuem Inhalt aus, was wiederum einem jeden Handwerksmann zu höherem Ansehen verhalf; denn durch die neue Bedeutung der Wörter besaßen er und seinesgleichen eine Art Geheimsprache, die je nach Lebensfähigkeit der einzelnen Handwerkszweige auch heute noch lebendig ist und sich etwa so anhört:

> Der Abstand der Nonnen ergibt sich aus der Breite der Mönche und ihrer sachgemäßen Mörtelbettung. Die Nonnen erhalten über der Nase einen Querschlag, auf dem die Nonnen der nächsten Schicht so aufgerieben werden, daß der Mörtel nach innen herausquillt. Die Mönche erhalten zwei schmale Längsschläge, ihr Kopf wird vor dem Aufsetzen mit Mörtel gefüllt.

Dies ist ein wörtlicher Auszug aus der „Verdingungsordnung für Bauleistungen", herausgegeben vom Deutschen Normenausschuß. Es geht um die Dachziegel *Mönch* und *Nonne*. Müßte man bei einer Erfassung des deutschen Wortguts Wörter wie *Mönch* und *Nonne* nicht zweimal zählen?

Mönch
Nonne

Leuchter lassen sich auf zweierlei Art versilbern

Schließlich gibt's noch einen Mann, der über unsere Sprache eine Menge zu sagen hat, den so oft zu Unrecht geschmähten Schulmeister. Was wären wir wohl ohne ihn? Betrachten wir unser Deutsch mit seinen Augen. Er macht uns auf Zusammensetzungen und Ableitungen aufmerksam und darauf, daß man mit Präfixen neue Wörter bilden kann. Wie halten wir's denn damit? Ob man *schreiben, anschreiben, abschreiben, beschreiben, verschreiben, unterschreiben, zuschreiben, aufschreiben, mitschreiben* als neun Wörter oder als e i n Wort zählt, ist auch so eine Frage.

Präfixe als Mittel der Wortbildung

> Es kann *vorkommen*, daß, wenn wir nicht mehr für sie *aufkommen*, unsere *Nachkommen* mit dem, was sie *bekommen*, also ihrem *Einkommen*, nicht *auskommen* und am Ende gar *verkommen*.

Wer so etwas in eine fremde Sprache zu übersetzen versucht, wird merken, daß er dort für fast jedes *-kommen* einen anderen Wortstamm braucht.

Und wie verfahren wir mit den vielen Wörtern in der Gemeinsprache, die ihrer Form nach gleich, ihrer Bedeutung nach aber sehr verschieden sein können? Der Fachmann nennt so ein mehrdeutiges Ding ein H o m o n y m (*Hom/onym* von griech. *hom-onymos* = gleichnamig). *Versilbern* und *versilbern* ist zweierlei, und es ist auch etwas anderes, ob ein Schüler sich *verschreibt* oder ein Arzt eine Medizin *verschreibt*, ob man eine Fensterscheibe oder einen Feldweg *einschlägt*. Der *Läufer* auf dem Fußboden und der *Läufer* auf der 400-Meter-Bahn, der (Tee-)*Kessel* und der (Tal-)*Kessel* haben nichts als ihren Namen gemein. Das *Anlaufen* des Silbers hat nichts mit dem *Anlaufen* eines Hafens zu tun, und beides zeigt wenig Berührungspunkte mit dem *Anlaufen* (= Ingangkommen) der Serienfertigung eines Artikels. Hinzu kommt, daß sich solche Wörter nicht nur ihrer Bedeutung nach unterscheiden, sondern oft auch ihrer Bildung nach gar nicht zusammengehören: *kosten* im Sinne von ‚schmecken' kommt von althochdeutsch *koston, kosten* mit der Bedeutung ‚einen bestimmten Preis haben' stammt aus lateinisch *constare* = ‚zu stehen kommen'.

Homonyme

Kennen Sie den? Der frühere baden-württembergische Ministerpräsident Lothar Späth kommt in eine schwäbische Buchhandlung und fragt nach Schillers Werken. Der Buchhändler erkundigt sich: „Welche Ausgabe?" Späth: „Da haben Sie auch wieder recht!"

kosten

Wo heute Wortgut über Datenverarbeitungsanlagen ausgezählt wird, werden statt Begriffen nur Lautformen gezählt. Auch Helmut Meier, Verfasser der berühmten „Deutschen Sprachstatistik", verfährt so: er zählt *liebe/ Liebe* und *recht/Recht* und *stand/Stand* und *macht/Macht* und sogar *weise/ Weise* und *würde/Würde* als jeweils nur ein Wort.

Fassen wir zusammen:

> Althochdeutsch – Mittelhochdeutsch – Neuhochdeutsch,
> Hochdeutsch und Niederdeutsch,
> Mundarten – Umgangssprache – Jargon,
> Gemeinsprache – Verkehrssprache – Schriftsprache,
> Hochsprache – Literatursprache,
> Lehnwörter – Fremdwörter – Kunstwörter,
> verschollene Wörter und aktueller Wortbestand,
> Fachsprache und Berufssprachen –

all das ist deutsche Sprache.

Gezähltes und Geschätztes

Nach diesen Überlegungen können wir die folgenden Zahlen nur unter Vorbehalt annehmen.

Der Wortbestand der deutschen Gemeinsprache wird auf 400000 Wörter geschätzt, davon 100000 Fremdwörter; jedes vierte Wort ist ein Fremdwort. Besonders groß ist der Anteil der Anglizismen, der Entlehnungen aus dem Englischen: Anfang der achtziger Jahre zählte man 80000.

Anglizismen

Wortgut der deutschen Sprache

Die Zahl 400000 für den Gesamtwortschatz ist eher zu niedrig als zu hoch. Zählt man den Fachwortschatz der Techniker, Wirtschaftsleute und Wissenschaftler und die eingetragenen Markennamen hinzu, kommt man auf weit über eine Million Wörter. Manche Forscher meinen sogar, unsre Sprache dürfte heute alles in allem 10 Millionen Wörter haben, weit über die Hälfte sind Fachwörter der Chemie.

Lexika verzeichnen davon nur einen kleinen Teil. Das einbändige Deutsche Universalwörterbuch enthält 120000 Stichwörter, das sechsbändige Deutsche Wörterbuch 220000 Stichwörter.

Neologismen
wörterbuchfähig

Und laufend kommen neue Wörter hinzu, nach jüngsten Schätzungen sind es jährlich 3400 Neologismen. Zum Glück sind davon nicht alle *wörterbuchfähig* – sowenig wie dieses von Lexikographen geprägte Neuwort, das bisher in keinem Wörterbuch verzeichnet ist. Der Mannheimer Rechtschreibduden ist in den sechs Jahren, die zwischen der letzten und der vorletzten Auflage liegen, um 3000 neue Stichwörter gewachsen.

Die reichhaltigste Wortsammlung der Welt ist der Webster, das amerikanische Wörterbuch der englischen Sprache, mit seinen 600000 Stichwörtern, darunter zahlreiche Fachwörter.

Unser Deutsch hat etwa viermal soviel Wörter wie das Französische. Daraus ergibt sich zweierlei: Einerseits verhilft uns der Wortreichtum dazu, ganz genau das zu sagen, was wir sagen wollen – andererseits macht es uns dieser Reichtum schwer, unsere Muttersprache zu überschauen, und nahezu unmöglich, sie jemals völlig zu beherrschen. Bei einem so großen Wortbestand ist auch die Wahrscheinlichkeit, Fehler zu machen, groß.

unser Wortschatz

Der Wortschatz des einzelnen ist sehr viel kleiner; mit 50000 Wörtern dürfte er zu hoch angenommen sein. Allerdings bezieht sich diese Zahlenangabe auf die Wörter, die uns ohne Lexikon verständlich sind und auf die unser Gedächtnis im Bedarfsfall zurückgreifen könnte, auf unseren passiven Wortschatz. Im Alltag kommen wir mit viel weniger Wörtern aus. Wenn wir ein Viertel aller uns bekannten Wörter, also rund 12000, beim Sprechen und Schreiben gebrauchen, so ist unser aktiver Wortschatz verhältnismäßig groß.

Wieviel Wörter wir nun tatsächlich verwenden, hängt von vielerlei ab, von Beruf, Umgebung, Intelligenz. Natürlich spielt auch das Alter eine Rolle. Zwei- bis Dreijährige kennen nur einige hundert Wörter, ABC-Schützen etwa 2000 bis 3000; Erwachsene gebrauchen 6000 bis 12000 Wörter, und nur die Sprachgewandtesten unter unsern Zeitgenossen – Schriftsteller und Professoren – bringen es auf 16000 bis 24000 Wörter. Amerikanische Quizmaster – das hat man vorm Bildschirm ausgezählt – verwenden etwa 9000 Wörter; ihr deutscher Kollege Hans-Joachim Kulenkampff verdankt seine Beliebtheit beim Fernsehpublikum unter anderm ganzen 5380 Wörtern. Je unkomplizierter ein Quizmaster sich ausdrückt, desto größer die Chance für alle Mitspieler, ihn richtig zu verstehen. – Selbst für den Wortgewaltigsten gibt es Situationen, in denen er zur Sparsamkeit im Ausdruck neigt. Immer wenn es ernst wird im Leben, reichen wenige Wörter. Im Augenblick der Erregung ist der Wortschatz eines redegewandten Politikers, Gelehrten oder Schriftstellers nicht größer und nicht weniger einfältig als der eines Kindes.

Wortschatz von Dichtern, Politikern, Journalisten

Philologen haben in mühsamer Kleinarbeit den Wortschatz der Klassiker ermittelt. Demnach verwendete Racine 3000, Luther 8000, Homer 9000, Dickens 12000, Goethe 20000 und Shakespeare 24000 verschiedene Wörter. Die englische Bibel enthält nur 6000 Wörter. Für Theodor Storm wurde ein Gesamtwortschatz von 22421 Wörtern ausgezählt, wovon 12874 Hauptwörter sind.

Von Adenauer wird behauptet, er sei mit 1000 Wörtern ausgekommen. – Für de Gaulle wurde ein Wortschatz von 4000 Wörtern ermittelt, die er in über 6000 Abwandlungen benutzt haben soll. Besonders interessant: De Gaulles Sätze wurden im Laufe seiner Amtszeit immer länger, ohne an Klarheit zu verlieren. 1958 hatten seine Sätze durchschnittlich 21 Wörter, 1965 waren es 31. Das Wort *ich* war in seinen Reden nicht gerade selten, noch öfter aber sagte er *Frankreich*.

Adenauers wie Klein Ernas sicher nicht sehr umfangreicher und sparsam eingesetzter Sprachschatz war gewiß sozial effektiver als viele wortreich elaborierende Redner.
WERNER BETZ
(1912–1980)

Mit einer Datenverarbeitungsanlage wurden 35 Leitartikel der WELT ausgezählt, verfaßt von 20 Journalisten. Gesamtwortbestand: 33982 Wörter. Nach Abzug der in der Presse relativ häufig vorkommenden Namen verblieben 32689 Wörter, darunter 7689 verschiedene und unter diesen wiederum 4900, die nur einmal vorkamen. Leitartikler haben einen großen Wortschatz.

Als man in den 80er Jahren die Sprache des Fernsehens analysierte, fand man heraus, daß Moderatoren wie Quartaner reden. An der Spitze steht noch Joachim Fuchsberger, der 4350 Wörter verwendet. Dann folgen Dieter Thomas Heck (4109), Thomas Gottschalk (3480) und Wim Thoelke (2700).

treffender Ausdruck

Ein Ausländer kann sich schon mit „1000 Wörtern Deutsch" verständlich machen. Wer jedoch mehr will als sich bloß verständlich machen, wer mehr will als bloß irgend etwas mitteilen, wer nach dem unmißverständlichen, nach dem anschaulichen und lebendigen Ausdruck sucht, dem reichen 6000 Wörter nicht. Der wird bald einsehen, daß er für jedes Geschehen, für jede Begebenheit, für jede Eigenschaft immer nur e i n treffendes Wort finden kann.

gehen

Nehmen wir ein so alltägliches Wort wie *gehen*.

Die Kinder gehen die Treppe hinab.

Tun sie das wirklich? Nein, Kinder sind viel beweglicher, und unsere Sprache ist es auch. Kinder gehen nicht, sie

drängeln, drängen, eilen, flitzen, hasten, hopsen, hüpfen, hupfen, huschen, jagen, laufen, purzeln, springen, stürmen, traben, trapsen oder *trudeln* die Treppe hinunter;

Zwölfjährige

latschen, poltern, rasen, staksen, trampeln, trotten oder *rutschen*,

je nach Temperament und Treppengeländer.

Synonyme

drängen
drängeln

Unter den vielen Wörtern für *gehen* sind keine zwei, die genau dasselbe ausdrücken. Völlig bedeutungsgleiche Wörter, echte S y n o n y m e , gibt es nicht (*Syn/onym* von griech. *syn-onymos*). Es gibt nur sinnverwandte Wörter; denn jedesmal sieht das Gehen ein bißchen anders aus. Selbst *drängen* und *drängeln* ist nicht dasselbe. *Drängen* zwingt uns die Vorstellung auf: eine Horde lärmender Kinder drückt, staut, schubst sich die Treppe hinunter dem Ausgang zu. Bei *drängeln* fällt uns das Versehen ein vom Gebrauch der Ellenbogen, der wirksam zwar, doch ungezogen.

meistgebrauchte Wörter
die
werden
haben
können
Zeit
Paragraph
Liebe
Freiheit

Was sagt der Mensch am häufigsten? Nicht *ich*, so schlimme Egoisten sind wir gar nicht. Das meistgebrauchte deutsche Wort heißt *die*. Unter den Verben liegen die Hilfs- und Modalverben vorn, in der Reihenfolge *werden, haben, können*. Von den Substantiven kommt *Zeit* am häufigsten vor – wohl deshalb, weil ein jeder klagt, daß sie ihm fehle. Relativ oft sagen wir *Paragraph*, öfter jedenfalls als *Liebe* und viel öfter als *Freiheit*.

Die 20 häufigsten Wörter

1	die	11	ist
2	der	12	des
3	und	13	sich
4	in	14	mit
5	zu	15	denn
6	den	16	daß
7	das	17	er
8	nicht	18	es
9	von	19	ein
10	sie	20	ich

An achter Stelle: *nicht* – unter den meistgebrauchten Wörtern das erste von Bedeutung.

unsere Rede

Einige Sprachforscher wollen errechnet haben, daß wir durchschnittlich von jedem Tag 3 Stunden und 20 Minuten mit Reden verbringen. Da wir Deutschen angeblich 150 Wörter pro Minute hervorbringen, kämen wir täglich auf 30000 Wörter. Ob das nicht zu hoch gegriffen ist?

Wahrscheinlich, denn sonst müßten die Ungarn viel schweigsamer sein. Nach einer Statistik der Ungarischen Akademie der Wissenschaften „verredet" der Durchschnittsungar eine Stunde pro Tag. Das wären in einem 70 Jahre währenden Menschenleben nicht mehr als ingesamt 3 Jahre. Wenn man bedenkt, daß derselbe Mensch 23 Jahre seines Lebens verschläft und reichlich 8 Jahre mit Essen beschäftigt ist, dann ist es verhältnismäßig wenig, was ein Ungar seinen Mitmenschen zu sagen hat.

Nach Schätzungen anderer Sprachforscher bringt es der Deutsche in der Großstadt „nur" auf 18000 Wörter pro Tag. Wieviel Unnützes mag auch darunter noch sein! 18000 oder gar 30000 Wörter pro Tag in der Großstadt – der Landmann kommt mit weniger aus. Viele Worte zu machen ist nicht unbedingt ein Zeichen von Intelligenz. Es gibt Leute, die viel reden und wenig sagen, und solche, die mit wenigen Worten viel sagen.

Wortschatz

Bist Du verliebt,
so sagt man:
Ah!

Bist Du krank,
so sagt man:
Oh!

Bist Du unglücklich,
so sagt man:
Na, na!

Bist Du glücklich,
sagt man:
So?

Bist Du reich,
sagt man:
Na ja ...

Bist Du arm,
sagt man:
– – –

Bist Du alt,
sagt man:
Tja!

Bist Du tot,
sagt man:
Ach?

Roswitha R. Katzsch

Testbogen 1

Arbeit

1 Karl Simrock irrte, als er in der ersten Strophe des Nibelungenliedes das mittelhochdeutsche *arebeit* mit ‚Kühnheit' übersetzt (vgl. Seite 29). Der Lautgestalt nach ist *arebeit* unser heutiges Wort *Arbeit*, dem Inhalt nach aber nicht. Zu Lebzeiten des Nibelungen-Dichters bedeutete *arebeit* ‚Mühsal'. Auch von anderen Völkern wurde Arbeit früher als Mühsal empfunden, vermutlich, weil der Nutzen der Arbeit zu einem großen Teil dem Fronherrn zugute kam.

Auch reisen ist mühsam: engl. *travel* (Reise) kommt von franz. *travail* (Arbeit).

Im Französischen heißt ‚Arbeit' *travail*, das kommt von lateinisch *tripalium* = ein aus drei Pfählen bestehendes Folterinstrument. Im Slawischen heißt ‚Arbeit' *rabota* = Fronarbeit, im Rumänischen *muncă*, was ursprünglich ‚Qual' bedeutete. Wie nennt man den Zweig der Sprachwissenschaft, der die Herkunft der Wörter und ihre Geschichte erforscht?

Etymologie

1 E t y m o l o g i e (griechisch *etymos* + *logos* = wahr + Wort; *etymon* = wahre Bedeutung eines Wortes, Stammwort).

Schriftsprache

2 Welcher Mann gilt als Begründer unserer gemeinsamen deutschen Schriftsprache?

2 M a r t i n L u t h e r. Als er 1521 mit der Übersetzung der Bibel begann, gab es noch keine allgemeinverständliche deutsche Sprache. Luther konnte sich zwar nach den Amtssprachen richten, die sich in den Kanzleien der großen Fürstenhöfe herausgebildet hatten und die auch im weiteren Umkreis von der Bevölkerung verstanden wurden, aber Luther wollte volkstümlich schreiben und predigen. Er ging auf die Straße und sah „dem Volk aufs Maul". Das Volk in Wittenberg, Erfurt und Meißen sprach ostmitteldeutsche Mundart, daher der entscheidende Einfluß des Ostmitteldeutschen auf die Entstehung unserer Schriftsprache.

Luthers Bibelübersetzung hätte nicht so große Bedeutung für das Zustandekommen unserer gemeinsamen deutschen Sprache haben können, wenn nicht 75 Jahre vorher der Buchdruck erfunden worden wäre. Wer Bücher druckt, ist daran interessiert, daß sie weit verbreitet und überall verstanden werden. So arbeiteten gerade die ersten Drucker darauf hin, starke mundartliche Gegensätzlichkeiten auszugleichen.

3 Was hat der *Bernstein* mit *brennen* zu tun?

Bernstein
brennen

3 B e r n s t e i n i s t e i n b r e n n b a r e s E d e l h a r z. Der Name ist aus dem Niederdeutschen entlehnt (vgl. engl. *to burn* = brennen), hochdeutsch müßte er ‚Brennstein' lauten. Tatsächlich schrieb ihn der schlesische Dichter Martin Opitz (1597–1639) ‚Brennenstein'.
Etymologisch interessant ist auch der Name, den die alten Griechen dem Bernstein gaben. Weil er durch Reibung elektrisch wird, nannten sie ihn *elektron*. Dieses Wort ist der Stammvater der Wortfamilie *elektrisch*.

elektrisch

4 Ist Hochsprache und Hochdeutsch das gleiche?

> **4** Die Bedeutung des Wortes *Hochdeutsch* schwankt im Sprachgebrauch. Einerseits versteht man unter H o c h d e u t s c h den Gegensatz zu N i e d e r d e u t s c h und rechnet zur hochdeutschen Sprache alles, was südlich der Lautverschiebungsgrenze Aachen–Berlin gesprochen wird – andererseits setzt man H o c h d e u t s c h = allgemeinverständliche S c h r i f t s p r a c h e, die nur in geringem Maße mundartlich und umgangssprachlich gefärbt ist.
> Unter H o c h s p r a c h e verstehen wir eine g e h o b e n e F o r m d e r S c h r i f t s p r a c h e, die völlig frei ist von mundartlichen Wendungen und umgangssprachlichen Einflüssen. Lehrbücher und wissenschaftliche Berichte sind in ihr abgefaßt, und der Ausländer lernt im Ausland das Deutsch zuerst in dieser Gestalt.

Hochdeutsch

Hochsprache

5 Plattdeutsch ist ein anderes Wort für Niederdeutsch. Heißen die niederdeutschen Mundarten nun *Platt(deutsch)*, weil sie in einem „platten", ebenen Gebiet gesprochen (aber nicht mehr geschrieben) werden?

Plattdeutsch

> **5** N e i n. *Platt* geht zwar auf ein niederländisches Wort zurück, das ‚flach' bedeutet, aber das ist im übertragenen Sinne zu verstehen: ‚flach' in der Bedeutung von ‚klar', ‚volkstümlich', ‚verständlich'. Ursprünglich kennzeichnete man mit *platt* die Übersetzung der Bibel in die heimische Sprache.

6 „Ich habe in meiner langen Praxis Anfänger aus allen Gegenden Deutschlands kennengelernt. Die Aussprache der Norddeutschen ließ im ganzen wenig zu wünschen übrig; sie ist rein und kann in mancher Hinsicht als musterhaft gelten. Dagegen habe ich mit geborenen Schwaben, Österreichern und Sachsen oft meine Not gehabt. Auch Eingeborene unserer lieben Stadt Weimar haben mir viel zu schaffen gemacht. Bei diesen entstehen die lächerlichsten Mißgriffe daraus, daß sie in den hiesigen Schulen nicht angehalten werden, das b vom p und das d vom t durch eine markierte Aussprache stark zu unterscheiden. Man sollte kaum glauben, daß sie b, p, d und t überhaupt für vier verschiedene Buchstaben halten, denn sie sprechen nur immer von einem weichen und einem harten b und von einem weichen und einem harten d und scheinen dadurch stillschweigend anzudeuten, daß p und t gar nicht existieren. Aus einem solchen Munde klingt denn *Pein* wie *Bein*, *Paß* wie *Baß* und *Teckel* wie *Deckel*."
Wer war wohl der Mann, den es verdroß, daß die Schauspieler die Eigenheiten ihrer heimatlichen Mundart auch auf der Bühne nicht ablegten?

Aus dem Lehrgedicht des Bamberger Schulrektors Hugo vom Trimberg (um 1300):
Swabe ir wörter spaltent,
Die Franken ein teil si valtent,
Die Beire si zezerrent,
Die Düringe si uf sperrent,
Die Sachsen si bezukkent,
Die Rinliute si verdruckent...

Aussprache

> **6** Johann Wolfgang von Goethe. Bereits 1803 hatte G o e t h e in seinen „Regeln für Schauspieler" eine gemeinsame deutsche Bühnenaussprache gefordert. Unter dem Datum des 5. Mai 1824 zeichnete Goethes Sekretär Eckermann die zitierte Bemerkung auf.

Bei der Gelegenheit: Warum wohl reimte Goethe ... *reiche* auf *neige*?
„Ach neige,
Du Schmerzensreiche,
Dein Antlitz gnädig meiner Not!"

Weil sich das frankfurterisch so anhört:
„Ach neische, du Schmerzensreische..."

Wilhelm Grimm (1786–1859) berichtet, daß Goethe seine Frankfurter Aussprache mit der Bemerkung verteidigt habe: „Man soll sich sein Recht nicht nehmen lassen; der Bär brummt nach der Höhle, in der er geboren ist."

Wortarten

Schema ohne feste Grenzen

Wer mit einem andern spricht, wer einen Brief schreibt, wer still für sich einen Gedanken faßt, der spricht, schreibt oder denkt in Sätzen. Ein Satz ist die gedankliche Einheit sinnvoll aufeinander bezogener Wörter. Wörter sinnvoll aufeinander beziehen heißt nicht nur, Wörter in richtiger Reihenfolge anordnen, sondern heißt gleichzeitig, Wörter passend zueinander „zurichten". Unter dem Zurichten von Wörtern verstehen wir das Abwandeln oder Flektieren (lateinisch *flectere* = biegen, beugen). Das Abwandeln oder Beugen von Verben nennt man K o n j u g a t i o n (lat. *coniugatio* = Verbindung, Verknüpfung); das Abwandeln oder Beugen von Substantiven, Adjektiven, Pronomen und Numeralien heißt D e k l i n a t i o n (lat. *declinatio* = Abbiegung, Beugung). F l e x i o n (lat. *flexio* = Biegung) ist der Oberbegriff für *Konjugation* und *Deklination*.

Konjugation

Deklination
Flexion

a) **sinnlose Reihung von Wörtern**

   Sprache – Verständigung – in – in – die – die – schwer – so – Sprache – keine – wie – sein

b) **sinnvolle Folge von Wörtern, die aber noch nicht zugerichtet sind**

   In – keine – Sprache – sein – die – Verständigung – so – schwer – wie – in – die – Sprache

c) **sinnvoll aufeinander bezogene Wörter, Satz**

   In keiner Sprache ist die Verständigung so schwer wie in der Sprache.

   Karl Kraus (1874–1936)

Wortarten

Sosehr sich Wörter auch ihrem Inhalt nach unterscheiden, die traditionelle Grammatik bringt das Kunststück fertig, sie in nur 10 Wortarten einzuordnen (vgl. dazu die Übersichtstabelle auf Seite 47).

traditionelle Einteilung

1. Verb (Zeitwort)
2. Substantiv (Hauptwort)
3. Adjektiv (Eigenschaftswort)
4. Artikel (Geschlechtswort)
5. Pronomen (Fürwort)
6. Numerale (Zahlwort)
7. Adverb (Umstandswort)
8. Präposition (Verhältniswort)
9. Konjunktion (Bindewort)
10. Interjektion (Empfindungs- oder Ausrufewort)

Etwas über die Hälfte aller Wörter sind Hauptwörter, ein knappes Viertel Zeitwörter, ein Achtel Eigenschaftswörter; die übrigen Wortarten teilen sich in den Rest.

SCHEMA OHNE FESTE GRENZEN 45

Wie bei jeder Klassifizierung haftet der herkömmlichen Einteilung in zehn Wortarten manches Unbefriedigende an. Die Wortarten sind weder streng voneinander zu scheiden noch in sich einheitlich. Das bestimmte Geschlechtswort, das seiner Herkunft nach ein Fürwort ist, gehört an sich zum Hauptwort; das unbestimmte Geschlechtswort ist eigentlich ein Zahlwort. Das Zahlwort wiederum, das die Schulgrammatik als selbständige Wortart ansieht, ist seiner Natur nach ein Eigenschaftswort. **Artikel**
Numerale

Welcher Wortart ein Wort zuzurechnen ist, hängt oft von seiner Funktion im Satz ab (vgl. auch Seite 336 und 665):

> Ich bat ihn sehr, *allein* er wollte nicht kommen. *allein*
> (*allein* = Konjunktion)
> Ich bat ihn sehr; er wollte nicht *allein* kommen.
> (*allein* = Adverb)
>
> Wir hatten *selten* schönes Wetter.
> (*selten* im Sinne von ‚nicht oft' = Adverb, im Sinne von ‚ungewöhn- *selten*
> lich' = ungebeugtes Adjektiv)

Daß ein Wort in eine andere Wortart überwechselt, kommt häufig vor. Hauptwörter können im Laufe der Zeit zu Verhältniswörtern werden (vgl. Seite 355), Umstandswörter zu Eigenschaftswörtern (vgl. Seite 347). Ein ständiger Austausch zwischen den Wortarten findet dadurch statt, daß jedes Wort durch S u b s t a n t i v i e r u n g zum Hauptwort werden kann:

im *Leben*	(ehemals Verb)	**Substantivierung**
die *Fleißige*	(ehemals Adjektiv)	
dieses *Das*	(ehemals bestimmter Artikel)	
die *Seinen*	(ehemals Pronomen)	
die *Eins*	(ehemals Numerale)	
das *Gestern*	(ehemals Adverb)	
das *Für* und *Wider*	(ehemals Präpositionen)	
ein *Aber*	(ehemals Konjunktion)	
ein lautes *Ah*	(ehemals Interjektion)	
das *Haben*	(ehemals Hilfsverb)	
der *Schreibende*	(ehemals Partizip)	

Durch seine beiden Mittelwörter kann das Zeitwort an der Wortart Eigen- **Partizip**
schaftswort teilnehmen:

> Er sieht gut aus und ist als Gast gern gesehen;
> ein *gutaussehender* Mann, ein *gerngesehener* Gast.

Die Schulgrammatik billigt dem Mittelwort oder P a r t i z i p nicht den Status einer selbständigen Wortart zu, je nach seiner Stellung im Satz wird es zu den Eigenschafts- oder zu den Zeitwörtern gezählt. Seinen Namen (von lateinisch *particeps* = teilnehmend) trägt das Partizip, weil es an den Eigenheiten von Zeit- und Eigenschaftswort teilnimmt. Als Eigenschaftswort läßt es sich deklinieren und als Zeitwort zur Kennzeichnung von Gegenwart (Präsenspartizip) und Vergangenheit (Perfektpartizip) heranziehen. Eben

Hilfsverb

weil das Partizip ein Mittelding zwischen Verb und Adjektiv ist, nennt man es auf deutsch M i t t e l w o r t. Auch die H i l f s v e r b e n, die dem Zeitwort die zusammengesetzten Zeiten bilden helfen:

er *hat* gearbeitet; sie *ist* gekommen; es *wird* regnen,

Interjektion

gelten nicht als selbständige Wortart – im Gegensatz zu den I n t e r j e k - t i o n e n, den Ausdrücken für Gefühlsausbrüche, wie *huch!*, *ach!*, *pfui!*, denen in diesem Buch kein gesondertes Kapitel eingeräumt wird, weil sie grammatisch nicht von Bedeutung sind; oft ist nicht einmal ihre Rechtschreibung festzulegen.

Aus der Erkenntnis heraus, daß unsere am Vorbild des Lateinischen orientierte deutsche Grammatik dringend einer Reform bedarf, ringen namhafte Sprachwissenschaftler seit Jahrzehnten um neue grammatische Kategorien. Vieles, was noch vor nicht langer Zeit in den Schulen als festes Wissen übermittelt wurde, gilt in der heutigen Sprachforschung als überholt oder zumindest fragwürdig. Die Diskussion, die vor allem auf die Syntax, die Lehre vom Satzbau, gerichtet ist, hat zu neuen Sehweisen geführt. Es werden verschiedene, höchst interessante Lehrmeinungen vertreten – aber leider eben verschiedene. Eine einheitlich anerkannte moderne deutsche Syntax fehlt noch immer.

Syntax

In der Diskussion um eine neue Grammatik hat sich die Lehre von den Wortarten als relativ beständig erwiesen. Die neuere Grammatik geht – allerdings nicht einheitlich – nur von 6 Wortarten aus:

neuere Einteilung der Wortarten

1. Verben
2. Substantive
3. Adjektive (einschließlich der Numeralien)
4. Begleiter und Stellvertreter der Substantive
   (Artikel, Pronomen)
5. Partikeln
   (Adverbien, Präpositionen, Konjunktionen)
6. Interjektionen

– aber solche und ähnliche Eigenheiten sind geringfügige und außerdem umstrittene Abwandlungen des alten, allgemein bekannten Systems.

Wer Sprache nicht nur gefühlsmäßig bewältigen, sondern vom Verstand her beherrschen will, braucht ein Ordnungsschema, das ihm hilft, sprachliche Einzelheiten vergleichend einem größeren Zusammenhang zuzuordnen. Ordnung mit kleinen Mängeln ist besser als Unordnung; ein unvollkommenes System, wie es die Lehre von den zehn Wortarten zweifellos ist, ist besser als keines. Nehmen wir deshalb die bewährte Zehnerteilung, wie sie den meisten von der Schule her – wenn nicht vertraut, so doch – bekannt sein dürfte, nicht so sehr als eine unzulängliche, aber bisher nicht durch allgemein Anerkanntes abgelöste grammatische Klassifikation, sondern mehr als das, was sie für jeden sprachlich und weniger sprachwissenschaftlich Interessierten ist: Wegweiser durch unsere deutsche Sprache.

Die 10 Wortarten

Deutscher Name (Lateinischer Name)	**Beispiele**	**Beugung** (Flexion)	
Zeitwort, Tätigkeitswort (das Verb)	*arbeiten, schlafen, sehen*	Konjugation	
Hauptwort, Dingwort (das Substantiv)	*Nasenspitze, Katze, Sinn*	Deklination	Begleiter und Stellvertreter des Substantivs
Eigenschaftswort (das Adjektiv)	*rosa, keck, schwer, wahr*		
Geschlechtswort (der Artikel)	*der, die, das; ein, eine*		
Fürwort (das Pronomen)	*ich, sich, mein, dieses, solche, welcher, wer*		
Zahlwort (das Numerale)	*eins, einige, dritte, alle*	teils deklinierbar, teils unveränderlich	
Umstandswort (das Adverb)	*gestern, bergab, vergebens*	unveränderlich	Partikeln
Verhältniswort (die Präposition)	*in, an, seit, neben, für*		
Bindewort (die Konjunktion)	*und, daß, denn, aber, weil*		
Empfindungswort, Ausrufewort (die Interjektion)	*ach, pfui, oh, ah, juchhe*		

Testbogen 2

1 Zu welchen Wortarten gehören die einzelnen Wörter des Sprichworts „Es ist noch kein Meister vom Himmel gefallen"?

1
- *es* = Personalpronomen
- *ist* = Hilfsverb
- *noch* = Adverb
- *kein* = Indefinitpronomen
- *Meister* = Substantiv
- *vom* = *von dem* = Präposition + Artikel
- *Himmel* = Substantiv
- *gefallen* = Verb in der Form des 2. Partizips

2 Über einer Biertheke hängt ein Plakat, das den Durstigen ermuntert:

Das Trinken lernt der Mensch zuerst,
viel später erst das Essen,
drum soll der Mensch aus Dankbarkeit
das Trinken nicht vergessen.

Der Maler hat *Essen* und *Trinken* mit großen Anfangsbuchstaben gepinselt. Darf er das?

Substantivierung

2 Er muß es sogar. *essen* und *trinken* sind zwar von Hause aus Zeitwörter, aber hier sind sie zu Hauptwörtern geworden oder substantiviert, was man an dem vorgesetzten Geschlechtswort erkennen kann: *das Essen, das Trinken*.
Alle substantivierten Wörter werden groß geschrieben. Ausnahme: In sprachwissenschaftlichen Arbeiten (und auch in diesem Buch) werden substantivierte Wörter mit kleinem Anfangsbuchstaben gedruckt, wenn betont werden soll, daß sie ihrer Herkunft nach keine Hauptwörter sind. In diesem Fall darf sogar am Satzanfang mit kleinem Buchstaben begonnen werden. Voraussetzung ist aber, daß die fraglichen Wörter durch einen andern Schriftgrad, durch Kursivschrift oder durch Anführungszeichen vom übrigen Text abgehoben werden.

Interjektion

3 Was ist eine Interjektion, und was bedeutet der lateinische Name?

3 eine *Interjektion* ist ein **Ausrufe- oder Empfindungswort**.
Lateinischen Wörtern kommt man eher auf die Spur, wenn man sich die Bedeutung häufig wiederkehrender *Vorsilben* (*Präfixe*) merkt (vgl. Seite 687). Lateinisch *inter* = zwischen:

Präfix

Interim   Interim = Zwischenzustand
Intervall   Intervall = Zwischenraum, Abstand zwischen zwei Tönen
Interglazialzeit   Interglazialzeit = Zwischeneiszeit
international   international = zwischenstaatlich, nicht national begrenzt
interessiert   interessiert sein = (wörtlich: dazwischen sein), geistig dabeisein
Interjektion   Eine *Interjektion* (lateinisch *interiectum* = dazwischengeworfen) wird sozusagen zwischen die andern Wörter in die Rede eingeworfen.

[4] „Ich *bin*. Aber ich *habe* mich nicht. Darum *werden* wir erst."
Ernst Bloch (1885–1977)

Welcher Wortart gehören die kursiv gesetzten Wörter an?

[4] Es sind Hilfszeitwörter, die aber – wie häufig in philosophischen Texten – als Vollverben gebraucht wurden.

Hilfsverben als Vollverben

[5] Ein Hauptwort mit gegenständlicher oder konkreter Bedeutung wie *Brett, Hammer, Gabel* nennen die Grammatiker ein Konkretum, ein Hauptwort mit ungegenständlicher oder abstrakter Bedeutung wie *Eifer, Vorbehalt, Ordnungsliebe* bezeichnen sie als Abstraktum. Lateinisch *concretum* bedeutet ‚zusammengewachsen', ‚leibhaftig'. *Ab/straktum*, lateinisch *abs-tractum*, ist eigentlich ‚das Abgezogene', *abstrahieren* heißt ja soviel wie ‚abziehen', und zwar das Zufällige vom Wesentlichen. Was bleibt, ist der (abstrakte) Begriff. Frage: Sind Wörter wie *Dauerlauf, Prüfung* und *Sonnenschein* nun Abstrakta oder Konkreta?

Konkreta

Abstrakta

[5] Weder – noch, eher eine Art Mischtypus, auf jeden Fall aber ein Beweis dafür, daß sich unsere Sprache nicht immer in das starre Regelschema der Schulgrammatik einpassen läßt.

[6] Früher war Grammatik einfacher, da unterteilte man die Verben in Zeitwörter und Hilfszeitwörter. Dann wurde es üblich, die Hilfszeitwörter zu unterscheiden nach temporalen Hilfsverben (Hilfszeitwörter der Zeit) und modalen Hilfsverben. In den letzten Jahren wurde der Begriff ‚Hilfszeitwort' eingeschränkt auf die temporalen Hilfsverben, die modalen nennt man heute Modalverben. „Ein Modalverb ist ein Verb, das vorwiegend dazu dient, ein anderes Geschehen oder Sein zu modifizieren." So steht's in der Grammatik. Verstehen Sie, was das heißen soll? Wenn nicht, probieren Sie es zunächst mit Knobeln. Welche der folgenden Verben sind Hilfsverben, welche Modalverben? *können, werden, dürfen, müssen, haben, sein*.

Hilfsverben
Modalverben

[6] Stimmt, *werden, haben, sein* sind die drei Hilfsverben (mehr gibt es nicht); *können, dürfen, müssen* gehören zu den Modalverben. Sollten Sie aus dieser Unterscheidung den Eindruck gewinnen, daß es sich auch ohne genaue Kenntnis der Wortarten leben läßt, dann *können* Sie das Buch zuklappen, *dürfen* es zuklappen, *müssen* es aber nicht. *können, dürfen, müssen* setzen Akzente, wandeln das Zuklappen ab, modifizieren es; deshalb Modalverben.

werden
haben
sein
können
dürfen
müssen

[7] „Man gebrauche *gewöhnliche* Worte und sage *ungewöhnliche* Dinge", riet Schopenhauer. Die meisten machen es umgekehrt, aber das soll uns im Augenblick nicht interessieren. Hier, am Schluß des Kapitels über Wortarten, geht es nur um die Frage: Sind die Wörter *gewöhnliche* und *ungewöhnliche* nun Adjektive oder Attribute, Eigenschaftswörter oder Beifügungen?

[7] Sowohl – als auch, es sind attributiv gebrauchte Adjektive. Das heißt auf deutsch: Von der Wortart her gesehen sind es Eigenschaftswörter, von ihrer Funktion im Satz her Beifügungen.

Adjektiv
Attribut

Das Zeitwort

Das Wort, das ins Schwarze trifft

Von der Ausdruckskraft des Zeitworts

„Im Anfang war das Wort", so hatte Luther seine Übersetzung des Johannesevangeliums begonnen. Als Faust vom Osterspaziergang in sein Studierzimmer zurückkehrte, schickte er sich an, den griechischen Grundtext des Johannesevangeliums selbst in sein „geliebtes Deutsch" zu übertragen.

> Geschrieben steht: „Im Anfang war das Wort!"
> Hier stock' ich schon! Wer hilft mir weiter fort?
> Ich kann das Wort so hoch unmöglich schätzen,
> Ich muß es anders übersetzen,
> Wenn ich vom Geiste recht erleuchtet bin.
> Geschrieben steht: Im Anfang war der Sinn.
> Bedenke wohl die erste Zeile,
> Daß deine Feder sich nicht übereile!
> Ist es der Sinn, der alles wirkt und schafft?
> Es sollte stehn: Im Anfang war die Kraft!
> Doch auch indem ich dieses niederschreibe,
> Schon warnt mich was, daß ich dabei nicht bleibe.
> Mir hilft der Geist! auf einmal seh' ich Rat
> Und schreibe getrost: Im Anfang war die Tat!

Verb

Goethe ließ Faust zweifeln, wie er das griechische Wort *logos* übersetzen sollte. Wort? Sinn? Kraft? Faust entschied sich für *Tat*. In der lateinischen Bibelübersetzung steht an dieser Stelle *verbum*. *Verbum* war für die Römer *Wort* schlechthin. Wenn unsere Grammatik inzwischen *Verbum* auf das Wort der Tat, auf das Tätigkeitswort, eingeengt hat, so ist dies bezeichnend: das Tätigkeitswort ist sozusagen d a s Wort.

Das Zeitwort fängt das Leben ein

Vielleicht haben Sie früher gelernt, das Hauptwort sei das wichtigste Wort im Satz, heißt es doch schließlich „Haupt"wort. Der Name führt aber auf Holzwege. Wenn wir überhaupt einer Wortart den Vorrang vor einer andern einräumen wollten, dann dem Tätigkeitswort; im Tätigkeitswort liegt das Leben der Sprache.

Gewiß, Hauptwörter vermitteln Bilder. Unter *Schule, Berg, Wagen* kann sich jeder etwas vorstellen. Einer denkt bei *Schule* vielleicht an das rote Backsteingebäude seiner eigenen Schulzeit, einem anderen kommt der moderne Neubau einer Fachschule aus Glas und Stahl in den Sinn. Bei *Berg* denken Sie vielleicht an die Zugspitze, ein Vierjähriger erinnert sich an das Häufchen Sand in der Ecke eines Sandkastens, und ein Berliner, der noch nie aus seiner Stadt herausgekommen ist, könnte sich so etwas Ähnliches vorstellen wie den Kreuzberg mit seinen 66 Metern, vielleicht ein bißchen höher. Ein *Wagen* kann sein: das neueste PKW-Modell, der Anhänger einer Straßenbahn, ein D-Zug-Wagen 2. Klasse, ein Leiterwagen, der Puppenwagen des Töchterchens. Wenn fünfundzwanzig Leute sich einen Wagen vorstellen sollten, sähe jeder Wagen etwas anders aus, weil *Wagen* ein ganz allgemeiner, unbestimmter Begriff ist. Doch wie scharf werden plötzlich die Umrisse dieses verschwommenen Begriffes, sobald ein Tätigkeitswort hinzutritt. Der Wagen *fährt an, fährt vor, beschleunigt, überholt, stoppt*. Diese Zeitwörter schließen aus: Puppenwagen, Leiterwagen, Eisenbahnwagen und Straßenbahnanhänger; unsere Vorstellung wird eingeengt auf Motorfahrzeuge. – Ein Hauptwort, mag es auch noch so treffend gewählt sein, läßt immer ein paar Dutzend mögliche Ausdeutungen zu. Ganz anders das treffsichere Verb.

Substantiv und Verb

Nehmen wir das Zeitwort *schreiben*. Was kann man schreiben? Eine Postkarte, eine Rechnung und, falls man Lehrer ist, Zensuren. Dabei ist es gleichgültig, ob die Postkarte mit dem Kugelschreiber oder mit dem Bleistift, die Rechnung mit der Hand oder mit der Maschine, die Zensuren mit blauer oder mit roter Tinte geschrieben werden. Hauptsache, jemand wird durch eine Postkarte benachrichtigt und man kann mit der Rechnung Geld kassieren. Zensuren sind bekanntlich so aufregend, daß ein jedes Zeitwort in ihrer Nähe verblassen müßte. Obwohl also das Zeitwort *schreiben* nur eine allgemeine und ungenaue Vorstellung weckt, ist es in diesen drei Beispielen nicht fehl am Platz; denn das Gewicht der Aussage liegt nicht auf der Tätigkeit des Schreibens, sondern ausnahmsweise auf dem, was geschrieben wird: Postkarte, Rechnung, Zensuren.

schreiben

Wo aber Nachdruck auf die Tätigkeit *schreiben* gelegt wird, dürfen wir uns mit dem blassen, allgemeinen Begriff nicht begnügen. Da müssen wir nach dem Ausdruck suchen, der treffender charakterisiert, der nicht wie eine Fliegenklatsche vorbeitreffen könnte. Ein Bericht z. B. wird nicht geschrieben, sondern *abgefaßt, verfaßt, aufgesetzt, ausgearbeitet, zu Papier gebracht* oder – wenn Sorgfalt keine Rolle spielt – *zusammengeschrieben, zusammengeschmiert* oder *hingehauen*. Ein Schulmädchen, das sich in Schönschrift übt, *malt*. Der Junge, der schnell fertig werden will, *schmiert, sudelt, kliert* oder *kleckst* die Hausaufgaben in sein Heft. Seinen Namen schreibt man nicht, man *unterschreibt, unterzeichnet, zeichnet gegen, zeichnet ab* oder *verewigt sich*. Mit diesen Beispielen, die sehr unterschiedlichen Stilschichten angehören, ist das Wortfeld *schreiben* noch längst nicht abgeerntet. Um nur noch einige Ausdrücke zu nennen, die *schreiben* jeweils von einer bestimmten Seite beleuchten: *aufschreiben, sich notieren, sich Notizen machen, eintragen, kritzeln, krakeln, stenographieren, maschineschreiben, tippen*.

Der Affe unterscheidet sich vom Menschen durch das Fehlen der Sprache. Könnte er sagen: „Ich bin ein Affe", dann wäre er schon ein Mensch.

schreiben ist ein Sammelwort, um das herum sich sinnverwandte Wörter gruppieren. Diese Wörter berühren sich in ihrer Bedeutung, sie sind bedeutungsähnlich, aber nicht bedeutungsgleich.

Synonyme

lügen

Haben Sie schon einmal überlegt, was man alles für *lügen* sagen könnte?

> aufschneiden, fabeln, faseln, flunkern, sich herausreden, heucheln, kohlen, prahlen, schwindeln, simulieren, sich verstellen, vorgeben, vorschützen, sich zieren, der Wahrheit ausweichen, die Tatsache umgehen, die Fakten umdrehen, hinter dem Berge halten, falsches Zeugnis ablegen, das Blaue vom Himmel herunterlügen, lügen wie gedruckt, wie die Zeitung, daß sich die Balken biegen, etwas falsch darstellen, frei erfinden, unrichtig angeben, aus den Fingern saugen, aus der Luft greifen, die Wahrheit verhüllen, eine unschuldige Miene zur Schau tragen, meineidig werden, jemanden irreführen, ableugnen, bemänteln, entstellen, erdichten, erfinden, erheucheln, erkünsteln, erschleichen, fälschen, vorfabeln, verdrehen, vorschwindeln, belügen, blenden, täuschen, übertölpeln, verkohlen, jemandem etwas vormachen, weismachen, einen Bären aufbinden, etwas auf die Nase binden, blauen Dunst vormachen, die Hucke voll lügen, jemanden hinters Licht führen, verleumden, bluffen, sich mit fremden Federn schmücken, etwas unter dem Vorwand oder dem Deckmantel (z. B. der Nächstenliebe) tun

*Realisten definieren den Begriff ‚Synonym' allerdings so:
Ein Wort, das man benutzt, wenn man nicht weiß, wie das andere geschrieben wird.*

Mehr als 60 verschiedene Ausdrücke, und doch sieht das Lügen jedesmal ein bißchen anders aus. Wenn jemand etwas *unrichtig angibt*, unterscheidet sich diese Art zu lügen in Ton und Klangfarbe deutlich von *faseln* und *flunkern*, von *aufschneiden* und *prahlen*. Im Grunde gibt es für jedes Lügen nur immer das eine, das treffende Wort.

Wer richtig und gut schreiben und sprechen will, wer seinem Ausdruck Anschaulichkeit, seinen Worten Wirkung verleihen will, hat zwei Möglichkeiten. Die eine ist das haarscharf treffende Verb, das durch kein anderes Wort ersetzbar ist – die andere das genaue Gegenteil; ein unscheinbares Zeitwort, das nur als Vehikel, als Transportmittel für ein bildkräftiges Nachbarwort dient. Mit dieser zweiten Möglichkeit sind nicht etwa ausdrucksschwache Wendungen gemeint wie *es gibt, erfolgt, befindet sich, besteht aus, wird bewirkt, ermöglicht, durchgeführt* – mit solchen F u n k t i o n s v e r b e n bleibt Sprache blaß. Aber nehmen Sie das Allerweltswort *machen*. Was zum Beispiel können wir umgangssprachlich alles machen?

Funktionsverben
machen

> Klöße, Wurst und Sauerkraut,
> Umstände und Geschichten,
> Schulden, Schluß und Schularbeiten,
> Pause, Pleite, Propaganda,
> Ordnung, Licht und Karriere,
> Betten, Hochzeit, eine Landpartie,
> Krach, Stielaugen, einen Bückling,
> selbst Bestseller und Schlagerstars,
> uns Illusionen und das Radio an,
> Obst ein, Türen auf, den Laden dicht,
> sauber, langsam, fix und krank
> und, wenn wir in Sachsen sind,
> nach Leipzig oder in die Heidelbeeren.

machen, wohl das unscheinbarste Zeitwort deutscher Sprache, bringt durch die vielen gegenständlichen Wörter, die es an sich bindet, Leben in den Text. Aber weil *machen* auch zur Bequemlichkeit verführt (wir brauchen nicht lange nachzudenken, für „Macher" ist alles machbar), kann es nicht schaden, wenn wir uns klarmachen – pardon: uns überlegen! –, wie sich in die „Macht des Machens" ein bißchen Abwechslung bringen läßt.

nicht immer so	**sondern auch so**
ich mache jetzt Pause	ich unterbreche meine Arbeit
sie macht das Radio an	sie schaltet das Radio ein
er läßt sich einen Anzug machen	. . . einen Anzug arbeiten oder anfertigen
sie macht für heute Schluß	für heute hört sie auf
sie macht sauber, macht reine	sie reinigt, putzt die Wohnung
mach nicht so langsam!	trödle/trödel nicht so!
mach doch ein bißchen fix!	beeile dich ein bißchen!

Situationsbezogene Zeitwörter fangen das Leben ein. An uns liegt es, Lebendes lebendig darzustellen.

Ein Blick auf die Grammatik

Starke und schwache Zeitwörter

„Du mir können sagen, wie ich kommen zu Bahnhof?" Wer so fragt, muß Ausländer sein. Haben Sie schon einmal überlegt, wodurch sich das geradebrechte Deutsch eines Fremden von unserm Deutsch unterscheidet? Daß außer der Wortfolge auch unsere vertrackten Geschlechtswörter einem Ausländer zu schaffen machen, ist bekannt. Nicht weniger typisch ist aber für ihn folgendes:

> er sagt: *ich kommen* – wir sagen: *ich komme*,
> er sagt: *du können verstehen?* – wir sagen: *kannst du verstehen?*

Um sich's leichter zu machen, gebraucht also ein Ausländer sehr oft die Grundform eines Zeitworts, wogegen in richtigem Deutsch das Zeitwort verändert wird.

Die Nennform oder Grundform (der Infinitiv) eines Zeitworts endet immer auf -en oder -n: **Infinitiv**

> schlafen, essen, trinken, putzen, lügen;
> sich erinnern, handeln, verkümmern.

Lateinisch *infinitus* heißt ‚unendlich' oder ‚unbestimmt'. Der ‚modus infinitus' ist also der Modus der Unbestimmtheit. Der Infinitiv hat keine Nebenbedeutung, sondern ist der reinste Ausdruck, die Grundform, des Verbalbegriffes, auf deutsch auch Nennform, weil wir das Verb in dieser Form *nennen*. Die Nennform allein sagt nichts darüber aus, ob Sie etwas tun oder ich etwas tue, ob einer oder viele handeln und wann etwas

Konjugation

geschieht oder geschah. Dazu müßten wir das Zeitwort entsprechend zurichten, müßten es konjugieren. Vielleicht haben Sie es auf Seite 44 schon gelesen: lat. *coniugatio* bedeutet ‚Verknüpfung'. *Konjugation* ist also im Grunde die Verknüpfung zusammengehöriger Verbformen.

Jacob Grimm und die Folgen

starke und schwache Verben

Zeitwörter werden stark und schwach gebeugt. Das heißt: Starke Zeitwörter werden stark verändert, schwache Zeitwörter nur schwach. (Vgl. Übersichtstabelle auf Seite 628). Die Einteilung in stark und in schwach zu beugende Zeitwörter geht auf Jacob Grimm (1785–1863) zurück, der seinerzeit gemeinsam mit seinem Bruder Wilhelm die „Kinder- und Hausmärchen" sammelte und herausgab und hierdurch allerdings bekannter wurde als durch seine Beiträge zur deutschen Grammatik.

starke Konjugation	schwache Konjugation
geben gab gegeben	leben lebte gelebt
helfen half geholfen	ernten erntete geerntet
finden fand gefunden	wackeln wackelte gewackelt
sterben starb gestorben	sagen sagte gesagt
brechen brach gebrochen	holen holte geholt
rufen rief gerufen	suchen suchte gesucht

*Als ich noch zur Schule gehte,
zählte ich bald zu den Schlauen;
doch ein Zeitwort recht zu biegen,
bringte immer Furcht und Grauen.*
BRUNO HORST BULL

Zugegeben, mit den formenreichen starken Zeitwörtern ist nicht so einfach umzugehen wie mit den schwachen. Wer daher auf den Gedanken verfallen sollte, möglichst wenig starke Zeitwörter zu gebrauchen, weil er dann weniger falsch machen könne, tut dennoch nicht recht. Gerade die starken Zeitwörter sind es, die durch ihre Vokalfülle unserer Sprache Klang verleihen. Außerdem sind von den rund 350 starken Verben, die es im Althochdeutschen gab, nur 170 übriggeblieben, und die müßte man schließlich auch in ihren abgewandelten Formen behalten können. Unsere Urenkel werden wahrscheinlich keine 170 mehr lernen müssen, weil immer mehr ursprünglich starke Zeitwörter in die schwache Beugung überwechseln.

Neugebildete Zeitwörter werden sämtlich schwach abgewandelt:

einwecken, funken, röntgen, frosten.

Das gleiche gilt für alle Zeitwörter, die sich aus fremden Sprachen herleiten:

*boxen, filmen, managen (managte, gemanagt), tanken,
automatisieren, bombardieren, rationalisieren.*

Gute Stilisten bedauern, daß unsere Sprache alle neuen Zeitwörter nur noch schwach abwandelt und sich somit eines klangvollen Ausdrucksmittels beraubt – Praktiker freuen sich, daß unsere Sprache einfacher wird. Man mag dazu stehen, wie man will: Aufhalten können wir diesen Vorgang nicht. Der Drang zur Vereinfachung sprachlicher Formen und die zwangsläufige Verminderung des Vokalreichtums ist weit verbreitet und nicht auf die deutsche Sprache beschränkt.

Hat es in Onkel Emil gegärt oder gegoren?

Starke Zeitwörter, die in die schwache Beugung überwechselten, haben vereinzelt noch starke Formen bewahrt. Es kommt auch vor, daß die starke Form die jüngere ist. Wo sich starke und schwache Formen nebeneinander halten, hat sich oft ein Bedeutungsunterschied herausgebildet. Bedeutungsunterschiede zu kennen ist wichtig. Je mehr Wörter wir kennen und je genauer wir die Wörter kennen, desto eher finden wir das treffende Wort. Mit e i n e m treffenden Wort aber läßt sich ein Sachverhalt eindringlicher darstellen als mit einem Dutzend ungenauer Ausdrücke.

Bedeutungs-unterschiede

backen – backte – gebackt / backen – buk, backte – gebacken

backen

Heute heißt es fast nur noch: sie *backt / bäckt* Kuchen, *backte* Kuchen, hat Kuchen *gebacken*. *buk Kuchen* ist die ältere und geschichtlich richtige Form.
Sie *backte Kuchen* ist durch Verwechslung entstanden; denn *backte* war ursprünglich nur Vergangenheit von *backen* = kleben (so heute noch in *festbacken, zusammenbacken*): der *Schnee backt, backte, hat gebackt.*

bewegen – bewegte – bewegt / bewegen – bewog – bewogen

bewegen

Er *bewegte sich* im Schlaf (= veränderte seine Lage).
Tief *bewegt* verließ er den Saal (= ergriffen, erregt, aufgewühlt).
Euer Streit *bewog* mich einzugreifen (= veranlaßte mich).

fragen – fragte (frug) – gefragt

fragen

frug ist die jüngere Nebenform und, von der Sprachgeschichte her gesehen, falsch. Daran ändert auch die Tatsache nichts, daß namhafte Schriftsteller wie Wilhelm Raabe, Victor von Scheffel und Gustav Freytag *frug* gebrauchten. Zu ihrer Zeit (Ende vorigen Jahrhunderts) war *frug* gerade modern. Wahrscheinlich hatte irgendein Schulmeister an *tragen – trug* gedacht und dementsprechend abgewandelt: *fragen – frug*. Solche Neubildungen, die sich an ein ähnliches Vorbild anlehnen, findet man in allen Sprachen. Da die neuen Wörter entsprechend („analog zu") einem vorhandenen Muster gebildet werden, nennt man sie ‚Analogiebildungen'.
Im Mittelalter hieß die Vergangenheit von *fragen* immer *fragete*. (Das *e* im Wortinnern wurde im Laufe der Zeit verschluckt, weil es unbetont war.) Darum bilden wir die Vergangenheit von *fragen* nicht analog zu *trug*, sondern analog zu ‚sagte': *fragte*. 2. und 3. Person Einzahl, Gegenwart: *du fragst, er fragt*. (*frägst / frägt* ist landschaftlich und gilt nicht als hochsprachlich.)

Analogiebildung

gären – gärte – gegärt / gären – gor – gegoren

gären

In wörtlicher Bedeutung die starke Form: Der Wein war (oder: hatte) *gegoren*. Aber im übertragenen Sinn die schwache Form: In Onkel Emil hat es *gegärt* (gekocht).

gewöhnen – gewöhnte – gewöhnt / ... – ... – gewohnt

gewöhnen

gewöhnt bedeutet: ‚durch bewußte Gewöhnung mit etwas vertraut'. *gewohnt* klingt gehobener und bedeutet: ‚durch zufällige Gewohnheit mit etwas vertraut'. *gewöhnt* wird in und nach der Regel mit *an* oder *daran* verbunden, *gewohnt* nicht.

gewöhnt
gewohnt

gewöhnt	**gewohnt**
Ich bin daran gewöhnt.	Das bin ich gewohnt.
Ich habe mich daran gewöhnt, spät schlafen zu gehen.	Ich bin es gewohnt, viel allein zu sein.
Ich bin an spätes Schlafengehen gewöhnt.	Ich bin das Alleinsein gewohnt.

hauen

hauen – haute – gehaut / hauen – hieb – gehauen

Die Jungen *hauten* sich braun und blau. – Sie *hieb* mit der Faust auf den Tisch. – Er hat Holz *gehauen*.
Viele empfinden die schwachen Formen *haute, gehaut* als „nicht gut". Gewiß, „sie haute ihm eine runter; er haute mächtig auf die Pauke; er haute sich drei Eier in die Pfanne und dann der Länge nach hin" – so etwas ist untere Umgangssprache. Andererseits ist die starke Vergangenheitsform *hieb* im Alltagsdeutsch auch nicht überall am Platze. „Er hieb sich ein Loch ins Eis" – nein, das wäre einem Mitteldeutschen zu „foin". Wer sich zwischen *haute* und *hieb* nicht entscheiden kann, sage am besten *schlug*: „Er schlug sich ein Loch ins Eis." Jungen kriegen *Haue*, Buben bekommen *Hiebe*. Bei ihrer Vorliebe für starke Konjugationsformen haben die Süddeutschen hier den guten Ton auf ihrer Seite.

schaffen

schaffen – schaffte – geschafft / schaffen – schuf – geschaffen

schuf, geschaffen ist dem Schöpfer und dem schöpferischen Künstler vorbehalten. „Am Anfang *schuf* Gott Himmel und Erde." Picasso *schuf* sein Kolossalgemälde „Guernica" 1937 nach der Zerstörung der Stadt Guernica y Luno im spanischen Bürgerkrieg (1936–39). – Auch die Sprache ist eine schöpferische Kraft, deshalb hat sie uns normalen Sterblichen die Ausdrücke ‚schaffte', ‚geschafft' *geschaffen*.
Ordnung ist nicht das Ergebnis schöpferischer Kräfte, sondern Ordnung wird *geschafft*, mit Energie, Fleiß und Tüchtigkeit. Genauso: Hier muß Platz (Abhilfe, Klarheit) *geschafft* werden.
Woher die kleinen Kinder kommen und wer sie *geschaffen* hat, weiß man ja so genau nicht. Aber wer die Eltern *geschafft* hat, das weiß man: die Kinder.

schleifen

schleifen – schleifte – geschleift / schleifen – schliff – geschliffen

Geschliffen werden Messer, Edelsteine und Soldaten; *geschleift* werden Festungen und über den Laufsteg bei Modenschauen die Mäntel der Mannequins. *schleifen* bedeutet: a) ‚schärfen' (im Soldatenjargon: schinden) und b) ‚über den Boden hinschleifen', ‚dem Erdboden gleichmachen'. Die 47 Kilometer lange Mauer, die Ost-Berlin von West-Berlin trennte, wurde entgegen einigen Pressemeldungen nicht „geschliffen", sondern *geschleift*.

senden

Versand
versandt

senden – sendete – gesendet / senden – sandte – gesandt

Wenn man eine Ware zum *Versand* (Schreibung *-d*!) gebracht hat, ist damit nicht gesagt, daß die Ware auch wirklich *versandt* (Schreibung *-dt*!) oder *versendet* worden ist. Zwischen *sendete* und *sandte* (= schickte) besteht kein Unterschied. Im Funkwesen heißt es aber immer: „Wir *sendeten* Unterhaltungsmusik"; denn *senden* im technischen Sinne ist gewissermaßen eine Ableitung von *Sender* für ‚Sendegerät' oder ‚Rundfunkanstalt'. Übrigens ist *sandte* nicht, wie Sie nach der Kapitelüberschrift annehmen müßten, eine starke Nebenform von *sendete*, sondern eine schwache. Ähnliches gilt für *wendete – wandte* (vgl. Seite 66/67). Der Vokalwechsel beruht hier auf komplizierten sprachgeschichtlichen Vorgängen. Doch darauf näher einzugehen, können wir uns schenken, wir wollen ja schließlich nicht Sprachgeschichtler werden.

Auch unter den Verben gibt es „Halbstarke".

wenden

... – ... – gesinnt / sinnen – sann – gesonnen

sinnen

gesinnt ist nicht, wie man denken könnte, ein schwaches Partizip des Zeitworts *sinnen*, sondern es wurde unmittelbar von dem Substantiv *Sinn* abgeleitet. Es bedeutet: eine bestimmte Gesinnung haben. Man kann also *treu, frei* oder *anders gesinnt* sein. Mit *Gleichgesinnten* versteht man sich. *gesonnen* dagegen wird heute im Sinne von ‚willens' oder ‚entschlossen' verwendet: Weil er nicht *gesonnen* ist, ihren Wünschen nachzugeben, ist sie *gesonnen* abzureisen (= gewillt, etwas zu tun).

verderben – ... – verderbt / verderben – verdarb – verdorben

verderben

Verdorben kann sein: der Magen, der Spaß, die Wurst und die Jugend. Das heißt, nach Ansicht der Schulgrammatiker müßte die Jugend *verderbt* sein, weil man unter *verderbt* etwas „sittlich Schlechtes" verstehe. Nun, Sie und ich halten wahrscheinlich die Jugend für *unverdorben* und das Wort *verderbt* für veraltet. Früher sagte man: Politik *verderbt* den Charakter. Heute behaupten böse Zungen, wo kein Charakter sei, könne auch keiner *verdorben* werden. – Diese vertrackten deutschen Zeitwörter, schwach werden könnte man, wenn sie stark sind! Bei *verderben* hat sich ausnahmsweise die starke Form durchgesetzt.

verwirren – verwirrte – verwirrt / verwirren – ... – verworren

verwirren

Lassen Sie sich nicht dadurch *verwirren*, daß es sich hier gar nicht um eine *verworrene* Angelegenheit handelt. Die Sache ist sonnenklar: Neben dem schwachen Verb *verwirren – verwirrte – verwirrt* gibt es als einzige starke Form das 2. Partizip *verworren*.
verworren bezeichnet den (Dauer-)Zustand: *verworrenes* Gerede, ein *verworrener* Kopf, die Abhandlung ist reichlich *verworren*. Bei *verwirrt* scheint mehr oder minder durch, was diesen vorübergehenden Zustand herbeigeführt hat: der Wind hat ihr das Haar *verwirrt*, er sah *verwirrt* zu ihr auf. – Sollte Sie dieser Abschnitt wider Erwarten *verwirrt* haben, dann merken Sie es sich so:

      verwirrt bedeutet: wirr gemacht,
      verworren bedeutet: wirr geworden.

weben – webte – gewebt / weben – wob – gewoben

weben

Gewebt wird in der Sprache der Textilindustrie, *gewoben* in der Sprache der Dichter: „*grauenumwobene* Stätte des Dunkels". ‚Handgewobene Teppiche' werden nur in süddeutschen Mundartgebieten fabriziert. Woanders werden Teppiche *gewebt* und Sagen *gewoben*.

Testbogen 3

gelten

1 „Mit der blauen Karte können Sie nicht umsteigen, die geltet nur für Geradeausfahrten", sagt der Kontrolleur. Und was sagen Sie?

⟦1⟧ *gelten* ist ein starkes Zeitwort; *gelten – galt – gegolten*; ich *gelte*, du *giltst*, es *gilt* ... Die blaue Karte g i l t nur für Geradeausfahrten; für Fahrten mit Umsteigen *gelten* die blauen Karten nicht.

2 Man sagt, essen und trinken halte Leib und Seele zusammen. Müssen *essen* und *trinken* hier nicht groß geschrieben werden?

Infinitiv als Subjekt

⟦2⟧ Wird die Grundform des Zeitworts als Satzgegenstand (Subjekt) verwendet, kann sie als Zeitwort oder als Hauptwort aufgefaßt werden.
Faßt man sie als Zeitwort auf, wird k l e i n geschrieben: Man sagt, (zu) *essen* und (zu) *trinken* halte Leib und Seele zusammen.
Faßt man sie als Hauptwort auf, wird g r o ß geschrieben: Man sagt, (das) *Essen* und (das) *Trinken* halte Leib und Seele zusammen.

3 Werden zugeschnittene Stoffe mit Karomuster vor dem Zusammennähen geriehen oder gereiht?

reihen

⟦3⟧ Ziehen Sie sich nicht mit ‚geheftet' aus der Klemme, liebe Leserin, das gilt nicht! *reihen* wird nur schwach abgewandelt: *reihen – reihte – g e r e i h t*.

4 Schwuren, schworen oder schwörten Sie neulich drei heilige Eide, nie mehr im Leben usw.?

schwören

⟦4⟧ i c h s c h w u r ist die älteste, geschichtlich richtige Form, aber heute weniger gebräuchlich als i c h s c h w o r, das im 18. Jahrhundert aufkam. Die schwache Vergangenheit i c h s c h w ö r t e ist die jüngste und üblichste der drei Formen. Sie wurde ursprünglich im Oberdeutschen nur mundartlich gebraucht, wird aber wahrscheinlich nach und nach die starken Vergangenheitsformen auch aus der Schriftsprache verdrängen. Aber Vorsicht: Noch gilt *ich schwörte* als

beschwören

nicht hochsprachlich und also auch nicht als korrekt. *beschwören* wird immer stark gebeugt: *Er beschwor ihn* ...

5 Mögen Sie Ihr 5-Minuten-Frühstücksei lieber *gesiedet* oder lieber *gesotten*?

sieden

⟦5⟧ Sie möchten es am liebsten hochdeutsch serviert? Dann also: *gekocht*. – *sieden* ist das alte deutsche Wort, das sich in Süddeutschland gehalten hat. Abgewandelt wird es s t a r k (*sott/ gesotten*) oder

kochen

s c h w a c h (*siedete/ gesiedet*). Das gesamtdeutsche *kochen* ist eine Entlehnung aus dem Lateinischen.

6 Pflegt man zu sagen: „Er *pflegte* der Ruhe"? Oder *pflog* er der Ruhe?   *pflegen*

> **6** S o w o h l – a l s a u c h. *pflog* klingt noch ein bißchen altmodischer und *pflegt* eigentlich nur in ‚Gepflogenheit' *gepflegt* zu werden.
> Wer i m m e r nach dem Essen zu rauchen *pflegt*, pflegt sich falsch auszudrücken. Entweder *pflegt* er nach dem Essen *zu rauchen*, oder er *raucht immer*. Das Wort *pflegen* genügt, eine Gewohnheit oder eine regelmäßig wiederkehrende Begebenheit auszudrücken. Wer etwas immer pflegt, moppelt doppelt. Für die Gesundheit ist es besser, wenn man das Rauchen einschränkt, und für den Stil, wenn man das Pflegen einschränkt. *Etwas zu tun pflegen* klingt sehr schriftdeutsch.

Pleonasmus

7 Wenn Sie in den Regen kommen und klitschnaß geworden sind – hat Ihr Mantel dann *getrieft* oder *getroffen*?   *triefen*

> **7** *Getroffen* haben können Pfeile oder spitze Worte, aber kaum noch ein Kleidungsstück vor Nässe. *triefen* wird heute s c h w a c h gebeugt: „Ein Stück Braten, das vor Fett *triefte / getrieft hat*..." Nur in gewählter Sprache kommen noch die starken Formen des Präteritums vor: „Der Schweiß *troff* ihm von der Stirn."

8 Bestimmt empfinden Sie so manche Stelle in diesem Buch als Haarspalterei. Trotzdem eine Frage: Werden Haare nun *gespaltet* oder *gespalten*?   *spalten*

> **8** B e i d e s ist richtig. Sie haben die Wahl. Allerdings wird mehr gespalten als gespaltet. In übertragener Bedeutung heißt das 2. Partizip nur *gespalten*: ‚Die Partei ist in zwei Lager *gespalten*.'

9 Wird eigentlich mit dem Zaunpfahl oder mit dem Zaunspfahl gewunken?   *winken*

> **9** Lassen Sie sich bitte durch den ‚Wink mit dem Zaun(s)pfahl' nicht aufs Glatteis führen, denn „gewunken" wird überhaupt nicht, in mundartfreier Sprache wird nur g e w i n k t. *winken* ist schwach, wie die meisten unserer Zeitwörter. Schließlich hat man ja auch zum Geburtstag nichts „geschunken gekrochen", sondern etwas geschenkt gekriegt (besser: geschenkt bekommen).

Oder sagen wir es mit einem alten Vers:

Weil gar zu schön der Wein im Glas geblunken,
hat sich der Hans dickvoll getrinkt.
Drauf ist im Zickzack er nach Haus gehunken
– und seiner Grete in den Arm gesinkt.
Die aber hat ganz zornig abgewunken
und hinter ihm die Türe zugeklunken.

Ottilie ärgert

Zielende und nichtzielende Zeitwörter

Wie bitte, soll das etwa Deutsch sein? Natürlich nicht. Die merkwürdige Überschrift sollte Sie nur stutzig machen. – Haben wir nicht in der Schule einmal gelernt, Zeit- und Hauptwort seien die wichtigsten Wortarten und genügten bereits zur Bildung eines vollständigen Satzes? *Ottilie* ist ein Hauptwort, *ärgert* ein Zeitwort; demnach müßte *Ottilie ärgert* ein vollständiger Satz sein. Sie selbst haben aber sicher auch das untrügliche Gefühl, daß der Satz so noch nicht zu Ende sein darf. Zur Vollständigkeit fehlt die Angabe, wen Ottilie ärgert. Sie ärgert *mich*, sie ärgert *Sie*, sie ärgert *ihren Ehemann* – erst jetzt wirkt der Satz vollständig. Sollte die uns eingetrichterte Schulweisheit, Hauptwort und Zeitwort genügten zur Bildung eines vollständigen Satzes, etwa nicht uneingeschränkt zutreffen? Erraten. Sehen wir uns ähnlich gebildete Beispiele an:

    Der Arzt fühlt. Ich treffe. Mutter kauft.

Auch das sind unvollständige Fügungen, die dem Leser eine wichtige Angabe vorenthalten. Man wird neugierig, man möchte doch gern wissen, *was* der Arzt fühlt, *wen* ich treffe und *was* Mutter kauft.

    Der Arzt fühlt *den Puls*. Ich treffe *einen Bekannten*. Mutter kauft *Schuhe*.

Erst durch Antworten auf die Frage „Wen oder was?" wurden die unvollständigen Aussagen zu vollständigen Sätzen ergänzt. Die Grammatik spricht hier von einer Ergänzung im Wenfall oder im 4. Fall oder von einem Akkusativobjekt.

Dem stehen Sätze gegenüber wie:

    Er kommt. Sie schwimmt. Es stürmt.

Haben Sie auch hier das Gefühl, diese Sätze müßten weitergehen? Nein, das sind einwandfrei vollständige Sätze. Absurd zu fragen, wen oder was es stürme.

    Ich lebe. Der Birnbaum blüht. Der Bach plätschert.

Auch dies sind sinnvolle, in sich abgeschlossene Sätze, die ohne weitere Erklärung verständlich sind.
Einmal ergibt also die Fügung ‚Hauptwort + Zeitwort' eine sinnvolle Aussage, einen vollständigen Satz *(Der Birnbaum blüht – Es stürmt)* – und ein andermal drückt die gleiche Fügung *(Der Arzt fühlt – Sie ärgert)* einen unvollständigen Sachverhalt aus, der als Handlung ohne Ziel mehr oder weniger sinnlos ist und einer Ergänzung bedarf.
Woran liegt denn das? Es liegt daran, daß es unter den Zeitwörtern z w e i G r u p p e n gibt:

> a) Zeitwörter wie *stürmen, leben, ruhen, schlafen, bleiben*
> Diese Zeitwörter bedürfen keiner Ergänzung, sie ruhen sozusagen in sich selbst. Die Grammatik nennt sie n i c h t z i e l e n d e Zeitwörter (intransitive Verben).
>
> **Intransitive**
>
> b) Zeitwörter wie *ärgern, finden, berühren, ertragen*
> Diese Zeitwörter brauchen eine Ergänzung im Wenfall (ein Akkusativobjekt). Die Grammatik nennt sie z i e l e n d e Zeitwörter (transitive Verben).
>
> **Transitive**

Lateinisch *trans-ire* bedeutet ‚hinübergehen', *trans-itivus* heißt soviel wie ‚übergehend', hier: auf ein Objekt übergreifend. Ein Transitiv greift also auf sein Akkusativobjekt über, ein Intransitiv dagegen n i c h t; denn lateinisch *in*... ist unsere Verneinungsvorsilbe *un*...

Ein Teil der nichtzielenden Zeitwörter kann in Ausnahmefällen auch zielend gebraucht werden. Normalerweise *schläft* man. Wer mit sich selbst zufrieden ist und ein reines Gewissen hat, *schläft den Schlaf des Gerechten* (zielend). *regnen* ist ein nichtzielendes Zeitwort: *es regnet*. Aber in Berlin kann es auch „Strippen" regnen, im Volkslied kühlen Wein und in der Silvesternacht Konfetti. *es hagelt* ist so intransitiv wie *es regnet*, kann aber auch zielend gebraucht werden: *es hagelt Taubeneier, böse Worte, schlechte Noten*.

schlafen

regnen

hageln

Wie ist das nun mit Verben wie *essen* und *trinken*, sind sie transitiv oder intransitiv? Beide können intransitiv verwendet werden:

essen
trinken

   Ich esse gerade. Er trinkt (= gewohnheitsmäßig Alkohol);

beide können transitiv verwendet werden:

   Ich esse gerade einen Apfel. Er trinkt ein Glas Milch.

Die Grammatik rechnet *essen* und *trinken* zu den transitiven Verben mit fakultativem (nicht notwendigem, wahlfreiem) Akkusativobjekt. Sie ahnen es bereits: Die Einteilung der Zeitwörter in nur zwei Gruppen wirft Probleme auf.

Nehmen wir ein Allerweltswort wie *geben*. Intransitiv ist es nicht, können wir doch nicht sagen: *Martina gibt*. Ist es zielend? Dann müßte *Martina gibt einen Kuß* ein vollständiger Satz sein. Das ist es aber nicht; Sie wollen ja gern wissen, wer den Kuß bekommt. Damit Grammatik nicht gar so trocken wird (und Sie nebenbei erkennen, daß *geben* ein Akkusativ- und ein Dativobjekt verlangt):

geben

   Martina gibt dem Schneemann einen Kuß.

Ja, wir haben auch Verben, die außer Dativ- und Akkusativobjekt eine adverbiale Bestimmung an sich binden können:

Sie	steckt	dem Schneemann	eine Rute	unter den Arm.
Subjekt		Dativobjekt	Akkusativ- objekt	Adverbial- bestimmung

Selbst solchen verhältnismäßig einfachen Satzmodellen läßt sich mit der alten Einteilung in Transitive und Intransitive nicht beikommen. Deshalb haben

Valenz die Grammatiker einen neuen Ordnungsbegriff eingeführt, die Valenz. Darunter versteht man die Fähigkeit eines Wortes, insbesondere eines Verbs, eine oder mehrere Ergänzungen zu fordern.

Valenz heißt Wertigkeit. Der Begriff ist aus der Chemie bekannt. In der Chemie versteht man unter *Valenz* die Zahl der Wasserstoffatome, die das Atom eines Elements binden oder ersetzen kann. Sauerstoff (O) zum Beispiel ist zweiwertig, weil seine Wertigkeit erst durch 2 Atome Wasserstoff (H) gesättigt wird. Aus dieser Verbindung entsteht Wasser (H_2O):

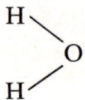

So müssen Sie sich das auch in der Grammatik vorstellen: Manche Verben brauchen nur 1 Element, um gesättigt zu werden:

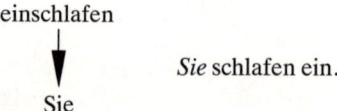

Sie schlafen ein.

Manche Verben brauchen zwei Elemente:

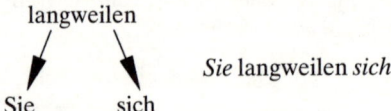

Sie langweilen *sich*.

Manche Verben drei:

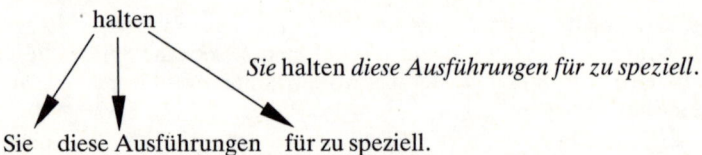

Sie halten *diese Ausführungen für zu speziell*.

Ist dem so? Dann sind wir einer Meinung. Überlassen wir die Valenz getrost denjenigen, die sich wissenschaftlich mit ihr auseinandersetzen müssen. Trotz aller Unzulänglichkeiten macht uns die bewährte Unterscheidung von Transitiven und Intransitiven auch schon so manchen interessanten sprachlichen Zusammenhang klar.

Transitivierung Vorsilben können nichtzielende Wörter in zielende wandeln:

nichtzielend	zielend
die Laterne leuchtet	...beleuchtet die Veranda
er blickt zum Horizont	er erblickt ein Schiff
er schläft	er verschläft die Zeit
sie argumentiert	sie argumentiert jeden Einwand weg

Fehler macht man häufig da, wo Verwechslung möglich ist. Habe ich das Bild nun an die Wand gehängt oder an die Wand gehangen? Manche nichtzielenden Zeitwörter haben sich nämlich mit Hilfe des Umlauts (vgl. Seite 136) eine zielende Nebenform geschaffen: *hangen – hängen, schwimmen – schwemmen* (von *schwamm*), *dringen – drängen* (von *drang*). Solche Zeitwortpaare ähneln sich in ihrer Lautgestalt und auch in ihrer Bedeutung, ihre Glieder dürfen nicht beliebig miteinander vertauscht werden.

Umlaut

Wird Erz geschmelzt oder geschmolzen?

Den nichtzielenden Zeitwörtern *schwimmen, fließen, sinken* entsprechen die zielenden Zeitwörter *schwemmen, flößen, senken*.

>Ich schwimme. – Sand wird angeschwemmt (Schwemmsand).
>Hier floß ein Bach. – Holz wird stromabwärts geflößt.
>Er sinkt in die Knie. – Er senkt den Kopf.

schwimmen
schwemmen
fließen
flößen
sinken
senken

Gleich beim Lesen haben Sie wahrscheinlich bemerkt, welcher Bedeutungsunterschied hier vorliegt. Das zweite, umgelautete Zeitwort drückt immer aus, daß die durch das erste Zeitwort angegebene Tätigkeit bewirkt werden soll. Fällen soll also ein Fallen bewirken, säugen ein Saugen, senken ein Sinken. Wir nennen daher diese Gruppe unter den zielenden Zeitwörtern **bewirkende Zeitwörter** oder **faktitive** oder **kausative Verben**. In *kausativ* steckt lateinisch *causa* = Ursache, hier: der Grund, durch den eine Wirkung verursacht wird; in *faktitiv* steckt lateinisch *facere* = machen, bewirken.

Umlaut

Faktitive oder Kausative

Die Zeitwortpaare unterscheiden sich nicht nur im Stammvokal, sondern auch in der Beugung.

 Bewirkende Zeitwörter werden schwach gebeugt, die ihnen entsprechenden, meist nichtzielenden Zeitwörter in der Regel stark.

Im folgenden einige Zeitwortpaare, deren abgewandelte Formen häufig zu Verwechslungen führen.

dringen – drang – gedrungen
drängen – drängte – gedrängt

dringen
drängen

Er *drang* darauf, daß etwas geschehe. – *Notgedrungen* muß er jetzt auf manche Annehmlichkeit verzichten. – Er ist von *gedrungener* Gestalt. – Sie *drängte* mich zum Handeln.

erlöschen – erlosch – erloschen
löschen – löschte – gelöscht

erlöschen
löschen

Zwei mittelhochdeutsche Zeitwörter sind hier zusammengefallen: *erleschen* = ‚aufhören zu brennen' und *leschen* = ‚erlöschen machen', ‚löschen'.

>a) nichtzielend: *erlöschen, verlöschen*: Das Licht *erlischt*. – Die Flamme *verlosch* allmählich. – Der Vulkan ist *erloschen*.

verlöschen

auslöschen   b) **zielend**: *löschen, auslöschen*: Die Feuerwehr *löschte* den Brand. – Wir haben die Kerze *ausgelöscht*.

Löschen kann man nicht nur Feuer, Kalk und Durst, sondern auch eine Schiffsladung. Das hat aber nichts mit Feuerlöschen zu tun, sondern bedeutete früher ‚losmachen'. *löschen* (aus niederdeutsch *lossen*) = ‚Frachtgut ausladen' wird ebenfalls schwach gebeugt: Die Ladung wurde *gelöscht*.

erschrecken   **erschrecken – erschrak – erschrocken**
erschrecken – erschreckte – erschreckt

Auch in *erschrecken* sind lautlich zwei alte Wörter zusammengefallen. Das stark gebeugte *erschrecken* bedeutete ursprünglich ‚aufspringen'. (Daher *Heuschrecke* die *Heuschrecke*, die in manchen Gegenden auch „Heuhüpfer" heißt.) Das schwach gebeugte *erschrecken* ist die zugehörige Bewirkungsform: jemanden aufspringen machen.

Heute unterscheiden wir:
a) **nichtzielend** (in Schrecken geraten, selbst erschrecken): *Erschrick nicht!* – Als ich den Schatten bemerkte, wie *erschrak* ich da! – Sie ist darüber tüchtig *erschrocken*. – Bin ich *erschrocken*!
b) **zielend** (in Schrecken setzen, jemanden oder sich erschrecken): Sei vorsichtig und *erschrecke* das Kind nicht! – Sein blasses Gesicht *erschreckte* mich. – Hast du mich aber *erschreckt*!
Der reflexive Gebrauch *(Habe ich mich erschreckt!)* gilt nicht als standardsprachlich.

Haben Sie es bemerkt? Zu ‚nicht erschrecken' gehört der Imperativ *erschrick nicht!*, zu ‚verlöschen' wird die 3. Person Singular Präsens ebenfalls *e/i-Wechsel* mit ‚i' gebildet: *es verlischt*. Mehr über den *e/i*-Wechsel starker Verben mit dem Stammvokal ‚e' (auch ‚ö' oder ‚ä') auf Seite 146/147.

ertrinken   **ertrinken – ertrank – ertrunken**
ertränken   **ertränken – ertränkte – ertränkt**

ersaufen   Wie *ersaufen (ersoff, ersoffen)* – *ersäufen (ersäufte, ersäuft)* auf Tiere, so ist
ersäufen   *ertrinken* – *ertränken* auf Menschen bezogen.
Schiller benutzte das Nebeneinander von *ertrunken* und *ertränkt* zu einer bissigen Pointe. „Die Verschwörung des Fiesco zu Genua" schloß er folgendermaßen: Auf die Frage, wo Fiesco sei, antwortet Verrina, der ihn soeben ins Meer gestürzt hat: „Ertrunken!", und fügt, als man das kaum glauben will, hinzu: „Ertränkt, wenn das hübscher lautet."

fallen   **fallen – fiel – gefallen**
fällen   **fällen – fällte – gefällt**

Er *fiel* aus allen Wolken. – Sie ist auf der Treppe *gefallen*. – Der Blitz *fällt* Eichen, der Richter ein Urteil, der Chemiker eine Verbindung aus einer Lösung (Grundbedeutung: fallen machen).

hängen   **hängen – hing – gehangen**
hängen – hängte – gehängt

Die Formen *hing, gehangen* gehörten ursprünglich nicht zu *hängen*, sondern zu *hangen*, das inzwischen aber außer Gebrauch gekommen und nur noch hier und da in der Schweizer Schriftsprache anzutreffen ist. An seiner Stelle wird jetzt allgemein *hängen* verwendet, ganz gleich, ob es sich um ein Hängen in der Bewegung (an die Wand hängen) oder um ein Hängen in der Ruhelage (an der Wand hängen) handelt. *hing* und *hängte* aber sowie *gehangen* und *gehängt* sollten in gutem Deutsch sauber auseinandergehalten werden.

- a) n i c h t z i e l e n d : Gestern *hing* ein Plakat im Schaufenster. – Als es zu regnen begann, *hing* keine Wäsche mehr auf der Leine. – Den Sommer über hat der Mantel im Schrank *gehangen*.
- b) z i e l e n d : Der Verkäufer *hängte* ein Plakat ins Schaufenster. – Sie *hängte* gerade Wäsche auf, als es zu regnen begann. – Ich hatte den Mantel in den Schrank *gehängt*.

In Süddeutschland kann man die starken Formen auch bei zielendem Gebrauch finden: ich hing den Hut auf den Haken; ich habe den Rock angehangen. Wer sich aber auch in Süddeutschland korrekt ausdrücken möchte, sagt: ich *hängte* den Hut auf den Haken; ich habe den Rock *angehängt*. Aufpassen: Früher wurden Verbrecher nicht nur öffentlich *gehängt*, sondern auch *gehenkt* (von *henken*). *henken*

liegen – lag – gelegen *liegen*
legen – legte – gelegt *legen*

liegen bezeichnet die Ruhelage, *legen* die Bewegung. Rohre, Fliesen, Eier, Karten, Erbsen, Wäschestücke und manche anderen Dinge werden *gelegt*. Das Buch aber *liegt* auf dem Tisch, weil es dort *hingelegt* worden ist.

saugen – sog – gesogen *saugen*
säugen – säugte – gesäugt *säugen*

säugen heißt ‚saugen lassen': Säugetiere säugen ihre Jungen. Das Kälbchen hingegen *saugt, sog, hat* am Euter *gesogen*.
Üblicher als *saugen* sind die Zusammensetzungen *ein-, voll-, leersaugen*: In *einsaugen* tiefen Zügen *sog* er die reine Bergluft *ein*. – Blutegel fallen erst ab, wenn sie *vollsaugen* sich *vollgesogen* haben. – Hier bahnt sich ein Wechsel zur schwachen *leersaugen* Konjugation an. Vor allem in der Technik wird *saugen* schwach abgewan- *Staub saugen* delt: Staub wird *gesaugt*, nicht „gesogen", ausgelaufenes Öl wird *abgesaugt*. *absaugen*

schmelzen – schmolz – geschmolzen *schmelzen*
schmelzen – schmelzte – geschmelzt

schmelzen hat zwei Bedeutungen:

- a) n i c h t z i e l e n d (flüssig werden): Der Schneemann *schmilzt*. – Die Butter *schmolz* auf dem Brot, so warm war es. – Die Schokolade ist in der warmen Hand *geschmolzen*.
- b) z i e l e n d (flüssig machen): Die Sonne *schmelzt* den Schnee (Schnee- *Schneeschmelze* schmelze). – Er *schmelzte* das Gold. – Im Hochofen wird Eisenerz *geschmelzt*.

Sicher werden Sie mit den letzten Beispielen nicht einverstanden sein. Diese schwachen Formen sind zwar richtig, aber nicht mehr gebräuchlich; hier hat sich ausnahmsweise die starke Beugung durchgesetzt. Es heißt

heute fast überall: *Die Sonne schmilzt den Schnee; er schmolz das Gold; Eisenerz wird geschmolzen.*
Aufpassen: Schwäbische Maultaschen (gefüllte Nudeln) werden merkwürdigerweise mit „in Butter geschmälzten Zwiebelwürfeln" aufgetragen. Dieses *geschmälzt* kommt von ‚Schmalz'. Auch Wolle wird *geschmälzt*, d. h. vor dem Spinnen mit Schmälze eingefettet.

schmälzen

sitzen
setzen

sitzen – saß – gesessen
setzen – setzte – gesetzt

Hier geht manches durcheinander. Besonders im Süden unseres Landes ist man in diesem Punkt verwirrend erfinderisch. „Wellet Sie net nasitze?" heißt soviel wie „Wollen Sie sich nicht setzen?", „I bin neigsesse" soviel wie „Ich habe mich hineingesetzt". Die Vorliebe der Süddeutschen für die klangvolleren starken Beugungsformen ist an sich vom Stilistischen her zu begrüßen, aber nicht gutzuheißen, wenn sich wie hier im Lauf der Jahrhunderte ein Bedeutungsunterschied herausgebildet hat.

    a) n i c h t z i e l e n d (*sitzen* bezeichnet die Ruhelage): Ich *sitze*. – Das Kleid *sitzt* ausgezeichnet. – Vorhin *saß* sie am Fenster. – Du hast während der ganzen Fahrt *gesessen*.

    b) z i e l e n d (*setzen* bezeichnet die Bewegung): Ich *setze* den Topf aufs Feuer. – Das Kind *setzte* sich hin. – Hast du den Hut *aufgesetzt*? – Der Buchtext ist schon *gesetzt* worden.

springen
sprengen

springen – sprang – gesprungen
sprengen – sprengte – gesprengt

Klirrend *zersprang* das Glas. – Die Fensterscheibe ist *gesprungen*. – Der Räuber gab dem Pferd die Sporen und *sprengte* davon (d. h. er machte sein Pferd springen. Früher hätte man diese Wendung zielend gebraucht: *er sprengte sein Pferd davon*). – Eine Berieselungsanlage *sprengt* Wasser auf die Beete. – Der Felsen wurde *gesprengt*.

trinken
tränken

trinken – trank – getrunken
tränken – tränkte – getränkt

trinken wird hin und wieder nichtzielend gebraucht: Das Kind *trinkt* hastig; meist aber zielend: es hat Saft *getrunken*.
Tränken kann man sowohl Pferde an der Tränke als auch – im übertragenen Sinn – ein Stück Stoff mit einer Flüssigkeit.

verschwinden
verschwenden

verschwinden – verschwand – verschwunden
verschwenden – verschwendete – verschwendet

Was manch einen verwundern mag: *verschwenden* heißt nichts anderes als ‚verschwinden machen'. Wer sein Geld *verschwendet*, dessen Geld *verschwindet*.

winden
wenden

winden – wand – gewunden
wenden – wendete – gewendet

Hier haben wir als dritte Gruppe noch die Formen *wenden – wandte – gewandt* (vgl. Seite 57). Die Grundbedeutung ist ‚drehen' oder bewirkend: ‚drehen machen', ‚umdrehen'.

Er hat sich gedreht und *gewunden* und wollte es nicht zugeben. – Ein *gewendeter* Rock ist ein Kleidungsstück, dessen Innenseite nach außen genommen wurde. – Wer *gewandt* im Auftreten ist, benimmt sich geschickt.

Zwischen *verwendete* und *verwandte* besteht inhaltlich kein Unterschied, klanglich schon. Bei einer Wortfolge wie *er verwendete bessere Stempel* stört die mehrmalige Wiederholung des ‚e'-Lautes besonders. In einem solchen Fall wäre die starke Vergangenheitsform *verwandte* vorzuziehen.

verwenden

Unsere Urgroßmütter sangen: „Wir *winden* dir den Jungfernkranz..." Hier schimmert die alte Bedeutung durch: *winden* = drehen, flechten. Ein flüchtiger Blick auf die interessanten Beziehungen zwischen Sprach- und Kulturgeschichte: Weil die Germanen, bevor sie von den Römern den Steinbau übernahmen, ihre Häuser aus Flechtwerk gebaut hatten, haben unsere Häuser *Wände*. *Wand* bedeutete ursprünglich ‚Gedrehtes', ‚Gewendetes', eben ‚Flechtwerk'. (Flechtwerk als Material für den Hausbau ließ sich auf einem Wagen fortschaffen, und daraus erklärt sich, daß noch im Mittelalter die Rechtsprache das Haus zur „fahrenden Habe" zählte.) – Übrigens gehört auch die *Windel* zum gleichen Wortstamm: sie war ursprünglich eine Wickelbinde.

Wand

Windel

*

Das sind nicht alle Zeitwortpaare, bei denen zwischen dem ursprünglichen, meist intransitiven Verb und seiner bewirkenden Nebenform unterschieden werden muß, aber es sind die wichtigsten. Wenn wir uns merken, daß bewirkende Zeitwörter ausnahmslos schwach gebeugt werden, die Verben, von denen sie abgeleitet sind, in der Regel aber stark, dann sind wir gegen die gröbsten Verwechslungen gefeit.

Im übrigen ist diese Art der Wortbildung nicht mehr produktiv; unsere Sprache hat die Möglichkeit, mit Hilfe des Umlauts bewirkende Nebenformen zu starken Zeitwörtern zu schaffen, wieder aufgegeben. Nur vereinzelt finden sich noch Neubildungen dieser Art, sogar bei schwachen Zeitwörtern.

Wortbildung

Früher bedeutete *landen* ‚etwas an Land bringen'. Im Kriege werden noch Truppen *gelandet*. Seit es aber Flugzeuge gibt, bezieht man *landen* in erster Linie auf deren Landemanöver. Schiffe landen nicht, sie gehen vor Anker und legen an. Für ‚an Land bringen' = ‚landen machen' hört man jetzt immer häufiger *länden*: Im Behördendeutsch werden Ertrunkene *geländet*.

landen

länden

Viel eher läßt sich der umgekehrte Vorgang beobachten, daß nämlich etliche dieser durch Umlaut gebildeten bewirkenden Zeitwörter in Vergessenheit geraten. Früher wurden Wrackteile *angeschwemmt*, heute werden Brückenteile *eingeschwommen*. Von *einschwimmen* spricht der Fachmann, wenn ein Brückenteil auf einem Kranschiff an Ort und Stelle transportiert wird. – Im Mittelalter kannte man zu *klingen* die bewirkende Nebenform *klenken* – heute kann niemand mehr sagen: „Ich klenke die Glocke." Wir müssen uns umständlicher ausdrücken: „Ich lasse die Glocke klingen", oder, was die üblichste Umschreibung für fehlende oder vergessene bewirkende Zeitwörter sein dürfte: „Ich bringe die Glocke zum Klingen." *zum Klingen, zum Schweigen, zum Reden bringen* – auch hierin spiegelt sich der für unsere Zeit typische Hang zur Hauptwörterei.

anschwemmen
einschwimmen

klingen

Testbogen 4

1 Sind Sie heute morgen, als der Wecker klingelte, aufgeweckt oder aufgewacht?

aufwachen
aufwecken

1 Sie sind a u f g e w a c h t , d. h., Sie sind *aufgeweckt worden*, weil der Wecker Sie *aufgeweckt hat*.
a) nichtzielend: *aufwachen – wachte auf – aufgewacht* = wach werden,
b) zielend: *aufwecken – weckte auf – aufgeweckt* = wach machen.

2 „Die Menge drang sich um den Losverkäufer." Ob das stimmt?

dringen
drängen

2 Nein, *drang* ist 1. Vergangenheit (Präteritum) von *dringen*, nicht von *drängen*.
Die Menge d r ä n g t e s i c h um den Losverkäufer.

persönliche und unpersönliche Verben

3 Friert es Sie, wenn es kalt ist, oder frieren Sie dann? Grammatisch ausgedrückt: Wird *frieren* persönlich *(ich friere)* oder unpersönlich *(mich friert es, es friert mich)* gebraucht?

frieren

3 B e i d e s i s t z u l ä s s i g . Die unpersönliche Fügung ist älter, heute seltener und somit eher der gehobenen Sprache zugehörig. (In den oberdeutschen Mundarten allerdings *friert es die Leute* noch immer und überall *an die Finger* – was zu der schwäbischen Redensart geführt hat: „Mach eine Faust, dann friert's dich nicht an die Hand.")

4 „Die Pumpe muß repariert werden, sie hat das Wasser nicht mehr angesogen."
Oder wären Sie für *angesaugt*?

saugen
ansaugen

4 Bei *angesaugt* und *angesogen* macht sich ein Bedeutungsunterschied bemerkbar. Die starken Formen wurden auf Lebewesen eingeschränkt, wodurch *sog, gesogen* bereits ein bißchen altmodisch wirken. Von leblosen Dingen, vor allem in der Technik, heißt es: *saugte, gesaugt*. Die Pumpe hat kein Wasser mehr *angesaugt*. Der poröse Holzzement *saugte* die Flüssigkeit sofort *auf*.

aufsaugen

5 *Waren Sie erschrocken, haben Sie sich erschrocken, haben Sie sich erschreckt* oder *hat es Sie erschreckt*, als Sie auf Seite 64 lasen, daß reflexives ‚erschrecken' als nicht hochsprachlich gilt? Anders gefragt: Welche der vier kursiv gedruckten Formen sind von der Grammatik anerkannt, welche nicht?

erschrecken

5 Korrekt sind *waren Sie erschrocken* und *hat es Sie erschreckt*. Die andern beiden Formen gelten als landschafts- oder umgangssprachlich.

6 Wenn einer Heimweh hat, *schwillt* ihm oder *schwellt* ihm dann das Herz vor Sehnsucht?

6 Auch *schwellen* gehört zu den Zeitwörtern, die eine bewirkende Nebenform haben. In der Bedeutung ‚groß und dick werden' wird *schwellen* stark konjugiert: *es schwillt – schwoll – geschwollen*, in der Bedeutung ‚groß und dick machen' schwach: *es schwellt – schwellte – geschwellt*. Richtig (wenn auch für den Hausgebrauch eine Spur zu poetisch): Ihm s c h w i l l t / *schwoll* das Herz vor Sehnsucht – Sehnsucht *schwellt / schwellte* ihm das Herz. *schwellen*

7 „Als Mussolini Äthiopien angriff, verhing Genf über Italien wirtschaftliche Sanktionen." Das ist lange her. Trotzdem sollten wir uns fragen: Stimmt das überhaupt?

7 So ganz nicht. Wird *eine Strafe verhängt*, dann wird *verhängen* schwach konjugiert: *verhängen – verhängte – verhängt*. „v e r h i n g" g i b t e s g a r n i c h t, wohl aber ein isoliertes 2. Partizip *verhangen*: Der Himmel war mit Wolken *verhangen*. Ohne *ver-* kommt *hing* natürlich vor. Aber denken wir dran: Was *hing*, muß vorher *aufgehängt* worden sein. Zwischen *hängen* und *hängen* ist eben ein Unterschied. Auch Jesus aß die Fünftausend nicht, sondern speiste sie.

verhängen

verhangen

hängen

8 *Einlegen* kann man eine ganze Menge: Bohnen, Eier, Heringe, das Haar, eine Sonderschicht, ein gutes Wort, Perlmutter in Metall, Filzsohlen in die Schuhe, künstlerische Darbietungen in eine Vortragsveranstaltung, Widerspruch bei Gericht. Wie ist das aber nun mit *einliegen*? „Wunschgemäß senden wir Ihnen einliegend unsere Preisliste." Ist dieser in Geschäftsbriefen häufig vorkommende Satz korrekt?

einlegen

8 N e i n, damit kann kein Kaufmann Ehre *einlegen*. Der Satz enthält gleich drei schiefe Stellen:
a) *einliegend:* Wenn es auch seit langem üblich ist, den einzigen Mieter in einem kleinen Haus, in dem außer ihm nur der Besitzer wohnt, als *Einlieger* zu bezeichnen – richtig ist es deswegen nicht. *einliegen* ist genauso widersinnig wie *einsitzen* (süddeutsch für: im Kittchen sein); denn *liegen* und *sitzen* bezeichnen die Ruhelage, *ein* aber gibt die Richtung an, das paßt nicht zusammen. Zwei Möglichkeiten der Korrektur: *inliegend* (so sagt man in Österreich) oder *eingelegt*.
b) Dem Wortlaut nach liegt nicht die Preisliste im Brief, sondern der Absender. (Vgl. Seite 275.)
c) *wunschgemäß* – des deutschen Kaufmanns Lieblingswort! Kennen Sie jemanden, der sich ausgerechnet eine Preisliste wünscht? Wünschen kann man sich Glück im Lotto und in der Liebe, Gesundheit und ein langes Leben und Schlittschuhe zu Weihnachten. Nach einer Preisliste fragt man (an).

einliegend

Einlieger

inliegend

wunschgemäß

So hätte ich geschrieben: „Sie fragen nach unserer Preisliste – hier ist sie."

Handgearbeitet oder gehandarbeitet?
Trennbar und untrennbar zusammengesetzte Zeitwörter

Bei Müllers steht im Wohnzimmer ein solide gearbeiteter kleiner Tisch, den der Hausherr nach Feierabend selbst geschreinert hat. Auf dem Tisch liegt ein von Frau Müller angefertigtes Hohlsaumdeckchen mit Lochstickerei. Was meinen Sie, sind das nun handgearbeitete oder gehandarbeitete Dinge? Beim Tisch dürfte es keinen Zweifel geben, der ist eindeutig handgearbeitet. Die Decke darauf ist handgestickt und handgesäumt – also gehandarbeitet!
Der Unterschied zwischen diesen beiden Begriffen ist Ihnen sicher bekannt. *handgearbeitet* bedeutet: von Hand (besser: mit der Hand) angefertigt oder hergestellt. *gehandarbeitet* ist abgeleitet von dem Hauptwort *Handarbeit*, und dies ist im engeren Sinn gleichbedeutend mit Nadelarbeit. Sprachlich interessant ist nun folgendes: Warum ist *ge-* einmal eine echte Vorsilbe des Mittelworts der Vergangenheit *(gehandarbeitet)*, und warum ist das andere Mal das Mittelwort sozusagen aufgetrennt und *ge-* dazwischengeschoben *(handgearbeitet)*? Nur, um den unterschiedlichen Sinn dieser beiden Begriffe zu kennzeichnen? Durchaus nicht. Dazu gibt es nämlich viel zuviel Parallelfälle, bei denen die Stellung der Vorsilbe *ge-* kein Kennzeichen eines Bedeutungsunterschiedes ist.

handarbeiten

maschineschreiben
kopfstehen
feststellen
kennenlernen
aufbrauchen
handhaben
maßregeln
wetteifern
brandmarken
schriftstellern

Wie *handgearbeitet* sind gebildet: *maschinegeschrieben, kopfgestanden, festgestellt, kennengelernt, aufgebraucht* u. a.
Wie *gehandarbeitet* sind gebildet: *gehandhabt, gemaßregelt, gewetteifert, gebrandmarkt, geschriftstellert* u. a.

Was diese Zeitwörter weiterhin unterscheidet, merken wir, sobald wir die Personalformen bilden:

Wir sagen: *ich schreibe Maschine, stehe kopf, stelle fest, lerne kennen, brauche auf;*
aber nicht: *habe hand, regele maß, eifere wett, marke brand* und *stellere schrift;*
sondern: *ich handhabe, maßregele, wetteifere, brandmarke* und *schriftstellere.*

Wir haben es also mit zusammengesetzten Zeitwörtern zu tun, die entweder wie *brandmarken* in den gebeugten Formen ungetrennt bleiben oder wie *feststellen* getrennt und umgestellt werden. Die Grammatik spricht hier von untrennbar und trennbar zusammengesetzten Zeitwörtern oder von festen und unfesten Zusammensetzungen.
Wozu man das alles wissen muß? Sie haben recht, wenn Sie so fragen: Wir sind schließlich keine Ausländer, die sich diese Eigenart der deutschen Sprache mühsam genug merken müssen. Auch ohne daß wir groß darüber nachdenken, ist uns die Umstellung bei trennbar zusammengesetzten Verben geläufig. Zu den trennbaren Zusammensetzungen gehören vor allem die vielen Zeitwörter, die mit den Umstands- und Verhältniswörtern *ab, an,*

auf, aus, bei, dar, ein, fort, her, hin, mit, nach, nieder, vor, voran, voraus, vorbei, vorüber, weg, zu, zurück und *zusammen* beginnen. Wenn man trotzdem hören und lesen kann: *Er vorenthielt seinen Gästen die Neuigkeit* (statt: *enthielt vor*) oder *Der Bach überquillt immer wieder* (statt: *quillt... über*), so handelt es sich um Ausnahmen, die sich ursprünglich in der gehobenen Sprache fanden, dann von den Zeitungen aufgegriffen wurden, denen solche Formen für Schlagzeilen entgegenkommen *(Vorenthält uns der Kanzler Geheimabsprachen?)*, allmählich in die Alltagssprache eindringen und – im Grunde nur im Telegrammstil Berechtigung hätten: *Eintreffe morgen 11 Uhr 30 Hauptbahnhof.* Oder? Innerhalb des deutschen Sprachgebiets scheinen die Schweizer da anderer Meinung zu sein; sie haben eine auffallende Vorliebe, unfest zusammengesetzte Verben als feste zu behandeln – entweder in Fällen, die sonst nur getrennt gebraucht werden: *Er anerbot sich, das Paket zu holen* (sonst: *er erbot sich an*), *Er unterordnete sich ungern* (sonst: *er ordnete sich... unter*), *Die Autohupen widerhallten ringsum* (sonst: *...hallten ...wider*), *Die Sonne widerspiegelt sich in den Fenstern* (sonst: *...spiegelt sich... wider*), oder in Fällen, wo der Duden zwar beide Möglichkeiten verzeichnet, aber die getrennten Formen bevorzugt werden:

margin: trennbare Zusammensetzungen

margin: Schweizer Sprachgebrauch

Schweizer Gebrauch	nach Duden	
Sie anberaumten die Sitzung auf Sonntag	ich beraume an (selten:) ich anberaume	*anberaumen*
Ich anerkenne diese Leistung	ich erkenne an (seltener:) ich anerkenne	*anerkennen*
Er anvertraute mir sein Geheimnis	ich vertraue an (seltener:) ich anvertraue	*anvertrauen*
Ich auferlege dir die Verpflichtung	ich erlege ihm etwas auf (seltener:) ich auferlege	*auferlegen*
Er einverleibt sich ein kräftiges Mittagessen	er verleibt ein (und:) er einverleibt	*einverleiben*

Zeitwörter, die mit den Umstands- oder Verhältniswörtern *durch, über, um, unter* und *wieder* beginnen, sind teils trennbar, teils untrennbar zusammengesetzt. Journalisten haben manchmal frühmorgens eine *durcharbeitete* Nacht hinter und einen *durchgearbeiteten* Artikel vor sich. Man muß schon sehr genau hinhören, um sich zu merken, welche Zusammensetzung trennbar ist und welche nicht.

margin: *durcharbeiten*

trennbar zusammengesetzt (Ton auf der Vorsilbe)	untrennbar zusammengesetzt (Ton auf dem Wortstamm)	
eine durchgebrochene Tafel Schokolade	eine durchbrochene Stickerei	*durchbrechen*
das Gerücht ist bis zu uns durchgedrungen	die Luft ist von betäubenden Düften durchdrungen	*durchdringen*
er ist in der Prüfung durchgeflogen (Umgangssprache)	wir haben die Schlechtwetterzone durchflogen	*durchfliegen*
sie hat sich die Schuhe durchgelaufen	sie hat alle Klassen der Oberschule durchlaufen	*durchlaufen*
ihr habt euch durchgesetzt	mit Gold durchsetzt	*durchsetzen*

margin: Bedeutungsunterschiede

DAS VERB

Nach einer Faustregel ist der überwiegende Teil der trennbaren Zusammensetzungen im wörtlichen Sinn zu verstehen:

Er *holte* sich das verborgte Buch *wieder* –

während die untrennbaren zumeist übertragene Bedeutung haben sollen:

Er *wiederholte* die Lektion.

Auf diese Unterscheidung ist leider kein Verlaß. Wer in der Prüfung „*durchgeflogen*" ist, hat dazu keine Flügel gebraucht (trennbar trotz übertragener Bedeutung). Dagegen ist in der vom Stein *durchschlagenen* Fensterscheibe wirklich ein Loch (untrennbar trotz wörtlicher Bedeutung). Wenn wir ohne Schirm in den Regen kommen, kann es geschehen, daß wir bis auf die Haut *durchnäßt* sind (untrennbar) oder – so hielt es der Duden noch 1980 für möglich – *durchregnet* (untrennbar). Sind Sie schon öfter *durchregnet* nach Hause gekommen? Ich nicht, ich bin immer nur *durchgeregnet* – und Sie wahrscheinlich auch. Es gibt eine ganze Reihe solcher Verben, bei denen die feste und die unfeste Zusammensetzung denselben Sachverhalt bezeichnen: Ob ein Zimmer gut *durchwärmt* oder gut *durchgewärmt* ist, bleibt sich gleich.

durchschlagen

durchnässen
durchregnen

durchwärmen

Oft aber bleibt es sich nicht gleich. Deshalb halten wir uns am besten an die Betonung: Die feste Zusammensetzung mit Ton auf dem Wortstamm hebt die Handlung hervor, die unfeste Zusammensetzung mit Ton auf dem ersten Glied (oft ist das ein Verhältniswort) das Resultat der Handlung:

feste Zusammensetzung (Ton auf dem Wortstamm)	**unfeste Zusammensetzung** (Ton auf dem 1. Glied)
Er hat die Platte durch*bohrt* (und nicht durch*stanzt*, durch*schlagen* oder durch*stoßen*).	Er hat die Platte *durch*gebohrt (= das Loch ist fertig gebohrt, jetzt kommt der nächste Arbeitsschritt).
Er hat die Nacht durch*schlafen* (und nicht durch*wacht* oder durch*zecht*).	Er hat die Nacht *durch*geschlafen (= ohne Unterbrechung geschlafen).

durchbohren
durchstanzen
durchschlagen
durchstoßen

durchschlafen

Und wenn uns trotzdem Zweifel kommen, weil die Betonung auch keinen Anhaltspunkt hergibt und unser Sprachgefühl uns im Stich läßt? Dann bleibt als letzter Ausweg immer noch der Blick in den Duden oder ein anderes Wörterbuch der deutschen Sprache.

Werden Gußstücke gesandstrahlt oder sandgestrahlt?

Fachsprache

Die Fachsprache der Technik hat einen ausgeprägten Hang zu ökonomischen Wortschöpfungen; durch Zusammenziehung bildet sie neue Verben, die wortreiche Umschreibungen ersparen:

gesenkschmieden
trennschleifen
tiefkühlen

gesenkschmieden = im Gesenk schmieden
trennschleifen = durch Schleifen trennen
tiefkühlen = auf tiefe Temperaturen abkühlen

lichtbogenschweißen = mit Hilfe des Lichtbogens schweißen
topfglühen = ein Werkstück im Topf glühen
sandstrahlen = Oberflächen mit dem Sandstrahlgebläse bearbeiten
pilgerschrittwalzen = ein Rohr durch Vor- und Rückwärtsbewegungen Stück für Stück unter gleichzeitiger Drehung um seine Achse nahtlos auswalzen

So weit, so gut – aber wie behandelt man diese Neubildungen im Textzusammenhang? Heißt es *gesandstrahlt* oder *sandgestrahlt*? Der Duden sagt *gesandstrahlt*, der Techniker sagt *sandgestrahlt* – und hat damit, das ist wortwörtlich zu verstehen, den guten Ton auf seiner Seite. Wir sahen es bereits an den Zusammensetzungen mit *durch*: Liegt der Ton auf dem ersten Glied, ist die Zusammensetzung gewöhnlich unfest:

eine Tafel Schokolade *durch*brechen; die Tafel ist *durch*gebrochen; ich breche die Tafel *durch*.

Bei den fachsprachlichen Zusammensetzungen liegt der Ton auf dem ersten Glied. Analog zu *durch*gebrochen heißt es also völlig richtig *staubgesaugt, tiefgekühlt, blankgebeizt, hohlgeschliffen, gesenkgeschmiedet, lichtbogengeschweißt*.
Aber nun zur Personalform dieser Verben, wie bilden wir die? *punktschweißen, spritzgießen, diffusionsglühen* – das alles benennt ja Tätigkeiten. Nun tun Sie mal so, als ob Sie was täten: *Ich ... punktschweiße*? Oder *schweiße ich punkt*? Oder gar *Punkt*, was analog zu *staubsaugen / ich sauge Staub* zu erwarten wäre? Weder – noch. Im Hauptsatz sind die Personalformen dieser zusammengesetzten Verben nicht gebräuchlich. Der Verein Deutscher Ingenieure empfiehlt in seinen Richtlinien zur Sprache der Technik, auf Umschreibungen auszuweichen:

punktschweißen = ich schweiße punktweise
spritzgießen = ich gieße nach dem Spritzverfahren
diffusionsglühen = ich glühe (ein Werkstück), *um Diffusion zu erzielen*

Im Nebensatz ist die Konjugation solcher Verben eher üblich:

... während er diffusionsglüht,
... wenn er lichtbogenschweißt.

Daß von zusammengesetzten Verben oft nur der Infinitiv und das 2. Partizip (und manchmal nicht einmal das) in Gebrauch sind, die Personalform aber umschrieben werden muß, kommt nicht nur in der Fachsprache vor. „er bauspare", „er probefuhr" – nein, so sagt keiner, obgleich *probefahren* und *bausparen* nicht gerade funkelnagelneue Wörter sind. Auch der *Ehebruch* ist bestimmt keine Erfindung von heute, als *ēbrechen* kam der Infinitiv *ehebrechen* schon im Mittelalter vor. Wir kennen *Ehebrecher* und *Ehebrecherin*, aber niemanden, der mit dem Segen der Grammatik jemals eingestanden hätte „Ich ehebreche, ich ehebrach." Nach und in der Regel hat der Mensch zwei Möglichkeiten: entweder er drückt sich korrekt aus (*ich habe die Ehe gebrochen* statt *ich habe ehegebrochen*) – oder er hält sich an die Moral (denn dann kommt er nicht in diese Situation und braucht nicht zu überlegen, wie es richtig heißen muß).

Testbogen 5

1 Man kann einen Stuhl und beim Arzt den Oberkörper *frei machen*, und man kann Briefe *freimachen*. – Stimmt hier die Rechtschreibung?

freimachen
Zusammen-
schreibung

1 Ja. Man schreibt zusammen, wenn die Wörter ihre Einzelbedeutung zugunsten einer neuen Gesamtbedeutung aufgeben; in diesem Fall verlagert sich der Ton auf das erste Glied. *freimachen* = ‚frankieren' hat eine neue Bedeutung angenommen, es wird also als e i n Wort geschrieben.

2 Wird ein Verstorbener normalerweise in seine Heimatgemeinde überführt?

überführen

2 Zu sagen, ein Verstorbener müßte nach Köln oder ein Kranker ins Krankenhaus *überführt* werden, galt bis vor kurzem noch als Fehler; die Regelbücher verlangten, daß er *übergeführt* werde. Heute gelten b e i d e F o r m e n a l s k o r r e k t. Ein Bösewicht jedoch kann nur überführt werden: *Es gelang dem Staatsanwalt, den Angeklagten zu überführen* (nicht: *überzuführen*).

3 Wenn jemand geringschätzig über einen andern urteilt, schätzt er ihn dann gering oder geringschätzt er ihn?

geringschätzen

3 Zusammensetzungen aus Eigenschaftswort und Zeitwort werden im allgemeinen als trennbar angesehen, auch *geringschätzen* ist ein trennbar zusammengesetztes Verb: e r s c h ä t z t i h n g e r i n g.

4 *vorlackiert, doppeltgehärtet, blankgebeizt, naßgeschliffen, stückgefärbt, silberplattiert, kupferkaschiert* – all diese zusammengesetzten Partizipien gehören zum Fachwortschatz des Technikers. Nun muß man von Technik gar nicht viel verstehen, um zu erkennen, weshalb einige der Partizipien mit *ge-* gebildet werden und die anderen nicht. Erkennen Sie es?

Fremdverben
auf ‚-ieren'

4 Dumme Frage! V e r b e n a u f ‚ - i e r e n' *(lackieren, plattieren, kaschieren)* b i l d e n i h r 2. P a r t i z i p n a t ü r l i c h ohne ‚ge-'. Das gerät uns, ohne daß wir darüber nachdenken müssen, immer richtig. Oder haben Sie sich heute früh „gerasiert" und „gefrisiert"?

Fugen-‚o'

elektroschweißen

5 Typisch für die Sprache der Technik sind Bestimmungswörter auf -o wie *magneto-, thermo-, elektro-*. Von *thermofixieren* heißt die Personalform *ich thermofixiere*, von *elektropolieren* heißt sie *ich elektropoliere*. Und von *elektroschweißen*?

5 I c h s c h w e i ß e e l e k t r i s c h. Das fremde Fugen-‚o' – es kommt aus dem Griechischen – scheint sich mit den Fremdwörtern *fixieren* und *polieren* eher zu verbinden als mit einem deutschen Wort wie *schweißen*: „ich elektroschweiße" ist ungebräuchlich.

6 Wie heißt die Vergangenheit von *fernsprechen*?
„Ich habe eben mit meinem Onkel ...

6 ... telefoniert." Von *fernsprechen* ist eigentlich n u r d e r I n f i n i - *fernsprechen*
t i v gebräuchlich. Sosehr sich auch die Fremdwortgegner um post-
amtliche Sprachreinigung bemühten, es war ihnen nur ein Teilerfolg
beschieden. *fernsprechen* läßt sich nicht gut abwandeln, *telefonieren* *telefonieren*
ist viel biegsamer. Anrufen kann man natürlich auch, aber *anrufen* *anrufen*
hat eine engere Bedeutung.

7 Sind *zustande/kommen* und *zugrunde/gehen* als unfeste Zusammensetzungen in jeweils einem Wort zu schreiben?

7 N e i n. *zustande kommen* und *zugrunde gehen* gelten nicht als *zustande kommen*
Zusammensetzungen und sind getrennt zu schreiben: *Das Unterneh-* *zugrunde gehen*
men ist nach dem Kriege zugrunde gegangen; die Vereinbarung ist
zustande gekommen. Zusammen schreibt man *zugrunde* + Partizip **Getrennt- und**
bei eigenschaftswörtlichem Gebrauch: *die dem Buch zugrundelie-* **Zusammen-**
gende Stoffsammlung... Bei Substantivierung schreibt man auch **schreibung**
zustande + Infinitiv zusammen: *Das Zustandekommen der Vereinba-*
rung...

8 „Diese schöne Stelle", so schrieb mir eine Leserin, „fand ich im SPIEGEL:
Der Rüstungskaufmann St., der im Bonner Verteidigungsministerium seit
Jahren ein- und ausgeht, galt bislang als Interessenvertreter für ... Ich frage
Sie, wie der Mann, wenn er schon eingegangen ist, noch ausgehen kann."
Erkennen Sie, was die Dame daran stört, daß ein Mensch irgendwo ein-
und ausgeht?

8 Ich erkannte es nicht, ich mußte mich erst von ihr aufklären lassen. *ein/gehen*
Sie schrieb mir, hier müsse es heißen: *ein und aus geht,* damit man *aus/gehen*
nicht denken könne, jemand sei eingegangen.
Das darf doch wohl nicht wahr sein! sagte ich mir, *ein und aus geht* in
vier Wörtern? Weil ich es genau wissen wollte, rief ich bei der
Dudenredaktion an. Wir stimmten sofort überein: *ein- und ausgeht* **Getrennt- und**
mit Ergänzungsbindestrich und in drei Wörtern. Schließlich kann, **Zusammen-**
sagten wir uns, die Rechtschreibung nicht das leisten, was man ge- **schreibung**
meinhin von ihr erwartet: ein hinreichend deutliches Markieren von
Bedeutungsunterschieden. *ein/gehen* hat ja nicht nur die beiden Bedeutungen ‚hineingehen' und ‚sterben', *ein/gehen* kann zum Beispiel
auch eine falsche Wendung in den Sprachgebrauch; eine Schmeiche- *Das nicht*
lei dem Umworbenen wie Honig; ein Scheck, auf den man gewartet „Sind die Zahlungen der
hat; ein Kleid beim Waschen; ein Kirschbaum bei Hochwasser; ein Firma Krause einge-
Heiratslustiger eine Ehe; Stickstoff mit Wasserstoff eine Verbindung gangen?' ‚Das nicht.
und Herr Meier auf Herrn Müllers Vorschlag nicht. Dieser Bedeu- Aber die Firma Krause."
tungsvielfalt mit den Mitteln der Rechtschreibung beikommen zu
wollen wäre ein sinnloses Unterfangen. Also, sagten wir uns, lassen
wir den Mann weiterhin *ein- und ausgehen,* mit Ergänzungsbindestrich und in drei Wörtern.
Eine halbe Stunde später klingelte bei mir das Telefon. Die Dudenredaktion hatte im Duden nachgesehen und entdeckt, daß *ein und*
aus geht d o c h v i e r W ö r t e r sind.

Brauchen Sie Geld?
Oder können Sie welches gebrauchen?
Zeitwörter, die oft verwechselt werden

„Geld ist an sich weder böse noch gut; es liegt immer an dem, der es brauchen tut." Die alte Spruchweisheit sollte uns nachdenklich stimmen – auch was die Wortwahl betrifft.

„Sowohl – als auch", werden Sie sagen, „wenn's ums Geld geht, das könnte ich schon gebrauchen. Geld braucht man immer." Stimmt's? Es stimmt – sogar sprachlich. Hier geht es nicht ums Geld, sondern um Zeitwörter, die sich zwar in ihrer Bedeutung berühren, aber nicht miteinander vertauscht werden sollten.

brauchen – *brauchte – gebraucht*
gebrauchen – *gebrauchte – gebraucht*
benötigen; bedürfen

gebrauchen ist im Grunde nur eine durch die Vorsilbe *ge-* erweiterte Nebenform von *brauchen*. Wo es Doppelformen gibt, haben sich meist Bedeutungsunterschiede herausgebildet (vgl. Seite 55–57). Doch wodurch unterscheiden sich *brauchen* und *gebrauchen*?

brauchen

b r a u c h e n heißt: nötig haben.

> Er *braucht* Geld. – Ich *brauche* deinen Zuspruch. – Du *brauchst* dringend Urlaub. – Chef zur Sekretärin: „Gehen Sie nicht fort, ich *brauche* Sie noch." – Braucht es eines weiteren Beispiels?
> Bei der selten gewordenen, ein wenig altmodisch klingenden Konstruktion mit *es braucht* steht das Objekt im Genitiv.

gebrauchen

g e b r a u c h e n heißt: verwenden, benutzen, sich einer Sache bedienen.

> Da sie sich jetzt eine Wohnung einrichten will, kann sie jede Mark *gebrauchen*. – Ich kann den alten Schrank nicht mehr *gebrauchen*. – Die Maschine war kaum *gebraucht*, als sie das erste Mal repariert werden mußte.

Als Faustregel gilt:

 Was man noch nicht hat, das braucht man; was man schon hat, gebraucht man.

„Was man nicht weiß, das eben brauchte man, und was man weiß, kann man nicht brauchen." Fausts berühmter Stoßseufzer bringt es an den Tag: Goethes Deutsch ist nicht mehr up to date.

Wenn *brauchen* nun ‚nötig haben', *gebrauchen* aber soviel wie ‚verwenden' heißt und folglich eine völlig andere Bedeutung hat – warum verwechseln wir dann diese beiden Wörter so oft? Weil *brauchen* genau wie *gebrauchen* auch ‚verwenden' oder ‚anwenden' bedeuten kann. Früher war das sogar die eigentliche Bedeutung von *brauchen*. Noch Goethe schrieb im „Erlkönig": „Bist du nicht willig, so brauch' ich Gewalt" – ein Satz, der heute jedem Schüler als dicker Fehler angekreidet würde. Aber ein Rest dieser alten Bedeutung bricht auch im heutigen Sprachgebrauch immer wieder durch, vor allem da, wo wir einen Menschen für irgendeine Arbeit oder irgendeinen Zweck „verwenden" müssen. Gute Stilisten scheuen sich, *gebrauchen* auf Menschen zu beziehen, sie setzen dafür lieber *brauchen*.

‚Er ist zu allem zu gebrauchen'

meint man eigentlich nur im abwertenden Sinn: er ist zu allem Schlechten zu gebrauchen, sozusagen als Werkzeug, wie eine Sache.

‚Er ist zu allem zu brauchen'

drückt dagegen Anerkennung aus: er ist äußerst geschickt oder befähigt, man kann ihn zu allem brauchen.

Wem solche Feinheiten zu knifflig sind, der macht sich das Leben dadurch leichter, daß er überhaupt nichts mehr braucht, sondern nur noch *benötigt*. Was ist nun b e n ö t i g e n ? Papierdeutsch, das auch außerhalb der Büros blüht und gedeiht. Es fehlt nicht mehr viel, dann antwortet man schon seiner Gemüsefrau auf die Frage „Sonst noch was gefällig?": „Ach ja, ich benötige noch einen Blumenkohl."! Aber daß man zur Deckung von Schulden entsprechende Mittel, zum Durchsetzen von Verordnungen Kontrollen, zur Begrünung von Städten unbebautes Gelände und zum Einrichten einer Personalstelle einen Personalleiter benötigt, der wiederum drei Hilfskräfte benötigt, die ihrerseits eine Buchungsmaschine und zwei Schreibmaschinen benötigen – das fällt schon kaum mehr auf. Und doch dürfte man zur Abwechslung auch einmal einen Personalleiter *brauchen*, für den drei Hilfskräfte *erforderlich sind*, die eine Buchungsmaschine und zwei Schreibmaschinen *haben müssen*. Bedarf – auch *bedürfen* ist ein anderes Wort für ‚benötigen' – bedarf es noch weiterer Beispiele, um zu zeigen, wie gut wir auf das papierene *benötigen* verzichten können?

benötigen

bedürfen

Wie steht es mit dem Wörtchen ‚zu' hinter *brauchen*? Darf man heute sagen:

‚Du brauchst nicht kommen'?

Oder muß es nach wie vor heißen:

‚Du brauchst nicht zu kommen'?

Wer sich an das Herkömmliche hält und Lehrer und Korrektoren, die ja von Berufs wegen allen sprachlichen Neuerungen abhold sein müssen, nicht unnötig verärgern möchte, der wird *brauchen* stets mit ‚zu' verbinden, eingedenk der alten Regel:

Infinitiv:
brauchen mit ‚zu'

Wer *brauchen* ohne ‚zu' gebraucht,
braucht *brauchen* überhaupt nicht zu gebrauchen.

Doch läßt sich darüber streiten, ob ein Lehrer seinen Schülern ein vor *brauchen* ausgelassenes ‚zu' anstreichen darf. Viele Rundfunkkommentatoren, Zeitungsreporter und selbst gute Schriftsteller verwenden *brauchen* heute ohne ‚zu'.
Da hätten wir also ein Zipfelchen lebendiger Sprachgeschichte erwischt. *brauchen* wird von *gebrauchen* und auch von *benötigen* aus seiner Rolle als Vollverb allmählich verdrängt, rückt immer näher an die Modalverben heran und wird auch schon fast wie ein Modalverb behandelt (vgl. S. 109). Analog zu: *du kannst nicht kommen, sollst nicht kommen, darfst nicht kommen, wirst nicht kommen* bilden heute viele: *brauchst nicht kommen*

(statt: *brauchst nicht zu kommen*). Entsprechend den Formen: *du hättest nicht kommen können, kommen sollen, kommen dürfen* heißt es richtig: *du hättest nicht (zu) kommen brauchen* (und nicht: du hättest nicht zu kommen gebraucht). Näheres darüber Seite 110/111.

Konjunktiv:
brauchte

Die Möglichkeitsform (vgl. Seite 129–140) von *brauchen* heißt *brauchte*. Der ältere umgelautete Konjunktiv *bräuchte* ist nur noch in süd- und südwestdeutschen Mundarten üblich. Will man die Möglichkeitsform der Vergangenheit *daß er mich brauchte* von der Wirklichkeitsform der Vergangenheit *er brauchte mich* deutlich abgrenzen, drückt man die Möglichkeit gewöhnlich durch *können* aus: *daß er mich brauchen kann* oder *brauchen könnte*. „... daß er mich bräuchte" wäre Mundart.

haben
besitzen

haben – *hatte* – *gehabt*
besitzen – *besaß* – *besessen*

H a b e n kann man ein Auto, Weib und Kind, Glück, Schulden, Durst, kein Geld, Angst, kalte Füße, Zahnschmerzen und die Erleuchtung, daß die deutsche Sprache außer über *haben* auch noch über ein paar andere Zeitwörter verfügt. Als Ersatz für *haben* bietet sich sofort *besitzen* an.

Auch die Redensart „ein Fest begehen" hatte ursprünglich konkrete Bedeutung: *begehen*, weil man an Festtagen Flurumgänge veranstaltete.

Was kann man nun besitzen? Zuerst einmal alles, worauf man sitzen kann. b e s i t z e n kommt ja von *sitzen* – wie lateinisch *possidere* (= besitzen) von lateinisch *sedere* (= sitzen) kommt. Wir sprechen davon, daß eine Familie seit Generationen auf demselben Hofe sitzt, sie besitzt also den Hof schon sehr lange (Landsitz, Landbesitz). Diese ursprüngliche Bedeutung von *besitzen* geht auf einen alten Rechtsbrauch zurück. Wer vor Jahrhunderten Grund und Boden erwarb, nahm davon feierlich Besitz, indem er einen Stuhl aufstellte und sich vor Zeugen darauf setzte. Was er derart *besessen* hatte, *besaß* er nun. – *Besitzen* kann man also alles, was einem als Eigentum gehört: Haus und Hof, Grund und Boden, natürlich auch einen Sack Geld, Wertpapiere, Vermögen, eine Fabrik, einen Wagen, Kunstgegenstände, elegante Garderobe, einen Perserteppich.

„Frau Müller besitzt einen neuen Hut."

Das sollte Frau Müller aber nicht, es wäre schade um den neuen Hut, dazu nimmt man besser ein Kissen. Spaß beiseite. Ein neuer Hut ist kein Eigentum, ein neuer Hut ist eben nur ein neuer Hut. Einen neuen Hut besitzt man nicht. Man hat ihn, trägt ihn, setzt ihn auf oder läßt ihn liegen. Besitzen sollte man nur Werte, auch charakterliche: er besitzt Mut, Fleiß, einen unbeugbaren Willen, Ausdauer, Charme. Auch Menschen sollte man nicht besitzen.

Alles, was man besitzt, hat man; aber nicht alles, was man hat, kann man auch besitzen.
MECHTILDE LICHNOWSKY
(1879–1958)

„Besitzen Sie Familie?" –
„Nein, aber ich habe eine Frau und zwei Kinder."

Eine solche Antwort zeugt zwar nicht von Höflichkeit, aber vom Sprachgefühl des Befragten.
An diese Einteilung halten sich die wenigsten; sie besitzen heute reinweg alles, was sie früher schlicht und einfach hatten: Die Gemeinde besitzt einen Bürgermeister, der Bürgermeister besitzt eine Gattin, die Gattin besitzt Sprachkenntnisse, und die Sprachkenntnisse besitzen Lücken.

HABEN/BESITZEN, DARSTELLEN/BEDEUTEN/SEIN

„Im Besitze Ihres Allerwertesten vom 11. v. M...."

Solch ein Briefanfang findet sich zum Glück wohl nur als Abschreckungsbeispiel in stilkundlichen Darstellungen, aber kein Kaufmann scheut sich zu schreiben:

„Im Besitze Ihres Schreibens vom 11. v. M...."

Ist der Brief eines Geschäftspartners wirklich ein Besitz? Unter Umständen schon, aber überzeugend klingt die Formulierung nicht.
In einer Gesellschaft, in der Besitz ein Wertmaßstab ist, sollte man etwas Belangloses oder etwas Negatives nicht besitzen wollen, und doch behauptet Herr Meyer, er besitze Steuerschulden, seine Frau schlechte Zähne, sein Sohn keinen Blinddarm mehr und seine Waschmaschine einen Konstruktionsfehler. Vielleicht ist es noch Zeit, Herrn Meyer von seiner Besessenheit zu heilen. Sonst könnte er eines Tages vergebens nach einem Wort suchen, das stärker als *haben* ist. „Was du ererbt von deinen Vätern hast, erwirb es, um es zu haben" – nein, so sagte Goethe nicht.

Wußten Sie, daß der *Habicht* seinen Namen von *haben* hat? *haben* bedeutete einst: packen, umfassen. Das tut der Habicht mit der Beute.

Verwandt mit *haben* ist auch der *Hafen*: Ob in Norddeutschland als Ankerplatz oder in Süddeutschland als Topf – er hat etwas Umfassendes.

bezeigen – *bezeigte – bezeigt*
bezeugen – *bezeugte – bezeugt*

b e z e i g e n heißt: bekunden, erweisen, zu erkennen geben (Anteilnahme, Gunst, Ehre).
Freude und Furcht braucht man nicht zu bezeigen, man kann sie auch zeigen.
b e z e u g e n heißt: als Zeuge aussagen, versichern.
Beim Militär muß man durch vorschriftsmäßigen Gruß dem Vorgesetzten Reverenz erweisen, ihm *Ehre bezeigen* (Ehrenbezeigung). Vor Gericht muß man die *Wahrheit bezeugen* (Wahrheitsbezeugung).

bezeigen
bezeugen

darstellen – *stellte dar – dargestellt*
bedeuten – *bedeutete – bedeutet*
sein – *war – gewesen*

Ein Schaltbild kann eine Regelstrecke d a r s t e l l e n; es stellt aber nicht eine unentbehrliche Arbeitsunterlage für den Techniker dar, sondern es *ist* diese Arbeitsunterlage. Eine nach dem Schaltbild gebaute Regelanlage stellt nicht ein Mittel zur Kostensenkung für den mit der Regelanlage ausgerüsteten Betrieb dar, sondern sie *ist* das Mittel. Diese Einsicht bedeutet nicht einen Fortschritt auf unserm Wege zum richtigen Deutsch, sondern sie *ist* ein Fortschritt.
Was ,darstellen' b e d e u t e t, zeigt sich am klarsten im Bereich der darstellenden Künste: ein Schauspieler ist nicht Wallenstein, sondern *stellt* Wallenstein *dar*. Auch außerhalb des Theaters kann man etwas so darstellen, wie man es gern gesehen wissen möchte.
Zwischen *darstellen, bedeuten* und *sein* zu unterscheiden stellt also kein Problem dar, sondern *ist* auch wirklich keines.

darstellen
bedeuten
sein

Manche Poeten stört es, daß das Wort auch noch eine Bedeutung haben soll.
STANISLAW JERZY LEC (1909–1966)

entscheiden – *entschied – entschieden*
sich entschließen – *entschloß – entschlossen*

E n t s c h e i d e n kann man einen Streit zugunsten einer Partei und eine Angelegenheit von Fall zu Fall. Bevor man etwas entscheidet, entscheidet

entscheiden

man gewöhnlich sich. Schlimm wird es, wenn man sich *zwischen* zwei Dingen (oder zwei Frauen) entscheiden muß – wer die Wahl hat, hat bekanntlich die Qual. Hat man die Wahl getroffen, dann hat man sich *für* etwas oder jemand entschieden: für die knallgrüne Krawatte mit den roten Streifen und die kleine Mollige mit der Stupsnase. Im Grunde gibt es nichts, wofür man sich nicht entscheiden könnte. Wenn in einem Buch zur Amts- und Gesetzessprache behauptet wird, der Satz

> Der Magistrat hat sich dafür entschieden, die Bauarbeiten für ein Schwimmbad auszuschreiben

müsse korrekt heißen:

> Der Magistrat hat sich dazu entschlossen, die Bauarbeiten für ein Schwimmbad auszuschreiben,

dann wird hier ein feiner Unterschied in der Aussage übersehen. *Der Magistrat hat sich dafür entschieden* heißt: Die Entscheidung ist gefallen, und jetzt wird der Beschluß erst mal auf Termin gelegt. *Der Magistrat hat sich dazu entschlossen* läßt hingegen hoffen, daß der Entschluß demnächst realisiert wird. s i c h z u e t w a s e n t s c h l i e ß e n klingt viel dynamischer und nicht halb so grundsätzlich wie *sich für etwas entscheiden*.

Daß man sich in richtigem Deutsch nicht zu einem neuen Anzug entschließen, sondern *zum Kauf eines Anzugs entschließen* sollte, dürfte bekannt sein.

sich entschließen

Zum Handeln entschließen, *für* Dinge und Menschen entscheiden wir uns.

erkranken – krank sein; erblinden – blind sein

So oder ähnlich lauten manche Entschuldigungszettel:

> „Sehr geehrter Herr Lehrer!
> Mein Sohn Dieter war während der letzten Woche erkrankt. Entschuldigen Sie bitte, daß er das Bibliotheksbuch nicht rechtzeitig zurückgeben konnte, er hatte es im Hals."

Hier geht es nicht um das im Hals steckengebliebene Bibliotheksbuch, sondern um *erkranken*. e r k r a n k e n heißt ‚krank werden' und nicht ‚krank sein'.

Beginn:
erkranken
erblinden

Frau Lehmann hätte die Wahl gehabt: entweder

> ‚mein Sohn war während der letzten Woche krank',

oder

Dauer:
krank sein,
blind sein

> ‚mein Sohn erkrankte in der letzten Woche und mußte ein paar Tage im Bett bleiben'.

Ein ähnliches Beispiel:

> „Der Patient war drei Jahre lang an den Folgen eines Betriebsunfalls erblindet und erhielt vor kurzem nach einer komplizierten Operation das Augenlicht zurück."

Genau wie *erkranken* ‚krank werden' bedeutet, bedeutet e r b l i n d e n ‚blind werden' und nicht ‚blind sein'. Richtig hätte der Satz heißen müssen:

> Der Patient erblindete vor drei Jahren infolge eines Betriebsunfalls...,

oder aber:

> Der Patient war infolge eines Betriebsunfalls drei Jahre lang blind...

lehren – *lehrte – gelehrt*   *lehren*
lernen – *lernte – gelernt*   *lernen*

Begreiflich, daß diese beiden Zeitwörter oft verwechselt werden. Beide gehen zurück auf gotisch *lais* = ich weiß. Daraus entwickelte sich:
l e h r e n = jemand wissend machen,
l e r n e n = selbst wissend werden.

Gewöhnlich tritt *lernen* fälschlich für *lehren* ein:

> „Der alte Dorfschulmeister hat mir schreiben und lesen gelernt. – Die Erfahrung hat uns gelernt, vorsichtig zu sein."

Umgekehrt wird ein Schuh daraus:

> Ich habe bei dem alten Dorfschulmeister schreiben und lesen gelernt. – Wir haben aus der Erfahrung gelernt, vorsichtig zu sein.

Oder:

> Der alte Dorfschulmeister hat mich schreiben und lesen gelehrt. – Die Erfahrung hat uns gelehrt, vorsichtig zu sein.

Wer *lehren* korrekt gebrauchen will, muß es mit dem Akkusativ verbinden:

nicht	**sondern**
Ihr Kind wird Ihnen später dankbar sein, wenn Sie ihm frühzeitig das Ordnunghalten lehren.	...wenn Sie es frühzeitig das Ordnunghalten lehren.

Das Beispiel rechts klingt ein bißchen steif und wird Ihnen auch nicht gefallen. Ein Verb mit zwei Akkusativobjekten:

> Sie lehrt *das Kind das Ordnunghalten*

– das geht uns einfach gegen den Strich. Sind wir es doch gewohnt, da, wo ein Verb zwei Ergänzungen an sich bindet, einmal den Dativ der Person und einmal den Akkusativ der Sache zu setzen:

> Sie bringt *dem Kind das Ordnunghalten* bei.   *beibringen*

Die Macht der Gewohnheit wirkt auch in der Sprache, meist setzt sie Angleichungsprozesse in Gang. So auch hier. Immer häufiger wird heute *lehren* mit dem Dativ der Person verbunden; im Passiv gilt der Dativ bereits als korrekt:

Ihm / mir ist frühzeitig das Ordnunghalten gelehrt worden.

Das „Wörterbuch der deutschen Gegenwartssprache", dessen Band L *(lavieren–Lyzeum)* 1969 erschien, führt bereits beide Formen an: *jemanden etwas lehren* und *jemandem etwas lehren*, allerdings mit der Einschränkung, der Dativ nach *lehren* sei umgangssprachlich. Umgangssprachlich? Da bin ich anderer Meinung: *lehren* ist aus der Umgangssprache nahezu verschwunden. Wir können es eigentlich nur noch gebrauchen, um eine wissenschaftliche Lehrtätigkeit zu bezeichnen. Ein Professor für alte Sprachen kann an der Universität Griechisch und Hebräisch lehren; ein Mathematiklehrer am Gymnasium lehrt aber nicht Mathematik, sondern unterrichtet seine Schüler in Mathematik. In der Lehrwerkstatt eines feinmechanischen Betriebes lehrt der Meister die Lehrlinge nicht, wie man ein Werkstück einspannt, er lehrt sie auch nicht drehen und fräsen, sondern er zeigt ihnen, wie man ein Werkstück einspannt, und bringt ihnen das Drehen und Fräsen bei. Wenn der Meister nun aber nicht Auszubildende ausbilden, sondern Anlernlinge einarbeiten soll, was dann? Der Meister versündigt sich gegen die deutsche Sprache und lernt die Leute an. *lernen* bedeutet ja, sich selbst Kenntnisse aneignen. Gegen ‚jemanden anlernen' und ‚jemanden einlernen' (statt: *jemanden etwas lehren*) ist aber heute nichts mehr auszurichten. Beide Ausdrücke haben sich eingebürgert und sind ein Beispiel dafür, daß *lehren* zu den antiquierten Wörtern zählt. – Es heißt also *ich lerne*, aber:

anlernen
einlernen

nicht	**sondern**
er lernt mir	er unterrichtet mich in...
	er unterweist mich in...
	er bildet mich in... aus
	er bringt mir bei
	er zeigt mir
	er weist mich an
und – in gehobener Sprache –	er lehrt mich

meiden – *mied* – *gemieden*
vermeiden – *vermied* – *vermieden*

„Wer Durchschreibesätze verwendet, meidet unnötigen Zeitverlust durch umständliches Hantieren mit Kohlepapier."

meiden

vermeiden

Das ist alles andere als richtig ausgedrückt. m e i d e n heißt einen Bogen machen um: eine Person, einen Ort, ein sonst wahrnehmbares Objekt. Nicht aber um den Zeitverlust, den will man v e r m e i d e n (ausschließen, verhindern). Richtig angewendet sind beide Wörter in der Aufforderung:

Meide den Alkohol – dann *vermeidest* du Streit.

scheinen – *schien – geschienen*
erscheinen – *erschien – erschienen*

Daß zu mitternächtlicher Stunde Mond und Sterne *scheinen*, Geister aber *erscheinen* können, ist für den, der Deutsch lernen will, nicht weiter beunruhigend: zwischen *scheinen* und *erscheinen* weiß jeder zu unterscheiden. Anders sieht die Sache in der 3. Person Einzahl aus. Wann sagt man **es scheint**, wann **es erscheint**? Das läßt sich leicht beantworten.

scheinen
erscheinen

es scheint
es erscheint

In Fügungen vom Typ

scheinen / erscheinen	+	Dativobjekt	+	Artergänzung
Es scheint / erscheint		ihm		unmöglich
Es scheint / erscheint		ihr		zweckmäßig
Es scheint / erscheint		mir		ratsam

Kleiner Tip: Nicht nur im Zweifelsfall das einfache *scheinen* vorziehen.

ist *es scheint* mit *es erscheint* austauschbar. Folgt aber ein Infinitiv mit *zu*, darf es nur *scheint* heißen:

Es *scheint* ihm unmöglich *zu sein*.

sehen – *sah – gesehen*
schauen – *schaute – geschaut*

sehen
schauen

Fragt man einen Österreicher, worin sich diese beiden Wörter unterscheiden, bekommt man wahrscheinlich zur Antwort: „Aber schau S', das ist doch ganz dasselbe." Auch einen Bayern würde die Frage in Verlegenheit bringen. Er macht zwischen *sehen* und *schauen* genausowenig einen Unterschied wie der Sachse zwischen *sehen* und *gucken*. In der mündlichen Unterhaltung stört das nicht weiter; mundartlich gefärbte Sprache kann sich sogar recht reizvoll anhören für den, der selbst ein reines Hochdeutsch spricht. Wer aber Wert auf guten schriftlichen Ausdruck legt, sollte zwischen *sehen* und *schauen* unterscheiden.

gucken

s e h e n ist der übergeordnete Begriff. Er bezeichnet wie ‚hören' eine Sinneswahrnehmung. Sehen tut man alles, was man durch die Augen wahrnimmt und über den Verstand als Wahrnehmung registriert.

s c h a u e n bedeutet: etwas in Muße betrachten oder prüfend besichtigen. „Trau, schau, wem" (in Norddeutschland mit dem Zusatz „am liebsten keem" = keinem) heißt soviel wie: Wenn du jemandem trauen willst, *schau*, wem du trauen willst. Wer früher auf *Brautschau* ging, sah sich die Zukünftige nicht nur flüchtig an, sondern schaute sie sich an. – Geschäfte haben *Schaufenster*, in denen Ware zur Schau gestellt wird. – Die *Schaubühne* des 18. Jahrhunderts ist sprachlich dem Theater gewichen, geblieben sind die *Schauspieler*. *Zuschauer* sind heute weniger auf dem Theaterparkett anzutreffen – dort sitzen Besucher – als auf dem Sportplatz. – Mit dem Film kam die *Wochenschau* auf und mit dem Fernsehen die *Tagesschau*; man zeigt uns eine *Programmvorschau* und in den ersten Januartagen eine *Rückschau* auf bestimmte Sendungen des Vorjahres, aber das *Fernsehen* selbst hat man inkonsequenterweise nicht „Fernschauen" genannt.

„Auf Wiederschaun!" sagt man in Süddeutschland beim Abschied. Weiter nördlich legt man keinen Wert darauf, sein Gegenüber bei der nächsten

Auf Wiedersehen!

Begegnung prüfend zu besichtigen, man begnügt sich korrekt mit: „Auf Wiedersehen!"

stechen **stechen** – *stach* – *gestochen*
stecken **stecken** – *steckte (stak)* – *gesteckt*

s t e c h e n hat die Grundbedeutung: mit spitzem, scharfem Werkzeug Vertiefungen machen. Stechen kann, was Stachel, Dornen, eine Spitze oder eine Schneide hat: die *Stechmücke*, die *Stechpalme*, das *Stecheisen*, der *Stichel* und der *Stichling*. Ein Schiff kann in See stechen; der Spaten wird beim Graben in die Erde gestochen. Auch Sonnenstrahlen, Blicke aus dunklen Augen oder eine Stichelei können stechen, das heißt, sie werden wie Stiche empfunden. – Ein Faß wird *angestochen*, nicht angesteckt.

anstechen

s t e c k e n bedeutete ursprünglich ‚stechend festheften', später ‚festheften' überhaupt, auch ‚an eine bestimmte Stelle tun'. *Stecknadeln* benutzt man nicht zum Stechen, sondern man steckt damit zugeschnittene Stoffe zusammen. – *Stecker* steckt man in *Steckdosen* und den *Steckling* in die Erde, damit er Wurzeln schlage. – Der *Steckbrief*, ursprünglich eine Aufforderung, vor Gericht zu erscheinen, wurde früher in den Torriegel gesteckt.

Steckbrief

Daneben gibt es ein intransitives Zeitwort *stecken* mit der Bedeutung ‚festhaften', ‚an einer bestimmten Stelle sein'. Dieses nichtzielende *stecken* kann in der Vergangenheitsform stark abgewandelt werden:

Der Schlüssel stak im Schloß.

Das zielende *stecken* darf dagegen nur schwach gebeugt werden:

nicht	**sondern**
Er stak den Schlüssel ins Schloß.	Er s t e c k t e den Schlüssel ins Schloß.

Dieser Fehler kommt aber nicht oft vor, da in der gesprochenen Sprache die starke Vergangenheitsform *stak* kaum mehr üblich ist. Oder staken Sie jemals in der Patsche? Wohl kaum, sicher steckten Sie nur vorübergehend in der Klemme.

sterben **sterben** – *starb* – *gestorben*
versterben – *verstarb* – *verstorben*

Anno Domini MCCCCLXVIII uff sant blasius tag starp der ersam meinster Henne Gensfleisch dem Gott gnade.

„Das Datum bezeichnet" – so heißt es in einer Zeitschrift – „den 3. Februar 1468. Henne Gensfleisch war sozusagen der standesamtlich richtige Name jenes Mannes, der im Hof ‚Zum Gutenberg' in Mainz geboren wurde und später als Johannes Gutenberg weltbekannt geworden ist. Das Zitat, eine Eintragung von unbekannter Hand in einem Mainzer Frühdruck, ist die einzige schriftliche Nachricht vom Tode des großen Erfinders. Das Ganze wird hier zitiert, weil ein alltäglicher und unabänderlicher Tatbestand in ganz schlichte Worte gekleidet ist: Gutenberg *starp . . .*"

Heute sind Todesanzeigen, in denen jemand so ganz einfach gestorben ist, verhältnismäßig selten. Ist er nicht verschieden, entschlafen, einer schweren Krankheit erlegen, heimgegangen, uns entrissen, abberufen worden, dann ist er zumindest *verstorben*.

"Mein geliebter Mann hat mich für immer verlassen." Schlimmer als das, er ist sogar gestorben.
JOHANNES GROSS

> „Am 6. April 1991 verstarb mein Bruder an Gallensteinen..."

Nein, noch nie ist ein Mensch an einer Krankheit verstorben, aber viele sind an einer Krankheit gestorben. *verstarb* und *verstorben* (immer ohne Todesursache) drücken aus, daß man zum Tod schon einen gewissen Abstand gefunden hat. Richtig:

versterben

> 1991 verstarb mein Bruder, er starb nach einer Gallenblasenoperation.

verbieten – *verbot* – *verboten*
verbitten – *verbat* – *verbeten*

verbieten
verbitten

Merkwürdigerweise werden diese beiden Wörter am häufigsten von Leuten verwechselt, die nicht nur von sich selbst, sondern auch von andern für gebildet gehalten werden.

In den Werken des österreichischen Publizisten und Sprachkritikers Karl Kraus (1874–1936) finden sich ein paar Abschnitte, die sich auf die Verwechselung beziehen. Dem Sinn nach berichtet Karl Kraus folgendes: Bei einer Gerichtsverhandlung liefern sich zwei Anwälte ein hitziges Rededuell. Der eine ruft dem andern zu: „Ich verbiete mir eine solche Äußerung!" Darauf der andere: „Sie haben mir gar nichts zu verbieten!" Einem Zeitungsreporter kommen die Zurufe nicht geheuer vor, und bevor er das Protokoll der Gerichtsverhandlung an seine Zeitungsredaktion gibt, verbessert er so: „Ich verbitte mir eine solche Äußerung!" – „Sie haben mir gar nichts zu verbieten!"

Von Karl Kraus (1874–1936) stammt die Bemerkung, Deutsch sei die Sprache derer, die zwar deutsch fühlen, aber nicht Deutsch können.

Um es gleich zu sagen: Das war eine „Verschlimmbesserung"; denn jetzt stimmt es genausowenig.

v e r b i e t e n bedeutet: etwas untersagen.

> Das Betreten des Grundstücks ist *verboten*. – Der Lehrer *verbietet* den Schülern, während des Unterrichts Wörterbücher zu benutzen.

Verbieten kann nur, wer dazu befugt ist, als Eigentümer oder Erziehungsberechtigter. Man verbietet immer andern etwas, sich selbst gegenüber ist man toleranter.

v e r b i t t e n ist das Gegenteil von *erbitten*. Es wird rückbezüglich gebraucht: *sich etwas verbitten*. Man verbittet sich etwas, damit es unterbleibe.

> Ich *verbitte* mir die patzige Antwort! – Er *verbat* sich die Ruhestörung. – Du hast dir eine Einmischung in deine Angelegenheiten *verbeten*.

verbeten ist Perfektpartizip von *verbitten*; als selbständiges Zeitwort (in der Grundform) existiert *verbeten* nicht. *verbitten* wird also nicht wie *beten* (*betete, gebetet*) konjugiert, sondern wie *bitten* (*verbitten, verbat, verbeten*).

nicht	**sondern**
Ich verbete mir diese Rücksichtslosigkeit.	Ich v e r b i t t e mir diese Rücksichtslosigkeit.

Für die Verständigung der Menschen untereinander ist der korrekte Gebrauch der Wörter wichtiger als der korrekte Gebrauch der Grammatik.
WOLFGANG MÜLLER

Zwei Möglichkeiten hätte der Reporter gehabt, die Äußerung der Anwälte in fehlerfreiem Deutsch wiederzugeben:

a) „Ich *verbitte mir* eine solche Äußerung!" – „Sie haben *sich* nichts zu *verbitten*!"

b) „Ich *verbiete Ihnen* eine solche Äußerung!" – „Sie haben *mir* nichts zu *verbieten*!"

Die Begebenheit, auf die sich Karl Kraus bezog, hat sich vor Jahren in Österreich zugetragen. Irgendwelche Ähnlichkeiten mit Debatten im gegenwärtigen Deutschen Bundestag wären rein zufälliger Art.

wiegen
wägen

wiegen – *wog* – *gewogen*
wägen – *wägte* – *gewägt*
wiegen – *wiegte* – *gewiegt*

Ein Brötchen wiegt 50 g. Wer es nicht glaubt, lege es auf die Waage und wiege es. Oder sollte er es wägen?

w ä g e n bedeutet: auf die Waage legen, abwiegen.

Wiege
Wiegemesser

w i e g e n ist mehrdeutig. Ich stehe auf der Waage und *wiege mich* (ich stelle mein Gewicht fest) und bemerke mit Schrecken, daß ich schon wieder *zuviel wiege* (zuviel Gewicht habe). Kompliziert wird das Ganze dadurch, daß ich ein Kind *in der Wiege wiegen* und Petersilie *mit dem Wiegemesser wiegen* (= zerkleinern) kann. Dieses *wiegen* hat aber nichts mit *abwiegen* zu tun, sondern bedeutet: hin und her bewegen. Auch ein Wiegemesser wird auf seiner gebogenen Schneide hin und her bewegt, während man es mit beiden Händen an seinen Griffen hält.

Wägemeister

Wegen dieser Mehrdeutigkeit empfahl die Physikalisch-Technische Bundesanstalt allen Technikern, die beruflich mit Waagen und Gewichten zu tun haben, für *wiegen* im Sinne von ‚abwiegen' *wägen* zu sagen. So hat das Eichamt seinen *Wägemeister*, den wir Laien ‚Wiegemeister' nennen würden.

Achten Sie bitte auch auf Seite 36.

Fachleute müssen sich immer um Eindeutigkeit ihrer Fachsprache bemühen. Deshalb ist es auch richtig, daß im Eichwesen *wägen* gesagt wird. Außerhalb der Fachsprache ist es nicht üblich und auch nicht notwendig; *wiegen* gibt uns trotz seiner Mehrdeutigkeit selten große Rätsel auf, es sei denn, wir wollten absichtlich jemanden aufs Glatteis führen. Können Sie gut rechnen? Dann tun Sie es: Unsere Fleischersfrau wiegt im Sommer ohne Kleidung 75 kg. Was wiegt sie im Winter, wenn sie warm angezogen ist?

Fleisch und Wurst.

zahlen – *zahlte – gezahlt*
bezahlen – *bezahlte – bezahlt*

Kennen Sie den Unterschied? Löhne, Gehälter, Steuern, Zinsen, Beiträge, Preise, Summen und Unsummen z a h l t man, Waren und Leistungen b e - z a h l t man. An diese Einteilung halten sich aber nicht viele. Es soll sogar Chefs geben, die ihre Angestellten bezahlen. Menschen bezahlen heißt Menschen wie Ware behandeln.
Die Entwicklung geht dahin, daß man in Zukunft überhaupt nicht mehr zahlt. Man bezahlt. Das hört sich generöser an.

zerfallen – *zerfiel – zerfallen*
sich gliedern, teilen, zusammensetzen; bestehen aus

Zur Ausbildung eines Rekruten gehört, daß er weiß, aus wieviel Teilen ein Gewehr besteht. Wird im Unterricht danach gefragt, beginnen die meisten: „Das Gewehr zerfällt in...", und schon ertönt der Zwischenruf: „Je nachdem, wie man es fallen läßt."

zerfallen heißt ‚auseinanderfallen'. Auch bei andern Zeitwörtern ist die Bedeutung *zer-* = ‚auseinander' deutlich zu erkennen: *zerschlagen, zerstreuen, zerreißen*. In der Vorsilbe *zer-* steckt unser Wort *zwei*, genauso, wie das lateinische Wort *duo* (= zwei) in der lateinischen Vorsilbe *di-* enthalten ist. Lateinisch *dividere* (= dividieren) bedeutet also ganz wörtlich ‚zerteilen'. Von jemandem, der mit sich und seiner Umgebung uneins ist, sagt man sehr anschaulich: „Er ist mit der ganzen Welt *zerfallen*."
Nun sprechen wir aber auch davon, daß ein Vortrag in einen theoretischen Teil und einen Teil mit praktischen Anwendungsbeispielen *zerfällt*. So etwas ist durchaus möglich, aber nicht schmeichelhaft für den Vortragenden. Ein guter Vortrag sollte in sich einheitlich und geschlossen sein, er darf nicht zerfallen; aber er darf *sich* in verschiedene Abschnitte *gliedern lassen* oder *sich* aus verschiedenen Abschnitten *zusammensetzen* oder aus einem theoretischen und einem praktischen Teil *bestehen*.
Landschaften, Stämme und Rassen zerfallen zu lassen, sollten wir uns auch abgewöhnen. Der Deutsche Jura zerfällt nicht, sondern *wird* durch das Wörnitztal und den Kessel des Ries in den Schwäbischen und in den Fränkischen Jura *geteilt*.
Die Behauptung, der menschliche Körper zerfalle in Kopf, Rumpf und Gliedmaßen, hat im Biologie-Unterricht nichts zu suchen, sie ist höchstens in einer Gruselgeschichte erlaubt oder im Klassenaufsatz – sofern sein Verfasser Tucholsky heißt:

> „Der Mensch zerfällt in zwei Teile: In einen männlichen, der nicht denken will, und in einen weiblichen, der nicht denken kann. Beide haben sogenannte Gefühle: man ruft diese am sichersten dadurch hervor, daß man gewisse Nervenpunkte des Organismus in Funktion setzt. In diesen Fällen sondern manche Menschen Lyrik ab."

Und so schloß Kurt Tucholsky 1931 seine Parodie, betitelt „Der Mensch":

> „Neben den Menschen gibt es noch Sachsen und Amerikaner, aber die haben wir noch nicht gehabt und bekommen Zoologie erst in der nächsten Klasse."

Testbogen 6

wägen

1 „Erst wägen, dann wagen", sagt ein Sprichwort. Wenn Sie sich danach gerichtet und sich gründlich besonnen haben – haben Sie dann alle Möglichkeiten erwägt oder erwogen?

1 Sagen Sie bitte nicht ‚in Erwägung gezogen', das ist ein umständlicher, schon ziemlich abgegriffener Ausdruck. Nein, M ö g l i c h k e i t e n   w e r d e n   e r w o g e n. Im Gegensatz zu *wägen – wägte – gewägt*

erwägen

wird *erwägen* stark flektiert: *erwägen – erwog – erwogen*.

2 „Die Atemnot ist als sicheres Zeichen für den nun einsetzenden Todeskampf zu werten", heißt es in einer medizinischen Veröffentlichung. Schreibende Ärzte haben ja leider keinen Lehrer mehr, der ihre Aufsätze auf schlechten Ausdruck hin durchsieht. Ist Ihnen klar, weshalb sich der Mediziner hier nicht gut ausgedrückt hat?

werten

2 *werten* wird heute allgemein in der Bedeutung ‚beurteilen' gebraucht. Trotzdem haftet ihm aber noch die alte Bedeutung *Wert* = ‚guter Gehalt' an. Ein guter Schreiber wird *werten* sowenig wie

besitzen

besitzen auf etwas Negatives beziehen. Wir sollten Wert darauf legen, W o r t -   u n d   S a t z s i n n   i n   E i n k l a n g   z u   h a l t e n.
Statt „als Anzeichen für den nun einsetzenden Todeskampf zu werten" stände besser: *... zu beurteilen, ... anzusehen* oder *... aufzufassen*.

3 Der erste sichere Beleg für den Bergmannsgruß „Glück auf!" stammt aus dem Jahre 1597. Wurde nun dieser Gruß 1597 erstmals bezeigt oder bezeugt?

bezeugen

3 b e z e u g t , denn es wurde von ihm 1597 erstmals schriftlich Zeugnis abgelegt.

4 Techniker unterscheiden zwischen *kuppeln* und *koppeln*. Kennen Sie den Unterschied?

kuppeln

4 Mit k u p p e l n bezeichnet man die Übertragung mechanischer Zug-, Druck- und Drehkräfte. Man kuppelt Wagen aneinander, Motor und Getriebe eines Kraftfahrzeugs sind mit den Antriebsrädern

koppeln

gekuppelt. Mit k o p p e l n bezeichnet man die Beziehung zwischen mechanischen und elektrischen Schwingungssystemen, z. B. Pendeln und Schwingungskreisen.

5 „Die Verwirklichung des Projekts bedarf wegen der hohen finanziellen Mehraufwendungen einen Zeitraum von über zehn Jahren." So stand es in der Zeitung. Und was hätte in der Zeitung stehen müssen?

bedürfen

5 *... bedarf ... eines Zeitraums von über zehn Jahren*, denn *bedürfen* gehört noch immer zu den Verben, die den Genitiv hinter sich haben müssen.

6 Daß *stellt dar* und *bedeutet* in den meisten Fällen nur gespreizte oder sogar falsche Umschreibungen für ein schlichtes *ist* sind, konnten Sie auf Seite 79 lesen. Für *bildet* gilt ähnliches. In welchen der folgenden vier Beispiele ist *bildet/bilden* richtig angewendet, in welchen sollten wir dafür besser *ist* oder *sind* sagen?   *sein*
bilden

a) Die rückläufige Absatzsituation bildet die eigentliche Ursache der Kurzarbeit.
b) Den Erfolg unseres Forschungslabors bildet das Ergebnis einer langen Versuchsreihe.
c) Der steigende Bedarf in der papierverarbeitenden Industrie bildet zweifellos eine geeignete Absatzmöglichkeit für unseren Zellstoff.
d) Lohnbüro, Rentenstelle, Krankenkasse, Postabfertigung und Materiallager bilden die Personalverwaltung unseres Werkes.

> **6** Wenn Sie sich klarmachen, daß *bilden* im Grunde soviel wie ‚formen' heißt, erkennen Sie es gleich: n u r d) i s t r i c h t i g. Die Sätze a) bis c) werden besser mit *sein* g e b i l d e t (geformt, konstruiert, formuliert):
> a) Die rückläufige Absatzsituation *ist* die Ursache ...
> b) Der Erfolg unseres Forschungslabors *ist* das Ergebnis ...
> c) Der steigende Bedarf *ist* eine Absatzmöglichkeit ...
>
> Dadurch, daß wir *bilden* alle naselang als Ersatz für *sein* benutzen, entwerten wir es. „Es *bildet* ein Talent sich in der Stille, sich ein Charakter in dem Strom der Welt" – ob Goethe das heute, wo es mit *bilden* so bergab gegangen ist, noch hätte dichten können?

7 Aus einer Fachzeitschrift:

„Die meisten Bahnverwaltungen lehnen Schwellen aus Zerreichenholz ab, da sie kürzer dauern als andere Eichenschwellen." Können Eichenschwellen dauern?

> **7** N e i n, *dauern* (= während) kann nur Ungegenständliches: Das Warten dauert mir zu lange. – Die Sitzung dauert schon zwei Stunden. – Die Freude dauerte nur kurze Zeit.   *dauern*
> Der Holzkenner hätte schreiben können:
> ‚... da sie *nicht so lange halten* wie andere Eichenschwellen', aber das wäre ihm sicher „nicht fachlich genug" vorgekommen. Dann also: ‚... da *ihre Lebensdauer kürzer ist* als die anderer Eichenschwellen'.   *halten*

8 Noch eine Ente:

„Der mit rund ... Mark verschuldete Verein der Fußball-Regionalliga Nord, Göttingen 05, sucht neue Wege, seine Verbindlichkeiten abzutragen. Zunächst sollen 100000 Mark durch eigene Kraft aufgebracht werden ..." Überschrieben war die Zeitungsnotiz mit „Göttingen 05 entschuldigt sich selbst" – gemeint aber war etwas anderes, nicht „entschuldigt sich", sondern?

> **8** ... *entschuldet sich selbst*. Zwischen *entschulden* und *entschuldigen* ist der Unterschied mindestens so groß wie zwischen *Leumund* und *Löwenmaul*.   *entschulden*
entschuldigen

Von der Kunst, Papierdeutsch zu fabrizieren
Wie man Zeitwörter mit Hilfe von Vorsilben bürokratisieren kann

„Anfänglich erfolgte seitens Gottes die Erschaffung des Himmels bzw. der Erde." Daß der erste Satz der Bibel so nicht lautet, daran erinnerte ein Ministerialbeamter seine Kollegen, als er sie aufforderte, sich einer einfacheren und allgemeinverständlichen Amts- und Gesetzessprache zu bedienen.

Ähnliche Ermahnungen werden von Zeit zu Zeit laut, leider ohne nennenswerten Erfolg. Der Amtsschimmel wiehert fröhlich weiter, und dem Uneingeweihten fällt es immer schwerer, sich im Paragraphenlatein zurechtzufinden. Zur Entschuldigung des Kanzleistils bringt man in Recht und Verwaltung stets vor, man sei durch Tradition und den Wunsch nach größtmöglicher Genauigkeit zu dieser schwerfällig und umständlich wirkenden Sprech- und Schreibweise gezwungen. Nun ja, daran ist etwas Wahres, aber man kann auch übertreiben, und das tun unsere Beamten weidlich.

Vorsilbe

Eine dieser Übertreibungen ist die Methode, mit Hilfe harmloser Vorsilben Zeitwörter künstlich in die Länge zu strecken. Die Verwaltungsfachleute gehen dabei von der irrigen Annahme aus, mit solchen Streckwörtern lasse sich eine behördliche Verlautbarung genauer formulieren. Das verhängnisvollste an diesen Wortschöpfungen ist, daß sie von vielen Zeitgenossen kritiklos hingenommen und nachgeschrieben werden. Besonders im Schriftverkehr der Firmen scheint man sich an das Vorbild der Behörden zu halten: Preise, die früher schlicht einfach sanken oder stiegen,

ansteigen
anheben
absinken

steigen jetzt *an* oder werden *angehoben*. Von Preissenkungen ist kaum mehr die Rede; gerät ein Preis ausnahmsweise nach unten in Bewegung, dann sagt man heute, er gebe nach oder *sinke ab*. Die Vorsilben *an-* und *ab-* sind hier überflüssig; sie reichen nicht einmal aus, Preisbewegungen zu bemänteln.

Präfix

‚Vorsilbe' ist übrigens eine ungenaue Übersetzung des Wortes P r ä f i x. Ein Präfix ist etwas, was einem Wort vorangestellt, aber fest mit ihm verbunden ist (lateinisch *prae* = vor, *fixum* = das fest Verbundene). Als Präfixe gelten heute nur diejenigen Vorsilben, die wie *be-, ent-, er-* nicht mehr als selbständige Wörter vorkommen. Eine Vorsilbe wie *an-* (in *ansprechen*) oder *über-* (in *überprüfen*) nennt die moderne Grammatik V e r b z u s a t z oder

Verbzusatz
Halbpräfix

H a l b p r ä f i x; der Verbzusatz kann als Einzelwort vorkommen *(spricht an)*. Da in diesem Kapitel von beiden die Rede ist, bleiben wir bei ‚Vorsilbe' als Oberbegriff – obgleich ‚Vorsilbe' so logisch nun auch wieder nicht ist: eine Vorsilbe wie *über-* oder *entgegen-* kann merkwürdigerweise zwei- oder gar dreisilbig sein.

Nun dürfen Sie die Vorsilbe nicht für etwas Unnützes halten – im Gegenteil. Die meisten unserer einfachen Zeitwörter haben nämlich einen entscheidenden Nachteil: sie lassen Anfang und Ende einer Handlung im dunkeln. Erst die Vorsilbe kennzeichnet das Stadium: *auf-, erblühen, blühen, ab-, verblühen*; erst sie gibt dem Verb Richtung und Ziel: *kennen*

Nicht immer dient die Vorsilbe der zeitlichen Einordnung oder der Feinabstimmung des Verbs: Kinder zu *überzeugen* ist ein bißchen schwerer, als sie bloß zu *zeugen*.

(= allgemeiner Oberbegriff), *sich auskennen* (= genau Bescheid wissen), *erkennen* (jemand oder etwas identifizieren), *bekennen* (= von sich selbst Zeugnis ablegen).

Daß die Vorsilbe nicht immer diese sinnvolle Funktion ausübt, mag die folgende Blütenlese beweisen. Die meisten Streckwörter lassen sich dadurch in gutes Deutsch rückverwandeln, daß man die Vorsilbe einfach wieder wegläßt; andere Papierwörter sollten wir gänzlich aus unserm Wortschatz streichen. Einige der Neuschöpfungen haben aber sogar außerhalb der Büros Berechtigung, weil sie einen festumrissenen Vorgang bezeichnen, der durch keinen anderen Ausdruck so kurz und so klar wiedergegeben werden könnte. Es gilt, die Spreu vom Weizen zu sondern.

ab-

Das *Absinken* der Preise oder auch der Temperatur entstand vermutlich durch Verschmelzung des umgangssprachlichen Wortes *absacken* mit *sinken*. ‚Kontamination' nennt die Sprachwissenschaft solche Vermischung bedeutungsverwandter und oft auch klangähnlicher Wörter, Wortformen oder Redewendungen (lat. *contaminare* = ‚durch Vermischung verderben', ‚beflecken'). Durch Kontaminationen kommen immer wieder neue Wortbildungen zustande, die aber als höchst fragwürdig zu gelten haben, solange die unvermischten Ausgangsformen noch dem lebendigen Sprachgebrauch angehören: „Unser Anwalt muß den Vertragstext *abkopieren* lassen." Nein, so viel Mühe braucht er sich nicht zu machen, es genügt, wenn er ihn *kopieren* läßt; *abkopieren* ist nichts anderes als eine Kontamination aus *ablichten* und *kopieren*.

absinken

Kontamination

abkopieren

Zu Goethes Zeiten konnte man noch sagen: „Ich kann dir *sichern*, es gesehen zu haben." Unsere Neigung, Zeitwörtern durch Vorsilben einen vollziehenden Sinn zu geben, hat dazu geführt, daß wir heute *versichern* sagen müßten. Aber noch öfter als vom Versichern sprechen wir neuerdings vom Absichern: Banken *sichern* ihre Kredite *ab*, obgleich *sichern* genügen würde. Auch in unsern Büros pflegt man sich *abzusichern*: gegen Intrigen.

absichern

Der Herr Direktor diktiert keine Briefe mehr, sondern die Post wird *abdiktiert*. Wenn ihm nachträglich einige Formulierungen nicht mehr gefallen, *ändert* er sie *ab*; aber ein abgeänderter Text sieht nicht ein bißchen anders aus, als wenn er bloß geändert worden wäre.

abdiktieren
abändern

klären heißt ‚klar machen'. Klären kann man schwierige Fragen und Zuckerrübensaft. *Abgeklärt* nennt man jemanden, der über den Dingen steht. Aber warum *abklären* für *klären*? Die Möglichkeiten, einheitliche Umweltschutzgesetze zu erlassen, sollten nicht abgeklärt, sondern endlich geklärt werden.

abklären

Kredite kann man *abstottern* – ein bildhaftes, wenn auch nicht unbedingt salonfähiges Wort. In der DDR konnte man Ehekredite *abkindern*, durch Kinderkriegen abzahlen; mit jedem Kind verminderte sich der zurückzuzahlende Betrag. Büromenschen haben dafür – kein Witz! – den Ausdruck *Abkinderung* geprägt.

abstottern
abkindern

an-

Als Lessing nach seiner Meinung über eine schöne Dame gefragt wurde, die ein schlechtes Deutsch sprach, soll er geantwortet haben: „Solange sie mich nicht ansprach, sprach sie mich sehr an; aber als sie mich ansprach, sprach sie mich nicht mehr an." In dieser Anekdote wird *ansprechen* im Sinne von ‚jemanden anreden' und ‚jemandem gefallen' verwendet. Seit längerem ist

ansprechen

es nun aber üblich, nicht nur Personen anzusprechen, sondern auch Themen, Fragen und Probleme. Der Betriebsratsvorsitzende spricht das Problem der sanitären Einrichtungen seiner Firma und der Bundestagsabgeordnete S. die zu erwartenden Steuermindereinnahmen an, womit es aber auch sein Bewenden hat, denn schon sind beide Redner zum nächsten Punkt der Tagesordnung übergegangen. Wer heute eine Frage anspricht, schneidet sie nur an, ohne sie näher zu erörtern. Vielleicht beruht diese Verwendung von *ansprechen* auf einer Verschmelzung von *anschneiden* und *sprechen*, wie ja auch *antelefonieren* eine Verquickung von *anrufen* und *telefonieren* ist; möglich aber auch, daß ehemalige Soldaten die *Zielansprache* in ihren Zivilistenalltag mit herübergenommen haben. Im Militärjargon spricht man ein Ziel an, wenn man es benennt. In der Jägersprache bedeutet *ansprechen*: Wild nach Art, Geschlecht und Stärke bestimmen. Wie dem auch sei, wichtig ist, daß man eine Frage nicht nur ansprechen, sondern sie auch anschneiden, andeuten, anrühren, streifen und aufwerfen kann.

Kontamination

antelefonieren

anbetreffen
anbelangen

Was *anbetreffen* an(be)langt und *anbelangen* (an)betrifft – Promenadenmischungen, bei denen der Amtsschimmel mitgeholfen haben muß. Die Ausgangsverben – das gilt besonders für *anlangen (was ihn anlangt / betrifft)* – hört man heute nicht mehr oft.

anfragen

anfragen sollte in gutem Deutsch nur verwendet werden in der Fügung ‚bei jemandem anfragen'. In der Schweiz darf man auch ‚jemanden anfragen'. Was man aber weder in Deutschland noch in der Schweiz schreiben sollte:

Abmessungen

„Wir benötigen verschiedene Thermometer und dürfen die Abmessungen Ihrer Typen anfragen."

Dafür besser:

Da wir verschiedene Thermometer brauchen,
a) ... bitten wir Sie, uns die Abmessungen Ihrer Typen anzugeben;
b) ... hätten wir gern die Abmessungen Ihrer Typen gekannt;

Techniker sprechen fast immer von *Abmessungen*, obwohl *Maße* das gleiche sagt und kürzer und klangvoller ist.

Am besten fragen wir direkt:

Wir brauchen verschiedene Thermometer. Schicken Sie uns bitte Ihre Typenliste?

Passiv intransitiver Verben
nachfragen

Ähnlich falsch wie die „angefragten Abmessungen" sind „Waren, die von der Kundschaft stark nachgefragt werden". (Ich frage nicht die Ware nach, sondern ich frage nach der Ware. *nachfragen* ist intransitiv, und von solchen nichtzielenden Zeitwörtern läßt sich keine persönliche Leideform bilden. Vgl. Seite 120.) Statt dessen:

Waren, die sich gut verkaufen / leicht absetzen lassen / von der Kundschaft viel verlangt werden / nach denen starke Nachfrage besteht.

anschreiben

Früher schrieb man an jemanden, heute wird man *angeschrieben*, nicht beim Kaufmann an der Ecke und auch nicht zur Strafe an die Wandtafel, die Schule liegt ja hinter uns – nein, heute *schreibt* uns das Finanzamt *an*, morgen die Bank und übermorgen eine Firma, die ein neues Spülmittel anzubieten hat. So mancher Mann brüstet sich gern nach Büroschluß: „Heute habe ich 47 Kunden *angeschrieben*, um sie auf die Vorzüge unseres neuen Klebstoffes KLEXOFIX aufmerksam zu machen." Nur Tante Frieda *schreibt uns nicht an*, sondern *schreibt (an) uns* wie Anno dazumal. Hier bahnt sich ein Bedeutungsunterschied an:

jemandem schreiben *an jemanden schreiben*	=	jemandem etwas Persönliches mitteilen
jemanden anschreiben	=	jemandem etwas Amtliches mitteilen oder jemanden auf etwas hin ansprechen, meist auf etwas, was man verkaufen möchte

Weswegen uns eine Sache *anempfohlen* wird, wenn sie nur empfohlen zu werden braucht, ist schwer einzusehen. Auch *anraten* ist nichts anderes als raten. Solche Streckwörter wirken durch ihren Leerlauf, der die Hochtouren einer Maschine vortäuscht. Hauptsache, das Wort ist schön lang, ob auch ein Sinn dahintersteckt, ist weniger wichtig.   *anempfehlen* *anraten*

Daß Wohnungen *angemietet* werden, die vordem nur gemietet wurden, scheint begreiflicher; der Schöpfer dieses Wortes hatte die Anzahlung im Sinn, die heute allgemein bei Abschluß eines Mietvertrages zu leisten ist. „Nicht schön, aber idiotensicher", lautet der Kommentar der Gesellschaft für deutsche Sprache zu *anmieten*.   *anmieten* **Kontamination**

„Dieses Modell kam auf dem afrikanischen Markt hervorragend an" heißt nicht, daß es – tropensicher verpackt – den Transport nach Afrika ohne Schaden überstanden hätte. *ankommen* im Sinne von ‚Anklang finden' ist also nicht den Amts-, sondern den Geschäfts- und Werbeleuten *anzulasten*, um noch so eine Neuprägung anzuführen, auf die sich verzichten ließe, da *belasten* oder *zur Last legen* das gleiche ausdrückt.   *ankommen* *anlasten*

auf-

Wie aus ‚an jemanden schreiben' *jemanden anschreiben* wurde, entstand wohl aus ‚auf etwas zeigen' *etwas aufzeigen*. *aufzeigen* ist nicht gleichbedeutend mit zeigen, sondern drückt mehr aus. Vielleicht schwingt hier der Gedanke an *etwas aufdecken* mit; man *zeigt* Zusammenhänge, Ursachen, Mißstände *auf*. *aufzeigen* ist also kein konkretes *zeigen* mehr. Ihre neue Sitzgarnitur kann Frau Müller zeigen, aber nicht aufzeigen.   *aufzeigen*

Aufgekündigte Pachtverträge sind in gutem Deutsch gekündigte Pachtverträge.   *aufkündigen*

aus-

Neue Möglichkeiten werden heutzutage nur noch *ausgeschöpft*, und zwar „voll und ganz". In den meisten Fällen dürfte es genügen, Möglichkeiten zu entdecken, zu finden oder aufzuspüren, bevor man darangeht, sie zu nutzen.   *ausschöpfen*

Keine Kontamination, sondern der Versuch einer Verdeutlichung liegt vor, wenn bei Sperrung von Autobahnteilstrecken Umleitungen entsprechend *ausgeschildert* werden oder wenn die Fernsehansagerin ihre Standardformulierung bringt: „In *Abänderung* des *ausgedruckten* Programms sehen Sie nun..." Als ob wir uns unter der *Änderung* des *gedruckten* Programms nichts vorstellen könnten!

be-

Antwortet man auf einen Brief oder *beantwortet* man ihn? Das ist gehupft wie gesprungen. Was bedeutet eigentlich die Vorsilbe *be-*? In vielen Fällen so gut wie nichts. Ob man jemanden bei seiner Meinung *läßt* oder *beläßt*, einen Verein *gründet* oder *begründet*, ob man Feuerstellen mit Brennstoff *füllt* oder *befüllt*, einen Raum *heizt* oder *beheizt*, das macht inhaltlich keinen Unterschied (stilistisch schon!). Dagegen ist es etwas völlig anderes, ob man einen Kollegen *grüßt* oder *begrüßt*, ihn *fragt* oder *befragt*, einen Fachmann *ruft* oder *beruft*, seine Schuld *kennt* oder *bekennt*.

Bei vielen mit *be-* anfangenden Zeitwörtern macht die Vorsilbe kenntlich, daß ein Gegenstand mit einer Sache versehen oder irgendwie bearbeitet wird. Schuhe werden *besohlt*, Hausnummern *beleuchtet*, Frühbeete *bepflanzt*, Etikette *beschriftet* und Fragen *beantwortet*. Nach diesem Muster haben sich die Fachsprachen viele neue Wörter geschaffen, die den Sachverhalt kurz und klar bezeichnen und gegen die nichts einzuwenden ist: *belichten, bebohlen, bebleien, befirsten, beleisten*. Bahnübergänge werden *beschrankt*, Bahndämme *beschottert*, Flußläufe *begradigt*, Kreuzungen *beampelt*, Parkplätze *beuhrt*, Fahrzeuge *bereift*, Kinos *bestuhlt*, Tonbänder *bespielt*, Karteikarten *bereitert*, Bahnhofsvorplätze *begrünt*, Brennöfen *beschickt*, Werkhallen *bekrant*, Fabriken oder Schiffe für die Dauer des Arbeitskampfes *bestreikt*, Briefsendungen maschinell *beanschriftet*, Waren kostendeckend *bepreist*, Gelenkerkrankungen mit Ultraschall *beschallt* und Waschmittel inklusive Weißmachern oder optischer Aufheller von Weismachern *betextet* und *beworben*.

Auch wenn Menschen mit Sachen – im wörtlichen und im übertragenen Sinn – ausgestattet werden, kann *be-* diesen Vorgang bezeichnen: *beköstigen, bekleiden, benachrichtigen, bemitleiden, beschmutzen, beschimpfen; behaart, bejahrt, begütert*. Doch sind dieser Wortbildung Grenzen gesetzt. Während ein Mann aus Pakistan allen Ernstes *beturbant* sein darf, sagt man von einem, der einen Hut trägt, nur im Scherz: „Er ist gut behütet." Zum Glück hat es sich noch nicht herumgesprochen, daß man ihn auch „beweinen" könnte, indem man ihm eine Flasche Wein verehrt.

Wenn Generaldirektor X sich vom Frisör den Nacken ausrasieren läßt, wird er *bedient*. Wer bestraft wird, ist ein Bestrafter, wer beauftragt wird, ein Beauftragter – und wer bedient wird, was ist der? Ein *Bedienter*? Pustekuchen! Verwechseln Sie nie einen Generaldirektor mit einem Bedienten, denn der wird von der öffentlichen Meinung niedriger eingestuft als ein *Diener*. Da sehen Sie wieder einmal, wieso d i e Sprache weiblich ist: keine Logik, bloß Launen – wie nach Machomeinung eine Frau. Die Amtssprache setzt dem Ding die Krone auf, indem sie den Bedienten zum *Bediensteten* (Oberbegriff für Beamte, Angestellte und Arbeiter des öffentlichen Dienstes) zu steigern scheint. (In Wirklichkeit sind der *Bediente* und der *Bedienstete* Substantivierungen zweier alter Wendungen: *einem bedient* oder *bedienstet sein* = ihm dienen.) Auch wenn Sie nicht zu den Bediensteten gehören – *bedient* sind Sie jetzt sicher ... oder? Wie soll sich ein Ausländer, der Deutsch lernt, bloß durchfinden! Er wäre jetzt von uns allen der „Bedienstetste".

beraten sollte man eigentlich nur Menschen; *be-raten* bedeutet ja, jemanden mit einem Rat versehen. Wenn Ingenieure eine Neukonstruktion und Bundestagsabgeordnete einen Gesetzentwurf beraten, wie das wohl vor sich gehen mag? Ob Neukonstruktion und Gesetzentwurf überhaupt willens sind, Ratschläge anzunehmen? Nach Ansicht älterer Grammatiker sollten Fachleute Ratsuchende beraten, nicht aber eine Angelegenheit, sondern über sie. Inzwischen aber haben die Medien Wendungen wie *den Staatsvertrag beraten* so bekannt gemacht, daß auch Sprachnörgler sie akzeptieren müssen.

beraten

begrüßen darf man jeden, bevor man ihn in eine Unterhaltung verwickelt.

begrüßen

„In Erwartung Ihrer baldigen Nachricht begrüße ich Sie hochachtungsvoll..."

Ist das vielleicht höflich, erst seitenlang auf den andern einzuschreiben und sich's zu guter Letzt einfallen zu lassen, ihn doch noch zu *begrüßen*? Am Ende eines Briefes *grüßt* man den anderen. *Es grüßt Sie*... (Unterschrift)

Herzlichen Dank, vielen Dank, besten Dank, danke schön, ich danke Ihnen – das sind ungezwungene Dankesbezeigungen. Seit geraumer Zeit macht sich nun aber ein Sprachsproß breit, der sich früher nicht über das Oberkellner-Deutsch hinausgewagt hätte: *Ich bedanke mich*. Kein cleverer „junger Mann", kein Prokurist, der mit der Zeit gehen will, beendet heute ein Telefongespräch ohne das obligat geschmetterte *Ich bedanke mich*. „Bitte wann?" möchte man da fragen. *Ich bedanke mich* war bis vor kurzem Ausdruck der beschreibenden Sprache: ich bedanke mich bei jemandem für etwas, es sei denn, *ich bedanke mich* war ironisierend gemeint. In dem Sinne: Für *ich bedanke mich* bedanke ich mich – obgleich die Transitivierung der Verben mit Hilfe von Vorsilben ein für unsere Gegenwart typisches Wortbildungsmittel ist, und nicht das schlechteste.

bedanken

Beispiele finden Sie auf Seite 62.

beinhalten hat den Zorn vieler Sprachpfleger auf sich gezogen. Übrigens nicht erst seit gestern, es wurde schon um 1900 geschmäht. Zu Unrecht, denn es kürzt die Wendung *zum Inhalt haben* ab und ist nicht gleichbedeutend mit *enthalten*, es ist umfassender. Trotzdem sollten wir nicht vergessen, daß wir oft für *beinhalten* auch sagen können: *umfassen, erfassen, umschließen, einschließen, (in sich) bergen, in sich haben, ausdrücken, besagen* und *sagen wollen*. Und manchmal ist die ganze Beinhalterei überflüssig. Das bürodeutsche

beinhalten

Der Antrag beinhaltet die Forderung nach Erhöhung der Tarife

heißt auf gut deutsch

Im Antrag wird die Erhöhung der Tarife gefordert.

beauftragen bedeutet, jemanden mit einem Auftrag versehen – *befassen* bedeutet nicht, jemanden mit einem Faß versehen, sondern heißt neuer-

beauftragen
befassen

dings soviel wie *beauftragen*. Früher konnte man nur sich selbst mit einer Sache befassen, heute auch jemand anders: Minister X wird mit der Kabinettsbildung befaßt. Warum eigentlich nicht? Das eine ist so wenig logisch wie das andere; denn im Grunde kann man nur die Sache selbst befassen, indem man sie befühlt, be-greift. Ganz Kühne wagen es bereits, *befassen* zu substantivieren. Auf die Frage, ob er an einigen Plänen mitgearbeitet habe, antwortete ein Architekt: „Bedaure, ich hatte leider keine Befassung mit diesem Projekt." Wozu doch der Hang zu „gewählter" Ausdrucksweise manchen sonst ganz normalen Menschen verleiten kann!

bestücken

bestücken heißt soviel wie ‚etwas mit Stücken, Teilen versehen', ‚ausrüsten'. Bestückt werden heute nicht nur Schiffe mit schwerem Geschütz oder Mittelstreckenraketen mit Mehrfachsprengköpfen, bestückt wird dank der Sprachgewandtheit vieler Techniker nahezu alles, was ihnen in die Hände gerät: Taschenradios mit Transistoren, Straßenlampen mit Leuchtstoffröhren und Heizkörper mit Thermostatventilen. Daß mancher sogar das Kunststück fertigbringt, Kugellager mit Öl zu bestücken, statt sie zu schmieren, halte ich für ein starkes Stück.

betanzen

In einem vielzitierten „Buch der Etikette" wird den Herren der Schöpfung eingeschärft, jede bei der Gesellschaft anwesende Dame zu *betanzen* (statt mit jeder Dame zu tanzen). Als ob die Damen Gegenstände wären, mit denen etwas geschieht!

Deutlicher als in diesem letzten Beispiel kann sich der wahre Charakter der Vorsilbe *be-* nirgends verraten: Sobald ein G e g e n s t a n d mit einer Sache ausgerüstet oder versehen wird, veranschaulicht ein Zeitwort mit *be-* diesen Vorgang kurz und klar; sobald ein M e n s c h mit einer Sache ausgerüstet oder versehen wird, stempelt dasselbe Zeitwort den Menschen selbst als Sache ab. Der Mensch wird zum Objekt, grammatisch zum Akkusativobjekt, da die Vorsilbe *be-* nichtzielende Verben zielend macht.

beschenken

bedenken
bemustern
beliefern

Doch *be-* kann auch der Differenzierung dienen: „Der Ladenbauer *liefert* Meier die Theke, aber die Brauerei *beliefert* Meier mit Bier."
WERNER BETZ
(1912–1980)

beschulen

Überlegen Sie selbst: Schenken Sie Ihrem Kind zum Geburtstag einen Kaufladen, oder beschenken Sie es mit einem Kaufladen? Sie schenken. Merken Sie, wie unpersönlich dieses *beschenken* klingt? *beschenken* schmeckt nach karteimäßiger Erfassung derjenigen, die der Prokurist von Schmidt & Co. allweihnachtlich mit einem steuerabzugsfähigen Präsent *bedenkt* (ihrer zu *gedenken* ist nicht mehr modern). Es sind dies die guten Kunden, die er zu Jahresbeginn neu *bemustert* (statt ihnen neue Muster zu schicken) und die er anschließend „mit hohen Stückzahlen" *beliefert*. Vorbei die gute alte Zeit, in der sein Vorgänger den Kunden noch Ware geliefert hat.

Fast könnte man sagen: Neue Zeitwörter mit der Vorsilbe *be-* scheinen überall da am Platze, wo wir nicht als Menschen gewertet, sondern als Glieder irgendeiner Statistik *bewertet* werden. Kein Wunder also, daß gerade diese Vorsilbe unsern Beamten besonders gut gefällt und sie immer wieder zur Bildung neuer Wortungeheuer anregt. Einige Gewässer sind bereits „zur *Beangelung* freigegeben" worden. – Kinder werden behördlicherseits nicht mehr in diese oder jene Schule geschickt, sondern in einer bestimmten Schule *beschult*. Übrigens tut man das schon seit 1911. In jenem Jahr erging in Preußen ein Gesetz „betreffend die *Beschulung* blinder und taubstummer Kinder". In der schlechten Zeit nach dem Kriege, als in der großen Pause Schulspeisung ausgeteilt wurde, sprach man sogar von einer *Bespeisung* der Schüler. Man versuchte auch nicht mehr, den Flüchtlingen eine neue Heimat zu geben, nein, man war lediglich bestrebt, sie neu zu *beheimaten*. – Da wir für Behörden nur als Aktenzeichen existieren, nimmt es auch nicht wunder, daß kinderreiche Familienväter *bezuschußt* oder im Falle der Invalidität *berentet* werden.

beheimaten
bezuschussen
berenten

Den Vogel abgeschossen haben die Aktenmenschen, die es fertigbrachten, nicht nur Menschen mit Sachen, sondern gar umgekehrt Sachen mit Menschen auszustatten. Messen werden *beschickt*, nicht nur mit Ausstellungsgut, auch mit „Standpersonal". Wälder werden *beförstert*. Daß aber eine Ehe *bekindert* sein kann, geht zu weit!

beschicken

durch-

Es läßt sich nicht leugnen, daß der Vorsilbe *durch-* Gründlichkeit anhaftet, aber ein *durchgeklärtes* Problem ist auch nicht gründlicher gelöst, als wenn es bloß geklärt worden wäre.
Wenn heute gebrauchte Schreibmaschinen vor dem Weiterverkauf *durchrepariert* werden, so liegt hier eine Kontamination vor aus *durchgesehen* und *repariert*.

durchklären
durchreparieren
Kontamination

Zur Zeit ist es üblich, Betriebe *durchzurationalisieren* (oder *zu durchrationalisieren*?). Dabei genügt *rationalisieren* vollauf. *rationalisieren* kommt von lat. *ratio*; *ratio* bedeutet ‚Vernunft', und was Vernunft unternimmt, wird meistens gründlich genug *durchgeführt*. Auch wieder ein Papierwort, noch dazu eins von der schlimmsten Sorte.
Was kann man heute nicht alles *durchführen*? Meinungsbefragungen, Gesellschaftsreisen, Sommerschlußverkäufe, Konzerte und den Bau von Altenwohnheimen. Niemand rede sich hier auf einen Mangel an gleichbedeutenden Ausdrücken heraus. Meinungsbefragungen können vorgenommen, Gesellschaftsreisen veranstaltet oder unternommen, Sommerschlußverkäufe abgehalten, Konzerte gegeben und Altenwohnheime gebaut werden. – An sich können wir noch froh sein, wenn heutzutage Schutzimpfungen schlicht und einfach durchgeführt werden; denn wahrscheinlich wird man sich in naher Zukunft amtlicher ausdrücken und „die Durchführung von Schutzimpfungen veranlassen". Und wollen wir wetten, daß es noch schöner kommt? Eines nicht zu fernen Tages „wird die Veranlassung zur Durchführung von Schutzimpfungen gegeben sein". (Vgl. hierzu Seite 246.)

durchrationalisieren
durchführen

ein-

Früher trat man in ein Zimmer ein oder in den Gesangverein, heute in ein Thema: „Auf ganz andere Weise ist nun Herr M. in sein Thema *eingetreten*", heißt es in einem Tagungsprotokoll.

eintreten

Allerdings wird dieses *eintreten* oft genauer beschrieben. Man tritt nicht bloß ein, man *steigt ein*: in die Straßenbahn, ins Discount-Geschäft, in die Tagesordnung und in eine Fremdsprache. Wer in die lateinische Sprache *einsteigt*, habe später gute *Einstiegsmöglichkeiten* für das Französische, heißt es. – Zwischendurch „auszusteigen" und ein bißchen Deutsch zu treiben wäre keine schlechte Idee.

einsteigen

Übrigens, darf ein Beamter, der seine Staatslaufbahn nicht auf der untersten Staatsdienerstufe, sondern erst später und höher beginnt, ungestraft als *Seiteneinsteiger* bezeichnet werden? Er darf. Nach Juristenmeinung haftet der Bezeichnung nichts Ehrenrühriges an.

Seiteneinsteiger

er-

Die Vorsilbe *er-* kündigt oft den Beginn eines andern Zustands an:

erlahmen, erblassen, erblinden, erkranken, erröten,

oder sie drückt ein zielgerichtetes Bestreben aus:

erforschen, erwerben, erarbeiten, erschwindeln, erheiraten.

Die zweite Gruppe dieser Verben ist seit kurzem um einige sarkastische Neubildungen reicher. Ein Träger des Bundesverdienstkreuzes soll erklärt haben, man könne auf vier verschiedenen Wegen diese Auszeichnung erlangen: 1. könne man sich Verdienstkreuze verdienen, 2. erdienen, 3. erdienern und 4. gar: erdinieren.

Wenn aber ein Verb mit dem Präfix *er-* weder in die Gruppe ‚erröten' noch in die Kategorie ‚erschwindeln' paßt, ist Vorsicht geboten; denn dann handelt es sich meist um Wörter, die unsern Stil nicht gerade beleben, z. B. *erfolgen*.

erfolgen

Wer sich mit Erfolg um guten Stil bemühen will, sollte möglichst wenig erfolgen lassen. *erfolgen*, selbst ein nichtssagendes Wortgeschöpf, hat meist ein kraftloses Hauptwort neben sich. Dieses Hauptwort endet oft auf *-ung*. Hauptwörter mit der Endung *-ung* sind substantivierte Zeitwörter. Nichts einfacher, als die hauptwörtliche Fügung wieder zeitwörtlich (verbal) zu gebrauchen und *erfolgen* einfach unter den Tisch fallen zu lassen.

Substantive auf -ung

nicht	**sondern**
Die Einreichung der Anträge der Mitglieder der Vertreterversammlung hat bis zum 20. 9. zu erfolgen.	Die Mitglieder der Vertreterversammlung müssen die Anträge bis zum 20. 9. einreichen.
Die Inbetriebnahme des Gerätes erfolgt mittels Betätigung eines Drucktastenschalters.	Durch Druck auf eine Taste wird das Gerät eingeschaltet.

Und vergessen wir nicht, daß es Ersatzwörter gibt. Ein Unglück muß wirklich nicht *erfolgen*, es kann *sich ereignen, sich zutragen, passieren*, es kann *einen betreffen* oder *einem widerfahren*, es kann *jemandem zustoßen* oder *über ihn hereinbrechen*, es kann *eintreten*, aber auch *vorkommen* oder *geschehen*.

erstellen

erstellen bezeichnet der Duden als Modewort für ‚errichten', ‚aufstellen'. Modewörter sind bequem. Sie lassen sich vielseitig verwenden und nehmen dem Schreiber die Mühe ab, nach dem treffenden Ausdruck zu suchen. Wer es sich leichtmachen wollte, erstellte Neubauten, Predigten, Rechnungen, Tatsachen und Anträge. Inzwischen scheint sich herumgesprochen zu haben, daß man Neubauten errichtet, Predigten hält, Rechnungen auf- oder ausstellt, Tatsachen feststellt und Anträge stellt. Schließlich sprechen wir ja auch vom *Antragsteller*, nicht vom „-ersteller".

hinter-

Gott und die Welt, vor allem aber die herrschenden gesellschaftlichen Verhältnisse zu *hinterfragen* wurde Anfang der siebziger Jahre modern. Modewörter haben alle das gleiche Schicksal: sie werden viel benutzt, noch mehr geschmäht und selten auf ihren Gehalt hin abgeklopft. Zu *hinterfragen* merkte eine Zeitung entrüstet an, das neue Wort werde mit so viel knirschendem Ernst gesalzen, daß man meine, der Untergang des Abendlandes finde doch noch statt, wenn nicht ab sofort zu seiner Verteidigung todesmutig *hinterfragt* werde. Natürlich reiche das einfache *fragen* voll aus, doch klinge es nicht halb so gebildet.

Stimmt das? *hinterfragen* ist mehr als *fragen*, ist: die Hintergründe erfragen. Und was es nicht ist, läßt sich auch sagen: es ist bestimmt keine Erfindung der Verwaltungsbürokratie. (Wollten wir *hinterfragen* hinterfragen, läge die Antwort wahrscheinlich mehr links.) Angeführt ist das Wort, weil es zeigen soll, wie plastisch ein Verb wirken kann, wenn es mit einer weniger gebräuchlichen, noch unverbrauchten Vorsilbe gekoppelt wird. Ich halte *hinterfragen* für nützlich.

hinterfragen

fragen

In der Schweiz ist *sich hintersinnen* ein anschauliches Wort für ‚so lange über eine nicht zu ändernde Sache nachdenken, bis oder daß man schwermütig wird'.

über-

überprüfen klingt zwar bürokratisch, hat aber im allgemeinen Sprachgebrauch seine Berechtigung. Es ist nicht dasselbe wie *prüfen* und auch nicht dasselbe wie *nachprüfen*. „Ich werde Ihre Einwände nachprüfen" kann man im Grunde nur sagen, wenn die Einwände bereits geprüft worden sind. Was *überprüft* wird, wird weniger gründlich untersucht, als wenn es geprüft würde. Überprüft wird etwas, von dem man annimmt, daß es im großen und ganzen in Ordnung sei. Bevor Erzeugnisse ein Werk verlassen, werden sie noch einmal kurz überprüft – gründlich geprüft wurden sie mehrmals während der Fertigung. Die Polizei überprüft Ausweispapiere. Auch Angaben kann man auf ihre Richtigkeit hin überprüfen; Einwände, Beschwerden, Reklamationen eines Kunden *prüft* man; hier schuldet man dem Kunden schon aus Höflichkeit eine gründliche Untersuchung seiner Beanstandungen.

überprüfen

nachprüfen

prüfen

Wie wenig genau wir uns zuweilen ausdrücken, läßt auch der Gebrauch von *überrunden* erkennen. *überrunden* ist nicht das gleiche wie *überholen*, sondern bedeutet: jemanden einholen, ihn überholen und dann mehr als eine Runde Abstand zwischen sich und den Gegner legen. Wie weit der Weg vom Überholen bis zum Überrunden ist, das hat mancher Langläufer oder Rennfahrer zu spüren bekommen.

überrunden

ver-

Was steckt eigentlich in der Vorsilbe *ver-*? Zum Beispiel, daß etwas schiefgeht, sich verschlechtert: *verderben, verrutschen, verschütten; sich verplappern, verschreiben, vertun;* selbst *verheiraten* wird von unbeweibten Spöttern mit Vorliebe auf der ersten Silbe betont. Aber die pejorative (bedeutungsverschlechternde) Seite ist nur eine von vielen. Häufig wirkt *ver-* als Verstärkung: *versprechen* kann man ja nicht nur sich (pejorativ), sondern auch etwas (intensivierend). Und weil *ver-* so vielseitig ist, ist es eines unserer produktivsten Wortbildungsmittel.

Wie vielerlei *ver-* ausdrücken kann, zeigt die Tabelle auf Seite 635.

versprechen

Rückt ein Angestellter zum Beamten auf, so wird er auf „gut behördendeutsch" *verbeamtet*. In Anträgen auf eine derartige Beförderung heißt es noch schöner: „Die Herren ... stehen zur Verbeamtung heran."

verbeamten

Manche Zeitgenossen mögen den Beamten nicht. Sie leben in der Vorstellung, ein Beamter habe den ganzen Tag nichts weiter zu tun, als auf ihre Kosten seine Zeit zu verbringen. Diese Leute tun dem Beamten wirklich unrecht, denn er *verbringt* nicht nur seine Zeit, sondern auch Personen und Güter an einen andern Ort.

verzetteln

verzetteln gehört zum Wortschatz der Philologen. Bevor zum Beispiel ein Mundartenwörterbuch entstehen kann, müssen Sprachforscher auch die ältere Literatur dieses Mundartgebietes *verzetteln*, das heißt die mundartlichen Wörter und Wendungen auf Karteizetteln erfassen. Weil das langwierig und tüftelig ist, verzettelt so mancher Philologe außer der Literatur noch sich selbst. – Daß Sprache sich *verschriftlichen* läßt und die Schrift zur Verschriftlichung der Sprache dient, kann, wer es nicht glauben will, in den Hessischen Rahmenrichtlinien des Kultusministeriums nachlesen. Aber trösten wir uns damit: „Die Tatsache, daß täglich neue Phänomene, um ihrer habhaft zu werden, *versprachlicht* werden müssen, also ein steter Zuwachs an Wörtern zu registrieren ist, hat eine Vereinfachung der Grammatik zur Folge: je größer der Wortschatz, desto einfacher der Satzbau."

verunfallen ist eine aus der Schweiz importierte Analogiebildung zu ‚verunglücken', eingeengt auf den Verkehrsunfall. Die Betroffenen bezeichnet die Statistik als *Verunfallte*. – *verunsichern* kam Anfang der siebziger Jahre als Schlagwort von links in Gebrauch und meinte ursprünglich ein gewolltes Unsichermachen; heute hört man aus *verunsichern* die Absicht nicht mehr heraus. – *verunmöglichen* (seit 1973 im Duden verzeichnet) mußte sich, als es aufkam, viel Spott gefallen lassen: Bei der durch Werbetrommeln aller Art bereits „veruninteressierten" Masse, so hieß es, könne man ja heutzutage jedes Nachdenken „verunmöglichen". Man würde „verunstabilisierte" Preise schlucken (so wie man die „veruneinheitlichen" Schulgesetze der Länder hinnimmt) und würde dabei wahrscheinlich vergeblich auf „verunkomplizierte" Steuergesetze warten. Na ja. – Was die Kritiker so aufbringt, ist die scheinbar doppelt-negative Vorsilbe *ver-un-* – scheinbar, weil in Wirklichkeit das *ver-* nicht verneinende, sondern bewirkende Bedeutung hat und auch das *un-* hier nicht etwas ist, was das Verb künstlich in die Länge streckt: es ist fester Bestandteil von Hauptwort *(Unfall)* oder Eigenschaftswort *(unsicher, unmöglich)*. „Verun-bildungen" fallen uns nur auf, wenn sie neu sind. Über die genauso gebildeten Wörter *veruntreuen, verunstalten, verunzieren* ereifert sich niemand. Trotzdem: Wir können auf das papieren knitternde *verunmöglichen* verzichten, wenn wir uns daran erinnern, daß wir mit *verhindern, vereiteln, unmöglich machen* das gleiche ausdrücken können.

versprachlichen

verunfallen

verunsichern

verunmöglichen

Seit 1986 kann man mit Dudens Segen Sachverhalte nicht nur unklar machen, sondern auch *verunklaren* oder – in der Schweiz – *verunklären*.

verdieseln
verstromen

verkraften

verdieseln nannte die Bundesbahndirektion das Ersetzen der Dampfloks durch Diesellokomotiven. *verstromen* war lange Zeit nur als Verdeutschung von ‚elektrifizieren' in Gebrauch (Umstellung auf Energieversorgung durch elektrischen Strom). Mit der Erdölkrise kam auch die *Verstromung* der Kohle ins Gespräch. *verkraften* = ‚Umstellung eines Fuhrparks auf Kraftfahrzeuge' oder ‚Umstellung von Straßenbahn- auf Kraftomnibuslinien' ist neueres Behördendeutsch. Zum Glück wird dieses Vorbild nicht Schule machen. Herr Meier wird bei Ersatz seines Fahrrades durch einen Kleinwagen nicht stolz verkünden, er habe sich *verkraftet*, denn er gebraucht *verkraften* ja in einem andern Sinn. Als Meiers aus dem Urlaub kamen, hatten sie nach ihren Worten nicht nur Südfrankreich, sondern ganz Spanien *verkraftet*. Wer nicht zu Kraftmeiers gehören möchte, setzt für *verkraften* von Fall zu Fall: *bewältigen, verarbeiten, mit etwas fertig werden, hinter sich bringen.*

Viel stärker als in der Umgangssprache wird *ver-* von der Fachsprache zur Wortbildung benutzt. Metalle werden *vergossen* und *verwalzt*, Zähler *verbleit* (plombiert), Karosseriegerippe im Fahrzeugbau *verblecht*, Flugzeuge *verchartert*, junge Bäume *verschult* (in einer Baumschule aus- und umgepflanzt), Produkte künstlich *veraltert*, Theaterstücke *verfilmt, veropert, vertont* und *vertanzt*, und der Laie *wundert* und *verwundert* sich, weshalb der Fachmann Rohstoffe *verwiegt*, wo er sie doch bloß zu *wiegen* brauchte. Ja, weshalb?

Fachleute sind immer um Präzision bemüht. *wiegen* ist ihnen nicht genau genug, man kann schließlich nicht nur Lasten wiegen, sondern auch Babys und Petersilie. In den fünfziger Jahren hatte der Deutsche Normenausschuß für *wiegen* im technischen Sinne *wägen* empfohlen. Der Vorschlag konnte sich anscheinend nicht durchsetzen, *wägen* hat in gehobener Sprache anderen Sinn. Aber muß man zur Unterscheidung von *wiegen* = ‚hin und her bewegen' fachsprachlich unbedingt *verwiegen* sagen?

In ihrem Bestreben, sich von der Gemeinsprache abzugrenzen, gehen die Fachsprachen weiter als nötig. Jedenfalls können wir uns in der Alltagssprache doch gut verständigen, ohne daß uns die zahlreichen Homonyme (gleichklingende Ausdrücke verschiedener Bedeutung) stören. Um ein Buch zu verlegen, muß man nicht Verleger sein, Schusseligkeit tut's auch. Aber was macht das schon? Wir würden wahrscheinlich alle verlegen, wollten wir uns darauf verlegen zu ergründen, in welchem Zusammenhang die Mehrdeutigkeit des Wortes *verlegen* wirklich einmal zu einem Mißverständnis führen könnte.

Fachsprache
vergießen
verwalzen
verbleien
veraltern
veropern
verwiegen
wiegen
wägen

Vergleichen Sie dazu bitte Seite 86. Mit Empfehlungen zur Änderung des Sprachgebrauchs muß man vorsichtig sein: Erst wägen, dann wagen!

Homonyme
verlegen

Noch papierener geht's nicht mehr

Solange durch Vorsilben aufgetriebene Wörter zeitwörtlich gebraucht werden, mag es noch hingehen, wenn es auch oft beileibe kein gutes Deutsch ist. Zu warnen ist jedoch vor der Substantivierung solcher Wörter.

Mit der *Beinhaltung* einer Rede ist nicht die Haltung der Beine, sondern der Inhalt gemeint. Die von der medizinischen Statistik registrierte *Verwurmung* der Bevölkerung bedeutet nicht, daß der Mensch immer mehr zum Wurm wird, sondern daß immer mehr Menschen Würmer haben. Für die Zeit, die ein Patient notgedrungen im Krankenhaus verbringen muß, haben die Gesundheitsbehörden den Doppelmops *Verweildauer* erfunden. Daß es sich bei der „*Totvermarktung* im europäischen Raum" um Schlachtvieh handelt, kann nur erraten, wer es weiß. Und daß die „*Verabfolgung* der aufbewahrten Gegenstände ausschließlich gegen Vorlage des entsprechenden Hinterlegungsscheines" vorgenommen werden könne – dieser Satz verhält sich zur deutschen Sprache wie die Ärmelschoner früherer Beamtengenerationen zu den Ellenbogen ihrer Träger: eine Berührung findet lediglich indirekt statt.

Nach Inbetrachtziehung und unter Berücksichtigung des bisher Gesagten gelangt wohl ein jeder zu dem Vorsatz, in Zukunft derartige Kanzleiausdrücke bzw. Formulierungen des heutigen Schriftverkehrs außer Verwendung zu setzen – das heißt: Wenn wir alles noch einmal überdenken, müssen wir einsehen, daß Streckwörter nichts taugen. Wir werden besonders auf die Hauptwörter achten, die Vorgänge und Handlungen bezeichnen, also aus Zeitwörtern entstanden sind. Wir werden nach Möglichkeit solche Hauptwörter wieder zu Zeitwörtern machen, wobei es nichts schadet, wenn aus einem Hauptwort ein Nebensatz entsteht.

Beinhaltung
Verwurmung

Verweildauer
Totvermarktung
Verabfolgung

Testbogen 7

Amtsschimmel

1 Wissen Sie, woher der *Amtsschimmel* stammt?

> **1** Mit einem Pferd hat er wahrscheinlich nichts zu tun. Wenn Sie jetzt aber auf den Schimmelpilz tippen, der sich auf Akten in feuchten Kellern leicht ansetzen kann, dann sind Sie auf dem Holzweg.

Etymologie

Similistein
assimilieren
Faksimile

> *Schimmel* ist hier eine Verballhornung des lateinischen Wortes similis = ‚ähnlich‘. Das Wort begegnet uns auch in
> *Similistein* = nachgemachter Edelstein,
> *assimilieren* = angleichen, ähnlich machen,
> *Faksimile* = genaue Nachbildung, Handschriftendruck (substantiviert aus lateinisch *fac simile!* = mache ähnlich!).
> *Simile* nannte man in Österreich die vorgedruckten Musterformulare, nach denen brave Beamte ihre Fälle erledigten. Wer kein Auge für die Besonderheiten eines Falles hatte und sich strikt an die vorgedruckten Muster hielt, wurde bald als „Similereiter" verspottet, das zu „Schimmelreiter" verdreht wurde. Daher der „wiehernde Amtsschimmel".

erfolgen

2 „Die Auszahlung des Honorars ist noch nicht erfolgt."
„Die Einstellung des Bewerbers kann sofort erfolgen."
Wie könnte man dafür besser sagen?

> **2** Das Honorar wurde noch nicht ausgezahlt.
> Der Bewerber kann sofort eingestellt werden.

3 Um den folgenden Satz zu verbessern, brauchen Sie nicht Mode-, sondern Sprachbewußtsein:
„Die Strenge des Schneiderkostüms wird durch eine Chiffonbluse abgemildert."

mildern

> **3** ... gemildert.

4 Was haben „aufapplizierte Tierfiguren" und „aufoktroyierte Verfassungen" gemein?

Kontamination

applizieren
oktroyieren

> **4** Die hier unnütze Vorsilbe auf-.
> *applizieren* heißt schon ‚aufnähen‘.
> *oktroyieren* bedeutet bereits ‚aufzwingen‘.
> *Applizierte Tierfiguren* sind aus bunten Filz- oder Leinenresten geschnittene und z. B. auf Wandbehänge oder Kinderkleidung genähte Figuren (*Applikationsarbeit*, lateinisch *applicare* = anfügen).
> *Oktroyierte Verfassungen* sind einseitig von Fürsten gegebene Verfassungen im Unterschied zu den mit einer Volksvertretung vereinbarten oder von einer konstituierenden Versammlung beschlossenen.

Oktroi

> *oktroyieren* (Aussprache: *oktroajihren*) hängt zusammen mit *Oktroi* (Aussprache: *oktroa*), worunter man einen städtischen Lebensmittelzoll verstand. Zugrunde liegt lateinisch *auctoritas* = Macht, Ermächtigung, Autorität.

5 Darf so eine Kurzgeschichte anfangen?
„Ich will keine Liebesgeschichte erzählen, trotzdem es sich um ein junges Mädchen handelt, das, was ihr Äußeres anbetrifft, sich durchaus sehen lassen kann."

> **5** Der Satz enthält einige umstrittene Ausdrücke.
> a) *trotzdem es sich um ein junges Mädchen handelt* wird noch nicht von allen Sprachpflegern als richtig anerkannt, trotzdem sich *trotzdem* als unterordnendes Bindewort durchsetzen wird (vgl. Seite 387). Wer möglicher Kritik aus dem Wege gehen möchte, schreibt für unterordnendes *trotzdem* lieber *obgleich, obwohl, obschon*.
> b) *das, was ihr Äußeres anbetrifft*: Innerhalb ein und desselben Satzes sollte man nicht für ‚Mädchen' einmal das grammatische und einmal das natürliche Geschlecht verwenden (vgl. Seite 186).
> c) *anbetreffen* ist eine – allerdings vom Duden genehmigte – Wortmischung von *angehen, anlangen* und *betreffen* (vgl. Seite 92).
> d) Wodurch kann sich ein junges Mädchen anders sehen lassen als durch sein Äußeres? (Überflüssiger Einschub.)
> Wer Geschichten schreibt, sollte zusehen, daß der Leser nicht schon gleich im ersten Satz über die Grammatik stolpern muß. Besser würde die Erzählung so beginnen:
>
> Ich will keine Liebesgeschichte erzählen, obgleich es um ein junges Mädchen geht, das sich durchaus sehen lassen kann.

trotzdem

grammatisches und natürliches Geschlecht
anbetreffen
Kontamination

6 Anders als *verunfallen* und *verunmöglichen* hat sich das schweizerische *verunschicken* nicht nach Deutschland hin ausbreiten können. Warum wohl nicht?

Schweizer Sprachgebrauch

> **6** Weil man dem Wort n i c h t ohne weiteres a n s e h e n kann, was es bedeutet: *verunschicken* = durch eigene Schuld verlieren (aus mundartlich *Unschick* = Mißgeschick, Ungeschicklichkeit).

verunschicken

7 „Jetzt können Sie von Ihrem Sparguthaben mit gesetzlicher Kündigungsfrist innerhalb eines Zeitraums von 30 Zinstagen bis zu 2000 DM abverfügen." *abverfügen* ist eine Kontamination, eine Wortkreuzung – aus welchen beiden Wörtern?

Kontamination

> **7** a b h e b e n und v e r f ü g e n.

8 Ein Gerät, das man nur *unter Zuhilfenahme* oder *mittels* eines Schraubenschlüssels öffnen kann, läßt sich leichter *mit* einem Schraubenschlüssel öffnen. Aber wer macht sich das schon klar? Steifes Techniker- oder noch steiferes Verwaltungsdeutsch gerät uns meistens nur deshalb so leicht aufs Papier, weil wir uns zu wenig dabei denken. Also denken wir mal, ausnahmsweise und zur Abwechslung, in umgekehrter Richtung: Wie würde ein echter Bürokrat den Gedanken *Nächste Woche besucht Sie Herr Meyer* „verschriftlichen"?

Zuhilfenahme mittels / mit

> **8** Zum Beispiel so:
> „Das Bereisungsprogramm unseres im Außendienst tätigen Herrn Meyer sieht vor, daß bei seiner in der 43. Woche erfolgenden Fahrt durch Ihren Bezirk auch Ihre Firma angefahren werden soll."

Kleine Münzen von geringem Wert?
Hilfszeitwörter und Modalverben

Hilfsverben

Zwischen *haben* im Sinne von ‚besitzen' und *sein* im Sinne von ‚dasein', ‚existieren' weiß jedermann zu unterscheiden: Ob einer einen Affen hat oder selbst einer ist, ist zweierlei.

haben, hatte, gehabt
sein, war, gewesen

Nicht ganz so einfach liegen die Dinge, wenn wir mit *haben* oder *sein* die zusammengesetzten Zeiten bilden müssen. In Süddeutschland können in diesem Punkt die Ansichten hart aufeinanderprallen.

s e i n   o d e r   h a b e n – das ist die Frage

stehen

In München erzählte ein Einheimischer einem zugereisten Berliner: „Am Samstag in der Früh war die Tram so voll, ich *bin* die ganze Zeit *gestanden*." Der Berliner zeigte sich nicht im geringsten beeindruckt, staunte aber, daß der Münchner nicht einmal Deutsch könne, auf deutsch heiße das nämlich: „Ich *habe* am Sonnabendmorgen während der ganzen Fahrt in der Straßenbahn *gestanden*." Verärgert über den „depperten Saupreißen" befahl der Münchner seinem Sprößling, den Lehrer zu fragen, was richtig sei: *ich bin gestanden* oder *ich habe gestanden*. Der Lehrer zog die Grammatik zu Rate, und die erteilte folgende Auskunft: In Süddeutschland und Österreich sagt man *ich bin gestanden*, in Mittel- und Norddeutschland *ich habe gestanden*.

„Hier ist früher ein windschiefes Wirtschäftle gestanden",

kann man im Stuttgarter Wochenblatt lesen. Ein Stückchen weiter nördlich hieße das:

Hier hat früher ein windschiefer, kleiner Gasthof gestanden.

gestehen

Da *gestanden* das Mittelwort der Vergangenheit sowohl von *stehen* als auch von *gestehen* ist, kann es im süddeutschen Sprachraum in folgender Hinsicht keinen Zweifel geben: Wer vor Gericht gestanden ist, hat unter Umständen freigesprochen werden können; wer aber vor Gericht gestanden hat, muß sitzen (hinter Schloß und Riegel).

liegen

Je weiter man von Süddeutschland nach Norden kommt, desto verbreiteter ist die Beugung mit *haben*. Das gilt nicht nur für *stehen*, sondern auch für *liegen, sitzen* und ganz im Norden sogar für *laufen*. Im Süden sagt man:

„Die Flasche war eine Zeitlang in der Abfallkiste gelegen."

sitzen

„Ich bin vorn im Wagen gesessen."

Demgegenüber kann man in Schleswig-Holstein hören:

laufen

„Ich habe gelaufen."

Noch weiter nördlich, in den skandinavischen Sprachen und im Angelsächsischen, überwiegen die Bildungen mit *haben* bei weitem; sie haben die mit *sein* fast verdrängt.

Früher gebrauchte man *ich bin* vornehmlich, um einen kurzfristigen Vorgang, den Anfang oder das Ende einer Bewegung auszudrücken, während *ich habe* für die Dauer eines Vorgangs stand. Nach dieser alten Regel wäre also richtig: ‚ich *bin aufgesessen*' (aufs Pferd). Oder denken wir daran, daß ein jeder sagt: ‚ich *habe* gut geschlafen', d. h. eine ganze Nacht lang oder wenigstens für die Dauer eines Viertelstündchens. Dagegen: ‚ich *bin* eingeschlafen', ‚ich *bin* aufgewacht', weil sich der Übergang vom Wachen zum Schlafen und umgekehrt in Sekundenschnelle vollzieht. – Wenn allerdings morgens zehn Minuten nach Dienstbeginn eine junge Dame atemlos und mit hochrotem Kopf ihrem Chef erklärt: „Entschuldigen Sie bitte, daß ich zu spät komme, ich bin verschlafen", so ist mit Sicherheit anzunehmen, daß diese junge Dame ein munteres Schwabenmädle ist, das durchaus nicht *verschlafen ist*, sondern ausnahmsweise *verschlafen hat*.   *verschlafen*

Für die Zeitwörter ‚stehen', ‚liegen' und ‚sitzen' gelten nur die Verbindungen mit *haben* als hochsprachlich; in Österreich ist man großzügiger und läßt *sein* in gleicher Weise gelten. Wer sich gern korrekt ausdrückt und jeglichen Anklang an eine Mundart vermeiden möchte, sagt auch in Süddeutschland besser: ich *habe* gelegen, du *hast* gesessen, er *hat* gestanden.   **süddeutsch**

Wer aber im Süden unseres Landes die ihm vertraute Wendung mit *sein* vorzieht und *es hat* genau da setzt, wo der hochdeutsch Sprechende *sind* oder *es gibt* sagen würde: *es hat*

    In Stuttgart *hat's* viele Staffeln

(*Staffeln* nennt man die von den Hängen in die Täler hinabführenden Treppen), begeht keine Sprachsünde. Er gebraucht die landschaftsübliche Ausdrucksweise, die nicht mit dem Maßstab „richtig oder falsch" zu messen ist.

Jetzt sei aber kein Norddeutscher so vermessen zu glauben, er allein habe das korrekte Hochdeutsch gepachtet. Gerade die Zeitwörter ‚stehen', ‚liegen' und ‚sitzen' fordern auch ihn zum Fehlermachen heraus. Fragen wir versuchsweise einen nach Hamburg verzogenen Berliner, der noch einen Koffer in Berlin... ja, wie nun weiter?... *stehen* oder ... *zu stehen* hat? Der Berliner behauptet steif und fest, er habe diesen Koffer bei seiner alten Wirtin zu stehen, und seine neuen Hamburger Bekannten pflichten ihm bei. Dieses ‚zu' ist das Ausgleichstor für Süddeutschland, jetzt steht das Spiel 1:1! Selbst das Fritzle, der Lehrbub vom Meister Häberle aus Strümpfelbach, weiß, daß es in korrektem Hochdeutsch heißen muß: **norddeutsch**

> Er *hat* noch einen Koffer in Berlin *stehen*.
> Wenn Sie genügend Geld auf der Bank *liegen haben*, ...
> Wer gern liebe Gäste am Tisch *sitzen hat*, ...

zu stehen, zu liegen, zu sitzen haben ist nord-, aber nicht schriftdeutsch. Vor *stehen, liegen, sitzen* ist *zu* nur dann korrekt, wenn *stehen, liegen, sitzen* echte Infinitive sind. In Verbindung mit *haben* sehen die drei aber bloß so aus, als ob – in Wirklichkeit sind es Mittelwörter der Gegenwart, die im Laufe der Zeit ihren letzten Buchstaben eingebüßt haben: ‚etwas stehen(d), liegen(d), sitzen(d) haben'.

Verben der Bewegung

Nun gibt es auch einige Zeitwörter der Bewegung, die unabhängig vom Aufenthaltsort des Sprechers oder Schreibers mit *haben* oder mit *sein* verbunden werden. Soll die Tätigkeit an sich betont werden, steht *haben*, vor allem dann, wenn die Tätigkeit auf Leistung beruht. Bezeichnenderweise verbinden manche Sportberichterstatter Verben mit *haben*, die wir mit *sein* zu beugen gewohnt sind:

spurten
laufen

„Er hat zu früh gespurtet",
„Er hat die 110 m Hürden in 13,8 sek gelaufen".

Auch sonst kennzeichnet *haben* mehr das aktive Beteiligtsein, *sein* die Zustandsänderung:

fahren
altern

Er *hat gefahren* (= saß selbst am Steuer) / *ist gefahren* (= abgereist).
Sie *hat* um Jahre *gealtert* (= viel durchgemacht) / *ist gealtert* (= sieht alt aus).

In Fügungen mit Ortsangaben, die eine Bewegung von einem Ausgangspunkt zu einem Ziel hin erkennen lassen, wird *sein* bevorzugt. So stehen sich z. B. gegenüber:

haben	**sein**
Der Junge hat selbst gerudert.	Er ist zur Insel gerudert.
Wir haben den Nachmittag über gesegelt.	Das Schiff ist um das Kap gesegelt.
Ich habe lange nicht mehr getanzt.	Fröhlich ist sie um den Tisch getanzt.

rudern
segeln
tanzen

treten
stoßen

Die Verben ‚treten' und ‚stoßen' bildeten früher ihre Vergangenheitsformen mit *haben*; heute ist *sein* teilweise genausogut möglich.

sowohl ‚haben'	**als auch ‚sein'**
Ich habe auf einen Stein getreten.	Ich bin auf einen Stein getreten.
Er hat mir (oder mich, vgl. S. 164) auf den Fuß getreten.	Er ist mir auf den Fuß getreten.
Sie hat mit dem Stock auf den Boden gestoßen.	Sie ist beim Lesen auf eine interessante Stelle gestoßen.

Oft läßt die Verbindung mit *haben* die Absicht durchblicken, die Verbindung mit *sein* den Zufall – oft, aber nicht immer.

‚Er hat dem Hund versehentlich auf den Schwanz getreten'

würde ja sonst bedeuten, daß dieses Versehen mit Absicht geschehen sei, und absichtliche Versehen gibt es doch wohl nicht.

Was nicht ist, das kann noch werden

Ohne *werden* hätten wir keine Zukunft, zumindest keine grammatische, und könnten auch keine Leideform bilden.

werden, wurde, (ge)worden

Futur und Passiv

> Tatform, Zukunft:
> Der Händler *wird* die Ware *liefern*.
>
> Leideform, Zukunft:
> Die Ware *wird* vom Händler *geliefert werden*.
>
> Leideform, Gegenwart:
> Die Ware *wird* vom Händler *geliefert*.
>
> Leideform, 1. Vergangenheit:
> Die Ware *wurde* vom Händler *geliefert*.
>
> Leideform, 2. Vergangenheit:
> Die Ware *ist* vom Händler *geliefert worden*.

„Die Ware wird gerade verpackt und in den nächsten Tagen bei Ihnen eintreffen."

Was stimmt hier nicht? Warum fühlen wir uns bei diesem Satz nicht ganz wohl? Weil *werden* nicht gleichzeitig zwei Herren dienen kann. Entweder es vertritt die Leideform *(wird verpackt)*, oder es vertritt die Zukunft *(wird eintreffen)*. Diese beiden Funktionen des Hilfszeitwortes *werden* sollten wir auseinanderhalten. Es bleibt uns keine Wahl, wir müssen das Hilfsverb wiederholen:

Die Ware wird gerade verpackt, sie wird in den nächsten Tagen bei Ihnen eintreffen.

Schließlich können wir auch nicht sagen: „Hühner werden gefüttert und Eier legen."

worden dürfen wir nur dann weglassen, wenn ein Zustand als Ergebnis einer abgeschlossenen Handlung ausgedrückt werden soll:

worden

> Die Ware ist vorgestern geliefert worden, das heißt, sie ist bereits geliefert.
>
> Der Patient ist geheilt worden, er ist also geheilt.

Ob nun ein Zeitwort mit *haben* oder *werden* zu verbinden sei, gibt nur vereinzelt zu Zweifeln Anlaß. Wenn ein stolzer Vater der ganzen Welt verkünden möchte:

„Meine Frau hat soeben einen gesunden Jungen entbunden",

entbinden

so wird dies von Medizinern gern als irreführende Behauptung abgelehnt. Mancher Geburtshelfer fühlt sich nämlich durch eine solche Äußerung zurückgesetzt, weil er meint, nicht die Frau habe entbunden, sondern er habe entbunden, und zwar die Frau von einem gesunden Jungen. Nach älteren Sprachlehrbüchern ist der Arzt im Recht. Inzwischen hat sich aber die Blickrichtung etwas verschoben. Analog zu ‚gebären', ‚das Leben schenken', ‚zur Welt bringen' wird heute bei *entbinden* die aktive Beteiligung der Mutter stärker betont und somit die Leideform immer mehr durch die Tatform verdrängt.

promovieren

Die gleiche Verschiebung der Blickrichtung vom passiven Betroffensein zum aktiven Selbermachen zeigt sich an folgendem: Das Doktorexamen bezeichnet man auch als ‚Promotion', das zugehörige Zeitwort *promovieren* kommt aus dem Lateinischen und bedeutet: voranbewegen, befördern. Wer sein Studium mit dem Doktorexamen abgeschlossen hat, der, so sagt man heute, *hat promoviert*. Genauso richtig ist aber auch die ältere Fügung: *er ist promoviert* oder *er ist promoviert worden*, nämlich von seinen Professoren. Ein Kandidat, der bei der Anmeldung zur Prüfung früher zu sagen gewagt hätte, er möchte promovieren (statt: promoviert werden), hätte bestimmt von den Herren Professoren zu hören bekommen: „Was möchten Sie? Promovieren? Noch promovieren wir – oder auch nicht!"

In unserm Alltagsdeutsch kommt das Wort *promovieren* ja nun nicht oft vor. Wenn wir es aber anwenden wollen, wissen wir jetzt, daß wir heute von einem Doktor sagen dürfen, er habe oder er sei promoviert. Wir brauchen also nun nicht mehr steif und umständlich zu sagen ‚er hat den Doktorgrad erworben' oder gar zu den entsprechenden Ausdrücken der Umgangssprache Zuflucht zu nehmen wie ‚er hat ausstudiert und sich den Doktorhut geholt', ‚er hat seinen Doktor gemacht' oder ‚er hat den Doktor gebaut'. Viele Leute sagen das nämlich nur, weil sie nicht wissen, wie man sich zugleich richtig und besser ausdrücken kann.

Vorsicht! Rechtschreibung!

Hand aufs Herz: Wer weiß genau, ob ‚ihr seid' und ‚ihr wart' so richtig geschrieben sind oder ob nicht vielleicht doch ‚t' für ‚d' und umgekehrt ‚d' für ‚t' stehen müßten?

seid

ihr seid – seit gestern

Die 2. Person Mehrzahl von ‚sein', *ihr seid*, wird immer mit ‚d' geschrieben, in der Aussage: ‚*Ihr seid* zu spät gekommen', im Befehl oder in der Aufforderung: ‚*Seid* wachsam im Straßenverkehr!' und in der Frage: ‚*Seid ihr* alle da?'

seit

Jedes andere *seit* wird mit ‚t' geschrieben, ob es nun als Verhältniswort ‚*seit* gestern', ‚*seit* kurzem', ‚*seit* vier Jahren' oder als Bindewort auftritt: ‚*seit* er in München ist...', ‚*seit* ihr hier seid...'

ihr wart – es ward

wart

Ihr wart gestern abend nicht zu Hause, *wart ihr* im Kino?

Dieses *ihr wart* ist nur eine verkürzte Form aus *ihr waret*, daher die Schreibung mit ‚t'. Solch eine Verkürzung ist nichts Ungewöhnliches, ziehen wir doch auch zusammen: ‚ihr kamet' zu ‚ihr kamt', ‚ihr liefet' zu ‚ihr lieft', ‚ihr sprachet' zu ‚ihr spracht'.

es ward ist eine alte Form von *es wurde*, so erklärt sich die Schreibung mit ‚d'. Bei Dichtern oder Schriftstellern, die bewußt eine altertümliche Ausdrucksweise wählen, können wir Wendungen finden wie ‚mir ward so seltsam zumute', ‚ihm ward heiß und kalt', doch aus der Gemeinsprache ist die Fügung ‚es ward mir' verschwunden.

ward

Sieben auf einen Streich: Modalverben

modal kommt von *Modus*, und darunter versteht man die Art und Weise, in der etwas geschieht, hier die Art der Aussage: ob nun ein Wunsch, eine Möglichkeit, eine Erlaubnis oder ein Zwang hinter einer Äußerung steckt.

Modalverben

> Sechs Wörter nehmen mich
> in Anspruch jeden Tag:
> Ich soll, ich muß, ich kann,
> ich will, ich darf, ich mag.
>   Rückert

Friedrich Rückert (1788–1866) hatte nicht vor, sich mit diesem Vierzeiler einen Vers auf die deutsche Grammatik zu machen. Trotzdem sollten wir ihn uns merken. Er enthält nämlich die sechs Modalverben der deutschen Sprache, zu denen manche Grammatiker als siebentes noch *lassen* zählen:

lassen

> können (ich kann) – konnte – gekonnt
> mögen (ich mag) – mochte – gemocht
> dürfen (ich darf) – durfte – gedurft
> müssen (ich muß) – mußte – gemußt
> sollen (ich soll) – sollte – gesollt
> wollen (ich will) – wollte – gewollt
> lassen (ich lasse) – ließ – gelassen

„Es kann hier nicht geraucht werden!" Irrtum. Es kann schon, es darf nicht. Denn *können* und *dürfen* ist zweierlei.

Wie tiefsinnig man mit Modalverben blödeln kann, dafür ein Wort des Münchner Komikers Karl Valentin (1882–1948): „Mög'n täten wir schon wollen, aber dürf'n haben wir uns nicht getraut."

Verwandt mit diesen Modalverben ist eine Reihe von Tätigkeitswörtern, die im Laufe der Zeit ihre Ausdruckskraft eingebüßt haben und kaum mehr als Vollverben anzusehen sind. Hierher gehören u. a.

> bleiben, brauchen, glauben, heißen, helfen, hören, hoffen, lernen, machen, pflegen (im Sinne von: gewohnheitsmäßig tun), scheinen (im Sinne von: den Anschein haben), sehen, versuchen, wissen

modal gebrauchte Verben

Wie sehr diese Verben den Modalverben ähneln, läßt sich daran erkennen, daß einige von ihnen – analog zu *du kannst nicht warten / mußt nicht warten* – die Grundform ohne ‚zu' anschließen:

> Selbermachen hilft Zeit und Geld sparen (n i c h t: zu sparen).
> Du machst mich lachen.
> Das hieße Unmögliches verlangen.
> Sie lernte lesen.

Infinitiv ohne ‚zu'

110 DAS VERB

Auch hinter *brauchen* steht der Infinitiv immer häufiger ohne *zu* (vgl. Seite 77/78).

kein Komma vor erweitertem Infinitiv mit ‚zu'

Die übrigen modal gebrauchten Verben haben zwar ihr ‚zu' im Infinitiv nicht verloren, aber die von ihnen abhängige erweiterte Nennform wird ohne Komma angeschlossen, wenn das Zeitwort des Hauptsatzes und die erweiterte Nennform als eng zusammengehörig empfunden werden.

pflegen
wissen
scheinen
versuchen
glauben
hoffen

> Er pflegt mich täglich zu besuchen.
> Sie weiß sich mit Anstand zu benehmen.
> Du scheinst dir keine Sorgen zu machen.
> Er versucht sich zu bessern.
> Ich glaube davon gehört zu haben.
> Ich hoffe dich morgen zu treffen.

Komma vor erweitertem Infinitiv mit ‚zu'

Sobald aber das modal gebrauchte Verb durch eine nähere Bestimmung seine frühere Anschaulichkeit zurückgewinnt, ist es wieder ein vollgültiges Zeitwort, und die erweiterte Grundform wird wie üblich durch ein Komma abgetrennt:

hoffen

> Ich hoffe zuversichtlich, dich morgen zu treffen.

Merken Sie, wie in der Sprache eins ins andere greift? Eine Kommaregel, die auf den ersten Blick willkürlich anmutet, wird verständlich, wenn wir wissen, daß dasselbe Zeitwort – in unserm Beispiel *hoffen* – eine unterschiedliche Funktion ausüben kann: einmal ist es als Modalverb, das andere Mal als Vollverb anzusehen. Zeichensetzung kann nur begreifen, wer seine Grammatik kennt.

Weitere Komma-Beispiele auf den Seiten 510–526

Hilfs- und Modalverb im Satz

Die meisten von uns dürften bisher die Hilfszeitwörter als weniger wichtige Verbindungsstücke der Sprache angesehen haben. Drum sollte man nicht glauben, wieviel Kopfzerbrechen diese unscheinbaren Dinger bereiten können. Ist Ihnen schon einmal aufgefallen, daß sich folgende Formen gegenüberstehen?

Infinitiv statt Perfektpartizip

> Du hast es so gewollt.   . . . es erzwingen wollen.
> Das hätte er nicht gemußt.   . . . nicht tun müssen.
> Ich hätte es nicht gebraucht.   . . . nicht zu sagen brauchen.
> Er hat den Salat nicht ge-   . . . nicht essen mögen.
> mocht.
> Sie hat ihm den Wagen ge-   . . . ihn den Wagen fahren
> lassen.   lassen.

Aus dieser Gegenüberstellung läßt sich eine Regel ableiten:

 Hängt von einer finiten (gebeugten) Form von *haben* ein Modalverb ab, dem ein Infinitiv vorausgeht, dann steht dieses Modalverb nicht im 2. Partizip, sondern selbst im Infinitiv.

Das gilt auch für einige modal gebrauchte Verben:

> Das hätte dich nicht zu kümmern *brauchen*.
> Wer hat dich das tun *heißen*?
> Sie hat ihn einfach laufen *lassen*.
> Ich habe es kommen *sehen*.

brauchen
heißen
lassen
sehen

Bei *hören* und *helfen* haben Sie die Wahl:

hören
helfen

> Er hat ihn husten *hören / gehört*.
> Sie hat der Mutter bügeln *helfen / geholfen*.

Noch etwas anderes: Was tun wir, wenn in einem Nebensatz zwei Infinitive vorkommen? Stellen wir das gebeugte Hilfszeitwort voran, oder lassen wir es nachfolgen?

Wortstellung bei zwei Infinitiven

vorangestellt

1. Ich glaube, daß diese Entwicklung sich auf die Dauer *nicht wird aufhalten lassen*.

2. Dies ist Ihr Vorgesetzter, an den Sie sich in Zukunft *werden zu wenden haben*.

3. Ich weiß nicht genau, ob Herr Dr. Müller *wird zu sprechen sein*.

4. Er hat sich ein paar Minuten verspätet, weil er sonst zwei Stunden früher *hätte abfahren müssen*.

nachgestellt

...sich auf die Dauer *nicht aufhalten lassen wird*.

...an den Sie sich in Zukunft *zu wenden haben werden*.

...ob Herr Dr. Müller *zu sprechen sein wird*.

Nun, was meinen Sie? Einig sind wir uns gewiß bei Beispiel 4. Hier kann das gebeugte Hilfsverb *(hätte)* nicht nachgestellt werden. Doch eine Regel läßt sich nicht aufstellen, der Sprachgebrauch schwankt. Ob Sie das gebeugte Hilfszeitwort voran- oder nachstellen, ist eine Stilfrage. Der Satzrhythmus spielt dabei eine Rolle. In den ersten beiden Beispielen scheint mir die Nachstellung stilistisch besser, im 3. Beispiel halte ich sie für die einzige Möglichkeit.

Lieber ein lebendiges Verb?

Hilfszeitwörter heißen so, weil sie die zusammengesetzten Zeiten bilden helfen. Strenggenommen gelten *haben*, *sein* und *werden* deshalb nur in Fügungen wie *ich habe gelacht, du bist gekommen, er wird schreiben* als Hilfsverben, in Fügungen wie *ich habe Zahnschmerzen, du bist intelligent, er wird Arzt* aber als Satzband-Verben oder K o p u l a s. Doch ob Hilfsverb oder Verb – über den Wert von *haben, sein* und *werden* als Ausdrucksmittel sind sich die meisten Sprachlehrer ebenso einig wie über den Stilwert der

Kopula
Mehr dazu auf Seite 158

Stilwert von Hilfs- und Modalverben

Modalverben: sie veranschlagen ihn gering und empfehlen, an ihrer Stelle lieber ein treffsicheres Zeitwort zu setzen. Schön und gut, wenn das Zeitwort wirklich trifft. Die folgenden Beispiele sind verschiedenen Stillehren entnommen. Vielleicht urteilen Sie selbst:

allgemeiner Ausdruck	besonderer Ausdruck
1. Ich habe Hunger.	Mich hungert.
2. Ich möchte ein Stück Schokolade.	Es gelüstet mich nach einem Stück Schokolade.
3. Das Haus ist hoch wie ein Turm.	Das Haus steilt hoch wie ein Turm.
4. Er hat kein Geld.	Ihm fehlt das Geld.
5. Es ist schlechtes Wetter.	Es fällt ein feiner Regen.
	Es nieselt.
	Es schüttet nur so.
	Es gießt in Strömen / wie aus Kannen.
	Ein Sauwetter!
	Regen peitscht uns ins Gesicht.
	Regen prasselt / platscht gegen die Scheiben.
	Kaltfeuchte Nebelluft macht mich schaudern.

Würden Sie auch in jedem Fall den besonderen Ausdruck dem allgemeinen vorziehen, wie es in den Stillehrbüchern empfohlen wird? Gehen wir die Gegenüberstellung Punkt für Punkt durch.

Hunger haben

1. ‚Ich habe Hunger' könnte uns an jemand denken lassen, der sich mit einem Seufzer der Erleichterung zu Tisch setzt und sich sein wohlverdientes Mittagessen auffüllen läßt: Hammelfleisch mit grünen Bohnen. – ‚Brüderlein, mich hungert so sehr' gehört der Stillage der Märchen an, nicht der Alltagssprache.

hungern

gelüsten

2. Mit *Gelüst* bezeichnet man ein Verlangen nach etwas Ausgefallenem, aber selbst wenn es mich nach einem Hummercocktail gelüsten sollte, täte ich besser daran zu sagen, ich hätte Appetit darauf.

Appetit haben

steilen

3. Das Eigenschaftswort *steil* ist jedem bekannt, das zugehörige Zeitwort *steilen* aber so ungebräuchlich, daß man sich wundert, es tatsächlich im Lexikon verzeichnet zu finden.

4. Wenn jemand kein Geld hat, so ist damit nicht gesagt, daß ihm das Geld fehle. Es könnte ja ausnahmsweise auch einmal einer ohne Geld zufrieden sein. – Der besondere Ausdruck schränkt hier den allgemeinen zu stark ein.

5. ‚Es ist schlechtes Wetter' ist eine sehr allgemeine Feststellung, die weit vielseitiger ausgelegt werden kann, als hier durch die 11 Beispiele geschehen ist. Allgemeine Ausdrücke sind zwar unanschaulich, aber sie sind auch neutral, passen immer, weil sie keiner bestimmten Stilschicht angehören. Nicht so die besonderen:

Es fällt ein feiner Regen.	= anschaulich, aber mehr Schriftdeutsch als gesprochene Sprache	
Es nieselt. Es schüttet nur so. Es gießt in Strömen. Es gießt wie aus Kannen.	= bildhaft, obere Umgangssprache	
Ein Sauwetter!	= untere Umgangssprache	
Regen peitscht uns ins Gesicht.	= Literatursprache	
Regen prasselt / platscht gegen die Scheiben.	= lautmalend (onomatopoetisch), Gemein- und Literatursprache	**onomatopoetischer Ausdruck**
Kaltfeuchte Nebelluft macht mich schaudern.	= gekünstelte Literatursprache	

Zusammenfassend läßt sich sagen, daß der besondere Ausdruck in allen Fällen danebentrifft, und zwar genau daneben. Abgesehen von Punkt 4, wo ein sachlicher Unterschied zwischen beiden Aussagen besteht, und von Punkt 5, wo der besondere Ausdruck immer nur eine Seite des allgemeinen Ausdrucks spiegelt, stimmen die Beispiele zwar in ihrer Bedeutung überein, aber sie gehören nicht der gleichen Stilschicht an.

Sie wissen, unsere Sprache unterteilt man in drei Bereiche, in Hoch-, Gemein- und Umgangssprache. Die Hochsprache ist die Sprache der Dichtkunst, ihr gehören so seltene Wörter an wie *Odem* für ‚Atem' und *Antlitz* für ‚Gesicht'. Bei ‚Gemeinsprache' dürfen Sie nicht an *gemein* im Sinne von ‚gewöhnlich' denken, gemeint ist vielmehr die allgemeinverständliche Sprache. Die Gemeinsprache ist unsere normale Verkehrssprache, in der unsere Zeitungen, Fachbücher, Geschäfts- und Privatbriefe, Prospekte und dergleichen abgefaßt werden oder werden sollten. Während der Begriff ‚Gemeinsprache' mehr auf die schriftliche Ausdrucksweise zielt, verstehen wir unter ‚Umgangssprache' die gesprochene Sprache, die sich manchen Verstoß gegen grammatische Regeln und Aussprachenormen erlaubt. Kennzeichnend für die Umgangssprache ist ein besonders bildkräftiger, jedoch nicht immer stubenreiner Wortschatz.

Hochsprache
Odem
Antlitz

Gemeinsprache

Umgangssprache

Diese Dreiteilung vermittelt aber noch kein genaues Bild. Wir müssen uns innerhalb der einzelnen Sprachbereiche noch verschiedene Stilschichten vorstellen, die sich teilweise überschneiden oder eng berühren. So ragt die oberste Schicht der Umgangssprache in die Gemeinsprache hinein. Niemand würde sich scheuen zu sagen: „Es nieselt" – aber schreiben? Vielleicht doch lieber nicht. Dagegen würde keiner, der auch nur ein Quentchen Sprachgefühl hat, zu sagen wagen: „Das Haus steilt in die Höhe" oder „Mich gelüstet es nach diesem oder jenem". Ja, er würde es nicht einmal schreiben, falls er nicht gerade einen Kitschroman produziert.

Stilschichten

nieseln

steilen
gelüsten

Das von 1965 bis 1977 in Ost-Berlin heftweise erschienene „Wörterbuch der deutschen Gegenwartssprache" gibt zu vielen Begriffen auch den Stilwert an. Dabei richtet es sich nach einer sechsstufigen Stilschichtenskala; der Nullpunkt entspricht dem normal- oder gemeinsprachlichen Bereich:

dichterisch	+2					*Aar*
gehoben	+1	*empfangen* (Brief)	*speisen*	*Haupt*		
normal-sprachlich	0	*bekommen* (Brief)	*essen*	*Kopf*	*betrügen*	*Adler*
umgangs-sprachlich	−1	*kriegen* (Brief)			*anführen*	
salopp	−2		*futtern*	*Birne/Dez*	*anschmieren*	
vulgär	−3		*fressen*		*anscheißen*	

empfangen

Empfänger

erhalten
bekommen

Wenn Sie sich die Skala genauer ansehen, erkennen Sie, wie grob selbst diese Unterteilung noch ist. *Briefe empfangen* wird vom „Wörterbuch der deutschen Gegenwartssprache" als ‚gehoben' eingestuft – wo gibt man sich schon so gehoben, daß man Briefe empfängt? Auch wenn *Empfänger* ein Fachwort der Post ist: der Empfänger empfängt die Briefe nicht, er *erhält* sie. *Briefe erhalten* liegt seinem Stilwert nach etwas oberhalb von *Briefe bekommen*, doch in einer nur sechsstufigen Skala ist für feine Schattierungen kein Raum.

Das in Mannheim erschienene, 1981 abgeschlossene sechsbändige „Große Wörterbuch der deutschen Sprache" gliedert stärker; es unterscheidet sieben bis acht Stilschichten:

normalsprachlich

bildungssprachlich

gehoben

dichterisch

Die meisten Wörter (Wörter wie *Arm, Aal, beleidigen*) gelten als n o r m a l s p r a c h l i c h und stilistisch neutral. Oberhalb der normalsprachlichen Ausdrucksweise liegt eine als b i l d u n g s s p r a c h l i c h gekennzeichnete Schicht, sie setzt Kenntnisse und eine gute Schulbildung voraus. Zur bildungssprachlichen Diktion gehören Fremdwörter, die wie *analog, Affront, eruieren* weder einer Fachsprache noch der Umgangssprache zuzuordnen sind. Noch eine Stufe höher finden sich einerseits Wörter, die der g e h o b e n e n S p r a c h e angehören, wie sie bei feierlichen Anlässen verwendet wird, Wörter, die wie *Antlitz, sich befleißigen, Haupt* im Alltag als geziert bis gespreizt empfunden werden. Andererseits gehören zu dieser Stilschicht als d i c h t e r i s c h klassifizierte Wörter wie *Aar, beglänzen, Odem* – sämtlich veraltendes Wortgut.

umgangssprachlich

salopp
derb

vulgär

Reicher gegliedert wird, was unterhalb der Normalsprache liegt. Da ist zunächst die u m g a n g s s p r a c h l i c h e Schicht mit Ausdrücken wie *flitzen, beschickert, gewieft*, die zunehmend aus dem vertraulich-kollegialen Bereich in die Öffentlichkeit dringen und längst Eingang in die Literatur gefunden haben. Von dieser Schicht heben sich Wörter und Verwendungsweisen ab, die wie *anpfeifen, Armleuchter, bekloppt* recht burschikos wirken; sie gelten als s a l o p p. Eine Schicht darunter liegen Wörter, die als d e r b eingestuft werden *(Arsch, bescheißen, Fresse)*. Die unterste Stilschicht mit Wörtern wie *Arschloch, Möse, vögeln* wird gleichlautend mit der Ostberliner Schichtenskala als v u l g ä r bezeichnet.

Stilschichten sagen noch nichts über den Gebrauch der Wörter aus: ein und dasselbe Wort kann scherzhaft, spöttisch, ironisch, abwertend oder als Schimpfwort gemeint sein. Hinzu kommt, daß der Stilwert eines Wortes von Landschaft zu Landschaft anders beurteilt wird. *bescheißen* für ‚übervorteilen', im Ostberliner Wörterbuch als ‚vulgär abwertend', im Mannheimer als ‚derb' gekennzeichnet, ist in Stuttgart nahezu salonfähig, es gehört zum Schwäbisch der Honoratioren.

Hilfsverben werden in beiden großen Wörterbüchern stilistisch nicht bewertet, sie gelten als stilistisch neutral – und genau das sind sie nicht: Hilfs- und Modalverben gehören stärker zum gesprochenen als zum geschriebenen Deutsch, stärker zur Umgangs- als zur Bildungssprache.

In der schönen Literatur können selten gebrauchte, ungewöhnliche, auch halb vergessene Ausdrücke, sorgfältig und behutsam ausgewählt, von starker Wirkung auf den Leser sein. Aber uns geht es nicht um den Romanstil, sondern um das Deutsch, das wir im Alltag sauber und verständlich gebrauchen wollen. Für den Alltag sind die wenig anschaulichen Konstruktionen mit *haben* oder *sein* oder mit Modalverben geeigneter als veraltete und gekünstelt wirkende Verben, die den, der sie gebraucht, der Lächerlichkeit aussetzen. In der Unterhaltung während der Mittagspause ist eine Entgleisung in die untere Umgangssprache eher entschuldbar als eine zu gewählte Ausdrucksweise.

Nun dürfen Sie das bitte nicht so auffassen, als bliebe uns nur die Wahl zwischen zwei Übeln, zwischen der blassen Fügung und einem gekünstelten Verbalausdruck. Zwischen diesen beiden Stillagen gibt es genug bildkräftige, besser passende Verben. Für ‚das Haus *ist hoch*' oder ‚... *steilt hoch wie ein Turm*' sagen und schreiben wir lieber: ‚das Haus ragt auf, ragt empor, erhebt sich aus der Ebene, überragt seine Umgebung wie ein Turm'. (*strebt empor* gehört schon wieder einer gehobenen Stilschicht an.) – Der Vergleich (Seite 112) zwischen dem allgemeinen und dem besonderen Ausdruck sollte hervorheben, daß man den kleinen Wörtern wie *ist, hat, soll, kann* unrecht tut, wenn man sie zu sehr verachtet; aus der gesprochenen Sprache sind sie nicht wegzudenken.

Man vergleicht die unscheinbaren Winzlinge gern mit den kleinen Münzen: als Wechselgeld im Alltag unentbehrlich, aber von geringem Wert. 10 Groschen machen 1 Mark, heißt es, und e i n lebendiges Zeitwort wiege zehn leblose Hilfszeitwörter auf. – Wenn wir's recht überdenken, müßten wir die Akzente dieses Vergleichs ein klein wenig verschieben, den Tonfall geringfügig ändern: *ist* und *hat* und ihresgleichen sind wie kleine Münzen, wenn auch von geringem Wert, so doch unentbehrlich. Haben Sie schon einmal versucht, im vollbesetzten Bus abends um halb sechs mit einem Hunderter zu zahlen? Oder nach der Spätvorstellung im Kino aus einem Automaten eine Schachtel Zigaretten zu ziehen und hatten nur Papiergeld in der Tasche? Es gibt im Alltag manche Situation, die uns den Wert der kleinen Münzen schätzen lehrt.

In Schleswig-Holstein gilt der „Schwäbische Gruß" (das berüchtigte Zitat, das Goethe dem schwäbischen Ritter Götz von Berlichingen in den Mund gelegt hat) als glatte Beleidigung, auch auf plattdeutsch – in Süddeutschland „kann es noch so durchgehen". Zu diesem Ergebnis kam ein Richter aus Brunsbüttelkoog.

Testbogen 8

1 Was veranlaßt einen Ehemann, seiner Frau zu folgen?

folgen

[1] Schwer zu sagen, entweder Eifersucht oder Bequemlichkeit. Dem Infinitiv *folgen* sieht man das nicht an, erst das Perfekt bringt es ans Licht:
er ist ihr g e f o l g t = nachgegangen,
er hat ihr g e f o l g t = gehorcht.

2 *Ist* man oder *hat* man an seinem Kopfweh selber *schuld*, weil man am Abend vorher zu tief ins Glas geguckt hat?

schuld haben / sein

[2] Das ist Jacke wie Hose. Zwischen *schuld haben* und *schuld sein* gibt es k e i n e n U n t e r s c h i e d, nicht einmal in der Rechtschreibung. Beides wird klein geschrieben.

Groß- und Kleinschreibung

Aber: *es ist meine Schuld, er trägt Schuld daran, daß*... (Großschreibung, weil ‚Schuld' hier noch als Hauptwort empfunden wird.)

3 „Fahren Sie in Ihrer Aussage fort", fordert der Anwalt den Zeugen auf. Der Zeuge tut das. *Ist* er oder *hat* er in seiner Aussage *fortgefahren*?

fortfahren

[3] Wird *fortfahren* nichtzielend gebraucht, werden die zusammengesetzten Zeiten mit *sein* gebildet:
Der Zeuge *ist* in seiner Aussage f o r t g e f a h r e n.
Der Schüler *ist* im Lesen *fortgefahren*.
Er *ist* mit dem Wagen *fortgefahren*.
Aber zielend: Er *hat* den Wagen *fortgefahren*.

4 „Das (zu) behaupten (,) heißt (,) Öl ins Feuer (zu) gießen."
Dieser Satz enthält vier eingeklammerte Fraglichkeiten.
Kennen Sie die richtige Fassung?

heißen, hieß, geheißen

[4] Nach ‚heißen' setzt man heute im allgemeinen den reinen Infinitiv, die Nennform ohne ‚zu':
... *heißt Öl ins Feuer gießen.*
Der vorangehende Infinitiv darf mit ‚zu' gebildet werden, braucht es aber nicht:
Das behaupten heißt... oder: *Das zu behaupten heißt*...

Komma

Vor ‚heißt' darf auf keinen Fall ein Komma stehen, denn der Infinitiv geht als Subjekt (Satzgegenstand) voraus. Anders wäre es, wenn auf den vorangehenden Satzgegenstand durch ein hinweisendes Fürwort zurückgewiesen wird:
Das behaupten, das heißt... oder: *Das zu behaupten, das heißt*...
Nach ‚heißt' steht nur dann ein Komma, wenn ‚heißt' als Vollverb aufgefaßt und folglich der zweite Infinitiv mit ‚zu' gebildet wird;
... *heißt, Öl ins Feuer zu gießen.*

So ändern sich die Zeiten:
Wer früher Öl auf die Wogen goß, schlichtete Streit. Wer es heute tut, macht sich als Umweltsünder strafbar.

Üblich und richtig ist:
D a s b e h a u p t e n h e i ß t Ö l i n s F e u e r g i e ß e n.

5 Seit Uropas Jugendzeit ein Evergreen: „O Donna Clara, ich habe dich tanzen gesehn, und deine Schönheit hat mich toll gemacht..." Toll werden könnte man auch bei dem Gedanken an den Schlagertexter, der das verbrochen hat. Wieso?

    5 Weil entsprechend der Regel (Seite 111) *sehen* im Infinitiv und nicht im 2. Partizip stehen müßte: „... ich habe dich tanzen s e h e n."   *sehen / gesehen*

6 Teller sollte man nicht *fallen lassen* (Getrenntschreibung) und unbedachte Worte nicht *fallenlassen* (Zusammenschreibung). Was aber, wenn das Malheur nun doch passiert ist? Nun, dann hat man die Worte...   **Getrennt- und Zusammenschreibung**

    6 f a l l e n l a s s e n und die Teller f a l l e n l a s s e n (nicht „fallen gelassen"; vgl. Seite 111)   *fallen / lassen*

7 „Die Folgen der Umweltverschmutzung sind nicht zu überschätzen." Stimmt das? Oder sollten die Folgen der Umweltverschmutzung nicht zu unterschätzen sein?   *überschätzen*

    7 Daß der fragliche Satz eine Art Denksportaufgabe ist, liegt nicht allein und nicht in erster Linie an unserm Schwanken zwischen *unterschätzen* und *überschätzen*. Es liegt an einem K o n s t r u k t i o n s f e h l e r, der hier besonders augenfällig wird: *ist* + Infinitiv mit *zu* kann alles mögliche bedeuten: *unterschätzen*

    ‚ist' + Infinitiv mit ‚zu'

Ohne Genehmigung ist nichts zu erreichen = *kann* nichts erreicht werden.
Nicht rechtzeitig eingehende Anträge sind nicht zu berücksichtigen = *dürfen* nicht berücksichtigt werden.
Dabei ist zu beachten, daß... = *soll* beachtet werden.
Bei Nichteinhaltung der Vorschriften ist mit einer Ablehnung des Antrags zu rechnen = *muß* gerechnet werden.
Diesen Ausführungen ist nichts hinzuzusetzen = *braucht* nichts hinzugesetzt zu werden.

   Entsprechend bedeutet *Die Folgen... sind nicht zu überschätzen*:

a) Die Folgen sind bereits so alarmierend, daß man sie überhaupt nicht *überschätzen kann*.
b) Die Folgen sind zwar vorhanden, *dürfen / sollten* aber auch nicht überschätzt werden.

Was davon gemeint ist, läßt unser Satz, aus dem Zusammenhang gerissen, nicht erkennen. Merken wir es uns: Wer so schreiben will, daß er verstanden wird, der hüte sich vor der Konstruktion *ist / sind (nicht)* + Infinitiv mit ‚zu'.

8 In einem Buch über den als rheinische Frohnatur bekannten Politiker Walter Scheel überschrieb Walter Henkels ein Kapitel *Bei Frauen gelitten*. Wie das? fragte ich mich. Scheel soll bei Frauen gelitten haben? Das sieht ihm doch gar nicht ähnlich. Bis bei mir der Groschen fiel. Haben Sie inzwischen die Überschrift enträtselt?   *leiden*

    8 Scheel hat nicht, er i s t.

Essen und gefressen werden
Die Handlungsarten des Zeitwortes

Genera verbi

Leben herrscht dort, wo sich etwas tut. Wirklich lebendig ist das Zeitwort darum nur in der Tatform.

> Der Mann schlägt mit der Faust auf den Tisch. Entsetzt blickt die Frau ihn an. Karo knurrt und zieht den Schwanz ein. Hans steckt den Kopf noch tiefer in die Zeitung und tut, als habe er nichts bemerkt. In diesem Augenblick klingelt das Telefon.

Spannend, nicht? Jetzt wollen wir spaßeshalber versuchen, wie sich dies in der Leideform ausnimmt.

> Es wird von dem Mann mit der Faust auf den Tisch geschlagen. Entsetzt wird der Mann von der Frau angeblickt. Von Karo wird geknurrt und der Schwanz eingezogen. Der Kopf wird von Hans noch tiefer in die Zeitung gesteckt, wobei von Hans so getan wird, als sei von ihm nichts bemerkt worden. In diesem Augenblick wird von jemandem angerufen.

werden

Unmöglich, so können wir nicht erzählen! Alle Spannung ist zum Teufel, weil die ständige Wiederholung des Hilfszeitwortes *werden* den Text schleppend und schwerfällig macht. Nur in der Tatform können wir einen lebendigen Vorgang lebendig darstellen. Hinzu kommt, daß sich manche Aussage (z. B. ‚Das Telefon klingelt') nicht in der Leideform wiedergeben läßt. Nur

echtes Passiv

zielende Zeitwörter (vgl. Seite 61) können ein echtes Passiv bilden *(ich erkannte ihn – er wurde von mir erkannt)*. Aber greifen wir nicht vor.

	Tatform (Aktiv)	**Leideform** (Passiv)
schlagen	er schlägt im Spiel alle anderen	alle Mitspieler werden von ihm geschlagen, drei sind bereits geschlagen (= nicht mehr im Spiel)
anrufen	ich rief ihn an	er wurde von mir angerufen
schlafen	ich schlafe	–
helfen	man konnte ihm helfen	ihm konnte geholfen werden es konnte ihm geholfen werden

Aktiv und Passiv

Zuerst einmal die Namen. Die beiden Handlungsarten des Zeitworts (Genera verbi) werden auf deutsch Tat- und Leideform, auf lateinisch Aktiv und Passiv genannt. Die Bezeichnungen sind unzureichend; denn die Tatform drückt nicht nur eine Tätigkeit aus, sondern auch einen Zustand:

> ich schlafe, du sitzt still, es geschah nichts.

Die Leideform bezeichnet nur ausnahmsweise ein mit Schmerz verbundenes Leiden:

> sie ist bestraft worden, das Bein wurde amputiert;

viel öfter weist die Leideform auf ein allgemeines Betroffensein hin:

> sie wird gelobt; ihm wurde klargemacht, daß ...

Die aus dem Lateinischen stammenden Namen drücken in ähnlicher Weise ein Handeln und ein Erdulden aus, sind also auch nicht viel brauchbarer. Wenn wir die grammatischen Bezeichnungen dennoch beibehalten, so aus Zweckmäßigkeit. Vor allem also bei „Leideform" nicht an Schmerzen denken!

Wurde oder bin ich in Berlin geboren?

Oder sollte ich in Berlin geboren worden sein? Ein Glück, daß man heute den Lebenslauf in Stichworten verfaßt:

> Name: ...
> geboren am: ...
> geboren in: ...
> Vater: ...
> Und so weiter.

geboren

Mit dem detaillierten Lebenslauf hatte man ja früher seine liebe Not:

> Am ... wurde (bin?) ich als Sohn/Tochter des ... und seiner Ehefrau ... in ... geboren (worden?) ...

Die Grammatik gibt darauf eine klare Antwort:

Vorgangs- oder Handlungspassiv	**Zustandspassiv**
(*werden*-Passiv)	(*sein*-Passiv)
Am 3. Oktober 1951 wurde ich als Sohn des Autoschlossers Gerhard Müller in Berlin geboren. (Präteritum)	Ich bin in Berlin geboren. (F a l s c h : „Ich bin am ... als ... in Berlin geboren.")
Am 3. Oktober 1951 bin ich als Sohn des Autoschlossers Gerhard Müller in Berlin geboren worden. (Perfekt)	

Handlungs- und Zustandspassiv

Die berichtende Form des Lebenslaufs beginnt korrekt im H a n d l u n g s p a s s i v. Das Präteritum *(wurde geboren)* ist die meistbenutzte Zeitform, das Perfekt *(bin geboren worden)* nicht falsch.

Das Z u s t a n d s p a s s i v charakterisiert nicht eine Handlung in ihrem Verlauf, es benennt das Handlungsergebnis: es gibt an, in welchem Zustand das

Wie das Handlungspassiv in den verschiedenen Zeiten gebildet wird, geht aus den Seiten 632/633 hervor.

Subjekt gerade ist, das zuvor Objekt der Handlung war. Ergänzende Angaben duldet das Zustandspassiv nur bedingt in seiner Nähe.

Zustandspassiv: *Die Tür ist geöffnet* (= sie ist offen).
Handlungspassiv: *Die Tür ist geöffnet worden* (= sie ist aufgemacht worden).

Falsch wäre „Die Tür ist von ihm geöffnet" (wir können ja auch nicht sagen „Die Tür ist von ihm offen"), richtig ist:

Die Tür ist von ihm geöffnet worden (Handlungspassiv, Perfekt).

Fürs Passiv zu passiv

erhalten

„Benzin wird aus Erdöl erhalten."

Sind Sie einverstanden? Sachlich stimmt's schon, aber so kann man nicht sagen. Es muß heißen:

Benzin wird aus Erdöl hergestellt (gewonnen, destilliert).

erhalten im Sinne von ‚etwas bekommen' gehört zu den Zeitwörtern, die kein Passiv bilden können, weil sie schon einen passivischen Sinn haben:

kein Passiv

Ich habe das Buch erhalten = es wurde mir gegeben.

Entsprechendes gilt für *bekommen, kriegen, erfahren, gelingen, verlaufen, geschehen, enthalten, regnen, schneien, Geld kosten, dürfen, müssen, sollen.*

reflexive Verben

Eine Leideform können auch die rückbezüglichen (reflexiven) Zeitwörter nicht bilden (lat. *reflectere* heißt ‚zurückwenden', ‚reflektieren'). Reflexive Verben sind Zeitwörter, die mit den rückbezüglichen Fürwörtern (Reflexivpronomen) ‚mich', ‚dich', ‚sich' und ‚uns', ‚euch', ‚sich' verbunden werden: *sich befinden, sich begrüßen, sich umsehen* u. ä. („Ich werde von mir umgesehen" wäre sinnlos.) Nur wenn das Subjekt nicht genannt wird, ist bei reflexiven Verben eine Passivkonstruktion möglich – aber nicht gerade gutes Deutsch:

statt	**besser**
Es darf sich nicht umgesehen werden.	Es darf sich niemand umsehen.
Jetzt wird sich hingesetzt und gelernt!	Setzt euch jetzt hin und lernt!

unpersönliches Passiv

Der Vollständigkeit halber sei noch die große Gruppe der nichtzielenden Zeitwörter erwähnt, also der Verben, die keine Ergänzung im Wenfall bei sich haben (vgl. Seite 61). Sie können nur eine unpersönliche Leideform bilden.

folgen

folgen	–	ihm wird gefolgt (n i c h t : er wird gefolgt)
reden	–	darüber ist geredet worden
lachen	–	es wurde viel gelacht

Das Passiv hilft verdeutlichen

Nun ist es bei einem Vorgang, der sich sowohl in der Tat- als auch in der Leideform grammatisch richtig ausdrücken läßt, keineswegs gleichgültig, welche Handlungsart wir wählen.

Aktiv und Passiv als Stilmittel

>Unser Hund ist von einem Auto angefahren worden.

hört sich anders an als

>Ein Auto hat unsern Hund angefahren.

Woran liegt es, daß die Leideform hier natürlicher wirkt? Das hängt mit der Betonung zusammen. Während der Franzose z. B. das Satzende betont und somit das Schwergewicht seiner Aussage auf den Satzschluß legt, haben wir Deutschen die Angewohnheit, Anfang und Ende zu betonen. Was uns wichtig erscheint, packen wir in die Stellen des Satzes, die durch Starkton Nachdruck erhalten; das weniger Wichtige steht an tonschwacher Stelle in der Mitte. Hier ist das Wichtigste ‚unser Hund' und die Tatsache, daß er angefahren worden ist. Daß ein Auto und nicht die Straßenbahn Ursache des Unglücks war, scheint weniger bedeutsam.

Wir dürfen also das Kind nicht mit dem Bade ausschütten. So unangebracht der häufige Gebrauch der Leideform in einer lebendigen Darstellung ist – denken Sie nur an die Live-Reportage eines Fußballspiels –, so berechtigt ist das Passiv in anderen Fällen. Manchmal hilft es Mißverständnisse vermeiden.

>Maiglöckchen überreichten einige Verehrer der berühmten Sängerin Renata T.

„Wie haben die Maiglöckchen das bloß gemacht?" möchte man fragen, ehe einem ein Licht aufgeht. Der Satz gehört umgedreht:

>Einige Verehrer überreichten der berühmten Sängerin Renata T. Maiglöckchen.

Das ist die normale Reihenfolge der Satzglieder: der „Täter", der Satzgegenstand, geht voran, dann wird gesagt, was er tut, und dann folgen verschiedene Ergänzungen. Der Ausdrucksreichtum unserer Sprache beruht aber darauf, daß wir an diese Reihenfolge nicht gebunden sind. Wir können die Wortfolge nahezu beliebig verändern, solange der Sinn der Aussage nicht entstellt wird.

Wortfolge

>80 Brieftauben stahlen zwei junge Männer aus Langendreer.

Wer stahl hier wen? Der umgedrehte Satz ist, genaugenommen, auch nicht eindeutig:

>Zwei junge Männer aus Langendreer stahlen 80 Brieftauben.

Eindeutigkeit erreichen wir in einem solchen Fall erst durch die Leideform:

>80 Brieftauben wurden von zwei jungen Männern aus Langendreer gestohlen.

Täterabgewandte Passivkonstruktionen – die schwache Seite der Techniker

Oft kann es völlig uninteressant sein, wer der „Täter" einer Handlung ist. Absurd, wenn der Betreffende dann ausdrücklich genannt wird.

> „Parkwärter Fridolin Friebel schließt den Park bei Einbruch der Dunkelheit"

steht natürlich nicht auf der Tafel neben dem Parktor, sondern

> Der Park wird bei Einbruch der Dunkelheit geschlossen.

Wenn Fachleute einen Arbeitsvorgang beschreiben, stellen sie ihn gern im Passiv dar. Sie meinen, für den Leser sei der „Täter" völlig belanglos, es gehe nur um die exakte Darstellung eines Arbeitsverfahrens. Daran ist etwas Wahres, nur darf der Schreiber nicht in Hauptwörterei verfallen. Statt

> „Nach einer mehrminutigen Einwirkdauer der Grundierung wird die wasserhelle Zellulosemattierung im Feinauftrag und Kreuzgang geschichtet"

kann man auch schreiben:

> Wenn die Grundierung mehrere Minuten (auf die Holzoberfläche) eingewirkt hat, wird die Mattierung kreuzweise dünn aufgetragen.

Die Sache in den Vordergrund stellen und den Handelnden so weit zurücknehmen, daß er überhaupt nicht mehr in Aktion tritt, das ist die denkbar sachlichste Form der Darstellung, typisch für technische Texte. In Bedienungsanweisungen *wird ermittelt, wird erfaßt, wird eingesetzt, wird ausgelöst, wird vermieden, wird eingeschaltet, wird ausgeschaltet, wird betätigt* und *mittels Lampen angezeigt*.

Carl von Ossietzky (1889–1938) auf die Frage, wie denn die Nazis später bestraft werden sollten: „Deutsch sollen sie lernen!" (Womit aber nicht unterstellt werden soll, daß alle, die kein Deutsch können, früher Nazis waren.)

Überhaupt scheinen Techniker, die für das Abfassen von Bedienungsanweisungen verantwortlich sind, in Leideform und Hauptwörter geradezu verliebt zu sein – und dabei sollten Gebrauchsanleitungen doch eigentlich verkaufen helfen. Finden Sie, daß folgender Auszug aus einer Gebrauchsanweisung für eine elektrische Schreibmaschine einen noch unentschlossenen Kunden in seiner Kaufabsicht bestärkt?

> „Diese Schreibmaschinentype *kann* mit 2,3 und 2,6 mm Buchstabenabstand *geliefert werden*. Die Unterbrechung des Wagenrücklaufs *erfolgt* durch Betätigung der Tabulier- oder Leertaste. Durch anhaltendes Niederdrücken der Wagenrücklauftaste *wird* zusätzlich die Dauerzeilenschaltung am linken Wagenrand *bewirkt*. Die Abschaltung des Motors *geschieht* beim Abnehmen der Abdeckhaube automatisch."

Insgesamt vier Sätze, zwei davon in der Tatform, zwei in der Leideform. Allerdings kann niemand behaupten, daß die beiden Sätze in der Tatform schöner seien. Im Gegenteil, hier wäre das Passiv vorzuziehen, weil sich dann ein Hauptwort einsparen ließe.

statt	besser
Die Unterbrechung des Wagenrücklaufs erfolgt durch Betätigung der Tabulier- oder Leertaste.	Der Wagenrücklauf wird durch Anschlagen der Tabulier- oder Leertaste unterbrochen.
Die Abschaltung des Motors geschieht beim Abnehmen der Abdeckhaube automatisch.	Beim Abnehmen der Abdeckhaube wird der Motor automatisch abgeschaltet.

erfolgt durch und *geschieht mittels* sind Lieblingsausdrücke derjenigen Techniker, die in ihrem Streben nach sprachlicher „Ein-Eindeutigkeit" vergessen, daß man es auch einfach sagen kann. Bald wird sogar der Klempner von nebenan, statt unsern tropfenden Wasserhahn abzudichten, die vorzunehmende Neu-Abdichtung des schadhaften Wasserhahnes durch Auswechseln des zwischengelegten Dichtungsringes aus Hartgummi erfolgen lassen. Falls er überhaupt kommt.

erfolgen
geschehen

Solange Techniker für Techniker schreiben, mag's noch angehen. Wenn Techniker aber für Laien Gebrauchsanweisungen verfassen, sind täterabgewandte Passivkonstruktionen fehl am Platz. Herr Jedermann und seine Frau fühlen sich erst angesprochen, wenn sie angesprochen werden. Sagen Sie deshalb in allem, was Sie Nichtfachleuten an Texten vorsetzen, so oft wie möglich *Sie*, dann stellt sich die aktive Formulierung von ganz alleine ein. Schreiben Sie nicht:

Anrede als Stilmittel

Sie

> Zwecks Inbetriebnahme der Selbstreinigung wird unter gleichzeitiger Andrückung der Backofentür der Reinigungsschalter mittels Rechtsdrehung auf das orangefarbene Symbol gestellt,

schreiben Sie:

> Wollen Sie Ihren Backofen reinigen? Dann drücken Sie mit der linken Hand die Backofentür fest zu, und drehen Sie mit der rechten Hand den Reinigungsschalter rechts herum bis aufs orangefarbene Symbol.

So werden Sie sofort verstanden.

Leserzugewandte Aktivkonstruktionen – die starke Seite der Werbetexter

Völlig frei vom allgemeinen Trend zum Passiv ist die Sprache der Werbung. Werbeleute texten im Aktiv, Werbeleute wissen, was sie wollen: „ankommen" – überzeugen – verkaufen. Als Beispiel ein werbewirksames Stellenangebot aus einer Tageszeitung:

Im Aktiv oder aktiv schreiben heißt: Das Passiv nur da anwenden, wo das Geschehen wichtiger als der Handelnde ist.

> **Können Sie Hundertmarkscheine für 20,– DM verkaufen?**
> Wir *würden* Ihnen nicht *raten*, es zu versuchen – zumindest nicht mit Ihrem eigenen Geld –, aber glauben Sie uns, es ist gar nicht so

einfach. Die Geschäftsleute, denen Sie das große Geld mit 80 Prozent Rabatt anbieten, *werden sich* in den meisten Fällen mißtrauisch und ablehnend *verhalten*.

Sind Sie aber imstande, Vertrauen zu wecken und Ihre Kunden von der Echtheit Ihres Angebots zu überzeugen, ist dieser Verkauf nicht schwer, und Sie *werden* schnell eine Menge Geld *verdienen*. Dazu brauchen Sie einen eigenen Wagen und Telefon. Sie sollten mindestens 28 Jahre alt sein. Weiterhin setzen wir voraus: Überzeugungskraft, Ehrgeiz und Intelligenz, die es Ihnen ermöglichen, mit Unternehmern auf gleicher Ebene zu verhandeln und Abschlüsse zu tätigen.

Wir wenden uns an Spitzenverkäufer und die, die es *werden wollen*. Neben außergewöhnlich hohem Einkommen bieten wir Aufstiegsmöglichkeiten im In- und Ausland.

Bewerber wenden sich bitte an . . .

Hätten Sie nicht Lust, auf diese Anzeige zu schreiben? Zählen Sie einmal die Leideformen nach. Selbst wenn sie keine übersehen haben, kommen Sie auf null. Die vier Fügungen mit *werden* sind nämlich nicht Leideform, sondern:

werden

Wir würden Ihnen nicht raten	= Konjunktiv, umschrieben durch ‚würde'
Die Geschäftsleute werden sich mißtrauisch verhalten	= Aktiv, Futur
Sie werden schnell eine Menge Geld verdienen	= Aktiv, Futur
. . . die es werden wollen	= ‚werden' als Vollverb

Mehr als eine Modekrankheit

Außerhalb der Werbesprache regiert die Leideform, vor allem bei den Herren, die es „von Amts wegen" so gut mit uns meinen, daß sie uns „zwecks Vermeidung des Erhalts von üblicherweise unangenehmen Strafverfügungen" ständig zu irgend etwas auffordern:

„Da unaufgefordert die erste Aufforderung nicht von Ihnen befolgt worden ist, werden Sie hiermit aufgefordert, der Aufforderung nunmehr ohne nochmalige Aufforderung Folge zu leisten, andernfalls eine Strafverfügung gegen Sie erlassen wird."

Zugegeben, ganz so amtsdeutsch hat dieser Satz im Original nicht geklungen, doch mit etwas Übertreibung läßt sich das Typische mancher sprachlichen Gepflogenheit eher verdeutlichen als mit langatmigen Erklärungen. Aber auch ohne Übertreibung: Überall, wo es „amtlich" wird, stellt sich die Leideform ein:

Es wird darauf hingewiesen, daß ...
Es wird gebeten, daß ...
Die verehrten Gäste werden ersucht ...

> „Ich muß etwas tun" löst meistens die Probleme eher als „Irgend etwas muß getan werden".

Wer weist auf etwas hin, wer bittet, wer ersucht die Gäste? Irgendwer, der ungenannt (und vielleicht auch unauffindbar) bleiben möchte. Dieser Anonymus kann sein: eine Schulbehörde, ein Gartenbauamt, eine Kurverwaltung, ein Aufsichtsratsvorsitzender oder Herr Maier aus Hinterzarten. Die amtliche Vorliebe fürs Passiv scheint einem kleinen Wort das Lebenslicht auszublasen: das unpersönliche Fürwort *man* ist schon vielen Schreibern abhanden gekommen. Unter der Überschrift „Kann nicht existiert werden" machte Eike Christian Hirsch auf diesen Sprachwandel aufmerksam. Er schreibt:

> *man*

„Auch europäischerseits ist mit wenig Hoffnung nach Brüssel gegangen worden.

Solche Sätze mit der aparten Leideform *gegangen worden* bietet man uns Lesern immer öfter, seit das Wörtchen *man* ausstirbt. Warum heißt es nicht, altmodisch, aber hochelegant: *man ist gegangen* oder gar *die Europäer sind gegangen*? Ich weiß es nicht. Es muß wohl davon ausgegangen werden, daß auch solche höchst aktiven Tätigkeiten wie *gehen* in der Leideform besser klingen. Und allenfalls dann gilt diese Form als Scherz, wenn man sagt:

Er ist nicht gegangen, er ist gegangen worden.

Die Leideform ist jedoch längst Mode. Da lese ich:

In der Sitzung wurde stark von den früheren Thesen abgewichen.

Wäre es nicht doch besser: *Man rückte ab, die Teilnehmer rückten ab*? Ich weiß nicht, warum das reizende *man* gar nicht mehr üblich ist."

> Üblich ist „das reizende *man*" noch da, wo es wirklich reizt, nämlich den Sprößling zur Rebellion: „*Man* tut so etwas nicht. *Man* sitzt still. *Man* hört zu, wenn andere reden. *Man* widerspricht Erwachsenen nicht." Von wegen!

Viele Sprachler sehen in der Vorliebe für die Leideform eine Modekrankheit. Die Bevorzugung der passivischen Fügungen in der Gegenwartssprache ist aber mehr als eine Mode, sie ist Ausdruck unserer Zeit, genauer: ein typischer Ausdruck unserer Geisteshaltung. Fragte man den Pessimisten, wie er es sich erkläre, er würde antworten: „Keiner wagt mehr ‚ich' zu sagen, keiner sagt: ‚Ich führe Ihren Auftrag aus', jeder schiebt's auf den andern, und alle zusammen verstecken sich hinter der Leideform: ‚Ihr Auftrag wird von uns ordnungsgemäß ausgeführt.'" – Der Optimist dagegen: „Wir Leute von heute sind sachlich. Was sollten wir uns in den Vordergrund drängen? Nicht, daß i c h den Auftrag ausführe, ist wichtig, sondern das, was ausgeführt wird. Uns kommt es auf die Sache an." – Die Wahrheit mag in der Mitte liegen.

Das Passiv ist die dem Vorsichtigen und dem Bescheidenen gemäße Ausdrucksform und darum auch in der Sprache der Wissenschaft zu Hause. Wer lebendig texten, wer etwas verkaufen möchte – und sei es nur die eigene Meinung –, der halte sich lieber an die Tatform.

Testbogen 9

1 In einem Paragraphen des Bürgerlichen Gesetzbuches von 1896 heißt es: „... wenn ein Grenzzeichen verrückt oder unkenntlich geworden ist..."
Weshalb lachen Sie?

werden

1 Sagen Sie nur nicht, ein Grenzzeichen könne nicht *verrückt werden*. Hat man es aber verrückt, dann ist es *verrückt worden* (nicht: *geworden*). Nur wenn ‚werden' als Vollverb gebraucht wird, lautet sein Perfektpartizip *geworden*:
... *ist groß geworden,*
... *ist Professor geworden,*
... *ist unkenntlich geworden,*
... *ist verrückt geworden* (unzurechnungsfähig).

Es darf also nur heißen: ‚Wenn ein Grenzzeichen v e r r ü c k t   w o r d e n   o d e r   u n k e n n t l i c h   g e w o r d e n   ist...'

2 Ein Handwerksmeister berichtet:
„Über Arbeitsmangel brauche ich nicht zu klagen, trotzdem wird sich nicht überarbeitet."
Bringen Sie das bitte in richtiges Deutsch.

2 ... t r o t z d e m   ü b e r a r b e i t e n   w i r   u n s   n i c h t.

reflexive Verben

 Rückbezügliche Zeitwörter *(sich überarbeiten)* können nur ein unpersönliches Passiv bilden, und das gilt nicht als gutes Deutsch.

3 Heißt *starten* soviel wie ‚abfliegen' oder wie ‚abfliegen lassen'?
Startet ein Flugzeug, oder wird es gestartet? In der Sprache des Grammatikers: Ist *starten* ein intransitives oder ein transitives Verb?

starten

3 *starten* wurde ursprünglich nur nichtzielend (intransitiv) gebraucht: D a s   F l u g z e u g   s t a r t e t. Die fortschreitende technische Entwicklung förderte aber den transitiven (zielenden) Gebrauch: *Die Amerikaner starteten einen neuen Satelliten*. Erst die Transitivierung erlaubt die Passivbildung: D i e   R a k e t e   w u r d e   e r f o l g r e i c h   g e s t a r t e t.

4 Aus einem Stellenangebot:
„Bewerber sollen:
ihre Wehrdienstpflicht erfüllt haben;
gute englische Sprachkenntnisse besitzen;
französische Sprachkenntnisse werden nicht vorausgesetzt, müssen sich jedoch im Laufe der Zeit angeeignet werden."
Nun, Deutschkenntnisse könnten auch nicht schaden. Wogegen wurde hier verstoßen? Wie könnte man dafür richtig sagen?

reflexive Verben

4 Verstoßen wurde gegen den „Geschmackszusatz" der Regel unter Position 2; denn *sich aneignen* ist ein rückbezügliches Zeitwort.
Richtig wäre: ... müssen jedoch im Laufe der Zeit e r w o r b e n   w e r d e n.

5 „Doppelrahmfrischkäse wird aus Vollmilch mit Rahmzusatz durch Dicklegen mit Lab erhalten."

Das ist Käse, auch im übertragenen Sinn, und warum?

> 5 Weil *erhalten* sowenig wie *bekommen* ein Passiv bilden kann. Statt *erhalten* sagt man hier: h e r g e s t e l l t oder g e w o n n e n.

erhalten

6 Ist *Ich werde entlassen* ein Aktiv- oder ein Passivsatz?

entlassen

> 6 Kommt ganz drauf an. Aus dem Munde eines Unternehmers klingt der Satz a k t i v -zünftig, aus dem Munde desjenigen, der demnächst stempeln gehen muß, p a s s i v -resigniert. Daß *ich werde entlassen* wie übrigens auch *ich werde vergessen* so oder so ausgelegt werden kann, hat zwei Gründe:
>
> a) *werden* hilft Leideform u n d Zukunft bilden;
>
> b) bei *entlassen* und *vergessen* lauten Grundform und 2. Mittelwort gleich.

vergessen

7 Eine Zeitungsmeldung: „Die deutschen Verbraucher sind die besten Versandhauskunden der Welt. Das geht aus einer Veröffentlichung des Bundesverbandes des Deutschen Versandhandels hervor. Danach sind letztes Jahr in der Bundesrepublik je Kopf der Bevölkerung für rund 200 DM Waren von Katalogversendern gekauft worden." – Bliebe bloß noch zu klären, was die Katalogversender mit den vielen Waren, die sie gekauft haben, anfangen wollen. Klären Sie bitte.

> 7 ... *sind* ... *von Katalogversendern gekauft worden* ist doppeldeutig. Es muß nicht bedeuten, daß Katalogversender selbst gekauft haben; es kann ebensogut heißen, daß Katalogversendern Waren abgekauft worden sind. Gemeint ist natürlich die zweite Möglichkeit. Eindeutigkeit erreicht man, wenn man den S a c h v e r h a l t i m A k - t i v ausdrückt und dabei entweder aus *gekauft* ‚verkauft' macht oder schreibt: *Danach hat jeder Einwohner der Bundesrepublik im letzten Jahr für rund 200 DM Waren von Katalogversendern gekauft.*

doppeldeutiger Passivsatz

kaufen / abkaufen / verkaufen

8 Im Aktiv müssen wir Farbe bekennen, im Passiv kann verschwiegen werden, wer der „Täter" ist. Das heißt: es kann nicht nur, es sollte auch. Passivsätze sind da angebracht, wo es keine Rolle spielt, wer der Agierende ist. Was ist nun zu halten von einem Passivsatz, der mit *seitens* oder *von seiten* eingeleitet wird? „Seitens der Herren Schröder und Schulze wurde die Befürchtung geäußert, daß die Lieferzeiten nicht eingehalten werden können."

> 8 N i c h t s. Beginnt ein Passivsatz papierdeutsch mit *seitens* oder *von seiten*, kann man dafür besser umgangsdeutsch *von* sagen *(Von den Herren Schröder und Schulze...).* Am besten aber drückt man sich aktiv aus: *Herr Schröder und Herr Schulze äußerten...* Denn Passivsätze, in denen mit *seitens* und *von seiten* ausdrücklich auf den „Täter" verwiesen wird, gelten nicht als Glanzleistung.

seitens
von seiten
von

Man nehme ...

Die Aussageweisen des Zeitworts

... je 200 g Rind-, Kalb- und Schweinefleisch,
750 g Kartoffeln, 1 Stange Porree, 350 g Mohrrüben,
1 Zwiebel, Petersiliengrün und -wurzeln,
30 g Fett, Salz.
Zum „Pichelsteiner" nimmt man dreierlei Fleisch, und zwar Rind-, Kalb- und Schweinefleisch. Es wird vielfach behauptet, man könne für dieses Gericht auch Hammelfleisch verwenden, aber das ist nicht jedermanns Sache. –
Braten Sie die Fleischwürfel in Fett an, geben Sie die geschnittenen Wurzeln und die Kartoffeln hinzu, füllen Sie mit Brühe auf, salzen Sie und lassen Sie das Ganze langsam weichdünsten.

Unser „Pichelsteiner" ist auch in sprachlicher Hinsicht ein Eintopfgericht: alle drei Aussageweisen des Zeitworts schwimmen im selben Topf. Nehmen wir die Gabel und fischen wir sie heraus.

Modi

Wirklichkeitsform (Indikativ)	**Möglichkeitsform** (Konjunktiv)	**Befehlsform** (Imperativ)
zum „Pichelsteiner" nimmt man dreierlei Fleisch	man nehme	
es wird behauptet	man könne Hammelfleisch verwenden	braten Sie die Fleischwürfel an
		geben Sie Wurzeln hinzu
		füllen Sie mit Brühe auf
		salzen Sie
		lassen Sie weichdünsten

Indikativ

Die W i r k l i c h k e i t s f o r m stellt – wie ihr Name sagt – Dinge und Vorgänge so dar, wie sie in Wirklichkeit beschaffen sind oder geschehen. Die lateinische Bezeichnung I n d i k a t i v besagt, daß es sich hier um eine zum Anzeigen, zum Bekanntgeben geeignete Ausdrucksweise handelt (lateinisch *indicare* = anzeigen). Was wir tagsüber so daherreden, das spielt sich zum größten Teil in der Wirklichkeitsform oder im Indikativ ab.

Konjunktiv

Die M ö g l i c h k e i t s f o r m vermittelt den Eindruck, daß ein Geschehen nur gedacht oder gewünscht sei. Sie drückt Meinung, Hoffnung oder Befürchtung aus, wobei offenbleibt, ob Meinung, Hoffnung oder Befürchtung der Wirklichkeit entsprechen oder nicht. Die Möglichkeitsform steht also nach Zeitwörtern wie *glauben, meinen, fühlen, denken, hoffen, aussehen, vermuten* und *sagen*. Der Name K o n j u n k t i v (lateinisch *coniungere* =

verbinden, verknüpfen) drückt aus, daß dieser Modus bei der Verbindung (von Sätzen oder Satzteilen) eine Rolle spielt. Den Konjunktiv richtig anzuwenden ist nicht einfach, aber wer ihn zu gebrauchen weiß, kann mit weniger Worten mehr sagen als andere.

Die Befehlsform – den Stamm des lateinischen Imperativ kennen Sie aus *Imperator* = Herrscher, Befehlshaber – gibt an, daß eine Handlung nachdrücklich gewünscht oder befohlen wird. Ihre Anwendung bereitet kaum Schwierigkeiten. Der Name ‚Befehlsform' entstand zu einer Zeit, als man auf *befehlen* noch nicht so allergisch reagierte wie heute. ‚Aufforderungsform' würde den Sachverhalt besser treffen.

Imperativ
Imperator

Die Geschichte mit dem Konjunktiv

Wirklichkeits- und Möglichkeitsform

Wirklichkeit und Möglichkeit in der abhängigen Rede

Nehmen wir an, Frau Müller warte den Vormittag über auf einen Tischler, der ihr einen Fensterbeschlag reparieren will. Kurz vor Ladenschluß fällt ihr ein, daß sie noch einkaufen muß. Sie sagt der Nachbarin Bescheid:

„Ich kann nicht länger warten, ich muß einkaufen gehen, bin aber um zwei Uhr zurück."

Die Nachbarin kann jetzt auf dreierlei Art dem Handwerker Frau Müllers Bestellung ausrichten:

a) „Frau Müller läßt sagen: ‚Ich kann nicht länger warten, ich muß einkaufen gehen, bin aber um zwei Uhr zurück'."
b) „Frau Müller läßt sagen, sie hat nicht länger warten können, sie hat einkaufen gehen müssen, ist aber um zwei Uhr zurück."
c) „Frau Müller läßt sagen, sie habe nicht länger warten können, sie habe einkaufen gehen müssen, sei aber um zwei Uhr zurück."

Zu a) **Wörtliche (direkte) Rede**

direkte Rede

Die Nachbarin enthält sich jeder Andeutung einer Stellungnahme und richtet dem Tischler wortgetreu aus, was Frau Müller gesagt hat. Wer scharf hinhört, bemerkt, daß in der Unterhaltung die genaue Wiedergabe der Worte eines andern etwas plump klingt. Deshalb ist die abhängige oder indirekte Rede vorzuziehen.

Zu b) **Abhängige (indirekte) Rede in der Wirklichkeitsform**

indirekte Rede

Die Hilfszeitwörter ‚können', ‚müssen', ‚sein' werden von der Nachbarin in der Wirklichkeitsform gebraucht: Frau Müller *hat nicht warten können, hat gehen müssen, ist zurück*. Der Gebrauch der Wirklichkeitsform läßt darauf schließen, daß die Nachbarin Frau Müllers Standpunkt vertritt, daß sie wirklich überzeugt ist: der Einkauf hat sich nicht aufschieben lassen, Frau Müller hat nicht warten können.

Zu c) Abhängige Rede in der Möglichkeitsform

Die Hilfszeitwörter ‚können', ‚müssen', ‚sein' werden von der Nachbarin in der Möglichkeitsform gebraucht: Frau Müller *habe nicht warten können, habe gehen müssen, sei zurück*. Der Gebrauch der Möglichkeitsform läßt darauf schließen, daß die Nachbarin erstens in der Schule gut aufgepaßt hat und die Konjunktivformen kennt und daß sie zweitens Frau Müllers Standpunkt nicht ganz teilt und ihren Zweifel an der Unaufschiebbarkeit des Einkaufs durchblicken läßt. Es mag ja sein, daß Frau Müller einkaufen mußte, aber hätte sie, wenn sie einen Handwerker erwartet, den Einkauf nicht doch bis zum Nachmittag aufschieben können?

Dem Tischler ist es vermutlich gleichgültig, ob ihm in direkter oder indirekter Rede, im Indikativ oder im Konjunktiv gesagt wird, daß Frau Müller nicht zu Hause ist. Es gibt aber Situationen, in denen solche Feinheiten eine große Rolle spielen.

Zum Beispiel: Zwei Arbeitskollegen geraten über eine Nichtigkeit in Meinungsverschiedenheit. Im Verlauf der Auseinandersetzung nennt der eine den andern einen Esel. Der beschließt, seinen Kollegen wegen Beleidigung zu verklagen, läuft zum Rechtsanwalt und schildert ihm den Vorgang wie folgt: „Mein Kollege hat mich schwer beleidigt. Er hat gesagt, daß ich ein Esel bin." Darauf der Rechtsanwalt: „Wenn Sie es selbst zugeben, möchte ich Ihren Fall lieber nicht übernehmen." – Falls Ihnen die Entgegnung des Anwalts noch unverständlich sein sollte:

> ... daß ich ein Esel *bin*

ist Wirklichkeitsform. Der Sprecher gibt damit zu – wenn auch unbeabsichtigt –, daß er ein Esel ist oder sich doch für einen solchen hält. Mit dem Konjunktiv

> ... daß ich ein Esel *sei*

hätte er seinen Einwand gegen die Glaubwürdigkeit der Behauptung geltend machen können.

Sie sehen, wie sehr es auf die Unterscheidung von Wirklichkeits- und Möglichkeitsform in der abhängigen Rede ankommen kann. So werden auch in Verhandlungsberichten die Aussageweisen scharf getrennt:

> Die Angeklagte behauptete, daß sie am Nachmittag des 13. 11. den Kassenraum nicht *betreten habe*, mußte aber nach der Zeugenvernehmung zugeben, daß sie ihn doch *betreten hatte*.

Am objektivsten fallen Vernehmungsprotokolle aus, wenn sie in direkter Rede abgefaßt werden, kann doch bei indirekter Rede in mancher Formulierung bereits eine Interpretation des Protokollanten stecken. Es ist eben ein Unterschied, ob einer schreibt:

direkte Rede   X antwortete: *„Ich habe das Büro gegen 15 Uhr verlassen"*
oder
indirekte Rede   X behauptete, *er habe* das Büro gegen 15 Uhr verlassen.

Wir Deutschen haben die Welt beherrscht, fremde Völker, die Nordsee und die Natur – den Konjunktiv nie!
DIETER HILDEBRANDT, Kabarettist

Wirklichkeit und Möglichkeit im abhängigen Satz

 Wir gebrauchen die Wirklichkeitsform nur, wenn wir ganz sicher sind, daß unsere Aussage der Wirklichkeit entspricht; sonst wählen wir die Möglichkeitsform.

Das trifft zwar hauptsächlich, aber nicht ausschließlich auf die indirekte Rede zu. So setzen wir auch eine unumstößliche wissenschaftliche Erkenntnis in die Wirklichkeitsform:

> Kopernikus lehrte, daß sich die Erde um die Sohne dreht,

eine zweifelhafte oder inzwischen als falsch erkannte Lehre aber in die Möglichkeitsform:

> Ptolemäus lehrte, daß die Erde der Mittelpunkt unseres Planetensystems sei.

Konjunktiv schon – aber welcher?

Die größte Unsicherheit liegt allerdings nicht darin, ob nun die Wirklichkeits- oder die Möglichkeitsform zu setzen sei, sondern darin, welche Form des Konjunktivs in Frage kommt: der K o n j u n k t i v I (Präsens oder Perfekt) oder der K o n j u n k t i v II (Präteritum oder Plusquamperfekt).
Sie können doch sicher die Konjunktivformen im Schlaf hersagen – oder etwa nicht? Beugen wir versuchsweise gleich das Zeitwort *schlafen* im Konjunktiv I, den Sie vielleicht noch als ‚Möglichkeitsform der Gegenwart' kennen: *ich schlafe* (richtig, gleichlautend mit der Wirklichkeitsform); *du ... ja, was? ... schläfst* (falsch, denn das ist die Wirklichkeitsform) ... also? ... *du schlafest* (richtig!); *er, sie, es ... schläft ...* nicht doch! ... *schlafe* (ja); und nun die Mehrzahl: *wir schlafen; ihr schlafet* (richtig!); *sie schlafen*. Das wär's. Weil es ein bißchen holprig ging, als weiteres Beispiel *laufen* im Konjunktiv I: *ich laufe, du laufest, er laufe, wir laufen, ihr laufet, sie laufen*. Geben wir es nur ruhig zu: mit diesen Formen sind wir alle nicht sehr vertraut. In der Vergangenheit geht uns der Konjunktiv etwas leichter über die Zunge: *ich schliefe, du schliefest, er schliefe, wir schliefen, ihr schliefet, sie schliefen*. Vorsichtshalber noch ein paar Beispiele:

schlafen

laufen

Konjunktiv I	**Konjunktiv II**
(Gegenwart)	(Vergangenheit)
ich sei	ich wäre
ich habe	ich hätte
ich dürfe	ich dürfte
ich möge	ich möchte
ich tu(e)	ich täte
ich schreibe	ich schriebe
ich sehe	ich sähe
ich verliere	ich verlöre
ich raste	ich rastete
ich stehe	ich stände (auch: stünde)
ich gewinne	ich gewänne (auch: gewönne)

In einer 1547 erschienenen Lutherbibel hieß *gewänne* oder *gewönne* noch *gewünne*:
Was hülffs den Menschen /
so er die gantze Welt gewünne / Vnd neme doch schaden an seiner Seele?
MATTHÄUS 16.26

132 DAS VERB

Hier gibt es nun eine Regel, die jeder aufmerksame Schüler einmal gelernt und dann doch wieder vergessen hat, weil selbst Rundfunk- und Zeitungsleute häufig gegen sie verstoßen. Diese Regel heißt:

 Im abhängigen Satz wird stets der Konjunktiv I gesetzt, die Möglichkeitsform der Gegenwart. Dies gilt auch dann, wenn der übergeordnete Satz in der Vergangenheit steht.

> Sie *sagt*, sie *höre* schlecht.

Der übergeordnete Satz steht in der Gegenwart, und auch der abhängige Satz steht in der Möglichkeitsform der Gegenwart.

> Sie *sagte*, sie *höre* schlecht.

Der übergeordnete Satz steht in der Vergangenheit, und entsprechend der Regel steht der abhängige Satz in der Möglichkeitsform der Gegenwart.

Konjunktiv I und II

Jetzt werden Sie verstehen, wieso moderne Grammatiken die Bezeichnungen ‚Möglichkeitsform der Gegenwart' und ‚Möglichkeitsform der Vergangenheit' aufgegeben haben und statt dessen vom K o n j u n k t i v I u n d II sprechen: Der Konjunktiv hat seinen Zeitcharakter verloren. Die ‚Möglichkeitsform der Vergangenheit' drückt nichts Vergangenes mehr aus, sie steht wie der Konjunktiv I für ein Geschehen in der Gegenwart.

> „Sie *sagte*, sie *hörte* schlecht"

entspricht nicht der Regel. Es muß heißen:

> Er *behauptet*,
> Er *behauptete*, } er *sei* krank (und nicht: er *wäre* krank);

aber:

> Er *meint*,
> Er *meinte*, } ich *liefe* davon (und nicht: ich *laufe* davon).

Wer jetzt einen Druckfehler entdeckt zu haben meint, täuscht sich. Im letzten Beispiel muß tatsächlich im Gegensatz zu unserer Regel der Konjunktiv II und nicht der Konjunktiv I stehen. Weswegen wohl? Sie haben es bestimmt schon erraten: weil sich in diesem Fall der Konjunktiv I nicht vom Indikativ des Präsens unterscheidet.
Machen wir uns der Anschaulichkeit halber an einer Gegenüberstellung die Beugungsformen klar. Die gleichlautenden Formen sind durch Kursivdruck hervorgehoben.

Präsens	
Indikativ	**Konjunktiv**
ich laufe	*ich laufe*
du läufst	du laufest
er, sie, es läuft	er, sie, es laufe
wir laufen	*wir laufen*
ihr lauft	ihr laufet
sie laufen	*sie laufen*

	Präteritum	
Indikativ		**Konjunktiv**
ich lief		ich liefe
du liefst		du liefest
er, sie, es lief		er, sie, es liefe
wir liefen		*wir liefen*
ihr lieft		ihr liefet
sie liefen		*sie liefen*

Wir erweitern unsere Regel:

 Unterscheidet sich im abhängigen Satz der Konjunktiv I *(ich laufe)* nicht vom Indikativ des Präsens *(ich laufe)*, dann setzen wir den Konjunktiv II *(ich liefe)*.

Leider hat die Sache noch einen Haken, denn auch in der Vergangenheit gibt es, wie die Gegenüberstellung erkennen läßt, gleichlautende Formen. Dem Wort *liefen* in ‚Ich glaube, sie liefen davon' sehen wir nicht an, ob es Indikativ des Präteritums oder Konjunktiv II sein soll. Da uns hier also auch der Konjunktiv II nicht weiterhilft, bleibt uns nur noch die Umschreibung mit *würde*: ‚Ich glaube, sie würden davonlaufen.' Aber nur da, wo es absolut nicht anders geht, ist *würde* zur Umschreibung des Konjunktivs erlaubt, sonst sollten wir es lieber vermeiden; denn gutes Deutsch ist „würde-los".

würde

Was irreal ist, steht im Irreal

„Wie schön *wäre* es, wenn ich mich jetzt noch einmal umdrehen und weiterschlafen *könnte*!" denkt, wenn der Wecker klingelt, morgens so mancher. Aber er darf es halt nicht, weil er pünktlich bei der Arbeit sein muß. Der Gedanke ans Weiterschlafen ist unwirklich, ist irreal. Diese Sonderausgabe des Konjunktivs II heißt in älteren Grammatiken I r r e a l i s oder kürzer I r r e a l. Neuere Grammatiken haben den Terminus aufgegeben, in ihnen ist einheitlich nur noch vom Konjunktiv II die Rede. Das ist schade, denn *Irreal* ist ein sprechender Name. Im Irreal drücken wir aus, daß etwas nicht so ist, sein kann oder sein wird, wie es wohl sein sollte oder wie wir es wünschten.

Irreal

> Sie tut, als ob er ihr völlig *gleichgültig wäre*

(nicht ‚gleichgültig sei'; denn in Wirklichkeit ist er ihr nicht gleichgültig). Nach *als ob, als wenn, wie wenn* kann nur etwas Nichtwirkliches folgen, deshalb steht nach diesen drei Konjunktionen der Irreal. Auch:

als ob
als wenn
wie wenn

> Ich wollte, er *hätte* gleich auf dich *gehört*.
> Er redete ihr gut zu, ohne daß es etwas *genützt hätte*.

 Soll etwas Nichtwirkliches ausgedrückt werden, setzen wir den Irreal, den Konjunktiv des Präteritums oder des Plusquamperfekts.

134 DAS VERB

Noch ein kleines bißchen Poesie:

> Wenn alles *sitzenbliebe*,
> Was wir in Haß und Liebe
> So voneinander schwatzen,
> Wenn Lügen Haare *wären*,
> Wir *wären* rauh wie Bären
> Und *hätten* keine Glatzen.
>
> Wilhelm Busch (1832–1908)

irrealer Konditionalsatz

Den prosaischen Kommentar, daß Lügnern in Wirklichkeit kein Bärenfell wächst, hätten wir uns ja eigentlich sparen können.

Der Konjunktiv in der Alltagspraxis

Soviel über den Konjunktiv, wie er im Buche steht. Und was bleibt im Alltag davon übrig? Schlagen wir die Zeitung auf. Da wird auf der Lokalseite über einen Lichtbildervortrag berichtet, den ein Herr Schneider nach einer Skandinavienreise hielt.

> Herr Schneider führte aus, aus Deutschland sei im 15. Jahrhundert Johannes Schnell nach Odense ausgewandert und habe als bedeutender Typograph in Skandinavien die Buchdruckerkunst eingeführt. Nach bescheidenen Anfängen sei Skandinavien später zum zeitungsreichsten Land geworden. Vor allem der Norweger stehe den übrigen Europäern besonders objektiv gegenüber; der Redner erinnerte an Grieg und Fridtjof Nansen, diesen humanen Streiter für die Menschheit. Herr Schneider zeigte eine Reihe von eindrucksvollen Landschaftsbildern und sagte dazu, die schönsten Bilder müßten Theorie bleiben, Skandinavien müsse man einfach erlebt haben. Die Volkshochschulbildung sei sehr weit verbreitet, das an Bodenschätzen so reiche Schweden nehme gegenüber den andern skandinavischen Ländern eine führende Rolle ein. In Norwegen finde man im kleinsten Dorf die Heidelberger Maschine. In Schweden werde sehr intensiv gearbeitet, und man habe dort ein sehr hohes Niveau in den graphischen Erzeugnissen erreicht. In Dänemark beschäftige man sich stark mit dem Lichtsatz, überall aber werde deutlich, daß die Mobilität der Handsetztype einfach nicht zu ersetzen sei, auch ein Test habe diese Tatsache erhärtet. Die Typographie in Skandinavien sei oft etwas verspielt, aber, wie auch der Mensch, immer individuell. Der Redner rühmte die große Gastfreundschaft in Finnland. Gerade weil dieses Land wirtschaftlich zu kämpfen habe, verdienten seine Leistungen ein Sonderlob. Die Lichtbilder zeigten neben der Landschaft und dem Menschen auch die fachlichen Belange in vielen Beispielen.

Richtige Konjunktive allein ergeben zwar noch keinen guten Stil, sind aber schon eine ganze Menge wert. Dieser kleine Zeitungsbericht macht deutlich, wie hervorragend sich mit den beiden Aussageweisen Wirklichkeits- und Möglichkeitsform ein Geschehen in zwei Ebenen darstellen läßt. Für alles, was sich im Vortragssaal wirklich abgespielt hat, steht die Wirklichkeitsform:

> Herr Schneider *führte aus*, ...
> Der Redner *erinnerte* an Grieg ...
> Herr Schneider *zeigte* eine Reihe von Landschaftsbildern ...
> ... und *sagte* dazu ...
> Der Redner *rühmte* die Gastfreundschaft in Finnland.
> Die Lichtbilder *zeigten* auch die fachlichen Belange.

Aber Herrn Schneiders Reiseeindrücke gibt der Reporter in der Möglichkeitsform wieder. Unser Journalist ist nämlich ein vorsichtiger Mann und sagt sich: „Weiß ich, ob das alles stimmt, was Herr Schneider da erzählt? Im kleinsten norwegischen Dorf die Heidelberger Druckmaschine? Na, ich halte mich aus allem raus und wasche meine Hände in Unschuld. Setz' ich den ganzen Vortrag in den Konjunktiv – kann sein, braucht aber nicht zu sein –, dann kann mir keiner was."
Und wie gut sich unser Reporter auf den Konjunktiv versteht, sogar die Zeiten stimmen:

> Herr Schneider sagte dazu, die schönsten Bilder *müßten* Theorie bleiben, Skandinavien *müsse* man einfach einmal erlebt haben.   *müssen*

(,müßten Theorie bleiben' = Konjunktiv II, weil der Konjunktiv I ,müssen Theorie bleiben' mit dem Indikativ des Präsens gleich lautet.)

So genau beachten allerdings nur wenige Journalisten die Vorschriften der Grammatik, viel öfter finden sich auf der Lokalseite solche Berichte:

> „Unser Stadtoberhaupt weihte am Sonntag vormittag die neue Brutanlage des Geflügelzüchtervereins ein. Der Oberbürgermeister meinte, er *würde* sich freuen, in einem Kreise weilen zu dürfen, dessen Mitglieder sich nicht scheuen *würden*, allen Vorurteilen zum Trotz diese volkswirtschaftlich so bedeutsame Tätigkeit auszuüben mit einem Idealismus, den er nur begrüßen *würde*."   *würde*

Ganz genauso hat es zwar nicht im Blatt gestanden, aber „würde es nicht darin gestanden haben können", vielmehr: *hätte* es nicht darin stehen können?

Wann darf mit ,würde' umschrieben werden?

Allerdings läßt sich gar nicht so einfach sagen, wie die Zeitungsnotiz nun richtig heißen müßte.

> Der Oberbürgermeister meinte, er *freue sich* (Konjunktiv I), in einem Kreise weilen zu dürfen, dessen Mitglieder sich nicht *scheuten* (Konjunktiv II), allen Vorurteilen zum Trotz diese volkswirtschaftlich so bedeutsame Tätigkeit auszuüben mit einem Idealismus, den er nur *begrüße* (Konjunktiv I).

In diesem Satz ist ,scheuten' anfechtbar. Warum wohl? Der Konjunktiv I ,dessen Mitglieder sich nicht scheuen' wäre falsch, da er mit der Wirklichkeitsform der Gegenwart gleich lautet. Der Leser könnte dann nicht mehr deutlich genug erkennen, daß hier die Worte des Oberbürgermeisters   *scheuen* in abhängiger Rede wiedergegeben werden sollten. Dummerweise lautet nun aber auch der Konjunktiv II ‚dessen Mitglieder sich nicht scheuten' mit der Wirklichkeitsform der Vergangenheit gleich. Bei schwachen Zeitwörtern unterscheiden sich nämlich Wirklichkeits- und Möglichkeitsform nur in der 2. und 3. Person Einzahl und in der 2. Person Mehrzahl der Gegenwart:

schwache Verben

schwache Zeitwörter	
Wirklichkeitsform	Möglichkeitsform
du scheust dich nicht	daß du dich nicht scheuest
er scheut sich nicht	daß er sich nicht scheue
ihr scheut euch nicht	daß ihr euch nicht scheuet

Die übrigen Formen der Gegenwart und die der 1. Vergangenheit lauten gleich. Für einen solchen Fall ist, wie wir wissen, die Umschreibung mit ‚würde' erlaubt:

... dessen Mitglieder sich nicht scheuen würden...,

der Konjunktiv II

... dessen Mitglieder sich nicht scheuten...

aber nicht verboten. Wählen Sie, was Ihnen deutlicher scheint.

Sicher werden Sie jetzt ein bißchen stöhnen. Verständlich, denn wer die Wahl hat, hat die Qual. Sehen Sie, wenn Sie noch auf der Schulbank vor mir säßen, würde ich Ihnen erklären:

starke Verben

Starke Verben bilden die Vergangenheit unter Veränderung ihres Stammvokals, grammatisch ausgedrückt: sie weisen Ablaut auf oder lauten ab. Die abgelauteten Formen der Vergangenheit starker Verben machen im Konjunktiv eine abermalige Vokaländerung durch, die man als Umlaut bezeichnet.

tragen
Ablaut
Umlaut

Starkes Zeitwort, Infinitiv: *tragen*
Ablaut im Indikativ des Präteritums: *du trugst*
Umlaut im Konjunktiv II: *du trügest*

schwache Verben

Schwache Verben ändern in der Vergangenheit ihren Stammvokal nicht *(hoffen – du hofftest)*. Schwache Zeitwörter bilden also die Wirklichkeitsformen der Vergangenheit ohne Ablaut und demzufolge den Konjunktiv II ohne Umlaut; Indikativ und Konjunktiv lauten im Präteritum gleich. Um jedes Mißverständnis auszuschließen, ist bei schwachen Verben der Konjunktiv des Präteritums grundsätzlich mit ‚würde' zu umschreiben. Und damit basta!
Schulbuben tut man ja keinen Gefallen, wenn man ihnen die Wahl läßt, Schulbuben wollen und sollen Schwarzweißvorschriften haben. Sie aber haben die Schule hinter sich, für Sie läßt sich unser Deutsch nicht nur in „falsch" und „richtig" gliedern, für Sie sind Fragen der Sprachschönheit, aber auch der Zweckmäßigkeit eines Ausdrucks in gleicher Weise interessant. Was die Beschäftigung mit der Sprache so schwierig und – so reizvoll

macht, ist eben dies, daß starre Regeln nur auf der Unterstufe gelten. Konjunktiv der schwachen Verben oder Umschreibung mit ‚würde'? Das ist hier die Frage. Wir können nicht einmal sagen, der Konjunktiv sei die schönere, aber schwierigere, die Umschreibung mit ‚würde' die narrensichere Form. Bei guten Schriftstellern finden Sie beides nebeneinander. Hier spielen Faktoren eine Rolle, von denen die Grammatik keine Notiz nimmt: Satzrhythmus, Sprachmelodie – und nicht zuletzt derjenige, der unsere Worte verstehen soll. Was nützt uns die feinste Schattierung, die Andeutung des Nicht-Wirklichen, des eben Nur-Möglichen durch den Konjunktiv, wenn der andere unserer Rede Sinn nicht begreift? Wie sieht es denn im Alltag aus, etwa im Büro-Alltag der Firma Brausewetter, Apparatebau?
Des Chefs Sekretärin sieht morgens die eingegangene Post durch und leitet sie an die zuständigen Stellen weiter. Reklamationen müssen allerdings vorher von Herrn Brausewetter persönlich abgezeichnet werden. Bevor Herr Brausewetter dann das Kundenschreiben Herrn Meier „zur Erledigung" zustellen läßt, versäumt er nie, den Briefinhalt prägnant in einem Satz zusammenfassend, am Rande zu bemerken:

„Kunde behauptet, Manometer zeigen Transportschaden (?)"

Das eingeklammerte Fragezeichen ist nicht nur Herrn Brausewetters Art, sich im Konjunktiv auszudrücken. Einer solchen Holzhammermethode ist die Umschreibung der Möglichkeitsform mit ‚würde' vorzuziehen.

In der Umgangssprache gebrauchen wir freilich ‚würde' zu reichlich. ‚würde', ‚würde' und nochmals ‚würde' – auch da, wo sich ohne jegliches Mißverständnis eine Konjunktivform anbringen lassen würde (Entschuldigung, *anbringen ließe*!). Mag sein, daß diese ‚würde'-Inflation aus Amerika kommt. Die anglo-amerikanische Sprache bildet seit langem ihre Konjunktivformen mit ‚would' und ‚should', und als nach dem Kriege immer mehr Romane aus dem Amerikanischen ins Deutsche übersetzt wurden, wußten schlechte Übersetzer mit den vielen „woulds" nichts Gescheiteres anzufangen, als sie durch ‚würde' wiederzugeben.

würde

„Ich würde sagen...", „Ich würde meinen..."

Fragen Sie Ihren Arzt nach der Ursache von Schmerzen in der rechten Leistengegend, bekommen Sie wahrscheinlich zur Antwort: „Ich würde sagen, es ist der Blinddarm." Und fragen Sie auf der nächsten Gemeinderatswahlversammlung den Kandidaten Neumann nach dem überfälligen Ausbau der Umgehungsstraße, wird die Antwort wieder mit dem obligaten „Ich würde sagen..." beginnen. Das gepflegte „Ich-würde-sagen"-Deutsch vieler, die sich mehr oder minder öffentlich zu unbequemen Fragen äußern müssen, ärgert Hinz und Kunz. Zaghaftigkeit, Unentschlossenheit, sogar Unaufrichtigkeit und Furcht wirft man denen vor, die sich vor dieser Redewendung nicht scheuen. Und Sprachverluderung natürlich auch. Zu Recht? Psychologisch gesehen ist die Floskel ein Anlauf: man spricht sie aus und überlegt derweil, was man antworten will. Natürlich könnte man sich die drei Wörter schenken, aber dann entstünde im Dialog ein kleines Loch – vor der Kamera immer ein bißchen peinlich, könnte einem doch das Überlegen wiederum als Zögern ausgelegt werden.

ich würde sagen

Man hört nun schon seit Jahr und Tagen mit Vorbehalt: „Ich würde sagen..." Entsprechend seines Amtes Bürde sagt jeder, was er sagen würde...
GERTI PIETSCH

Historisch gesehen ist *Ich würde sagen* eine Lehnübersetzung des englischen *I should say*; sie hat nach dem Krieg mit der Besatzung in Westdeutschland Fuß gefaßt und jetzt anscheinend den Höhepunkt ihres Gebrauchs erreicht. *I should say* spiegelt englisches Understatement wider, das die eigene Meinung in der Diskussion für nicht gar so wichtig hält. *I should say* gilt als Ausdruck englischen Nationalcharakters, den Deutschen aber wird *Ich würde sagen* gemeinhin als Feigheit angelastet. Warum eigentlich? Die Vorsicht, die aus *Ich würde sagen* spricht, kann genausogut Ausdruck der Bescheidenheit sein. Mir jedenfalls ist ein Mensch, der im Gespräch seine Meinung relativierend und ohne Absolutheitsanspruch vorträgt, angenehmer als jemand, der seine Meinung für die einzig richtige hält.

Würdenträger
ich würde träger
du würdest träger
er, sie, es würde träger
wir würden träger
SIEGFRIED MACHT

Wenn Sie mich fragen: Ich würde sagen, die weitverbreitete Animosität gegen *Ich würde sagen* trifft unsere demokratischste Redewendung. Doch das soll keine Aufforderung sein, nun noch öfter *Ich würde sagen* zu sagen. Dazu klingt *Ich würde sagen* nicht gut genug. Vom Klang her sind die viel zu vielen *würde*-Formen keine Bereicherung unserer Sprache.

„Haste Töne oder haßte Töne?"

Nicht ganz unschuldig an unserer „würde-vollen" Umgangssprache sind die ungewöhnlichen Vergangenheitsformen des Konjunktivs starker Verben.

lügen
entschließen
fahren
fliegen

Ich *löge*, wenn ich sagte, ich *entschlösse* mich erst morgen, ob ich nach Paris mit der Bahn *führe* oder mit dem Flugzeug *flöge*.

Das ist zwar richtig, klingt aber manchem gespreizt und unwiderstehlich komisch. Wer kein Gespür für diese tönenden Formen hat – und das Gefühl dafür haben von den Hochdeutsch Sprechenden nur wenige –, hält sie für veraltet, nur noch dazu nutze, gelegentlich von einem Gedichteschreiber in der Mottenkiste entdeckt zu werden. Mancher mag sie sogar als gelehrtes Deutsch empfinden. Das sind sie aber ganz und gar nicht; denn merkwürdigerweise sind solche ungewöhnlichen Konjunktive da zu Hause, wo keiner sie vermutet: in den süddeutschen Mundarten und – im Volkslied.

Wenn ich ein Vöglein *wär'* und auch zwei Flügel *hätt'*, *flög'* ich zu dir . . .

In die Umgangssprache übertragen:

würde

„Wenn ich ein Vöglein sein würde und auch zwei Flügel haben würde, würde ich zu dir fliegen . . ."

gewinnen
verlieren

Urteilen Sie selbst, ob wir *gewönnen* oder *verlören* – um zwei seltene Konjunktive zu gebrauchen –, wenn wir diese ungewöhnlichen Ausdrücke durch eine Umschreibung mit ‚würde' + Grundform ersetzten, wie das die Duden-Grammatik vorschlägt.

futuristische Sätze

Sinnvoll ist die Bildung der Möglichkeitsform mit ‚würde' dann, wenn auf Zukünftiges hingewiesen werden soll und der entsprechende Konjunktiv sich nicht vom Indikativ unterscheidet:

> Ich sagte, daß *ich* demnächst um acht Uhr *kommen würde* (nicht: *kommen werde*);

aber:

> Ich sagte, daß *er* demnächst um acht Uhr *kommen werde* (nicht: *kommen würde*).

Der Indikativ verdrängt den Konjunktiv

Im Sprachgebrauch des Alltags wird der Konjunktiv oft einfach durch den Indikativ ersetzt, vor allem in Verbindung mit ‚sollen': *sollen*

> Ich habe gehört, *er ist* mit dem Wagen *verunglückt*
> (statt: *er sei verunglückt*).
> Es heißt, *sie sollen sich verlobt haben*
> (statt: *sie hätten sich verlobt*).

sollen steht allerdings für eine unverbürgte Nachricht. Liegt einer Zeitungsmeldung eine verbürgte Nachricht zugrunde, darf es nicht heißen:

> „Die Firma X teilt mit, sie habe vor allem im Ausland neue Absatzmärkte erschlossen. Die Exportquote soll im letzten Jahr um 26 Prozent gestiegen sein..."

Hier muß fairerweise der Konjunktiv gesetzt werden:

> Die Exportquote sei im letzten Jahr um 26 Prozent gestiegen.

Steht der übergeordnete Satz in der Gegenwart, setzen in der gesprochenen Sprache die meisten von uns auch nach Verben wie *hoffen, glauben, meinen, verlangen*, die an sich den Konjunktiv fordern, im abhängigen Satz die Wirklichkeitsform:

> Vater verlangt, daß ich pünktlich zu Hause *bin*.

Nur ganz korrekte Töchter sagen noch:

> Vater verlangt, daß ich pünktlich zu Hause *sei*.

In der 1. Person der Gegenwart wird nach solchen Verben immer der Indikativ gesetzt:

> *Ich* glaube, ich *muß* jetzt gehen.
> *Ich* meine, du *hast* dich geirrt.

Andererseits gebrauchen wir im Alltag den Konjunktiv, wo er im Grunde nichts zu suchen hat:

> *Könnten* Sie mir bitte sagen, wie spät es ist?   *können*
> *Dürfte* ich Sie bitten, mich vorbeizulassen?   *dürfen*

Die Wirklichkeitsform ‚Können Sie mir sagen...' und ‚Darf ich Sie bitten...' klingt zwar nicht ganz so höflich, drückt aber das gleiche aus. Übrigens, wenn so ein Till Eulenspiegel gefragt würde, antwortete er gewiß: „Selbstverständlich dürfen Sie mich bitten, Sie vorbeizulassen", aber vorbei ließe er Sie nicht; denn – genaugenommen – hätten Sie ja nur um die Erlaubnis *zu bitten* und nicht um die Erlaubnis *vorbeizugehen* nachgesucht.

dürfen

Aus dem bescheidenen „Darf ich?" hat sich das anmaßende „Ich darf wohl" entwickelt, mit dem uns Leute, die Reden halten, so gern traktieren. „Ich darf Sie willkommen heißen" – „Ich darf Sie bitten" – „Ich darf Sie fragen" – „Ich darf Sie darauf aufmerksam machen" – „Ich darf Ihre Zeit wohl noch eine Weile in Anspruch nehmen". Am erleicherndsten ist dann: „Ich darf jetzt zum Schluß kommen" – „Ich darf mich von Ihnen mit den Worten verabschieden..." Ein Kind fragt: „Darf ich noch einen Bonbon haben?" Der Erwachsene sagt: „Ich darf mir doch mal Ihren Kugelschreiber leihen" und greift zu.

Bleiben wir lieber beim – wenn auch übertrieben – höflichen Konjunktiv „Dürfte ich Sie bitten"; denn das besitzergreifende „Ich darf wohl" ist wirklich kein Freibrief für das, was man eben nicht darf.

„Es dürfte allen bekannt sein, daß..." heißt in normaler Sprache eine Nummer kleiner: *Wahrscheinlich weiß jeder, daß...*

Allerdings *dürfte* es ratsam sein, mit eben diesem Konjunktiv etwas sparsamer umzugehen, er wird zur Zeit allzusehr strapaziert:

„Der Arzt meint, weitere Komplikationen *dürften* wohl kaum eintreten, so daß unter diesen Umständen mit einer baldigen Genesung zu rechnen sein *dürfte*."

Nun, Vorsicht ist bei einer solchen Prognose geboten; aber wir haben auch noch andere Wendungen, die alles schön in der Schwebe halten:

es ist anzunehmen, zu erwarten, zu vermuten, es scheint, könnte, wird wohl; wahrscheinlich, vermutlich, voraussichtlich.

So, das dürfte (nein, das *mag*) genügen.

Vor zehn, zwanzig Jahren hätte ich zum Abschluß dieses Kapitels ein Klagelied über den Verfall des Konjunktivs angestimmt. Damals sah es aus, als wäre sein letztes Stündlein gekommen: Der Indikativ und die Umschreibung mit ‚würde' waren drauf und dran, ihm den Garaus zu machen. Inzwischen ist der Totgeglaubte wieder putzmunter, in der öffentlichen Rede und in der Presse erlebt er ein Comeback. Politiker haben offenbar gemerkt, daß ohne die Möglichkeitsform manches nicht möglich wäre; nur in ihr können sie sich indirekt und somit risikoarm äußern. Noch stärker sind Journalisten auf sie angewiesen, denn nur im Konjunktiv I läßt sich die Äußerung eines anderen wertfrei referieren, nur im Konjunktiv II an eben dieser Äußerung vorsichtig Zweifel anmelden. Doch um als Leser zwischen dem neutral klingenden *Er sagt, Gefahr bestehe nicht* und dem skeptischen *Er sagt (zwar), Gefahr bestünde nicht, (aber...)* unterscheiden zu können, muß man schon über die Aussageweisen des Zeitworts so gut Bescheid wissen wie Sie, die Sie das schwierige Kapitel über den Konjunktiv soeben tapfer zu Ende gelesen haben.

Wenn das Wörtchen „wenn" nicht wär'...
Die Bedingungsform des Zeitworts

Früher fand sich ‚würde' in der Regel nur in Sätzen, die eine Bedingung enthielten:

Konditional
würde

> Wenn ich nicht käme, würde ich schreiben.
> Er würde auswandern, wenn sie mitginge.

Im bedingenden Nebensatz steht dabei der Konjunktiv II *(käme, mitginge)*, im Hauptsatz *würde* + Infinitiv.

Heute wird, wie wir gesehen haben, ‚würde' in der Umgangssprache auch weitgehend zur Umschreibung der Möglichkeitsform benutzt. Diesem Sprachgebrauch entsprechend unterscheidet die heutige Grammatik nicht mehr groß zwischen der M ö g l i c h k e i t s f o r m oder dem K o n j u n k t i v *(ich schriebe)* und der B e d i n g u n g s f o r m oder dem K o n d i t i o n a l *(ich würde schreiben, wenn...)*. Sie wirft vielmehr beide Aussageweisen in einen Topf, sie sieht den Konditional (lateinisch *conditionalis* = mit Bedingung verbunden) als eine Spielart des Konjunktivs an. Wie dem auch sei, für uns ist in diesem Zusammenhang interessant, daß das Wörtchen ‚würde' in Bedingungssätzen von alters her statthaft ist.

Früher galt:

wenn ... (würde)

> Im Nebensatz mit ‚wenn'
> darf niemals ‚würde' stehen; denn
> ‚wenn' und ‚würde' beißen sich.

Die Regel galt und gilt nicht für den Nebensatz in der Leideform:

> Wenn ich gefragt würde...

ist richtig.

> Übrigens, „werden würde" gibt es nicht.

nicht	**sondern**
Wenn es noch einmal kalt werden würde...	Wenn es noch einmal kalt würde...
Wenn meine Tochter Krankenschwester werden würde...	Wenn meine Tochter Krankenschwester würde...

„Wer, wenn ich schriee, hörte mich denn aus der Engel Ordnungen?"; das ist Rilke. „Wer, wenn ich schreien würde, würde mich denn hören?"; das ist peinlich.

Heute urteilt man nicht mehr so streng wie früher; *würde* im *wenn*-Satz gilt nicht mehr als falsch – aber auch nicht gerade als guter Stil.

KLAUS JÜRGEN HALLER

	nicht	**sondern**
	Ich würde etwas essen, wenn ich Hunger bekommen würde.	Ich würde etwas essen, wenn ich Hunger bekäme.
	Wenn ich genug Geld haben würde, würde ich verreisen.	Wenn ich genug Geld hätte, würde ich verreisen.
	Wenn er noch ein Kind sein würde, würde man die Unart entschuldigen können.	Wenn er noch ein Kind wäre, würde man die Unart entschuldigen können. (besser: ... könnte man die Unart entschuldigen)

hätte
wäre

 Statt ‚haben würde' sagen wir: *hätte*, statt ‚sein würde' sagen wir: *wäre*.

Die alte Regel ‚Nach *wenn* kein *würde*!' hatte ihren Sinn, und wenn Sie das vorige Kapitel über den Konjunktiv nicht überschlagen haben, kommen Sie gewiß von selbst darauf, nun? Wir könnten leicht ins Stottern kommen:

   Wenn ich jetzt nach Hause gehen *würde, würde* ich ...

Als falsch gilt diese Konstruktion nicht mehr, aber deswegen ist sie noch lange nicht empfehlenswert. Was können wir tun, um zu verhindern, daß in der Satzfuge *würde* auf *würde* stößt?

tun

1. Mit *tun* umschreiben?
   Wenn ich jetzt heimgehen *␣tät'*, würde ich ...
   Dieser Seitensprung in die Mundart wirkt in einer sonst dialektfreien Sprache nicht weniger befremdlich als – sagen wir – eine Krachlederne auf norddeutschem Großstadtpflaster.

dann

2. Besser, wir schieben ein *dann* dazwischen:
   Wenn ich jetzt nach Hause gehen würde, *dann* würde ich ...

3. Oder wir setzen das Verb des Hauptsatzes in den Konjunktiv II:
   Wenn ich jetzt nach Hause gehen würde, *träfe* ich niemanden an.

4. Genausogut könnten wir nach der alten Regel verfahren und das Verb des Nebensatzes in den Konjunktiv II setzen:
   Wenn ich jetzt nach Hause *ginge,* würde ich niemanden antreffen.

Sie meinen, die letzten beiden Bedingungssätze klängen nur bedingt nach Deutsch von heute? Sie haben so unrecht nicht. Ein modernes Konditionalgefüge sieht etwa so aus:

   Wenn ich jetzt nach Hause wollte – *es wäre keiner da.*

Anakoluth als Stilmittel im Konditionalsatz

Woran liegt es, daß dieser Satz anders läuft, einen ganz anderen Rhythmus hat? Nicht nur an der Wortwahl. Die rhythmische Veränderung ist durch eine grammatische Inkorrektheit in diesen Satz hineingeraten, durch eine Abweichung von der normalen Wortfolge, durch einen S a t z b r u c h, ein Anakoluth.

normale Wortfolge	Satzbruch
Wenn Krankheitskosten steigen, steigt Ihr Krankenschutz mit.	Wenn Krankheitskosten steigen – Ihr Krankenschutz steigt mit.

Der brave Satz mit normaler Wortfolge ist grammatisch korrekt und stilistisch miserabel – der grammatisch anfechtbare (rechts) hingegen stilistisch so gelungen, daß er in der Werbung eines großen Versicherungsunternehmens als Schlagzeile eingesetzt wurde.

Wie ist das nun eigentlich, darf man dem Wohlklang zuliebe so einfach von einer Satzkonstruktion in die andere fallen? Wenn Sie die Grammatik befragen, bekommen Sie zwar kein klares Nein zu hören (weil's den gewollten Satzbruch auch bei Goethe gab), aber doch dem Sinne nach ein „So etwas tut man nicht". Und ob man so etwas tut!

Wie leicht Sätze bei sparsamer Anwendung dieses Stilmittels rote Backen bekommen, mögen die folgenden Belege zeigen. Daß es sich dabei ausschließlich um Bedingungssätze und ausschließlich um Schlagzeilen handelt, ist kein Zufall; der Bedingungssatz bietet sich für den Satzbruch geradezu an, und Werbetexter wissen das:

Wenn es die Bahn nicht gäbe... jetzt müßte sie erfunden werden (Deutsche Bundesbahn);
Wenn Ihre Verwaltung wächst – der Philips-Büro-Computer wächst mit;
Wenn Sie morgen allein um Kap Hoorn segeln müßten, Sie würden eine Rolex tragen (Rolex-Uhren);
Wenn Sie Probleme haben – wir haben Telefon (Ruhrkohlen-Beratung).

Sie sehen, die regelbrave Ausdrucksweise kann es mit der Frische einer etwas außerhalb der Legalität liegenden Formulierung nicht immer aufnehmen. Allerdings muß man zuerst einmal die Grammatik beherrschen, bevor man sich das Recht nimmt, sich über sie hinwegzusetzen.

Also, hören Sie zu!

Die Befehlsform

„Trudchen hat sich gestern einen Hut gekauft... nein, nicht doch, Polowitzer, bei Karstadt... also, hör'n Se zu, sieht verboten aus... natürlich der Hut, was denn sonst?... da sagt doch eine Dame zu ihr, passen Sie auf, Polowitzer, sagt doch die Dame..."

So redet, wenn er einen „an der Strippe" hat, nicht nur Herr Kummer aus Berlin. Die dumme Angewohnheit, den Partner am andern Ende der Leitung alle naselang zum Zuhören und Aufpassen zu ermuntern, ist weit verbreitet. Wir denken uns ja nichts dabei, aber unhöflich ist es doch,

„Sprich"-Wörtliches
In den 80er Jahren galt es als schick, Leser immer wieder zum Sprechen zu animieren: „Die Unternehmensabgaben, *sprich*: Steuern und Sozialleistungen..." Doch die törichten Sprich-Aufforderungen sind zum Glück schnell aus der Mode gekommen.

zuhören   unserm Gegenüber, das höflicherweise sowieso zuhört, mir nichts, dir nichts immer wieder zu befehlen: „Also, hören Sie zu!"

Imperativ   Sprachlich gesehen, handelt es sich hier tatsächlich um nichts anderes als um einen Befehl, nämlich um die B e f e h l s f o r m, den I m p e r a t i v. Der Name ‚Befehlsform' paßt nicht ganz, ist etwas zu grob, da wir mit dem Imperativ ja nicht nur einen Befehl im Kasernenhofton ausdrücken, sondern auch eine Anordnung, eine gutgemeinte Aufforderung oder auch nur eine Bitte.

Zum Befehlen gehören mindestens zwei: einer, der etwas befiehlt, und einer, dem etwas befohlen wird. In gutem Deutsch darf sich ein Befehl nur auf die angesprochene Person beziehen:

>*Hör zu!*
>*Hört zu!*

oder, wenn wir unser Gegenüber siezen:

>*Hören Sie zu!*

Die Umgangssprache kennt als weitere Möglichkeit, einen Befehl auszudrücken, die Grundform:

>Alle mal *herhören!*

und das Mittelwort der Vergangenheit:

>Jetzt mal *hergehört!*

Hin und wieder findet sich auch der Konjunktiv:

>Man *höre* und *staune!*

Wieso wir nun ausgerechnet die Möglichkeitsform mit allem Ungewissen, was ihr anhaftet, benutzen dürfen, um einen Befehl zu formulieren, mag manchen mit Recht in Erstaunen versetzen. Aber denken Sie einmal daran, **Anrede**   daß es vor zwei-, dreihundert Jahren im Deutschen neben dem Du, dem Ihr und dem Sie noch eine weitere Form der Anrede gab:

>*Erzähle Sie* mir keine Märchen!
>*Seh' Er mich* einmal *an*, Herr Wachtmeister!
>Aus „Minna von Barnhelm" von Lessing (1729–1781)

Nicht so vertraulich wie das Du, aber auch nicht so auf Abstand bedacht wie das Sie, war diese Anrede in der 3. Person Einzahl im Volke üblich, aber auch da, wo Vorgesetzte Untergebenen Befehle erteilten:

>„Sterb' Er anständig!"

soll Friedrich II. (1712–1786) einen schwerverwundeten und um sein Leben wimmernden Fähnrich zurechtgewiesen haben. Das war die Form, in der bis in unser Jahrhundert hinein die Herrschaft die Dienstboten anzureden pflegte – wenn auch die Befehle mit der Zeit einige Grade „menschlicher" klangen:

>„*Räume Sie* jetzt das Geschirr *ab* und *serviere Sie* den Mokka!"

Wie anders als im Konjunktiv hätte die Gnädige die Anordnung erteilen sollen? Der Indikativ

> *Räumen Sie ab* und *servieren Sie* den Mokka!

hätte sich ja nicht von der Anredeform der Höflichkeit unterschieden, dem Siezen, dessen sich seinerzeit Angehörige gehobener Kreise nur zur Anrede untereinander bedienten.

Mit dem Schwinden der Klassenunterschiede hat sich die Anrede in der 3. Person Einzahl verloren. Geblieben ist nur vereinzelt die konjunktivische Befehlsform, aber sie nimmt sich reichlich altmodisch aus und will nicht mehr recht in unsern heutigen Stil passen. Das

> „Man nehme 1 Pfund Mehl, 1 halbe Mandel Eier ..."

der alten Kochbücher ist in der neueren Kochliteratur dem

> Nehmen Sie 500 g Mehl, 4 Eier, 1 gestrichenen Teelöffel Backpulver ...

gewichen. Es bleibt zu wünschen, daß auch die Geschäftsleute nicht länger so beharrlich an einer solchen veralteten Ausdrucksweise festhalten. Blättern Sie bitte einmal zurück zum Stellenangebot auf Seite 123/124. Warum nur verwendet der Werbemann, der so lebhaft und eindringlich zu texten versteht, zum Schluß diesen zopfigen Konjunktiv:

> „Bewerber wenden sich bitte an ..."?

Der Texter spricht doch von Anfang bis Ende der Anzeige ständig den Leser persönlich an, warum fährt er nicht so fort?

> Richten Sie Ihre Bewerbung bitte an ...

oder

> Stellen Sie sich bitte bei Herrn Soundso vor ...

oder

> Wenn Sie sich bewerben wollen, dann schicken Sie Ihre Unterlagen bitte an ...

‚Wenn Sie sich bewerben wollen' ist etwas ganz anderes als „Sie wollen sich bitte bewerben". Bei diesem in Geschäftsbriefen so beliebten „Sie wollen bitte" handelt es sich abermals um eine Befehlsform:

wollen

> „Wegen der Mängel *wollen Sie sich*, sofern es noch nicht geschehen ist, an unsere Kundendienstwerkstatt *wenden*."

Nun kann man uns Menschen ja viel befehlen, aber daß wir wollen sollen, nicht. Deshalb schreiben wir lieber:

> Wenden Sie sich bitte wegen der Mängel, sofern es noch nicht geschehen ist, an unsere Kundendienstwerkstatt.

Übrigens, die Befehlsform von ‚sein' heißt:

sein

> sei! – seid! – *seien Sie!*

Nicht zu verwechseln mit der Frageform:

> bist du? – seid ihr? – *sind Sie?*

Frageform:	*Sind* Sie so gut und grüßen Sie Ihre Tochter?
Befehlsform:	*Seien* Sie so gut und grüßen Sie Ihre Tochter.

gehen

Als in Stuttgart nach dem Kriege neue Verkehrsampeln aufgestellt wurden – lange, bevor man behördlicherseits „die Notwendigkeit der Beampelung von Straßenkreuzungen" erfand –, da ließen die Ampeln für Fußgänger bei grünem Licht nicht wie heute ein ausschreitendes Männchen aufleuchten, sondern als Befehlsform von *gehen* die Aufforderung: GEHE! Manchen Stuttgarter Bürger ärgerte das; denn wenn das Amt für Öffentliche Ordnung sich schon die Freiheit nahm, ihn zu duzen, dann sollte es das wenigstens so tun, wie er es in der Schule gelernt hatte: GEH! (ohne ‚-e'). Früher galt:

Schwache Zeitwörter bilden ihre Befehlsform mit ‚-e'.
Lege eine Decke *auf! Urteile* nicht voreilig! *Hand(e)le* überlegt!

Starke Zeitwörter bilden ihre Befehlsform ohne ‚-e'.
Schlaf gut! *Komm* nicht zu spät! *Laß* das sein!

Diese starre Regel läßt sich nicht mehr aufrechterhalten. Mit Ausnahme der weiter unten genannten starken Zeitwörter finden wir heute, vor allem in gehobener Sprache, die Befehlsform starker und schwacher Zeitwörter mit ‚-e' gebildet:

Imperativ mit ‚-e'

Rege dich nicht *auf! Gehe* nicht fort! *Bleibe* hier!

In der Alltagssprache fällt das ‚-e' meistens weg.

Frag nicht so viel! *Hör* auf mein Wort!

kein Apostroph

Für dieses ausgefallene ‚-e' steht kein Auslassungszeichen (kein Apostroph). Achten Sie demzufolge auch auf die Schreibung der ‚s'-Laute:

‚s'-Laut

Paß doch besser auf!	–	Ich *pass'* schon auf.
Laß das sein!	–	Ich *lass'* es sein.

Um auf die Stuttgarter Stadtväter zurückzukommen: nach dem neuesten Stand der Grammatik ist GEHE! so richtig wie GEH!
Doch nun in Gedanken ein weiter Sprung vom turbulenten Großstadtverkehr zum abgelegenen Wiesenrain, wo im Frühjahr büschelweise die kleinen blauen Blumen blühen, die ein jeder unter dem poetischen Namen „Vergißmeinnicht" kennt. Sie ahnen es schon: Unser Sprung in die Romantik ist zweckgerichtet. Die kleine blaue Blume soll uns nüchternen Leuten nur Musterbeispiel dafür sein, wie der Imperativ derjenigen starken Verben zu heißen hat, die als Stammvokal in der 2. Person Einzahl der Gegenwart ein ‚i' haben: *Vergiß*meinnicht und nicht „Vergessemeinnicht".

e/i-Wechsel

werfen
vergessen
eintreten
sehen

werfen – du wirfst – wirf! – werft! – werfen Sie!
vergessen – du vergißt – vergiß! – vergeßt! – vergessen Sie!
eintreten – du trittst ein – tritt ein! – tretet ein! – treten Sie ein!
übersehen – du übersiehst – übersieh! – überseht! – übersehen Sie!

Weil es sich gereimt besser merken läßt:

Es heißt nicht „gebe", „helfe", „lese",   *essen*
sonst ist man Ihnen ernstlich böse.   *nehmen*
Richtig nämlich ist nur dies: *sprechen*
iß, nimm, sprich, gib, hilf und *lies*.   *geben*
    helfen
Eine Ausnahme bildet *werden*:   *lesen*
    werden
    Mensch, *werde* wesentlich!

Der Imperativ der Bürokraten

Auf behördendeutsch wird die Befehlsform allerdings anders gebildet, durch ‚haben + Infinitiv mit *zu*':   ‚haben' + Infinitiv mit ‚zu'

    Der Steuerpflichtige *hat* seine Erklärung fristgerecht beim Finanzamt *einzureichen*. – Der Begünstigte *hat* über den Verwendungszweck Nachweis *zu erbringen*.

Um es eine Spur deutlicher zu sagen: Der Untertan *hat zu gehorchen*.

Beim deutschen Bundestag in Bonn gibt es einen Redaktionsstab, der dafür sorgen soll, daß Gesetzestexte sprachlich einwandfrei und verständlich abgefaßt werden und Aufforderungen und Gebote weniger autoritär. Von den vielen Möglichkeiten, die man in Bonn zur Humanisierung des Behörden-Imperativs vorschlägt, hier die wichtigsten:

1. Humaner als *er hat zu*... klingt *es ist zu*... Diese passivische Form des Imperativs ist aber nur vertretbar, wenn der „Täter" nicht genannt zu werden braucht: ‚sein' + Infinitiv mit ‚zu'

    Die Straße *ist* so schnell wie möglich *zu überqueren*.

2. Wo der „Täter" fürs Verständnis unentbehrlich ist, läßt sich eine Anweisung manchmal als Aussagesatz im Präsens formulieren:

    Der Schalterbeamte unterschreibt die Zusammenstellung.

3. Selbst *ist verpflichtet, sich zu melden* hört sich nicht so obrigkeitsstaatlich an wie *hat sich zu melden*:

    Wird nach der Arbeitslosmeldung ein anderes Arbeitsamt zuständig, *so ist der Arbeitslose verpflichtet, sich* bei dem nunmehr zuständigen Arbeitsamt unverzüglich *zu melden*.

Der Arbeitslose hat ein Recht darauf, daß man ihm die Meldung beim Arbeitsamt als Verpflichtung auferlegt, nicht als herrscherlichen Befehl.

> Die Sprache befähigt uns, den Menschen als Befehlsempfänger oder als Partner einzuordnen. Welche Formulierung der einzelne wählt, bleibt ihm überlassen, aber er sollte nachdenken, bevor er sich entscheidet.
> DR. CHRISTA JOISTEN
> (Bonner Redaktionsstab)

Testbogen 10

1 Ein Fehler, der häufig bei Glückwünschen gemacht wird:
„Möchte Ihnen Ihre Schaffenskraft noch lange erhalten bleiben!"
„Möchtest Du bald wieder ganz gesund sein!"
Was stimmt hier nicht?

mögen

1 *es möchte, möchtest du* sind Formen des Konjunktivs der Vergangenheit. Da sich der Konjunktiv der Gegenwart *(es möge, mögest du)* vom Indikativ der Gegenwart *(es mag, magst du)* unterscheidet, besteht kein Anlaß, hier den Konjunktiv des Präteritums zu setzen. Es heißt also richtig: ‚M ö g e Ihnen Ihre Schaffenskraft noch lange erhalten bleiben.' – ‚M ö g e s t Du bald wieder ganz gesund sein.'

2 „Ich würde mich freuen, wenn auch Sie von unserer Zeitung einen positiven Eindruck gewinnen", behauptet in einem Werbebrief ein Vertriebswerber eines Zeitungsverlages. Ist es zulässig, die eine Hälfte eines Konditionalgefüges in den Konjunktiv und die andere in den Indikativ zu setzen?

Konditionalgefüge

gewinnen

2 J e i n. Nach Ansicht vieler, aber nicht aller Grammatiker müssen in einem Bedingungsgefüge entweder beide Hälften als möglich hingestellt werden oder – wenn die Bedingung als Tatsache aufgefaßt wird – beide im Indikativ stehen. Richtig wäre:
zweimal als Möglichkeit: ‚Ich *würde mich freuen*, wenn auch Sie von unserer Zeitung einen positiven Eindruck *gewönnen / gewännen / gewinnen würden*'
oder zweimal Indikativ: ‚Wenn Sie uns bis Monatsende die Bestellkarte ausgefüllt *zurückschicken, erhalten* Sie die nächsten drei Ausgaben kostenlos'.

behaupten
tun, als ob
angeben, daß

3 Nach *behaupten, so tun, als (ob)* und *angeben, daß* steht die Möglichkeitsform. Bringen Sie bitte die folgenden drei Sätze in richtiges Deutsch.
a) „Er behauptet, daß er so etwas nicht geschrieben hat."
b) „Er tut bloß so, als hat er das Geld nicht erhalten, und dabei hat er es längst ausgegeben."
c) „Der Verhaftete gibt an, daß er seine Papiere verloren hat und an dem Überfall unschuldig ist."

3 a) ‚Er behauptet, daß er so etwas nicht g e s c h r i e b e n h a b e' (Konjunktiv des Perfekts).
b) ‚Er tut bloß so, als h ä t t e er das Geld nicht e r h a l t e n, und dabei hat er es längst ausgegeben.' (Irreal, hier der Konjunktiv des Plusquamperfekts, weil der Inhalt des Gliedsatzes unwirklich ist.)
c) ‚Der Verhaftete gibt an, daß er seine Papiere v e r l o r e n h a b e' (Konjunktiv des Perfekts) ‚und an dem Überfall u n s c h u l d i g s e i' (Konjunktiv des Präsens).

Konjunktiv I oder II

So streng wie hier wird freilich in der Praxis nicht immer unterschieden. Selbst gute Autoren gebrauchen nach *so tun, als (ob)* auch den Konjunktiv II (... als *habe* er das Geld nicht erhalten).

Noch öfter zeigt sich das Gegenteil: Der Konjunktiv II wird, weil er sich deutlicher vom Indikativ unterscheidet, für den Konjunktiv I gesetzt (... gibt an, daß er seine Papiere verloren *hätte*). Wahrscheinlich werfen viele Schreiber die Konjunktive nur durcheinander, weil sie nicht wissen, wie es richtig heißen muß.

4 Welches Satzzeichen steht nach *Sind Sie willkommen*?

> **4** Ein Fragezeichen, denn *Sind Sie willkommen?* ist eine Frage. Zur Begrüßung sagt man nämlich: S e i e n   S i e   w i l l k o m m e n! (Vgl. Seite 145/146.)

sein

5 „Kaue gut, esse nicht so schnell, und spreche vor allem nicht mit vollem Mund!"
Würden Sie ein Kind bei Tisch mit den gleichen Worten ermahnen?

Imperativ

> **5** Hoffentlich nicht. Es heißt richtig: ‚K a u (e) gut, iß nicht so schnell, und s p r i c h vor allem nicht mit vollem Mund.'
> Was für *essen* gilt, gilt auch für *fressen* (aus ‚ver-essen' = auf-, wegessen). „Fresse, Vogel, oder sterbe!", so heißt unser Entweder-Oder, als Redensart verbrämt, nicht. (Vgl. Seite 146/147.)

kauen
essen
sprechen
fressen
sterben

6 Bringt ein Rundfunksprecher seinen Konjunktiv richtig an, wenn er den Satz so beginnt: „Nach den Worten des Fraktionsvorsitzenden sei damit zu rechnen, daß..."?

> **6** Nein; es f e h l t e i n H a u p t s a t z, von dem der Konjunktiv *sei* abhängen könnte. Zwei Möglichkeiten der Berichtigung:
> a) Es *sei*, so sagte der Fraktionsvorsitzende, damit zu rechnen, daß...
> b) Nach den Worten des Fraktionsvorsitzenden *ist* damit zu rechnen, daß...

Konjunktiv

Indikativ

7 So, damit *wäre* das Wichtigste über die Aussageweisen des Zeitworts gesagt. ‚Das wäre es', ‚Das hätten wir', ‚Das hätten wir geschafft' sagt man, wenn man etwas Schwieriges oder Unangenehmes hinter sich gebracht hat. Warum eigentlich? Warum der Irreal, warum *hätten*, wo wir es doch wirklich überstanden *haben*?

Irreal

> **7** Darauf weiß keine Grammatik eine schlüssige Antwort. Vielleicht spielt bei dieser merkwürdigen Verwendung des Konjunktivs ein Tabu mit? Wie man ‚Hals- und Beinbruch!' wünscht, obgleich man ‚Glück und Segen!' meint (aber nicht auszusprechen wagt, weil das Aussprechen Unheil bringen könnte), so könnte ich mir denken, daß man den Indikativ ‚Das *haben* wir!' vermeidet, um nicht zu früh zu frohlocken; es könnte sonst doch noch zu guter Letzt etwas schieflaufen. Jedenfalls scheint der Irreal ‚Das *hätten* wir!' ein K o n j u n k t i v d e r E r l e i c h t e r u n g zu sein. Und sollten Sie jetzt nicht erleichtert aufatmen, dann lassen Sie sich's nicht verdrießen: die Geschichte mit dem Konjunktiv ist das komplizierteste Kapitel unserer Sprache und das Kapitel über den Konjunktiv das komplizierteste in diesem Buch.

Über und unter Zeiten

Die Zeitstufen

Tempora

> Das Perfekt und das Imperfekt
> tranken Sekt.
> Sie stießen aufs Futurum an
> (was man wohl gelten lassen kann).
> Plusquamper und Exaktfutur
> blinzten nur.
>
> Christian Morgenstern (1871–1914)

Können Sie sich denken, woran man sofort merkt, daß der launige Vers „Unter Zeiten" von einem Dichter stammt und nicht von einem Schulmeister? Sagen Sie nicht, einem Schulmeister fehle die Phantasie, sich die Zeitstufen als muntere Zecher vorzustellen! Nein, der entscheidende Unterschied liegt woanders: Schulmeister sind gründlicher als Dichter; sie schreiben keine Verse, in denen nur fünf Zeitstufen vorkommen, wenn es sechs gibt. Haben Sie bemerkt, was fehlt? Morgenstern hat die Gegenwart unterschlagen. Vielleicht steckt ein tieferer Sinn dahinter, vielleicht ist ihm aber auch nicht gleich ein passender Reim auf P r ä s e n s eingefallen. Wie dem auch sei, das Scherzgedicht scheint für uns nicht die geeignete Vorlage zu sein. Halten wir uns drum an die Grammatik, die gar nicht so schlimm ist wie ihr Ruf.

Erst tot und dann lebendig?

Zeitenfolge

Vielleicht werfen Sie zur Auffrischung des Gedächtnisses einen Blick auf die Tabelle mit den Beugungsformen des Zeitworts (Seite 632/633). Bereits geschehen? Dann müßten Sie eigentlich selbst herausfinden können, was an den folgenden Sätzen nicht stimmt.

„1000 Verkehrstote sprechen eine deutliche Sprache!"
(Ursprünglich als Schlagzeile gedruckt)

> Dank den Hinweisen aus der Bevölkerung gelang es der Polizei, die beiden Burschen zu verhaften, die bei einem Einbruch im Juweliergeschäft X Schmuck im Werte von 20 000 DM erbeuteten.
>
> Am Steuer des Lieferwagens saß der Bäckermeister Adolf L., der bei diesem Unfall ums Leben kam.
>
> Der tödlich Verunglückte übersah die Verkehrszeichen.

„Im Anschluß an die Sendung äußert sich der verstorbene SPD-Politiker Peter Blachstein über die Lage im spanischen Bürgerkrieg."
Aus TV HÖREN UND SEHEN

Alle drei Sätze enthalten den gleichen Fehler. In jedem Beispiel ist nämlich von zwei Ereignissen die Rede, die nicht gleichzeitig geschehen können. Das eine Ereignis ist jeweils Ursache oder Anlaß des folgenden. Dieser zeitliche Unterschied muß aber auch in der Sprache zum Ausdruck kommen. Ein Grammatiker würde sagen: Z e i t e n f o l g e (Consecutio temporum) beachten! Mit andern Worten: Die Polizei konnte die Einbrecher erst verhaften, nachdem sie den Schmuck *erbeutet hatten* (nicht: *erbeuteten*); der Bäckermeister *hatte* am Steuer *gesessen* (nicht: *saß am Steuer*), bevor er bei dem Unfall ums Leben kam; er verunglückte erst, nachdem er die Verkehrszeichen *übersehen hatte* (nicht: *übersah*).

Diese Beispiele stammen aus der Zeitung, Sie können jeden Tag ähnliche finden und – ohne daß Sie es merken – ähnliche selbst fabrizieren.

Was halten Sie von solchem Treueschwur?

„Ich habe und werde dich nie verlassen."

Der gute Wille ist lobenswert, die Formulierung ist es nicht. Ein Parallelbeispiel:

„Ich habe und werde es nie tun."

Das sagt keiner. Jedermann erklärt richtig:

Ich habe es nicht getan und werde es nie tun.

Merken Sie, wo der Hase im Pfeffer liegt? Die eine Hälfte der Aussage bezieht sich auf Vergangenes, die andere auf Zukünftiges. Sagen Sie sich schnell die Stammformen der starken Verben *tun* und *verlassen* auf:

tun
verlassen

Infintiv	3. Pers. Singular des Imperfekts	Perfektpartizip
tun	tat	getan
verlassen	verließ	verlassen

Wenn auch bei *verlassen* Grundform und Mittelwort der Vergangenheit zufällig gleich lauten, darf man doch nicht das eine von beiden einfach unterschlagen. Nur der schwört Treue richtig, der gelobt:

Das trifft auch auf *entlassen* und *vergessen* zu: Seite 127.

Ich habe dich nie verlassen und werde dich nie verlassen (oder: ... und werde es nie tun).

Woran liegt es, daß wir alle bei der Anwendung der Zeiten etwas unsicher sind? Nicht wenig Schuld an dieser Unsicherheit tragen die deutschen Namen der verschiedenen Zeitstufen. Unter der schematischen Bezeichnung ‚1., 2. und 3. Vergangenheit' kann man sich nicht nur nichts Gescheites vorstellen, sondern – was schlimmer ist – sogar etwas Falsches. Wenn aber auch ein Paar Socken 1. Wahl qualitativ besser als ein Paar 2. Wahl ist – die 1. Vergangenheit ist keinesfalls besser als die 2. Wir können hier nicht werten. Jede Zeitstufe hat ihre bestimmten Aufgaben zu erfüllen. Welche das sind, wollen wir uns jetzt ansehen.

O tempora, o mores! (O Zeiten, o Sitten!)

1. Es r e g n e t bezeichnet einen Vorgang, der sich gerade jetzt vollzieht. Dieses gegenwärtige Geschehen nennen wir G e g e n w a r t oder P r ä s e n s. (Lateinisch *praesens* bedeutet ‚gegenwärtig' und ‚anwesend'.) Natürlich dürfen wir ‚Gegenwart' nicht zu eng auslegen: manchmal regnet

Präsens

es Stunden, manchmal Tage, manchmal den ganzen Sommer. Und selbst wenn einer behauptet „Es regnet ewig", hat er trotz der Übertreibung einen grammatisch korrekten Satz gebildet. Anders ausgedrückt: ‚Gegenwart' kann im Grunde nur bedingt als Zeitstufe gelten, oft macht erst eine Temporalbestimmung die genaue zeitliche Einordnung eines im Präsens dargestellten Geschehens möglich.

historisches Präsens Nun darf man aber auch das Präsens gebrauchen, um eine Handlung zu schildern, die der Vergangenheit angehört und eigentlich in der Vergangenheit erzählt werden müßte. Haben Sie jemals an einem schwülen Sommernachmittag eine Wanderung auf staubigen Landstraßen gemacht? Dann können Sie sich vielleicht vorstellen, wie den beiden jungen Leuten zumute war, von denen in einer Erzählung gesagt wird:

> Sie schleppten sich nur noch mühsam vorwärts. Die Zunge klebte ihnen am Gaumen, vor drei Stunden hatten sie den letzten Schluck Tee geteilt. Allmählich aber schien ein leichter Wind aufzukommen, und endlich, endlich *fällt* der erste Tropfen schwer vom Himmel.

Merken Sie, was durch solchen Zeitenwechsel erreicht wird? Das Miterleben des Lesers wird gesteigert. Die Handlung, die eigentlich der Vergangenheit angehört, wird plötzlich in der Gegenwart weitererzählt und erscheint dadurch wirklichkeitsnäher. Sparsam angewendet, ist der Wechsel von Vergangenheit und Gegenwart durchaus geeignet, eine Erzählung oder eine Reportage lebendig zu gestalten. Wer aber einen sachlichen Bericht, eine Mitteilung oder eine Aktennotiz abzufassen hat, darf die Zeiten nicht willkürlich wechseln, er muß bei der einmal gewählten Zeitform bleiben.

Perfekt 2. Es hat geregnet bedeutet, daß wir zwar noch die Pfützen sehen und das Pflaster noch blank ist, daß es aber inzwischen zu regnen aufgehört hat. Der Zustand des Regnens ist abgeschlossen oder vollendet, also „perfekt", deshalb bezeichnen wir diese Zeitstufe mit dem lateinischen Namen als Perfekt. Auf deutsch nennen wir sie nicht nur schematisch 2. Vergangenheit, sondern auch reichlich umständlich Vollendung in der Gegenwart oder vollendete Gegenwart.

Von allen Zeitstufen hat das Perfekt die stärkste Beziehung zur Gegenwart. Mit ihm wird eine Handlung ausgedrückt, die in der Vergangenheit begonnen hat, deren Folgen aber in der Gegenwart noch spürbar sind. Es heißt also nicht

> „Ich brach mir den Arm und muß ihn jetzt in Gips tragen",

sondern

> Ich habe mir den Arm gebrochen und muß jetzt einen Gipsverband tragen;

denn dieser hinderliche Verband und meine Schmerzen erinnern mich ja noch sehr spürbar an das Mißgeschick. – Gegen solchen Fehlgriff ist man in Süd- und Mitteldeutschland eher gefeit als im Norden, wo sogar in der Unterhaltung das vornehmer klingende Imperfekt bevorzugt wird, das aber in Wirklichkeit nicht nur nicht vornehmer, sondern in diesem Zusammenhang auch nicht angebracht ist. Daraus allerdings zu schließen, daß man südlich der Donau die Zeitstufen richtiger zu gebrauchen wisse als nördlich des Mains, wäre auch wieder verfehlt. In Bayern gibt es nämlich Zeiten, die gibt es gar nicht, wenigstens nicht nach den Regeln der deutschen Grammatik.

    Es hat den ganzen Tag geregnet gehabt.

So etwas kann man allerdings auch in Mitteldeutschland hören, wenn ein Vorgang nicht umständlich erzählt, sondern ein Ereignis nur kurz mitgeteilt werden soll. *geregnet gehabt* sieht zunächst nach Perfekt aus, ist aber keines, denn das Perfekt lautet:

    Es hat den ganzen Tag geregnet.

Im Imperfekt (vgl. Position 3) würde der Satz heißen:

    Es regnete den ganzen Tag.

im Plusquamperfekt (vgl. Position 4):

    Es hatte den ganzen Tag geregnet.

In *geregnet gehabt* ist also das 2. Partizip von ‚haben', *gehabt*, überflüssig. Wem das Imperfekt nicht liegt und deshalb auch das Plusquamperfekt fremd ist, der benutzt dieses partizipiale Doppelgemoppel, um ein weiter zurückliegendes Geschehen zu berichten; doch in reinem Hochdeutsch hat so ein überperfektiertes Perfekt *(geregnet gehabt, vergessen gehabt, gesehen gehabt)* nichts zu suchen.

gehabt

3. Es regnete bezeichnet nicht nur etwas Vergangenes, es drückt gleichzeitig aus, daß im Zeitpunkt der Aussage der Regen anhielt. Was nicht abgeschlossen ist, ist unvollendet, lateinisch ausgedrückt: es ist imperfekt. Das Imperfekt hat noch einen zweiten lateinischen Namen: Präteritum; lat. *praeter-ire* heißt ‚vorbeigehen', ‚vergehen' (abgeteilt am Zeilenende: Präter/itum). In manchen älteren Grammatiken wird *Präteritum* auch als gemeinsame Bezeichnung für die drei Zeiten der Vergangenheit (Imperfekt, Perfekt und Plusquamperfekt) gebraucht; das ist überholt. Heute ist *Präteritum* die übliche, *Imperfekt* eine veraltende Bezeichnung. Das Imperfekt nennen wir auf deutsch 1. Vergangenheit oder anschaulicher Dauer in der Vergangenheit.

Imperfekt oder Präteritum

Im Präteritum berichten wir Ereignisse, die schon länger zurückliegen und keine unmittelbare Beziehung zum heutigen Geschehen haben:

    Im August 1914 brach der 1. Weltkrieg aus
    (nicht: ... ist ... ausgebrochen).

Das Präteritum ist die „Erzählzeit" der deutschen Sprache; der Erzähler berichtet, was „einmal war": Thomas Mann (1875–1955) nennt ihn darum den „raunenden Beschwörer des Imperfekts".

Eine Jahreszahl oder eine andere Zeitangabe der Vergangenheit ist ein deutlicher Fingerzeig, daß wir jetzt das Präteritum gebrauchen müssen. Wenn die Zeitangabe sich auf einen erst kürzlich vergangenen Zeitraum bezieht, ist das Präteritum berechtigt, das Perfekt aber nicht falsch:

    Gestern morgen verpaßte ich die Straßenbahn
    (genausogut: ... habe ich ... verpaßt).

    Lindbergh flog als erster über den Ozean.

Richtig, das war im Jahre 1927 und ist also schon ein Stück Geschichte.

In literarischen Werken steht Vergangenes überwiegend im Präteritum, auf sechs präteritale Formen kommt nur eine perfektische.

„Der Wirtschaftsminister flog soeben nach Amerika ab."

Falsch, denn der Wirtschaftsminister fliegt zu wichtigen Gesprächen, die uns alle unmittelbar angehen. Es muß heißen:

Der Wirtschaftsminister ist soeben nach Amerika abgeflogen.

Das ist eigentlich nicht schwer zu behalten, und doch lesen wir in der Zeitung immer wieder als Überschrift:

„Bundesregierung kündigte Entwicklungshilfe" (statt: hat gekündigt),
„Papst sprach zu Journalisten" (statt: hat gesprochen),
„Primadonna taufte Tanker" (statt: hat getauft).

<small>Ein Ausweg, den kein Zeitungsleser übelnähme, wäre das Präsens für das Neueste von gestern: *Sowjetunion teilt erstmals Daten aus dem Militärhaushalt mit*</small>

Jede Zeitung bemüht sich um Aktualität. Was als Schlagzeile gedruckt wird, ist das Neueste vom Neuen. Warum aber haben nun die Zeitungsleute so eine Vorliebe für das Präteritum, wo richtig das Perfekt stehen müßte, da es sich um Ereignisse handelt, die soeben erst geschehen sind und noch nicht der bereits Geschichte gewordenen Vergangenheit angehören? Der Grund ist sehr simpel und hat mit der deutschen Sprache nichts zu tun. Je wichtiger eine Schlagzeile erscheinen soll, desto fetter wird sie gedruckt. Je fetter sie ist, desto weniger Wörter passen hinein, die Formen des Präteritums sind aber durchweg kürzer als die des Perfekts. Da also liegt der Hund begraben.

Wir dürfen uns nicht wundern, wenn das in der Schlagzeile falsch gebrauchte Präteritum sich in den Köpfen der Leser festsetzt und allmählich auch ihren Stil beeinflußt. Achten Sie einmal darauf, wie leicht es sich in Texte einschleicht, in denen es nichts zu suchen hat.

Plusquamperfekt

4. **Es hatte geregnet** bedeutet, daß es zu regnen aufgehört hatte, als...? Als in der Vergangenheit ein neues Ereignis eintrat.

Als ich am Morgen aus dem Fenster sah, bemerkte ich, daß es in der Nacht geregnet hatte.

Mit der 3. Vergangenheit, der vollendeten Vergangenheit oder Vorvergangenheit, drücken wir die Vorzeitigkeit eines vergangenen Geschehens aus. Dieses in der Vergangenheit vollendete Geschehen wird treffend durch den lateinischen Namen **Plusquamperfekt** bezeichnet (wörtlich: mehr als perfekt, mehr als vollendet).
Im Alltagsdeutsch gebrauchen wir das Plusquamperfekt verhältnismäßig selten. Aufzupassen gilt es eigentlich nur bei Sätzen, in denen von vergangenen Ereignissen die Rede ist, die sich nacheinander abgespielt haben. Solche Sätze verraten sich meist durch *nachdem* oder *bevor*.

<small>*bevor*
nachdem
dazu Seite 386</small>

Jetzt stöhnen Sie vielleicht ein bißchen und denken: „Das habe ich alles schon einmal gewußt. Wenn ich doch bloß seit der Schulzeit nicht so viel vergessen hätte!" Trösten Sie sich, es geht uns allen gleich: Von dem, was uns eingebleut wird, bleibt nur ein kleiner Teil haften, und was dann hängenbleibt, nützt oft nicht viel. Erinnern Sie sich noch, wie Ihnen der Deutschlehrer erklärte: „Hütet euch vor dem eingeschachtelten Nebensatz, bildet Hauptsätze!"? Bestimmt erinnern Sie sich, diesen verhängnisvollen Vorschlag haben ja nicht einmal Journalisten vergessen. Aus Scheu vor dem zwischengeschobenen Gliedsatz greifen die nämlich lieber zum Partizip, lassen dabei die Zeitenfolge außer acht und bringen so das Kunststückchen fertig, auf dem Papier Menschen zuerst tot und dann lebendig werden zu lassen. Wie einfach hätte sich die Vorvergangenheit durch einen zwischengeschobenen Gliedsatz ausdrücken lassen!

nicht	**sondern**
Der Mörder der in Düsseldorf lebenden Rentnerin M. legte ein volles Geständnis ab.	Der Mörder der Rentnerin M., die in Düsseldorf gelebt hatte, legte ein volles Geständnis ab.
Der Rennfahrer C. wurde schwerverletzt ins Krankenhaus gebracht, während seine als Beifahrerin startende Frau an der Unfallstelle verstarb.	Der Rennfahrer C. wurde schwerverletzt ins Krankenhaus gebracht, während seine Frau, die als Beifahrerin gestartet war, an der Unfallstelle verstarb.

5. Es wird regnen weist auf zukünftiges Geschehen. Den lateinischen Namen für Zukunft kennen wir schon: Futur(um). **Futur**

    Sieh nur, wie tief die Vögel fliegen, es wird wohl heute noch regnen.

Wo es sich nicht wie hier um eine Mutmaßung handelt, sind wir längst dazu übergangen, die Zukunft *(es wird regnen)* durch die Gegenwart *(es regnet)* zu ersetzen, sobald eine Zeitangabe *(heute noch)* erkennen läßt, daß es sich um zukünftiges Geschehen handelt.

    Werden Sie morgen abend kommen?

klingt schon ein bißchen schriftdeutsch,

    Kommen Sie morgen abend?

ist viel häufiger zu hören. Im geschriebenen Text stehen beide Ausdrucksweisen gleichwertig nebeneinander.

Die Zukunft will sich nicht so recht in das Gerüst einfügen, das ihr die Grammatik gezimmert hat. Mit den Maßstäben der Grammatik gemessen, ist die Aussage ‚es wird heute noch regnen' ein Hinweis auf ein in der Zukunft liegendes Ereignis und nichts weiter. Ihr Sprachgefühl sagt Ihnen aber, daß mit dieser Aussage auch etwas Ungewisses, eine Annahme, eine bloße Vermutung angedeutet werden kann. So ist aus dem, was die Schulgrammatik nur als Zukunft gelten läßt, in der Alltagspraxis längst eine Form der Vermutung geworden:

    Es wird wohl heute noch regnen (= wahrscheinlich regnet es noch).
    Sie wird schon unterwegs sein.
    So wird es wohl kommen.

DAS VERB

Imperativ

Auch die Befehlsform kann sich durch die Zukunft vertreten lassen:

> Das wird mir sofort unterbleiben!
> Werdet ihr jetzt endlich damit aufhören!?

Ob dieser letzte Satz als eine strikt zu befolgende Anordnung aufgefaßt werden soll oder als eine teilnahmsvolle Erkundigung, die Zukünftiges betrifft, das läßt sich mit den Mitteln der Grammatik nicht klären. Im Geschriebenen entscheidet der Sinnzusammenhang, im Gesprochenen merkt man's außerdem am Ton.

erzählendes Futur

Die Alltagssprache hat ihre eigene Grammatik. Um einem staunenden Publikum eine unerhörte Begebenheit eindringlich und sich selbst dabei vorteilhaft darzustellen, gebraucht der Berliner das Futur. Der Berliner Kurt Tucholsky (1890–1935) hat als Peter Panter die Gewohnheit seiner Mitbürger so glossiert:

> „Ich komm die Straße langjejangn – da wird mir doch der Kuhkopp nachbrilln: Un vajiß nich, det Meechen den Ring zu jehm! Na, da wer ick natierlich meinen linken Jummischuh ausziehen un ihn an Kopp schmeißn..."

Futurum exaktum / Futur II

6. Es wird geregnet haben drückt aus, daß der Regen aufgehört haben wird, wenn in der Zukunft ein neues Ereignis eintritt. Das wenigstens behauptet die Grammatik. Sie spricht hier von der 2. oder vollendeten Zukunft, lateinisch: Futurum exaktum. In Wirklichkeit drücken wir mit dieser Form eine Mutmaßung aus, die sich auf Vergangenes bezieht:

> Es wird wohl (in der Nacht) geregnet haben, das Pflaster ist noch ganz naß.

Sonst ist das Futur II im Deutschen nicht gebräuchlich. Manch einer glaubt, es sei von Lateinlehrern erfunden worden einzig zu dem Zweck, die Schüler Cäsars Buch über den Gallischen Krieg exakt ins Deutsche übersetzen zu lehren.

> „Bis sich das einmal geändert haben wird, wird viel Wasser den Rhein hinabgeflossen sein."

Präsens

So umständlich sprechen und schreiben wir nicht, wir setzen ganz einfach die Gegenwart:

> Bis sich das einmal ändert, fließt noch viel Wasser den Rhein hinab.

Ist es nicht ziemlich nachlässig von uns, wenn wir selbst im Schriftlichen die Wirklichkeitsform der Gegenwart für ein Geschehen setzen, das in so ferner Zukunft liegt? Aber da seit Urväterzeiten in unserer Sprache nicht anders verfahren wurde, brauchen wir uns über diese Ungenauigkeit keine Gedanken zu machen.

Perfekt und Präteritum

Weit mehr kommt es auf die Unterscheidung von Perfekt und Präteritum an. Ganz so scharf, wie hier vorgeschlagen, wird sich die Trennung in der

Praxis nicht durchführen lassen. Der Süddeutsche bevorzugt das Perfekt, auch im geschriebenen Text, der Norddeutsche das Präteritum, auch in der täglichen Rede. Oft gebrauchen beide beides nebeneinander, aus rhythmischen Gründen und um das ewige „Gehabe" zu vermeiden:

> Das habe ich mir gleich gedacht und meinte deshalb . . .

Wer ein Erlebnis zum besten gibt, beginnt im Perfekt und fährt im Präteritum fort. „Wenn wir uns einmal selbst beobachten", schreibt Hans-Walter Erbe in seinem Buch ‚Der Sprache auf der Spur', „merken wir, mit welcher Sicherheit wir mit diesem Einstiegsperfekt, dem übrigens ein entsprechendes Ausstiegsperfekt gegenübersteht, umgehen. Stellen wir uns eine abendliche Gesellschaft vor. Man plaudert unbefangen. Es ergibt sich in der Unterhaltung, daß Herr Mayer sagt:

> Im letzten Herbst *habe* ich übrigens eine interessante Reise nach Brasilien *gemacht*.   **Einstiegsperfekt**

Die anderen horchen unwillkürlich auf . . . Herr Mayer ist plötzlich einer, auf den man erwartungsvoll schaut. Und wenn er diesen Moment nicht verpaßt und möglichst rasch einsetzt:

> Ich *flog* zuerst Ende Oktober nach Rio . . . ,

dann hat er seine Zuhörer in der Schlinge, und er kann sie nun in die Welt seiner Erinnerungen entführen; er erzählt und bewegt sich dabei, mit ihnen zusammen, in der Traumwelt des Präteritums. Kommt er zum Schluß und endet er auch noch im Präteritum, so bleiben seine Hörer vielleicht noch einen Augenblick etwas benommen. Man greift dann zum Weinglas oder macht irgendeine banale oder kluge Bemerkung. Der Erzähler kann aber auch von sich aus den Bann lösen: **Präteritum**

> Anfang Dezember kam ich wieder nach Rio. Dort bestieg ich das Flugzeug. Am 5. Dezember *bin* ich auf dem Flughafen in Frankfurt *angekommen*.   **Ausstiegsperfekt**

Perfekt: *Ich bin angekommen.* Jetzt ist Herr Mayer wieder ganz hier und entläßt seine Zuhörer aus der Erzählung. Der Perfektsatz bildet die Brücke zur Rückkehr in die Gegenwart."

Mit seinem stärkeren Bezug zur Gegenwart ist das Perfekt typischer für die Umgangssprache als das Präteritum. Da aber die Schlagzeilen der Zeitungen mit ihrer Vorliebe fürs Präteritum stilprägend sind, heißt es aufpassen. Lassen wir die beiden Zecher weiterhin fröhlich Sekt trinken, aber sehen wir zu, daß dabei das Perfekt nicht unter den Tisch fällt.

Sokrates starb durch Gift. Aber er ist nicht umsonst gestorben.

Der Redner redete und redete. Endlich sagte er: Ich habe gesprochen.

Merken Sie sich bitte diese beiden Beispiele. Dann werden Sie besser wissen, wann Sie das Imperfekt und wann Sie das Perfekt anwenden sollen.
HANS WEIGEL

Testbogen 11

1 „Er wird Lehrer, seiner Zimmerwirtin einen Heiratsantrag machen und von mir nicht für voll genommen." Was meinen Sie dazu?

werden

1 Die drei Funktionen des Hilfszeitworts ‚werden' dürfen wir nicht in einen Topf werfen.
... *wird* Lehrer = Kopula oder Satzband, das Subjekt und Prädikatsnomen verbindet
... *wird* einen Heiratsantrag *machen* = Zukunft, Tatform
... *wird* nicht für voll *genommen* = Gegenwart, Leideform

Kopula

Ein ähnliches Beispiel: *„Küken werden ausschlüpfen, Hühner und geschlachtet."* Daß es so nicht geht, fühlt ein Blinder mit dem Krückstock. Also: Aus den drei Funktionen von ‚werden' (Vollverb, Zukunft, Leideform) läßt sich kein Eintopfgericht machen, jedenfalls kein bekömmliches.

2 a) „Der *im Frühjahr* verstorbene Professor H. von der Universitätsfrauenklinik Berlin berichtete auf dem Münchner Ärztekongreß über eine Milzvenenruptur."

Zeitenfolge

b) „Der *inzwischen* verstorbene Professor H. von der Universitätsfrauenklinik Berlin berichtete auf dem Münchner Ärztekongreß über eine Milzvenenruptur."
Sind beide Fassungen eindeutig?

Auf einer Bauernhochzeit in der Auvergne erschien unangemeldet ein prominenter Gast. Am Steuer des alten ‚Deux Cheveaux' fuhr er im grauen Rollkragenpullover vor. Es war der verstorbene Staatspräsident Georges Pompidou!
Aus dem HAMBURGER ABENDBLATT

2 Nein. Fassung a) erweckt den Eindruck, daß Professor H. erst stirbt und im Anschluß daran einen Vortrag hält. Deshalb muß *berichten* die Vorzeitigkeit ausdrücken, also im Plusquamperfekt stehen. „... **hatte** auf dem Münchner Ärztekongreß über eine Milzvenenruptur **berichtet**."
Fassung b) ist einwandfrei. i n z w i s c h e n läßt erkennen, daß Professor H. zu einer Zeit starb, die *zwischen* seinem Bericht über eine Milzvenenruptur und dem Bericht über den Münchner Ärztekongreß lag.

3 Eine Frage, speziell für Leute von der Waterkant:
„Er sollte das wirklich nicht geschrieben haben."
„Sie sollte das nicht getan haben."
„Ich wollte Sie in der letzten Woche angerufen haben."

Wie sagt man statt dessen im übrigen Teil Deutschlands richtig?

Modalverben in zusammengesetzten Zeiten

3 Er hätte das wirklich nicht schreiben sollen.
Sie hätte das nicht tun sollen.
Ich habe Sie in der letzten Woche anrufen wollen.

4 „Es bleibt abzuwarten, ob sich die in der vergangenen Woche abzeichnende Gefahr einer Verhandlungskrise bestätigt."
Sind Sie damit einverstanden?

4 Mittelwörter der Gegenwart wie ‚abzeichnend' heißen, sollte man denken, deshalb so, weil sie gegenwärtiges Geschehen bezeichnen. Die vergangene Woche ist aber nicht mehr gegenwärtig. Also müßten wir das Mittelwort der Vergangenheit setzen, meinen Sie? Probieren wir es:
... *die in der vergangenen Woche abgezeichnete Gefahr* ...
Jetzt stimmt es erst recht nicht, denn es gibt wohl eine *abgezeichnete Vorlage* oder eine *abgezeichnete Figur*, nicht aber eine „abgezeichnete Gefahr".
In unserm Beispiel steckt noch ein Fehler. Eine Gefahr zeichnet nicht ab, sondern zeichnet s i c h ab. *sich abzeichnen* ist reflexiv. Reflexive Verben können keine Leideform und also auch kein Mittelwort der Vergangenheit bilden. Am besten machen wir aus der fragwürdigen Partizipialkonstruktion einen Nebensatz: ‚Es bleibt abzuwarten, *ob sich die Gefahr einer Verhandlungskrise, die sich in der vergangenen Woche abgezeichnet hat*, bestätigt.' (Vgl. hierzu Seite 272/273.)

reflexive Verben

5 „Sie war gestern beim Arzt gewesen."
Ist das gutes Deutsch?

5 Es heißt richtig: *Sie war gestern beim Arzt*. In Süddeutschland ist beim Berichten von Begebenheiten das Perfekt üblich: *Sie ist gestern beim Arzt gewesen*. Die Vorvergangenheit *war gewesen* darf nur ausnahmsweise gebraucht werden, und zwar dann, wenn die Vorzeitigkeit einer Begebenheit betont werden soll:
Ich traf sie gestern auf der Straße und dachte, sie gehe zum Arzt, aber sie w a r schon beim Arzt g e w e s e n.

Plusquamperfekt

sein

Zeitenfolge

6 „Ich werde kommen, wenn ich meine Arbeit beendet haben werde."
Das ist ein logisch und grammatisch korrekt gebildeter Satz, aber kein Deutsch. Ins Deutsche übersetzt: *Ich komme, sobald ich meine Arbeit beendet habe*. Was hat sich, grammatisch gesehen, bei der Transformation geändert?

6 D a s F u t u r I (des Hauptsatzes) w u r d e z u m P r ä s e n s, d a s F u t u r II (des Nebensatzes) z u m P e r f e k t.

Präsens und Perfekt für Futur I und II

7 Aus einem Reisebericht: „Wie gern wären wir noch geblieben! Aber der Urlaub war zu Ende, der Rückflug längst gebucht: morgen früh um 7 Uhr 35 ging unsere Maschine nach Amsterdam."
morgen früh ging unsere Maschine – dichterische Freiheit oder falsches Deutsch?

7 Weder – noch. *morgen früh ging* (für ‚am Morgen des darauffolgenden Tages ging') ist eine in der Literatur nicht selten verwendete und durchaus anerkannte Stilfigur. Der Erzähler vollzieht Erlebtes nach – so intensiv, daß Vergangenes für ihn noch einmal Zukunft wird *(morgen früh)*. Da er aber in der Vergangenheit weitererzählt, setzt er auch Kommendes ins Präteritum *(ging unsere Maschine nach Amsterdam)*. Als ‚erlebte Reflexion' können wir uns dieses S t i l mittel der Vergegenwärtigung verständlich machen. Gekonnt angewendet, erhöht es die Spannung.

Präteritum

Mir oder mich?

Zweifelsfälle bei der Fallfolge nach Zeitwörtern

Rektion

Ick liebe dir? Ick liebe dich?
Wie's richtig is, ick weeß es nich,
Und 's is mich ooch Pomade.
Ick lieb nich uff den dritten Fall,
Ick lieb nich uff den vierten Fall,
Ick lieb uff alle Fälle!

Nun, so „piepe", wie es ihm hier unterstellt wird, ist es dem Berliner nicht, ob ein Zeitwort mit dem Wemfall (Dativ) oder mit dem Wenfall (Akkusativ) gebraucht wird. Bei seiner Vorliebe für den Dativ greift er zwar öfter daneben und sagt *mir* statt *mich* und *Ihnen*, wo es *Sie* heißen müßte, aber auch anderswo ist man sich nicht immer darüber klar, mit welchem Fall bestimmte Zeitwörter verbunden werden müssen. Die Grammatik spricht hier von der Fallfolge nach Zeitwörtern oder von der Rektion der Verben; *Rektion*, weil jedes Zeitwort einen bestimmten Fall *regiert* (lateinisch *rectio* hat die Grundbedeutung ‚Lenkung').

In der Schule haben wir wohl alle einmal gelernt, daß wir den richtigen Fall erfragen können. *Wem* bin ich dankbar? *Ihnen* (Dativ). *Wen* erwarte ich? *Sie* (Akkusativ). Der Sprachwissenschaftler Dr. Wolfgang Müller nennt diese Fragemethode ein „Schulgrammatikmärchen", denn man erfrage ja immer nur den Kasus, den man erwartet. „*Wem* liebt er?" fragt der waschechte Berliner. Und seine Antwort lautet mundartgerecht: „Ihr liebt er, natürlich – *wem* denn sonst?"

Da auf die Fragemethode in der Tat kein Verlaß ist, bleibt uns nur, ein paar Verben mit schwankender Rektion einzeln in die Hand zu nehmen.

bescheren

bescheren

Alle Jahre wieder kommt das Christuskind, und alle Jahre wieder taucht in den Zeitungen die Behauptung auf, daß irgendein Verein die Kinder eines Kinderheimes mit Süßigkeiten beschert habe oder daß durch das Rote Kreuz die Insassen eines Altersheims beschert worden seien. Eine schöne Bescherung, denn bei diesen Mitteilungen haben die Reporter sich nicht im geringsten um die Grammatik geschert.

nicht Akkusativ oder Nominativ	sondern Dativ
Ein Verein bescherte die Kinder mit Süßigkeiten.	Ein Verein bescherte den Kindern Süßigkeiten.
Die Insassen eines Altersheimes wurden vom Roten Kreuz beschert.	Den Insassen eines Altersheimes wurde vom Roten Kreuz beschert.

Kontamination

Wahrscheinlich wird *bescheren* so oft fälschlich mit dem Akkusativ verbunden, weil man an *beschenken* denkt. *bescheren* bedeutet aber nicht ‚beschenken', sondern ‚schenken': einem etwas bescheren = einem etwas schenken. Allerdings ist die Fügung ‚bescheren + Akkusativ der Person' bereits so gebräuchlich, daß sie alle Aussicht hat, zur Regel zu werden.

bestehen auf

bestehen auf

Besteht er auf seinem Recht? Oder besteht er auf sein Recht? Beides ist möglich, heute ist der Wemfall gebräuchlicher.

sowohl Dativ	als auch Akkusativ
Ich bestehe auf meinem Recht . . . auf meiner Forderung.	. . . auf mein Recht. . . . auf die Erfüllung meiner Forderung.
. . . auf der Kündigung.	. . . auf seine Entfernung.

Dagegen ist nach *beharren* nur der Dativ richtig:
    Er beharrte auf seinem Standpunkt.

beharren auf

erinnern

erinnern

    „Ich erinnere eine liebe alte Frau, die ich seit Jahren nicht mehr gesehen habe."

Der Leser möchte gern wissen, woran oder an wen die liebe alte Frau erinnert werden soll, aber der Leser befindet sich auf dem Holzweg, der Satz ist zu Ende. Wir haben es hier mit allerneuestem Sprachgebrauch zu tun, vermutlich mit einem Anglizismus.

Anglizismus

    Der Engländer sagt: „*I remember him.*"
    Wörtlich übersetzt: „*Ich erinnere ihn.*"

Erinnern Sie sich noch an Dr. Sommerkamp alias Papa Gnädig, der in 33 Folgen des beliebten Hamburger „Fernsehgerichts" als Richter fungierte? Er hatte ein so ausgezeichnetes Gedächtnis, daß er immer wieder *irgend etwas erinnerte* (Akkusativ). Dieser zielende Gebrauch von *erinnern*, ursprünglich nur auf einige Gegenden Norddeutschlands beschränkt, breitet sich im geschriebenen Deutsch immer stärker aus, ist aber noch nicht vom Duden sanktioniert. Wir gebrauchen *erinnern* in diesem Zusammenhang reflexiv:

Das zielende *erinnern* ist bereits Literatur. So heißt es bei Günter Grass: „Ich erinnere Ostermärsche, bewegt vom Protest gegen die Atombombe."

Neudeutsch: „Ich entsinne ihn" (statt: Ich entsinne mich an ihn). Schlechte Beispiele machen schneller Schule. Das nennt man dann ‚Analogiebildung'.

    Ich erinnere mich an eine liebe alte Frau.

erinnern mit dem Genitiv

    Ich erinnere mich seines letzten Besuches

klingt sehr gewählt, fast veraltet; man findet diese Verbindung nur noch in der gehobenen Sprache. Normalerweise verbinden wir *erinnern* mit dem Verhältniswort ‚an':

    Ich erinnere mich an seinen letzten Besuch.

Ein Österreicher erinnert sich allerdings *auf* diesen letzten Besuch. Schuld daran ist wahrscheinlich eine Verquickung von ‚sich erinnern an' und ‚sich besinnen auf'.

Kontamination

zurückerinnern   Wer behauptet, er könne sich noch gut an diesen letzten Besuch „zurückerinnern", redet Unnützes. Sich zu erinnern genügt.

kleiden

kleiden

„Gnädige Frau, der Hut steht Ihnen ausgezeichnet, und wie gut Ihnen das neue Kostüm erst kleidet!"

Irrtum, mein Herr. Der Hut steht zwar der Dame ausgezeichnet, aber das neue Kostüm kleidet ihr nicht. Ihr Kompliment ist mitteldeutsche Umgangssprache: *kleiden* regiert den Akkusativ.

nicht Dativ	sondern Akkusativ
Das neue Kostüm kleidet Ihnen.	...kleidet Sie.
...kleidet der Dame.	...kleidet die Dame.

kleiden in   Auch *kleiden in* wird immer mit dem Akkusativ verbunden:

Sie war *in ein langes* Seidengewand gekleidet (nicht: „in einem langen").

kosten

kosten

Der Anbau kostet den Hausbesitzer 40000 DM. Oder sollte er diese 40000 DM dem Hausbesitzer kosten?

sowohl Dativ	als auch Akkusativ
Es kostet ihm den Kopf.	Es kostet ihn den Kopf.
Es kostet mir Geld.	...mich Überwindung.
Es kostet ihr viel Zeit.	...sie ein Lächeln.

Schopenhauer meinte, „dieser Löwe kostet mich" könne nur der Menageriebesitzer sagen, der von ihm gefressen wird. Die sprachliche Entwicklung scheint diese Ansicht zu stützen. Der Gebrauch des Akkusativs geht zurück, findet sich eigentlich nur mehr bei übertragener Bedeutung; der Dativ setzt sich in der Alltagssprache immer stärker durch – selbst bei Preisangaben, doch gilt hier der Akkusativ der Person als stilistisch besser:

Der Anbau kostet *den* Hausbesitzer (ihn) 40000 DM.

Allerdings lauten *kosten* = ‚zu stehen kommen' und *kosten* = ‚eine Speise versuchen' nur zufällig gleich, von Hause aus haben sie nichts miteinander zu tun. *kosten* im Sinne von ‚Geld kosten' leitet sich vom lateinischen Zeitwort *constare* her, es drang im 12. Jahrhundert über Frankreich zu uns

Etymologie

kostbar

und wurde mit seinen adjektivischen Ableitungen *kostebære* (kostbar), *kostelich* und *kosterîche* ein Modewort der Ritterzeit. – *kosten* im Sinne von ‚probieren', ‚versuchen' ist mit dem alten deutschen Wort *kiesen* = ‚wäh-

erkoren
Kür
Kurfürst

len' verwandt. Auch *erkoren* (gewählt), *Kür* (nach freier Wahl zusammengestellte sportliche Übung) und *Kurfürst* (eigentlich ‚Wahlfürst') gehören in diese Wortfamilie.

kündigen

Bei Sachen regiert *kündigen* den Akkusativ: ich kündige den Mietvertrag, die Wohnung, das Darlehen, die Stellung. In diesem Sinne ist *kündigen* transitiv und läßt, wie die meisten zielenden Verben, eine Passivbildung zu. Ich darf also einen Vertrag, der *gekündigt wurde*, einen *gekündigten Vertrag* nennen, ebenso wie ich von einer *gekündigten* Wohnung, einem *gekündigten Darlehen* und einer *gekündigten Stellung* sprechen kann.
Bei Personen wird *kündigen* aber nicht mit dem Akkusativ, sondern mit dem Dativ verbunden, also intransitiv gebraucht. Intransitive Verben können nur ein unpersönliches Passiv bilden.

nicht	**sondern**
Der Vorstand kündigt das Mitglied.	. . . kündigt dem Mitglied.
Das Mitglied wurde gekündigt.	Dem Mitglied wurde gekündigt.
Das gekündigte Mitglied . . .	Das Mitglied, dem gekündigt wurde . . .

Als Angestellter kann ich also kündigen oder kann meine Stellung kündigen. Die Firma hingegen kann mir, kann meine Stellung oder kann mir meine Stellung kündigen. In diesem Falle wäre ich dann weder gekündigt noch ein gekündigter Angestellter, sondern ich wäre jemand, dem gekündigt worden ist, oder ich wäre ein Angestellter in gekündigter Stellung.

Gib also acht und sage nie:
„Er kündigt ihn." „Er kündigt sie."
Nur richtig ist, das merke dir:
Er kündigt ihm; er kündigt ihr.

rufen

„Wer ruft mir?" fragt der Geist im „Faust" und versetzt mit dieser Frage immer wieder norddeutsche Gemüter in Aufregung. Sollte Goethe wirklich nicht gewußt haben, daß *rufen* den Akkusativ verlangt? Nun, Goethe hatte es sicher gewußt, aber sich dennoch für den Dativ entschieden. Weswegen wohl? Im Süden und im Südwesten unseres Landes hat *rufen* zwei Bedeutungen, und der Unterschied zwischen *jemanden rufen* (Akkusativ) und *jemandem rufen* (Dativ) ist dort heute noch lebendig.

   a) *jemanden rufen:* herbeirufen, wobei nicht unbedingt gerufen zu werden braucht: *er ruft ihn zu sich, ruft sie ins Zimmer.*
   b) *jemandem rufen:* nach jemandem rufen, etwas mit lauter Stimme sagen, woran aber nicht unbedingt die Aufforderung geknüpft sein muß, daß der andere sofort kommen soll.

Während in Nord- und Mitteldeutschland *rufen* ausschließlich den Akkusativ regiert, unterscheidet ein Süddeutscher folgendermaßen: „Wenn ich mein Kind im Garten sehe, dann rufe ich *es* zum Mittagessen; wenn ich aber nicht weiß, wo es sich herumtreibt, dann rufe ich *ihm*." So sagt man auch in Süddeutschland am Telefon: „Ich rufe Ihnen wieder an, oder wollen Sie mir zurückrufen?"

Diese Ausdrücke süddeutscher Mundart dürften weiter nördlich verständnislos belächelt werden, weil kein Regelbuch sie rechtfertigt – aber sie als falsch zu bezeichnen wäre völlig verfehlt. Im Gegenteil, hier hat die Mundart ein Mittel zur feineren Unterscheidung bewahrt, das die Schriftsprache im Laufe des 19. Jahrhunderts aufgab.

schlagen

schlagen

Was ist nun richtig?
a) Ich habe *mir* mit dem Hammer auf den Daumen geschlagen;
er schlägt *ihr* auf die Schulter;
b) Ich habe *mich* mit dem Hammer auf den Daumen geschlagen;
er schlägt *sie* auf die Schulter.

Vermutlich wird sich unser Sprachgefühl für die Beispiele unter a) entscheiden, obwohl auch die Wendungen unter b) zulässig sind. Warum ist das eigentlich so? Wir verbinden doch *schlagen* sonst ausschließlich mit dem Akkusativ:

      man schlägt Kinder nicht.

Nun, hier liegt ein Bedeutungsunterschied vor. Es ist etwas anderes, ob ich jemanden schlage (Akkusativ) oder jemandem ins Gesicht schlage (Dativ). Ein Vater, der sich über die unordentliche Handschrift seines Sohnes ärgert, kann dem Sprößling folgende Strafen androhen: „Entweder du schreibst jetzt ordentlich, oder

    a) ich schlage dich;
    b) ich schlage dir das Schulheft um die Ohren."

Vom Schlagen würde das ganze Menschlein betroffen samt Hosenboden und Zubehör – das Um-die-Ohren-Schlagen zielt nur auf den Kopf. *schlagen* wird also mit dem Akkusativ verbunden, wenn es auf die ganze Person abzielt, mit dem Dativ, wenn nur ein Körperteil in Mitleidenschaft gezogen wird. Entsprechendes gilt für andere Zeitwörter, die eine körperliche Berührung ausdrücken, wie *beißen, brennen, greifen, klopfen, kneifen, küssen, kratzen, schneiden, stechen, stoßen, treten.*

Akkusativ	**Dativ**
(wenn der ganze Mensch betroffen ist)	(wenn ein Körperteil besonders betroffen ist)
Der Hund hat mich gebissen.	... mir ins Bein gebissen.
Du hast mich gekniffen.	... mir in den Arm gekniffen.
Ich habe mich geschnitten.	... mir in den Finger geschnitten.
Hoffentlich habe ich Sie nicht getreten?	... Ihnen nicht auf den Fuß getreten?

beißen
kneifen
schneiden

treten

An sich eine einfache Unterscheidung, die nur den einen Nachteil hat: sie ist etwas zu grob für die Feinheiten unserer Sprache. Warum wohl hat der Haudegen Oberst Ollendorf in der Operette „Der Bettelstudent" *sie* ja nur auf die Schulter geküßt, statt *ihr* auf die Schulter zu klopfen? Und darf man wirklich nicht sagen:

    „Der Hund hat *mich* ins Bein gebissen"?   *beißen*

Man darf. Es kommt darauf an, was man als wichtiger ansieht. Will man ausdrücken, daß durch den Biß das Bein verletzt wurde und man nun nicht gut laufen kann, entscheide man sich für den Dativ:

    Der Hund hat *mir* ins Bein gebissen.

Will man aber betonen, daß man von einem Hund gebissen wurde, der es auf die Wade abgesehen hatte, setzt man besser den Akkusativ:

    Der Hund hat *mich* gebissen, und zwar ins Bein,

oder

    Der Hund hat *mich* ins Bein gebissen.

Bei bildlichen Redewendungen steht im allgemeinen der Dativ: Das schlägt *der* Wahrheit ins Gesicht; das stach *mir* sofort ins Auge; der Rauch beißt *ihm* in den Augen/ in die Augen; die Arbeit brennt *mir* auf den Nägeln. – Aber Akkusativ: Das trifft *den* Nagel auf den Kopf.

versichern   *versichern*

Wenn Sie eine Feuerversicherung abschließen, *versichert Sie* die Versicherungsgesellschaft gegen Feuerschaden. Gleichzeitig *versichert Ihnen* die Versicherungsgesellschaft, daß sie alles in ihren Kräften Stehende tun werde usw.

Die Fügung mit dem Akkusativ:

    „Ich versichere Sie, daß ich es aufrichtig meine"

gilt zwar nicht als falsch, aber als veraltet.

Auch Wendungen mit dem Akkusativ der Person und dem Genitiv der Sache wie

    „Ich versichere Sie meiner Hochachtung"; „. . . Sie meines Beileids"

sind heute nicht mehr gebräuchlich. Der Genitiv wird bei der Rektion der Zeitwörter nur noch verhältnismäßig selten gebraucht, und wo er auftaucht, wirkt er oftmals altmodisch oder gesucht. Statt

    „Ich versichere dich meines Beistandes"

sagt man heute eher:

    Ich versichere dir, daß ich dir helfen werde.

Es ist immer besser, sich alltäglich und unauffällig auszudrücken als gewollt oder gar altertümelnd gespreizt.

Testbogen 12

1 „Karl-Heinz will mich heiraten", gesteht Tochter Inga, „er meint es aufrichtig und versicherte mir seine Liebe." „Bei welcher Versicherungsgesellschaft?" will der Vater wissen. Er ist der Ansicht, daß eine Zwanzigjährige, die nicht einmal Deutsch könne, auch nicht heiratsfähig sei.
Konnte Inga wirklich kein Deutsch?

versichern

[1] Zu Vaters Zeiten war es üblich, daß ein junger Mann *die Angebetete seiner Liebe versicherte* (Akkusativ der Person + Genitiv der Sache). Die Zeiten sind vorbei. Heute hat Inga nicht unrecht, wenn sie *versichern* auch im Sinne von ‚beteuern' mit dem Dativ verbindet, allerdings sollte sie dann einen Nebensatz anschließen: e r v e r s i c h e r t e m i r , d a ß e r m i c h l i e b t .

2 Heißt es „Das geht Ihnen nichts an" oder „Das geht Sie nichts an"? Und wie lautet die richtige der beiden Formen im Perfekt?

angehen

[2] Heute wird *angehen* mit dem Akkusativ verbunden: Das geht S i e nichts an. Der Dativ nach *angehen* ist veraltet, er findet sich nur noch in der Umgangssprache.

Entsprechend ‚Das betrifft Sie nicht / *hat Sie nicht* betroffen' müßte das Perfekt von *angehen* mit *haben* gebildet werden: „Das hat Sie gar nichts angegangen!" – wird es aber nicht. Perfekt und Plusquamperfekt von *angehen* im Sinne von ‚betreffen' sind u n g e b r ä u c h l i c h . Als Vergangenheit steht uns nur das Präteritum zur Verfügung: „Das ging Sie gar nichts an!"

3 „Gesetzt der Fall, ich wäre einverstanden ..." oder „Gesetzt den Fall, ich wäre einverstanden ...?" Oder ist beides richtig?

gesetzt den Fall

[3] Nach Dudens Meinung darf in diesem Fall n u r d e r A k k u s a t i v stehen: *gesetzt den Fall*.

4 „Als Anlage erhalten Sie die Unternehmerliste mit der Bitte, sie in dem (oder in den?) Geschäftsbericht aufzunehmen."
Wofür würden Sie sich entscheiden?

aufnehmen in

[4] *in* gehört zu den Verhältniswörtern, die, je nachdem, ob man ‚wo?' oder ‚wohin?' fragen kann, Dativ oder Akkusativ regieren. Wo ist die Liste aufzunehmen? In *dem* Bericht. Wohin ist die Liste aufzunehmen? In *den* Bericht. Da beide Fragen möglich sind, müßten beide Fälle zulässig sein. Doch wo in der Sprache zwei grammatische Formen als richtig gelten, setzt sich gewöhnlich eine der beiden stärker durch. *aufnehmen in* regiert heute überwiegend den A k k u s a t i v : Angaben werden *in eine Liste, ins Stenogramm, in die Ladepapiere aufgenommen*; ein Theaterstück wird *in den Spielplan aufgenommen*, ein Zehnjähriger *in die Realschule*, ein Bewerber *in die Partei*. Entsprechend ist die Liste *in den Geschäftsbericht aufzunehmen*.

5 „Es lohnt die Mühe nicht." – „Es lohnt der Mühe nicht."
Wie muß es richtig heißen?

> **5** Beides ist richtig. Üblicher ist der 4. Fall: Es lohnt die Mühe nicht. *lohnen*

6 *steuern* wird meistens mit dem Akkusativ, hin und wieder mit dem Dativ verbunden. Wann womit? *steuern*

> **6** In der Bedeutung ‚lenken, günstig vorantreiben' steht der Akkusativ: *ein Schiff steuern, sich selbst um die Klippen herumsteuern*; in der Bedeutung ‚einer Sache Einhalt tun, sie hemmen, unterbinden, beenden' steht der Dativ: *einer Notlage, einem Mißstand, dem weiteren Verfall des Gebäudes steuern.*

7 *mir deucht / mich deucht* stehen gleichberechtigt nebeneinander.
Wie heißt der Infinitiv von *mir deucht*?

> **7** Die Grundform ist ungebräuchlich; denn *mir / mich* deucht war ursprünglich eine Konjunktivform von *dünken*, hat inzwischen aber indikativische Bedeutung angenommen und drückt, wo es heute noch gebraucht wird, das gleiche aus wie *mir dünkt / mich dünkt*. *dünken*

8 „Wo uns der Schuh drückt" heißt eine Sendefolge des Berliner Rundfunks. Dem *uns* kann man nicht ansehen, ob es Akkusativ oder Dativ ist, ob der Schuh also den Berliner oder dem Berliner, die Berliner oder den Berlinern drückt. Wen (oder wem?) drückt der Schuh?

> **8** Für den Berliner ist die Sache klar wie Kloßbrühe: „Mir drückt der Schuh" – aber das ist nur berlinisch. In reinem Hochdeutsch ist bloß der Akkusativ gestattet: der Schuh drückt mich, den Berliner (Einzahl) oder die Berliner (Mehrzahl). *drücken*

9 In Berlin sagt man bekanntlich immer *mir*, auch da, wo es richtig ist. Berliner Brautvater zum Wiener Bräutigam: „Wollen Sie mir Ihren Vater nennen?" *mir / mich*
„Mein Vater heißt Ferdinand Burgmüller."
„Nicht doch! Ich will Ihnen meinen Sohn nennen."
„So, Sie haben auch noch einen Sohn?"
„Nu verstehen Sie mir doch: Sie sollen mir Ihren Schwiegervater nennen!"
„Entschuldigen Sie: Ich bin doch ledig."
„Eben. Und darum will ich Ihnen meinen Schwiegersohn nennen."
„Sie haben schon einen – was?"
„Also nun: Wollen Sie meine Tochter heiraten? Ja oder nein?"

Nicht nur in Berlin, in ganz Norddeutschland steht man mit *mir* und *mich* auf dem Kriegsfuß. Wie können wir uns das erklären?

> **9** In diesem Gebiet wurde früher Platt gesprochen, und das Plattdeutsche hat für den Dativ *mir / dir* und den Akkusativ *mich / dich* nur die Einheitsform *mi / di*. Mit dem Sieg des Hochdeutschen über das Niederdeutsche schwand dieser paradiesische Zustand ein für allemal dahin. Geblieben ist die Unsicherheit in der Unterscheidung der ursprünglich gleichlautenden Formen. **Plattdeutsch**

Das Hauptwort

Das Wort, das Dinge beim Namen nennt

Das Substantiv als Ausdrucksmittel unserer
verwalteten Welt

Johann Christoph Gottsched, so hieß einst ein hochgeachteter Gelehrter. Nach Darstellung seiner Zeitgenossen muß er ein stattlicher Mann gewesen sein: hohe Stirn, schmale Nase, energisch vorspringendes Kinn und eine wallende Allongeperücke (unter der sich übrigens, wie der junge Goethe zu seinem Entsetzen bemerkte, eine spiegelblanke Glatze verbarg). Dieser Mann namens Gottsched wirkte vor über zweihundert Jahren als Professor der schönen Künste und der Beredsamkeit in Leipzig, wo er unter vielen anderen Büchern auch eine „Deutsche Sprachkunst" verfaßte. Er soll es gewesen sein, der für das lateinische S u b s t a n t i v die Verdeutschung H a u p t w o r t erfand.

Substantiv

Vom Bildgehalt der Sprache

Wer unsere Sprache rein als Stilkundler betrachtet, hält Gottscheds Verdeutschung mit Recht für einen Fehlgriff; denn wenn überhaupt einer Wortart der Vorrang gebührte, dann müßte das Zeitwort „Hauptwort" sein. Hören wir ein Dingwort, und zwar ein greifbares, ein konkretes Substantiv, so formt unser Vorstellungsvermögen kein festumrissenes, sondern nur ein verschwommenes, ungewisses Bild. Ein *Rad* – wievielerlei Gestalt kann so ein Rad vor unserm innern Auge annehmen! Der Großstadtmensch denkt nicht zuerst ans *hölzerne Wagenrad*, bekommt er doch nur selten noch ein Fuhrwerk zu Gesicht. Näher liegt ihm der Gedanke an das *Rad eines Kraftwagens*, das an manchen Sportwagen ein *Drahtspeichenrad* wie Anno dazumal, üblicherweise aber ein *Scheibenrad* ist. Ein Eisenbahner denkt sich ein *Eisenbahnrad*; ein Techniker sieht im Rad das Getriebeelement: *Zahn-, Reibungs-* und *Schraubenrad*.

Rad

Ein Junge mag zuerst an *sein Rad* denken, mit dem er zur Schule oder Rennen fährt, das *Dreirad* bleibt dem kleinen Bruder vorbehalten. Auf der Festwiese steht neben dem *Glücksrad* das *Riesenrad*. Mit *Sonnenrad* meint der Kulturgeschichtler die ornamentale Darstellung eines Rades auf Gefäßen und Geräten aus uralter Zeit. Das *Rad als Folterinstrument* wurde in Preußen erst nach 1740 abgeschafft. – Ein Irrtum zu glauben, mit dieser Aufzählung seien die vielfältigen Erscheinungsformen ‚Rad' annähernd erfaßt. Da gibt es noch das *Lebensrad* als religiöses Sinnbild des Buddhismus, das *geflügelte Rad* als Sinnbild des Verkehrs, das *Rad der Geschichte*, das sich nicht mehr zurückdrehen läßt, das *fünfte Rad am Wagen* – und das Rad, das nur durch die Bewegung des menschlichen Körpers lebt. Selbst wer niemals in Düsseldorf auf der Kö das possierliche Schauspiel der kleinen Radschläger erlebt hat, sieht bei dem Ausdruck *ein Rad schlagen* deutlich den Vorgang, die Bewegung, das Bild. Das Zeitwort ‚schlagen' füllt das verschwommene Wortbild ‚Rad' mit Bewegung, umreißt es und hebt es scharf ab vom gleichlautenden Substantiv andern Inhalts.

Mit dem Zeitwort fangen wir das Leben ein – vorausgesetzt, wir finden das treffende Verb. ‚Das Rad dreht sich' sagt nichts aus, alle Räder drehen sich oder drehen sich nicht; daß sie sich drehen, ist ihre Funktion. ‚Räder rollen' schränkt bereits ein auf Fortbewegung, Transport, auf grollendes rhythmisches Rollen auf nächtlichen Straßen, auf Schienen aus Stahl. Wer von den Älteren dächte da nicht an die fatale Parole der letzten Kriegsjahre, mit weißer Farbe auf jede Lokomotive geschmiert? „Räder müssen rollen für den Sieg!" Goebbels und sein Propagandaministerium verstanden sich auf Werbewirksamkeit. Rhythmus und Stabreim (Alliteration: *R*äder *r*ollen) wirken wie Marschmusik, sie werden nicht vom Verstand kontrolliert, sie gehen den Massen direkt ins Blut.

Alliteration

Dagegen ein Bild aus dem ganz andern Bereich der Dichtkunst, das durch den Klang bezaubert: ‚Das Rad brauste und rauschte.' Der phantasiebegabte Leser weiß, daß wir ein Rad nur brausen und rauschen hören, wenn es vom Wasser getrieben wird, und dem Belesenen kommt auch gleich ein ganz bestimmtes Mühlrad in den Sinn: „Das Rad an meines Vaters Mühle brauste und rauschte." So ließ im Jahre 1826 Joseph Freiherr von Eichendorff seinen „Taugenichts" beginnen. Eichendorff war einer der Größten derjenigen Epoche, die die Literaturgeschichte „deutsche Romantik" nennt.

Es sollte hier nur angedeutet werden, wie die gleiche Sprache politisch zu verführen und poetisch zu bezaubern vermag, wenn Könner sie gebrauchen. Wortwahl, Rhythmus, Wohlklang und vor allem das gelungene Verb sind Voraussetzungen eines wirksamen Stils. Wer lebhaft und anschaulich schreiben will, halte sich an diese Ausdrucksmittel, ob er nun als Schüler der oberen Klassen vor seinem Aufsatzheft sitzt, als Texter einen Katalog zu gestalten hat „Silbernes Tischgerät – heute" oder als junger Literat an seinen ersten Kurzgeschichten erfährt, wie schwer es ist, leicht zu schreiben. Für alle aber, die Geschäftsbriefe diktieren, Fachberichte verfassen, Verhandlungen protokollieren, Tagungsprogramme aufstellen, Reden halten und Diskussionen leiten, kommen daneben andere Gesichtspunkte in Betracht: Klarheit, Genauigkeit, Eindeutigkeit, ja, zuweilen eine Präzision, die nur durch das Substantiv gewährleistet wird.

Der Unterschied zwischen dem richtigen Wort und dem beinahe richtigen ist derselbe wie zwischen dem Blitz und einem Glühwürmchen.
MARK TWAIN
(1835–1910)

Es hieße einseitig sein, wollten wir unsere Beschäftigung mit der Sprache nur als Stilkritik auffassen. Sprache ist nicht nur Mittel zur Beeinflussung der Massen (Propaganda und Werbung), nicht nur Mittel zur Verzauberung der Welt (Dichtkunst) – Sprache ist zuallererst Mittel zur Kommunikation: Wir sprechen und schreiben, um uns zu verständigen, wir wollen uns verständigen, um uns zu verstehen. So entscheidend als Ausdrucksmittel das Zeitwort in der gezielten Werbung und Propaganda wie auch in der beschreibenden und erzählenden Dichtung ist, so wenig trägt es und prägt es unser Alltagsdeutsch. Wir brauchen nun mal Benennungen für die Dinge, mit denen wir unser immer anspruchsvoller und komplexer wer-

Nominalisierung

dendes Dasein ausstaffieren und ordnen: Der Trend zur N o m i n a l i s i e - r u n g ist unbestreitbar. Das Verb ist auf dem Rückzug.

Warum heißt das Hauptwort ‚Hauptwort'?

Gottsched muß sich etwas gedacht haben, als er das Hauptwort ‚Hauptwort' nannte. Wenn zweihundert Jahre lang Stilkundler diesen Namen für einen Fehlgriff hielten, warum haben sie ihn dann nicht längst durch einen bessern ersetzt? Sie haben den Versuch gemacht.

Zur Zeit lernen Grundschüler die Regel: „Wörter, mit denen wir Dinge bezeichnen können, nennen wir Namenwörter."

Erstkläßler lernten früher das Hauptwort als D i n g w o r t kennen; ‚Dingwort', weil es Dinge bezeichnet, die man anfassen kann. Dingwörter werden groß geschrieben, wird auf der Schule gelehrt.

Das hat sogar Mäxle begriffen, ein pausbäckiger kleiner Kerl, dessen Kopf so voller Allotria steckt, daß vernünftige Gedanken darin keinen Platz mehr haben. Aber die Regel von den Dingwörtern kann Mäxle im Schlaf

Großschreibung

herbeten: „Die Nase kann ich anfassen, also ist ‚Nase' ein Dingwort und wird groß geschrieben; die Katze kann ich anfassen, also ist ‚Katze' ein Dingwort und wird groß geschrieben." Dann muß Mäxle einen Aufsatz schreiben: „Ein Hund aus unserer Nachbarschaft." Mäxle schreibt: „Unsere Nachbarn heißen Hannemann. Hannemanns haben einen hund. Der hund heißt Lux." Die Lehrerin wird ärgerlich: „Mäxle, was für ein Wort ist ‚Hund'?" Mäxle sagt die Regel auf: „Den Hund kann ich anfassen, also ist ‚Hund' ein Dingwort und wird groß geschrieben." „Und warum schreibst du ‚Hund' klein?" Darauf Mäxle: „Weil – Hannemanns Lux kann man nicht anfassen, der beißt."

Was sollte Mäxle wohl anfangen mit den „Dingwörtern" *Beschaffenheit, Ordnung, Selbständigkeit*? Diese „Dinge" beißen zwar nicht wie Hannemanns Lux, aber anfassen lassen auch sie sich nicht. ‚Dingwort' ist eine unzulängliche Bezeichnung. Bleiben wir darum wohl oder übel bei ‚Hauptwort'. Um aber auf unsere Ausgangsfrage zurückzukommen: Warum wurde nicht das Verb, sondern das Substantiv mit ‚Hauptwort' verdeutscht? E i n e Antwort liegt schon in der Quantität: Nur knapp ein Viertel unseres gesamten Wortbestandes entfällt auf die Verben, mehr als die Hälfte unserer Wörter sind Hauptwörter.

Konkreta

Wir schlagen morgens die Augen auf. Unser Blick fällt auf *Bett, Schrank, Stuhl, Tisch,* auf greifbare Dinge unseres Alltags: gegenständliche, konkrete Hauptwörter. Genauso faßlich, genauso konkret: *Morgenzeitung, Aktentasche, Frühstücksbrot.* Aber auch, was uns tagsüber bewegt, treibt, stimmt: *Freude, Hoffnung, Wille, Unbehagen, Schläfrigkeit* sind Hauptwörter, weniger faßlich, nicht greifbar, daher ‚abstrakt' genannt.

Abstrakta

Der Bestand dieser Abstrakta ist sich über Jahrhunderte hinweg ungefähr gleichgeblieben, weil auch wir Menschen uns ungefähr gleichgeblieben sind. Die heute so viel zitierte Lebensangst, Furcht vor der Selbstzerstörung durch atomare Kräfte, gleicht der Endzeiterwartung der ersten nachchristlichen Jahrhunderte und der Angst, mit der der mittelalterliche Mensch den Weltuntergang erwartete. Geburt und Tod stellen uns vor immer gleiche Grenzsituationen, und was wir angesichts des Todes empfinden, unterscheidet sich nicht wesentlich von dem, was unser Urahn empfand.

Gewiß, wir wechseln Wörter aus. Worte wie *Harm* und *Weh* und *Leid* klingen uns schon seltsam veraltet, dafür gehen unmerklich Fachwörter der

Medizin in den aktiven Wortschatz des einzelnen über: *Gastritis, Herzinfarkt, Anämie.* Das *Leid* verflacht sich zum *Leiden* (Magen-, Gallenleiden), und der *Schmerz*, der erlitten, ertragen, erduldet und ausgehalten werden mußte, wird abgeschwächt zu *Schmerzen*, gegen die man Tabletten schlucken kann.

Stärker, viel stärker als unser Verhalten verändern wir Menschen die Erscheinungsformen unserer äußeren Welt. Was hat sich hier nicht alles in den letzten Jahrzehnten getan! Technischer Fortschritt brachte Neues auf vielen Gebieten, das Neue brauchte Namen, und diese Namen werden fast alle nach Schema F gebildet: *Geschirrspülmaschine, Mikrowellenherd, Funksprechanlage, Sondermülldeponie, Tarnkappenbomber, Solargaragentorantrieb.* Das ist die große Stärke unserer Sprache: durch immer wieder neue Zusammensetzungen immer wieder neue Hauptwörter zu schaffen. Gegen solche konkreten Substantive ist wenig einzuwenden, höchstens, daß sie zu genau, zu lang und zu unhandlich sind. Kurze Ur-Wörter wie *Mann, Weib, Kind, Haus, Hof* kann unsere Sprache anscheinend nicht mehr hervorbringen.   **Komposita**

Simplexe

Zuweilen importieren wir auch neue Namen, wir führen zugleich mit fremden Erzeugnissen deren fremde Bezeichnungen bei uns ein: *Mixer, Twinset, Jeans, Chips, Crackers, Musicbox, Diskjockey, Floppy-Disk, Teamwork, Management-Techniken, Sales-promotion, Public Relations, Display, Direct Mail*, aber auch *Ravioli* und *Risotto* und *Schaschlik*.   **Fremdwörter aus dem Amerikanischen**

Oft aber haben wir in der letzten Jahrhunderthälfte vor allem aus den USA Bezeichnungen für Dinge übernommen, die es vordem bei uns schon unter deutschem Namen gab, so *Teenager* für ‚Backfisch', *Hobby* für ‚Steckenpferd', *Pipeline* für ‚Erdölleitung', *Slogan* für ‚Werbeparole', *Headline* für ‚Schlagzeile', *Service* für ‚Kundendienst', *Comic* für ‚Bildgeschichte'. Jungen Menschen ist so manches zugewanderte Wort vertrauter als seine deutsche Entsprechung.

Im Sommer 1990 brachte die Fernsehillustrierte „Hörzu" eine Bildgeschichte von einem Mädchen, das in einem Buch den Satz liest: „Emma geht aus dem Haus, sie macht Dauerlauf." Das Mädchen ruft im zweiten Bild: „Mama, was ist denn Dauerlauf?" Im dritten Bild die Antwort: „Jogging." Worauf das Mädchen im vierten Bild verärgert meint: „Warum, zum Kuckuck, schreibt man diese Bücher nicht auf deutsch?"   *Dauerlauf*

Jogging

Während also in Westdeutschland der Fremdwortbestand hauptsächlich aus dem Amerikanischen Zuwachs erhält, hat das Deutsch jenseits der früheren deutsch-deutschen Grenze überraschend wenig aus dem russischen Wortgut aufgenommen. Nach 1945 erhielten das Visum zur Einreise in die Deutsche Demokratische Republik zum Beispiel der *Aktivist*, der *Traktorist*, der *Aspirant* (wissenschaftliche Nachwuchskraft, die sich besonders ihrer Weiterbildung widmen darf) und der *Kursant* (Kursteilnehmer). Außerdem gelangten aus der Sowjetunion in die DDR, um ein paar zu nennen: *Brigade, Kollektiv, Kombine* (Maschine, die verschiedene Arbeitsgänge gleichzeitig ausführt, z. B. Mähdrescher), *Kombinat* (Zusammenfassung mehrerer Werke gleicher oder voneinander abhängiger Produktionsstufen); es gab *Braunkohlen-, Eisenhütten-, Fleisch-* und sogar *Kinderkombinate* (Zusammenfassung von Krippe und Kindergarten). Oft haben solche Wörter ihren Ursprung in anderen Sprachen. Der Produktionsablauf wurde vom *Dispatcher* kontrolliert, dessen Aufgabe und Bezeichnung aus der Sowjetunion übernommen wurden, dessen sprachliche Heimat aber England ist, wo er das Amt eines Expedienten versieht. Aus den Buna-Werken in   **Fremdwörter aus dem Russischen**

Plastik, Plaste

Schkopau bei Halle an der Saale kommen *Plaste* und *Elaste* (Singular: *der Plast, der Elast*) – in der früheren DDR allgemein gebräuchliche Bezeichnungen für ‚Kunststoff'; im Westen ist der Plural *Plaste* fachsprachlich, die Umgangssprache kennt nur *Plastik* (engl. *plastics*). Farbloser als solche Neubildungen und fremder als Fremdwörter wirken die relativ zahlreichen Bedeutungsentlehnungen oder wörtlichen Übersetzungen planwirtschaftlicher

Lehnübersetzungen

Termini aus dem Russischen wie *Bedarfsdokument, Planverteidigung, ökonomische Hauptaufgabe, Perspektivplan, kollektive Selbstverpflichtung, Ernteaktiv, Arbeitererfinder, Neuererbrigade.* Zusammen mit der Planwirtschaft sind sie ebenso verschwunden wie die vielen Ehrentitel nach sowjetischem Vorbild vom Typ *Verdienter Arzt des Volkes, Sozialistische Hausgemeinschaft, Hervorragender Genossenschaftsbauer.* Der *Held der Arbeit* ist nach Hause gegangen, die *Kaderabteilung* durch einen Abteilungsleiter ersetzt.

DDR-Deutsch

Daß der Handel in der DDR Rauschgoldengel als *Jahresendflügelpuppen*, Osterhasen als *Frühlingsschokoladenhohlkörper* und Särge als *Erdmöbel* angeboten haben soll, war wohl nur ein Gerücht. Aber *sozialistische Einkaufsreihen* gab es wirklich; das war der DDR-eigene Spottname für ‚Warteschlangen'.

Was bleibt? „Von ein paar typischen Wörtern Ost und ein paar typischen Wörtern West ist Unterschiedliches", schrieb 1990 der Sprachwissenschaftler Michael Kinne, „markant Unterschiedliches, im öffentlichen Sprachgebrauch hüben und drüben nicht mehr auszumachen." Sicher, wenn ein *Wessi* oder *Westgote* in einer *gastronomischen Einrichtung* in Ost-Berlin *Broiler, Grilletta, Krusta, Soljanka* oder *Spreerosette* bestellt, staunt er wahrscheinlich, daß ihm Brathähnchen, Hamburger, Pizza, eine saure Suppe oder ein Mohrenkopf vorgesetzt wird. Genauso kann es aber auch einem Sindelfinger ergehen, der in Potsdam Appetit auf Fleischküchle bekommt und auf der Speisekarte nur *Buletten* findet. Das sprachliche Auseinanderdriften von Ost und West, das von dem SED-Regime immer wieder als *Fakt* behauptet worden ist, wird bald auf Dialektunterschiede zusammengeschrumpft sein. Nicht daß ‚Sanierung' im Osten *Rekonstruktion* heißt, ist wichtig. Wichtig ist allein, daß die schönen Altstädte von Weimar und Brandenburg bald wieder so menschenwürdig und attraktiv hergerichtet sind wie die von Stuttgart und Düsseldorf.

Unserer Sprache droht Gefahr

Über Fremdwörter gehen die Meinungen weit auseinander. Es gibt auch heute noch Eiferer, die einen, der nur den Mund auftut, um „Adieu" zu sagen, übelster Sprachverhunzung bezichtigen – und es gibt Großzügige, die im Zeitalter der europäischen Integration im Fremdwort ein Mittel zur schnelleren Verständigung sehen. Vergessen wir über dieser Frage eines nicht: Gefahr droht unserer Sprache nicht so sehr durch eine Überfremdung von außen als durch eine Verfremdung von innen her.

Nominalisierung

Überlegen Sie bitte selbst einmal, was schuld daran ist,

daß heute Frischeier im Erzeugerdirektverkehr an den Endverbraucher geliefert werden, während früher die Bauersfrau frische Eier an die Haustür brachte;

daß heute der Inhaber eines landwirtschaftlichen Betriebes über eine Getreidenutzungsfläche von soundsoviel Hektar verfügt, während früher ein Bauer soundsoviel Morgen Ackerland besaß;

daß heute ein Ingenieur die Feststellung der Unzulänglichkeit der Einschaltung des Antriebsaggregats trifft, während er früher merkte: Aha, der Motor ist nicht richtig eingeschaltet;

daß heute die Befüllung von Abfall-Containern, bevor deren Inhalt zur Verbringung auf geordnete Deponien kommt, vielfach in nachlässiger Weise erfolgt, während einem früher beim Auskippen des Mülleimers manchmal ein paar Kartoffelschalen danebenfielen;

daß heute ein Dokumentarfilm über die ersten Lebensjahre eines Kindes die Entwicklung der Körpermotorik, das Spiel- und Sozialverhalten, den Spracherwerb, Mal- und andere Gestaltungsversuche sowie die visuelle Begegnung mit Gegenständen demonstriert, während er früher gezeigt hätte, wie ein Kind saugen, sehen, greifen, wie es krabbeln, laufen und lernen lernt und wie dabei seine natürliche Begabung wächst;

daß heute die orthoepische Regelung der Aussprache wesentlich zu einer optimalen Verständigung im mündlichen Kommunikationsprozeß beiträgt, während früher galt: Je deutlicher einer spricht, um so besser wird er verstanden;

daß heute zur Anwendung eines Ungeziefervertilgungsmittels in Pulverform das Vorhandensein eines entsprechenden Spritzgerätes unabdingbare Voraussetzung ist, während man früher Läusepulver mit einer Spritzpistole zerstäubte,

und daß heute an Fettleibigkeit leidende Individuen durch Zunahme ihrer körperlichen Erscheinungsform infolge übergroßer Fettansammlung in bezug auf ihre Beweglichkeit stärkstens beeinträchtigt sind, während früher die ganz Dicken sich nur schlecht bewegen konnten.

Was liegt hier vor? Nun, früher haben wir uns anschaulicher ausgedrückt, Zeit- und Hauptwörter gebraucht, bei denen wir uns etwas denken konnten; heute bevorzugen wir Ausdrücke, die wir uns beim besten Willen nicht mehr als Bild vorstellen können. Doch mit dieser Erklärung dürfen wir uns nicht zufriedengeben, sie ist viel zu vordergründig. Wir müssen versuchen herauszufinden, was dahintersteckt, wir müssen diesem eigenartigen Sprachwandel auf den Grund kommen.

Sprache dürfen wir nicht als etwas Isoliertes betrachten. Sprache wird gesprochen, von uns gesprochen. Unser Leben spiegelt sich in der Sprache, und dieses Spiegelbild schlägt sich nieder in allem, was wir sprechen und schreiben. Fragen wir also, was an unserm Leben anders geworden ist, vielleicht, daß uns dies den Sprachwandel erklären hilft.

1960 lebten 3 Milliarden Menschen auf der Erde, 1988 waren es 5 Milliarden, spätestens 1999 werden es 6 Milliarden sein. Von allen Erdteilen hat Europa die höchste Bevölkerungsdichte. Eines der dichtestbesiedelten europäischen Länder ist die Bundesrepublik Deutschland. Lebten auf einem Quadratkilometer ihres Gebiets um 1870 noch 80 Menschen, so waren es gut hundert Jahre später schon knapp 250. Mit der „Pille" ging Mitte der 70er Jahre zwar die Zahl der Geburten stark zurück, doch dafür drängten und drängen Aussiedler, Umsiedler und Übersiedler ins Land, die alle Brot und Arbeit haben wollen. Mit anderen Worten:

In unserem Jahrhundert leben mehr Menschen als früher, sie wohnen dichter beieinander und müssen dennoch miteinander auskommen. Körperlich brauchen sie nicht mehr so schwer zu arbeiten, viele sitzen am Schaltpult und drücken Knöpfe und bewegen Hebel, viele sitzen am Bildschirm und erfassen, fragen ab, erledigen, leiten weiter. Um jedem sein Quentchen an Rechten und Pflichten, an Arbeit und Arbeitslosenunterstützung zu

Sammelnamen

Was ich alles bin
Nichtraucher
Rechtshänder
Steuerpflichtiger
Dienstuntauglicher
Zuzüger
Einwohner
Bürger
Wochenaufenthalter
Aufenthaltsberechtigter
Meldepflichtiger
Ersatzpflichtiger
Zivilschutzpflichtiger
Teilnehmer
Halter
Benützer
Adressat/Absender
Bezüger
Empfänger
Käufer
Besteller
Selbstabholer
Anwohner
Zubringer
Fußgänger
Autofahrer
Linksabbieger
Fahrzeughalter
Passagier
Fahrgast
Reisender in Richtung
Leser/Hörer
Abonnent
Zuschauer
Bazillenträger
Kassenpatient
Vollversicherter
Geschädigter
Gesuchsteller
Zeuge des Vorfalls
Schwimmer
Einzelwanderer
Pflanzenfreund
raschentschlossener
   Selbstkäufer
frischgebackener
   Ehemann
modebewußter Kunde
selbständig Erwerbender
Mieter
Schuldner
Begünstigter
Eigentümer
Inhaber/Besitzer
Nachkomme
Vorfahre
Mitspieler
Gewinner
Verlierer –
manche finden mich auch
als Menschen nett
FRANZ HOHLER
Aus: „bundesdeutsch"

garantieren, haben wir uns eine gut funktionierende Verwaltung aufgebaut, die uns verdatet, um uns einzuplanen, einzuteilen, zu versorgen, zu fördern, zu beschulen, zu betreuen, um uns zu sortieren, zu organisieren, zu katalogisieren, zu rubrizieren, zu inspizieren und zu klassifizieren. Bevor aber klassifiziert werden kann, muß definiert, der Istzustand festgeschrieben werden. Es ist das Streben nach Präzision, nach exakter Erfassung aller wesentlichen Merkmale, das aus dem *Müller* den „Facharbeiter für die Be- und Verarbeitung von Körnerfrüchten" macht.

Sankt Bürokratius erfindet ständig neue Hauptwörter

Um die vielfältigen Erscheinungsformen unserer Umwelt zu erfassen, brauchen wir Klassen, Oberbegriffe, Sammelnamen. So wie wir seit eh und je Weißkohl, Rotkohl, Wirsingkohl, Spinat, Mohrrüben und Kohlrabi zu *Gemüse* zusammenfassen, bringt die Sprache der Verwaltung täglich neue Sammelnamen hervor: Schriftliche Anfragen und Antworten darauf, Terminbestätigungen, Messeeinladungen, Begleitschreiben gehören zu den *Geschäftsbriefen*; Geschäftsbriefe, Rechnungen, Mahnungen, Lieferscheine werden in der Sprache der Verwaltung zu *Schriftstücken*; Schriftstücke – Kopien und Durchschläge inbegriffen – sind in ihrer Gesamtheit *das zu verarbeitende Schriftgut*, das in irgendeiner Form gespeichert werden muß: Karteien gelten als konventionelle, Mikrofilm, Magnetband und Magnetplatte als moderne *Speichermittel* oder *-medien* und die wiederum als *Informationsträger*. – Im Industriebetrieb teilt man ein nach *Roh-, Halb-* und *Ausgangsstoffen, Werkstoffen* und *Werkstücken*, nach *Produktions-* und *Verbrauchsgütern*, nach *Halbfertig-* und *Fertigwaren* – Namen, die wir nicht mehr ins Bild umzusetzen vermögen. Sind diese Sammelnamen nun konkrete oder abstrakte Hauptwörter? Weder – noch. Sie sind unanschauliche, aber notwendige Oberbegriffe, auf die die alte Einteilung – hier konkret, da abstrakt – nicht mehr paßt.

Gegen solche Sammelnamen ist nichts einzuwenden, solange sich ihrer nur die Sprache der Verwaltung bedient. Aber es liegt nun einmal in der Natur der Sache, daß auch dieser Sprachbereich nichts Isoliertes ist, vielmehr immer verheerender auf unsern ureigenen, ganz privaten Wortschatz abfärbt. Die meisten Leute merken's nicht, und Frau Müller findet überhaupt nichts dabei, wenn sie einer Zeitungsanzeige *Preisinformationen* über das Schweinefleischangebot im Supermarkt entnimmt, statt in der Zeitung nachzusehen, was nächste Woche das Kilo Schweinekamm im Supermarkt kosten wird. Auch Herr Meier gebraucht nur eine alltägliche Wendung, wenn er sich brüstet: „Ich in meiner Eigenschaft als Elternbeiratsmitglied verlange, daß mein Sohn..." Dieses ‚Ich in meiner Eigenschaft als...' ist die typische Floskel desjenigen, der sich selbst klassifiziert, sich selbst als soziale Funktion (und nicht als Mensch oder gar als Vater) in den Verwaltungsapparat eingliedert. Der klassifizierte Mensch hört auf, Mensch zu sein. Er wird zum *Elternteil*, zum *Werksangehörigen*, zum *Parteigenossen*, zum *Sachbearbeiter*, zum *Betriebsratsmitglied*, zur *Ersatzkraft*, zum *Fernsprechteilnehmer*, zum *Ausstellungsbesucher*, zum *Kraftfahrzeugbenutzer*, zum *Endverbraucher*, zum *Lohnsteuerpflichtigen*, zum *Zeitkarteninhaber*, zum *Einkommensbezieher*, zum *Wohngeldberechtigten* – um nur einige Sammelnamen für das behördlich klassifizierte Individuum anzuführen.

Da nicht anzunehmen ist, daß unser Verwaltungsapparat kleiner wird, ist auch nicht damit zu rechnen, daß die Quelle versiegt, die den sprachschöpferischen Bürokratius mit derartigen Substantiven versorgt. Im Gegenteil, unsere Sprache wird ständig an solchen und ähnlichen Hauptwörtern zunehmen, während der Bestand an ausdrucksfähigen Verben schrumpft.

Die Ursache eines Sprachwandels erkennen und verstehen heißt aber nicht, mit dem Sprachwandel einverstanden zu sein. Überlassen wir doch die *-berechtigten, -benutzer, -besucher, -bezieher, -angehörigen, -genossen, -mitglieder, -teilnehmer, -inhaber* und *-pflichtigen* den Behörden, und vergessen wir nicht, daß sich hinter dem anonymen Endverbraucher immer ein Lebewesen verbirgt, das wie Sie und ich sonntags morgens zum Frühstück mit Appetit ein weichgekochtes frisches Ei (nicht Frischei!) verspeist.

Der Kaiser geht nicht über die Grammatiker
Vom Geschlecht der Hauptwörter

Wir können dem lieben Gott nicht dankbar genug sein, daß er uns als Deutschsprechende aufwachsen ließ – und dies nicht etwa aus nationaler Überheblichkeit, nein, aus rein praktischen Erwägungen. Stellen Sie sich vor, wir wären Engländer, Franzosen, Spanier oder Italiener und müßten unser Deutsch als Fremdsprache lernen! *Der* Mann – *die* Frau – *das* Kind; *der* Ochs – *die* Kuh – *das* Rind; *der* Stuhl – *die* Bank – *das* Spind, aber *der* Spind ist auch nicht falsch. Wie soll sich das ein Ausländer bloß merken? Die meisten Europäer sind solche Schwierigkeiten nicht gewohnt. Im Englischen werden alle drei Geschlechter (Genera) mit dem gleichen Geschlechtswort bezeichnet. Die romanischen Sprachen wie auch das Litauische und Lettische unterscheiden nur zwei Geschlechter, das m ä n n l i c h e und das w e i b l i c h e (Maskulinum und Femininum), ein s ä c h l i c h e s (N e u t r u m) kennen sie nicht.

Genus

Spind

Maskulinum
Femininum

Daß ein *Hahn* männlich und eine *Henne* weiblich ist, leuchtet ein – daß aber das putzige, quicklebendige *Küken* sächlich, eine Sache also, sein soll, ist merkwürdig. Der deutsche Ausdruck ‚sächliches Geschlecht' paßt nicht, wir halten uns lieber an die lateinische Bezeichnung N e u t r u m. (*neutrum* = keins von beiden, nicht einseitig festgelegt; *neutral* verhält sich ein Staat, wenn er im Kriegsfall keine der beiden gegnerischen Mächte unterstützt.)

Neutrum
neutral

‚sächlich' für das „Weder-noch-Geschlecht" ist auch insofern irreführend, als sehr viele Sachbezeichnungen eben nicht sächlich, sondern männlich oder weiblich sind: *der Nagel – die Schraube; der Topf – die Kanne; der Apfel – die Birne.* Sammelnamen und Oberbegriffe hingegen stehen im Neutrum: *das Obst, das Geschirr, das Werkzeug, das Gebirge, das Huhn, das Rind, das Vieh – der Mensch.* Sie sehen, wie sehr wir uns hier vor Verallgemeinerungen hüten müssen. Der Mensch, ob als einzelner oder als Gattung, ist männlich – obgleich ja Frauen auch Menschen sind.

Evas kurzgefaßter Lebenslauf

Sprachlich gesehen, hat ein weibliches Geschöpf es nicht leicht. Alle paar Jahre muß es sein Geschlecht wechseln. Mag das rosa eingewickelte Paketchen in der Wiege seinem natürlichen Geschlecht nach auch weiblich sein, seinem grammatischen Geschlecht nach ist es entweder (sächlich) ein *Baby* oder (männlich) ein *Säugling*. Bevor sich aus dem (sächlichen) *Kind* oder *Mädchen* eine (weibliche) junge *Dame* entpuppt, muß erst einmal das Larvenstadium des (männlichen) *Teenagers* überstanden sein. Als (sächliches) *Fräulein* will heute keine mehr gelten, lieber als (männlicher) *Single*. Dann folgen ein paar Jahre, in denen Eva als *Freundin, Frau, Mutter, Tante,* als *Geliebte* und sogar als *Ministerin* weiblich sein darf, was nicht ausschließt, daß böse Zungen sie als (sächliches) *Frauenzimmer* oder *Weibsbild* denunzieren. Aus der (weiblichen) *Hausfrau* entwickelt sich bald der (männliche) *Hausdrachen,* und übrig bleibt ein Neutrum, das keins von beiden ist: ein altes *Weiblein*.

Die Beziehungen zwischen dem Hauptwort und seinem Geschlecht (Genus) sind ganz so willkürlich nicht, wie es Ihnen auf den ersten Blick scheinen muß. Das natürliche Geschlecht der Lebewesen *(der Mann – die Frau; der Vater – die Mutter; der Bauer – die Bäuerin; der Kater – die Katze; der Hengst – die Stute)* ist für den Deutsch lernenden Ausländer nur e i n Anhaltspunkt, einer unter anderen, und diese anderen sind sämtlich formaler Art. Schon an „Evas kurzgefaßtem Lebenslauf" lassen sich einige dieser formalen Anhaltspunkte aufzeigen.

Nachahmungstrieb

Die Endsilbe *-ling* weist ein Hauptwort als Maskulinum aus, ganz gleich, ob dieses Substantiv ein männliches oder ein weibliches Wesen oder ein Ding bezeichnet: *der Säugling, Lehrling, Prüfling, Rohling, Fremdling, Setzling, Beinling, Feigling, Flüchtling.* Die Verkleinerungssilben *-chen, -lein* und mundartlich *-le* machen jedes Hauptwort – ungeachtet seines bisherigen Geschlechts – zum Neutrum: *das Mädchen* (eigentlich: die kleine Magd), *das Fräulein* (eigentlich: die kleine Frau), *das Weiblein*.

Wörter auf *-heit, -keit, -ung, -schaft* sind weiblich, Personenbezeichnungen auf *-er* und *-ler* männlich. Ob man übrigens *Gewerkschafter,* wie heute in den Rundfunknachrichten, oder ob man *Gewerkschaftler* sagt, macht innerhalb der deutschen Grenzen keinen Unterschied. In der Schweiz hat man ein feineres Gehör bewahrt, da sagt man *Wissenschafter,* weil *Wissenschaftler* wie *Gewerkschaftler, Genossenschaftler, Volkswirtschaftler* für Schweizer einen Stich ins Unseriöse hat. Woran das liegen mag? Wahrscheinlich daran, daß zahlreiche von Verben auf *-eln* abgeleitete Personenbezeichnungen *(Tüftler, Bastler, Heuchler, Nörgler, Bekritteler)* und einige von Substantiven abgeleitete *(Versöhnler, Kriegsgewinnler, Fabrikler)* einen abschätzigen Unterton haben. Wer daraus aber schließt, die Endung *-ler* rücke generell die klassifizierte Person in ein ungünstiges Licht, täuscht sich. Außer den *-schaftler* haben ein ‚l': im Sport der *Leistungssportler,* der *Weltrekordler,* der *Halbschwergewichtler,* der *Langstreckler;* im Handwerk: der *Möbeltischler* (Goethe sagte noch *Tischer*); in der Wissenschaft: der *Kunstgeschichtler,* der *Völkerrechtler,* der *Neusprachler;* an „Sonstigen":

der *Künstler*, der *Erzgebirgler* (früher: *Gebirger*), der *Sommerfrischler*. Zugegeben, einige dieser Bezeichnungen klingen auch in deutschen Ohren ein bißchen salopp; als abwertend wird keine empfunden.

-in macht aus männlichen Hauptwörtern weibliche: *Lehrerin, Frauenrechtlerin*. Bei zusammengesetzten Hauptwörtern richtet sich das Geschlecht nach dem Grundwort: *das Weibsbild* (Grundwort: *-bild*), *das Frauenzimmer*, *die Hausfrau*, *der Hausdrachen*.

-in

Wir dürfen wohl annehmen, daß hier der Nachahmungstrieb am Werke ist. Analog zu einem Musterwort werden neue Wörter gebildet und mit demselben Geschlecht wie das Musterwort versehen. In den fünfziger Jahren kamen mit neuem Mobiliar und Gerät neue Namen auf: *Decken-* und *Wandleuchte* (vormals: *-lampe*), *Liege* (vormals: *Chaiselongue*), *Spüle* (vormals: *Spülstein*), *Reibe* (für: ‚Reibeisen', weil man aus Kunststoff schlecht ‚-eisen' herstellen kann), *Schütte* (Behälter zum Aufbewahren von Nährmitteln, mit Griff und Schüttnase), *Durchreiche* (verschließbare Wandöffnung zwischen Küche und Eßplatz). Kabarettist Dieter Hildebrand schlug 1974, es war die Zeit der Ölkrise und des Sonntagsfahrverbots, einen fernsehfreien Tag vor, Motto: „Der deutsche Bürger ohne *Glotze*!" Alle diese Wörter sind einem Musterwort, vielleicht *Anrichte*, nachgebildet: sie wurden aus Verben abgeleitet, enden auf ,-e', sind alle weiblich – und hören sich fast so primitiv an wie aus Kindermund *Schreibe* für ‚Schreibstift' und *Knipse* für ‚Lochzange'.

Analogiebildungen

Leuchte
Liege
Spüle
Reibe
Schütte
Durchreiche

Anrichte

Schreibe
Knipse

Parallel dazu hat die Sprache in den letzten Jahren eine Reihe männlicher Hauptwörter hervorgebracht, die in ihrer zackigen Kürze auf viele noch immer befremdlich wirken. Ein Kleid mit *Strick* ist nicht etwa ein mit einem Tau gegürtetes Gewand, sondern eines, dessen Kragen und Manschetten gestrickt sind. Eine Bluse mit *Biesenstepp* war früher eine mit Biesenstepperei. Überhaupt sind viele der neuen Maskulina amputierte Feminina. Der *Autobahn-Abzweig* ist eigentlich eine Abzweigung, der *Autowasch* eine Waschanlage, der *Ausscheid*, wie man in Ostdeutschland sagt, ein Ausscheidungskampf, der *Kopfeintrag* ins Telefonbuch eine Eintragung. Mal ein netter Abwechsel, so ein Wortverkürz, außerdem ein begrüßenswerter Silbenerspar. Aber der Straf wird kommen! Spätestens dann, wenn aus der Streichung ein Streich wird.

Strick

Abzweig

Warum ist die Erde weiblich?

Formale Betrachtungen sind zwar interessant und nützlich, sagen aber im Grunde wenig darüber aus, warum *der Wagen* männlich, *die Straßenbahn* weiblich und *das Auto* sächlich, warum *der Löffel* ein Er, *die Gabel* eine Sie und *das Messer* ein Es ist. Und warum ist *die Erde* weiblich? Ein Spaßvogel würde sagen: „Weil man wie bei einer Frau nicht genau weiß, wie alt sie eigentlich ist." So merkwürdig es klingt: Das trifft den Nagel auf den Kopf. Die Erde als Frau, als Mutter Erde, die uns nährt und am Leben erhält – dies muß der Vorstellung nahekommen, die sich der Mensch in uralter Zeit von der Erde machte. In einer Stärke, die wir nicht mehr ermessen können, war der Mensch einst der Natur ausgeliefert. Die Kräfte, die er nicht begreifen und nicht beherrschen konnte, belebte er mit seiner Phantasie. Alles Feste, Herbe, Kräftige, Bewegende der Natur habe für ihn männliche Gestalt angenommen; das Schwächere, Zarte, Leidende sei ihm als weiblich erschienen, erklärt uns die Sprachwissenschaft. Alles Unbelebte war in

Gott — ganz früher Zeit Neutrum, auch Gott. Erst das Christentum hat dieses unbelebte, neutrale Wesen als Gottvater personifiziert und zum Maskulinum gemacht: *der Gott.*

Wenn es stimmt, daß die alte Grammatik das Herbe, Harte dem Männlichen und das Milde, Sanfte dem Weiblichen zuordnete – müßte man dann nicht erwarten, daß überall auf der Welt die gleichen Naturkräfte gleiches Geschlecht hätten? Daß dies ein Trugschluß wäre, weiß jeder, der nur ein wenig von Fremdsprachen versteht. Im Gegensatz zum Deutschen ist im

Sonne
Mond — Lateinischen *sol* (die Sonne) männlich und *luna* (der Mond) weiblich, ebenso im Französischen: *le soleil* (die Sonne) ist männlich, *la lune* (der Mond) ist weiblich. Ein Blick auf den Globus klärt diesen Unterschied: Dem nordischen Menschen der urgeschichtlichen Zeit war der Mond der Kältebringer, der Feindlichgesinnte, unter dem alles Leben erstarrt. Die sparsam wärmende Sonne war ihm die Lebensspenderin, Sinnbild des Wachstums und des Früchtesegens. Drum ist der Mond in den nordischen Sprachen männlich, die Sonne weiblich. In den südlichen Ländern verkörpert die dörrende, sengende Sonne das männliche Prinzip; der Mond aber wird als Frau Luna aufgefaßt, als gütige Erholungsspenderin nach des Tages Hitze. (Im Englischen ist es zwar umgekehrt: *the sun* ist ein *he*, *the moon* eine *she* – aber Ausnahmen bestätigen die Regel.)

Seit der Mensch erstmals die Natur nach belebten und unbelebten Kräften, nach männlichen und weiblichen schied, sind Jahrtausende ins Land gegangen. Das grammatische Geschlecht schwächte sich immer mehr zu einem bloß äußerlichen Merkmal ab. Angleichungen fanden statt. Es fällt auf, daß

Schiffsnamen
Analogiebildungen
Mittwoch — Schiffsnamen weiblich sind *(die Gorch Fock, die Bremen)*, Jahreszeiten, Monatsnamen und Wochentage männlich: *der Sonntag, der Montag, der Dienstag, der Mittwoch* – obwohl der Mittwoch doch eigentlich *die Wochenmitte* bezeichnet.

Solche Angleichungen kommen auch in anderen Sprachen vor. Im Französischen ist *la nuit* (die Nacht) weiblich, aber weil *le midi* (der Mittag) männlich ist, nahm auch *le minuit* (die Mitternacht) das männliche Geschlecht an.

Nacht — Im Deutschen ist *die Nacht* eindeutig weiblich. Woher aber nun der männliche Genitiv *des Nachts*? Darüber machte sich auch Robert Neumann (1897–1975) Gedanken. Sie kennen ihn vielleicht als Parodisten, der es meisterlich verstand, „mit fremden Federn" zu schreiben. In dem folgenden Gedicht ahmte er Christian Morgenstern nach:

> Begegnung
>
> Dem Dichter der „Galgenlieder", der diese
> Begegnung offenbar vergessen hat, nach-gedichtet.
>
> Im Wondelwald nächst Hoch-Sotern
> ging Christian, der Morgenstern.
> Der Rabe Ralf, das Käuzchen Schuh,
> sie sahen seiner Wandrung zu.
> Und wie er da so ging, erschien
> ein Mann am Weg und grüßte ihn.
> Ein Mann? Was sage ich! Ein Greis,
> das Haupt gesenkt, das Haar schlohweiß
> und tausend Falten im Gesicht –
> so stand er da und rührt' sich nicht.

Der Morgenstern beschloß, des Biedern
Begrüßung herzlich zu erwidern.
„Grüß Gott", so sprach er, und sodann:
„Wer bist du, guter Mann? Sag an!"
Der solchermaßen Angefragte,
der trüb an seiner Lippe nagte,
besann sich lang in seinem Sinn.
„O Fremdling", seufzte er. „Ich bin –
ich bin – wie sag ich's meinem Kinde,
damit es rechten Aufschluß finde –
ich bin, nun höre mit Bedacht:
ich bin der Nacht. Jawohl, d e r Nacht.
Ich bin der Nacht, der längst entschlief;
was lebt, ist nur mein Genitiv,
und niemand will von diesem Leben
dem Nachte, was des Nachts ist, geben.
Ich muß vom Tag mir und vom Morgen
die analoge Form erborgen:
‚des Nachts', so höre ich mich nennen!
Den alten Nacht will niemand kennen.
Stets bringt man mich zum zweiten Falle –
den kennst auch du, den kennen alle!
Mein erster Fall, und ach, mein bester
ward usurpiert von meiner Schwester,
die ihres Bruders nicht gedenkt.
Es hat die Nacht den Nacht verdrängt..."
So sprach der Greis und nickte trüb,
weil ihm nichts mehr zu sagen blieb.
Sodann, gebückt und jämmerlich,
verschwand er stumm im Dämmerlicht. –
Der Morgenstern stand tief betroffen.
Hier gab es wahrlich nichts zu hoffen!
„Dies ist", sprach er mit Trauermienen,
„das Schicksal aller Maskulinen."

Neumann irrte mit Absicht, seine „Begegnung" will den Eindruck erwecken, als habe es ursprünglich ein Maskulinum „der Nacht" gegeben, von dem nur noch der Genitiv *des Nachts* erhalten sei. Das Gegenteil ist der Fall. Der männliche Genitiv *des Nachts* ist zwar auch nicht mehr ganz jung, aber immerhin jünger als das Femininum *die Nacht*. Er findet sich seit dem 11. Jahrhundert als Analogiebildung zu *des Tages, des Abends, des Morgens*.

Eine schöne Bescherung

Daß Wörter im Laufe der Zeit ihr Geschlecht wechseln, kommt vor. So waren im Mittelhochdeutschen *die Träne, die Woge, die Locke* männlich: *der trahen, der wâc, der loc; der Stachel* war dagegen weiblich: *die stachel*. Heute stehen u. a. nebeneinander: *der Schurz* (süddeutsch) – *die Schürze*; *der Spalt* – *die Spalte; das Eck* (süddeutsch) – *die Ecke; der Akt* (süddeutsch für: Geschäftsvorgang) – *die Akte*.
Wenn nun der eine oder andere von Ihnen meinen sollte, mit der Erfindung des grammatischen Geschlechts hätten unsere lieben Vorfahren in eisgrauer

Genuswechsel
Schurz / Schürze
Spalt / Spalte
Eck / Ecke
Akt / Akte

Zeit ja eine schöne Bescherung angerichtet, für die heute jeder büßen muß, will er sein Deutsch richtig sprechen und schreiben – wenn, wie gesagt, jemand so etwas denken sollte, dann wäre das reichlich respektlos gedacht, aber nicht ganz von der Hand zu weisen. Doch gar so schlimm ist's auch wieder nicht: Schon wenn ein Kind sprechen lernt, lernt es mit jedem neuen Begriff fast automatisch das Geschlechtswort hinzu – bis auf die Begriffe, die es als Kind nicht kennenlernt und bei denen es dann auch als Erwachsener unsicher bleibt.

Gefallen

Hehl

Der oder das Gefallen?

Ein Egoist macht im allgemeinen *kein Hehl* (sächlich) oder *keinen Hehl* (männlich) daraus, daß er *kein Gefallen* (sächlich) daran findet, jemandem *einen Gefallen* (männlich) zu erweisen.

Filter

Der oder das Filter?

Filter heißt im Lateinischen *filtrum* und ist sächlichen Geschlechts. Daher war bei uns *Filter* zunächst ebenfalls nur Neutrum. In Anlehnung an Gerätenamen wie *der Bohrer, der Staubsauger, der Füllfederhalter* wurde *Filter* später auch als Maskulinum gebraucht: *der Kaffeefilter*. Die Techniker bleiben dagegen beim sächlichen Gebrauch: *das Licht-, Gelb-, Dreh-, Öl-, Luftfilter*.

Klafter

Klafter und Halfter

Bei *Klafter* kann überhaupt nichts schiefgehen, hier ist alles erlaubt: *der, die* und *das Klafter Holz*. Auch bei *Halfter* für ‚Zaumzeug' sind alle drei Geschlechter zulässig: Man legt also einem Pferd *die, den* oder *das Halfter* an. (Doch bestehen die Revolverhelden in Wildwest- und Kriminalromanen – sofern sie Deutsch können – auf dem weiblichen Geschlecht ihres Waffenbehälters: *die Halfter*.)

Halfter

Meter

Der oder das Meter?

Wie steht es nun mit den Längenmaßen? *der* oder *das Meter*? Der Duden läßt beides gelten, und das mit gutem Grund: Es hängt mit der doppelten Herkunft des Wortes zusammen. Man sieht es dem Meter nicht an, daß es ein Lehnwort ist. Es kam als *das Meter* schon im frühen Mittelalter zu uns, entlehnt aus dem griechischen Neutrum *metron* und dem lateinischen Neutrum *metrum*. Das Meter hatte im Mittelalter ganz allgemein die Bedeutung ‚Maß'. Als nun Deutschland 1872 die metrischen Maße und Gewichte einführte, übernahmen wir das Wort *Meter* ein zweites Mal, diesmal aus dem Lande, das seit der Festlegung des genau begrenzten Urmeters (1799) die meisten Vorarbeiten zur allgemeinen Einführung des metrischen Systems geleistet hatte: aus Frankreich. Das Französische kennt kein Neutrum, im Französischen ist *le mètre* männlich. Verständlich, daß seit Ende vorigen Jahrhunderts besonders im Südwesten unseres Landes und in der Schweiz sich *der Meter* durchgesetzt hat, während im Nordosten *das Meter* vorherrscht.

In dieses Nebeneinander scheint die Sprache der Technik klärend einzugreifen. Für den Techniker ist *Meter* nicht nur Maßeinheit, sondern auch Meßmittel und Meßgerät. Bei Meßgeräten behauptet sich das Neutrum: *das Barometer, das Amperemeter, das Chronometer, das Thermometer*, sofern sich nicht überhaupt für das Fremdwort eine deutsche Bezeichnung einstellt: *der Druckmesser* für ‚das Manometer', *der Geschwindigkeitsmesser* für ‚das Tachometer', *der Spannungsmesser* für ‚das Voltmeter'. Sobald zur Bezeichnung solcher Meßgeräte ausschließlich das Neutrum verwendet wird, könnte es sein, daß Längen-, Raum- und Flächenmaße nur noch männlich gebraucht werden: *der Milli-, Zenti-, Dezi-, Kilometer, der Quadrat-* und *der Kubikmeter, der Meter Futterstoff, jeder Quadratmeter Wohnfläche.* Doch heißt es abwarten. Genauso denkbar ist, daß sich die als hochsprachlich geltende Form *das Meter* auch bei den letztgenannten Komposita durchsetzt.

Der oder das Moment?

Moment

der Moment ist ein bestimmter Augenblick, *das Moment* ein Umstand, vor allem in der Technik: das Drehmoment, das Verzögerungsmoment; aber auch: das entscheidende psychologische Moment.

Niete und Nuten

Niet

Die Niete ist ein Fehllos – aber diese Niete steht hier nicht zur Debatte. Hier geht es um den kleinen Metallstift zum Nieten. Auch er wird in Süddeutschland als *die Niete* bezeichnet. Um Verwechslungen auszuschließen, hat der Deutsche Normenausschuß den Technikern empfohlen, zum Nieten fortan nur noch *den Niet* (Maskulinum; Mehrzahl: *die Niete*) zu verwenden. Ein Tischler hat weniger mit Nieten zu tun als mit Nut...? Wie heißt die Rille, die er z. B. zur Führung einer Schiebetür fräst? Nach neuerem Sprachgebrauch ist das *eine Nut* (nicht: Nute), Plural: *die Nuten*.

Nut

Das oder die Pauschale?

Pauschale

Pauschale ist weiblich oder sächlich, *die Pauschale* oder *das Pauschale* (Plural: *die Pauschalen, die Pauschalien*). Man versteht darunter eine Abfindung oder Vergütung (Pauschalsumme, Pauschalhonorar, Pauschbetrag) anstelle von Einzelleistungen. Sie irren, wenn Sie meinen, *Pauschale* sei ein Fremdwort, es sieht bloß so aus. Kennen Sie die Redensart „in Bausch und Bogen"? *Bausch* ist ein altes deutsches Wort und bedeutet ‚Schlag, der eine Beule verursacht', auch die ‚Beule' selbst. Die Wendung *in Bausch und Bogen* bezog sich ursprünglich auf Grenzziehungen. Mit *Bausch* bezeichnete man die nach außen, mit *Bogen* die nach innen verlaufenden Grenzbiegungen. *in Bausch und Bogen* hatte also den Sinn: ohne genaue Berechnung, da die Abweichungen nach beiden Richtungen sich ausgleichen. Dementsprechend ist ein(e) Pauschale nicht ein errechneter, sondern ein geschätzter Betrag.

Bausch und Bogen

Der Verdienst, das Gehalt und das Entgelt

Verdienst

Der Verdienst ist das, was man versteuern muß, *das Verdienst* ist eine anerkennenswerte Leistung, etwas, wodurch man sich verdient gemacht hat.
Bei *Gehalt* ist es umgekehrt. Wenigstens in Nord- und Mitteldeutschland trennt man scharf: *das Gehalt* (Mehrzahl: *die Gehälter*) = Salär, *der Gehalt* (Mehrzahl: *die Gehalte*) = Inhalt, Wert, z. B. Gedankengehalt, Silbergehalt einer Münze.
Entgelt war ursprünglich ein männliches Hauptwort, das blieb es bis Ende des 18. Jahrhunderts. Wohl in Angleichung an *das Geld* wurde es von da an als Neutrum gebraucht. Heute hat sich *das Entgelt* durchgesetzt; nur in amtlichen Schriftsätzen kann man noch hin und wieder auf *den Entgelt* stoßen, eine Fügung, die zwar veraltet, aber nicht falsch ist.

Gehalt

Entgelt

Der oder das Teil?

Teil
Drittel

Denken darf man sich *sein* oder *seinen Teil*, das Neutrum ist älter. Sächlich sind *Abteil*, *Erbteil* (im BGB: *der*), *Gegenteil*, *Urteil*; *das Drittel* ist nur eine Verkürzung aus *Dritteil*. Auch heißt es heute noch im Handwerk: *das Oberteil* (des Kleides oder des Wasserhahnes), in der Technik: *jedes einzelne Teil* oder *jedes Einzelteil*, *das Vorderteil* des Wagens. (Wie heißt eigentlich dessen hinteres Teil? Nicht etwa *das Hinterteil*, damit umschreiben wir ja bereits *einen* bestimmten – nicht *ein* bestimmtes – *Körperteil*.) Bei *Altenteil* und *Pflichtteil* schwankt der Gebrauch; die meisten andern Zusammensetzungen sind männlich: *Anteil*, *Bestandteil*, *Erdteil*, *Nachteil*, *Stadtteil*, *Vorteil*. Ist *Teil* durch eine Beifügung näher erläutert, wird es meist männlich gebraucht: *der obere Teil*, *der südliche Teil Bayerns*.

Vom Geschlecht der Fremdwörter

Fremdwörter

Bouillon

Malheur
Restaurant
Wodka
Machorka

Girl
Hobby
Teamwork
Wallstreet
Broadway

Etage
Garage
Gruppe

Courage

Wir sagen *das Poster* (analog zu *das Bild*, *das Plakat*). Richtig ist aber auch *der Poster*, weil fast alle Wörter auf *-er* männlich sind: *der Lehrer*, *der Wecker*.

Aus der Geschichte des Wortes *Meter* (vgl. Seite 180/181) dürfen Sie nun bitte nicht folgern, daß wir mit einem Fremdwort stets auch dessen Geschlecht aus der fremden Sprache übernehmen. Das ist durchaus nicht immer der Fall. Das französische Substantiv *le bouillon* heißt bei uns nicht *der*, sondern *die Bouillon*. Können Sie sich denken, weshalb? Mit ‚Bouillon' verbinden wir sofort den Gedanken an eine kräftige Fleischbrühe. ‚Brühe' ist weiblich, und diesem Geschlecht hat sich das fremde Wort bei uns angepaßt. Im Französischen sind *malheur* und *restaurant* männlich, aber weil bei uns *Unglück* und *Gasthaus* Neutra sind, sagen wir im Deutschen *das Malheur* und *das Restaurant*. *Wodka* und *Machorka* sind im Russischen Feminina, in Anlehnung an *den Schnaps* oder *den Alkohol* und *den Tabak* wurden sie bei uns zu Maskulina.

Oder denken Sie an die Wörter, die aus dem Englischen und Amerikanischen zu uns gekommen sind. Wie wollten wir da das Geschlecht mit dem Fremdwort zugleich übernehmen, wo doch Engländer und Amerikaner ein grammatisches Geschlecht nicht kennen? Wir sagen *das Girl* und *das Hobby*, weil es uns an *das Mädchen* und *das Steckenpferd* denken läßt, *das Teamwork*, weil ‚work' uns an *das Werk* erinnert, entsprechend *die Wallstreet*, weil wir uns den Namen als *die Wallstraße* auflösen könnten, aber *der Broadway*, denn das ist für uns soviel wie *der breite Weg*.

Nun ist diese Angleichung des Fremdworts an das Geschlecht eines bedeutungsgleichen oder klangähnlichen deutschen Wortes aber auch nicht die Regel, vielmehr nur e i n sprachliches Moment unter anderen. Oft ist für die Zuordnung eines Fremdworts zu einem der drei Geschlechter eine rein formale Übereinstimmung ausschlaggebend: *Etage*, *Garage* und *Gruppe* sind von Haus aus, im Französischen, männlich, aber weil im Deutschen die meisten Hauptwörter, die mit unbetontem ‚-e' enden *(Biene, Seife, Ehe)*, weiblich sind, haben diese Fremdwörter bei uns das weibliche Geschlecht angenommen – auch *Courage* (franz. *le courage*), obwohl im Deutschen *der Mut* ebenfalls männlich ist.

Können Sie auf Anhieb sagen, welches Geschlecht die Fremdwörter *Dschungel*, *Dynamit*, *Ischias*, *Katheder*, *Meteor* und *Omelette* haben müssen? Wenn nicht, wäre vielleicht die folgende Zusammenstellung ganz lesenswert. Sie enthält solche Fremdwörter, denen oft ein falsches Geschlecht zugeordnet wird. Wo ein Wort mehrere Artikel haben kann, halten

Sie sich, wenn Sie in Deutschland leben, am besten an den zuerst genannten; Schweizern und Österreichern wird vielfach der an zweiter Stelle stehende vertrauter sein.

Apostroph, der	Auslassungszeichen	*Apostroph*
Ar, das oder *der*	Flächenmaß: 100 m²	*Ar*
Argot, das oder *der*	Rotwelsch, Slang, Jargon (in Frankreich)	*Argot*
Avis, der oder *das*	Nachricht, Anzeige (Aussprache: der aw*iß*, das aw*i*)	*Avis*
Barock, das oder *der*	Kunststil (etwa 1600–1750)	*Barock*
Biskuit, das oder *der*	ein lockeres Gebäck (vgl. S. 584)	*Biskuit*
Bonbon, der oder *das*	Zuckerzeug	*Bonbon*
Chor, der	Sängerchor	
Chor, der, auch *das*	erhöhter Kirchenraum mit Hauptaltar	*Chor*
Chrom, das	glänzendes Metall	*Chrom*
Curry, der oder *das*	indisches Gewürzpulver	*Curry*
Diabetes (mellitus), der	Zuckerkrankheit	*Diabetes*
Domino, der	seidener Maskenmantel mit Kapuze und sein Träger	*Domino*
Domino, das	Anlegespiel	
Dossier, das	Aktenbündel (Vorgang)	*Dossier*
Dschungel, der oder *das*	undurchdringlicher tropischer Sumpfwald	*Dschungel*
Dynamit, das	Sprengstoff	*Dynamit*
Episkopat, das oder *der*	Bischofsamt, Gesamtheit der Bischöfe	*Episkopat*
Espresso, der	in der Maschine bereiteter starker Kaffee	*Espresso*
Espresso, das	kleines Café	
Essay, der oder *das*	kurze, geschliffene Abhandlung	*Essay*
Etikett, das / Etikette, die	Schildchen, Aufkleber	*Etikett(e)*
Etikette, die	Förmlichkeit, Umgangsformen	*Etikette*
Furnier, das	Deckblatt aus Holz	*Furnier*
Gabardine, der oder *die*	diagonal gerippter Anzugstoff	*Gabardine*
Gelee, das oder *der*	eingedickter Fruchtsaft	*Gelee*
Gong, der, auch *das*	Schlaginstrument	*Gong*
Gulasch, das oder *der*	Gericht aus gewürfeltem Fleisch	*Gulasch*
Gully, der oder *das*	Abwasserschacht	*Gully*
Gummi, der oder *das*	vulkanisierter Kautschuk	*Gummi*
Gummi, der	Gegenstand aus Gummi, Radiergummi	
Hymen, das, auch *der*	Jungfernhäutchen	*Hymen*
Idyll, das / Idylle, die	Bereich beschaulichen Landlebens	*Idyll(e)*
Idylle, die	Schilderung beschaulichen Lebens (in Literatur und bildender Kunst)	*Idylle*

Ischias	*Ischias, der, das*, auch *die*	Hüftschmerz
Jersey	*Jersey, der*	trikotartiger Stoff
	Jersey, das	Sportlertrikot
Joghurt	*Joghurt, der* oder *das*	eine Art dicker Milch
Kamin	*Kamin, der*, auch *das*	Schornstein, Felsspalt
Katheder	*Katheder, das* oder *der*	Pult des Lehrers
Kommentar	*Kommentar, der*	Erläuterungsschrift, Bemerkungen, Stellungnahme zu einem aktuellen Geschehen
Kompromiß	*Kompromiß, der* oder *das*	Verständigung durch beiderseitiges Nachgeben
Kristall	*Kristall, der*	z. B. Berg- und Schneekristall
	Kristall, das	Kristallglas
Lasso	*Lasso, das* oder *der*	Wurfschlinge
Liter	*Liter, das* oder *der*	Flüssigkeitsmaß, 1 Kubikdezimeter (entsprechend *der* oder *das Hektoliter*)
Mannequin	*Mannequin, das*, auch *der*	Vorführdame (vgl. Seite 588)
Match	*Match, das* oder *der*	Wettkampf, -spiel
Meteor	*Meteor, der*, auch *das*	Sternschnuppe
Mythos / Mythe	*Mythe, die / Mythos, der*	Götter- und Heldensage, Überlieferung aus urgeschichtlicher Zeit
	Mythus, der	
Omelett(e)	*Omelett, das / Omelette, die*	Eierkuchen
Orbit	*Orbit, der*	Umlaufbahn
Pardon	*Pardon, der*, auch *das*	Verzeihung, Nachsicht
Parkett	*Parkett, das*	Theaterparkett; getäfelter Fußboden
Passepartout	*Passepartout, das* oder *der*	Wechselrahmen ohne Glas
Petschaft	*Petschaft, das*	Handstempel zum Siegeln
Plaid	*Plaid, das* oder *der*	Reisedecke, Umhängetuch
Pony	*Pony, der*	Ponyfrisur
	Pony, das	kleines Pferd
Primat	*Primat, das* oder *der*	Vorrang, Vorrecht (aber: *die Primaten* = Herrentiere)
Prospekt	*Prospekt, der*	illustrierter Werbedruck, auch Stadtansicht und Bühnenhintergrund
Prototyp	*Prototyp, der*	Urbild, Inbegriff
Pult	*Pult, das*	Lese-, Schreibpult
Pyjama	*Pyjama, der* oder *das*	Schlafanzug
Radar	*Radar, das* oder *der*	Funkortung
Radio	*Radio, das*, auch *der*	Rundfunkgerät
Rebus	*Rebus, der* oder *das*	Bilderrätsel
Revers	*Revers, das*, auch *der*	Jacken- oder Mantelaufschlag
	Revers, der	schriftliche Erklärung rechtlich bedeutsamen Inhalts
Rheuma(tismus)	*Rheuma, das / Rheumatismus, der*	Gliederreißen
Risotto	*Risotto, der*, auch *das*	ein Reisgericht
Sakko	*Sakko, der* oder *das*	Jackett

GENUS-SCHWANKUNGEN 185

Samba, die, auch der	ein Tanz	Samba
Sellerie, der oder die	Gemüse- und Salatpflanze	Sellerie
Semikolon, das	Strichpunkt	Semikolon
Silo, der, auch das	Großspeicher für Getreide oder Zement und für die Herstellung von Gärfutter	Silo
Single, der	Alleinlebende(r)	Single
Single, die	kleine Schallplatte	
Single, das	Einzelspiel (Tennis)	
Soda, die oder das	Natriumkarbonat	Soda
Soda, das	Sodawasser	
Terpentin, das, auch der	Harz verschiedener Nadelbäume	Terpentin
Thermostat, der	Temperaturregler	Thermostat
Tinnef, der	Tand, Wertloses	
Traktat, der oder das	Abhandlung, religiöse Schrift	Tinnef
Trikot, der, auch das	gewirkter Stoff	Traktat
Trikot, das	gewirktes, körpernahes Kleidungsstück	Trikot
Virus, das, auch der	kleinster Krankheitserreger	
Vokabel, die, auch das	Einzelwort (einer fremden Sprache)	Virus
Zigarillo, der, auch das	kleine Zigarre	Vokabel
Zölibat, das oder der	Ehelosigkeit katholischer Geistlicher	Zigarillo
		Zölibat

Landschaftsübliche Besonderheiten

Was wäre da zu sagen? Eine Kleinigkeit für den Stuttgarter, der in Hannover die Messe besucht: er soll sich dort *die* Butter nicht vom Brot nehmen und *den* Teller mit Würstchen und Salat nicht vor der Nase wegschnappen lassen – die Hannoveraner könnten sonst darüber s-tolpern und denken, er wüßte nicht, wie's richtig heißt. Überall, nur nicht im traditionsbewußten Schwabenländle, hat man nämlich schon gemerkt, daß *Butter* nicht männlich, sondern weiblich und *Teller* seit einigen Jahrhunderten nicht mehr Neutrum, sondern nur noch Maskulinum ist.

Andere Gegenden haben andere Eigenheiten. In Magdeburg sagt man *der Gas*, in der Niederlausitz *der Wachs, der Datum, der Lob* – *das Hirsch, das Draht, das Acker*, und in Westfalen gibt es Stoffgeschäfte, wo man *den Tuch* für einen Anzug aussuchen und dabei leicht *das Schirm* stehenlassen kann. In München trinkt man auf dem Oktoberfest gewöhnlich mehr als *eine Maß* und steigt zur Heimfahrt in *die Tram*; durch Schweizer Städte hingegen fährt, wenn überhaupt noch, *das Tram*.

Auf Normsprecher wirken solche Abweichungen befremdlicher als andere mundartliche Eigenheiten: *der* und *das* nicht auseinanderhalten, das ist ja fast so schlimm wie rechts und links verwechseln! Wer so etwas tut, wird nicht für voll genommen. Halten wir uns also lieber an die Norm.

Butter
Teller

lichtung
manche meinen,
lechts und rinks
kann man nicht
velwechsern.
werch ein illtum!
ERNST JANDL

Darf ein Mädchen weiblich sein?

Mädchen

Kongruenz im Genus

Das Mädchen sieht so blaß aus. Ist *es* krank, oder ist *sie* krank? Hier dürfen wir wählen zwischen dem grammatischen und dem natürlichen Geschlecht, je nach Geschmack und Stilgefühl. Im allgemeinen wird es so am besten sein: In unmittelbarer Nachbarschaft des Ausdrucks *das Mädchen* gebrauchen wir das sächliche Fürwort, z. B.

> Das Mädchen, *das* am Fenster saß, las in einem Buch.

Den nächsten Satz dürfen wir dann ruhig mit der weiblichen Form beginnen:

> Als *sie* mich sah, legte *sie ihr* Buch fort.

So aber wie in der folgenden Zeitungsmeldung geht es nicht:

Ein Ei mit fünf Dottern

WEST HARTFORD, Connecticut, 9. Januar (AP)
Fünf Dotter hat ein zwölfjähriges Mädchen in der vergangenen Woche in einem Hühnerei gefunden, als es ihrer Mutter in der Küche half. Ein solches Ei kommt nach der Erklärung von Geflügelfachleuten nur einmal unter vielen Millionen vor ...

... der grammatische Fehler viel öfter. Es muß also heißen:

> ... als *sie ihrer* Mutter in der Küche half

oder besser:

> ... als *es seiner* Mutter in der Küche half.

Eva, die Männin

weibliche Berufe

Kaum zu glauben, was für Rätsel uns das weibliche Geschlecht aufgeben kann, vor allem da, wo es in Hosenrollen auftritt. Will sagen, wo es mit dem Anspruch auf Gleichberechtigung in Berufe eindringt, die vormals männliche Domäne waren. Zwar machte Luther die Eva schon zur *Männin* (I. Buch Mosis, Kapitel 2, Vers 23), aber die *Amtmännin*, von der die Brüder Grimm, ihrer „seligen Mutter gedenkend", noch ehrfurchtsvoll als von der Gattin eines Amtmanns sprachen, klang Feministinnen nicht feminin genug. Die Verwaltungen der Bundesländer gaben nach und führten

Amtfrau
Obfrau

1986 die *Amtfrau* ein. „Wir reden unbedingt der *Obfrau* das Wort", erklärte zwei Jahre später die Gesellschaft für deutsche Sprache; die Bezeichnungen „weiblicher Obmann" und „Obmännin" sind nach ihrer Meinung überholt. Zur gleichen Zeit rang sich das Oberverwaltungsgericht Lüneburg dazu

Ratsherrin

durch, weibliche Vertreter der Stadtverwaltung als *Ratsherrinnen* passieren zu lassen. Klingt doch hübscher als „Ratsfrauen", nicht wahr?
Das Gros der Frauen muß sich mit dem althergebrachten Ableitungssuffix *-in* begnügen: *Verkäufer – Verkäuferin*. Wie der liebe Gott zuerst den

Adam schuf und aus dessen Rippe die Eva entstehen ließ, vollzieht die Sprache hier einen ähnlichen Schöpfungsvorgang. Zuerst war immer der Mann: der Bauer, der Müller, der Schneider, der Lehrer, der Schaffner und der Fotograf – *die Bäuerin, Müllerin, Schneiderin, Lehrerin, Schaffnerin* und *Fotografin* sind sprachlich nur späte Ableger des männlichen Prinzips. Aber Vorsicht, meine Herren, was aus einer Rippe so alles entstehen kann! Die Entwicklung macht ja nicht bei der *Kindergärtnerin*, der *Apothekenhelferin* und der *Verkäuferin* aus dem Schuhgeschäft halt. Neben der *Redakteurin* gibt es die *Ingenieurin*; die *Direktorin* hat die *Direktrice* längst überrundet. Da werden – um Schiller leicht abzuwandeln – Frauen zu *Dompteusen* und treiben mit Vergnügen Politik: als *Kandidatinnen*, *Präsidentinnen* und *Ministerinnen*.

Adam war bekanntlich im Paradies zunächst allein, ein Zustand, an den sich gewisse Sprachen noch zu erinnern scheinen, indem sie für „Mensch" und „Mann" nur das eine gleiche Wort haben: man, homme, uomo, hombre.
GERHARD STORZ (1898–1983)

Von den letzteren legte Elisabeth Schwarzhaupt, die 1961 als Bundesminister für Gesundheit erster weiblicher Minister der Bundesrepublik Deutschland wurde, großen Wert darauf, *Frau Ministerin* tituliert zu werden, analog zu *Frau Äbtissin* und *Frau Oberin* (die sowenig die Frau vom Ober ist wie die Epistel die Frau vom Apostel).

Ministerin

Doktorinnen und *Professorinnen* lassen sich als *Frau Doktor* und *Frau Professor* anreden, nicht als „Frau Doktorin" und „Frau Professorin". (Wer Anne Schröder heißt und sich seinen Doktor nur mittels Trauschein zugelegt hat, sollte heute als *Frau Schröder* und nicht als „Frau Doktor" gelten wollen.) Als sich die „Frau Ministerin" nun vorn u n d hinten weiblich gab, wich sie bewußt vom Vorbild der *Frau Professor* ab, die sich mit der einmaligen Kennzeichnung ihres natürlichen Geschlechts durch *Frau* begnügt. Aber sie tat etwas anderes: sie entsprach dem Streben der sich emanzipierenden Frau nach eigener Geltung und eigener Berufsbezeichnung. Wie die Differenzen zwischen *Frau Professor* und *Frau Ministerin* ausgehen werden, ist noch offen. Während ihrer Amtszeit wurden tituliert: Annemarie Renger als *Bundestagspräsidentin*, Indira Gandhi als indische *Premierministerin*, Golda Meir als israelischer *Ministerpräsident*. Als Niedersachsens Minister für Wirtschaft und Verkehr machte Birgit Breuel 1984 durch Erlaß klar, daß sie nicht *Ministerin*, sondern *Minister* und als solcher ein *Er* sei. Doch die Anrede *Frau Ministerin* scheint sich durchzusetzen, auch wenn sie der Sprachentwicklung entgegengerichtet ist.

Frau Doktor
Frau Professor

Der Schweizer Kulturhistoriker Jacob Burckhardt (1818–1897) war sprachlich so galant, daß er zum Deutschen „die Deutschin" erfand.

Unsere Sprache geht nämlich immer mehr dazu über, Doppelkennzeichen aufzugeben. (So schleifen sich allmählich die Beugungsendungen der Hauptwörter ab, wenn der Fall eindeutig durch Geschlechts- oder Fürwort gekennzeichnet ist: *Deutschlands Jugend;* aber bereits häufig: die Jugend *des Deutschland* von 1914, statt korrekt: *des Deutschlands* von 1914). Wieweit das Beispiel der „Frau Ministerin" Schule macht, bleibt abzuwarten.

Genitiv

Es gab schon einmal jemanden, der sich kraft seines Amtes über die Grammatik hinwegsetzen wollte, und der war Kaiser und hat es nicht geschafft. Kennen Sie die Geschichte vom Kaiser Sigismund, der 1414 auf dem Konzil zu Konstanz das Wort *Schisma* weiblich gebrauchte? *Schisma* bedeutet ‚Kirchenspaltung', ‚Ketzerei', kommt aus dem Griechischen und ist ein Neutrum: *das Schisma*. Auf seinen Fehler aufmerksam gemacht, erboste sich Kaiser Sigismund und befahl, daß von nun an *Schisma* ein Hauptwort weiblichen Geschlechts sein solle. Die Sprache richtete sich nicht nach dem kaiserlichen Befehl, und es entstand die Redensart: *Caesar non supra grammaticos* – der Kaiser geht nicht über die Grammatiker.

Schisma

Testbogen 13

Anmut
Demut
Schwermut
Wagemut
Freimut
Hochmut
Unmut

1 Sind die Wörter *Anmut, Demut, Schwermut, Wagemut, Freimut* und *Unmut* männlich oder weiblich?

1 Teils – teils, die ersten drei sind weiblich: *die Anmut, die Demut, die Schwermut* – die letzten vier männlich: *der Wagemut, der Hochmut, der Freimut, der Unmut.*

2 „Welcher Betrieb oder Institution ist interessiert, ein Ferien- oder Erholungsheim einzurichten?"
Um hier den Fehler zu finden, braucht man keine Lupe. Nämlich?

Kongruenz im Genus

2 *welcher* kann sich nur auf ein männliches Hauptwort beziehen, *Institution* ist aber ein Femininum. Es kann nur heißen: Welcher Betrieb oder w e l c h e Institution ist interessiert...

3 Welches Geschlecht hat das Wort *Hehl*?

Hehl

3 Ursprünglich war *hæle* (Verheimlichung) ein weibliches Hauptwort. Heute wird es sächlich gebraucht, doch auch die männliche Form ist üblich. Man verwendet *Hehl* aber fast nur noch in der Fügung ,k e i n / k e i n e n Hehl aus etwas machen'.

-nis

4 Wörter auf *-nis* sind teils Feminina *(Kenntnis, Unkenntnis, Bitternis, Finsternis, Bedrängnis, Beschwernis, Besorgnis, Fäulnis, Erschwernis, Ersparnis)*, teils Neutra *(Bildnis, Behältnis, Erzeugnis, Gefängnis, Ergebnis, Bündnis, Versäumnis, Vermächtnis, Bedürfnis, Erfordernis, Bekenntnis, Geständnis, Mißverständnis, Verhältnis, Geheimnis)*. Wenn wir schwanken, ob ein Wort auf *-nis* sächlich oder weiblich ist – haben wir dann irgendeinen Anhaltspunkt?

4 Haben wir, wenn auch einen ziemlich vagen: Substantive auf *-nis* m i t k o n k r e t e r B e d e u t u n g s i n d h ä u f i g N e u t r a; F e m i n i n a s i n d m e h r a n a b s t r a k t e n S i n n g e b u n d e n. Zuverlässiger als diese Unterscheidung ist der Blick in ein Wörterbuch.

Vornamen

5 Was tun Sie, wenn Ihnen ein Ihnen unbekanntes Wesen namens Helge Henderson oder Kai Karsten einen Brief geschrieben hat und Sie nun antworten wollen: Adressieren Sie die Antwort an Herrn oder an Frau Helge H., an Herrn oder Frau Kai K.?

Helge

5 Da ist guter Rat teuer. *Helge* ist ein aus dem Nordischen übernommener m ä n n l i c h e r Vorname, aber auch eine Nebenform des w e i b l i c h e n Vornamens *Helga* – *Kai* eine nordische Kurzform von *Katharina*, aber auch ein männlicher Vorname. Fazit: Wenn Sie Ihr Kind *Kai, Helge, Kirsten* oder *Toni* nennen wollen, sollten Sie unbedingt einen Namen hinzusetzen, der das Geschlecht kenntlich macht *(Kai-Uwe)*.

Kai
Kirsten
Toni

6 Mit den Flugzeugentführungen und Banküberfällen Anfang der siebziger Jahre kam in der Presse das Wort *Geiselgangster* auf. Der emotional aufgeheizte Ausdruck verschwand aber wieder aus den Zeitungen, an seine Stelle trat der objektivierte Begriff *Geiselnehmer*. *Geiselnehmer* klingt so neutral wie *Lohnempfänger*. Doch zur Sache:
Wen oder was nehmen Geiselnehmer, *Geisel* oder *Geiseln*? Anders gefragt: Wie heißt der Plural von *Geisel*?

> **6** Normalerweise *die Geiseln* (Singular: *die Geisel*). Aber der Plural *die Geisel* ist auch nicht falsch. Allerdings gehört diese Pluralform auf *-el* zum Maskulinum *der Geisel* (wie *die Enkel, die Würfel, die Schlüssel, die Gipfel* zum männlichen Singular *der Enkel, der Würfel, der Schlüssel, der Gipfel*).   *Geisel*

7 Auch wenn Sie es nicht glauben wollen: *Geisel* darf wirklich als Maskulinum gebraucht werden: *der Geisel* ist sogar die ältere Form, das Femininum *die Geisel* gibt es erst seit dem 16. Jahrhundert. – Wie könnten wir uns den Genuswandel erklären?

> **7** Nicht etwa als Folge der Emanzipation. Wahrscheinlich liegt eine **Klangassoziation** vor: *Geißel* (eigentlich ‚Peitsche', übertragen ‚Landplage, Strafe': *Geißel der Menschheit*) ist Femininum.   *Geißel*

8 *Floppy disk* wurde ursprünglich die kleine flexible Speicherplatte für Textautomaten genannt. Die Fachwelt konnte sich lange nicht entscheiden, ob *Floppy disk* männlich oder weiblich ist. Für beides sprechen gute Gründe. Welche wohl?

> **8** *die Floppy disk*, weil man **die Platte, die Scheibe** sagt – *der*, weil in *disk* **der Diskus** steckt. Inzwischen ist daraus ein zweifelsfreies Femininum geworden: *die Diskette*.   *Floppy disk*

9 „Freispruch gab es für das Lütticher Ehepaar, das ihr mißgestaltetes Kind getötet hatte", berichtete seinerzeit eine Illustrierte. Hätten Sie zu den Lesern gehört, denen aufgefallen wäre, was hier nicht stimmt?

> **9** Sicherlich, denn dieser Fehler wurde schon öfter besprochen: Da *Ehepaar* ein Neutrum ist, muß das zugehörige besitzanzeigende Fürwort ebenfalls sächlich sein. Richtig ist nur: ... das Lütticher Ehepaar, das *sein* mißgestaltetes Kind getötet hatte.   **Kongruenz im Genus**

10 Gesetzt den Fall, sie schrieben geschäftlich an eine sehr junge Dame. Wie würden Sie sie anreden? „Sehr geehrt ... Fräulein Schulze"?

> **10** Wenn schon *Fräulein*, dann „Sehr *geehrtes* Fräulein Schulze". Als hochsprachlich gilt nur: *das Fräulein Schulze, das Fräulein Gerda*. Sollten Sie aber die junge Dame nicht besonders gut kennen, wäre die Anrede *Frau* vorzuziehen; sie setzt sich auch für Unverheiratete immer stärker durch.   *Fräulein*

Frau

„Der Werwolf, des Weswolfs..."

Deklination

Zur Beugung der Hauptwörter

„Alea iacta est", sagte Cäsar, als er 49 v. Chr. den Rubikon überschritt, „der Würfel ist gefallen." Der Rubikon, ein kleiner Fluß in Oberitalien, bildete seinerzeit die Grenze zwischen Italien und der Provinz Gallia cisalpina. Als Cäsar ihn überschritt, war damit der *Casus belli* gegeben, wörtlich: der *Kriegsfall*, im übertragenen Sinne: der Grund zum Kriege.

Vom Kasus und vom Würfelspiel

Kasus

casus belli
beim
nächsten krieg
gibts als
ersten fall
einen sonderfall
und als
zweiten fall
einen zwischenfall
und als
dritten fall
einen überfall
und auf
jeden fall
einen feldmarschall
und als
letzten fall
einen feuerball
JOSEF REDING

Kasus bedeutet *Fall*, im wörtlichen und im übertragenen Sinne. Das grammatische Fachwort *Kasus* wird etwa seit 1600 durch das deutsche *Fall* übersetzt. Die lateinische Bezeichnung leitet sich vom Würfelspiel her. Mit den sechs Seiten, auf die ein Würfel fallen kann, verglich man das Vorkommen der verschiedenen Formen desselben Wortes in der Rede. Sie werden einwenden, ein Würfel habe sechs Seiten, unsere Sprache aber doch nur vier Fälle. Gewiß, das Bild trifft auf unser Neuhochdeutsch nicht zu; es ist ja auch vom Latein her zu verstehen, das als 5. Fall noch den Ablativ und als 6. Fall den Vokativ kennt, ursprünglich aber sogar sieben Kasus hatte (Einzahl: *der Kasus*, Mehrzahl: *die Kasus*, mit langem u).

Mit bloß vier Fällen, die wir zu unterscheiden haben, macht unsere Sprache es uns wirklich leicht. Wer in Finnland wohnt, muß sich sein Leben lang mit 15 Fällen abplagen; noch schlimmer sind die Ungarn dran, die haben gar 30. Denken Sie nun aber nur nicht, daß unser Deutsch ärmer an Ausdrucksmöglichkeiten sei als die finnisch-ugrischen Sprachen. Bei uns werden die Aufgaben, die in den kasusreichen Sprachen von den Fällen ausgeübt werden, von Verhältniswörtern übernommen, und das in ständig steigendem Maße. Dadurch verlieren die Deklinations-Endungen immer mehr an Informationswert, sie werden im Grund entbehrlich. Was in der Sprache keine Funktion mehr hat, schleift sich ab. Doch aus dem allmählichen Schwinden der Deklinations-Endungen dürfen wir nicht etwa auf eine Verarmung der Sprache schließen. So folgern zwar viele, aber sie folgern töricht, denn den Vereinfachungen in der Grammatik steht ein starkes Anwachsen des Wortbestandes gegenüber. Unsere Urenkel werden sich mit der Grammatik leichter tun, aber mehr Wörter kennen müssen als wir.

Was Sie über die formale Seite der Deklination wissen müssen, finden Sie in den Übersichtstabellen auf den Seiten 636–641.

Übrigens verfügen nicht nur technisch und wirtschaftlich hochentwickelte Völker über einen vielschichtigen Wortbestand: Die Eskimos haben ein Wort für ‚Schnee auf dem Boden‘, ein Wort für ‚fallenden Schnee‘, ein drittes für ‚treibenden Schnee‘, ein viertes für ‚Schneetreiben‘; sie haben ein allgemeines Wort für ‚Seehund‘, ein weiteres für ‚Seehund, der sich in der Sonne wärmt‘, ein drittes für ‚Seehund, der auf einer Eisscholle treibt‘ und jede Menge weiterer Wörter, die Seehunde nach Alter und Geschlecht kennzeichnen. Seien wir froh, daß wir kein Eskimoisch zu lernen brauchen, denn dann müßten wir zur Wörtervielfalt noch zehn Kasus pauken.

Der Werwolf

Christian Morgenstern (1871–1914) wußte der Deklination eine amüsante Seite abzugewinnen.

> Der Werwolf
>
> Der Werwolf eines Nachts entwich
> von Weib und Kind und sich begab
> an eines Dorfschullehrers Grab
> und bat ihn: „Bitte, beuge mich!"
> Der Dorfschulmeister stieg hinauf
> auf seines Blechschilds Messingknauf
> und sprach zum Wolf, der seine Pfoten
> geduldig kreuzte vor dem Toten:
> *„Der Werwolf"*, sprach der gute Mann,
> *„des Weswolfs*, Genitiv sodann,
> *dem Wemwolf*, Dativ, wie mans nennt,
> *den Wenwolf* – damit hats ein End."
> Dem Werwolf schmeichelten die Fälle,
> er rollte seine Augenbälle.
> „Indessen", bat er, „füge doch
> zur Einzahl auch die Mehrzahl noch!"
> Der Dorfschulmeister aber mußte
> gestehn, daß er von ihr nichts wußte.
> Zwar Wölfe gäbs in großer Schar,
> doch „Wer" gäbs nur im Singular.
> Der Wolf erhob sich tränenblind –
> er hatte ja doch Weib und Kind!!
> Doch da er kein Gelehrter eben,
> so schied er dankend und ergeben.

Selbstverständlich wußte der Dichter der „Galgenlieder", daß ein *Werwolf* mit dem Fragefürwort *wer* nicht das geringste zu tun hat. In *Werwolf* steckt das althochdeutsche *wer* = Mann, der Werwolf ist der „Mannwolf", ein Wolf mit der Seele eines Menschen. Vor einem Jahrtausend herrschte im Volk der Glaube, mit Hilfe eines Gürtels aus Wolfsfell könne ein Mensch sich vorübergehend in einen Wolf verwandeln. An dem Aberglauben, daß Menschen die Gestalt von Raubtieren annehmen könnten, wird heute noch in manchen Gegenden Europas, Afrikas und Asiens festgehalten.

Werwolf

Natürlich beugen (deklinieren) wir die zusammengesetzten Hauptwörter nicht nach Morgensterns toten Dorfschullehrers Art. Uns genügt es, wenn wir nur ans Grundwort die Beugungsendung hängen und das Bestimmungswort unverändert bleibt: *der Briefumschlag, des Briefumschlags* (nicht: *des Briefesumschlags*). Aber etwas sehr Richtiges und Wichtiges können wir dem Gedicht entnehmen: Mit dem Fürwort *wer* fragen wir nach Menschen und nach größeren Tieren, ob sie nun in der Einzahl oder in der Mehrzahl stehen. Nach Sachen fragen wir „was?", daher die Doppelform in der Frage nach dem Nominativ „wer oder was?" und nach dem Akkusativ „wen oder was?". Der Genitiv und der Dativ von *wer* und *was* lauten gleich, mit „wessen?" und „wem?" fragen wir also nach Lebewesen u n d nach Sachen.

wer

was

Der Nominativ

Nominativ
Nullkasus

Nominativ bedeutet ‚Nennfall‘, es ist der ungebeugte Fall, der eine Person oder eine Sache beim Namen nennt, der Nullkasus. *Nomen, Name* und *nennen* sind drei alte Verwandte. Sie kennen sicher das lateinische Sprichwort „Nomen est omen"; es drückt aus, daß der Name zugleich eine gute oder böse Vorbedeutung, ein Omen, enthalte. Wenn Eltern, denen das Lateinische nicht völlig unbekannt ist, ihren Sohn *Felix* nennen, ist anzunehmen, daß sie damit den Wunsch verbinden, er möge werden, was der Name sagt: glücklich.

Felix

Doppelformen im Nominativ
Friede(n)
Funke(n)
Gedanke(n)
Glaube(n)
Name(n)
Same(n)
Schade(n)
Wille(n)

Zu einigen männlichen Hauptwörtern auf ‚-e‘ hat die Sprache im Werfall eine Doppelform auf ‚-en‘ gebildet. Es stehen nebeneinander: *der Friede* und *der Frieden, der Funke* und *der Funken, der Gedanke* und *der Gedanken, der Glaube* und *der Glauben, der Name* und *der Namen, der Same* und *der Samen, der Schade* und *der Schaden, der Wille* und *der Willen*. Je seltener man einem alten Bekannten begegnet, desto mehr Wert mißt man dieser Begegnung bei. Nicht anders in der Sprache. Die älteren Formen *Friede, Glaube, Same, Schade* haben bereits Seltenheitswert erlangt und scheinen gerade darum ausdrucksstärker zu sein als die häufiger gebrauchten jüngeren Bildungen auf ‚-en‘.

Der Genitiv

Genitiv

Genitiv könnten wir uns als ‚Abstammungsfall‘ übersetzen. Zwar hat der Genitiv im Deutschen mehr Funktionen, als bloß Abstammung und Herkunft anzugeben, aber darin liegt seine Hauptaufgabe.

wessen

Auf deutsch heißt der Genitiv 2. *Fall* oder *Wesfall*. Warum eigentlich nicht „Wessenfall"? Weil man sich bei der Wortbildung *Wesfall* an die ältere Gestalt des Wortes *wessen* gehalten hat, die in mittelhochdeutscher Zeit ausschließlich *wes* lautete. Denken Sie an Luthers „Wes das Herz voll ist, des gehet der Mund über" oder an das alte Sprichwort „Wes Brot ich ess', des Lied ich sing'".

Wie bilden wir den Genitiv?

Genitiv in der Umgangssprache

So nicht: „Vatan sein Hut und Muttan ihr Kopptuch" – das wäre schlimmste mitteldeutsche Umgangssprache. Es muß heißen: *Vaters Hut und Mutters Kopftuch*.

nicht	sondern
mein Mann seine Meinung	die Meinung meines Mannes
ich habe einen Bekannten, dem seine Frau...	ich habe einen Bekannten, dessen Frau...
meine Schwester ihre Freundin die ihre Tochter	die Tochter der Freundin meiner Schwester
ein Kollege von meinem Bruder	ein Kollege meines Bruders
wegen Aufgabe von meinem Geschäft	wegen Aufgabe meines Geschäfts, wegen Geschäftsaufgabe

Übrigens ist dieser umgangssprachliche Genitiv nicht auf Mitteldeutschland beschränkt. Wo heute noch plattdeutsch gesprochen wird, heißt es „Jochen sin Hus", und der Schwabe sagt „em Karle sei(n) Haus". Der Genitiv „nach der Schrift" wird als zu vornehm empfunden, er ist auch mehr Sonntags- als Alltagsstil. Das ändert aber nichts daran, daß in einwandfreiem Deutsch nur ‚Jochens Haus' oder ‚Karls Haus' zulässig ist.

Sonst wird das Genitivobjekt im allgemeinen nachgestellt. Wer das nicht beachtet, macht sich leicht lächerlich: **Stellung des Genitivobjekts**

> Meines Freundes Hubert Wagen steht in der Garage.

Das sagt ja kaum einer. Aber warum wirkt der Satz so gestelzt? Weil nur Poeten das Vorrecht haben, das Genitivobjekt voranzustellen:

> Schlanker Birken erstes Grün ...

klingt gleich nach Gedicht.

> Das erste Grün der schlanken Birken ...

könnte dagegen aus einem Naturkundebuch stammen. Dementsprechend können wir durch eine einfache Umstellung aus unserem unfreiwillig komischen Satz Alltagsprosa machen:

> Der Wagen meines Freundes Hubert steht in der Garage.

Der schärfste Konkurrent des Genitivs

ist das Wörtchen *von*. Wann dürfen wir den Wesfall mit *von* umschreiben? Ein Beispiel aus der Zeitung: **Genitiv mit ‚von'**

> „Die Einfuhr von ausländischer Kohle soll nicht länger Importrestriktionen unterliegen."

Über die Zweckmäßigkeit der Maßnahme kann man streiten, über den Wesfall in diesem Satz sollten wir einer Meinung sein: *von* ist überflüssig, *die Einfuhr ausländischer Kohle* genügt. Das näher erläuternde Eigenschaftswort *ausländisch* macht durch seine Beugungsendung ‚-er' den Genitiv deutlich genug. Da ein Staat nun sowieso nur ausländische, nicht aber inländische Ware einführt, wäre auch *ausländisch* zu entbehren. Entfällt das begleitende Adjektiv, müßte mit ‚*von* + nachfolgendem Dativ' umschrieben werden: *von*

> Die Einfuhr *von* Kohle soll nicht länger beschränkt werden.

 Der Wesfall sollte nur dann mit *von* gebildet werden, wenn eine Genitivform zu undeutlich wäre. Das ist vornehmlich da der Fall, wo dem Genitiv ein flektiertes Begleitwort fehlt.

Vermeiden läßt sich die Umschreibung mit *von* nur, wenn wir das tun, was wir immer tun, wenn Not am Manne ist: Wir bilden durch Zusammensetzung flugs ein neues Wort.

Die *Kohle-Einfuhr* soll freigegeben werden.

(Der Trennungsbindestrich steht hier ausnahmsweise wegen der besseren Leserlichkeit.)

Es stehen sich also gegenüber:

Genitiv,	**Genitiv,**
kenntlich durch flektiertes Begleitwort	umschrieben durch ‚von + Dativ' oder zusammengesetztes Wort
eine Gruppe junger Unternehmer	eine Gruppe von Unternehmern
eine Fülle neuer Eindrücke	eine Fülle von Eindrücken
eine Kartoffel mittlerer Größe	eine mittelgroße Kartoffel
eine Sammlung wertvoller Handschriften	eine Handschriftensammlung
der Kongreß deutscher Ärzte	der Ärztekongreß

Wenn Anno 1815 ein großer Lebenskünstler in seiner Sammlung „Sprichwörtlich" schrieb:

„Alles in der Welt läßt sich ertragen,
nur nicht eine Reihe von schönen Tagen",

so entspricht dies nicht der Regel. Korrekt wäre: ... *eine Reihe schöner Tage*. Wer aber wollte Goethe eines Fehlers zeihen? Der Meister darf der Regel Ketten sprengen. Solange sie den Sinn nicht stören, gehen Reim und Rhythmus über die Grammatik. Ein klein wenig hiervon gilt sogar für unser Alltagsdeutsch. Wer es weiß, daß man korrekterweise durch *Berlins Straßen* gehen müßte, es aber dennoch vorzieht, wieder einmal *durch die Straßen von Berlin* zu bummeln, dem sei dieser Abstecher gern gestattet, sofern er ihn begründen kann. *Berlins Straßen*, das ergibt einen Mißklang, eine Kakophonie, wie der aus dem Griechischen stammende Ausdruck lautet. Hier treffen zwei Zischlaute an tonstarker Stelle aufeinander, was immer häßlich klingt. *Durch die Straßen von Berlin* – darin liegt die gleiche Melodie wie in dem einprägsamen Filmtitel *Unter den Dächern von Paris*. Allerdings hat hier die Umschreibung mit *von* einen weiteren Grund: Wie anders sollten wir einen Namen, der bereits auf ‚-s' endet, in den Genitiv setzen? Unter Parisens Dächern? Das hörte sich komisch an, obwohl es zulässig wäre (vgl. Seite 204).

Kakophonie

Wer modellierte und porträtierte wen?

„Eine Wachsfigur Leonardo da Vincis vor der Staffelei." So hatte eine Illustrierte ein Bild unterschrieben, auf dem ein alter Mann vor einem auf einer Staffelei stehenden Mona-Lisa-Porträt zu sehen war. Der Alte hatte einen wallenden weißen Bart, in der Hand hielt er einen Pinsel – offensichtlich ein Maler. Als ich Bild und Bildunterschrift verglich, stutzte ich. Sollte das Universalgenie Leonardo – Maler, Bildhauer, Architekt, Naturforscher, Techniker, Kriegsingenieur – auch in Wachs modelliert haben? Und bleiben Wachsfiguren Jahrhunderte hindurch so gut erhalten? Bis bei mir endlich der Groschen fiel: Was da vor der Staffelei stand, war nicht eine Wachsfigur Leonardo da Vincis, sondern Leonardo da Vinci in Wachs. Noch profaner: aus Wachs. Ich hatte für einen Genitiv des Subjekts (Leonardo modellierte) gehalten, was ein Genitiv des Objekts war (Leonardo wurde modelliert).

Genitiv des Subjekts
Genitiv des Objekts

Die Beziehungen zwischen Künstler, Werk und Dargestelltem in knapper Sprache eindeutig auszudrücken ist alles andere als leicht. Was, zum Beispiel, stellen Sie sich unter einem *Picasso-Bild* vor? Ein Bild, das Picasso gemalt hat? Ein Bild, auf dem er zu sehen ist? Ein Bild aus seinem Besitz? Oder das Bild, das die Welt sich von Picasso macht? Eine Zusammensetzung mit *-bild* als Grundwort kann vielerlei sein: Ein *Madonnenbild* zeigt die Madonna und ein *Gruppenbild* eine Gruppe, doch ein *Ölbild* kein Öl, ein *Urbild* keinen Auerochsen, ein *Luftbild* statt Luft Erde und ein *Röntgenbild* nicht Herrn Röntgen, sondern irgend jemandes Innenleben. Wenn ich aber – wiederum als Bildunterschrift – lese

-bild

    Picasso-Porträt von seiner Freundin Dora Maar,

dann ist mir sonnenklar: Hier hat die Dame ihn gemalt. Und erst beim Bildbegucken geht mir auf, daß ein Picasso mit langem Haar, Collier und hellen Augen nicht Picasso sein kann. Selbst wenn die meisten Leser nur halb so begriffsstutzig sind – menschenfreundlicher handelt der Texter, der narrensicher formuliert:

    (Porträt der) Dora Maar, gemalt von (ihrem Freund) Picasso.

Einen Genitiv des Subjekts (*Elternliebe* = Liebe der Eltern) und einen Genitiv des Objekts (*Nächstenliebe* = Liebe zu den Nächsten) auseinanderzuhalten ist oft gar nicht leicht. Dem *Empfang des Ministers* können wir sowenig wie dem *Besuch der Familie Müllermann* ansehen, ob der Minister einen Empfang gegeben und Familie Müllermann jemanden besucht hat (Genitiv des Subjekts) oder ob man den Minister empfangen und Müllermanns einen Besuch gemacht hat (Genitiv des Objekts). Und wenn die Zeitung vom überraschenden *Freispruch des Militärgerichts* berichtet, stutzen wir, weil wir gewöhnlich über den *Freispruch eines Angeklagten* informiert werden. *Trotz aller Verdächtigungen des Ehemanns*... Wer verdächtigt hier wen, er sie oder sie ihn? Ohne Kontext läßt der Satz das nicht erkennen. Deutlicher wäre es so: *Trotz aller Verdächtigungen durch den Ehemann*... oder – im umgekehrten Fall – *...gegen den Ehemann*... Ins ernsthafte Vereinsdeutsch können solche doppeldeutigen Genitive eine ungewollt komische Note bringen:

Elternliebe
Nächstenliebe

Genitiv des Subjekts
Genitiv des Objekts

    „Anläßlich der Eröffnung der Süßwasseraquarien-Großanlage der Vereinigung der Zierfischfreunde findet eine *Gesamtausstellung aller Mitglieder* statt."

Bliebe nur zu wünschen, daß die ausgestellten Zierfischfreunde von den Besuchern gebührend bewundert werden.
Von dem unfreiwillig hineingeratenen Nebensinn abgesehen, enthält dieser Satz noch etwas, was er nicht enthalten sollte:

Zu schweres Gepäck

zu vermeiden: Häufung von Genitiven

„Anläßlich *der* Eröffnung *der* Süßwasseraquarien-Großanlage *der* Vereinigung *der* Zierfischfreunde..."

Wie des Müllers armer Esel sich einen Sack voll Korn nach dem andern aufladen lassen muß, ergeht es hier dem Satz: Er wird bepackt mit nicht weniger als vier aufeinanderfolgenden und noch dazu gleichlautenden Genitiven. Doch zu schweres Gepäck kann weder der dümmste Esel noch der gescheiteste Leser bewältigen, oder verstehen Sie, was seinerzeit mit diesem Anschlag am Schwarzen Brett eines größeren Betriebes gesagt werden sollte?

„Betriebsangehörige, die noch nicht ihre Bescheinigung über die Bestätigung *der* Anerkennung *der* Auszahlung *der* sechsten Rate *des* Lastenausgleichs gem. 108. Novelle zum Lastenausgleichsgesetz in der veränderten Form (Paragraphen 98 und 62, Absätze III und VI) eingereicht haben, werden gebeten, dasselbe umgehend nachzuholen.
   Die Personalabteilung"

Genitivreihungen waren typisch für das Funktionärsdeutsch der DDR: „Der Erarbeiter *der* Statistik *der* Versorgung *der* Bevölkerung *der* Räte *der* Kreise hat die Aufgabe..."
Aus „Babylon" von GÜNTER DE BRUYN

Vier aufeinandergepackte Genitive muß man zum Glück schon ein bißchen suchen, drei Genitive hintereinander besitzen keinen Seltenheitswert. Was fangen wir mit so schwerem Gepäck an, wenn wir in unserer Gründlichkeit nichts fallen lassen wollen? Wir überwinden unsere Scheu vor dem Nebensatz und drücken uns deutsch aus:

nicht	sondern
die Entdeckung der Gesetze der Schwingungen der elastischen Oberflächen	die Entdeckung der Gesetze, nach denen elastische Oberflächen schwingen
die Frage der Besetzung des Postens des stellvertretenden Vorsitzenden des Vereins	die Frage, wie der Posten des stellvertretenden Vereinsvorsitzenden besetzt werden soll

Den Genitiv zweimal hintereinander zu gebrauchen ist zwar nicht schön, aber auch nicht grundsätzlich verboten. Voraussetzung ist allerdings, daß die Geschlechtswörter nicht gleich lauten:

nicht	sondern
die Forderungen der Mitglieder der Arbeitsgemeinschaft	die Forderungen, die von den Mitgliedern der Arbeitsgemeinschaft gestellt werden
die Prüfung des Einspruchs des betreffenden Antragstellers	die Prüfung der Eingabe des betreffenden Antragstellers

Man darf also von der Schönheit *der* Wälder *des* Mittelgebirges sprechen, aber die Schönheit *des* Waldes *des* Mittelgebirges widerspräche dem guten

Geschmack, weil die Wiederholung des Geschlechtswortes und der gleichklingenden Beugungsendung stört.

Stirbt der Genitiv?

Fast scheint es so. Der Genitiv hatte seine große Zeit, als man noch *einen Becher Weines* zu schätzen wußte. Man trank damals noch von dem köstlichen Stoffe Wein; heute betont man nicht mehr, wovon, sondern was man trinkt: *ein Glas Wein*. Früher war ein junges Mädchen stolz, wenn es *zwei Paar neuer Schuhe* besaß – heute sind für viele *zwei Paar neue Schuhe* selbstverständlich. Mit andern Worten: aus den M a ß - u n d M e n g e n b e z e i c h n u n g e n ist der Genitiv schon weitgehend geschwunden, und auch nach *viel* und *wenig* steht nicht mehr der partitive (= die Teilung ausdrückende) Genitiv: statt *viel Aufhebens* von einer Sache machen Leute von heute nur noch *viel Aufheben*.

Erinnern Sie sich noch *der guten alten Zeit*, als man *Ende Januars* sagte statt wie heute *Ende Januar*? Nein, bestenfalls erinnern Sie sich *an diese Zeit*. *sich einer Sache erinnern* klingt schon so altmodisch steif und feierlich, daß höchstens noch ein Dichter *sich dieses selten gewordenen Ausdrucks bedienen darf* – um noch einen veralteten Genitiv zu gebrauchen. Immer größer wird die Zahl der Verben, die früher den Genitiv regierten, heute aber mit einer Präposition verbunden werden. Zu Großvaters Zeiten sang man noch „Im Rosengarten will ich *deiner warten*", zu Vaters Zeiten trällerte es schon aus dem Radio „Ich steh' im Regen und *warte auf dich.*"

früher reiner Genitiv	heute mit Präposition
ich erinnere mich dieses Ereignisses	ich erinnere mich an dieses Ereignis (vgl. Seite 161)
sich einer unbedachten Äußerung schämen	sich wegen einer unbedachten Äußerung schämen
sich der glücklichen Geburt eines Sohnes freuen	sich über die glückliche Geburt eines Sohnes freuen
nicht des Weges achten	nicht auf den Weg achten

Aufpassen: *meines Erachtens* (Genitiv) und *nach meinem Erachten* (Präposition + Dativ) darf man nicht verkuddelmuddeln zu „meines Erachtens nach"; auch „sich des Eindrucks entziehen" ist eine K o n t a m i n a t i o n aus *sich des Eindrucks erwehren* und *sich dem Eindruck entziehen*.

Gehalten hat sich der Genitiv nach Verben, die im gerichtlichen Verkehr eine Rolle spielen (*beschuldigen, verdächtigen, anklagen, überführen* u. a.); wahrscheinlich stützt die Formelhaftigkeit der Gerichtssprache die grammatische Tradition.

In welchem Maße der Genitiv aus T i t e l n u n d F u n k t i o n s b e z e i c h n u n g e n schwindet, zeigt ein Blick in den Stellenteil großer Tageszeitungen. Gesucht wird da ein *Leiter Finanz- und Rechnungswesen*, ein *Direktor Zentraleinkauf Textil*, ein *Leiter Organisation Textverarbeitung* – der eigentlich, korrekt gefügt, *Leiter der Abteilung Organisation der Textverarbeitung* heißen müßte. Linguisten sehen in diesem beziehungslosen Nebeneinander eine „identifizierende Klassifikation wissenschaftskategorialen Charakters". Ich würde eher sagen: *Leiter Personalwesen* hört sich um einiges forscher an als *Leiter des Personalwesens* und vor allem fachlicher – was sag' ich: fachbezogener als das früher übliche *Personalleiter*. Neu ist die Wortbildungsmethode nicht, wir hatten seinerzeit einen *Reichsführer SS*, und auch die Fachterminologie steht Pate: *Genitiv Singular* ist eigentlich ein *Genitiv des Singulars*.

Wenn das Herr Duden wüßte!

Schwinden des Genitiv-‚s'

Bei s u b s t a n t i v i e r t e n F ü r - , U m s t a n d s - u n d V e r h ä l t n i s w ö r t e r n schwindet das Genitiv-‚s':

die Überwindung des Ich (daneben: *des Ichs*),
das Abwägen des Für und Wider,
das Auftreten ihres Gegenüber (nach Duden nur: *ihres Gegenübers*).

erdkundliche Namen

Geht einem e r d k u n d l i c h e n N a m e n ein Eigenschaftswort oder ein bestimmtes Geschlechtswort voran, heißt es i n der Regel, aber (noch) nicht n a c h der Regel:

die Einwohner des Libanon,
die jungen Staaten des heutigen Afrika,
der Wiederaufbau des zerstörten Freudenstadt.

Prestige Know-how

Männliche und sächliche F r e m d w ö r t e r bilden ihren Genitiv Singular oft ohne ‚-s'. Wieweit Rechtschreibung eine Frage *des Sozialprestige* oder *des Sozialprestiges* ist, darüber streiten die Reformwilligen. Duden sagt *des Prestiges*. Bei *Know-how* läßt er beides zu: *des Know-hows* und *des Know-how*, behauptete aber bis vor kurzem steif und fest: „Besser ist die Form auf ‚-s'." Warum besser, sagt er nicht. Einigen wir uns darauf: Ob wir den Genitiv auf ‚-s' bilden, hängt davon ab, wieweit wir das Fremdwort als eingedeutscht empfinden. So versessen aufs Genitiv-‚s', wie es die Dudenredaktion ist, brauchen wir nicht zu sein. Fremdwörter auf *-us* bleiben im Singular fast immer ungebeugt: *des Kusses,* aber *des Zirkus, des Pfiffikus, des Hibiskus, des Kubus, des Kubismus.* Bei einigen Wörtern haben Sie die Wahl, so bei *des Globus / Globusses, des Bambus / Bambusses, des Bonus / Bonusses.* Wenn Herr Duden wüßte, daß man heute bereits von der Neuauflage *des Duden* spricht (statt nach Duden: *des Dudens*) – er drehte sich im Grabe um. Aber der Sprachgebrauch neigt nun einmal dazu, Doppelkennzeichnungen aufzugeben (vgl. Seite 187). Ist der Genitiv bereits durch die Beugungsendung eines Begleitworts kenntlich gemacht, scheint das Genitiv-‚s' entbehrlich zu sein. Wir s a g e n *dienstags,* aber bereits *im Laufe des Dienstag* und *dienstag morgens,* s c h r e i b e n jedoch: *im Laufe des Dienstags, dienstags morgens.*

Fremdwörter auf ‚-us'

dienstags morgens

Zur alten, vollen Form des Genitivs auf ‚-es': Seite 202

Im schriftlich fixierten Text halten sich die Genitive länger als in der gesprochenen Sprache. Wahrscheinlich wird sich bei Wendungen wie den genannten für einige Jahrzehnte eine Art Koexistenz ergeben: schriftsprachlich mit Genitivendung, umgangssprachlich ohne. Es ist nicht damit zu rechnen, daß sich der schriftsprachliche Genitivgebrauch befruchtend auf die Umgangssprache auswirkt – das Gegenteil dürfte eher der Fall sein.

Man mag das Schwinden des Genitivs bedauern, aufhalten kann man es nicht. Die Sprache folgt nur den Geboten, die sie sich selber gibt. Trotzdem läßt sich nicht übersehen, daß der Gebrauch des Genitivs etwas mit „Bildung" zu tun hat. Wer auf Ausdruck Wert legt, wird nicht leichtfertig *eines Mittels* zur sprachlichen Differenzierung *entraten*, für das die Sprache keinen gleichwertigen Ersatz bietet. An seinen Genitiven erkennt man den guten Stilisten!

Auch aus Buchtiteln verschwindet das Genitiv-‚s'. Tennessee Williams' Drama „The Night of the Iguana" heißt seit 1963 auf deutsch „Die Nacht des Leguan", nicht ... des Leguans.

entraten

Der Dativ

Der Name *Dativ* kommt von lat. *dare* = geben, dessen Stammformen lauten: *do* (ich gebe), *dedi* (ich habe gegeben), *datum* (gegeben). Eine *Dotation* ist eine Schenkung, eine *Dedikation* eine Zueignung oder Widmung, und das *Datum* ist nichts anderes als das Gegebene, eingeschränkt auf die Zeit, die gegeben ist, die Zeit(an)gabe. *Dativ* können wir uns also mit ‚Gebefall' übersetzen. *geben* und die ihm sinnverwandten Verben verlangen alle den Dativ: ich schenke, ich reiche, ich widme, ich bringe, ich verleihe, ich vermache immer jemandem etwas. Da der Dativ eine ‚Zuwendgröße' bezeichnet, oft eine Person, nennt man ihn auch den Kasus des persönlichen Bereichs.

Dativ

Datum

geben

Amputationen nicht gestattet!

„Ein Gespräch mit dem Intendant des Hamburger Staatstheaters"

schwache Maskulina

kann niemals stattgefunden haben. Mag der Intendant eine noch so starke Persönlichkeit sein, er muß schwach gebeugt werden:

> der Intendant
> des Intendanten
> dem Intendanten
> den Intendanten

Intendant

Der Dativ der schwachen Maskulina darf auf keinen Fall amputiert werden. Man unterhält sich immer mit: *dem Intendanten, dem Fabrikanten, dem Kommandanten, dem Dramaturgen* und *dem Fotografen, dem Präsidenten, dem Studenten, dem Dirigenten, dem Konsumenten* und *dem Patienten*.

Ungebeugt bleibt ein schwaches Maskulinum nur, wo es mit einem anderen ohne Artikel stehenden Substantiv eng verbunden ist:

> ein Gespräch *von Mensch zu Mensch*; ein *von Patient und Arzt* nicht erwarteter Verlauf der Krankheit.

Starke Maskulina haben keine Dativendung.

starke Maskulina

„Von einem Autoren Ihres Formats hätte ich anderes erwartet",

schrieb ein Verleger *einem seiner Autoren*. Verleger sollten es eigentlich wissen: Man kriegt einen starken *Autor* nicht dadurch klein, daß man ihn schwach beugt. In der Einzahl ist *der Autor* immer stark, nur in der Mehrzahl wird er schwach (gemischte Deklination; vgl. Seite 638).

Autor

	Singular (stark)	Plural (schwach)
Achten Sie auf den Wechsel der Betonung.	der Autor des Autors dem Autor den Autor	die Autoren der Autoren den Autoren die Autoren

Fremdwörter auf ‚-or'

Wie *Autor* werden alle Maskulina auf *-or* dekliniert, die auf der vorletzten Silbe betont werden, im Dativ Singular also ohne *-en*: dem Doktor, dem Rektor, dem Professor, dem Lektor, dem Korrektor, dem Diktator, dem Operator, dem Mentor, dem Direktor, dem Sektor, dem Faktor, dem Traktor, dem Reaktor. Fremdwörter auf *-or* mit Ton auf der letzten Silbe werden einheitlich stark gebeugt, im Dativ: der Schlüssel *zum Tresor*, die Türen *der Tresore*.

Tresor

Keine Angst vor der Beugung von Straßennamen und Titeln!

Straßennamen

„Wegen Bauarbeiten wird die Steinstraße zwischen Lange Gasse und Alter Postplatz gesperrt."

Auch auf einem Schild sollten Straßennamen gebeugt werden. *zwischen* verlangt hier den Dativ, also:

... zwischen *der Langen Gasse* und *dem Alten Postplatz* gesperrt.

Titel von Büchern und Zeitschriften

Die gleiche Scheu vor der Deklination findet sich bei Buch- und Zeitschriftentiteln und Titeln künstlerischer Werke.

„Ich las neulich in ‚Die Welt'..."
„Sie hören jetzt Melodien aus ‚Die Csárdásfürstin'..."
„Alles sprachlich Wissenswerte finden Sie in ‚Der Große Duden'..."

Man sollte es nicht glauben, aber es gibt wirklich Leute, die nicht nur so schreiben, sondern auch so sprechen. Vor allem die Jüngeren haben das Gefühl dafür verloren, daß man in gutem Deutsch entweder den Titel flektiert:

Ich las neulich in der „Welt"...
Sie hören jetzt Melodien aus der „Csárdásfürstin"...
Alles sprachlich Wissenswerte finden Sie im „Großen Duden"...

Beugung
Der Mut
des Mutes
Demut
WERNER FINCK
(1902–1978)

oder wenigstens ein Hauptwort zwischen Verhältniswort und vollen Titel schiebt:

Ich las neulich in der Zeitung „Die Welt"...
Sie hören jetzt Melodien aus Emmerich Kálmáns Operette „Die Csárdásfürstin"...
Alles sprachlich Wissenswerte finden Sie im zehnbändigen Nachschlagewerk „Der Große Duden".

Fügungen mit Verhältniswort lösen den reinen Dativ ab

Daß der Dativ ein sterbender Kasus sei, kann niemand behaupten. Dennoch besteht in der Sprache die Tendenz, den reinen Dativ in eine präpositionale Fügung umzuwandeln. Die präpositionale Gruppe wird heute als normalsprachlich, die ältere Fügung mit Dativ als gehoben empfunden.

früher reiner Dativ	heute mit Verhältniswort	
er verglich sie einer Rose	er verglich sie mit einer Rose	*vergleichen*
Ihrem Schreiben entnehmen wir ...	aus Ihrem Schreiben entnehmen wir ...	*entnehmen*
nur seinem Beruf leben	nur für seinen Beruf leben (Akkusativ)	*leben*

Korrekt bis komisch und passé: das Dativ-‚e'

Leute gibt's, die sind allen Ernstes der Meinung, im Geschäftsbrief müsse es *am gestrigen Tage* oder *im nächsten Jahre* oder *Ende vorigen Monates* heißen, mit ‚e'. Stimmt das?

Dativ-‚e'
am gestrigen Tag(e)
im nächsten Jahr(e)

Zunächst einmal: Wer sich um einen klaren, unkomplizierten Stil bemüht, schreibt weder *am gestrigen Tage* noch *am gestrigen Tag*, sondern schlicht und einfach *gestern*. Aber damit ist das Problem nicht gelöst. Es geht um die Frage, wann die alten, vollen Endungen – speziell im Dativ – noch vertretbar sind. Daß wir sie durchaus nicht immer als störend empfinden, sehen wir an Wendungen wie *in Ihrem Hause, im Laufe der nächsten Woche, Anfang dieses Jahres*.

Das Ganze liegt jenseits der Alternative „falsch oder richtig", es ist eine Frage des Geschmacks. Wohlklang und Satzmelodie sprechen zuweilen für die vollen Endungen – die Furcht vor Altertümelei läßt uns trotzdem die Kurzformen bevorzugen. Im Laufe der Zeit haben sich bestimmte Normen herausgebildet, an die sollten wir uns halten:

1. Bei **mehrsilbigen Substantiven** findet man das Dativ-‚e' so gut wie gar nicht mehr. Es heißt: *bei seinem letzten Besuch* (nicht Besuche), *im nächsten Jahrzehnt, auf diesem Gebiet*.

2. Bei **einsilbigen Substantiven** kommt das Dativ-‚e' fast nur noch in formelhaften Wendungen vor: *am Tage, bei Tage, unter Tage; im Dienste der Nächstenliebe* (aber: *im Dienst*). In Sprichwörtern findet man die vollen Formen noch: *Bleibe im Lande und nähre dich redlich; mit dem Hute in der Hand*... In der heutigen Prosa fehlen sie: *im Land Baden-Württemberg; mit dem Hut*...

am Tage

3. Werden die genannten einsilbigen Wörter zum **Grundwort** einer Zusammensetzung, stoßen sie das Endungs-‚e' gewöhnlich ab. Es

am Dienstag   heißt *am Dienstag* und nicht „am Dienstage", auch gratuliert wird *zum Geburtstag* und nicht „zum Geburtstage".

Genitiv auf ‚-es'

4. Wird ein **einsilbiges Maskulinum oder Neutrum** durch ein **Beiwort** näher bestimmt, dann zeigt der **Genitiv** meistens noch die volle Form *(Ende dieses Jahres)*, der **Dativ** gewöhnlich die Kurzform: *im nächsten Jahr* (und nicht: Jahre), ebenso *am gestrigen Tag* (und nicht: Tage).

Fremdwörter im Dativ

5. In **Fremdwörtern** fällt das Dativ-‚e' immer weg. Richtig ist nur: *zum zweiten Quartal, am Telefon* (und nicht etwa: Telefone).

Wie steht es nun mit dem „Ende vorigen Monates"? Auch hier läßt sich die volle Endung nicht mehr rechtfertigen. Mehrsilbige Substantive, die mit unbetonter Silbe schließen, haben, sofern sie nicht auf Zischlaut enden, das ‚-e' im Genitiv längst abgestoßen. Wir sagen *Ende vorigen Jahrhunderts* und entsprechend *Ende vorigen Monats* (und nie und nimmer vorigen Monates). Also Vorsicht bei den alten, vollen Deklinationsendungen, sie sind nun einmal nicht mehr Mode. Drücken wir uns in Zweifelsfällen lieber zwei Nuancen zu gewöhnlich aus als eine Nuance zu gewählt, denn vom Ungewöhnlichen zum Lächerlichen ist's oft nur ein winziger Schritt.

Akkusativ

Der Akkusativ

bedeutet soviel wie ‚Anklagefall' und hat seinen Namen einem Irrtum zu verdanken. Die deutschen Grammatiker – das merken Sie ja immer wieder an den Bezeichnungen – gingen bei den Lateinern in die Schule, die alten Römer wiederum hatten ihre Grammatik den Griechen abgeguckt, und zwar in puncto Akkusativ falsch. Das entsprechende griechische Wort lautet *aitiatike* und bedeutet ‚Bewirkungsfall'. Das trifft die Sache eher. Bewirkende Verben sind transitiv, sie verlangen den Akkusativ (vgl. Seite 63). Als Kasus des direkten Objekts bezeichnet der Akkusativ die Größe, auf die das Geschehen gerichtet ist, die ‚Zielgröße'.

Über den Akkusativ gibt es nicht viel zu sagen, hier werden die wenigsten Fehler gemacht. Zu beachten ist nur, daß man den schwachen Hauptwörtern männlichen Geschlechts läßt, was ihnen zusteht: die Endung ‚-en'. Man trifft immer *einen Menschen*, nie *einen Mensch*.

Mensch

Zusammenfall von Nominativ und Akkusativ

Uns schwimmen die Fälle weg!

Erwähnt sei noch der „rheinische Akkusativ". Was man darunter versteht? Das Ersetzen des 4. Falls durch den 1. bei Hauptwörtern männlichen Geschlechts, eine Angewohnheit, die nicht auf das Rheinland beschränkt ist. Auch in Baden und im Allgäu kann man Wendungen hören wie „Ich erfülle dir der Wunsch", „Ich brauche der Mantel", „Ich hab' der Husten". Erklären kann man sich diese Gepflogenheit aus dem Verfall der Flexionsendungen (vgl. Seite 197, 201). Wenn sich die einzelnen Fälle nicht mehr deutlich voneinander unterscheiden, werden sie zu leicht in einen Topf geworfen. Wer aber Wert auf korrekten Ausdruck legt, vermeidet mundartliche Eigenheiten und sagt: ‚Ich erfülle dir *den* Wunsch', ‚Ich brauche *den* Mantel', ‚Ich hab' *den* Husten'.

Des Herrn Geheimrat Professor Dr. Schneider Tabakspfeife

Die Beugung von Personennamen ist das heikelste Kapitel der Deklination, vor allem dann, wenn dem Namen ein Titel vorangeht. Verständlich und verzeihlich, daß hier mancher Fehler gemacht wird. Um so mehr Anerkennung gebührt dem, der diese sprachliche Hürde ohne anzustoßen überspringt.

Beugung von Namen mit Titeln

1. Wie alle starken Hauptwörter männlichen Geschlechts bekommt der Name im Genitiv ein ‚-s‘, ganz gleich, ob es sich um Vor- oder Nachnamen handelt und ob der Name Männlein oder Weiblein gehört:
   Pauls Schuhe, *Helgas* Aussehen, *Goethes* Werke, *Kleists* Dramen.
   Auch zahlreiche ältere Ortsnamen mit einem Personennamen als Bestimmungswort enthalten solch ein Genitiv-‚s‘:
   Wilhelmshaven, Friedrichsruh, Ludwigsburg.
   Das ‚-s‘ steht auch, wenn der Genitiv nachgestellt wird:
   die Schuhe *Pauls*, der Anblick *Helgas*, die Dramen *Kleists*, die Freskenmalereien *Tintorettos*.

   Wer von *Reuters Erzählstil* reden hört, denkt bei *Reuter* wahrscheinlich an Christian oder Fritz, kaum an Gabriele oder Elisabeth. Doch er wird umlernen müssen. Nicht nur Literaturkritiker verzichten heute auf die Nennung des weiblichen Vornamens, so daß *Müllers jüngstem Werk* nicht mehr anzusehen ist, ob es von Heiner oder von Herta Müller stammt.

2. Der Name bleibt ungebeugt, wenn er mit einem bestimmten oder unbestimmten Geschlechtswort verbunden ist:
   die Schuhe *des Paul*, die Streiche *des Till Eulenspiegel*; die Freskenmalereien *eines Tintoretto*, das Format *einer Marlene Dietrich*, die Gedichte *eines Rudolf Alexander Schröder*.
   Leute, die ‚Schröder‘ heißen, gibt's wie Sand am Meer. Trägt jemand aber zwei so markante Vornamen, ist kaum eine Verwechslung möglich. Vor diesen Eigennamen ein unbestimmtes Geschlechtswort zu setzen ist – von der Logik her betrachtet – Unsinn. Die Gedichte *eines Rudolf Alexander Schröder* sind eben nicht die Gedichte irgendeines Mannes mit Namen R. A. Schröder, sondern die Gedichte des Rudolf Alexander Schröder (1878–1962). Man könnte zur Erklärung dieser törichten Gepflogenheit zwar anführen, *die Bedeutung eines Gerhart Hauptmann* (1862–1946) sei nur verkürzt aus *die Bedeutung eines (Dichters wie) Gerhart Hauptmann* – trotzdem, überlassen wir diese geschwollene Wendung lieber den Literaturkritikern, die sich darin nicht genugtun können, und drücken wir uns deutsch aus: die Gedichte Rudolf Alexander Schröders, die Bedeutung Gerhart Hauptmanns.

3. Ein Name bleibt ungebeugt, wenn ihm eine Beifügung vorangeht:
   die Werke *des Altmeisters Goethe*, die Märchen *der Brüder Grimm*, der Anblick *seiner Kusine Helga*, die Dramen *des früh verschiedenen Kleist*.
   Früher war das anders, da beugte man den Namen auch, wenn ihm eine Beifügung vorangestellt war. 1774 schrieb Goethe „Die Leiden des jungen *Werthers*" und nicht „Die Leiden des jungen *Werther*". Wir zitieren Goethes Jugendwerk so oft falsch, weil wir ja längst bei Personennamen mit vorangestelltem Eigenschaftswort das Genitiv-‚s‘ fortlassen:
   der Roller *des kleinen Siegfried*, der Rheumatismus *des alten Lehmann*.

   ...heute hießen sie „Die Leiden von Jung-Werther" oder vielmehr „Das Wertherboy-Problem".
   DIETER E. ZIMMER

4. Wird eine Person mit mehreren Namen bezeichnet, erhält nur der letzte die Genitivendung:

Theodor *Storms* Novellen, die Novellen Theodor *Storms*; die Ermordung Franz *Ferdinands* – er war ein Neffe Franz *Josephs* des Ersten (Franz Josephs I.) – in Sarajewo; Leonardo da *Vincis* Gemälde.

5. Familien-, Personen- und Vornamen wie auch erdkundliche Namen, die mit den Zischlauten s, ß, x, z und tz enden, können den Genitiv auf verschiedene Art bilden:

a) durch die altertümliche Endung ‚-ens‘:
Franzens Brille, *Frau Schmitzens* neuer Hut, *Hans Sachsens* Fastnachtsspiele;

b) durch ein vorgesetztes Geschlechtswort mit oder ohne Beifügung:
die Schriften *des Paracelsus*, die Homerübersetzung *des Johann Heinrich Voß*, die „Germania" *des römischen Geschichtsschreibers Tacitus*;

c) durch Umschreibung mit ‚von‘:
unter den Brücken *von Paris*, die Kathedrale *von Reims*, die Musik *von Richard Strauss*;

Apostroph

d) durch Apostroph (Auslassungszeichen):
Demosthenes' Reden, *Berlioz'* Sinfonien, *Günter Grass'* Darmstädter Büchner-Preis-Rede.

Das Auslassungszeichen ist nur ein Notbehelf fürs Auge und für die gesprochene Sprache nicht zu empfehlen, eben weil man es nicht hören kann.

6. Französische Eigennamen:

Dudens „Richtiges und gutes Deutsch" schreibt allerdings *Giraudoux' Werke* – aber wie spricht man das?

Französische Namen enden öfter auf ‚-x‘, ohne daß dieser Buchstabe gesprochen wird. Solche Namen schreibe ich im Genitiv mit ‚-s‘, da sich die Sprache nicht nach dem letzten Buchstaben, sondern nach dem letzten Laut richtet:
Malrauxs und *Giraudouxs* Werke.

Apostroph

Wenn der letzte Buchstabe eines Namens ein stummes ‚-s‘ ist, wird kein weiteres ‚-s‘ angehängt, sondern der Genitiv durch Auslassungszeichen kenntlich gemacht, aber das durch Apostroph bezeichnete ‚s‘ wird gesprochen:
Degas' Bilder, *Dumas'* Romane, *Rabelais'* „Gargantua", der Unfalltod *Albert Camus'*.

7. Folgt einem deutschen Eigennamen ein Beiname, so werden Name und Beiname gebeugt:

am Hofe *Ludwigs des Vierzehnten* (Ludwigs XIV.), der Jugendfreund *Friedrichs des Großen*, zur Zeit *Albrechts des Bären*.

8. Bei der Deklination von Adelsnamen müssen wir zwischen alten und neueren unterscheiden.

a) Bei den alten Adelsnamen gibt das ‚von' wirklich die Herkunft an, hier wird nur der Personenname gebeugt:
der „Parzival" *Wolframs* von Eschenbach, die Minnelieder *Walthers* von der Vogelweide, Goethe war Minister *Karl Augusts* von Weimar, die Pläne *Ottos* von Habsburg.

von

b) Bei den neueren Adelsnamen gibt das ‚von' nicht die Herkunft an, es gehört vielmehr zum Namen. Solche Namen werden gebeugt wie unter 4., so, als hätten sie kein Adelsprädikat: Die Dramen *Friedrich von Schillers*, *Adolf von Menzels* Bilder. Übrigens läßt man das ‚von' der neueren Adelsnamen bei bekannten Persönlichkeiten besser weg. Journalisten sind zwar eifrig darauf bedacht, keinen Politiker dieses ererbten Wörtchens zu berauben: „von Ekkardt besprach mit von Hallstein und von Hassel..." Wie steif solche Ausdrucksweise klingt, wird uns erst bewußt, wenn wir sie auf eine literaturgeschichtliche Darstellung anwenden: „von Goethe unterhielt sich mit von Schiller über von Herder und von Kleist; hierbei sagte von Goethe über von Herder und von Kleist zu von Schiller..." Über einen jungen Mann, der sich zur Unterstützung seiner Männlichkeit einen Bart wachsen läßt, kann man lächeln: „Nun ja, der hat's halt nötig" – die Namen *Goethe, Schiller, Herder, Kleist* haben allein so viel Gewicht, daß sie durch den Zusatz ‚von' nicht noch bedeutender gemacht werden können.

Damit *v.* Plessen nicht als „Viktor Plessen" gelesen werden kann, muß abgekürztes Adels-*von* auch am Satzanfang klein geschrieben werden.

Kann denn ein Dichter geadelt werden? Man möchte es im voraus verneinen, weil der, dem die höchste Gabe des Genius verliehen ist, keiner geringeren Würde bedürfen wird.
JACOB GRIMM
(1785–1863)

9. Wenn zum Namen ein Titel ohne Geschlechtswort tritt, wird nur der Name gebeugt:

Kaiser Karls Reichsgründung, das Kabinett Fürst *Bismarcks*, die Vorlesungen Professor *Simons*.

10. Tritt zum Namen ein Titel mit Geschlechtswort, wird der Titel gebeugt, aber nicht der Name:

die Reichsgründung *des Kaisers* Karl, das Kabinett *des Fürsten* Bismarck, die Vorlesungen *des Professors* Simon.

11. Wenn zum Namen mehrere Titel ohne Geschlechtswort treten, wird nur der Name gebeugt:

der Vortrag Geheimrat Professor *Lehmanns*, die Amtszeit Bundeskanzler Professor Dr. Ludwig *Erhards*, die Aufgaben Ministerialrat Dr. *Meiers*.

12. Treten zum Namen mehrere Titel mit Geschlechtswort, wird nur der erste Titel gebeugt:

der Vortrag *des Geheimrats* Professor Lehmann, die Amtszeit *des früheren Bundeskanzlers* Professor Dr. Ludwig Erhard, die Aufgaben *des Ministerialrats* Dr. Meier.

13. Die Abkürzung Dr.
bleibt immer ungebeugt. Dieser Titel kann nur gebeugt werden, wenn er – ausgeschrieben – ohne Namen steht:

Doktor

Genitiv-‚s'

Herr

Präsident

Dativ und Akkusativ

Herrn Doktors Ansichten, die Ansichten des *Herrn Doktors*, auch: die Ansichten *des Herrn Doktor*.
Hier zeigt sich ebenfalls das allmähliche Schwinden des Genitiv-‚s'.

14. Der Titel ‚Herr'
wird immer gebeugt, ob nun ein Geschlechtswort vorangeht oder nicht:

Herrn Müllers Aktentasche, geben Sie *Herrn Müller* die Akten, rufen Sie *Herrn Müller* an.
Herrn Professor Dr. Schneiders Tabakspfeife, die Tabakspfeife *des Herrn Professors Dr. Schneider*, aber auch schon: die Tabakspfeife *des Herrn Professor Dr. Schneider*.

15. Der ungebeugte Präsident
Wie alle Hauptwörter männlichen Geschlechts auf *-ent* wird *Präsident* schwach gebeugt (vgl. Seite 199). Wir kennen folglich nur *den Präsidenten* und schreiben immer *einem Präsidenten*. Dieses Schreiben richten wir dann auch „An den Herrn Landgerichtspräsidenten" – sofern uns sein Name nicht bekannt ist. Setzen wir aber den Namen hinzu, können wir's halten, wie wir wollen:

(An) *Herrn*
Landgerichtspräsident(en) Dr. Müller.

Die ungebeugte Form ist heute üblicher, weil Titel und Name als zusammengehörig empfunden werden. Ähnliches gilt für den Beisatz:

(An) *Herrn Dr. Müller,*
Präsident(en) des Landgerichts.

Die gebeugte Form können wir uns so auflösen:

(*An* den) *Herrn Dr. Müller,*
(den) *Präsidenten des Landgerichts*.

Die ungebeugte Form können wir uns als Satzverkürzung erklären:

(*An* den) *Herrn Dr. Müller,*
(der) *Präsident des Landgerichts* (ist).

Vielleicht haben Sie bemerkt, daß sämtliche Eigennamen immer nur im Genitiv gebeugt wurden? Dativ und Akkusativ sind bei der Beugung der Eigennamen längst aus der Mode gekommen. 1796 schrieb Goethe noch an Schiller: „Grüßen Sie *Voßen* recht sehr... grüßen Sie Ihre liebe Frau und *Schlegeln*... Fast hätte ich vergessen, daß Richter hier ist. Er wird Sie mit *Knebeln* besuchen." (Johann Heinrich Voß, August Wilhelm Schlegel und Karl Ludwig von Knebel waren als Dichter und Übersetzer mit Goethe und Schiller befreundet.) – Heute kann man nur noch in Norddeutschland gelegentlich hören:

„Gib *Lotten* die Schlüssel. Hast du *Vatern* nicht gesehen?"

Noch ein paar Beispiele zur Vertiefung:

> Die Sprechstunde *Herrn Professor Dr. Schmidts* (oder: *des Herrn Professors Dr. Schmidt* oder: *des Herrn Professor Dr. Schmidt*) beginnt um 10 Uhr.
> Die Truppen *des Prinzen Eugen* (oder: *Prinz Eugens* oder: *Prinz Eugens von Savoyen*) besiegten die Türken.
> Der Vorschlag *des Bürgermeisters Schramm* (oder: *Bürgermeister Schramms*) fand Zustimmung.

So, vermutlich wird es jetzt auf der Welt etwas geben, was noch stärker als Eigenname nebst Beinamen und Titeln gebeugt ist: Sie selbst. Nehmen Sie es auf die leichte Schulter, so etwas kann niemand auf Anhieb behalten. Aber sollten Sie einmal in Verlegenheit kommen und nicht wissen, ob Sie ein Schreiben an *Herrn Präsidenten Sauermilch* oder an *Herrn Präsident Sauermilch* richten müssen (beides ist zulässig), dann wissen Sie jetzt, wo Sie nachschlagen können.

Doch seien wir ehrlich: Ob wir unseren Brief nun adressieren an *Herrn Architekt Müller* oder an *Herrn Architekten Müller* oder an *Herrn Müller, Architekt*, ist so entscheidend nicht. Da gibt's im Büro oft ganz andere Problemchen. Zum Beispiel das:

Wenn Herr Müller plötzlich Franziska heißt

Der Chef eines Fachzeitschriftenverlages umriß die Situation so: „Unserer Anzeigenabteilung passiert immer wieder folgendes: sie erhält die Anfrage einer Firma oder einer Werbeagentur und richtet die Antwort an den unterschrieben habenden Sachbearbeiter, sagen wir: an Herrn Müller. Es spinnt sich ein Briefwechsel an. Unser zuständiger Außendienstmitarbeiter, der Durchschläge erhalten hat, erscheint eines Tages bei der betreffenden Firma oder Agentur. In seinem Besuchsbericht heißt es dann mit der feinen Ironie, die Anzeigenvertreter so an sich haben: ‚Übrigens heißt Herr Müller Franziska.'"   **Unterschrift**

Nun, wir alle haben es in der Hand, solchen Verlegenheiten ein Ende zu bereiten.

Bitte an die Damen
Üben Sie Großmut! Ersparen Sie den Herren, der von der Emanzipation nun wirklich betroffenen Menschheitshälfte, das Erröten aus Verlegenheit: Setzen Sie bei allen Unterschriften den vollen Vornamen hinzu.   **Vornamen**

Empfehlung an die Herren
Seien Sie sicher, daß es „Herrn Müller", der plötzlich Franziska heißt, ein Vergnügen war, Sie einige Briefe lang an der Nase herumzuführen. Lassen Sie sich nichts anmerken, gehen Sie kommentarlos zur Tagesordnung über. Die Sache in den Mittelpunkt stellen ist das einzige, was dem Geschäftsinteresse dienlich ist – und Ihnen, meine Herren, auch. Denn durch nichts sind Menschen im allgemeinen und Frauen im besonderen stärker zu beeindrucken als dadurch, daß man ihre Manöverchen nicht zur Kenntnis nimmt.

Testbogen 14

1 Was hat Schiller's „Kabale und Liebe" mit Lessing's „Emilia Galotti" gemein?

Apostroph

1 Unter anderem den falsch geschriebenen Genitiv. Was den Engländern recht ist, ist uns nicht billig. Wir dürfen das Genitiv-‚s' nicht apostrophieren, wir müssen schreiben S c h i l l e r s „Kabale und Liebe", L e s s i n g s „Emilia Galotti".

2 „Die Einwilligung in den Verkauf seines Grund und Bodens fiel ihm nicht leicht, aber er war des ewigen Hin und Hers zwischen München und Starnberg endlich müde geworden."
Darf man das sagen: ... *des Grund und Bodens, des Hin und Hers*? Müßten nicht auch *Grund* und *Hin* eine Genitivendung angehängt bekommen?

Grund und Boden
Hin und Her

2 An sich schon, aber man empfindet die B e g r i f f e *Grund und Boden, Hin und Her* so sehr a l s E i n h e i t , daß man sie beugt, als wären sie jeweils ein einziges Wort.

3 Gehört der Hund Ihrem Nachbar oder Ihrem Nachbarn?

Nachbar

3 Er gehört meinem Nachbar oder meinem Nachbarn, b e i d e s   i s t r i c h t i g.

4 In der Zeitung steht ein Bericht über die „Früherkennung bösartiger Tumoren". Ob *Tumoren* ein Druckfehler ist? Müßte der Plural von *Tumor* nicht *Tumore* heißen?

Fremdwörter
auf ‚-or'
Kontor
Tresor
Inspektor
Assessor

Tumor

4 Die Deklination der Fremdwörter auf ‚-or' richtet sich nach der Betonung. Wird im Singular die letzte Silbe betont wie bei *Kontor, Tresor*, dann wird stark dekliniert, der Plural endet auf ‚-e': *Kontore, Tresore*. Liegt im Singular der Ton auf der vorletzten Silbe wie bei *Inspektor, Assessor*, dann wird schwach dekliniert, der Plural endet auf ‚-en': *Inspektoren, Assessoren*. Nun fragt sich bloß: auf welcher Silbe wird *Tumor* betont? Hochsprachlich auf der ersten, umgangssprachlich auf der zweiten. Deshalb heißt die k o r r e k t e   M e h r z a h l *Tumoren*; der Plural *Tumore* gilt als umgangssprachlich.

5 „Eine Fortsetzung der Verhandlungen wäre nicht im Sinne des atlantischen Bündnis", sagte ein Nachrichtensprecher im Rundfunk – und eine Fortsetzung der Genitiv-Amputationen nicht im Sinne Konrad Dudens, möchte man hinzufügen. Wie muß der Genitiv richtig heißen?

Bündnis

5 ... des atlantischen B ü n d n i s s e s.
Es geht nicht an, daß eine tonstarke Genitivendung, die durch Verdoppelung des auslautenden ‚-s' (*Bündnis, Bündnisses*) noch besonderes Gewicht erhält, einfach verschluckt wird – zumal es sich nicht um einen Eigennamen handelt.

6 Sind Sie zufällig im Besitz eines GROSSEN BROCKHAUS? Wenn nicht, dann tut das nichts zur Sache. Es geht hier nur um den eigenartigen Genitiv, also um einen ähnlichen Fehler wie unter 5. – oder sollte der Wesfall *eines GROSSEN BROCKHAUS* kein Fehler sein?

6 Nein, im Gegensatz zu dem Genitiv unter 5. liegt hier kein Fehler vor, *eines GROSSEN BROCKHAUS* ist richtig.

➤ Eigennamen haben ein Recht, jeder Veränderung ihres Klanges (also auch dem Anhängen einer Genitivendung) Widerstand entgegenzusetzen, und dieses Recht setzt sich überall da durch, wo der Genitiv auch mit andern Mitteln ausreichend gekennzeichnet werden kann.

Eigennamen

7 So zu lesen im Kopf der „Lüdenscheider Nachrichten": *Mit den amtlichen Bekanntmachungen von Stadt und Kreis Lüdenscheid sowie der Stadt Altena und den Gemeinden Herscheid und Schalksmühle.* Dagegen protestierte ein Leser; es dürfe nicht ...*und den Gemeinden*..., es müsse *und der Gemeinden* heißen. Die Lüdenscheider Nachrichten antworteten, das vorangesetzte *von* gelte für den ganzen Satz, und der sei so zu lesen: *Mit den amtlichen Bekanntmachungen von Stadt und Kreis Lüdenscheid sowie (von) der Stadt Altena und (von)* d e n *Gemeinden Herscheid und Schalksmühle.* Stimmen Sie der Auslegung zu, oder geben Sie dem Leser recht?

Genitiv umschrieben mit ‚von' + Dativ

7 Recht hat der L e s e r , er hat Grammatik und Geschmack auf seiner Seite. Der Genitiv wird nach der Regel nur dann mit *von* + Dativ umschrieben, wenn er nicht durch eine Flexionsendung oder ein flektierbares Begleitwort kenntlich gemacht werden kann. Der bestimmte Artikel ist ein flektierbares Begleitwort. Fehlt er, wird mit *von* umschrieben. Richtig:
amtliche Bekanntmachungen von Stadt und Kreis Lüdenscheid, denn die artikellose Fügung *Stadt und Kreis Lüdenscheid* ist anders gar nicht als Genitiv zu kennzeichnen. Im Gegensatz zu *Stadt und Kreis Lüdenscheid* haben *Stadt Altena* und *Gemeinden Herscheid und Schalksmühle* im Zeitungsuntertitel einen Artikel, und der sollte in den Genitiv gesetzt werden: *sowie der Stadt Altena und* d e r *Gemeinden Herscheid und Schalksmühle*.
Wenn die Lüdenscheider Nachrichten die ganze Wendung auf das *von* bezogen sehen wollen, dann stellen sie damit eine in der Umgangssprache durchaus übliche Formulierung über das, was nach der Regel als gutes Deutsch gilt.

Näheres auf Seite 193

8 Am Schluß dieses relativ schwierigen Kapitels über die Flexion der Hauptwörter eine einfache und vielleicht sehr nützliche Überlegung: Wie helfen wir uns, wenn wir nicht sicher sind, ob wir uns für Dativ oder Akkusativ entscheiden sollen? Beispiel: „Ich möchte daraus *keinen (keinem?) einen Vorwurf machen.*"

Dativ und Akkusativ

8 Wir machen die simple E r s a t z p r o b e mit *dir* und *dich*: „Ich möchte *dich* daraus keinen Vorwurf machen" – unmöglich! Also kann nur der Dativ richtig sein: *keinem* daraus einen Vorwurf machen.

dir und *dich* läßt sich leichter unterscheiden als *dem* und *den*.

Von Fachleuten und Hampelmännern
Einzahl und Mehrzahl

Die **Mehrzahl** oder der **Plural** ist das Gegenstück zur **Einzahl** oder zum **Singular**, und beides zusammen nennen die Grammatikbücher Zahlformen der Hauptwörter oder **Numeri**. (Lat. *numerus*, Mehrzahl: *numeri*, bedeutet eigentlich ‚Zahl'; es ist der Stammvater des franz. *nombre*, des engl. *number* und des deutschen Wortes *Nummer*.)

Numeri

Nummer

Singular und Plural

Einzahl	Mehrzahl
der Mann	die Männer
die Frau	die Frauen
das Kind	die Kinder
ein Stuhl	Stühle
eine Truhe	(mehrere) Truhen
das Fenster	die Fenster
der LKW	die LKW, die LKWs
der Motor	die Motoren, die Motore
das Obst	—
—	die Leute

Sie sehen, auf wie unterschiedliche Weise die Mehrzahlformen gebildet werden. Manche Formen zeigen Umlaut *(Männer, Stühle)*; manche bilden ihre Mehrzahl auf ‚-(e)n' *(Frauen, Truhen)*; andere hängen sich die Endung ‚-er' an *(Männer, Kinder)*; es gibt Wörter, deren Mehrzahl sich von der Einzahl nicht unterscheidet *(Fenster)*; Buchstabenwörter bilden ihre Mehrzahl ohne ‚-s' oder auch mit; manche Substantive haben zwei Mehrzahlformen *(die Motoren, die Motore)*, und schließlich finden sich einige Wörter, die entweder nur in der Einzahl *(das Obst)* oder nur in der Mehrzahl *(die Leute)* vorkommen. Nach den verschiedenen Beugungsendungen teilen die Grammatiker unsere Hauptwörter in verschiedene Klassen ein, in stark zu beugende, in schwach zu beugende und in eine große Anzahl von Hauptwörtern, die teils schwach und teils stark, also gemischt gebeugt werden müssen. Warum das so ist und woher die vielerlei Beugungsendungen kommen, soll uns nicht weiter kümmern. Wir haben ja von klein auf die verschiedenen Mehrzahlformen unbewußt exerziert und können heute selbst im Schlaf fast jedes Hauptwort richtig in die Mehrzahl setzen. (In Zweifelsfällen schlagen Sie bitte im Stichwortverzeichnis und in den Übersichtstabellen Seite 216/217 nach). Wer Kinder hat, kann beobachten, daß dieser Lernvorgang nicht ganz so mühelos verläuft, wie es uns Erwachsenen rückblickend scheint.

Wauwaus und Ticktacks

Ein Kind, das sprechen lernt, bildet die ersten Mehrzahlformen auf ‚-s': *die Wauwaus, die Ticktacks, die Opas, die Muttis*; dementsprechend sagt es fälschlich „die Onkels", „die Tantens", begreift aber schon bald, daß es nicht „die Vogels", sondern *die Vögel*, nicht „die Balls", sondern *die Bälle* heißen muß. Hat es das einmal intus, dann neigt es dazu, den Plural durch Umlaut auszudrücken. Ein Knirps, Sohn eines Baumeisters, macht dem Großvater eine Liebeserklärung: „Opa, wenn ich groß bin, baue ich dir ein ganz schönes Haus mit vier Klös!" Ein anderer Dreikäsehoch erblickt an einem Dezemberabend auf dem Heimweg vom Kindergarten den Mond, der aber immer wieder hinter einem Giebel verschwindet. Jedesmal, wenn der Mond von neuem auftaucht, staunt der Kleine: „Noch ein Mond." – „Schon wieder ein Mond." Und schließlich fassungslos: „Lauter Mönde!" Wenn das Kind dann ins berüchtigte Fragealter kommt, kann es dem Erwachsenen mit seinem Wissensdurst arg zusetzen: „Pappi, werden alle Pärker nachts geschlossen?" „Das heißt nicht ‚Pärker', mein Kind, sondern..." Der Vater stutzt. *Parke*? Er entscheidet sich für *Parks*. „Pappi, warum heißen die Pärker ‚Parks'?" Das muß der Vater selbst erst nachschlagen. Im Wörterbuch ist vermerkt: „*Park*, Mehrzahl: *die Parks* und *die Parke*. Die Pluralendung weist auf lat.-engl.-franz. Herkunft." Daher also die Doppelformen, die uns auch sonst noch begegnen.

Park

Postschecks, Postschecke und Postschecken

Postschecken klingt am lustigsten, es erinnert an die gute alte Zeit, als die Postkutsche noch von Schecken (scheckigen Pferden) gezogen wurde. Das ist vorüber. Und auch die Zahlungsanweisungen, die auf dem Postgiroamt eingelöst werden, heißen postamtlich nicht mehr *Postschecke*, sondern seit dem 7. Januar 1969 *Postschecks*.

Plural-‚s'
Scheck

Im Englischen wird normalerweise die Mehrzahl durch Anhängen von ‚-s' an die Einzahl gebildet. Bei Wörtern, die wie *Scheck* aus dem Englischen kommen, herrscht nun Unsicherheit, ob wir die englische Mehrzahlendung ‚-s' übernehmen oder den Plural lieber auf deutsche Art bilden sollen. Sind wir mit der sprachlichen Neuerwerbung noch nicht recht vertraut, behält sie das fremde Mehrzahl-‚s': *die Mountainbikes* (geländegängige Fahrräder), *die Flow Charts* (Ablaufdiagramme). Ist der Fremdling im Begriff, sich bei uns häuslich niederzulassen, schwankt der Sprachgebrauch. Sprachpfleger und Duden sorgten bisher dafür, daß dem um Eindeutschung nachsuchenden Zuwanderer mit einer deutschen Mehrzahlendung alsbald ein deutscher Stempel aufgedrückt wird – um oft genug Jahre und Jahrzehnte später die deutsche Mehrzahl klammheimlich zu tilgen. Eigenartigerweise bleibt uns an vielen Fremdwörtern die deutsche Mehrzahl fremder als der fremde ‚s'-Plural der fremden Sprache. Daß beispielsweise neunzig Jahre lang im Duden die Mehrzahl von *die Order* (Bestellung, Auftrag) *die Ordern* hieß, haben bestimmt nur wenige gewußt. Seit 1973 heißt der Plural wieder so, wie es seit eh und je unter Kaufleuten gang und gäbe ist: *die Orders*. – Marktforschungsinstitute führen *Verbrauchertests* durch; der Duden, der lange Zeit die Mehrzahl *Teste* durchsetzen wollte, verzeichnet heute *Tests* an erster, *Teste* an zweiter Stelle. Den eingedeutschten Plural *Streike* hat er zugunsten des englischen *(Streiks* aus *strikes)* ganz aufgegeben. *Schale* (engl. *shawls*), bis 1973 an erster Stelle im Duden genannt, heißen seit 1980 nur noch *Schals*. Die Pluralbildung der Fremdwörter bringt es an den Tag: Aller Reglementierung zum Trotz dringt ins Deutsche ein Zug von Weltoffenheit.

englischer Plural

Order

Test
Streik
Schal

Blaue Jungens, die sind richtig...

Junge
Mädchen
Fräulein
Kumpel
Bengel
Kerl
Wrack
Dock
Haff
Deck

aber das Mehrzahl-‚s' in „Jungens" ist es eigentlich nicht. Im Hamburger Hafen freilich mag's angehen, das Plattdeutsche ist dem Englischen verwandt und bildet häufiger als das Hochdeutsche seine Mehrzahlformen auf ‚-s'. Anderswo sollten „Jungens" und „Mädels", „Fräuleins" und „Kumpels", „Bengels" und „Kerls" sich hochdeutsch geben als *Jungen, Mädchen, Fräulein* und *Kumpel, Bengel* und *Kerle*.
Neben den niederdeutschen Formen *Wracks, Docks, Haffs, Decks* wirken die hochdeutschen *Wracke, Docke, Haffe* und *Decke* ungebräuchlich, gelten aber als genauso richtig.

Block

Bei *Block* tendiert der Sprachgebrauch dahin, für alles, was aus Papier ist, die Mehrzahl *Blocks* einzusetzen: *Abreiß-, Brief-, Kalender-, Rechnungs-, Schreib-, Steno-* und *Durchschreibeblocks*. Blöcke sind im allgemeinen massivere Gebilde: *Fels-, Holz-, Stein-* und *Metallblöcke*. Allerdings sprechen wir von *Häuserblocks* und *Wohnblocks*, obwohl die ja nun nicht aus Papier sind, doch sie heißen auch im Englischen und Amerikanischen *blocks*, und das wurde bei Übersetzungen aus diesen Sprachen von uns unverändert übernommen.

Wo es um Kernkraftwerke geht, bevorzugt man den Plural *-blöcke*: 1990 wurden in Greifswald vier *Reaktorblöcke* stillgelegt.

Übrigens ist das Mehrzahl-‚s' der niederdeutschen Mundart möglicherweise auch aus dem Französischen eingedrungen, wobei es seinen Weg über die Niederlande nahm. Genau wie die Engländer bilden die Franzosen die Mehrzahl im allgemeinen auf ‚-s'. Die meisten Fremdwörter französischer Herkunft behalten dieses ‚-s': *Genies, Dessins, Porträts, Restaurants, Lampions, Portemonnaies*. In manchen Fällen bilden wir je nach Geschmack die Mehrzahl auf französische oder deutsche Art: *Balkons* und *Balkone, Ballons* und *Ballone, Betons* und *Betone, Korsetts* und *Korsette, Leutnants* und *Leutnante*. Andere aus dem Französischen stammende Wörter wiederum haben sich so eingebürgert, daß sie nur die deutsche Mehrzahlendung führen: *Frisöre/Friseure, Kostüme, Kusinen*.

französischer Plural

Balkon
Ballon
Beton
Korsett
Leutnant

Müllers besuchen Meiers

ist Umgangssprache. Das Plural-‚s' stehe nur bekannten Familien und Geschlechtern zu, behaupten Stilkundler, wobei es keine Rolle spiele, ob sie in Wirklichkeit oder nur in Büchern existieren:

die Rothschilds, die Buddenbrooks, die Barrings, die Krupps.

Wollten wir uns danach richten, müßten wir kleinen Leute uns sehr umständlich ausdrücken:

Herr und Frau Müller und ihr Sohn besuchen Familie Meier.

„preußischer Plural"

In Mitteldeutschland hat man die Angewohnheit, Berufsbezeichnungen auf ‚-er' in der Mehrzahl mit einem ‚-s' auszustatten: *die Lehrers, die Gärtners, die Bäckers*. Die Süddeutschen bezeichnen diese Eigenart ein bißchen verächtlich als „preußischen Plural". Sie haben recht, in einwandfreiem Deutsch unterscheiden sich hier Einzahl und Mehrzahl nur durch das Geschlechtswort: *der Lehrer – die Lehrer*.

Dagegen ist das Mehrzahl-‚s‘ zulässig bei Buchstabenwörtern: die VWs (die Volkswagen), die EKGs (die Elektrokardiogramme), und vorgeschrieben bei Kurzwörtern: die Dias (die Diapositive), die Trafos (die Transformatoren). Angebracht ist das ‚-s‘ immer, wo man sonst bei Buchstabenwörtern den Plural nicht als Plural erkennen könnte:

Buchstaben- und Kurzwörter

Früher galten die ‚-s‘-Plurale nicht als deutsch. Davon sind die Sprachwissenschaftler inzwischen abgerückt. Wie beliebt solche Plurale heute sind, zeigt besonders die Umgangssprache: *die Knastis, die Infos, die Demos* und *die Katys* (Katalysatoren).
WOLFGANG MÜLLER

> Nach Meinung unserer SDL würde ein Prämiensystem die Schreibleistung nicht steigern.

SDL könnte Singular oder Plural sein. Ist der Plural gemeint, schreibt man besser SDLs. Vernünftiger handelt, wer Abkürzungen grundsätzlich ausschreibt. Oder wußten Sie, daß die SDL eine abgekürzte *Schreibdienstleiterin* ist?

Wie heißt eigentlich die Einzahl von ‚Eltern‘?

Wenn man das Fritzle fragt, das sich noch nie gern mit Denken überanstrengt hat, bekommt man prompt zu hören: *ein Elter*. Bitte nicht lachen, ausnahmsweise hat Fritzle recht. Naturwissenschaftler, und unter ihnen besonders diejenigen, die sich mit Erbforschung beschäftigen, haben den Singular *das Elter* oder *der Elter* auf dem Gewissen, der Duden bemerkt dazu „*Elter* = naturwissenschaftlich und statistisch für: ein Elternteil". Wir aber bleiben lieber weiterhin bei *Vater* und bei *Mutter*.

Eltern

Es gibt also bestimmte Begriffe, die uns normalerweise nur in der Mehrzahl begegnen. Ein solches Wort nennt die Grammatik ein P l u r a l e t a n t u m. (Lat. *tantum* bedeutet ‚nur‘ oder ‚bloß‘; ein Pluraletantum ist also ein Wort, das nur im Plural erscheint.) Hierher gehören:

Pluraletantum

> *Gebrüder, Leute, Masern, Windpocken, Ferien, Kosten, Spesen, die Alpen, die Anden, die Niederlande, die Vereinigten Staaten von Amerika (USA).*

Es heißt zwar:

> Amerika *hat* große Fortschritte in der Raketentechnik gemacht,

aber nach der Regel:

> Die USA *haben* große Fortschritte in der Raketentechnik gemacht.

USA

In der Regel sagt jedoch so mancher instinktiv: „Die USA hat...", weil er an die Weltmacht als Einheit und nicht an die 48 amerikanischen Bundesstaaten und den District of Columbia als 49. denkt. Er befindet sich dabei in bester Gesellschaft. Auch von US-Präsident George Bush kann man hören: „The United States has..." statt korrekt *have*.

UdSSR ist die Abkürzung für ‚Union der Sozialistischen Sowjetrepubliken‘. Da *Union* das Wort ist, auf das sich die weiteren Glieder der Abkürzung beziehen, ist UdSSR immer Einzahl, also ein S i n g u l a r e t a n t u m. Ländernamen stehen, von wenigen Ausnahmen abgesehen, nur in der Einzahl: *Polen, Ungarn, Dänemark*. Auch von *Ausland* läßt sich keine Mehrzahl bilden, *Ausländer* sind die Menschen, die im Ausland leben. Wir helfen uns mit der Umschreibung ‚die fremden Staaten‘.

UdSSR

Singularetantum

Ausland

Weiterhin sind bis heute ohne Mehrzahl geblieben: Naturerscheinungen wie *Hitze, Kälte, Tau*, Gesamtbegriffe wie *Vieh, Getier, All*, Abstrakta wie *Friede, Geduld, Furcht, Gunst* und eine Reihe von Stoffnamen wie *Quark, Flachs, Stroh* – um nur einiges zu nennen.

Stromverbrauche und Zählerstände

In der Schule haben wir alle einmal gelernt, daß Stoff- und Sammelnamen keine Mehrzahl bilden könnten. Wenn wir nun heute in der Zeitung von *Gasverbrauchen* und *Elektrizitäten* lesen, so müßte dies demnach ein Druckfehler sein? Nein, unsere Sprache kennt bereits Pluralformen wie *Seifen, Fette, Öle, Weinbrände, Auslesen, Honige, Quarze, staubfeine Mehle, gute Kaffees* und *winterfeste Weizen*. Seit Mai 1973 bietet der Duden unserer pluralistischen Gesellschaft die Zukunft im Plural an: *Zukünfte*. Woher kommen die vielen uns ungewohnten *Mehrzahlen* – um selbst so eine Mehrzahlform zu gebrauchen, die von Rechts wegen nur in der Einzahl stehen dürfte? Sie stammen zu einem großen Teil aus den Fachsprachen. Wie der Grammatiker von *Mehrzahlen* spricht, der Mediziner von *Bluten, Schweißen, Milcheiweißen* und *gallehaltigen Stühlen* (Kot), der Psychologe von *Bewußtseinsinhalten*, von *Zwängen, Vorlieben* und *Ehrgeizen* und sogar von den *verschiedenen Umwelten*, die den Charakter des Menschen formen, so spricht der Versicherungsfachmann von *Ablaufaltern* und *Versicherungsdauern* und der Techniker von *Fertigungen* (statt von *Fertigungszweigen* oder *-gebieten*), von *Betons* oder *Betonen* und von *Stauben* oder *Stäuben*. Fachleute sind immer bemüht, sich in wissenschaftlichen oder technischen Abhandlungen so präzise und kurz wie möglich auszudrücken. Der Laie meint zwar, der Techniker könne statt *Staube* oder *Stäube* besser ‚Staubkörner' sagen, aber der Techniker belehrt ihn, daß er es mit einem äußerst feinen Staub zu tun habe, der kaum mehr eine Körnung erkennen lasse, daß *Staubkörner* also nicht die richtige Bezeichnung sei. Fällt dem Laien ein, daß es ja noch die Pluralformen *Staubarten* und *Staubsorten* gebe, dann antwortet der Fachmann gewiß, daß ihm diese Formen zu lang und deshalb zu umständlich seien. – *Papiere* (engl. *papers*) sind Dokumente. Daß heute *Hygienepapiere* genannt wird, was früher *Klopapier* hieß, muß nicht sein. – Nur beim *Kohl* ist die Mehrzahl *Kohlköpfe* noch nicht aus der Mode, denn *die Kohle* als Mehrzahl zu *der Kohl* – das gäbe wirklich Kohl.

Männer und Leute

Staats- und *Hampelmänner* in einem Atemzug zu nennen ist wohl nur da erlaubt, wo man sie sprachlich gegen *Kauf-, Haupt-* und *Zimmerleute* (Einzahl: *Kaufmann, Hauptmann, Zimmermann*) abgrenzen möchte.

Ob die Mehrzahl von *Fachmann* nun *Fachmänner* oder *Fachleute* heißt, steht noch nicht endgültig fest. Der Duden führte *Fachmänner* bis 1980 an erster Stelle auf, der Sprachgebrauch zog schon damals *Fachleute* vor. Die Unsicherheit rührt daher, daß der *Fachmann*, sprachlich gesehen, noch eine recht jugendliche Erscheinung ist, die aber bereits durch den umständlicheren *Sachverständigen* Konkurrenz bekommen hat. Seit 1895 taucht der *Fachmann* vereinzelt in Zeitungen und Zeitschriften auf, aber erst seit 1940 wird er bekannter. Auch *der Facharbeiter, der Fachlehrer, der Fachschriftsteller* und *der Facharzt* sind noch keine alten Herren. 1918 schlug der Deutsche Sprachverein als Verdeutschung für *Spezialarzt* das Wort ‚Sonderarzt' vor – so unbekannt waren damals noch die Zusammensetzungen mit *Fach-*. Heute hingegen scheinen sich viele unter *Fach-* nichts mehr vorstellen zu können. Wie sonst sollen wir uns die doppeltgemoppelten „Fachexperten" und „Fachspezialisten" erklären?

Hähne und Hahnen

Einige Hauptwörter bilden zwei Mehrzahlformen, ohne daß ein nennenswerter Bedeutungsunterschied bestünde: **zwei Plurale, kein Bedeutungsunterschied**

>die *Erlasse* und die *Erlässe*, die *Kasten* und die *Kästen*, die *Kragen* und die *Krägen*, die *Krane* und die *Kräne*, die *Lager* und die *Läger*, die *Magen* und die *Mägen*, die *Monitoren* und die *Monitore*, die *Schlucke* und die *Schlücke*, die *Staus* und die *Staue*, die *Zwiebacke* und die *Zwiebäcke*.

Ob man *Generalen* oder *Generälen* nach verlorenen Schlachten *Denkmale* oder *Denkmäler* setzt, ist gehupft wie gesprungen.   **General Denkmal**
Genausowenig macht der Sprachgebrauch einen eindeutigen Unterschied zwischen *Rohren* und *Röhren*. Hier scheint die Größe eine Rolle zu spielen. Eine Röhre *(Speiseröhre, Luftröhre)* ist im allgemeinen enger als ein Rohr *(Ofenrohr, Wasserleitungsrohr)*. Die Industrie unterscheidet nach anderen Merkmalen: In der Einzahl heißt es *Rohr (Gasrohr, Abwasserrohr)* – mit der *Röhre* ist die Elektronenröhre gemeint. In der Mehrzahl kommt es auf die lichte Weite an: die mit den kleineren Durchmessern heißen *Röhren*, die mit den größeren *Rohre*, doch sind die Grenzen fließend. So kommt es, daß in mancher *Röhrenfabrik* nicht Bauelemente der Elektrotechnik hergestellt werden, sondern *Rohre*, wie man sie für Erdölleitungen braucht. Vielleicht spielt in dieses sprachliche Durcheinander auch der unterschiedliche Sprachgebrauch von Nord und Süd mit hinein. In Nord- und Mitteldeutschland schiebt man einen Topf mit Gemüse zum Wärmen in die *Röhre* (Ofenröhre), im Süden dagegen den Kalbsbraten ins *Rohr* (Backrohr). In Norddeutschland reicht man *zum Spargel (die Spargel* als Mehrzahl von *der Spargel* existieren nur im Duden, nicht bei Tisch) zerlassene Butter und *Kartoffeln* (die Mehrzahl *Kartoffel* ist süd-, nicht hochdeutsch); in Süddeutschland serviert man *zu den Spargeln* (Einzahl: *die Spargel*) Omelett und Schinken. Dem echten Münchner schmecken die *Semmelknödel* nur mit falschem Mehrzahl-‚n' als „Knödeln"; in Norddeutschland heißt die Mehrzahl von *der Knödel* nicht, wie man folgerichtig schließen könnte, *die Knödel*, sondern *die Klöße*.   **Rohr Röhre**

Spargel

Kartoffel

Knödel

Andere Länder, andere Sitten – und oftmals andere Bezeichnungen für die gleichen Dinge. *Krankenwägen* fahren nur durch süddeutsche Straßen, andernorts und im Hochdeutschen sind es *Wagen*. Ein süddeutscher Flaschner montiert und repariert *Wasserhahnen*, wozu er laut Duden auch berechtigt ist; ein Klempner aus Berlin macht zwischen den *Wasserhähnen* und dem Wetterpropheten auf dem Misthaufen sprachlich keinen Unterschied.   **Wagen Hahn**

DAS SUBSTANTIV

O diese Fremdwörter!

Plural bei Fremdwörtern

Thema

Fremdwörter bilden oft zwei, manchmal gar drei Mehrzahlen, ohne daß ein Bedeutungsunterschied vorläge. Wo sich neben der fremden Pluralendung eine eingedeutschte Mehrzahl auf ‚-e' oder ‚-en' findet, ist die eingedeutschte vorzuziehen, *Themata* für *Themen* wirkt heute geschraubt. Aber auch bei Fremdwörtern, die nur eine Möglichkeit der Mehrzahlbildung zulassen, kommen einem manchmal Zweifel, wie der Plural nun eigentlich heißen muß. Vielleicht ist für solche Fälle die folgende Auswahl schwieriger Fremdwörter von Nutzen.

	Singular	**Plural**
Admiral	der Admiral	die Admirale, Admiräle
Album	das Album	die Alben
Aroma	das Aroma	die Aromen, Aromas
Basis	die Basis	die Basen (Grundlagen)
Büfett	das Buffet / Büfett	die Buffets / Büfetts, Büfette
Cello	das Cello	die Cellos, Celli
Charakter	der Charakter	die Charaktere
Datum	das Datum	die Daten
Delta	das Delta	die Deltas, Delten
Detail	das Detail	die Details
Dilemma	das Dilemma	die Dilemmas, Dilemmata
Dogma	das Dogma	die Dogmen
Drama	das Drama	die Dramen
Eskimo	der Eskimo	die Eskimo, Eskimos
Etikett(e)	das Etikett	die Etikette ⎫
	die Etikette	die Etiketten ⎭ (Aufkleber)
Fakt(um)	das Fakt / Faktum	die Fakten, Fakta
Generator	der Generator	die Generatoren
Globus	der Globus	die Globen, Globusse
Hospital	das Hospital	die Hospitale, Hospitäler
Index	der Index	die Indexe, Indizes
Individuum	das Individuum	die Individuen
Jubiläum	das Jubiläum	die Jubiläen
Kaktus / Kaktee	der Kaktus, die Kaktee	die Kakteen, Kaktusse
Kanton	der Kanton	die Kantone
Klima	das Klima	die Klimas, Klimate
Kompaß	der Kompaß	die Kompasse
Konto	das Konto	die Konten, Kontos, Konti
Konzil	das Konzil	die Konzile, Konzilien
Kurs(us)	der Kurs / Kursus	die Kurse
Kuvert	das Kuvert	die Kuverts, Kuverte
Labor	das Labor	die Labors, auch Labore
Laboratorium	das Laboratorium	die Laboratorien
Lapsus	der Lapsus	die Lapsus
Lexikon	das Lexikon	die Lexika, Lexiken
Magnet	der Magnet	die Magnete, Magneten
Meteor	der Meteor	die Meteore
Möbel	das Möbel	die Möbel (nicht: Möbeln)
Modul	der Modul (Maßeinheit)	die Moduln

das Modul (Baueinheit)	die Module	
der Motor	die Motoren, Motore	*Motor*
das Motto	die Mottos	*Motto*
das Museum	die Museen	*Museum*
der Organismus	die Organismen	*Organismus*
das Parkett	die Parkette, Parketts	*Parkett*
der Pavillon	die Pavillons	*Pavillon*
das Pensum	die Pensen, Pensa	*Pensum*
die Pizza	die Pizzas, Pizzen	*Pizza*
das Porto	die Portos, Porti	*Porto*
die Praktik	die Praktiken (abwertend: üble Praktiken)	*Praktik*
das Praktikum	die Praktika (praktische Ausbildung)	*Praktikum*
die Praxis	die Praxen (z. B. Kassenpraxen)	*Praxis*
das Prisma	die Prismen	*Prisma*
das Programm	die Programme	*Programm*
der Pudding	die Puddinge, Puddings	*Pudding*
das Quantum	die Quanten	*Quantum*
der Radius	die Radien	*Radius*
das Reagenz	die Reagenzien	*Reagenz*
der Rhombus	die Rhomben	*Rhombus*
das Schema	die Schemas, Schemata, Schemen	*Schema*
das Solo	die Solos, Soli	*Solo*
das Spektrum	die Spektren, Spektra	*Spektrum*
das Taxi, die Taxe	die Taxis, Taxen	*Taxi*
der Thermostat	die Thermostate, Thermostaten	*Thermostat*
das Virus	die Viren	*Virus*
das Visum	die Visa, Visen	*Visum*
das Zentrum	die Zentren	*Zentrum*
der Zirkus	die Zirkusse	*Zirkus*

Aus dem Englischen übernommene S u b s t a n t i v e a u f - y bilden im Deutschen den Plural meistens durch Anhängen von ‚-s': *Babys, Brandys, Citys, Hobbys, Ponys, Teddys*. Wörter, die bei uns nicht oder noch nicht ganz heimisch sind, haben entweder ihren englischen Plural bewahrt *(Bunnies, Panties)*, oder sie lassen sich nach Belieben englisch oder deutsch in den Plural setzen *(Ladies/Ladys, Lobbies/Lobbys, Stories/Storys)*.

Fremdwörter auf ‚-y'
Baby
Brandy
City
Hobby
Pony
Teddy
Bunny
Panty

E i n g e d e u t s c h t e w e i b l i c h e F r e m d w ö r t e r werden schwach gebeugt, d. h. sie enden in der Mehrzahl ausnahmslos auf ‚-en', z. B. *die Skala* (eingedeutscht *Skale*), Mehrzahl: *die Skalen*.

Lady
Lobby
Story
Skala

F r e m d w ö r t e r a u f ‚ - i e ' bilden ihre Mehrzahl unter ‚e'-Ausfall:

Feminina auf ‚-ie'

die Industrien, Sinfonien, Kalorien

Maskulina auf ‚-ismus'

Fremdwörter auf ‚-ismus' bilden ihre Mehrzahl, wenn überhaupt, auf *-ismen*:

der Mechanismus	– die Mechanismen
der Amerikanismus	– die Amerikanismen (aus dem Amerikanischen übernommene Sprachgewohnheiten)
der Aphorismus	– die Aphorismen (brillante, geistreiche Bemerkungen)
der Sophismus	– die Sophismen (Trugschlüsse mit Täuschungsabsicht, Spitzfindigkeiten)

Wie die vielen **lateinischen Fachausdrücke der Grammatik** in der Mehrzahl lauten, erfahren Sie aus dem Sachwortverzeichnis. Soviel aber können wir uns merken: lateinische **Fremdwörter auf ‚-um'** sind sächlich. Haben sie keine eingedeutschte Mehrzahlform, bilden sie die Mehrzahl auf ‚-a':

Neutra auf ‚-um'

Singular	Plural	Bedeutung
das Abstraktum	die Abstrakta	begriffliches Hauptwort
das Konkretum	die Konkreta	gegenständliches Hauptwort
das Kompositum	die Komposita	zusammengesetztes Wort
das Kollektivum	die Kollektiva	Sammelname
das Femininum	die Feminina	weibliches Hauptwort
das Maskulinum	die Maskulina	männliches Hauptwort
das Neutrum	die Neutra	sächliches Hauptwort

Mehr dazu auf den Seiten 213 und 214

Ausnahme:
das Pluraletantum – die Pluraletantums, Pluraliatantum
das Singularetantum – die Singularetantums, Singulariatantum

Die Regel ‚im Singular *-um*, im Plural *-a*' gilt natürlich auch für Substantive, die nicht zum Fachwortschatz der Grammatik gehören, z. B.

Fixum
Maximum
Minimum
Optimum
Tonikum

Singular	Plural	Bedeutung
das Fixum	die Fixa	festes Einkommen
das Maximum	die Maxima	Höchstmaß
das Minimum	die Minima	Mindestmaß
das Optimum	die Optima	das Bestmögliche
das Tonikum	die Tonika	stärkendes Mittel

Man muß die Dinge beim rechten Namen nennen

zwei Plurale, unterschiedliche Bedeutung

Eine große Anzahl von Hauptwörtern bildet zwei Mehrzahlformen, die verschiedene Bedeutung haben. Hier eine Auswahl:

Band

Bänder – Bande – Bände

Abgesehen von Ton-, Farb- und Förderbändern und ein paar anderen, sind

Bänder zum *Binden* da: Schuh-, Haar-, Faßbänder. – *Bande* binden Menschen aneinander: Bande des Blutes, der Freundschaft. – *Bände* (Singular: *der Band*) sind gebunden: Bild-, Gedicht-, Geschenkbände.
Keine Verbindung mit der Wortfamilie *binden* hat die *Rassel-* oder die *Diebesbande*; diese *Bande* war einst ein Trupp, der sich unter einem gemeinsamen *Banner* zusammengerottet hatte.

Familienbande – das Wort hat einen Beigeschmack von Wahrheit.
KARL KRAUS (1874–1936)

Bande

Bänke – Banken

Bank

Bänke stehen im Park, in der Schule oder in der Werkstatt (*Drehbänke*), oder sie liegen im Meer (*Sandbänke*). – *Banken* sind Depots, nicht nur für Geld: In den letzten Jahren sind auch *Blut-*, *Augen-* und *Datenbanken* entstanden.

Banken für die Millionäre –
Bänke für die Rentner.
MARGOT SCHROEDER

Baue – Bauten

Bau

Wie heißt die Mehrzahl von *Backsteinbau*? Sie würden sagen: *Backsteingebäude*? Und von *Pfahlbau*? *Pfahlbauten*! *Bauten* sind eigentlich der Plural des alten Kanzleiwortes *die Baute* (= das Gebäude); wir sprechen von *Alt-* und *Neu-* und *Hoch-* und *Tiefbauten*. – *Baue* graben sich Tiere und Bergleute in die Erde (*Fuchsbaue*, *Tagebaue*) – Der Arbeitsplatz von Leuten, die auf dem Bau arbeiten, heißt im Plural nicht „Baue", sondern *Baustellen*.

Dinge – Dinger

Ding

Wir können uns *nützliche Dinge* anschaffen, uns auf große Dinge vorbereiten, uns viele Dinge durch den Kopf gehen lassen, nach Lage der Dinge urteilen und vor allen Dingen guter Dinge sein. – Von *jungen* oder *dummen Dingern* spricht man, wenn man Halbwüchsige nicht für voll nimmt. Noch stärker abwertend wirkt der Plural *Dinger* im Schurkenjargon: „ein paar krumme Dinger drehen".

Drucke – Drücke

Druck

drücken und *drucken* ist zweierlei, obwohl beide Wörter ihrem Sinn nach verwandt sind. Mit *Druck* kann zwar die Kraft je Flächeneinheit oder ein bedrucktes Blatt Papier gemeint sein, aber in der Mehrzahl ist die Sache wieder eindeutig: *Drücke* werden in Bar gemessen, *Drucke* in einer Druckerei hergestellt.

Flecke – Flecken

Fleck

Ein Mensch, der sich ein Steak brät, hat anschließend meistens Gelegenheit zu bemerken, daß irgend etwas bei der Prozedur *ein paar Flecke* abbekommen hat. (*ein paar Flecken* kann man auch sagen, aber das gilt als landschaftlich und demzufolge als „weniger fein".) *Flecke*, in manchen Gegenden auch *Flecken*, sind aber nicht immer ein Ärgernis: Gut zubereitet, können eßbare Kaldaunen recht schmackhaft sein. – Als Ortschaft kommt *der Fleck* in der Mehrzahl nur mit ‚-n' vor: *die Flecken*. – Damit nicht genug: In manchen Gegenden sind Flicken *Flecken*, in andren kann man das, was man verlegt, an verschiedenen *Flecken* (= Stellen) suchen und trotzdem nicht wiederfinden. Also aufpassen.

220 DAS SUBSTANTIV

Gesicht

Gesichter – Gesichte

Jeder Mensch hat zwei Arme, zwei Beine, zwei Augen, zwei Ohren und zwei Nasenlöcher, aber nur ein Gesicht – vielleicht der Grund dafür, daß man die Mehrzahl *Gesichter* so selten zu Gesicht bekommt. *Gesichte* (Erscheinungen) soll manchmal ein alter Schäfer oder ein Spökenkieker (Geisterseher) an der Nordseeküste haben.

Gläubiger

Gläubige – Gläubiger

Wer glaubt, ist gläubig, ist ein Gläubiger.
„Im Wirtschaftsleben Arabiens spielen die Wallfahrten nach Mekka eine große Rolle, wo oft eine halbe Million von Gläubigern versammelt ist."
Schuld an dieser Stilblüte ist nur ein kleines ‚r': Nicht eine halbe Million von Gläubigern, sondern von Gläubigen mag in Mekka zusammentreffen. *Gläubige* sind Bekenner einer Religion, *Gläubiger* Leute, die Anspruch auf Begleichung einer Schuldforderung haben.

Land

Länder – Lande

Des Dichters *Lande* sind nicht auf der Landkarte verzeichnet. Da gibt es nur die Niederlande, die sich dieses poetischen Plurals bedienen, ansonsten sprechen wir von *Ländern*.

Mutter

Mütter – Muttern

Unseren *Müttern* zu Ehren begehen wir in Deutschland seit 1923 den Muttertag. *Muttern* gehören in den Handwerkskasten eines Mechanikers.

Strauß

Sträuße – Strauße

Sträuße bekommt man zum Geburtstag. Den *Straußen* sollen die Vogel-Strauß-Politiker das Kopf-in-den-Sand-Stecken abgeguckt haben.

Tuch

Tuche – Tücher

In einer Tuchhandlung werden *Tuche* verkauft, worunter man Wollstoffe versteht. *Tücher* dagegen sind zweckbestimmte, meist gesäumte Stoffstücke: Kopf-, Hand-, Hals- und Taschentücher.

Graues Haar und graue Haare

Haar

Haare kann man spalten, lassen müssen und auf den Zähnen haben. Aber was man auf dem Kopf hat, ist in gutem Deutsch Singular: *blondes, dunkles oder graues Haar*. Von *grauen Haaren* zu sprechen ist nur erlaubt, wenn man die allerersten, noch einzelnen Silberfäden bemerkt.

Pfennig

Erinnern Sie sich noch an die Zeit, als ein Ei nur 10 Pf kostete? Wie liest man eigentlich diese Abkürzung? *10 Pfennig* oder *10 Pfennige*? Schlauköpfe könnten sich herausreden: „1 Zehner oder 1 Groschen", aber das gilt nicht. Wer es genau nimmt, darf nicht von *zehn Pfennigen* sprechen. Da hätte man nicht viele Eier kaufen können, wenn man für jedes zehn einzelne Kupferpfennige auf den Ladentisch hätte zählen müssen. Ist der Wert einer Ware gemeint, heißt es *zehn Pfennig*.

Worte sind zusammenhängende, sinnvolle Gruppen einzelner Wörter: Dichterworte, Begrüßungsworte, Worte der Anerkennung, des Dankes, jemandem gute Worte geben, nicht viele Worte machen – *Wörter* dagegen sind einzelne Vokabeln, deren Aneinanderreihung keinen Sinn zu ergeben braucht. Man spricht von Eigenschaftswörtern, Fremdwörtern, von einzelnen Wörtern, ebenso vom Wörterbuch – leider aber auch von *Sprichwörtern*. Sie sehen: keine Regel ohne Ausnahme.

Wort

Die letzten Beispiele lassen zweierlei erkennen: Die Einzahl kann einen Sammelbegriff vertreten, und die Mehrzahl bezeichnet weniger die Gesamtheit als die einzelnen Glieder einer Anzahl (einzelne Haare, einzelne Münzen, verschiedene Wörter).

Prüfungsängste und Todesangst

Von Goethe stammen die Worte: „Ihn interessierte nur *der Mensch, die Menschen* ließ er gewähren." Der Gebrauch beider Zahlformen im selben Satz macht die Bedeutungsschattierung besonders deutlich. Dem Singular *(der Mensch)* kommt die weitaus stärkere Bedeutung zu, hier unter dem Blickwinkel des Wertvolleren. Der Plural *(die Menschen)* zeigt abgeschwächte Bedeutung; was belangloser erscheinen soll, wird in die Mehrzahl gesetzt.

Singular und Plural als Stilmittel
Mensch

Nöte (Examensnöte) sind zwar höchst unangenehm, aber nicht lebensbedrohend wie der Singular *Not (Hungersnot)*. Man kann *tausend Ängste* ausstehen, ohne die wahre *Angst (Lebensangst)* zu kennen. Ähnliches gilt für die *Sorgen*, die man sich macht (z. B. *Kleidersorgen*), solange man nicht in *Sorge* lebt um das tägliche Brot. Vor *lauter Problemen* sieht der Fachmann oft das *Problem* nicht mehr. Wir kleinen Geister machen öfter mal *Geschichten*; um *Geschichte* zu machen, müßte man Edison oder Napoleon sein. Manch einer schließt sich nur schwer einem andern an, aber hat er einmal *Kontakt* gefunden, bewahrt und pflegt er ihn. *Kontakte* – in übertragener Bedeutung kam die Mehrzahl erst um die Jahrhundertmitte unter Politikern in Gebrauch – sind viel oberflächlicher. *Kontakte* werden nicht aus Sympathie geschlossen, sondern aus reiner Zweckmäßigkeit angebahnt und ebenso schnell abgebrochen wie hergestellt. Zu *Lohn* läßt sich die Mehrzahl *Löhne* nur bilden, wenn es sich um das leidige Geld handelt *(Wochenlöhne)*. Wo *Lohn* aber soviel wie Anerkennung oder Belohnung bedeutet, ist es ein Singularetantum. Gottfried Benn (1886–1976) gebrauchte bewußt das Gegeneinander von Singular und Plural, als er in seinem Gedicht „Dennoch die Schwerter halten" schrieb:

Not

Angst
Sorge
Problem

Geschichte

Kontakt

Lohn

> Erfüllung ist schwer von Wunden,
> wenn es Erfüllungen sind.

Erfüllung

Testbogen 15

1 Wie heißt die Mehrzahl von *Rolladen*?

Rolladen

> **1** Rolläden oder Rolladen.
> Die Mehrzahl *Rolläden* ist gebildet analog zu *der Laden – die Läden*;
> die Mehrzahl *Rolladen* ist gebildet analog zu *die Lade* (Schublade) –
> *die Laden*.

2 Wortgeschichtlich besteht ein Zusammenhang zwischen *Ferien* und *Feier*. Kennen Sie ihn?

Ferien

> **2** *Ferien* geht zurück auf einen lat. Plural *feriae*, daher gebrauchen
> wir das Wort ebenfalls nur im Plural. Früh wurde davon das deutsche

feiern

> *Feier* abgeleitet. Seit 1521 versteht man unter *Ferien* geschäftsfreie
> Tage, T a g e, an denen g e f e i e r t wurde.

3 Setzen Sie bitte in den Plural:
Bauer, Erbauer, Effekt, Hummel, Hummer, Kiefer, Knie, Muskel, Polster, Stachel, Star und *Vetter*.

3

Bauer	*das Bauer* (Vogelbauer)	– die B a u e r
	der Bauer (Landmann)	– die B a u e r n
Erbauer	*der Erbauer*	– die E r b a u e r
Effekt	*der Effekt* (Wirkung)	– die E f f e k t e *(die Effekten = Wertpapiere)*
Hummel	*die Hummel*	– die H u m m e l n
Hummer	*der Hummer*	– die H u m m e r
Kiefer	*der Kiefer* (Kinnlade)	– die K i e f e r
	die Kiefer (Baum)	– die K i e f e r n
Knie	*das Knie*	– die K n i e
Muskel	*der Muskel*	– die M u s k e l n
Polster	*das Polster*	– die P o l s t e r (in Österreich: *der Polster – die Pölster*)
Stachel	*der Stachel*	– die S t a c h e l n
Star	*der Star* (Vogel)	– die S t a r e
	der Star (Filmstar)	– die S t a r s (engl. *star* = Stern)
Vetter	*der Vetter*	– die V e t t e r n

4 Wenn es zu Weihnachten nicht schneit, haben wir dann „grüne Weihnachten" oder „grünes Weihnachten"? Wünschen wir unseren Bekannten „fröhliche Weihnachten" oder „fröhliches Weihnachten"? Mit anderen Worten: Ist *Weihnachten* Einzahl oder Mehrzahl?

Weihnachten

> **4** Es heißt die Weihnacht (Einzahl), das Weihnachten
> (Einzahl) und die Weihnachten (Mehrzahl). Ursprünglich war
> *Weihnachten* 3. Fall der Mehrzahl: *ze den wîhen nahten* = in den

geweihten Nächten. Heute gebrauchen wir *Weihnachten* meist ohne Artikel als Singular oder Plural. Wir sagen *grüne Weihnachten* (Plural), wünschen *fröhliche Weihnachten* (Plural), wählen aber in Fügungen ohne Eigenschaftswort den Singular: *Weihnachten steht vor der Tür, Weihnachten ist da.*
Entsprechendes gilt für *Ostern* und *Pfingsten*.

Ostern
Pfingsten

5 Wie viele Bedeutungen hat das Wort *Atlas*, und wie lautet seine Mehrzahl?

5 Nicht weniger als 8 Bedeutungen:

	Bedeutung	Plural	
der Atlas	geographisches Kartenwerk	{ die Atlasse	*Atlas*
der Atlas	Sammlung von Bildtafeln aus einem Wissensgebiet	die Atlanten	
der Atlas	Riese aus der griechischen Mythologie, der das Himmelsgewölbe auf den Schultern trägt	--	
der Atlas / *der Atlant*	balkon- oder gebälktragende Figur	die Atlanten	
der Atlas	oberster Halswirbel	{ die Atlanten / die Atlasse	
der Atlas	Gebirge in Nordafrika	--	
der Atlas	Seidengewebe	die Atlasse	
der Atlas	Stern in den Plejaden	--	

6 Jemandem eine *Unbill* zufügen heißt soviel wie: ihn kränken, ihn verletzen, ihm Unrecht tun. Wenn einem Menschen zweimal eine Unbill widerfährt, wie heißt dann diese Art von *Unbill* im Plural?

Unbill

6 *Kränkungen*, zum Beispiel. Der zu *Unbill* gehörende Plural *die Unbilden* ist in diesem Sinne nicht zu verwenden; er wird fast nur aufs Wetter bezogen: *die Unbilden der Witterung.*

Unbilden

7 Man kann *das Reis* pflanzen (Mehrzahl: *die Reiser*) und *den Reis*. Und wie heißt hiervon die Mehrzahl?

Reis

7 Ob Sie es glauben oder nicht: die Reise ist nicht nur die Fahrt von einem Ort zum andern, sondern auch Fachplural (*die Reise* = die Reisarten). Fachleute sind in der Pluralbildung erfinderisch (vgl. Seite 214). Die *Muse* hat früher ja nur Dichter geküßt – heute werden schon Babys *mit Musen* gefüttert.

Reise

Mus / Muse

Schulen für Mädchenhandel?
Von richtig und falsch zusammengesetzten Hauptwörtern

Zusammen-
setzungen

Unsere Sprache hat die Fähigkeit, durch Z u s a m m e n s e t z u n g e n *(Geschirr + Schrank + Tür = Geschirrschranktür; Geschirr + spülen + Maschine = Geschirrspülmaschine)* immer wieder neue Wörter hervorzubringen. In diesem Punkt können andere Sprachen nicht mithalten. Der Engländer liebt lange Wörter nicht, der Amerikaner scheut sie. Statt zusammengehörige Wörter zusammenzusetzen, stellen Engländer und Amerikaner sie unverbunden nebeneinander, oder sie koppeln zwei Bestimmungswörter mit einem Bindestrich, nicht aber Bestimmungs- und Grundwort. Englisch *Fire-Insurance Company* ist auf deutsch ein einziges Wort: *Feuerversicherungsgesellschaft*. Noch unpraktischer scheint die französische Methode. Der Franzose kennt kaum Zusammensetzungen, meist umschreibt er mit Hilfe von Verhältniswörtern. Französisch *chemin de fer* ist wörtlich ‚Bahn von/aus Eisen', *Eisenbahn*.

Von unserer Möglichkeit, durch Zusammensetzungen neue Wörter zu bilden, machen wir Deutschen nun auch Gebrauch – so gründlich und so übertrieben, wie es unserm deutschen Wesen entspricht. Sie runzeln die Stirn? Lesen Sie weiter.

vielgliedrige
Komposita

Eine Firma stellt Schonbezüge für Autositze her. Jedes Kind braucht einen Namen, damit es sich von andern unterscheide, und Namen sind Geschmackssache. Die Firma nennt ihr Produkt nicht Emil oder Max, sondern ‚Baco'. *Baco-Autositzbezug?* Dagegen wäre nichts einzuwenden. Doch nein, man muß erst hübsch erklären, wozu ein Bezug da ist, nämlich um Polster zu schonen. Also ein *Baco-Autositzschonbezug?* So viel Gründlichkeit ist zwar überflüssig, doch ginge selbst dieses Wortgebilde noch. Aber die Hauptsache kommt erst. Der Bezug ist tatsächlich gut und nach neueren medizinischen Erkenntnissen gearbeitet. Diese Eigenschaft soll im Namen erwähnt werden, und darum heißt das arme Ding: *Baco-Antibandscheibenschadenautositzschonbezug*. Länger und dümmer geht's nimmer.

Oder doch? Ein Automatenhersteller pries in seinen Prospekten seine Anlage Datic 2000 als

Textverarbeitungsdatenerfassungsterminalabrechnungscomputer.

Das kommt dabei heraus, wenn man alle wesentlichen Funktionen in einem Wort erfassen will.
Wer den begründeten Verdacht haben sollte, dieser Name sei künstlich ein bißchen aufgepolstert, der denke nur daran, daß man allen Ernstes Bandwürmer findet wie

Arbeiterrentenversicherungsneuregelungsgesetz,
Bundeswehroffiziersbewerberprüfzentrale,
Unfallschädenkörperbehindertenbeschäftigungstherapeutin.

Eines der längsten exakt gebildeten deutschen Wörter ist

> *Ultrakurzwellenüberreichweitenfernsehrichtfunkverbindung.*

Dieses Unikum besteht aus 11 Einzelwörtern. Die

> *Sicherungshypothekenteilforderungslöschbewilligungsurkunde*

ist aus 7 Gliedern zusammengesetzt, ebenso die

> *Düsenflugzeuganflugsgeschwindigkeitsverringerungskurve,*

für die der Engländer kurz und bündig *break* sagt. Komposita aus 4 und mitunter sogar aus 5 Bestandteilen empfinden wir Deutschen heute schon kaum mehr als bestaunenswert:

> *Zweizylinderspinnverfahren, Einfamilienreiheneckhaus, Braunkohlenbergwerk, Verkehrsunfallverhütungswoche, Gleichstromnebenschlußmotor, Einspritzpumpenoberteil, Kurzgewindefräsmaschine.*

Denken Sie dran: Der Bindestrich in der Sinnfuge macht Bandwurmwörter verständlicher: Spiralkegelräder-Abwälzfräsmaschine.

Solche vier- und fünfgliedrigen Zusammensetzungen sind typische Geschöpfe unseres Jahrhunderts, vordem begnügte man sich mit Zusammensetzungen aus zwei und drei Einzelwörtern. Es läßt sich schwerlich übersehen, daß, soweit die modernen Bandwurmwörter nicht in Behörden geprägt wurden, irgendein „Sachverständiger" bei der Namengebung Pate gestanden hat.

Gründlichkeit ist etwas Gutes, solange sie nicht in Pedanterie umschlägt. Der Fachmann, der mit neuen Dingen auch deren Benennung aus der Taufe hob, hat hier nicht Namen gefunden, sondern die zu benennenden Gegenstände definiert. Es kann aber nicht Sinn und Zweck des Namens sein, eine vollständige Definition (Begriffsbestimmung) zu geben. Wie verfährt denn der gleiche Fachmann, wenn er für sein neugeborenes Töchterchen einen Namen sucht? Entscheidet er sich etwa für *Petra*, so wohl nur, weil ihm der Name gefällt. Er denkt nicht daran, mit diesem Namen seiner kleinen Tochter eine Begriffsbestimmung aufzuzwingen (*Petra* kommt vom griechischen Wort für Felsen). Allerdings wurde im 18. Jahrhundert unter dem Einfluß der Kirche derartiges versucht. Namen wie *Fürchtegott, Traugott* und *Leberecht* sollten ihren Trägern Leitspruch sein, kamen aber bald wieder aus der Mode.

Name – nicht Definition

Petra

Fürchtegott
Traugott
Leberecht

Namen sind Zeichen, sind Symbole. Wenn ein Fachmann mit dem Namen für ein neues Produkt gleich eine vollständige Erklärung darüber abgeben wollte, wie dieses Produkt beschaffen und wozu es nütze ist, so hieße das den Zeichencharakter der Sprache verkennen.

Jahre und Jahrzehnte können vergehen, bis sich von vielen möglichen Bezeichnungen die treffendste durchgesetzt hat. Benjamin Franklins Erfindung aus dem Jahre 1752 wurde anfänglich abwechselnd *Wetterableiter, Wetter-, Auffang-, Saug-, Gewitterstange, elektrische Stange* oder *Gewitterableiter* genannt – heute sagt man kurz und anschaulich *Blitzableiter.* – *Ferngucker, Fernschauer, Ferngesicht, Fernglas, Feldstecher, Sehrohr, Perspektiv, Teleskop, Periskop, Tubus* sind alles mehr oder minder gebräuchliche Bezeichnungen für ein optisches Gerät, das entfernte Gegenstände

Blitzableiter

Fernrohr

unter einem vergrößerten Sehwinkel zeigt, sie also scheinbar näherrückt. Manche dieser Namen sind ganz verschwunden, andere auf bestimmte Bauarten und Verwendungszwecke eingeengt. Das ein- und ausfahrbare *Sehrohr* oder *Periskop* bleibt dem U-Boot vorbehalten; der *Feldstecher* ist ein kleines Doppelfernglas für den Handgebrauch; *Teleskop* ist der griechische Name für ‚Fernrohr' und *Fernrohr* der treffsichere Oberbegriff. Tröstlich zu sehen, wie oft sich in der Sprache das Beste durchsetzt.

Die Laubsäge sägt kein Laub, der Kraftfahrer fährt keine Kraft

Klammerformen

Kirschblüte
Fernamt
Lastwagen
Kraftverkehr
Straßengebühr

Bafög
PC

Eine wirksame Abhilfe gegen vielgliedrige Zusammensetzungen ist die Ausklammerung: die *Laubsäge* ist in Wirklichkeit eine *Laub(holz)säge*, die *Kirschblüte* eine *Kirsch(baum)blüte*, das *Fernamt* ein *Fern(sprech)amt*, der *Lastwagen* ein *Last(kraft)wagen*, der *Kraftverkehr* ein *Kraft(wagen)verkehr* und die *Straßengebühr* eine *Straßen(benutzungs)gebühr*. An die Ausklammerung als Wortbildungsmittel sollten sich alle Fachleute erinnern, bevor sie sich für eine Neuheit einen ellenlangen Namen ausdenken; denn der wird früher oder später doch wieder abgekürzt. So ist aus dem *Bundesausbildungsförderungsgesetz* längst das *Bafög* geworden und aus dem *Personalcomputer* der *PC*. Niemand aber wird behaupten wollen, daß die Sprache durch Buchstabenwörter an Klarheit und Verständlichkeit gewänne.

Sonnabend
Bistum
Kirmes
Salzburg
Feldsee

Daß die Ausklammerung nicht erst eine Erfindung unseres Jahrhunderts ist, verraten Wörter wie *Sonnabend* (aus *Sonntagsvorabend*), *Bistum* (aus *Bischofstum*) und *Kirmes* (aus *Kirchweihmesse*). *Salzburg* ist aus ‚Salzachburg' verkürzt, es hat also seinen Namen nicht vom Salz, sondern von der Salzach, die durch die Stadt fließt. Der *Feldsee* im Schwarzwald, eingebettet in eine Senke des Feldbergs, ist eigentlich der ‚Feldbergsee'.

Telefon

Wissen Sie, wie das Telefon ursprünglich hieß? Es hieß *Telephon*, doch Teutschgesinnten mißfiel das fremde Wort. Das geht jedenfalls aus einem absonderlichen, am 25. November 1877 im „Kladderadatsch" erschienenen Poem hervor, in dem ein Zeitzeuge voller Pathos schildert, wie Vertreter der Deutschen Reichspost dem Reichskanzler Bismarck den neuen Apparat vorführten. Da heißt es:

> Durchlaucht nahen wir uns mit dem sinnig erfundenen Werkzeug,
> welches das flüchtige Wort in unendliche Ferne vermittelt
> schnell wie der Blitz; Telephon nennt es moderne Verbildung.
> Doch in der Sprache des Dienstes, der reinlichen,
> wurde das Werkzeug *Fernhinsprecher* getauft ...

Fernsprecher

Aus dem *Fernhinsprecher* wurde durch Ausklammerung der *Fernsprecher*; ihn ersetzte die Post rund hundert Jahre später durch das *Telefon*. Seit 1981 haben wir auch postsprachlich wieder *Telefonbücher* und statt des umständlichen *Fernsprechhauptanschlusses* den bequemen *Telefonanschluß*.

Berufsverbot
Lohnpause

Klammerformen sind also auch kein sprachliches Allheilmittel, vor allem da nicht, wo sie Beziehungen verdunkeln. Wer macht sich noch klar, daß das *Berufsverbot* ein *Berufs(ausübungs)verbot* ist und die sogenannte *Lohnpause* eine *Lohn(erhöhungs)pause*? Zweifellos sind gekürzte Wörter handlicher, doch sie können Verwirrung stiften: Mit dem *Metallabschluß* ist gewöhnlich keine Zierleiste aus Chrom gemeint, sondern das Ende des Tarifkonflikts zwischen dem Arbeitgeberverband und der Industriegewerkschaft Metall.

Metallabschluß

Was wird aus der *Geschirrspülmaschine*? Ein *Geschirrspüler* oder eine *Spülmaschine*? Abwarten.

Fachleuten sei geraten, nicht zu früh einen Wortteil auszugliedern, der für das Verständnis eines Kompositums wichtig ist. Als der Fachhandel die ersten *Normalkopierer* anbot, ist kaum ein Kunde von sich aus darauf gekommen, daß so ein Gerät als verkürzter *Normal(papier)kopierer* auf normales Schreibpapier kopiert. Setzt sich die Neuerung durch, dann wirft der Sprachgebrauch von ganz allein den am ehesten entbehrlichen Bestandteil eines umständlichen Namens ab, wie er es mit dem *Füllfederhalter* getan hat, der erst zum *Füllhalter* und schließlich zum *Füller* wurde.

Normalkopierer

Füllhalter

Zum knäcklichen Brot tomatliche Scheiben auf quarklicher Basis – mögen Sie das?

Also, mir schmeckt Knäckebrot mit Quark und Tomatenscheiben besser, aber sehr viele scheinen meinen altmodischen Geschmack nicht zu teilen. Wie sonst sollten wir uns die heute zu beobachtende Vorliebe für Wendungen vom Typ *bezirkliche Maßnahmen, ärztliche Gutachten, gerichtliche Verfügungen* erklären? *Steuerliche Vorteile* und *geldliche Mittel* sind in unvermurkstem Deutsch Komposita: *Steuervorteile* und *Geldmittel*. Schließlich ist auch das Portemonnaie kein geldlicher Beutel.

Nicht aus jedem Bestimmungswort ein Adjektiv auf *-lich* machen wollen!

Kalbfleisch, Kalbsbraten und Kälbermagen

Es hat noch niemand herausbekommen können, weshalb der *Kälbermagen* nicht *Kalbmagen*, das *Kalbfleisch* nicht *Kalbsfleisch*, der *Kalbsbraten* nicht *Kälberbraten*, aber der *Rindsbraten* auch *Rinderbraten* und der *Schweinebraten* nur *Schweinebraten* heißt.
Und warum ist der *Lampenschirm* nicht ein „Lampeschirm", wo er doch oft nur eine Glühlampe beschirmt? Hier kennt man die Antwort: die Endung ‚-en' weist nicht auf die Mehrzahl, sondern auf einen alten Wesfall. Früher wurde nicht dekliniert: *die Lampe, der Lampe* . . ., sondern *die lampen, der lampen* . . . Solche alten Genitive stecken auch in *Seifenlauge, Schleusentor, Seidenpapier*. Oder denken Sie an das Sprichwort „Es ist nichts so fein gesponnen, es kommt doch ans Licht der Sonnen": *Sonnenlicht*. Die *Frauenkirche* ist die ‚Kirche Unserer Lieben Frauen', d. h. die Kirche der Jungfrau Maria.
Aber warum ist die Zeitungsfrau eine *Zeitungsfrau*? Müßte sie nicht eigentlich „Zeitungfrau" heißen, da doch das Genitiv-‚s' nur den männlichen und sächlichen Hauptwörtern zusteht, nicht aber einem weiblichen wie *Zeitung*? Nun, das ‚s' ist hier gar nicht Genitiv-‚s' wie etwa in *Gutsbesitzer* (= Besitzer des Guts) oder *Senatspräsident* (= Präsident des Senats). Das ‚s' in *Zeitungsfrau* ist nur ein Bindelaut, der uns das zusammengesetzte Hauptwort ein bißchen glatter über die Zunge rutschen lassen soll. Manchmal steht so ein Bindelaut, manchmal nicht *(Ratsherr – Rathaus)*. In vielen Fällen ist das Binde-‚s' *Geschmacksache* oder *Geschmackssache*. Zuweilen verrät es den Österreicher (so in *Fabriksarbeiter, Gepäcksaufgabe, Zugs-*

Kalbfleisch
Kalbsbraten
Kälbermagen
Rindsbraten
Rinderbraten
Schweinebraten

alter Genitiv
Lampenschirm

Sonnenlicht
Frauenkirche

Genitiv-‚s'
und Binde-‚s'
Zeitungsfrau

Geschmack(s)sache
österreichischer
Sprachgebrauch

führer). Sehr selten weist es auf Bedeutungsunterschiede hin: *Landmann – Landsmann; Verband(s)zeug – Verbandsvorsitzender*.

Eine allgemeingültige Regel über die korrekte Verwendung dieses Lautes läßt sich einfach nicht geben, aber es gibt doch wenigstens ein paar Anhaltspunkte:

Setzen Sie das Fugen-‚s' hinter -ung, -tum, -ling, -heit, -keit, -schaft, -tät, -ion.

1. Das Fugen-‚s' steht in Zusammensetzungen mit Bestimmungswörtern auf *-ung* (Tagungsprogramm), *-tum* (Eigentumsbildung), *-ling* (Lehrlingsausbildung), *-heit* (Krankheitskosten), *-keit* (Abhängigkeitsverhältnis), *-schaft* (Genossenschaftsbank), *-tät* (Qualitätsverbesserung), *-ion* (Reklamationsanspruch); Ausnahme: Zusammensetzungen mit *Kommunion* (Kommunionkind).

Kommunion

Triebkraft
Antriebskraft

2. Manchmal kennzeichnet das Fugen-‚s' die Hauptfuge mehrgliedriger Zusammensetzungen *(Werkmeister – Handwerksmeister; Triebkraft – Antriebskraft)*.

Umlaufvermögen
Umlauf(s)geschwindigkeit

3. Der Gebrauch schwankt, wenn das Wort vor dem Fugen-‚s' als Zeitwort oder als Hauptwort aufgefaßt werden kann: *Umlaufvermögen* (zu *umlaufen*) – *Umlaufsgeschwindigkeit* (zu *Umlauf*); *Empfangschein* (zu *empfangen*) – *Empfangsschein* (zu *Empfang*).

Straßennamen
Königsallee
Königstraße

4. In Straßennamen bewirkt der Anlaut des Grundworts *-straße* den Ausfall des Fugen-‚s': *Königsallee – Königstraße, Wilhelmsplatz – Wilhelmstraße*.

-steuer

5. In der Behördensprache wird in Zusammensetzungen mit *-steuer* das Fugen-‚s' grundsätzlich vermieden, selbst dann, wenn das Bestimmungswort auf *-ung* oder *-schaft* endet: *Versicherungsteuer, Körperschaftsteuer, Vermögen-, Einkommen-, Grunderwerbsteuer*. Außerhalb der Sprache der Verwaltung sind die Bildungen mit Fugen-‚s' üblich und berechtigt: *Versicherungssteuer* usw. Das gleiche Nebeneinander, nur mit umgekehrten Vorzeichen, zeigt sich bei *Schadenersatz* (so im allgemeinen Sprachgebrauch) und *Schadensersatz* (nur so im Bürgerlichen Gesetzbuch).

Schaden(s)ersatz

Ob solcher Zweigleisigkeit ist mancher akkurate Mann dem kleinen Bindelaut sehr böse; er versucht dann, jedes fugenverdeutlichende ‚s' auszumerzen, das nicht eindeutig einen Genitiv anzeigt. Verlorene Liebesmüh, wie schon ein Versuch des Dichters Jean Paul (1763–1825) beweist. Jean Paul schrieb am 1. Januar 1819 in der Vorrede zur 3. Auflage seines Romans „Hesperus oder fünfundvierzig Hundsposttage":

„... was für diese dritte, verbesserte Auflage des Hesperus geschehen, war natürlich, daß ich durch den ganzen Abendstern langsam hinging mit dem Jätemesser in der Hand und alles Genitiv- oder Es-Schmarotzer-Unkraut der Doppelwörter, wo ich's nur fand – und dies war leider schon auf dem Titelblatt der Hundsposttage der Fall – aufmerksam herausstach*). Ich stand aber viel dabei aus; der alten Prozesse der überreichen Sprache mit sich selber haften zu viele auf ihren Gütern, und ich mußte daher manches eingenistete Es-Gesindel da lassen, wo es sich zu lange angesiedelt hatte und sich auf Zeugen und Ohren berief."

Als Jean Paul gestorben war, versah sein Verleger das Wort ‚herausstach'
mit einem Sternchen und merkte dazu unten auf der Seite an:

> „*) Da dies dem jetzigen allgemeinen Sprachgebrauch durchaus entgegen, so sind wir in dieser Ausgabe zu der früheren Lesart zurückgekehrt."

Seitdem sprießen die Binde-Esse in zahlreichen Wortfugen munter weiter, und keiner weiß, warum.

Neben dem Gleitlaut ‚s' trägt das ‚e' dazu bei, die Nahtstellen zusammengesetzter Wörter weniger hart erscheinen zu lassen: *Haltestelle, Lesebrille, Lebemann, Schneidezahn, Nachschlagewerk*. Allerdings scheint die Vorliebe fürs Binde-‚e' abzunehmen, je weiter man von Norden nach Süden kommt. In Hamburg trägt man *Einlegesohlen*, in München begnügt man sich mit *Einlegsohlen*. Die Berliner haben *Umsteigebahnhöfe* und *Lausejungen*, die Wiener *Umsteigbahnhöfe* und *Lausbuben*. Der Tagblatt-Turm in Stuttgart erinnert daran, daß hier ein *Tagblatt* gelesen wurde, während man weiter nördlich nach getanem *Tagewerk* ins *Tageblatt* sah. Ob mit oder ohne ‚e': ein schwäbisches *Wurst-* oder *Käsbrot* schmeckt genausogut wie eine brandenburgische *Wurste-* oder *Käsestulle*.

Binde-‚e'

Einleg(e)sohlen
Umsteig(e)bahnhof
Lausbub
Lausejunge
Tag(e)blatt
Tag(e)werk
Käs(e)brot

Milchtüte, Tüte Milch, Tütenmilch

Auf die Frage, welches Geburtstagsgeschenk ihr das liebste sei, antwortet Klein-Evelyn: „Der große Konfektkasten." Nun freuen sich Kinder ja oft über einfache Dinge am meisten – aber eine leere Pappschachtel als schönstes Geschenk? Evelyn protestiert: „Der Konfektkasten ist doch nicht leer, da ist doch Konfekt drin." Also meint die Kleine nicht den *Konfektkasten*, sondern den *Kasten Konfekt*.
Eine *Whiskyflasche* kann enthalten: Whisky, selbstgemachten Johannisbeersaft oder Wasser oder Luft. Eine *Flasche Whisky* ist dagegen die noch unangebrochene, mit Whisky gefüllte Flasche. – *Milchtüte* heißt nur der Behälter, *Tüte Milch* ist Mengenbezeichnung wie *Tasse Kaffee* oder *Glas Wein* (im Gegensatz zu Kaffeetasse und Weinglas). *Tütenmilch* ist die in Tüten abgefüllte, pasteurisierte Milch.

Grund- und Bestimmungswort

Konfektkasten
Kasten Konfekt

Die fahrbare Motorsägenbesitzerstochter

Den bayerischen Paßbehörden wird nachgesagt, sie hätten die Bezeichnungen „Ultramarinblaufabrikarbeitersehefrau" und „fahrbare Motorsägenbesitzerstochter" auf dem Gewissen. Hier hätte in beiden Fällen ganz einfach stehen müssen: „ohne Beruf". Wenn unsere Behörden weiterhin so gründlich arbeiten, wird uns eines Tages noch eine „Fernsehteilnehmersehefrau" oder eine „Bankkonteninhaberstochter" beschert.
Abgesehen davon, daß es sich hier nicht um eine Berufsbezeichnung handelt, ist mit der „fahrbaren Motorsägenbesitzerstochter" noch etwas faul. Es gibt zwar eine fahrbare Motorsäge, nicht aber einen „fahrbaren Motorsägenbesitzer", geschweige denn eine „fahrbare Motorsägenbesitzerstochter". Und warum nicht? Weil dieser Ausdruck genauso falsch gebildet ist wie die folgenden Bezeichnungen:

230 DAS SUBSTANTIV

> **falsch**
>
> siebenstöckige Hausbesitzerin
> kalte Speisekarte
> saures Gurkenfaß
> höhere Einkommensbezieher
> junge Erbsensuppe
> vierköpfiger Familienvater
> dreijährige Ehefrau
> chemische Toilettenvermietung

Was hier nicht stimmt, wird sofort klar, wenn man die falschen mit den folgenden, richtig gebildeten Ausdrücken vergleicht:

> **richtig**
>
> amerikanisches Weltraumteleskop
> kleine Holzlaube
> moderne Sonnenbrille
> stürmischer Wintertag
> brauner Herrenhut

attributives Adjektiv

Warum sind diese Beispiele richtig? Sie sind genau wie die ersten gebildet, sie bestehen also aus einem beifügenden (attributiven) Eigenschaftswort und einem zusammengesetzten Hauptwort. Sie haben es sicher schon gemerkt:

 Ein beifügendes Eigenschaftswort darf sich immer nur auf das Grundwort, nicht auf das Bestimmungswort beziehen.

Grundwort Bestimmungswort
Fingerring
Ringfinger

Das G r u n d w o r t (hinten) drückt immer die Hauptsache aus, nach ihm richtet sich auch das Geschlecht. Das B e s t i m m u n g s w o r t (vorn) ist nur erklärender Zusatz, der die Bedeutung des Grundworts einengt. In *Fingerring* ist *-ring* das Grund-, *Finger-* das Bestimmungswort, in *Ringfinger* ist die Sache umgekehrt. Bei den falschen Beispielen bezieht sich das Adjektiv durchweg auf das Bestimmungswort. Mit dem Ausdruck „kalte Speisekarte" soll aber nicht gesagt werden, daß die Karte kalt sei; gemeint ist vielmehr die Karte, auf der die kalten Speisen verzeichnet sind. Die „landwirtschaftliche Maschinenfabrik" ist keine landwirtschaftliche Fabrik, sondern eine Fabrik, die landwirtschaftliche Maschinen (oder Landwirtschaftsmaschinen) herstellt, und die „landwirtschaftlichen Erzeugerpreise" sind *Erzeugerpreise für landwirtschaftliche Produkte*.

Wie es richtig gemacht wird, zeigt die zweite Gruppe. An einer modernen Sonnenbrille ist eindeutig die Brille und nicht die Sonne das Moderne, und beim amerikanischen Weltraumteleskop bezieht sich die Nationalitätsangabe auf das Teleskop; noch ist der Weltraum nicht amerikanisch.

schnelle Auffassungsgabe

Wie nun, wenn Ihnen ein Vorgesetzter bescheinigt, Sie hätten eine *schnelle Auffassungsgabe*? Jedermann redet so, obwohl er die Gabe schneller Auffassung meint. Doch wir wissen ja, die Sprache ist nicht immer logisch, oft hat sich die laxe Ausdrucksweise bereits eingebürgert. Wir haben uns seit langem an das nicht korrekt gebildete *Bürgerliche Gesetzbuch* gewöhnt, das ja kein bürgerliches Buch ist, und an das *Örtliche Fernsprechbuch*, ebenfalls nicht ein örtliches Buch, sondern ein Verzeichnis der örtlichen Fernsprechanschlüsse. Auch die *deutsche Literaturgeschichte* ist nicht deutsche Geschichte, sondern geschichtliche Darstellung der deutschen Literatur.

Bürgerliches Gesetzbuch

Örtliches Fernsprechbuch

deutsche Literaturgeschichte

Oder denken Sie an die Methode, nach der seit einigen Jahren in unseren Büros die Geschäftskorrespondenz rationeller abgewickelt wird; sie heißt *Programmierte Textverarbeitung*, ist aber keine, denn programmiert ist nicht die Verarbeitung, programmiert sind die Texte: vorformulierte, in Handbüchern registrierte, auf Magnetmaterial gespeicherte Textbausteine, aus denen sich die verschiedensten Brieftexte zusammensetzen lassen.

Programmierte Textverarbeitung

Mit anderen Worten: es gibt einen brummigen Hausbesitzer, aber keinen vierstöckigen, einen flüssigen Schreibstil, aber keinen flüssigen Seifenbehälter, einen unlauteren Wettbewerb, aber kein unlauteres Wettbewerbsgesetz.

Die Todesnachricht unseres verehrten Seniorchefs

„Die Todesnachricht unseres verehrten Seniorchefs erschütterte uns tief."

Wieder einmal hat hier ein Toter ein Kunststück vollbracht: Erst stirbt der verehrte Seniorchef, dann gibt er pflichtbewußt Nachricht von seinem Tode.

Man sieht es der *Todesnachricht des Seniorchefs* nicht auf den ersten Blick an, daß sie den gleichen Beziehungsfehler enthält wie die „fahrbare Motorsägenbesitzerstochter". In beiden Fällen wird ein Kompositum durch eine Beifügung erläutert. Die Beifügung ist hier zwar kein Eigenschaftswort, sondern ein Hauptwort im Wesfall (ein Genitivattribut), aber auch eine solche Beifügung darf sich immer nur auf das Grundwort beziehen. Das Grundwort wäre hier -*nachricht*. Nun löst aber nicht die Nachricht des Seniorchefs Erschütterung aus, sondern die Nachricht vom Tode, und zwar vom Tode einer bestimmten Persönlichkeit: vom Tode des Seniorchefs.

Genitivattribut

Die „Todesnachricht unseres verehrten Seniorchefs" ist also richtig die *Nachricht vom Tode unseres verehrten Seniorchefs*, wie auch das „Benutzungsrecht öffentlicher Verkehrsmittel" in richtigem Deutsch das *Recht auf Benutzung öffentlicher Verkehrsmittel* ist oder das *Recht, öffentliche Verkehrsmittel zu benutzen*.

Kinderpullis von 8 bis 10 Jahren

Auch wenn ein zusammengesetztes Hauptwort eine Beifügung erhält, die aus einem Hauptwort mit Verhältniswort besteht (Präpositionalattribut), darf sich die Beifügung immer nur auf das Grundwort beziehen. „Kinderpullis von 8 bis 10 Jahren" sind ja keine acht bis zehn Jahre alten Pullis, sondern *Pullis für Kinder von 8 bis 10 Jahren*. Selbst wenn führende Bekleidungshäuser mit dieser Wendung werben, ändert es nichts daran, daß sie falsch ist.

Präpositionalattribut

Zu Beginn der Fußballweltmeisterschaft 1990 in Italien wurden deutsche Fußballrowdys, die nach dem Spiel Deutschland gegen Jugoslawien randaliert hatten, nach Hause geschickt; sie erhielten, so hieß es in den Nachrichten, „ein dreijähriges Einreiseverbot nach Italien". An das *Einreiseverbot nach* haben wir uns längst gewöhnt. Trotzdem ist es nicht korrekt, denn die Rowdys erhielten kein „Verbot nach Italien", sondern *für drei Jahre das Verbot der Einreise nach Italien*. Verbal wird's allemal deutlicher: *Drei Jahre lang dürfen sie nicht nach Italien einreisen.*

nicht	**sondern**
Werbeverbot für Tabakwaren	Verbot der Werbung für Tabakwaren
Ausgehverbot zwischen Mitternacht und 6 Uhr	Verbot, zwischen Mitternacht und 6 Uhr das Haus zu verlassen
Einfuhrbeschränkung von Hongkong-Textilien	Beschränkung der Einfuhr von Hongkong-Textilien
Ausreisegenehmigung aus der UdSSR	Genehmigung zur Ausreise aus der UdSSR
Rückkehrproblem aus dem Weltall	Problem der Rückkehr aus dem Weltall

Merken Sie den falschen Beispielen nicht an, woher sie stammen? Wieder einmal ist die fettgedruckte Schlagzeile (vgl. Seite 154) schuld am falschen Deutsch. Den meisten Zeitungslesern dürfte es bereits schwerfallen, in den Schlagzeilen den Beziehungsfehler zu erkennen, so sehr haben sie sich an den laxen Sprachgebrauch gewöhnt.

Hier weiß man wenigstens so ungefähr, was gemeint ist, aber zuweilen kommt es sehr darauf an, zwischen Grund- und Bestimmungswort zu unterscheiden. Allerdings kann man diesen Unterschied auch absichtlich verwischen, wie das in einer kleinen Stadt die Angehörigen einer Fachschule taten, die bewußt geistige Hochstapelei betreiben. Die jungen Leute wollten Techniker und Architekten werden, besuchten eine Bauschule und nannten sich stolz *Bau-Hochschüler*, obwohl sie *Hochbau-Schüler* waren. Die Schule ist nämlich keine Technische Hochschule, sondern eine Fachschule, die ihre Schüler für den Hochbau und nicht für den Tiefbau ausbildet.

Oberregierungsrat   Übrigens, wie heißt ein Regierungsrat nach seiner Beförderung? *Oberregierungsrat* – obgleich „Regierungsoberrat" deutlicher wäre, denn eine „Oberregierung" haben wir ja zum Glück nicht.

Gewonnen ist bei solchen für Außenstehende schwer durchschaubaren Zusammensetzungen viel, wenn ein Bindestrich die Sinnfuge markiert. Sonst kann es zu Mißverständnissen kommen.

Mädchenhandel in Deutschland?

> Bangkok, 21. April (dpa)
> Die Beamten der Wirtschaftskommission für Asien und den Fernen Osten stellten dieser Tage erstaunt fest, daß es in der Bundesrepublik Fachschulen für Mädchenhandel gäbe. Ein Bericht aus der Zeit der britischen Besatzung sprach eindeutig davon: „White slavery" (weiße Sklaverei) hieß es im englischen Text. Von Thailand aus telegraphierten die Beamten an ihre Kollegen bei der Wirtschaftskommission für Europa in Genf. Der Telegrammwechsel brachte die Lösung des Rätsels: Nicht Schulen für Mädchenhandel waren gemeint, sondern Handelsschulen für Mädchen.

Vermutlich hatte irgend jemand die irreführende Zusammensetzung *Mädchenhandelsschule* falsch aufgelöst und ohne zu denken wörtlich übersetzt. Man weiß ja doch, was gemeint ist – diese beliebte Entgegnung all derer, die sich beim Sprechen und Schreiben um das Denken drücken wollen, hat nur eine sehr begrenzte Berechtigung. Nicht immer sind Gesichtspunkte und Sommersprossen ein und dasselbe.

Mädchenhandelsschule

Ludwig Kroeber-Keneth erzählt in seinem 1976 erschienenen Tagebuch „Fetzen" von einer ähnlichen Verwechslung. Wegen angeblicher Fragebogenfälschung war er kurz nach dem Kriege in Augsburg von der amerikanischen Militärpolizei verhaftet worden. Die Amerikaner hatten damals aber auch den Hias aus dem Niederbayerischen mitgeschleppt und eingebuchtet – und keiner, nicht einmal die Gefängnisverwaltung, wußte, weshalb. Wie Kroeber-Keneth das dann aber doch aus dem Hias herausfragte, schildert er so:

„Hias, sag amal, wo hast du denn draußen gearbeitet?" – „Im Holz." – „Ja, und was hast du denn dann im Holz getan?" – „An der Sag' war i'." – „Und was war denn das für eine Säge?" – „A Kreissag'." – „Und was warst du denn da?" – „Kreissagmeister war i' halt."

„In dem Augenblick", fährt Kroeber-Keneth fort, „ist mir ein bengalisches Licht aufgeflammt: Alles, was *Kreis* hieß, fiel unter ‚automatischen Arrest': *Kreisleiter, Kreisobleute, Kreiskulturwalter*, und unseren *Kreissägemeister* hatten sie bei dieser Gelegenheit auch kassiert."

Kreisleiter
Kreissägemeister

Sie sehen, wie leicht einer, der keine Ahnung von Tuten und Blasen hat, schon aus einem dreigliedrigen Kompositum etwas völlig Unsinniges herauslesen kann. Zerlegen Sie deshalb Ihren Mitmenschen zuliebe ein längeres Wort in seine Bestandteile, und setzen Sie Präpositionen als Verbindungselemente ein. Dann braucht ein begriffsstutziger Zeitgenosse bei einem Wort wie *Pflanzenhaarfarben* nicht erst lange zu überlegen, aus was für Pflanzenhaaren sich welche Farben herstellen lassen; dann weiß er sofort, worum es geht: um *Haarfarben aus Pflanzen*.

Pflanzenhaarfarben

Testbogen 16

1 Ist *Kopfsalat* und *Salatkopf* dasselbe?

Grund- und Bestimmungswort

1 Nein. *Kopfsalat* (Grundwort *-salat*, Bestimmungswort *Kopf-*) ist Gattungsname, *Salatkopf* (Grundwort *-kopf*, Bestimmungswort *Salat-*) ein Einzelexemplar der Gattung *Kopfsalat*.

2 „Betrachten wir das Nachbilden eines Lui XV Möbels einmal vom handwerklichen Standpunkt aus", schlägt in einem Brief ein Handwerksmeister vor. Da es uns aber nicht um Stilmöbel geht, betrachten wir „das Nachbilden eines Lui XV Möbels" einmal vom rechtschreiblichen Standpunkt aus. Was meinen Sie dazu?

Louis XV
Ludwig XV.

2 Zwar gab es von 1715 bis 1774 jemanden, der sich „Lui XV" **nannte**, aber er **schrieb** sich *Louis XV*; *Louis* ist auf deutsch *Ludwig*, und statt *Louis XV* kann man auch ‚Ludwig der Fünfzehnte' sagen. Hier ist aber nicht der König gemeint, sondern der Stil seiner Zeit, das französische Rokoko: *das Louis-quinze*. Den Namen der Stilepoche schreiben die Kunsthistoriker im allgemeinen aus, während der Name des Regenten immer mit römischen Ziffern geschrieben wird. Dabei steht im Französischen die Grundzahl: Louis XV (ohne Punkt!), im Deutschen die Ordnungszahl: Ludwig XV. (mit Punkt!).

Regentennamen

Louis-quinze-Möbel

Das ist aber noch nicht alles. Ein *Louis-quinze-Möbel* ist **ein** kunstgeschichtlicher Begriff, sprachlich also eine Aneinanderreihung.

Bindestrich

➤ Besteht die Bestimmung zu einem Grundwort aus mehreren Wörtern, wird mit Bindestrichen gekoppelt:
... das Nachbilden eines **Louis-quinze-Möbels**.

3 Können Sie sich konzentrieren? Dann kramen Sie aus Ihrer Gehirnschublade einmal solche Wörter hervor, bei denen die Umstellung von Grund- und Bestimmungswort ein neues, sinnvolles Wort ergibt. Beispiel: *Hausball – Ballhaus*. Schreiben Sie die Wörter auf. Sie haben 5 Minuten Zeit. Aber nicht mogeln!

Grund- und Bestimmungswort

3 *Druckknopf – Knopfdruck*
Viehzucht – Zuchtvieh
Zimmermädchen – Mädchenzimmer
Reissuppe – Suppenreis
Bettruhe – Ruhebett
Markenbutter – Buttermarken
Tischkasten – Kastentisch

Haben Sie es auf mehr als ein halbes Dutzend Wortpaare gebracht, liegen Sie weit über dem Durchschnitt.

Wer durch seine Schreib Weise auffallen will, hat's nötig.

4 Eine ausländische Schokoladenfabrik vertreibt in Deutschland „Zartbitter Schokolade mit Reissplitter". Wenn die Firma sich die kleine Mühe gemacht hätte nachzufragen, wie der Aufdruck in richtigem Deutsch heißen müßte – wie viele Fehler hätte sie dann vermieden?

> 4 Zwei.
> a) *Zartbitter* ist die Bestimmung zu dem Grundwort *Schokolade*. Bestimmungs- und Grundwort dürfen im Deutschen niemals unverbunden nebeneinanderstehen.
> b) *Splitter* ist ein starkes Maskulinum. Das Verhältniswort *mit* verlangt den Dativ. Im Plural – die Schokolade hat ja viele Reissplitter – endet der Dativ auf ‚-n‘: *mit Splittern*.
>
> Z a r t b i t t e r s c h o k o l a d e   m i t   R e i s s p l i t t e r n – so hätte der Aufdruck lauten müssen.

Dativ

5 Ein Inserat aus einer Friseurzeitschrift:
„Welche unabhängige, selbständige Friseurmeisterin möchte sich mit lebenserfahrener, selbständiger Kollegin anfreunden zwecks knapper Freizeitgestaltung, Theater usw., Raum Hamburg?"

„knappe Freizeitgestaltung" – gibt es das wirklich?

> 5 N e i n. Knapp kann sein: ein Mieder, das Geld und die Zeit, u. U. sogar die Freizeit – aber nicht die Gestaltung. Die „knappe Freizeitgestaltung" gehört in die gleiche Kategorie wie die „siebenstöckige Hausbesitzerin": das beifügende Adjektiv darf sich nicht auf das Bestimmungswort, es muß sich auf das Grundwort beziehen.

Grund- und Bestimmungswort

6 Wie könnte man den in der vorlaufenden Aufgabe wiedergegebenen Anzeigentext besser formulieren? Wenn man die deutsche Sprache nicht vergewaltigen will, wird er etwas teurer:

> 6 Welche unabhängige, selbständige Friseurmeisterin möchte sich mit lebenserfahrener, selbständiger Kollegin anfreunden und mit ihr in den wenigen freien Stunden Gemeinsames unternehmen (Theater usw.), Raum Hamburg?

7 Manche Wörter haben wir in doppelter Ausgabe, *Darlehn* und *Darlehen* zum Beispiel; beides ist richtig. Wie aber bildet man davon den Genitiv? Angenommen, Sie sind Personalchef, würden Sie dann in einem Schreiben „An alle Mitarbeiter!" sich so ausdrücken: „Nach Erhalt eines *Wohnungsbaudarlehnsantrags...*", oder würden Sie die Form mit ‚e‘ vorziehen: „*...Wohnungsbaudarlehensantrags...*"?

Darleh(e)n

> 7 Sie würden b e i d e s   a b l e h n e n? Recht so! Im Nominativ mag ein Bandwurmwort wie *Wohnungsbaudarleh(e)nsantrag* noch halbwegs erträglich sein, mit Genitiv-‚s‘ als drittem Zischlaut nicht mehr. Wieviel angenehmer klingt: ‚Sobald wir Ihren *Antrag auf ein Wohnungsbaudarleh(e)n* erhalten haben...‘

▶ Einfachwort + Präpositionalattribut, das ist immer deutlicher als eine ellenlange Zusammensetzung.

Substantivitis

Hauptwörterkrankheit

Raffte man die Menschheitsgeschichte auf zehn Jahre zusammen, dann ergäbe sich dieses Bild:

> Vor zehn Jahren: der Mensch verläßt seine Höhlen;
> vor fünf Jahren: die Schrift wird erfunden;
> vor zwei Jahren: das Christentum breitet sich aus;
> vor fünfzehn Monaten: Gutenberg erfindet den Buchdruck;
> vor zehn Tagen: die Elektrizität wird entdeckt;
> gestern morgen: das erste Flugzeug fliegt;
> gestern abend: das erste Radio läuft;
> heute morgen: Fernsehen ist Wirklichkeit;
> vor sechzig Minuten: der Computer arbeitet;
> vor vierzig Minuten: der Mond bekommt Besuch.

Tempo und Geschwätzigkeit

> Der Hoch- oder Gescheitschwatz ist eine Seuche unserer Tage, die mit dem Ansturm nicht verdauter Informationen zusammenhängt.
> LUDWIG KROEBER-KENETH

Unsere Zeit ist schnellebig geworden. Umwälzende Erfindungen jagen einander in immer kürzeren Abständen. Die Beschaulichkeit vergangener Jahrhunderte scheint ein für allemal vorbei. Wer mit der Zeit Schritt halten will, muß sich eilen. Tempo heißt das Gebot der Stunde.
Sollte man nicht meinen, daß sich der Drang zur Schnellebigkeit auch in der Sprache niederschlagen müßte? Man sollte. Die Sprachwirklichkeit sieht so aus:

Aus einem Vortrag über Berufsbildung im Handwerk:

> Die Ergreifung von Maßnahmen zur Förderung der Berufsbildung aus der Sicht des Lehrgangswesens bedeutet im Rahmen des Tagungsprogramms nach meiner Auffassung größtmögliche Nutzung der Zeit zwischen der Beendigung der Lehre bzw. der Entlassung aus der Berufsschule und der Ableistung der Meisterprüfung.

Auf deutsch:

> Ich meine, daß wir den jungen Leuten vor allem in den Jahren zwischen Lehre und Meisterprüfung Gelegenheit geben sollten, sich in Lehrgängen beruflich fortzubilden.

Aus einem Kochbuch:

> Mit den vielerlei Gemüsesorten, die während der Sommerperiode angeboten werden, ist der Hausfrau eine reichliche Zahl von Abwechslungsmöglichkeiten des Speisezettels in die Hand gegeben.

Auf deutsch:

> Im Sommer haben wir es leicht; es gibt so viel frisches Gemüse, daß wir jeden Tag etwas anderes kochen können.

Aus einer Leserzuschrift zur Krankenkassenreform:

> Im Endeffekt erscheint mir jedoch nur durch die Einschränkung der Inanspruchnahme der Krankenkassen überhaupt erst die sichere Möglichkeit zur Nichterhöhung der Beiträge gegeben.

Auf deutsch:

> Nach meiner Ansicht brauchen die Beiträge nicht erhöht zu werden, wenn die Versicherten die Krankenkassen weniger beanspruchen.

Aus einer Tischlerzeitschrift:

> Dieser Schrank ist ein typisches Möbelstück für das Anstoßen und Hängenbleiben mit den Füßen im Vorbeigehen.

Auf deutsch:

> Dieser Schrank ist so konstruiert, daß man mit den Füßen leicht anstoßen oder hängenbleiben kann.

Aus einem Fachartikel „Daten aus dem Computer":

> Die durch die ständig wachsende Flut von Daten sich ergebende enorme Steigerung von Output-Zeiten und das hieraus resultierende ständige Anwachsen der Zahl der zu 90% in Papierform erfolgten Auswertungen für die Kunden des Rechenzentrums werfen in bezug auf die Archivierung und deren Kosten immer größere Probleme auf.

Auf deutsch:

> Immer mehr Daten sollen in immer kürzerer Zeit verarbeitet und verwertet werden. Da der Computer für die Kunden des Rechenzentrums in neun von zehn Fällen die errechneten Werte ausdruckt, muß man sich fragen: Wie soll das mit der Archivierung der Papierberge weitergehen, wer kann das noch bezahlen?

Selbst der sogenannte kleine Mann redet von Orientierungsrahmen, umweltpolitischen Maßnahmekatalogen, *fährt* Pilotprojekte, *bläst sich mit* Bestandsaufnahmen *und* Strukturveränderungen *auf, statt zu sagen, was er denkt, empfindet, sieht und hört.*
KARL KORN

Diagnose: Büroschreibtisch als Krankheitsherd

Als H a u p t w ö r t e r k r a n k h e i t oder S u b s t a n t i v i t i s verspottet man diese ach so beliebte Gespreiztheit, doch mit Spott allein läßt sich gegen eine Sprachgewohnheit nicht viel ausrichten. Man müßte das Übel an der Wurzel packen können, aber dazu erst einmal wissen, wo das Übel wurzelt. Manche vermuten, am Schreibtisch des „Büro-Diktators". In vielen Büros werden ja heute keine Briefe mehr diktiert, da werden *Texte verarbeitet* – was sage ich: da wird die *Textverarbeitung organisiert* – nein: da werden *nach Einführung der organisierten Textverarbeitung mit Hilfe der Textautomation erstaunliche Rationalisierungserfolge erzielt.* (Nur die Briefe sind noch genauso mies wie früher.) Wer mit der Hand schreibt, scheut die Mühe, allzu viele Worte zu machen. Wo aber der heilsame Zwang der

Was heißt *verarbeiten*? Wenn ein Schwein verarbeitet wird, kommt Wurst dabei heraus, wenn Milch verarbeitet wird, Käse. Und wenn Texte verarbeitet werden?

Schreibfaulheit fehlt, wo ein geduldiges Diktiergerät den Wortschwall festhält, da tönt es etwa so:

> „Zu unserem größten Bedauern mußten wir zu der Feststellung gelangen, daß bei Übersendung der Aufforderung zur Anmeldung Ihrer Ansprüche unsererseits irrtümlich die Aushändigung eines nicht mehr den gegenwärtigen Bestimmungen entsprechenden Merkblattes" (Achtung! Jetzt kommt wirklich noch das ‚sinntragende' Verb!) „erfolgte."

erfolgen

Nicht viele Schreibdamen sind so unklug, den Chef dadurch zu verärgern, daß sie seine wohlgesetzten Worte in verständliches Deutsch übertragen:

> Als wir Sie aufforderten, Ihre Ansprüche anzumelden, kam ein Irrtum vor. Wir sandten Ihnen versehentlich ein ungültiges Merkblatt.

Dinge und Erlebnisse, Begegnungen und Erfahrungen direkt aus der Anschauung und der Empfindung benennen – das wird kaum mehr geübt. Dafür wird mit *vorrangigen Erfordernissen, mittelfristigen Planungen, hohen Fahrzeugaufkommen,* mit *Zielgruppen, Modellversuchen* und *wachstumspolitischer Weichenstellung* Wind gemacht.
KARL KORN

Solange im Büro die irrige Vorstellung herrscht, derjenige sei am tüchtigsten, der die längsten Briefe und die allerlängsten Aktennotizen diktiere – so lange hat unsere Sprache wenig Aussicht, von der Hauptwörterkrankheit zu genesen.

Ein schwacher Trost, daß auch andere Nationen sich angewöhnt haben, ihre Sprache sinnlos aufzuplustern. Mit folgenden Worten kritisierte ein amerikanischer Kongreßabgeordneter den bürokratischen Schwulst seiner Regierungskollegen:

> Das Vaterunser hat 56 Wörter, Abraham Lincolns Gettysburger Ansprache hat 266, die Zehn Gebote haben 297, die Unabhängigkeitserklärung hat 300, aber die Verordnung der Regierung über die Kohlepreise hat 26911 Wörter.

Aber nicht das Kind mit dem Bade ausschütten!

Um den hinter Schreibtischen ihres Amtes Waltenden Gerechtigkeit widerfahren zu lassen: Mancher ist redlich bemüht, gegen die Aufblähung des Stils anzukämpfen. Allerdings tut er dann leicht des Guten zuviel. Nicht jede hauptwörtliche Konstruktion läßt sich durch ein entsprechendes Zeitwort ablösen.

Bedeutungs-
unterschiede
sich beschweren
Beschwerde einlegen
erfahren
in Erfahrung bringen

Fortschritte erzielt
  haben
fortgeschritten sein

Für *Beschwerde einlegen* kann man nicht einfach *sich beschweren* sagen, die beiden Ausdrücke decken sich nicht mehr. *Beschwerde* ist ein juristisches Fachwort geworden. *Beschwerde einlegen* kann man nur bei Gericht, *sich beschweren* auch bei der Stadtverwaltung, wenn man sich über die Leute von der städtischen Müllabfuhr geärgert haben sollte. – Was ich *erfahren* habe, kann mir der Zufall zugetragen haben. Habe ich es aber *in Erfahrung gebracht,* dann muß ich mich schon selbst darum bemüht haben. – Ein Lehrer, der einem Schüler ins Zeugnis schreibt, er habe in den neueren Sprachen *Fortschritte* erzielt, würde sich hüten zu schreiben, der Schüler sei in den neueren Sprachen *fortgeschritten.* Um *Fortschritte erzielt* zu haben, braucht man nur ein kleines Stück vorangekommen zu sein; *fortgeschritten sein* im übertragenen Sinne bedeutet, einiges mehr als Grundkenntnisse haben.

Wo aber Verbalausdruck und hauptwörtliche Konstruktion dem Sinne nach übereinstimmen, sollten wir unbedingt das schlichte Zeitwort vorziehen (und nicht dem Zeitwort den Vorzug geben).

nicht	**sondern**
Abänderungen vornehmen	ändern
zur Absendung bringen	absenden
in Absetzung bringen	absetzen
Andeutungen machen	andeuten
in Angriff nehmen	beginnen
in Anregung bringen	anregen
seinem Bedauern Ausdruck geben	bedauern
zum Ausgleich bringen	ausgleichen
seinen Dank abstatten	danken
mit der Durchführung beginnen	anfangen
zur Einsicht gelangen	einsehen
eine Eintragung vornehmen	eintragen
die Erkenntnis gewinnen, daß …	erkennen, daß
in Erwägung ziehen	überlegen
zur Feststellung gelangen	bemerken
Folge leisten	folgen
mit allem Nachdruck die Frage aufwerfen	nachdrücklich fragen
etwas einer Prüfung unterziehen	etwas prüfen
für etwas Sorge tragen	für etwas sorgen
Geld zur Überweisung bringen	Geld überweisen
zur Verabschiedung bringen	verabschieden
eine Veranstaltung durchführen	veranstalten
Verzicht leisten	verzichten
Vorbereitungen treffen	vorbereiten
in Vormerkung nehmen	vormerken
in Wegfall kommen	entfallen, wegfallen

Funktionsverben nennt man die inhaltsarmen Zeitwörter wie *bringen, kommen, gelangen*; in Streckkonstruktionen haben sie die Funktion, einen Vollzug anzuzeigen.

Für und wider die Endsilbe ‚-ung'

Mit Hilfe der Endung ‚-ung' läßt sich seit Urväterzeiten jedes Zeitwort zu einem Hauptwort machen, eine sprachschöpferische Möglichkeit, die auch die Gegenwart weidlich nutzt:

-ung

„Die Durchführung der Förderung der Forschung für die Verwirklichung der Steigerung der Fertigung ist in Ansehung der Entwicklung von Bedeutung." (Vgl. Seite 246.)

Durchführung

Solche Sätze haben der Endung ‚-ung' eine Feindseligkeit eingetragen, die immer da berechtigt ist, wo unnötigerweise ein Zeitwort durch ein Hauptwort auf ‚-ung' ersetzt wird.

Man trifft nicht Maßnahmen zur Nachprüfung der Versagung des Motors, sondern prüft, weshalb der Motor versagt hat.

Trotz berechtigter Voreingenommenheit gegen die Nachsilbe ‚-ung' darf man nun aber nicht gleich allen ‚-ung'-Wörtern den Garaus machen wollen, wie das vor bald zweihundert Jahren schon Jean Paul versuchte. Er schrieb

"Vergrößerglas" und "Ergänzband", und als er gestorben war, setzte sein Verleger die Endung ‚-ung' wieder ein: *Vergrößerungsglas, Ergänzungsband.*

Handlungsablauf und -ergebnis

Daß die Hauptwörter auf ‚-ung' aus Tätigkeitswörtern entstanden sind, merkt man den meisten noch an. *Einigung* ist Tätigkeit – *Einheit* das erstrebte Ziel; *Blendung* ist ein Vorgang – *Blindheit* dessen Resultat; *Erkrankung* ist ein Geschehen – *Krankheit* ein Zustand; *Fälschung* ist ein Vergehen – *Falschheit* eine Eigenschaft; *Ermordung* ist eine Handlung – *Mord* ein Tatbestand. Allerdings bezeichnen einige ‚-ung'-Wörter gleichzeitig die Handlung und deren Ergebnis: mit der *Einrichtung einer Wohnung* kann sowohl das Einrichten gemeint sein als auch dessen Ergebnis, die Möbel: die *Wohnungseinrichtung*. Eine *Rechnung* kann man aufstellen (Handlung) oder vorgelegt bekommen (Ergebnis). *Bildung*, die man erwirbt, ist Handlung, die man erworben hat, Besitz.

Einrichtung

Rechnung
Bildung

Stärker noch als Hauptwörter auf ‚-ung' spiegelt die substantivierte Grundform des Tätigkeitsworts das Tun wider:

reine Tätigkeit:

Ablegen

Die Sekretärin ist gerade mit dem *Ablegen* der beantworteten Briefe beschäftigt.

Handlungsergebnis:

Ablage

Die Durchschrift des letzten Schreibens an Schneider & Co. liegt in der *Ablage*.

Ablegung

Von der "Ablegung der Durchschriften" kann man nicht gut sprechen, da das Handlung ausdrückende Verbalsubstantiv *Ablegung* begrifflich an Abstrakta wie *Eid, Gelübde, Rechenschaft* und *Bekenntnis* gebunden ist. *nach Ablegung der Prüfung* heißt svw. ‚nach (Absolvierung) der Prüfung'.

In gutem Deutsch sollte also nicht nur zwischen Handlungsablauf und -ergebnis unterschieden werden, es ist auch darauf zu achten, daß substantivierte Infinitive und Verbalsubstantive sich oft in der Bedeutung unterscheiden oder nur auf begrenzte Anwendungsbereiche bezogen werden können. Es ist falsch, von der "Arbeitsaufwendung" zu sprechen, wenn man die für eine Arbeit aufgewandte Zeit und Mühe meint, den *Arbeitsaufwand*. Genauso falsch ist es, über den "Aufbruch" einer verschlossenen Schreibtischschublade zu berichten, wenn man den Vorgang beschreiben will, das *Aufbrechen*.

Arbeitsaufwand
Aufbruch

Aufbrechen

Unterbruch
Unterbrechung
Schwangerschaftsunterbrechung
Befinden
Befund

Vorlage

"Kein *Unterbruch* des Zurzacher Badebetriebes im Winter" ist schweizerisch, in Deutschland würde man *Unterbrechung* sagen. *Unterbrechung* sagen wir aber auch – verhüllend – für etwas, was keine Unterbrechung ist. Leben läßt sich nicht unterbrechen, *Schwangerschaftsunterbrechung* ist Abbruch, das Ende. – Subjektives *Befinden* und objektiver *Befund* können sehr verschieden sein, manch einer wird von heftigsten Kopfschmerzen geplagt, die auf nichts als eine harmlose Durchblutungsstörung zurückzuführen sind. Die *Vorlage* eines Gesetzes ist der Entwurf, nach dem das Gesetz abgefaßt wird. Will man sagen, daß ein Gesetz dem Bundestag vorgelegt wird, und diesen Vorgang durch ein Hauptwort ausdrücken, müßte man eigentlich von der *Vorlegung* eines Gesetzes sprechen. Solange ein Bauherr Bauarbeiten vergeben will und sie zu diesem Zweck in der Zeitung ausschreibt, handelt es sich um die *Vergebung* von Bauarbeiten. Von *Vergabe* kann man im Grunde erst bei Vertragsabschluß sprechen. *Abrieb* und *Abreibung*, *Abschrift* und *Abschreibung*, *Ausstoß* und *Ausstoßung*, *Belag* und *Belegung*, *Beschuß* und *Beschießung*, *Bezug* und *Beziehung*, *Einsatz* und *Einsetzung*, *Entschluß* und *Entschließung*, *Vertrieb* und *Vertreibung* sind sehr selten gleichbedeutend und daher im allgemeinen auch nicht austauschbar.

Eine Parallele zeigt sich bei Fremdwörtern. *-ierung* bezeichnet ein Geschehen, eine Handlung, *-ation* das Handlungsergebnis. *Kanalisation* nennen wir ein System von Abwasserkanälen, *Kanalisierung* den Bau eines solchen Systems. Unter *Publizierung* verstehen wir das Veröffentlichen, Druckenlassen; eine *Publikation* ist das Veröffentlichte, die im Druck erschienene Schrift.

-ierung
-ation
Kanalisation
Kanalisierung
Publizierung
Publikation

Kaulquappen der Sprache

nennt man mitunter die Bildungen, die durch einen mehrmaligen Gestaltwandel zwischen Zeitwort und Hauptwort zustande kommen. Das Übel beginnt, sobald der Sprachgebrauch ein einfaches Zeitwort mit Hilfe einer Vorsilbe ein bißchen ansehnlicher macht: aus *greifen* wird *angreifen*. Bei unserer Schwäche für Hauptwörter leiten wir daraus bald ein Substantiv ab: aus *angreifen* wird *Angriff*. Mit einem Hauptwort ist wenig anzufangen, solange nicht ein Zeitwort hinzutritt: aus *Angriff* wird *in Angriff nehmen*. Wenn unsere Wortschöpferei hier wenigstens stehenbliebe, aber nein, die Floskel wird durch erneute Substantivierung noch weiter aufgebläht: aus *in Angriff nehmen* wird *Inangriffnahme*.

An *Inbetriebsetzung*, *Instandhaltung* und *Inzahlungnahme*, an *Beschlagnahme* und *Bezugnahme* haben wir uns bereits gewöhnt; aber sollte vor Zerdehnungen wie *Außerachtlassung*, *Außerkraftsetzung*, *Einbezugnahme*, *Inaugenscheinnahme* und *Inauftragnahme*, *Zurruhesetzung* und *Zurverfügungstellung* nicht doch etwas „Inachtnahme" geboten sein?

Inangriffnahme
Außerachtlassung
Außerkraftsetzung
Einbezugnahme
Inaugenscheinnahme
Inauftragnahme
Zurruhesetzung
Zurverfügungstellung

Doppelt gemoppelt

Der Enkel ist ein Kindeskind. Logisch gefolgert, müßte das *Enkelkind* als Kind vom Enkel der Urenkel sein. Ist es aber nicht. *Enkelkind* ist eine verdeutlichende Doppelung, eine Tautologie (von griechisch *tauto...* = dasselbe), eine Wortverbindung, die zweimal dasselbe sagt.

Nicht viele wissen, daß der Lindwurm eigentlich ein „Wurmwurm" ist. Das althochdeutsche Wort *lind* bedeutet ‚Wurm' oder ‚Schlange'. Die Bedeutung geriet in Vergessenheit, und *lind* mußte in mittelhochdeutscher Zeit durch den „Wurm-Fortsatz" verdeutlicht werden. *Brunst* kommt von *brennen*, in *Feuersbrunst* ist zweimal das gleiche ausgedrückt. – Einem Fremdwort, das von uns nicht recht verstanden wird, widerfährt öfter das gleiche Geschick. Wenn heute Diktiergeräte mit *Fußpedal* angeboten werden,

Enkelkind

Tautologie

Lindwurm

Feuersbrunst

Pedal   dann wohl nur, weil einige Leute nicht mehr wissen, daß ein *Pedal* (von lateinisch *pes*, Genitiv *pedis* = Fuß) immer für den Fuß und nicht für die Hand gedacht ist. Wem *Pedal* nicht deutlich genug ist, der könnte hier *Fußschalter* sagen. Auch der heute überall prächtig gedeihende *Testversuch* ist ein Doppelmops. Wir sollten zusehen, daß wir mit einem von beiden

Test   auskommen, entweder mit *Test* oder mit *Versuch*. Genauso überflüssig ist
Puzzle   es, *Puzzlespiel* zu sagen, das englische *Puzzle* heißt bereits ‚Geduldsspiel'.

Oberhaupt   An Bildungen wie *Oberhaupt, Stillschweigen, Stillstand* haben wir uns ge-
Stillschweigen   wöhnt – zu spät, sie aus unserem Wortschatz zu tilgen. Aber warum wird
Stillstand   die Schließung des Parks durch *Läutezeichen* bekanntgegeben statt durch *Läuten*? Vermutlich, weil die Doppelung „vornehmer" klingt als das einfache Wort, das Simplex. Aus dem gleichen Grunde kommt es zu Doppel-

Rückerinnerung   möpsen wie *Rückerinnerung* (als ob es auch eine Vorerinnerung geben
Vorbedingung   könnte!), *Vorbedingung* (worunter man entweder eine verstärkte Bedin-
Herabminderung   gung oder eine Voraussetzung verstehen kann) und *Herabminderung* (wobei in der Minderung bereits die Herabsetzung liegt).

Weshalb so gekünstelt?

-zwecke   „Wünschen Sie den gekochten Schinken *zu Aufschnittzwecken*?" wurde ich neulich von der Fleischverkäuferin gefragt. Nein, ich wünschte ihn nicht *zu Aufschnittzwecken*, ich wollte damit Brote belegen, ihn also als Aufschnitt haben. Auch Seife kauft man nicht *zu Reinigungszwecken*, Blumen nicht *zu Geschenkzwecken* und Bücher nicht *zu Bildungszwecken* ein, sondern Seife zum Waschen, Blumen als Geschenk und Bücher zum Lesen. Wenn das so wei-

-gründe   tergeht und unsere Ausdrucksweise nicht bald etwas „zweck-" und „grundloser" wird, werden wir demnächst einen Sessel zu Sitzzwecken und Messer und Gabel zu Ernährungszwecken benutzen und aus Appetitgründen ein Wiener Schnitzel mit Salat verspeisen. Nein, im Ernst: Übermäßiges Rauchen sollte man nicht *aus Gesundheitsgründen* einschränken, sondern der Gesundheit zuliebe oder weil es schädlich oder der Gesundheit abträglich ist.

Verdoppelt und an Ausdruckskraft verloren: Adler und Aar

Adler   Unsere Sprache geht seltsame Wege. Der fast nur noch im Zoo zu besichti-
Aar   gende Wappenvogel führt zwei deutsche Namen: *Adler* und *Aar*. Wenn man Sie fragte, welchen Stilschichten diese beiden Wörter zuzuordnen seien, würden Sie gewiß *Adler* als den gewöhnlichen Namen ansehen, das selten gebrauchte *Aar* aber als zur Dichtkunst gehörig empfinden. So unterscheidet der heutige Sprachgebrauch, früher war es umgekehrt. In althochdeutscher Zeit hieß der Vogel gemeinhin *aro*, später *are*. Als die Falknerei im 12. Jahrhundert die Jagdvögel nach edlen und unedlen zu unterscheiden begann, schien das Wort *are* für den König der Vögel ein zu dürftiger Name. Man nannte ihn deshalb *edilare* oder *adelare*, später *adelar*, dann *adler* (= Edelaar). Das S i m p l e x *are* geriet völlig in Vergessenheit, es

Simplex   wurde erst Ende des 18. Jahrhunderts wiederentdeckt. Seitdem erscheint uns paradoxerweise der Name *Aar* edler als der Name *Adler*. (Simplex = nicht weiter zerlegbares Wort, Stammwort; lateinisch *simplex* = einfach.)

Je häufiger eine solche scheinbar verstärkende Doppelung gebraucht wird, desto schneller nutzt sie sich ab, desto eher besinnen wir uns auf die Ausdruckskraft des einfachen Grundworts. *Ziel* steht über der Zielsetzung, *Rücksicht* ist wieder mehr als bloße Rücksichtnahme, *Sinn* mehr als Sinnhaftigkeit, und eine Notlage läßt sich leichter beheben als *Not*.

Ziel(setzung)
Rücksicht(nahme)
Sinn(haftigkeit)
Not(lage)

Neue Verben – ein Mittel gegen die Substantivitis?

Darin ist uns der Amerikaner überlegen: er kann von einem Hauptwort wie *Jeep* ohne weiteres ein Eigenschaftswort *jeepable* (= mit einem Jeep befahrbar) oder ein Zeitwort *to jeep* (= mit einem Jeep fahren) ableiten. Wir aber können nicht sagen: „Ist diese Paßstraße opelbar?" oder „Er mercedeste von Augsburg nach Bremen." Das heißt, die Werbung probiert es: „Wir *jetten* Sie nach Lanzarote", auch schon: „Wir *düsen* Sie nach..."

Ableitungen

Die Möglichkeit, etwas ähnlich knapp wie im Englischen auszudrücken, bietet sich uns eigentlich nur durch das Fremdwort an. Zu sehr vielen fremden Substantiven hat die Sprache ein Verb auf *-ieren* gebildet: *Telefon – telefonieren, Distanz – distanzieren, Ration – rationieren, Funktion – funktionieren*. Auf diese bequeme Art werden von fremden Substantiven weiterhin eifrig Verben abgeleitet, manchmal nicht ganz im Einklang mit den Bildungsgesetzen der Sprache.

-ieren

So kann man jetzt häufig lesen, daß irgendein Anwärter auf irgendeinen Posten wahrscheinlich folgendermaßen *taktieren* werde... Was nicht heißen soll, daß er zu einem Musikstück den Takt schlagen, sondern daß er sich geschickt und wendig zeigen, schlau vorgehen, Haken schlagen, Finten anwenden, Umwege machen, mit andern Worten: sich taktisch verhalten werde. Nach den Regeln der Wortbildung hat *taktieren* mit *Taktik* so viel zu tun wie *logieren* (wohnen) mit *Logik*, *optieren* (sich für eine Staatsangehörigkeit entscheiden) mit *Optik* und *panieren* (Schnitzel vor dem Braten in Milch, Ei und Semmelbröseln wenden) mit *Panik*: nämlich nichts. Da das auslautende ‚k' eines Fremdworts normalerweise vor ‚i' zu ‚z' oder zu ‚s' wird, müßten wir nach dem Muster von *Praktik – praktizieren, Musik – musizieren, Rubrik – rubrizieren* oder *Kritik – kritisieren, Technik – technisieren, Automatik – automatisieren* erwarten, daß ein von *Taktik* abgeleitetes Verb nicht *taktieren*, sondern „taktizieren" oder „taktisieren" heiße. Doch mit der Kenntnis davon, wie etwas richtig lauten müsse, hat man noch nie einer sprachlichen Fehlbildung den Garaus machen können. Am besten lavieren wir uns um *taktieren* und „taktizieren" herum, indem wir mit der Sprache herausrücken und sagen, worin die Taktik besteht.

neue Fremdverben
taktieren

War man zu bequem, Verben aus eigener Sprachkraft zu schaffen, etwa für *plombieren* die deutsche Form ‚plomben' zu schaffen, wie wir ja auch für *filtrieren* ‚filtern' und für *lackieren* ‚lacken' sagen können?
RUDOLF IBEL

Ob man eine Schlagersendung *programmieren* und den Mann, der ein EDV-Programm erarbeitet und codiert, einen *Programmierer* nennen darf, war vor gar nicht langer Zeit noch eine umstrittene Frage. „Wenn wir zu ‚Marsch' *marschieren* bilden, warum dann nicht zu ‚Programm' *programmieren*?" fragten arglos diejenigen, die sich in der Schulzeit nicht mit griechischer Wortbildungslehre herumzuschlagen brauchten. Die andern aber erinnerten daran, daß wie alle Wörter auf *-gramm* auch das *Programm* ein Kompositum ist, in dem das griechische Zeitwort *graphein* (schreiben) steckt. Sowenig ein Bürofräulein ein Diktat „stenogrammiert" oder Onkel

programmieren

Otto uns die Ankunft eines Stammhalters „telegrammiert", sowenig dürften Rundfunk und Fernsehen eine Sendung *programmieren* – meinten die Altsprachler. Es fragt sich, ob sie im Recht sind. *Programm* ist längst zum Lehnwort geworden, und programmieren hat mit ‚schreiben' nichts mehr zu tun. Gewiß hat hier das englische Verb *to program* (planen) Pate gestanden. Jedenfalls hatte die lediglich nach Ansicht der Altsprachler richtige Form „prographieren" nicht die geringste Aussicht, die *Programmierung* (Programmplanung) zu verdrängen. – Weshalb Werbeleute jetzt neue Produkte unbedingt *propagandieren* müssen, ist schwer einzusehen. *propagandieren* kommt von *Propaganda*. Sprachlich wäre gegen eine solche Ableitung nichts einzuwenden, wenn wir nicht seit gut hundert Jahren dafür das kürzere und deshalb bessere *propagieren* hätten. Auch Bücher brauchen nicht *konzeptioniert* und *editiert* zu werden, was neuerdings Mode wird; es genügt, sie zu *konzipieren* und zu *edieren*.

propagieren
konzipieren
edieren

Vorsichtige Ansätze, aus einem Hauptwort ein neues Zeitwort abzuleiten, finden sich vereinzelt im Deutschen auch, wo es sich nicht um Verben auf *-ieren* handelt. *röntgen, filmen, funken, drahten* sind schon vor einiger Zeit aus Substantiven entstanden.

Neuerdings

Die Methode, Substantive zu Verben zu machen, ist nicht neu. Otto von Bismarck schrieb von seinem Gut Varzin, das er sich 1867 hatte kaufen können, an seine Frau: „Mein Geliebtes, wenn ich gefrühstückt und *gezeitungt* habe, wandere ich mit Jagdstiefeln in die Wälder."

amtet in Bonn die Bundestagspräsidentin, die früher mit Hilfe der fremden Ableitungsendung *-ieren* amtierte oder umständlich ihr Amt versah;

kontaktet der UN-Generalsekretär den irakischen Außenminister;

saunt man, um den Kreislauf anzuregen;

frostet man Erdbeeren, statt daß man sie tiefgefriert;

robotert man in der Industrie;

pannt das Auto gerade dann, wenn man es eilig hat;

festivalt es wieder einmal in Berlin;

titelt und *leitartikelt* nicht nur die „Spiegel"-Redaktion;

raubdruckt sich jeder am Kopierer, was er braucht;

schnappschießt der Bildreporter die berühmte Sängerin.

Näheres auf Seite 73

Oder *schießt* er sie *schnapp*? Bei Verben, die aus zusammengesetzten Substantiven abgeleitet sind, herrscht Unsicherheit: *geschluckimpft* oder *schluckgeimpft*, *gebauspart* oder *baugespart*?

Weil diese simple Wortbildungsmethode kurze Ausdrücke schafft, ist sie in Fachkreisen sehr beliebt. Statt daß Raumpflegerinnen den Fußboden mit einem milchigen Poliermittel einreiben, machen sie sich's bequem und *milchen* ihn. Der Tischler, der an der Maschine steht, *maschint*, neuerdings *polyestert* er sogar, statt umständlich Polyesterlack aufzutragen. – Und natürlich nutzt die Werbung diese Methode: „*Quarken* Sie mit, *quarken* Sie sich schlank!" oder „*Fleuropen* Sie mal!" Als der Nudelhersteller Birkel eine neue Hohlnudel herausbrachte, forderte er zum Kauf auf mit „*Birkeln* Sie mit Schippli, damit Sie Soße besser *gabeln* können." Und die Autovermietung Hertz verkündete: „Sie sollen fahren, nicht *formularen*." *formularen* für ‚Formulare ausfüllen' – gar keine schlechte Idee.

„Steaken Sie sich fit!" empfiehlt der Küchenchef. „Und salaten Sie mal wieder!"

Eine Fundgrube solcher Neubildungen ist der Anzeigenteil von Tageszeitungen, und darin wieder die Kleinanzeigen. Eine Dame sucht einen Heiratskandidaten, der genauso gern *tennisse* und *schie* wie sie. Sieht man dieselbe Zeitung genauer durch, kann man vielleicht entdecken, daß Herr Präsident X nicht in Baden-Baden zur Kur weilt, sondern in Baden-Baden *kurt*, während der Schwager von Frau Y im „Adler" *obert* (von ‚Ober' = Kellner). Der Pfarrer „pfarrert", die Krankenschwester „krankenschwestert" – nun, so weit sind wir noch nicht. Vorläufig werden wir gut daran tun, uns an die herkömmlichen Formen zu halten, also weiterhin Klavier zu spielen und nicht zu „klavieren" und weiterhin Tee zu trinken und nicht zu „teen", auch „weinen" für ‚Wein trinken' wäre nicht empfehlenswert. Trotzdem ist es erfreulich, daß nicht nur ständig anschauliche Zeitwörter zu weniger anschaulichen Hauptwörtern werden, sondern daß sich ein Vorgang anbahnt, der endlich auch einmal umgekehrt unsere Sprache um einige neue Zeitwörter bereichert.

kuren

Schült der Schüler?

Stoßseufzer eines Deutsch lernenden Ausländers

Der Kläger klagt,
der Zage zagt;
kein Zweifel, daß der Wager wagt.
Der Läufer läuft,
der Säufer säuft;
sagt man nun auch: der Käufer käuft?
Der Bäcker bäckt,
der Wecker weckt;
Du zweifelst, daß ein Kecker keckt?
Der Mucker muckt,
der Drucker druckt;
mit Recht sagst du: der Zucker zuckt.
Der Lenker lenkt,
der Denker denkt;
ob richtig wohl: der Sänger sängt?
Sagst du jedoch: der Sänger singt,
so folgert man: der Henker hinkt.
Der Träger trägt,
der Schläger schlägt;
warum nun nicht: der Jäger jägt?
Da heißt es zwar: es jagt der Jäger,
doch niemand sagt: es fragt der Fräger.
Der Spieler spielt,
der Fühler fühlt;
wo ist der Schüler, welcher schült?

Ich geb' es auf und sage frei:
Das alles ist Sophisterei.
So konstatiert man Tag für Tag:
Deutsche Sprache – swere Sprak!

Aus der Zeitschrift SPRACHPFLEGE

Testbogen 17

Durchführung

1 Verstehen Sie sich auch auf die Kunst, Papierdeutsch zu fabrizieren? Probieren Sie es. Wie könnte „Die Mutter bringt dem Kind das Laufen bei" auf behördendeutsch lauten?

[1] „Die Durchführung der Unterweisung des Kindes betreffs Erlernung des Gehens erfolgt seitens der Kindesmutter." Wo *Durchführung* bereits am Satzbeginn auftaucht, kann es bis zum Punkt nur noch papieren weitergehen.

Ein anderes Beispiel hierfür finden Sie auf Seite 239, blättern Sie bitte einmal zurück. „Die Durchführung der Förderung der Forschung..." Was hat sich wohl derjenige gedacht, der diesen Satz verbrochen hat? Vielleicht: Um die Fertigung zu steigern, muß die Forschung gefördert werden, das wiederum wird sich günstig auf die Entwicklung (z. B. neuer Geräte) auswirken.

Das Wort *Durchführung* ist ein zähes Geschöpf. Seit langem wird es von einsichtigen Leuten aufs heftigste bekämpft. Vergebens, es ist nicht totzukriegen – woraus allerdings zu schließen ist, daß wir es hier nicht bloß mit einem bequemen Modewort zu tun haben, sondern daß das Wort – vor allem in der Sprache der Verwaltung – auch einem Bedürfnis entspricht. Vielleicht können wir uns auf einen Kompromiß einigen: überlassen wir das *Durchführen* denen, die etwas zu organisieren, zu planen, zu verwalten und abzuwickeln haben, und versuchen wir, wenigstens privat ohne *Durchführung* auszukommen.

Endresultat

2 Sind *Grundprinzip* und *Endresultat* Doppelmöpse (tautologische Wörter)?

Tautologie

[2] Von **Endresultat** kann man das **nicht ohne weiteres** behaupten. *Resultat* heißt ‚Ergebnis'. Da man von *Zwischenergebnissen* spricht, kann man *Endergebnis* und *Endresultat* nicht als Tautologie ansehen.

Grundprinzip

Anders *Grundprinzip*. Hier ist **Grund** eine **überflüssige Verdeutlichung**, *Prinzip* bedeutet ja schon ‚Grundsatz'.

3 „Sobald ich Näheres weiß, werde ich mich mit Ihnen wieder in Verbindung setzen." – Wie könnte man für den Allerweltsausdruck „mich mit Ihnen in Verbindung setzen" noch sagen?

in Verbindung setzen

[3]
... mich an Sie wenden
... Ihnen schreiben
... Sie anrufen
... Sie benachrichtigen
... von mir hören lassen
... mich wieder melden

4 In einem Buch, das Ratschläge und Tips für die Arbeit mit der Schreibmaschine gibt, wird Maschinenschreiberinnen geraten, „von Zeit zu Zeit *die Streckung der Wirbelsäule zu vollziehen*". Wie hätte sich die Streckkonstruktion vermeiden lassen? Bitte drei kurze Beispiele.

Streckkonstruktion

> **4** ... *von Zeit zu Zeit die Wirbelsäule zu strecken / sich zu strecken / sich zu räkeln.*

5 Keine Zierde für den Stil sind Zusammensetzungen, in denen die Endung *-ung* gleich zweimal auftaucht: *Programmierungseinrichtung, Lieferungsbedingung, Umbiegungsvorrichtung*. Wie könnte man dafür auch sagen?

-ung

> **5** *Programmiereinrichtung, Lieferbedingung, Umbiegevorrichtung*. Überhaupt ist *-ung* in Bestimmungswörtern entbehrlich, die einen Vorgang (und nicht ein Endergebnis oder einen Zustand) bezeichnen. *Umformungswerkzeuge* (= Werkzeuge zum Umformen), *Einstellungsmechanismen, Bedienungselemente* werden in der Sprache der Technik gekürzt zu *Umformwerkzeugen, Einstellmechanismen, Bedienelementen*. Aber man muß nicht Techniker sein, um nach dieser Methode zu verfahren: ‚Rechtschreibungsfehler' sind besser *Rechtschreibfehler*, ‚Ausrufungszeichen' *Ausruf(e)zeichen*, und die „Milch der frommen Denkungsart" ist in gutem Deutsch und übrigens auch bei Schiller die *Milch der frommen Denkart*. Aufpassen müssen wir nur, daß wir beim Kürzen nicht die falschen Wörter erwischen: ein Buchungsauszug ist kein Buchauszug, eine Tagungsreise etwas anderes als eine Tagereise und ein Zeitungsverkäufer nicht ohne weiteres ein ZEITverkäufer (jedenfalls: nicht nur).

Fachsprache

Denk(ungs)art

6 Das hat mal wieder ein Aktenmensch ausgeheckt:

„Mit der Eintragung ins Geburtenregister werden die Vornamen für die Lebensdauer der Neugeborenen fixiert."

Frage: Wie lange dauert die Lebensdauer Neugeborener?

> **6** Im Grunde n u r e i n p a a r T a g e , nur so lange, wie Neugeborene neugeboren sind.
> *Mit der Eintragung ins Geburtenregister werden die Vornamen festgelegt* – das hätte genügt.

7 Aus einem Prospekt über ‚Farben und Lacke':
„Die außerordentliche Qualität dieses neuartigen Lackes beruht nicht zuletzt auf seinen hervorragenden Nicht-Gelbungseigenschaften."

„Gewöhnlich glaubt der Mensch, wenn er nur Worte hört, es müsse sich dabei doch auch etwas denken lassen", sagte Goethe. Was aber denkt ein findiger Kopf, wenn er von „hervorragenden Nicht-Gelbungseigenschaften" eines Lackes hört?

> **7** Der Lack ist gut, weil er nicht vergilbt.

Das Geschlechtswort

Begleiter des Substantivs

Der Artikel: woher er kommt, wann man ihn braucht und wie man ihn gebraucht

Artikel

Daß die Geschlechtswörter *der, die, das; ein, eine, ein* das Geschlecht des nachfolgenden Hauptworts anzeigen, ist nicht ihre einzige Aufgabe. Der lateinische Name A r t i k e l deutet an, worin die eigentliche Funktion der Geschlechtswörter liegt. *Artikel* leitet sich von lateinisch *articulus* her, das heißt soviel wie ‚Gliedchen‘, ‚Knöchel‘ oder ‚Gelenk‘. Der Artikel ist also eine Art Gelenkwort. Man könnte sagen, er sei das Gliedchen, das ein Hauptwort mit den übrigen Wörtern im Satz verbindet, wobei es gleichzeitig Geschlecht, Fall und Zahlform seines Hauptworts erkennen läßt.

Gelenk
lenken

Man könnte den Artikel auch mit einem Wagenlenker vergleichen, der sein Substantiv sicher an eine bestimmte Stelle lenkt; denn *Gelenk* und *lenken* gehören sprachlich eng zusammen. Von dem alten Hauptwort *lanke* (Hüfte, Gelenk) wurde das Zeitwort *lenken* abgeleitet (vgl. englisch *link* = Glied). *lenken* hatte ursprünglich eine weit umfassendere Bedeutung als heute, nämlich ‚biegen‘, ‚wenden‘, ‚richten‘.

Begleiter des Substantivs
Näheres dazu auf Seite 257

B e g l e i t e r   d e s   S u b s t a n t i v s nennt die neuere Grammatik den Artikel. Das heißt: Das Substantiv kann unbegleitet sehr wohl existieren, überhaupt scheint es sich immer mehr von seinem Begleiter zu emanzipieren – der Artikel aber ist ohne sein Substantiv ein Nichts, ein Wort ohne Sinn.

1000 Jahre der – die – das

Genus
Flexion

Knapp tausend Jahre ist der Artikel alt. Er ist die jüngste der zehn Wortarten unserer Sprache. Vordem hätten ihn unsere Vorfahren noch gar nicht gebrauchen können. Sie hatten eine andere Möglichkeit, G e n u s (Geschlecht) und F l e x i o n (Wortbiegung; lateinisch *flexio* = Biegung) eines Hauptworts zu kennzeichnen. Sie machten es nämlich wie früher die Römer und noch heute die Russen, sie sahen es ihren Hauptwörtern an den Endungen an, um welches Geschlecht, welchen Fall und welche Zahlform es sich handelte. Weshalb uns das heute nicht mehr möglich ist, diese Frage können Sie leicht beantworten, wenn Sie vergleichen, wie die Mehrzahl des Wortes *Tag* vor etwa 1200 Jahren dekliniert wurde und was inzwischen daraus geworden ist. (D e k l i n a t i o n = Fallbiegung; lateinisch *declinatio* = Biegung, Formveränderung.)

Deklination

WIE DER ARTIKEL ENTSTANDEN IST

Mehrzahl von ‚Tag'			
	althoch- deutsch	mittel- hoch- deutsch	neuhoch- deutsch
Werfall	*taga*	*die tage*	*die Tage*
Wesfall	*tago*	*der(e) tage*	*der Tage*
Wemfall	*tagum*	*den tagen*	*den Tagen*
Wenfall	*taga*	*die tage*	*die Tage*

Das Althochdeutsche zeigt hier die klangvollen Endungen *-a, -o, -um, -a*; heute lauten die Endungen nur noch *-e, -e, -en, -e*. Wieso sich im Laufe der Jahrhunderte die alten, klingenden Endungen zu ‚-e' abschwächten, läßt sich leicht erklären: Wir Deutschen betonen seit eh und je den Wortstamm, die Endung erhält nur Nebenton, wird bei schnellem Sprechen halb verschluckt und hört sich schließlich an wie ‚-e'. Wir wären also übel dran, besäßen wir noch immer keinen Artikel und müßten aus den nahezu gleichlautenden Endungen unserer heutigen Substantive Geschlecht, Fall und Zahlform ablesen.

Vereinzelt tauchte der Artikel schon im Althochdeutschen auf, fest wurde er erst vom 11. Jahrhundert an.

Woher stammt nun aber das Geschlechtswort? Frei erfunden wurde es nicht. Unser heutiger bestimmter Artikel war einstmals nichts anderes als ein hinweisendes Fürwort (Demonstrativpronomen). Wir können uns sehr einfach klarmachen, wie es zu dieser Entwicklung kam:

Demonstrativpronomen

hinweisendes Fürwort:	*Dieser* Mann kommt wie gerufen
abgeschwächtes hinweisendes Fürwort:	*Der* Mann kommt wie gerufen (Ton liegt auf d e r)
bestimmter Artikel:	Der *Mann* kommt wie gerufen (Ton liegt auf M a n n)

Der bestimmte Artikel *der, die, das* ist also ein sehr abgeschwächtes Demonstrativpronomen. Auf ähnliche Weise ist der unbestimmte Artikel *ein, eine, ein* entstanden. Er ist nichts anderes als ein abgeschwächtes Zahlwort (Numerale), und daraus wird manchmal ein Witz: 1934 hingen in deutschen Eisenbahnwagen Plakate mit der Mahnung „Ein Deutscher lügt nicht!" Was sagte da der alte Mendel, als er so ein Plakat zum erstenmal sah? „Schlechter Prozentsatz."

der, die, das
ein, eine, ein

Numerale

Weil der unbestimmte Artikel vom Zahlwort abstammt, hat er keine Mehrzahl.

Zahlwort:	Ich möchte *ein* Brot (nur *ein* Brot, Ton liegt auf e i n)
unbestimmter Artikel:	Ich möchte ein *Brot* (irgendein Brot, Ton liegt auf B r o t)

Die Grammatiker konnten sich bis heute noch nicht darüber einigen, ob man den Artikel als selbständige Wortart ansehen dürfe oder ob man ihn nicht vielmehr dem Fürwort und dem Zahlwort zurechnen müsse. Mit gleichem Recht könnte man ihn als zum Substantiv gehörig betrachten, ohne Hauptwort kein Geschlechtswort.

> Läßt sich ein Satz bilden, in dem *der, die, das* aufeinanderfolgen? Ja, rückwärts und auf bairisch geht's: Daß die der Teifi hol'!

Die Abschwächung der Flexionsendungen ist nur e i n Grund für die Herausbildung des Artikels. Das Geschlechtswort hätte sich niemals so unentbehrlich machen können, wenn nicht das Bedürfnis nach genauerer Abstufung in der Sprache vorhanden gewesen wäre.

Bestimmter und unbestimmter Artikel

Der Artikel kennzeichnet, daß ein Wesen oder eine Sache bestimmt oder unbestimmt ist.

bestimmter Artikel

Der b e s t i m m t e A r t i k e l ist eigentlich ein „bestimmender Artikel", er zielt auf etwas Bekanntes, näher zu Bestimmendes, er individualisiert:

> *Der* (mir bekannte) Hund gehört meinem Nachbarn.

Er verallgemeinert aber auch, er generalisiert:

> *Der* Hund ist ein Säugetier.

unbestimmter Artikel

Der u n b e s t i m m t e A r t i k e l ist im Grunde ein „vereinzelnder Artikel", er hebt aus einer Menge gleichartiger Dinge ein beliebiges Einzelding heraus:

> Mein Nachbar hat sich *einen* (kleinen, jungen, das heißt irgendeinen) Hund gekauft.

Gelegentlich verallgemeinert er aber auch:

> *Ein* Hund ist immer ein treuer Begleiter.

Wann mit, wann ohne der – die – das?

Alles Kopfzerbrechen, das uns dieses kleine Gelenkwort bereitet, läßt sich mühelos auf einen Nenner bringen, nämlich auf die Frage: Wann steht der Artikel – und wann steht er nicht?

Ein Beispiel: Die Einkaufsabteilung der Firma Y schreibt an das Lieferwerk Z:

> ... Die Drosselung unserer Produktionskapazität infolge des plötzlichen Produktionsausfalls von zwei Maschinen – nicht etwa die Finanzierungsschwierigkeiten unserer Firma und der Mangel an Aufträgen – ist dafür ausschlaggebend, daß wir um 60prozentige Kürzung der Kaufmenge bitten.

sinnentscheidender Artikel

Im Lieferwerk Z versteht man den Sachverhalt so: Die Firma Y ist zwar in Finanzierungsschwierigkeiten und hat nicht genug Aufträge, aber diese beiden Faktoren sind nicht ausschlaggebend für die Kürzung der Kaufmenge; ausschlaggebend ist allein der Ausfall zweier Maschinen. Und was wollte der Briefverfasser sagen? Nichts anderes als: Nicht etwa Finanzierungsschwierigkeiten und Mangel an Aufträgen, sondern der Ausfall von zwei Maschinen sind der Grund für die Bitte, die Kaufmenge zu kürzen. Um das auszudrücken, hätte er auf den bestimmten Artikel vor *Finanzierungsschwierigkeiten* und *Mangel* verzichten müssen.

Wer also bisher geglaubt hat, der Artikel gehöre zu der Wortgruppe, die im Deutschen keine große Bedeutung hat, täuscht sich. Der Artikel kann einer Aussage einen ganz anderen Sinn unterlegen. Zum Glück haben die meisten ein sicheres Gefühl dafür, wann er stehen muß und wann nicht. Unsicher wird man gelegentlich bei N a m e n.

<small>Der bestimmte Artikel spezifiziert, der Verzicht auf ihn generalisiert.</small>

Vor P e r s o n e n n a m e n steht im allgemeinen kein Artikel. Erzählt einer von *dem Frieder* und *der Zenzi*, dann darf man damit rechnen, daß der Sprecher aus Süddeutschland stammt. Ist hingegen von *dem Schröder, dem Schmidt* die Rede, handelt es sich um saloppe mitteldeutsche Umgangssprache, während *der Herr Schmidt* (für korrekt *Herr Schmidt*) wiederum auf süddeutschen Sprachgebrauch weist. *die* vor einem Nachnamen *(die Dietrich)* kann leicht abschätzig wirken, wenn mit *der Dietrich* die Nachbarin gemeint ist; es kann aber auch Adelsprädikat sein, dazu müßte *die Dietrich* allerdings Marlene heißen. Das eben ist der Unterschied zwischen einer berühmten Frau und einem berühmten Mann: Selma Lagerlöf ist *die Lagerlöf*, Heinrich Heine ist *Heine*.

<small>**Kein Artikel bei Personennamen und Titeln**</small>

<small>Neuerdings rauben Journalisten den Frauen das *die*. „Freunds Porträtaufnahmen" ist nicht mehr anzusehen, daß sie von *der Freund* stammen, der berühmten Fotografin Gisèle Freund.</small>

Geht dem Personennamen ein T i t e l voraus, steht kein Artikel: *Oberinspektor Lehmann, Direktor Sauerbier*. Aber in Wendungen wie *Bildungspolitiker Holzapfel meint..., Kleinrentner Zilske behauptet..., Eheberaterin Kaminski empfiehlt...* sind die dem Namen vorausgehenden Bezeichnungen keine Titel. Daß Zeitungsschreiber solche „Standes-" oder Berufsbezeichnungen dennoch artikellos mit den Namen koppeln, mag eine Marotte sein, wirkt aber wie Manipulation. Die Bezeichnung bekommt Vornamencharakter, wird scheinbar Bestandteil des Namens. Und das, obgleich sie nur e i n e Seite der so abgestempelten Person benennt.

<small>**Journalistenjargon**</small>

Ländernamen haben im allgemeinen keinen Artikel: *in Deutschland, aus Dänemark, für Polen*. Mit Artikel stehen jedoch sämtliche Länder und Provinzen auf ‚-ei', so *die Türkei, die Tschechoslowakei, die Mandschurei, die Lombardei, die Walachei*. Mit Artikel stehen ferner *die Schweiz, die Niederlande, die Sowjetunion (die UdSSR), die USA* u. a. Fällt Ihnen auf, daß es vorwiegend weibliche Ländernamen sind, die einen Artikel bei sich haben? Dafür gibt es eine einfache Erklärung: Die Einzahl weiblicher Hauptwörter hat bereits alle Flexionsendungen aufgegeben. Wie sollte man z. B. den Genitiv eines Femininums kenntlich machen, wenn nicht durch einen flektierten Artikel? So heißt es:

<small>**Ländernamen mit und ohne Artikel**</small>

> die Lage Polen*s* – aber: die Lage *der* Schweiz.

(Vgl. hierzu Seite 361.) Bei der Bezeichnung einiger anderer Staaten darf man verfahren, wie man will: *im* oder *in Irak, im* oder *in Iran, im* oder *in Jemen, im* oder *in Sudan, im* oder *in Libanon*. Ob sich später in Anlehnung an die große Zahl artikelloser Ländernamen die jüngere, artikellose Form durchsetzen wird, ist fraglich.

‚zu gegebener Zeit' oder ‚zur gegebenen Zeit'?

Verschmelzung mit Präpositionen

zur, zum
übers
beim

Einige Formen des bestimmten Artikels können mit Verhältniswörtern (Präpositionen) verschmelzen, etwa

> *zu + der = zur, über + das = übers, bei + dem = beim; zum* Bahnhof gehen, *übers* Wochenende, *beim* Fachhandel kaufen.

Es ist eigentlich nicht einzusehen, weswegen man nicht auch sagen darf:

> „Der Nagel ist zwischens Brennholz gefallen"

oder:

> „Diesem Mann traut er nicht übern Weg"

(das heißt, er traut ihm nur, solange er ihn den Weg entlanggehen sieht, solange er ihn also im Auge behält) – aber solche Zusammenziehungen, die man im vorigen Jahrhundert häufig gebrauchte, gelten als veraltet oder als umgangssprachlich; sie sind höchstens in der gesprochenen Sprache gestattet.

Die Kurzformen stehen ihrem Aussagewert nach dem unbestimmten Artikel näher als dem bestimmten, aus dem sie sich entwickelt haben. Deshalb dürfen wir die Verschmelzungen nur gebrauchen, wenn bei ihrer Auflösung der bestimmte Artikel unbetont ist.

> Ich gehe *zum* Arzt. (Richtig!)
> Ich gehe zum Arzt, den du mir empfohlen hast. (Falsch!)

Hier ist nämlich nicht ein beliebiger, sondern ein ganz bestimmter Arzt gemeint, also:

> Ich gehe *zu dem* Arzt, den du mir empfohlen hast.

in gutem Deutsch
im guten Deutsch

zu gegebener Zeit
zur gegebenen Zeit

Wie halten wir's nun *in gutem Deutsch* (oder *im guten Deutsch*?) mit der ‚gegebenen Zeit'? Kommt man *zu gegebener* oder *zur gegebenen Zeit* auf eine Angelegenheit zurück? Um es rundheraus zu sagen: sowohl – als auch. Der Bedeutungsunterschied ist gering, die mit dem Artikel verschmolzenen Fügungen (*im guten Deutsch, zur gegebenen Zeit*) wirken etwas bestimmter, die artikellosen allgemeiner.

Der Duden nimmt's allerdings genauer: *zu gegebener Zeit* = im rechten Augenblick, *zur gegebenen Zeit* = zu einem ganz bestimmten Zeitpunkt

artikellose Fügung (wirkt verallgemeinernd)	**Fügung, in der Artikel und Präposition verschmolzen sind** (wirkt bestimmender)
sich in bestem Einvernehmen trennen	im besten Einvernehmen mit seiner Familie leben
in engem Zusammenhang mit	im (bereits erwähnten) engen Zusammenhang mit
er verhalf der Schauspielerin zu großem Erfolg	er verhalf der Schauspielerin zum großen Erfolg (einem einzigen, bestimmten Erfolg)

Es hieße Haare spalten, wollte man jedesmal einen Bedeutungsunterschied zwischen solchen zwei Fügungen konstruieren. In vielen Fällen unterscheidet der Sprachgebrauch kaum mehr die eine von der anderen. Am besten verfahren Sie so:

ohne Artikel	mit Artikel verschmolzen
bei einem Abstraktum	bei einem Konkretum oder einem näher erläuterten Substantiv
in steigendem Maße	im öffentlichen Schriftverkehr
in vollem Umfang	im ganzen Umkreis von Paris
Mangel an gutem Willen	am grünen Strand der Spree

Bringt man Waren zu oder zum Versand?

Dies fragte mich – es ist schon einige Zeit her – ein Firmenchef, der sich mit seiner Sekretärin darob zerstritten hatte. Sein Sprachgefühl war für ‚zum‘, ihres für ‚zu‘, sagt man doch auch *zu Papier bringen, zu Tisch gehen,* meinte sie.

Ich mußte bekennen, daß ich mir hierüber noch keine Gedanken gemacht hatte. Mir schien ‚etwas zum Versand bringen‘ geläufiger, aber ich schwankte, ob nicht auch das artikellose ‚etwas zu Versand bringen‘ ebenso möglich sei. Weil ich es genau wissen wollte, schlug ich in Grimms Deutschem Wörterbuch nach. Das ist ein Sammelwerk des deutschen Wortschatzes in 32 zumeist mehr als tausend Seiten starken Bänden mit zusammen etwa 66 000 Lexikonspalten. 1838 begannen die Brüder Grimm mit dem ersten Band, 1961 fand das Werk seinen vorläufigen Abschluß. Inzwischen wurde bereits mit der Neubearbeitung der ersten Bände begonnen. Im letzten Band „Zobel–Zypressenwald" ist das Wörtchen ‚zu‘ besonders sorgfältig dargestellt worden; ihm allein sind 92 zweispaltige Druckseiten gewidmet.

Ein Grammatiker würde die Frage vielleicht so formulieren:

1. Wann wird das Verhältniswort ‚zu‘ mit dem bestimmten Geschlechtswort zu ‚zum‘ und ‚zur‘ verschmolzen? Beispiele: *einen zum Narren halten, sich einen Schornsteinfeger zum Mann nehmen, es zum Fabrikbesitzer bringen, zur See fahren, zur Kenntnis nehmen* u. a.

2. Wann entfällt nach dem Verhältniswort ‚zu‘ das bestimmte Geschlechtswort? Beispiele: *zu Bett bringen, zu Tisch gehen, zu Grabe tragen, zu Wasser und zu Lande, es zu Wohlstand bringen, Gedanken zu Papier bringen* u. a.

Auf diese Frage gibt das Grimmsche Wörterbuch folgende Antwort:

„‚zu‘ ist unter allen Präpositionen diejenige, mit welcher die meisten festen Formeln gebildet sind. Da manche vor der Ausbildung des bestimmten Artikels entstanden sind..., so fehlt der Artikel sehr häufig. Im e i n z e l n e n s c h w a n k t d e r G e b r a u c h; im ganzen ist im Neuhochdeutschen die Neigung zu beobachten, den bestimmten Artikel zu setzen."

formelhafte Wendungen
zu

Ein „wörterbuch zum hausbedarf" sollte das Deutsche Wörterbuch nach Jacob Grimms Vorstellung werden. Der Preis für die 24 ungebundenen Teile, die 1961 noch lieferbar waren: 1529,60 DM.

Jacob Grimm 1861: „Ihrer Natur nach können Bücher dieser Art erst gut werden bei zweiter Auflage."

zum, zur

Jacob Grimm führte im Deutschen Wörterbuch die Kleinschreibung der Hauptwörter wieder ein; viele spätere Bearbeiter des Werks haben sie beibehalten.

> Die Formeln ohne Artikel sind ererbt, die seit dem 17. Jahrhundert gebildeten haben durchweg den Artikel, z. B. *zur Genüge, zum Glück, zur Not, zur Stelle, zur Last legen, zur Schau stellen, zur See gehen*. In einigen Fällen ist in alte Formeln der Artikel häufig eingeführt: *zur Ader lassen, zur Kirche, zur Schule gehen*; in andern schwankt er wie *zu* und *zum Worte, zu* und *zur Ruhe kommen*... Analogische gelegentliche Wendungen ohne Artikel erscheinen jetzt mehr gesucht als gewählt..."

Analogiebildungen

Diese letzte Feststellung wird gestützt durch ein Beispiel aus Goethes Schriften, das heute etwas gequält wirkt:

„Er setzt sich sogleich zu Maulthier."

Die häufiger verwendeten älteren Formeln *zu Pferde* und *hoch zu Roß* klingen dagegen nicht gesucht, sie sind uns noch geläufig.

Die artikellosen Formeln sind also fast ausnahmslos ererbtes, nicht aber neugebildetes Sprachgut. Einer neuzeitlichen Einrichtung wie dem heutigen Warenversand sollte man ja mit neuzeitlichen Ausdrucksmitteln ‚zu Leibe' rücken. Es wäre demnach die Wendung ‚Waren zum Versand bringen' vorzuziehen. ‚Waren zu Versand bringen' kann aber als Analogiebildung zu den alten Formeln aufgefaßt und nicht als falsch bezeichnet werden.

zum / zu Versand bringen

Übrigens sollte man nur diejenigen Waren „zum Versand bringen", die man mit innerbetrieblichen Transportmitteln zur Abteilung Versand (vormals: Versandabteilung) einer Firma schafft. Von da aus lassen sie sich dann schlicht und einfach *versenden*.

versenden

Keine Unterschlagungen!

Kongruenz im Genus

Im Schaufenster eines angesehenen Pelzgeschäftes steht ein Schild mit folgendem Aufdruck:

„Ihr Pelzmantel kann hier zu einem hübschen Paletot oder Jacke umgearbeitet werden."

Was einem guten Kürschner möglich wäre, darf hier ein „guter Sprachler" nicht. Es heißt *der Paletot* (das ist ein leicht taillierter, meist zweireihiger Mantel), aber *die Jacke*. Bei unterschiedlichem Geschlecht muß der Artikel unbedingt wiederholt werden, also:

Ihr Pelzmantel kann hier zu einem hübschen Paletot oder *einer* (hübschen, kleidsamen) Jacke umgearbeitet werden.

Was sagen Sie zu folgender Fassung?

„... kann hier zu einem hübschen Paletot oder Cape umgearbeitet werden."

Dieser Satz rutscht zwar leichter über die Zunge, ist aber auch nicht einwandfrei. Es heißt *der Paletot*, aber *das Cape*. Daß die Flexion des unbestimmten Artikels im männlichen und im sächlichen Geschlecht übereinstimmt, berechtigt nicht dazu, den zweiten Wemfall zu unterschlagen, also:

> ...zu einem hübschen Paletot oder *einem* Cape umgearbeitet werden.

Und die dritte Fassung?

> ...kann hier zu einem hübschen Paletot oder Redingote umgearbeitet werden.

Auch hier fehlt ein Artikel. Es heißt *der Paletot*, aber *die Redingote* (das ist ein stärker taillierter Mantel, meist mit Reverskragen; französisch *la rendingote* aus englisch *riding coat* = Reitrock). Stimmen jedoch die Substantive im Geschlecht überein, braucht der Artikel nicht wiederholt zu werden – vorausgesetzt, es handelt sich nicht um einen Fall wie den folgenden:

> „Die Interessen der Firmenleitung und Angestellten standen im Widerspruch zu den Interessen einiger überbetrieblicher Organisationen."

Firmenleitung ist Einzahl, *Angestellten* ist Mehrzahl. Der Wesfall des bestimmten Artikels lautet hier zwar in beiden Fällen gleich, aber deswegen darf das zweite ‚der' nicht einfach unter den Tisch fallen. Es muß heißen:

> Die Interessen der Firmenleitung und *der* Angestellten...

Stände für ‚Angestellte' ein Wort wie *Belegschaft*, brauchte der Artikel nicht wiederholt zu werden, da die Hauptwörter im Geschlecht (weiblich), im Fall (Genitiv) und in der Zahlform (Singular) übereinstimmen:

> Die Interessen der Firmenleitung und Belegschaft (oder ohne Artikel: von Firmenleitung und Belegschaft) standen im Widerspruch zu...

Das ändert sich aber sofort, wenn man ‚Firmenleitung' und ‚Belegschaft' nicht mehr als Einheit betrachtet, sondern einander gegenüberstellt:

> Die Interessen der Firmenleitung und *der* Belegschaft konnten aufeinander abgestimmt werden.

Das folgende Beispiel veranschaulicht den gleichen sprachlichen Vorgang deutlicher:

> Sie entschloß sich, die Cousine und beste Freundin um Rat zu fragen.

Von wie vielen Personen ist hier die Rede? Nur von zweien, auch Sherlock Holmes könnte nicht mehr entdecken. Person 1 ist ein nicht näher bezeichnetes weibliches Wesen (sie), Person 2 ist Cousine und beste Freundin

Marginalien:

Weil viele nicht wissen, daß *Redingote* von Hause aus weiblich ist, hat der Duden nachgegeben. Seit 1986 verzeichnet er als Nebenform das Maskulinum *der Redingote*.

Kongruenz im Numerus

zugleich. Ein unscheinbares ‚die' könnte jedoch in diesen Satz eine dritte Person hineinzaubern:

> Sie entschloß sich, die Cousine und *die* beste Freundin um Rat zu fragen.

Kusine und langjährige Vertraute sind nicht mehr identisch.

... aus und für den Gebrauch der Poeten

Präpositionen mit unterschiedlicher Rektion

Der dieses falsche Deutsch geprägt, war nicht Poet, sondern Dichter, einer der größten Deutschlands. Sein Name: Friedrich Schiller. Der grammatische Tatbestand: *aus* verlangt den Dativ *(aus dem Gebrauch)*, *für* den Akkusativ *(für den Gebrauch)*. Zusammenziehungen wie die Schillersche sind nach den Regeln der deutschen Grammatik unzulässig. In korrektem Deutsch dürfen Verbindungen von Präpositionen, die verschiedene Fälle regieren, wie ‚aus und für', ‚mit und ohne', ‚aus und über', ‚in und um', nur vor unverändertem Substantiv stehen:

> *mit und ohne Kind, Briefe an und von Justinus Kerner, in und um Berlin.*

Zeigt aber das Substantiv eine Beugungsendung oder geht ihm ein Artikel, ein Eigenschaftswort oder ein besitzanzeigendes Fürwort voraus, sind solche Zusammenziehungen unzulässig.

nicht	sondern
in oder um die Stadt Brandenburg herum	in der Stadt Brandenburg oder ihrer Umgebung
Briefe von und an den Komponisten Hugo Wolf	Briefe, die der Komponist Hugo Wolf schrieb und erhielt
Geschichten aus und über meine Heimat	Geschichten aus meiner Heimat und über meine Heimat
mit und ohne Kinder	mit Kindern oder ohne sie

Wenn Sie mich jetzt fragten, welche Fügungen ich für besser halte, die umständlich korrekten oder die kürzeren und grammatisch nicht völlig einwandfreien – ich würde für den Sprachgebrauch frei nach Schiller plädieren, für die Fügungen also, in denen sich das Substantiv mit seinem Artikel nach der Präposition richten muß, die dem Artikel unmittelbar vorangeht. Sehen wir uns in der Literatur um, so finden wir manchen, der es Schillern gleichtut:

> Claudius: ... *wenn man nichts in und um den Leib hat*...
> Eichendorff: ... *in und um mein Häuschen*...
> Herder: ... *mit und ohne unsere Sprache*...

„Mit Kindern oder da ohne" ist mitteldeutsche Umgangssprache. Selbst „darohne" erlaubt der Duden nicht. Schade – denn ohne „darohne" muß man vieles umständlicher sagen.

Allerdings garantiere ich nicht dafür, daß die Mehrheit der Sprachpfleger meine Meinung teilt. Wer sich ihren Unwillen nicht zuziehen möchte, der vermeide lieber Fügungen mit mehreren Präpositionen. Wie sagte man doch im alten Rom? Quod licet Jovi, non licet bovi. Zu deutsch: Was ein

Jupiter darf, ist uns armen Ochsen noch lange nicht erlaubt. Dichterische Freiheit ist eben nur „aus und für den Gebrauch der Poeten".

Ohne (den) Artikel wird (die) Sprache formelhaft

Aufmerksam darauf, daß durch das Auslassen des Artikels ins heutige Deutsch ein Zug zum Formelhaften kommt, wurde ich erst während der Umbruchkorrektur zu diesem Buch: Auf Seite 307, wo es um den Unterschied zwischen *völlig* und *vollkommen* geht, wird die widersinnige Fügung „vollkommen zerlumpt" so kommentiert: zerrissene, verdreckte Kleidung sei Zeichen menschlicher Verkommenheit, nicht Vollkommenheit. *Zeichen menschlicher Verkommenheit?* Darüber stolperte der Korrektor, er wollte den unbestimmten Artikel eingefügt sehen: *... ein Zeichen menschlicher Verkommenheit.* Mir jedoch schien der unbestimmte Artikel zu schwach, zu unbestimmt, der bestimmte (*... sei das Zeichen menschlicher Verkommenheit*) zu kraß, zu bestimmend; ich entschied mich für die artikellose Wendung und fing an, darauf zu achten, wie oft heute der Artikel fehlt.

Formelhaftes: kein Artikel

Das war die erste Anregung zu einem Zeitschriftenbeitrag, der nachwies, daß der bestimmte Artikel heute vor allem nach Dativ-Präpositionen wegfällt. Hier ein paar Stellen daraus, zunächst Auszüge aus der Tarifbeschreibung einer Versicherung:

> Die Versicherungssumme wird fällig *beim Tode* des Versicherten, spätestens *bei Vollendung* des 85. Lebensjahres.
> *Bei Unfalltod* wird die doppelte Versicherungssumme gezahlt. *Bei Festsetzung* der Beträge gilt als Eintrittsalter ...
> Das Schlußalter *bei Ablauf* der Versicherung oder Beitragszahlung wird entsprechend dem Eintrittsalter berechnet.

Wegfall des bestimmten Artikels nach Dativ-Präpositionen

Im Anfang der Tarifbeschreibung die volle Form, der mit *bei* verschmolzene Artikel: *fällig beim Tode des Versicherten.* Das ist absolut korrekt gebildet. Der bestimmte Artikel zielt individualisierend auf etwas Bestimmtes, und wenn dem Versicherten etwas bestimmt ist, dann der Umstand, daß er eines Tages sterben muß.
Doch dann steht viermal *bei* und keinmal der Artikel. Artikellose Wendungen verallgemeinern: *bei Unfalltod, bei Vollendung des 85. Lebensjahres* – das sind Mutmaßungen, Möglichkeiten, sie können eintreffen oder nicht. In diesen beiden Beispielen ist der Verzicht auf den Artikel gutzuheißen, in den beiden nächsten nicht: *bei Festsetzung der Beträge, bei Ablauf der Versicherung* – warum weicht hier der Verfasser in die vage Verallgemeinerung aus? Fast könnte man meinen, das Schwinden des bestimmten Artikels sei ein Zeichen für die Scheu vieler, sich mit Worten festzulegen. Schon kann man lesen:

> Das Schlußalter bei Ablauf der Versicherung oder Beitragszahlung wird entsprechend Eintrittsalter berechnet.

Journalisten schenken sich heute oft bei einem Titel wie *Direktor* oder *Chef* den bestimmten Artikel und berichten von Professor Dr. Felix Müller, *Leiter des Instituts* für Verhaltenspsychologie – obwohl das Institut doch nur den einen Leiter hat.

Nun, ein guter Korrespondent schreibt so nicht. Noch nicht. Aber wenn wir so weitermachen, könnte es sein, daß wir eines Tages nichts Bestimmtes mehr sagen können, weil uns der bestimmte Artikel vor allem nach Dativ-Präpositionen genauso abhanden kommt, wie uns das Dativ-‚e' abhanden kam.

Testbogen 18

1 Welche der vier Fügungen ist einwandfreies Deutsch?
a) Er legte seinen Kopf auf seine Arme.
b) ... den Kopf auf seine Arme.
c) ... seinen Kopf auf die Arme.
d) ... den Kopf auf die Arme.

bestimmter Artikel statt Possessivpronomen

1 Nur Fassung d): Er legte d e n Kopf auf d i e Arme. Bei der Nennung von Körperteilen steht im Deutschen – anders als im Englischen – nicht das besitzanzeigende Fürwort, sondern das bestimmte Geschlechtswort. Das gilt auch für das norddeutsche Sprachgebiet, wo sich der Einfluß des Englischen stärker bemerkbar macht.

2 „Am 5. März und den folgenden Tagen ist unser Herr Müller von 15 bis 18 Uhr im Hotel Brenner für Sie zu sprechen." Wie müßte es richtig heißen?

Kongruenz

2 Am 5. März und a n den folgenden Tagen ist unser Herr Müller ...

3 Hätten Sie das Zeug dazu, Detektiv zu werden? Probieren Sie es. Woher stammt der Schreiber, der einen Geschäftsbrief beginnt: „Das Schreiben vom Ihrem Herrn Engert vom 29. 12. habe ich erhalten"?

Herr

3 Aus Süddeutschland, sonst hätte er diesen Fehler kaum gemacht. Alle Schwaben setzen z. B. vor ‚Herr' den bestimmten Artikel, sie sprechen nicht ‚von Herrn Engert', sondern ‚vom Herrn Engert'. Da es im Geschäftsverkehr üblich ist, die Angestellten der angeschriebenen Firma als ‚Ihre Herren Soundso' zu bezeichnen, liegt es nahe, daß ein Süddeutscher auf diese falsche Konstruktion verfällt. Wie muß es nun richtig heißen?

Das Schreiben von Ihrem Herrn Engert ... ist auch nicht ganz korrekt (vgl. Seite 193). Richtig ist: D a s   S c h r e i b e n   I h r e s   H e r r n   E n g e r t ...

4 Um gleich beim Detektivspielen zu bleiben: Was ist der Herr von Beruf, der da deklamiert: „Wir gedenken heute eines Reinhold Schneider, eines Hermann Hesse ..."

unbestimmter Artikel

4 Wahrscheinlich Literaturkritiker. In ihren Kreisen ist es üblich, Schriftsteller mit Hilfe des unbestimmten Artikels zum Begriff zu erklären. „Dichter vom Range eines Hans Carossa ..." Das tönt so schön. (Vgl. Seite 203.)

5 Stoff-Lorenz preist Idanthren-Stoffe an, u. a.:

„Für Waschkleidchen in die Schule und Ferien aus buntgewebtem Baumwoll-Popeline, 90 cm breit, p. M. DM 4,20"
Sollen etwa die Waschkleidchen in die Schule gehen oder gar in die Ferien aus buntgewebtem Baumwoll-Popelin?

Nun bringen Sie das mal in richtiges Deutsch.

[5] Es heißt *der Popelin* oder *der*, auch *die Popeline*. Die Herkunft des Wortes ist umstritten. Vielfach wird die Ansicht vertreten, das französische *popeline* sei aus italienisch *papalino* ‚päpstlich' abgeleitet und das Gewebe, das diesen Namen trägt, stamme aus Avignon, das im 14. Jahrhundert Papstsitz war.

Popeline

„... in die Schule und Ferien"
Schule ist Einzahl, *Ferien* aber ein Hauptwort, das nur in der Mehrzahl erscheint (vgl. Seite 213). Also muß ‚die' wiederholt werden:
... *in die Schule und in die Ferien*.

Ferien

Aber damit ist nicht viel gewonnen. Man muß den ganzen Satz umkrempeln:
Für leicht waschbare Schul- und Ferienkleidchen: buntgewebter Baumwoll-Popeline, 90 cm breit, pro Meter 4,20 DM.

[6] Lamäng (aus *la main* = die Hand) und *Lorke* (aus *l'orge* = die Gerste) sind zusammengesprochene französische Ausdrücke. *aus der Lamäng* sagt man scherzhaft für ‚aus dem Stegreif', ‚ohne Nachdenken'; dünnen Kaffee nennt man in manchen Gegenden *eine Lorke*. Wie oft kommt der Artikel in den letzten beiden kursiv gedruckten Wendungen vor?

Lamäng
Lorke

Ihr Kaffee dürfe keine Lorke sein, er müsse ... knorke sein, soll die Berliner Kabarettistin Claire Waldoff (1884–1957) gereimt und damit aus dem Augenblick heraus das Wort *knorke* geprägt haben.

[6] V i e r m a l, zweimal auf deutsch, zweimal auf französisch.

[7] *Das abgelaufene Jahr war durch eine gute und sehr unbefriedigende Hälfte gekennzeichnet*, heißt es in einem Wirtschaftsbericht. Wieso kann eine Hälfte gleichzeitig gut und sehr unbefriedigend sein?

[7] Natürlich geht es nicht um eine Hälfte, sondern um beide Hälften. Das aber wird nur dann sofort deutlich, wenn man den Artikel korrekt wiederholt: ... *durch eine gute und e i n e sehr unbefriedigende Hälfte gekennzeichnet.*

sinnentscheidender Artikel

[8] *Dieser vitale Mitarbeiter ist der beste Beweis dafür, daß geistige und physische Wendigkeit* ... Ja nun, wie weiter? ... *jung erhält* oder ... *jung erhalten?*

[8] D e r S i n g u l a r i s t r i c h t i g: *jung erhält*, denn *geistige und physische Wendigkeit* sind nicht zwei Wendigkeiten, sondern zwei Aspekte einer Wendigkeit. Wir könnten es auch so ausdrücken:

▶ Bei einem zweigliedrigen formelhaften Subjekt (Erkennungszeichen: k e i n A r t i k e l) steht das Prädikat gewöhnlich im Singular.

Kongruenz

Das Eigenschaftswort

Wunderliche und wirtschaftswunderliche Wörter

Wert und Unwert des Adjektivs

Von dem französischen Staatsmann Clemenceau erzählt man sich folgende Geschichte: Clemenceau hatte einen neuen Privatsekretär engagiert. Als er ihn am ersten Tag in seine Aufgaben einwies, sagte er: „Einige Briefe werden Sie allein verfassen müssen. Hören Sie zu: Ein Satz besteht aus einem Hauptwort und einem Verbum – wenn Sie ein Adjektiv verwenden wollen, fragen Sie mich."

Adjektiv

Clemenceau lebte von 1841 bis 1929. Er gehörte einer Zeit an, die wir gemeinhin „die gute alte" nennen und die das Beiwort *gut* sowenig verdient wie die meisten Begriffe, denen es vorangestellt wird. *die guten Sitten, der gute Ton* – meinen wir damit wirklich immer Gutes? Überspitzt könnte man sagen, sich über den guten Ton hinwegzusetzen gehöre heute beinahe schon zum guten Ton. *ein guter Mensch, eine biedere Hausfrau, ein braver Beamter* – in solchen Wendungen lag ursprünglich nur Lobendes; weil aber Herzensgüte, ehrlicher Sinn und gewissenhafte Pflichterfüllung bisweilen mit geringeren Geisteskräften Hand in Hand gehen, mischt sich hier ein Anflug mitleidiger Geringschätzung ein. – Ein gut Teil der Adjektive bedeutet durchaus nicht immer, was er auf den ersten Blick zu bedeuten scheint, und vielen kommt so gut wie keine eigene Bedeutung zu.

gut

Wörter, die nichts sagen

stehende Wendungen

Der Menschenverstand ist bekanntlich immer *gesund*, die Ironie *beißend*, die Fahrlässigkeit *grob*, die Ahnung *dunkel*, die Leere *gähnend*, die Bosheit *konstant*, der Gegensatz *kraß*, der Widerspruch *schroff*, die Notwendigkeit *dringend*, das Anliegen *echt*, die Ebene und die Öffentlichkeit *breit* und die Palette *breitgefächert*. Die fest an ihren Hauptwörtern klebenden Beiwörter sind so bekannt, daß sich daraus eine Art Gesellschaftsspiel ergeben könnte. Einer nennt das Substantiv ‚Leichtsinn', und schon dröhnt es ihm im Chor entgegen: *sträflich*, auf ‚Gründe' kommt todsicher: *triftig*, auf ‚Ernst': *bitter*, auf ‚Voraussetzung': *unabdingbar*. Wie unnütz die meisten Beiwörter in solchen stehenden Wendungen sind, merkt man erst, wenn man diese ins Gegenteil kehrt: Wären Gründe nicht triftig, dann hätten sie aufgehört, Gründe zu sein. *bitterer Ernst* ist absurd wie *süßer Zucker* – oder haben Sie schon einmal süßen Ernst und bitteren Zucker gekostet?

Manchmal hat ein Substantiv mehrere „ständige Begleiter", mit denen es abwechselnd gekoppelt wird. Wer ein Durcheinander nicht als *heillos* bezeichnet, nennt es *hoffnungslos*, was früher von *entscheidender* Bedeutung war, ist heute meist von *gravierender*. Tatsachen sind entweder *vollendet* oder *nackt*. Als Beleg ein Zitat aus einer Bundestagsdebatte:

> „Es geht nicht an, daß in der Öffentlichkeit der Eindruck erweckt wird, man könne alle Ausgaben des Agrarhaushalts den Bauern auf die Badehose knallen. Statt dessen sollte man lieber die nackten Tatsachen darstellen."

Wenn die Leute beim Schimpfen denken würden, wären wir um manche Stilblüte ärmer.

Fragen sind entweder *brennend* oder *offen*. Brennende Fragen werden immer unbeliebter, offene gewinnen an Aktualität. Im Grunde sind aber Fragen weder offen noch geschlossen, sie sind, solange man keine Antwort auf sie gefunden hat, unbeantwortet. Das Attribut *offen* kommt eher den Antworten zu. Man kann sagen: „Wenn du mich so offen fragst, sollst du auch eine offene Antwort bekommen." Doch diese Art der direkten, unverblümten Frage ist mit der offenen nicht gemeint. Offene Fragen sind umstrittene Punkte, ungelöste Aufgaben, die gelöst werden müßten, Schwierigkeiten, die zu beheben man noch keine Möglichkeit sieht. Eine offene Frage ist, was man seit Ende vorigen Jahrhunderts in Anlehnung an den Dichter Theodor Fontane ein „weites Feld" nannte und was man bis vor kurzem mit einem Fremdwort bezeichnete: ein Problem. Aber *Problem* und *Frage* ist nicht kongruent: Ob einer ein schweres Essen verträgt, ist eine Frage, kein Problem – ob die Seele unsterblich ist, dagegen ein Problem und keine Frage.

offene Fragen

An dem Wort *Problem* läßt sich ablesen, wie Wörter und Begriffe sich durch zu häufigen Gebrauch abnützen. Was ist uns nicht alles zum Problem geworden! Gelehrte Leute schreiben über die „Problematik des zweiten Bildungsweges", über die „Problematik des innerbetrieblichen Transports" und über die „Problematik des preisgebundenen Markenartikels". Aber läßt sich über den zweiten Bildungsweg, den innerbetrieblichen Transport und den preisgebundenen Markenartikel überhaupt etwas schreiben, ohne daß man auf die Probleme dieser Gebiete eingeht? Wohl kaum. Man hätte sich die *Problematik* in allen drei Fällen schenken können. Man hat es nicht getan, sondern *Problematik* und *Problem* derart strapaziert, daß die beiden ohne scheinbar stärkendes Beiwort kaum mehr anzutreffen sind. Statt ein Problem *Problem* zu nennen, spricht man fast nur noch von „diffizilen" und „komplizierten Problemen". Auf deutsch wären das „schwierige Probleme" – als ob es auch einfache oder leichte gäbe!

Problem

Zweimal dasselbe sagen, einem Substantiv ein Adjektiv gleichen Inhalts zuordnen, das geschieht nicht nur aus Fahrlässigkeit. Hinter der *realen Wirklichkeit*, der *rhetorischen Eloquenz*, den *verschiedenen Alternativmöglichkeiten*, dem *letzten Dernier cri* steckt oft das Streben nach Verdeutlichung, Verstärkung im Ausdruck – und natürlich ein Schuß Unbekümmertheit gegenüber dem Fremdwort und seiner Bedeutung.

Tautologien

Übertriebene Genauigkeit

Wir Deutschen haben einen Hang zur Präzision. Wir können uns darauf etwas einbilden. Es würde aber auch nichts schaden, wenn wir uns gelegentlich vor Augen hielten, wozu uns unser Genauigkeitsbedürfnis verführt.

Aus einem Versammlungsprotokoll:

> „Auf der gestern *stattgefundenen Innungsversammlung* berichtete Tischlermeister Z. über die von ihm *gemachten Erfahrungen* mit Patentbiegeholz. Den von ihm *getroffenen Feststellungen* zufolge sei es ihm dank der von ihm *unter Beweis gestellten Ausdauerfähigkeit* gelungen, durch vorsichtiges Biegen der *bestehenden Schwierigkeiten* Herr zu werden. Er betonte ausdrücklich, daß das Biegen ständig langsamer zu erfolgen habe. Nach *beendetem Vortrag* erntete er reichen Beifall."

überflüssige Partizipien

Wenn Sie mich jetzt nicht in Verdacht hätten, ich hätte den Auszug aus dem Versammlungsprotokoll frei erfunden – würden Sie ihn dann nicht vielleicht doch für echt halten? Unser Gehör ist gegen überflüssige Partizipien schon ziemlich abgestumpft, doch so viel unnütze Genauigkeit bringt in drei Sätzen auch der pingeligste Schriftführer kaum zustande.

Zünden Sie sich „nach eingenommener Mahlzeit" eine Zigarette an? Nein, wahrscheinlich tun Sie's, wenn überhaupt, *nach der Mahlzeit* oder *nach dem Essen*. ‚nach' zeigt ja schon das Ende an; „nach eingenommener Mahlzeit" heißt soviel wie „nach gegessenem Essen" und ist genauso unsinnig und so unsinnig genau wie „nach beendetem Vortrag". – Auf die andern Partizipien können wir ebenfalls verzichten: „bestehende Schwierigkeiten" und „getroffene Feststellungen" sind auf deutsch *Schwierigkeiten* und *Feststellungen*; „die von ihm gemachten Erfahrungen mit Patentbiegeholz" sind bei richtiger Satzstellung *die von ihm mit Patentbiegeholz gemachten Erfahrungen* oder *seine Erfahrungen mit Patentbiegeholz*; „die gestern stattgefundene Versammlung" enthält einen Fehler, der auf den Seiten 272/273 berichtigt wird und der sich hätte vermeiden lassen, wenn man von der *gestrigen* Versammlung gesprochen hätte. Am allerschönsten ist „die von ihm unter Beweis gestellte Ausdauerfähigkeit". Ausdauer ist eine Fähigkeit, eine hoch anzuerkennende, „Ausdauerfähigkeit" ein Doppelmops. Übrigens,

unter Beweis stellen beweisen

etwas unter Beweis stellen ist ein Rechtsausdruck, der nur von Nichtjuristen im Sinne von ‚beweisen' gebraucht wird. Was ein Jurist unter Beweis stellt, dafür muß er den Beweis erst noch erbringen. Was sagen wir besser für „die von ihm unter Beweis gestellte Ausdauerfähigkeit"? Auch nicht: *die von ihm bewiesene Ausdauer*, sondern einfach: *seine Ausdauer* – falls man in diesem Zusammenhang Ausdauer überhaupt für erwähnenswert hält.

Auch so hätte der Protokollauszug lauten können:

> In der gestrigen Innungsversammlung berichtete Tischlermeister Z. über seine Erfahrungen mit Patentbiegeholz. Es sei ihm gelungen, durch vorsichtiges Biegen die Schwierigkeiten zu meistern. Er betonte, daß das Biegen ständig zu verlangsamen sei. Nach dem Vortrag erntete er Beifall.

Hier ist allerdings eine Einschränkung angebracht. Das Beiwort in Wendungen vom Typ *vorgenommene Überprüfungen, erzielte Ergebnisse, erstellte Gutachten* steht zwar bei Stilkritikern seit langem auf der Abschußliste, aber nicht immer zu Recht. Dann nämlich nicht, wenn es der Hervorhebung und Verdeutlichung dient. Als Beispiel: Ein Autor, dem Korrekturabzüge seines Manuskripts zugeschickt wurden, schreibt an die Redaktion:

>Mit Ihren vorgenommenen Textänderungen bin ich einverstanden.

verdeutlichende Partizipien

Ihre vorgenommenen Textänderungen sind, für sich genommen, nichts anderes als *Ihre Textänderungen*. *Mit Ihren Textänderungen bin ich einverstanden* sagt das gleiche kürzer und präziser. Anders sieht die Sache aus, wenn der Satz etwa so fortgesetzt wird:

>... einverstanden, nicht jedoch mit Ihren geplanten.

In der Fügung

>Mit den von Ihnen vorgenommenen Textänderungen ...

liegt die Betonung auf *Ihnen*. *Ihnen* kann nur betont sein, wenn noch andere am Text herumgebosselt haben; der Satz müßte dann etwa so fortgesetzt werden können:

>... einverstanden, nicht jedoch mit denen des Korrektors.

Verträgt ein Satz aber keine Fortsetzung in diesem Sinne, dann sollten wir ihn ohne Beiwort bilden.

Wes das Herz voll ist ...

Wo einer mit Herz und Seele bei der Sache ist und sich vor Begeisterung kaum zu fassen weiß, da überlegt er nicht lange, ob das, was er redet, auch den Regeln der deutschen Grammatik entspricht. Sportreporter von Funk und Fernsehen sind oft in dieser Lage. Erst wenn sie hinterher gedruckt lesen, was sie da so alles an Übertreibungen dem Mikrophon anvertraut haben, scheinen sie Gewissensbisse zu bekommen und Besserung zu geloben. Wie sollten wir uns sonst erklären, daß neuerdings Sportberichterstatter ihre Superlative einschränken und statt vom *schnellsten* Läufer nur noch bescheiden vom „zeitschnellsten" (nicht zu verwechseln mit dem *zweitschnellsten*) berichten; der *gefährlichste* Stürmer von Bayern München ist zum „torgefährlichsten" degradiert worden, und beim Kegeln geht es nicht mehr darum, den *besten*, sondern nur noch darum, den „leistungsbesten" Kegler zu ermitteln. Der Versuch, sich unmißverständlich auszudrücken, ist grundsätzlich anzuerkennen, aber auch Sportreporter sollten sich überlegen, ob so viel einschränkende Gründlichkeit Sinn hat. Man muß nicht auf die Stoppuhr gucken, um zu merken, daß der „zeitschnellste" Läufer für seine hundert Meter die gleiche Zeit braucht wie der schnellste. Der gefährlichste Stürmer einer Fußballelf hat es nicht weniger auf das gegnerische Tor abgesehen als der „torgefährlichste". Beim Wettkegeln geht es nicht darum, den erst- oder nächstbesten Kegler herauszufinden, sondern den besten, der im Kegeln genauso gut wie, sprachlich aber sehr viel besser ist als der „leistungsbeste".

übergenaue Superlative

DAS ADJEKTIV

Wes das Herz voll ist, des gehet der Mund über, sagt Luther. Wem aber der Mund übergeht – so möchte man fortfahren –, der denke daran, daß dem Menschen Verstand gegeben ist, auch, um seine Zunge zu kontrollieren.

Mit weniger Worten mehr sagen

Nötig ist ein Eigenschaftswort im Grunde nur, wo es unterscheiden hilft und Irrtümern vorbeugt. Vom *grünen* Rasen zu sprechen ist nur richtig, wenn man gleichzeitig ausdrücken möchte, daß der Rasen frisch, nicht aber gelb, staubig und verdorrt ist; *blauer Himmel* ist zwar ein abgenutztes Bild, aber es ist berechtigt, der Himmel ist nicht immer blau, er könnte auch grau, bewölkt, wolkig, verhangen oder düster sein. Solche Adjektive, die zur Charakterisierung unumgänglich scheinen, hätte Clemenceau seinem Sekretär wahrscheinlich gestattet – aber nur die! Den *bittern Ernst*, den *sträflichen Leichtsinn*, die *beißende Ironie* und die *dringende Notwendigkeit* hätte er zu *Ernst, Leichtsinn, Ironie* und *Notwendigkeit* zusammengestrichen. Merken Sie, wie die Begriffe an Ausdruckskraft gewinnen, wenn man ihnen die sattsam bekannten Beiwörter nimmt?

Schmückende Eigenschaftswörter

schmückende Adjektive

In einem Aufsatz, den zwölfjährige Schülerinnen schreiben mußten, gebrauchte eine die blumige Wendung „Der *dunkellockige* Jüngling trug eine kurze, *hübsche* Hose"! „Völlig überflüssig!" bemerkte die Lehrerin dazu am Heftrand. Welche Kathederblüte der Lehrerin damit gelungen war, das haben die Mädchen sofort bemerkt und gehörig bekichert – aber warum die Attribute *dunkellockig* und *hübsch* überflüssig sein sollten, das konnten sie erst Jahre später verstehen. Mit dem Stil ist es wie mit der Mode. Solange ein Teenager für Rüschenblüschen mit Samtschleifen, für Goldgürtel und Straßschmuck schwärmt, glaubt er nicht, daß Eleganz sich durch raffinierte Einfachheit verrät. Guten Stil von schlechtem unterscheiden zu lernen setzt Reife voraus.

Wenn Sie Ihr Stilgefühl schärfen wollen, dann achten Sie beim Lesen auf die Adjektive. Viele Schreiber leiden an der Zwangsvorstellung, vor jedem Substantiv befinde sich ein Loch, und das müsse mit einem Adjektiv zugestopft werden. Schlecht sind auf jeden Fall die „schmückenden Eigenschaftswörter" (Epitheta ornantia), Wörter, die nicht mehr charakterisieren, sondern bloß noch garnieren. Sollte Ihnen jemals beim Lesen ein *bildschönes, verführerisches* weibliches Wesen mit *fülligem goldblondem* Haar, *schelmischen braunen* Augen, *edel geformter* Nase und *weichem, sanft geschwungenem* Mund begegnen, dann klappen Sie das Buch getrost zu. Greifen Sie lieber zu einem Roman, der so beginnt: „Mitternacht schlug es, als der Schuß fiel." Kriminalromane wollen Spannung erzeugen, Spannung entsteht durch Handlung, Handlung wird durch Verben ausgedrückt. Je spannender ein Kriminalroman ist, desto weniger Eigenschaftswörter werden Sie darin finden; denn Eigenschaftswörter beschreiben, Beschreibung aber hemmt die Handlung und mindert die Spannung.

1954, zwei Jahre vor seinem Tode, hielt der Dichter Gottfried Benn im Süddeutschen Rundfunk einen Vortrag über „Das Altern als Problem für Künstler". Benn sprach, wie sollte es bei einem Dichter anders sein, nicht nur vom Altern, auch vom Schreiben. Er entsann sich der Zeit, als er und der Dramatiker Carl Sternheim noch junge Männer waren, und eines Rates, den Sternheim ihm damals gab: „Wenn Sie etwas gemacht haben, dann nehmen Sie es sich noch einmal vor und streichen die Adjektive, es wird dann klarer, was Sie meinen." Benn hatte den Rat befolgt. Das Fortlassen der erklärenden, breitmachenden Adjektive sei, so sagte er, richtig gewesen für seine Generation.
Richtig für die Generation Gottfried Benns – auch für die nächste und die übernächste? Ich schlage vor, wir schalten zur Überprüfung das Fernsehgerät ein (das Fernsehen, so heißt es, sei *erziehungsneutral*), und zwar das Werbeprogramm. Was hat es uns zu bieten?

Hoch solln sie leben, die Adjektive, dreimal hoch!

Das weiß jede *wäscheverliebte Frau: wäschefreundliche* und *maschinengerechte* Waschmethoden werden erst durch *wasserfreundliche* Waschmittel möglich. – Dash ist *schaumreguliert*. – Vertrauen Sie Pril, Pril ist *handmild*. – Ins Spülwasser das neue Lenor, aus der *griffbequemen* Plastikflasche. – Dulgonseife enthält das *hautpflegende* und *hautschützende* Dulgon; es macht das Wasser *seidenweich* und *schönheitsfreundlich* und reinigt die Haut *porentief*. – Goldax macht *frischesicher*, sie enthält selektiv wirkende Zusätze zur Vernichtung *geruchsbildender* Bakterien. – Haben Sie ihn schon probiert, den unnachahmlichen Doppelrahmfrischkäse aus *naturbelassenem* Gervais-Carré auf *magenfreundlichem* Steinmetzbrot? Dazu einen Kaffee mit Niveau, *röstfrisch* und *handbelesen* (!), natürlich mit Glücksklee aus *naturfrischer* Vollmilch.

neue Adjektivkomposita

Eine Mutter hatte schon lange den Verdacht, daß ihr kleiner Sohn zu viel fernsehe. Eines Abends hörte sie ihn sein Nachtgebet sprechen. „Beschütze Mutti und Vati", begann der Knirps, „und gib uns täglich unser ofenfrisches, magenfreundliches, buttergekröntes, konservierungsstofffreies Vollkornbrot."

Wie ist es zu erklären, daß mit dem Wirtschaftswunder eine Unzahl Wörter aufkamen, die es vordem noch nicht gab, die heute in noch keinem Wörterbuch verzeichnet sind und die außerdem einer Wortart angehören, die von Schriftstellern und Deutschlehrern jahrzehntelang aufs heftigste befehdet worden ist? Wir könnten sagen, hier hat ein Geschmackswandel stattgefunden. Die breitmachenden Adjektive waren lange genug verpönt, wurden deswegen von folgsamen Schülern gemieden, bekamen Seltenheitswert, wurden neu entdeckt und feiern heute prompt ihr Comeback. Man muß nur warten können, so mancher alte Hut wird wieder modern.
Solche Deutungen und Vergleiche enthalten ein Körnchen Wahrheit, aber sie genügen nicht, den Sprachwandel zu erklären. Wir müssen uns die Wörter genauer ansehen:

> *wäscheverliebt, wäschefreundlich, maschinengerecht, wasserfreundlich, schaumreguliert, handmild, griffbequem, hautpflegend, hautschützend, schönheitsfreundlich, porentief, frischesicher, geruchsbildend, naturbelassen, magenfreundlich, handverlesen, naturfrisch* oder auch *zungenzärtlich, knusperzart, sonnenfruchtig, buttergesund, aromamächtig, pottgemütlich, streichelweich* –

das ist nur eine kleine Auswahl von Benennungen, die sich die Werbeleute im letzten Vierteljahrhundert haben einfallen lassen. Der Wortart nach sind es mit Substantiven zusammengesetzte Adjektive *(wäschefreundlich)* und Partizipien *(wäscheverliebt)*. Der Wortbildung nach sind diese Wörter nicht anders gefügt als *wetterfest, knallhart, kristallklar, leberkrank* – Adjektive, die wir längst mit aller Selbstverständlichkeit verwenden. Die Frage ist nur: Warum greift die Werbung in solchem Maß zu zusammengesetzten Eigenschafts- und Mittelwörtern? Weil Werbung Geld kostet, und zwar um so mehr Geld, je länger der Werbetext ist.

Wo neue Dinge zu benennen sind, müssen auch Eigenschaften benannt werden, speziell solche, für die es vorher noch keinen Namen gab. Man kann so etwas gründlich und mit vielen Nebensätzen tun, z. B.:

> Dem Wasch-Trocken-Automaten entnehmen Sie die Wäschestücke mit einem Feuchtigkeitsgrad, der es Ihnen erlaubt, die Wäsche sofort zu bügeln, ohne sie vorher einsprengen zu müssen.

Man kann aber auch die Eigenschaft genauso gründlich, doch kurz und bündig mit einem einzigen Wort bezeichnen:

> Dem Wasch-Trocken-Automaten entnehmen Sie die Wäschestücke *bügelfeucht*.

Mit wenig Worten viel sagen – das ist nicht nur einprägsamer und wirkungsvoller, es kostet auch weniger. Gedruckte Anzeigentexte, vor allem aber Sendezeiten bei Werbefunk und -fernsehen, können kürzer bemessen werden.

-freundlich
-frisch

Daß die Worterfinder unter den Werbeleuten zuweilen übers Ziel hinausschießen und manche Zusammensetzungen (vor allem die mit *-freundlich* und *-frisch*) zu Tode hetzen – nun, das ist so ihre Art. Manche Absonderlichkeiten schleifen sich von selbst ab. So konnten sich die Werbetexter jahrelang nicht einigen, ob die Hausfrauen ihre Wäsche *bügelfeucht* oder *bügeltrocken* aus der Wäscheschleuder zu nehmen hätten. Die Weiterentwicklung der Technik hat klärend eingegriffen: heute nimmt man die Bügelwäsche *bügelfeucht* und alles, was nicht gebügelt werden muß, *schranktrocken* aus dem Wasch-Trocken-Automaten.

bügelfeucht
bügeltrocken

schranktrocken

-orientiert

Die zusammengesetzten Adjektive und Partizipien sind zwar Produkte der Werbesprache, aber da sie handlich und kurz und prägnant sind, hat diese Wortbildungsmethode längst Eingang in Wirtschaft und Wissenschaft gefunden. Unsere Gesellschaft sei *konsumorientiert*, konnte man längere Zeit von Soziologen hören. Inzwischen mehren sich die Stimmen, die uns in einer Zeit erschwerter *absatzorientierter* Anstrengungen (einschließlich *marketingorientierter* Mediaplanung mit Hilfe *plattenorientierter* Speichermittel) trotz *inflationsorientierter* Maßnahmen der Bundesregierung *stabilitätsorientiertes* Käuferverhalten attestieren. Und was nicht *-orientiert* ist, das ist heute *-bezogen:* verwaltungs-, renten-, produktions-, architektur-, prämien- oder kundenbezogen. *-orientiert* und *-bezogen*, auch *-bedingt* sind, geht man von der Häufigkeit ihrer Verwendung aus, fast zu Edelsuffixen geworden.

-bezogen
-bedingt

Das Gegenteil – Adjektive, die fast zu Präfixen werden – haben wir natürlich auch. Lange Zeit war alles *super-*, heute wird vieles mit *hoch-* verstärkt: *hochaktuelle* Themen, *hocharomatisierte* Tees oder – auch das gibt es – *hochmotivierte* Berufsanfänger.

hoch-

Zusammengesetzte Beiwörter sind schön und gut, aber wenn sie aus mehr als zwei Gliedern bestehen, werden sie unübersichtlich. Was erst enträtselt werden muß, taugt nichts. Auf *wirkstoffkontrollierte* Tees, *fahrtrichtungsabhängige* Zugbeleuchtungen, *fußballweltmeisterschaftsgerechte* Sportstadien, *temperaturwechselempfindliche* Lacke, *leichtmetalloberflächenveredelte* Erzeugnisse und *nichtkraftfahrzeugbezogene* Artikel können wir wahrscheinlich verzichten, ganz bestimmt auf *harnstoffharzaldehydverleimte* Innenkonstruktionen.

unübersichtliche Adjektivkomposita

Worauf wir außerdem verzichten sollten: darauf, diese Ausdrücke, die in der Werbung und in den Fachsprachen zweckmäßig sind, unserm privaten Wortschatz einzuverleiben. Wer sich in der Vesperpause auf *mundreife* Tomaten *rieselfreudiges* Aso-Salz streut und sich als köstliches Dessert Südmilch-Eiskrem aus *tagesfrischem* Rahm genehmigt, der hat entweder keinen Geschmack oder den Schalk im Nacken. In unserer Umgangssprache lassen sich viele der neuartigen Adjektivzusammensetzungen nur ironisierend verwenden. Was stand da einmal im Wochenblatt unter „Heiraten"?

>Vorwiegend heitere Zwanzigerin, weder *wirtschaftsangewundert* noch *titelblattschön*, dafür aber *jung, gesund* und *frisch*, sucht...

Die Dame, scheint mir, versteht sich auf Adjektive.

Der Dritte im Bunde
Beifügend und aussagend gebrauchte Eigenschafts- und Mittelwörter

Karten spielen kann man schon zu zweit. Es ist nicht besonders amüsant, aber immerhin, es ist ein richtiges Spiel. Interessant wird es erst, wenn mehrere sich daran beteiligen.

Geradeso ist es in der Satzlehre. Die beiden wichtigsten Satzglieder, Subjekt und Prädikat (Satzgegenstand und Satzaussage), genügen bereits zur Bildung eines Satzes.

>Der Hund bellt. – Die Kante wird geschliffen.

Das sind zwei einfache Sätze, von denen jeder für sich allein verständlich ist. Der einfache Satz besteht nur aus Subjekt und Prädikat. Das Subjekt erkennen wir an der Antwort auf die Frage „Wer oder was (mit Prädikat)?" Wer bellt? *der Hund*. Was wird geschliffen? *die Kante*. Nach dem Prädikat

Subjekt

Prädikat

fragen wir: „Was wird (vom Subjekt) ausgesagt?" Vom Hund wird ausgesagt, daß er *bellt*, von der Kante, daß sie *geschliffen wird*. Was für ein Hund bellt und welche Kante geschliffen wird, das läßt der einfache Satz nicht erkennen, das könnte uns erst ein weiteres Satzglied sagen.

Um den Vergleich mit dem Kartenspiel wiederaufzunehmen: In einem einfachen Satz spielen Substantiv und Verb sozusagen einen Skat zu zweit. Kennen Sie den Offiziersskat? Spätestens nach der vierten Runde wird er langweilig, man wartet sehnsüchtig auf den dritten Mann. In der Sprache ist es nicht anders. Vier einfache Sätze hintereinander, die nur aus Satzgegenstand und Satzaussage bestehen, und schon wird der Leser ungeduldig:

> Der Saal ist gefüllt. Die Uhr schlägt. Die Versammlung beginnt. Der Landtagsabgeordnete spricht.

Zum Teufel, man möchte doch endlich mehr erfahren! Es gibt ja viele Landtagsabgeordnete, welcher von ihnen hält nun eine Rede?

> Der *bayrische* Landtagsabgeordnete spricht.

attributives Adjektiv

Adjektiv

Endlich! Der dritte Mann ist da, jetzt kommt Leben ins Spiel. Zu Subjekt und Prädikat hat sich als Dritter im Bunde ein Attribut gesellt, ein Eigenschaftswort. Es lehnt sich an das Hauptwort an, das es näher beschreibt. Wenn es treffend gewählt ist, stellt es die typischen Eigenschaften seines Substantivs heraus. (Der Name A d j e k t i v – aus lateinisch *adiectivum* – bedeutet wörtlich ‚das Hinzugeworfene', gemeint ist: das dem Substantiv Hinzugefügte.) In unserm Beispiel weist das Adjektiv *bayrisch* auf die Herkunft des Landtagsabgeordneten hin. Dagegen sagt es nichts darüber aus, wie der Abgeordnete spricht. Wie könnte er denn sprechen? Laut, klar, überzeugend, undeutlich, leicht verständlich oder, da er aus Bayern kommt, *bayrisch*. Was nun? Wir haben gerade festgestellt, *bayrisch* sei ein attributives (beifügend gebrauchtes) Adjektiv, das sein Substantiv näher erklärt. Aber in dem Satz

> ‚Der Abgeordnete spricht *bayrisch*'

ist *bayrisch* eindeutig die nähere Erklärung des Zeitwortes *sprechen* und hat mit dem Hauptwort nichts zu tun. Sollte dieses zweite *bayrisch* etwa kein Adjektiv sein? Eine wichtige Frage.

Adjektiv als Artangabe

Wer seit dreißig Jahren die Schule hinter sich hat, wird sagen: Nein, ein Adjektiv, das ein Verb näher bestimmt, gehört *ad verbum* (= zum Verb) und wird deshalb *Adverb* genannt. Inzwischen denken die Deutschlehrer hierüber anders, sie rechnen heute die ungebeugten Adjektive (spricht *bayrisch*) nicht mehr zu den Adverbien, sondern genauso zur Wortart Adjektiv wie die gebeugten (der *bayrische* Abgeordnete).

Das hat viel für sich, solange es um die deutsche Sprache geht. Wer aber Englisch oder Französisch lernen will, kommt um die alte Unterscheidung kaum herum. Anders als im Deutschen unterscheiden sich nämlich in den beiden Sprachen die zum Verb gehörenden Adjektive von denen, die ein Substantiv näher bestimmen, durch eine Endung; im Englischen ist es ‚-ly', im Französischen ‚-ment'.

Doch uns geht es ja hier um unsere Muttersprache. Um sie richtig gebrauchen zu lernen, dürfen aber auch wir nicht alle Adjektive in einen Topf werfen. Wir müssen sehr wohl unterscheiden zwischen gebeugten und ungebeugten Eigenschaftswörtern, zwischen solchen, die attributiv verwendet werden, und solchen, die als Artangabe stehen. Schließlich ist ein *entschieden jüngerer Mann* nicht dasselbe wie ein *entschiedener, jüngerer Mann*. Bei *wesentlich anderen Gesichtspunkten* haben wir es mit völlig anderen, bei *wesentlichen, anderen* mit bedeutenden, anderen Gesichtspunkten zu tun.

Mit knapper Mühe und Not

knapp ist ein bedenkliches Wort. Einmal bedeutet es soviel wie ‚eng‘, ein andermal soviel wie ‚kaum‘. Es kommt auf den Zusammenhang an. Ein *knapp anliegendes Kleid* ist ein eng anliegendes Kleid, nicht ein kaum anliegendes; *eine knappe Stunde* ist kaum eine Stunde, *knapp eine Woche* kaum eine Woche. Außerdem hat *knapp* die Bedeutung ‚gering‘, ‚wenig‘: *knappes* (= schmales) *Einkommen*; *knapper* (= gerade noch zureichender) *Wahlsieg*; *mit knappen* (= wenigen) *Worten*.

knapp

Wer leicht nervös wird und wenig Talent zum Autofahren mitbringt, aber unbedingt den Führerschein haben will, der kann, wenn er Glück hat, die Fahrprüfung gerade noch so bestehen. Dann heißt es von ihm, er habe die Prüfung *mit knapper Mühe und Not* geschafft. Knappe (= geringe) Mühe bei vielleicht fünfzig Fahrstunden und der Anstrengung und Aufregung, die das den Kandidaten gekostet haben mag? Gemeint ist genau das Gegenteil: Mit großer, erheblicher Mühe und Not hat er es knapp geschafft. Aus einer Wendung wie *mit Not knapp davonkommen* muß jemand einmal *mit knapper Not davonkommen* gemacht haben. So mag auch aus einer Ware, die *reißend Absatz findet*, auf ähnliche Weise der *reißende Absatz* einer Ware oder aus *rund tausend Mark* der *runde Tausender* entstanden sein. Viele dieser irrtümlichen Attribuierungen haben Eingang in die Wörterbücher gefunden. Heute muß man erst mit der Nase drauf gestupst werden, um zu merken, wie falsch sie gebildet sind.

mit knapper Mühe und Not

reißender Absatz
runde tausend Mark
irrtümliche Attribuierung

Papierdeutschproduktion

Das Deutsche Blindenhilfswerk bot allen, die es mit einer Spende unterstützten, eine „steuerbegünstigte Bescheinigung zur Vorlage beim Finanzamt". Das geht nicht. Steuerbegünstigt ist nicht die Bescheinigung, sondern der Steuerzahler, dem das Finanzamt aufgrund der Bescheinigung eine Steuerermäßigung gewähren kann. Bei der „steuerbegünstigten Bescheinigung" liegt die gleiche Begriffsübertragung vor wie beim – sprachlich längst sanktionierten – *warmen Mantel*. Warm ist nicht der Mantel, sondern der Mensch, der in ihm steckt. Wir übertragen hier die Eigenschaften eines Objekts (Mensch) auf ein anderes, das mit ihm in Beziehung steht (Mantel). In Logik und Sprachwissenschaft wird diese Art der Gedankenübertragung als Attributionsanalogie bezeichnet. Aber wenn es die Attributionsanalogie auch schon bei den Griechen gab – der Philosoph Aristoteles (384–322 v. Chr.) hat sie zuerst beschrieben –, so muß hohes Alter nicht

steuerbegünstigt

warmer Mantel

Attributionsanalogie

unbedingt ein Zeichen von Qualität sein. Die ungenaue Verknüpfung von Attribut und Substantiv damit entschuldigen zu wollen, daß diese Art der Begriffsbildung nichts Neues sei und sich in unserer Sprache genug ähnliche Bildungen fänden, an denen heute niemand mehr Anstoß nimmt, das hieße wirklich, sich das Leben zu bequem machen. Ungenaue Ausdrücke kann man bekämpfen, solange sie noch neu und noch nicht in aller Munde sind. Statt von einer „steuerbegünstigten Bescheinigung" müßte man von einer *Bescheinigung zur Erlangung einer Steuerermäßigung* sprechen oder von einer *Steuervergünstigungsbescheinigung* oder – mit Ausklammerung – von einer *Steuerbescheinigung zur Vorlage beim Finanzamt*. Dazu hat sich das Deutsche Blindenhilfswerk inzwischen durchgerungen; deutlicher wäre der Ausdruck *Spendenbescheinigung* gewesen. – Einen behördlichen Vorgang in verständliches Deutsch zu fassen scheint nicht einfach zu sein. Man bekommt beinahe Mitleid mit denen, die von Amts wegen Papierdeutsch verfassen müssen.

Steuerbescheinigung

Spendenbescheinigung

Billige Preise und obige Schreiben

billig
recht und billig
billigen

Sind Preise billig? Sie waren es, doch das ist lange her. Es war zu einer Zeit, als *billig* noch den Sinn von ‚recht' hatte. Daher die Ausdrücke *recht und billig* und *billigen* (= etwas für recht halten, richtig finden). Im 18. Jahrhundert nahm *billig* in der Kaufmannssprache den Sinn von ‚wohlfeil' an, das heißt soviel wie ‚nicht teurer, als sich gehört'. Nun sind wir Menschen im allgemeinen leider so töricht, unter verschiedenen Waren diejenige für besonders begehrenswert zu halten, die am meisten kostet. Meinungsforscher haben das getestet. In einem Warenhaus wurde z. B. dreimal der gleiche Käse, unterschiedlich ausgezeichnet, zum Verkauf angeboten, der teure ging im Handumdrehen weg, der billige blieb liegen. Kaum anzunehmen, daß vor zweihundert Jahren die Leute anders reagiert hätten. So erklärt sich, daß sich in die Bedeutung *billig* allmählich die Nebenvorstellung ‚gering, niedrig, minderwertig' mischte und *billig* in steigendem Maße nur noch auf Waren bezogen wurde, vor allem auf solche minderer Qualität. Preise seien heute nicht mehr *billig*, sondern *niedrig*, behaupten die Sprachpfleger – allerdings wohl ohne dabei an die Preisentwicklung der letzten Jahre zu denken.

Preise sind hoch oder niedrig: Käufern durchweg zu hoch, Verkäufern fast immer zu niedrig. Hohe Preise gibt es auf der Verkäuferseite überhaupt nicht. Da ist jeder Preis zumindest günstig. Da ist jede Ware, jede Dienstleistung preis-wert, ihren Preis wert.
PAUL HEISE

obig

Und wie ist das mit dem „obigen Schreiben"? Wenn ich am Briefanfang lesen muß:

> Wir danken Ihnen für Ihr obiges Schreiben und teilen Ihnen mit . . .,

dann hat sich mir der Briefverfasser mit diesen wenigen Worten bereits als vorsichtiger, hyperkorrekt sein wollender Büromensch ausgewiesen – wie sonst könnte er sich durch „Bezugnahme auf obiges Schreiben" gegen gar nicht vorhandene Mißverständnisse formaler Art absichern wollen? Außerdem: „obiges Schreiben" – ist das Schreiben etwa obig? Ich gucke dreimal hin und sehe es nicht. Was ich sehe, ist das in der Bezugszeichenzeile korrekt genannte Datum meines Briefes. Also kann ein „obiges Schreiben" allenfalls ein *oben/genanntes* sein. Und was sonst an „Obigem" durch unsere Texte geistert (*obige Ausführungen* und dergleichen), ist in gutem Deutsch so entbehrlich wie sein Gegenteil. Oder kennen Sie „untige Ausführungen"?

oben/genannt

„Das nicht dick genuge Fell"

Warum ist dieser Ausdruck falsch? Weil ein Adverb oder Umstandswort wie *genug* nicht flektiert und also auch nicht attributiv verwendet werden darf. Das „nicht dick genuge" Fell ist für alle, die sich korrekt ausdrücken möchten, ein Fell, *das nicht dick genug ist*. Ebenso ist eine „zue Tür" in richtigem Deutsch eine *geschlossene Tür* und ein „aufer Blumenladen" ein Blumenladen, der *geöffnet* ist.

Adverb, irrtümlich attribuiert

genug
zu
auf

Merken Sie, was an der „klipp und klaren Entscheidung" nicht stimmt? Müßte es vielleicht eine „klippe und klare" sein? Nein. Auch feststehende Wortpaare wie *klipp und klar, null und nichtig, gang und gäbe* dürfen nur prädikativ *(der Vertrag ist null und nichtig)* und adverbial *(er entschied klipp und klar)* verwendet werden; sie attributiv zu gebrauchen gilt als Fehler.

klipp und klar
null und nichtig
gang und gäbe

Allerdings scheinen immer mehr Leute Geschmack an der Beugung von Adverbien zu finden. So fühlte sich eine Filmgesellschaft verpflichtet, der „endlichen" Aufführung eines Filmes in der Bundesrepublik einen würdigen Rahmen zu geben. Die Tatsache, daß ein im Ausland vieldiskutierter Film nun *endlich auch bei uns aufgeführt* wird, berechtigt aber nicht dazu, daraus eine „endliche Aufführung" zu machen, die nur als Gegensatz zu einer „unendlichen Aufführung" berechtigt wäre. – Wer, um sich zu informieren, *laufend eine Fachzeitschrift liest*, kann, selbst wenn er dabei nicht die Puste verliert, sich schlecht als „laufender Leser einer Fachzeitschrift" ausgeben. – Unsere „neuliche Betriebsversammlung" kann auch niemals stattgefunden haben (eine „ältliche" gibt es ja nicht), wir müssen es schon beim Adverb belassen: *unsere Betriebsversamlung neulich*.

endlich

laufend

neulich

Zu den Adverbien, die wie die eben genannten im Begriff sind, in die Wortart Adjektiv überzuwechseln, gehören vor allem die Bildungen aus ‚Substantiv + -weise'. Eine *teilweise Restaurierung* der Rathausfront, eine *stufenweise Entspannung*, die *versuchsweise Analyse* einer Erzählung, der *schrittweise Entzug* staatlicher Protektionen – solche Wendungen gehen Feinfühligen gegen den Strich. Nun ja, sie sind noch relativ neu und ungewohnt und bei weitem nicht von allen Sprachpflegern anerkannt, aber sie haben viel für sich, weil sie kurz sind. An den *stückweisen Verkauf* und die *zeitweisen Unterbrechungen* haben sich wohl die meisten gewöhnt – doch geht es nicht an, solchen Gebrauch nach Belieben auszudehnen. Was *gesprächsweise erwähnt* wurde, kann nicht gut eine „gesprächsweise Erwähnung" genannt werden, höchstens eine zufällige, beiläufige oder absichtslose. – Wenn es auch möglich ist, daß Australien für seine Verteidigung *vergleichsweise mehr ausgibt* als die Bundesrepublik Deutschland, so kann dies doch niemand als die „vergleichsweisen Mehrausgaben Australiens" bezeichnen; man könnte höchstens von den im Vergleich mit der Bundesrepublik höheren Verteidigungskosten Australiens sprechen. Auch sonst tut man gut, einen Ausweg zu benutzen, wo sich einer bietet: ein ‚schrittweiser Entzug' könnte ein *Entzug Schritt für Schritt* genannt werden, eine ‚versuchsweise Analyse' *Versuch einer Analyse*, und eine ‚teilweise Restaurierung' ist besser eine *Teilrestaurierung*.

Adverbien auf -weise

teilweise
stufenweise
versuchsweise
schrittweise

stückweise
zeitweise

gesprächsweise

vergleichsweise

Die „stattgefundene" und die ausgefallene Versammlung

Perfektpartizipien in attributiver Verwendung

Die eine ist richtig, die andere nicht. Kennen Sie sich aus? Nicht alle 2. Partizipien dürfen attributiv verwendet werden. Wir sagen:

die Sekretärin *hat* geschrieben (aber nicht: die geschriebene Sekretärin);

dagegen:

der Brief *ist* geschrieben – der *geschriebene* Brief;

entsprechend:

Die Versammlung *ist* ausgefallen – die *ausgefallene* Versammlung.

haben
sein

Ob wir ein 2. Partizip attributiv verwenden dürfen, hängt davon ab, ob es die zusammengesetzten Zeiten mit *haben* oder mit *sein* bildet. Nicht beifügend gebraucht werden dürfen solche Perfektpartizipien intransitiver oder nichtzielender Zeitwörter, die die zusammengesetzten Zeiten der Vergangenheit mit *haben* bilden. Wir sagen: das Kind *hat* geschlafen (aber nicht: das geschlafene Kind); wir sagen: die Firma *hat* geantwortet (aber nicht: die geantwortete Firma); wir sagen: die Versammlung *hat* stattgefunden, und wir sagen auch: *die stattgefundene Versammlung*, aber das ist eben falsch.

stattfinden

Eine Dame, die in der Loge *gesessen hat*, ist in korrektem Deutsch nicht „eine in der Loge gesessene Dame"; der Herr, der an der Theke *gestanden hat*, ist kein „an der Theke gestandener Herr". Nur der Bayer und der Schwabe, der bekanntlich erst „mit vierzig g'scheit" wird, ist von dieser Altersgrenze an mundartlich ein *g'standner* (= gesetzter) *Mann*. Und weshalb? Weil der Süddeutsche sein Leben lang nicht an der Theke *gestanden hat*, sondern immer nur am Büfett *gestanden ist* (vgl. Seite 104).

Präsens- statt Perfektpartizip

Nun wissen wir zwar, warum die „stattgefundene Versammlung" grammatisch falsch ist, wissen aber nicht, wie wir eine Versammlung nennen sollen, die vor vier Wochen stattgefunden hat. Möglich wäre: *die vor vier Wochen abgehaltene Versammlung*, denn die Versammlung *ist* vor vier Wochen abgehalten worden. Eine ältere Grammatik schlägt einen andern Ausweg vor: Wir sollen statt des Perfektpartizips das Präsenspartizip verwenden, also das Mittelwort der Gegenwart. Es sei zeitlich neutral und könne durch Hinzufügen einer temporalen Adverbialbestimmung, das ist eine Zeitangabe, auch auf vergangenes Geschehen bezogen werden. Demnach wäre „die vor vier Wochen stattgefundene Versammlung" falsch, *die vor vier Wochen stattfindende Versammlung* richtig. Nun weiß ich ja nicht, wie Sie darüber denken, aber mir behagt das nicht. Ich bin dafür, daß wir aus solchen zweifelhaften Partizipialkonstruktionen einen Nebensatz machen: die Versammlung, *die vor vier Wochen stattgefunden hat*. – Was aber, wenn die Versammlung erst in vier Wochen stattfindet?

Auch bei der Verwendung von ‚zu + 1. Partizip' ist Vorsicht angebracht: Einer *zu lösenden Aufgabe* sieht man nicht an, ob sie gelöst werden kann oder gelöst werden muß.

Nebensatz statt Partizipialkonstruktion

Dann wird die Sache doppeldeutig

Auf eine Anfrage nach einem Tagungstermin bekam ich mit dem Datum des 17. April einen Antwortbrief, der so beginnt:

> Das Mannheimer Institut für deutsche Sprache hat mir Ihren Brief zugeschickt, da ich der Vorsitzende der Kommission für Fragen der Sprachentwicklung bin und die Tagung am 9. und 10. Mai vorbereite.

Respekt, dachte ich, das nenne ich Zeiteinteilung und Arbeitsplanung: Am 17. April weiß der Verfasser des Antwortbriefs bereits, daß er am 9. und 10. Mai die Tagung vorbereitet. Nur, wann die Tagung stattfinden sollte, das konnte ich seinem Brief nicht entnehmen. Erst Stunden später dämmerte es mir: Der Vorsitzende wollte die Tagung nicht am 9. und 10. Mai vorbereiten, er wollte sie am 9. und 10. Mai bereits stattfinden lassen. Hätte er geschrieben: **fürs Verständnis nötige Partizipien**

> ... da ich die am 9. und 10. Mai *stattfindende* Tagung vorbereite, *stattfinden*

dann hätte ich überhaupt nicht gemerkt, wie begriffsstutzig ich manchmal sein kann.

Ein Parallelbeispiel aus einem Bericht über Schreibautomaten:

> Beim vollautomatischen Schreiben von Textbausteinbriefen sind die Schreibunterbrechungen durch Suchzeiten auf 0 bis 3 s begrenzt.

durch Suchzeiten... begrenzt? Soll das heißen, die Begrenzung würde durch Suchzeiten ausgelöst? Natürlich nicht. Um einen so absurden Verdacht gar nicht erst aufkommen zu lassen, hätte der Satz ein Partizip enthalten müssen:

> ... sind die durch Suchzeiten *entstehenden* Schreibunterbrechungen *entstehen*
> auf 0 bis 3 s begrenzt.

„Mein das Geschäft übernommener Sohn"

Wir kommen diesem Fehler eher auf die Spur, wenn wir uns immer wieder klarmachen, daß beifügend gebrauchte Perfektpartizipien passivische Bedeutung haben. Der Sohn hat sich aber aktiv gezeigt, er *hat* das Geschäft übernommen. *übernommen* kann nur auf das Objekt der Übernahme, auf das Geschäft, bezogen werden: *das von meinem Sohn übernommene Geschäft* wäre richtig, denn das Geschäft *ist* übernommen worden. Auch hier helfen wir uns mit dem Nebensatz: mein Sohn, *der das Geschäft übernommen hat*. **Nebensatz statt Partizipialkonstruktion**

Mensch, ärgere dich nicht!

Ein Mensch, der verärgert ist, ist ein *verärgerter* Mensch, ein Mensch, der sich ärgert, ein *sich ärgernder* (1. Partizip!). Aber was ist ein Mensch, der sich über dies und das geärgert hatte, dessen Ärger aber der Vergangenheit **Partizipien reflexiver Verben** angehört? Auf keinen Fall „ein sich geärgerter Mensch". So ärgerlich es ist, hier hat unsere Sprache wieder einmal ein Loch. Wir können das 2. Partizip reflexiver Verben nicht attributiv verwenden. Auf deutsch: Wir können das Mittelwort der Vergangenheit *(sich geärgert)* rückbezüglicher Zeitwörter – das sind die Zeitwörter mit *sich* – nicht als Beifügung verwenden.

sich

Zwar gibt es *gemauserte* Vögel, denn Vögel können *mausern*, aber keine „gemauserten Menschen", denn Menschen können nur *sich mausern*. Deshalb sind „die zu Sozialisten gemauserten Kommunisten in Sofia", die im Herbst 1990 von sich reden machten, in Wirklichkeit Bulgaren, *die sich von Kommunisten zu Sozialisten gemausert haben.*

Zur Erläuterung noch ein paar Beispiele: „Auf die sich gebildeten Kreise wurde hingewiesen" – auf den sich hier zeigenden (und nicht: den sich hier gezeigten) Fehler ebenfalls. Ein „sich geärgerter Mensch" ist in richtigem Deutsch ein *Mensch, der sich geärgert hat*; die „sich gebildeten Kreise" sind *Kreise, die sich gebildet haben*; die „sich dargebotene Gelegenheit" ist – im Gegensatz zur grammatisch richtigen *sich darbietenden Gelegenheit* – ein Fehler, der sich schon beinahe Bürgerrecht erworben hat (und nicht: ein sich Bürgerrecht erworbener Fehler), und „Der eingebildete Kranke" schließlich ist die mißverständliche Verdeutschung des Titels der Molière-Komödie „Le malade imaginaire": Der Titelheld ist kein dünkelhafter Kranker, sondern einer, der sich seine Krankheiten nur einbildet, ein *eingebildet Kranker*.

Unfreiwillige Komik

Energie, die *verbraucht ist*, ist *verbrauchte Energie*. So weit, so gut und grammatisch korrekt. Was aber tun, wenn die Energie verbraucht ist? Mars essen, empfahl lange Zeit die Werbung, denn

„Mars bringt verbrauchte Energie sofort zurück."

Was soll ich mit verbrauchter Energie? Frische brauche ich, frische!
Ja, man sollte auch als Werbetexter nie vergessen, daß 2. Partizipien einen Zeitbezug ausdrücken. Und vor allem daran denken, daß Partizipialsätze und Partizipialgruppen d i e Chance zum Fehlermachen sind.

Partizipialsatz

 Partizipialsätze darf man nur dann verwenden, wenn sich die Partizipialgruppe eindeutig auf ein Satzglied des übergeordneten Satzes bezieht; meist ist dies das Subjekt.

Manche Leute kümmern sich um diese Regel nicht und versuchen mit Gewalt, Partizipialgruppen auf einen anderen Satzteil als den Satzgegenstand zu beziehen. So brachte eine bekannte Tageszeitung in ihrer Beilage „Der Mensch und die Technik" ein Foto des französischen Forschungs- und Entwicklungszentrums La Gaude. In der Bildunterschrift hieß es:

„*Von Marcel Breuer entworfen*, arbeiten in diesem zweistöckigen Bau der IBM mit seinem eigenwilligen, gedoppelten Y-Grundriß 650 Wissenschaftler und Techniker."

Wollte man glauben, was in der Zeitung stand, dann müßte Marcel Breuer der erste Architekt gewesen sein, dem es gelang, Forscher und Wissenschaftler zu entwerfen. Dabei hat es nur heißen sollen, daß in dem zweistöckigen, *von Marcel Breuer entworfenen Bau der IBM* mit seinem eigenwilligen, gedoppelten Y-Grundriß 650 Techniker und Wissenschaftler arbeiten.

Manchmal übt ein einziges Partizip die Funktion einer Partizipialgruppe aus. In

> „Beiliegend schicke ich Ihnen eine Durchschrift"

beiliegend
anliegend

bezieht sich *beiliegend* auf das Subjekt, und das heißt nicht *Durchschrift*, sondern *ich*. Grammatisch richtig, wenn auch übergenau, wäre:

> „Ich schicke Ihnen eine beiliegende Durchschrift."

Wie drücken wir das nun aus, wenn wir nächstes Mal einem Geschäftsbrief irgendein Schriftstück oder einen Prospekt beifügen müssen? So einfach und ungezwungen wie möglich:

> Ich schicke Ihnen eine Durchschrift mit.

Oder:
> Lesen Sie bitte diese Kopie.

Oder:
> Dem Brief liegt ein Prospekt bei.

Oder:
> Hier ist der Prospekt, achten Sie bitte auf Seite 3.

Oder:
> Seite 3 dieses Prospekts wird Sie interessieren.

Was viele Büromenschen nicht wahrhaben wollen: Es geht wirklich ohne *beiliegend* und *anliegend*.

Wie man das, was man im Brief mitschicken will, korrekt bezeichnen soll, macht im Büro viel Kopfzerbrechen, denn es bedeutet:
Anliegend schicke ich Ihnen ...
= Sie finden mich unter diesem Blatt
Beiliegend erhalten Sie ...
= Sie Beilieger!
In der Anlage ...
= im Park
In der Beilage ...
= im Gemüse
Als Anlage ...
= als Wertpapier
Als Beilage ...
= grüner Salat statt Leipziger Allerlei
F. J. SCHMIDHÄUSLER

Manche mögen's steif

„Muß man a) oder kann man auch b) schreiben?" fragte mich einer, der es seinem Volkshochschullehrer nicht glauben wollte. Der Lehrer war für a) und bezeichnete b) als „Cäsar-Deutsch":

> a) Während sie an der Haustür stand, hielt sie Ausschau nach dem Milchmann.
> b) An der Haustür stehend, hielt sie Ausschau nach dem Milchmann.

Partizipialkonstruktionen versteifen den Stil

Meine Antwort: Der Lehrer hat recht. Natürlich ist die Alternative „Muß man so oder kann man nicht auch?" kein echtes Entweder-Oder (man muß nicht, man kann auch), trotzdem gelten Partizipialsätze als undeutsch, zumindest als steif. Übrigens auch in meinen Augen. Was nicht heißen soll, daß ich mit *während* eingeleitete Sätze generell für besser hielte. Viele Partizipialsätze lassen sich leicht in gutes Deutsch verwandeln, man braucht das Partizip nur wegzulassen:

während

> An der Haustür hielt sie Ausschau nach dem Milchmann –

so hätte ich geschrieben. Denn was besagt das *stehend*? Daß eine, die an der Haustür Ausschau hält, dabei nicht sitzt oder auf dem Bauch liegt, sollte man voraussetzen.

Testbogen 19

1 Ein französischer Journalist kam eines Tages auf den Gedanken, ein bekanntes Pariser Stellenvermittlungsbüro und das Zentralarbeitsamt der Seine-Stadt zu interviewen. Dabei gewann er den Eindruck, daß in Paris etwa 600000 Personen „auf ständiger Wohnungssuche" seien. Ob das stimmt?

irrtümliche Attribuierung

1 Nein, die Angabe ist nicht exakt. Gemeint ist natürlich, daß in Paris etwa 600000 Personen *ständig auf Wohnungssuche* seien. Der Fehler ist dadurch entstanden, daß eine Zeitangabe *(ständig)* i r r t ü m l i c h a t t r i b u i e r t wurde.

2 Strafanzeige, so konnte man in der Zeitung lesen, wurde gegen einen Autofahrer erstattet, der den Fahrer eines entgegenkommenden Wagens durch „zu knappes Überholmanöver" erschreckt hatte. Was damit gemeint ist, wissen wir alle. Trotzdem ist der Ausdruck falsch. Warum?

Bezug auf das Grundwort

2 Nicht das Manöver war knapp, sondern Platz und Zeit zum Überholen. Geht einem zusammengesetzten Substantiv ein attributives Adjektiv voran, so darf das sich immer nur a u f d a s G r u n d w o r t b e z i e h e n (vgl. Seite 230).

3 Was machen wir mit dem folgenden Satz aus dem Sportbericht? „Die an der 4 × 100-m-Staffel der Frauen teilgenommene Stuttgarterin Karin F. holte sich bei den württembergischen Mehrkampfmeisterschaften in Sindelfingen den Mannschaftstitel im Fünfkampf."

Relativsatz

3 Da Karin F. teilgenommen *hatte*, kann es keine „teilgenommene Karin" geben (vgl. Seite 272). Abhilfe schafft wie üblich der R e l a t i v s a t z : ‚Die Stuttgarterin Karin F., *die an der 4 × 100-m-Staffel der Frauen teilgenommen hatte*, holte sich ...'

4 *Im mottensicheren Plastiksack steckend* ... So beginnt unser Beispielsatz, und Sie haben jetzt verschiedene Möglichkeiten, ihn zu vervollständigen, richtige und falsche:

a) ... sind Sie im Sommer die Sorge um Ihren Pelzmantel los.
b) ... ist Ihr Pelzmantel im Sommer gut untergebracht.
c) ... kann weder Ungeziefer noch Staub Ihrem Pelzmantel etwas anhaben.
d) ... empfehlen wir Ihnen die Aufbewahrung Ihres Pelzmantels.
e) ... ist Ihr Pelzmantel bestens vor Ungeziefer geschützt.

Partizipialsatz

4 Daß nur die Beispiele b) u n d e) r i c h t i g sind, haben Sie sicher sofort gemerkt, aber wissen Sie auch, weshalb? Im mottensicheren Plastiksack wird normalerweise nicht der Besitzer eines Pelzmantels aufbewahrt, was nach a) der Fall wäre; auch benutzt man solchen Sack nicht als Fliegen- oder Mottenfänger, der den offen danebenhängenden Pelzmantel vor Ungeziefer schützen würde (so in c). d) ist nicht weniger unsinnig, hier hätten sich – wörtlich genommen – sogar die, von denen der gute Rat stammt, selbst in den Sack gesteckt.

5 Was *machen* in der Umgangssprache ist, das ist im Sprachgebrauch von Wirtschaft und Verwaltung das Verb *erfolgen*: bequemes, stets verfügbares Koppelwort und – vor allem als zweites Partizip – keineswegs so unentbehrlich, wie es scheint. Wie könnte man auch sagen für:

erfolgen

a) *bei regelmäßig erfolgender Stichprobenentnahme...*

b) *nach erfolgter Neubesetzung der ausgeschriebenen Stelle...*

> **5** a) *bei regelmäßigen Stichproben...*
>
> b) *nach der Neubesetzung der ausgeschriebenen Stelle...*

6 Die nächsten vier Beispiele enthalten alle eine ungewohnte, logisch anfechtbare Wendung; sie besteht jedesmal aus einem Adjektiv und einem Substantiv. Erkennen Sie die vier Widersinnigkeiten?

a) Aus einem Möbelkatalog: *Eine Luxusserie für verwöhnte Ansprüche...*

b) Aus dem Inserat eines Süßstoff-Herstellers: *... für viele schlanke Tassen Kaffee.*

c) Aus dem Immobilien-Anzeigenteil: *Ehrliche Gelegenheit in Gran Canaria: Bungalowneubau in Berglage...*

d) Aus den Abendnachrichten: *H. sieht, wie er sagte, eine faire Chance, nach den Wahlen die Koalition mit dem jetzigen Partner fortzusetzen.*

> **6** Ansprüche sind nicht verwöhnt, Tassen Kaffee nicht schlank, Gelegenheiten nicht ehrlich und Chancen nicht fair. Verwöhnt, schlank, ehrlich und fair können nur Menschen sein. Rein von der Logik her gesehen ist es falsch, den Dingen in Analogie zum Menschen Eigenschaften zu attribuieren, beizulegen (daher das Fachwort A t t r i b u - t i o n s a n a l o g i e). Aber man darf Sprache nicht nur von der Logik her betrachten. Dinge zu vermenschlichen ist ein sehr wirkungsvolles Ausdrucksmittel, es wird nicht nur von der Werbung genutzt. In welchem Maße Attributionsanalogien in der Alltagssprache üblich sind, fällt uns erst auf, wenn wir darauf achten: das *glückliche neue Jahr*, das wir dem Freund zum Jahreswechsel wünschen, ist und wird nicht glücklich; der Freund soll glücklich werden. Der *technische Direktor* ist so wenig technisch wie der *plastische Chirurg* plastisch (= modellierbar) ist. Daß Menschen Eigenschaften angedichtet werden, die nur Dingen zustehen, kommt also auch vor, doch häufiger ist das Gegenteil: Die *sitzende Lebensweise* sitzt nicht, die *liegende Stellung* liegt nicht, und *im betrunkenen Zustand* ist auch nicht der Zustand betrunken.

Attributions-
analogie

*glückliches neues
Jahr
technischer Direktor
plastischer Chirurg
sitzende Lebens-
weise
liegende Stellung
im betrunkenen
Zustand*

Hänschen klein mit lila Hut
Besonderheiten bei der Beugung von
Eigenschaftswörtern

> Hänschen klein
> ging allein
> in die weite Welt hinein ...

Stellung des attributiven Adjektivs

Hier wurde das Eigenschaftswort *klein* offensichtlich nachgestellt, weil sich das Liedchen reimen mußte; im „Heidenröslein" hat Goethe die uns ungewöhnlich anmutende Wortfolge *Röslein rot* um des Rhythmus willen gewählt. *Aal grün* und *Forelle blau* sind Rezepte aus Urgroßmutters Küche. Heute wird ein Adjektiv nur dann unflektiert seinem Hauptwort nachgestellt, wenn der Texter sich davon eine nachhaltige Wirkung verspricht: *Henkell trocken, Kardinal rot, Novopanplatten roh, Aral super*.

unflektiertes attributives Adjektiv

Unflektierte attributive Adjektive kommen noch in formelhaften Wendungen vor:

> unser täglich Brot, mein Vater selig, echt Gold, ruhig Blut, auf gut Glück, gut Ding will Weile haben, mit fließend Wasser.

Schweizerisches: *alt* ...

In der Schweiz leben noch *alt Schreinermeister*, die wir längst *Altschreinermeister* schreiben würden (analog zu *Altgeselle, Altbundespräsident, Alteisen*). Im heutigen Deutsch beugen wir das attributive Adjektiv – mit einer Ausnahme:

Farbadjektive

 Farbadjektive, die aus Substantiven hervorgegangen sind, bleiben ungebeugt.

Hüte in Lila

Ich weiß nicht, ob Sie sich noch erinnern, es ist schon einige Jahre her, da war Lila der Mode letzter Schrei. „Modebewußte Damen" und alle, die dafür gehalten werden wollten, waren von Kopf bis Fuß auf Lila eingestellt: Röcke, Jacken, Kleider, Mäntel, Schuhe, Handtaschen – alles lila. Natürlich in verschiedenen Nuancen: *mehrere Lila* („mehrere Lilas" gilt als umgangssprachlich. Ein ‚-s' erhält nach Duden nur der Genitiv substantivierter Farbbezeichnungen: ein Tupfen *dieses Blaus, dieses Lilas*). Aber jetzt kommt's: Trug die Weiblichkeit damals lila, lilane oder lilafarbene Hüte?

Wer es nicht nur den Mode-, sondern auch den Sprachdiktatoren recht machen wollte, durfte sich „lilane Hüte" nicht leisten. Farbadjektive, die aus Substantiven hervorgegangen sind und aus andern Sprachen stammen, werden nicht gebeugt. *lila* kommt von französisch *lilas* = Flieder. Man darf attributiv die ungebeugte Form benutzen: *lila Hüte, orange Kissenbezüge, oliv Strickjacken, eine rosa Schleife*. Besser aber hängt man *-farben* an:

lila
orange
oliv
rosa

lilafarbene Hüte, orangefarbene Kissenbezüge, olivfarbene Strickjacken, eine rosafarbene Schleife. Das Deklinieren von Farbadjektiven wird von Grammatikern auch dann nicht gern gesehen, wenn man des Wohlklangs wegen ein ‚n' zwischenschiebt. Mit anderen Worten: „rosane Schleifen" auf „lilanen Hüten" sind sprachlich nicht Zeichen guten Geschmacks.

In Eduard Mörikes Gedicht „Der Gärtner" wippt – um des Rhythmus willen – ein „rosen*farbs* Hütlein".

Übrigens unterbleibt die Beugung nicht nur bei den erwähnten Farbadjektiven. Die umgangssprachlichen Ausdrücke *klasse* und *prima* bleiben als attributive Adjektive unflektiert: *ein klasse Film, ein prima Kumpel.*

klasse
prima

„Dieser Fehler ist ein häufiger"

Ja, denn viele haben vergessen, daß man dem Substantiv nachgestellte – das sind prädikativ oder aussagend gebrauchte – Eigenschaftswörter nicht beugt. Richtig heißt es: dieser Fehler *ist häufig*, das Ergebnis der Umfrage *ist bemerkenswert* (und nicht: ist ein häufiger, ist ein bemerkenswertes); auch: wir können die Aufführung *als gelungen* ansehen (und nicht: als eine gelungene). Berechtigt ist die Beugung aussagend gebrauchter Eigenschaftswörter nur dann, wenn sie klassifizieren:

Adjektiv als Artangabe

Dieses Fernrohr ist *ein japanisches, kein deutsches.*

Eine solche Satzkonstruktion muß man sich als elliptische Bildung erklären (Ellipse = Satz, bei dem etwas ausgelassen ist):

Ellipse

Dieses Fernrohr ist ein japanisches, kein deutsches *(Fernrohr).*

Frohes Herzens genießen –

daran findet heute niemand mehr Geschmack. Lebenskünstler und Grammatiker stimmen darin überein, daß man sein Leben *frohen* Herzens zu genießen habe.

Steht ein Eigenschaftswort allein vor einem Hauptwort, muß es stark gebeugt werden; die starke Adjektivdeklination stimmt in ihren Endungen mit den entsprechenden Formen des bestimmten Artikels überein (vgl. Seite 642). Da wir *des Herzens* sagen, wäre *frohes Herzens* zu erwarten. Diese starke Form galt bis vor etwa zweihundert Jahren auch als allein richtig. Jacob Grimm schrieb noch 1856 in seiner Vorrede zum Deutschen Wörterbuch:

frohen Herzens

„Eingedenk des uralten Spruches, daß ein Bruder dem anderen wie die Hand der Hand helfe, übernehmen wir *williges und beherztes Entschlusses*, ohne langes Fackeln das dargereichte Geschäft."

Auch auf Konrad Dudens Grabstein in Bad Hersfeld (Duden starb 1911) findet sich in der Inschrift

„reines Herzens" schreibt auch Luther in seiner Übersetzung der Bergpredigt.

Selig sind, die reines Herzens sind

Kakophonie

die starke Form des Adjektivs, doch das ist ein Zitat. Inzwischen empfand man die Häufung des Zischlautes als unangenehm und bevorzugte die schwachen Formen des Adjektivs auf ‚-en': *willigen und beherzten Entschlusses, reinen Herzens, eiligen Schrittes*. Heute sind im Genitiv Singular der männlichen und sächlichen Adjektive nur die schwachen Formen üblich (vgl. Seite 643).

‚s'-Laut
allen Ernstes
allenfalls
jedenfalls
keinesfalls

Das Bestreben, aus Gründen des Wohlklangs die Wiederholung der ‚s'-Laute zu vermeiden, zeigt sich auch anderweitig. Wir sagen bereits *allen Ernstes* (statt: alles Ernstes), ebenso *allenfalls* und *jedenfalls*, aber *keinesfalls*.

Eine Regel, die nicht immer befolgt wird

Parallelbeugung

 Mehrere beieinander vor einem Substantiv stehende Adjektive werden auf gleiche Weise (parallel) gebeugt, ob sie nun durch ‚und' oder ‚oder' verbunden, durch ein Komma oder durch ein zwischengeschobenes Satzglied getrennt oder unmittelbar nebeneinandergestellt sind.

Schlechtes Briefpapier erschwert die Schreibarbeit und macht keinen guten Eindruck. Darum schreibt man seine Briefe auf *gutes, holzfreies* Papier – und hat dabei keinerlei Hemmungen, die beiden beieinanderstehenden Adjektive im Akkusativ auf gleiche Weise zu beugen, also parallel. Nur im Dativ zögern viele, weil sie nicht wissen, ob sie nun auf *gutem, holzfreiem* oder auf *gutem, holzfreien* Papier schreiben. Letzteres wäre falsch, hier muß grundsätzlich parallel gebeugt werden: *auf gutem, holzfreiem Papier*.

Unsicherheit im Sprachlichen hat gewöhnlich ihre Gründe. Hier liegt der Grund darin, daß früher die gerade genannte Regel in einem Fall nicht galt, allerdings war diese Ausnahme umstritten. Manche Grammatiker vertraten seinerzeit die Ansicht, daß von zwei nebeneinander vor einem Maskulinum oder einem Neutrum stehenden Adjektiven, die nicht durch ein Komma getrennt werden, das erste stark, das zweite schwach gebeugt werden müsse: *mit erheblichem finanziellen Aufwand* galt bis vor kurzem als richtig. Dann aber einigte man sich dahingehend, daß zwei eng zusammengehörige und deshalb nicht durch ein Komma getrennte Adjektive ebenfalls parallel zu beugen sind; schließlich sagen wir ja auch: *mit erheblicher finanzieller Belastung* (und nicht: mit erheblicher finanziellen Belastung).

Zu dieser Vereinheitlichung gelangten die Grammatiker Mitte der fünfziger Jahre. Seither kann der kleine Mann sein Häuschen, falls der Kredit reicht, sprachlich ganz korrekt nur *mit erheblichem finanziellem Aufwand* bauen. Fühlt sich der Bauherr jedoch durch die Wiederholung des ‚m'-Lautes zu sehr gestört, darf er in diesem Punkt nach Väter Sitte von der Parallelbeugungsregel abweichen.

Unterzeichnende, Unbesonnene und Beamte

In unsern Büros zerbricht man sich noch immer den Kopf, wie der Herr heißt, der einen Geschäftsbrief unterzeichnet: a) *der Unterzeichnete*, b) *der Unterzeichnende*, c) *der Unterzeichner*.

Zu a): Wenn ich unterlegen bin, bin ich ein Unterlegener. Da aber nicht ich unterzeichnet bin, sondern der Brief unterzeichnet ist, bin nicht ich, sondern ist eigentlich der Brief der Unterzeichnete. Das wenigstens meine ich. Die Dudenredaktion urteilt anders; sie sieht im *Unterzeichneten* einen, der *sich unterzeichnet hat*, und hält den *Unterzeichneten* für ein bißchen angestaubt, aber für korrekt.

unterzeichnen

Unterzeichneter

Zu b): „Da ein Brief weder während des Schreibens noch während des Lesens unterzeichnet wird, kann man das 1. Partizip *der Unterzeichnende* nicht verwenden." So zu lesen im Großen Duden, Band 9. Nach Ansicht der Dudenredaktion ist also der Unterzeichnende nur in den wenigen Sekunden des Unterzeichnens ein Unterzeichnender. Trifft das wirklich zu? Zweifellos besteht die Dudenredaktion aus lauter klugen Köpfen – aber es haben sich auch schon kluge Leute geirrt. Ein aus einem Verb *(unterzeichnen)* hervorgegangenes substantiviertes Präsenspartizip *(Unterzeichnender)* steht mit seinem Inhalt auf der Grenze zwischen Verb und Substantiv, in ihm drückt sich nicht nur das Handeln aus (unterzeichnen), sondern auch die Person, die handelt. Mir scheint, der *Unterzeichnende* hat für mehr als die kurze Spanne des Unterzeichnens Daseinsberechtigung – wie ja auch ein *Gewerbetreibender* nicht aufhört, ein Gewerbetreibender zu sein, wenn er sein Gewerbe nicht betreibt, sondern im Bett liegt und schläft.

Unterzeichnender

Zu c): Der *Unterzeichner* ist nur einem Herrn zu empfehlen, der nicht ängstlich auf sein Prestige bedacht sein muß – man könnte ihn für einen U n t e r zeichner halten.

Unterzeichner

Doch nun zur Deklination: Ein Unbesonnener, ein Tüchtiger, ein Jugendlicher, ein Verwandter, ein Bekannter, ein Vorsitzender, ein Angestellter, ein Beamter, ein Abgeordneter – alle diese Herren haben ihre sprachliche Existenz einer Eigenschaft zu verdanken, dem Unbesonnen-, Tüchtig-, Jugendlich-, Verwandt- und Bekanntsein und so weiter. Im allgemeinen werden substantivierte Eigenschaftswörter und Partizipien wie attributive Adjektive dekliniert (vgl. Seite 647). Es heißt: *ihm als tüchtigem Mitarbeiter*, demzufolge auch: *ihm als Tüchtigem*. Also müßte man erwarten, daß nun der Dativ in der Apposition mit ‚als' bei den genannten Beispielen einheitlich ein ‚-m' bekommt. Doch dem ist nicht so. *ihm als Unbesonnenem* ist richtig – „ihm als Beamtem", das sagt keiner. Bei den Beispielwörtern handelt es sich um substantivierte Adjektive und Partizipien, um Wörter also, die einerseits keinesfalls mehr als Eigenschaftswörter anzusehen sind, andererseits aber auch noch nicht recht zu den Hauptwörtern gehören. Aus dieser Zwitterstellung erklären sich die vielen Schwankungen in der Deklination. Wir sagen: *ihm als Unbesonnenem* (adjektivische Deklination), weil wir hier an die Eigenschaft Unbesonnenheit denken, aber wir sagen: *ihm als Beamten* (substantivische Deklination), weil ein Beamter für uns ein Angehöriger des Beamtenstandes ist. In welchem Maße *der Beamte* Substantiv geworden ist, zeigt sein weibliches Pendant: Wir sagen *der Angestellte – die Angestellte*, aber *der Beamte – die Beamtin*, mit *-in*-Suffix wie in *Lehrerin, Freundin*. – Bei den übrigen genannten Beispielen sind beide Formen möglich *(ihm als Vorsitzendem/n)*, die Formen auf ‚-n' sind heute üblicher.

substantivierte Adjektive und Partizipien

Apposition mit ‚als'

Beamter
Beamtin
Angestellter
Angestellte

Vorsitzender

Testbogen 20

1 Ein größerer Betrieb möchte eine eigene Fußballmannschaft aufstellen. Der Betriebsleiter hat zu diesem Zweck ein Rundschreiben verfaßt, weiß aber nicht recht, was er drüberschreiben soll. Wie würden Sie es machen?

a) Liebe junge Kollegen!   b) Liebe jungen Kollegen!

Parallelbeugung

1 Nur Beispiel a) ist richtig. Stehen vor einem Substantiv zwei gleichwertige attributive Adjektive, so sind beide p a r a l l e l zu beugen, sie bekommen die gleichen Endungen (vgl. Seite 280). Geht den beiden Adjektiven weder Geschlechts- noch Fürwort voran, werden beide stark gebeugt: *Liebe junge Kollegen!* Geht aber ein Fürwort voran, wird schwach gebeugt, das heißt, beide Adjektive erhalten die Endung ‚-en': *Meine lieben jungen Kollegen!*

2 *Der von allen Mitarbeitern unterschriebene Glückwunsch* macht sprachlich keine Schwierigkeiten. Aber das dicke Ende kommt, wenn man sich bedanken muß: „Ihr von allen Mitarbeitern unterschrieb... Glückwunsch hat mich sehr gefreut." Wie muß es wohl heißen?

2 Das fragliche Eigenschaftswort hängt hier von dem Fürwort *Ihr* ab. In diesem Fall wird es gebeugt, als hinge es von dem unbestimmten Geschlechtswort *ein* ab, nämlich stark: *Ihr (ein) von allen Mitarbeitern unterschrieben e r Glückwunsch.* Nach dem bestimmten Artikel *der* wird dagegen das Adjektiv schwach dekliniert: *der von allen Mitarbeitern unterschrieben e Glückwunsch.* Dementsprechend heißt es: *unser an die Firma Müller gerichtetes Schreiben*, aber: *das an die Firma Müller gerichtete Schreiben; euer in der vorigen Woche abgeschickter Bericht*, aber: *der von euch in der vorigen Woche abgeschickte Bericht.*

3 Welche der beiden Versionen ist richtig?

Apposition mit ‚als'

a) *Ich kannte Peter H. schon als 13jähriger Oberschüler.*
b) *Ich kannte Peter H. schon als 13jährigen Oberschüler.*

3 Richtig sind b e i d e , nur die B e d e u t u n g i s t v e r s c h i e d e n :

a) Ich war der 13jährige Oberschüler.
b) Peter H. war der 13jährige Oberschüler.

4 Kann, wer jahrelang bei einer Firma angestellt ist und plötzlich einen ehrgeizigen Abteilungsleiter vor die Nase gesetzt bekommt, sich in Übereinstimmung mit den Regeln der Grammatik folgendermaßen entrüsten: „Ausgerechnet *mir als langjähriger Angestellter* will dieser Herr jetzt Vorschriften machen!"?

4 Die entrüsteten Worte sind völlig richtig, vorausgesetzt, daß sie aus dem Munde eines w e i b l i c h e n Wesens kommen, einer Angestellten. Die Dame hätte auch sagen können: ‚Ausgerechnet mir als langjähriger Angestellten...' Ein Angestellter hätte in einem solchen Fall erklärt: ‚Ausgerechnet mir als langjährigem Angestellten...'

als leitet hier eine Apposition ein, und die sollte im gleichen Fall stehen wie das Wort, von dem sie abhängt, hier im Dativ. Der Dativ von *ich als langjähriger Angestellter* lautet richtig: *mir als langjährigem Angestellten*, allerdings wird auch die Form mit schwach gebeugtem Adjektiv, *mir als langjährigen Angestellten*, von verschiedenen Grammatiken als sprachüblich registriert. Ich wäre dafür, hier deutlich zwischen Dativ und Akkusativ zu unterscheiden; Dativ: *mir als langjährigem Angestellten, ihm als treuem Beamten, ihm als wiedergewähltem Abgeordneten*; aber Akkusativ: *für mich als langjährigen Angestellten, für ihn als treuen Beamten, für ihn als wiedergewählten Abgeordneten*.

Angestellter

5 Fährt, wer nicht motorisiert ist, mit der Elektrische oder mit der Elektrischen?

5 Sie haben ganz recht, er nimmt die Straßenbahn. Das Wort *Elektrische* ist zu einer Zeit entstanden, als man noch zwischen der elektrischen Straßenbahn und der Pferdestraßenbahn unterschied. Der Eigenschaft ‚elektrisch' kam damals so viel Bedeutung zu, daß man die *elektrische Straßenbahn* ohne ihr Stützwort als Substantiv gebrauchte: *die Elektrische*. Heute nimmt man die Elektrizität als selbstverständlich hin und fährt mit der Straßenbahn. Trotzdem sollte man sich klar darüber sein, daß *Elektrische* im Dativ Singular noch wie ein Adjektiv flektiert wird: *mit der Elektrischen fahren*.

Elektrische

Pars pro toto

6 Und das ist jetzt sehr neudeutsch:

a) *Als Schuldige an der Eisenbahnkatastrophe wurden heute der Lokführer und der Schrankenwärter verurteilt.*

b) *Der Bundespräsident sprach den Beteiligten an der Rettungsaktion seine Glückwünsche aus.*

Worin stimmen beide Beispielsätze – formal gesehen – überein?

6 *Schuldige* (Satz a) ist ein substantiviertes Adjektiv, *Beteiligte* (Satz b) ein substantiviertes Partizip. Solche Substantivierungen stehen auf der Grenze zwischen ihrer ursprünglichen Wortart und der Wortart Substantiv. Wären sie reine Substantive, könnte von ihnen nur ein Genitivattribut, kein Präpositionalattribut abhängen: *die Schuldigen der Eisenbahnkatastrophe* = die Verursacher der Katastrophe, das geht. Aber „die Beteiligten der Rettungsaktion" (nach dem Muster: die Initiatoren der Rettungsaktion), das geht nicht; hier wirkt die ursprüngliche Wortart Verb noch zu stark. In gutem Deutsch steht deshalb das Präpositionalattribut **vor dem substantivierten Adjektiv oder Partizip**: *Als an der Eisenbahnkatastrophe Schuldige..., ...sprach den an der Rettungsaktion Beteiligten...*

Stellung des Präpositionalattributs vor dem substantivierten Adjektiv / Partizip

Endung richtig, alles richtig
Die häufigsten Endungen der Eigenschaftswörter und ihre Bedeutung

Adjektivsuffixe

Die Endungen oder Suffixe der Adjektive sind durchaus nicht so bedeutungslos, wie es auf den ersten Blick scheint. Oft charakterisieren oder färben sie das Wort, zu dem sie gehören, in einer ganz bestimmten Weise und heben es damit deutlich von andern, ähnlich klingenden Wörtern ab.

-lich / -isch

-lich
-isch

-lich bezeichnet Zugehörigkeit, Bezüglichkeit und Merkmale aller Art, ohne zu werten, *-isch* dagegen drückt oft eine negative Eigenschaft aus: *neidisches* Wesen, *schnippische* Äußerung, *tierischer* Ernst, *wetterwendisches* Geschöpf. Wo es Doppelformen gibt, bringt *-isch* eindeutig Tadel und Abwertung zum Ausdruck:

Immer mehr Kirchenleute geben die *seelsorgerische* Tätigkeit zugunsten der *seelsorgerlichen* auf.

bäuerlich	– bäuerisch	herrlich	– herrisch
dörflich	– dörfisch	kindlich	– kindisch
gläubig	– abergläubisch	parteilich	– parteiisch
dienlich	– liebedienerisch	väterlich	– altväterisch

weibisch
weiblich

Hier liegen die Dinge sehr einfach. Wir laufen kaum Gefahr, aus Unkenntnis auf die falsche Endung zu verfallen, dann daß ein *weibisches* Wesen etwas anderes als ein *weibliches* ist, merkt jeder sofort.

heimisch
heimelig
heimlich

Doch weil zur Regel auch die Ausnahmen gehören: Wieder einmal die *heimische* (heimatliche) Mundart zu hören, das kann *heimelig* (anheimelnd) sein und vielleicht auch etwas, was man sich schon lange *heimlich* gewünscht hat. *heimisch* gehört zu den *-isch*-Adjektiven, denen nichts Abwertendes anhaftet.

-ig
-lich

-ig / -lich

dreiwöchig
dreiwöchentlich
viermonatlich
viermonatig

halbstündlich
halbstündig

Eine *dreiwöchige* Kur dauert drei Wochen, eine *dreiwöchentliche* Besprechung findet alle drei Wochen statt. Ein *viermonatliches* Wiedersehen mit Onkel Eduard könnte vergnüglich werden, ein *viermonatiges* unter Umständen auf die Nerven gehen. Ein anderes Beispiel: Zwischen A-Stadt und B-Dorf verkehrt der Autobus *halbstündlich*. B-Dorf ist etwa 30 km von A-Stadt entfernt, so daß man diesen kleinen Ort mit seinem sehenswerten Kloster von A-Stadt aus nach einer *halbstündigen* Busfahrt erreichen kann. – Bei Zeitbestimmungen gibt also *-ig* die Dauer an, *-lich* die regelmäßige Wiederkehr.

jährlich

Das ist eine klare Unterscheidung, nur richtet sich die Sprache nicht immer danach. Bei *jährlicher* Abrechnung wird einmal im Jahr abgerechnet, aber:

-jährig

Zum 25jährigen Geschäftsjubiläum gratulieren wir herzlich.

Ist das richtig? Kann ein Jubiläum *25jährig* sein? *-jährig* bezeichnet die Dauer *(ein 25jähriger Aufenthalt)* oder das Alter *(ein 25jähriger Kaufmann)*. Ein 25jähriges Jubiläum hat weder 25 Jahre gedauert, noch ist es 25 Jahre alt. Der Ausdruck entbehrt jeder Logik, hat sich aber eingebürgert und gilt heute nicht mehr als falsch. Besser aber schreibt man:

> Zum 25jährigen Bestehen Ihres Geschäfts gratulieren wir herzlich.

Übrigens, wenn X seit 10 Jahren Kunde bei Firma Y ist, dann ist X zwar kein 10jähriger Kunde, aber ein *langjähriger*. Wieso *langjährig*? Hat nicht jedes Jahr rund 365 Tage? Auch hier hat sich der Sprachgebrauch über die Logik hinweggesetzt.

langjährig

Doppelformen, die sich nicht auf Zeitangaben beziehen, sind selten.

Ein Streitfall, der öfter auftaucht, ist die Frage, ob der Fremdsprachenunterricht fremdsprachlich oder fremdsprachig ist. Nach neueren didaktischen Erkenntnissen sollte er beides sein, nicht nur *fremdsprachlich*, also nicht nur die fremde Sprache zum Gegenstand der Darstellung haben, sondern auch *fremdsprachig*, das heißt in der fremden Sprache abgehalten werden. *fremdsprachlich* heißt: a u s einer fremden Sprache (stammend), in einer fremden Sprache vorkommend. *fremdsprachig* heißt: i n einer fremden Sprache (abgefaßt), eine fremde Sprache sprechend. Fremdwörter sind eigentlich *fremdsprachliche Wörter*, weil sie aus einer fremden Sprache stammen; Ausländer sind *fremdsprachig*, weil sie eine fremde Sprache sprechen.

fremdsprachlich

fremdsprachig

Auch *farbig* und *farblich* ist zweierlei. *farblich* bedeutet ‚die Farbe betreffend', *farbig* ‚Farbe aufweisend, nicht schwarzweiß'. Tapeziert man ein Zimmer *verschiedenfarbig*, dann müssen die Tapeten *farblich* aufeinander abgestimmt sein.

farbig
farblich

Zwischen *schaurig* und *schauerlich* ist der Unterschied nicht groß, doch haben wir eine Reihe von Wortpaaren, bei denen es sehr darauf ankommt, die jeweils richtige Hälfte zu erwischen:

geistig	– geistlich	sinnig	– sinnlich
geschäftig	– geschäftlich	zeitig	– zeitlich
herzig	– herzlich	tätig	– tätlich
ungläubig	– unglaublich	nervig	– feinnervig

Nur als Anhaltspunkt: Adjektive auf *-ig* gelten als Eindruckswörter; sie kennzeichnen vielfach den Eindruck, den man von einer Sache oder einem Menschen hat.

Anders als die Adjektive auf *-isch*, entziehen sich diese Wortpaare jeder Systematisierung. Hier hilft nichts als im Wörterbuch nachschlagen, bis man genau weiß, welche Bedeutung man welchem Wort zuordnen muß.

-istisch

-istisch

Wir leben, wie man seit einigen Jahren sagt, in einer *pluralistischen* Gesellschaft. Mit dem relativ jungen Fremdwort meinen wir eine Gesellschaftsordnung, die einer Vielfalt von Ansichten und Wertvorstellungen Raum zur Entfaltung bietet. Die meisten von uns bejahen diese Gesellschaftsform, sind stolz auf sie und nennen sie trotzdem *pluralistisch* und nicht *plural*.

pluralistisch

plural

pluralisch

Warum? Wer jetzt meint, *plural* gehe nicht, weil es schon das zu *Plural* (Mehrzahl) gehörende Adjektiv sei, täuscht sich, denn das heißt *pluralisch*. Und wer meint, es komme doch aufs gleiche heraus, ob man von einer *pluralen* oder einer *pluralistischen* Gesellschaft spricht, täuscht sich noch mehr. Der Unterschied liegt in der Endung *-istisch*; sie ist nur bei einer verhältnismäßig kleinen Zahl von Adjektiven ein wertneutrales Anhängsel, so bei *statistisch, juristisch, charakteristisch, romanistisch, stilistisch, buddhistisch, impressionistisch*. In der weitaus größeren Zahl kennzeichnet *-istisch* ein sehr einseitiges Verhalten: *egoistisch, chauvinistisch, snobistisch, masochistisch, sadistisch, militaristisch, nazistisch, terroristisch* – all das weckt keine erfreulichen Vorstellungen, und selbst Wörter wie *euphemistisch* (beschönigend), *anachronistisch* (zeitwidrig) oder *sophistisch* (spitzfindig) haben einen unangenehmen Beigeschmack.

euphemistisch
anachronistisch
sophistisch

national

nationalistisch
sozial
sozialistisch
progressiv
progressistisch

kapital
kapitalistisch

Wo es Doppelformen gibt, gilt es zu unterscheiden. Man sagt *national*, wenn etwas die Nation(en) betrifft (*nationaler* Feiertag, *nationale* Gegensätze), und *nationalistisch*, wenn man eine Übersteigerung, eine Zuspitzung meint. Wer *sozial* denkt, muß nicht *sozialistisch* wählen; eine Partei, die sich selbst für *progressiv* (fortschrittlich) hält, wird von Außenstehenden oft als *progressistisch* eingestuft, als übertrieben fortschrittlich, auch als fortschrittsgläubig. Überhaupt fällt auf, daß *-istisch* häufig Distanz zu einer Gruppe ausdrückt. Heute weiß man zwar auch auf dem Gebiet der früheren DDR, daß es ein *kapitaler* (riesengroßer) Fehler war, aber jahrzehntelang waren die Bundesdeutschen für das SED-Regime der *kapitalistische* Klassenfeind, während sie sich selbst allenfalls als Wohlstandsbürger betrachteten, froh darüber, in einer „pluralistischen" Gesellschaft zu leben, die eigentlich *plurale* genannt werden müßte.

Ein paar weitere Beispiele:

neutral		(mehr oder minder) **negativ**
extrem	–	extremistisch (radikal)
feminin	–	feministisch (emanzipiert)
modern	–	modernistisch (hypermodern)
opportun	–	opportunistisch (angepaßt handelnd)
ideal	–	idealistisch (realitätsfern)
zentral	–	zentralistisch (staatlich gelenkt)
pur	–	puristisch (auf fremdwortfreies Deutsch versessen)

pazifistisch
pazifisch

Natürlich gibt es auch Wortpaare, die nicht ins Schema passen wollen. So ist *pazifistisch* kein gesteigertes *pazifisch*, obwohl beide Wörter die gleiche Wurzel haben. Im *Pazifik*, dem Stillen Ozean, wie im *Pazifismus* steckt lateinisch *pax*, der Friede.

-lich
-bar

unvergeßlich
unvergeßbar

-lich

-lich / -bar

In Todesanzeigen taucht immer wieder der liebe, *unvergeßliche* Vater auf. Inzwischen habe ich mitbekommen, daß mit *unvergeßlich* nicht ein nicht vergeßlicher, sondern ein *unvergeßbarer* Vater gemeint ist, mithin ein Mann, den man nie und nimmer vergessen zu können glaubt.
unvergeßlich ist richtig gebildet, nur ist es nicht so deutlich wie *unvergeßbar*.

Das Suffix -bar hat, von wenigen Ausnahmen wie *streitbar* abgesehen, eindeutig passivischen Sinn; -lich (aus germanisch -*lika* = ‚Leib', ‚Leben', ‚Wesenskraft') kann auch aktivische Bedeutung haben, es dient heute ganz allgemein zur Kennzeichnung von Merkmalen und Eigenschaften, während -*bar* gewöhnlich auf eine Möglichkeit hinweist:

-bar
streitbar

    löslich = was sich auflöst (Pulver)
    lösbar = was gelöst werden kann (Verbindung)
    zerbrechlich = was leicht zerbricht (Glas)
    brechbar = was gebrochen werden kann (Gestein)

löslich
lösbar
zerbrechlich
brechbar

Wählen Sie da, wo Sie durch ein Adjektiv eine Möglichkeit *(kann... werden)* ausdrücken wollen, lieber die Form auf -*bar*, sie ist deutlicher. Vorausgesetzt, der Ausdruck ist auch sonst in Ordnung.

Was ist ein steuerbares Luftschiff? Ein Luftschiff, das man steuern kann. Was ist ein steuerbarer Wagen? Ein Wagen, den man steuern kann. Was ist ein steuerbarer Umsatz? Ein Umsatz, den man steuern kann, also ein manipulierbarer Umsatz? Nein, genau das Gegenteil ist gemeint: es ist der feststehende Umsatz, den man versteuern muß oder der besteuert wird. Trotzdem verlangte mein Finanzamt lange Zeit von mir, daß ich meine *steuerbaren Umsätze* angebe. Deutlicher für einen begriffsstutzigen Menschen meines Schlages ist allemal der Ausdruck, den es heute gebraucht: *steuerpflichtige Umsätze.*

steuerbar

steuerpflichtig

-bar / -fähig

Ist Butter, die man aus der Tiefkühltruhe nimmt, nicht *streichbar* oder nicht *streichfähig*? Gar nicht so einfach zu sagen. Ich bin für *streichbar* – die Werbeleute allerdings produzieren seit Jahren *streichfähigen Käse* und *streichfähige Pflanzenfette* und damit nicht einmal ausgesprochen falsches Deutsch. – Informieren wir uns kurz über die Herkunft der Suffixe -*bar* und -*fähig* und ihre Bedeutung.

-bar
-fähig

streichbar
streichfähig

Die Nachsilbe -*bar* ist Überbleibsel eines uns in Zusammensetzungen überlieferten Adjektivs zum germanischen Verb *bëran*, das ‚(Frucht) tragen' bedeutete (vgl. Seite 25). Schon im Mittelhochdeutschen geriet die Bedeutung ‚tragend' in Vergessenheit, und -*bar*, damals -*bære*, wurde mit allen möglichen Wörtern gekoppelt: *eselbære* bedeutete nicht ‚einen Esel tragend', sondern ‚sich wie ein Esel benehmend'. Im Neuhochdeutschen erfolgte eine strenge Funktionalisierung: -*bar* gab dem Adjektiv eindeutig passivischen Sinn. *lenkbar* bedeutet ‚kann gelenkt werden', *lesbar* ‚kann gelesen werden'. Wir sprechen von einem *tragbaren* Fernsehgerät, weil es getragen werden kann, und von einer Brücke, die *tragfähig* ist, weil sie selbst tragen kann. -*fähig* drückt im allgemeinen die aktive Situation aus:

tragbar
tragfähig

    standfähig, widerstandsfähig, aufnahmefähig, gehfähig, wahlfähig, stimmfähig, schwimmfähig, zahlungsfähig, erwerbsfähig, verhandlungsfähig, leistungsfähig, urteilsfähig und sogar *heiratsfähig*

kann der Mensch sein – alles Eigenschaften mit aktivem Sinn.

einbaufähig
einbaubar

Eine Küchenmaschine ist nicht *einbaufähig*, sondern *einbaubar*. Einbaufähig, also fähig, sie einzubauen, ist nach meiner Meinung der Handwerker, der den Einbau ausführt. Auch das neudeutsche *preisbindungsfähig*, ein Wort, das im Zusammenhang mit der Diskussion um den Markenartikel aufgetaucht ist, müßte ‚preisbindbar' heißen. Preisbindungsfähig, zur Preisbindung fähig, ist der Unternehmer, nicht sein Fabrikat. Ferner gibt es auf jeder Einkommensteuererklärung eine Rubrik für *abzugsfähige* Sonderausgaben. Wären diese Ausgaben wirklich abzugsfähig, müßten sie sich selbst abziehen können, was den Finanzbeamten manche Arbeit sparen würde. Warum sagen wir nicht *abziehbare* Sonderausgaben? Wir sprechen doch auch von *abschreibbaren* (und nicht: abschreibungsfähigen) Investitionsgütern, womit wir Maschinen meinen, von deren Buchwert jährlich für Abnützung oder Verschleiß eine bestimmte Summe abgeschrieben werden kann.

abzugsfähig
abziehbar

abschreibbar

badefähig

zustimmungsfähig

Vor kurzem konnte man in der Zeitung lesen, die Elbe werde in ein paar Jahren wieder *badefähig* sein – als ob die Elbe selber baden ginge! – Im Mai 1990 hielt die bundesdeutsche SPD den Einigungsvertrag in seiner ursprünglichen Form für *nicht zustimmungsfähig*. Das war er in der Tat nicht, weil nicht der Vertrag zustimmen konnte, sondern nur die SPD. Aber sie zierte sich, denn ihr schien der Vertrag *nicht annehmbar* oder *nicht akzeptabel*. – Im Jahr zuvor hatte ein Gericht die Klage einer 77jährigen Feministin abgewiesen, die an dem Wort ‚Altweibersommer' Anstoß genommen hatte. Das Gericht war zu dem sonderbaren Schluß gekommen, daß die Klägerin „in bezug auf die Verwendung des Begriffs ‚Altweibersommer' nicht *beleidigungsfähig*" sei. Wer oder was war da nicht beleidigungsfähig? Doch nur das unschuldige Wort, das niemanden *beleidigen kann* (aktiv). Die Klägerin hingegen hatte sich nicht darauf berufen können, daß sie als Mitglied einer insgesamt durch den Begriff ‚Altweibersommer' herabgewürdigten Gruppe *beleidigt werde* (passiv).

beleidigungsfähig

-*bar*
-*fähig*

Mit den Nachsilben -*bar* und -*fähig* haben wir ein ausgezeichnetes Mittel an der Hand, das, was wir sagen wollen, zu modifizieren und zu präzisieren. Doch so eindeutig unsere Unterscheidung zwischen -*bar* (passiv) und -*fähig* (aktiv) auch zu sein scheint, sie stimmt nicht mit dem Sprachgebrauch überein. Zu unterstellen, daß -*fähig* ausschließlich aktive Bedeutung habe, hieße mehr in das Wort hineindeuten, als in ihm steckt. Die Grundbedeutung von *fähig* war ‚imstande, etwas zu fassen'. Das klingt noch durch in der Wendung ‚neuer Eindrücke fähig sein', doch hat sich die alte Bedeutung längst erweitert. Heute ist -*fähig* in Zusammensetzungen vielfach zu einem Suffix verblaßt, das nur noch ausdrückt, daß dieses oder jenes möglich sei. Manchen Bildungen auf -*fähig* sieht man nicht an, ob sie aktiv oder passiv gemeint sind: *lieferungsfähig* = ‚lieferbar' (passiv) oder ‚in der Lage zu liefern' (aktiv); *ausdehnungsfähig* = ‚ausdehnbar' oder ‚imstande, sich auszudehnen'.

Seit damals, als viele der Älteren von uns *kriegsverwendungsfähig* und *fronteinsatzfähig* waren, überwuchern die Bildungen mit -*fähig* langsam, aber stetig die mit -*bar*. Wir können diesen Vorgang nicht stoppen, doch wir wollen uns klarmachen, daß die vielen doppelgesichtigen Wörter auf -*fähig* keine Bereicherung für unsere Sprache sind, eben weil man ihnen nicht ohne weiteres ansieht, ob sie aktiv oder passiv gemeint sind. Wählen wir, wo es irgend geht, die älteren Adjektive auf -*bar*, sie haben immer passivische Bedeutung. Sagen wir also, wo es paßt:

nicht	sondern
anwendungsfähig	anwendbar
exportfähig	exportierbar
revisionsfähig	revidierbar
reparaturfähig	reparierbar
aktualisationsfähig	aktualisierbar
zitierfähig	zitierbar

Zu warnen ist allerdings vor dem kaufmännischen „Zahlbar in 30 Tagen". *zahlbar* heißt – wollte man die heute sanktionierte Formel wörtlich auslegen – ‚kann gezahlt werden (muß aber nicht)'. Ein Glück für den Lieferanten, daß die meisten Kunden das nicht merken.

zahlbar

-al / -ell

Adjektive mit den klangvollen Endungen *-al* und *-ell* sind Fremdwörter. Mit Fremdwörtern steht ja mancher auf Kriegsfuß, besonders mit solchen, die sich in Klang und Bedeutung sehr ähnlich sind.

-al
-ell
Fremdwörter

Was ist wohl der Unterschied zwischen *rational* und *rationell*? In beiden Wörtern steckt lateinisch *ratio*, das bedeutet ‚Vernunft'. *rational* hat die Grundbedeutung ‚der Vernunft entsprechend, verstandesmäßig und begrifflich faßbar'. Wenn es wirklich so etwas wie Hellsehen geben sollte, dann ist diese merkwürdige Begabung mit *rationalen* Mitteln nicht zu erfassen; Hellsehen, Wunderheilungen, religiöse Erweckungen gehören in den Bereich des *Irrationalen* (= Nicht-Rationalen). Man kann an solche Dinge glauben, sie aber nicht mit dem Verstand begreifen oder erklären. – *rationell* ist kein Begriff der Philosophie, es gehört dem praktischen Alltag an. Man kann sich seine Zeit *rationell* (zweckmäßig) einteilen; man sollte *rationell* (vernünftig, sparsam) mit seinen Kräften umgehen und immer die *rationellste* (wirtschaftlichste) Arbeitsmethode wählen. „Und das Pech daran ist", schrieb Hans Weigel in den 70er Jahren, „daß man nicht die Hinwendung zur Vernunft, sondern die Zeit- und Kraftersparnis *rationalisieren* nennt." Inzwischen hat auch die Psychologie den Begriff besetzt, sie versteht unter *rationalisieren* die Rechtfertigung irrationalen Handelns durch den Verstand.

rational
rationell

rationalisieren

In einem Frisiersalon konnte man ein Schildchen bewundern, das die Aufschrift trug: „Hier werden Sie real bedient." Gemeint war natürlich: reell. *reell* bedeutet ‚zuverlässig, redlich, ordentlich'. Die Grundbedeutung ‚wirklich', die auch in *reell* steckt, hat sich besser in *real* erhalten. Was wirklich, weil stofflich und greifbar ist, das nennt man ‚real'. *Reallohn* ist der wirkliche Lohn, das, was einem nach Abzug der Preissteigerungen bleibt. Etwas *realisieren* heißt ‚Geplantes verwirklichen'. Mit *Realismus* meint man eine wirklichkeitsnahe Darstellung. Ein *Realist* ist ein Tatsachenmensch.

real
reell

Mit dem Wortpaar *formal* und *formell* kennen Sie sich gewiß aus. Ein *formal* überzeugendes Möbel ist eines, dessen Form den Betrachter überzeugt, ein formschönes Möbel. Auch *formell* bedeutet ‚auf die Form bezogen', allerdings auf die Form des Umgangs mit dem lieben Nächsten, auf die Umgangsformen. *Er war von formeller Höflichkeit* heißt soviel wie ‚Er

formal
formell

war kühl, reserviert und alles andere als herzlich, aber keine Spur unhöflich'. *formell* läßt sich meist mit ‚förmlich' verdeutschen.

informell — Was aber sind *informelle* Gespräche? Dialoge in Hauspantoffeln? Sie könnten es dem Wort nach sein (*in-formell* = nicht formell). Normalerweise aber sind mit *informellen* Gesprächen informatorische gemeint, Gespräche, die man führt, um sich zu informieren.

original — Auch *original* und *originell* ist nicht dasselbe. In beiden Begriffen steckt
originell — lateinisch *origo* (Genitiv: *originis*) = Ursprung. *original* bedeutet ‚ursprünglich, spontan, eigen', *originell* ‚eigenartig' mit dem Nebensinn ‚komisch'. Ein *originales* Kunstwerk kann originell oder nichtssagend, langweilig und fade sein, ein *originelles* original oder nachgeahmt.

-mäßig — **-mäßig / -gemäß**
-gemäß

Die beiden ursprünglich nur selbständigen Wörter *mäßig* und *gemäß* haben mit ‚Maßhalten' nur noch wenig zu tun. Die *verwaltungsmäßige* Sprache hat sie zu bloßen Endungen abgewirtschaftet, und wir haben fleißig dabei mitgeholfen. Manchen glücken Formulierungen wie „Unsere Bank wird zwischenzeitlich *unterschriftsmäßig* auf Sie zukommen". Zu unterstellen, daß Bankangestellte solche Sätze selber prägen, wäre ungerecht. Sie werden ihnen geprägt, nicht selten von Leuten, die Zeitungen und Zeitschriften machen. In einer einzigen Nummer einer Handwerkerzeitschrift fanden sich an solchen mäßigen Zusammensetzungen *verkehrs-, licht-, lüftungs-, luft-, möbel-, farb-* und *größenmäßig*. Die „*gardinenmäßig* komplizierten Fenster" stammen von der Konkurrenz. Und was serviert uns die Tageszeitung? Zum Beispiel die Feststellung des Oberbürgermeisters, daß

> „die Eingemeindung Neuendorfs *verwaltungsmäßig* auf Schwierigkeiten stoße, um so mehr, als sich herausgestellt habe, daß Neuendorf, für das *straßenmäßig* bisher viel zu wenig getan worden sei, auch *verkehrsmäßig* ein Problem darstelle, so daß zu befürchten bleibe, daß eine Eingemeindung *etatmäßig* eher eine Be- als eine Entlastung für X-stadt mit sich bringen würde".

zeitmäßig — Mit solchen „zeitgemäßen" Patentformulierungen kann man „zeitmäßig"
zeitgemäß — eine Menge sparen, man braucht nicht nach dem passenden Ausdruck zu suchen, man kann an jedes x-beliebige Substantiv ein *-mäßig* hängen und damit ungefähr das andeuten, was genauer zu formulieren man zu denkfaul ist. Wer aber Wert auf eine klare, treffsichere Ausdrucksweise legt, sollte sich bewußt machen, wann Bildungen mit *-mäßig* statthaft sind und wann nicht. Mindestens fragwürdig sind sie in jenen Fällen, in denen ein mit *-maß* zusammengesetztes Substantiv (*mittelmäßig* kommt von *Mittelmaß*) nicht existiert. Diese Fälle lassen sich in vier Gruppen gliedern:

1. *-mäßig* ist überflüssig:

   Wir betreiben alle bank- und sparkassenmäßigen Geschäfte
   (... alle Bank- und Sparkassengeschäfte).
   Die raummäßige Einteilung gefällt mir nicht.
   (Die Raumeinteilung ...)

2. *-mäßig* wird mit *gemäß* (= entsprechend, angemessen) verwechselt:

   Eine sachmäßige (sachgemäße) *Entscheidung ist immer richtig.*
   Ich werde mich weisungsmäßig (weisungsgemäß) *verhalten.*

3. *-mäßig* steht – ohne jeden Sinn – nur als Verlegenheitswendung für das treffende Wort:

   seemäßig geeignet verpackt (seefest verpackt),
   listenmäßige Darstellung (Darstellung in Listenform).

4. *-mäßig* steht als Lückenbüßer in einer Aufzählung – doch der Versuchung, die sich bei einer Dreierreihung von Adjektiven ergibt, sollten wir nicht nachgeben:

   Wir suchen einen Mann, der physisch, charakterlich und wissensmäßig in der Lage ist... (besser: *... und seinem Wissen nach ...*);
   eine Aufgabe, die zeitlich, art- und umfangmäßig genau in meine Pläne paßt (besser: *... die zeitlich und nach Art und Umfang ...*)

Nicht in diese Gliederung einordnen läßt sich das mancherorts sehr beliebte *saumäßig*. Oder wüßten Sie, wie man die Meßgröße *Saumaß* bestimmen kann?

-technisch

Auch wenn sich allmählich die Einsicht durchsetzt, daß die Technik dem Menschen zu dienen habe und nicht umgekehrt, benutzt der Mensch die Technik zu gern als vorgeschobenen Grund. Aus technischen Gründen darf dies nicht sein und muß das unterbleiben. Damit die Ausrede glaubwürdiger klingt, wird sie spezifiziert: aus *betriebstechnischen* Gründen bleibt das Schwimmbad geschlossen, aus *verwaltungstechnischen* Gründen wird der Verkauf ins Nebengebäude verlegt, aus *verfahrenstechnischen* Gründen wird dem Antrag nicht stattgegeben. *-technisch* ist wie *-fähig*, *-mäßig* oder auch *-orientiert (praxisorientiert)* und *-bezogen (realitätsbezogen)* zu einem S u f f i x o i d verkommen, zu einem Wort, das einem Suffix (Nachsilbe, lat. *suffixus* = angeheftet) ähnelt (*-oid* aus griech. *-oiedes* = ähnlich). Schuld daran ist nicht erst unsere Generation:

„Was in den Zeitungen aller Parteien auffällt, ist ein von Wichtigkeit triefender und von Fachwörtern schäumender Stil. Die Unart, in alle Sätze ein Fachadverbium hineinzustopfen, ist nunmehr allgemein geworden. Man sagt nicht: ‚Der Tisch ist rund.' Das wäre viel zu einfach. Es heißt ‚Rein *möbeltechnisch* hat der Tisch schon irgendwie eine kreisrunde Gestalt.' So heißt das."

Der das in den 20er Jahren schrieb, hieß Kurt Tucholsky.

Testbogen 21

Aussprache
-ig
-lich

1 Das Suffix ‚-ig' wird am Wortausgang nicht „-ik", sondern „-ich" ausgesprochen. Angeschimmeltes Obst nennt man „schimmelich", schreibt aber *schimm(e)lig*. Bei korrekter Aussprache hört man also dem Wort nicht an, ob es mit ‚-ig' oder mit ‚-ich' geschrieben werden muß. Probieren Sie gleich selbst einmal, welche Endung einzusetzen ist: *bildl..., öl..., ehrl..., fröhl..., überzähl..., stachel...*

1 Haben Sie daran gedacht, daß wir das fertige Wort nur zu v e r l ä n g e r n brauchen? Da wir *-lig-* im Wortinnern zwischen Vokalen (*dreimalige* Aufforderung), nach Dehnungs-‚h' (*mehlige* Substanz) und nach ausgefallenem ‚e' (*nebliger* Morgen) nicht mit ‚ich'-Laut sprechen, hört man bei Verlängerung des Eigenschaftswortes sofort, ob die Endung ‚-ig' an einen auf ‚-l' endenden Wortstamm gehängt wird wie bei *öl/ig* oder ob ‚-lich' eintritt: *ölige* Stimme, *bildliche* Darstellung, *ehrlicher* Makler, *fröhliches* Kind, *überzähliges* Muster, *stach(e)lige* Pflanze.

abschlägig
abschläglich

2 Nehmen wir an, jemand stellt einen Antrag, und der Antrag wird nicht genehmigt. Ist ihm sein Antrag damit *abschlägig* oder *abschläglich* beschieden worden?

2 Am besten sagen wir, sein Antrag sei abgelehnt oder nicht genehmigt worden. Ein Gesuch a b s c h l ä g i g zu bescheiden, das ist Sache der Beamten. *abschläglich* gehört zu *Abschlagszahlung*. Wer etwas auf Raten kauft, der leistet, wenn er sich kaufmännisch ausdrücken möchte, abschlägliche Zahlungen oder Abschlagszahlungen, er kann es sich aber auch einfacher machen und die Ware abzahlen oder – aber das nur umgangssprachlich – abstottern.

3 Setzen Sie bitte die richtige Endung ein: ein *vierzehntäg...* Aufenthalt in Bad Wiessee; die *wöch...* Lohnzahlung; die *sechswöch...* Lohnfortzahlung im Krankheitsfall; ein *dreiwöch...* Säugling; die Planungsbesprechung findet *vierzehntäg...* statt; die Abrechnung erfolgt *halbjähr...*; der Kranke muß *dreistünd...* eine Tablette einnehmen.

3 Lösung: ein *vierzehntägiger Aufenthalt*; die *wöchentliche Lohnzahlung*; die *sechswöchige Lohnfortzahlung*; ein *dreiwöchiger Säugling*; die Besprechung *findet vierzehntäglich statt* (= alle vierzehn Tage einmal); die Abrechnung erfolgt *halbjährlich*; *dreistündlich* eine Tablette einnehmen.

4 „Der Vortragende sprach so leise, daß seine Worte kaum verständig waren", erzählte Jürgen seinem Freund Tobias. Verständlich, daß Tobias grinste. Oder etwa nicht?

verständlich
verständig

4 Leise gesprochene Worte sind kaum v e r s t ä n d l i c h, das heißt: kaum zu verstehen. *verständig* hingegen gehört nicht zu *verstehen*, sondern zu *Verstand*. Ein Vierjähriger, der beim Onkel Doktor nicht weint, zeigt sich *verständig*, hat schon Verstand. Ein Erwachsener, der *verständig* arbeitet, weiß, worauf es bei der Arbeit ankommt.

5 Wer bei der neuen Firma seine Probezeit gut überstanden hat, wird fest angestellt – mit *vierteljähriger* oder mit *vierteljährlicher* Kündigung?

    5 Das kommt drauf an. *vierteljährige Kündigung* bedeutet: die Kündigungsfrist dauert ein Vierteljahr;
vierteljährliche Kündigung bedeutet: die Möglichkeit zur Kündigung wiederholt sich jedes Vierteljahr, der Austritt aus der Firma ist im allgemeinen nur zum Quartalsende möglich.

vierteljährig

vierteljährlich

6 In einer Fachzeitschrift steht in einem Bericht über die „Ehrungen des 70jährigen Prof. Dr. Alex M." der wunderschöne Satz: *Der 70jährige Promotor der deutschen Lebensversicherung und über 40jährige höchst aktive Politiker schloß mit dem Gebet...*
Da fragt man sich doch, sind das zwei? Hat der 70jährige schon in der Wiege promotort? Wieso ist der Mann als Promotor 70, als Politiker aber erst 40? – Wie würden Sie den Satz formulieren?

    6 Vielleicht so: *Der Siebzigjährige – Promotor der deutschen Lebensversicherung und seit mehr als vierzig Jahren höchst aktiver Politiker – schloß mit dem Gebet...*

7 Vierzehn Tage vor Messebeginn bestellt eine Messegaststätte einen Soft-Eis-Automaten. Die Bestellung trägt den Zusatz „Lieferbar in 10 Tagen". Was besagt dieser Vermerk?

-bar
lieferbar

    7 Daß der Automat in zehn Tagen g e l i e f e r t w e r d e n k a n n, nicht aber, daß er in spätestens zehn Tagen geliefert sein muß. In der Bestellung hätte es heißen müssen: *zu liefern in spätestens zehn Tagen* oder *zu liefern binnen zehn Tagen*.

8 Die Sprache der Technik hat viele Adjektive auf *-los* und *-frei* hervorgebracht:
drahtlos, fettlos, riemenlos, schlauchlos, schrankenlos, spanlos, spitzenlos, zapfenlos oder
arsenfrei, chlorfrei, fettfrei, holzfrei, rauchfrei, säurefrei, schmutzfrei, staubfrei.
Sehen Sie sich bitte diese Begriffe genau an und überlegen Sie: Sind die Adjektive wertneutral, oder enthalten sie einen wertenden Nebensinn?

-los

-frei

    8 Sowohl – als auch. Die Adjektive auf *-los* sind w e r t n e u t r a l ; die völlige Abwesenheit eines Stoffes oder Gegenstandes wird ohne Wertung sachlich festgestellt. Hingegen lassen die Adjektive auf *-frei* einen w e r t e n d e n N e b e n s i n n durchscheinen: *-frei* läßt erkennen, daß die Abwesenheit des fehlenden Stoffes erwünscht ist. *Holzfreie* Papiere sind Papiere ohne (unerwünschte) Holzbestandteile.

Urteilen beruht auf Vergleichen
Die Vergleichsformen von Eigenschafts- und Mittelwort

Als der Mensch anfing, sich zu wundern und sein Erstaunen andern mitzuteilen, begann die Geschichte der Philosophie. Als der Mensch anfing, zwei Dinge vergleichend miteinander in Beziehung zu setzen, begann er, die Fähigkeit zu entwickeln, die ihn vor Täuschung und Irrtum bewahrt oder bewahren sollte: die Fähigkeit der Beurteilung, der Kritik. Alles Urteilen beruht im Grunde auf Vergleichen, auf dem ‚genauso wie' oder ‚anders als'.

vergleichsunfähige Adjektive

schlau wie ein Fuchs, schwarz wie die Nacht, stolz wie ein Spanier, kalt wie Eis, flink wie ein Wiesel, dumm wie Bohnenstroh – wer kennt sie nicht, die stehenden Wendungen, einst lebendiger, anschaulicher Vergleich, heute nur noch abgegriffene Redensart. Mit Leichtigkeit läßt sich die Reihe verlängern: *rot wie Blut, weiß wie Schnee, steif wie ein Brett, falsch wie eine Schlange.* Und nun versuchen Sie einmal, andere Eigenschaften mit etwas zu vergleichen, z. B. *mündlich* wie ... (?), *wörtlich* wie ... (?), *endgültig* wie ... (?), *einzig* wie ... (?) Es gibt Eigenschaften und Eigenschaftswörter, zu denen einem nichts Vergleichbares einfällt, die Grammatik nennt sie ‚vergleichsunfähige Adjektive'. Meist sind es Wörter, die nur charakterisieren. Was *einmalig* ist, ist nichts als einmalig, es kann nicht noch „einmaliger" oder „am einmaligsten" sein. Was ist „viereckiger" als *viereckig*? Nichts. Was eine Ecke mehr hat, nennt man *fünfeckig*. Mit andern Worten: Alle Eigenschaftswörter, deren Bedeutung einen Gradunterschied nicht zuläßt, können auch keine Vergleichsformen bilden. Hierher gehören Wörter wie

einmalig
viereckig

> *zweifach, schriftlich, wörtlich, mündlich, dreieckig, oval, halb, leblos, kinderlos, unendlich, unmöglich, unvergleichlich*

erstklassig
entgegengesetzt

und solche, die bereits einen absoluten Grad ausdrücken wie *erstklassig, entgegengesetzt* und *ganz*. Über „erstklassigste Biere" kann man nicht „entgegengesetztester Meinung" sein; was *erstklassig* ist, ist bereits beste Klasse, und Meinungen, die *entgegengesetzt* sind, liegen weit genug auseinander.

„tot – toter – am totesten" –

tot
mausetot kommt nicht von *Maus*, sondern von niederdeutsch *mu(r)sdot* = ganz tot.

lebendig

das geht natürlich nicht; *tot* bezeichnet einen Zustand, der sich jeder Gradabschattung, jedem Vergleich entzieht. Man kann das Wort nicht steigern, *mausetot* ist keine Steigerung, sondern eine verniedlichende Verstärkung, *halbtot* (vor Kälte) Übertreibung eines Frierenden. Der Gegensatz von *tot* ist *lebendig*, auch dies ein Zustand, der sich im Grunde nicht modifizieren läßt. Was geboren wird, kommt lebendig oder tot zur Welt. Und doch kann ein Kind *lebendiger* als sein Spielgefährte sein, der Stil eines Autors *lebendiger* als der eines andern. In übertragener und relativer Bedeutung lassen sich von einem an sich vergleichsunfähigen Adjektiv sehr wohl Vergleichsformen bilden. Was *leer* ist, kann eigentlich nicht *leerer* sein. Dennoch ist die Beobachtung, das Zentrum einer Großstadt sei an Sonntagnachmittagen noch *leerer* als nach Mitternacht, auch sprachlich nicht falsch.

leer

Graduelle Unterschiede

Kann etwas unklarer als unklar sein? Die Vorsilbe *un-* drückt Verneinung aus. Streng logisch gedacht, läßt sich ein Sachverhalt, der bereits verneint ist, nicht noch stärker verneinen.

un-

Doch wäre es falsch, alle Adjektive mit der Negation *un-* in einen Topf zu werfen. Wir müssen unterscheiden zwischen absolut verneinenden wie *unrettbar, unverlierbar, unsterblich* – von ihnen lassen sich keine Vergleichsformen bilden – und solchen, die eine graduelle Verneinung zulassen wie *unordentlich* und *unempfindlich*. Da es verschiedene Stadien der Unordnung und verschiedene Grade der Unempfindlichkeit gibt, können wir durchaus Vergleichsformen bilden: *noch unordentlicher als..., am unempfindlichsten*. Auch bei Unklarheiten gibt es graduelle Unterschiede, und je mehr man darüber nachdenkt, desto *unklarer* können sie einem werden. Klar? Wenn nicht, dann nehmen Sie diese Textstelle getrost für die *unklarste* des ganzen Buches. Schimpfen Sie bitte nicht, lesen Sie trotzdem weiter.

unrettbar
unverlierbar
unsterblich
unordentlich
unempfindlich

unklar

Steigerung oder Vergleich?

Die Reihe *schön – schöner – am schönsten* wird in alten Grammatiken als ‚Steigerung' bezeichnet. Die heutigen Regelbücher setzen dafür den umfassenderen Ausdruck V e r g l e i c h s f o r m e n ein, weil nicht immer eine Steigerung vorliegt. *besser* wird gewöhnlich als Steigerung von *gut* angesehen, aber einem Kranken, dem es heute besser geht als gestern, geht es noch lange nicht gut; *besser* ist hier nur Vergleich zu dem schlechteren Befinden am Tage zuvor. Ein *jüngerer Mann* zeichnet sich nicht durch gesteigerte Jugendlichkeit aus, er ist älter als ein junger Mann und nur im Vergleich mit der älteren Generation der Jüngere, während umgekehrt die *ältere Dame* noch nicht zu den alten Damen gezählt werden darf. Wer *Genaueres* zu berichten weiß, der weiß halb so gut Bescheid wie einer, der Genaues weiß. Diese scheinbaren Sprachparadoxe verlieren an Merkwürdigkeit, wenn man bei der K o m p a r a t i o n (von lateinisch *comparare* = vergleichen) mehr an Vergleichsformen als an Steigerung denkt. (Über die Bildung der Vergleichsformen vgl. Seite 648.)

Vergleichsformen
besser
gut

jüngerer Mann

ältere Dame
Genaueres
Der Mann in den besten Jahren hat die guten bereits hinter sich.

Komparation

„... noch heiser und erkälteter als ich"

Nehmen wir an, Sie haben einen Spaziergang gemacht, sind in den Regen gekommen und haben sich erkältet. Nun sind Sie heiser, Ihren Kollegen aber hat es noch stärker erwischt, er bringt überhaupt kein Wort mehr heraus. Wenn Sie diesen Zustand beschreiben sollten – wie würden Sie sich ausdrücken?

heiser „Ich bin heiser, aber mein Kollege ist noch heiser und erkälteter als ich"

wäre falsch, und zwar doppelt falsch. Einmal hätten Sie Angst gehabt vor der Vergleichsstufe *heiserer*, ein andermal zu *erkältet* „erkälteter" gebildet. Sie haben recht, schön ist *heiserer* nicht, aber leider auch nicht zu umgehen. Wenn wir zwei heisere Männer miteinander vergleichen und feststellen, daß der eine heiserer als der andere ist, dann geht dieses *heiserer* schon schwer über die Zunge. Schlimm aber wird es, wenn wir den als heiserer erkannten Mann zum Subjekt eines neuen Satzes machen:

,Ein *heisererer* Mann als er ...'

Das gilt auch für alle andern bereits in der Grundstufe auf ,-er' endenden Eigenschaftswörter, deren Vergleichsstufe dann so aussieht:

ein *biedererer* Mensch, ein *lautererer* Charakter, ein *clevererer* Bursche als er ...

Vom Standpunkt des Grammatikers stimmt an diesen Formen alles, aber sie klingen nicht gut. Darum darf das erste ,e' ausfallen:

erkältet Ich bin heiser, aber mein *heis(e)rerer* Kollege ist noch (nicht „erkälteter", sondern:) *stärker erkältet* als ich.

Warum dürfen wir *erkältet* nicht in der üblichen Weise auf ,-er' steigern? Weil *erkältet* ein Mittelwort ist.

Vergleichsformen der Partizipien Schulgrammatiker lassen nicht gern zu, daß man Mittelwörter steigert, und ein Mittelwort wie *sitzend* läßt sich auch nicht steigern, entweder wir sitzen, oder wir sitzen nicht. Sitzt der neue Anzug besser als der vordem gekaufte, nennen wir ihn nicht den „sitzenderen", sondern den *besser sitzenden*. Indes hieße es das Kind mit dem Bade ausschütten, wollte man rundheraus erklären, von Mittelwörtern ließen sich keine Vergleichsformen bilden. Wer ein Gespür dafür hat, was gut und was schlecht ist in unserer Sprache, darf hin und wieder ein Mittelwort zu steigern wagen, vor allem dann, wenn es als Eigenschaftswort verwendet wird. Gegen die *reizendsten* und *entzückendsten* jungen Damen seines Bekanntenkreises wird wohl kein Schulmei-
führende Politiker ster etwas einzuwenden haben, wohl aber gegen die „führendsten" (statt richtig: führenden) Persönlichkeiten auf dem Gebiet der Politik.

Mittelwörter oder Partizipien sind bekanntlich ein Mittelding zwischen Verb und Adjektiv, sie partizipieren an beiden Wortarten (vgl. Seite 45). Überwiegt (bei wörtlicher Bedeutung) der verbale Charakter, lassen sich Mittelwörter nur mit Hilfe eines vorangestellten Adjektivs steigern:

schreiende Kinder *schreiende Kinder* (verbal: Was tun die Kinder?) – die *lauter* schreienden Kinder.

Überwiegt (bei übertragener Bedeutung) der adjektivische Charakter, lassen sich Mittelwörter wie normale Adjektive steigern:

schreiende Farben *schreiende Farben* (adjektivisch: Wie sind die Farben?) – *schreiendere* Farben.

‚weitestgehend' oder ‚weitgehendst'?

Vergleichsformen zusammengesetzter Adjektive und Partizipien

Aufpassen müssen wir, wenn es sich um zusammengesetzte Mittelwörter handelt.

Wir setzen den ersten Teil einer Zusammensetzung in die Vergleichsform, wenn jeder Teil der Zusammensetzung seinen Wortsinn bewahrt hat:

die *höchst*gelegene Skihütte,
das *best*eingerichtete Hotel,
eine der *meist*besuchten Grünanlagen.

höchstgelegen
besteingerichtet
meistbesucht

Wir setzen den zweiten Teil der Zusammensetzung in die Vergleichsform, wenn ein Eigenschaftswort mit neuem Sinn entstanden ist:

die hoch*fliegendsten* Pläne,
die zart*fühlendste* Äußerung,
wohl*tuendste* Anteilnahme.

hochfliegend
zartfühlend
wohltuend

Lassen Sie sich nicht verwirren, im Grunde ist es nicht gar so entscheidend, ob man nun das erste oder das zweite Wortglied in die Höchststufe setzt, ob man nun steigert *weitestgehend* oder *weitgehendst* – am besten, man steigert ein solches Wort überhaupt nicht. Eines darf man auf keinen Fall, doppelt steigern:

weitgehend

falsch	**richtig**
der größtmöglichste Gewinn	der *größtmögliche* Gewinn
die meistgelesenste Zeitschrift	die *meistgelesene* Zeitschrift
der bestgemeinteste Rat	der *bestgemeinte* Rat

„Da steh' ich nun, ich armer Tor, und bin so klug als wie zuvor"

Was Goethe und seine Zeitgenossen noch durften und wovon sie oft auch um des Rhythmus willen Gebrauch machten, ist uns heute nicht mehr erlaubt: „als wie" gilt als falsch.

Vergleichspartikeln

Wenn man Gleichartiges miteinander vergleicht, lautet die Vergleichspartikel ‚wie', auch bei Verneinung: *(nicht) so klug wie zuvor*. Wird Ungleichartiges verglichen, heißt es ‚als': *klüger als zuvor*.

wie
als

Die Regel – bei Gleichheit *wie*, bei Ungleichheit *als* – ist leicht zu behalten. Woher kommt es, daß trotzdem hier so viele Fehler gemacht werden? Sollten diese „Fehler" etwa keine sein?
Erraten. Zu Luthers Zeiten gebrauchte man die Partikel *als* auch, wenn man Gleiches miteinander verglich:

Liebe deinen Nächsten *als* dich selbst.

Dieses *als* ist verkürzt aus ahd. *also* und bedeutet ‚ganz so wie':

Liebe deinen Nächsten (ganz so) *wie* dich selbst.

Komparativ

Demnach wäre *als* bei Vergleichen auch bei Gleichheit geschichtlich berechtigt, doch hat sich *wie* allgemein durchgesetzt – in den Mundarten und in der Umgangssprache zum Verdruß aller Schullehrer sogar im K o m p a - r a t i v. Wenn die Leute reden, wie ihnen der Schnabel gewachsen ist, hört man *wie*

„häufiger *wie* ‚als'"

statt richtig

häufiger *als* ‚als'

oder – nach Meinung konservativer Stilisten –

denn

häufiger *denn* ‚als'.

nichts als
als
wie
größer als /
„größer wie"

„Nichts wie weg, sonst gibt's nichts wie Ärger", das ist typisch Umgangssprache. Hochsprachlich wird *nichts* mit *als* gekoppelt – und hochsprachlich heißt die Vergleichspartikel im Komparativ nach wie vor *als*, nicht *wie*. Jetzt fragt sich nur: Haben Theodor Heuss und Konrad Adenauer in ihren Ansprachen sich etwa nicht der Standardsprache bedient? Beide sagten *größer wie*, nicht *größer als*. Anders gefragt: Wird unsere Sprache tatsächlich ärmer, wenn nach und nach das Komparativ-*als* durch *wie* verdrängt wird? Wozu brauchen wir dieses *als* überhaupt? Nicht zur Kennzeichnung der Verschiedenheit, denn die wird bereits durch die Komparativ-Endung *-er* ausgedrückt. Germanisten sehen in der Ablösung des *als* durch das *wie* im Komparativ eine sinnvolle Sprachvereinfachung – V e r e i n f a c h u n g, weil das leidige „In der Vergleichsstufe heißt's aber *als*!" den Schulkindern dann nicht mehr mühsam und ohne große Aussicht auf Erfolg eingetrichtert zu werden braucht, s i n n v o l l e, weil auch die Form *größer wie* den Größenunterschied deutlich macht. Germanisten nennen das eine „Funktionserleichterung ohne Informationsverlust". Aber Germanisten sind bekanntlich mehr an der Entwicklung der Sprache als an der Sprache und ihren Sprechern interessiert. Halten wir uns in allem, was wir so tagsüber schreiben und reden, lieber an die noch immer geltende Norm *(größer als)* – dann kann uns keiner nachsagen, wir wüßten nicht, wie es „richtig" heißt.

Kann etwas richtiger als richtig sein?

richtig

Die Steigerung ist etwas Eigenartiges, denn wenn wir es recht bedenken, ist das Vorhandensein einer Eigenschaft schon so bedeutsam, daß eine Potenzierung oft auf Prahlerei hinausläuft. Kann etwas richtiger als richtig sein? Gibt es nicht nur ein Entweder – Oder, die Alternative ‚richtig oder falsch'?

Versetzen Sie sich bitte in die Rolle eines Lehrers, der mehrere richtige Lösungen einer Mathematikaufgabe zu bewerten hat. Er wird ohne Bedenken die Lösung als die „richtigste" unter verschiedenen richtigen ansehen, die neben der besten Beweisführung die klarste Darstellung aufweist. Oder:

Wenn 25 und 24,3 zu addieren sind und einer kriegt 49,1 raus und ein anderer 79,3, dann liegt der erste Rechenkünstler *richtiger* als der andere, obgleich, objektiv gesehen, beide Ergebnisse falsch sind. *richtiger* ist keine absolute Größe mehr, nur noch eine relative Angabe, immer bezogen auf den Wert oder die Form, mit der verglichen wird. *falsch – richtiger – richtig; richtig – richtiger – am richtigsten* – ich halte diese Vergleichsformen nicht nur für vertretbar, sondern für notwendig. Daß wir in unserer Sprache den Komparativ *richtiger als* bilden können, das bewahrt uns in unserem Denken vor der unzulässig vereinfachenden Alternative „So ist's richtig – so ist's falsch", es macht uns toleranter. Zwischen *richtig* und *falsch* gibt es mehr Schattierungen, als sich die Schulweisheit träumen läßt.

„Alle Menschen sind gleich, nur einige sind *gleicher*."
Diese vielzitierte bittere Einsicht geht auf George Orwell zurück. In seiner 1945 erschienenen Satire „Farm der Tiere" findet sich der Satz: „All animals are equal – but some animals are more equal than others."

Man kann den Komparativ allerdings auch unter andern Gesichtspunkten betrachten. W. E. Süskind schreibt zum Beispiel in seiner deutschen Sprachlehre für Erwachsene, „Vom ABC zum Sprachkunstwerk", das verfluchte *schöner als..., reicher als..., besser als...* trage in den Wettbewerb der Menschen ein Moment der Zwietracht und des Neides, und das Vergleichswörtchen *als* sei zu einem Meßinstrument geworden, mit dem Größenverhältnisse und Überlegenheiten festgestellt werden, einzig in der Absicht des gegenseitigen Sich-Überbietens.

Ich aber meine, der Komparativ hat auch seine guten Seiten. Wir vergleichen, wägen ab und werten. Wir können uns dabei sofort überprüfen, ob wir bei der Wahrheit geblieben sind oder den Mund zu voll genommen haben. *Tim ist größer als Tom* – diese Aussage läßt sich kontrollieren, notfalls mit dem Meterstab. Die Behauptung *Tim ist der Größte* läßt sich nicht ohne weiteres nachprüfen; wir müßten erst fragen: Wo und unter wie vielen anderen ist er der Größte? In der Werkstatt, im Betrieb oder im Ruderklub? Der Gebrauch der Höchststufe ist riskant – und mit der Rechtschreibung ist das auch so eine Sache.

> Wir sind zwanzig Jungen im Ruderklub. Der (g)rößte von uns ist Tim.

Groß- oder Kleinschreibung beim Superlativ

(g)rößte mit großem oder kleinem g? Das können Sie halten, wie Sie wollen. Kleinschreibung weist darauf hin, daß ein sinngemäß zu ergänzendes Substantiv ausgespart wurde:

> Der größte (ergänze: *Junge*) von uns ist Tim.

Großschreibung *(der Größte von uns...)* weist den Superlativ als Substantivierung aus. Ich wäre für den großen Anfangsbuchstaben, das scheint mir deutlicher.

Vorsicht vor dem Superlativ!

Warum wird so oft vor dem S u p e r l a t i v gewarnt?

Superlativ

Einmal, weil er, nimmt man ihn ernst, ein absolutes Maß setzt. Er tut so, als habe jedes Ding nur eine Höchststufe und lasse sich darüber hinaus nicht steigern. Der Moskauer Fernsehturm, der mit seinen 532 m mehr als dreimal so hoch ist wie der Kölner Dom, galt ein paar Jahre lang als das höchste

Bauwerk der Welt. Inzwischen überragt ihn der Fernmeldeturm der kanadischen Stadt Toronto, der es auf 553 m bringt. Wird der dann wirklich das endgültig höchste Bauwerk der Erde bleiben? Wie schnell sich manche als Superlativ bestaunte technische Leistung überleben kann, hat uns unser Jahrhundert gelehrt.

Zum andern provoziert die superlativische Ausdrucksweise Widerspruch, weil sie oft auf Übertreibung und Aufschneiderei hinausläuft. Wir können nie mit gutem Gewissen sagen, daß wir zu irgendwelchen Arbeiten das *haltbarste* Material, die *modernsten* Maschinen und die *besten* Werkzeuge verwendet hätten. Wie sollten wir bei der schnellen Entwicklung der Technik beurteilen können, ob es nicht bereits Materialien, Maschinen und Werkzeuge gibt, die haltbarer, moderner und besser als alles uns bisher Bekannte sind? Wollten wir korrekt sein, müßten wir auf den **Elativ** ausweichen, den absoluten Superlativ (ohne Vergleich): *haltbarstes Material, modernste Maschinen, bestgeeignete Werkzeuge*; modernste Maschinen sind nicht die modernsten Maschinen, die es gibt, sondern (nur) sehr moderne. Oder wir müßten den Superlativ einschränken. Wir dürften nur sprechen von *dem nach unserer Meinung haltbarsten Material, den modernsten Maschinen, die uns bekannt sind*, und *den wohl am besten geeigneten Werkzeugen*.

Damit hätten wir uns sachlich und akkurat – und reichlich schwerfällig und schwunglos ausgedrückt. Der Superlativ ist zwar die Erkennungsmarke der Prahlhänse, aber er kann auch Ausdruck echter, unreflektierter Begeisterung sein. Wer überzeugt ist, er habe sich als Ferienort das *schönste* Fleckchen Erde erkoren und die *liebreizendste* Gefährtin dazu, dem wird niemand die Hochstimmung verargen. Es gibt im Leben Augenblicke, wo man das Bedürfnis hat, gesteigertes Empfinden in gesteigerten Worten auszudrücken. Ein Superlativ, der aus vollem Herzen kommt, kann niemals „falsch" sein.

Falsche Töne schleichen sich aber da ein, wo mit Hilfe von Superlativen in anderen Überzeugung und Begeisterung ausgelöst werden soll. Wenn die Werbung nur noch *das Schönste, das Neueste* und *das Modernste* anzubieten hat, hört niemand mehr hin. Wo alle mit Superlativen um sich werfen, läßt nur der schlichte Ausdruck aufhorchen.

Gibt jemand vor, *zutiefst erschüttert* zu sein, so gebraucht er eine superlativische Wendung, die, von der Grammatik her gesehen, sich nicht mehr steigern läßt. Man müßte also annehmen, daß es sich hier um den stärksten Ausdruck handelt, den uns die Sprache für die Benennung einer heftigen Gemütsbewegung zur Verfügung stellt. Hören Sie einmal genau hin: *zutiefst erschüttert* – klingt das nicht fast so oberflächlich und unverbindlich wie *aufs angenehmste überrascht*? Vorsicht vor dem Superlativ! Die grammatisch nicht mehr steigerbare Höchststufe läßt sich sinngemäß dennoch steigern – paradoxerweise durch die Grundstufe: *tief erschüttert* ist mehr, ist glaubwürdiger als *zutiefst erschüttert*. Und selbst ein *Ich bin tief erschüttert* wirkt überzeugender, wenn wir ganz auf das nur scheinbar stärkende Beiwort verzichten: *Ich bin erschüttert*. Mehr läßt sich mit mehr Worten nicht sagen.

Bei sparsamer Anwendung können ungewöhnliche Superlative dem Stil Glanzlichter aufstecken. Dazu eine Stelle aus Hilde Spiels 1990 erschienenen Lebenserinnerungen. Die Autorin erzählt von der Zeit „mitten im *Kältesten Krieg*, als Senator McCarthy seine elenden Emissäre... nach Europa schickte, um hier *nach dem Rechtesten zu sehen*..."
Elativ

zutiefst

Könner brauchen keine Superlative!

Wie man den Superlativ ausdrücken kann, ohne ihn ausdrücklich zu verwenden – dafür liefert uns die Werbung Beispiele genug, von der Nr.-1-Masche *Doornkaat ist Deutschlands klare Marke Nr. 1* über den selbstbewußten Hinweis auf (nicht vorhandene) Konkurrenzprodukte *Wenn Sie etwas finden, das besser und mehr schneidet als unsere stumpfe snips, dann kaufen Sie's* bis zum superlativischen Understatement (Werbung für Cointreau): *Wir sind auch ohne viele Worte in aller Welt berühmt geworden.*

Als Kuriosum hier ein Anzeigentext, der einst für Winkelhausens „Alte Reserve" warb. Die Anzeige war monatelang Stammtischgespräch in ganz Deutschland, man trug sie in der Brieftasche und lernte sie auswendig. Sie enthält keinen einzigen Superlativ, aber sie ist einer:

> W i d e r r u f !
> Wie wenige würden wohl wissen, welche Wonnen wirklich wertvoller Weinbrand weckt, welche wunderbare, wiederbelebende Wirkung, welches Wohlgefühl, welche wolkenwärts wachsende, weihevolle Walhallastimmung, welche witzigen Wortgefechte, wenn Winkelhausens Weinbrand (Wahrzeichen Winkelhäuschen) wirklich widrigerweise weggetrunken worden wäre, wie wichtigtuende Windbeutel wissen wollten. Wildes Wehegeschrei wirklicher Wohlschmecker würde weithin widerhallen, wenn's wahr wäre. Winkelhausens Weinbrand wird wacker weitergetrunken werden, weil weitgewölbte Warenlager wohlgefüllt weiterer Weisung warten. Weise Wirte, wahre Wohltäter würdiger Weinbrandverehrer, wählen wohlbedacht Winkelhausens weltbekannte A l t e   R e s e r v e.

74 Wörter, die alle mit W anfangen, sinnvoll aneinandergereiht – wer macht das nach?

Der unverblümte Superlativ im Stile Muhammad Alis („Ich bin der Größte!") ist in der Werbung seltener, als man gemeinhin glaubt. Texter kennen andere Möglichkeiten. Eine davon: die Qualität verheißende Überpräzision, die im Adjektivkompositum steckt. Und weil erst Übertreibung Stileigenheiten richtig deutlich macht, hier eine leicht gekürzt wiedergegebene Parodie („Fachgeschnatter"):

> Am zentralwärmeversorgten Stadtrand / wurde mir eine werksgeförderte Appartement-Wohnung / aus güteüberwachten, fertigbaugeteilten Wänden / mit neugebohrten Ver- und Entsorgungsleitungen / aus sprödbruchunempfindlichen, verschleißfesten Austenitstählen zugewiesen.
> Die Klimaanlage war druckluftwartungseinheitlich / mit wellenabgedichteten, strahlungsabgeschirmten Pumpen / in explosionsgeschützter Ausführung und mit / anschlußfertigen Verteilern ausgerüstet / sowie ferngesteuert und stufengeschaltet / nach datenverarbeiteten Wärme- und Frischluftplänen.
> Der aushäusigen Präsentation diente eine / kunststeinmosaizierte, terrazzobelegte Plattform / das Meublement besorgte Europas größter Kleinmöbelhersteller / vorlagengetreu, problemgelöst und mustergenau arrangiert.
> Die Geranien in den Fenstern / leuchteten detailscharf / aus ihren wärmegedämmten Styroporkästen / im Glanze der horizontgenäherten Abendsonne.
> Paul Unger

Adjektivkomposita

typisch für den Stil von Fach- und Werbesprache (Vgl. auch Seite 265)

Testbogen 22

rot
rosa

Farbadjektive

1 Da es keine absoluten Farben gibt, sondern nur verschiedene Farbabstufungen und Helligkeitsgrade, die man miteinander vergleichen kann, dürfen Farbadjektive im allgemeinen gesteigert werden. Man kann ohne weiteres sagen, daß eine Alpenveilchenknospe, die sich gerade geöffnet hat, *röter* als eine welkende Blüte derselben Pflanze sei. Kann man nun auch von einem rosablühenden Alpenveilchen sagen, daß verschiedene seiner Blüten rosaner als andere seien?

mauve
creme
pensee

 1 Nein, von Eigenschaftswörtern, die man nicht beugen darf, darf man auch keine Vergleichsformen bilden. Nicht beugen und also auch nicht steigern lassen sich solche Farbadjektive, die von fremden Hauptwörtern stammen, z. B. *rosa* (von lateinisch *rosa* = Rose), *mauve* (grauviolett; von französisch *mauve* = Malve), *creme* (von französisch *crème* = Sahne), *pensee* (dunkellila; von französisch *pensée* = Stiefmütterchen). Statt von „rosaneren" Blüten müßte man richtig von Blüten in einem kräftigeren, dunkleren, frischeren oder l e u c h t e n d e r e n R o s a sprechen.

anderthalbmal
so lange wie
anderthalbmal
länger als

2 Beim Ausprobieren zweier Knetdübelmassen stellte Meister Bründler fest, daß Fabrikat A eine Abbindezeit von 30 Minuten hatte, Fabrikat B dagegen eine Abbindezeit von 45 Minuten. Dauerte jetzt die Abbindezeit von Sorte B anderthalbmal länger als oder anderthalbmal so lange wie die von A?

 2 Die Knetdübelmasse B brauchte anderthalbmal s o l a n g e w i e Masse A, um bohr- und schraubfest zu werden. Hätte sie anderthalbmal länger gebraucht, dann hätte die Abbindezeit nicht 45, sondern 75 Minuten betragen.

Komparativ

Der Superlativ
Die Inseratenleser glauben's kaum:
Der BAUKNECHT braucht den „minimalsten" Raum! ...
Für ihren „kleinstesten" von allen Räumen
Darf keine Kühl-Entschlossene versäumen
Zu kaufen BAUKNECHTS Tiefkühlapparat
Mit „minimalstem" Außenquerformat.
EHRFRIED SIEWERS

3 Arno ist 1,78 m groß, Rainer 176 cm. Wer von den beiden ist der Größte?

 3 Sie werden staunen, keiner. Wenn zwei miteinander verglichen werden, kann nicht einer von beiden der Größte sein, nur der *Größere*. Erst von dreien an ist der Superlativ berechtigt: *der größte der drei Jungen*. Diese Sprachregel ist verhältnismäßig neu, ältere Grammatiken kannten sie noch nicht.

4 „Spurenelemente heißen so, weil sie im menschlichen, tierischen und pflanzlichen Organismus nur in minimalsten, chemisch kaum nachweisbaren Mengen (Spuren) vorkommen, die jedoch physiologisch von maximalster Bedeutung sind." Stimmt das?

Fremdwörter
minimal
maximal

 4 Nein, *minimal* läßt sich sowenig steigern wie *maximal*, denn *minimal* bedeutet bereits ‚geringst, wenigst' (von *Minimum* = Mindestmaß); *maximal* bedeutet bereits ‚höchst, größt' (von *Maximum* =

Höchstwert). Spurenelemente kommen also nur in **minimalen** Mengen vor, sind aber für den Organismus von **maximaler** Bedeutung. – Auch was *optimal* ist, läßt sich nicht überbieten: die *optimale* (nicht: optimalste) Ausnutzung elektrischer Energie ist schon die best- oder höchstmögliche.

optimal

5 Wie schreibt man *das (b)este, das (s)chlimmste, das (r)ichtigste* – groß oder klein?

> **5** Normalerweise schreibt man groß:
>
> *Das Beste aus Reader's Digest;*
> *wir waren auf das Schlimmste gefaßt;*
> *das Wichtigste, was er tun konnte ...*

Groß- oder Kleinschreibung der Superlative

 Klein schreibt man, wenn man für *das beste, das schlimmste, das wichtigste* auch *am besten, am schlimmsten, am wichtigsten* sagen könnte:

Es ist das beste, die Wahrheit zu sagen.
Dursten müssen ist das schlimmste.
Das wichtigste ist jetzt, sofort zu handeln.

6 Die Superlative von Partizipien richtig zu schreiben, das fällt manchem nicht immer leicht. Überlegen Sie bitte, ob da, wo die Wörter Löcher haben, *-dst-, -tst-* oder *-st-* einzusetzen ist:

die entscheiden...e Frage; der entschieden...e Verfechter dieser Idee; der schlagen...e Beweis; im ungelegen...en Augenblick; die hochfliegen...en Pläne; der dichtbesiedel...e Stadtteil; das umstritten...e Versuchsergebnis.

Und was muß man tun, um zu erkennen, welche der drei Möglichkeiten die jeweils richtige ist?

> **6** die entscheiden*dst*e Frage; der entschieden*st*e Verfechter; der schlagen*dst*e Beweis; im ungelegen*st*en Augenblick; die hochfliegen*dst*en Pläne; der dichtbesiedel*tst*e Stadtteil (auch: *dichtestbesiedelte*); das umstritten*st*e Versuchsergebnis.

Superlativ von Partizipien

> Wie es richtig heißen muß, merkt man am leichtesten, wenn man in den Positiv, die Grundstufe (die *entscheidende* Frage, die *entschiedene* Ablehnung), das Superlativ-*st* einfügt: *entscheidendste, entschiedenste*.

Positiv

7 Welche der vier Versionen ist die richtige?
In München startete

a) die bestvorbereiteteste Mannschaft,
b) die bestvorbereiteteste Mannschaft,
c) die bestvorbereitetste Mannschaft,
d) die bestvorbereitestete Mannschaft.

Superlativ

bestvorbereitet

> **7** Alle vier sind **falsch**, auch c), denn zusammengesetzte Partizipien darf man nur einmal steigern: die *bestvorbereitete* Mannschaft. (Deutlicher: *die am besten vorbereitete Mannschaft.*)

‚gesandt' und ‚geschickt' muß nicht dasselbe sein!

Eigenschaftswörter, die man nicht verwechseln sollte

Wenn Müller und Meier zwei unterschiedliche Standpunkte vertreten – vertreten sie dann etwas anderes als zwei Standpunkte? Und warum sind die Standpunkte der Leute von heute ausnahmslos unterschiedlich und nicht verschieden? Weil verschieden offenbar verschieden ist.

Echte Synonyme gibt es nicht. In unsrer Sprache existieren keine zwei Wörter, die haargenau dasselbe bedeuten. Die das Gegenteil behauptende alte Spruchweisheit „das ist gehupft wie gesprungen" versagt schon bei der Platte aus Porzellan. Vielleicht kennen Sie auch die weitverbreitete, ziemlich alte Geschichte: Ein Gesandter kam einst zu seinem Vorgesetzten (der entweder der Alte Fritz oder Bismarck oder der englische Außenminister gewesen sein soll). Bei ihm beklagte er sich über die Schwierigkeiten der deutschen Sprache: „Die deutsche Sprache ist so schwer, immer bedeuten zwei Wörter das gleiche: *speisen* und *essen*, *springen* und *hüpfen*, *schlagen* und *hauen*, *senden* und *schicken*." Darauf der Vorgesetzte: „Das stimmt nicht. Eine Volksmenge kann man speisen, aber nicht essen; eine Tasse springt, aber sie hüpft nicht; die Uhr kann schlagen, aber nicht hauen – und Sie sind ein Gesandter, aber kein geschickter."

alle / ganze / halbe

Strenggenommen gehören *alle* und *halb* zwar nicht zur Wortart Adjektiv, trotzdem paßt die kleine Begebenheit hierher: Ein Elektrohändler erhielt eine Sendung Glühlampen, von denen der größere Teil defekt war. Ärgerlich schrieb er der Herstellerfirma: „Ich schicke Ihnen umgehend die ganzen Glühlampen wieder zu." Die *ganzen* Glühlampen zurückzuschicken, *ganz* hätte kein Anlaß bestanden, er hätte nur die beschädigten zurückzusenden *alle* brauchen oder aber in seinem gerechten Zorn *alle*.

Eine andere Geschichte mit einem ähnlichen Fehler: In einer kleinen Stadt standen zwei Männer vor dem Richter. Sie hatten jahrelang als gute Nachbarn gelebt. Der eine hatte Forellen gefischt, der andere Briefmarken gesammelt. Das ging so lange gut, bis der Briefmarkensammler auf den Gedanken kam, nicht länger Briefmarken zu sammeln, sondern ebenfalls Forellen zu fangen. Daraufhin wurde er von seinem Nachbarn verklagt. Zum ehemaligen Briefmarkensammler sagte der Richter: „Sie sind ange*halb* klagt, in dem Ihrem Nachbarn gehörenden Gewässer die halben Forellen gestohlen zu haben. Was haben Sie darauf zu erwidern?" Antwort: „Das stimmt nicht, Herr Richter, ich habe immer nur *ganze* Forellen gefangen."

Also Vorsicht mit den so harmlos aussehenden Wörtern *ganz* und *halb*.

Nicht „die ganzen Menschen", sondern *alle Menschen*, nicht „die halben Einwohner Hamburgs", sondern *die Hälfte der Hamburger*.

gut / schön

Fragt man einen Norddeutschen, was sein Leibgericht sei, kann man zur Antwort bekommen: „Labskaus schmeckt schön, aber noch schöner schmeckt mir Aal grün und am schönsten Eisbein mit Sauerkohl." Da mühen sich nun die Lehrer seit Generationen, ihren Schülern beizubringen, daß eine Rose zwar *schön sein* und *schön blühen*, nicht aber schön, sondern nur *gut riechen* könne. *schön* gehört zu *schauen*; schön kann nur sein, was man mit den Augen erfaßt. Jedes mit Appetit verzehrte Essen kann in gutem – beileibe nicht in schönem! – Deutsch immer nur *gut geschmeckt* haben. Vergebens, ein großer Teil der Norddeutschen hat einen unstillbaren Schönheitshunger, schlägt alle sprachpflegerischen Bemühungen in den Wind, läßt sich sein Leibgericht weiterhin „schön schmecken" und bleibt dabei, daß Rosen „schön riechen".

schön
gut

Jetzt sei aber kein Süddeutscher so vermessen zu glauben, er drücke sich in seiner Mundart viel besser aus. Zwar riechen süddeutsche Rosen nicht schön, aber sie „schmecken gut". Im Mittelalter wurde zwischen Geruchs- und Geschmackssinn nicht unterschieden, man schmecke mit Zunge und Nase. Das ist in Süddeutschland und der Schweiz heute noch Brauch. Wenn schwäbisch hausgemachte Leberwurst im Sommer nicht im Kühlschrank aufbewahrt wird, bekommt sie leicht ein „G'schmäckle", sie riecht verdorben.

schmecken

nötig / notwendig

„Ich habe es nicht notwendig, mir diese Unverschämtheit gefallen zu lassen!" So etwa mag sich ein junger Mann empören, dem der Chef seine Bitte um Gehaltserhöhung abgeschlagen hat – wahrscheinlich zu Recht, denn der junge Mann hat es nicht notwendig, sondern nötig, erst einmal richtiges Deutsch zu lernen.

Die beiden Begriffe *nötig* und *notwendig* scharf voneinander abzugrenzen ist kaum möglich, ihre Bedeutung geht ineinander über. Wer genau hinhört, merkt es aber: *notwendig* ist anspruchsvoller, gewichtiger als das unauffällige, bescheidene *nötig*. Aus *notwendig* hört man eher die Grundbedeutung heraus, nämlich die Not zu wenden (abzuwenden): *Es ist notwendig, den Überlebenden der Unwetterkatastrophe zu helfen.*

nötig
notwendig

In Verbindung mit *haben* dürfen wir *notwendig* nicht gebrauchen, es muß immer heißen: *Ich habe es (nicht) nötig*. In Verbindung mit *sein* dürfen wir *nötig* oder *notwendig* sagen, je nachdem, wieviel Bedeutung wir der Sache beimessen. Wenn sich uns jemand zum Dank für eine kleine Gefälligkeit erkenntlich zeigen möchte, wehren wir ab mit den Worten: „Danke, das ist wirklich nicht nötig", das heißt, diese Angelegenheit ist für uns ohne Belang. Wer sich aber ernstlich um seine Sprache bemüht, wird auch der Meinung sein: Es ist notwendig, klar, einfach, richtig und verständlich zu sprechen und zu schreiben.

haben
sein

schief / schräg

Die gemeinsame Grundbedeutung von *schief* und *schräg* ist: ‚nicht waagerecht und nicht senkrecht, sondern geneigt' – aber dann setzt die Differenzierung ein: Wer beim Reden und Schreiben schiefe Bilder vermeiden möchte, muß aufpassen. Er darf zwar schräg schreiben, also eine schräge Handschrift haben, sollte sich aber kein schiefes Urteil erlauben. Sonnenstrahlen, die schräg durchs Fenster fallen, werfen ein schräges Licht – üble Nachrede wirft schiefes Licht auf diesen oder jenen. Wer im Nähen Erfah-

schief
schräg

rung hat, schneidet den Unterkragen schräg zu, beileibe nicht schief, dann würde der Kragen niemals sitzen. Wer schräg über die Straße geht, hat mit einem Strafzettel zu rechnen; wer schief über die Straße geht, hat entweder eine schwere Tasche in der Hand oder Rheumatismus. Bin ich „schiefgewickelt" (= umgangssprachlich für: im Irrtum), wenn ich mir denke, Sie haben schon gemerkt, worin sich *schräg* und *schief* unterscheiden? Oder sollte mein Versuch, den Unterschied zu erklären, schiefgegangen sein?

schräg bezeichnet die beabsichtigte, *schief* die ungewollte Abweichung von der Geraden. Abgelaufene Absätze sind nicht schräg-, sondern schiefgetreten. Auch die Seitenneigung des Schiefen Turms von Pisa war nicht geplant, während des Baus neigte sich das Fundament nach einer Seite, und so wurde der Turm schief. Am windschiefen Dach eines alten Hauses ist sprachlich übrigens nicht der Sturmwind schuld. In *windschief* steckt *winden* = ‚drehen'; als *windschief* bezeichnete man ursprünglich nur Bäume mit Drehwuchs.

windschief

schiefe Ebene

Doch keine Regel ohne Ausnahme. Die *schiefe* Ebene führt ihren Namen nur da zu Recht, wo man mit ihr die schiefe Bahn meint, auf die ein *schräger Vogel* (= leichtsinniger Mensch) gekommen ist. In der Physik und im Wasserbau müßte man eigentlich von einer ‚schrägen Ebene' sprechen, weil es sich hier um eine gewollte Neigung handelt. Wieder bestätigt sich, was wir schon öfter sahen: Wer meint, daß sich der Sprachgebrauch ausnahmslos der Logik unterwirft, liegt schief.

schwer / schwierig

schwer
Maß- und Mengenangaben

Was schwer ist, läßt sich mit der Waage bestimmen. Ein Brief, der 10 g wiegt, ist 10 g *schwer* – wenn man auch sonst geringes Gewicht als ‚leicht' bezeichnet. Doch bei Maß- und Mengenangaben gibt immer die „gewichtige" Seite den Ausschlag: Spanplatten sind nicht wenige Millimeter dünn, sondern wenige Millimeter dick; kleine Nägel sind nicht 10 mm kurz, sondern 10 mm lang; ein feiner Riß im Putz ist nicht 1 mm schmal, sondern 1 mm breit; Schulanfänger sind nicht sechs Jahre jung, sondern sechs Jahre alt. Ihre Großmütter als „sechzig Jahre jung" zu bezeichnen, wie das heute Mode zu werden droht, ist eher eine forsche Platitüde als ein Bonmot. – Etwas so Leichtes wie ein Brief ist also merkwürdigerweise soundso schwer. Sonst empfindet man nur das als schwer, was dem Aufheben Widerstand entgegensetzt oder den Träger drückt – auch im übertragenen Sinn: Kummer, Leid, Sorgen und Krankheiten können schwer sein, Kopf und Glieder einem schwer werden, auch das Herz. – Das alles macht keine Schwierigkeiten, niemand kommt auf die Idee, an einem „schwierigen Kummer" leiden zu wollen. Aber ist unsere deutsche Sprache nun schwer oder schwierig? Die meisten halten sie für schwer, ich wäre für *schwierig*. Der Bauer muß während der Erntezeit in glühender Mittagssonne auf dem Acker schwere Arbeit leisten, auch der Mann am Hochofen ist ein Schwerarbeiter. Um eine schwere Arbeit zu bewältigen, braucht man Energie, Ausdauer, vor allem aber Körperkraft – eine schwierige Aufgabe löst man mit Geschicklichkeit, Gewandtheit und Verstand. *schwer* ist viel lastender und drückender als ‚schwierig' – *schwierig* bedeutet soviel wie ‚schwer zu behandeln' oder ‚kompliziert'. Ob man ein Problem als schwer oder schwierig ansieht, das ist eine Frage der Auffassung und des Temperaments. Ein Mensch kann

schwierig

schwer und schwierig sein; gegen ersteres hilft eine Schlankheitskur, gegen letzteres Selbstdisziplin.

völlig / vollkommen

„Det is mir vollkommen schnuppe", sagt der Berliner, wenn ihm etwas sehr gleichgültig ist. Wie würde dieser Ausspruch nun in korrektem Hochdeutsch lauten? Hoffentlich meinen Sie nicht: „Das ist mir vollkommen gleich"; denn wenn einem schon eine Sache gleich ist, dann bitte nicht vollkommen, sondern völlig. *völlig* gehört wie *nötig* unserm Alltagsdeutsch, *vollkommen* wie *notwendig* sozusagen unserer Sonntagssprache an.

völlig ist gleichbedeutend mit ‚ganz und gar, gänzlich, sehr, durchaus, genau, vollständig' – um nur einige Beispiele zu nennen. *vollkommen* ist ein hohes Wort, es gibt in unserer Sprache keines, durch das es sich ersetzen ließe.

völlig
vollkommen

> Kein Mensch ist vollkommen, doch sollte diese Einsicht uns nicht hindern, nach Vervollkommnung, nach Vollkommenheit zu streben.

In diesem Satz ist ‚vollkommen' *völlig richtig* angewandt. Doch wurde *vollkommen* durch ständig falschen Gebrauch so entwertet, daß sein Sinn sogar ins Gegenteil verkehrt wird. Wen wundert es heute, wenn von einem Trunkenbold die Rede ist, der „vollkommen zerlumpt" herumläuft? Zerrissene, verdreckte Kleidung ist aber Zeichen menschlicher Verkommenheit, nicht Vollkommenheit.

Wer über irgend etwas erstaunt ist, sagt gewöhnlich: „Das ist mir vollkommen neu", wer mit dem Tun und Lassen seines lieben Nächsten nicht einverstanden ist, äußert sein Mißfallen oft mit der schmeichelhaften Bemerkung: „Mensch, du bist ja vollkommen verrückt!" Natürlich sollte es besser *völlig neu, völlig verrückt* heißen, aber wahrscheinlich wird in solchen Wendungen unbewußt das tonstärkere, dreisilbige *vollkommen* bevorzugt, weil es nachdrücklicher klingt, überzeugender. „Das genügt mir vollkommen" hört sich entschiedener an als „Das genügt mir völlig". Noch entschiedener aber klingt eine Aussage, wenn das Beiwort weggelassen wird: *Danke, das genügt mir.*

vorsorglich / fürsorglich

„Wenn man etwas *vorsorglich* tut", schreibt Wolfgang Müller in seinem Buch ‚Leicht verwechselbare Wörter', „so tut man es vorsichtshalber und mit Vorbedacht, um etwas zu verhindern, um etwas nicht entstehen zu lassen, um einer möglichen Entwicklung entgegenzuwirken, um vorzubeugen, um Vorsorge zu treffen für einen besonderen Fall. Wenn man *fürsorglich* ist, dann läßt man jemandem Gutes angedeihen; man ist auf dessen Wohl bedacht, man pflegt ihn liebevoll." Was nicht ausschließt, daß man auch vorsorglich fürsorglich sein kann.

vorsorglich

fürsorglich

Testbogen 23

1 Die Firma Schmidt, Apparatebau, gibt in bestimmten Abständen Lieferfristentabellen heraus, und jedesmal steht am Fuß der Tabelle das Zeichen *) und dahinter: „Die durch *) erkenntlich gemachten Geräte haben eine Lieferzeit von mindestens 6 Monaten." Lassen sich Tabellenposten durch Hervorhebung, z. B. wie hier durch Kennzeichnung mit einem Sternchen, wirklich (für das Auge) erkenntlich machen?

erkenntlich

kenntlich

1 Nein, heute nicht mehr. Früher bedeutete *erkenntlich* soviel wie ‚erkennbar', inzwischen hat es den Sinn von ‚zu Gegenleistungen bereit, dankbar' angenommen: *sich jemandem erkenntlich zeigen*. Tabellenposten werden mit einem Sternchen k e n n t l i c h gemacht oder *gekennzeichnet*.

2 Jeder Topf hat seinen Deckel. Ist der aber nun ein zum Topf gehörender oder ein zum Topf gehöriger?

gehörend

gehörig

2 Das Präsenspartizip (der zum Topf g e h ö r e n d e Deckel) drückt die Zusammengehörigkeit deutlicher aus und hat vor allem keinen Nebensinn, *gehörig* kann sich noch auf manches andere beziehen: Respektspersonen hat man den *gehörigen* (= gebührenden) Respekt zu erweisen; wer es unterläßt, benimmt sich *ungehörig*. Eine große Arbeit läßt sich nur vollenden, wenn man mit der *gehörigen* (= nötigen) Ausdauer bei der Sache ist. Trunkenheit am Steuer wird heute *gehörig* (= ziemlich hoch) bestraft.

3 Kennen Sie den Unterschied zwischen *südlich* und *südwärts*?

-wärts
südwärts
südlich

3 *-wärts* gibt immer die R i c h t u n g an: *vorwärts* bedeutet ‚nach vorn', *rückwärts* ‚nach hinten', *südwärts* ‚nach Süden'. *südlich* bezeichnet dagegen die L a g e : *Bonn liegt südlich von Köln*.

4 Was hätten Sie gesagt, hätte man Sie im Sommer 1990 gefragt: „Kennen Sie den Namen des derzeitigen Präsidenten der Vereinigten Staaten?"

4 Wie, Sie antworten, entrüstet über eine solche Frage: „Selbstverständlich, George Bush!" So selbstverständlich ist das aber nicht, ‚George Bush' kann stimmen, muß aber nicht. Hätte die Frage im Zusammenhang mit der Kuba-Krise gelautet: „Wie hieß der *derzeitige* Präsident der Vereinigten Staaten?" – dann hätte es nur eine richtige Antwort geben können: John F. Kennedy.

derzeit(ig)

Untiefe

derzeit und *derzeitig* gehören zu den Wörtern, die zwei grundverschiedene Sachverhalte bezeichnen können. Wie man zum Beispiel unter einer *Untiefe* entweder eine gefährlich tiefe oder eine flache, seichte Stelle im Wasser versteht, so kann *derzeit* d a m a l s oder – heute häufiger – j e t z t bedeuten, und der Teufel weiß, was gerade gemeint ist.

5 Folgendes Angebot fand sich im Katalog eines Versandhauses: „Sollte sich das bestellte Stück als fehlerhaft erweisen, so schicken Sie es getrost zurück. Wir ersetzen es anstandslos durch ein anderes Stück der gleichen Qualität." – Kaum anzunehmen, daß die Kundschaft mit dieser Art Kundendienst zufrieden wäre. Also hätte die Firma nicht ein Stück der gleichen Qualität, sondern ein *qualitativ einwandfreies Stück* als Ersatz anbieten müssen – oder sollte es auch an diesem Ausdruck etwas auszusetzen geben?

> **5** Allerdings. Wenn man es genau nimmt, muß man zugeben, daß *qualitativ einwandfrei* ein Doppelausdruck ist. Worauf wohl hätte sich in diesem Zusammenhang *einwandfrei* anders beziehen können als auf die Qualität? Der letzte Satz des Angebots hätte richtig lauten müssen: ‚Wir ersetzen es anstandslos durch ein e i n w a n d f r e i e s S t ü c k.'

Tautologie
qualitativ einwandfrei

6 Wenn zwei gleichzeitig in gleicher Umgebung gleiches tun, dann tun sie das mit hoher Wahrscheinlichkeit *zusammen* oder *gemeinsam*. *zusammen* ist wie *gemeinsam* an eine Zweiheit oder Vielheit gekoppelt: auch das Einzelstück *unser gemeinsamer Freund* ist der Freund mehrerer. Was aber ist ein „gemeinsamer Täter"? Aus einer Pressemeldung, überschrieben: „Wieder Anschläge auf Züge in der Umgebung von Bonn":

Die Bonner Mordkommission untersucht, ob für die Vorfälle ein gemeinsamer Täter in Frage kommt.

Wie würden Sie das ausdrücken?

zusammen
gemeinsam

irrtümliche Attribuierung

> **6** Vielleicht so: . . . *untersucht, ob alle Vorfälle dem gleichen / ein und demselben Täter anzulasten sind.*

7 „Am 24. Juni zwischen 14 und 18 Uhr werden unsere Monteure die Wärmemesser auswechseln. Bitte sorgen Sie dafür, daß die Heizkörper frei zugäng . . . sind?"

Was müssen die Heizkörper nun sein – *zugängig* oder *zugänglich*?

zugängig
zugänglich

> **7** Neuerdings gebraucht man dafür wieder häufiger das Wort z u g ä n g i g, es hat nur konkrete Bedeutung. *zugänglich* wäre nicht falsch, aber vielleicht doch weniger empfehlenswert, weil es auch in übertragenem Sinne angewendet werden kann: *vernünftigen Überlegungen nicht zugänglich sein.*

8 Wer jemanden nicht beim Namen nennen möchte oder kann, spricht gern von einer *betreffenden Person*. Über die sprachliche Existenz der *betreffenden Person* ist heute niemand mehr betroffen, und doch hätte er allen Grund dazu. Wieso?

betreffend

> **8** Weil ihm gar nicht mehr auffällt, daß die *betreffende* Person korrekt als b e t r o f f e n e Person deklariert werden müßte. Richtig hieß es ursprünglich: *der eine Sache betreffende Umstand*. Dann schenkte man sich die Hälfte und sagte mit Ellipse (Auslassung): *der betreffende Umstand* (= der in Betracht kommende Umstand) und in Analogie hierzu: *die betreffende Behörde; die betreffende Person.*

betroffen

Ellipse

Das Fürwort

Der Stellvertreter

Wesen und Aufgabe des Pronomens

„**M**orgen *für Morgen*, wenn *Murke* das Funkhaus betreten hatte, unterzog *Murke* Murke einer existentiellen Turnübung: *Murke* sprang in den Paternosteraufzug, stieg aber nicht im zweiten Stockwerk, wo *Murkes* Büro lag, aus, sondern ließ *Murke* höher tragen, am dritten, am vierten, am fünften Stockwerk vorbei, und jedesmal befiel *Murke* Angst, wenn die Plattform der Aufzugskabine *die Plattform der Aufzugskabine* über den Flur des fünften Stockwerks hinweg erhob, die Kabine *die Kabine* knirschend in den Leerraum schob, wo geölte Ketten, mit Fett beschmierte Stangen, ächzendes Eisenwerk die Kabine aus der Aufwärts- in die Abwärtsrichtung schoben, und Murke starrte voller Angst auf *die dort befindliche einzige unverputzte Stelle des Funkhauses*, atmete auf, wenn die Kabine *die Kabine* zurechtgerückt, die Schleuse passiert und *die Kabine* wieder eingereiht hatte und langsam nach unten sank, am fünften, am vierten, am dritten Stockwerk vorbei; Murke wußte, daß *Murkes* Angst unbegründet war..."

So etwa hätte der Schriftsteller Heinrich Böll (1917–1985) „Doktor Murkes gesammeltes Schweigen" beginnen lassen müssen, wenn die deutsche Sprache keine Pronomen hätte.

Pronomen P r o n o m e n sind Wörter, die *pro nomen*, das heißt für ein Nomen (Substantiv), stehen. In der deutschen Grammatik tragen diese Hauptwortstellvertreter die etwas naive Bezeichnung F ü r w o r t – naiv, weil man mit ähnlichem Recht die Adjektive „Wiewörter" nennen könnte. Pronomen bedeutet zwar auch nichts anderes als „Für-(Haupt)wort", doch haben die lateinischen Fachwörter der Grammatik den Vorteil, daß sie weniger auf unsere Vorstellungskraft wirken und sich demzufolge eher als reine Verständigungschiffren benutzen lassen.

Dank der Pronomen brauchen wir also ein und dasselbe Substantiv nicht ewig zu wiederholen, wir können im Ausdruck wechseln und das, was wir zu sagen haben, kürzer fassen. Bei Böll heißt die oben verunstaltet wiedergegebene Textstelle:

Jeden Morgen, wenn *er* das Funkhaus betreten hatte, unterzog *sich* Murke einer existentiellen Turnübung: *er* sprang in den Paternosteraufzug, stieg aber nicht im zweiten Stockwerk, wo *sein* Büro lag, aus, sondern ließ *sich* höher tragen, am dritten, am vierten, am fünften Stockwerk vorbei, und jedesmal befiel *ihn* Angst, wenn die Plattform der Aufzugskabine *sich* über den Flur des fünften Stockwerks hinweg erhob, die Kabine *sich* knirschend in den Leerraum schob, wo geölte Ketten, mit Fett beschmierte Stangen, ächzendes Eisenwerk die Kabine aus der Aufwärts- in die Abwärtsrichtung schoben, und Murke starrte voller Angst auf *diese* einzige unverputzte Stelle des Funkhauses, atmete auf, wenn die Kabine *sich* zurechtgerückt, die Schleuse passiert und *sich* wieder eingereiht hatte und langsam nach unten sank, am fünften, am vierten, am dritten Stockwerk vorbei; Murke wußte, daß *seine* Angst unbegründet war ...

Die durch Kursivdruck hervorgehobenen Wörter gehören verschiedenen Pronomenarten an: das persönliche Fürwort *er* und das rückbezügliche Fürwort *sich* stehen stellvertretend für die Hauptwörter ‚Murke' und ‚Kabine', das besitzanzeigende Fürwort *seine* steht stellvertretend für ‚Murkes (Angst)'. Schwieriger zu sagen wäre, wessen Stelle wohl das unbestimmte Fürwort in *jeden Morgen* und das hinweisende Fürwort in *diese einzige unverputzte* Stelle vertritt – vollends unmöglich, im folgenden Satz die Pronomen *es, etwas* und *nichts* als Hauptwortstellvertreter aufzufassen:

Murke wußte, daß seine Angst unbegründet war: selbstverständlich würde nie *etwas* passieren, *es* konnte gar *nichts* passieren.

es ist zwar Personalpronomen, aber es vertritt hier weder Person noch Sache. *etwas* und *nichts* sind indeklinable (nichtbeugbare) Pronomen; *nichts* ist nichts als nichts, es gibt in unserer Sprache nichts, durch das sich *nichts* vertreten lassen könnte.

Die Auffassung vom Pronomen als Stellvertreter des Substantivs ist zu eng, sie trifft nur auf einige Pronomenarten zu, und selbst auf die nicht einheitlich.

Ihrer Funktion nach unterscheidet man die Pronomen folgendermaßen:

Pronomenarten

1. Stellvertretende Nennung einer Person oder Sache (p e r s ö n l i c h e s   F ü r w o r t   o d e r   P e r s o n a l p r o n o m e n ; rückbezügliches Fürwort oder Reflexivpronomen; reziprokes Pronomen)
2. Kennzeichnung eines Besitz- oder Zugehörigkeitsverhältnisses (b e s i t z a n z e i g e n d e s   F ü r w o r t   o d e r   P o s s e s s i v p r o n o m e n)
3. Kennzeichnung einer Auswahl, eines nachdrücklichen Hinweises oder eines Ortsverhältnisses (h i n w e i s e n d e s   F ü r w o r t   o d e r   D e m o n s t r a t i v p r o n o m e n)
4. Kennzeichnung der Zugehörigkeit einer verbalen Aussage zu einem Substantiv (b e z ü g l i c h e s   F ü r w o r t   o d e r   R e l a t i v p r o n o m e n)
5. Kennzeichnung einer Frage nach Personen oder Sachen (F r a g e f ü r w o r t   o d e r   I n t e r r o g a t i v p r o n o m e n)
6. Der Zahl nach unbestimmte Kennzeichnung eines Substantivs (u n b e s t i m m t e s   F ü r w o r t   o d e r   I n d e f i n i t p r o n o m e n)

Vom Duzen, Ihrzen und Siezen
Persönliche Fürwörter

Personalpronomen

Fürwörter sind eine Wortart, die zwar in der Deklination (s. Seite 649–655) gewisse Schwierigkeiten bereitet, sonst aber die Gemüter nicht in Wallung versetzt. Ihr Stilwert ist vernachlässigbar gering, ihr Bestand hat sich seit Jahrhunderten fast unverändert erhalten, er wurde weder durch Fremd- noch durch Modewörter vermehrt und fordert nicht gerade zu tiefsinnigen Betrachtungen heraus.

Soweit die landläufige Meinung. Sie trifft, wie jede landläufige Meinung, den berühmten Nagel nicht auf den Kopf.

Anredepronomen

Da ist zum Beispiel das Anredefürwort *Sie*. Vor dem haben wir so viel Respekt, daß wir es groß schreiben, wo immer es uns begegnet: in Briefen, auf Plakaten, in Zeitungen, Zeitschriften, Büchern. Das Pronomen *ich* dagegen schreiben wir klein, wenn es nicht am Satzanfang steht. Der Engländer macht es umgekehrt, er schreibt *you* (,du' und ,Sie'), klein, *I* (ich) groß. Weshalb das so ist und ob dieser merkwürdige Tatbestand nichts zu bedeuten habe, darüber ist schon viel gerätselt worden. Manche vermuten, daß sich hier Unterschiede im Nationalcharakter spiegeln. Mir scheint, die unterschiedlichen Rechtschreibgewohnheiten lassen sich einleuchtender erklären: Der Engländer muß *I* groß schreiben, weil das Wort aus nur einem Buchstaben besteht und bei Kleinschreibung zu leicht übersehen werden könnte; wir aber müssen das Anredepronomen *Sie* groß schreiben,

Sie

um es von der 3. Person Singular *(sie schreibt)* und der 3. Person Plural *(sie schreiben)* unterscheiden zu können. Damit sind wir auch schon der Herkunft unseres heutigen Anredefürworts auf der Spur: *Sie* war ursprünglich 3. Person Mehrzahl. Das geht auch daraus hervor, daß der Genitiv und der Dativ von *Sie* (wie der von *sie*, Plural) *Ihrer* und *Ihnen* heißen.

Schwierigkeiten macht die unterschiedliche Bedeutung gleichlautender Formen nur gelegentlich den Schulanfängern, vor allem in Gegenden, wo man mit *mir* und *mich* auf dem Kriegsfuß steht: Susi kommt ständig zu spät zur Schule. Damit das aufhört, bietet sich Reni hilfsbereit an: „Ab morgen hole ich ihr immer rechtzeitig ab." „Das ist nett von dir", lobt die Lehrerin, „aber es heißt: ich hole *sie* ab." „So?" meint Reni, „ich habe gedacht, zu solch kleinen Mädchen sagt man noch nicht *Sie*."

Über die Herkunft unserer heutigen Anrede kurz folgendes: In ganz alten Zeiten sagte man nur *du*. Vor etwas mehr als tausend Jahren begann man, Angehörige der höfischen Gesellschaft mit *Ihr* anzureden. Von etwa 1500 an wurde der Höherstehende nicht mehr geradezu, sondern in der 3. Person Singular angesprochen, der Mann mit *er*, die Frau mit *sie*. Doch die ursprünglich auszeichnend gemeinte Anrede wurde bald Ausdruck der Geringschätzung (vgl. Seite 144). Unter Adligen und Bürgern von Stand kam im 17. Jahrhundert die zunächst als widersinnig bekämpfte Anrede in der 3. Person Plural auf, unser heutiges *Sie*, und dabei ist es dann geblieben.

SIE, DU und IHR – groß oder klein?

Schriftsteller und Journalisten reden den Leser hin und wieder gern direkt an, das wirkt lebendiger. Ob sie sich dabei für das korrekte, unpersönliche Sie, für das vertrauliche, aber anbiedernde Du oder für das leicht pastorale Ihr entscheiden, das hängt von vielerlei ab, vom Durchschnittsalter der Leserschaft, von der Art der Veröffentlichung und vom behandelten Thema. Im allgemeinen trifft der Schreiber den ihm und der Sache gemäßen Ton. Unsicherheit kommt aber auf bei der Frage, wie die Anredepronomen zu schreiben sind.

Sie
du
ihr

Die Höflichkeitsanrede *Sie* wird grundsätzlich groß geschrieben, und zwar mit allen Ableitungen:

Groß- und Kleinschreibung

> wir erinnern uns *Ihrer*; wir teilen *Ihnen* mit ...

Großschreibung gilt auch für alles, was der angeredeten Person gehört:

> *Ihr* Name; *Ihre* Meinung; *Ihr* Konto.

Klein geschrieben wird dagegen immer das Reflexivpronomen *sich*. In Briefen werden auch die vertrauteren Anredeformen *Du* und – bei mehreren Personen – *Ihr* groß geschrieben; selbstverständlich mit allen Ableitungen *(Du – Deiner – Dir – Dich; Ihr – Euer – Euch – Euch)* und den zugehörigen besitzanzeigenden Fürwörtern (s. Seite 651).

sich

> Nur mit großem Anfangsbuchstaben in Briefen: *Du hast Dich geirrt; Ihr habt Euch geirrt;* aber teils groß, teils klein: *Sie haben sich geirrt.*

Nun gingen wir aber von der Überlegung aus, wie *du* und *ihr* als Anrede an den Leser geschrieben werden müssen: merkwürdigerweise klein, sofern der Text nicht in Briefform abgefaßt ist. Groß geschrieben werden *du* und *ihr* außer in Briefen nur in feierlichen Aufrufen und Erlassen, in Widmungen, auf Kranzschleifen und Grabsteinen, und auch der Lehrer, der unter die Klassenarbeit eine Bemerkung setzt, hat den Schüler mittels eines Großbuchstabens zu respektieren. Werbetexter hingegen, die ihre Leser nicht unmittelbar ansprechen, schreiben klein:

> Mach *dir* ein paar schöne Stunden ...

Bestehen Ihrerseits Bedenken?

Mit *ihrerseits / Ihrerseits* ist es wie mit *ihr / Ihr*: Bezieht sich in einem Brief das Wort auf den Empfänger oder seine Firma, wird es groß geschrieben, sonst klein.

Ihrerseits

Ich meinerseits wäre allerdings dafür, daß jeder Verfasser von Geschäftsbriefen sich ernsthaft überlegt, wieweit er seinerseits tatsächlich auf *Ihrerseits* angewiesen ist. *Ihrerseits* riecht nach Aktenstaub. Lassen wir es weg? Oder bestehen Ihrerseits Bedenken gegen diesen Vorschlag?

Nun, ich nehme an, die Bedenken wird es geben. Es ist eben ein Unterschied, ob ich frage:

>geschäftssprachlich: *Bestehen Ihrerseits Bedenken?*

oder

>umgangssprachlich: *Was meinen Sie dazu?*

Umgangssprache ist konkreter, stärker zielgerichtet, sie packt den Briefempfänger am Schlafittchen: So, mein Lieber, und jetzt mal heraus mit der Sprache! Der Geschäftsstil fragt vorsichtig an, wendet sich an den Empfänger und windet sich gleichzeitig an ihm vorbei. *Bestehen irgendwelche Einwände Ihrerseits?* heißt ja nicht und nicht in erster Linie: ‚Haben *Sie selbst* irgendwelche Einwände?', gemeint ist damit: ‚Gibt es/hat man in Ihrem Haus irgendwelche Einwände?'

Wo *Ihrerseits* ohne *Sie* auftritt, gehört es zum Wortrepertoire des Vorsichtigen, der sich nicht genau festlegen möchte. Und weil vorsichtiges, abwartendes Taktieren im Geschäftsleben eine kluge Haltung sein kann, ist so manche von Stil- und Sprachpflegern gerade wegen ihrer Unschärfe bekämpfte Wendung nicht totzukriegen.

Wir – und was dahintersteckt

wir
Pluralis majestatis

Pluralis modestiae

Ist Ihnen eigentlich aufgefallen, daß Journalisten und Schriftsteller in Zeitschriften und Büchern von sich gern im Plural sprechen? *Wir, wir* und nochmals *wir* – wie seinerzeit der deutsche Kaiser *(Wir, Wilhelm von Gottes Gnaden...)*! Doch liegt hier nur eine formale Übereinstimmung vor, die Motive sind verschieden. Die Grammatik bezeichnet den Autorenplural auch nicht als ‚Pluralis majestatis', sondern als sein Gegenteil, als ‚Pluralis modestiae' oder ‚Mehrzahl der Bescheidenheit'. Vor lauter Bescheidenheit – meinen die Grammatiker – greifen die armen Autoren zum Plural. Ich habe ja den Verdacht, viele verstecken sich bloß deshalb hinter dem anonymen Wir, weil sie sich nicht trauen, *ich* zu sagen. Wer *ich* schreibt, muß Farbe bekennen, er bietet der Kritik ganz andere Angriffsflächen als einer, der in der unbestimmten Mehrzahl *wir* verschwindet.

Daneben existiert in unserer Sprache ein drittes Wir, in das vor lauter Gönnerhaftigkeit das eigene Ich nicht einbezogen wird:

>Und jetzt legen *wir* uns schön ins Bett und machen heiße Wickel.

Der Arzt, der solchen Ratschlag gibt, hat keineswegs vor, sich zu „der Angina" ins Bett zu legen. Das scheinheilige Wir hat alle Aussicht, Karriere zu machen. Versetzen Sie sich zum Beispiel in die Lage einer berufstätigen Dame, der das hohe Glück beschieden ist, einmal wöchentlich einer Raumpflegerin die Wohnung anvertrauen zu dürfen. Die Fenster sind schmutzig. Wie sagt man das seiner Aufwartung? „Putzen Sie bitte die Fenster!"? Das hätte man sich vor zehn Jahren noch getraut. „Die Fenster möchten gern von Ihnen geputzt werden" ist auch nicht gut möglich. Bleibt nur: „Wir müßten wieder einmal Fenster putzen" – selbst wenn man nicht die Absicht hat, dabei mitzuwirken.

Bitte keinen grammatischen Selbstmord!

Irgendwo und irgendwann hat jeder von uns einmal mitbekommen, daß es unhöflich sei, seine Briefe – oder seine Sätze – mit *ich* zu beginnen. Darum schreibt manch einer noch heute:

> „Fand Ihr Schreiben vom 3. dieses nach gestriger Rückkehr von der Reise vor. Erbitte eingehende Auskünfte betreffs Zahlungsfähigkeit und Leumunds des gegenwärtigen Geschäftsinhabers. Beabsichtige, Ihnen spätestens Anfang nächster Woche meine eventuelle Zusage bekanntzugeben."

An solchen Sätzen erkennt man den von stilistischen Erwägungen unbehelligt gebliebenen Kaufmann. Dadurch, daß man grammatischen Selbstmord begeht, indem man sein Ich umbringt, wird der Brief auch nicht einen Deut höflicher. Wer gewandter ist, schreibt ruhig *ich* und verknüpft die Sätze besser:

> Ihren Brief vom 3. November fand ich vor, als ich gestern von meiner Reise zurückkam. Bevor ich mich entscheide, hätte ich gern Genaueres über Herrn Meyers Ruf und Zahlungsfähigkeit gewußt. Ob ich zusage, werde ich Sie spätestens Anfang nächster Woche wissen lassen.

ich

Genau das Gegenteil zeigt sich, wo junge Menschen diskutieren: Das „Ich" inflationiert. „Du, hör mal, ich finde das nicht gut." So wird jetzt geredet. Kaum mehr vorstellbar, daß einer sagt: „Hör zu, *es* ist nicht gut..." oder „*Es* geht nicht an..." Das „Ich meine", „Ich kann nicht" oder „Mir geht es damit so..." regiert als gängige Rede. In ihr drückt sich aus, was jetzt als „Freiheit" gilt: Machen, was man will.
GERD B. ACHENBACH

Die persönliche Wirkung der persönlichen Fürwörter

Das ist nun etwas, was von vielen nicht hoch genug veranschlagt wird, vor allem nicht von denen, die sich, wie das heute Mode ist, betont um einen kurzen, knappen, präzisen Geschäftsstil bemühen. Wozu dem Adressaten dauernd mit *Sie* und *Ihnen* kommen? Er weiß ja, daß der Brief an ihn gerichtet ist, behaupten sie.

Anredepronomen

Sie
Ihnen

Stimmt, es muß nicht sein, daß man *Sie* und *Ihnen* häufig gebraucht – aber es schadet nichts, wenn man es tut. Wissen Sie, welches Wort ein Mensch am liebsten hört? Seinen Namen. *Sie* und *Ihnen* sind Fürwörter, weil sie als Ersatz für den Namen stehen. Wer sich von der Vorstellung frei macht, Anredefürwörter seien etwas Lästiges, erreicht mit seinen Briefen mehr.

Dann gibt's Büromenschen, die leben in ausgesprochener Er-Furcht. Sie diktieren: *Herr Müller ist..., Herr Müller hat..., Herr Müller wird veranlassen...* Machen Sie es nicht so. Schreiben Sie vom zweitenmal an *er*, das nimmt dem Brief die Steifheit.

er

Außerdem sind da diejenigen, die nicht verstehen können, daß die Firma Kurz ihre Briefe schließt mit *Es grüßt Sie Ihr Textilhaus Kurz*. Wieso *Ihr*? fragen sie verständnislos, das Textilhaus gehört doch nicht dem Briefempfänger. Das ist logisch, aber nicht psychologisch gedacht: der Wärmewert von Personal- und Possessivpronomen hat noch nie einer Geschäftsverbindung geschadet.

Possessivpronomen

Mein Arbeitsplatz ist nicht mein Arbeitsplatz, denn *mein* ist ein besitzanzeigendes Fürwort.
LISELOTTE RAUNER

„Ich bitte um es"

es

> „Grundlos ist Adelungs Behauptung, der Akkusativ *es* schicke sich nicht ... nach Präpositionen ... Ohne Anstoß sagen wir: ein Teil der Schweiz hat Ähnlichkeit mit Schwaben und grenzt auch an es."

Diese Stellungnahme zur Behauptung eines Grammatikers des 18. Jahrhunderts stammt aus berufenem Mund, Jacob Grimm schrieb sie 1862 in den dritten Band des Deutschen Wörterbuchs. Er selbst nahm wirklich keinen Anstoß an Fügungen wie „Auf welche Weise wir uns in es finden..."; aber seine Zeitgenossen und deren Nachkommen nahmen Anstoß: sie stießen und stoßen sich nicht „an es", sondern nach wie vor *daran*. Von der Grammatik her ist gegen Verbindungen wie *an es, um es, über es* nichts einzuwenden. Wenn sie sich trotzdem nicht durchsetzen konnten, so liegt es am Klang. Das Wörtchen *es* ist viel zu schmächtig, den Ton zu tragen, den ihm eine vorangehende Präposition zumutet. Darum ersetzen wir die Konstruktion ‚Präposition + es' durch Pronominaladverbien:

Pronominaladverb statt Präposition + ‚es'

um es / darum

> **nicht:** „Ich bitte um es."   **sondern:** Ich bitte darum.

ohne

Statt „auf es" sagen wir *darauf*, statt „in es" *darin* oder *darein*, statt „ohne es" aber nicht „darohne", weil es dieses Wort dummerweise in unserer Sprache nicht gibt. Hier bleibt nur übrig, die betreffende Sache oder Person (Gepäck, Kind) beim Namen zu nennen.

Rollentausch nicht gestattet!

> „Daß ich Ihren geschätzten Auftrag erhalten habe, bestätigt dankend Max Basler."

Das geht sowenig wie die Danksagung, die ein Brüderpaar in die Zeitung setzen ließ:

Kongruenz von Personal- und Reflexivpronomen

> „Allen Gratulanten unsern herzlichen Dank! Über die vielen Glückwünsche zum 50jährigen Bestehen unserer Firma freuen sich Walter und Peter Müller."

Wer von sich am Schluß eines Satzes distanziert in der 3. Person reden möchte *(bestätigt, freuen sich)*, muß das schon am Anfang wissen. Richtig ist:

ihrer / sich

> Über die vielen Glückwünsche zum 50jährigen Bestehen *ihrer* Firma *freuen sich* Walter und Peter Müller.

Besser, weil natürlicher, klingt die Formulierung in der 1. Person:

uns / unserer

> *Wir freuen uns* über die vielen Glückwünsche zum 50jährigen Bestehen *unserer* Firma. Walter und Peter Müller

Auch Herr Basler spricht von sich durchweg besser nur in der 1. Person:

> Dankend *bestätige ich* Ihnen, daß *ich* Ihren Auftrag *erhalten habe*.
> Max Basler

Lädt Frau Franz zum Geburtstag ihres Mannes ein, dann lautet das gemeinsame Reflexivpronomen *uns* (nicht: *sich*): **uns / sich**

> Mein Mann und ich würden *uns* freuen, wenn ...

Mehr dazu auf Seite 334

Irgend etwas stimmt hier nicht

> „Ob man Rolf wegen seines Verhaltens kritisiert oder Lob zollt, macht überhaupt keinen Eindruck auf ihn."

Daß hier etwas nicht stimmt, hört jeder heraus, aber man muß schon eine Weile überlegen, bis man dem Fehler auf die Spur kommt. Man kritisiert jemanden (Akkusativ), zollt aber jemandem Lob (Dativ). Der Name *Rolf* kann Akkusativ *(ich kritisiere Rolf)* oder Dativ *(ich zolle Rolf Lob)* sein, nicht aber beides zur gleichen Zeit. Fassen wir *Rolf* als Akkusativ auf, muß das Pronomen *ihm* stellvertretend für den Dativ *Rolf* hinzugefügt werden: **Rektion**

> Ob man Rolf wegen seines Verhaltens kritisiert oder *ihm* Lob zollt ...

Setzen wir jedoch für die umständliche Dativfügung *Rolf Lob zollen* den schlichten Akkusativ *Rolf loben* ein, können wir selbstverständlich auf das Pronomen verzichten:

> Ob man Rolf wegen seines Verhaltens kritisiert oder *(ihn)* lobt ...

Ich – mich, du – dich, er – sich

Rückbezügliche Fürwörter

„Hans und Grete ärgern sich." Fragt sich: Wer ärgert wen? Schwer zu sagen. Entweder Hans seine Grete und Grete ihren Hans oder jeder sich selbst. **Reflexivpronomen**

Rückbezügliches *sich* hat zwei Bedeutungen: ‚sich selbst' und ‚einander', ‚sich gegenseitig'. Wo sich Mißverständnisse ergeben könnten, weil ein wechselseitiges Verhalten gemeint ist, sagen wir besser verdeutlichend *einander* oder *sich gegenseitig*: ***sich***

> Sie bürsten einander / sich (gegenseitig) den Staub von den Kleidern.

Mit *einander* gerät einem ein Ausdruck leicht eine Stilschicht zu hoch; *sich gegenseitig* ist Normaldeutsch.

Nicht angebracht ist *einander*, wenn die Sache eindeutig ist: *Hans und Grete lieben sich* (nicht: *einander*). ***einander***

„Sie können bei Ihnen zu Hause..."

Aus dem Werbebrief eines Weinhändlers:

> „Schicken Sie den beiliegenden Gutschein am besten heute noch ein. Dann können Sie vielleicht schon in den nächsten Tagen diese herrlichen Weine bei Ihnen zu Hause begutachten."

Reflexiv- oder Personalpronomen?

bei verlangt den Dativ, daran gibt's nichts zu deuten. Die Wendung *bei Ihnen zu Hause* wäre völlig korrekt in einem Satz wie

> Die Sendung wird nächste Woche bei Ihnen zu Hause eintreffen.

Wenn Sie aber lesen: *Sie können die Weine bei Ihnen zu Hause begutachten*, dann haben Sie sicher auch das Gefühl, daß an diesem Satz etwas nicht stimmt. Aber was? Können Sie noch konjugieren? Probieren Sie es: *ich bin bei mir zu Hause, du bist bei dir zu Hause, er ist bei...* ja, wie weiter? *...bei ihm zu Hause*? Nein, das würde bedeuten, daß er bei jemand anders zu Hause ist. Das Reflexivpronomen, das wir hier brauchen, heißt *sich: er ist bei sich zu Hause*. Und nun im Plural: *wir sind bei uns zu Hause, ihr seid bei euch zu Hause, sie sind bei... ihnen zu Hause*? Falsch! Für die 3. Person Plural gilt das gleiche wie für die 3. Person Singular: das Reflexivpronomen heißt *sich: sie sind bei sich zu Hause*. Da die Formen der 3. Person Plural mit denen der Höflichkeitsanrede *Sie* übereinstimmen, wissen wir nun auch, wie der Satz aus unserem Brief heißen muß:

> Dann können Sie diese Weine bei *sich* zu Hause begutachten.

sich

süddeutsch

Übrigens haben wir es hier weniger mit einem Grammatikfehler als mit landschaftsgebundener Ausdrucksweise zu tun: Das Reflexivpronomen *sich* galt früher nur für den Akkusativ, im Dativ setzte man nach *bei* das persönliche Fürwort *ihm* oder *ihr* oder *ihnen*. In Bayern und Österreich hält man noch heute an der alten Gewohnheit fest, aber schriftsprachlich korrekt ist sie nicht.

Wohin gehört das ‚sich' im Satz?

> Von Menschen, die... durch Tüchtigkeit, Ausdauer und Zuverlässigkeit... in ihrem Beruf... auszeichnen, steht nicht zu befürchten, daß sie... von irgendwelchen kleinen Mißhelligkeiten im Privaten... aus der Bahn... werfen ließen.

In diesem Satz fehlt zweimal das Wort *sich*. Der Satz hat sechs Lücken, in die *sich* hineinpassen würde. An welchen beiden Stellen würde sich das Wörtchen *sich* am besten in den Satz einfügen?

sich

Stellung im Satz

Darüber konnten sich die Grammatiker bis heute nicht einigen. Immer häufiger hört man die Ansicht, *sich* müsse so eng wie möglich an das Verb herangezogen werden, zu dem es gehört:

> Menschen, die in ihrem Beruf *sich* auszeichnen...

Rhythmisch günstiger steht *sich* in beiden Nebensätzen unmittelbar hinter dem Einleitewort oder hinter den ersten beiden Wörtern:

> Von Menschen, die *sich* durch Tüchtigkeit, Ausdauer und Zuverlässigkeit in ihrem Beruf auszeichnen, steht nicht zu befürchten, daß sie *sich* von irgendwelchen kleinen Mißhelligkeiten im Privaten aus der Bahn werfen ließen.

„Nicht ärgern, nur wundern!" Richtig? Richtig! Denn bei Aufforderungen im Infinitiv fällt bei reflexiven Verben wie sich ärgern, sich wundern das Reflexivpronomen aus.

Was am Ende eines Satzes gesagt wird, prägt sich dem Hörer besser ein, als was am Anfang steht. Daher erhält im allgemeinen das Wichtigere die spätere, das weniger Wichtige die frühere Stellung. Ein tonschwaches Wort wie *sich* ist nicht sehr wichtig, es kann im Nebensatz gut an den Satzanfang gesetzt werden – vorausgesetzt, seine Reichweite darf sich auf den ganzen Satz erstrecken.

Aus einem Manuskript („Zur Textverarbeitung gehört auch der Text"):

> Zum Glück gibt es neben dem Rationalisierungsgerede auch Rationalisierungstaten. Wenigstens von einigen Unternehmensleitungen wird dem Text mehr Bedeutung zuerkannt, *als sich manche Leute träumen lassen oder wahrhaben möchten.*

Hier schwingt das unmittelbar hinter dem Nebensatz-Einleitewort stehende *sich* zu stark ins zweite, nichtreflexive Prädikat hinüber. Besser, wir stellen in solchem Fall das *sich* näher zu seinem Verb:

> ... als manche Leute *sich träumen lassen* oder wahrhaben möchten.

Oder wir stellen die Prädikate um:

> ... als manche Leute wahrhaben möchten oder *sich träumen lassen*.

Die alte Regel, *sich* möglichst weit vorn im Satz zu plazieren, gilt noch immer, und das hat seinen Sinn. Vorn im Satz wirkt das *sich* wie ein Wegweiser; es zeigt dem Leser oder Hörer, daß er ein reflexives Verb zu erwarten hat. Das beschleunigt das Verständnis. Doch gilt die Regel nicht uneingeschränkt. Rhythmus, Wohlklang und nicht zuletzt die Reichweite des *sich* entscheiden über seine Stellung im Satz.

Mein und Dein

Besitzanzeigende Fürwörter

Das Possessivpronomen (von lateinisch *possidere* = besitzen; vgl. Seite 78) macht so gut wie keine Schwierigkeiten; anders als im Leben herrschen in der Grammatik über Mein und Dein ziemlich genaue Vorstellungen, nur über *sein* und *ihr* gehen sie manchmal auseinander:

Possessivpronomen

> Alles hat seinen Preis. Der Erfolg hat seinen Preis; der Müßiggang hat seinen Preis; das Nichtstun hat seinen Preis; die Bequemlichkeit hat ...

sein / ihr
Mehr zur Kongruenz im Genus auf Seite 417

> ... *ihren* Preis. Oft heißt es *sein*, wo es *ihr* heißen müßte:
>
> „Die Bürokratie braucht seine Zeit. – Die Fraktion zog seinen Antrag zurück. – Die Botschaft des Irak hat seine Tätigkeit eingestellt."

Über dem Leitspruch „Jedem das Seine" sollten wir nicht vergessen, daß auch jeder das Ihre gebührt: *der Bürokratie ihre Zeit, der Fraktion ihr Antrag, der Botschaft des Irak ihre Tätigkeit.*

Zu schaffen macht manchem die Rechtschreibung:

> ‚Grüß die Deinen und sei selbst gegrüßt von *Deinem* Kai'

Groß- und Klein-schreibung

Daß hier beidemal ein großes ‚D' stehen muß, ist klar; in Briefen werden – mit Ausnahme von *sich* – sämtliche Pronomen, die sich auf die angeredete Person beziehen, groß geschrieben. Was aber, wenn das fragliche Wort nichts mit der angeredeten Person zu tun hat?

> „Diesem Brief liegt ein Prospekt über sachgemäße Möbelpflege bei. Unsere Ratschläge wollen das *(i)hre* dazu beitragen, daß Sie lange Freude an Ihrer neuen Wohnungseinrichtung haben."

das Ihre

In *das Ihre dazu beitragen* bekommt *Ihre* ein großes ‚I', und zwar auch dann, wenn sich *Ihre* nicht auf die angeredete Person bezieht. Warum? Weil *Ihre* hier nicht mehr bloß Pronomen ist, sondern ein ganz besonderes, nämlich ein substantiviertes, ein zum Hauptwort gewordenes Fürwort, erkennbar an dem vorangehenden Artikel. Doch nicht immer kündigt ein vorangehendes Geschlechtswort an, daß das folgende Possessivpronomen substantiviert ist. Mit dem Geschlechtswort verbundene Fürwörter werden dann nämlich klein geschrieben, wenn sie sich gedanklich auf ein vorhergehendes Substantiv beziehen:

> Mit deinen Arbeiten bin ich sehr zufrieden, *die seinen* (= seine Arbeiten) gefallen mir nicht.

Oder eine Stelle aus einem Brief:

> Möchten Sie nicht auf unsere Vorschläge eingehen, die uns für beide Seiten akzeptabler als *die ihren* scheinen?

Hier darf *die ihren* allerdings nur dann klein geschrieben werden, wenn damit die Vorschläge eines kurz vorher im Brief genannten weiblichen Wesens oder aber die Vorschläge mehrerer soeben erwähnter Personen gemeint sind. Geht es um Vorschläge, die der Briefpartner selbst gemacht hat, muß groß geschrieben werden:

> Unsere Vorschläge scheinen uns für beide Seiten akzeptabler als *die Ihren* (= als Ihre Vorschläge).

Dies und das

Hinweisende Fürwörter

Das Demonstrativpronomen (lateinisch *demonstrare* = hinweisen, aufzeigen, demonstrieren) ist, so könnte man sagen, der Zeigefinger der Grammatik. Sowenig es sich schickt, mit dem Finger auf seine Mitmenschen zu zeigen, so wenig gehört der größte Teil der Demonstrativpronomen sprachlich zum guten Ton.

Demonstrativpronomen

> „Über den Vorgang wurde von mir ein Vermerk verfertigt. Ich werde sogleich veranlassen, daß *derselbe* aus den Akten herausgesucht wird."

derselbe

So drückt sich nur ein Amtsschimmelreiter aus. Pusten wir mit dem übrigen Staub auch das Demonstrativpronomen weg, dann bleibt, was ein normaler Mensch in solcher Lage sagen würde:

> Den Vorgang habe ich notiert, ich lasse *ihn* (oder: *den Vermerk*) gleich aus den Akten heraussuchen.

Wo ein persönliches Fürwort genügt, ist ein hinweisendes nicht nötig, wo ein besitzanzeigendes unmißverständlich ist, braucht man das hinweisende nicht. Statt „mein Bruder und *dessen* Frau", „die häufigsten Betriebsunfälle und *deren* Folgen" kann man auch sagen:

dessen
deren

> mein Bruder und *seine* Frau,
> die häufigsten Betriebsunfälle und *ihre* Folgen.

Zur Klärung komplizierterer Verwandtschaftsverhältnisse sind die Genitive *dessen* und *deren* allerdings unumgänglich:

Demonstrativpronomen	Possessivpronomen
Er besuchte Herrn Baumann und *dessen* Sohn (= Herrn Baumanns Sohn).	Er besuchte Herrn Baumann und *seinen* Sohn (= den eigenen Sohn).

Aber: ‚*Ich* besuchte Herrn Baumann und *seinen* Sohn (nicht dessen).'

Dieser und jener

> „Ich kaufe *diese* Äpfel hier, *jene* dort sind mir zu teuer."

Wer wohl so gedrechselt daherreden mag? Höchstens ein Ausländer, der sein Deutsch nach einer Grammatik gelernt hat. Wenn einer von uns auf dem Wochenmarkt einkauft, sagt er vielleicht:

> Ich nehme *die* Äpfel hier, *die* da sind mir zu teuer.

dieser
jener

Die Grammatiker haben es sich zwar in den Kopf gesetzt, daß bei dem Wortpaar *dieser – jener* das Fürwort *dieser* auf Näherliegendes, *jener* auf Entfernteres hinzuweisen habe – wer aber spricht denn überhaupt von „jenen Äpfeln" und „jenen Tomaten"? Für das, was auf dem Wochenmarkt angeboten wird, ist *jener* viel zu feierlich. Nur in der Schriftsprache taucht das Wort hin und wieder auf, meist gleichbedeutend mit *dieser*. Eher als *dieser – jener* gebrauchen wir im Alltag manchmal das Wortpaar *dieser – nächster*, um Näheres von Entferntem zu unterscheiden:

Was viele nicht wissen: Es heißt *dieses Jahres* (nicht: diesen). *dieses* und *jenes* werden flektiert wie *das*. Wir sagen: *am 3. März des Jahres 1991* und entsprechend *am 3. März dieses / jenes Jahres*.

> *Dieses* Mal will ich noch ein Auge zudrücken, aber *nächstes* Mal . . . !

In der Gegenüberstellung ist die Sache eindeutig. Was aber, wenn der Superlativ *nächster* ohne seinen Gegenpart *dieser* auftaucht?

Ist ‚nächsten Sonnabend' noch diese Woche?

nächsten Sonnabend / Samstag
diesen Sonnabend / Samstag

So einfach sich die Frage auch anhört, so schwierig ist es, darauf eine befriedigende Antwort zu finden. Die einen sagen: „Nächsten Sonnabend ist der 25. September." „Aber nein", sagen die andern, „diesen Sonnabend ist der 25. September, der nächste Sonnabend ist der 2. Oktober." Sicher haben Sie schon einmal im Autobus vom Fahrer die Auskunft bekommen, Sie müßten an der nächsten Haltestelle umsteigen. Mußten Sie dann wirklich an der kommenden (= nächstfolgenden) Haltestelle den Bus verlassen, oder war erst die darauf folgende, also die übernächste, gemeint? Es ist bei den Haltestellen wie bei den Wochentagen: mit Logik ist dem Sprachgebrauch hier nicht beizukommen. Die Erklärung dafür, daß man gewöhnlich vom *nächsten Sonnabend* spricht, obwohl man den übernächsten meint, ist wahrscheinlich darin zu suchen, daß der Bezeichnung *nächsten Sonnabend* die Vorstellung ‚am Sonnabend nächster Woche' zugrunde liegt. Wie man unter *diesen Sonnabend* den Sonnabend dieser Woche versteht, so denken viele, aber nicht alle, an den Sonnabend der nächsten Woche, wenn sie sich für den nächsten Sonnabend verabreden.

Dieser – der – er

dieser

Soviel jedenfalls steht fest: *dieser* bezieht sich immer auf das Nächstliegende, das zuletzt genannte Substantiv oder Pronomen. Wer das vergißt, begibt sich unter die Komiker. So heißt es in einer Zeitungsanzeige einer großen Firma:

> „Wenn Sie nicht Ihr Leben lang . . . maschinen für die . . . industrie verkaufen wollen, dann verkaufen Sie *diese* für uns."

Nun ist ja anzunehmen, daß ein sich davon angesprochen fühlender Bewerber gar nicht erst den Versuch macht, die Industrie zu verkaufen. Dennoch wäre es besser gewesen, der Inserent hätte so formuliert:

> . . . dann verkaufen Sie *die(se) Maschinen* für uns.

Überhaupt, hüten Sie sich vor alleinstehendem *dieser, diese, dieses*.

"Da trafen wir einen alten Mann. *Dieser* trat grüßend auf uns zu."

Warum? *Dieser* ist doch niemand anders als der genannte Mann:

Da trafen wir einen alten Mann. *Er* trat grüßend auf uns zu.

Wo allerdings der Bezug nicht eindeutig werden könnte, sollten wir *der* oder *dieser* sagen. Aus einer Zeitungsmeldung:

"Der Schlosser, ausgerüstet mit einem kompressorgetriebenen Preßlufthammer und einem elektrischen Schweiß- und Schneidegerät, hatte jedoch die Rechnung ohne den Hauswirt gemacht. *Er* hörte in der Stille der Sonntagnacht verdächtige Geräusche und alarmierte die Polizei."

Wer alarmierte die Polizei? Dem Wortlaut nach der Schlosser. Gemeint ist aber der Hauswirt. Also brauchen wir ein Demonstrativpronomen, das deutlicher als *er* auf den Hauswirt weist. Gefälliger als alleinstehendes *dieser* wirkt *der*:

er
der

... ohne den Hauswirt gemacht. *Der* hörte in der Stille ...

Salopp bis ungebührlich wirkt hinweisendes *der* nur, wo es ohne Grund gebraucht wird. Statt "Den Schulze kenne ich, den habe ich gestern erst gesehen" sagen höfliche Leute: *Herrn Schulze kenne ich, erst gestern habe ich ihn gesehen.*

Die Schwierigkeit mit 'der', 'derer' und 'deren'

Unter den hinweisenden und bezüglichen Fürwörtern, deren man sich notgedrungen bedienen muß, kommen zwei mit Sicherheit falsch, die Genitivformen *derer* und *deren*. Da beklagt sich jemand über ungenaue Konstruktionsunterlagen:

deren

derer

"Wenn man schon Pläne zeichnet, so darf man nicht Toleranzen eintragen, innerhalb der sich der Ausführende frei bewegen darf, man muß ihn genau arbeiten lassen."

Das ist grammatisch falsch. *innerhalb* verlangt den Genitiv, hier den Genitiv Plural, da sich das Pronomen auf *Toleranzen* bezieht. *Toleranzen, innerhalb...?* *derer* oder *deren* – das ist jetzt die Frage. Wenn Sie die Deklinationstabelle des Pronomens *der, die, das* (Seite 652) aufschlagen, werden Sie sehen, daß der Genitiv des Fürworts *die* in beiden Zahlformen *deren* lautet. Es heißt also:

Singular: eine Toleranz, innerhalb deren...
Plural: Toleranzen, innerhalb deren...

Der Genitiv *derer* darf nur substantivisch gebraucht werden: Die Zahl *derer*, deren sprachliche Sicherheit in diesem Punkt zu wünschen übrigläßt, ist nicht unbeträchtlich. Wir können uns die Regel, *vermöge deren* (nicht:

„vermöge der" oder „vermöge derer") wir *derer* und *deren* auseinanderhalten können, auch einfacher fassen:

 Vor dem Komma heißt es *derer*,
hinter dem Komma *deren*.

Wenn zwei dasselbe tun ...

dasselbe
das gleiche

Tante Ottilie kann sich die gleiche Perlenkette kaufen wie ihre Todfeindin, aber nicht dieselbe. In ein und derselben Klasse benutzen alle Schüler das gleiche Lehrbuch; schlimm wäre es, wenn sie dasselbe benutzen müßten. Fahren Direktor Lehmann und sein Betriebsleiter mit demselben Zug nach Berlin, dann steigen sie am Bahnhof Zoo am selben Tag zur selben Zeit aus; fahren sie mit dem gleichen Zug, dann kommen sie, falls nicht der eine Zug Verspätung hat, auch zur gleichen Zeit am Zoo an, freilich nicht gemeinsam und nicht am selben Tag. *der-, die-, dasselbe* drücken völlige Übereinstimmung aus, *der, die, das gleiche* die bloße Ähnlichkeit. Wenn zwei Damen „genau denselben Hut" tragen, dann müßten sie *ihn* (und nicht: denselben) nicht auf dem Kopf, sondern in der Hand tragen, und zwar gemeinsam – aber der Sprachgebrauch geht seine eigenen Wege. Kompliziert wird die Geschichte erst, wenn wir den Bereich des Konkreten verlassen und sich die Grenze zwischen Identität und Ähnlichkeit zu verwischen beginnt. Haben zwei Rosen, die im Farbton völlig übereinstimmen, dasselbe oder das gleiche Rot? Atmen verschiedene Personen im selben Raum dieselbe oder die gleiche Luft? Wenn zwei dasselbe tun, dann ist das nicht dasselbe, sagt das Sprichwort – obwohl es eigentlich *das gleiche* sagen

Wenn zwei am gleichen Strang ziehen, wollen sie dasselbe; aber wer einem andern etwas mit gleicher Münze heimzahlen will, braucht dazu nicht dieselbe.

müßte. Aber das Sprichwort zeigt nur, daß es uns Menschen allen Bemühungen der Sprachregulierer zum Trotz lieber ist, immer wieder denselben Fehler zu machen statt immer wieder den gleichen. Eine Ausnahme, wenn auch keine rühmliche, machen die Verleger. Stets heißt es in Verlagsankündigungen:

„erscheint in Kürze vom gleichen Autor im gleichen Verlag..."

– obwohl an der Identität des Autors mit sich selbst und des Verlages mit sich selbst ja wohl kein Zweifel bestehen dürfte.

Die, die die, die die Buchstaben zählen...
Bezügliche Fürwörter

Relativpronomen

Das Relativpronomen (von lateinisch *relativum* = das Zurückgeführte, auf etwas Bezogene) stellt die Relation, die Beziehung, her zwischen dem übergeordneten Hauptsatz und dem untergeordneten Nebensatz, den wir in diesem Fall ‚Relativsatz' nennen. Relativsätze – sie sind bei uns fast so beliebt wie Nebensätze mit *daß* – machen keine nennenswerten Schwierigkeiten, vorausgesetzt, man verschachtelt sie nicht ineinander.

„Die, die die, die die Buchstaben zählen, für dumme Tröpfe halten, möchten nicht ganz unrecht haben", spottete seinerzeit der Philosoph Schopenhauer (1788–1860).

Fünfmal hintereinander *die*, das gibt es natürlich nur, wenn man es konstruiert – zwei- oder dreimal, das kommt schon öfter vor. Ja, und dann erhebt sich die alte Streitfrage: *die, die* oder *die, welche*?

Daß das Relativpronomen *welcher, welche, welches* in der deutschen Sprache nur noch ein kümmerliches Dasein fristet, hat es dem Leipziger Gymnasiallehrer Wustmann (1844–1910) zu verdanken, der es in seinen „Sprachdummheiten" als lang, undeutsch und papieren verurteilte. Papieren? Ja. Wer sagt schon: „Der Mann, welcher . . .?" Niemand, nur geschrieben wird es ab und zu. Zugegeben, *welcher* wirkt langatmiger, bedächtiger, aber auch gründlicher als *der*. „Je näher ein Schriftsteller, ein Werk der lebendigen Rede steht, desto mehr tritt *welcher* zurück, je gelehrter, desto mehr *welcher*", urteilte der Germanist Behaghel (1854–1936). In den Schriften Johann Joachim Winckelmanns (1717–1768), des Begründers der neueren archäologischen Wissenschaft, spielt das Relativpronomen *der* eine untergeordnete Rolle, umgekehrt tritt bei dem Dichter Heinrich Heine (1797–1856) *welcher* in den Hintergrund, *welcher* ist kein Wort für Verse. Goethe – das haben die, die die Buchstaben zählen, herausgefunden – bevorzugte das kürzere *der* erst im Alter. In „Wilhelm Meisters Lehrjahren" (1795), in den „Wahlverwandtschaften" (1809) und in der „Italienischen Reise" (1816/1817) sind nur etwa ein Siebentel aller Relativsätze mit *der* eingeleitet, im letzten Teil von „Dichtung und Wahrheit" (1831) ungefähr drei Viertel.

der, der
der, welcher

Heute wird *welcher* eigentlich nur von denen gebraucht, die da meinen, *der der* zu schreiben sei schlechter Stil. Doch der Schreiber, *der der* Meinung ist, gehört zu denen, die die Buchstaben zählen, und zwar mit dem Auge, nicht mit dem Ohr. Eines der beiden *der* ist gewöhnlich kürzer und weniger betont – mal ist es das erste, mal das zweite. Schiller prägte für ‚Theater' das Wort von den „Brettern, die die Welt bedeuten". Berufen wir uns auf ihn, wenn uns einmal ein „der, welcher"-Fanatiker aus einer Stillehre für Anfänger eine Lektion erteilen will. Blinder Eifer und guter Stil schließen einander aus. Wer das, was ihm auf der Unterstufe eingetrichtert wurde, für der Weisheit letzten Schluß hält, wird nie begreifen, daß guter Stil außer von der Wortwahl auch vom Rhythmus abhängt. Wo es der Rhythmus einer breit und bedächtig dahinfließenden Erzählung angezeigt sein läßt, ist auch heute noch ein *welcher* verwendbar, doch im einfachen, klaren Stil wird immer das kürzere *der, die, das* die Oberhand behalten, allen „der der"-Gegnern zum Trotz auch in der optischen Doppelung.

Des Guten zuviel

Ein Wolleversandhaus verschickte Werbebriefe, in denen der Kundin geraten wird:

„Füllen Sie die beigefügte Bestellkarte aus, dann können Sie in wenigen Tagen einen Pullover oder eine Jacke stricken, an derem sportlich modischen Schick Sie über lange Zeit große Freude haben werden."

deren
dessen

Der Genitiv lautet hier *deren*. Diese bereits flektierte Form als flektierbar aufzufassen wäre des Guten zuviel. Zwar verlangt *an* hier den Dativ, aber der muß sich im Adjektivattribut ausdrücken, also:

> ...*an deren sportlich modischem Schick* Sie lange Freude haben werden.

Entsprechendes gilt für *dessen*.

nicht	sondern
Herr X, von desse*m* volle*n* Einverständnis wir überzeugt waren...	Herr X, von desse*n* volle*m* Einverständnis wir überzeugt waren...

Des Guten zuwenig

> Eine Frage, deren Beantwortung nicht einfach ist und man sich auch nicht einfach machen sollte...

Kasuskongruenz

Den guten Stilisten erkennt man daran, daß er die verschiedenen Fälle auch dann nicht in einen Topf wirft, wenn sie gleich lauten.

Was an diesem Satz nicht stimmt, erkennen wir am besten, wenn wir nach der Fragemethode verfahren. We r oder was ist nicht einfach? *deren Beantwortung* (Nominativ). We n oder was sollte man sich auch nicht einfach machen? *deren Beantwortung* (Akkusativ). Aber auch wenn Nominativ und Akkusativ gleich lauten, berechtigt das noch lange nicht dazu, den Akkusativ unter den Tisch fallen zu lassen. Korrekt wäre:

> Eine Frage, deren Beantwortung nicht einfach ist und deren Beantwortung man sich auch nicht einfach machen sollte...

Oder, falls Sie die Wortwiederholung stört:

> Eine Frage, die nicht leicht zu beantworten ist und deren Beantwortung man sich auch nicht einfach machen sollte...

Vgl. dazu Seite 317

Nur wenn die Fälle übereinstimmen, kann der gleichlautende relativische Anschluß erspart werden:

> Eine Frage, deren Beantwortung nicht einfach ist und auch nicht auf die leichte Schulter genommen werden sollte...

‚das' oder ‚was'?

etwas, was

was
das

Hier hätten wir wieder einmal *etwas, was* auch den sprachlich Sichersten unsicher werden läßt – oder sollte es *etwas* sein, *das* ihn zögern läßt? Nach unbestimmten Für- und Zahlwörtern wie *etwas, alles, einiges, vieles, manches, weniges* und *nichts* heißt es *was*, nicht *das*, sagt die Grammatik. Wenn man trotzdem auch bei guten Schriftstellern die Fügung *etwas, das* finden kann, so einmal, weil ein zweifaches unbetontes *was* als störend empfunden wird, zum andern, weil man mit *etwas* auf nicht genau, aber annähernd Bestimmtes zielen kann:

> Da ist noch *etwas, das* (statt: *was*) ich dir schon lange sagen wollte.

das bezieht sich auf das genau zu Bestimmende: *das Kind, das*... (niemals: das Kind, was); *was* bezieht sich auf das weniger genau zu Umreißende, es steht deshalb auch nach substantivierten Superlativen:

> *das Schönste, was*...; *das Entsetzlichste, was*...; *das Größte, was*...

Merkwürdig, wie hier die Sprache unsere Skepsis offenbart, die wir unbewußt den Superlativen entgegenbringen, sie scheinen uns doch ziemlich unsichere Gesellen.

nach Substantiven:	nach Superlativen:
das	*was*
Das beste *Persil, das* es je gab!	Das Beste, *was* es je gab!

Da *das* sich nur auf ein vorangehendes sächliches Hauptwort beziehen kann, muß *was* gesetzt werden, wenn der Relativsatz vom ganzen übergeordneten Satz abhängt:

Bezug auf den übergeordneten Satz: *was*	**Bezug auf das vorangehende Neutrum:** *das*
Sie strich dem weinenden Jungen über das Haar, was ihn wieder zu beruhigen schien.	*Sie strich dem weinenden Jungen über das Haar, das wie Seide glänzte.*
Er schenkte ihr ein Buch, was sie sehr erfreute.	*Er schenkte ihr ein Buch, das sie sehr erfreute.*

Sidenotes:
An sich eine gute Unterscheidungsmöglichkeit: Er tat *etwas, das* mich überraschte (= Was er tat, überraschte mich). Er tat *etwas, was* mich überraschte (= Daß er etwas tat, überraschte mich).

nach substantivierten Superlativen: ‚was'

das / was

Relativsatz gleich hinters Bezugswort!

Kein Witz, sondern eine Zeitungsmeldung:

> Mord in Frankfurt
> ap Frankfurt am Main, 1. Januar.
> In der Neujahrsnacht ist in Frankfurt/Main eine 28jährige Frau ermordet worden. Die Frau wurde am Montagnachmittag tot auf der Couch in ihrer Wohnung in einem Hause in der Nähe des Gerichtsgebäudes gefunden, in dem allgemein Prostituierte wohnen...

Niemand wird so naiv sein, das Gerichtsgebäude für ein Freudenhaus zu halten. Dennoch wäre es besser gewesen, der Verfasser dieser Meldung hätte den Relativsatz unmittelbar an sein Bezugswort gekoppelt:

Relativsatz

Ein Armutszeugnis stellte eine große Tageszeitung den westdeutschen Anwälten aus, als sie im Februar 1990 behauptete: „In der DDR gibt es nur noch 600 Anwälte gegenüber 44 000 niedergelassenen Anwälten in der Bundesrepublik, die nichts vom Wirtschaftsrecht verstehen." Umgekehrt wäre ein Schuh draus geworden: ‚Gegenüber 44 000 niedergelassenen Anwälten in der Bundesrepublik gibt es in der DDR nur noch 600 Anwälte, und die kennen sich nicht im Wirtschaftsrecht aus.'

... Die Frau wurde am Montagnachmittag tot auf der Couch in ihrer Wohnung gefunden, in einem in der Nähe des Gerichtsgebäudes liegenden Haus, in dem allgemein Prostituierte wohnen.

Verdunkelungsgefahr

Nicht immer sind unklare relativische Anschlüsse so leicht zu durchschauen wie die Zeitungsmeldung über den Mord in Frankfurt. Einen Fall, in dem ein falsch angeschlossener Relativsatz zu einem ärgerlichen Mißverständnis führte, schilderte eine Fachzeitschrift so:

Große Aufregung in Altdorf. Was ist passiert? Betriebsingenieur Bertram sitzt selbst am Fernschreiber und gibt die Katastrophenmeldung an die Geschäftsleitung nach Neuenburg durch:

> Hochwasser in Industriebau A. Die Filteranlage neben der Maschine II, die schwer beschädigt wurde, befindet sich unmittelbar an der Wassereinbruchstelle. Werkfeuerwehr und Katastrophenkolonne im Einsatz.

Nach Erhalt des Fernschreibens gibt die Geschäftsleitung sofort eine Telexmeldung an die Versicherung durch:

> Maschine II unseres Werkes in Altdorf durch Hochwasser schwer beschädigt. Schriftliche Meldung über Umfang des Schadens folgt nach Abschluß der Ermittlungen.

Eine Stunde später klärt ein Anruf aus Altdorf den Sachverhalt: Nicht die Maschine II, sondern die Filteranlage wurde schwer beschädigt.

Wie konnte es zu dieser Verwechslung kommen?

Bei der Formulierung des Fernschreibens, das Bertram aus Altdorf nach Neuenburg schickte, darf der Leser raten, ob sich das Relativpronomen *die* auf *Filteranlage* oder auf *Maschine II* bezieht. Grammatisch paßt es auf beides. Denn beides stimmt im Genus (weiblich) und Numerus (Einzahl) überein. Ein solcher Relativsatz hat es in sich. Aus Bertrams Fernschreiben kann, rein vom Wortlaut her gesehen, der Leser schließen: Maschine II schwer beschädigt. Filteranlage befindet sich unmittelbar an der Wassereinbruchstelle, daher ist die Filteranlage ebenfalls bedroht. Feuerwehr und Katastrophenkolonne bemühen sich, die Gefahr abzuwenden.

Hätte man bei der Geschäftsleitung in Neuenburg, statt sich von der Grammatik (ver)leiten zu lassen, den Sachverhalt von der Logik her überdacht, wäre man zu einer ganz anderen, und zwar zur richtigen Interpretation gelangt: Logischerweise ist bei einer Hochwasserkatastrophe das am meisten gefährdet, was sich unmittelbar an der Wassereinbruchstelle befindet. Das ist hier eindeutig die Filteranlage. Wenn man durch ein bißchen Nachdenken bis dahin gekommen ist, wird einem plötzlich klar, daß nicht die Maschine II, sondern die Filteranlage beschädigt sein muß.

Wie aber nun den Sachverhalt eindeutig ausdrücken? Wer Relativsätze für besonders imponierend hält, könnte auf die Idee kommen und schreiben:

> Die neben der Maschine II montierte Filteranlage, die schwer beschädigt wurde, befindet sich unmittelbar an der Wassereinbruchstelle.

Wahrlich eine aufregend interessante Darstellung! Der Schwerpunkt der Meldung geht im Relativsatz unter. Was ist passiert? Die Filteranlage wurde schwer beschädigt. Eben. Das ist die Hauptsache, und die gehört in den Hauptsatz, das Sinnwort nach Möglichkeit ins Vorfeld:

> Schwer beschädigt wurde die neben der Maschine II montierte Filteranlage; sie steht unmittelbar an der Wassereinbruchstelle.

Relativsätze sind Nebensätze. Nur im Hauptsatz kann der Sachschwerpunkt zur Geltung kommen.

Hauptsache in den Hauptsatz, Nebensache in den Nebensatz!

Diese Faustregel stammt aus einer Zeit, wo der Nebensatz noch Nebensatz hieß, später nannte man ihn Gliedsatz, heute ist man wieder zur alten Bezeichnung zurückgekehrt. Faustregeln sind grobe Direktiven, gegen sie ist Skepsis angebracht. Doch auf den Relativsatz bezogen, gilt diese Faustregel uneingeschränkt.

Hier ein Satzgefüge aus einer Werbekarte für das Amtsblatt einer südwestdeutschen Großstadt:

> Das Amtsblatt, das jede Woche erscheint, berichtet auch ausführlich über die Arbeit des Gemeinderats und seiner Ausschüsse.

Der Neben- oder Gliedsatz heißt: *das jede Woche erscheint*. Ist die Erscheinungsweise einer Zeitschrift eine für den Abonnenten unwichtige Information? Wohl kaum. Umgeformt in eine Satzverbindung, hört sich das viel überzeugender an:

> Das Amtsblatt erscheint jede Woche; es berichtet ausführlich über die Arbeit des Gemeinderats und seiner Ausschüsse.

Relativsätze sind dazu da, den im übergeordneten Satz ausgedrückten Gedanken zu ergänzen, nicht aber, ihn weiterzuführen. Der weitergeführte Gedanke wird besser als Hauptsatz formuliert:

Relativsätze sind Attributsätze, Beifügungen.

nicht	sondern
Machen Sie eine Probefahrt mit dem neuen Wagen, der Ihnen gefallen wird.	Machen Sie eine Probefahrt mit dem neuen Wagen, er wird Ihnen gefallen.
1967 brachte sie ein Kind zur Welt, das schon mit drei Jahren starb.	1967 brachte sie ein Kind zur Welt, es starb schon mit drei Jahren.

„Die Schule, wo ich viel vergessen habe..."

Aus Erich Kästners „Kurzgefaßtem Lebenslauf" (1930):

> Wer nicht zur Welt kommt, hat nicht viel verloren.
> Er sitzt im All auf einem Baum und lacht.
> Ich wurde seinerzeit als Kind geboren,
> eh' ich's gedacht.
> Die Schule, wo ich viel vergessen habe,
> bestritt seitdem den größten Teil der Zeit.
> Ich war ein patentierter Musterknabe.
> Wie kam das bloß? Es tut mir jetzt noch leid.

Relativadverb

wo

Kaum anzunehmen, daß der patentierte Musterknabe nicht gewußt haben sollte, welche relativischen Anschlüsse mit *wo* erlaubt sind und welche nicht. Um es kurz zu wiederholen: *wo* auf Sachen und Personen zu beziehen ist streng verboten.

nicht	**sondern**
das Geld, wo ich dir gegeben habe...	das Geld, das ich dir gegeben habe
die Ursel, wo mein Bäsle ist...	meine Kusine Ursel

Bei Ortsangaben darf *wo* dagegen gebraucht werden, aber mit Vorsicht!

> *Dort, wo* meine Eltern leben... In *Berlin, wo* ich geboren wurde... Das ist *die Stelle, wo* ich die Brosche verloren haben muß... *Der Wald, wo* wir oft spazierengingen...

Das alles ist richtig. Je enger begrenzt aber der Raum, desto unbehaglicher wird einem bei dem relativischen Anschluß *wo*. Für „das Haus, wo...", „das Zimmer, wo..." sagen wir besser: *das Haus, in dem*... und *das Zimmer, in dem*... Und für „Die Schule, wo ich viel vergessen habe"? Sollte Kästner nicht bemerkt haben, daß er sich mit diesem Vers „etwas außerhalb der Legalität" befand? Nun, wir haben es hier gewiß nicht mit dichterischer Freiheit, sondern mit dichterischer Absicht zu tun; gekonnter lassen sich Inhalt und Form oder Satzsinn und deutsche Grammatik wohl kaum verknüpfen.

Theodor Fontane, der keinen Respekt vor Sprachautoritäten hatte, schrieb vor hundert Jahren in seinem Roman „Effi Briest": „Es verging *kein Tag, wo* sie nicht einen Spaziergang unternommen hätte."

Man darf, was viele nicht glauben wollen, das Relativadverb *wo* nicht nur in örtlichem, sondern auch in zeitlichem Bezug verwenden. Unsere großen Dichter und Schriftsteller praktizieren das seit eh und je, z. B. Schiller: „Es gibt im Menschenleben *Augenblicke, wo* er dem Weltgeist näher ist als sonst" (Wallenstein, 1798) oder Thomas Mann: „Mager wartete den *Augenblick* ab, *wo* sie, beruhigt über ihr Eigentum, sich zum Eingang wandten" (Lotte in Weimar, 1939). Nur kleine Geister trauen sich nicht und schreiben stets treu und brav:

der Augenblick, in dem...; *der Augenblick, wenn*...; *der Augenblick, als*...

Übrigens, *wenn* und *als* sind hier nicht austauschbar. *als* steht nur bei einem Vorgang, der sich in der Vergangenheit abspielte: *als*

    In dem Augenblick, *als die Tür aufging* ...;

wenn steht für Gegenwart und Zukunft: *wenn*

    Warten wir auf den Augenblick, *wenn die Tür aufgeht und* ...

Das Fragen lernt der Mensch zuerst
Fragefürwörter

Mit dem Interrogativpronomen fragen wir ganz allgemein nach Personen oder Sachen (lateinisch *interrogare* = fragen). Da schon das kleine Menschlein zur Plage manches Erwachsenen die Fragetechnik ausgezeichnet beherrscht, können wir uns auf das wenige beschränken, was von großen Leuten hin und wieder falsch gemacht wird.

Interrogativpronomen

Was für ein Auto? / Welches Auto?

Auf die Frage „Was für einen Wagen fährt Ihr Mann?" könnte die Antwort lauten: „Einen Renault 21", „Einen Ford", „Einen Porsche". Auf die Frage „Mit welchem Wagen fahren wir?" wäre als Antwort denkbar: „Nehmen wir meinen, der ist bequemer."

was für (ein)?

welcher?

Das Fragepronomen *was für (ein)?* fragt allgemein nach der Eigenschaft, der Art, dem Typ oder der Gattung:

    Was für eine Schule besucht Ihre Tochter? *Eine private Handelsschule.*

Mit *welcher?, welche?, welches?* fragen wir aussondernd nach einem Einzelwesen oder -ding:

    Welche Schule besucht Ihre Tochter? *Die Heinrich-Heine-Schule.*

Ob man fragt: „Was war das für ein Geräusch?" oder: „Was für ein Geräusch war das?", macht keinen großen Unterschied. Die Trennung des *für* von *was* ist schon seit dem Mittelalter üblich, aber mehr im gesprochenen Alltagsdeutsch zu Hause.

Wenn jemand erzählt: „Ich habe von merkwürdigen Gestalten geträumt" und ein anderer fragt: „Von was für welchen?" – dann weist sich der Fragende damit als Norddeutscher aus, der in der Schule nicht richtig aufgepaßt hat. Wer korrektes Hochdeutsch sprechen möchte, muß hier das Hauptwort wiederholen: „Von was für *Gestalten*?"

Das gewisse Etwas ist etwas Ungewisses
Unbestimmte Für- und Zahlwörter

Indefinitpronomen

Wer ein Wesen oder ein Ding nicht beim Namen nennen möchte oder kann, greift zu Indefinitpronomen, eigentlich ‚Indefinitivpronomen'. Darin steckt *definitiv* = ‚bestimmt, endgültig' (denken Sie an *Definition* = Begriffsbestimmung) und die lateinische Verneinungsvorsilbe ‚in-' = ‚un-'. Die deutsche Bezeichnung unbestimmte Fürwörter ist eine wörtliche Übersetzung. Hierzu rechnet man auch solche Zahlwörter, mit denen ihrer Unbestimmtheit wegen in der Mathematik nichts anzufangen ist.

Groß- und Kleinschreibung

Die unbestimmten Für- und Zahlwörter haben es leider in sich. Schon mit der Orthographie geht's los. Daß bei Substantivierung Großschreibung eintritt, versteht sich von selbst:

> das ewige *Nichts*; ein gewisser *Jemand*; der böse *Niemand* (= Umschreibung für ‚Teufel').

Weshalb aber klein geschrieben werden muß, auch wenn ein Artikel oder ein Pronomen vorangeht, ist schwer einzusehen, doch der Duden verlangt es nun einmal so:

> der einzelne, jeder einzelne, ein jeder, ein jeglicher, niemand anders, kein anderer, das alles, das wenige, ein wenig.

Wenn die FRANKFURTER ALLGEMEINE ihre Presseschau

> Stimmen der Anderen

(mit großem A) und die Zeitschrift SPRACHDIENST ihre Sprachglossen-Abdrucke aus der Tagespresse

> Die Stimme der anderen

die anderen

(mit kleinem a) überschreibt, dann verhält sich nur der SPRACHDIENST dudenkorrekt. Dafür hat die FRANKFURTER ALLGEMEINE hier Vernunft und Geschmack auf ihrer Seite: mit kleinem a schrumpfen *die anderen* auf etwas Indefinitives, auf ein Häufchen Bedeutungslosigkeit zusammen – mit großem A heben sie sich deutlich vom Kontext ab. *Die Anderen* sind nicht mehr irgendwelche – es sind Menschen, die man beachtet.

Folgt auf ein unbestimmtes Pronomen ein Adjektiv, gilt dies als substantiviert. Als Zeichen seiner neuen Würde bekommt es einen Großbuchstaben:

> etwas Schönes, alles Gute, nichts Neues, niemand Bekanntes, jemand Fremdes, manches Unbedachte, wenig Erfreuliches, viel Grün.

Im Zweifelsfall empfiehlt sich ein Blick in den Duden.

Die Deklination der unbestimmten Für- und Zahlwörter (s. Seite 646, 655) ist auch kein reines Vergnügen. Deutsch lernende Ausländer sind ehrlich zu bedauern. Wir aber haben seit unserer Kindheit eine Portion Grammatik im Gehör, so daß sich bei uns auch nach diesen verflixten Pronomen im allgemeinen automatisch der richtige Fall einstellt. Doch eine Frage gilt es zu klären:

Am 5. jedes / jeden Monats

Wer nicht weiß, was davon richtig ist, kann sich natürlich leicht mit *am 5. eines jeden Monats* herausreden; denn geht dem Pronomen *jeder* der unbestimmte Artikel voran, wird es im Genitiv immer schwach dekliniert:

jeder
Deklination

> *eines jeden Tages, einer jeden Woche, eines jeden Jahres.*

Fehlt jedoch der unbestimmte Artikel, dann richtet sich die Deklination nach dem Substantiv, auf das sich das Pronomen bezieht. Wir sagen:

> *jedes Menschen, jedes Gesunden, jedes Angestellten.*

Niemand wird auf die Idee kommen, von der „Hoffnung jeden Kranken" oder dem „Heimweh jeden Ausgewanderten" zu sprechen. Vor schwachen Substantiven (erkennbar an der Pluralendung ‚-en') wird *jeder* immer stark gebeugt (Genitiv der männlichen und sächlichen Formen auf ‚-es').

Unsicherheit kommt nur auf, wenn, wie in unserm Beispiel, *jeder* vor einem starken Substantiv wie *Monat* steht. Früher wurde hier ausschließlich stark gebeugt: *am 5. jedes Monats*. Doch dann muß eines Tages jemand mit feinem Gehör damit begonnen haben, das unbestimmte Pronomen schwach zu deklinieren *(am 5. jeden Monats)* und damit den Wohlklang über die grammatische Regel zu stellen. Niemand wird bestreiten, daß die letzte Fügung besser klingt als die stark gebeugte *(am 5. jedes Monats)* mit den zwei aufeinanderfolgenden Zischlauten. Was ursprünglich ein Verstoß gegen die Grammatik war, hat Schule gemacht. Heute neigt man immer mehr dazu, vor starkem Maskulinum oder starkem Neutrum dem Stamm des Pronomens *jeder* im Genitiv die Endung ‚-en' anzuhängen. So stehen sich gegenüber:

jedes Monats /
jeden Monats

Stark dekliniert wird *jeder* immer, wenn ihm ein Adjektiv oder ein Numerale folgt:
am 5. jedes zweiten Monats

seit eh und je richtig	jetzt auch richtig
jedes Tages	jeden Tages
jedes Jahres	jeden Jahres
jedes Alters	jeden Alters
jedes Monats	jeden Monats

Testbogen 24

1 Wohl keine deutsche Sprachlehre, durch die nicht als Abschreckungsbeispiel der Satz geistert: „Der, der den, der den Wegweiser, der an der Brücke, die nach Worms führt, steht, umgeworfen hat, anzeigt, erhält eine Belohnung." – Das kommt dabei heraus, wenn man Relativsätze zu sehr ineinander verschachtelt. Aber nicht jedes *der* ist hier Relativpronomen. Zu welchen Wortarten gehören in dem Schachtelsatz *der* und *die* und ihre Flexionsformen?

Wortarten

1 Der (D), der (R) den (D), der (R) den (A) Wegweiser, der (R) an der (A) Brücke, die (R) nach Worms führt ...

D = Demonstrativpronomen
R = Relativpronomen
A = bestimmter Artikel

2 „Leider ist es uns zur Zeit nicht möglich, ... für Ihre Hilfe erkenntlich zu zeigen." – Hinter dem Komma, wo die Pünktchen stehen, wußte der Schreiber nicht, ob er *uns* oder *sich* einsetzen sollte. Wissen Sie es?

Reflexivpronomen
uns
sich

2 Es darf nur u n s heißen, denn zum Personalpronomen *wir* gehört das rückbezügliche Pronomen *uns*. Wir sagen ja auch: ‚Wir können *uns* Ihnen leider nicht erkenntlich zeigen.' *sich* ist das der 3. Person zugehörige Reflexivpronomen: ‚Leider war es *ihm (ihr, ihnen)* nicht möglich, *sich* erkenntlich zu zeigen.'

3 Aus einem Werbebrief: „Mit diesen Zeilen, die statt unserer kommen, sind Sie zu einer kostenlosen Weinprobe eingeladen." Was stimmt daran nicht?

statt

3 Daß auf *statt* ein Genitiv folgen muß, ist richtig. Hier aber muß nach *statt* der Genitiv des Personalpronomens stehen, und der heißt nicht *unserer*, sondern *unser*. *unserer* ist auch eine genitivische Form, aber nicht vom Personalpronomen *wir*, sondern vom Possessivpronomen *unser*. Der Genitiv *unserer* kann nur vor einem Hauptwort stehen: *statt unserer Einladung, statt unserer Probesendungen*. Im Brieftext darf es nur heißen: *Zeilen, die statt unser kommen*.

Personalpronomen
Possessivpronomen
unser / unserer

4 Glückwünsche gehören zu den Dingen, die man gern bekommt und ungern schreibt. Verständlicherweise, denn sie haben es in sich. Wie muß es heißen: „Meine Kollegen und ich erlauben *uns / sich*, Ihnen unsere herzlichsten Glückwünsche zu übermitteln."

sich / uns

Kongruenz
Vgl. Seite 317

4 Da das Gesamtsubjekt *Meine Kollegen und ich* austauschbar mit *wir* ist, muß es u n s heißen: *Meine Kollegen und ich erlauben uns ...* Das Problem kommt gar nicht erst auf, wenn wir uns angewöhnen, in solchen Zweifelsfällen verdeutlichend ein *wir* einzufügen: *Meine Kollegen und ich, wir erlauben uns ...*

5 Was meinen Sie, wann Herr Schmidt mit einer gewissen Berechtigung schreiben darf: „Ihr sehr verbundener Schmidt"?

> **5** Nur, wenn er im Krankenhaus liegt: rechtes Bein und linken Arm im Gipsverband und außerdem den Kopf verkleistert. Sonst muß er schon erklären, wem er und eventuell auch wofür er wem verbunden ist: ‚Ihr I h n e n (für Ihre Hilfe) sehr verbundener Schmidt.' Im übertragenen Sinn kann man *verbunden* nicht gut ohne Dativergänzung verwenden – im Gegensatz zu ‚Ihr sehr ergebener ...'

verbunden
ergeben

6 Es heißt: *zwei Angestellte,* aber *beide Angestellten; einige Angestellte,* aber *keine Angestellten; wenige Angestellte,* aber *welche Angestellten.* Wenn in der Sprache etwas so kompliziert ist, muß man sich eine Eselsbrücke bauen. Merken wir uns, daß *ein Angestellter* im Grunde bescheiden ist. Ihm genügt es, einmal auf ‚-er' gebeugt zu werden. Entweder er selbst bekommt seine Endung ‚-er' angehängt und das vorangehende Geschlechts- oder Fürwort bleibt ungebeugt *(ein Angestellter, kein Angestellter, sein Angestellter, Ihr Angestellter),* oder er begnügt sich mit der Endung ‚-e', und das vorangehende Geschlechts- oder Fürwort bekommt die Endung ‚-er' *(der Angestellte, dieser Angestellte, folgender Angestellte, jeder Angestellte).* – Warum, zum Teufel, sagen wir aber nun *unser Angestellter* und nicht, wie es nach der eben so mühsam errichteten Eselsbrücke zu erwarten wäre, „unser Angestellte"?

Angestellter

> **6** Weil *unser* hier nicht Genitiv des Personalpronomens *wir* ist, sondern der Nominativ des Possessivpronomens. ‚-er' ist also nicht Beugungsendung, sondern gehört zum Wortstamm. Sie erinnern sich? *unser Angestellter, unser-es Angestellten, unser-em Angestellten, unser-en Angestellten.* Erst im Genitiv Plural erhält das possessive *unser* das Beugungssuffix ‚-er': ‚Zu Beginn der Betriebsversammlung gedachten wir *unserer im vorigen Jahr verstorbenen Angestellten.*'

Personalpronomen
Possessivpronomen

unser

7 Herr Hagemann und Herr Braunbeck stehen seit Jahren in guter Geschäftsverbindung, ihre Ehefrauen kennen sich noch von der Schule her. Herr Hagemann ist gerade dabei, einen Brief an Herrn Braunbeck zu diktieren, doch beim letzten Satz kommt er ins Stocken. Seine Frau hat ihm nämlich aufgetragen, nicht nur ihrer ehemaligen Schulfreundin, Frau Braunbeck, einen Gruß auszurichten, sondern auch Frau Braunbecks Schwester, einer unverheirateten jungen Dame. Wie soll Herr Hagemann, dem vor lauter Überlegen schon die Zigarre ausgegangen ist, das nun bloß ausdrücken? „Meine Frau läßt Ihre Gattin grüßen, desgleichen

a) ihre Schwester."   c) Ihr Fräulein Schwester."
b) ihr Fräulein Schwester."   d) deren Fräulein Schwester."

> **7** Nur d) ist richtig: ‚Meine Frau läßt Ihre Gattin und deren (Fräulein) Schwester grüßen.' Bei a) und b) (mit kleinem ‚i') hätte Frau Hagemann ihre eigene Schwester grüßen lassen, bei c) dagegen Herrn Braunbecks Schwester und nicht seine Schwägerin. Daß inzwischen aus dem antiquierten *Ihr Fräulein Schwester* schlicht *Ihre Schwester* geworden ist, sei am Rande erwähnt.

deren

Das Zahlwort

Von Zahlen, Ziffern und vom Zählen

Zahlwörter, Maß- und Mengenangaben

Vom Preußenkönig Friedrich II. erzählt man, er habe sich einmal so über seinen Hofkomponisten Quantz geärgert, daß er auf ein Zettelchen kritzelte: Quantz ist ein Esel. Darunter schrieb er seinen Namen: Friedrich II. Bei Tisch schob er seinem Hofmusikus den Zettel zu mit der Aufforderung, Quantz solle das Geschriebene laut vorlesen. Der erklärte erschrocken, er sähe sich außerstande, in Gegenwart der Damen und Herren des Hofes eine derart grobe Beleidigung über die Lippen zu bringen – Friedrich aber bestand auf seinem Willen. Also las Quantz: „Quantz ist e i n Esel, Friedrich der zweite."

Der kleine Sprachscherz, von manchen Chronisten auch Voltaire in den Mund gelegt, sagt einiges über die Wortart aus, der dieses Kapitel gilt. Zweimal das gleiche Wörtchen *ein*, beidemal in gleicher Stellung, doch einmal unbetont und einmal stark betont – und schon ergibt sich ein völlig anderer Sinn. Unbetontes *ein* ist unbestimmter Artikel, betontes *ein*, das zum Weiterzählen auffordert, N u m e r a l e (von lateinisch *numerus* = Zahl, Anzahl) oder Z a h l w o r t. In ‚Einer nennt den andern einen Esel' kann *einer* dagegen je nach Auffassung als Zahlwort oder als Pronomen gelten. *eins* wiederum ist nicht nur Numerale, sondern im Sinne von ‚einig' Adverb, gebräuchlicher in der Negation *uneins*. Was ‚nur eins' ist, ist *allein* (aus mittelhochdeutsch *al/ein*), ebenfalls Adverb, oder *einsam* (aus *eins* + *-sam*), ein Adjektiv, das durch Luthers Bibelübersetzung bekanntgeworden ist. – Wir sehen schon: Das Numerale ist keine Wortart im üblichen Sinne wie Substantiv oder Verb. Es bildet nur seiner Bedeutung, nicht aber seiner Form nach eine eigene Gruppe.

Wer streng systematisch denkt, dürfte weder die Zahlsubstantive noch die Zahladverbien zu den Numeralien zählen, aber mit allzu strenger Schematisierung kommt man in der Grammatik nicht weit. Die Sprache selbst durchbricht immer wieder die Schranken, die ihr, um sie leichter lehrbar zu machen, die Grammatiker setzen möchten: *hundert* und *tausend* waren früher reine Hauptwörter, erst die ursprünglich falsche attributive Verwendung hat aus ihnen Adjektive gemacht. Fassen wir den Begriff ‚Zahlwort' ruhig etwas weiter als gewöhnlich, und beziehen wir die strittigen Fragen, die sich beim Gebrauch von Maß- und Mengenangaben ergeben, in dieses Kapitel mit ein. Doch zuerst ein kurzer Rückblick auf die Geschichte unserer Zahlwörter, der vielleicht manche kleine Besonderheit und Unregelmäßigkeit klärt.

Numerale

ein
einer
eins
allein
einsam

Die Null (lateinisch *nullus* = keiner) haben die Inder vor rund 1500 Jahren erfunden.

Es war einmal...

In den Worten, mit denen die Märchen beginnen, ist *einmal* zwar nicht Wiederholungszahlwort, weil darauf kein *zweimal* folgt, sondern Umstandswort der Zeit, doch diese grammatische Klassifizierung ist erst jüngeren Datums. Im Wiederholungszahlwort *einmal* und im Temporaladjektiv *einmal* steckt das gleiche alte *mal*, das in längst vergangenen Jahrhunderten soviel wie ‚Merkpunkt in Raum oder Zeit' bedeutete. In *Merkmal, Denkmal, Mahnmal, Muttermal* und *Wundmal* können wir uns *-mal* als ‚Zeichen' verdeutlichen; *malen* hatte früher den Sinn ‚Merkzeichen machen'. *dreimal* sind eigentlich drei Zeitpunkte, *einmal* ein Zeitpunkt. Wiederholt sich der Zeitpunkt, sagen wir *noch einmal*, auch *nochmals*. *noch mal* ist Umgangssprache, *einmal mehr* ein Anglizismus, den wir wieder ablegen sollten; entstanden ist er aus der wörtlichen Übersetzung des englischen *once more*, das nichts anderes bedeutet als eben ‚noch einmal'. Klein geschriebenes *mal* ist typisches Kennzeichen der mittel- und norddeutschen Umgangssprache, im Schriftlichen sollte man es lieber meiden. Hauptsächlich dient es dazu, einer Aufforderung die Schärfe zu nehmen: „Hört mal alle her!" – Wirkliche Berechtigung hat das klein geschriebene *mal* nur im Rechenunterricht: 5 mal 4 *ist* (nicht: sind) 20; im Deutschen steht – anders als im Englischen oder Französischen – der Singular: 5 und 4 *ist* (nicht: sind) 9.

einmal

mal

malen
dreimal
einmal
einmal mehr

Was hundertmal geglückt ist, kann beim *hunderterstenmal* schiefgehen, nicht beim „hunderteinten". Die zu *eins* gehörende Ordinalzahl heißt *erste*, nicht „einte". *erste* ist ein alter Superlativ, der Positiv ‚ê' = ‚früh' ist uns verlorengegangen, wir haben nur noch den Komparativ *eher*. Als *der erste* wurde anfangs nur der zeitlich erste, erst später auch der Ranghöchste bezeichnet. So kommt es zu der scheinbaren Unlogik, daß auf einer Hühnerleiter die unterste Sprosse die erste ist, auf der Rangleiter aber die oberste. Während Erfrierungen und Verbrennungen ersten Grades die häufigeren und harmloseren sind, ist für die meisten eine Reise erster Klasse etwas, was erst in zweiter Linie in Betracht kommt. Aber trösten wir uns: Die Ersten werden die Letzten sein. *Das* (nicht: letzteres) steht schon in der Bibel. Die seltsamerweise von den Superlativen *erst* und *letzt* gebildeten Komparative *ersterer – letzterer* haben sich allen Anfeindungen zum Trotz als erstaunlich lebensfähig erwiesen; sie scheinen vielen deutlicher und klarer als das Wortpaar *dieser – jener*.

erste
eher

ersterer
letzterer

der erste wird klein oder groß geschrieben. *Ersteres* ist der Fall, wenn man bei *der erste* an eine Reihenfolge denkt:

Groß- und Kleinschreibung

> der, die, das erste; das erste, was ich höre; der erste beste; die ersten beiden; mit der ersten Post; fürs erste;

letzteres ist der Fall, wenn man bei *der Erste* an eine Rangfolge denkt:

> er ging *als Erster* (als Sieger) durchs Ziel; sie war *die Erste* der Klasse (Klassenerste); *am Ersten* (Monatsersten) verreisen wir.

Das letzte Beispiel drückt zwar keine Rangfolge aus, sondern nur eine Substantivierung des Zahlworts, aber im großen und ganzen ist die Unterscheidung – Kleinschreibung bei Reihenfolge, Großschreibung bei Rang-

Früher schrieb man klein: *erster Weltkrieg, zweiter Weltkrieg*; man dachte an die Reihenfolge. Heute empfindet man die Bezeichnungen als Namen: *Erster, Zweiter Weltkrieg*. In der Großschreibung scheint die Hoffnung auf, daß auf den *Zweiten Weltkrieg* kein dritter folge.

folge – doch wenigstens ein Anhaltspunkt für die Rechtschreibung der Ordnungszahlen.

ander / anderthalb

Weniger bürokratisch als *ersteres – letzteres*, aber nicht ganz so deutlich ist das Wortpaar *das eine – das andere*. *ander* ist die alte Ordnungszahl zu ‚zwei'. Für ‚eineinhalb' sagt man heute noch *anderthalb* = das eine ganz und das andere halb. *selbander* (= ich selbst als anderer) für ‚zu zweit' ist veraltet.

zwo

Das *zwo* am Telefon ist keine Erfindung unseres Jahrhunderts, sondern die alte feminine Form. Früher wurde nämlich dekliniert:

> **maskulin:** *zweene man* (zwei Männer)
> **feminin:** *zwo frouwen* (zwei Frauen)
> **neutral:** *zwei kint* (zwei Kinder)

Bei *zwei* und *drei* kann man sich leicht verhören, doch *der zwote* statt *der zweite* zu sagen, besteht kein Anlaß, *zweiter* und *dritter* klingen unterschiedlich genug.

beide

Ob man *beide* oder *die beiden* sagt, kommt nicht ganz aufs gleiche heraus. *beide* gilt für zwei Einheiten:

> *Ich habe beide angetroffen* (nicht unbedingt am selben Ort zur selben Zeit).

die beiden gilt bei einer Zweiheit:

> *Ich habe die beiden angetroffen* (sie waren gemeinsam zu Hause).

beide erste

Die beiden ersten Kapitel sind Kapitel 1 und Kapitel 2 eines Buches, *beide erste Kapitel* dagegen die Anfangskapitel zweier Bücher.

doppelt

Unser *doppelt* ist französischer Import (aus französisch *double*, das, substantiviert, beim Film eine Rolle spielt, genauer: den Teil der Rolle, der dem Hauptdarsteller zu gefährlich ist). Sein ‚-t' hat *doppelt* erst später erhalten, in Angleichung an gleichbedeutendes *gedoppelt*; deshalb fehlt das ‚t' in den meisten älteren Zusammensetzungen und auch in vielen neueren, die nach ihrem Beispiel gebildet sind: *doppelreihig, doppelgleisig, doppelzüngig*. Einige wenige neue Zusammensetzungen nehmen das heutige „doppelt" ins Vorderglied und bringen damit den Wortsinn deutlicher zu

doppeltkohlensauer

Bewußtsein: *doppeltwirkend* und *doppeltkohlensaures Natron* = Natriumbicarbonat (lateinisch ‚bi-' = doppelt, vgl. Seite 697), heute ‚Natriumhydro-(gen)karbonat' genannt.

Aller guten Dinge sind drei. Warum eigentlich? Zahlensymbolik ist ein seit Urväterzeiten den Volksglauben bestimmendes Element. Vielleicht bezog sich das Sprichwort auf die natürliche Dreiheit Vater, Mutter, Kind – vielleicht auf die heilige Dreifaltigkeit. Für ‚dreifaltig' oder – mit Umlaut –

einfach
einfältig

‚dreifältig' sagt man heute *dreifach*, für ‚zweifältig' *zweifach*, doch für ‚einfältig' einfach *einfach* sagen zu wollen, das wäre wirklich einfältig. An *einfach* und *einfältig* zeigt sich wieder einmal, daß Doppelformen sich nicht lange nebeneinander halten können, ohne in der Bedeutung zu variieren.

Aufpassen muß man schon beim Zählen. Kann man am Schalter Fahrkarten lösen für „zwei Personen und ein Kind"? Kinder und Dünne gelten zwar als halbe Personen, doch das nur im Scherz. Ein Dreikäsehoch ist noch keine Persönlichkeit, aber bereits seit Eintragung ins Personenstandsregister eine Person. – Drei gleichaltrige Geschwister sind nicht „drei Zwillinge", sondern *Drillinge*. – *Drillich* oder *Drell* ist ein robuster Stoff, der aus dreifädigem Garn gewebt ist (lateinisch *licium* = Faden), *Zwillich* ist ein Gewebe aus zweifädigem Garn. Wenn auch Soldaten in Drillichanzügen gedrillt werden, so hat der Kasernenhofdrill doch nichts mit der Zahl *drei* zu tun; *drillen* gehört zu *drehen* (Drillbohrer!) und bedeutet eigentlich ‚herumwirbeln'.

Zu *zwei* heißt die Ordnungszahl *zweite*, zu *drei* nicht ‚dreite', sondern *dritte*, entstanden durch Kürzung des ‚ei' zu ‚i' und Verdoppelung des ‚t'. Ein *Drittel* (Silbentrennung: *Drit/tel*) ist eigentlich der dritte Teil, ein *Viertel* der vierte Teil. *dreiviertel* wird heute als einheitlicher Begriff empfunden und zusammengeschrieben: *ein dreiviertel Jahr* oder *ein Dreivierteljahr*, beides ist richtig. Getrennt wird nur, wo wirklich gezählt wird: *drei Viertel Butter* sind ein dreiviertel Pfund Butter, in Vierteln abgepackt.

Alle viere von sich strecken und *fünfe gerade sein lassen* zeugt von Bequemlichkeit auch in der Ausdrucksweise. Früher waren Zahlenangaben auf ‚-e' auch schriftsprachlich üblich, z. B. „kurz vor zwölfe", heute gelten sie als veraltet oder volkstümlich bis umgangssprachlich.

Zu *sieben* heißt die Ordnungszahl im allgemeinen *siebente*, die Kurzform *siebte* – Anna Seghers (1900–1983) wählte sie für ihren Roman „Das siebte Kreuz" – ist seltener. Bei *siebzehn* und *siebzig* sind jedoch die kürzeren Formen gebräuchlicher. Wer einen Duden oder wenigstens den *siebenten Sinn* (klein!) für Rechtschreibklippen hat, der weiß, daß er die *Sieben Raben* und die *Sieben Schwaben*, die *Sieben Weltwunder* und die *Sieben Weisen* und auch den *Siebenjährigen Krieg* als Namen groß schreiben muß.

acht und *Ecke* hatten in grauer Vorzeit die gemeinsame Grundbedeutung ‚spitz'. *acht* erklärt man sich als die beiden Viererspitzen der Hände, das heißt als die ausgestreckten zehn Finger ohne Daumen. Grundlage unseres heutigen Zählsystems waren ja die zehn Finger, anfänglich unter Weglassung der Daumen. *neun* ist vermutlich mit *neu* verwandt – demnach wäre *neun* die neue Zahl nach der zweiten Vierergruppe. Als man dazu überging, auch die Daumen mitzuzählen, hatte man die Grundlage für das *Dezimalsystem* (lateinisch *decem* = zehn). Wundern Sie sich nicht über den Namen *Dezember*? Der Dezember war ursprünglich nicht der zwölfte Monat, sondern der zehnte Monat des römischen Jahres, das von März bis Februar zählte. Das griechische Wort für ‚zehn' ist *deka*, daher unsere *Dekade*. Das in Österreich gebräuchliche *Deka* ist Kurzwort für *Dekagramm*= 10 g. Mit lateinisch *decem* und griechisch *deka* ist unser *zehn* urverwandt; auch *-zig*, die Endung der Zehnerzahlen von zwanzig bis neunzig, bedeutet eigentlich ‚Zehnheit'.

elf, im vorigen Jahrhundert noch *eilf* geschrieben, hat sich aus althochdeutsch *einlif* entwickelt. Der zweite Bestandteil des Wortes bedeutet soviel wie ‚Rest, Überbleibsel'. *elf* ist also die Zahl, die sich ergibt, wenn man zehn gezählt hat und eins übrigbleibt, *zwölf* ist ‚zwei über zehn'.

Als *dritte Welt* bezeichnen wir die Entwicklungsländer, obwohl es keine erste gibt, sondern nur die *Alte Welt* (Europa), und keine zweite, sondern nur die *Neue Welt* (= neuentdeckte: Amerika).

Drillinge / Drillich drillen

Drittel dreiviertel

Zahlen auf ‚-e'

siebente / siebte

Was gibt sieben mal sieben?
(ganz feinen Sand)

Groß- und Kleinschreibung

acht

neun

Dezember

Dekade

zehn
-zig

elf

zwölf

Dutzend haben wir im 14. Jahrhundert aus französisch *douzaine* entlehnt, das auf lateinisch *duo-decim* („zweizehn", zwölf) zurückgeht. Da zwölf durch zwei, drei, vier und sechs teilbar ist, wäre das von den Orientalen benutzte Duodezimalsystem keine schlechte Rechengrundlage gewesen, doch haben die Europäer das von den Indern mit Einführung der Null erfundene dekadische System übernommen. Daran aber, daß bei uns in alten Zeiten außerdem mit dem Zwölfersystem gerechnet wurde, erinnern neben Kalender und Uhrzeit verschiedene alte Maßbezeichnungen: zwölf Dutzend sind ein *Gros* (eigentlich ein „dickes Dutzend", französisch *gros, grosse*, lateinisch *grossus* = groß, dick). Auch der *Groschen* ist dem Namen nach ein „dicker Pfennig" (aus lateinisch *grossus*, zu ergänzen: *denarius*). Als im 13. Jahrhundert der erste Groschen geprägt wurde, hatte er einen Wert von zwölf Denar (zwölf Pfennig). Erst 1840 wurde in Sachsen der Groschen mit einem Zehnpfennigstück gleichgesetzt, in Preußen sehr viel später. Noch heute heißt das Fünfpfennigstück in manchen Gegenden volkstümlich nicht Fünfer, sondern *Sechser*.

Seien wir froh, daß sich in Europa allmählich das Zehnersystem einheitlich durchsetzt, sogar Großbritannien hat seine Währung auf das dekadische System umgestellt. Die Zahlenangabe selbst bereitet ja – auch wenn man sie nicht erst in andere Münz- und Mengeneinheiten umrechnen muß – Schwierigkeiten genug. Da ist zum Beispiel die merkwürdige Tatsache, daß wir von 13 an unsere Zahlen verkehrt herum lesen, zuerst die Einer und dann die Zehner. Wir schreiben *acht-vier* und sagen *vierundachtzig*. Die Zahl 65 738 542 sprechen wir in der Reihenfolge 56 783 524, nämlich *fünfundsechzig Millionen siebenhundertachtunddreißigtausendfünfhundertzweiundvierzig*. Wieviel leichter hätten es unsere Schulanfänger – und nicht nur sie –, wenn unsere Sprache solche „Verrücktheiten" aufgeben könnte! Dänen, Holländer und auch die Araber halten's genauso verdreht wie wir, die Engländer haben diese Gewohnheit, von 21 an, schon im 18. Jahrhundert abgelegt, die Norweger sich Mitte unseres Jahrhunderts auf die verständlichere Reihenfolge ‚Zehner – Einer' umgestellt. Die Franzosen allerdings drücken sich noch komplizierter aus, 92 heißt bei ihnen „vier-zwanzig-zwölf".

Ziffer oder Zahl?

Ziffer und *Zahl* ist nicht dasselbe, die Ziffer ist nur das Zeichen für die Zahl. Die Jahreszahl 1982 besteht aus den vier Ziffern 1, 9, 8 und 2. Von *Verlust-, Sterblichkeits-* und *Geburtenziffern* zu sprechen ist zwar üblich, aber nicht ganz richtig; Verluste, Sterblichkeit und Geburten werden in Zahlen erfaßt. Schulden beziffern sich nicht auf den Betrag von ..., sondern betragen soundsoviel.

Wer sehr fürs Moderne ist, kann die Währungseinheit auch vor die Zahl setzen. Das scheint sich einzubürgern, obwohl dazu kein Grund besteht, beim Sprechen setzen wir DM ja doch an den Schluß: 3412 DM.

Wann aber schreiben wir in einem Text Zahlenangaben aus und wann in Ziffern? Manche sind der Meinung, solange die Zahlenwerte klein sind – sagen wir bis *zwölf* –, schreiben wir in Wörtern, von *dreizehn* an in Ziffern, doch das ist zu schematisch gedacht. Ziffern in einem gedruckten Text fallen sehr ins Auge, manchmal störend. In einem Roman wird man daher auch größere Zahlen in Wörtern niederschreiben, sogar Jahreszahlen. Wo es aber um genaues und schnelles Erfassen der Zahlenwerte geht, bevorzugt man Ziffern: in Statistiken, Bedienungsanweisungen, Anmerkungen zu wissenschaftlichen Arbeiten, Gesetzestexten und im allgemeinen auch in der Geschäftskorrespondenz. Vieles bleibt Ermessensfrage, der Sportredakteur kann vom *Sechstagerennen* oder vom *6-Tage-Rennen* berichten lassen, nicht aber vom „6 Tagerennen".

Sechstagerennen

Wieviel wiegen drei Kilo Dosen?

Selbstverständlich drei Kilogramm. Schwieriger zu sagen wäre, wieviel Stück zu drei Kilo Dosen gehören. Es kommt auf die Größe an. Blech ist leicht. *drei Kilo Dosen* – das könnte ein halber Sack voll leerer Dosen verschiedener Form und Größe sein. *drei Kilodosen* sind drei Dosen mit einem Fassungsvermögen von je 1 kg. *Dreikilodosen* schließlich wären dasselbe wie *3-kg-Dosen*, nämlich eine nicht näher bestimmte Zahl Dosen, von denen jede 3 kg Fassungsvermögen hätte.

Bei solchen Aneinanderreihungen müssen wir auf die Rechtschreibung achten. Nicht nur, daß hier Zusammen- oder Getrenntschreibung sinnentscheidend wirkt – wir müssen auch die Regel beachten, derzufolge bei Schreibung mit Ziffern mit Bindestrichen durchgekoppelt, bei Schreibung mit Zahlwörtern aber zusammengeschrieben wird. So stehen sich gegenüber:

Aneinanderreihung

Bindestrich

> ¾-*Takt* und *Dreivierteltakt; 4-Zimmer-Wohnung* und *Vierzimmerwohnung* (und nicht: „4 Zimmerwohnung" oder „4-Zimmerwohnung"); ½-*l-Flasche* oder ½-*Liter-Flasche* und *Halbliterflasche; 50-Pf-Marke* und *Fünfzigpfennigmarke*.

Zusammenschreibung
Vierzimmerwohnung
Halbliterflasche
Fünfzigpfennigmarke

Hartplatten von 205 Zentimeter(?) Breite

Beim Schreiben ist man gut dran, da verwendet man bei einer solchen Maßangabe natürlich die Abkürzung cm, aber wenn man telefonisch bestellt, sollte man sich eigentlich klar sein, ob man Platten von 205 *Zentimeter* Breite oder von 205 *Zentimetern* Breite haben möchte.

Maß- und Mengenangaben

Wer sich korrekt ausdrücken will, muß hier auf das Beugungs-,n' verzichten. Maß- und Mengenangaben wie *Meter* (in allen Zusammensetzungen), *Liter* und *Zentner* werden nicht gebeugt, wenn noch eine nähere Angabe folgt. Hierfür ein paar Beispiele:

Meter
Liter
Zentner

> Die Innenseite der Haustür wurde mit einer Furnierplatte *von 8 Millimeter Dicke* beleimt. – *In 2 Meter Höhe* sind Haken angebracht. – Die transportable Absauganlage wird mit einem Faß *von 200 Liter Fassungsvermögen* ausgerüstet. – Für den Winter rechnen wir mit einem Verbrauch *von 45 Zentner Kohle*.

Gebeugt sollten die Mengenangaben *Meter, Liter* und *Zentner* aber werden, wenn das Gemessene der Maßbezeichnung vorangeht oder weggelassen wird:

> eine Furnierplatte *mit einer Dicke von 8 Millimetern; in einer Höhe von 2 Metern*; ein Faß *mit einem Fassungsvermögen von 200 Litern; ein Verbrauch von 45 Zentnern.*

Der Sprachgebrauch neigt allerdings dazu, auch in den letztgenannten Wendungen das Beugungs-‚n' wegzulassen. Geht aber ein gebeugtes Begleitwort wie *den* oder *unsern* voran, muß die Maßangabe auf jeden Fall gebeugt werden:

> *Von den 45 Zentnern (Kohle)* haben wir noch nichts verbraucht.

„Eine Dose flüssigen Chromputzes"

Genitiv

Findet sich so etwas bei Ihnen im Besenschrank? Wohl kaum. Was da in der Ecke steht, ist höchstens *eine Dose flüssiger Chromputz*. Nach Maß- und Mengenangaben steht heute im allgemeinen kein Wesfall mehr. Im Besenschrank ist der Genitiv, den man den Dichterkasus nennt, fehl am Platz.

Wo freilich ein feierlicher Rahmen gegeben ist, da ist der Genitiv auch heute noch nicht nur vertretbar, sondern stilistisch besser als der Nominativ:

> Der Jubilar blickt zurück auf *25 Jahre erfolgreicher und verdienstvoller Tätigkeit.*

Ob allerdings die Enkel des Jubilars bei ihrem Arbeitsjubiläum nicht nur noch auf *25 Jahre erfolgreiche und verdienstvolle Tätigkeit* zurückblicken werden, das sei dahingestellt. Bis dahin werden sich die Flexionsformen, die uns heute im Zusammenhang mit Maß- und Mengenangaben Kopfzerbrechen machen, noch weiter abgeschliffen haben als bisher. Spätere Generationen werden weniger Schwierigkeiten in der Grammatik vorfinden, aber sie werden mehr Wörter und Begriffe kennen müssen als wir.

Schreibung von Zahlen und Zahlengliederungen nach den „Regeln für Maschinenschreiben" DIN 5008

(Stand: November 1986)

dezimale Teilungen

D e z i m a l e Teilungen kennzeichnet man mit einem Komma:

> 80,67 DM   0,67 DM   7,50 m   0,50 m   9,667 kg   0,004 kg

nichtdezimale Teilungen

N i c h t d e z i m a l e Teilungen kennzeichnet man mit einem Punkt:

> 15.30 Uhr   00.05 Uhr   08.15 Uhr   08.15.34 Uhr

vielstellige Zahlen

Gliederung v i e l s t e l l i g e r Zahlen:

In England und in den USA ist der Punkt das Dezimalzeichen, Dollar- und Pfundbeträge werden mit dem Punkt gegliedert. Das Nebeneinander von

Punkt und Komma als Dezimalzeichen ist im internationalen Verkehr dann tragbar, wenn Punkt und Komma nicht auch als Gliederungsmerkmal vielstelliger Zahlen benutzt werden. Deshalb empfiehlt eine internationale Vereinbarung zur Gliederung vielstelliger Zahlen nur den Leerschritt: Zahlen mit mehr als drei Stellen links oder rechts des Kommas dürfen durch Leerschritt in dreistellige Gruppen gegliedert werden:

    846 647 468,25 DM   103 500 Einwohner   4 024,5 kg   0,141 542 651

B e s o n d e r e Zahlengliederungen:

Postfachnummern: 2 16   30 14   2 31 81   21 01 15

Postgirokontonummern: 18 43-308   218 43-604   1218 43-603

Telefonnummern: (02 21) 44 49 22   (0 23 21) 4 68 53

Bankleitzahlen: 500 909 00

K a l e n d e r d a t e n
Für die numerische Schreibweise des Datums und für die alphanumerische gelten je zwei Formen:

    n u m e r i s c h : 03. 08. 1986   03. 08. 86

Datum

numerisch = nur aus Zahlen (lateinisch *numerus* = Zahl)

Das Auffüllen des Datums mit Nullen soll Fälschungen vorbeugen: aus dem 3. 8. 75 kann leichter als aus dem 03. 08. 75 der 13. 8. 75 werden;

    a l p h a n u m e r i s c h :   3. August 1986   04. September 86
                            3. Aug. 1986   04. Sept. 86

alphanumerisch = aus Buchstaben und Zahlen (*alpha* = erster Buchstabe des griechischen Alphabets)

In der Empfehlung ISO/R 2014 „Writing of calender dates in all-numeric form" (Numerische Schreibweise der Kalenderdaten) der International Organization for Standardization (ISO) wird für die numerische Angabe eines Kalenderdatums die Reihenfolge Jahr – Monat – Tag empfohlen. Die Zahlen können entweder hintereinander geschrieben oder durch Bindestriche oder Leerschritte gegliedert werden:

    19860803   860803   oder   1986-08-03   86-08-03   oder
    1986 08 03   86 08 03

Von diesen Schreibweisen wäre – abgesehen von der Eingabe in EDV-Anlagen – die mit Bindestrichen gegliederte als die deutlichste zu bevorzugen.

Den von der ISO empfohlenen Schreibweisen für Kalenderdaten in absteigender Reihenfolge wurde jedoch in der Bundesrepublik Deutschland so weitgehend widersprochen, daß sie zunächst nicht in die DIN-Normen aufgenommen wurden. Wer dennoch das Datum nach den ISO-Empfehlungen schreiben will, sei besonders auf die unterschiedlichen Gliederungsmerkmale hingewiesen:

➡ Punkt nach DIN bei aufsteigender Reihenfolge
   (Tag.Monat.Jahr)
   Bindestrich nach ISO bei absteigender Reihenfolge
   (Jahr-Monat-Tag).

Ohne diese klare Trennung wäre zwischen dem 05. 03. 31 (5. März 1931) und dem 05-03-31 (31. März 1905) schwerlich zu unterscheiden.

Testbogen 25

■ Der römische Staatsmann Cato der Ältere (234–149 v. Chr.) soll sich im Alter drei Dinge gerühmt haben: er habe nie einen Wasserweg benutzt, wo er einen Landweg zur Verfügung hatte; er habe nie einen Tag ohne feste Zeiteinteilung verbracht und nie einer Frau ein Geheimnis anvertraut. Ob das wohl stimmt?

Rektion
rühmen

[1] Nun, zumindest kann er sich nicht „drei Dinge gerühmt" haben, *rühmen* erfordert den Genitiv: *sich dreier Dinge rühmen*. Das Zahlwort kann hier nur ungebeugt bleiben, wenn ein Begleitwort mit Genitivendung vorangeht: *sich folgender drei, dieser drei Dinge rühmen*.

■ „Bedeutendster Handelspartner der Bundesrepublik war im Jahre 1964 Frankreich mit mehr als ein Zehntel aller Außenhandelsumsätze." – Mit *mehr als ein Zehntel* oder *mehr als einem Zehntel*?

Deklination

[2] Das ist Auffassungssache, b e i d e s ist richtig. Die ungebeugte Form *mit mehr als ein Zehntel* ist älter, die gebeugte heute üblicher. Ich würde die flektierte Form vorziehen, wenn ein Genitiv folgt: *mit mehr als einem Zehntel der gesamten Außenhandelsumsätze*, sonst die unflektierte: *mit mehr als ein Zehntel Umsatzsteigerung*.

■ Mit *wieviel?* (zusammengeschrieben) und *wie viele?* (getrennt geschrieben) fragt man nach einer Mengenangabe. *wieviel?* wird gebraucht, wenn das Substantiv oder sein Stellvertreter im Singular steht: *Wieviel Farbe?; wieviel kostet das?* Kann man mit *wieviel?* auch nach einem Substantiv fragen, das im Plural steht?

wie viele
wieviel
viel
viele

[3] D u r c h a u s. *Wieviel Zuschauer* waren gekommen? (Viel mehr, als man erwartet hatte.) Aber: *Wie viele Eintrittskarten wurden verkauft?* (2892.) *viel* wirkt zusammenfassend, *viele* vereinzelnd. *wie viele?* fragt nach Zählbarem; *wieviel* steht, wenn etwas nicht zählbar ist *(Wieviel unnütze Sorgen machst du dir!)* oder zu einer Maß- oder Mengenangabe zusammengefaßt wird *(Wieviel Kilometer sind es noch bis Basel?)*.

■ Ist ein Rundstäbchen von 12 cm (*Zentimeter!*) Länge doppelt so lang wie oder doppelt so lang als eines von 6 cm (*Zentimetern* oder *Zentimeter*)?

*doppelt so lang
wie/als*

[4] Da Ungleiches verglichen wird, wäre *als* berechtigt. Weil wir aber gewohnt sind, *so lang wie* zu sagen, lassen sich die meisten von uns durch *doppelt* nicht stören und sagen *doppelt so lang wie*. B e i d e s ist richtig.

*mit achtundvierzig/
Achtundvierzig*

■ „*Mit (a)chtundvierzig* sich nicht einmal mehr auf ein kleines Klappfahrrad trauen (man könnte ja stürzen!) – aber sich scheiden lassen wollen, um *eine (z)weiundzwanzigjährige* heiraten zu können!" Ja, solche Männer gibt es – und solche Rechtschreibprobleme auch. Schreibt man an den fraglichen Stellen groß oder klein? **Groß- oder Klein-schreibung**

[5] Eine Zweiundzwanzigjährige ist durch den Artikel klar als Substantiv ausgewiesen, und Substantive werden groß geschrieben.
Mit achtundvierzig können wir uns aufschlüsseln als Verkürzung aus *mit achtundvierzig Jahren*, deshalb die Kleinschreibung. Zulässig ist aber auch die Großschreibung.

[6] Ist Ihnen schon aufgefallen, daß *dreißig* aus der Reihe tanzt? Alle anderen vollen Zehner von *zwanzig* bis *neunzig* werden mit z geschrieben. Wie haben wir uns das ß in *dreißig* zu erklären?   *dreißig*

[6] Beide Formen, *-zig* und *-ßig*, gehen auf germanisch *-tig* zurück, das ‚Zehner' bedeutete. Bekanntlich sprechen wir heute nicht mehr germanisch, sondern deutsch, und das hat seine Ursache in einigen Lautveränderungen, die unsere Sprache zwischen damals und heute durchmachte. Eine dieser Lautveränderungen hat auch das germanische -t verschoben, und zwar zu -z, wenn dem -t ein Konsonant voranging (wie in *zwan-, vier-, fünf-*), und zu -ß, wenn das -t zwischen zwei Vokalen stand (wie in *dri-t-ig*, aus dem dann *dreißig* wurde).
Daher die Unterschiede in der Schreibung.

[7] Wie schreibt man die Uhrzeit? Darf man *7 Uhr 30* schreiben? Oder gilt hier noch immer die alte Norm *7.30 Uhr*?

[7] Die „Regeln für Maschinenschreiben" DIN 5008 lassen nur die Schreibung mit Punkt gelten: *7.30 Uhr*, der Große Duden Band 9 nennt als zweite Möglichkeit die unzweckmäßige Hochstellung der Minutenangabe: 7^{30} *Uhr*. Wer sich trotzdem für die Schreibweise 7 Uhr 30 entscheidet, handelt vernünftig, denn er schreibt die Zeitangabe, wie man sie spricht.   **Schreibung der Uhrzeit**

[8] „Am 28sten August 1749, mittags mit dem Glockenschlage zwölf, kam ich in Frankfurt am Main auf die Welt." Mit diesen Worten leitete ein großer Mann seinen autobiographischen Roman „Dichtung und Wahrheit" ein. Der Dichter starb am 22. März 1832. In welche Jahre fielen sein 200. Geburtstag und sein 125. Todestag?

[8] Goethes 200. Geburtstag wurde 1949 gefeiert, sein 125. Todestag 1957 begangen. Der Tag der Geburt ist nicht der Geburtstag, da *Geburtstag* den Jahrestag der Geburt bezeichnet. Goethes erster Geburtstag war der 28. August 1750. Nicht so genau sind wir mit der Bezeichnung *Todestag*. Goethes Sterbe- oder Todestag war der 22. März 1832, und sein *erster Todestag*? Wir vermeiden diesen Ausdruck, weil er ungenau ist. Etwa vom 10. Todestag an rechnen wir wie bei Geburtstagen, das heißt, wir zählen Tag der Geburt und Sterbetag nicht mit. Goethes 10. Todestag war der 22. März 1842.   *Geburtstag*

Todestag

Das Umstandswort

Der Umstände halber:

Das Wichtigste über das Adverb

Ich habe mich geirrt.

Wie viele Menschen bringen es fertig, einen Irrtum einzugestehen, noch dazu mit diesen knappen, klaren Worten, die nichts beschönigen, nichts bemänteln? Wenige. Die meisten werden, wenn sie gar nicht anders können, den Irrtum zugeben, aber die Geschichte ein bißchen zu ihren Gunsten zu drehen versuchen. Sie fügen so kleine Wörter ein, die die harte Wirklichkeit ‚Ich habe mich geirrt' in milderem Licht erscheinen lassen. Ein winziges *nur*, und schon ist aus dem schwerwiegenden Irrtum eine harmlose Angelegenheit geworden: ‚Ich habe mich *nur* geirrt.' – ‚Da habe ich mich *eben* geirrt' verharmlost in gleicher Weise, zieht aber gewissermaßen einen Schlußstrich unter eine ärgerliche Diskussion: so, und jetzt ein anderes Thema. – ‚Ich habe mich *dummerweise* geirrt' drückt auch Ärger aus, aber indem der Sprechende sich selbst andeutungsweise als dumm bezeichnet, fragt er unausgesprochen sein Gegenüber um Rat, wie nun der peinliche Irrtum aus der Welt zu schaffen sei. – ‚Ich habe mich *vielleicht* geirrt' läßt zögerndes Entgegenkommen erkennen, ‚Ich habe mich *leider* geirrt' Bedauern; wer seinen Irrtum bedauert oder gar bereut, streckt die Hand zur Versöhnung aus. – In ‚Ich habe mich *keineswegs* geirrt' schwingt Empörung mit, in ‚Ich habe mich *noch nie* geirrt' Überheblichkeit und Rechthaberei – wenn auch der Sprecher eigentlich darauf hinweisen wollte, wie korrekt er sich dünkt.

Zur Kennzeichnung der Art und Weise, wie der Sprecher seinen Irrtum auffaßt oder aufgefaßt wissen möchte, dienen die kursiv gedruckten Wörter, die die Grammatik Umstandswörter nennt – Umstandswörter, weil sie die näheren Umstände eines Geschehens erläutern. Der lateinische Name Adverb ist weniger treffend als die deutsche Bezeichnung, er drückt nur aus, daß ein Adverb *(ad + verbum)* zum Verb gehört. Ein Zeitwort näher zu bestimmen ist zwar die wichtigste Funktion des Adverbs, aber nicht die einzige. Das Umstandswort dient zur Erläuterung

    eines Verbs: er kommt *oft*

    eines Adverbs: er kommt *sehr* oft

    eines ungebeugten oder gebeugten Adjektivs: er kommt *ziemlich* häufig; sein *nur* kurzer Besuch

---

„nur":
Wenn einer darauf hingewiesen wird, daß er einen Brief unpersönlich und nachlässig formuliert habe, sagt er: Man ist doch auch nur ein Mensch! Wenn er aber einen solchen Brief erhält, sagt er: Man ist doch auch ein Mensch.
WOLFGANG MANEKELLER
in Anlehnung an
KARL KRAUS

Adverb

eines ungebeugten oder gebeugten Partizips: er ist *recht* beliebt; ein *ungern* gesehener Gast

eines Substantivs: der Herr *dort*

Adverb oder Adjektiv?

In ‚er kommt oft' ist *oft* als nähere Bestimmung des Zeitwortes *kommen* Adverb; in ‚er kommt häufig' ist *häufig* zwar ebenfalls nähere Bestimmung des Zeitwortes *kommen*, dennoch wird *häufig* nicht mehr als Adverb aufgefaßt, sondern in neueren grammatischen Darstellungen als Adjektiv (vgl. Seite 268). Wie unterscheiden wir nun eigentlich die Adverbien der Art und Weise von den als Artangabe stehenden Adjektiven? Das ist nicht weiter schwer: Von wenigen Ausnahmen abgesehen, läßt sich das Adjektiv deklinieren und attributiv verwenden – ein Adverb aber ist nicht flektierbar, es kann seine Form nicht verändern.

Adjektiv als Art- oder Umstandsangabe

Adjektiv	Adverb
Er wartete *vergeblich*; sein *vergebliches* Warten...	Er wartete *vergebens, umsonst*.
Er kommt *häufig*; sein *häufiges* Kommen...	Er kommt *oft*.

vergebens
vergeblich
oft
häufig

Falsch wäre „sein vergebenes Warten, sein oftes Kommen" – und doch kann man auf solche Fügungen nicht nur in der Umgangssprache (vgl. Seite 271) stoßen. „... das aber, was immer da war, ist müde von *zu oftem* Erinnern" heißt es in Rainer Maria Rilkes „Aufzeichnungen des Malte Laurids Brigge" (1910). Wie sich hier ein Dichter auf der Suche nach Ausdruck bewußt über die engen Grenzen der Grammatik hinwegsetzt, so vollzieht mancher andere den gleichen Vorgang unbewußt, wenn er einen nicht mehr funktionierenden Staubsauger schlicht und einfach einen „kaputten" nennt. *kaputt* und *entzwei* sind nach neuerer Auffassung zwar keine Adverbien, sondern indeklinable Adjektive, die nur prädikativ (aussagend) gebraucht werden dürfen – aber genau deswegen sind sie mit den Adverbien verwandt. Von einer Vase, die auf den Fußboden gefallen ist, kann man sagen: „Jetzt ist das gute Stück kaputt" oder „Jetzt ist sie entzwei", aber man sollte nicht versuchen, die „entzweie" oder „kaputte" Vase zu kitten, sondern nur die *zerbrochene* oder *entzweigegangene*. Wenn *kaputt* und *entzwei* dennoch von vielen ungeniert attributiv verwendet werden, so deshalb, weil unserer Sprache flektierbare Entsprechungen der beiden Wörter fehlen. Eine Fensterscheibe, die kaputt ist, kann als *zerbrochene, gesprungene* oder *zersplitterte* Scheibe deklariert werden. Aber ein Fernsehgerät, das plötzlich nicht mehr spielt? Es ist weder zerbrochen noch gesprungen, noch gesplittert, auch nicht *beschädigt*, denn das wäre ein äußerlicher Schaden, auch nicht *schadhaft*, denn *schadhaft* ist weniger als kaputt. Nein, die Männer vom Fernseh-Kundendienst holen gewöhnlich das „kaputte" Gerät ab – nur sehr Vornehme, die gehört haben, daß *kaputt* ein Wort der Umgangssprache sei, geben ihr *defektes* Gerät in Reparatur (was freilich auch nichts anderes als „schadhaft" bedeutet). Wo in unserer Sprache die vorhandenen Adjektive den Bedarf nicht decken können, da wer-

kaputt
entzwei

beschädigt
schadhaft

defekt

selten
Attribuierung von Adverbien

den zwangsläufig Adverbien zu Adjektiven. *selten* zum Beispiel war früher nur Adverb, wechselte dann aber durch Attribuierung in die Wortart Adjektiv hinüber – und heute darf der Leser raten, wo *selten* ‚nicht häufig‘, ‚rar‘ und wo es ‚ungewöhnlich‘, ‚außerordentlich‘ bedeutet.

Eindeutig ist die Geschichte, wenn *selten* als attributives Adjektiv vor einem Substantiv steht:

> ein *seltenes* Naturereignis

ist etwas, was nicht oft vorkommt. Zweideutig wird die Geschichte, sobald *selten* adverbial vor einem Adjektiv steht:

selten schön

> Herrschaftshaus am Genfer See zu verkaufen,
> 12 Zimmer..., *selten schöne* Aussicht auf den See.

Ist die Aussicht nur an wenigen Tagen schön, weil an den meisten Tagen des Jahres tiefhängende Wolken und Nebel den Blick begrenzen? Oder ist die Aussicht einmalig schön? Ist letzteres gemeint, dann sollte man es auch sagen und Wendungen wie *selten schön, selten gut, selten glücklich* aus seinem Sprachschatz verbannen.

Den Grenzübertritt aus der Wortart Adverb in die Wortart Adjektiv sieht die Sprachpolizei gar nicht gern, und oft zögert sie, den Neusiedlern Aufenthaltsgenehmigung zu erteilen. Das gilt vor allem für die vielen Grenzgänger aus ‚Substantiv + *-weise*‘ (vgl. Seite 271).

-weise

Beim Übertritt von Adverbien in die Wortart Adjektiv spielt mit, daß unser heutiges Deutsch einen großen Bedarf an Hauptwörtern hat. Wir substantivieren die Verben und beziehen in diesen Vorgang ihre Begleiter mit ein. Aus ‚Verb + Adverb‘ wird ‚Substantiv + Adjektiv‘. Den Wechsel können wir uns so veranschaulichen:

auszugsweise

> Das Buch abzudrucken oder *auszugsweise nachzudrucken* ist ohne Genehmigung des Verlages verboten.

Das steht dem Sinne nach in jedem urheberrechtlich geschützten Buch, allerdings in der viel knapperen Form:

> *Nachdruck, auch auszugsweise*, verboten.

Seit geraumer Zeit erteilt mancher Verlag auf besonderes Verlangen

> die Genehmigung zu *auszugsweisem Nachdruck*,

und die Sprachbehörde kann wohl oder übel ihre Genehmigung hierzu auch nicht versagen.

strafweise
schrittweise

ausnahmsweise
leihweise

Wenn einer *strafweise versetzt* wird, spricht man von einer *strafweisen Versetzung*, wenn irgendwo *schrittweise vorgegangen* wird, von einem *schrittweisen Vorgehen*. Warum aber reagieren wir allergisch, wenn von „*ausnahmsweisen* Öffnungszeiten" (statt von vorübergehend geänderten Öffnungszeiten) oder von „*leihweisen* Büchern" (statt von leihweise überlassenen oder geliehenen Büchern) die Rede ist? Weil die ehemaligen Adverbien aus ‚Substantiv + -weise' ihren adverbiellen Charakter nicht ganz verleugnen können. Sie vertragen sich zwar mit substantivierten Verben wie *Versetzung* oder *Vorgehen*, aber noch nicht so recht mit echten Substantiven – doch wahrscheinlich ist auch das, wie so vieles in der Sprache, nur eine Frage der Zeit.

Umstandswörter, die oft verwechselt werden

Wie bei andern Wortarten gibt es auch unter den Adverbien bestimmte Wortpaare, deren Glieder Bedeutungsnuancen ausdrücken. Beschränken wir uns auf das, was am meisten falsch gemacht wird.

auf / offen

Eine Tür kann man öffnen, aufmachen, aufstoßen, aufschließen oder aufbrechen, aber wenn die Tür offen ist oder offensteht, dann bleibt sie offen, solange man sie offenläßt, also bis einer kommt und die offene Tür wieder zumacht. Beim Zahnarzt muß man wohl oder übel den Mund aufmachen und ihn offenlassen, bis die Füllung hart geworden ist. Wer im Leben nicht zu kurz kommen will, muß die Augen aufmachen und die Ohren offenhalten. Die Sache scheint eindeutig zu sein: *offen* bezeichnet die Ruhelage, *auf* die Bewegung.

auf
offen

Nun sagen Sie: Hält ein höflicher Herr einer mit zwei Einkaufstaschen, einer Hutschachtel, einem Blumenstrauß und einem Regenschirm bepackten Dame die Tür auf oder offen? Offen gestanden, ich weiß es nicht. Von der Logik her müßte er die Tür ja offenhalten – aber das tut doch kein Mensch! – Wenn man sich mit der Frage näher befaßt, geht einem auf, daß *auf* und *offen* doch nicht so scharf voneinander abzugrenzen sind. Wer ein Trinkgeld erwartet, hält die Hand auf, nicht offen, und wer eine offene Hand hat, läßt sich nicht lumpen. Die Umgangssprache bevorzugt grundsätzlich *auf*, auch in der Ruhelage, doch in gutem Deutsch stehen und bleiben Türen nicht auf, sondern offen.

außen / draußen

Hier liegen die Dinge klar. *draußen* bezieht sich wie *drinnen* immer auf einen Raum:

draußen
drinnen

> Draußen ist es kalt, drinnen in der geheizten Stube schön warm.

Während *draußen* ‚außerhalb eines Raumes' und *drinnen* ‚innerhalb eines Raumes' bedeutet, beziehen sich *außen* und *innen* auf Flächen:

außen
innen

> Der Pullover ist außen rauh, innen glatt. – Das Rohr ist außen und innen verchromt.

bisher / seither

> Seither haben wir Tante Rosalie jedesmal rechtzeitig zum Geburtstag gratuliert –

oder hätte es *bisher* heißen müssen? Das kommt drauf an, und zwar auf den Satz, der vorausgeht, und auf den, der folgt:

seither

Vor vier Jahren war Tante Rosalie sehr gekränkt, weil wir ihren Geburtstag vergessen hatten, aber *seither* haben wir jedesmal rechtzeitig gratuliert.

bisher

seither bedeutet ‚von einem bestimmten Zeitpunkt an bis jetzt' – bei *bisher* spielt der Ausgangspunkt keine Rolle, hier zählt nur der Endpunkt in der Gegenwart:

Bisher haben wir Tante Rosalie jedesmal rechtzeitig zum Geburtstag gratuliert, doch diesmal haben wir es leider vergessen.

darein / darin

darein
darin

worein
worin

Pronominaladverbien

Auch wer es nicht wahrhaben will, muß sich dareinfinden (und nicht: darin), daß das berüchtigte Haar in der Suppe erst darin schwimmen kann, nachdem es darein gefallen ist. Man sollte seinen Stolz dareinsetzen, *darin* und *darein* nicht zu verwechseln. *darein* bezeichnet wie *worein* die Bewegung (Frage: wohin?), *darin* wie *worin* die Ruhelage (Frage: wo?). Eine Schublade, worein (oder: in die) man seine Fotoalben gelegt hat, ist nun eine Schublade, worin (oder: in der) die Alben liegen. (Über den Rückgang der Pronominaladverbien s. Seite 660.)

derzeit / seinerzeit

seinerzeit

Kongruenz im Genus

Auf *seinerzeit* reimt sich ‚zu meiner Zeit'; doch wer denkt schon noch daran, daß er konsequenterweise sagen müßte: „Ich war meinerzeit ein miserabler Schüler", „Renata T. war ihrerzeit eine gefeierte Sängerin"? Heute heißt es nur noch: *Ich war seinerzeit...*, *sie war seinerzeit...* Aber wenigstens gegen das *war* läßt sich nichts einwenden: *seinerzeit* wird eindeutig auf Vergangenes bezogen. Gegen ‚Wie ich Ihnen seinerzeit schrieb' ist nichts zu sagen, wohl aber gegen

Wie ich Ihnen seinerzeit schreiben werde, ...

Es gibt neuerdings Briefschreiber, die mit *seinerzeit* auch Zukünftiges bezeichnen, und überraschenderweise Sprachpfleger, die damit einverstanden sind. Mir scheint es richtiger, *seinerzeit* nur im Sinne von ‚früher, damals' zu verwenden und, auf Kommendes bezogen, zu schreiben:

Wie ich Ihnen *später* (oder: *zu gegebener Zeit, bei Gelegenheit, demnächst* usw.) schreiben werde, ...

derzeit

Auf das schillernde *derzeit* (vgl. Seite 308) sollten wir am besten ganz verzichten, sagen wir doch lieber klar und deutlich, ob wir ‚damals' oder ‚jetzt' meinen. Wer jedoch ohne *derzeit* und *seinerzeit* nicht auskommen zu können glaubt, darf sich eine weitere Inkonsequenz unserer Rechtschreibung merken für den Fall, daß er die beiden, wie es in Geschäftsbriefen üblich ist, abgekürzt verwenden möchte: *derzeit* wird als *dz.*, *seinerzeit* als *s. Z.* abgekürzt.

Abkürzungen

her / hin

Die Zeiten, in denen Preise sanken oder fielen, sind vorbei. Wenn wirklich hier und da ein Preis nachgibt, dann sinkt er ab. Viel öfter wird er jedoch angehoben oder heraufgesetzt. Wieso eigentlich herauf? Infolge der Preissteigerung wird eine Ware für den Käufer weniger leicht erschwinglich, bildlich gesprochen, entfernt sie sich von ihm. Preise müßten folgerichtig hinaufgesetzt werden. Klopft jemand an die Tür, fordert man ihn mit einem *Herein!* auf, das Zimmer zu betreten. Soll er gehen, schickt man ihn *hinaus. her* bedeutet die Richtung auf den Sprechenden zu, *hin* die von ihm weg. Diese einfache Unterscheidung ist allgemein bekannt, doch wird sie nicht einmal in der Schriftsprache konsequent beherzigt. Die Herausgeber von Zeitungen, Zeitschriften und Sammelwerken müßten alles auf ihre Veranlassung hin bedruckte Papier eigentlich hinausgeben, hinaus auf den Büchermarkt, zu den Lesern und Abonnenten, sie tun es aber nicht. An der Tatsache, daß Bücher herausgegeben und Preise heraufgesetzt werden, kann man erkennen, wie sehr sich die alte Trennung von *her* (auf den Sprechenden zu) und *hin* (vom Sprechenden weg) verwischt. In der norddeutschen Umgangssprache heißt es fast nur noch *her,* und von dort breitet sich diese Gepflogenheit immer weiter aus. Wieso man gerade in Norddeutschland damit anfing, jemanden aus dem Zimmer *heraus-* oder *rauszuwerfen,* statt ihn richtig *hinauszuwerfen?* In Norddeutschland wurde früher Plattdeutsch gesprochen, und das niederdeutsche Platt hat für *hinaus* und *heraus* nur die eine Form *rut,* für *hinein* und *herein* nur die eine Form *rin.*

Bei allem guten Willen ist das mit dem Hin und Her manchmal selbst vom Verstand her nicht zu bewältigen. Oder wissen Sie, ob man die bittere Pille nun *hinunter-* oder *herunterschlucken* muß? Wahrscheinlich hängt das davon ab, wo man sein Ich ansiedelt. Macht man es so wie der kleine Peter, der vor einer Blinddarmoperation erklärte, er selbst fürchte sich nicht, nur sein Bauch habe Angst, dann wäre die Tablette hinunterzuschlucken. Dorle dagegen müßte sie herunterschlucken, schrieb sie doch vor kurzem in ihrem Schulaufsatz über den Menschen: „Das Rückgrat ist wie eine Stange. Obendrauf sitzt der Kopf, unten sitze ich."

worum / warum

Kennen Sie den Unterschied? *worum* gehört zu den Pronominaladverbien, steht also für eine Fügung aus ‚Präposition + Pronomen': *worum* = ‚um was'. *warum* hingegen nennt die Grammatik ein ‚Adverb in interrogativer Verwendung'. Klar? Wohl kaum. Deshalb lieber konkret:

    a) Ich habe vergessen, *worum* ich gebeten wurde.
    b) Ich habe vergessen, *warum* ich gebeten wurde.

Beides könnte richtig sein, es kommt auf das an, was man sagen möchte. a) bedeutet: Ich wurde um irgend etwas gebeten, aber ich habe vergessen, um was. b) bedeutet: Ich habe vergessen, aus welchem Grunde ich gebeten wurde.

worum fragt nach der Sache: Worum spielen sie? Um Geld.
warum fragt nach dem Grund: Warum spielen sie? Um sich die Zeit zu vertreiben.

---

her
hin

Ein Mensch erklärt voll
  Edelsinn,
Er gebe notfalls alles hin.
Doch eilt es ihm damit
  nicht sehr –
Denn vorerst gibt er gar
  nichts her.
EUGEN ROTH
(1895–1976)

hinunterschlucken
herunterschlucken

Pronominaladverb
worum / warum

Testbogen 26

1 In den beiden Ausdrücken „seit alters her" und „zumindestens" steckt der gleiche Fehler – aber welcher?

Kontamination
seit alters
von alters her
zumindest
mindestens

[1] Wir haben es hier wieder einmal mit „Kompromißgeburten" zu tun, unzulässigen Verquickungen. „seit alters her" ist eine Wortmischung aus *seit alters* und *von alters her*, „zumindestens" eine Kreuzung aus *zumindest* und *mindestens*.

2 Wer eine Schreibmaschine hat, fertigt sich von seinen Briefen Durchschriften an. Schreibmaschinen *liefern etwa zehn gut lesbare Durchschläge* – daran gibt es sprachlich keinen Zweifel. Manche Maschinen liefern sogar bis zu zwölf gut lesbare... Mit oder ohne ‚-n'? Was meinen Sie?

bis zu

[2] Ja, das ist gar nicht so einfach. Als Präposition (Verhältniswort) regiert *bis zu* den Dativ: *Jugendliche bis zu 18 Jahren; Städte bis zu 100000 Einwohnern; eine Zeitspanne bis zu dreißig Tagen*. Demnach wäre zu erwarten, daß moderne Schreibmaschinen „bis zu zwölf gut lesbaren Durchschlägen" liefern. Wären Sie damit einverstanden? Wohl nicht so recht. In unserm Beispielsatz übt nämlich noch ein anderes Wort Einfluß auf die Fallbeugung aus, das Zeitwort *liefern*, und das verlangt nicht den Dativ, sondern den Akkusativ: Wen oder was liefern die Maschinen? (etwa, ungefähr, bis zu) zwölf gut lesbare Durchschläge. Hier ist *bis zu* nicht eine den Dativ regierende Präposition, sondern ein Adverb, das der folgenden Zahlenangabe Unbestimmtheit verleiht. Wenn *bis zu* mit ‚etwa' und ‚ungefähr' gleichbedeutend ist, beeinflußt es die Fallbeugung nicht. Wir bilden den Satz, als ob es nicht vorhanden wäre: *Wir können mit einer Schreibmaschine (bis zu) zwölf gut lesbare Durchschläge anfertigen*.

3 Viele Adverbien sind alte Genitive, so *allerdings, nirgends, wenigstens, flugs, eilends, dummerweise*. Auch *anfangs* gehört in diese Reihe. Man kann sagen: „*Anfangs* wollte ich gar nicht glauben, daß die neue Wohnung schon *Anfang August* beziehbar sein wird, aber dann..." Kann man auch sagen „anfangs August"?

anfangs
Anfang August

[3] Man kann, doch **man sollte nicht**. Noch im Jahre 1906 hielt der Allgemeine Deutsche Sprachverein *anfangs 1905* (oder *anfangs des Jahres 1905, anfangs August*) für trefflich und korrekt formuliert. Inzwischen ist *anfangs* nur noch als Adverb *(anfangs dachte ich...)*, nicht mehr als eine den Genitiv regierende Präposition *(anfangs des Jahres)* gebräuchlich. Heute gilt *anfangs 1905, anfangs August* als veraltet bis falsch und *Anfang (des Jahres) 1905, Anfang August* als die übliche, der Norm entsprechende Ausdrucksweise.

4 Schreinermeister Kienast hat einen Nähtisch fertiggestellt. Damit er seine Kundin antrifft, benachrichtigt er sie vorher durch eine Karte, auf der es heißt: „Lieferung des bestellten Nähtisches erfolgt dienstags vormittags.

Bitte, bleiben Sie zu Hause." Finden Sie, daß Meister Kienast rationell arbeitet?

[4] Das kann wohl keiner behaupten. Wollte die Kundin den Meister beim Wort nehmen, müßte sie jeden Dienstag vormittag zu Hause bleiben in der Hoffnung, daß der Meister ihr wieder eine Schublade oder ein Bein oder einen Griff des Nähtischchens anbrächte. *dienstags vormittags* bedeutet wie übrigens auch *Dienstag vormittags* ‚regelmäßig am Dienstag vormittag'. Eine Lebensmittelfiliale liefert ihren Kunden dienstags vormittags die in der Vorwoche telefonisch bestellte Ware – ein Einzelmöbel kann nicht dienstags vormittags, sondern nur (am) Dienstag vormittag geliefert werden.

dienstags vormittags
Dienstag vormittags

(am) Dienstag vormittag

[5] In diesem Geschäftsbrief an eine Druckerei geht es um eine Rechnung für 5000 Prospekte, die mit vier Wochen Verspätung und zu einem inzwischen gestiegenen Preis geliefert worden sind:

Nun haben wir die Prospekte ja d o c h noch bekommen. Schade, daß sie mit vier Wochen Verspätung kamen, denn so ist uns wertvolle Zeit verlorengegangen, und die Konkurrenz schläft nicht. Sie hatten uns zugesagt, die Prospekte bis zum ... zu liefern. Inzwischen sind die Papierkosten gestiegen, und Sie berechnen uns den neuen Preis. Wir haben zwar vorher von Papierpreissteigerungen gehört, aber uns nicht weiter darum gekümmert, denn Sie hatten d o c h wohl die Sorte LZ 35 am Lager. Außerdem: Wir haben uns in all den Jahren d o c h immer irgendwie arrangiert und bei kurzfristigen Änderungen miteinander am Telefon gesprochen. Warum haben Sie diesmal nicht angerufen? Sie erhalten die Rechnung vom ... heute zurück. Schicken Sie uns bitte eine neue. Wir wollen d o c h weiterhin gut zusammenarbeiten – oder?

doch

Bis auf den herausfordernd forschen Schluß ein frischer, freundlicher Brief. Könnte man meinen. Nur wer genauer hinsieht, merkt, daß noch etwas stört: die vier im Druck hervorgehobenen „dochs". Und warum stören sie? Weil Wortwiederholungen als Stilmangel empfunden werden? Nein, in erster Linie, weil *doch* einem Geschäftsbrief die Sachlichkeit nimmt, ihn zu sehr mit Emotionen belädt. Hinter 75% aller adverbial verwendeten „dochs" (nicht zu verwechseln mit der Konjunktion *doch*, die immer am Satzanfang steht) steckt unangenehmes Auftrumpfen, Rechthaberei.

Achten auch Sie auf Ihre „dochs", viele lassen sich ersatzlos streichen.

Welches der vier „dochs" halten Sie für entbehrlich, welches würden Sie durch eine andere Formulierung ersetzen?

[5] So würde ich verfahren:

1. *doch:* Kann stehenbleiben.
2. *doch:* Satz neu formulieren: *denn wir waren der Meinung, Sie hätten die Sorte LZ 35 am Lager.*
3. *doch:* Streichen.
4. *doch:* Satz neu formulieren: *Sie werden dann weiterhin in uns einen zufriedenen Kunden haben.*

Das Verhältniswort

Die herrschende Klasse

Präpositionen und wie sie entstehen

Ausstrahlung, Wirkung und Macht eines Menschen, seine Fähigkeit, andere zu leiten – das alles hängt nicht von der Körpergröße ab. Unter den Wörtern sind es gerade die winzigsten wie *ab, an, in, um, zu, auf, aus, bei, bis, für, mit, von, vor*, die sich ausgesprochen herrschsüchtig gebärden und andere in ihren Bann zwingen. Selbst unbeugbar, regieren sie, das heißt, sie fordern die Flexion des unmittelbar in ihrer Nähe stehenden Substantivs und seiner Begleiter:

> Ich verreise *binnen dreier Tage* (Genitiv), *in drei Tagen* (Dativ), *für drei Tage* (Akkusativ).

Präposition

Weil die kleinen Wörter dem Ausdruck, auf den sie sich beziehen, im allgemeinen vorangehen, nennt man sie P r ä p o s i t i o n e n (lateinisch *prae* bedeutet ‚vor, voran'; *Position* ist soviel wie ‚Stellung'; *Präposition* = Vorangestelltes). Der lateinische Name ist nicht umfassend genug. Es gibt unter den rund hundert Präpositionen auch solche, die das zugehörige Substantiv oder Pronomen umklammern:

> *um ... willen, von ... wegen, von ... an*;

solche, die ihm folgen können:

> *entgegen, entlang, entsprechend, gegenüber, nach, ungeachtet, wegen, zufolge*;

schließlich solche, die nur nachgestellt werden:

> *halber, zuwider, zuliebe*.

Wie wir sehen, hat unsere Sprache auch Präpositionen, die aus mehr als nur zwei oder drei Buchstaben bestehen; aber je länger die Präpositionen sind, desto mehr sollte man vor ihnen auf der Hut sein. Bei Papierdeutschverfassern allerdings scheint ihr Kurswert mit ihrer Buchstabenzahl zu steigen. Statt Herrn und Frau Müller *zur* Silberhochzeit zu gratulieren, gratulieren solche Leute *anläßlich* mit Genitiv; statt *Auf Ihren Brief vom...* beginnen sie ihre Epistel: *Antwortlich* (oder: *Bezüglich*) *Ihres Schreibens vom...*; statt *von dem Verklagten* schreiben sie: *seitens der beklagten Person*, und

anläßlich
antwortlich
bezüglich
seitens

statt einfach *aufs* Knöpfchen zu drücken, setzen sie *vermittels* oder *mittels* oder *mit Hilfe* eines Druckknopfes oder Knopfdruckes in Betrieb.

Kurze Präpositionen wie *in, auf, unter* kann unsere Sprache nicht mehr hervorbringen, dafür vermehren sich die umständlich langen wie die Kaninchen. Auf dem besten Wege, die Zahl unserer Präpositionen zu vergrößern, sind z. B. die Adjektive und Partizipien *eingerechnet, inbegriffen, einschließlich, mitgezählt, zuzüglich*, und doch sind alle nur entbehrliche Umschreibung für ‚mit'; *außer, ausgenommen, abgerechnet, abzüglich, mit Ausnahme von* ist nichts als umständlicher Ersatz für ‚ohne'. Den stärksten Nachschub erhalten die Präpositionen aus Substantiven, die mit Präpositionen zusammengewachsen sind: *infolge, zufolge, aufgrund, anstelle* u. ä. Bei diesen Ausdrücken weiß man ja nie genau, ob man noch getrennte Wörter vor sich hat und also groß schreiben muß: *auf Grund, an Stelle, zu Händen von, unter Bezug auf*, ob sich der Ausdruck schon stark der Präposition angenähert hat und Klein- und Getrenntschreibung gilt: *in bezug auf*, oder ob er bereits als Präposition anzusehen ist und klein und zusammengeschrieben wird: *aufgrund, anstelle, zuhanden* (schweiz.), *zuhänden* (österr.). (Alle angeführten Schreibweisen sind richtig.) Sobald ein Präpositionalfall den Artikel aufgibt, befindet er sich in der Umwandlung zur Präposition. Die Rechtschreibung reflektiert diese Entwicklung: aus *durch (die) Kraft seines Amtes* wurde *durch / in Kraft seines Amtes* und daraus *kraft seines Amtes*. Solchen Präpositionen haftet immer ein Geruch nach Druckerschwärze an. Vergessen wir nicht, daß man für *anstelle* sehr oft *für* sagen kann und für *in bezug auf* nur *auf*.

Um nun aber auf den Namen zurückzukommen: Kennzeichnender als ‚Präposition' ist die deutsche Bezeichnung V e r h ä l t n i s w o r t ; denn Aufgabe der Präposition ist es, zwei Ausdrücke miteinander zu verknüpfen und die Art des Verhältnisses zu charakterisieren, in dem die beiden zueinander stehen. Nehmen wir als Beispiel das Verhältnis *gehen – Straße*, und denken wir uns ein x-beliebiges Subjekt hinzu: er. *Er geht... Straße.* Das hier einzusetzende Verhältniswort beschreibt nicht nur das Gehen näher, es hat vor allem die Fähigkeit, das Objekt *Straße* jeweils von einer bestimmten Seite her zu beleuchten. Das Bild, das wir uns von der Straße machen, sieht immer wieder anders aus. *Er geht auf die Straße:* er verläßt ein Haus oder ein an der Straße gelegenes Grundstück; *er geht durch die Straßen:* wahrscheinlich ohne festes Ziel; *er geht über die Straße:* von einer Straßenseite auf die andere; *er geht die Straße entlang* (Akkusativ!): er geht auf der Straße; *er geht entlang der Straße* (Dativ!): er geht längs oder neben der Straße, vielleicht auf einem *parallel zur Straße* verlaufenden Weg, der sich seinerseits von dem *parallel mit der Straße* verlaufenden Weg nur durch die Wortwahl, nicht aber in der Bedeutung unterscheidet. Hingegen macht es zum Beispiel einen großen Unterschied, ob man sich *auf* oder *über* ein Buch oder *an* einem Buch freut: *auf*, wenn man das Buch noch nicht hat oder kennt, *über*, wenn man es geschenkt bekam, *an*, wenn es einem gefällt.

Da sind wir auch schon mittendrin in den Schwierigkeiten, die uns die kleinsten Wörter deutscher Zunge zu bereiten pflegen. Präpositionen haben nicht nur die lästige Eigenschaft, bestimmte Fälle zu regieren – so etwas läßt sich lernen (vgl. die Merkverse Seite 662, 664) –, nein, sie gehen mit Verben, Adjektiven und Substantiven mehr oder weniger feste Verbindungen ein, wobei sie obendrein untereinander tüchtig konkurrieren. Oft steht

---

vermittels(t)
mittels
mit Hilfe

mit
ohne

Groß- und Klein-, Getrennt- und Zusammenschreibung

aufgrund
anstelle
unter Bezug auf
in bezug auf
kraft

anstelle
in bezug auf

entlang

parallel zu / mit

sich freuen
an / auf / über

für ein und denselben Sachverhalt eine ganze Skala von Präpositionen zur Verfügung: *wegen Erkrankung, infolge Erkrankung, einer Erkrankung zufolge, durch Erkrankung verhindert, aufgrund einer Erkrankung*. Öfter aber ist nur eine einzige Präposition möglich: *blind vor Wut* (nicht: blind aus Wut, durch, infolge von). Diese einzig mögliche Präposition herauszufinden ist alles andere als leicht. Viele Verhältniswörter sind in ihrer Bedeutung nicht fest zu umreißen, das gleiche Wort kann ein örtliches oder ein zeitliches Verhältnis oder einen andern Umstand ausdrücken: *nach Buxtehude* (lokal), *nach dem Abendessen* (temporal), *nach bestem Wissen* (modal). Ob jemand im Schlafwagen *vor der Grenze, vor Mitternacht* oder *vor Magenschmerzen* nicht einschlafen kann, ist auch dreierlei.

nach

vor

Komplizierte Verhältnisse

Manche Sprachpfleger geben den guten Rat, man müsse die Verhältnisse nur richtig durchdenken, dann stelle sich mit Sicherheit auch die richtige Präposition ein. Versuchen wir es.

Straße

Wer sagt, er gehe *über die Straße*, versteht unter ‚Straße' nur die Fahrbahn. Wenn jemand an einem verkaufsoffenen Sonnabend, vom Einkauf erschöpft, erklärt: „Heute ist *auf der Straße* was los!", dann bezieht er in den Begriff ‚Straße' auch die beiden Gehsteige ein. Das gleiche gilt für die Feststellung: „Ist das ein Betrieb *in den Straßen*!" Beim Gebrauch von *in* denkt man in diesem Zusammenhang allerdings weniger an die gepflasterte oder asphaltierte Straßenoberfläche als an den von den beiden Häuserzeilen gebildeten Zwischenraum, ohne die Häuser selbst zur Straße zu rechnen. Auf die Frage, wo er wohne, antwortet der deutsche Städter, er wohne *in der Bahnhofstraße* oder *in der Goethestraße*, jetzt also zählt er nicht nur Fahrdamm und Gehweg, sondern auch die Häuser rechts und links mit. Nur wer außerhalb der Städte sein Häuschen an einer wenig bebauten Autostraße hat, sagt, er wohne *an der Xer Landstraße* oder *an der Bundesstraße Y*; hier ist mit ‚Straße' nur die Chaussee gemeint. Noch komplizierter werden die Verhältnisse, wenn man einen Schweizer zu Wort kommen läßt. Schweizer wohnen nämlich nicht *in* einer Straße, sondern grundsätzlich *an*, z. B. *an der Bahnhofstraße* oder *an der Mühletobelstraße* – auch in ihren Städten, in denen ihrer Meinung nach die Häuser nicht *in*, sondern *an* den Straßen stehen. In der Schweiz ist manches anders als in Deutschland. Schweizer Autohändler nehmen Gebrauchtwagen *an Zahlung*, nicht: *in Zahlung*; Schweizer Handwerksmeister fassen ihre Beschlüsse *an einer Versammlung*, nicht: in einer; Schweizer Immobilienmakler inserieren nach Chalets *an guter Lage*, nicht: in; Schweizer Uhrenfabrikanten stellen *an der Basler Mustermesse* aus, nicht: auf. Das hängt damit zusammen, daß der Gebrauch von *an* früher ausgedehnter war als heute. Da der Süden im allgemeinen in der Sprache konservativer als der Norden ist, hat er einen Teil der alten Verbindungen mit *an* bewahrt. Im Süden versteckt man den Kindern *an Ostern* Eier, im Norden *(zu) Ostern*. In Österreich macht man *Ferien am Bauernhof* und ärgert sich dabei womöglich *am* allzufrühen Kikeriki und Hühnergegacker – in Deutschland macht man *Ferien auf dem Bauernhof* und entdeckt dabei sicherlich auch manches, *über* das man *sich ärgern* kann.

in / an der ... straße wohnen

Schweizer Sprachgebrauch

Nur ein Schweizer kann erzählen: „An einem Pferderennen lernten wir uns kennen" (Max Frisch) oder in einem Brief berichten: „Dilthey ist an die Hochzeit seines Bruders gereist" (Gottfried Keller).

an

an / zu Ostern
österreichischer Sprachgebrauch

Die Verhältnisse richtig zu durchdenken ist leichter gesagt als getan, weil Sehweise und Sprachtradition sich von Land zu Land ändern – aber natürlich ist der Forderung grundsätzlich zuzustimmen. So muß man sich zum Beispiel klarmachen, daß man kein Präpositionalattribut braucht, wenn man den Sachverhalt durch einen Genitiv kennzeichnen kann. Der „Entwurf über ein an das Patentamt zu richtendes Schreiben" ist in richtigem Deutsch der *Entwurf eines an das Patentamt zu richtenden Schreibens*, das „Manuskript für einen Prospekt" ist das *Manuskript eines Prospekts*. Umgekehrt ist die „Forderung der Blendungsvermeidung" besser eine *Forderung nach Blendungsvermeidung* und die „Antwort einer Leserzuschrift" die *Antwort auf eine Leserzuschrift*. Oft sind Genitiv- und Präpositionalattribut in gleicher Weise möglich: Neid kann die *Ursache vieler, für viele* oder *zu vielen* Streitigkeiten sein.

Genitiv- oder Präpositionalattribut

Nach Substantiven die richtige Präposition zu treffen ist noch heikler als nach Verben. Die Verbindung, die ein Verb mit einer Präposition eingeht, hat man im Ohr: *auf etwas hinweisen, gegen jemanden voreingenommen sein, nach etwas streben*. Bei Substantivierung des Verbs bleibt die Verbindung mit der Präposition gewöhnlich erhalten, teilweise lockert sie sich aber auch.

Wer schreibt ein Wörterbuch der Präpositionen? Überfällig wäre es; denn auch die größten deutschen Wörterbücher führen zu selten präpositionale Wendungen und folglich zu oft den ratsuchenden Benutzer an.

Ich verzichte auf die Reise	→	Verzicht auf die Reise
ich breche mit der Vergangenheit	→	Bruch mit der Vergangenheit
ich appelliere an seine Großmut	→	Appell an seine Großmut
ich interessiere mich für Mathematik	→	Interesse an / für Mathematik
ich weise auf etwas hin	→	Hinweis auf / über / für etwas
ich beauftrage Sie mit der Überarbeitung	→	Auftrag zur Überarbeitung
ich beauftrage Sie mit der Lieferung von 30 m Seide	→	Auftrag über / auf (die) Lieferung von 30 m Seide

Was können wir tun? Wie können wir lernen, unter einer Vielzahl von Präpositionen die jeweils richtige herauszufinden? In kritischen Fällen könnten wir uns zum Beispiel daran erinnern, daß ein Nebensatz oft einfacher und deutlicher ist als eine Fügung aus Hauptwort und Verhältniswort.

Nebensatz statt Präpositionalattribut

statt	besser
Meine Dankbarkeit gegen ihn veranlaßte mich ...	Weil ich ihm dankbar bin ...
Ihr Lob betreffs seiner Arbeit freute ihn.	Daß Sie seine Arbeit lobten, freute ihn.

Aber das ist natürlich nur ein Ausweg, der nicht in jedem Fall gangbar ist. Außerdem sind Präpositionen kleine Wörter mit großer Zukunft, Substantive und Verben treten ihnen immer mehr Funktionen ab (vgl. Seite 197). Man kann den Schwierigkeiten nicht dadurch zu Leibe rücken wollen, daß man sich sagt: „Nun gut, sehe ich zu, daß ich nach Möglichkeit ohne Verhältniswörter zurechtkomme." Nein, die Präpositionen bekommt man am besten in den Griff, wenn man sich ansieht, wie Schriftsteller sie handhaben. Dazu muß man lesen, aber nicht bloß oberflächlich mit den Augen drüber weg, sondern viel und langsam und gründlich. Nur so läßt sich das Gehör schulen. Vielleicht hilft auch ein wenig die folgende Zusammenstellung.

Schwierige Präpositionen von A bis Z

ab / von ... an / seit

ab   Ab 1. November zeigen wir Ihnen in unseren Ausstellungsräumen ...

Datum   Haben Sie das Datum eben laut gelesen? Wenn nicht, dann tun Sie es bitte. Lesen Sie es mit ‚m' *(ab erstem November)* oder mit ‚n' *(ab ersten November)* – oder sprechen Sie vorsichtshalber so eine Art Zwischenlaut? Wer gewitzt ist, umgeht die Wendung und sagt:

Vom ersten November an zeigen wir Ihnen ...

„ab 1. November" ist eine Kurzform, die in Anlehnung an kaufmännische Formeln wie *ab Werk, ab Fabrik, ab Köln Hauptbahnhof* entstanden ist. Die Präposition *ab* wird mit dem Dativ verbunden: *ab unserem Düsseldorfer Lager*, auch: *Jugendliche ab 16 Jahren*, also auch: *ab erstem November*. Weil das Datum oft im Akkusativ steht *(den ersten November)*, sagt mancher unwillkürlich „ab ersten November", doch gilt das nicht als korrekt. Wer sich früher strikt an die Grammatik hielt, gebrauchte *ab* nur bei Ortsangaben, bei Zeitangaben setzte er *von ... an*:

von ... an   *Von Koblenz ab* nehmen wir den Dampfer, der aber erst *von Mitte Mai an* verkehrt.

Heute sieht man das nicht mehr so streng, doch hat der Gebrauch von ‚ab + Datum' *(ab Mitte Mai)* noch immer einen umgangssprachlichen Touch. Oft ist damit ein weiterer Verstoß verbunden:

„Ab 1. November eröffnen wir in unseren Ausstellungsräumen eine Sonderschau."

Eine Eröffnung ist aber eine einmalige Angelegenheit. Deshalb:

Ab 1. November (besser: *vom 1. November an*) *zeigen wir* in unseren Ausstellungsräumen eine Sonderschau

oder:

Am 1. November eröffnen wir in unseren Ausstellungsräumen ...

Zwei Wochen nach der Eröffnung heißt es nicht:

seit   „Die seit vierzehn Tagen eröffnete Sonderschau ...", sondern:

> „Die *seit vierzehn Tagen laufende (geöffnete)* Sonderschau ...

oder:

> Die *vor vierzehn Tagen eröffnete* und seit dem Eröffnungstag viele Besucher anlockende Sonderschau ...   *vor*

seit bezeichnet einen bis in die Gegenwart bestehenden Zustand. Deshalb darf es nicht bei perfektiven Verben stehen, also nicht verwendet werden, wenn von einem abgeschlossenen Geschehen die Rede ist. Nicht: „Er ist seit fünf Jahren gestorben", sondern *Er starb vor fünf Jahren* oder *Er ist seit fünf Jahren tot*.   **perfektive Verben**

an

Daß *an* früher häufiger gebraucht wurde, sahen wir schon. Es drückte nicht nur ganz allgemein eine Berührung, sondern auch die Berührung von oben aus, wofür wir heute *auf* sagen. Wenn trotzdem heute etwas, was auf den Boden gefallen ist, hier und da nicht auf dem, sondern *am Boden* liegen bleibt, so haben wir es mit einem Rest alten Sprachgebrauchs zu tun. Buchhändler haben einen Bestseller nicht ständig *im Lager* (das wäre ein gesonderter Lagerraum), sondern *auf* oder traditionsgemäß *am Lager*. In süd- und südwestdeutschen Zeitungen wird heute noch über die Lage *an den Rentenmärkten* berichtet (nicht: auf).   *an*

Komplizierter ist der Gebrauch von *an* und *am* im übertragenen Sinne. *am* vor substantiviertem Infinitiv kennzeichnet mehr die aktive Seite eines Vorgangs, *im* oder *beim* mehr den Zustand, den Verlauf: *er ist am Schreiben* = er arbeitet; *er ist beim Schreiben* = im Zustand des Schreibens; *er ist am Weggehen* = zieht sich gerade den Mantel an; *im / beim Weggehen sagte er...* = während des Weggehens ...   *am / im / beim* **Weggehen**

Kinder *erkranken an* Masern und Ziegenpeter; Erwachsene *leiden an* Stoffwechselstörungen, Migräne und Gedächtnisschwäche, aber *unter*, wenn es sich um Leiden handelt, die nicht durch Medikamente zu beheben sind: unter einer zerrütteten Ehe, unter der Einsamkeit, unter Mangel an Verständnis oder auch nur unter der Hitze. – *Forderungen* hat man *an* jemanden (nicht: gegen), *verantwortlich* ist man *für* etwas (nicht: an). Wer erklärt, er sei „an dem Unfall nicht verantwortlich", hat *nicht verantwortlich für* und *nicht schuldig an* verquickt. Man kann *schuldig an, nicht schuldig an* und *frei von Schuld an einem Geschehen* sein – auch „schuldlos an"? Nein. Hängt eine Präposition von einer Zusammensetzung *(schuld + los)* ab, dann kann sich die Präposition immer nur auf den letzten Teil der Zusammensetzung beziehen, und „los an", das geht wirklich nicht. Ein ähnlicher Fall: Der Bundestag erließ ein „Gesetz zur Änderung des Beteiligungsverhältnisses an der Einkommensteuer und der Körperschaftsteuer". Sollten die für dieses Gesetz verantwortlichen Abgeordneten so würdig geworden sein und schon ganz vergessen haben, daß ein deutscher Staatsbürger vor Erreichen der Pensionsgrenze immer nur ein *Verhältnis mit* hat? *an* ist die Präposition, die zu *beteiligen* gehört: ich beteilige mich *an einem Spiel* (nicht: mit). Folglich müßte ein Gesetz erlassen werden, das das „Gesetz zur Änderung des Beteiligungsverhältnisses an der Einkommensteuer und   *leiden an / unter*

    verantwortlich für

    Kontamination

    von einem Kompositum abhängige Präposition

auf

auf

Wer *auf dem Rathaus* beschäftigt ist, müßte von Rechts wegen Dachdecker sein, der, um eine Reparatur auszuführen, dem Herrn Bürgermeister „aufs Dach gestiegen" ist. Das wenigstens sollte man meinen, wenn man die Verhältnisse gründlich durchdenkt. Aber der Sprachgebrauch setzt nun einmal bei öffentlichen Gebäuden und Institutionen gern ‚auf': *auf der Post, auf dem Standesamt, auf dem Amtsgericht, auf dem Bahnhof, auf der Hannover-Messe, auf dem Wiener Kongreß, auf dem Parteitag* (aber: *in der Versammlung*); *auf dem Zimmer essen* (Hotelzimmer); *auf dem / im Büro; auf der Universität sein* (studieren). Auch bei Festen heißt es gewöhnlich ‚auf': *auf der Hochzeit, auf dem Ball, auf der Party.* – In Mitteldeutschland geht man „auf Schule" und „auf Arbeit". Diese artikellosen Fügungen sind jedoch Umgangssprache, im Gegensatz zu *auf Urlaub* und *auf Besuch*. In gutem Deutsch geht man *zur* Arbeit und . . . ja, bei *Schule* ist das gar nicht so leicht gesagt:

in die / zur Schule gehen

zur Schule gehen	=	a) Schüler sein
		b) sich auf dem Schulweg befinden
in die Schule gehen	=	a) Schüler sein
		b) ins Schulgebäude hineingehen

auf der Schule

auf der XY-Schule sein	=	Schüler sein, vorzugsweise an einer weiterführenden Schule

Stolz ist man *auf*, aber auch schon *über* seine Erfolge; ruhig verhalten sollte man sich *aus Rücksicht auf* (nicht: für) seine Umgebung. *Hoffnung* und *Vertrauen* setzt man *auf* einen Menschen, aber man kann auch *Vertrauen* setzen *in* etwas: *in* die Ehrlichkeit oder Fähigkeit eines anderen zum Beispiel. „Jüngling, der das Schreinerhandwerk erlernen will, auf 1. April gesucht" ist schweizerisch, in deutschen Stellenanzeigen sucht man Tischler *zum 1. April*. – Kündigt der Gesuchte, dann scheidet er *auf eigenen Wunsch* aus und nicht etwa „auf eigenem". Nach Präpositionen, die wie *auf* und *in* Dativ oder Akkusativ regieren, steht bei nichtwörtlicher Bedeutung gemeinhin der Akkusativ (vgl. dazu Seite 166: *in eine Liste aufnehmen*).

Rektion
auf eigenen Wunsch

aus

aus aller Herren Länder(n)

Treffen sich bei einem Filmfestival Menschen *aus aller Herren Länder* oder *aus aller Herren Ländern*? Da die Leute *aus (den) Ländern* („aller Herren") kommen, ist die Wendung mit Dativ-‚n' die von Hause aus richtige. Doch die Dativ-Endung hat sich abgeschliffen, die endungslose Version *aus aller Herren Länder* gilt heute bereits als zulässig.

aus . . . heraus
Nicht jedem *aus* sein *heraus!*

Als nicht ganz so zulässig gilt hingegen das heute hinter jedem zweiten *aus* anzutreffende *heraus*, das zwar der Verstärkung und Verdeutlichung dient, aber – gehäuft – aus Stil Rhetorik macht. Wer auf sich und die deutsche Sprache hält, handelt weder aus eigener Erfahrung heraus noch aus Eifersucht heraus, noch aus einer Zwangssituation heraus; er handelt allenfalls *aus Erfahrung, aus Eifersucht* oder – wünschen wir es ihm nicht – *aus einer Zwangssituation*.

bei / in / nach / zu

Können Fliegen bei die Wurst gehen? Ja, aber diese häßliche Gewohnheit haben die Fliegen nur in manchen Landschaften; hochdeutsch benutzt man *bei* nicht zur Richtungsangabe, also nicht: „Hansi geht bei Tante Hilde", aber richtig: *Hansi ist bei Tante Hilde*. ‚bei' regiert immer den Dativ: *bei dir, bei ihr, bei mir*. In Verbindung mit *haben* darf das Reflexivpronomen nicht unterschlagen werden. Nicht: „Er hat kein Taschentuch bei", sondern: *bei sich*.

bei

bei sich haben

Die Richtung bezeichnen *in, nach* und *zu. in* heißt ‚in etwas hinein': *sie läuft ins Haus, zieht in die Stadt* (aber: *aufs Land, aufs Dorf*).

in

nach bedeutete früher ‚in die Nähe von', jetzt auch ‚in eine bestimmte Richtung'. Man fährt *in die Schweiz* oder *in die Türkei*, aber *nach Österreich* oder *nach Italien*. Vor artikellosen Ländernamen steht der Deutlichkeit halber *nach*. Wollte man, statt *nach Frankreich* zu reisen, *in Frankreich* reisen, wüßte ja niemand, ob man von Aachen nach Paris oder von Paris nach Bordeaux unterwegs ist. Vor Ländernamen ohne Artikel hat sich *nach* erst im 18. Jahrhundert eingebürgert, in *nach Hause* ist es noch jünger, noch der Dramatiker Friedrich Hebbel (1813–1863) ließ die Personen seiner Stücke „zu Hause gehen". Heute sagt man *nach Hause gehen*, um die Richtungsangabe von der Ruhelage *zu Hause* (= im Hause) unterscheiden zu können. *nach Hause* ist eine Ausnahme, *nach* wird sonst nicht mit Gebäuden oder mit Personen verbunden. Nicht: „Ich gehe nach dem Bahnhof, nach der Laube, nach Petra, nach Schule", das wäre wiederum saloppe nord- und mitteldeutsche Ausdrucksweise, sondern: *ich gehe zum Bahnhof, zum Garten, zu Petra, zur Schule*. Berliner Busse fahren nicht nach dem Flughafen, sondern zum Flughafen, aber nach Tegel. *zu* bedeutet ‚auf ein Ziel zu'. Vor Ortsnamen (*zu Köln am Rhein*) ist es veraltet, dafür steht heute *in*.

nach
Ländernamen

nach Hause

zu

binnen / innerhalb / in / während

während ist eigentlich Präsenspartizip von *währen* = dauern. Es wird mit dem Genitiv verbunden: *während des Dezembers, während des Diktats, während der Mittagspause*. (Einfacher und deshalb besser: *im Dezember, beim Diktat* und *in der Mittagspause*). Manch einer hält allerdings *während der Mittagspause* und *während der Mahlzeit* für den Dativ, der sich bei einem einzahligen weiblichen Hauptwort ja nicht vom Genitiv unterscheidet, und sagt dementsprechend „während dem Essen". So hat sich neben dem richtigen *währenddessen* bereits *währenddem* durchgesetzt, aber sonst gilt der Dativ nach *während* noch nicht als korrekt.

während

währenddessen
währenddem

> Unser Filialleiter mußte infolge Krankheit *während vierzehn Tagen* seinem Arbeitsplatz fernbleiben.

Ist *während vierzehn Tagen* Genitiv? Nein, das ‚-n' weist die Zeitbestimmung eindeutig als Dativ aus, und trotzdem ist der Beispielsatz nicht falsch.

Rektion

Der Genitiv würde lauten: *während vierzehn Tage*, er würde sich also vom Nominativ und vom Akkusativ nicht unterscheiden. Deshalb darf man ausnahmsweise auf den Dativ ausweichen. Hat man aber ein zu beugendes Begleitwort und damit die Möglichkeit, den Genitiv zu kennzeichnen, dann muß man es auch tun: *während zweier Wochen*.

innerhalb

Ganz ähnlich verhält es sich mit *innerhalb*, das auch mit dem Genitiv verbunden werden müßte. *innerhalb zehn Monate* ist Genitiv, doch nicht als solcher erkennbar; *innerhalb zehn Monaten* ist Dativ und von manchen Schulmeistern als Ausweg gestattet, von andern nicht gern gesehen; *innerhalb von zehn Monaten* ist ebenfalls ein Notbehelf: wenn man den Genitiv

von
in

anders schlecht kenntlich machen kann, darf man ihn mit *von* umschreiben. Aber was man *innerhalb einer Frist von zehn Monaten* erledigt haben muß, könnte man das nicht auch *in zehn Monaten* erledigen? Kein Sportler läuft 110 m Hürden „innerhalb von 13,8 sek", aber manche schaffen es *in 13,8 sek*. Nur am Schreibtisch ist der Mensch wie ausgewechselt, da greift er nach dem anspruchsvollen *innerhalb*, weil er vergessen hat, daß in den meisten Fällen ein *in* genügt – wohlgemerkt, in den meisten. *in* und *innerhalb* decken sich nicht ganz, *in* bezeichnet bei zeitlichem Bezug meist die Dauer, *innerhalb* eine Frist. Wem *innerhalb* zu kompliziert und *in* nicht

binnen

genau genug ist, der könnte *binnen* sagen (normalerweise mit Dativ): *binnen zehn Monaten, binnen drei Jahren*, neuerdings aber auch häufig mit Genitiv: *binnen dreier Jahre*.

bis

bis
Datum

Daß *bis* den Akkusativ regiert, muß man sich bei Datumsangaben klarmachen: *bis nächsten Dienstag* (Akkusativ), aber *bis zum nächsten Dienstag* (Dativ), denn hier übt die zweite Präposition, *zu*, die Rektion aus. In der Wendung *vom 9. bis 17. April* hätten wir einmal den Dativ, einmal den Akkusativ. Als stilistisch besser gilt die Beibehaltung des Dativs: *vom 9. bis zum 17. April*.

bis einschließlich

Übrigens, *bis* hat grundsätzlich die Bedeutung ‚bis einschließlich'. *vom 9. bis 17. April* heißt: erst am 18. April beginnt etwas Neues. Um es deutlicher zu machen, haben viele sich angewöhnt, statt ‚bis' *bis einschließlich* zu sagen. Das ist erstens nicht nötig und zweitens riskant – oder wissen Sie, ob nach *bis einschließlich* Genitiv, Dativ oder Akkusativ stehen muß? Richtig ist:

Rektion

bis einschließlich des 17. Aprils (Genitiv, Rektion hängt von der Präposition *einschließlich* ab),

Die Schweizer Schriftsprache kennt als Besonderheit „bis und mit": „bis und mit dem Regimentskommandanten" heißt es im Dienstreglement der schweizerischen Armee im Sinne von ‚einschließlich des'.

bis zum 17. April einschließlich (Dativ, Rektion hängt von *zu* ab, nachgestelltes *einschließlich* übt keinen Einfluß auf die Fallsetzung aus),

bis einschließlich 17. April (Akkusativ, Rektion hängt von *bis* ab, *einschließlich* ist hier Adverb und übt keinen Einfluß auf die Fallsetzung aus).

bis auf

Aber wie ist das nun mit *bis auf*, hat es *einschließenden* oder *ausschließenden* Sinn? Als Beispiel: Er hat seine Schulden

a) bis auf Heller und Pfennig zurückgezahlt.
b) bis auf die letzte Mark zurückgezahlt.
c) bis auf die letzte Rate zurückgezahlt.

Wäre er damit in jedem Fall völlig schuldenfrei? So genau weiß man das nicht. Nach a) wäre er es, nach b) wahrscheinlich auch, c) kann so und so ausgelegt werden. *bis auf* kann einschließende und ausschließende Bedeutung haben. Wer sich unmißverständlich ausdrücken möchte, und das wollen wir wohl alle, sollte das schillernde *bis auf* lieber nicht verwenden.

dank, trotz

Aus *Dank sei seinem Eifer!* wurde *dank seinem Eifer*, der Dativ nach *dank* ist also die ursprüngliche Form. Aber auch der Genitiv *dank seines Eifers* gilt als richtig, denn Präpositionen, die aus Substantiven hervorgegangen sind, regieren sonst den Genitiv. Überhaupt gewinnt der sonst rückläufige Genitiv bei Präpositionen an Boden. *entsprechend, gemäß* und *nahe* werden zunehmend mit dem Genitiv verbunden, obgleich der Duden nur den Dativ gelten läßt.

dank

entsprechend
gemäß
nahe

Ähnliche Entwicklung zeigt *trotz*. Aus alten Wendungen wie *Trotz sei dem Ungewitter!* und *dem Ungewitter zum Trotz* erklärt sich der früher nach *trotz* allgemein übliche Dativ, der sich noch in *trotzdem, trotz allem* und *trotz alledem* gehalten hat. Heute hat der als vornehmer empfundene Genitiv den richtigen alten Dativ fast verdrängt. Man hält eine Verabredung nicht mehr *trotz dem schlechten Wetter*, sondern *trotz des schlechten Wetters* ein. Erich Kästner sagte bereits von dem Schriftsteller Kurt Tucholsky, der sich 1935 in der Emigration das Leben nahm, er sei ein übermütiger Mensch gewesen, „trotz dessen, was ihn bedrückte". Wahrscheinlich wird in hundert Jahren der Duden auch „trotzdessen" verzeichnen, aber noch ist der Ausdruck nicht anerkannt. Heute würde man vorziehen: *trotz allem, was ihn bedrückte*.

trotz

Auch früher nahmen sich große Geister das Recht, *trotz* mit dem Genitiv zu koppeln. So heißt es bei Lessing „trotz der grauen Haare", bei Goethe „trotz meines Unglaubens", bei Schiller „trotz alles Geschwätzes".

Noch ein Wort zur Verwendung von *dank*. Gebrauchen sollte man die Präposition nur, wenn man Grund zur Dankbarkeit hat: *dank seiner Tüchtigkeit*, aber nicht: „dank seiner Trägheit", es sei denn, man meint es ironisch:

dank

Dank seiner Trägheit wurde in dieser Angelegenheit nichts unternommen, also auch nichts Falsches.

durch / wegen / infolge / aufgrund

durch regiert den Akkusativ, die andern drei verlangen aufgrund ihrer Abstammung von Hauptwörtern den Genitiv; also nicht:

„Infolge Erhöhung des Wasserpreises und sonstigen Verteuerungen...",

sondern:

Infolge Erhöhung des Wasserpreises und *sonstiger* Verteuerungen...

wegen   Der Dativ nach *wegen* ist mundartlich, vor allem süddeutsch. *wegen* ist eigentlich der Dativ Plural von *Weg*, noch erkennbar an den alten Wendungen *von Rechts/Amts wegen*. ‚von' begann bereits im 14. Jahrhundert auszufallen, *wegen* mußte seine Funktion mit übernehmen, und so wurde aus mittelhochdeutsch „von mînen wegen" *meinetwegen* oder *wegen meiner*, „wegen mir" ist Umgangssprache. *wegen* kann vorangestellt werden:

> Sowohl wegen der längeren Arbeitszeit als auch wegen der höheren Kosten...;

aber die Nachstellung gilt als stilistisch besser:

> Sowohl der längeren Arbeitszeit als auch der höheren Kosten wegen...

Schwieriger ist etwas anderes. *durch, infolge, wegen* und *aufgrund* werden häufig verwechselt, weil sie alle mehr oder weniger die Verknüpfung von Ursache und Wirkung kennzeichnen.

durch   *durch* gibt das Mittel an, durch das etwas erreicht wird: *durch Sparen kommt man weiter, jemanden durch Gründe überzeugen*, aber nicht:

> „Durch eine lebhafte und längere Diskussion mußte das zweite Referat ausfallen",

sondern:

> *Wegen* (oder: *Infolge*) *einer längeren und lebhaften Diskussion...*

infolge   infolge gibt die Ursache an, der ein Geschehen folgt. Das von *infolge* abhängige Substantiv darf keine Person oder Sache bezeichnen, nur ein Ereignis:

> Infolge Todesfalls bleibt das Geschäft heute geschlossen.

Und natürlich darf man Folge und Ursache nicht verwechseln, wie das am 4. Juli 1872 dem Deutschen Reichsanzeiger passierte:

> In Folge der Mittheilung des Kaiserlich-Deutschen General-Consulats zu Warschau ist im Gouvernement Radom die Rinderpest ausgebrochen.

Erst die Mitteilung, dann die Pest? Ganz bestimmt nicht. Wir würden heute schreiben:

> Nach (= laut) Mitteilung des...

oder:

> Wie uns das Kaiserlich-Deutsche General-Consulat zu Warschau mitteilte...

aufgrund   *aufgrund* betont das Verhältnis von Ursache und Wirkung am stärksten: *verurteilt aufgrund von Indizien; aufgrund meiner Nachforschungen kam ich zu der Überzeugung, daß...* Aufpassen muß man natürlich. Als in den sechziger Jahren nach dem berüchtigten Überfall auf einen englischen Postzug – erinnern Sie sich an den Film „Die Gentlemen bitten zur Kasse"? – die Polizei noch nicht viel mehr entdeckt hatte als ein von den Posträubern bereits verlassenes Versteck, schrieb eine Zeitung:

> „Aufgrund der vorgefundenen Spuren haben verschiedene Bandenmitglieder dort einige Zeit verbracht."

Nein. Die Bandenmitglieder haben ihre Zeit nicht aufgrund der vorgefundenen Spuren verbracht, denn die Spuren sind nicht die Ursache für den Aufenthalt der Posträuber, sondern ein Indiz. Die Spuren sind jedoch die Ursache für die Annahme, daß sich die Banditen in dem Versteck aufgehalten haben. Folglich hätte es heißen müssen:

> Aufgrund der vorgefundenen Spuren ist anzunehmen, daß verschiedene Bandenmitglieder in dem Versteck einige Zeit verbracht haben.

Eine einfache Regel hilft uns, *durch, infolge, wegen* und *aufgrund* richtig anzuwenden.

> Kann man ‚wodurch?' fragen, ist *durch* richtig.
> Kann man ‚warum?' fragen, sind meistens *wegen* und *aufgrund* richtig. *infolge* steht nur dann, wenn eine zeitliche Folge herausgestellt werden soll.

Nehmen wir zum Einüben den Sachverhalt: es regnet stark, ein Fußballspiel muß abgesagt werden.

> „Durch den starken Regen muß das Spiel abgesagt werden"

ist falsch, denn wir fragen nicht ‚Wodurch?', sondern ‚Warum muß das Spiel abgesagt werden?'

> Infolge des starken Regens...

wäre möglich, doch besteht zwischen dem Regen und der Absage nicht so sehr eine zeitliche Abhängigkeit als eine ursächliche.

> Aufgrund des starken Regens...

wäre ebenfalls möglich, wenn *aufgrund* als Juristenwort nicht zu sehr nach Aktenstaub und Paragraphen röche. Für den Fußballplatz und viele andere Situationen im deutschen Sprachalltag eignet sich *wegen* am besten:

> Wegen des starken Regens... (Vgl. aber Seite 374.)

für

für ist unter den Verhältniswörtern Mädchen für alles. Es ist äußerst hilfsbereit, bietet sich überall an und springt auch an den Stellen ein, für die sich die andern Präpositionen zu schade dünken. So entstanden die wenig schönen Kurzbezeichnungen, an die wir uns schon lange gewöhnt haben,

für

wie *Amt für Statistik, Institut für theoretische Physik, Fabrik für moderne Möbel.* Ärzte sind nach deutschem Sprachgebrauch nicht für Kranke da, sondern für Krankheiten: *Facharzt für Hals-, Nasen- und Ohrenleiden.* Zur Herstellung unklarer Bezüge eignet sich *für* hervorragend, und uns Armen bleibt überlassen herauszufinden, was gemeint ist. „Vorschriften für elektrische explosionsgeschützte Betriebsmittel" – sollten das nicht Vorschriften für den Monteur oder Benutzer solcher Betriebsmittel sein? Ich glaubte immer, in *Vorschriften für, Regeln für, Richtlinien für, Anweisungen für* und *Rezepte für* bezöge sich das *für* auf denjenigen, der die Vorschriften, Regeln, Richtlinien und Anweisungen zu beachten hätte. Weit gefehlt! Heute sagt man: *Goldene Regeln für das Teekochen* (nicht: *Regeln des*), *Richtlinien für die Vergütung von Arbeitnehmererfindungen* (nicht: *Richtlinien über*). Selbst der Duden (Band 9) nannte sich in der ersten Auflage „Ratgeber für grammatische, stilistische und rechtschreibliche Schwierigkeiten der deutschen Sprache" – und ich hatte immer gedacht, er sei ein Ratgeber *in* oder *bei sprachlichen Zweifelsfällen für jedermann.* (Übrigens ist diese fragwürdige Formulierung seit der zweiten Auflage beseitigt; heute heißt Band 9 im Untertitel „Wörterbuch der sprachlichen Zweifelsfälle".) An der

Bedienungsanweisung für elektrische Temperaturregler

findet kein Elektro-Ingenieur etwas Anstößiges. Nur der Laie mit Sprachgefühl merkt, daß es sich nach den *Regeln der deutschen Sprache* (und nicht etwa nach den „Regeln für die deutsche Sprache") um eine

Anweisung zur Bedienung elektrischer Temperaturregler

handelt.

Weisen wir, wo es irgend geht, *für* in seine Schranken. *Achtung* hat man nicht für, sondern *vor* jemandem, *Zoll* wird nicht für, sondern *auf* eine Ware erhoben. „Für weitere Auskünfte wenden Sie sich bitte an..." heißt auf deutsch: *Wegen weiterer Auskünfte*... Und wer *für seine Schlagfertigkeit bekannt* oder gar *berühmt* ist, der ist deswegen noch lange nicht für sie *berüchtigt*, sondern allenfalls *wegen* „derselben".

gegen / gegenüber

gegen

Mißtrauen, Groll, Haß und *Feindschaft hegt man gegen* (nicht: zu), *freundliche Gefühle*, auch *Achtung* und *Bewunderung* dagegen *für* jemanden. *Freundlich, liebenswürdig* und *rücksichtsvoll* kann man nach Belieben *gegen seine* oder *zu seinen* Mitmenschen sein. – Im Neckarstadion kommt es nicht zu einer „Begegnung des VfB Stuttgart gegen Hertha BSC", sondern zu einer *Begegnung des einen Vereins mit dem andern. Gespielt* wird dann allerdings *gegeneinander*. Und weil *gegen* im Grunde immer die Vorstellung vom Gegeneinander auslöst, ist man längst dazu übergegangen, *gegen* durch *gegenüber* zu entschärfen: *sich gegenüber weiteren Angriffen schützen* (= sich gegen weitere Angriffe schützen). Aber *gegenüber* zur Modepräposition zu machen, das geht entschieden zu weit: *sich jemandem gegenüber verpflichtet fühlen* klingt nicht stärker und nicht überzeugender als *sich jemandem verpflichtet fühlen*, und wer sich *alten Menschen gegenüber freundlich* verhält, könnte genausogut *zu alten Leuten freundlich* sein.

zu

mit

gegenüber

hinter / nach

hinter bezeichnet die lokale Position, auch im übertragenen Sinne: *hinter dem Mond sein, jemandem hinter die Schliche kommen, es faustdick hinter den Ohren haben.* Weil manche Leute *hinter* törichterweise für unfein halten, weichen sie auf *nach* aus und drucken in ihrer Zeitschrift: *hinter*

> „Die Anzeigenseiten 2–22 befinden sich nach der Titelseite, die Anzeigenseiten 79–130 nach Textschluß."

Hier hätte es nur *hinter der Titelseite* und *hinter der letzten Textseite* heißen dürfen. *nach* bezeichnet meist ein zeitliches Später: *nach 15 Uhr, nach Annahmeschluß.* Es ist nur in wenigen Redewendungen mit *hinter* austauschbar: *Bitte nach / hinter Ihnen! Einer nach / hinter dem andern! Sie sind nach / hinter mir dran.* *nach*

in

in ist des Kaufmanns Lieblingspräposition. Kaufleute *handeln* in Süßwaren, statt *mit*, haben *Bedarf* in Deko-Stoffen, statt *an* und halten sich für äußerst leistungsfähig in Spirituosen und Sekt. Sie behaupten: „Wir sind in 7 Farben und Modellen sortiert", meinen damit aber nicht das Personal, sondern das Angebot. Wer nur Kunde ist, kauft nicht Anzüge in reiner Wolle, sondern einen Anzug *aus reiner Wolle.* *in*

aus

Typisch für das vielgeschmähte Kaufmannsdeutsch ist die Angewohnheit, Hauptwörter auf *-ung* mit *in* zu koppeln: *in Erledigung Ihres Auftrags, in Erwiderung Ihres Schreibens, in Erwägung Ihrer Gründe.* Möglich, daß hier englische Briefanfänge Pate standen: *in answer, in reply.* Moderne Korrespondenten vermeiden solche Floskeln. Daß dem Partner „in Erwiderung" seines Schreibens etwas mitgeteilt wird, braucht ihm nicht erst gesagt zu werden, er sieht es ja: aus dem Brief im allgemeinen und aus der Bezugszeichenzeile im besonderen.

Zur Rektion von *in*: Ein Mann fällt von einer Brücke in *dem* oder in *den* Kanal? In *dem* Kanal, denn es ist *da* tief. Er klettert heraus und fällt wieder, na, wohin? In *des* Kanals, denn es ist ja der zweite Fall. Verzeihung!

laut / nach

Als frischgebackener Diktant, so schrieb mir ein Leser, habe man's nicht leicht. Er diktierte: *nach unseren Unterlagen,* geschrieben wurde: *laut unseren Unterlagen,* mit Dativ statt mit Genitiv! Im übrigen scheine ihm *laut* nur dann angebracht, wenn es sich um Erwiesenes handelt, zum Beispiel *laut meiner Zahlungsbelege,* aber nicht *laut unserer Unterlagen.* *laut*
nach

Meine Antwort: *laut* ist aus mittelhochdeutsch *nach lût* (nach dem Wortlaut, dem Inhalt) entstanden. Deshalb kann man *laut* nur auf Geschriebenes, Gesprochenes oder Gedrucktes beziehen (*laut Gesetz*, aber nicht „laut Muster", „laut Abbildung", sondern *dem Muster / der Abbildung entsprechend*). Da mit Unterlagen im allgemeinen Schriftstücke gemeint sind, ist *laut Unterlagen* zulässig.

entsprechend

Wer *laut* nur auf Erwiesenes bezogen wissen möchte, geht wahrscheinlich von der Überlegung aus, daß *laut* artikellos und unflektiert am häufigsten mit Begriffen administrativen Inhalts wie *Anordnung, § 9* gekoppelt wird. Aber er grenzt zu stark ein: *laut Angabe des Beklagten* bezieht sich gewiß nicht auf Erwiesenes, ist aber eine vertretbare Formulierung. Doch darin stimmen wir überein: *nach* klingt viel natürlicher, es ist vorzuziehen.

Rektion

Zur Rektion: Der Duden weist *laut* als Präposition mit Genitiv aus *(laut ärztlichen Gutachtens)*, die zuweilen auch mit dem Dativ gekoppelt wird *(laut ärztlichem Gutachten)*. Da *laut* im Gebrauch der Präposition *nach* nahesteht, setzt sich der Dativ immer mehr durch. Das Wörterbuch der deutschen Gegenwartssprache machte *laut* bereits 1969 zu einer „Präposition mit Dativ (auch mit Genitiv)" und bringt als Beleg für den Dativ eine Stelle aus Gottfried Kellers „Grünem Heinrich" (1855): *Laut den polizeilichen Nachforschungen*... – Fazit:

> Grammatisch nicht falsch: *laut unseren Unterlagen*;
> grammatisch hyperkorrekt, veraltend: *laut unserer Unterlagen*;
> die zu empfehlende Form: *nach unseren Unterlagen*.

mit

mit / zu

Einen Vater mit drei Kindern kann sich jeder vorstellen, aber folgendes?

> „Stirbt ein Vater mit drei Kindern und ist die Mutter vorverstorben, erbt jedes Kind ein Drittel."

Das wäre unnötige Fürsorge eines sich durch „vorverstorben" verratenden Juristen, verstorbene Kinder erben nicht. Es hätte heißen müssen:

> Stirbt ein Vater *von* drei Kindern...

Oder was meinen Sie dazu?

> „Ein höchst aktuelles Buch, das man mit seinen fast 700 Seiten in einem Zuge lesen kann."

Ob man das Buch auch ohne seine fast 700 Seiten lesen könnte? Gemeint war natürlich

trotz

> ein Buch, das man *trotz* seiner fast 700 Seiten in einem Zuge lesen kann.

mit, eine der am häufigsten gebrauchten Präpositionen, geht oft Verbindungen ein, die nicht gerade nach Logik klingen. Aus einer Todesanzeige:

> Mit ihm verlieren wir einen bewährten Mitarbeiter und einen guten Freund.

an

Wer ist denn noch gestorben? könnte man fragen. Früher hätte man gesagt: *An ihm verlieren wir*... Merkwürdig, wie unbeliebt dieses alte *an* geworden ist. Oder:

> Mit Professor Schmittke verläßt uns ein hervorragender Pädagoge und großer Sohn unserer Stadt.

in

Sind das nun zwei oder gar drei, die ihren Wohnsitz wechseln? Nein, es zieht hier nur einer um, und das wäre deutlicher geworden, wenn es in der Abschiedsrede geheißen hätte: *In Professor Schmittke verläßt uns*...

Eine karierte Bluse ist zwar eine passende *Ergänzung zu* einem hellen Rock, nicht aber eine passende „Kombination zu ihm", die Kombination besteht vielmehr aus Rock und Bluse. Man *verbindet* oder *kombiniert* zwei Dinge *miteinander*, z. B. das Nützliche mit dem Angenehmen. Das ergibt dann die *Kombination* oder die *Verbindung* des einen *mit* dem andern. Trotzdem erstrebt man seit einigen Jahren nicht mehr die Verbindung mit irgendwelchen einflußreichen Leuten, sondern *zu*: zum Ministerium, zur Presse, zu führenden Unternehmen. Früher, als das Kontakten noch Elektrikersache war, wurde immer nur der *Kontakt* (= Berührung) *mit* etwas hergestellt; heute haben unsere Politiker lauter *Kontakte zu...* Vorbild dafür waren vermutlich die *Beziehungen*, die man *zu* irgendwelchen Bessergestellten haben sollte, um auch profitieren zu können. Verbal hält sich, das hat sich schon öfter gezeigt, die ursprüngliche, richtige Präposition besser: *verbunden mit – Verbindung mit/zu, verglichen mit – im Vergleich mit/zu*. Wir sagen heute nicht nur *im Gegensatz zu früher*, sondern auch *im Unterschied zu früher*, ehedem hieß es *zum Unterschied von früher*. Die Zeiten ändern sich, und wenn nicht alles täuscht, dann hat *zu* – neben *für* – die besten Chancen, Mode-Präposition unserer Jahrhunderthälfte zu werden.

mit

zu

über

Über etwas kann man lachen, weinen, klagen, auch schreiben, sprechen oder reden. Wer *über* eine Kollegin *redet*, verhält sich wahrscheinlich weniger kollegial, als wenn er *von* ihr *spräche*. Ein Winzer, der behauptet, er sei „stolz und zufrieden über die Qualität seines Weins", hätte eher Grund, *stolz auf* sie und *zufrieden mit* ihr zu sein.

über

um

„Der Bürgermeister war herausgekommen, um sich für das Wohl der Touristen zu kümmern."

um

Aus Scheu vor dem zweimaligen *um* auf *für* auszuweichen geht nicht an, in mundartfreiem Deutsch *kümmert man sich um* jemanden:

... um sich *um* das Wohl der Touristen zu kümmern.

Man *fragt um Rat, ruft um Hilfe, fleht um Gnade, bittet um Gehör, sorgt sich* oder *macht sich Sorgen um jemanden, grämt* oder *bemüht sich, bangt* oder *fürchtet um ihn*. Es scheint, als knüpfe *um* ein geheimnisvolles Band zwischen unserm tiefsten Innern und einem Objekt der Außenwelt; denn *um* wird hauptsächlich den mit Gemütswerten behafteten Verben zugeordnet. Die Verben der Verstandeskräfte erfordern andere Präpositionen: *nachdenken über, fragen nach, forschen nach, Kenntnis haben von, sich auskennen in/mit, urteilen über, Bescheid wissen über*. Das mag der Grund dafür sein, daß vielen der Ausdruck *wissen um* nicht behagt. Er wurde schon von Luther gebraucht, aber Karriere machte er erst im 20. Jahrhundert. Wer *um die Schwierigkeiten eines andern weiß*, der hat wohl etwas läuten hören, aber mehr als eine Ahnung ist es nicht. *Wissen um* drückt Anteilnahme aus, doch auf so wenig verpflichtende Art, daß man's dabei bewenden lassen kann. Erst wer *von den Schwierigkeiten des andern weiß* oder *über sie*

wissen um

Bescheid weiß, kann sich der Hilfe nicht so unverbindlich-elegant entziehen. Solange man sich *um jemanden sorgt*, ist dem Betreffenden nicht geholfen, erst wenn man *für ihn sorgt*, setzt Hilfe ein.

Entscheidung ist Verstandessache. *Entscheidungen* trifft, fällt man *über* etwas. Je mehr an der Entscheidungsfindung beteiligt sind, desto länger läßt bekanntlich die Entscheidung auf sich warten. Die Steuerreform ist schon sehr lange im Gespräch. Und wie überschreibt die FRANKFURTER ALLGEMEINE einen Artikel zu diesem Thema?

> Unnachgiebige Fronten im Bundestag bei der *Entscheidung um* die Steuerreform.

Entscheidung um – wenn das kein Indiz dafür ist, wie sehr die Kontroverse von Emotionen und wie wenig sie von der Ratio getragen wird.

von / durch / mit

von — Sie wurden *von uns* darüber informiert, daß...

durch — Sie wurden *durch uns* (und nicht durch andere) darüber informiert, daß...

Sie wurden *durch unseren Brief* vom 11. Mai darüber informiert, daß...

mit — Sie wurden *mit Schreiben* vom 11. Mai *durch uns / von uns* darüber informiert, daß...

Passiv — Alles ist grammatisch richtig – und weit davon entfernt, stilistisch gut zu sein. P a s s i v k o n s t r u k t i o n e n sind wirklich nur da angebracht, wo der Täter ganz hinter der Sache, dem Vorgang zurücktreten will, wo die Handlung wichtiger als der Handelnde ist. Hier aber macht der Handelnde ausdrücklich auf sich aufmerksam, mit *von* und noch deutlicher mit *durch*. Würde er aktiv formulieren:

> Unser Brief vom 11. Mai informierte Sie darüber, daß...,

dann brauchte er sich gar nicht erst den Kopf zu zerbrechen, wann beim Passiv *von*, *durch* oder *mit* gebraucht werden kann.

von — *von* ist die eigentliche Passivpräposition, sie bezieht sich gewöhnlich auf Personen.

aktiv	passiv
Am 7. September verließ er gegen 18 Uhr das Haus. Seitdem hat ihn niemand mehr gesehen.	...Seitdem wurde er *von* niemandem mehr gesehen.

durch — „durch niemanden mehr gesehen" kann man nicht sagen, *durch* ist nur richtig, wenn es das Mittel oder die vermittelnde, ausführende Person bezeichnet:

aktiv	passiv
Der stellvertretende Geschäftsführer überreichte ihm die Auszeichnung.	Die Auszeichnung wurde ihm *durch* den stellvertretenden Geschäftsführer überreicht.

Natürlich könnte man auch sagen: *vom stellvertretenden Geschäftsführer überreicht*; *von* ist die Passivpräposition mit der größeren Anwendungsbreite. *durch* ist spezifischer, hebt die ausführende Person deutlich als Mittelsperson hervor.

mit bezeichnet das Werkzeug, das Instrument; es ist austauschbar mit *durch* in den Fällen, in denen *durch* ein sachliches Mittel anschließt: *mit*

    Computickets sind *durch / mit Computer* gedruckte Einlaßkarten.

Wenn man auch hören kann, daß solche Tickets *vom* Computer gedruckt werden, dann wohl deshalb, weil wir uns angewöhnt haben, den Computer zu personifizieren. Briefe können heute *von, durch, mit* (auch *auf*) Automaten geschrieben werden – gerade so, als wären Textautomaten selbständige Wesen, die arbeiten können, ohne vorher von Menschen instruiert worden zu sein.

zufolge / nach

Bei Nachstellung regiert *zufolge* den Dativ: *seinem Ersuchen zufolge*, sonst den Genitiv: *zufolge seines Ersuchens*.   *zufolge*

zufolge weist wie *infolge* auf Zurückliegendes, das Grund oder Ursache für ein daraus folgendes Geschehen ist. Es sollte deshalb nicht verwendet werden, wenn keine ursächliche Verknüpfung vorliegt. Nicht:

    „Dem Wetterbericht zufolge hat es in Süddeutschland stark geschneit",

sondern:

    Nach dem Wetterbericht (oder: *laut Wetterbericht*) hat es in Süd-   *nach*
    deutschland stark geschneit.

Richtig ist aber:

    Dem Wetterbericht zufolge müssen wir in Süddeutschland mit weiteren starken Schneefällen rechnen.

Hier ist der Wetterbericht nicht als Ursache für weitere Schneefälle genannt, sondern als Grund für unsere Annahme, daß es weiterhin schneien wird.

zwischen / unter

Was *zwischen* ist, merkt der am besten, der sich zwischen zwei Stühle setzt.   *zwischen*
zwischen kennzeichnet die Lücke, die zwischen z w e i Dingen klafft. Im

unter   Grunde wählt man nicht zwischen zwei Übeln, sondern von zwei Übeln das kleinere. Man hat auch nicht die Wahl zwischen verschiedenen Möglichkeiten, sondern *unter verschiedenen Möglichkeiten*. Das bei jungen Damen beliebte Twinset ist nicht eine „Kombination zwischen", sondern eine *Kombination von Jacke und Pullover*. – Eine „Übereinstimmung zwischen den Ansichten von CDU und SPD" ist ein Ding der Unmöglichkeit. Eine *Übereinstimmung in den Ansichten von CDU und SPD* oder – ohne Präposition und mit Genitiv – *Übereinstimmung der Ansichten von CDU und SPD* ist zwar auch wenig wahrscheinlich, aber grammatisch richtig.

zwecks

„Amerikanischer Offizier ... sucht intelligentes Mädchen passenden Alters zwecks kulturellem Austausch sowie Freizeitgestaltung."

zwecks   Nein, mein Herr, *zwecks* regiert den Genitiv. Intelligente Mädchen dürften übrigens wissen, daß sich hinter *zwecks* entweder ein Heiratsinstitut verbirgt oder ein Geizhals – und ob das für Freundschaft oder Ehe eine gute Voraussetzung wäre? Wer der deutschen Sprache nicht Gewalt antun will, kann nicht „zwecks Heirat" inserieren. Er sollte sich die Sache ein paar Worte mehr kosten lassen.

„Infolge von durch stilistische Erwägungen nicht zu erschütternder Unbekümmertheit..."

gelingen manchen Leuten Formulierungen wie die:

Häufung von Präpositionen

Mitbesitz *an über* ganz Europa verteilten Liegenschaften;
die Titel *von für* Geschenkzwecke geeigneten Büchern;
im Zusammenhang *mit von* diesem Teil des Gesetzes erfaßten Schadensfällen...

Partizipialkonstruktion

Solche Partizipialkonstruktionen sind zwar kurz, aber alles andere als gut; die ineinandergeschachtelten Fügungen erschweren das Verständnis. Leichter zu verstehen als ein Satz, in dem zwei Präpositionen aufeinanderstoßen, ist einer, in dem die beiden wenigstens durch den Artikel getrennt sind. Für

Der Engländer findet nichts dabei, zwei Präpositionen hintereinanderzustellen:
from behind the corner = ‚von hinter der Straßenecke'.

Wegen im nächsten Jahr eintretender Belastungen

sagt man deutlicher

Wegen der im nächsten Jahr eintretenden Belastungen...

Relativsatz   Besser aber, wir machen aus dem zwischengequetschten Attribut einen Relativsatz:

Mitbesitz an Liegenschaften, *die über ganz Europa verteilt sind*; die Titel von Büchern, *die sich zum Verschenken eignen*; im Zusammenhang mit Schadensfällen, *die von diesem Teil des Gesetzes erfaßt sind*...

Die „mittels durch die Post versendeter Fragebogen durchgeführten Befragungen" sind auf deutsch *Befragungen, zu denen die Post die Fragebogen verschickt hat.*

Sätze mit zwei aufeinanderfolgenden Präpositionen verführen zum Fehlermachen. Davon konnte sich jeder Bundesbürger überzeugen, der ein „Devisenausländerkonto" in der DDR besaß. Als er im Sommer 1990 die Umstellung auf D-Mark beantragte, mußte er auf einem vorgedruckten Formular versichern,

> „daß die zur Umstellung angemeldeten Guthaben weder unmittelbar noch mittelbar durch Einzahlung von auf Mark der DDR *lautende* Banknoten oder Münzen begründet wurden, die unter Verstoß gegen die Devisenvorschriften der DDR in deren Gebiet eingeführt oder erworben wurden."

Rektion
von

Und was hätte er in korrektem Deutsch versichern müssen? Daß die Guthaben nicht durch Einzahlung *von auf Mark der DDR lauten<u>den</u> Banknoten oder Münzen* entstanden sind; denn *von* verlangt den Dativ: *von ... lautenden Banknoten.* Bei weniger gespreizter Ausdrucksweise wäre der Fehler gar nicht erst aufgetaucht:

> ... daß die zur Umstellung angemeldeten Guthaben weder unmittelbar noch mittelbar durch Einzahlung von DDR-Banknoten oder -Münzen begründet wurden, die entgegen den DDR-Devisenvorschriften eingeführt oder erworben worden waren.

Wer amtliches Deutsch in normales Deutsch umwandeln will, muß aufpassen, daß er den Inhalt nicht verschiebt. Hier eine Stelle aus einem Gesetzentwurf:

> Die Sätze 2 bis 4 gelten auch, soweit es sich um Leistungen handelt, die für Schäden gewährt werden, die *durch vor* dem 1. Januar erfolgte Impfungen verursacht worden sind.

Zwei Präpositionen nebeneinander – das ist nicht nur ein Merkmal der Verwaltungssprache, das ist auch typisch für die Umgangssprache: So manch einer hätte gern die blühende Heide in Öl „für über die Couch".

Daraus wurde nach redaktioneller Bearbeitung:

> Die Sätze 2 bis 4 gelten auch, soweit Leistungen für Schäden gewährt werden, die durch Impfungen vor dem 1. Januar verursacht worden sind.

Aus dem stark gerafften Satz geht nicht mehr deutlich hervor, wozu die Zeitbestimmung *vor dem 1. Januar* gehört, zu *Impfungen* oder zu *verursacht worden sind.* Doch ausnahmsweise spielt das hier keine Rolle: die Impfung ist die Verursachung, beides fällt in die Zeit vor dem 1. Januar.

Testbogen 27

1 Die Fügung „vom 1. November ab" ist falsch, und warum?

Kontamination

[1] Weil sie eine Verquickung der beiden Ausdrücke *vom 1. November an* und *ab 1. November* ist.

2 Bei einer Diskussion zwischen Ost- und Westdeutschen sagte jemand, es gelte, den Kreis abzustecken, „innerhalb dem man sich verständigen kann". Welchen Fall verlangt *innerhalb*?

innerhalb

[2] Den Genitiv: *der Kreis, innerhalb* d e s s e n *man sich verständigen kann*.

3 Bei J. Pfeiffer, München, erschien die Übersetzung des Romans „Sommer in Sossnjaki" von Anatolij Rybakow. Eine bekannte Tageszeitung schrieb dazu in ihrer Rezension: „Der Roman spielt 1956 in einem sowjetischen Chemiekombinat nach der großen Rehabilitierungswelle. Der alte Ingenieur begeht Selbstmord: er hatte 1937, *selber durch seinen erschossenen Vater gefährdet*, sich Aussagen abpressen lassen, die zur Erschießung des Werkdirektors führten." Durch einen Erschossenen kann niemand mehr gefährdet sein; korrekter wäre: ... *selber durch die Tatsache, daß sein Vater erschossen worden war, gefährdet* ... Hätte hier statt ‚durch' auch *wegen*, *aufgrund* oder *infolge* stehen können?

durch
wegen
aufgrund
infolge

[3] J a , alle vier Präpositionen wären möglich. Wodurch war der alte Ingenieur gefährdet? *Dadurch*, daß sein Vater erschossen worden war. Warum war er gefährdet? *Aufgrund der Tatsache*, daß sein Vater erschossen worden war; *infolge der Erschießung seines Vaters*. *wegen der Erschießung seines Vaters* wäre grammatisch auch richtig, ist aber in diesem Zusammenhang beinahe nicht ausdrucksstark genug.

4 Wenn ein Berliner auf dem Münchner Hauptbahnhof ankommt und mit der Linie 21 weiterfahren will zum Arabella-Hochhaus, wird er sich über den Fahrplan wundern. Nicht über die Fahrzeiten, über die Zeitangabe *montags mit freitags*. Was gemeint ist, versteht er schon, aber er würde das ein bißchen anders ausdrücken. Wie?

bis / mit

[4] *montags* b i s *freitags*.

mit für ‚bis einschließlich' ist süd-, nicht hochdeutsch.

5 Die Hühner fühlten sich plötzlich verpflichtet,/ statt Eiern Apfeltörtchen zu legen./ Die Sache zerschlug sich. Und zwar weswegen?/ Das Huhn ist auf Eier eingerichtet. / (So wurde schon manche Idee vernichtet.)

statt Eiern? Sollte Erich Kästner (1899–1974) vergessen haben, daß *statt* den Genitiv regiert?

|5| Bestimmt nicht. Er brauchte das Dativ-‚n' als Gleitlaut, und außerdem hat heute kein Grammatiker etwas gegen den Dativ nach *statt*, wenn der Genitiv formal nicht kenntlich ist.

statt

Den Nominativ darf man dagegen nicht setzen, also z. B. nicht in einer Anzeige ein Lackiergerät anbieten mit dem Hinweis: „Statt normaler Verkaufspreis von 269,50 DM vorübergehend nur 189,50 DM"; hier hätte es heißen müssen: *Statt (unseres) normalen Verkaufspreises* von ...

|6| Vor Freude, Schreck, Wut kann man *außer sich* geraten. Dem *außer sich* merkt man nicht an, ob *sich* Dativ oder Akkusativ ist. Gerate ich, wenn ich zornig bin, außer mir oder außer mich?

außer

|6| Beides gilt als richtig.

|7| Zum Abschluß eine Aufgabe: Setzen Sie bitte da, wo der Text Löcher hat, die richtigen Präpositionen ein. Wenn Sie schwanken, ob *an, durch, für, über* oder ein anderes Verhältniswort richtig ist, geben Sie bitte mehrere an, das Ihrer Meinung nach üblichste dabei als erstes.

a) Das Angebot ... Gemüse ist gering. – Sie finden bei uns ein reichhaltiges Angebot ... Elektrogeräten. – Wir bitten Sie um Ihr Angebot ... die Lieferung von 3000 Tauchsiedern. – Das günstigste Angebot ... die Ausschreibung kam von einer süddeutschen Firma.

b) Wir erteilen Ihnen einen Auftrag ... Lieferung von 30 Kühltruhen. – Wir erteilen Ihnen einen Auftrag ... 30 Kühltruhen.

c) Wir erhielten eine Bestellung ... 10 Tonnen Zement. – Wir danken Ihnen für Ihre Bestellung ... 3000 Liter Heizöl. – Bestellungen ... Büromaterial sind an den Einkauf zu richten.

|7| So ist's richtig:

a) Das Angebot *an* Gemüse ist gering. – Sie finden bei uns ein reichhaltiges Angebot *an* Elektrogeräten. (Die Dudenredaktion läßt im Duden-Taschenbuch 14 auch die Formulierungen *Angebot von Gemüse, Angebot in Elektrogeräten* gelten. Ich halte *Angebot an Gemüse/ Elektrogeräten* für gutes Deutsch, *Angebot in Gemüse/ Elektrogeräten* für Branchenjargon und *Angebot von Gemüse/ Elektrogeräten* für weniger gebräuchlich und weniger empfehlenswert.) – Wir bitten Sie um Ihr *Angebot für die/ über die (zur) Lieferung* von 3000 Tauchsiedern. – Das günstigste *Angebot auf die Ausschreibung* kam von einer süddeutschen Firma.

an

von

in

für
über
auf

b) Wir erteilen Ihnen einen *Auftrag zur Lieferung* von 30 Kühltruhen. – Wir erteilen Ihnen einen *Auftrag über 30 Kühltruhen*. (*Auftrag auf Lieferung/ auf Kühltruhen* ist Kaufmannsdeutsch.)

zu

c) Wir erhielten eine *Bestellung über* 10 t Zement. – Wir danken Ihnen für Ihre *Bestellung über/ von* 3000 Liter Heizöl. – *Bestellungen von/ für Büromaterial* sind an den Einkauf zu richten.

Das Bindewort

Der Kitt im Satz

Konjunktionen: ihre Wirkung, ihre Funktion

Jedes Stilmittel nutzt sich durch allzu häufigen Gebrauch ab – sollte man meinen. Noch immer aber fabrizieren viele Werbeleute Anzeigentexte wie den:

> Ein besonderer Mantel. Jung und keck. Mit dem neuen tiefgezogenen (und pelzbesetzten) Reverskragen. – Aber das ist nur die eine Seite dieses außergewöhnlichen Mantels. Er hat noch zwei andere. Und die sind tatsächlich exklusiv. – Eine mollig-warme Innenseite aus hellem Borgana. Die verbirgt man. Und eine hochmodische Außenseite aus sandfarbenem Whipcord. Die sieht man. Wirklich, ein nicht alltäglicher Mantel – aber nur einer von vielen exquisiten bei ...

Die Mode der Cordmäntel mit Pelzkragen ist vergangen, die Mode, im Asthmastil zu werben, noch nicht. Wenn sich in der Sprache eine Stilrichtung als zählebig erweist, so legt das den Verdacht nahe, daß wir es mit mehr als einer bloßen Modetorheit zu tun haben.

Konjunktion

Was ist für solche Anzeigentexte charakteristisch? Hauptsatz wird an Hauptsatz gereiht. Punkt. Satzbruchstück an Satzbruchstück. Punkt. Keine Überordnung. Punkt. Gedankenstrich. Keine Unterordnung. Punkt. Hauptsache überzeugend. Punkt. Und keine Begründung. Punkt. Dem Text fehlt nicht nur jede relativische Verknüpfung, es fehlen auch all die kleinen Wörter, die Sätze und Satzglieder über- und unterordnend miteinander verbinden und die die Grammatik deshalb B i n d e w ö r t e r oder K o n j u n k t i o n e n (von lateinisch *conjunctio* = Verbindung) nennt. Sonst hätte sich der Anzeigentext etwa so ausgenommen:

> *Wie* Sie sehen, ist dies ein besonderer Mantel. Er wirkt jung und keck, *weil* der neue Reverskragen tiefgezogen und mit Pelz besetzt ist. *Obgleich* das die hervorstechende Seite dieses außergewöhnlichen Mantels ist, *so* hat er doch noch zwei andere, *und* die sind tatsächlich exklusiv: *sowohl* eine mollig warme Innenseite aus hellem Borgana, die man verbirgt, *als auch* eine hochmodische Außenseite aus sandfarbenem Whipcord, die man sieht. *Daß* dies wirklich nicht ein alltäglicher, *sondern* ein exquisiter Mantel ist – allerdings einer von vielen exquisiten –, das werden Sie merken, *wenn* Sie uns besuchen.

Hoffentlich halten Sie den Text jetzt, wo er mit Bindewörtern ausstaffiert ist, nicht etwa für besser. Werbetexter wissen schon, weshalb sie Konjunktionen meiden. Daß durch Bindewörter die Sätze zwangsläufig länger und zuweilen auch langatmiger werden, ist nicht einmal das schlimmste; so ungeschult, nicht auch einen längeren Satz auffassen zu können, sind die wenigsten. Nein, verhängnisvoller ist etwas anderes. Bindewörter verbinden nicht nur, sie machen den Text auch verbindlicher, sie machen Konzessionen: *wenngleich, wenn auch, obschon, obgleich, obzwar*, sie stellen Bedingungen: *außer wenn, falls, sofern, wenn, wofern*, sie vergleichen: *wie, als, als ob, als wenn* und nennen gar den Grund: *da, weil, zumal*. Wer aber in der Werbung mit Zugeständnissen und Gründen aufwarten wollte, begibt sich auf gefährliche Bahn. Eine Begründung wie

> ‚Der Mantel wirkt jung und keck, weil er einen tiefgezogenen Pelzkragen hat'

wäre werbepsychologisch ungeschickt: Wie, sollte in diesem Detail der ganze Schick des Mantels liegen? Eine unzureichende oder nicht ganz stichhaltige Begründung reizt eher zum Widerspruch als eine Behauptung, die im Brustton der Überzeugung vorgetragen wird:

> ‚Ein besonderer Mantel. Jung und keck. Mit dem neuen tiefgezogenen Reverskragen.'

Wer verkaufen will, darf keine Zweifel säen, sonst erntet er Kritik. Daher wird Behauptung an Behauptung gereiht – ob das, was man behauptet, stimmt, ist halb so wichtig. Daher auch ein Stil, der so gut wie keine nuancierenden Konjunktionen kennt, höchstens das gegensätzliche *aber* und das vielleicht bescheidenste Wort unserer Sprache, *und*, dessen Aufgabe lediglich darin besteht, zwei Dinge auf primitivste Art, additiv, miteinander zu verknüpfen.

und

Jeder Schulbub weiß, daß *und* am Satzanfang nichts zu suchen hat, jeder stilsichere Erwachsene, daß Quartanerregeln nicht fürs ganze Leben gelten müssen – doch nur ein Könner darf es wagen, hier und da die Schranken zu durchbrechen, in die ihn die Grammatik zwingt. Innerhalb weniger Zeilen zweimal „Punkt Und" – das ist nichts als Effekthascherei. Werbung, die nur in Effekten spricht, verfehlt ihre Wirkung auf sprachlich differenzierende Konsumenten. Vielleicht hätte man besser so formulieren sollen:

Was sich mit „und" anstellen läßt, finden Sie auf Seite 532.

> Ein besonderer Mantel. Jung und keck wirkt der tiefgezogene, pelzbesetzte Reverskragen. Aber das ist nur die eine Seite – dieser außergewöhnliche Mantel hat noch zwei andere, und die sind wahrhaft exklusiv: eine mollig warme, den Blicken verborgene Innenseite aus hellem Borgana und eine hochmodische Außenseite aus sandfarbenem Whipcord. Wirklich, ein nicht alltäglicher Mantel – aber nur einer von vielen exquisiten bei...

Werbetexter scheuen unterordnende Konjunktionen sozusagen von Berufs wegen, wir „sprachlichen Normalverbraucher" aus Bequemlichkeit. Vielleicht ist auch nur unser schlechtes Gedächtnis schuld. In energischen *daß*-Sätzen ist jedermann mehr als produktiv, die zögernden *wenn*-Sätze gehen nicht weniger leicht von der Hand. Wie wär's, wenn wir uns stärker kontrol-

daß

lierten und uns daran erinnerten, daß unsere Sprache auch noch andere Bindewörter hat? (Verzeihung, schon wieder *wenn* und das unvermeidliche *daß*!) *daß* hat unter den Konjunktionen keinen Stellvertreter, für bedingendes *wenn* aber (z. B. in: *Wenn er mich rufen läßt...*) bieten sich zur Abwechslung an:

wenn

Falls er mich rufen läßt, komme ich.

Sollte er mich rufen lassen, komme ich.

Gesetzt den Fall (angenommen, vorausgesetzt), er ließe mich rufen, so käme ich.

Ich komme, *sofern er mich rufen läßt*.

Er müßte mich rufen lassen, dann käme ich.

Er müßte mich rufen lassen, sonst (andernfalls) würde ich nicht kommen.

Ich komme nicht, *es sei denn, er ließe mich rufen*.

Stellung der Konjunktionen

aber

Die Beispiele lassen gleichzeitig erkennen, wie flexibel die Wortstellung im Deutschen ist. Manche Konjunktionen haben ihren festen Platz im Satzverband, andere können ihre Stellung wechseln. Stilistisch ist es keineswegs gleich, ob *aber* an der Spitze eines Satzes steht oder nachgestellt wird.

Peter behauptet *aber*, er habe nichts gesehen.

Aber Peter behauptet, ... Peter *aber* behauptet, ...

Hören Sie heraus, wie im dritten Beispiel *aber* durch seine Stellung hinter dem Subjekt diesem besonderes Gewicht verleiht?

und

Die kürzeste Verbindung zweier Punkte ist die Gerade, die kürzeste Verbindung zweier Wörter nicht das Bindewort *und*, sondern der ehemalige Schrägstrich, aus dem sich unser Komma entwickelt hat. Die Auslassung des *und* ist ein seit Jahrtausenden bewährtes Stilmittel, von Cäsars selbstbewußtem

‚Ich kam, ich sah, ich siegte'

über Schillers

‚Alles rennet, rettet, flüchtet'

bis zur modernen Filmkritik:

‚Nirgends wird der Spott *These, Anklage, Tendenz*' (über die Verfilmung von Evelyn Waughs Satire „Tod in Hollywood").

Asyndeton

A s y n d e t o n nennt man die Stilfigur, das „Unverbundene" (aus griechisch *a + syn + deein* = nicht + zusammen + binden). Aber auch dieses Stilmittel der Ausdruckssteigerung ist sparsam anzuwenden, in der Alltagspraxis wird das letzte Glied einer Aufzählung besser mit *und* angeschlossen.

Inversion
und

Daran, daß nach *und* keine Inversion eintritt, vielmehr die normale Wortfolge erhalten bleibt, brauchen heute sogar Kaufleute, sofern sie unter fünfzig sind, nicht mehr erinnert zu werden. Der Schlußsatz aus Tante Emiliens Brief

> „Wir gehen jetzt zu Tisch und können Eure lieben Kinder gleich mitessen"

geistert nur noch als Abschreckungsbeispiel durch Sprachlehren älteren Datums.

Eine Aufforderung wie   **Imperativ**

> „Sei so gut und mach die Tür zu"

wird von manchen Sprachpflegern aufs heftigste befehdet, mit der Begründung, der Sprecher richte nicht zwei durch *und* zu verbindende Bitten an den Hörer, sondern bausche eine zu einem Scheindoppel auf. Richtig sei nur der Infinitiv: **Infinitiv**

> *Sei so gut, die Tür zuzumachen* (oder: *zu schließen*).

Gewiß, wer so argumentiert, hat das Recht auf seiner Seite – nicht aber den guten Geschmack. Wieviel frischer und natürlicher klingt doch die falsche Verknüpfung durch *und*! Wer freilich steif beginnt mit „Haben Sie die Güte...", der muß selbstverständlich einen Infinitiv anschließen. Haben Sie, verehrter Leser, bitte nicht die Güte, sich diese stilistische Feinheit einprägen zu wollen, aber seien Sie so gut und merken Sie sich das.

und durch *wie* oder *sowie* zu ersetzen, wenn nur zwei Dinge miteinander   *sowie*
verbunden werden sollen, ist unnötig. Ratsam ist *sowie* nur, wo es eine Wiederholung des *und* vermeiden hilft:

> Verzeichnet sind wissenschaftliche *und* technische Werke *sowie* populärwissenschaftliche Darstellungen *und* schöngeistige Literatur.

Für das letzte *und* hätte nicht *als auch* stehen dürfen, denn *als auch* gehört   *als auch*
zu *sowohl*, nicht zu *sowie*. Teils aus Nachlässigkeit, teils aus dem Wunsch, im Ausdruck zu wechseln, hat mancher Schreiber es sich angewöhnt, unter mehrgliedrigen Konjunktionen die falschen Partner zu verkuppeln.

nicht		**sondern**		**mehrgliedrige**
einesteils	– zum andern	einesteils	– andernteils	**Konjunktionen**
sei es	– oder	sei es	– sei es	
weder	– oder	weder	– noch	
sowohl	– auch	sowohl	– als auch / wie auch	
um so eher	– wenn	um so eher	– als	
insofern	– daß	insofern	– als	

Allerdings muß nicht unbedingt auf jedes *nicht* ein *sondern* folgen, ohne   *nicht*
sondern tritt der Gegensatz krasser, nachdrücklicher hervor: *sondern*

> *Nicht* Sie möchte ich sprechen, Ihren Chef!
> *Nicht nur* Sie möchte ich sprechen, *auch* Ihren Chef!

einerseits
ander(er)seits

Und wie ist das heute mit *einerseits – ander(er)seits*? Fest verheiratet sind die beiden nicht mehr. Aus einer Buchbesprechung:

> Besonders geeignet ist das Buch für den reiferen Benutzer, der sich kaum noch einem Volkshochschulkurs anschließen kann. *Andererseits* kann dieses Buch, einmal im Haus, der ganzen Familie neue Impulse geben.

Daß *ander(er)seits* immer häufiger ohne sein Gespons *einerseits* auftritt, ist typisch für die Sprache unserer Zeit: Mehrgliedrige Präpositionen sind unbeliebt. Zu Recht, sie machen den Stil schwerfällig. Wir sind auch wirklich nicht auf sie angewiesen. Moderner und deutlicher als umständliches *sowohl – als auch / wie auch* oder langatmiges *weder – noch – noch* wirkt eine Aufzählung immer mit *erstens, zweitens, drittens*.

Wer von den stilistischen Möglichkeiten, die ihm die Konjunktionen bieten, Gebrauch zu machen weiß, ist kein Anfänger mehr. Doch sollte man alle den Ausdruck steigernden Mittel fein dosiert anwenden – und grammatisch richtig obendrein. Deshalb hier ein Abschnitt, der Zweifelsfälle beim Gebrauch verschiedener Konjunktionen klären helfen soll.

Vom richtigen Umgang mit schwierigen Konjunktionen

beziehungsweise

beziehungsweise

Darf man sagen, daß *beziehungsweise* – 1755 aus *respektive* eingedeutscht – zu den unerfreulichsten *bzw.* überflüssigsten Wörtern der deutschen Sprache gehört? Oder haben diejenigen recht, die so argumentieren: „Wenn der Selbstbedienungshandel schreibt:

> Wir führen Lebensmittel und Industrieerzeugnisse. Auf allen Waren ist der Preis angegeben. 7 *bzw.* 14% Mehrwertsteuer kommen hinzu –

und
oder

dann sagt *bzw.* nun einmal, daß einer bestimmten Warengruppe ein bestimmter Prozentsatz zuzuordnen ist. *und* summiert und kommt nicht in Betracht, *oder* bedeutet beliebige Zuordnung und paßt deshalb ebenfalls nicht."

Zweifellos macht *beziehungsweise* in dem angeführten Beispiel besser als *und* oder *oder* deutlich, daß einer bestimmten Warengruppe ein bestimmter Prozentsatz zuzuordnen ist, aber es sagt nicht exakt, welcher Prozentsatz zu welcher Gruppe gehört. Eindeutigkeit erreichen wir nur unter Verzicht auf *beziehungsweise*:

> ... ist der Preis angegeben. Bei Lebensmitteln kommen 7%, bei Industrieerzeugnissen und Genußmitteln 14% Mehrwertsteuer hinzu.

Doch *beziehungsweise* hat nicht nur die Funktion, Zahlenverhältnisse zu verunklaren, es ist auch eine Satzbaufehler-Verschleierungspartikel:

Die Hundeverdauung *bzw.* die Frage nach dem, was sich als Endprodukt auf den Straßen und Plätzen niederschlägt...

Hier könnte für *bzw.* auch *(oder) vielmehr, genauer, besser gesagt* oder *ich meine* stehen, es wäre deutlicher.

Ergo: Streichen Sie das immer etwas nach Aktenstaub riechende *beziehungsweise* aus Ihrem Wortschatz, es ist entbehrlich.

bis

„Für den Begriff *bis* geht dem Österreicher jedes Gefühl ab", schrieb Karl Kraus im Jahre 1921, und bis heute scheint sich daran nicht viel geändert zu haben, zumindest nicht in der österreichischen Umgangssprache: „Die Großmutter wird zanken, bis du nach Hause kommst!" – also nur so lange und dann nicht mehr? möchte man fortfahren. Die Eigenart, für *wenn* und *sobald* fälschlich *bis* zu setzen, ist auf Österreich beschränkt, aber sie gilt auch dort nicht als korrekt.

da / weil

Beide Bindewörter begründen, aber mit unterschiedlicher Intensität. *da* ist leichter, eleganter und weniger nachdrücklich. Es gibt mehr die Begleitumstände an, steht für etwas, was als bekannt vorausgesetzt werden kann:

> *Da* oft ein Unglück das andere nach sich zieht...
> *Da* die Erinnerung bekanntlich vergoldet...
> *Da* er keine Zeit habe, sagte er, so könne er eben nicht kommen.

Aber nicht:

> „Da heute Sonntag ist, gibt's Schweinebraten mit Rotkohl."

Zwar ist der Umstand, daß Sonntag ist, nichts, was nicht als allgemein bekannt vorauszusetzen wäre, aber in der unmittelbaren Nachbarschaft von Schweinebraten mit Rotkohl wirkt *da* ein wenig deplaciert, es gehört mehr dem Schriftdeutsch als der Alltagssprache an. Gutbürgerliche Hausmannskost verträgt sich besser mit dem biederen, schwerfälligen *weil*, das im Schriftlichen eigentlich nur dann verwendet wird, wenn mit Nachdruck ein nicht allgemein bekannter Sachverhalt begründet werden soll:

> Herr Dr. X kann Ihnen leider nicht persönlich schreiben, *weil* er sich zur Zeit im Ausland aufhält.

Der unterschiedliche Ausdruckswert der beiden Konjunktionen zeigt sich auch darin, daß *da* im allgemeinen den verbindlicheren, weniger wichtigen Vordersatz, *weil* aber den weitaus gewichtigeren Nachsatz einleitet – sofern man es nicht vorzieht, sich die Kausalverknüpfung ganz zu schenken, und einfach zwei Hauptsätze aneinanderhängt:

> Herr Dr. X kann Ihnen leider nicht persönlich schreiben, er hält sich zur Zeit im Ausland auf.

Progressive Linguisten urteilen großzügiger; sie meinen, die heute von Jüngeren bevorzugte Wortstellung „weil ich habe leider keine Zeit" gelte nicht etwa deshalb als schlecht, weil sie schlechter zu verstehen wäre, sondern nur, „weil bisher es war immer anders".

Wer aber diese Hauptsatz-Hauptsatz-Mode nicht mitmacht und an der *weil*-Verknüpfung festhält, sollte nicht vergessen, daß *weil* anders als *denn* Nebensätze einleitet:

> Weil es wird immer jemanden geben, der Haupt- und Nebensatz nicht unterscheiden kann ...

heißt in korrektem Deutsch:

> *Weil es immer jemanden geben wird*, der Haupt- und Nebensatz nicht unterscheiden kann ...

und könnte so fortgesetzt werden:

> ... hier noch einmal die wichtigsten Kriterien:

 Ein Hauptsatz ist ein selbständiger Satz, ein Nebensatz ein abhängiger, untergeordneter Satz. Koordinierende Konjunktionen (vgl. Seite 665) leiten Hauptsätze ein, subordinierende Nebensätze.

dann / denn; wann / wenn

denn
dann

Die begründende Konjunktion *denn* für das Temporaladverb *dann* zu setzen ist eine norddeutsche Spezialität:

> „Na, denn man zu!" – „Denn läßt du's eben bleiben!"

denn

Dieser falsche Gebrauch von *denn* ist nicht auf die Umgangssprache beschränkt – nein, *wenn* man schon beim Fehlermachen ist, *dann* auch gründlich: *Wenn schon, denn schon!* (Das richtige ‚Wenn schon, dann schon!' reimt sich nicht.) Fehler kommen nicht von ungefähr, und die Verwechslung von *denn* und *dann* hat ihren Grund darin, daß *denn* früher unter anderem auch die Bedeutung von ‚dann' hatte. Daran erinnert noch die in Nord- und Mitteldeutschland gebräuchliche Partikel *denn*, die selbst keinen Sinn trägt, aber einen unbekümmerten, belebenden Ton in die Unterhaltung bringt:

> „Wie heißt denn du?" – „Haben Sie denn das nicht gewußt?"

wenn
wann

Nicht auf Norddeutschland begrenzt ist die Unsicherheit beim Gebrauch von *wenn* und *wann*. Nehmen wir an, Meister Krause braucht dringend bestimmte Kunststoffprofile. Was muß er jetzt seinem Lieferanten schreiben?

> a) Benachrichtigen Sie mich bitte sofort, *wenn* die Kunststoffprofile lieferbar sind.
> b) ... *wann* die Profile lieferbar sind.

Beides wäre möglich, nur ergibt sich jeweils ein anderer Sinn. a) bedeutet: Sollten Sie die Profile nicht auf Lager haben, brauchen Sie mich gar nicht erst zu benachrichtigen. Da ich die Profile dringend brauche, müßte ich mich nach einem andern Lieferanten umsehen. b) bedeutet: Ich nehme an, daß Sie selbst die Profile nicht am Lager haben, aber schreiben Sie mir bitte sofort, bis wann Sie sie mir liefern können. – In der Frage heißt es immer *wann*: Wann (nicht: wenn) können Sie die Ware liefern?

daß *daß*

Wie die Konjunktion *daß* entstanden ist, wissen Sie sicher: durch eine Verschiebung der Satzgrenze. Wir müssen uns das etwa so vorstellen:

>   Ich sehe das: Das Kind ist für sein Alter zu klein

wird zu:

>   Ich sehe, daß das Kind für sein Alter zu klein ist.

Fest mit ihrem *daß* gekoppelte Satzanfänge wie *Ich sehe, daß..., Ich betone, daß..., Ich stelle fest, daß..., Ich mache darauf aufmerksam, daß..., Mir ist klar, daß...* sind betonte Ankündigungen, die eigentliche Information steckt im Nebensatz. Im Gespräch, in der Debatte, vor allem in längerer Rede können solche Wendungen angebracht sein, sie wirken wie ein Signal, rütteln den Zuhörer wach. Der ohnehin zu höherer Aufmerksamkeit gezwungene Leser hingegen empfindet S i g n a l f o r m e l n als überflüssig bis störend. Lassen wir sie also beim Schreiben lieber weg. Wir schalten damit auch eine Fehlerquelle aus:

„Vorreiter" nannte Ludwig Reiners Satzeinleitungen, auf die man gut verzichten kann.

Signalformeln

>   Mit der in den nächsten Tagen erfolgenden Aushändigung der Unfallverhütungsvorschriften *werden Sie gebeten und darauf hingewiesen*, diese genauestens zu beachten –

das geht nicht. Wir können wohl an *Sie werden gebeten* einen Infinitiv anschließen. *(Sie werden gebeten... zu beachten)*, aber die zweite Hälfte der Signalformel verlangt den *daß*-Anschluß. Was tun? Auf die ungleichen Brüder *Sie werden gebeten* und *darauf hingewiesen* verzichten und aktiv formulieren:

daß

>   In den nächsten Tagen erhalten Sie die Unfallverhütungsvorschriften. Bitte beachten Sie die genau.

daß-Sätze bilden ist bequem. Eben deshalb geraten einem – ich nehme mich da nicht aus – viel zu viele *daß* aufs Papier.

Vergleichen Sie dazu bitte Seite 377.

>   „Ich bitte Dich, *daß* Du, wenn Du Monika schreibst, ihr mitteilst, *daß* ich gehört hätte, *daß* damit zu rechnen sei, *daß* die Firma Kohl & Co. eine neue Sekretärin für den Leiter der Exportabteilung einstellen will."

Ein solcher Treppensatz ist nicht gerade Ausdruck hoher stilistischer Qualität. Wer nur ein wenig auf die Wortwahl achtet, merkt, wie leicht sich mancher *daß*-Satz durch einen Konjunktiv oder eine Infinitivkonstruktion ersetzen läßt:

>   Ich bitte Dich, daß Du, wenn Du Monika schreibst, ihr mitteilst, *ich hätte gehört, es sei damit zu rechnen*, daß die Firma Kohl & Co....

Und wer noch ein bißchen mehr überlegt, kommt darauf, daß man sich auch kürzer fassen kann:

> Sei so gut und laß Monika bei Gelegenheit wissen, daß die Firma Kohl & Co wahrscheinlich eine neue Sekretärin für den Leiter der Exportabteilung einstellen will.

Scheu vor allzu häufigen und deshalb eintönigen *daß*-Konstruktionen darf aber nicht dazu verführen, daß man die Rolle des *daß* der Konjunktion *ob* zuschanzt. *ob* drückt Ungewißheit aus, es leitet indirekte Fragesätze ein:

ob
> Mir ist nicht bekannt, *ob es stimmt* (= Stimmt es? Immerhin liegt die Vermutung nahe).

daß
daß drückt Gewißheit aus, auch wenn diese im Vordersatz in Frage gestellt oder gar negiert wird:

> Mir ist nicht bekannt, *daß es stimmt* (= Solange man mir nicht das Gegenteil beweisen kann, muß ich annehmen, daß es nicht stimmt).

weil
Ob man sich darüber ärgert, *daß* man etwas falsch gemacht hat, oder darüber ärgert, *weil* man etwas falsch gemacht hat – das kommt aufs gleiche hinaus. Nach *darüber, damit, dadurch* wird im allgemeinen der folgende Nebensatz mit *daß* angeknüpft:

dadurch, daß
> Ein Zusammenstoß konnte nur *dadurch* vermieden werden, *daß* der Fahrer des entgegenkommenden Wagens diesen nach rechts hinaus auf den Randstreifen riß.

Obgleich unser Gehör hier auf *daß* eingestellt ist, muß die Wendung

dadurch, weil
> Ein Zusammenstoß konnte nur *dadurch* vermieden werden, *weil* ...

ebenfalls als richtig angesehen werden, denn *weil* drückt den Kausalzusammenhang plastischer aus als die Allerweltskonjunktion *daß*.

indem / während

Das folgende Schreiben eines Landwirts erinnert lebhaft an die Briefe, die Ludwig Thoma (1867–1921) seinen bayerischen Landtagsabgeordneten Jozef Filser schreiben ließ.

> Sehr geehrter Herr Landeswetterwart.
>
> *Indem das* ich neulings in einem Buch gelesen habe das man einen Regen herforrufen kann, *indem* ein trocken Eis auf die Wolken gestreut wird möchte ich Ihnen fragen ob man so auch einen Schnee machen kann. Weil mir ist im forigen Jahr die Wintersat erfrohren und es ist Heuer wieder kein Schnee nicht. Es täte kein extra Flugzeug nicht sein brauchen. Weil bei uns kommen alle Tage eine herüber, den können Sie ein Backel trocken Eis mitgeben, das er es ausstreut über uns und nicht filleichd über Tupfing *indem das* mein Schwager wont, mitdem ich einen Prozes habe weil er ein Halloderi ist. Bitte schreiben, wenn Sie es schicken, daß ich schauhen kann und

fielleichd winken. Herr K. F. Scharnberg Außenpostamt 22 Post lagernd ich hohle es da schon ab. Weil der Ferdl ist hier auf unsern Post Amt und ist er der Sohn von meinen Schwager und brauchd es der Halloderi nicht wissen das ich mit Ihnen korrespontiere. Für die 7 Mark und 20 kaufen Sie Ihnen eine Maß.

Hochachtungsvoll
gez. K. F., Landwirt

Nicht an meine Adreße hier schreiben. Sonst ließt es der Ferdl. Das ist mein Neffe.

Die individuelle Orthographie des Landwirts soll uns hier nicht weiter kümmern, hier geht es um *indem*. Der Brief läßt erkennen, wie volkstümlich diese Konjunktion in Bayern ist, meist in Verbindung mit *daß* gebraucht: *indem*

„*Indem daß* ich neulich in einem Buch gelesen habe..."

Außerhalb Bayerns und Österreichs wird *indem* aber nicht begründend verwendet. Auf hochdeutsch heißt es:

Da ich neulich in einem Buch gelesen habe...   *da*

Regen kann man hervorrufen, *indem* man Trockeneis auf die Wolken streut – das ist sachlich beinahe und sprachlich völlig richtig: läßt sich *indem* durch *dadurch, daß* ersetzen, ist es korrekt angewendet.

Außerdem, das kommt in dem Brief nicht vor, läßt sich durch *indem* auch die Gleichzeitigkeit ausdrücken: *Indem* (= als) *sie aufstand, sah sie mich an.* Dieses zeitliche *indem* ist jedoch nur gestattet, wenn Haupt- und Nebensatz das gleiche Subjekt haben:

Indem ich dies schreibe, höre *ich* das Telefon.

Bei Verschiedenheit des Satzgegenstandes verwendet man *während*:

Während ich dies schreibe, klingelt *das Telefon.*   *während*

Der Brief des Landwirts enthält noch ein drittes *indem*: „... über Tupfing, *indem das* mein Schwager wont." Hier aber handelt es sich nicht um das Bindewort *indem*, sondern um die Präposition *in* und den Artikel *dem*, daher Getrenntschreibung:

... über dem Ort Tupfing, in dem (= in welchem, besser: wo) *mein Schwager wohnt.*

Noch ein Wort zu *während*, das eigentlich Partizip Präsens von *währen* ist. Mit *während* bezeichnen wir zwei Vorgänge, die sich gleichzeitig abspielen. Ein Beispiel haben Sie gerade gelesen, hier ein weiteres:

Professor D. sprach in seinem Vortrag über die Nachteile der Fertigung von Einzelstücken, während Direktor L. vor denselben Teilnehmern über die Möglichkeiten der Elementenbauweise berichtete.

Demnach müßten beide Herren am selben Ort zur selben Zeit vor denselben Leuten über Verschiedenes gesprochen haben?

Natürlich haben die beiden nicht gleichzeitig geredet. Mit *während* weisen wir nicht nur auf den gleichzeitigen Verlauf zweier Ereignisse hin; wir dürfen *während* auch – wie *wogegen* – zur Gegenüberstellung gebrauchen, wenn wir einen gewissen Kontrast hervorheben wollen.

wogegen

nachdem

nachdem

nachdem leitet eine Angabe ein, die zeitlich vor dem im Hauptsatz ausgedrückten Geschehen liegt. Steht der Hauptsatz in der Vergangenheit, muß der Nebensatz in der Vorvergangenheit stehen. Es korrespondieren:

Zeitenfolge

Nebensatz		**Hauptsatz**
Plusquamperfekt	↔	Präteritum (oder Perfekt)
Perfekt	↔	Präsens

Nachdem (als) *er gegessen hatte, zündete er sich die Pfeife an.*
Nachdem (wenn) *er gegessen hat, zündet er sich die Pfeife an.*

nachdem ist eine temporale Konjunktion. Sie begründend zu verwenden ist zwar in Süddeutschland gang und gäbe, aber schriftsprachlich nicht korrekt. Es heißt nicht:

„Nachdem meine Tochter demnächst aus der Schule entlassen wird, halte ich es jetzt schon für richtig...",

sondern:

da

Da meine Tochter demnächst aus der Schule entlassen wird...

Wie es zu der falschen Verwendung von *nachdem* kam, ist leicht einzusehen: vom zeitlichen Nacheinander zur ursächlichen Verknüpfung ist es oft nur ein Schritt, nicht selten ist das eine Voraussetzung des andern:

Nachdem er pensioniert worden war, fand er Zeit für seine Hobbys.

Ist hier *als* oder *weil* gemeint? Beides wäre denkbar, der Unterschied in der Bedeutung nicht nennenswert. Doch:

„Nachdem Ulbricht aber den Freundschaftsvertrag akzeptierte, mußte er seinen Leuten die neue Lage plausibel machen."

Selbst wenn der Autor richtig *akzeptiert hatte* geschrieben hätte, wäre unklar geblieben, ob eine Zeit- oder eine Kausalangabe gemeint war. Hier wäre es darauf angekommen, den Unterschied herauszustellen. Mit Rätselratenmüssen ist dem Leser nicht gedient.

trotzdem

trotzdem

Trotzdem sie Fieber hat, bleibt sie nicht im Bett.
Sie hat Fieber, trotzdem steht sie auf.

Beide Sätze, obwohl verschieden gebildet, sagen das gleiche. Im ersten Beispiel ist *trotzdem* unterordnende, im zweiten nebenordnende Konjunktion. Und nun die Gretchen-Frage: Wie halten Sie's mit der grammatischen Richtigkeit? Lassen Sie ein den Nebensatz einleitendes *trotzdem* als richtig gelten?

Auch wenn es dem Ohr noch fremd klingt – Sie sollten sich dazu durchringen. Wir haben es hier mit einem Sprachwandel zu tun, der bei anderen Konjunktionen längst abgeschlossen ist: *trotzdem* tritt aus dem Hauptsatz in den Nebensatz über, die eigentliche Konjunktion *daß* fällt dabei aus:

 Trotzdem (aus *trotz dem, daß*) sie Fieber hat, steht sie auf.

seitdem (aus: *seit dem, daß*) und *indem* (aus: *in dem, daß*) haben die gleiche Entwicklung durchgemacht.

Sollten Sie aber befürchten, Ihr Partner wisse das nicht und könne daher glauben, Sie selber wüßten es nicht besser, dann denken Sie nicht nur an das blasse Ersatzwort *obwohl*, sondern auch an die ungewohnteren und daher kräftigeren Konjunktionen mit derselben Bedeutung: *obgleich, obschon, obzwar, wenngleich, wennschon, wiewohl* – oder an einfaches *wenn auch*.

um zu

 Unzureichend frankierte Päckchen erfahren bei der Bundespost eine Sonderbehandlung, um die fällige Nachgebühr kassieren zu können.

Da soll die Post nur aufhören, über Kostenunterdeckung im Paketverkehr zu klagen, wenn die Sendungen jetzt schon selbst das Strafporto eintreiben.

Oder erinnern Sie sich noch an die seinerzeit in Riesenlettern durch die Illustrierten geisternde Margarinewerbung?

 „Mutti, wozu sind Vitamine in Margarine?" – „Um gesund zu bleiben, Erkältungen zu verhüten und um richtig groß und stark zu werden – dazu sind die Vitamine in der Margarine."

Konsequenterweise müßte der Leser solcher Margarinewerbung fortan keine Margarine mehr verspeisen, denn wenn die armen Vitamine erst verschluckt sind, können sie ja nicht mehr groß und stark werden. Natürlich hatte der Werbetexter das Gegenteil erreichen wollen, aber:

▶ In Finalsätzen, das sind Absichtssätze, nach denen wir mit ‚Wozu?' fragen, darf *um zu* nur stehen, wenn Haupt- und Nebensatz das gleiche Subjekt haben, sonst heißt es *damit*.

Kinder müssen tüchtig essen, *um groß und stark zu werden*. *Vitamine* sind – wollte man der Werbung glauben – in der Margarine, *damit die Margarineverbraucher* gesund bleiben.

Nach passivischem Hauptsatz mit der Infinitiv-Konjunktion *um zu* fortzufahren ist zwar kein Fehler, aber auch kein guter Stil. Statt:

Ein Parallelbeispiel finden Sie auf Seite 103.

In der Literatur kommt solches *trotzdem* nicht erst neuerdings vor: Gottfried Keller (1819–1890) erzählt im „Sinngedicht" „von der Negerin, wie sie die Maria nannte, trotzdem sie offenbar keine war".

seitdem
indem

obgleich
obschon
obzwar
wenngleich
wennschon
wiewohl
wenn auch

um zu

Hat dieses „Ich" einen Doppelgänger? „Ich stieg, um zu kaufen, an einem Galanterieladen ab, schickte Kutscher und Diener fort, um mich nach einer Stunde wieder abzuholen."
LUDWIG TIECK, „Des Lebens Überfluß" (1839)

Finalsatz

damit

passivischer Hauptsatz

„Die Pyramiden von Gizeh sollen geröntgt werden, um nach verborgenen Schätzen und Grabkammern zu forschen"

schreibt man besser:

Die Pyramiden *sollen geröntgt werden, weil* man nach verborgenen Schätzen forschen will

oder:

Man will die Pyramiden röntgen, um nach verborgenen Schätzen zu forschen.

ungewollte Folge   Das heikelste sind Konstruktionen mit *um zu*, die wohl im Subjekt übereinstimmen, aber keine Finalsätze sind: Mit Logik ist dem Umstand, *daß einer in aller Frische seinen 89. Geburtstag begeht, um kurz darauf zu sterben*, nicht beizukommen.

Er avancierte zum Geschäftsführer, um sich mehr Einfluß, mehr Ansehen, mehr Geltung zu verschaffen –

das klingt plausibel. Aber:

Er avancierte zum Geschäftsführer, um täglich länger und härter zu arbeiten als seine ehemaligen Kollegen –

bestimmt nicht!

Diese Art der Anwendung von *um zu* ist eine Stilfigur des Fatalismus, absolut unlogisch und doch jenseits von falsch und richtig. Trotzdem sollten wir die höchst zweifelhafte Ausdrucksform mit Vorsicht gebrauchen:

Er ging in die Berge, um nicht mehr gesehen zu werden –

Absicht oder nicht?

Und wie sieht's in der Praxis aus?

Vieles von dem, was Sie soeben gelesen haben, dürfen Sie vergessen: fürs Deutsch von heute braucht man keine komplizierten Wort- und Satzverknüpfungen mehr. Hier ein paar Textproben, die Auswahl hat der Zufall besorgt.

Unter 55 Textwörtern sind 4 Konjunktionen = 7,3 %.

Sollten wir nicht in die Stadt gehen *und* was essen, fragte Anselm. Sie verschob Augenbrauen, kniff Lippen ein, ließ ihren Argwohn Anselms Vorschlag kauen, dann sagte sie: Du hast Hunger? Er tat, *als* wisse er, *wie* niedrig es sei, jetzt Hunger zu haben. *Aber* sprechen könne man auch im Auto, im Lokal. Jetzt war sie dafür.

(Aus Martin Walsers Roman „Das Einhorn", 1966)

MODERNES DEUTSCH BRAUCHT WENIG KONJUNKTIONEN 389

Das Gulasch schmeckte gut *und* war sehr zart. Die Soße war mit Maismehl *und* einer Handvoll getrockneter roter Pfefferschoten zubereitet. *Nachdem* wir gegessen hatten, gingen Long Boy *und* ich hinaus *und* schlenderten auf dem Hof umher. Ich wartete darauf, *daß* er etwas sagte, *und* als er das nicht tat, fragte ich: „Wie soll's jetzt weitergehen?"

(Aus der „Geschichte von Addie und Long Boy" von Joe David Brown, Deutsch von Hermann Stiehl, 1972)

Unter 56 Textwörtern sind 8 Konjunktionen = 14,3%.

Wie ungewöhnlich die Lebensformen auf unseren Nachbarplaneten – *wenn* überhaupt – *auch* sein mögen, fest steht schon heute, *daß* sie in keinem Fall die Intelligenzstufe der Erdbewohner erreicht haben. Dafür gibt es einen einfachen Beweis. Seit mehr *als* 50 Jahren macht die Menschheit mit Radio- *und* Fernsehsendern Funk-Lärm, der auch ins All hinausdringt. Gäbe es intelligente Marsmännchen, sie hätten uns hören *und* antworten müssen.

(Aus einem Bericht im STERN, Juni 1976)

Unter 62 Textwörtern sind 7 Konjunktionen = 11,3%.

Wenn es um Geld geht, *dann* ist die Moral schnell vergessen. Diese Erfahrung machen jetzt auch die Bürger der ehemaligen DDR. Im Januar reisten rund sechzig Ostdeutsche hoffnungsvoll nach Bielefeld, *um* dort auf einem Wochenendseminar zu lernen, wie man durch Geschäfte mit ethischem Anspruch reich werden kann. Sie hatten sich von Zeitungsinseraten locken lassen, die ihnen ein Supereinkommen ohne jegliche Vorkenntnisse versprachen. *Doch* die hohen Gebühren für dieses *und* eine Reihe weiterer Seminare könnten für die Katz sein, befürchtet Finanzmarkt-Beobachter Heinz G.

(Aus einem Artikel in der ZEIT, Mai 1991)

Unter 82 Textwörtern sind 5 Konjunktionen = 6,1%.

Die Bauverwaltung der Stadt Stuttgart bietet seit einigen Jahren jeweils im Sommerhalbjahr Bus-Rundfahrten zur Besichtigung neuer Wohngebiete an. Die Fahrpreise sind stark ermäßigt. Unter sachkundiger Führung werden jeden Samstag-Nachmittag drei verschiedene Routen im Wechsel befahren. Dabei wird auch einiges über die Geschichte der Stadt, über ihre bauliche Entwicklung *und* über die Probleme der Stadtplanung erzählt; auf wichtige Einzelgebäude *und* ihre Erbauer wird besonders hingewiesen. Während der Rundfahrt besteht die Möglichkeit zu einer Kaffeepause.

(Aus einem Informationsblatt, herausgegeben von Verkehrsamt und Bauverwaltung der Stadt Stuttgart)

Unter 73 Textwörtern sind 2 Konjunktionen = 2,7%.

Die letzte Probe im Passivstil gibt zu denken: auf 73 Wörter ganze zwei Bindewörter, eigentlich nur eines: zweimal der Alleskleber *und*. Selbst für einen Text, der nicht auf Wirkung zielt, sondern in sachlich-knapper Form nur informieren will, ist das sehr wenig. Konjunktionen allein machen zwar aus bloßer Information noch keine Literatur, aber dank ihrer Fähigkeit zur Neben- oder Unterordnung von Sachverhalten machen sie Texte eingängiger.

und

Testbogen 28

1 Zur Unterscheidung des Pronomens *das* von der mit ‚ß' geschriebenen Konjunktion *daß* gibt es eine einfache Regel. Kennen Sie sie?

das

▶ **1** Läßt sich für *das* d i e s e s oder w e l c h e s einsetzen, handelt es sich um das nur mit ‚s' zu schreibende Pronomen.

daß

Beispiel: ‚*Daß* sein Freund ihm auch in schlechten Zeiten beigestanden hat und *daß* er immer einen Rat wußte für *all das* (= all dieses), worüber er sich Sorgen machte, *das* (= dieses) wird er ihm nie vergessen.'

2 Was ist richtig?

a) Er hat den festen Vorsatz, nicht eher zu verreisen, *als* er seine Arbeit abgeschlossen hat.

bis

b) ... nicht eher zu verreisen, *bis* er seine Arbeit abgeschlossen hat.

als bis

2 Die zweite Fügung kann man zwar umgangssprachlich öfter hören, aber sie ist genauso falsch wie die erste. Es darf nur heißen: ... *nicht eher zu verreisen, a l s b i s er seine Arbeit abgeschlossen hat*. Natürlich kann man das auch einfacher ausdrücken: *Er will nicht verreisen, bevor er seine Arbeit abgeschlossen hat* oder *Er will erst verreisen, wenn er seine Arbeit abgeschlossen hat*.

3 Vergleicht man Gleiches, heißt es *wie*, vergleicht man Ungleichartiges, steht *als*. – Was ist richtig?

a) *Als* ich gestern nach Hause kam, fand ich den Brief vor.

b) *Wie* ich gestern nach Hause kam, fand ich den Brief vor.

als

3 Lassen Sie sich nicht irritieren, es darf nur a l s heißen, denn hier haben wir es nicht mit Vergleichs-, sondern mit Temporalsätzen zu tun, Umstandssätzen der Zeit. Temporalsätze geben an, wann sich das im Hauptsatz ausgedrückte Geschehen vollzieht. *Wann fand ich den Brief vor? Als ich gestern nach Hause kam.*

Temporalsatz

als

4 Temporalsätze werden mit der Konjunktion *als* eingeleitet, wenn sie ein einmaliges Geschehen ausdrücken, das der Vergangenheit angehört, bei Wiederholung des Vorgangs steht *wenn* (z. B.: *Immer, wenn er die Tür aufschloß*...). Aber wie verfahren wir, wenn wir etwas in der Gegenwart erzählen? Was ist richtig?

wenn

a) *Als* er gerade die Tür aufschließt...

b) *Wie* er gerade die Tür aufschließt...

wie

4 Wahrscheinlich wird sich Ihr Sprachgefühl für w i e entscheiden, und so wäre es auch richtig. Wir merken uns:

In Temporalsätzen verwenden wir bei einmaligen Vorgängen *als*, wenn sich das Geschehen in der Vergangenheit abspielt. Der Gebrauch von *als* für das Präsens ist zwar nicht falsch, aber veraltet. In der Gegenwart gebrauchen wir statt dessen *wie*.

5 Finden Sie den folgenden Satz richtig? „Ich vermied es, etwas zu sagen, sondern schwieg."

> **5** Früher wäre eine solche Konstruktion möglich gewesen, heute gilt sie als falsch. *sondern* darf nicht nach Sätzen stehen, die bloß dem Sinn nach verneint sind, sondern nur nach einer ausgesprochenen Verneinung: *Ich sagte nichts, sondern schwieg*, oder aber *Ich vermied es, etwas zu sagen,* u n d *schwieg*.

sondern

6 Wie muß es heißen?

a) Hindernisse sind da, um überwunden zu werden.

b) Hindernisse sind dazu da, um überwunden zu werden.

c) Hindernisse sind da, überwunden zu werden.

d) Hindernisse sind dazu da, überwunden zu werden.

> **6** R i c h t i g s i n d *a)* u n d *d)*. Das ist leicht zu merken: Hinter *da* steht *um zu*, hinter *dazu da* nur *zu*.

um zu

7 Diese drei Sätze enthalten alle ein falsches Wort, welches?

a) Das ist nicht die richtige Methode, um Sprachen zu lernen.

b) Momentane Engpässe sind kein Grund, um ausländische Arbeitskräfte einzustellen.

c) Es gibt kein besseres System, um alle Einkommensteuervorteile kennenzulernen, als dieses.

Und wissen Sie auch, warum das Wort falsch ist?

> **7** In allen drei Sätzen muß der Infinitiv ohne *um* angeschlossen werden. Die Regel:

Hat der Infinitiv die Funktion eines Attributs, das ein Substantiv näher bestimmt, dann wird er nur mit *zu* gebildet.

Alle drei Infinitive sind Attribute. Das erkennen wir erstens an der Fragemethode und zweitens daran, daß sich die Infinitive in Präpositionalattribute umwandeln lassen:

Infinitiv mit ‚zu'

a) Was für eine Methode? Nicht die richtige *zum Erlernen von Sprachen*.

b) Was für ein Grund? Keiner *zur Einstellung ausländischer Arbeitskräfte*.

c) Was für ein System? Eines *zum Kennenlernen aller Einkommensteuervorteile*.

Der Satzbau

Der Ton macht die Musik, der Platz im Satz den Ton

Wo die Wörter am besten stehen

„Fehlerquiz für Werbetexter" hieß eine Veröffentlichungsfolge der Zeitschrift DIREKT-MARKETING, in der ich eine Zeitlang falsches Werbedeutsch glossierte. „Vielen Dank für Ihren Hinweis auf unser Produkt", schrieb mir da eines Tages ein Leser, der sich ertappt fühlte, um dann fortzufahren: „Der Texter soll als Grundgesetz die Grammatik unterm Arm haben?" – „Unterm Arm selbstverständlich nicht", schrieb ich zurück. „Im Kopf!" Das klingt nach Schlagfertigkeit und Arroganz und ist dabei ganz ernst gemeint: Jeder hat das grammatische Gerüst seiner Muttersprache im Kopf. Woher die unreflektierte Fähigkeit zur Bildung grammatisch richtiger Formen kommt, woher die Sicherheit bei ihrer Anwendung – wir können sie uns nicht erklären. Sie ist einfach da. Und sie ist dauerhafter und zuverlässiger da als die Bereiche unseres Sprachgefühls, die mit Wortwahl und Wortsinn zu tun haben.

Im Anfangsstadium psychischer Erkrankungen, wenn der Verstand das Gerede schon nicht mehr kontrollieren kann, ist der Satzbau noch immer intakt. Gefragt, ob Geisteskrankheiten in seiner Familie aufgetreten seien, soll ein Maniker geantwortet haben:

> Erbtanten habe ich nicht, Inzucht liegt bei mir auch nicht vor, nicht einmal Unzucht, dafür stamme ich aber von Karl dem Großen, folglich auch von Karl Martell, dem „Hammer". Im Hammerverlag sind seinerzeit sehr bedeutende politische Schriften erschienen. Der „Hexenhammer" allerdings nicht, der ist mindestens fünfhundert Jahre älter. Meine Alte fällt auch drunter, die hätt' man damals glatt verbrannt. Heirate oder heirate nicht, bereuen wirst du beides, sagt Kierkegaard. Die Axt im Haus erspart den Scheidungsrichter, sag ich! Ich bin aber nicht gemeingefährlich, ich bin nur Gemeinen gefährlich! Ach, da kommt ja schon wieder die Straßenbahn mit ihrem saudummen Geklingel ... (Zitiert nach Leo Navratil: Schizophrenie und Sprache)

Bei einem psychisch Kranken, der von Klang- zu Klangassoziation fortgerissen wird, kommt die Apposition grammatisch korrekt im gleichen Kasus wie ihr Bezugswort: *von Karl Martell, dem „Hammer"*.

Vielleicht kennen Sie das auch: Im Moment des Einschlafens spulen sich sinnlose, aber syntaktisch richtig gebildete Sätze ab. Mir passiert es, daß ich über „Einschlafsätze" wie „Der Lampe fehlt ein Zahn in der Tagesordnung" oder „Die Quadratperle von Hohenheim atmet rosig durch die Nacht" hell lachend aufwache. Und immer wieder stelle ich mit Verwunderung fest, daß mir die absurdesten Sätze gelingen, doch niemals ein Grammatikfehler.

Ausländer haben es schwerer. Eine Fremdsprache beherrscht man erst dann, wenn man in ihr träumt. Doch bis es so weit ist, muß man sich als Deutsch lernender Ausländer mühsam durchfragen:

> Man kann sagen *es ist mir warm* und *mir ist warm, es bangt mir* und *mir bangt*. Warum kann man nicht ebenso sagen *es geht mir gut* und „mir geht gut", *es ist fünf Uhr* und „fünf Uhr ist"?

Das fragte ein Leser aus der ČSSR die Leipziger Zeitschrift SPRACHPFLEGE. Einem Deutschen würde die Frage nie in den Sinn kommen. Aber – wetten? – die Antwort darauf so leicht auch nicht.

Daß wir das meiste, was wir sagen und schreiben, instinktiv richtig machen, ist eine feine Sache. Daß wir in den seltensten Fällen begründen können, weshalb ein Satz so und nicht anders gebildet wird, ist schon nicht mehr so fein. Und daß es durchaus Situationen gibt, in denen sich unser Sprachgefühl einfach aus dem Staube macht, das ist sogar ziemlich unfein. Was tun? Am Rockzipfel festhalten läßt sich das Sprachgefühl nicht, doch gegen seine Wanderlust helfen garantiert die nächsten Seiten.

Beim Schreiben kommt es auf die Wortfolge an

Wer die Gabe hat, im Gespräch lebhaft, ohne Stocken und mit überzeugenden Worten seine Meinung darzulegen, der müßte sich ja eigentlich auch im Schriftlichen ähnlich leicht und sicher ausdrücken können. Sollte man meinen. Die Erfahrung beweist eher das Gegenteil: Bei weitem nicht jeder, der am Konferenztisch oder am Telefon gewandt verhandelt, ist auch am Schreibtisch ein guter Verhandlungspartner. Woran das liegen mag? Beim Sprechen kommt uns die Intonation zu Hilfe; was uns wichtig ist, können wir mit Nachdruck sagen – beim Schreiben müssen wir zu andern Mitteln greifen.

Reden und Schreiben ist zweierlei.

„Stellen Sie sich bitte vor" – so Kurt Nowak in der Zeitschrift KORRESPONDENZ –, „Sie verhandeln mit einem Kunden. Es dreht sich um besondere Vergünstigungen, die Sie dem Partner bei größeren Abschlüssen gewähren wollen. Während der ganzen Verhandlung – ob mündlich oder brieflich – interessieren den Käufer natürlich die *besonderen Vergünstigungen*. Für Sie als Verkäufer liegt der Schwerpunkt bei den *größeren Abschlüssen*."

Beim mündlichen Verhandeln

Wenn Sie mit einem Kunden am Verhandlungstisch sitzen oder mit ihm telefonieren – wie drücken Sie sich aus? ‚Wie mir der Schnabel gewachsen ist', sagen Sie? Diese Antwort ist goldrichtig. Sie können zu Ihrem Partner sagen:

a) Wir gewähren Ihnen bei größeren Abschlüssen besondere Vergünstigungen.

b) Wir gewähren Ihnen besondere Vergünstigungen bei größeren Abschlüssen.
c) Bei größeren Abschlüssen gewähren wir Ihnen besondere Vergünstigungen.
d) Ihnen gewähren wir bei größeren Abschlüssen besondere Vergünstigungen.
e) Besondere Vergünstigungen gewähren wir Ihnen bei größeren Abschlüssen.
f) Ihnen gewähren wir besondere Vergünstigungen bei größeren Abschlüssen.

Warum erzielen Sie mit jeder dieser sechs Formulierungen die gleiche Wirkung? Weil Sie als geschickter Verkäufer in dem Satz, den Sie gerade sprechen, immer die beiden Sachschwerpunkte *besondere Vergünstigungen* und *bei größeren Abschlüssen* stark betonen werden.

Zugegeben: So kann nichts schiefgehen. Immer wird der Käufer das, womit Sie einen positiven Abschluß erreichen wollen, in den richtigen Hals bekommen. Vorsicht nur bei den Formulierungen d) und f). Hier darf beim Sprechen überhaupt keine Betonung auf dem Wort *Ihnen* liegen.

Beim schriftlichen Verhandeln

Wie ist es aber, wenn Sie dem Kunden das Angebot schriftlich machen? Können Sie einen beliebigen Satz aus a) bis f) wählen? Ich glaube nicht. Als geschickter Verkäufer werden Sie den Satz nur so formulieren:

> Besondere Vergünstigungen gewähren wir Ihnen bei größeren Abschlüssen.

Durch diese Formulierung wird der Käufer geradezu mit der Nase auf die besonderen Vergünstigungen gestoßen. Daß er sie nur bei größeren Abschlüssen erhält, wird scheinbar nebenher gesagt. Aber nur scheinbar. Denn entscheidend ist, daß die beiden sinntragenden Begriffe an bestimmten Stellen des Satzes stehen: das für den Käufer interessante Sinnwort am Anfang, Ihr Sachschwerpunkt am Ende des Satzes."

normale Wortstellung: Subjekt Prädikat Objekt

Soweit Kurt Nowak. Stimmen Sie, verehrter Leser, ihm zu? Sie hätten wahrscheinlich statt des etwas herablassend klingenden *gewähren wir Ihnen* das partnerschaftlichere *bieten wir Ihnen* verwendet, aber mit *wir* hätten Sie den Satz bestimmt auch nicht begonnen. *Wir gewähren Ihnen...*, das ist eine kühle, trockene und überaus ichbezogene Feststellung, weiter nichts. Oder doch? *Wir gewähren Ihnen...*, das ist außerdem hundsnormale deutsche Wortfolge: Subjekt – Prädikat – Objekt.

Jede Stelle im Satz hat einen anderen Mitteilungswert

Auf fällt immer nur, was vom Gewohnten abweicht. An das Subjekt in Spitzenstellung, am Satzanfang, sind wir so gewöhnt, daß wir dem, was es zum Inhalt hat, keine besondere Beachtung schenken. Tritt aber ein anderes Satzglied an die Stelle des Subjekts im Vorfeld des Satzes, bekommt dieses andere Satzglied durch seine „Vorzugsstellung" mehr Gewicht. Man könnte auch sagen: Was für den Leser am interessantesten ist, was die größte Aussicht hat, ihn zu packen, gehört an den Anfang des Satzes. Dem ans Vorfeld sich anschließenden Prädikat (genauer: der Personalform des Verbs) kommt meistens kein so hoher Mitteilungswert zu, wie man gemeinhin glaubt. Die Stelle unmittelbar hinter der Personalform ist – im Aussagesatz – der Tiefpunkt des Satzes, die Stelle mit dem geringsten Mitteilungswert. Von da an nimmt der Mitteilungswert kontinuierlich wieder zu. Das Satzglied am Zielpol, am Satzende, hat einen sehr hohen Mitteilungswert; in Aussagesätzen mit mehrteiligem Prädikat *(würden wir... bieten)* ist es das Glied vor dem zweiten Prädikatsteil. Der von Nowak empfohlene Satz ist akkurat nach diesem Schema gebaut:

ausdrucksstark besetztes Vorfeld

Die verhandlungstaktisch entscheidenden *besonderen Vergünstigungen* stehen, stark hervorgehoben, in Ausdrucksstellung; die Voraussetzung *bei größeren Abschlüssen* ist nicht ganz so stark in Eindrucksstellung plaziert, und das tonschwache und meistens gar nicht so sehr wichtige *wir* verschwindet in der Versenkung.

wir

Hier ist nun allerdings eine kleine Einschränkung angebracht. Nicht alles, was an der Stelle des Subjekts im Vorfeld steht, wirkt schon durch die Plazierung ausdrucksstark. Je dürftiger das Vorfeld besetzt ist, um so weniger macht es her. Sie sehen es, wenn Sie diese beiden Satztondiagramme mit dem ersten vergleichen.

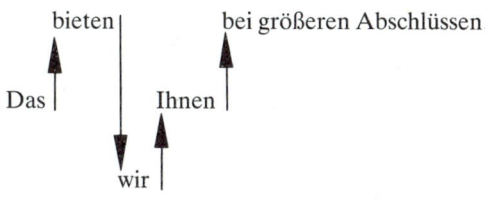

weniger stark besetztes Vorfeld

schwach besetztes Vorfeld (bei unbetontem ‚das')

Zur Verdeutlichung ein Test: Bilden Sie bitte aus den Bestandteilen *Konjunkturlage* (Subjekt), *sich bessern* (Prädikat) und *langsam* (adverbiale Bestimmung) einen Satz – und Sie wissen, ob Sie im Grunde Ihrer Seele mehr zum Pessimismus oder mehr zum Optimismus neigen. Ich schätze, die Pessimisten werden in der Mehrzahl sein; ihr Satz *Die Konjunkturlage bessert sich langsam* klingt gerade so, als sei vor *langsam* ein *nur* ausgelassen:

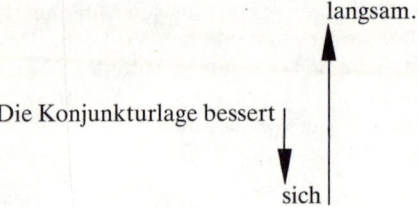

Wieviel optimistischer klingen die gleichen Worte in umgekehrter Folge:

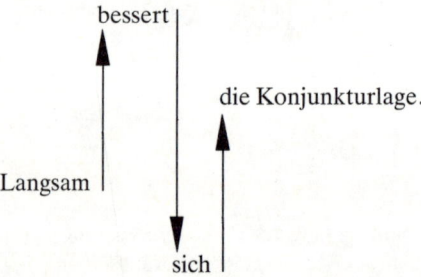

Eindruck macht *langsam*, wenn es am Satzende, am Zielpol, in Eindrucksstellung steht. Ohne verstärkenden oder einschränkenden Zusatz *(sehr langsam; leider nur langsam; langsam, aber sicher)* ist am Satzanfang stehendes *langsam* nur Auftakt für die stark hervortretende Personalform des Verbs *bessert (sich)*.

Aber sosehr die Plazierung der Wörter im Satz auch die Akzentuierung verschieben kann – eines ändert sich nie: Immer ist die Stelle hinter der Personalform des Verbs die Schwächststelle im Satz; was an dieser Stelle steht, geht unter. Gut aufgehoben sind in der Schwächststelle die Pronomen. Pronomen haben einen geringen Mitteilungswert, denn meistens bezeichnen sie Dinge oder Sachverhalte, die schon bekannt sind. Und am allerbesten aufgehoben sind in der Schwächststelle die beiden Personalpronomen, die sich immer wieder in den Vordergrund, an den Satzanfang, drängen wollen, wo sie, gehäuft, unangenehm auffallen: *ich* und *wir*.

Schwächststelle

Personalpronomen
„Der Esel geht voran!"

Kleine Grammatik-Lektion für Egozentriker

ich

Daß man Briefe nicht mit *Ich* anfangen soll, das ist auch so eine alte Benimmregel, die nicht totzukriegen ist. Ich finde die Regel albern, denn ob ein Brief unhöflich wirkt, entscheidet nicht das erste Wort. Aber wenn dann jeder zweite oder dritte Satz im Brief mit *ich* oder *wir* beginnt, dann geht das buchstäblich ins Auge – das Ohr ist großzügiger, es hört eher über das zu häufig verbalisierte Ego hinweg.

wir

Empfehlenswert:
‚Sie'-Einstellung

Kluge Korrespondenten überlegen bei jedem *ich* oder *wir*, das sich beim Formulieren vorschieben will, ob sich das höchstpersönliche Pronomen nicht durch ein *Sie* ersetzen ließe. Statt „Ich werde Ihnen beweisen..." heißt es besser *Bitte überzeugen Sie sich...*, statt „Meiner Meinung nach

sollten Sie in einem solchen Fall..." besser *Wollen Sie nicht lieber*..., statt   **Sie**
„Wir möchten damit ausdrücken, daß es drei Punkte zu beachten gilt..."
besser *Achten Sie bitte auf*...

Nicht immer läßt sich die *Sie*-Fassung verwirklichen, denn wohl in jedem
Geschäftsbrief gibt es Stellen, in denen man über eigene Aktivitäten berichten oder seine Entscheidung begründen muß:

    Wir mußten die Fertigung dieses Artikels einstellen.

Bei allem gutem Willen – hieraus läßt sich keine *Sie*-Fassung entwickeln.
Denkbar wäre allenfalls eine Umformung ins Passiv: **Passiv**

    Die Fertigung dieses Artikels mußte von uns eingestellt werden –

aber das hieße, den Teufel mit Beelzebub austreiben. Was also dann?
Früher unterschlug man häufig das in Spitzenstellung stehende *Wir*, beging
grammatisch Selbstmord und schrieb: Abzulehnen:
    Grammatischer Selbst-
    Mußten die Fertigung dieses Artikels einstellen.   mord

Inzwischen hat sich herumgesprochen, daß der Zack-zack-Kasinostil nur für
Fernschreiben und Telegramme zulässig ist.

Damit wir uns nicht mißverstehen: Vereinzelte *ich* oder *wir* in Spitzenstellung stören überhaupt nicht. Nur wo sie gehäuft auftreten, wirkt der Text zu
egozentrisch. Und daß sie gehäuft auftreten, ist keine Seltenheit. Der
Aussagesatz beginnt normalerweise mit dem Subjekt, und das heißt, wenn
man von sich selbst berichtet, nun einmal *ich* oder *wir*.
Hinzu kommt ein psychologisches Moment: Je aktiver und entscheidungs-
freudiger ein Mensch ist, desto mehr neigt er dazu, seine Sätze mit *ich* oder
wir einzuleiten. Beide Pronomen in Spitzenstellung sind Ausdruck eines
starken Willens, aber sie können gleichzeitig ein Indiz für den Mangel an
Bereitschaft sein, auf den Partner einzugehen.
Machen Sie es wie ich: Ich selbst ertappe mich immer wieder dabei, daß ich
zu viele Sätze mit *ich* beginne. Merke ich das rechtzeitig, drehe ich den   Guter Ausweg:
Satzanfang um und schreibe: *Immer wieder ertappe ich mich dabei*... In   ‚ich'-Dreh
den Satz hineingezogen, steht *ich* in der Tonsenke, und ein unbetontes *Ich*
wirkt niemals aufdringlich.

    Wir werden Sie anrufen, wenn wir Einzelheiten wissen

klingt herablassender und weniger frisch als

    Sobald wir Einzelheiten wissen, rufen wir Sie an.

Auf der Höhe seines Ruhmes soll der französische Komponist Gounod einmal gesagt haben: „Je weiter ich in unsere Kunst eindringe, desto größer wird
meine Achtung vor den alten Meistern. Als ich siebzehn war, hieß es bei mir
immer *ich*. Mit fünfundzwanzig sagte ich stets *ich und Mozart*, mit vierzig
Mozart und ich – und heute erkläre ich immer ganz still: *Mozart*."
Unsere Bezugspunkte heißen nicht Mozart, sondern Müller, und den Müllers gegenüber brauchen wir die Selbstverleugnung nicht bis zur Ich-Aufga-
be zu treiben. Nur sollten wir nicht vergessen, daß auf alle Müllers dieser
Welt unsere Briefe sympathischer wirken, wenn wir am Satzanfang nicht zu
oft *ich* und *wir* sagen.

Der Journalisten-Akkusativ

Lebendig schreiben: Neugier wecken, den Leser packen, die Spannung durchhalten und erst ganz zum Schluß lösen – wissen Sie, wo man das am besten lernen kann? Schlagen Sie die Zeitung auf, die Seite mit den Kurznachrichten:

Gucken Sie's den Journalisten ab.

> Einen alten Hut will der Gemeinderat der französischen Stadt Auxonne verkaufen, um den Bau einer Oberschule finanzieren zu können. Der Hut, aus dem er mehr als eine halbe Million Franc machen möchte, befindet sich im Museum. Einst hat Napoleon I. ihn getragen. (AFP).

Sie sehen, der Satz setzt nicht mit dem *Gemeinderat* ein. Das Subjekt tritt seinen Satzanfangsstammplatz ab an *einen alten Hut*, an das Akkusativobjekt, das bei langweilig-normaler Wortfolge

> Der Gemeinderat der französischen Stadt Auxonne will einen alten Hut verkaufen, um ...

mitten im Satz untergegangen wäre. So aber beginnt die Meldung mit der halben Hauptsache, einem alten Hut, den jeder Leser plastisch vor sich sieht (*Gemeinderat* nimmt wohl in niemandes Vorstellung Gestalt an) – und um die andere Hälfte der Hauptsache mitzubekommen, liest man die Meldung bis zum Schluß. Das nenne ich gekonnt getextet.

Flexibilität der Wortstellung

Dieser Journalistentrick, das gewöhnlich hinten im Satz Stehende nach vorn zu ziehen, wird möglich durch die Flexibilität der deutschen Wortstellung. Andere Sprachen sind bei weitem nicht so beweglich. Fürs Englische zum Beispiel ist die Subjekt-Prädikat-Objekt-Folge obligatorisch:

> The dog bites the man = Der Hund beißt den Mann.

Die Umkehr *The man bites the dog* würde nicht bedeuten, daß d e n Mann der Hund beißt, sondern der Mann den Hund.
Weshalb der Engländer auf die feste Satzgliedfolge angewiesen ist, das ist leicht einzusehen: In seiner Sprache sind die Deklinationsendungen oder -merkmale verlorengegangen; *the* kann Nominativ oder Akkusativ, Singular oder Plural, Maskulinum, Femininum oder Neutrum sein. Aber auch im Deutschen kann es passieren, daß Nominativ und Akkusativ sich zum Verwechseln ähnlich sehen, zumal wenn der Artikel fehlt:

Aber nicht den Leser auf den Holzweg locken!

> Fischer, deren Boote sanken, haben – und nach Brockhaus soll das in den Jahren 1961 und 1963 tatsächlich vorgekommen sein – herbeigeschwommene Delphine an die Küste gebracht.

Daß hier die Delphine den Fischern halfen, läßt sich noch erraten. Aber was halten Sie davon:

> Flora hatte schon viele Männer kennengelernt, aber keinen wie Jakob. Jakob wollte sie heiraten.

Wer wollte da wen, sie ihn oder er sie? Denkbar wäre beides. Wenn Jakob hier Heirats- und Akkusativobjekt sein soll, dann müßte man das mindestens durch ein flektiertes Begleitwort kenntlich machen: *Den Jakob / Ihren Jakob wollte sie heiraten.* Merken wir uns:

➡️ Kein Akkusativobjekt an den Satzanfang, wenn es formal nicht vom Subjekt zu unterscheiden ist.

Was an der Spitze steht, reicht weit

Mit einem Begleitbrief, der nur aus einem Satz besteht, schickte eine Nürnberger Büromaschinenfirma ihren Geschäftsbericht an die Fachpresse:

> In der Anlage übersenden wir Ihnen den Geschäftsbericht, freuen uns über Ihr Interesse, stellen eine redaktionelle Besprechung anheim, danken vorab für die Einhaltung der Sperrfrist – frei für Ausgaben vom 3. Juli an – und verbleiben...

Durch die erfrischend-ungewohnte Koppelung *(übersenden, freuen uns, stellen anheim, danken vorab und verbleiben)* blitzt Humor. Nur eines bleibt unklar: Warum findet auch das Sich-Freuen, Anheim-Stellen, Vorab-Danken und Verbleiben in der Anlage statt? Denn die den Satz einleitende Adverbialbestimmung *In der Anlage* bezieht sich von der Satzkonstruktion her nicht nur auf das Übersenden, sondern – wegen ihrer Spitzenstellung – auf den ganzen Satz. Syntaktisch korrekt hätte der Kurzbrief lauten können:

> In der Anlage übersenden wir Ihnen den Geschäftsbericht. Wir freuen uns..., stellen... anheim, danken vorab... und verbleiben...

Oder mit *wir* in Spitzenstellung:

> Wir übersenden Ihnen in der Anlage den Geschäftsbericht, freuen uns..., stellen... anheim, danken vorab... und verbleiben...

Ganz ähnlich verhält sich die Sache, wenn ein Objekt in Spitzenstellung tritt:

> Allen unseren Kunden und allen Freunden des Hauses danken wir für das uns erwiesene Vertrauen und verbinden damit den Wunsch für ein erfolgreiches Jahr.

Korrekt formuliert wäre der Gruß zum Jahreswechsel, wenn das Subjekt am Anfang des Satzes stünde:

> Wir danken allen unseren Kunden... und verbinden damit...

Doch der Glückwunsch beginnt nicht egozentrisch mit *wir*; dem Kunden wird – psychologisch klug und rhythmisch gelungen – die Spitzenstellung eingeräumt. Grammatisch heißt das: Aus der „geraden" Wortstellung *(wir danken)* ist eine „ungerade" Wortstellung *(danken wir)* geworden. Fachleute nennen die Umkehrung der Wortfolge I n v e r s i o n .

> ➡ Von Inversion spricht man, wenn nicht das Subjekt den Satz eröffnet, sondern ein anderes Satzglied in Spitzenstellung tritt und das Subjekt hinter das Prädikat rückt.

Inversion am Anfang des Satzes bedeutet, daß auch im zweiten Teil des Satzes, nach *und*, die „ungerade" Wortstellung beibehalten wird.

> Allen unseren Kunden danken wir... und verbinden (wir) damit den Wunsch...

Ein Bildbericht im STERN über Armut in Mexiko zeigt zwei dürre Kühe und ein paar elende menschliche Gestalten auf einer Müllhalde. Die Bilderläuterung: „Auf einer Müllkippe bei Monterrey suchen Tiere und Menschen nach Essensresten und verwertbarem Schrott." Das ist schlimm. Nur – was machen Rindviecher mit verwertbarem Schrott?

wir

Inversion

Inversion nach ‚und'

Nein, das geht nicht. Denn wir verbinden ja nicht allen unseren Kunden den Wunsch, sondern wir verbinden *damit* den Wunsch. Also müssen wir aus der zweiten Satzhälfte einen neuen Satz machen:

> Allen unseren Kunden und allen Freunden des Hauses danken wir für das uns erwiesene Vertrauen. Wir verbinden damit den Wunsch ...

Verzicht auf Wiederholung des Subjekts

Inversion, also Umkehr der „geraden" Wortstellung (Subjekt – Prädikat) in die „ungerade" (Prädikat – Subjekt) und Verzicht auf die Wiederholung des Subjekts, ist nach *und* nur zulässig, wenn ein beiden Satzhälften gemeinsames Satzglied in Spitzenstellung steht. Richtig ist:

> Bis dahin grüßen wir Sie und freuen uns auf Ihren Besuch,

denn die Umstandsangabe *bis dahin* gilt auch für die zweite Satzhälfte:

> und (bis dahin) freuen (wir) uns auf Ihren Besuch.

Ebenfalls richtig:

> Von London aus rufen wir Sie an und (von London aus) nennen (wir) Ihnen dann den Termin.

Damit Sie sehen, daß die Geschichte so kompliziert nicht ist: Der Testbogen 29 bringt Weiteres.

Zweideutige Beziehungen

Vor allem in Sensationsmeldungen finden sich Wendungen, die man genauso verstehen kann, wie der Verfasser sie gemeint hat – oder auch ganz anders:

> Eine Freiburger Hausfrau hatte nachts den Einbrecher an ihrer Wohnungstür hantieren sehen. Sie riß die Tür auf, *verfolgte den Mann im Nachthemd die Treppe hinab*, erwischte ihn an der Haustür, drängte ihn in eine Ecke, hielt ihn fest und rief um Hilfe, bis Passanten hinzukamen.

Adverbialbestimmungen möglichst nahe an das Wort heranrücken, zu dem sie gehören.

Wer hatte wohl das Nachthemd an? Dem Wortlaut nach könnte es der Einbrecher gewesen sein. Eine kleine Änderung der Wortfolge befreit ihn von diesem fatalen Verdacht:

> ... verfolgte im Nachthemd den Mann die Treppe hinab ...

Rechts-links-Bezug nenne ich Fälle, in denen unklar ist, ob ein in der Mitte stehendes Satzglied *(aus Liebeskummer)* auf seinen rechten Nachbarn *(vereitelt)* oder auf seinen linken *(Flugzeugabsturz)* bezogen werden will.

Was würden Sie von einem Zeitungsartikel erwarten, der die Überschrift trägt:

> Flugzeugabsturz aus Liebeskummer vereitelt

Daß einer einen Flugzeugabsturz verhindert, weil er Liebeskummer hat? Das ergäbe keinen Sinn. Nein, die in der Mitte stehende Umstandsbestimmung *aus Liebeskummer* bezieht sich nicht auf die folgende Satzaussage *vereitelt*, sondern auf den vorangehenden Satzgegenstand *Flugzeugabsturz*: Ein junger Fluglehrer, der sich aus Liebeskummer mit dem Flugzeug in den Tod stürzen wollte, konnte im letzten Moment über Sprechfunk zur Landung bewogen werden.

Wie hätten Sie die Überschrift formuliert? Flugzeugabsturz verhindert wäre eindringlich genug. Doch das Motiv *aus Liebeskummer* ist zugkräftig, auf so etwas verzichtet ein Sensationstitelmacher nicht gern. Und hier zeigt sich auch, wieso Beziehungsfehler in Sensationsmeldungen gehäuft auftreten: In einer dramatischen Darstellung auf knappstem Raum – nichts Packendes, nichts Rührendes darf ausgelassen werden – ist für Nebensätze kein Platz. Statt dessen wird eine inhaltsschwere Adverbialbestimmung oder eine Ergänzung zwischen zwei Satzglieder gepreßt – und dann darf der Leser raten, wozu das Einschiebsel gehört.

Oder nehmen Sie diese Passage aus einem Bericht über Rationalisierungsmaßnahmen im Axel-Springer-Verlag, betitelt „Der Dreck bleibt im Büro":

> Nur noch an jedem zweiten Tag werden die Büros saubergemacht und das außerhalb der Kantine benutzte Geschirr gespült (monatliche Einsparung: 20000 Mark). Private Telefongespräche der Springer-Bediensteten *müssen vom jeweiligen Vorgesetzten registriert und anschließend an der Kasse bezahlt werden*.

Vorgesetzter sein – ein teures Vergnügen!

Um den jeweiligen Vorgesetzten von der Zahlungspflicht zu entbinden, müßte man hier mehr tun als nur die Wortfolge ändern. So etwa könnte man formulieren:

> Wer als Springer-Bediensteter (während der Arbeitszeit) privat telefonieren will, muß seine privaten Telefongespräche von seinem Vorgesetzten registrieren lassen und sie anschließend an der Kasse bezahlen.

Vor allem: Reißen Sie beim Schreiben Datum und Bezugswort nicht auseinander:

Datum und Bezugswort

> Sagen Sie bitte Herrn A., sein Brief vom 10. Juni habe mir imponiert.

Klarer Fall.

> ...sein Brief an die Agenturen vom 10. Juni habe mir imponiert.

Schon nicht mehr so klar.

> ...sein Brief an die Agenturen wegen der Anzeigenpreiserhöhung vom 10. Juni habe mir imponiert.

Bei einem so vollgestopften Satz wird das Datum garantiert falsch bezogen, hier auf *Anzeigenpreiserhöhung* und nicht auf *Brief*.

Stopfen Sie niemals zuviel in einen Satz hinein, machen Sie lieber mehrere Sätze, auch mal ein Satzgefüge. Wenn es Sie tröstet: Ich selbst ertappe mich immer wieder dabei, daß ich gegen die Regel „Kein Stopfstil!" verstoße. Erst heute habe ich einen Brief gerade noch zurückhalten können, den ich so begonnen hatte:

Kein Stopfstil!

> Um Ihnen kurz das Telefongespräch mit Ihrem Werbeleiter von gestern zu bestätigen...

Werbeleiter von gestern... Also, sooo deutlich hatte ich wirklich nicht werden wollen.

Testbogen 29

1 In einem Stellenangebot heißt es: *Die selbständige Arbeit und das interessante Aufgabengebiet rundet eine entsprechende Dotierung ab.* Die selbständige Arbeit ist eine Sache, das interessante Aufgabengebiet die zweite. Wenn ein Satzgegenstand aus zwei Gliedern besteht, müßte dann nicht auch das Prädikat im Plural stehen, also *runden... ab* statt *rundet... ab?*

Wer rundet was ab?

Akkusativobjekt in Spitzenstellung

1 Wenn, dann ja. Aber *die selbständige Arbeit und das interessante Aufgabengebiet* ist nicht zweigliedriges Subjekt, sondern nach vorn gezogenes Akkusativobjekt. Der Satzbau ist ungewöhnlich und nicht gerade Spitzenklasse, aber grammatisch **korrekt**.

2 *Für Ihre Bemühungen danken wir und grüßen hochachtungsvoll...* Würden Sie einen Brief auch so schließen? Oder würden Sie lieber schreiben: *Für Ihre Bemühungen danken wir und verbleiben mit freundlichen Grüßen...?*

Briefschlußfloskeln, eine häufige Fehlerquelle
wir

Modernere Briefschlüsse: Mit freundlichen Grüßen
Es grüßt Sie

2 **Beide Schlußfloskeln sind falsch.** Auf die Wiederholung des Subjekts *(wir)* können wir nur verzichten, wenn das in Spitzenstellung stehende Subjekt sich auch auf die zweite Satzhälfte bezieht. *Für Ihre Bemühungen* gehört aber nur zu *danken wir,* nicht zu den Grüßen. Grammatisch richtig würden die Sätze mit einleitendem *wir*: *Wir danken Ihnen für Ihre Bemühungen und grüßen hochachtungsvoll.../...und verbleiben mit freundlichen Grüßen...* – doch vom grammatisch Korrekten bis zum stilistisch Gelungenen ist es ein großer Schritt.

3 Ist dieser Briefschluß korrekt? *Leben Sie recht wohl und erfreuen sich der schönen Jahreszeit. Weimar, den 15. April 1797.* (Sonderfrage: Wer könnte das geschrieben haben?)

Wiederholung des Subjekts nach ‚und'

3 Sagen wir vorsichts- und respekthalber: **Deutsch von heute ist das nicht.** Der Satz stammt von Goethe. Goethe schloß damit eine Antwort auf einen Brief, den Schiller ihm tags zuvor aus Jena geschrieben hatte. Schillers Brief endete: *Leben Sie recht wohl und machen Sie sich bald von Ihren zerstreuenden Geschäften frei.* Wir sehen daraus nicht nur, wie beneidenswert schnell in der Postkutschenzeit ein Brief von Weimar nach Jena befördert wurde, sondern auch, daß Schiller im Gegensatz zu Goethe das Subjekt nach *und* korrekt wiederholte. Goethe nahm es in dem Punkt gar nicht genau, Schlußformeln wie *Leben Sie recht wohl und grüßen Humboldts* finden sich unter den meisten seiner Briefe. Sie können sich also auf Goethe berufen, wenn Sie den Eindruck haben sollten, daß Ihnen Ihre Briefschlüsse bisher auch nicht immer ganz geglückt sind. Aber: Zu Goethes Zeiten war das Regelgebäude der Grammatik noch nicht so ausgebaut wie heute.

4 Aus einer „Erläuterung" des Finanzamts zum Einkommensteuerbescheid: *Die Einkünfte aus selbständiger Arbeit betragen 9100,–DM (Ehe-*

mann). Diese Einkünfte mußten den übrigen Einkünften von 60670,– DM (nichtselbständige Arbeit) und 1950,– DM (Kapitalvermögen) gegenübergestellt werden und überwiegen die anderen Einkünfte wesentlich. Ein steuerfreier Betrag nach § 18 Abs. 4 Einkommensteuergesetz konnte somit bei der Ermittlung der Einkünfte von Herrn M. nicht abgesetzt werden.
Auf seine wichtigsten Bestandteile reduziert, heißt dieser Text: Diese Einkünfte (9100 DM) mußten den übrigen Einkünften (60670 DM + 1950 DM) gegenübergestellt werden und überwiegen die übrigen Einkünfte. Demnach überwiegen die Einkünfte von 9100 DM die Einkünfte von 62620 DM? Wie soll man sich als Steuerzahler das zusammenreimen?

[4] Schuld an dem Mißverständnis ist eine veraltete Satzkonstruktion, die vormals im Amts- und Kaufmannsdeutsch übliche, heute als inkorrekt geltende Inversion nach *und*. Der Satzanfang *Diese Einkünfte* ist also nicht gemeinsames Subjekt beider durch *und* verbundenen Sätze; Subjekt des zweiten Satzes ist vielmehr *die anderen Einkünfte*. Korrekt und unmißverständlich hätte die Stelle so lauten können: *Diese Einkünfte mußten den übrigen Einkünften von 60670 DM (nichtselbständige Arbeit) und 1950 DM (Kapitalvermögen) gegenübergestellt werden; die Einkünfte aus nichtselbständiger Arbeit und Kapitalvermögen überwiegen die Einkünfte aus selbständiger Arbeit wesentlich.*

Inversion nach ‚und'

[5] Von einer Illustrierten als „Wucher der Woche" gebrandmarkt: *Zum Abdichten von Vakuumgeräten benötigte der Berliner Ingenieur Karl Ernst L. von der Technischen Universität einige Meter Perbunan-Rundgummischnur.* Wissen Sie, seit wann die TU in Berlin mit Gummi handelt? Wenn nicht, ändern Sie die Wortfolge bitte so, daß der Satz eindeutig wird.

Wortfolge kann Folgen haben!

[5] *Der Berliner Ingenieur Karl Ernst L. von der Technischen Universität benötigte* (besser: *brauchte*) *zum Abdichten von Vakuumgeräten einige Meter Perbunan-Rundgummischnur.* Daß dies die richtige Lesart ist, geht aus dem weiteren Text hervor: *Für jeweils fünf Meter in sechs und acht Millimeter Dicke forderte die Firma Benno S. einen Betrag von 122,02 Mark. Als S. den Preis nicht senken mochte, verzichtete der Ingenieur auf den Kauf...*

[6] Der englische Spielfilm „Zwischen Ruhm und Leben" wurde im Sommer 1976 im Fernsehprogramm angekündigt: *Dies ist der letzte Film, den Judy Garland sieben Jahre vor ihrem Tod im Juni 1969 gedreht hat.* Ist Ihnen klar, wann der Film gedreht wurde?

[6] Bereits 1962. Aber um herauszubekommen, daß sich die unmittelbar vor *gedreht hat* stehende Jahreszahl nicht auf das Drehjahr bezieht, muß man ganz schön überlegen. Hier hätten zwei Sätze den Sachverhalt deutlicher gemacht: *Dies ist der letzte Film, den Judy Garland gedreht hat, sieben Jahre vor ihrem Tod; sie starb im Juni 1969.*

Wer den (Satz-)Bogen raushat, überspannt ihn nicht

Verbaler Rahmen und Ausklammerung

„Hören Sie, das schreibt uns die Firma Meiermann", stöhnt Herr Fechner und liest den Briefanfang vor:

> „Als langjähriger Kunde setzen wir bei der auf dem Zellstoffsektor immer noch rückläufigen Absatzsituation, aus der sich unser derzeitiges Preislimit und unsere Erwartungen bezüglich kürzerer Lieferzeiten erklären..."

Hier unterbricht er sich. „Ahnen Sie", fragt er den Kollegen Schröder, „was die Meiermänner setzen wollen?" „Hoffentlich bald einen Punkt." „Irrtum, lieber Schröder, es geht weiter:

> ...voraus, daß Sie uns die 12 t VZ noch zu den im vorigen Jahr zwischen Ihrer Verkaufsleitung und unserem Herrn Meiermann jun. vereinbarten Preis liefern werden, eintreffend bereits am 15. März in unserem Werk."

Was stört Herrn Fechner denn nun so an diesem Satz? Die respektable Länge von 61 Wörtern? Auch, aber mehr noch der Umstand, daß die Bestandteile des Prädikats *(setzen... voraus)* durch ein langes Einschiebsel (23 Wörter) auseinandergerissen sind. Man geht ja in die Knie, wenn man fast zwei Dutzend Wörter lesen muß, ehe man sein Aha-Erlebnis hat.

Eine andere Stelle aus demselben Brief:

„Wir haben uns" – was?
> Wir haben uns, da zur Zeit für die Beschaffung der von uns benötigten VZ-Qualität weder bei den anderen bundesdeutschen Erzeugern noch auf dem Weltmarkt ein Engpaß besteht, der uns zur Einschränkung unseres Produktionsprogramms zwingen und damit unsere Lieferverpflichtungen gefährden könnte...

ja, was hat sich die Firma Meiermann nun eigentlich?

> ...entschlossen...

Na endlich!

Im Prinzip das gleiche Malheur: Wieder ist ein Prädikat zu weit auseinandergerissen, nur ist es diesmal nicht ein trennbar zusammengesetztes Verb im Präsens *(setzen... voraus)*, sondern ein reflexives Verb im Perfekt *(haben uns... entschlossen)*.

Die Nutzanwendung aus diesen beiden Briefstellen liegt auf der Hand:

 Keine langen Einschiebsel zwischen die Bestandteile mehrteiliger Prädikate, sonst leidet die Übersichtlichkeit.

Übersichtlichkeit ist kein absolutes Maß, sie hängt ein bißchen vom Blickwinkel ab. Was für den einen ein Bandwurmsatz, das ist für den andern noch ganz passables Deutsch. Und natürlich spürt der Leser den Mangel an Übersichtlichkeit eher als der Schreiber. Der Schreiber hat den zweiten Teil seines Prädikats ja im Kopf – der Leser muß sich durch die ganze Satzklammer hindurchquälen, bis er kurz vor dem Satzschlußpunkt hinter den Sinn der Sache kommt. Dabei hat der Schreiber keineswegs die Absicht, den Leser auf die Folter zu spannen. Im Gegenteil, er möchte ihn genau, gründlich und vollständig informieren und vor allem schnell, ohne lange Nebensätze, auf wenig Papier. Sprachökonomie und Rationalisierung nennt man das. Oder auch: Sparen am falschen Fleck.

Stopfstil produziert man so

Oft genügen schon Subjekt und Prädikat zur Bildung eines Satzes:

 Herr Kruse telefoniert.   *Herr Kruse* = Subjekt
          telefoniert = Prädikat

Dieser Satz ist zum Ausstopfen ungeeignet. Um einen Satz richtig schön auspolstern zu können, muß man zunächst ein zwei- oder mehrteiliges Prädikat haben, das sich auseinanderreißen läßt. Also:

 Herr Kruse ruft an.   *ruft an* = zweiteiliges Prädikat, Satzklammer oder verbaler Rahmen   **verbaler Rahmen**

So, damit haben wir einen grammatisch vollständigen, an Informationsgehalt noch ziemlich mageren Satz. Neugierig, wie der Mensch nun mal ist, möchte er ein bißchen mehr wissen. Grammatisch gesprochen: Der einfache Satz läßt sich durch Objekte, Adverbialbestimmungen und Attribute erweitern. Profan: ausstaffieren. Tun wir es. Hinzufügen läßt sich zum Beispiel:

1. wen Herr Kruse anruft:
 Herr Kruse ruft die Zentrale an.   *die Zentrale* = Objekt (hier: Akkusativobjekt)

2. wann er anruft:
 Herr Kruse ruft morgen gegen 15 Uhr die Zentrale an.   *morgen gegen 15 Uhr* = Adverbialbestimmung (hier: Temporalbestimmung)

3. wie wahrscheinlich es ist, daß er anruft:
 Herr Kruse ruft auf jeden Fall morgen gegen 15 Uhr die Zentrale an.   *auf jeden Fall* = Adverbialbestimmung (hier: Modalbestimmung)

4. von wo er anruft:
 Herr Kruse ruft auf jeden Fall morgen gegen 15 Uhr von der BAUMA in München aus die Zentrale an.   *von der BAUMA in München aus* = Adverbialbestimmung (hier: Lokalbestimmung)

> Immer wirken substantivische Adverbialbestimmungen papierener als Nebensätze. Viele schreiben: *Bei Einbruch der Dunkelheit...*, alle sagen: *Wenn es dunkel wird...*

5. weshalb er anruft:

   Herr Kruse ruft auf jeden Fall morgen gegen 15 Uhr von der BAUMA in München aus wegen eines Termins die Zentrale an.

   wegen eines Termins = Adverbialbestimmung (hier: Finalbestimmung)

6. wegen was für einer Art von Termin er anruft:

   Herr Kruse ruft auf jeden Fall morgen gegen 15 Uhr von der BAUMA in München aus wegen eines Termins für seinen Besuch in Ihrem Hause die Zentrale an.

   für seinen Besuch in Ihrem Hause = Erläuterung zu *wegen eines Termins*; Attribut zur Finalbestimmung

Damit hätten wir's nun auf die stattliche Zahl von 24 Wörtern Zwischentext gebracht. Bestimmt ließe sich noch mehr Polstermaterial auftreiben; wer Lust hat, der suche und stopfe weiter. Doch darauf, die Satzklammer noch stärker vollzupfropfen, kommt es jetzt nicht an. Jetzt sollten wir uns überlegen: Wie können wir die Satzklammer entlasten, ohne aus dem Stopfsatz Hackepeter zu machen?

Bevor Satzklammer und Lesergeduld platzen: ausklammern!

Haben Sie sich schon mal überlegt, wozu es Gliedsätze gibt – Nebensätze, die ein Satzglied vertreten? Wir können zum Beispiel die Finalbestimmung aus der Satzklammer herauslösen und zu einem Finalsatz umbilden:

damit

Herr Kruse ruft auf jeden Fall morgen gegen 15 Uhr von der BAUMA in München aus die Zentrale an, *damit Sie sich mit ihm wegen eines Termins für seinen Besuch in Ihrem Hause verständigen können*.

um zu

Gefälliger wirkt der finale *um zu*-Anschluß:

... die Zentrale an, *um sich einen Termin für seinen Besuch in Ihrem Hause vorschlagen zu lassen*.

Aber selbst wenn wir die Finalbestimmung nicht umbilden, sondern nur aus der Satzklammer herausnehmen und hinter den zweiten Prädikatsteil setzen, haben wir größere Übersichtlichkeit:

Herr Kruse ruft auf jeden Fall morgen gegen 15 Uhr von der BAUMA in München aus die Zentrale an *wegen eines Termins für seinen Besuch in Ihrem Hause*.

Ausklammerung

Das ist es, was wir unter Ausklammerung verstehen: die Belegung des Nachfelds mit einem aus der Satzklammer herausgelösten Satzglied. Natürlich könnte man auch vor die nachgestellte Finalbestimmung ein *und zwar* einfügen *(und zwar wegen eines Termins...)* mit Komma davor, aber *und zwar* ist weder nötig noch besonders modern.

und zwar

Die bloße Ausklammerung hingegen ist ein hochmodernes Stilmittel. Wem es um syntaktische Klarheit geht, wer empfänglich ist für Rhythmen in der Sprache, wer mit seinen Worten wirken will, der neigt zur Verkürzung des Satzrahmens, zur Ausklammerung. Werbetexter sind ausgesprochen „ausklammerfreundlich". Wäre einem Reklamemacher unser Stopfsatzstil untergekommen, sähe der nach Überarbeitung wahrscheinlich so aus:

> Herr Kruse ruft die Zentrale an. Punkt. Auf jeden Fall. Punkt. Morgen gegen 15 Uhr. Punkt. Von der BAUMA in München. Punkt. Wegen eines Termins für seinen Besuch in Ihrem Hause. Punkt.

Warum lieben Werbetexter kurze Sätze? Weil ein Text mit vielen Punkten langsam gelesen werden will. Was langsam aufgenommen wird, haftet länger.

Geballte Ladung. Punkt. Merken Sie, wie auf die Spitze getriebene Ausklammerung – der Satzrahmen umschließt hier nur noch das Objekt – die Hackstilproduktion begünstigt? Jede herausgelöste Adverbialbestimmung wird gesondert serviert. Punkt. Das hemmt den Lesefluß. Punkt. Nicht aber die Verständlichkeit.

Übertreibungen können einem jedes Ausdrucksmittel verleiden. Was Ausklammerung stilistisch zu leisten vermag, können wir besser an einem Beispiel sehen wie dem:

Ausklammerung als Stilmittel

> Eigentum verpflichtet. Sein Gebrauch soll zugleich Dienst sein *für das Gemeine Beste*. (Weimarer Verfassung)

Nicht nur das Ausgeklammerte erhält durch seine Plazierung im Nachfeld mehr Gewicht, auch das sich zusammenballende Prädikat wirkt kompakter. Das macht den Stil wuchtiger, seine Wirkung nachhaltiger.

Jahrzehntelang war in unseren Schulen die Ausklammerung verpönt; sie galt als undeutsch, als Anglizismus. Fürs Englische ist sie typisch – auch einer der Gründe, weshalb Englisch leicht erlernbar und leicht verständlich ist.

Ausklammerung im Englischen

> Life is, always has been and ever will be independent of matter.

Wie soll man das übersetzen? Von der Formulierung

> Leben ist, war stets und wird immerdar von der Materie unabhängig sein   (A)

riet die Zeitschrift SPRACHDIENST ab; ihre Begründung: „Drei Prädikate bilden in Satz A das Gesamtprädikat. Davon sind zwei Prädikate einteilig *(ist, war)*, eines aber ist zweiteilig *(wird sein)*. Das zweiteilige Prädikat umgreift nun ganz richtig die mehrgliedrige Ergänzung *von der Materie unabhängig*; durch dieses Umgreifen werden aber in der Übersetzung A die anderen beiden Prädikate von der Ergänzung abgeriegelt. Dabei verlangen sie aber doch dieselbe Sinnergänzung wie das dritte Prädikat! *(immer/ immerdar* gehört als Ergänzung nur dem dritten Prädikat an, wie *stets* nur zum zweiten gehört.) Die Lösung bietet die folgende Version:

Leben ist und war stets von der Materie unabhängig und wird es immer (dar) sein. (B)

In B wird die Ergänzung unmittelbar hinter die einteiligen Prädikate gestellt und damit zunächst einmal auf diese bezogen; im nachfolgenden dritten Prädikat nimmt dann das Pronomen *es* den Inhalt der Sinnergänzung wieder auf."

Hätten Sie, verehrte Leser, sich auch für die grammatisch einwandfreie Übersetzung B entschieden? Ich nicht, ich hätte anders übersetzt, mit Ausklammerung und Doppelpunkt davor:

Leben ist, war stets und wird immer sein: unabhängig von der Materie.

Meine Begründung: Wo es der Inhalt verträgt, geht Rhythmus über Grammatik.

Ausklammerung in der Literatur und in der Alltagssprache

Daß Ausklammerung undeutsch sei, ist ein Vorurteil. Es hat sie immer gegeben:

bei Luther: Ein guter mensch bringet gutes hervor *aus dem guten schatz seines herzens.* (Luk. 6, 45)

bei Schiller: Man pflanze auf *die Schwerter der Gewalt.* (Wilhelm Tell)

bei Hitler: Wir schließen endlich ab *die Kolonial- und Handelspolitik der Vorkriegszeit* und gehen über *zur Bodenpolitik der Zukunft.* (Mein Kampf)

bei Adenauer: Er soll uns sein *ein Tag der Mahnung* (am 17. Juni 1954 über den 17. Juni 1953).

in ungezwungener Rede: Und dann ist er umgezogen *mit allem Klimbim.*

Doch in der Schule wird aufgepaßt, daß ja der vollständige prädikative Rahmen erhalten bleibe. Zitat aus der Zeitschrift DEUTSCHUNTERRICHT:

„Wenn Brecht Galilei sagen läßt: ‚Ich habe ein Buch geschrieben über die Mechanik des Universums', so kann ein Sechzehnjähriger nicht die Berechtigung daraus ableiten zu schreiben: ‚Ich habe eine Kontrollarbeit geschrieben über die Mechanik des Keils.'"

Der Schreibende wagt sich aufs Meer hinaus, der Sprechende wagt sich hinaus aufs Meer.
OTTO BEHAGHEL (1854–1936)

Warum kann er das nicht? Wäre ich sein Lehrer, ich würde ihm das Ausklammern nicht erlauben – ermutigen würde ich ihn dazu. Das Heilighalten des vollständigen prädikativen Rahmens ist typisches Schriftdeutsch, von der Sprache der Dichtung genausoweit weg wie von der lockeren Alltagssprache. Und für steriles Schriftdeutsch gibt es zur Blutauffrischung nichts Besseres als ein paar Elemente des mündlichen Stils, noch dazu, wenn sie durch Literatur gewordene Sprache legitimiert sind.

Nachklapp

Wann immer man mit dem deutschen Satz fertig zu sein glaube, poltere noch ein *gehabt haben worden zu sein* hinterher. Sagte Mark Twain und meinte damit nicht nur die Endstellung des Verbalkomplexes im Nebensatz. Was die deutsche Wortstellung so „pedestrian" (fußgängerisch) mache, sei das Nachhinken des abgetrennten zweiten Prädikatteils hinter einem in die Satzklammer gezwängten Zwischensatz. Und das Fatalste an der Sache: Erst dieses nachklappende Wort oder Wortglied ist der Schlüssel zum Sinn.

Erinnern Sie sich noch an Alfred, das Ekel, aus der Fernsehserie „Ein Herz und eine Seele"? In einem Kommentar der FRANKFURTER ALLGEMEINEN hieß es dazu:

> Je mehr die Serie fortschreitet, desto deutlicher wird die Anlage, die ihr Wolfgang Menge, der Verfasser, gegeben hat. Am Beispiel dieser Familie wird die Reaktion auf die Tagesereignisse getestet. Alfred, der Vater, versteht alles (wenn auch auf die beschränkteste und politisch vorurteilsvollste Art) ...

Die F. A. Z. bestelle ich ab, dachte ich, als ich das las: Dieses Scheusal namens Alfred soll alles verstehen?! Und dann guckte ich noch einmal hin:

> ... versteht alles (wenn auch auf die beschränkteste und politisch vorurteilsvollste Art) falsch.

Warum hat der Kommentator das Eingeklammerte nicht ausgeklammert?

Oder:
> Die Verletzungen des Waffenstillstands an der griechisch-türkischen Grenze gingen weiter – so wenigstens berichtet unser Korrespondent aus Ankara –

und dann endlich kommt das erlösende Wort, das die deprimierende Nachricht als Entstellung entlarvt:

> ... zurück.

Ein gewandter Journalist hätte das sinnentscheidende *zurück* nach vorn gezogen:

> Weiter zurück gingen ...

Fazit

Wenn Sie es gut mit Ihrem Stil und Ihren Lesern meinen, dann verzichten Sie darauf, das sinnentscheidende Wort am Schluß nachklappen zu lassen. Klammern Sie aus, holen Sie den zweiten Prädikatteil näher an den ersten heran. Aber übertreiben Sie nicht. Gegen die prädikative Klammer ist nichts einzuwenden, solange das von ihr Eingeschlossene einigermaßen übersichtlich bleibt. Immer aber wird der seinen Lesern den besten Dienst erweisen, der sich an den Grundsatz hält:

 Den Satzbogen niemals mit zwischengeschaltetem Text überspannen.

Testbogen 30

1 Herr Hinze schlug Herrn Kunze wegen seiner gründlichen Kenntnisse im Steuerrecht und weil er schon einige Jahre lang in ähnlicher Position gearbeitet hatte (deshalb schlug er ihn?) *als Nachfolger vor*. Wie würde der Satz lauten, wenn Sie die beiden Kausalangaben ausklammern, um *als Nachfolger vor* nicht nachklappen zu lassen?

Ausklammern hilft nicht immer

1 Herr Hinze schlug Herrn Kunze als Nachfolger vor, weil H e r r K u n z e sich gründlich im Steuerrecht auskennt und schon einige Jahre lang...

Sie sehen, Ausklammerung ist auch kein Allheilmittel. Durch den vorgezogenen Prädikatteil nebst Objekt wird Herr Kunze so weit von seinen Kenntnissen getrennt, daß er im Nebensatz nochmals namentlich in Erscheinung treten muß. Ein *er* an seiner Stelle *(weil er sich gründlich im Steuerrecht auskennt und schon...)* wäre kein geeigneter Statthalter; man könnte dem *er* nicht ansehen, ob es für Herrn Kunze oder für Herrn Hinze steht.

2 Steuerliche und juristische Fragen sind, besonders wenn miteinander verquickt, nicht immer so verständlich darzustellen, wie man als Laie sich das wünscht. Aber unter Verzicht auf den amtlichen Wortlaut ließe sich manches verdeutlichen. Vor allem darf man nicht alles in einen Satz stopfen wollen, das wäre falsche Sparsamkeit. Zerlegen Sie diesen Stopfstilsatz bitte in verständliches Deutsch: *Folgendes hat die Prüfung der vom Vorsteher des Finanzamts gegen die die Rückstellung anerkennende Entscheidung des Finanzgerichts eingelegten Rechtsbeschwerde ergeben...*

2 *Das Finanzgericht hat die Rückstellung anerkannt. Dagegen hat der Vorsteher des Finanzamts Rechtsbeschwerde eingelegt. Die Prüfung der Beschwerde hat folgendes ergeben...*

3 a) *Treffen wir uns also morgen nachmittag in Ihrem Stuttgarter Büro.*
b) *Treffen wir uns also in Ihrem Stuttgarter Büro morgen nachmittag.*
Welche der beiden Formulierungen würden Sie für eine Verabredung benutzen? Und wissen Sie auch, weshalb?

Im Deutschen hat die Zeitbestimmung Vorrang.

3 Bestimmt würden Sie sich auch für a) entscheiden, normalerweise geht die Zeitbestimmung der Ortsbestimmung voran. Es sei denn, man braucht die Zeitbestimmung am Satzende zur Bekräftigung eines Gegensatzes: *Treffen wir uns also in Ihrem Stuttgarter Büro morgen nachmittag* (und nicht morgen vormittag).

4 *Er hat von Heirat und daß er bauen will gesprochen.* Der Satz klingt ein bißchen holperig. Könnte man ihn durch Ausklammerung glätten?

unvollständiger Satz

4 N e i n. *Er hat von Heirat gesprochen und daß er bauen will* ist auch nicht besser. Die zweite Satzhälfte ist nach wie vor eine unvollständige Angelegenheit, ihr fehlt das zweite Objekt. Setzen wir es ein – und die Sache stimmt: *Er hat von Heirat gesprochen und d a v o n, daß er bauen will.*

5 Wie würden Sie sagen?

a) *Es ist immer deutlicher, wenn man sich für einen Brief vom 6. Januar bedankt als für einen Brief vom 6. d. M.*

b) *... wenn man sich für einen Brief vom 6. Januar als für einen Brief vom 6. d. M. bedankt.*

> **5** Vergleichsbestimmungen trennen sich lieber von ihrem Bezugswort, als daß sie die Satzklammer zerdehnen: a) ist die üblichere und stilistisch bessere Variante.

Ausklammerung der Vergleichsbestimmung mit ‚als'

6 Aufzählungen bringt man am besten hinter der prädikativen Klammer unter, im Nachfeld: *Verschiedene Elemente sind bei Normaltemperatur (20°C) gasförmig, z. B. Sauerstoff, Wasserstoff, Fluor, Chlor usw.*

Oder hätten Sie einen besseren Vorschlag?

> **6** Doch, den sollten Sie haben. Leitet man eine Aufzählung von Beispielen mit *z. B.* ein, dann braucht man am Schluß nicht noch ein *usw*. Beide Abkürzungen sagen das gleiche: daß die Aufzählung unvollständig ist.

zum Beispiel usw.

7 *Wenn nun auf der eben abgelaufenen Wintertagung des Deutschen Garten-Center-Verbandes in Berlin am letzten Tage, wie es hieß, nach einer anstrengenden Nachtsitzung, den Teilnehmern eröffnet wurde, die wenigen Gartencenter, es wird von 5 bis 10 gesprochen, die bisher, ihrem fachlichen Herkommen gemäß, im Verband Deutscher Samenkaufleute und Pflanzenzüchter vertreten waren, beabsichtigen, Vollmitglieder des VDG zu werden, mit ihren Samenabteilungen aber im VDSP zu verbleiben, so wäre das zweifellos eine begrüßenswerte Entwicklung.*

73 Wörter in einem Satz! Wer bietet mehr?

Dreiundsiebzig Wörter in einem Satz! Wenn der Schreiber sich künftig präziser und besonnener ausdrücken wollte, so wäre das zweifellos auch eine begrüßenswerte Entwicklung. Oder haben Sie auf Anhieb erkennen können, was für eine Entwicklung in dem zitierten Satz begrüßt werden soll? Sonst probieren Sie es mit der Abstrichmethode. Wie heißt das Skelett dieses Superbandwurmendlossatzes?

> **7** Der Skelettsatz heißt: *Wenn den Teilnehmern eröffnet wurde, so wäre das eine begrüßenswerte Entwicklung.* Dem Satzbau nach bezieht sich *begrüßenswert* auf den Umstand, daß den Tagungsteilnehmern die Absicht eröffnet wurde. Dem Sinn nach sollte es sich aber auf die Absicht der Gartencenter beziehen. Sollte! Kein Wunder bei der Konstruktion, in der der komplette Hauptsatz zum Nachklapp eines Nebensatzes wird. (Daß keine Regel ohne Ausnahmen ist, zeigt aber Luthers Übersetzung von Vers 2 im 13. Kapitel des 1. Korintherbriefes: „Und wenn ich weissagen könnte und wüßte alle Geheimnisse und alle Erkenntnis und hätte allen Glauben, also daß ich Berge versetzte, und hätte der Liebe nicht, so wäre ich nichts.")

Einer der schönsten Sätze deutscher Sprache

Bei Kummer mit der Kongruenz:
Nur den Kopf und nicht die Köpfe schütteln

Zur Formabstimmung der Satzglieder

Herr Müller hat sich ein Auto gekauft, Herr Meier hat sich ein Auto gekauft. Haben sich die beiden jetzt *ein* Auto gekauft – oder haben sich Herr Müller und Herr Meier *zwei* Autos gekauft? Sie glauben nicht, was diese Überlegung den Sprachregulierern schon zu schaffen gemacht hat. Daß die zwei Herren sich *je ein* Auto gekauft haben könnten, fällt nur einem Mathematiker ein.

Die Frage gehört zum Einzahl-Mehrzahl-Problem und damit in ein Kapitel, das in den Grammatiken mit „Kongruenz" überschrieben ist; ihr Grundsatz besagt: Was im Satz zueinander gehört, muß auch formal, in seinen Beugungsendungen, zueinander passen. Steht der Satzgegenstand in der Mehrzahl, muß auch die Satzaussage in der Mehrzahl stehen; zu einem männlichen Hauptwort gehört ein Für-, Geschlechts- oder Eigenschaftswort in männlicher Form und nicht in weiblicher, und bei einem Hauptwort im zweiten Fall sollte man schon darauf achten, daß man seine Apposition nicht in den ersten oder dritten setzt. Die Kongruenz (von lateinisch *congruentia* = Übereinstimmung) ist also eine rein formale Angelegenheit; ihre Hauptschwierigkeit: manchmal wollen zusammengehörige Satzglieder einfach nicht zusammenpassen, vor allem nicht im Numerus.

Kongruenz im Numerus

Ist 250 Schweizer Franken eine Menge Geld?

Die Antwort auf diese Frage hängt nicht nur vom eigenen Monatseinkommen ab, sondern auch davon, welchen grammatischen Standpunkt man bezieht. Ich würde sagen, 250 Franken *ist* eine ganz nette Summe, aber wenn jetzt jemand erklärt: „Das stimmt nicht, 250 Franken *sind* viel Geld" – dann hätte er ebenfalls recht. Warum?

Die Kongruenzregel fordert unter anderem, daß Subjekt und Prädikat im Numerus übereinstimmen, auf deutsch: daß Satzgegenstand und Satzaussage entweder gemeinsam in der Einzahl oder gemeinsam in der Mehrzahl stehen. Das Subjekt unseres Beispielsatzes heißt *250 Franken* und ist eindeutig als Mehrzahl zu erkennen. (*250 DM* ist als Mehrzahl weniger leicht kenntlich, weil der Plural von *Mark* sich nicht vom Singular unterscheidet.)

Märker sind die Bewohner von Brandenburg.

Da also das Subjekt *250 Franken* Mehrzahl ist, müßte jetzt das Prädikat auch in der Mehrzahl stehen: *250 Franken sind* ... „sind" würde nun aber gar nicht zum Gleichsetzungsnominativ *viel Geld* passen, der zwar nicht seiner Bedeutung, aber seiner grammatischen Form nach Singular ist. Wie man's auch dreht, die eine Lösung ist so unbefriedigend wie die andere, doch mehr als zwei Zahlformen hat die deutsche Sprache nicht. Fazit:

Ist in einem Gleichsetzungssatz eines der beiden Glieder eine pluralische Maß- oder Mengenangabe, kann man Einzahl oder Mehrzahl setzen. (*Gleichsetzungssatz* – früher: Prädikativsatz –, weil das Subjekt mit der Sinnergänzung des Prädikats gleichgesetzt wird.)

Gleichsetzungssatz

Bei einem Geldbetrag wie *250 Schweizer Franken* entscheidet man sich besser für den Singular, weil man die Summe als eine Einheit auffaßt, nicht als eine Vielheit von 250 Geldstücken.

Ist ‚Anzahl' Einzahl oder Mehrzahl?

„Hiermit bestätige ich Ihnen dankend den Erhalt der angeforderten Glasmuster", diktiert Herr Braun seiner Sekretärin und fährt dann fort: „Eine Anzahl dieser weist leider Transportschäden auf." Herrn Brauns Sekretärin weiß, daß es kein guter Stil ist, *dieser* hauptwörtlich zu gebrauchen, sie ändert deshalb in: „Eine Anzahl Muster weisen leider Transportschäden auf." Als Herr Braun sich am Spätnachmittag die Post zum Unterschreiben vorlegen läßt, wird er ärgerlich, weil er meint, die Dame habe ihm einen Fehler in seinen Brief „hineinkorrigiert". *Anzahl* sei Einzahl, erklärt Herr Braun, also müsse auch das Prädikat in der Einzahl stehen:

„Dieser" ist kein Hauptwort.

Anzahl

> Eine *Anzahl Muster weist* leider Transportschäden auf.

Die Sekretärin ist aber nicht auf den Mund gefallen, sie meint, insgesamt seien sieben Muster zerbrochen oder zumindest gesprungen, sieben Muster seien schließlich mehr als eines und infolgedessen Mehrzahl, und darum habe sie geschrieben:

> Eine *Anzahl Muster weisen* leider Transportschäden auf.

Gesetzt den Fall, Sie müßten hier den Schiedsrichter spielen – wem würden Sie recht geben?
Sie könnten mit gutem Gewissen alle beide zufriedenstellen. Weil wir bei Mengenangaben sowieso eine Vielzahl im Sinn haben, gestattet uns die Grammatik, nach Begriffen wie *Menge, Masse, Unzahl, Unmasse, Handvoll, Reihe, Zahl, Paar, Hälfte* von der Kongruenzregel abzuweichen und den Plural zu setzen:

Menge
Masse
Unzahl
Unmasse
Handvoll
Reihe
Zahl
Paar
Hälfte

> Eine *Anzahl (Menge, Reihe) Muster weisen/weist* leider Transportschäden auf.

Die gedankliche Übereinstimmung zwischen Subjekt und Prädikat nennt man S y n e s i s oder K o n s t r u k t i o n n a c h d e m S i n n. Wo sie vertretbar ist, braucht man sich nicht an die rein formale Kongruenzregel zu halten.

Synesis

Übrigens: Für „eine Anzahl dieser" muß man nicht unbedingt *eine Anzahl Muster* schreiben und damit ein soeben erst benutztes Wort *(Glasmuster)* wiederholen. Besser wäre:

> Leider weisen *einige davon* Transportschäden auf.

Auch der nächste Satz im Brief enthält ein Kongruenzproblem. Doch das ist weder Herrn Braun noch seiner Sekretärin zum Bewußtsein gekommen – und wetten? Ihr Sprachgefühl entscheidet genauso sicher:

> Veranlassen Sie bitte, daß uns umgehend noch einmal je ein Exemplar der Glasmuster XZ 13 und XZ 17 zugeschickt...

je ein Muster wird...

Wie weiter: ...*wird* oder ...*werden*? Sie wußten es: nur *wird* ist richtig. Wird *je* mit dem Zahlwort *ein* verbunden, dann muß das Prädikat auch dann im Singular stehen, wenn der *je-ein*-Angabe ein pluralisches Attribut folgt.

Bei nur einem „Täter": Einzahl

...sendet Jutta mit Familie

> Herzliche Urlaubsgrüße aus dem Schwarzwald *sendet* Euch *Jutta* mit Familie.

Nicht besonders geschmackvoll, aber korrekt: Die Ansichtskartenschreiberin agiert als Star, die Familie ist nur Beifügung, ein durch *mit* angeknüpftes Präpositionalattribut. Deshalb *sendet*, Singular. Aber:

...senden Jutta und Familie

> ...*senden* Euch *Jutta und* Familie.

Durch das *und* bekommt die Familie Urlaubsgrüßeversenderchancengleichheit: Jetzt ist die Familie der Schreiberin gleichgeordnet. Deshalb *senden*, Plural.

oder
entweder – oder
beziehungsweise

Ist ein aus zweien oder zweierlei bestehender Satzgegenstand durch eine ausschließende Konjunktion gekoppelt *(oder, entweder – oder, beziehungsweise)*, steht das Prädikat natürlich im Singular:

> *Entweder Jutta oder Erik kommt* (nicht: „kommen") mit den Kindern früher zurück.

Bei mehreren „Tätern": Mehrzahl

Singular bei Additionen

Nichts logischer, als daß, wenn ein Etwas und ein zweites Etwas additiv verbunden werden, das Prädikat im Plural steht. Denn eins und eins *ist* schließlich zwei – womit wir mitten in der vermaledeiten Logik stecken. Wem fällt heute überhaupt noch auf, daß wir mit mehr Recht sagen könnten: Eins und eins *sind* zwei? Aber im deutschen Rechen- und Sprachgebrauch hat sich nun mal der Singular durchgesetzt: 3 + 4 *ist*/*macht* 7. Engländer und Franzosen gebrauchen den Plural: three and four *are* seven, trois et quatre *font* sept.

und

Sonst steht im großen und ganzen das Prädikat nach *und* im Plural:

> Jutta *und* Erik *kommen* früher zurück.

Wie halten wir es nun aber mit den anderen anreihenden Konjunktionen, mit *sowohl – als auch, sowie, weder – noch, nicht nur – sondern auch*? Da koordinierende Bindewörter mindestens zwei Dinge, Ereignisse, Wesen miteinander verknüpfen, müßte man erwarten, daß das Prädikat grundsätzlich im Plural steht. Doch der Sprachgebrauch hat anders entschieden.

Nach *sowohl – als auch* ist der Plural üblich (der Singular aber nicht falsch):   *sowohl – als auch*

>   *Sowohl* Jutta *als auch* Erik *kommen (kommt)* früher zurück.

Nach *sowie* und *weder – noch* gelten Plural und Singular als richtig: *sowie*
weder – noch

>   Jutta *sowie* Erik *kommen / kommt* früher zurück.
>   *Weder* Jutta *noch* Erik *kommen / kommt* früher zurück.

Nach *nicht nur – sondern auch* wird das Prädikat heute nur in den Singular gesetzt:

>   *Nicht nur* Jutta, *sondern auch* Erik *kommt* früher zurück.   *nicht nur – sondern auch*

Zu schwierig zu behalten? Dann vergessen Sie's. Und vergessen Sie die zweigliedrigen Konjunktionen gleich dazu; sie sind viel zu prätentiös, um eine Zierde für den Stil zu sein, selbst *sowie* klingt nicht halb so natürlich wie *und*. Wer sich mit *und* begnügt, schreibt frischer und hat mit der Kongruenz nur halb soviel Kummer. Ausnahmen bestätigen die Regel.   **Stilwert mehrgliedriger Konjunktionen**

Sinngemäß richtig, grammatisch falsch

Im „Faust" stehen die zwei Zeilen:

>   Es trägt Verstand und rechter Sinn
>   mit wenig Kunst sich selber vor.

Warum *trägt* und nicht *tragen*? Weil der Singular *trägt* sich nach dem *Es* zu richten habe, meinen Sie? Nein, das Einleitungs-*Es* ist nur Auftakt, Vorläufer des Subjekts. Das Subjekt dieses Satzes ist *Verstand und rechter Sinn*, also ein zweigliedriger Satzgegenstand, gekoppelt durch *und*. Wer die Schulgrammatik als einzige Richtschnur ansieht, müßte jetzt sagen: „Hier irrt Goethe. Er hätte schreiben müssen: ‚Es *tragen* Verstand und rechter Sinn…'" Wahrscheinlich aber hatte Goethe sogar drei Gründe, so zu formulieren, wie er es tat: *es*

zwei Einzelsubjekte als Ganzheit

1. kann man *Verstand und rechter Sinn* als eine Ganzheit auffassen. In solchem Fall gestattet die Grammatik, von der rein formalen Kongruenzregel abzuweichen und eine „Konstruktion nach dem Sinn" (Synesis) anzuwenden;   **Synesis**

2. – und das ist wichtiger – hätte das zweisilbige *tragen* den Rhythmus gestört; es hätten zwei schwachtonige Silben (*-gen Ver-*) statt einer in der Senkung gestanden;

3. nahm man es zu Goethes Zeiten mit der Kongruenz noch nicht so genau wie heute.

Selber denken und kritisch urteilen erwünscht!

Ellipse

Seiner Form nach ist dieser Satz ein Auslassungssatz, eine Ellipse. Fragt sich, was da ausgelassen ist: *sind* oder *ist*? *Selber denken* ist das eine Subjekt, *kritisch urteilen* das andere, beide sind durch *und* additiv verbunden, und als Ganzheit muß man die beiden Einzelsubjekte nicht unbedingt ansehen – also wäre nach allem, was bisher über Kongruenz im Numerus gesagt wurde, der Plural zu erwarten. Sie ahnen es bereits: In der Grammatik kommt's meistens anders, als man denkt.

zwei Infinitive als Einzelsubjekte

 Sind die beiden aneinandergereihten Einzelsubjekte Infinitive, wird das Prädikat in den Singular gesetzt:
Selber denken und kritisch urteilen *ist* erwünscht.
Das Betreten des Bahngeländes und Überschreiten der Geleise *ist* verboten.

Im Zweifelsfall: Das kleinere Übel wählen!

„Sprechen kann jeder, reden nur wenige." Stimmt – bis auf die Kongruenz. Was tun mit solchem Holpersatz? *jeder* in den Plural setzen: Sprechen können alle, reden nur wenige.

Vertrackt wird die Sache mit der Kongruenz da, wo die eine Hälfte eines zweigliedrigen Subjekts im Singular, die andere im Plural steht.

In einer Reportage über ein Forschungsschiff, von dem aus exotische Fische für Aquarien gefangen werden, wird die vorzeitige Rückkehr des Schiffes so begründet:

Die Kapazität unserer Behälter und damit die Transportmöglichkeiten *sind* erschöpft.

Korrekt? Ja. *Kapazität* ist Singular, *Transportmöglichkeiten* Plural – dennoch ist das kein schwieriger Fall: Da *und* die beiden Glieder des Subjekts (oder auch: die beiden Einzelsubjekte) additiv verbindet, steht das Prädikat im Plural: *sind* erschöpft.

Der gleiche Sachverhalt, etwas anders formuliert:

Unsere Möglichkeiten für den Transport der Fische, vor allem die Kapazität der Behälter, ... erschöpft.

Was gehört in die Lücke, *ist* oder *sind*? Nur *sind* ist richtig. Wir merken uns:

Apposition im anderen Numerus

 Das Prädikat richtet sich auch dann nach dem Subjekt (hier: *Möglichkeiten*, Plural), wenn ihm eine Apposition im anderen Numerus (hier: *Kapazität der Behälter*, Singular) folgt.

Wiederum der gleiche Sachverhalt in veränderter Wortfolge:

Erschöpft ... die Kapazität unserer Behälter und damit unsere Transportmöglichkeiten.

Zu ergänzen ist der Singular: *Erschöpft ist* ... Die Regel:

finites Verb in Spitzenstellung

 Tritt ein finites Verb in Spitzenstellung, richtet es sich im Numerus nach dem ihm zunächst stehenden Einzelsubjekt.

Sich ans Nächstliegende halten, das ist in der Grammatik wie im Leben nicht das schlechteste. Sollten Sie also eines Tages Kongruenzzweifel plagen, auf die dieses Buch die präzise Antwort schuldig bleibt, dann richten Sie sich nach dem nächstliegenden Beziehungswort:

> Bei zu hartem Anschlag *werden die Gummischeiben oder der Puffer* stark beansprucht / ... *wird der Puffer oder die Gummischeiben* stark beansprucht.

Wenn Sie sich zwischen Singular und Plural nicht entscheiden können, dann richten Sie sich nach dem nächstgelegenen Einzelsubjekt.

Für die Numeruskongruenz zwischen attributivem Adjektiv und seinem Beziehungswort gilt das gleiche:

> Ihm gehört *ein kleines und zwei größere Grundstücke*.
> Ihm gehören *zwei größere und ein kleines Grundstück*.

Kongruenz zwischen Subjekt und Attribut

(Gefälliger: *ein kleines Grundstück und zwei größere; zwei größere Grundstücke und ein kleines*.)

Ohne Ausnahmen wären Regeln nur halb so schön, und zur Verschönerung unserer Faustregel „Am besten das Nächstliegende" hier eine Ausnahme:

 Ist eines der Einzelsubjekte verneint, so ist in der Regel das bejahende für die Form des Prädikats maßgebend:
„Ein alt *Gesetz*, nicht ich, *gebietet's* dir." (Goethe)
Nicht irgendwelche glücklichen Umstände, sondern seine *Zähigkeit* hat ihm Erfolg gebracht.

Kongruenz bei verneintem Einzelsubjekt

Kongruenz im Genus – meist funktioniert sie „von allein"

Kongruenz im Genus

Was ist der Unterschied zwischen der Bundesregierung und Herrn Meyer? Herr Meyer ist ein Mann, standfest, jeder Situation gewachsen, immer Herr der Lage. Unsere Regierung aber ist ... (was Sie jetzt denken, ist nicht gemeint) ein Femininum und dennoch nicht „Herrin" der Lage. Daß Feminina – grammatische oder echte – *Zeugen der Anklage, Hüter des Hauses* oder *Freunde der Ordnung* sein können (statt *Zeuginnen, Hüterinnen* und *Freundinnen*), das entspricht zwar unseren Sprachgepflogenheiten, nicht jedoch der Kongruenz im Genus. Sonst aber haben wir mit der Genuskongruenz keine großen Scherereien, sie gerät uns meistens ohne Nachdenken richtig aufs Papier.

Knifflig wird es nur bei Firmennamen

Firmennamen

Ist Hohwacht-Verlag KG ein Er (der Verlag) oder eine Sie (die KG)? Schreibt man an *den* Konradin-Verlag Robert Kohlhammer GmbH oder an *die* Konradin-Verlag Robert Kohlhammer GmbH? Die Verlagsleitung meint, die Frage entbehre jeder Relevanz, der Post ist es auch egal, doch der Duden weiß Bescheid: Man wende sich an *den* Hohwacht-Verlag KG oder an *den* Konradin-Verlag Robert Kohlhammer GmbH oder an *das* Bibliographische Institut AG; die Rechtsform sei in der Regel nur dann geschlechtsbestimmend, wenn sie als Grundwort eines Firmennamens ausgeschrieben ist: *die Bilanz des Deutschen Milchhofs GmbH*, aber *die Bilanz der Deutschen Milchhof-Gesellschaft mbH*. So weit, so gut. Aber wie weiter?

„Siemens seine" oder „Siemens ihre"?

Siemens ist bekanntlich eine AG, die Siemens-Aktiengesellschaft. Demnach wäre zu erwarten, daß Siemens auf der Hannover-Messe „ihre" Neuentwicklungen präsentiert. Aber nein, nach hauseigenen Pressemeldungen demonstriert Siemens *sein* neuestes Kommunikationssystem. IBM hingegen führt in Hannover *ihre* Neuheiten vor (weil die IBM bis vor kurzem noch die *Internationale Büromaschinengesellschaft* war). Um das richtige Genus abgekürzter Firmennamen zu erwischen, muß man die alte Bezeichnung noch im Ohr haben. Wir sagen *die* DEGUSSA, weil sie früher *Deutsche Gold-* und *Silber-Scheideanstalt* hieß, und *die* BASF, weil das noch vor gar nicht langer Zeit die *Badische Anilin-* und *Soda-Fabrik* war.

Zur komplizierten Geschlechtsbestimmung kommt bei Firmennamen das Einzahl-Mehrzahl-Problem. Stellt oder stellen Agfa-Gevaert in Hannover aus? Wird oder werden AEG-Telefunken auf der Messe vertreten sein? Firmen, die fusioniert haben, agieren in der Wirtschaftspresse im Singular: Agfa-Gevaert *stellt aus*, AEG-Telefunken *ist vertreten*. Auch sonst ist bei Firmennamen, die auf Beteiligungsverhältnisse hinweisen, der Singular üblich: Hammer & Co. *braucht* eine Ausfallbürgschaft; Seibel + Söhne, Zementwerk, *hat* Leute entlassen müssen. Ein pluralisches Prädikat findet man bei Firmennamen fast nur noch hinter *-Werke*: Die Olympia-Werke *sind* forciert in den Export ausgewichen; aber: *Olympia erwartet* eine Umsatzsteigerung von 5%.

-Werke

Übrigens, im Text werden Firmennamen flektiert, das liest sich leichter: Holtzbrinck hat 1989 nicht den Deutscher Bücherbund GmbH & Co., sondern *den Deutschen Bücherbund* an die Mediengruppe Kirch verkauft.

Empfehlenswert: Toleranz

Manchmal kann man das Singular-Plural-Problem weder durch formalgrammatische noch durch sinngemäße Übereinstimmung lösen, es entscheidet allein der Sprachgebrauch: Hunde wedeln mit dem Schwanz, nicht mit den Schwänzen; Leute geben sich die Hand, nicht die Hände, oder leben auf großem Fuß und nicht auf großen Füßen – und obgleich das Autohaus Schmitt zwei Wagen verkauft hat, haben Müllers und Meiers sich ein Auto gekauft.

Zerbrechen wir uns über diese Art von Logik nicht länger den Kopf (und erst recht nicht die Köpfe). Denken wir lieber daran, daß Kongruenz im Numerus nur ein grammatisches Prinzip unter anderen ist, und nicht das oberste.

Kasuskongruenz – und was davon noch übrig ist

„Was der Berliner von der Geschichte seiner Stadt wissen muß" lautet die Überschrift eines Zeitschriftenartikels. Darunter steht:

> Von Dr. Hermann Kügler, *Vorsitzendem* des Vereins für die Geschichte Berlins.

Der Artikel stammt aus dem Jahre 1937.

„Neuorientierung einer Unternehmung" lautet die Überschrift eines Zeitungsartikels. Darunter steht:

> Von Dr. F. W. Meyer, *Delegierter* des Verwaltungsrates der Hermes Precisa International SA, Yverdon.

Der Artikel stammt aus dem Jahre 1974.

Einmal steht die nachgetragene A p p o s i t i o n – der Beisatz, der kein Satz ist – im Dativ: *Vorsitzendem*, einmal im Nominativ: *Delegierter*. Was ist nun richtig? **Apposition**

Richtig ist auf jeden Fall der Dativ. Die Regel verlangt Kasuskongruenz: **Kongruenz im Kasus**

 Die Apposition, das substantivische Attribut, muß im gleichen Fall stehen wie ihr Bezugswort.

Aber richtig ist in diesem Fall auch der Nominativ. Von der Grundregel gibt es Abweichungen zugunsten des bezugslosen Nominativs, die heute als korrekt gelten (und moderner wirken): **Nominativ als „Nullkasus"**

> Von Dr. F. W. Meyer, Delegierter des ...

können wir uns so auflösen:

> Von Dr. F. W. Meyer, (er ist) Delegierter des ...

Doch nicht in jedem Fall kann man auf den Nominativ ausweichen.

Wie sage ich's meinem Chef?

„Seit vier Jahren schreiben wir im Betreff unserer Briefe:

> Acrylglas von meinem Hause, die Firma Degussa.

Jetzt macht uns ein Kunde darauf aufmerksam, daß es *der Firma D.* heißen müsse. Stimmt das? Wenn ja, wie kann ich es meinem Chef erklären?" Das fragte mich die Sekretärin einer Stuttgarter Handelsvertretung.

Meine Antwort:

Der Kunde hat recht. Grammatisch gesehen ist *die Firma D.* Apposition zu *mein Haus*. Nach der Regel muß die Apposition im gleichen Fall stehen wie das Wort, auf das sie sich bezieht: **Apposition**

> N o m i n a t i v : *Mein Haus, die Firma D.*, stellt auch Acrylglas her.
> G e n i t i v : Acrylglas *meines Hauses, der Firma D.*, wird nicht unter Plexiglas geführt.
> D a t i v : Sie erhalten das Acrylglas direkt *von meinem Haus, der Firma D.*
> A k k u s a t i v : Ihre Acrylglasbestellung geht noch heute *an mein Haus, die Firma D.*

Grammatisch korrekt müßte der Betreff also lauten:

> Acrylglas *von meinem Haus, der Firma D*.

Nun ist es zwar üblich, von *meinem Haus* und *meiner Firma* zu sprechen, obgleich einem die Firma nicht, sondern man selbst zur Firma gehört. Trotzdem empfiehlt es sich, den Betreff anders zu fassen: *Acrylglas aus dem Hause D.* oder, wenn das nicht deutlich genug ist, *Acrylglas der von mir vertretenen Firma D.*

Nun aber eine Frage an Sie: Warum habe ich diesmal – im Gegensatz zu *Von Dr. F. W. Meyer, Delegierter des Verwaltungsrats* – den Nominativ in *von meinem Hause, die Firma D.* nicht gelten lassen wollen? Weil diesmal die Apposition ein flektiertes Begleitwort, hier: einen Artikel, hat. Wir merken uns:

 Das Ausweichen in den Nominativ ist nur zulässig, wenn die nachgetragene Apposition ohne Artikel angeschlossen wird und ein Mißverständnis ausgeschlossen ist.

Als Beispiel:

> *Der Sohn Professor Schmitts, Inhaber* des Lehrstuhls für Literaturwissenschaft... (Der Sohn ist Lehrstuhlinhaber.)
> *Der Sohn Professor Schmitts, Inhabers* des Lehrstuhls für Literaturwissenschaft... (Der Vater ist Lehrstuhlinhaber.)

Dativ als „Nullkasus"

Der Dativ als neuer Nullkasus

Noch häufiger als auf den Nominativ weicht man bei der Apposition irrtümlich auf den Dativ aus, und zwar ohne daß man's merkt. Ich weiß, wovon ich spreche: In einem von mir redigierten Bericht, der sich auf die damals gerade fertiggestellte CeBIT-Halle auf dem Messegelände in Hannover bezog, hatte ich diese Stelle durchgehen lassen:

> In der stickigen Luft der CeBIT-Halle, dem mächtigen Altar des Supertempels...

„Was ist damit gemeint?" fragte mich daraufhin der Vorstandsvorsitzende der Ruberoidwerke, Hamburg. „Ist die stickige Luft der Altar? Nach dem grammatikalischen Aufbau des Satzes müßte man das annehmen. – Warum ich so neugierig bin? Die CeBIT-Halle interessiert mich nicht nur, weil sie das größte Dach der Bundesrepublik hat (77942 qm), sondern weil meine Gesellschaft die Dachabdichtung ausführte."
Da half gar nichts, als es unumwunden zuzugeben: Ich hatte den nach den Regeln der Schulgrammatik falschen Dativ übersehen. Korrekterweise hätte die Stelle, die sich gewiß auch schlichter hätte formulieren lassen, lauten müssen:

> In der stickigen Luft *der CeBIT-Halle, des mächtigen Altars des Supertempels...*

Merkwürdig nur, daß drei Leute, die Schreiben und Lesen von Berufs wegen betreiben – der Autor des Berichts, der Korrektor und ich –, den falschen Dativ nicht bemerkt hatten. Legt das nicht den Verdacht nahe, daß der falsche Dativ so falsch nicht ist?

Ein Parallelbeispiel: *infolge* verlangt den Genitiv: *infolge starken Regens, infolge des Todesfalls*. Tritt ein zweiter singularischer Genitiv auf, ‚-s' zwischen eine solche Präposition und das von ihr regierte Wort, darf man mit Erlaubnis der Grammatik bereits auf den Dativ ausweichen: *infolge des Inhabers frühem Tod* (statt korrekt: *infolge des Inhabers frühen Todes*). Hier erteilt die Grammatik dem Dativ ihren Segen, weil er einen Mißklang vermeiden hilft. Und in dem angeführten Beispiel? Niemand wird bestreiten, daß *des Altars des Supertempels* mit seinen viereinhalb Zischlauten auch nicht angenehm klingt.

infolge

Siehe auch Seite 663

Etwa gleichzeitig mit dem Bericht über die CeBIT-Halle erschien in der Zeitschrift SPRACHDIENST ein bemerkenswerter Beitrag, in dem Dr. Uwe Förster eine Fülle falsch in den Dativ gesetzter Appositionen zusammengetragen hat, darunter:

Warum nur verfällt man so leicht in den Dativ?

> Im englischen Volk... ist die Erinnerung an den Untergang *der Titanic, dem Stolz der Meere*...
> ...im einsamen Tal *der Ur, dem Fluß* in Europa, der...
> Was bisher geschehen ist, läßt sich am besten am Beispiel *Brasiliens, dem größten Land* des Subkontinents, zeigen.

Diese falschen Dative rühren nach Förster nicht nur aus der Scheu vor der Häufung von Genitiven her, sie legen noch einen anderen Erklärungsversuch nahe: Eine Präposition, die den Dativ regiert, könnte gleichsam durch Fernwirkung den Kasus der Apposition bestimmen: *Im englischen Volk... dem Stolz; im einsamen Tal... dem Fluß; am Beispiel... dem größten Land*. Und auch ich habe mich, als ich den falschen Dativ überlas, wahrscheinlich von der Fernwirkung der Präposition leiten lassen: *In der stickigen Luft... dem Altar*.

Ob der bezugslose Dativ in der Apposition n u r auf Nachlässigkeit zurückzuführen ist, bleibt also fraglich. Die „Kommission für Fragen der Sprachentwicklung" am Institut für Deutsche Sprache, Mannheim, hat vor, der Frage nachzugehen. Dazu sind statistische Erhebungen nötig und die syntaktischen Verhältnisse im einzelnen zu prüfen. Zu beidem fehlte bisher – das Geld.

Nutzanwendung für uns

Halten wir uns bis auf weiteres an die Kasuskongruenz; setzen wir die Apposition, die im Genitiv stehen müßte, korrekt in den Genitiv und nicht in den Dativ. Zugegeben, das hört sich manchmal ein bißchen steif an, aber das hat alles Korrekte so an sich. Wer jedoch souverän und salopp genug ist, sich über grammatische Hyperkorrektheit hinwegzusetzen, darf sich sogar auf Goethe und Heinrich Heine berufen: auch sie setzten vereinzelt Appositionen fälschlich in den Dativ.

Dichterische Freiheit: Nur ein Meister darf die Form zerstören.

Testbogen 31

1 „Keiner der Vertragspartner, weder Herr Mahlmann noch die Herren von der Firma Hemboldt und Söhne, *hat/haben* mich auf die Klausel aufmerksam gemacht."
In diesem Satz haben Sie die Wahl, Sie dürfen das Prädikat in den Singular setzen *(hat)* oder in den Plural *(haben)*. Warum?

Kongruenz im Numerus

keiner

Synesis

1 Das Prädikat muß sich im Numerus nach dem Subjekt richten, die Apposition *(weder Herr Mahlmann noch die Herren von der Firma Hemboldt und Söhne)* übt keinen Einfluß aus. Subjekt des Satzes ist *keiner*, das Prädikat steht also grammatisch korrekt im Singular. Doch da man bei *keiner* mit folgendem Genitiv eine Mehrheit im Sinn hat, kann – genau wie hinter *Hälfte, Reihe* u.ä. – Konstruktion nach dem Sinn eintreten: *Keiner der Vertragspartner, weder Herr Mahlmann noch die Herren von der Firma Hemboldt und Söhne, haben...* – Dennoch: Ich würde hinter *keiner, keine, keines + Genitiv* das Prädikat in den Singular setzen.

2 Wie muß es heißen?
a) Weder du noch ich *haben* das geahnt.
b) Weder du noch ich *habe* das geahnt.
c) Weder du noch ich *hast* das geahnt.

weder – noch

Kongruenz im Numerus

2 Beispiel a) ist grammatisch richtig, bei zweigliedrigem Satzgegenstand *(du, ich)* sollte die Satzaussage in der Mehrzahl stehen: *haben geahnt*. Erlaubt ist nach *weder – noch* auch der Singular, dann richtet sich – wie in Beispiel b) – die Personalform des Verbs nach der ihm zunächst stehenden Person. Weil das in Beispiel c) nicht der Fall ist, ist c) falsch.
Hier zeigt sich übrigens, wie weit grammatische Korrektheit und stilistische Qualität auseinanderklaffen können. Wer richtig und gut formulieren will, klammert entweder eines der beiden Einzelsubjekte aus:
Weder du hast das geahnt noch ich –
oder schaltet ein neues Subjekt vor:
Keiner von uns, weder du noch ich, hat das geahnt.

3 „Nichts hört ein Mensch so gern wie seinen Namen – sofern der deutlich ausgesprochen und nicht verschliffen wird, denn wohl die meisten von uns reagieren auf Verstümmelungen unseres Namens recht empfindlich." Stimmen Sie dem zu?

die meisten von uns

3 Hoffentlich nicht. Es ist nicht wahr, daß die meisten von uns auf Verstümmelungen *unseres* Namens empfindlich reagieren. Empfindlich reagieren sie auf Verstümmelung **ihres** Namens.

4 Ein Hersteller von Adressier- und Frankiermaschinen bietet zu seinen Maschinen passende Postmöbel an mit dem Hinweis: *Jedes Element gibt es in zwei verschiedenen Tisch-Höhen und drei unterschiedlichen Längen und ist in sich variabel.* Daß dieser Satz nicht in Ordnung ist, merkt jeder. Vermeiden kann man einen Fehler aber nur, wenn man ihn erkannt und durchschaut hat. Was stimmt an dem zitierten Satz nicht?

4 In der zweiten, durch *und* angeknüpften Satzhälfte sind die beiden Wörter *jedes Element* ausgespart. Die Auslassung wäre vertretbar, wenn *jedes Element* in beiden Satzhälften im gleichen Kasus stünde. So aber fungiert *jedes Element* am Satzanfang als Akkusativobjekt (wen oder was gibt es?) und in der zweiten Satzhälfte als Subjekt (wer oder was ist variabel?). Um den Fehler zu beseitigen, brauchen Sie nur das Akkusativobjekt in ein Subjekt umzubilden, zum Beispiel durch Austausch von *gibt es* gegen *ist erhältlich* (wer oder was ist erhältlich?):
Jedes Element ist in zwei (verschiedenen) Tisch-Höhen und drei (unterschiedlichen) Längen erhältlich und (ist) in sich variabel.

Kongruenz im Kasus bei Ellipsen

Daß zwei Höhen verschieden hoch sind, versteht sich eigentlich von selbst.

5 „Dies ist eine Kopie des Vertrages, der zwischen meiner Mandantin und der AFTG als zuständigen (-em?) Partner und der Steube Wohnbau KG *als ausführende (-er?) Firma* geschlossen wurde." In welchem Fall müssen die beiden durch *als* eingeleiteten Appositionen stehen?

5 Im D a t i v, denn ihre Bezugswörter AFTG und *Steube Wohnbau KG* tun es auch: ... *zwischen meiner Mandantin und der AFTG als zuständigem Partner und der Steube Wohnbau KG als ausführender Firma* ...

Apposition mit ‚als'

6 In den nächsten vier Beispielsätzen – sie stammen alle aus dem Stellenteil einer einzigen Wochenendausgabe der F. A. Z. – ist die Apposition zweimal richtig (Fallgleichheit) und zweimal falsch. Wo stecken die beiden Fehler? Wie müßten die Sätze korrekt heißen?

a) Wir sind die deutsche Tochtergesellschaft *der Dow Corning Corp. USA, dem weltweit führenden Hersteller* von Silikonen.

Noch ist der Dativ als „Nullkasus" nicht legitimiert!

b) Wir gehören *zur Blackwood-Hodge-Gruppe, dem weltgrößten Handelsunternehmen* für Erdbewegungsmaschinen.

c) *Als künftigem Leiter* unseres Verkaufs bieten wir *Ihnen* eine Position, die unmittelbar der Geschäftsführung unterstellt ist.

d) *Als gestandener Textilfachmann* mit vieljähriger Kaufhauspraxis bietet sich *Ihnen* eine verantwortungsträchtige Position in einem erfolgreichen Kaufhausunternehmen.

6 Die falschen Appositionen stecken in a) und d). Richtig wäre:

a) ... *der Dow Corning Corp. USA, des weltweit führenden Herstellers* ...

d) *Als gestandenem Textilfachmann* ... *bietet sich Ihnen* ...

Einen (Schönheits-)Fehler enthält aber auch b): Wer gut schreiben will, vermeidet es, die Verschmelzung einer Präposition mit einem Artikel – hier: *zur* aus „zu der" – auch auf ein zweites Substantiv zu beziehen, wenn dessen gebeugter Artikel eine andere Form als in der Verschmelzung hat. Korrekt und stilistisch einwandfrei wäre:
... *zur Blackwood-Hodge-Gruppe, zum weltgrößten Handelsunternehmen* für Erdbewegungsmaschinen.

Siehe auch Seite 252

NEEgationen

Oder: Man muß auch nein sagen können

Leute gibt's, die können das nicht: entweder sie haben ein zu gutes Herz – oder zu dürftige Kenntnisse in deutscher Syntax. Für diese zweite Gruppe ist das Kapitel gedacht. Es bringt alles, was man über die Verneinung wissen sollte. Auch wenn Sie sicher sind, daß Sie in dem Punkt keine grammatische Aufklärung nötig haben – nein, *grammatische Aufklärung nicht nötig haben!* –, sehen Sie sich ruhig die nächsten Seiten einmal an: Zu erfahren, wie vielfältig und zahlreich die Fehler sind, die andere machen, erquickt das Gemüt.

Können Sie uns nicht mitteilen, ob ...

ob nicht

Haben Sie diese Wendung *nicht* schon öfter gebraucht? Und zwar ohne sich dabei zu fragen, *ob nicht* dieses *nicht* in direkten oder indirekten Fragesätzen (vor oder hinter *ob*) entbehrlich sei? Widersinnig ist es auf jeden Fall: Sie möchten ja etwas mitgeteilt, nicht etwas nicht mitgeteilt bekommen.

nicht

Komisch, noch keinem Rationalisierer ist es aufgefallen: Durch Tilgen dieses unlogischen *nicht* könnte eine Schreibkraft bis zu sechs Anschläge einsparen! Wäre das nichts?

Nein, es wäre nichts. Denn das jeder Logik spottende *nicht* hat eine Funktion: es erheischt eine bejahende Antwort.

> Können Sie uns statt der lackierten Platten kunststoffbeschichtete liefern?

Das ist eine sachlich-neutrale Anfrage; der Fragesteller rechnet nicht von vornherein mit einem Ja. Dagegen klingt

verneinte Frage

> Können Sie uns ... *nicht* kunststoffbeschichtete liefern?

dringlicher und weniger sachlich. Die verneinte Frage läßt durchblicken, daß der Anfragende auf Zustimmung hofft.

„Unsere Weiber haben nie kein Geld"

nie kein

Wäre das nicht von Goethe – jeder Schullehrer hielte es für falsch. Dabei hat sich an dem Satz bis heute nichts weiter geändert als die Grammatik: *nie kein* gilt als falsch.

doppelte Verneinung

Wer nie kein Geld hat, der habe immer welches, behaupten streng logisch denkende Köpfe und übersehen dabei, daß man früher, um ganz bestimmt verstanden zu werden, allgemein einen Sachverhalt doppelt verneinte.

> Bewahrt das Feuer und das Licht,
> daß *niemandem kein* Leid geschicht!

mahnten einst die Nachtwächter, und im Volkslied besang man „die heimliche Liebe, von der *niemand nichts* weiß".

in Mundarten

Gehalten hat sich die doppelte Verneinung in Mundarten. „*Koa* so a

Sauerei lein mia *ned*!" kann man in Bayern hören, „*Nischt* Jenauet weeß man *nich*" in Berlin. Außerhalb mundartlich gefärbter Sprache wird diese alte Art der Verneinung als falsches Deutsch bespöttelt.
Das ist ein bißchen schade, unsere Sprache ist dadurch an Ausdrucksmitteln ärmer geworden. Aber natürlich hat der Wandel auch seine gute Seite, schließlich kann nicht jede Doppelverneinung den Anspruch erheben, ein glasklares Sprachkunstwerk zu sein. Oder verstehen Sie auf Anhieb, was der Bundesfinanzhof mit folgender Feststellung sagen wollte:

> Das Verbot der Verböserung besagt, daß der Steuerpflichtige, ficht er einen Steuerbescheid an, *nicht* damit zu rechnen braucht, daß die von ihm beanstandete Steuer *nicht* nur *nicht* – wie beantragt – ermäßigt, sondern sogar erhöht wird.

nicht . . . nicht

Die WOLFENBÜTTELER ZEITUNG, der dieses Zitat entnommen ist, bemerkt dazu: „Die Lösung ist einfach: Die Finanzgerichte dürfen keine höhere Steuer festsetzen als die Finanzämter."

„Das geht nicht viel weniger schnell als die deutsche Vereinigung." Positiv gefaßt, wird's verständlicher: *. . . fast so schnell wie die deutsche Vereinigung.*

Wie verhindert ein kluger Verkäufer, daß sein Kunde nicht zur Konkurrenz abwandert?

Nichts leichter als das: Er braucht den Kunden nur eine Zeitlang warten zu lassen, um ihm dann im Gespräch recht schnell das Wort abzuschneiden, zum Beispiel mit dem Hinweis, wie wenig Sachkenntnis er, der Kunde, doch besitze – und schon ist er den Kunden los. Wer verhindern will, daß etwas Unangenehmes nicht geschehe, arbeitet darauf hin, daß dieses Unangenehme auch ja eintreffe. *verhindern* gehört zu den Wörtern, die, weil sie verneinenden Sinn haben, bereits von sich aus den Satz auf den Kopf stellen. Tritt zu einem solchen Verb eine zweite Verneinung, wandelt sich der Sinn des Satzes in eine Bejahung:

verhindern

Wörter mit verneinendem Sinn

> Es haben Verhandlungen darüber stattgefunden, wie *verhindert* werden kann, daß die Situation des Einzelhandels sich *nicht* verschlechtere.

abhalten
abraten
ausbleiben
bemängeln
bezweifeln
dementieren
sich enthalten
fürchten
hindern
sich hüten
leugnen
verbieten
verhüten
verweigern
warnen

Nein! Daß die Situation des Einzelhandels sich *nicht* verschlechtere, will man *erreichen*; daß sie sich *verschlechtere*, soll verhindert werden. Wir merken uns:

 Sätze mit einem verneinenden Verb wie *abhalten, abraten, ausbleiben, bemängeln, bezweifeln, dementieren, sich enthalten, fürchten, hindern, sich hüten, leugnen, verbieten, verhindern, verhüten, verweigern, warnen* und hundert andere dürfen nicht ein zweites Mal verneint werden.

„nicht, bevor . . ." Und wie weiter?

Herr Bollmann möchte sein Geschäft einem jüngeren Kaufmann überlassen, vor Vertragsabschluß aber noch einmal den Rat eines Anwalts hören. In einem Brief teilt er dem Anwalt mit: „Ich möchte mich vertraglich nicht binden, bevor ich . . ." Jetzt weiß er nicht weiter. Soll er nun fortfahren: „. . . Sie gesprochen habe" oder „. . . Sie nicht gesprochen habe"? Richtig ist: „. . . *nicht* binden, *bevor* ich Sie gesprochen habe." Denn wenn bei

nicht, bevor

verneinter Hauptsatz

bevor
ehe

verneintem Hauptsatz der folgende Gliedsatz durch *bevor* oder *ehe* eingeleitet wird, darf der Gliedsatz nicht nochmals verneint werden.

Ein Beispiel aus einem Geschäftsbrief:

> Wir bitten um rasche Antwort, denn... wir *nicht* die genauen Maße kennen, können wir *nicht* mit der Arbeit beginnen.

wenn
bevor
ehe
bis
solange

Da, wo der Satz eine Lücke hat, kann Frau Müller das Stenogramm nicht lesen. Jetzt weiß sie nicht, welches Wort sie einsetzen soll: *wenn, bevor, ehe, bis* oder *solange*. Wofür würden Sie sich entscheiden?

Sie haben die Wahl, möglich sind alle fünf. Am besten wäre *solange*;

solange nicht

> ...denn *solange* wir *nicht* die genauen Maße kennen, können wir *nicht* mit der Arbeit beginnen.

Genauso richtig wäre *wenn*:

wenn nicht

> ...denn *wenn* wir *nicht* die genauen Maße kennen, können wir *nicht*...

Jetzt hat sich allerdings ein anderer Sinn ergeben: *wenn* hat hier nicht zeitliche, sondern bedingende Bedeutung.

Wenn Sie nun aber hören, daß hier außerdem die Konjunktionen *bevor*, *ehe* und *bis* vertretbar sind, müßten Sie eigentlich protestieren, schließlich wurde kurz vorher Herrn Bollmann das *bevor nicht* bei verneintem Hauptsatz als Fehler angekreidet. Liegt hierin nicht ein Widerspruch?

bevor nicht

Nein. Zwar haben wir es auch im zweiten Beispiel mit einem *bevor nicht* bei verneintem Hauptsatz zu tun, trotzdem sind die beiden Ausdrücke in ihrer Funktion nicht ohne weiteres vergleichbar. Im Beispiel des Herrn Bollmann hat *bevor* temporale (zeitliche) Bedeutung, es leitet einen nachgestellten Nebensatz ein. Im zweiten Beispiel aber hat *bevor nicht* bedingende Nebenbedeutung („Wenn Ihr Schlamper uns noch länger auf die genauen Maße warten laßt..."), es leitet einen vorangestellten Nebensatz ein. In solchem Fall ist die von der Logik her nicht zu rechtfertigende doppelte Verneinung

doppelte Verneinung

bevor nicht
ehe nicht
bis nicht

> ...bevor (ehe/bis) wir *nicht* die genauen Maße kennen, können wir *nicht* mit der Arbeit beginnen

bereits sprachüblich geworden und von der Grammatik sanktioniert.

Sollte Ihnen der letzte Absatz zu kompliziert gewesen sein, dann merken Sie sich nur eines: Nehmen Sie in solchen Zweifelsfällen statt *bevor*, *ehe* und *bis* lieber *solange*, denn nach *solange* ist *nicht* auch logisch gerechtfertigt. Noch besser, Sie sagen es positiv:

sobald

> *Sobald* wir die genauen Maße haben, fangen wir an.

„Beanstandungen haben wir keine"

Erfreulich, wenn Sie Ihrem Geschäftspartner das mitteilen können, für ihn und für Sie. Doch einen wüßte ich, der sich über diese Nachricht gar nicht freuen würde: Ihr ehemaliger Deutschlehrer. Bestimmt hat er Ihnen einmal beigebracht, daß nachgestelltes flektiertes *kein* (für *nicht*) schlechtes Deutsch sei. (Warum, wissen die Götter!) Als korrekt gilt jedenfalls nur:

kein

Wir haben keine Beanstandungen.
Beanstandungen haben wir nicht.

Dämmert es wieder? Dann ist Ihnen vielleicht auch eingefallen, wann man *kein* und wann man *nicht* verwendet: *kein / nicht*

 kein (= nicht ein) ist wortverneinend; es verneint das Substantiv, vor dem es steht.
nicht ist satz- oder wortverneinend.

‚kein' oder ‚nicht' – das ist die Frage

Oft läßt sich ein und derselbe Sachverhalt mit *kein* oder mit *nicht* verneinen, der Unterschied liegt in der Intensität:

> Wir haben auf unser Schreiben vom 3. Mai noch keine Antwort erhalten.

Mit einer solchen Nullachtfünfzehn-Formulierung reißen Sie den Bummelanten kaum vom Stuhl. Ihre Aussage wird dynamischer, wenn Sie den Satz umformen und dabei den Sachschwerpunkt *(keine Antwort)* in die ausdrucksstarke Spitzenstellung bringen, an den Satzanfang. Dabei wird aus der Wortverneinung *(keine Antwort)* die Satzverneinung *(nicht erhalten)*:   **Spitzenstellung**

> Eine Antwort auf unser Schreiben vom 3. Mai haben wir bis heute nicht erhalten.

...*nicht erhalten* bleibt im Ohr, denn Eindruck macht im deutschen Satz bekanntlich das, was hinten steht.

Genausooft aber kommt es darauf an, klar zwischen *kein* und *nicht* zu unterscheiden: *kein / nicht*

> MÜNCHEN, 8. August (vwd). Die verarbeitende Industrie in der Bundesrepublik rechnet nach Feststellungen des Ifo-Instituts für die zweite Jahreshälfte mit keiner konjunkturellen Belebung.

Dieser Satz hat einen Knacks. Mit Nullkommanichts kann ich nicht rechnen, ich kann allenfalls mit etwas nicht rechnen. Hier hätte das Rechnen verneint werden müssen: *rechnen*

> ...rechnet nach Feststellung des Ifo-Instituts für die zweite Jahreshälfte nicht mit einer konjunkturellen Belebung.

Oder aber der Verfasser der Pressemeldung hätte auf ein Verb ausweichen müssen, das nicht an mathematisch faßbare Größen gebunden ist:

> ...erwartet / sieht... keine konjunkturelle Belebung.   *erwarten sehen*

Und hier das Gegenstück, ebenfalls aus der Zeitung. Es geht um fehlgeschlagene Versuchsbohrungen in der Nordsee:

> Nach Angaben des Firmenkonsortiums sind umfangreiche Ölvorkommen nicht gefunden worden.   *kein / nicht*

Heißt das nicht klipp und klar: Es gibt umfangreiche Ölvorkommen, die Bohrleute waren bloß zu dumm, sie zu finden? Gemeint ist natürlich:

> ... sind keine umfangreichen Ölvorkommen gefunden worden.

‚gilt als nicht korrekt' / ‚nicht als korrekt'

Ob ich nun wortverneinend sage:

> Heute gilt die doppelte Verneinung in der Hochsprache *als nicht korrekt*

oder satzverneinend

> ... *nicht als korrekt* –

das macht keinen Unterschied. Beides heißt dem Sinne nach: Wer doppelt moppelt, blamiert sich. In anderen Fällen kann eine ähnlich geringfügige Verschiebung des *nicht* den ganzen Satzinhalt auf den Kopf stellen:

> Das werden wir *mit Sicherheit nicht ergründen*

heißt soviel wie: Das bekommen wir ganz bestimmt nicht heraus; *nicht* verneint den ganzen Satz. Aber:

> Das werden wir *nicht mit Sicherheit* ergründen

bedeutet etwa: Wenn wir es herausbekommen, bleibt das Ergebnis unsicher; *nicht* verneint nur die Modalbestimmung *mit Sicherheit*.

Täuschungsmanöver

Zeitgenossen gibt's, die benutzen Sprache auch dazu, den anderen fühlen zu lassen, wer oder was sie sind. Eine Büro-Episode:

Frau Klinger wird gegen Ende ihrer Probezeit zum Personalchef zitiert. Das Herz schlägt ihr bis zum Hals. Wird man mit ihr zufrieden sein?

> „Sowohl Ihre Leistungen im Maschineschreiben, Frau Klinger ...",

sagt der Personalchef, und Frau Klinger atmet auf.

> „Sowohl Ihre Leistungen im Maschineschreiben, Frau Klinger, als auch Ihre Englischkenntnisse ..."

Auf Frau Klingers gespanntem Gesicht zeigt sich der erste Ansatz eines Lächelns.

> „Sowohl Ihre Leistungen im Maschineschreiben, Frau Klinger, als auch Ihre Englischkenntnisse entsprechen unseren Erwartungen ..."

Jetzt hört man fast den Stein zu Boden plumpsen, der Frau Klinger auf dem Herzen lag, und dann schließt der Chef:

> „... entsprechen unseren Erwartungen nicht."

Wer sich der Sprache und seinen Mitmenschen gegenüber fair verhält, eröffnet eine negative Nachricht niemals mit der positiven Konjunktion *sowohl*, um dann mit dem letzten Wort den ganzen Satz ins Gegenteil zu kehren. Wer korrekt handelt und korrekt spricht, weckt nicht erst trügerische Hoffnungen; er gibt dem Partner bereits am Satzanfang zu verstehen, wohin der Hase läuft:

> *Weder* Ihre Leistungen im Maschineschreiben, Frau Klinger, *noch* Ihre Englischkenntnisse entsprechen unseren Erwartungen.

negativ:
weder / noch

‚Der Einwand ist nicht unberechtigt'

Wenn in einem Verkaufsgespräch der Verkäufer dem Kunden verbindlich einräumt:

> Ihr Einwand scheint mir *nicht unberechtigt* –

nicht unberechtigt / berechtigt

könnte er dann nicht genausogut sagen:

> Ihr Einwand scheint mir *berechtigt*?

Da gibt es einen kleinen Unterschied. Findet jemand etwas *berechtigt*, so ist das als rückhaltlos eindeutige Stellungnahme aufzufassen; *nicht unberechtigt* ist weniger, drückt Einschränkung aus. An Wendungen wie *nicht unberechtigt, nicht uninteressant, nicht ungefährlich* erkennt man den Vorsichtigen, der sich immer ein Hintertürchen offenläßt und – mitunter auch aus purer Menschenfreundlichkeit – nicht frei heraus sagt, was er meint. In seiner Sprache ist ein Angsthase *kein großer Held*, ein Trödelfritze *nicht der Schnellste* und ein Dummkopf einer, der *nicht gerade die Weisheit mit Löffeln gegessen* hat. L i t o t e s nennt man diese Stilfigur des verneinten Gegenteils. Das ist griechisch und bedeutet soviel wie ‚Einfachheit', ‚Geringfügigkeit'. Deutlicher „verdeutschen" könnten wir uns den Namen mit ‚understatement'. Der Engländer ist bekanntlich ein Meister darin: ‚very good' heißt auf englisch *not bad*.

Litotes

Aber machen wir uns nichts vor, so englisch ist die feine englische Art nun auch wieder nicht. In mindestens einem Punkt machen wir es genauso. Wer prahlt schon gern, daß er gut verdient? *Man verdient nicht schlecht.*

Tja, wir sind ein Volk von Neinsagern geworden. Wieviel einfacher wäre für uns die Informationsaufnahme, wenn jeder darauf bedacht wäre, in erster Linie das zu sagen und zu schreiben, was ist – und nicht das, was nicht ist. „Das freilich", so glossiert die Leipziger Zeitschrift SPRACHPFLEGE diese Sprachgewohnheit, „scheint so leicht nicht realisierbar zu sein; denn nicht wenige haben das Gefühl, daß es nicht ratsam ist, des *nicht* zu entraten. Und so ist es nicht unwahrscheinlich, daß wir auch weiterhin nicht auf Anhieb wissen, ob wir einen Satz nicht verstanden haben oder ob es nicht doch so ist, daß der Verfasser gar nicht das meinte, was er schrieb. Da wir oft gar nicht die Zeit haben, uns darüber klarzuwerden, ist es nicht undenkbar, daß wir in nicht allzuferner Zeit sowohl die Geduld als auch die Nerven nicht mehr aufbringen werden, diese nicht ohne Mühe zu entschlüsselnden Texte und Reden nicht mehr nicht abzulehnen." Ich kann nicht umhin, das gleiche Unbehagen zu konstatieren: Daß wir, was die Verständlichkeit von Amts-, Gesetzes-, Fach- und sonstigen Texten betrifft, nicht gerade rosigen Zeiten entgegengehen, scheint so unwahrscheinlich nicht.

Testbogen 32

vermeiden

1 Zwei Lesarten:
a) „Wie jeder Direktwerbetreibende weiß, läßt es sich nicht vermeiden, Irrläufer, das heißt Werbebriefe, die den Empfänger nicht erreichen, weil der verzogen oder verstorben ist, völlig auszuschließen."
b) „Irrläufer sind nicht völlig auszuschließen."
Drückt die zweite Version das gleiche aus wie die erste?

doppelte Verneinung

☐1 N e i n. Die zweite Lesart spiegelt die Wirklichkeit: Irrläufer sind unvermeidlich. Der erste Satz hingegen behauptet – Folge unbeabsichtigter Doppelverneinung – genau das Gegenteil.

2 Kennen Sie das? Wenn man sich intensiv mit einem Problem befaßt, macht man auch mal eine Phase der Unsicherheit durch, wo man glaubt, nicht mehr klar denken zu können. So jedenfalls ging es mir, als ich an diesem Kapitel über die Verneinung arbeitete und mir jemand ein Manuskript für eine von mir redigierte Zeitschrift anbot. Es war eine spritzig geschriebene Glosse, die ich nur deshalb nicht sofort veröffentlichen konnte, weil die Ausgabe, die ich gerade zusammenstellte, schon mehr als genug Glossen enthielt. Also mußte ich den Autor vertrösten. Ich schrieb ihm einen Brief, und darin hieß es: „Wenn ich nicht aufpassen müßte, daß ein und dieselbe Ausgabe nicht zu viele Glossen enthält, könnte Ihr Beitrag sofort erscheinen, so aber..." Und da kamen mir plötzlich Bedenken: Hatte ich hier nicht selbst eine Doppelnegation produziert?

☐2 N e i n, nicht jedes zweite *nicht* ist eine Doppelverneinung. Positiv ausgedrückt, würde der Satz heißen: „Ich muß aufpassen, daß in ein und derselben Zeitschrift nicht zu viele Glossen erscheinen." Das jetzt umgewandelt in ein Konditionalgefüge: „Wenn ich *nicht* aufpassen müßte, daß *nicht* zu viele Glossen..."

verneinter Konditionalsatz

3 In einem Speiselokal – es liegt genau gegenüber dem Arbeitsamt – hat der Wirt über der Theke ein Schild hängen. Darauf ist zu lesen:

Zur Arbeit
nicht
zum Essen
sind wir geboren

‚nicht' in der Satzfuge

Damit der Gast auch ja begreife, worauf sich das *nicht* beziehen soll, hat der Wirt die Satzfuge durch ein Komma markiert. Hat er das Komma nun vor oder hinter das *nicht* gesetzt?

Kommasetzung

☐3 Hinter das *nicht* natürlich. Wo bliebe sonst die W e r b e w i r k u n g ? Wenn Sie Spaß an solchen Kommascherzen haben: mehr davon auf Seite 526.

Verneinungspräfix un-

4 Die Verneinungsvorsilbe *un-* kehrt den Begriff in sein Gegenteil: *Vernunft/Unvernunft – Gehorsam/Ungehorsam – Glaube/Unglaube*. Doch daß *Unmenge* das Gegenteil von *Menge* und *Unkosten* das Gegenteil von *Kosten* sein soll, wird wohl niemand behaupten wollen. Wie erklären wir uns diese *Un*-Wörter? Außerdem: Ist *Untiefe* eine seichte oder eine ganz besonders tiefe Stelle?

4 Bei einem Begriff wie *Unmenge, Unmasse, Unsumme, Unzahl* kann die Negation *un-* als ‚nicht bis zu Ende zählbar', ‚nicht überschaubar' aufgefaßt werden. So erscheint *un-* bei Mengenbezeichnungen als Verstärkungspräfix: *Unmenge* = ungeheure Menge, *Unwetter* = Wetter mit nicht absehbaren Folgen. *Unkosten* waren ursprünglich schlimme, nicht vorhersehbare Kosten (heute ist *Unkosten* ein umgangssprachlicher Ausdruck für *Kosten*). Ähnlich wird *Untiefe* (ursprünglich nur eine flache = nicht tiefe Stelle) bereits seit dem 18. Jahrhundert auch als eine Verstärkung von *Tiefe* aufgefaßt: als unergründlich tiefe Stelle im Wasser.

Verstärkungspräfix un-

Unmenge
Unmasse
Unsumme
Unzahl
Unwetter
Unkosten
Untiefe

5 Was haben die Ausdrücke *nichtsdestotrotz, zweifelsohne* und *in keinster Weise* miteinander gemein?

5 Alle drei sind Scherzbildungen. Am deutlichsten empfinden wir das beim Superlativ *in keinster Weise*: keiner als kein kann keines sein.
nichtsdestotrotz, vom Duden aufgeführt, wenn auch als umgangssprachlich gekennzeichnet, ist eine Kontamination aus *nichtsdestoweniger* und *trotzdem*.
Bei *zweifelsohne* stutzt heute niemand mehr. Und doch ist es eine ursprünglich scherzhaft gemeinte Zusammenziehung aus *zweifellos* und *ohne Zweifel*. Früher hätte kein Lehrer *zweifelsohne* gelten lassen, man sagt ja auch nicht „hoffnungsohne" und „zwecksohne". Doch mittlerweile ist aus Scherz Ernst geworden: Der Duden führt *zweifelsohne* kommentarlos an.

in keinster Weise

nichtsdestotrotz
Kontamination

zweifelsohne

6 Schreibt man eine Fügung aus ‚nicht + Eigenschafts- oder Mittelwort' getrennt oder zusammen? Zum Beispiel *nicht/rostender Stahl, nicht/berufstätige Frauen, nicht/eßbare Pilze, nicht/elektrische Eigenschaften, nicht/amtliche Nachricht, nicht/erfüllter Wunsch*.

6 Die Schreibung schwankt, feste Regeln gibt es nicht. Zusammen schreibt man hauptsächlich dann, wenn die Fügung eine Dauereigenschaft ausdrückt, der Ton liegt in diesem Fall auf *nicht*. Die ersten fünf Beispiele würde ich zusammenschreiben, beim letzten scheint mir Zusammen- und Getrenntschreibung berechtigt. Getrennt geschrieben wird immer dann, wenn die Verbindung ‚nicht + Mittel- oder Eigenschaftswort' in der Aussage steht: ‚Die Pilze sind nicht eßbar.'

Zusammenschreibung:
nichteßbare Pilze

Getrenntschreibung:
Die Pilze sind nicht eßbar

7 Auch Dudenredakteure sind nicht unfehlbar. In dem 1974 erschienenen Duden-Taschenbuch „Wie schreibt man im Büro?" steht auf Seite 198: „Vermeiden Sie, daß private Beileidsbriefe des Chefs über die Frankiermaschine laufen, sondern frankieren Sie mit Briefmarken." Wenn Sie sich klarmachen, daß *vermeiden* bereits verneinenden Sinn hat und *sondern* noch einmal zu einer Kehrtwendung auffordert, dann werden Ihnen schnell zwei Möglichkeiten einfallen, den unlogischen Satz zu berichtigen:

vermeiden
sondern

7 a) *Vermeiden Sie*, daß private Beileidsbriefe des Chefs über die Frankiermaschine laufen, *und* frankieren Sie mit Briefmarken.
b) *Lassen Sie* private Beileidsbriefe des Chefs *nicht* durch die Frankiermaschine laufen, *sondern* frankieren Sie mit Briefmarken.

Vom Schachtelsatz zur nominalen Kette
Oder auch: Vom Regen in die Traufe

In dem 1960 erschienenen Roman „Die Abenteuer des Werner Holt" von Dieter Noll kommt ein Lehrer vor, der die typischen Formen eines geschraubten Schriftdeutsch selbst dann beibehält, wenn er mit seinen Schülern spricht. Hier eine Stelle aus einer Strafpredigt (ein Schüler soll von der Schule verwiesen werden):

> „Unsere Anstalt", begann er, „die einmal vom strengen Geist des Lerneifers und des Gehorsams regiert, durch Sie jedoch wie durch einen Bazillus vergiftet wurde, mit Anarchie und Disziplinlosigkeit, was kein zweites Mal Ihr Onkel" (der Onkel des Missetäters) „wird sanktionieren können...", er legte eine Pause ein, um die Spannung zu steigern, und dann vollendete er: „...wird nun endlich von Ihnen befreit werden."

> Beginnt ein gescheiter Mensch einen Satz, so wissen wir nicht, wie er ihn beendet. Bei einem Dummkopf wissen wir sofort, was kommt.
> ALEKSANDER SWIETOCHOWSKI

Des Lehrers Redeweise wird von den Jungen nachgeahmt. Weshalb er zu spät komme, erklärt der Schüler Holt so:

> „...aber mich... hatte morgens die Polizei... da ein Fahrrad, das ein Mann, der eine graue Jacke... die vielfach geflickt war, trug... fuhr... mit einem Auto, das auf der Straße... die über die Geleise, die vom Bahnhof, der unmittelbar bei meiner Wohnung... liegt... kommen... führt... entlangkam... zusammenstieß... gebeten... meine Beobachtungen als Zeuge zu Protokoll zu geben."

So schrieb man Anno dazumal

Ahnen Sie, worauf ich mit diesen beiden Romanstellen hinauswill? Auf zweierlei. Erstens sollen sie zeigen, wie ein richtig schöner Schachtelsatz geschachtelt wird:

Schachtelsatz

> Die üble Gewohnheit, angefangene Sätze erst, nachdem mehrere, zwar zum selben Gedanken gehörende, aber besser erst dann, wenn die begonnenen Sätze vollendet sind, anzubringende Sätze oder Satzstummel eingeschoben worden sind, zu beenden, kennzeichnet, wie Rutishauser und Winkler in ihrem Buch „Keine Angst vor Wort und Satz", aus dessen zweiter Auflage, die 1967 in München erschien – es handelt sich um eine Lizenzausgabe eines Schweizer Verlages –, ich zitierte, treffend formulierten, den verschachtelten Satz.

Verschachtelungen – einst eine typisch deutsche Spezialität, von allen Ausländern gefürchtet.

Zweitens sollen die angeführten Textstellen zeigen, daß solche Schachtelsätze nur noch in der Parodie gelingen; die ernsthafte Schreibpraxis hat komplizierte Verschachtelungen seit langem hinter sich. Selbst die gar nicht so stark verschachtelten, allein durch ihre Länge glänzenden Superbandwurmendlossätze sind heute kaum noch anzutreffen. Nicht nur der Inhalt dieser Reichsgerichtsdefinition deutet auf ehrwürdiges Alter (1880):

Eine Eisenbahn ist ein Unternehmen, gerichtet auf wiederholte Fortbewegung von Personen oder Sachen über nicht ganz unbedeutende Raumstrecken auf metallener Grundlage, welche durch ihre Konsistenz, Konstruktion und Glätte den Transport großer Gewichtsmengen beziehungsweise die Erzielung einer verhältnismäßig bedeutenden Schnelligkeit der Transportbewegung zu ermöglichen bestimmt ist und durch diese Eigenart in Verbindung mit den außerdem zur Erzeugung der Transportbewegung benutzten Naturkräften – Dampf, Elektrizität, tierische und menschliche Muskeltätigkeit, bei geneigter Ebene der Bahn auch schon durch eigene Schwere der Transportgefäße und deren Ladung usw. – bei dem Betriebe des Unternehmens auf derselben verhältnismäßig gewaltige, je nach den Umständen nur bezweckterweise nützliche oder auch Menschenleben vernichtende und menschliche Gesundheit verletzende Wirkung zu erzeugen fähig ist.

Jetzt wissen Sie also genau, was zu Uropas Zeiten eine Eisenbahn war. Oder vielleicht doch nicht so genau? Sich durch ellenlange Sätze hindurchzudenken, das schafft nur der einigermaßen mühelos, der sie verbricht. Meistens ist das ein Jurist. Am allerschönsten können's die Patentanwälte.

Patent ist das Patentdeutsch nicht

Dieser Satz stammt aus einer Chemiker-Zeitschrift, es geht darin um eine Patentbeschreibung.

> 1694594. Minnesota Mining & Mfg. Co., St. Paul (Minn.) USA. *Reinigungs- und Polierkörper.* Reinigungs- oder Polierkörper aus einer ungewebten Bahn mit gleichmäßig verteilten Hohlräumen aus synthetischen organischen krempelfähigen Fasern einer Länge von 1,27 bis 10,1 cm, die durch ein Klebemittel wahllos verbunden sind, dadurch gekennzeichnet, daß die synthetischen organischen Fasern, mit einem Durchmesser von 25 bis 250 µ, von denen eine Anzahl gekrimpft, d. h. kräuselig, federnd und rückfedernd ist, zu einer skelettartigen Bahn gefügt sind, die in allen Richtungen federnd und rückfedernd durch die kräuseligen Fasern gestützt ist, und die schleifkornfreien Klebemittel-Ablagerungen aus einem nichtschmierenden Harz im wesentlichen durch die ganze Dicke der Bahn verteilt sind, in einer Menge, die durch ein Gesamtvolumen der Festbestandteile von 5 bis 25%, bezogen auf das Gesamtvolumen des Reinigungs- oder Polierkörpers, bestimmt ist.

119 Wörter bis zum Schlußpunkt, eine stolze Zahl. Doch für die Superlänge von Patentansprüchen haben wir wenigstens eine Erklärung. Patentanmeldungen sind keine frei formulierbaren Texte, sie unterliegen seit eh und je dem gleichen Ritus: Zuerst kommt eine Kurzbeschreibung, dann die stereotype Wendung *dadurch gekennzeichnet, daß*, dann die vollständige Aufzählung der Merkmale, für deren Kombination der Schutz beantragt wird. So mancher Patentsachverständige verdient sein Geld zu einem nicht geringen Teil mit der Kunst, alle wesentlichen Merkmale in einen einzigen Satz zu pressen, denn aus mehr als diesem einen Satz darf der Hauptanspruch nicht bestehen.

Die Zehn Gebote sind deshalb so kurz und verständlich, weil sie ohne Mitwirkung einer Sachverständigenkommission entstanden sind.
CHARLES DE GAULLE
(1890–1970)

Nicht immer sind Juristen so stark gebunden; sie könnten, wenn sie wollten, kürzere und besser verständliche Sätze bilden. Aber wollen sie? Juristen wollen vor allem den Leser nicht entwischen lassen, sagt Flesch in „Besser schreiben, sprechen, denken" und gibt dazu eine Begründung, an die er allerdings selbst nicht so recht glaubt: „Hinter jedem endlosen juristischen Satz scheint der Gedanke zu stehen, daß sich alle Bürger in Verbrecher verwandeln, sobald sie eine Lücke im Gesetz entdecken. Wenn ein Satz aufhört, bevor alles gesagt ist, werden sie gerade da zu lesen aufhören und sofort Gelegenheit ergreifen, das Gesetz zu brechen, das erst nach dem Punkt kommt."

Heute sind die meisten Sätze kürzer

Von wenigen fachsprachlichen Ausnahmen abgesehen, sind superlange Sätze selten geworden. Man muß lange suchen, bis man in neueren Veröffentlichungen, die sich an ein breites Publikum wenden, ein Satzungetüm wie dieses findet:

> Neben der Ausweisung und Erschließung neuer Bauflächen in preisgünstigeren Randgebieten mit entsprechendem Ausbau der öffentlichen Verkehrsmittel könnte eine flexiblere Handhabung der bestehenden Bauvorschriften seitens der Behörden zur intensiveren Bebauung der innerstädtischen und stadtnahen Grundstücke eine gewisse Auflockerung am Stuttgarter Grundstücksmarkt schaffen.

41 Wörter am Stück. Kein einziges Komma ist ausgelassen in diesem mit Attributen und Adverbialbestimmungen vollgestopften Satzmonster. Doch wie gesagt: Ausnahme. Die meisten Sätze sind kürzer.

Satzlänge

Bei der Auszählung von etwa 200 Bänden einer Taschenbuchreihe (Wissenschaft und Gebrauchsschrifttum) kam man auf einen Durchschnittswert von 14 bis 15 Wörtern je Satz. Dabei fand man Sätze mit weniger als 5 Wörtern genauso selten wie Sätze mit mehr als 25. Ausgewertet wurden nur vollständige, um kein Satzglied verkürzte Sätze. Ein ähnliches Bild ergab die statistische Auswertung von Geschäftsbriefen, Gebrauchsanweisungen und anderen Texten aus Wirtschaft und Technik: Auch hier liegt der Mittelwert bei 15. Sätze mit rund 15 Wörtern sind kurz genug, um übersichtlich und leichtverständlich zu sein. Sollte man meinen. Aber:

Verständlichkeit heißt: leicht u n d interessant zu lesen.

Kürze ist keine Gewähr für Verständlichkeit

> Das Unaggressive des Sichverhaltens der Streikenden entzog sich seiner Aufmerksamkeit. (A)

Daß dies ein langer Satz sei, kann man nicht behaupten; er besteht aus ganzen 10 Wörtern. Doch so viel kann man sagen: Besonders eingängig ist er nicht. Dagegen:

> Er merkte gar nicht, wie gemäßigt sich die Streikenden verhielten. (B)

Dieser Satz hat auch 10 Wörter und sagt das gleiche. Eines der zehn, *gar*, könnte man noch weglassen. Selbst mit nur 9 Wörtern würde Satz B von jedermann schneller verstanden als Satz A. Woran liegt das?

An der Wortwahl, werden Sie sagen. Einverstanden. Es ist ein Unterschied, ob man *unaggressiv* oder *gemäßigt* sagt, *sich der Aufmerksamkeit entziehen* oder *nicht merken*. Doch noch entscheidender als die Wortwahl ist die Satzstruktur.

A ist ein Hauptsatz. Ein Hauptsatz hat normalerweise nur ein Prädikat (hier: *entzog sich*). B ist ein Satzgefüge. Ein aus Haupt- und einem Nebensatz bestehendes Satzgefüge hat zwei Prädikate (hier: *merkte nicht* und *sich verhielten*). Anders ausgedrückt: Der Verbanteil im Satzgefüge ist mindestens doppelt so groß wie in einem ihm inhaltlich entsprechenden Hauptsatz. Frische Verben tun jedem Text gut, durch sie bekommen Sätze rote Backen. Das ist der Grund, weshalb ein Satzgefüge fast immer anschaulicher, lebendiger ausfällt als ein gleich langer Hauptsatz etwa gleichen Inhalts.

Ein so einfacher Sachverhalt müßte eigentlich jeden Deutschlehrer dazu veranlassen, seinen Schülern beizubringen, wie man Nebensätze in einen Text einfließen läßt. Aber nein, viele Lehrer produzieren selbst am laufenden Band mit Substantiven und Substantivierungen vollgestopfte Hauptsätze, drücken sich dabei reichlich verschwommen aus und merken es nicht einmal:

> *Der durch das Nichtunterrichten des Kollegen verursachte Stundenausfall* muß aufgeholt werden. (Gemeint ist: *Was der Kollege an Unterrichtsstunden ausfallen ließ*..., nicht, daß der Kollege nicht informiert wurde.)

Nominalstil

Oder

> *Das Vergessen der Schüler* ist großenteils auf Mangel an emotionaler Beteiligung zurückzuführen. (Vergessen die Schüler? Oder werden sie vergessen? Das erste war gemeint.)

Haupt(wortketten)sätze liegen als Satzbildungsmuster heute in der Luft:

typisch für die Gegenwart: nominale Kette (Hauptsatz)	**empfehlenswert: Verbalstil (Satzgefüge)**
Der zu erwartende Zeitaufwand für das Suchen und Sichten in der Registratur wächst mit dem Aktenumfang.	Je mehr Akten in der Registratur aufbewahrt werden, desto länger dauert es, bis man die richtige gefunden hat.
Die Unterbringung des Magnetbandes in einer Kassette ermöglicht eine leichtere Handhabung und unterstützt die Abwehr äußerer Schädigungen.	Ist das Magnetband in einer Kassette untergebracht, läßt es sich leichter handhaben, auch wird es nicht so leicht beschädigt.
Individuelle Gestaltungsmöglichkeiten ergeben sich für die Benutzer der für die Verwaltungen typischen Kleinbüros im Hinblick auf Farbgebung, Lichteinfall, Mobiliaranordnung.	Wer in einem der für Verwaltungen typischen Kleinbüros arbeitet, kann sich den Schreibtisch ans Fenster stellen und das übrige Mobiliar so anordnen, wie es ihm behagt.

> Ohne den Willen zur Information ist wirksame Information nicht möglich. Der Wille aber ist seltener, als man glaubt.
> WOLF SCHNEIDER

Nominalstil: Die Chance des Sich-nicht-festlegen-Müssens

Haben Sie es bemerkt? Die letzte Umbildung in ein Verbalgefüge ist trotz zweier Gliedsätze unvollständig geblieben: *im Hinblick auf Farbgebung* ist unter den Tisch gefallen. Um das in einen Gliedsatz transformieren zu können, müßte man erst einmal wissen, was mit *individueller Gestaltungsmöglichkeit im Hinblick auf Farbgebung* gemeint ist. Soll sich der Verwaltungsangestellte, der Benutzer eines Kleinbüros (daß er im Büro *arbeitet*, ist im Originalsatz nicht erwähnt!), etwa Vorhänge, Tapeten und Bodenbelag selbst aussuchen dürfen? Oder erstrecken sich die *individuellen Gestaltungsmöglichkeiten* allein auf die Wahl zwischen einem gelbgeblümten und einem rotkarierten Bürostuhlsitzkissenbezug? Wie unscharf und phrasenhaft die meisten Nominalkettensätze geraten, merkt man gewöhnlich erst, wenn man sie in ein Verbalgefüge umzuformen versucht. Man merkt aber gleichzeitig auch, wie leicht man mit dem Verbalausdruck zu einer Präzision kommt, die dem Nominalkettenverfasser vielleicht gar nicht so erwünscht ist:

> Mit der Befragungsaktion soll die Orientiertheit von Hochhausbewohnern hinsichtlich der Brandschutzbestimmungen festgestellt werden.

Soll nun festgestellt werden, *daß* die Leute orientiert sind, *wieweit* sie orientiert sind oder *ob* sie überhaupt orientiert sind? Drei ganz verschiedene Zielsetzungen – und alle drei lassen sich mit gleicher Berechtigung aus ein und demselben Nominalsatz herauslesen.

Nominalstil als Notwendigkeit

Wo liegen denn nun eigentlich die Gründe dafür, daß die nominale Ausdrucksweise trotz ihrer Saft- und Kraftlosigkeit wächst und wuchert und täglich neue Papierblüten treibt? Teilweise, wie gesagt, in der Luft. Wer seine Sätze mit gängigen Wendungen einleitet, kann gar nicht anders, als an die substantivische Einleitung neue Substantive anzuschließen.

Nominale Satzanfänge...	zwingen zur nominalen Fortsetzung
Voraussetzung für...	die Erhaltung des Friedens...
Maßnahmen zur...	Gesundung der XY-Werke...
Bei Einsichtnahme in...	die Personalakten des Außendienstmitarbeiters Z....
Nach Maßgabe von...	international bekannten Kapazitäten auf dem Gebiet der Nuklearmedizin...
Im Hinblick auf...	die dringend nötige Richtigstellung des Sachverhalts...
Das Problem der...	Früherkennung bösartiger Tumoren...
Die Notwendigkeit der...	Verlagerung der Fertigung von Schreibmaschinenzubehör nach Berlin...

Den Wandel vom Schachtel- oder Bandwurmsatz zum knappen Nominalkettensatz allein auf eine Modeerscheinung zurückzuführen, das wäre zu vordergründig. Einem Sprachwandel kommt man am ehesten auf die Spur, wenn man sich fragt, was sich denn sonst noch so alles geändert hat.

Zweifellos gibt es heute mehr bedrucktes und beschriebenes Papier als vor fünfzig Jahren, Papier, das gelesen werden will. Doch unser Lesetempo wächst nicht proportional zur Papierflut, und schon gar nicht unsere Lesebereitschaft. Wer nicht zur eigenen Unterhaltung liest, wer Bescheid wissen, lernen, sich informieren will, der bevorzugt die knappe, gedrängte Information. So befaßt man sich in der Textverarbeitung – der Begriff wurde geprägt als Gegenstück zu *Datenverarbeitung* – unter anderem damit, das „Kaufmannsdeutsch" zu entrümpeln und weitschweifige Passagen in Geschäftsbriefen durch kurze, frische Formulierungen zu ersetzen. Kürze ist die Höflichkeit des 20. Jahrhunderts, sie nimmt Rücksicht auf die Zeit der anderen.
Dieser Tendenz zur Sprachökonomie kommt der Nominalstil entgegen. Hauptwortsätze sind im allgemeinen knapper, gedrängter als Satzgefüge gleichen Inhalts – und genau deswegen sind Hauptwortsätze schwerer verständlich.
Gut verständlich kann ein Text erst werden, wenn er genügend Luft hat. R e d u n d a n z nennen Sprachwissenschaftler, Informationstheoretiker und Psychologen den Überschuß an Wörtern, der Texte lesbar macht. Etwa 30% Redundanz muß ein Text haben, soll ihn der Leser als angenehm, als nicht zu knapp und nicht zu breit empfinden. Aus Nominalketten bestehende Sätze haben meistens nicht genügend Redundanz, daher ihre Schwerverständlichkeit.
Doch fragen wir weiter: Was hat sich noch in den letzten 50 Jahren Entscheidendes getan? Wir haben heute sehr viel mehr Produkte aller Art und folglich auch sehr viel mehr zu benennen. Namen, Bezeichnungen für Produkte im weitesten Sinne sind sämtlich Hauptwörter. Unser Hauptwortbestand wächst ständig. Mit jedem neuen – nennen wir es weiter so – Produkt, ob das nun ein Ding, eine Verwaltungsmaßnahme, ein medizinisches Forschungsergebnis oder eine formulierte wirtschaftspolitische Einsicht ist, wächst unser Hauptwortbestand. Und weil sich ein Mensch oder ein Ding durch nichts so eindeutig bezeichnen läßt wie durch seinen Namen, sind Substantive, wo es auf Deutlichkeit der Benennung ankommt, unersetzbar.

Redundanz

Manko der Fachsprachen: das Überangebot an Wörtern für einen Gegenstand. Bis zu acht Benennungen, wie es sie etwa für den Begriff *Druckventil* gibt, sind nicht gerade selten.

> Mechanische Prüfungen *werden* mit Zerreißmaschinen, Härteprüfgeräten, Druckpressen und Pendelschlagwerken *durchgeführt*. Auch Röntgentechniken, mikroskopische Untersuchungen, Ultraschallmessungen und die Spektralanalyse *dienen* der Werkstoffprüfung.

Oder:

> Modulare Bedienelemente für elektronische Anlagen und Geräte *enthalten* außer den üblichen Funktionsteilen, wie Kontakten und Leuchtanzeigen, die für die Verbindung mit der Elektronik erforderlichen Leistungsverstärker, Schutzdioden, Vorwiderstände und Siebglieder. Die einheitlichen Dimensionen und Anschlüsse der steckbaren Bedienelemente *ermöglichen* den Aufbau von Bedienfeldern in bedienungsfreundlicher Mosaikanordnung mit der Rasterteilung 27,94 mm (1,1 Zoll) und damit die Anwendung automatischer und rationeller Montage-, Anschluß- und Prüftechniken.

Funktionsverben
durchführen
dienen
enthalten
ermöglichen

Sie sehen, was ein so gewaltiger Aufmarsch eindrucksvoller Benennungen vom verbalen Ausdruck übrigläßt: *werden durchgeführt, dienen, enthalten, ermöglichen* – F u n k t i o n s v e r b e n ohne Substanz. Trotzdem: In der Technik und überall da, wo Fachleute für Fachleute schreiben, hat die Präzision der Benennungen Vorrang vor der Eingängigkeit des Textes.

Nominalstil als Imponiergehabe

Heute geht keine Frau über dreißig zum Arzt, um sich vorsorglich und rechtzeitig auf Krebs hin untersuchen zu lassen; wer gewissenhaft und tapfer genug ist, nutzt lediglich *die Möglichkeiten der Vorsorgeuntersuchung zur Früherkennung von Krebs*.

Fachbegriffe werden von Fachleuten geprägt, bleiben aber nicht auf die Fachsprache beschränkt; sie dringen immer stärker in die Umgangssprache ein und werden begierig aufgesogen: Fachwörter geben Nimbus.

Komplex ist ein Fachwort der Psychologie, *kompensieren* ein anderes. Die Verbindung beider Fachwörter heißt nicht *Komplexe kompensieren*, sondern *Komplexkompensation*. Und wenn Herr Fleischer, Einkaufschef bei Stahl + Steiner, einen unangemeldeten Vertreter sehr von oben herab behandelt, dann ist das, umgangssprachlich ausgedrückt, heute bereits *ein typisches Anzeichen für Komplexkompensation beim Einkäufer*. Früher sagte man dazu: Wer zu Hause nichts zu melden hat, markiert im Büro den starken Maxen.

Komplex-
kompensation

Phrasen wollen das Beste, sie können es nur nicht so ausdrücken, hört man. Vielleicht sollte es aber doch heißen: sie könnten schon, wenn sie nur wollten, jedoch sie wollen nicht.

Das kann ich noch nicht fassen, das ist mir noch nicht dunkel genug.
GALLETTI

> Produkt- und Firmenimage sowie Marktpopularität werden durch breitgefächerte Verkaufsförderung und ansprachewirksame Verbraucherwerbung gestützt . . .

Was steckt anderes in diesem Satz als:

> Werbung macht Produkte und Unternehmen bekannt.

So stark zu vereinfachen ist zwar kühn, aber nützlich. Sonst merkt man nämlich nicht, wie oft sich hinter tönenden Worten nur eine Binsenweisheit versteckt.

Gegen Leute, die sich gern spreizen, kann man wenig tun. Man kann sich aber damit trösten, daß sich mit gespreizten Beinen nicht gut laufen läßt. Und man kann aufpassen, daß man nicht selbst zu viele tönende Fachbegriffe dem eigenen Wortschatz einverleibt.

Das allerwichtigste: abwechseln!

Ob man besser lange oder besser kurze Sätze schreiben soll, werde ich immer wieder gefragt. Was würden Sie antworten, wenn Sie sich entscheiden sollten, ob Eisbein mit Sauerkraut oder Kartoffelpuffer mit Apfelmus besser schmeckt? Wie sagte doch der Rabbi, als einer von ihm wissen wollte, ob man besser von außen nach innen oder von innen nach außen leben soll? Der Rabbi sagte: Ja.

Fürs Deutsch von heute sind kurze Sätze typisch, Sätze mit durchschnittlich 15 Wörtern. Einige Radikale fordern für Geschäftsbriefe eine Satzlänge unter 12 Wörtern, aber das ist falsch verstandene Sprachökonomie. Gewiß, eine Aneinanderreihung übersichtlicher Hauptsätze, von denen nach Möglichkeit jeder mit dem Subjekt beginnt, ist die einfachste und deshalb deutlichste und unmißverständlichste Form der schriftlichen Darstellung. Aber möchten Sie tagein, tagaus zum ersten Frühstück Vollkornbrot mit Butter und Marmelade? Ein bißchen Abwechslung, mal ein weichgekochtes Ei, mal ein Omelett, ein Schälchen Kräuterquark oder eine Scheibe Schinken – erst das macht aus Nahrungsaufnahme einen appetitlichen Tagesbeginn.

Beim Schreiben ist es genauso. Wollen Sie nur das Informationsbedürfnis anderer befriedigen, dann speisen Sie Ihr Publikum mit Einfachsätzen ab. Soll Ihren Lesern dabei aber nicht der Appetit vergehen, müssen Sie für Abwechslung sorgen. Nach vier oder fünf kurzen Sätzen ist ein längerer fällig, auch mal einer mit Fragezeichen. Und wenn Sie zwischendurch einen unvollständigen Satz bilden, dann ist das heute kein Verstoß mehr gegen die Grammatik, sondern ein auf Wirkung zielendes Ausdrucksmittel. Schieben Sie öfter mal einen Nebensatz ein, aber lassen Sie nicht jeden mit *daß* beginnen. Vor allem: Bauen Sie Ihre Sätze nicht immer nach dem gleichen Schema – und sowenig wie möglich nach Schema N (Nominalstil)!

Das treffende Wort wiederholen – den Satz variieren!

Wenn bei uns etwas aus dem Deutschunterricht der Schulzeit hängengeblieben ist, dann gewiß die Regel, Wortwiederholungen seien schlechter Stil und deshalb zu vermeiden. So pauschal gefaßt, ist die Regel töricht. In fünf aufeinanderfolgenden Sätzen fünfmal *diese* oder *dies*, das ist bestimmt keine Glanzleistung. Aber in fünf aufeinanderfolgenden Sätzen einmal *Zweimonatsschrift*, einmal *Druckschrift*, einmal *Heft*, einmal *Ausgabe*, einmal *Exemplar*, bloß weil man sich nicht traut, das treffend empfundene Wort *Zeitschrift* zu wiederholen – das ist schlimmer: dilettantenhaft. Hat der Schreiber – und das gilt besonders für Fachautoren – sich einmal dazu durchgerungen, *Schizophrenie* oder *Kostensenkung* als das richtige Wort anzusehen, dann bleibe er bei *Schizophrenie* und *Kostensenkung* und ersetze die beiden Begriffe nicht durch *diese Krankheit* oder *diese Maßnahme*, auch nicht durch *sie* oder *die erstere* und schon gar nicht durch *diese* oder *jene*. Wer die einmal gewählte Bezeichnung beibehält, schreibt deutlicher, erleichtert seinen Lesern das Lesen.

Viel wichtiger wäre es gewesen, man hätte uns in der Schule beigebracht, wie man Satzstrukturen variiert. Aber man hat nicht. Und dabei ist es so einfach: *Selbst wer nur ein bißchen überlegt, kommt schnell darauf, daß gerade daß-Sätze sich leicht variieren lassen.* Wie? Nun, wir können *daß* an den Satzanfang stellen *(Daß gerade daß-Sätze...)*, wir können *daß* durch *wie* ersetzen *(...kommt schnell darauf, wie leicht sich gerade daß-Sätze...)* oder durch einen Doppelpunkt: *(...kommt schnell darauf: gerade daß-Sätze lassen sich...)* Und natürlich können wir den Sachverhalt nominal präsentieren: *Selbst der nur geringfügig Überlegende erkennt schnell die Leichtvariierbarkeit von daß-Sätzen* – doch genau das sollten wir nicht.

Wortwiederholungen

dies

Ist das treffende Wort gefunden, so wird nicht variiert und nicht ausgetauscht, sondern unerbittlich wiederholt.
WOLF SCHNEIDER

die erstere
jene

Satzwiederholungen

Ein Auftakt-*daß* beschleunigt in Sekunden von 0 auf 100 km und gibt schon den ersten Wörtern Temperament mit auf den Weg.
HANS MIEHLE

Testbogen 33

Zwischensatz: Stellung im übergeordneten Satz

1 Gegen mäßig geschachtelte Sätze ist nichts einzuwenden, wenn die zwischengeschobene Schachtel an der richtigen Stelle sitzt. Wichtig: *Das Einschiebsel darf den Gedankengang nicht zu früh unterbrechen.* Wenn Sie in diesen kursiv gedruckten Satz jetzt die Begründung *damit der Satz leicht faßlich bleibt* einfügen sollten – an welcher Stelle würden Sie ihn auftrennen?

> **1** Hinter *darf*? Richtig geraten! In einen Hauptsatz sollte nach Dudens Meinung ein Zwischensatz erst eingeschoben werden, wenn das Verb genannt ist.
> Im Nebensatz beginnt ein richtig zwischengeschobener Gliedsatz nicht gleich hinter der Konjunktion, *weil sonst, wie leicht einzusehen ist,* zwei Konjunktionen hintereinanderstünden (also nicht: *weil, wie leicht einzusehen ist, sonst...*), sondern frühestens nach dem zweiten Wort des übergeordneten Nebensatzes.

-ung

2 Gegen Wörter auf *-ung* haben viele Leute was. Der Verein Deutscher Ingenieure hat sogar eine Richtlinie gegen die „-ungerei" erlassen (VDI 2271). Darin empfiehlt er zu schreiben:

-ungereien soll man vermeiden, weil kein Mensch so spricht: „Das Huhn führte die Legung eines Eies durch."
HANS MIEHLE

statt	besser
Zur Erhöh*ung* des Ertrages werden wir eine stärkere Einwirk*ung* auf die Zulieferu*ngs*firmen vornehmen und außerdem die Ausnutz*ung* unserer eigenen Einricht*ungen* in Erwäg*ung* ziehen.	Um einen höheren Ertrag zu erzielen, werden wir auf die Zulieferfirmen stärker einwirken und außerdem erwägen, unsere eigenen Anlagen auszunutzen.

Sind Sie mit der verbesserten Fassung einverstanden? Oder sehen Sie weitere Verbesserungsmöglichkeiten?

in Erwägung ziehen / erwägen

> **2** *Einrichtungen* nur wegen der *-ung*-Endung in *Anlagen* zu ändern – das nenne ich konsequent! *Einrichtungen* sind nicht immer das gleiche wie *Anlagen*. Und aus *in Erwägung ziehen* kann man auch nicht ohne weiteres *erwägen* machen, *erwägen* liegt eine Stilschicht zu hoch. Nichts ist so gut, daß man's nicht n o c h   v e r b e s s e r n könnte: *...und außerdem überlegen, wie sich unsere eigenen Einrichtungen ausnutzen* (oder: *besser nutzen*) *lassen.*

Nominalstil

3 Zum Thema „Planen und Einrichten in Krankenkassen" schreibt eine Fachzeitschrift in schönstem Nominalstil: *Ein wesentlicher Punkt für neue Organisations- und Gestaltungsformen der Funktionsräume von Krankenkassen war die Reduzierung des Publikumsverkehrs in den Schalterhallen als Folge der Einführung von Krankenscheinheften und der Tendenz zum bargeldlosen Zahlungsverkehr.* Wie könnte man das verständlicher ausdrücken? Probieren Sie es. Und machen Sie zwei Sätze draus.

> **3** *Seitdem es Krankenscheinhefte gibt und zunehmend bargeldlos ein- und ausgezahlt wird, hat sich der Publikumsverkehr in den Schalterhallen verringert. Dieser Wandel trug wesentlich dazu bei, daß die Funktionsräume von Krankenkassen neu organisiert und neu gestaltet werden konnten.*

4 *Ausschlaggebend für den Lernerfolg ist das Vorhandensein oder Nicht-vorhandensein der Bereitschaft zur Aneignung des Lernstoffes.* – Ein halbes Dutzend Substantive auf ein halbes Verb – Nominalstil, hochprozentig! Versuchen Sie einmal, diesen Satz, ohne daß er an Informationsgehalt verliert, in sieben Wörter zusammenzuziehen. Der neue Satz soll beginnen wie der alte, das letzte Wort soll ein zusammengesetztes Hauptwort sein.

Nominalstil

> **4** *Ausschlaggebend für den Lernerfolg ist die Lernbereitschaft.*

5 Herr Angermann und Fräulein Brausewetter wollten sich am 15. Mai um 15 Uhr im Schloßgarten treffen, haben sich aber verfehlt. Schreibt daraufhin doch Herr Angermann, mit seinen siebzehn Jahren angehender Prokurist bei Schmetz & Co., an die Dame: „Unsere gestrige Verfehlung macht die Neufestsetzung eines Termins erforderlich." Hätten die beiden sich im Park nicht verfehlt, hätte es zu einer Verfehlung kommen können – aber so? Bitte den Sachverhalt verbal.

verfehlen
Verfehlung

> **5** Parataktisch: *Gestern haben wir uns leider verfehlt. Wo und wann können wir uns nun treffen? Machen Sie mir bitte einen Vorschlag.*
> Hypotaktisch: *Da wir uns gestern leider verfehlt haben, bitte ich Sie herzlich, mich wissen zu lassen, wo und wann wir uns nun treffen könnten.*

Sie sehen es an den beiden Umformungen: Die Parataxe, das beziehungslose Nebeneinanderstellen kurzer Hauptsätze (griechisch *para* = neben), entspricht mehr der mündlichen Ausdrucksweise. Die Hypotaxe (die Unterordnung, griechisch *hypo* = unter), das Satzgefüge, in dem begründet, gefolgert oder sonstwie durch Bindewörter ein Zusammenhang der Einzelsätze hergestellt wird, ist eher Schriftdeutsch.

Parataxe

Hypotaxe

6 „Er schreibt ein vollendetes Schriftdeutsch." Kompliment oder nicht? Unter Leuten vom (Satz-)Bau reinster Hohn! Wer lebendig darstellen, wer seine Leser packen und bei der Stange halten will, der schreibt nicht, wie „man" schreibt, der schreibt so, wie e r spricht: viele einfache, parataktisch gebaute Sätze, wenig Satzgefüge. Hypotaxe ist kein sehr gängiges Satzmodell mehr, doch zu viel Parataxe wirkt bald monoton. Also kommt einer, der seine Leser nicht einschlafen lassen will, um den Zwang zum Variieren nicht herum. Man kann sehr wohl – *Journalisten und Werbetexter wissen das* – die Hauptsatz-Hauptsatz-Hauptsatz-Reihung unterbrechen, ohne einen einzigen Nebensatz zu verwenden. Aber womit?

> **6** Unterbrechen kann man die schnell monoton wirkende Satz-an-Satz-Reihung – *Sie sehen es hier* – mit einer in Gedankenstriche oder Klammern oder auch nur Kommas eingeschlossenen Einschaltung, mit einer Parenthese. Die Parenthese ist ein zwischengeschobener Redeteil, der den Gedankenablauf unterbricht und, das ist wichtig, nicht mit einem unterordnenden Bindewort in den Satz eingebunden wird (dann wäre der Einschub ein Nebensatz). Ein zwischengeschobener Nebensatz fügt sich, *wie Sie hier sehen*, viel glatter in den übergeordneten Hauptsatz ein als die hart herausplatzende Parenthese. Lautstarke Ausdrucksmittel muß man sparsam gebrauchen, zu viele Parenthesen machen aus Stil Hackepeter. Die Parenthese gilt zwar als zeitgemäß und hochmodern, dabei ist sie eine alte Schachtel: eine Variante des Einfach-Schachtelsatzes.

Parenthese

Zwischensatz, Stilwert

Rechtschreibung

Orthograviechereien

Zunächst ein Test

„Wie heißen Sie?" fragt der Richter den Angeklagten. „Neumann, ohne h." – „Wie bitte?" – „Neumann, Herr Richter, ohne h." – „Neumann heißen Sie? Das schreibt man doch immer ohne h!" – „Das sage ich ja die ganze Zeit, Herr Richter."

Dummer Witz, nicht? Aber wetten, gelacht haben Sie! Woraus sich zweierlei ergibt:

1. Ein Witz ist kein schlechter Einstieg in ein trockenes Thema.
2. Rechtschreibfragen lassen sich auch mit Humor betrachten.

In der Tat: Humor, dazu ein bißchen Toleranz und etwas Distanz – das scheint mir die richtige „Optik" für unsere viel zu komplizierte Rechtschreibregelung zu sein. Mit Logik kommen wir ihr sowieso nicht bei, allenfalls hilft ein gutes Gedächtnis. Haben Sie nicht? Macht nichts, steht ja alles im Duden. Nur eines ist wichtig: Ärgern Sie sich nicht, wenn Sie ein und dasselbe Wort schon fünfmal nachgeschlagen haben und beim sechsten Mal (oder: beim sechstenmal?) wieder nicht sicher sind, ob man *Möwe* oder *Möve* schreibt, *Kü(c)ken* mit k oder mit ck, *los/wird* getrennt oder zusammen – den meisten von uns geht es so. Wer von sich behauptet, er beherrsche die deutsche Rechtschreibung, der ist entweder einseitig begabt – oder ein Schwindler.

Sie meinen, das sei übertrieben? Dann machen Sie die Probe aufs Exempel.

Wie es richtig ist, steht auf Seite 455 und 466.

Sattelfest im Rechtschreibtest?

Hier haben Sie Gelegenheit zu prüfen, wie es um ihre Rechtschreibkenntnisse bestellt ist. Der Test enthält 20 Fragen. Die Lösungen finden Sie auf Seite 445 bis 447. Schlagen Sie bitte nicht jede Lösung einzeln nach, gehen Sie den Test der Reihe nach ganz durch und notieren Sie sich Ihre Antworten. In den Duden schielen gilt nicht.

Rechtschreibung ist nicht Bildung, aber sie ist eine Voraussetzung dazu, und wer sie nicht einigermaßen beherrscht, wird von der Gesellschaft nicht ernst genommen und beiseite geschoben.

Für jede richtig beantwortete Frage dürfen Sie sich drei Punkte gutschreiben. Insgesamt können Sie – theoretisch – 60 Punkte erreichen. Sechs der Fragen, und zwar die Fragen 1, 2, 4, 7, 8, 16, 17, enthalten mehrere Einzelfragen. Jede falsch beantwortete Einzelfrage kostet Sie einen der drei je Frage erreichbaren Punkte. Beispiel: Frage 1 hat vier Einzelfragen. Alle vier Einzelfragen richtig: 3 Punkte. Drei Einzelfragen richtig, eine falsch: 2 Punkte. Zwei Einzelfragen richtig, zwei falsch: 1 Punkt. Eine Einzelfrage richtig, drei falsch (oder alles falsch): keinen Punkt.

So, nun her mit Papier und Kugelschreiber! Und toi, toi, toi! Wie Sie in der Gesamtwertung liegen, sehen Sie auf Seite 447.

> Und hast du studiert auch bei Tag und bei Nacht, hast du es wohl gar zum Gelehrten gebracht –
> zwei Dinge erfassest du nimmer und nie:
> die Frauen – und die Orthographie.
> FRITZ SINGER (1841–1910), „Schwere Dinge"

1. Die Hauptschwierigkeiten unserer Rechtschreibung beruhen darauf, daß wir bei vielen Wörtern unsicher sind, ob sie
    a) *groß geschrieben*
    b) *klein geschrieben*
    c) *zusammen geschrieben*
    d) *getrennt geschrieben*

   werden müssen. Sind die Ausdrücke a) bis d) im Druck richtig wiedergegeben?

2. Schreibt man die folgenden kursiv gedruckten Wörter groß oder klein, getrennt oder zusammen?
   Bei der Einstellung wurde die junge Dame gefragt, ob sie *(m)aschine/schreiben* könne. Sie gab an, sie schreibe seit Jahren *(m)aschine*. Daraufhin forderte man sie auf, den *(h)and/geschriebenen* Briefentwurf auf der Maschine ins *(r)eine* zu schreiben.

   > Wußten Sie, daß Goethe die Schwierigkeiten der Rechtschreibung seinem Sekretär überließ?

3. Der Chef war anfangs sehr zufrieden. Doch nach ein paar Wochen zeigte es sich: So tüchtig wie *seine alte / Alte* ist die neue Schreibkraft nicht. Großes oder kleines a?

4. Wenn eine Bluse blaue Streifen hat, ist sie dann *blaugestreift* oder *blau gestreift*, ist es eine *blau gestreifte* oder *blaugestreifte* Bluse?

5. Eine *blau-grün gestreifte Bluse* ist eine Bluse mit blauen und grünen Streifen, eine *blaugrün gestreifte* eine mit türkisfarbenen Streifen. Wenn nun aber eine Bluse schwarze und weiße Streifen hat, dann ist das eine ... gestreifte Bluse – mit oder ohne Bindestrich?

6. In einem Adreßkartenangebot heißt es: *Von einer XY-Adreßkarte können Sie unbegrenzt oft drucken. Jahrelang, sogar jahrzehntelang. Immer gestochen scharf, piksauber und schreibmaschinengleich.* Was fehlt?

   > 40 Prozent aller Rechtschreibfehler gehen auf das Konto der „Vokaldauer"-Kennzeichnung.

7. Von den folgenden Wörtern sind drei falsch geschrieben, welche? *Chaiselongue, Mayonnaise, Fournier, Naphthalin, Rhytmus, Kalkulator, Emaillierwerk, Parallele, Klischee, Kommission, Komitee, Immobilien, Limonade, Kapitell, Kunstharzprofile, Jalousie.*

8. Wie schreibt man das Wort *Hafen* in den Städtenamen *Bremerha-en, Cuxha-en, Friedrichsha-en, Ludwigsha-en, Wilhelmsha-en?*

9. So stand es in der Zeitung: *Österreichs charmantester Musikbotschafterin L. gelang es, selbst in den USA den Duft heimatlicher Mehlspeisen und Grinzinger Weinseeligkeit so anregend zu präsentieren, daß*

daraufhin mehrere Charterunternehmen Österreichtouren zusammenstellten. Wo steckt der Fehler?

10. Der Kundendienst eines Autohauses versucht, mit ehemaligen Kunden dadurch wieder in Kontakt zu kommen, daß er ihnen die Überprüfung ihres Wagens zum halben Preis anbietet: *Unser nach modernsten Gesichtspunkten ausgerüstetes Diagnostic-Center bietet allen Kunden eine gute Möglichkeit, die Sicherheit Ihres Autos zu überprüfen,* so heißt es im letzten Absatz des Werbebriefes. Daß sich alle Kunden um Ihr Auto bemühen sollen, ist natürlich nicht der Sinn der Sache. Sondern?

11. „Briefe sollen Brücken und keine Mauern sein. Entscheidend ist doch wohl, daß der Schreiber beim Empfänger die Seite anschlägt, die er zum Klingen bringen will." Sind Sie damit einverstanden?

12. Der nächste Winter kommt bestimmt. Wer es nicht glauben will, sehe sich die Sommerpreislisten des Brennstoffhandels an. Überall ist das Öl gleich teuer, wobei das *gleich* im Grunde noch beunruhigender ist als das *teuer.* Wie kann – bei gleichen Preisen, gleichen Leistungen und gleichen Sprüchen – der Brennstoffhandel in seinen Prospekten überhaupt noch eine individuelle Note wahren? Sie ahnen es: durch individuelle Schreibweise. Auf der rot-schwarzen Titelseite der Preisliste des einen Händlers steht: *Wer jetzt bestellt hat mehr fürs Geld*; auf der rot-schwarzen Titelseite der Preisliste des andern Händlers steht: *Wer jetzt.bestellt, hat mehr für's Geld.* Welche Schreibweise entspricht dem Duden?

13. *Der Numerus clausus ist eine ernste Bedrohung des Leistungsstandartes unseres Volkes.* So zu lesen auf einem hektographierten Zettel, mit dem Oberschüler ihren Zorn gegen die Zulassungsbeschränkungen an den Universitäten auf die Straße trugen. Was sagen Sie dazu?

14. Was ist richtig: *numerieren* oder *nummerieren?*

15. Aus dem Lebenslauf eines Schlossermeisters: *Nach der Lehre ging ich nach Köln, wo ich 1963 die Meisterprüfung ablegte. 1966 kehrte ich nach Dahlerbrück zurück. Dort richtete ich mir im Erdgeschoß meines Vaterhauses eine Werkstatt ein und machte mich selbsständig.* Diese Angaben enthalten zwei Buchstaben zuviel, welche?

16. Den folgenden Wörtern hört man nicht an, ob sie mit eu oder mit äu geschrieben werden müssen. Wissen sollte man es trotzdem. Wie also schreibt man?
Abent-er, -ßerlich, Br-tigam, d-ten, F-lnis, gebr-chlich, Gr-el, h-cheln, Kn-el, l-ten, l-gnen, Schl-se, sich str-ben, Str-ßchen, ungeh-er, vorl-fig. Wonach kann man sich bei der Zweifelsfrage ‚eu' oder ‚äu' richten?

17. Wenn Sie ein sehr ordentlicher Mensch sind und beim Maschineschreiben stets auf einen hübsch gleichmäßig verlaufenden rechten Rand bedacht sind (obgleich Flattertext sich besser liest!) – dann

---

Pro Jahr werden in der BRD mindestens 200 Millionen Schülerstunden bzw. 7 Millionen Lehrerstunden für die Erlernung der Rechtschreibung aufgewendet. (Schätzung, Prof. Leo Weisgerber)

Rechtschreiben kann nur jeder dritte
Von 2000 befragten Personen konnten nur 29 Prozent die vorgesprochenen Wörter *Rhythmus, Satellit, Lebensstandard* und *Republik* richtig schreiben. Das ergab eine Umfrage des Instituts für Demoskopie in Allensbach.

müßte Silbentrennung für Sie ein Kinderspiel sein. Wie also trennt man?
Boutique, Bourgeoisie, Brennessel, Dienstag, Eisenach, England, Fenster, Hämorrhoiden, Ischias, Korrespondenz, Knospe, Lehrerin, Neckarsulm, städtisch, Stilleben, trotzen.

18. Ein Unternehmen, das Büro-Computer anbietet, behauptet in einem Prospekt: *Unsere Leistungen in Bezug auf die Hard- und Software sind vorbildlich.* In welcher Hinsicht sind die Leistungen gar so vorbildlich nicht?

19. Aus einer Modezeitung: *Bunte Streublümchen auf Blue jeans – so liebenswürdig dieser modische Geck auch war – sind inzwischen längst passé.* Was hätte der unfreiwillig unter die Komiker gegangene Texter schreiben müssen?

20. Zu Beginn der Urlaubssaison werden in München die Straßen aufgerissen. Zwei norddeutsche Touristen, ein Mann und eine Frau, fragen die Wühlmäuse, was da gemacht werde. „Ramma damma", antwortet ein Arbeiter. Die Norddeutschen fragen einen zweiten. Seine Antwort: „Ramma duri." Hilfesuchend wenden sie sich an einen Passanten. „Ramma duata", erklärt der ihnen. Da zieht die Frau den Mann weiter. „Komm", sagt sie, „alles Inder!" Wie viele Rechtschreibfehler enthält dieser kleine Text insgesamt?

Aus einem Schüleraufsatz: „Die Rechtschreibung bereitet dem Menschen sein ganzes Leben lang Schwierigkeiten, es sei denn, er ist Analphabet."

Haben Sie es gewußt?

Das sind die Lösungen zum Rechtschreibtest:

1. Nein, *zusammengeschrieben* ist in dieser Bedeutung e i n Wort. Aber: *Die beiden haben dieses Buch zusammen* (= gemeinsam) *geschrieben.* Die Ausdrücke *groß geschrieben, klein geschrieben* und *getrennt geschrieben* sind richtig gedruckt.

   zusammenschreiben
   groß schreiben
   klein schreiben
   getrennt schreiben

2. So kurios ist's richtig: *maschineschreiben* können; sie schreibt Maschine; den handgeschriebenen Briefentwurf auf der Maschine ins reine schreiben.

   maschineschreiben
   sie schreibt Maschine
   ins reine schreiben

3. *Alte* muß natürlich groß geschrieben werden – falls damit die Gattin des Chefs gemeint ist.

4. Die *blaugestreifte* oder *blau gestreifte* Bluse ist *blau gestreift.*

   ➤ Wird eine Verbindung von Adjektiv und Partizip attributiv gebraucht, schreibt man sie zusammen (Was für eine Bluse? Die *blaugestreifte*) oder getrennt (Die wie gestreifte Bluse? Die *blau gestreifte*). Immer getrennt schreibt man in der Satzaussage (Die Bluse ist *blau gestreift* und nicht rot kariert).

   Zusammen- oder Getrenntschreibung: Verbindung von Adjektiv und Partizip

5. Eine Bluse mit schwarzen und weißen Streifen ist – bindestrichlos – *schwarzweiß gestreift.*

RECHTSCHREIBTEST   445

Bindestrich und Zusammenschreibung bei Farbnamen

blau-grün
blaugrün
schwarzweiß

 Wenn klar ist, daß beide Farbbezeichnungen unvermischt nebeneinander vorkommen, spart man sich den sonst die Trennung der Farben markierenden Bindestrich:

blau-grün	=	blau und grün (gemustert)
blaugrün	=	türkis
schwarzweiß	=	schwarz und weiß (nicht grau)

pieksauber
Pik-As
Pik

6. Es fehlt ein e: *pieksauber* wird mit ‚ie‘ geschrieben, im Gegensatz zum *Pik-As* und zum *Pik*, den man auf unsere so herrlich konsequente Rechtschreibregelung haben kann.

Kapitell
Kapitel

7. Irrtum, *Kapitell* ist richtig (sofern man damit den oberen Abschluß einer Säule meint, das *Buchkapitel* bekommt nur ein l). Falsch gedruckt sind in Frage 7: Furnier, Rhythmus, Kunstharzprofile.

-haven
-hafen

8. Die nordwestdeutschen Hafenstädte bekommen ein ‚v‘: *Bremerhaven, Cuxhaven, Wilhelmshaven*, die südwestdeutschen ein ‚f‘: *Ludwigshafen, Friedrichshafen*.

Seele
selig

9. *Weinseligkeit* hat nichts mit *See* und *Seele* zu tun; *selig* (mit e i n e m e!) ist verwandt mit mhd. *saelde* = Glück.

10. Die verflossenen Kunden sollen nicht Gelegenheit bekommen, Ihr Auto zum halben Preis überprüfen zu lassen, sondern *ihr* eigenes Auto, mit kleinem ‚i‘.

Saite
Seite

11. Wenn schon beim Empfänger etwas angeschlagen wird, auf daß es klinge, dann eine *Saite*, keine *Seite*.

Apostroph
ans
ins
aufs
fürs

12. Dem Duden entspricht weder die eine noch die andere Schreibweise des Werbespruchs. Bei der einen fehlt das Komma, bei der anderen findet sich ein Auslassungszeichen, wo keines hingehört. Man sieht zwar häufig „an's", „in's", „auf's", „für's" geschrieben, aber erstens ist das falsch, und zweitens ist der Apostroph im Grunde ein Pedantenhäkchen und kein Dekor für flott geschriebene Werbetexte. Setzen Sie lieber einen Apostroph zuwenig als zwei zuviel.

Standard
Standarte

13. Auch wenn das Problem selbst dadurch nicht kleiner wird: Wer auf die Universität will, sollte zwischen *Standard* = ‚Norm‘ (Plur. *Standards*) und *Standarte* = ‚Banner‘ unterscheiden können.

numerieren
Nummer
nummern

14. Man schreibt *numerieren*, weil das Wort nicht von *Nummer* abgeleitet ist, sondern von lat. *numerus* = ‚Zahl‘ kommt. Als eingedeutschte Form von *numerieren* hört man gelegentlich *nummern*. Deutlicher ist *beziffern*.

selbständig

15. Was manchen verwundern mag: *selbständig* wird nur mit einem ‚st‘ geschrieben. Es kommt nämlich nicht von *selbst* + *ständig*, sondern von dem im 16. Jahrhundert entstandenen, inzwischen aber wieder verschwundenen Substantiv *selbstand*, das auf *selb*, die ursprüngliche Form des Pronomens *selbst*, zurückgeht.

selbst

16. Richtig ist: *Abenteuer, äußerlich, Bräutigam, deuten, Fäulnis, gebräuchlich, Greuel, heucheln, Knäuel, läuten, leugnen, Schleuse, sich sträuben, Sträußchen, ungeheuer, vorläufig.*

‚eu' und ‚äu'

Als Faustregel gilt: Man schreibt äu, wenn das Grundwort ‚au' hat: *äußerlich (außen), Bräutigam (Braut), Fäulnis (faul), gebräuchlich (brauchen), Knäuel (mundartlich Knaul), läuten (laut), sich sträuben (mundartlich straubig* für ‚struppig', strubbelig'), *Sträußchen (Strauß), vorläufig (laufen).* Entsprechend unterscheidet man *gräulich* (von *grau*) und *greulich* (von *Greuel*) – obgleich *Greuel* eigentlich mit ‚äu' geschrieben werden müßte, weil es von *Grauen* kommt. Sie sehen, kaum haben wir ein bißchen was Regelhaftes in der Rechtschreibung entdeckt – schon müssen wir die Regel einschränken:

‚äu' als ‚au'-Umlaut

gräulich
greulich
Greuel

➡ ‚äu' schreibt man meistens, wenn das Grundwort ‚au' hat, sonst schreibt man gewöhnlich ‚eu'.

17. *Bou-tique, Bour-geoi-sie, Brenn-nes-sel, Diens-tag, Ei-sen-ach, Eng-land, Fen-ster, Hä-mor-rhoi-den, Is-chi-as, Kor-re-spon-denz, Knos-pe, Leh-re-rin, Nek-kar-sulm, städ-tisch, Still-le-ben, trot-zen.*

Silbentrennung

18. In bezug auf die deutsche Rechtschreibung. *in bezug auf* wird mit kleinem b, *mit Bezug auf* und *unter Bezug auf* mit großem B geschrieben. Kleinschreibung bei *in bezug auf*, weil diese Fügung, ähnlich wie *aufgrund*, schon fast den Charakter einer Präposition angenommen hat; die Bedeutung des Substantivs *Bezug* ist in der klein zu schreibenden Wendung schon stark verblaßt.

in bezug auf
mit / unter Bezug auf

19. Nicht *Geck*, sondern *Gag*.

Geck
Gag

20. Null. Die kleine Scherzfrage am Schluß dieses Tests sollte eines deutlich machen: Rechtschreibfehler sind zwar keine Zierde, aber auch kein Beinbruch. Zu ernstlichen Kommunikationsschwierigkeiten führen Rechtschreibfehler nie – ganz im Gegensatz zum Dialekt.

Ob die beklagenswerte Orthographie jüngerer studentischer Jahrgänge daher rührt, daß die traditionelle Übung des Exzerpierens durch die Kopiergeräte in den Bibliotheken überflüssig geworden ist? Ich möchte wetten, daß da ein Zusammenhang besteht.
HORST-DIETER EBERT

Wertung: Wie viele Punkte haben Sie?

55–60:   Sie haben geschummelt!
45–54:   Respekt: Um dieses Ergebnis werden Sie 95% aller Aufgabenlöser beneiden.
35–44:   Weit über dem Durchschnitt!
30–34:   Gut bis sehr gut!
25–29:   Das kann sich fast noch sehen lassen.
15–24:   Na ja!

Unter 15: Nur nicht verzagen! Gehen Sie morgen den Test noch einmal durch. Morgen schneiden Sie garantiert besser ab.

Kaum zu glauben, aber wahr: In der Rechtschreibung steckt System!

Fünf Gesetzmäßigkeiten bestimmen die Schreibung der Wörter

Wer da meint, *viel* müsse immer mit ‚v' geschrieben werden, täuscht sich. Manchmal schreibt man *viel* auch mit ‚f' *(Filiale)* und manchmal mit ‚ph' *(Philharmonie)*.

Auf den ersten Blick sieht unsere Rechtschreibung wirklich aus wie ein Sammelsurium von Willkürlichkeiten – aber nur auf den ersten. Bei genauerem Hinsehen erkennen wir, daß die Schreibung der Wörter bestimmten Grundsätzen folgt, die sich allerdings überlagern, so daß in einem Fall die Schreibung diesem Prinzip, im anderen jenem folgt. Haben wir erst einmal erkannt, was das für Prinzipien sind und wie sie wirken, ist uns plötzlich manche Unregelmäßigkeit verständlicher.

1. Grundsatz: „Schreibe, wie du sprichst!"

Aussprache

Aber: In *sehen* darf das ‚h' nicht mitgesprochen werden.

Lautgetreue Wiedergabe ist das Grundprinzip unserer Rechtschreibung. Gelten kann es natürlich nur, wo Hochdeutsch gesprochen wird: In Mundartgebieten tun sich Schulanfänger mit der Rechtschreibung schwer. Und wenn ein Achtjähriger „fümf", „intresant" und „Greisverkehr" (statt *fünf, interessant, Kreisverkehr*) ins Schulheft schreibt, dann ist das den Erwachsenen seiner Umgebung anzulasten – Rundfunksprecher eingeschlossen –, die ihm die Wörter falsch vorsprechen.

phonologisches Prinzip
-phon / -fon

Allen Wörtern, die so geschrieben werden, wie sie sich bei korrekter Aussprache anhören, liegt das phonologische Prinzip zugrunde. (*Phonologie* = Wissenschaft, die die lautlichen Erscheinungen einer Sprache untersucht; Sie kennen den Wortstamm *phon* in der Bedeutung ‚Ton', ‚Laut', ‚Klang', ‚Töner' aus Wörtern wie *Megaphon, Saxophon, Telefon, Phonogerät, Phonotypistin*.) Dumm ist nur, daß sich der Grundsatz „Bezeichne jeden Laut, den man bei richtiger und deutlicher Aussprache hört, durch das ihm zukommende Zeichen" nicht ohne weiteres befolgen läßt; wir haben oft mehrere Möglichkeiten der lautgetreuen Nachbildung.

Das junge Paar sitzt schweigend auf einer Parkbank. Da fängt er an zu seufzen. Sie: „Was seufzt du?" Er: „Am liebsten Bier."

**Grundwort: ‚au',
Ableitung: ‚äu'**

Wörtern, die mit dem ‚eu'-Laut geschrieben werden, hört man nicht an, ob dieser Laut ein ‚eu' ist wie in *Eule, Beule, Keule* oder ein ‚äu' wie in *Säule, Gäule, Fäule* oder ein ‚oi' wie in *Boiler* und in den Ortsnamen *Oberboihingen* (Württemberg) und *Boizenburg* (an der Elbe) oder gar ein ‚oy' wie in dem Namen des österreichischen Bühnendichters Johann *Nestroy* und in dem Namen der bei Cottbus gelegenen Kreisstadt *Hoyerswerda*. Nur die Schreibweise ‚äu' ist verhältnismäßig leicht zu erkennen: *Fäule* kommt von *faul, Gäule* kommt von *Gaul* – und *Säule* ist eine Ausnahme: die Form stammt nicht von *Saul* ab, sondern hat sich aus dem Plural des mittelhochdeutschen Worts ‚siule' entwickelt.

Eine weitere Schwierigkeit: Die Vokallänge kann unterschiedlich darge- **Vokallänge**
stellt werden:

1. durch Verdoppelung des Vokals: *Saal, Teer, Boot*;
2. durch Dehnungs-‚h': *Wahl, Mehl, Ohr, Stahl, fühlen*;
und
3. dadurch, daß die Länge unbezeichnet bleibt: *Tal, lesen, Hobel, Blut, Käse, stören*.

Bei jedem Wort, das mit langem ‚i' gesprochen wird, weiß man mit Sicher- **‚i'-Laut**
heit nur eines: zwei ‚i' hat es nicht. Dafür muß man sich fragen: Schreibt
man es mit ‚ie' (wie *die, nie, sie*), schreibt man es mit ‚i' + Dehnungs-‚h'
(wie *ihm, ihn, ihr*), schreibt man es mit ‚ie' + ‚h' (wie *sieh, er lieh, Vieh*),
oder bleibt die Länge unbezeichnet (wie in *wir, mir, dir*)?

Hier das jeweils Richtige zu treffen gelingt nur dem, der sich nicht scheut,
immer wieder im Wörterbuch nachzuschlagen. Aber auch Merkverse sind
nicht zu verachten.

> Man verliert so mit den *Jahren*
> immer mehr von seinen *Haaren*,
> kann sich bald das Kämmen *sparen*.

Sollte Ihnen diese trübe Erfahrung bisher erspart geblieben sein, wäre das
vielleicht etwas für Sie:

> Wer *Name* und *nämlich* mit ‚h' schreibt, ist dämlich. **nämlich**
> **dämlich**

Dämlich ist natürlich auch, wer *dämlich* mit ‚h' schreibt. Trotzdem sei
vorsorglich darauf hingewiesen: *dämlich* und bairisch *damisch* kommen
wirklich nicht von *Dame*, der Augenschein trügt. **Dame**
Die gleiche Bescherung bei den Konsonanten: Für die Wiedergabe des ‚x'-
Lautes haben wir fünf Möglichkeiten, und immer nur eine davon ist richtig. **‚x'-Laut**
Jux wird mit ‚x' geschrieben, *flugs* mit ‚gs', *Fuchs* mit ‚chs', *Mucks* mit ‚cks'.
Schöner *Murks* (mit ‚ks')!

Solange wir für die Aufzeichnung eines einzigen Lautes verschiedene Buchstaben oder Buchstabenkombinationen benutzen, stehen unsere geschickte-
sten Techniker vor einem unlösbaren Problem: Selbst wenn es ihnen gelingen sollte, einen Sprechschreibautomaten zu erfinden, in den man nur
hineinzusprechen braucht, und auf der anderen Seite kommt das simultan
beschriebene Papier heraus – sie würden den Automaten nicht dazu brin- **Unsere Schrift ist keine**
gen, orthographisch korrekt zu schreiben. Woran sich wieder einmal zeigt, **Lautschrift.**
daß wir Menschen schlauer als die Automaten sind, aber töricht genug, an
einer so wenig mit der Aussprache übereinstimmenden Schreibweise festzu-
halten.

2. Grundsatz: *Gleichartiges wird gleich geschrieben*

An sich die größte Selbstverständlichkeit jeder Orthographie: Gleiche
Wortbestandteile (Vorsilben, Endsilben, Endungen, Stammvokale eng ver- **Aussprache**
wandter Wörter) werden, wo sie auch auftauchen, gleich geschrieben: Die

ewig, ewige, ewiglich wird ausgesprochen: *„ewich"*, *„ewige", „ewiklich"*

Entgelt
verbleuen

morphologisches Prinzip

Vorsilbe *ver-* bekommt immer ein ‚v'. Die Endsilbe *-lich* wird immer mit ‚ch' geschrieben und auch so gesprochen, die Endung *-ig* immer mit ‚g' – obgleich sie oft ganz anders gesprochen wird. *Entgelt* bekommt hinten ein ‚t', weil es nicht zu *Geld* gehört, sondern zu *entgelten*. Innerhalb der gleichen Wortfamilie hält sich der gleiche Stammvokal (mit Umlaut): *blau, bläulich, Bläue* – aber *verbleuen*: denn *verbleuen* kommt trotz der blauen Flecken nicht von *blau*, sondern von althochdeutsch *bliuwan* = schlagen. Mißtrauen Sie darum dem Gleichklang der Wörter: Als Zufallsprodukt der Sprachentwicklung lockt er den Leichtgläubigen unversehens auf die falsche Fährte. Was bei *verbleuen* wie eine Abweichung vom m o r p h o l o g i -s c h e n P r i n z i p aussieht (*Morphologie* = Wortbildung, *Morphem* = kleinster sprachlicher Bedeutungsträger), ist in Wirklichkeit die historisch bedingte Schreibweise eines mit *blau* nicht verwandten Wortes.

3. Grundsatz: Die Schreibweise richtet sich nach der Wortart

Substantivierung

grammatisches Prinzip
das / daß

Das ist das Hauptangriffsziel aller Kleinschreibapostel: daß jedes Wort, sobald es hauptwörtlich gebraucht wird, einen großen Anfangsbuchstaben bekommen muß: *aktuell – alles Aktuelle; einen Text kürzen – beim Kürzen eines Textes; jemandem leid tun – ihm ein Leid antun*. Sprachwissenschaftler sprechen hier vom Grundsatz der Wortartschreibung oder vom g r a m m a -t i s c h e n P r i n z i p. Wozu übrigens auch die Schreibweise von *das / daß* gehört: Artikel und Pronomen mit s, Konjunktion mit ß. Das grammatische Prinzip bringt es an den Tag: Wer die Wortarten unterscheiden kann und in Zweifelsfällen im Duden nachschlägt, statt sein Gedächtnis zu strapazieren, dem fällt die Rechtschreibung nicht schwer. Gründliche Grammatikkenntnisse sind die beste Voraussetzung für eine relativ fehlerfreie Orthographie.

4. Grundsatz: Alte Schreibgewohnheiten gelten noch immer

rühren

Eine einheitliche Rechtschreibung haben wir in Deutschland erst seit der staatlichen Rechtschreibkonferenz anno 1901. Vordem schrieben die Leute, wie es ihnen gerade in den Sinn kam: *Heerd* oder *Herd*, *Getreide* oder *Getraide*, *Rath* oder *Rat*, *Jucks* oder *Jux*, *Canal* oder *Kanal*, *Verließ* oder *Verlies*, *Erndte* oder *Ernte*, *Mostrich* oder *Mosterich* (Senf). Für ein und dasselbe Wort gab es nicht selten fünf verschiedene Schreibungen: *rüren, rühren, rüeren, rhüren, rürhen*. Wie groß das Durcheinander war, geht aus einem preußischen Schulerlaß aus dem Jahre 1862 hervor, in dem gefordert wurde, man solle wenigstens an der gleichen Schule die gleiche Rechtschreibung lehren.

Es läßt sich nicht leugnen: Auch unsere Vorfahren hatten mit der Rechtschreibung ihre liebe Not. Einsichtige Leute haben immer schon versucht, Doppelschreibungen zu beseitigen, nur hat es mit solchen Vereinheitlichungen nie so recht klappen wollen. Die alten Rechtschreibreformer – hauptsächlich Drucker, Lehrer und Pastoren – hatten kein anerkanntes Regelbuch, nach dem sie sich hätten richten können. Und was war das Ende vom

Lied? Sie übersahen bei ihren Vereinheitlichungen eine Menge Wörter, und so beglückten sie uns mit zahllosen Unregelmäßigkeiten, die nicht nur den ABC-Schützen zu schaffen machen. Philologen sehen im Tradieren veralteter Schreibweisen das Wirksamwerden des historischen Prinzips. — *historisches Prinzip*

Nehmen wir zum Beispiel das ‚ä'. Es ist einer unserer jüngsten Buchstaben, noch keine fünfhundert Jahre alt. Vordem hatte man für ‚ä' gewöhnlich ‚e' geschrieben. *Gäste* hießen *gesti*, *Lämmer* hießen *lembir*, *länger* hieß *lengiro*. Das ging so lange, bis irgendein kluger Kopf forderte, was sprachlich zusammengehöre, müsse an der Schreibweise zu erkennen sein (morphologisches Prinzip). Hat die Grundform ein ‚a', bekommen die Ableitungen ein ‚ä'. Diese Regel setzte sich vom 16. Jahrhundert an weitgehend durch. Es entstanden Wortfamilien wie *Macht, Mächte, mächtig, Mächtigkeit* oder *lang, Länge, länger, längstens, länglich* oder *Mann, Männer, männlich,* (fach)*männisch*. Eine Ausnahme macht der *Mensch*: er stammt sprachlich vom Manne ab! – Ähnlich ist altes ‚e' auch in anderen Fällen nicht durch ‚ä' abgelöst worden: Zum *Hahn* gehört die *Henne* (statt der „Hähne"). – Zu *Adel* lautet das Adjektiv *edel* (statt „ädel"). – *behende* wird mit ‚e' geschrieben, obwohl darin *Hand* steckt (= ‚mit etwas schnell bei der Hand sein'). – Sein altes ‚e' behielt auch *überschwenglich*, trotz *Überschwang*. – Schafe, die zur Zucht nicht taugten, wurden früher im *März* ausgesondert, doch *ausmerzen* und *Merzvieh* schreibt man mit ‚e', im Gegensatz zu den im März blühenden *Märzglöckchen*. – *Stengel* gehört zu *Stange* wie *Schlegel* zu *schlagen, Vetter* zu *Vater* und *fertig* zu *Fahrt*, ihr ‚e' ist historisches Relikt. – Bei *Eltern* erweist sich die Beibehaltung der alten Schreibweise als ausgesprochen human: Wer merkt schon, daß *Eltern* im Grunde die *Älteren* sind? – Sollten Sie jetzt aber glauben, *Quentchen* müßte als Verkleinerung von *Quantum* eigentlich auch mit ‚ä' geschrieben werden, dann wäre das ein Trugschluß: *Quentchen* ist die Verkleinerung von *Quent* und *Quent* ein altes Gewicht: ursprünglich ein Fünftel (von lateinisch *quintus* = der fünfte, denken Sie an *Quinta* und *Quintett*) eines Lots, seit 1858 nur noch ein Zehntel. Da ein Lot der dreißigste Teil eines Pfundes war, belief sich ein Quentchen (Salz, Hoffnung usw.) auf ganze 1,67 g. Womit sich das *Quentchen* (von *quintus*) nun doch als *Quäntchen* (von *Quantum*) erweist.

— *‚ä'-Laut*

— *Mann* / *Mensch*

— *Henne* / *edel* / *behende* / *überschwenglich* / *ausmerzen* / *Merzvieh* / *Märzglöckchen* / *Stengel* / *Schlegel* / *Vetter* / *fertig* / *Eltern* / *Quentchen*

— *Quinta* / *Quintett*

Nun brauchen wir aber keineswegs vierhundert Jahre zurückzugreifen, um uns das unsere heutige Rechtschreibung stark beeinflussende historische Prinzip zu verdeutlichen; die jüngere Vergangenheit bietet Beispiele genug. ‚ie' war früher ein Zwielaut, das ‚e' wurde mitgesprochen. Heute bezeichnet das ‚e' hinter einem ‚i' nur noch die Vokallänge. Die Befehlsform *gib!* wurde zu Anfang des Jahrhunderts noch mit ‚ie' geschrieben. Als richtig galt früher auch *es ergiebt sich*. Heute schreibt man *gib!, er gibt, es ergibt sich* – doch in *ergiebig* wird die alte Schreibweise bewahrt. — *ergiebig*

Oder: Bis Anfang des Jahrhunderts war das ‚th' sehr beliebt. Man schrieb damals *Theer, Thor, Thür, Thurm, Thier, theilbar, Reichthum*. Dann kamen die Rechtschreibreformer überein, das unnütze ‚h' zu streichen. Nicht angetastet wurde das ‚h' in Fremdwörtern griechischer Herkunft: *Thema, Theorie, Thermostat, Theater, Rhythmus* und viele andere schreibt man auch heute noch mit ‚th'. — *‚th' in Fremdwörtern griechischer Herkunft*

Doch hat es wenig Sinn, die Halbherzigkeiten unserer Großväter zu bekritteln. Als hätten wir inzwischen nicht Zeit genug gehabt, das Schriftbild

**‚ph' in Fremd-
wörtern griechischer
Herkunft**
Telefon
Mikrofon

-graph
telegrafieren

Stenographie
Grafik
Fotografie
Graphit

dieser Wörter der bei uns sonst üblichen Schreibweise anzugleichen! Wie halten wir es zum Beispiel heute mit dem aus dem Griechischen stammenden ‚ph'? Mal so, mal so.

Die wenigsten schreiben heute noch *Telephon* und *telephonieren*; hier ist das griechische ‚ph' meist dem deutschen ‚f' gewichen, auch *Mikrofon* schreiben die meisten mit ‚f'. Doch *Saxophon*, *Megaphon* und *Phonodiktat* geben ihr ‚ph' nicht auf. – Die gleiche Uneinheitlichkeit in der Schreibung bei Wörtern mit dem Wortstamm *-graph* (griechisch *graphein* = schreiben). Wir *telegrafieren* heute nur noch mit ‚f', statt eines *Telegrafen* benutzen wir allerdings den *Fernschreiber*. (Diese Verdeutschung hat sich durchgesetzt, wogegen es der Post nicht gelungen ist, unser *Telefon* durch *Fernsprecher* zu ersetzen.) Bei *Stenographie* / *Stenografie* schwankt die Schreibweise; bei *Grafik*, *Grafiker* und *Fotografie* hat sich die eindeutschende ‚f'-Schreibung durchgesetzt. Bei *Orthographie*, *Biographie*, *Graphologie* und *Graphit* (Mineral, aus dem Schreibstifte hergestellt werden; unser „Blei"stift ist in Wirklichkeit ein Graphitstift) hält sich die Schreibung mit ‚ph'.

Schi
Ski

Wie ist das zu erklären? Es hängt mit der Häufigkeit zusammen. Je seltener ein Fremdwort gebraucht wird, desto stärker widersetzt es sich der eindeutschenden Schreibweise. (*Foto* begegnet uns ständig, *Biographie* nur in der Schule und in der Literatur.) In anderen Fällen bewirkt die Häufigkeit freilich das Gegenteil: Je vertrauter uns das Schriftbild eines Fremdworts ist, desto geringer die Aussicht auf Angleichung. (Das Wort *Schi* mit ‚Sch' kommt eigentlich nur im Duden als Hauptform vor; sonst sind wir an *Skier* so gewöhnt, daß wir sie mit ‚k' schreiben.)

5. Grundsatz: *Verschiedenartiges wird verschieden geschrieben*

logisches Prinzip

**Unterscheidungs-
schreibungen**
Laib
Leib

Wenn es auch manchem so vorkommen mag – ganz ohne Vernunft ist unsere Rechtschreibung nicht. Der logische Grundsatz fordert, daß Wörter, die sich nicht in der Aussprache unterscheiden, wenigstens unterschiedlich geschrieben werden müssen, wenn sie zweierlei bezeichnen. Gemeint sind die sogenannten Unterscheidungsschreibungen:
Die Schreibweise *Laib* (in *Brotlaib*) setzten bereits die Grammatiker des 17./18. Jahrhunderts durch, um einer Verwechslung mit *Leib* (Körper) vorzubeugen. – Als das „Preußische Regelbuch" erschien, das ab 1. April 1880 an preußischen Schulen gelten sollte (nicht aber an bayrischen und sächsischen), kommentierte das ein Zeitgenosse so:

Ähre
Ehre
Färse
Ferse
Lerche
Lärche
sich wehren
während

Waage

„Wo man früher beliebig ‚ä' und ‚e' gebrauchen konnte, ist jetzt ein festes Verhältniß geschaffen worden; man hat zu schreiben: *Ähre*, zum Unterschied von *Ehre*, *Färse* (junge Kuh), aber *Ferse* (am Fuß), *Lerche* (Vogel), aber *Lärche* (Baum), *sich wehren*, aber *während* (dauern)."

Unsere *Waage* hat ihr zweites ‚a' übrigens erst im Jahre 1927 erhalten. Vordem hatte man es einer Wagenfabrik nicht ansehen können, ob darin nun *Wagen* mit vier Rädern oder welche mit einem Züngelein dran hergestellt wurden.

Von solchen Unterscheidungsschreibungen haben wir eine ganze Zahl:

Augenlid – Kinderlied, Briefstil – Hammerstiel, Bleistiftmine – Armesündermiene, Salzsole – Schuhsohle, Fönkamm – Föhnwind, Breitengrad – Berggrat, Vulkanfiber – Lampenfieber, Torfmoor – Sarotti-Mohr –

um nur einige Beispiele zu nennen.

Manchmal kann so eine Unterscheidungsschreibung aber auch ins Auge gehen. Leute gibt's, die schreiben hartnäckig *Renntier,* weil sie meinen, das Haustier der Lappen in der Schreibweise von einem *Rentier* (gesprochen ‚rentjeh') unterscheiden zu müssen. Korrekt schreibt sich das Tier – jeder Kreuzworträtselrater weiß das – nur mit drei Buchstaben: *Ren.*

In Bayern gibt es unter anderem die Bayerischen Motorenwerke, die Bayerischen Alpen, den Bayerischen Wald, Bayrischkraut, die Bayern und das Bairische. Und im Duden gibt's seit eh und je die Wörter *Oxyd* (Sauerstoffverbindung), *oxydisch, Oxydation, oxydieren* und seit 1961 dazu die Schreibungen *Oxid* (Sauerstoffverbindung) und *oxidisch.* In beiden Fällen ist das ‚i' anstelle des gewohnten ‚y' die Extrawurst, die sich Fachsprachler braten: *bairisch* mit ‚i' war die ursprüngliche, bis ins späte Mittelalter allein übliche Schreibweise, dann wurde sie von *bay(e)risch* verdrängt. Nur Sprachwissenschaftler schreiben, wenn sie die Mundart meinen, heute noch *bairisch,* allerdings nicht konsequent. – Die fachsprachliche Bezeichnung *Oxid* ist eine Analogiebildung zu den Namen chemischer Verbindungen, die auf *-id* enden, wie *Sulfid, Chlorid, Nitrid.* Nichtchemiker dürfen mit ausdrücklicher Genehmigung des Duden auch weiter *Oxyd* schreiben, für *oxydieren* und *Oxydation* gilt ohnehin nur die Schreibung mit ‚y'. Gemeinsprachlich *bay(e)risch* – fachsprachlich *bairisch*; gemeinsprachlich *Oxyd* – fachsprachlich *Oxid*: Wo liegt der Sinn dieser Doppelformen? Wenn solche Fälle nicht relativ selten aufträten, käme wahrscheinlich mancher auf den dummen Gedanken, Fachleute wollten sich durch Unterscheidungsschreibungen von Außenstehenden abgrenzen.

Zum logischen Prinzip gehört auch die Getrennt- und Zusammenschreibung, sofern sie einen unterschiedlichen Sinn verdeutlicht. Schließlich ist es nicht dasselbe, ob man auf seinem Stuhl *sitzen bleibt* oder auf seiner Ware, in der Schule oder als Frau *sitzenbleibt.* Oder ob ein Mann Frau und Kind (im Bus) *sitzen läßt* oder (zu Hause) *sitzenläßt.* Sogar die vielgeschmähte Großschreibung der Substantive kann der Unterscheidung dienen, wenn auch in seltenen Fällen: *ein Paar Hosen* besteht aus einer Hose – *ein paar Hosen* sind einige. – Hätten unsere Hauptwörter keine großen Anfangsbuchstaben, könnte man nicht ohne weiteres erkennen, ob sich hinter einer Überschrift wie *jeder siebente floh* nun eine Floh- oder eine Flüchtlingsgeschichte verbirgt und ob die Spenden *für kranke und behinderte kinder* Kranken aller Altersstufen und behinderten Kindern zugute kommen oder allein Kindern, die krank und behindert sind. Aber das ist ein Kapitel für sich.

Lid / Lied
Stil / Stiel
Mine / Miene
Sole / Sohle
Fön / Föhn
Grad / Grat
Fiber / Fieber
Moor / Mohr

Rentier

Ren

Fachsprache
bairisch / bay(e)risch

Oxid / Oxyd

sitzen/bleiben
sitzen/lassen

ein Paar
ein paar
Warum ein Paar Hosen nicht zwei Hosen sind, steht auf Seite 26.

Testbogen 34

Dehnungs-‚h'

1 Gibt es eine Erklärung dafür, daß *kahl, Mehl, hohl, kühl, lahm, Rahm, Lohn, Sohn, Kahn, wahr, sehr, mehr* mit Dehnungs-‚h' geschrieben werden – *Gral, Gram, Kran, Fron, grün, zwar, Flor* trotz Vokallänge dagegen nicht?

[1] Ja, es gibt eine. Die Differenzierung in der Schreibweise haben sich einst die Buchdrucker ausgedacht. Nicht ohne Grund: Wörter, die nur aus drei Buchstaben bestehen, sind sehr kurz. Was extrem kurz ist, wird leicht überlesen. Um Drei-Buchstaben-Wörtern mehr Gewicht zu geben und gleichzeitig die Vokallänge zu kennzeichnen, schoben die Buchdrucker vor auslautendem ‚l', ‚m', ‚n', ‚r' als vierten Buchstaben das Dehnungs-‚h' ein; bei Wörtern mit mehr Buchstaben verzichteten sie gewöhnlich darauf. Manche Grammatiker sehen in dieser Buchdruckergewohnheit den 6. Grundsatz unserer Rechtschreibung, das ästhetische oder graphisch-formale Prinzip.

graphisch-formales Prinzip

Schänke / Schenke

2 Ist der Arbeitsplatz eines Schankwirts, der einen Ausschank betreibt, eine Schenke oder eine Schänke?

Schenke
Schank
Ausschank
ausschenken
schenken

[2] Eine S c h e n k e, mit ‚e'. „Schänke" ist falsch. *Schänke* gibt es zwar im Duden, aber nur als Mehrzahl von *der Schank* (veraltet für *Ausschank*); in Österreich sind Theken *Schanken* (Einzahl: *die Schank*). An einem *Ausschank* werden Getränke *ausgeschenkt* – und warum? Weil *ausschenken* nicht von *Ausschank* kommt, sondern von *schenken. schenken* bedeutete ursprünglich ‚jemandem zu trinken geben'. Über ‚darreichen' entwickelte sich die heutige Bedeutung: *schenken* = ‚unentgeltlich geben'. Wer daraus nun folgern wollte, was an einem *Ausschank* ausgeschenkt wird, müßte man geschenkt kriegen, täuscht sich. Man kriegt im Leben nichts geschenkt, schon gar nicht in puncto Rechtschreibsicherheit. Dafür muß man was tun. Und wenn man sich eine Eselsbrücke baut: *Schenke* hat mit *Schank* nicht mehr zu tun als *denke* mit *Dank*.

3 Wann schreibt man in Zusammensetzungen *tod-* und wann *tot-*?

[3] Halten Sie sich am besten an die Faustregel:

▶ Bei Adjektiven ‚d':
tödlich, todmüde, todschick, todunglücklich, todfeind;
bei Verben ‚t':
töten, totschlagen, totfahren, totsagen, totschweigen, sich totlachen, totärgern, totarbeiten, totlaufen

tod-

tot-

Schlagen Sie substantivische Zusammensetzungen, wenn Sie sich nicht sicher sind, im Wörterbuch nach. Der Kopf sollte uns zum Speichern der feinen Unterschiede zwischen *Todgeweihten* und *Totgeglaubten* zu schade sein.

4 In dem 1888 in Leipzig erschienenen „Handwörterbuch der deutschen Sprache" von Daniel Sanders werden für den Namen des lateinisch *Larus* genannten Küstenvogels drei Schreibweisen angeführt: *Mewe, Möve, Möwe*. – Den Namen des Geflügeljungen schreibt Sanders *Küchen, Küchlein, Küchel, Küchelchen*, auch *Küken*. – Wie schreibt man das heute?

4 *Möwe* wird seit der Rechtschreibkonferenz von 1901 einheitlich mit ‚öw' geschrieben. – Im zweiten Fall sind heute drei Versionen schriftsprachlich: *Küken* mit ‚k', *Küchlein* und *Kücken* mit ‚ck'.

Möwe

Küken / Kücken

5 Warum schreibt man *morgendlich* mit ‚d'?
Guter Rat Nummer 1: „Wenn Sie überlegen, wie ein Wort geschrieben wird, dann suchen Sie nach einem verwandten Wort, dessen Schriftbild Ihnen geläufig ist." Verwandt mit *morgendlich* ist zweifellos der *Morgen*, und *Morgen* hat kein ‚d'. Guter Rat Nummer 2: „Zerlegen Sie das fragliche Wort in seine Bestandteile und erschließen Sie deren Bedeutung und Funktion." Also: *morgendlich* ist ein mit Hilfe des Suffixes *-lich* aus dem Substantiv *Morgen* abgeleitetes Adjektiv, und damit ist das ‚d' noch immer nicht erklärt. Wenn ‚d' bloß als Gleitlaut eingeschoben wäre, um dem Sprecher den Zungenschlag von ‚n' auf ‚l' zu erleichtern, dann sollte man anstelle des ‚d' ein ‚t' erwarten, wie in *wöchentlich, hoffentlich, eigentlich*. Warum also *morgendlich* mit ‚d'?

morgendlich

Gleitlaut ‚t'
Gleitlaut ‚d'

5 Das ‚d' in *morgendlich* ist in der Tat ein Gleitlaut, doch erst jüngeren Datums. Bis vor fünf- oder vierhundert Jahren schrieb man *morgenlich*. Und für das ‚d' anstelle des sonst üblichen ‚t' gibt es eine plausible Erklärung: Wortbildungsmuster für *morgendlich* ist nicht *wöchentlich*, sondern a b e n d l i c h. Doch aufs Adverb erstreckt sich die Analogie nicht: *abends* mit ‚d', *morgens* ohne.

Auf *morgendlich* hat *abendlich* abgefärbt.

6 Wenn einer Steuern sparen und dabei nicht gegen die Gesetze (der deutschen Hochlautung) verstoßen will, muß er dann „Schteuern schparen" oder „S-teuern s-paren"?

Aussprache von ‚sp' und ‚st'

6 Sie werden es kaum glauben: „*Sch*teuern *sch*paren" i s t k o r r e k t (gesprochen). Woraus sich zweierlei folgern läßt:
1. Die über den s-pitzen S-tein s-tolpernden Hannoveraner sprechen hier keine reine Hochlautung.
2. In deutschen Wörtern spricht man anlautendes ‚sp' und ‚st' wie „schp" und „scht".
Warum man das tut, weiß nur, wer sich in der Geschichte der Rechtschreibung ein bißchen auskennt. Mittelhochdeutsches ‚s' wurde vor ‚l', ‚m', ‚n' und ‚w' im Neuhochdeutschen zu ‚sch': aus *slac* wurde *Schlag*, aus *smerze* wurde *Schmerz*, aus *snabel* wurde *Schnabel*, aus *swester* wurde *Schwester*. Phonetisch gesehen, wurde mittelhochdeutsches ‚s' auch vor ‚p' und ‚t' zu ‚sch': *spalt* wird heute „Schpalt", *stein* wird heute „Schtein" gesprochen. Daß unser heutiges Alphabet manchmal ‚sp' und ‚st' als selbständige Zeichen enthält – Registratoren, Lexikonmacher und Katalogbenutzer wissen, wie lästig das sein kann –, ist also historisch bedingt. Respektloser ausgedrückt: Unsere lieben Vorfahren haben, als es an der Zeit war, für den alten ‚s'-Laut die ‚sch'-Schreibung auch vor ‚p' und ‚t' einzuführen, geschlafen.

‚sch' ist kein Buchstabe. Bei richtiger alphabetischer Ablage gehört *Schaad, Norbert* hinter *Scerrato, Raffaele* und nicht hinter *Syring, Helmut*.

Was schreibt man groß, was klein?

Das Wichtigste über die Schreibung hauptwörtlich gebrauchter Wortformen

In drei Wochen wird Michael neun Jahre alt. Damit Onkel Dieter den Geburtstag ja nicht vergesse, schreibt ihm Michael, wie gut er einen neuen Fußball gebrauchen könne. Um dem Onkel etwas Nettes zu sagen und damit die Aussicht auf einen Fußball wahrscheinlicher zu machen, schreibt ihm Michael: „Papa sagt, ich sähe Dir Ungeheuer ähnlich." – Bleibt nur zu hoffen, daß Onkel Dieter noch aus eigener Erfahrung weiß, wie schwer die Unterscheidung zwischen groß und klein zu schreibenden Wörtern in den Kopf eines Achtjährigen hineingehen will.

Für Michael ist das Wort *ungeheuer* ungeheuer wichtig, deshalb schreibt er es groß. Das ist kindliche Logik; mit den heutigen Regeln unserer Rechtschreibung verträgt sie sich nicht. Doch so absurd ist Michaels Überlegung nicht; die Großschreibung der Hauptwörter ist durch einen ähnlichen Vorgang zustande gekommen.

Die Anfänge der Großschreibung

<small>Im 14. Jahrhundert ging's mit der Großschreibung los. Vereinzelt tauchten groß geschriebene Wörter auch in früheren Handschriften auf.</small>

Der Kampf der Rechtschreibreformer gegen die Großschreibung der Hauptwörter ist fast so alt wie die Großschreibung selbst: Bis ins 16. Jahrhundert hinein gebrauchte man in der deutschen Schrift Großbuchstaben allenfalls für den Satzanfang und für Namen. Um jene Jahrhundertmitte erschien der Großbuchstabe auch an anderen Stellen: einzelne Wörter, die der Schreiber hervorheben wollte, bekamen einen, ganz gleich, ob das nun Haupt-, Eigenschafts- oder Zeitwörter waren. Das geschah zunächst ohne Grundsatz und ohne Regel, bald öfter, bald selten, bald gar nicht. Erst vom 18. Jahrhundert an setzte sich die Großschreibung der Hauptwörter einheitlich durch – sehr zum Verdruß vieler Lehrer- und Schülergenerationen. Denn um Hauptwörter groß schreiben zu können, muß man erst einmal begreifen lernen, woran man ein Hauptwort erkennt.

Woran erkennt man, was ein Hauptwort ist?

<small>Hörfehler beim Diktieren: Er schrieb groß statt klein (*Großstadt* klein).</small>

Auf allzu primitive Regeln sollte man sich da nicht verlassen. Sie kennen doch die Geschichte vom Hinterhuber, der eine Eingabe ans Finanzamt aufsetzen muß und partout mit der Groß- und Kleinschreibung nicht zurechtkommt?

> „So schwer ist das doch gar nicht", behauptet seine Frau. „Alles, was am Anfang eines Satzes steht, schreibst groß. Alles, was man anfassen kann, auch." Als der Hinterhuber immer noch nicht begreifen will, erklärt sie es ihm genauer: „Nimm den Satz: ‚Die Maus läuft hintern Ofen.' *Die* schreibst groß, weil – es steht am Satzanfang. Bei der *Maus* kommt's drauf an, ob du sie erwischst. *läuft* schreibst klein. *hintern* kannst anfassen, schreibst also groß, und beim *Ofen* kommt's drauf an, ob er geheizt ist."

Praktischer ist es, sich an die alte Faustregel zu halten:

▶ Nach *der, die, das*
schreibt man groß.

Großschreibung nach Artikel

Natürlich muß das Warnsignal „Achtung, Hauptwort! Groß schreiben!" nicht immer *der, die, das* heißen. Groß schreibt man auch nach *ein, eine, dieser, jener*. Groß schreibt man ebenso nach *allerlei, alles, etwas, genug, nichts, viel* und *wenig*, zum Beispiel:

nach Demonstrativpronomen

> Wir wünschen *alles Gute*. – Er hat *allerlei Neues* gesehen und *viel Wissenswertes* kennengelernt.

nach Indefinitpronomen

Groß schreibt man immer die Grundform nach *beim, am* und *zum*:

nach Verschmelzung von Artikel und Präposition

> Er arbeitet – ist *am Arbeiten*; Türen abschleifen und streichen – *beim Abschleifen* und *Streichen* von Türen.

Das ist keineswegs *zum Auf-die-Bäume-Klettern*, sondern wirklich leicht zu behalten. – Natürlich kommt es auch vor, daß groß geschrieben werden muß, ohne daß wir durch ein vorangehendes Begleitwort gewarnt würden:

zum Auf-die-Bäume-Klettern

> Man muß lernen, *Wichtiges* von *Unwesentlichem* zu unterscheiden.

Wenn wir uns diesen Satz genauer ansehen, merken wir: Das Begleitwort ist schon vorhanden. Es hat sich bloß verkrochen, und zwar in die Beugungsendungen der substantivierten Wörter. *Wichtiges* = das Wichtige, *Unwesentliches* = das Unwesentliche. Wir könnten genausogut schreiben:

> Man muß lernen, *das Wichtige* von (all) *dem Unwesentlichen* zu unterscheiden.

Großschreibung von artikellosen Substantivierungen

So, die Grundregel hätten wir uns damit vor Augen geführt. Die Regel selbst macht überhaupt keine Schwierigkeiten. Schwierigkeiten machen nur die zahllosen Abweichungen.

Was wäre eine Regel ohne Ausnahme!

Wenn es Sie interessiert: Hier finden Sie eine Zusammenstellung hauptwörtlich oder scheinbar hauptwörtlich gebrauchter Wortformen, die klein zu schreiben sind, obgleich ihnen *der, die* oder *das* vorausgeht oder vorausgehen könnte:

Klein schreibt man
die Superlative *das beste, das wichtigste, das schlimmste* u. ä., wenn man dafür *am besten, am wichtigsten* oder *am schlimmsten* sagen kann:

Klein- und Großschreibung von Superlativen

> Es ist *das beste* (= am besten), wenn er später wiederkommt. (Aber: *Das Beste* ist gerade gut genug.) – *Das wichtigste* (= am wichtigsten) ist jetzt, schnell zu handeln. (Aber: Dieses Kapitel enthält *das Wichtigste* über die Groß- und Kleinschreibung.)

Wir merken uns:

 Groß schreibt man Superlative im allgemeinen dann, wenn ein mit *was* eingeleiteter Gliedsatz folgt: *Das Beste, was* man jetzt tun kann, ist einen kühlen Kopf bewahren. – Es ist *das Schlimmste* eingetreten, *was* zu befürchten war.

Kleinschreibung bei Bezug auf vorangehendes Substantiv

Klein schreibt man,
wenn das fragliche Wort ein Eigenschaftswort ist, das sich auf ein bereits genanntes Hauptwort bezieht:

Die kleinen Diebe hängt man, *die großen* läßt man laufen. (Kleinschreibung, weil hinter *großen* in Gedanken *Diebe* zu ergänzen ist.) – Wir haben die fünf Maschinen durch *diese drei neuen* (Maschinen) ersetzt.

Kleinschreibung von Indefinitpronomen

Klein schreibt man
trotz vorangehenden Geschlechts- oder Fürworts unbestimmte Pronomen, die wie Substantive gebraucht werden:

der eine, der andere, alle anderen, nichts anderes, etwas ganz anderes, der nämliche, der nächste, ein jeglicher, ein jeder, jeder beliebige, der einzelne, das alles, alle übrigen, das gleiche, das folgende.

Fragen Sie jetzt nicht, weshalb das so ist. Kein Grammatik-Regelmacher wird Ihnen darauf eine überzeugende Antwort geben können.

Klein- oder Großschreibung, wenn der Infinitiv Subjekt ist

Klein oder groß schreibt man,
wenn die Grundform des Zeitworts Satzgegenstand ist. Als Beispiel:

Man sagt, *(e)ssen* und *(t)rinken* halte Leib und Seele zusammen.

Groß oder klein? Sowohl – als auch.
Wer den Infinitiv als Substantiv ansieht, schreibt groß:

Man sagt, (das) *Essen* und (das) *Trinken* halte Leib und Seele zusammen.

Wer den Infinitiv – mit gleichem Recht! – als Verb ansieht, schreibt klein:

Man sagt, (zu) *essen* und (zu) *trinken* halte Leib und Seele zusammen.

Beide Schreibweisen sind also richtig. Allerdings sollten wir in einem Satz mit zweigliedrigem Subjekt wie hier einheitlich verfahren: entweder beide fraglichen Wörter groß oder beide klein.

Klein- oder Großschreibung von Ordinalzahlen

der erste
der zweite
der dritte

Klein oder groß schreibt man
der erste, der zweite, der dritte – je nachdem, ob man damit eine Rangfolge oder eine Reihenfolge kennzeichnen will. Klein, wenn man die Reihenfolge im Sinn hat:

das erste, was ich höre; der erste beste; die ersten beiden; zum ersten, zum zweiten, zum dritten; den dritten abschlagen

Groß, wenn man an die Rangfolge denkt:

> er ging als Erster (= als Sieger) durchs Ziel; sie war die Zweite der Klasse (Klassenzweite); der Dritte im Bunde

der Erste
der Zweite
der Dritte

An diesem letzten Beispiel zeigt es sich: So eindeutig ist die Grenze zwischen Rang- und Reihenfolge nicht zu ziehen. Schlagen Sie im Zweifelsfall die Schreibweise hauptwörtlich gebrauchter Ordnungszahlen lieber im Rechtschreibwörterbuch nach.

Klein oder groß schreibt man bei vorangehendem Artikel eine Reihe von Redewendungen, die jeder Mensch mit normal funktionierendem Gedächtnis nur dann richtig aufs Papier bekommt, wenn der Zufall es gut mit ihm meint. Immer klein geschrieben wird:

Klein- und Groß-schreibung bei Redewendungen

> im allgemeinen, es ist das gegebene, im großen und ganzen, sich darüber im klaren sein, den kürzeren ziehen, auf dem laufenden sein, es wird ein leichtes sein, aufs neue, des öfteren, mit sich ins reine kommen, im reinen sein, ins reine schreiben, im übrigen

Dies nur als kleine Auswahl. Aber es kommt noch schöner:

klein	**groß**	
etwas anderes	etwas Verschiedenes	*anderes*
aufs äußerste erschrocken	aufs Äußerste gefaßt	*aufs äußerste*
ein bißchen	ein kleiner Bissen	*ein bißchen*
im einzelnen, zu sehr ins einzelne gehen	vom Einzelnen ins Allgemeine, vom Einzelnen ins Ganze gehen	*im einzelnen*
das gleiche tun, das gleiche gilt für ..., es kommt aufs gleiche hinaus	jemandem ein Gleiches tun, es kann uns Gleiches widerfahren, Gleiches mit Gleichem vergelten	*aufs gleiche*
im großen und im kleinen	im Großen wie im Kleinen	
ein andermal	ein anderes Mal	*mal / Mal*
zum erstenmal	zum ersten Mal(e)	
er tut alles mögliche (= allerlei, alles)	er bedenkt alles Mögliche (= alle Möglichkeiten)	*alles mögliche / Mögliche*
des weiteren, bis auf weiteres	Hinweise auf Weiteres	*bis auf weiteres*
seinerzeit	zu seiner Zeit	*seinerzeit*

Wenn Sie mich jetzt im Verdacht haben, ich hätte Ihnen vor allem mit den letzten Beispielen die schlimmste Seite unserer Rechtschreibung vor Augen geführt, dann hätten Sie so *unrecht* nicht (klein!). Oder auch: Sie wären nicht im *Unrecht* (groß!). Kann man sich über solche Ungereimtheiten nicht blau ärgern? Man kann, nur nützt es nichts. Üben ist sinnvoller. Probieren Sie es einmal mit den folgenden Aufgaben.

unrecht haben
im Unrecht sein

Testbogen 35

Bei den Aufgaben 1 bis 7 geht es darum, ob anstelle des eingeklammerten Buchstabens ein großer oder ein kleiner Anfangsbuchstabe zu setzen ist und ob da, wo ein Schrägstrich steht, zusammengeschrieben oder getrennt werden muß.

1 Es heißt, *(p)robieren* geht über *(s)tudieren*.

substantivierter Infinitiv

1 *Studieren* ist hier eindeutig ein substantivierter Infinitiv und muß deshalb groß geschrieben werden (geht über *das Studieren*). Um der Einheitlichkeit willen sollte auch *Probieren* groß geschrieben werden.

2 Sicher, *(b)riefe / (s)chreiben* ist nicht jedermanns Sache. Dennoch sollte man Briefe nicht unbeantwortet liegenlassen, vor allem dann nicht, wenn man weiß, daß *der (a)ndere* auf Antwort wartet.

der andere

2 *Briefeschreiben* (= das Briefeschreiben) oder *Briefe schreiben* (= Briefe zu schreiben) – Sie haben die Wahl. *der andere* immer klein.

3 Beim Vergleich von Submissionsergebnissen hat sich gezeigt, daß in manchen Branchen zwischen dem *am (b)illigsten* und dem *am (t)euersten (a)nbietenden* Preisdifferenzen von hundert Prozent und mehr vorkommen. *Im (a)llgemeinen* bekommt noch immer *der (b)illigste* den Zuschlag.

3 zwischen dem *am billigsten* und dem *am teuersten Anbietenden; im allgemeinen* bekommt *der Billigste* den Zuschlag. (Kleinschreibung – *der billigste* bekommt den Zuschlag – wäre nur richtig, wenn in der Aufgabe statt von dem *am billigsten* und dem *am teuersten Anbietenden* von *dem billigsten* und *dem teuersten Anbieter* die Rede gewesen wäre.)

4 Berufsausbildung allein genügt nicht mehr. Wer heute *auf dem (l)aufenden* sein will, muß sich ständig weiterbilden.

auf dem laufenden

4 *auf dem laufenden*.

5 *Mit (b)ezug auf* Ihr Schreiben vom 9. Oktober können wir Ihnen heute mitteilen, daß vom *(e)rsten* nächsten Monats an *sieben (z)ehntel* Ihres Anteils an Sie ausgezahlt werden. *Im (e)inzelnen* staffeln sich die Beträge wie folgt ...

mit Bezug / in bezug auf
der Erste des Monats
im einzelnen

5 *mit Bezug auf* (aber: *in bezug auf*); *vom Ersten nächsten Monats an; sieben Zehntel; im einzelnen*.

6 *Jeder (e)inzelne* sollte sich darüber *im (k)laren sein*, daß ein *(r)aten/(w)eise* genommener Urlaub keine echte Erholung sein kann.

jeder einzelne
im klaren sein

6 *jeder einzelne; im klaren sein; ratenweise*.

7 Auch Lampen sollten *von (z)eit zu (z)eit* gereinigt werden, sonst geben sie schlechtes Licht. – Infolge eines Unfalls wird er die linke Hand *(z)eit seines Lebens* nicht mehr richtig gebrauchen können. – Wie wir Ihnen *seiner/(z)eit* schrieben, ist die Nachfrage sehr groß, so daß wir die gewünschten Fugenfräsen *zur/(z)eit* nicht am Lager haben. Wenn Sie sich jedoch *eine (z)eit/lang* gedulden wollen, können wir sie *jeder/(z)eit* beim Hersteller für Sie anfordern.

> **7** von Zeit zu Zeit; zeit seines Lebens; seinerzeit; zur Zeit; eine Zeitlang (aber: *eine kurze Zeit lang*); jederzeit (aber: *zu jeder Zeit*).

zeit seines Lebens
eine Zeitlang

8 Die Rechtschreibfehler, die in den nächsten drei Beispielen stecken, werden Ihrem Scharfblick nicht entgehen:

a) Schild im Fenster eines Wienerwald-Restaurants: *Zum mitnehmen: Frische Pommesfrites.*
b) Aus einem Sportbericht: *Wer geglaubt hatte, daß das Spiel des FC... gegen den SV... nichts besonderes bieten würde, sah sich getäuscht. Bereits in der dritten Minute...*
c) Aus einem Unfallbericht: *Die Erkundung des Turmes konnte aus Sicherheitsgründen nicht mit dem Fahrstuhl durchgeführt werden. Der Erkundungstrupp mußte über hunderte von Stufen in die Betriebsgeschosse eilen.*

> **8** a) S u b s t a n t i v i e r t e I n f i n i t i v e werden g r o ß geschrieben: *Zum Mitnehmen.* Außerdem: *Pommes frites* sind zwei Wörter.
> b) *nichts Besonderes, etwas Besonderes* immer mit großem B, *im besonderen* dagegen mit kleinem.
> c) In *hundert Stufen, über hundert Stufen, einige hundert Stufen* ist *hundert* als Zahlwort klein zu schreiben. Aber: *Hunderte von Stufen.* Übrigens, statt gestelzt zu schreiben: „Die Erkundung des Turmes konnte aus Sicherheitsgründen nicht mit dem Fahrstuhl durchgeführt werden", hätte man auch so formulieren können: *Zur Erkundung des Turmes den Fahrstuhl zu benutzen war zu riskant. Der Erkundungstrupp mußte...*

substantivierter Infinitiv
nichts Besonderes / im besonderen
hundert / Hunderte

9 Hier ein Fehler, der um ein Haar in diesem Buch stehengeblieben wäre, doch zum Glück hat ihn der Korrektor bei der Umbruchkorrektur entdeckt. Auf Seite 23 ist beschrieben, wie ein Trampelpfad (auch auf dem Gebiet der Rechtschreibung) entsteht. Da heißt es: „... neben den braven Spaziergängern gibt es auch einmal einen eigensinnigen Zeitgenossen, der nicht bloß immer auf ausgetretenen Pfaden wandeln will. Er hat es eiliger als die andern und verkürzt sich den Weg, indem er von einem Beet eine Ecke abschneidet. Einen zweiten reizen die Fußabdrücke, er stapft hinterdrein. Ein dritter und ein vierter folgen der Spur, und dann..." *Einen zweiten, ein dritter, ein vierter* – das war ursprünglich mit großem Anfangsbuchstaben gedruckt. Wissen Sie, aus welchen Gründen die Ordnungszahlwörter hier klein geschrieben werden müssen?

ein zweiter
ein dritter

> **9** Erstens beziehen sich die Zahlwörter auf ‚Zeitgenossen', sind also n i c h t als s u b s t a n t i v i e r t anzusehen, zweitens drücken sie eine R e i h e n - und nicht eine Rangfolge aus.

Zweifeln, aber nicht verzweifeln!
Zusammen- und Getrenntschreibung

Unsere Rechtschreibung ist kompliziert, eine Reform tut not. Darin sind sich die meisten Viel- und Wenigschreiber einig. Uneinigkeit besteht nur darüber, wo die Reform ansetzen soll. Die einen betrachten die Kleinschreibung der Hauptwörter als Allheilmittel – die andern schreiben sich die Finger wund, um die Argumente der Kleinschreibwilligen durch Gegenargumente zu entkräften. Beide Seiten übersehen, daß die Hauptschwierigkeiten unserer Rechtschreibung ganz woanders stecken: in der Zusammen- und Getrenntschreibung.

Die Grundregel ist auch hier einfach:

 Zusammen schreibt man, wenn durch die Verbindung zweier Wörter ein neuer Begriff entsteht, den die bloße Nebeneinanderstellung nicht ausdrückt.
Getrennt schreibt man, wenn zwei zusammengehörige Wörter noch ihren ursprünglichen Sinn bewahrt haben.
In der Regel zeigt Starkton des ersten Gliedes Zusammenschreibung, Starkton auf beiden Wörtern Getrenntschreibung an.

	Zusammenschreibung	**Getrenntschreibung**
gutschreiben	Der Betrag wird Ihnen gutgeschrieben.	Die Reportage ist gut geschrieben.
freischwimmen	Freischwimmer ist, wer sich freigeschwommen hat.	Er ist zum erstenmal ohne Schwimmgürtel frei geschwommen.
daherkommen	Sie wird mit Unschuldsmiene daherkommen.	Es wird daher kommen, daß ...

getrennt schreiben

zusammenschreiben

Es ist ein Unterschied, ob einer *so fortfährt* oder *sofort fährt*, ob er *laut loslacht* oder *lautlos lacht*.

An sich ist die Sache also ganz einfach: *getrennt schreiben* (in zwei Wörtern schreiben) wird *getrennt geschrieben*, weil beide Wörter gleich stark betont werden – *zusammenschreiben* (in einem Wort schreiben) wird *zusammengeschrieben*, weil das erste Glied *(zusammen)* stärker betont wird. Nur, was macht einer, der den feinen Betonungsunterschied zwischen *ist getrennt zu schreiben* und *ist zusammenzuschreiben* nicht mehr hört? Er wasche sich gefälligst die Ohren!

So, und da sitzen wir nun mittendrin in der Tinte. Kaum haben wir die Grundregel an einem Beispiel erprobt – schon läßt sie uns im Stich. Was tun? Uns vor Augen halten, daß es zur Zusammen- und Getrenntschreibung außer der genannten Regel noch neunundneunzig andere gibt. Keine Angst, alle neunundneunzig braucht kein vernünftiger Mensch zu kennen, doch drei oder vier weitere sollten es schon sein.

Schreibung trennbar zusammengesetzter Verben

Wir erinnern uns: *zusammenschreiben* ist wie *feststehen* oder *hinzukommen* ein trennbar zusammengesetztes Verb. Hier gilt:

WANN ZUSAMMEN, WANN GETRENNT? 463

 Trennbar zusammengesetzte Zeitwörter werden mit ihrem Zusatz zusammengeschrieben

    a) in der Nennform: *feststehen* (= sicher sein), *festzustehen*   *feststehen*
    b) in den Mittelwörtern: *feststehend, festgestanden*
    c) im Nebensatz, der durch ein Bindewort eingeleitet wird:
    weil es *feststeht*; daß es *feststünde*

    Wird aber ein trennbar zusammengesetztes Zeitwort hervorhebend an den Satzanfang gestellt, tritt Getrenntschreibung ein, weil der Zusatz zum Verb als selbständiges Satzglied empfunden wird: *Fest steht, daß* ... *Hinzu kommt* weiterhin ... *Zusammen schreibt* man, wenn ...

                                                                                                      hinzukommen
                                                                                                      zusammenschreiben

Nun hat die Sache allerdings einen Haken. Wir wissen jetzt zwar, wann wir ein trennbar zusammengesetztes Zeitwort zusammenschreiben müssen, wissen aber dummerweise nicht, woran man ein trennbar zusammengesetztes Zeitwort als solches erkennt und wodurch man es von der bloßen Nebeneinanderstellung zweier selbständiger Wörter unterscheidet. Durch den Ton, sagt der Duden – aber gerade dieser Tip hat uns ja im Falle *ist getrennt zu schreiben / ist zusammenzuschreiben* nichts genützt. Gibt es nicht weitere Anhaltspunkte? Gibt es.

Relativ einfach ist die Geschichte, wenn man wirklich oder nur scheinbar zusammengesetzte Wörter attributiv (als Beifügung) verwendet.   **Schreibung adjektivisch gebrauchter Verbindungen**

 Kann man „Was für ein?" fragen, schreibt man zusammen. Aber man trennt die gleiche Fügung, wenn man den ersten Bestandteil als selbständiges Satzglied empfindet.

Zusammenschreibung	**Getrenntschreibung**	
Ihr obengenannter Brief (Was für ein Brief? Der im Bezug genannte)	Ihr oben genannter Brief (Wo wurde Ihr Brief genannt? Oben auf der Seite, nicht unten)	*oben/genannt*
schnelltrocknende Lacke (Was für Lacke? Speziallacke mit kurzer Trockenzeit)	im Wind schnell trocknende Wäsche (Was geschieht mit der Wäsche?)	*schnell/trocknend*
ein allgemeinverständlicher Vortrag (Was für ein Vortrag? Ein leicht faßlicher)	ein dank guter Akustik allgemein verständlicher Vortrag (Kann man die Worte des Vortragenden verstehen? Ja, überall im Saal)	*allgemein/verständlich*
manche rotblühenden Hortensien (Was für Hortensien? Rot, nicht blau blühende)	die in diesem Jahr wieder rot blühenden Hortensien (Wie blühen die Hortensien? Dieses Jahr wieder rot)	*rot/blühend*

 Tritt vor den ersten Bestandteil adjektivisch gebrauchter Verbindungen eine nähere Bestimmung, wird immer getrennt geschrieben.

	Zusammenschreibung	Getrenntschreibung
leicht/verdaulich	eine leichtverdauliche Speise	eine besonders leicht verdauliche Speise
strümpfestrickend	unsere strümpfestrickenden Urgroßmütter	unsere grauwollene Strümpfe strickenden Urgroßmütter
ölproduzierend	die ölproduzierenden Länder	die heute Öl produzierenden Länder

An dieser Gegenüberstellung zeigt es sich, was *leichtverdauliche Speisen*, *strümpfestrickende Urgroßmütter* und *ölproduzierende Länder* verbindet: Die Zusammenschreibung eigenschaftswörtlich gebrauchter Fügungen wirkt typisierend, sie macht aus einer häufig auftretenden Eigenschaft eine typische und daraus ein klassenbildendes Merkmal. Oder: Nehmen Sie die *fischverarbeitende Industrie*. Für sie ist das Verarbeiten von Fisch typisch; als klassenbildendes Merkmal wird *fischverarbeitend* klein und zusammengeschrieben. Aber: *Jede Fisch verarbeitende Hausfrau sollte darauf achten, daß* ... Hausfrauen, wenn sie nicht gerade an der Küste wohnen, verarbeiten Fisch höchstens einmal in der Woche, für sie ist das Zubereiten von Fisch nicht typisch, deshalb hier Groß- und Getrenntschreibung.

fischverarbeitende Industrie
Fisch verarbeitende Hausfrau

In der Grundform schreibt man *Fisch verarbeiten, Öl produzieren* und *Strümpfe stricken* selbstverständlich immer groß und getrennt. Das heißt, so selbstverständlich ist das nicht. Schließlich haben wir Kummer genug mit Verbindungen aus Substantiv + Verb, bei denen niemand so recht weiß: Haben wir noch zwei selbständige Wörter wie *Dank sagen* oder schon ein trennbar zusammengesetztes Verb wie *danksagen* vor uns?

Dudenrichtig ist beides: *Dank sagen / danksagen*. Wir sagen *herzlichen Dank* und *herzlich dank*.

 „Z u s a m m e n schreibt man, wenn die Vorstellung der Tätigkeit vorherrscht und die des Hauptwortes verblaßt ist;
g e t r e n n t schreibt man, wenn die Vorstellung des mit dem Hauptwort bezeichneten Dinges noch voll vorhanden ist",

erklärt der Duden hierzu und belegt diese Anweisung mit Beispielen, die auch die Gutwilligsten unter uns nicht überzeugen dürften:

	Zusammenschreibung	Getrenntschreibung
kegelschieben	Sie kann radfahren.	Er kann Auto fahren.
Karten spielen	Wir wollen heute abend kegelschieben.	Wir wollen heute abend Karten spielen.
eislaufen		
Ski laufen	Der Junge übt eislaufen.	Das Mädchen übt Ski laufen.
kopfstehen		
Schlange stehen	Der Clown will kopfstehen.	Vor der Zirkuskasse muß man Schlange stehen.

radfahren
Auto fahren

Wir sollen also *radfahren* zusammenschreiben, weil das Hauptwort *Rad* in diesem Zusammenhang verblaßt sei – *Auto fahren* aber trennen, weil hier die Vorstellung des mit dem Hauptwort bezeichneten Dinges noch voll vorhanden sei. Man könnte zugunsten der Regelmacher annehmen, daß diese Festsetzung zu einer Zeit getroffen wurde, als zwar viele ein Zweirad besaßen, ein Automobil aber noch eine Sehenswürdigkeit war – doch ein Blick in frühere Auflagen des Duden zeigt, daß es anders war: 1880, als Konrad Dudens erstes „Vollständiges Orthographisches Wörterbuch der deutschen Sprache" erschien, hieß das Rad noch ‚Velociped', aber schon achtundzwanzig Jahre später durfte man *radfahren* – im selben Jahr, als das Auto in der Form ‚Automobil' in den Duden Einzug hielt. Unsere heutige Kurzform ‚Auto' taucht erstmals im Duden von 1915 auf. Und was tat man damit? Man ‚autelte'. 1930 war dieses Verb zwar verschwunden, aber was man statt dessen mit dem Auto tun sollte, sagte der Duden nicht. Das erfuhr man 1941: *Auto fahren*. Und dabei ist es – trotz unserer inzwischen überfüllten Autostraßen – bis heute, ein halbes Jahrhundert später, geblieben.

Sprache lebt und ändert sich

Dennoch führt uns der Gedanke, die Zeit habe mit den Rechtschreibregeln etwas zu tun, auf eine Entwicklungstendenz unserer Sprache. Sprache und Leben wirken wechselweise aufeinander ein; Sprache ist Leben, Leben ist Sprache. Je vertrauter uns die technischen Dinge werden, desto vertrauter werden uns auch die Begriffe, mit denen wir die Handhabung dieser Dinge bezeichnen – nur hinken die Rechtschreibregeln oft unbegreiflich lange hinter ihrer Zeit her.

Denken wir etwa an die *maschineschreibenden* jungen Damen, die sich morgens an den Arbeitsplatz begeben, um *maschinezuschreiben*, den ganzen Tag über *maschineschreiben* und abends rechtschaffen müde sind, weil sie so viel *maschinegeschrieben* haben, aber, nach ihrer Tätigkeit gefragt, antworten müssen: „Wir *schreiben Maschine*." Sie haben richtig gelesen, ‚Maschine' mit großem M! Die Begründung für diese Schreibweise ist die gleiche wie bei *Auto fahren*. In ‚ich schreibe Maschine' wird *Maschine* danach als Hauptwort empfunden, weil man sich in dieser Fügung eine Schreibmaschine sozusagen plastisch vorstellen könne, während bei *maschineschreiben* bereits die Vorstellung von der Tätigkeit des Schreibens überwiege.

Wenn die Begründung einer Regel noch gewaltsamer konstruiert erscheint als die Regel selbst, dann ist an der Sache etwas faul. Was hier nicht stimmt, läßt sich mit wenigen Worten sagen: Die Regel über die Schreibweise der Ausdrücke ‚Auto fahren' und ‚ich schreibe Maschine' – die selbstverständlich auch für andere ähnliche Beispiele gilt – entspricht nicht mehr dem begrifflichen Inhalt dieser beiden Zusammensetzungen, die heute vielmehr gedanklich als Einheit und grammatisch als trennbar zusammengesetzte Zeitwörter anzusehen sind. Wenn wir davon ausgehen, daß Rechtschreibung und Sprache sich nicht noch weiter auseinanderentwickeln dürfen, dann müßte sich in den genannten Beispielen die Klein- und Zusammenschreibung durchsetzen. Analog zu *sie hält haus* (‚haus' wird bereits auch bei Abtrennung klein geschrieben!) werden wir eines Tages schreiben können „er fährt auto", „sie schreibt maschine" – aber noch ist das Zukunftsmusik. Ja, der Duden empfiehlt sogar, in Zweifelsfällen die Getrennt- und Großschreibung beizubehalten!

maschineschreiben

haushalten
Kleinschreibung

Im Zweifelsfalle schreibe man getrennt!

Das müssen sich auch die Schildermaler gesagt haben, als sie die Rastplätze an der Autobahn mit hübschen, blauen Schildern ausrüsteten. Die Schilder sollten den Autofahrer zur Sauberkeit ermahnen. Genaugenommen (und nicht etwa „genau genommen") forderten viele aber bloß zum Halten auf, zum sauberen Halten. Vielleicht gäbe es weniger Dreckspatzen, wenn jemand die Schildermaler *dazu bringen* (zwei Wörter!) könnte, *sauberhalten* nicht nur manchmal, sondern immer zusammenzuschreiben.

genaugenommen
dazu bringen
sauberhalten

Getrennt geschrieben wird im Zweifelsfall auch in Anzeigenabteilungen, und zwar dann, wenn's ums Geschäft geht. Dennoch braucht sich kein Heiratskandidat zwei Wortgebühren abknöpfen zu lassen, nur weil die Dame am Schalter nicht weiß, wie man *gutaussehend* schreibt.

gutaussehend

Inkonsequenzen gibt's, da bleibt einem die Puste weg. Oder wissen Sie, weshalb man *loswerden*, aber *los sein* und *los wird* schreiben soll? Nicht ärgerlich werden! Ruhig bleiben, tief einatmen und dabei nicht etwa „luftholen", sondern – so will es unsere Rechtschreibung – *Luft holen* (in zwei Wörtern!), wie Brötchen mit dem Einkaufsbeutel.

loswerden
los wird
los sein
Luft holen

aufhat und *fertigbekommt* werden zusammengeschrieben („Wenn er Schularbeiten *aufhat* und sie schnell *fertigbekommt*...') – und *fertig / hat*? Einer wollte es genau wissen und rief bei der Dudenredaktion an. Ob er denn schon im Duden nachgesehen habe? Hatte er. Fehlanzeige. Daraufhin lautstarkes Kopfzerbrechen bei den Dudenleuten, was „richtiger" sei. Schließlich der gute Rat, *fertig hat* doch lieber zu trennen. Denn wenn es zusammengeschrieben würde, stünde es im Duden ja drin. Immerhin ein Trost, daß auch der Duden bei Zweifelsfällen manchmal zweifelt. Womit, frei nach Bertrand Russell, bewiesen wäre: daß immer nur die Dummen sicher und die Gescheiten voller Zweifel sind.

fertig haben
fertig/bekommen

Rechtschreibgewohnheiten und grammatische Logik – das ist zweierlei

Wie können wir das Problem der Zusammen- und Getrenntschreibung zeitwörtlicher Verbindungen jemals in den Griff bekommen? Die einfache Unterscheidung

 Getrenntschreibung bei wörtlicher Bedeutung,
Zusammenschreibung bei übertragener

befriedigt nicht.

frei/machen

Nehmen wir als Beispiel *frei/machen*. Was kann man alles *frei/machen*? Einen Brief durch Aufkleben einer Marke; den Oberkörper beim Onkel Doktor; einen Sitzplatz in der Straßenbahn für eine alte Dame; einen Stuhl, auf dem Zeitschriften liegen; eine Außentreppe im Winter vom Schnee; sich selbst von Vorurteilen oder für zwei Stunden von der Arbeit. Wörtliche Bedeutung liegt allein vor, wo man wirklich Platz schafft und einen bekramten Stuhl besitzbar, einen verschneiten Weg begehbar macht. Nur in diesen beiden Fällen würde die Getrenntschreibung von *frei machen* der Regel und der Logik entsprechen – in allen anderen Fällen müßte, da übertragene Bedeutung vorliegt, *freimachen* zusammengeschrieben werden. Was aber verlangen unsere Rechtschreibbücher? Nur in den Bedeutungen ‚frankieren' und ‚einen Körperteil entblößen' darf *freimachen* zusammengeschrieben werden, sonst wird *frei machen* grundsätzlich getrennt. So kommt es zu der Ungereimtheit, daß wir den zugeschneiten Weg *frei machen* (zwei Wörter) müssen, indem wir ihn *freischaufeln* (e i n Wort). Das begreife, wer will!

freischaufeln

Was folgt daraus? Eine betrübliche Erkenntnis: Regeln aufzustellen, die Rechtschreibgebräuche und grammatische Logik zugleich berücksichtigen, ist – noch – nicht möglich.

Und was sehen die Pläne der Rechtschreibreformer in Sachen Zusammen- und Getrenntschreibung vor? Daß in Zukunft nur noch „echte" Zusammensetzungen zusammengeschrieben werden sollen. Diese Optimisten! Woran soll denn einer erkennen, ob eine Zusammensetzung echt oder unecht ist? Genau das ist ja das Problem!

Fazit für Pragmatiker

Die Sprache bildet ständig neue Begriffe: alte Wörter werden mit zusätzlichen neuen Bedeutungen aufgeladen. Um die vielen neuen Begriffe als nicht wörtlich gemeinte zu kennzeichnen, müßten wir Verbindungen aus ‚Adjektiv + Verb' oder ‚Substantiv + Verb' oder ‚Präposition + Substantiv + Verb' in steigendem Maße zusammenschreiben. Die Gesellschaft für deutsche Sprache handelte konsequent, als sie in ihren Vorschlägen zur Rechtschreibreform vom März 1976 für Verbindungen wie die folgenden die Zusammenschreibung forderte.

„Rechtschreibung", so sagte ein bekannter Germanist, „ist ein Problem 10. Ranges." Stimmt – aber nur für den, der sie kann.

Zusammen	**Uneinheitlich**
nach früheren Vorschlägen der GfdS	nach Duden (19. Auflage 1986)
abhandenkommen	abhanden kommen
außerachtlassen	außer acht lassen
infragekommen	in Frage kommen
nachhausegehen	nach Hause gehen
überhandnehmen	überhandnehmen
zugrundegehen	zugrunde gehen
zuteilwerden	zuteil werden

abhanden kommen
außer acht lassen
in Frage kommen
nach Hause gehen
überhandnehmen
zugrunde gehen
zuteil werden

Die Sprachgesellschaft hat ihre damaligen Reformvorschläge schnell *fallenlassen* (e i n Wort!), hätten sie doch zu vielen sehr langen Wörtern geführt, und lange Wörter erschweren die Lesbarkeit.

fallenlassen

Genau aus diesem Grunde, um die Bildung von Bandwurmwörtern in Grenzen zu halten, rät der Duden: „In Zweifelsfällen schreibe man getrennt" (statt: In Zweifelsfällen schreibe man zusammen). Damit stellt sich das Regelbuch der deutschen Rechtschreibung der Entwicklung der deutschen Sprache entgegen: es vernachlässigt die Verständlichkeit von Wörtern zugunsten ihrer Lesbarkeit.

Testbogen 36

1 Gutgläubige Menschen sind der Meinung, die Zusammen- und Getrenntschreibung sei ein probates Mittel, Bedeutungsunterschiede plausibel zu machen. Nach dem Motto: „Wer seinen Nachbarn *gering schätzt*, der hält nicht viel von ihm. Wer ihn aber *geringschätzt*, der verachtet ihn." – Wie ist das nun, wenn Theophil Müller seine Schwiegermutter Lydia Meyer seinem lieben Kollegen Fridolin Schulze vorstellt: Werden dann Frau Meyer und Herr Schulze miteinander bekanntgemacht oder bekannt gemacht? Und wenn ja, warum so und nicht anders?

gering/schätzen

bekannt/machen

1 Frau Meyer und Herr Schulze werden miteinander *bekannt gemacht*. Getrenntschreibung, weil hier die ursprüngliche Bedeutung vorliegt.
Wird aber eine Einladung zur Wohnungseigentümerjahreshauptversammlung am Schwarzen Brett „zum Aushang gebracht", dann wird etwas *bekanntgemacht* (veröffentlicht). Also:

 bekannt machen (getrennt) bezieht sich auf Personen;
bekanntmachen (zusammen) bezieht sich auf Veröffentlichungen.

Warum? Müßige Frage. Unsere Rechtschreibung ist ein Kodex, der auf die meisten Warum-Fragen die Antwort schuldig bleibt.

gut/gehen

schief/gehen

sich wohl fühlen

2 Im Wahrig-Wörterbuch ist auf Seite 1609 zu lesen: „laß es dir (weiterhin) *gut gehen*" – nach Dudens und Knaurs Rechtschreibung ist *gutgehen* in diesem Zusammenhang e i n Wort. Der einen Wörterbuch-Redaktion scheint hier was *schiefgegangen* (nicht „schief gegangen") zu sein. Aber können Sie sich erklären, weshalb im Gegensatz zu *es sich gutgehen lassen* die Verbindung *sich wohl fühlen* nach Duden in drei Wörtern zu schreiben ist?

wohltun
wohlwollen

2 Angeblich ist bei *sich wohl fühlen* die Einzelbedeutung noch deutlich herauszuhören, während bei *wohltun* und jemandem *wohlwollen* eine neue Gesamtbedeutung entstanden sei, der zufolge *wohlwollen* und *wohltun* zusammengeschrieben werden.

dem/zufolge

3 *demzufolge* ist nach Duden ein Wort. Ist demzufolge zu schreiben: „Der Vertrag, demzufolge die Partner sich verpflichten..."?

3 Nein. Es muß heißen: „Der Vertrag, *dem zufolge* die Partner sich verpflichten..." *dem zufolge* (= Relativpronomen *dem* + Präposition *zufolge*) leitet hier einen Relativsatz ein; wir könnten auch sagen: „Der Vertrag, *nach dem/zufolge dem* die Partner sich verpflichten..."
Nur als Adverb oder Konjunktion (im Sinne von ‚demnach', ‚folglich') wird *demzufolge* zusammengeschrieben: Demzufolge ist bei *dem/zufolge* höllisch aufzupassen.

4 Muß ein „Mitversicherungsnehmer" – so schöne Blüten treibt das Versicherungsspezialdeutsch – einen Vertrag *mitunterschreiben* oder *mit unterschreiben*?

[4] *mitunterschreiben* und – gehobener – *mitunterzeichnen* (Starkton in beiden Fällen auf *mit*) wird, so will es die Norm, zusammengeschrieben.

mitunterschreiben
mitunterzeichnen

[5] Verbindungen mit *so* schreibt man, wenn sie konjunktional gebraucht werden, zusammen: *solange, sobald, sooft, sosehr* – oder getrennt: *so daß*. – Mit einer Jahreskarte der Stuttgarter Straßenbahn kann man fahren, *so / oft* man will; man kann damit aber auch *so / oft* fahren, wie man will. Schreibt man *so / oft* in beiden Fällen zusammen?

solange
sobald
sosehr
so daß

[5] Nein. Nur wenn *sooft* Bindewort ist, wird zusammengeschrieben: *sooft man will*. Ist *so oft* Umstandsangabe, wird getrennt: *so oft damit fahren, wie man will*.

sooft
so oft

[6] Die Zusammen- und Getrenntschreibung ist schon eine komplizierte Sache. Kein Wunder, wenn auch eindeutige Begriffe laufend falsch geschrieben werden. Einen früheren Vertrag kann man, will man ihn wieder in Kraft setzen, nicht „wieder herstellen" wie ein Produkt, das man eine Zeitlang nicht fabriziert hat, man kann ihn allenfalls *wiederherstellen*. – Wie schreibt man die trennbar zusammengesetzten Verben (wie *wiederherstellen, blaumachen, krankfeiern, schwarzarbeiten*) im Infinitiv mit ‚zu', in drei Wörtern oder in einem?

wiederherstellen

[6] In e i n e m Wort: *wiederherzustellen, blauzumachen, krankzufeiern, schwarzzuarbeiten*.

Schreibung trennbar zusammengesetzter Verben im Infinitiv mit ‚zu'

[7] Nach welcher Regel unterscheiden sich *schief geladen* (betrunken sein) von *schiefgewickelt* (im Irrtum sein) und *Gott sei Dank!* von *gottbewahre*?

schief geladen
schiefgewickelt
Gott sei Dank!
gottbewahre!

[7] Das wüßte ich auch gern.

[8] Werbetexter machten uns eine Zeitlang vor, was man alles zusammenziehen und bindestrichlos zusammenschreiben kann. Philips pries in einer Anzeigenserie sein Bürodiktiergerät als *Betriebskostensparbüchse, Sekretärinnenurlaubsvertreter, Familienlebenretter*. Die Farbwerke Hoechst warben für *Allschneeschnellskier* aus Hostaflon und *Winterbaufrostschutzmittel* aus Hostalen. In der Werbung für Sangrita hieß es: „Was ist das pure Gegenteil von *Honigkuchennußundmandelkernsüßesahnezimtundzuckernäschereien*? Klar erkannt: Sangrita und Sangrita Picante." – Die Werbemasche hatte ihren Höhepunkt Anfang der siebziger Jahre, damals wurde sie auch von Journalisten strapaziert. Titel eines stilkritischen Zeitschriftenaufsatzes zum Thema Rundschreiben: „Der *Liebemitarbeiterbrief* im *Kindergartentantenton*."

Stilwert mehrgliedriger, in eins geschriebener Komposita

Was bewegt wohl Texter dazu, sich solche Bandwurmwörter auszudenken?

[8] Lange Wörter sind s c h w e r e r z u e r f a s s e n, sie wollen langsam gelesen werden. Was langsam gelesen wird, bleibt länger im Gedächtnis haften. Außerdem wirken solche Kopplungen in ihrer scheinbaren Naivität e r f r i s c h e n d k o n k r e t. Dem Leser ein Lächeln ablocken – wer das als Texter schafft, hat schon halb gewonnen.

Wenn man nur wüßte, was ein Name ist!
Besonderheiten bei der Schreibung von Namen und namenähnlichen Wörtern

Nichts hört ein Mensch so gern wie seinen Namen. Briefschreiber sind deshalb gut beraten, wenn sie den Namen ihres Briefpartners nicht nur an der offiziellen Stelle hinter „Sehr geehrter" plazieren, sondern auch hin und wieder in den Text einfließen lassen. Daß dabei Herrn Falcke nicht das ‚c' und Frau Schultze nicht das ‚t' unterschlagen werden darf, versteht sich von selbst – wohl die meisten von uns reagieren auf Verstümmelungen ihres Namens recht empfindlich. Sogar ihr ‚ß' hüten manche wie ihren Augapfel: 1968 hatte ein Pädagoge und Beamter des Kultusministeriums beim Kieler Innenministerium ein Klagelied darüber angestimmt, welcher Unbill die Träger von Namen mit ‚ß' bei Reisen ins Ausland ausgesetzt seien, denn im Ausland kenne man diese Schreibweise ja nicht. Seiner Anregung, in Pässen statt ‚ß' nur noch ‚ss' zu verwenden, kam das Ministerium nach. Als Fachmann der Schriftgeschichte hatte der Beamte zudem in einem Gutachten nachgewiesen, daß das Zeichen ‚ß' der gotischen Frakturschrift entstamme und im Grunde nichts anderes als ‚ss' bedeute. 1974 aber verklagte ein pensionierter Oberschuldirektor die Paßbehörde, die gegen seinen Willen seinen Familiennamen nicht mit ‚ß', sondern mit ‚ss' geschrieben hatte. Und bekam recht: Gegen den Willen des Bürgers ist keine Behörde berechtigt, Eigennamen in der Schreibweise nach eigenem Gutdünken zu verändern.

‚ß' in Personennamen

Aktenzeichen 3 A2/74 des schleswig-holsteinischen Verwaltungsgerichts

Früher war die Welt noch in Ordnung...

Früher brauchte man bloß die Rechtschreibregeln zu kennen, schon sah man dem großen ‚O' im *Ohmschen Gesetz* an: Dieses Gesetz stammt von Ohm selbst. Und am kleinen ‚o' im *ohmschen Widerstand* merkte man sofort: Der ohmsche Widerstand ist nur nach Ohm benannt. Früher war die Groß- oder Kleinschreibung der von Personennamen abgeleiteten Adjektive ein nützliches Unterscheidungsmittel: *Heinische „Harzreise"* (= Heines „Harzreise", veröffentlicht 1826) – *heinische Ironie* (Ironie in der Art Heinrich Heines); eine *Raffaelische Madonna* (von Raffael gemalt) – *raffaelische Farbgebung* (in Raffaels Manier). Inzwischen hat sich das etwas geändert. Wir sagen zwar noch *Newtonsches Axiom, Halleyscher Komet, Braunsche Röhre* – nicht aber „Dieselscher Motor", „Röntgensche Strahlen" oder gar „Wecksches Glas". Denn die Wortbildungsmethode mit Hilfe des Ableitungssuffixes *-(i)sch* ist heute kaum noch produktiv. Heute setzen wir vor die Sachbezeichnung den unveränderten Personennamen – mit oder ohne Bindestrich?

Ohmsches Gesetz ohmscher Widerstand
Klein- und Großschreibung der von Personennamen abgeleiteten Adjektive auf ‚-(i)sch'
Heinisch / heinisch Raffaelisch / raffaelisch

Erfunden hat das Einwecken Johannes Weck (1841–1914).

Wenn Name und Sache zu koppeln sind

Bindestrich bei Zusammensetzungen mit Personennamen

 Den Bindestrich setzt man bei einer Zusammensetzung aus einem (Familien-)Namen als Bestimmungswort und einem Grundwort, wenn der Name hervorgehoben werden soll *(Schiller-Museum, Paracelsus-Ausgabe, Opel-Vertretung)*.

Aber: Zusammen schreibt man, wenn der Name mit dem Hauptwort eine geläufig gewordene Bezeichnung bildet *(Thomasmehl, Litfaßsäule, Röntgenstrahlen, Diesellok, Weckglas).*

Zusammenschreibung

Sagt die Dudenredaktion. Und weil *Dudenredaktion* für die Dudenredaktion eine geläufige Bezeichnung ist, schreibt die Dudenredaktion *Dudenredaktion* zusammen – was auf alle, die nicht dazu gehören, einigermaßen befremdlich wirken muß.

Dudenredaktion

Genauso machen es die Techniker. Die ihnen geläufigen Bezeichnungen schreiben sie zusammen. Und der Laie darf sich dann wundern, wenn er hört, daß der *Hellschreiber* nicht hell schreibt, sondern schwarz auf weiß druckt, daß *Blaugas* nicht bläulich, sondern farblos ist, daß beim *Halleffekt* nichts hallt und beim *Dopplereffekt* nichts verdoppelt wird. Der Hellschreiber ist vielmehr ein Faksimiledrucker oder Telefonkopierer, entwickelt von Rudolf Hell (Kiel); das Blaugas ist ein durch Druck verflüssigtes Gasgemenge aus Kohlenwasserstoffen und benannt nach der Augsburger Firma Blau; der magnetelektrische Halleffekt leitet seinen Namen von dem amerikanischen Physiker Edwin Herbert Hall (1855–1938) her, und der Dopplereffekt, eine Erscheinung bei der Ausbreitung von Schall und Licht, heißt nach dem österreichischen Physiker Christian Doppler, der ihn 1842 entdeckte.

Hellschreiber
Blaugas
Halleffekt
Dopplereffekt

Personennamen zur Bildung von Fachbegriffen zu verwenden ist eine umstrittene Sache. Der Nichtfachmann kann sich unter einem solchen Fachwort überhaupt nichts oder – verhängnisvoller – nur etwas Falsches vorstellen. Deshalb eine Bitte an alle Fachleute: Vergessen Sie nie, daß Ihnen geläufige Bezeichnungen anderen häufig fremd sind. Schreiben Sie Fachbegriffe, die aus Personennamen und Sachbezeichnung bestehen, im Zweifelsfalle lieber mit Bindestrich: ein mit Bindestrich gekoppelter Name ist allemal deutlicher als ein zusammengeschriebener.

Wie schreibt man Straßennamen?

Im allgemeinen so, wie es einem gerade in den Sinn kommt oder wie man es auf einem der Straßenschilder gelesen hat – bei denen sich die Stadtväter oft genug auch nicht an die Rechtschreibregeln hielten. Wie wäre es richtig? So:

Schreibung von Straßennamen

1. Zusammen schreibt man Straßennamen, deren Bestimmungswort ein Hauptwort (auch Personenname) oder ein ungebeugtes Eigenschaftswort ist: *Seilergraben, Lessingstraße, Neugasse.*

2. Zusammen schreibt man auch, wenn dem Grundwort *-straße, -platz, -weg, -allee* usw. ein aus mehreren Substantiven zusammengesetztes Bestimmungswort vorausgeht: *Pflanzschulgasse, Kirchhofstraße, Galgenbergweg.*

3. Mit Bindestrichen durchgekoppelt werden Straßennamen, wenn sie aus mehrgliedrigen Personennamen bestehen: *Robert-Koch-Straße, Rainer-Maria-Rilke-Promenade, Gebrüder-Grimm-Weg.*
Ist der erste Bestandteil des mehrgliedrigen Personennamens das Adelsprädikat *von*, heißt es aufpassen: Großes ‚V', wenn *von* ausge-

Adelsprädikat ‚von'

> In Stuttgart fängt keine Straße mit dem Adelsprädikat *von* an, in Berlin sind es ganze fünf.

schrieben ist: *Von-Melle-Park*; kleines ‚v', wenn *von* abgekürzt ist: *v.-Melle-Park*, weil ‚V.' als abgekürzter *Viktor* mißdeutet werden könnte.

4. Ausdrücke mit Verhältniswörtern schreibt man getrennt: *Unter den Eichen, Bei den Vier Linden, Im langen Hau*. Nach Duden schreibt man Zahl- und Eigenschaftswörter in Straßennamen groß, nach Auffassung der Gesellschaft für deutsche Sprache sollte auch die Kleinschreibung zulässig sein.

5. Getrennt geschrieben werden Straßennamen, wenn das vorangehende Adjektiv gebeugt ist: *Neue Weinsteige, Kurzer Graben, Oberer Hoppenlauweg*.

> **Getrenntschreibung, wenn das Bestimmungswort eine erdkundliche Ableitung auf ‚-er' ist**

6. Getrennt sollten auch solche Straßennamen geschrieben werden, die von Ortsnamen abgeleitet sind und deren Bestimmungswort auf *-er* endet (das sind oft Straßen, die die Richtung bezeichnen): *Berliner Straße, Hohenheimer Straße, Magdeburger Landstraße*.

Gegen diese letzte Regel wird am häufigsten verstoßen. Es ist aber auch nicht einfach, sie richtig anzuwenden. Man muß sich schon sehr gut in der Welt und in der Ortsgeschichte auskennen, will man nichts falsch machen: Die *Marienseer Straße* (Sie haben richtig gelesen: *-seer* mit nur 2 ‚e'!) führt nach Mariensee und wird getrennt geschrieben; die *Wittelsbacherstraße* in München führt nicht nach „Wittelsbach" (es gibt nur ein Wittelbach), sie heißt nach dem Herrschergeschlecht der *Wittelsbacher* und wird deshalb in einem Wort geschrieben; die *Passauerstraße* in München weist nicht in Richtung Passau, sie trägt den Namen des Studenten Passauer, der an der Oberbayerischen Landeserhebung von 1705 beteiligt war, und wird deshalb in einem Wort geschrieben – und der *Kärntnerring* wird zusammengeschrieben, weil er in Wien liegt und die Österreicher selbst in der Straßennamenschreibung einen feinen Sinn fürs Separate haben. Auch die Schweizer machen die hyperkorrekte bundesdeutsche Straßennamenunterscheidungsschreibung nicht mit: Die *Schaffhauserstraße* und die *Genferstraße* in Zürich werden überall in der Schweiz zusammengeschrieben, obgleich in beiden Fällen das Bestimmungswort eine erdkundliche Ableitung auf *-er* ist.

> In Österreich und in der Schweiz werden Straßennamen häufiger zusammengeschrieben.

Überlegen Sie nun bitte, wie die folgenden Straßennamen geschrieben werden müssen und zu welcher Regel welche Beispiele gehören:
wulfila straße, an der neckar brücke, zavel stein straße, zwei brückener straße, kiefern weg, krumme straße, gottfried keller straße, keller gasse, burg herren gäßle, auf der steige, augsburger platz, bopser wald straße, charlotten platz, dr. julius mayer straße, geschwister scholl straße, ehren halden staffel, in der ziegel klinge, kleine könig straße, könig sträßle, könig karl straße, ernst moritz arndt weg, hegnacher straße, hegnach straße, dannecker straße.

> **Schreibung von Straßennamen**

B e i s p i e l e z u R e g e l 1 , Zusammenschreibung bei einfachem Bestimmungswort: *Wulfilastraße, Kiefernweg, Kellergasse, Charlottenplatz, Königsträßle, Danneckerstraße, Hegnachstraße*.
B e i s p i e l e z u R e g e l 2 , Zusammenschreibung bei zusammengesetztem Bestimmungswort: *Zavelsteinstraße, Burgherrengäßle, Bopserwaldstraße, Ehrenhaldenstaffel*.

Beispiele zu Regel 3, Durchkopplung bei mehrgliedrigem Personennamen: *Gottfried-Keller-Straße, Dr.-Julius-Mayer-Straße, Geschwister-Scholl-Straße, König-Karl-Straße, Ernst-Moritz-Arndt-Weg.*
Beispiele zu Regel 4, Getrenntschreibung bei Lagebezeichnungen, die mit einer Präposition beginnen: *An der Neckarbrücke, Auf der Steige, In der Ziegelklinge.*
Beispiele zu Regel 5, Getrenntschreibung, wenn der erste Teil ein gebeugtes Adjektiv ist: *Krumme Straße, Kleine Königstraße.*
Beispiele zu Regel 6, Getrenntschreibung, wenn der erste Teil eine Ableitung auf ‚-er' aus einem Ortsnamen ist: *Zweibrückener Straße, Augsburger Platz, Hegnacher Straße.*

Gegen die Umtauferei von Straßennamen hilft nur Humor. In Leipzig wurde die nach Süden führende *Südstraße* 1933 zur *Adolf-Hitler-Straße* und 1945 zur *Karl-Liebknecht-Straße*. Und was machte der Volksmund daraus? *Adolf-Südknecht-Straße*.

Bekennen Sie Farbe!

Kein Grund *zum Rotwerden* (großes R), denn hier geht es nur um die Schreibung von Farbnamen. Dafür werden Sie aber gleich Ihr *blaues Wunder* (kleines b) erleben. Oder wissen Sie jedesmal ganz genau, wann man Farbbezeichnungen groß, wann klein, wann getrennt und wann zusammenschreibt? Zur Abwechslung hier ein paar Einrichtungsvorschläge, an denen Sie Ihr Glück probieren dürfen. Legen Sie sich bitte Papier und Kugelschreiber zurecht. Es gilt zu entscheiden, ob anstelle des eingeklammerten Buchstabens ein großer oder ein kleiner Anfangsbuchstabe zu setzen ist und ob anstelle des Schrägstrichs ein Bindestrich stehen muß oder ob diese Farbbezeichnung in einem Wort oder in zwei Wörtern geschrieben werden muß. Nach der Aufgabe folgen die wichtigsten Regeln über die Schreibung von Farbnamen; anschließend können Sie die Lösungen vergleichen.

Schreibung von Farbnamen

Aufgabe

Zu Nußbaum passen kräftige Töne wie *(r)ost* und *(o)livgrün*, aber das sah man schon viel; *(r)osa, (b)raungelb* und *(b)lau* sind als Bezugsstoffe ungewohnter.
Zu Birnbaum und Kirschbaum sind *(b)lautöne* möglich, als Vorhangstoffe vielleicht ungebleichtes Leinen oder *(s)and/farbene* Wolle, aber kein *(r)osa*, kein *(r)ot*, keine *(k)upfer/* oder *(o)range/farbenen* Stoffe.
Teakholz macht sich gut mit den Farben *(b)lau* und *(g)elb*, auch die Zusammenstellung *(v)iolett* und *(g)elb* ist möglich, sehr gut auch *(s)chwarz* und *(b)raungelb*.
Farblich gelungen ist folgende Zusammenstellung: Möbel aus Esche gebleicht, helles *(g)elb* als Bezugsstoff, etwas *(s)chwarz* und *(b)lau*, Wände *(w)eiß/gestrichen* oder Rauhfasertapete in *(p)erl/(w)eiß, (h)ellgrauer* Boden oder reinwollene Auslegeware in *(b)eige*.
Zu hellen, kunststoffbeschichteten Schlafzimmermöbeln wählte man früher zarte Farben, Pastelltöne wie *(r)osa* und *(t)auben/(b)lau*. Heute sind – zumindest für Mutige – auch Dekostoffe in *(p)op/(o)range* oder *(b)lau/(v)iolett/(w)eiß/gemusterte* möglich. Unabhängig von Modetrends passen zu *(m)att/(w)eiß/(l)ackierten* Möbeln Bettüberwurf und Kissenbezüge in *(z)itronengelb* und *(m)aigrün*.
Die dunklen *(r)ötlichen* Hölzer wie Mahagoni und Palisander verlangen ein sehr helles, reines *(g)elb*, auch *(s)ilbergrau* und natürlich viel frisches

Beim Elternsprechtag: „Finden Sie nicht auch, daß mein Sohn viele originelle Einfälle hat?" – „O ja, besonders in der Rechtschreibung."

(g)rün. Mit *(g)rün* kann man selten einen Fehler machen, *(g)rüne* Stoffe passen zu fast allen Hölzern. Aber ist es nicht ein bißchen langweilig, immer nur das zu wählen, was seit eh und je als passend gilt? Der Maler Oskar Schlemmer verwandte kein *(g)rün* in seinen Bildern, denn *(g)rün,* so sagte er, mache die Natur viel besser.

Welche Tricks helfen uns, Farbnamen richtig zu schreiben?

Über die Schreibung von Farbnamen gibt es einige brauchbare Regeln, an die sollten wir uns halten. Das wichtigste ist die *Wie oder was?*-Frage:

Kleinschreibung

 Auf die Frage *wie?* schreiben wir klein:

sandfarbene Wolle, *kupferfarbene* Stoffe, *weiß gestrichene* Wände. (Wie sind die Stoffe? *sandfarben, kupferfarben.* Wie sind die Wände gestrichen? *weiß.*)

Großschreibung

 Auf die Frage *was?* schreiben wir groß:

Rosa ist ungewohnter; reines *Gelb;* mit *Grün.* (Was ist ungewohnter? *Rosa.* Was paßt zu dunklen rötlichen Hölzern? Reines *Gelb.* Womit (= mit was) kann man selten einen Fehler machen? Mit *Grün.*)

Außer dieser Fragemethode merken wir uns zweierlei:

die Farbe Blau

 Farbnamen in einer Wendung wie *die Farbe Blau* werden immer groß geschrieben, also: *in den Farben Blau und Gelb.*

in Blau
mit Blau

 Verhältniswörter wie *in, mit, von, nach, zu* bewirken stets Großschreibung der nachfolgenden Farbbezeichnung, also: die Zusammenstellung *von Violett und Gelb* ist möglich; Rauhfasertapete *in Perlweiß; mit Grün* kann man selten einen Fehler machen.

Zusammenschreibung
Getrenntschreibung

Ob man die beifügend gebrauchten, auf die Frage *wie?* antwortenden Farbbezeichnungen, die aus Adjektiv und 2. Partizip bestehen, trennt oder zusammenschreibt, hängt davon ab, was man sagen will. Die Betonung ist ein Anhaltspunkt. Zusammen:

weiß/gestrichen

weißgestrichene Möbel (Starkton liegt auf *weiß*);

getrennt:

Zitronengelb paßt besser zu *weiß gestrichenen* als zu *hellgrau gestrichenen* Möbeln. (Hier sind Adjektiv und 2. Partizip gleich stark betont.)

 Getrenntschreibung tritt immer ein, wenn eine Farbbezeichnung aus Eigenschaftswort + 2. Mittelwort aussagend gebraucht wird: Wände *weiß gestrichen* (verkürzt aus: Wände sind *weiß gestrichen*).

Bindestrich

Der Bindestrich macht bei Farbbezeichnungen kenntlich, daß die Farben unvermischt nebeneinander vorkommen: *blau-violett-weiß* gemusterte Dekostoffe haben ein klares Muster in den Farben Blau, Violett und Weiß.

FARBNAMEN 475

Ein *Blauviolett* – zusammengeschrieben – wäre ein bläuliches Violett, ein *Rotviolett* ein Violett mit einem Stich ins Rötliche.
Doch keine Regel ohne Ausnahme: Ist das Nebeneinander der Farben unmißverständlich, schreibt man zusammen: Ein Zebra ist *schwarzweiß* gestreift. Zusammenschreibung gilt außerdem für wappenkundliche Farbbezeichnungen, weil es bei ihnen keine Farbschattierungen und folglich keine Mißverständnisse gibt: ein *blaugelbes* Emblem.

Zusammenschreibung
Siehe auch *blau/grün* auf Seite 446.

schwarzweiß

blaugelb

Lösung der Aufgabe von Seite 473

Zu Nußbaum: kräftige Töne wie *Rost* und *Olivgrün*; *Rosa*, *Braungelb* und *Blau* sind als Bezugsstoffe ungewohnter.
Zu Birn- und Kirschbaum: *Blautöne*, *sandfarbene* Wolle, kein *Rosa*, kein *Rot*, keine *kupfer-* oder *orangefarbenen* Stoffe.
Teak macht sich gut mit den Farben *Blau* und *Gelb*, Zusammenstellung *Violett* und *Gelb*, auch *Schwarz* und *Braungelb*.
Zu Esche gebleicht: Helles *Gelb*, etwas *Schwarz* und *Blau*, Wände *weiß gestrichen* oder Rauhfasertapete in *Perlweiß*, *hellgrauer* Boden, Auslegeware in *Beige*.
Zu hellen Schlafzimmermöbeln: Pastelltöne wie *Rosa* und *Taubenblau*, Dekostoffe in *Pop-Orange* (vorsichtshalber mit Bindestrich zur Kennzeichnung der Wortfuge!) oder *blau-violett-weiß* gemusterte. Zu *mattweißlackierten* Möbeln Kissenbezüge in *Zitronengelb* und *Maigrün*.
Zu dunklen rötlichen Hölzern: reines *Gelb*, auch *Silbergrau*, viel frisches *Grün*.
Mit *Grün* kann man selten einen Fehler machen, *grüne* Stoffe passen zu fast allen Hölzern. Schlemmer verwandte kein *Grün*, denn *Grün*, so sagte er, mache die Natur viel besser.

Und da sage einer nicht „Haarspaltereien!"

Frankfurter schreibt man immer groß, ob sich's nun um Leute oder um Würstchen handelt (was hier wirklich zweierlei ist). Groß schreibt man auch *Nürnberger Lebkuchen*, *Berliner Weiße* und *Kölner Dom*. Und wie heißt die Regel, der zufolge man *Harzer Käse* groß und *römische Geschichte* klein schreiben muß?

Großschreibung der von erdkundlichen Namen abgeleiteten Wörter auf ‚-er'

 Groß schreibt man die von erdkundlichen Namen abgeleiteten Wortformen auf *-er*.
Klein schreibt man die von erdkundlichen Namen abgeleiteten Eigenschaftswörter auf *-isch*, wenn sie nicht Teil eines Namens sind.

Kleinschreibung der von erdkundlichen Namen abgeleiteten Wörter auf ‚-isch'

Großschreibung	Kleinschreibung
Braunschweiger Wurst	braunschweigische Mettwurst
Tilsiter Käse	dänischer Tilsiter
Schwarzwälder Schinken	westfälischer Schinken
Basler Leckerli	russische Eier
Wiener Schnitzel	italienischer Salat

Braunschweiger Wurst braunschweigische Mettwurst

Braunschweiger Wurst (mit großem B) und *braunschweigische Mettwurst* (mit kleinem b) kann Wurst vom selben Stück sein. Hier hat also deutlich das grammatische Prinzip der Rechtschreibung über das logische gesiegt. So etwas kommt öfter vor und wäre kein Grund zur Beunruhigung, wenn nicht die Regel über die Kleinschreibung der von erdkundlichen Namen abgeleiteten Wörter auf *-isch* den Zusatz hätte:

Siehe dazu auch Seite 450 und 452.

„... wenn sie nicht Teil eines Namens sind"

italienischer Salat

Falls Sie mich jetzt fragen möchten, weshalb *italienischer Salat* kein Name sein soll: ich hab's aus dem Duden. Doch woher der das weiß, weiß ich nicht. Es gibt vielerlei italienische Salate: italienischen Spinatsalat, italienischen Reissalat, italienischen Auberginensalat – aber *italienischer Salat* ist überall in deutschen Landen ein mit Mayonnaise gebundener Fleischsalat. Dennoch ist *italienischer Salat* für den Duden ein fester Begriff, der streng von einem Namen zu unterscheiden sei. Woran unsereins aber einen festen Begriff von einem Namen unterscheiden soll, wird uns nicht verraten. Dazu müßte nämlich erst einmal geklärt werden, was eigentlich ein Name ist. Und daß wir uns darüber nicht klarwerden können, ist der wundeste Punkt unserer Rechtschreibung.

Name und fester Begriff

Eigennamen

Bis vor wenigen Jahren war in Sprachbüchern viel die Rede von Eigennamen (Nomina propria). Eigennamen bezeichnen Einzelwesen und Einzeldinge, konnte man lesen. *Jörg, Michaela, Rom, Paris, Irland, Dänemark, Rhein, Werra, Rhön, Vogesen* – all das galt oder gilt als Eigenname. Eigennamen werden groß geschrieben.

Gattungsnamen

Den Eigennamen stellte man die Gattungsnamen (Appellativa) gegenüber. *Onkel, Damenfriseur, Hauskaninchen, Kartoffel* – Bezeichnungen dieser Art wurden als Gattungsnamen rubriziert.

Und dann entdeckte man so nach und nach, wievielerlei Namen sich weder den Eigennamen noch den Gattungsnamen zurechnen lassen. *Illustrierte* zum Beispiel ist sichtlich ein Gattungsname (aus: *Illustrierte Zeitung*). Was aber ist der Name STERN? Ein Eigenname ist es nicht, denn jedes Exemplar des STERN heißt so wie alle anderen. Oder nehmen Sie den Flugzeugnamen *Jumbo*: Gattungsname? Spitzname? Pseudo-Markenname?

Aus solchen Überlegungen verzichtet man heute auf das alte Einteilungsschema: hie Eigenname – hie Gattungsname. Neuere Sprachbücher unterscheiden statt dessen Personennamen, Örtlichkeitsnamen, Namen für Verkehrsmittel, für Institutionen, für künstlerische und publizistische Werke, für historische Ereignisse. Doch was nun eigentlich ein Name ist, geht aus der neueren Einteilung auch nicht hervor. Außerdem hat sie auf die Rechtschreibung keinen Einfluß. Noch heute schreiben wir *Schwarzwälder Schinken* groß, weil *Schwarzwälder* ein aus einem erdkundlichen Namen abgeleitetes Wort auf *-er* ist,

Schwarzwälder Schinken

westfälischer Schinken

westfälischer Schinken (für jede Hausfrau ein Qualitätsbegriff und in ihrer Vorstellung so etwas wie ein Markenname) klein, weil das nach Duden kein Name ist,

Westfälischer Friede

Westfälischer Friede hingegen groß, weil das nach Dudens und unser aller

Meinung ein Name ist, denn er benennt ein einzelnes historisches Ereignis unverwechselbar.

Lassen wir die Spekulation darüber, wo nun die Grenze zwischen Namen und festem Begriff verläuft. Merken wir uns nur:

 Je genauer durch einen Namen oder eine namenähnliche Bezeichnung eine Person oder eine Sache benannt wird, desto eher ist Großschreibung zu erwarten:

Großschreibung

Großschreibung	Kleinschreibung
des Adjektivs in Namen	des Adjektivs in namenähnlichen Verbindungen
die Technische Universität Berlin	an jeder technischen Universität
Annelore Dieckmann, Medizinisch-Technische Assistentin	sie arbeitet als medizinisch-technische Assistentin am Robert-Bosch-Krankenhaus
am Bahnhof Zoologischer Garten hält der Zug	nicht alle Städte haben einen zoologischen Garten
er besucht die Gewerbliche Berufs- und Höhere Fachschule für das Malerhandwerk	er besucht eine höhere Fachschule
sie leitet den Zentralen Schreibdienst I beim BHW in Hameln	sie ist Leiterin eines zentralen Schreibdienstes

technische Universität

medizinisch-technische Assistentin

zoologischer Garten

höhere Fachschule

zentraler Schreibdienst

Und die Moral von der Geschicht'?
Schreibregeln pauken lohnt sich nicht

Wenn Sie sich nun zu allem Überfluß noch vor Augen halten, daß *ein gutes neues Jahr* immer mit kleinem ‚n' gewünscht werden muß, die *Neue Geschichte* (= Geschichte der Neuzeit) hingegen ein großes ‚N' bekommt, daß die *silberne Hochzeit* klein, der *Silberne Sonntag* (= vorletzter Adventssonntag) jedoch groß geschrieben werden muß,
daß der *Bund deutscher Konsumgenossenschaften* sich mit kleinem ‚d' und der *Bund Deutscher Fliesenfachgeschäfte* sich mit großem ‚D' schreibt,
daß das *Schwarze Brett* (was ganz gewiß kein Name ist) mit großem ‚S' geschrieben wird und der *schwarze Markt* mit kleinem ‚s', als wäre er schwarz angemalt ...
dann werden Sie sich auch sagen: Gerade bei der Namen-Rechtschreiberei sollten wir im Zweifelsfall fix nachschlagen. Nachschlagen geht immer schneller und funktioniert immer zuverlässiger, als all die vielen Ungereimtheiten bei der Schreibung von Namen und namenähnlichen Wörtern auswendig lernen und behalten zu wollen.

neues Jahr
Neue Geschichte

silberne Hochzeit
Silberner Sonntag
Teils groß, teils klein: ‚deutsch' in Namen

Schwarzes Brett
schwarzer Markt

Testbogen 37

Namen auf ‚-istisch', ‚-haft', ‚-esk'

1 Adjektivisch gebrauchte Personennamen auf *-istisch (darwinistisch)*, *-haft (schneewittchenhaft)* und *-esk (kafkaesk* = nach Art der Dichtungen Franz Kafkas) werden, so lesen wir im Duden, immer klein geschrieben – aber wie oft im Leben schreibt einer *kafkaesk*! Viel nützlicher wäre zu wissen, wie das mit den Zusammensetzungen aus Namen + Modeadjektiv (etwa *-eigen, -spezifisch, -orientiert*) gehandhabt werden soll. Wie schreibt man die eigenschaftswörtliche Verbindung in *Knaus/eigene Campingplätze, „Spiegel"/spezifische Diktion, NCR/orientierte Werbemaßnahmen, Adenauer/ähnliche Physiognomie*? Groß und zusammen („Knauseigen"), klein und zusammen („knauseigen"), groß und mit Bindestrich („Knaus-eigen") oder klein und mit Bindestrich („knaus-eigen")?

1 Sie haben es erraten: Sehr oft schreibt man weder mit Bindestrich noch zusammen, man stellt ganz einfach Namen und Adjektiv unverbunden nebeneinander. Doch genau das sollte man nicht. Erstens verträgt sich diese Schreibpraxis nicht mit unseren Rechtschreibregeln, und zweitens fördert sie die Verständlichkeit nicht. Wie also dann?

Bindestrich oder Zusammenschreibung bei Verbindungen aus Namen und Adjektiv

Am besten **groß und mit Bindestrich**: *Knaus-eigen, „Spiegel"-spezifisch, NCR-orientiert, Adenauer-ähnlich*. Bei *„Spiegel"-spezifisch* haben wir wegen des in Anführungszeichen gesetzten Titels ohnehin keine andere Wahl, auch nicht bei *NCR-orientiert*, die Abkürzung wird immer in Versalien geschrieben. Bei *Knaus-eigen* empfiehlt sich der Bindestrich zur Markierung der Wortfuge, in gewissem Maße trifft das auch auf *Adenauer-ähnlich* zu.

2 Nach welchen Regeln richtet sich die Dudenredaktion, wenn sie *Dudenredaktion* zusammen-, *Duden-Taschenbuch* aber mit Bindestrich schreibt?

Dudenredaktion

Duden-Taschenbuch

2 *Dudenredaktion* schreibt sie zusammen, weil sie das Wort für geläufig hält.
Duden-Taschenbuch trennt sie nicht etwa, weil ihr das Wort weniger geläufig vorkommt, sondern weil sein zweiter Teil, das Grundwort *Taschenbuch*, bereits eine Zusammensetzung (aus *Tasche + Buch*) ist.

 Um die Übersichtlichkeit zu erhöhen, setzt man einen Bindestrich, wenn dem aus einem Familiennamen bestehenden Bestimmungswort ein zusammengesetztes Grundwort folgt.

3 Hans Reimann (1889–1969) schreibt in seinem „Vergnüglichen Handbuch der deutschen Sprache":

Durchkopplung bei Straßennamen

„Übertrieben pedantisch und eine Erfindung von Bürokraten sind die Bindestriche bei *Richard-Wagner-Platz* und *Hans-Mulley-Straße*. Der eine Mann heißt Richard Wagner, der andere Hans Mulley, ohne Bindestrich. Vernünftige Menschen halten *Wagner* und *Platz*, halten *Mulley* und *Straße*

durch einen Bindestrich zusammen, nicht aber den Richard und den Wagner und nicht den Hans und den Mulley."
Was meinen Sie dazu?

3 Reimann stellt hier eine Meinung dar, die er für vernünftig hält – seine Meinung, nicht die Norm. Dem könnte man entgegenhalten, daß bei der Schreibung *Richard Wagner-Platz* der arme Richard so verloren dasteht, als habe er mit dem Wagner-Platz überhaupt nichts zu tun. Mit anderen Worten: In Fällen, die sich mit gleicher Berechtigung von zwei Seiten betrachten lassen, **halten wir uns am besten an die Norm**, und die verlangt nun einmal Durchkopplung: *Richard-Wagner-Platz, Hans-Mulley-Straße.*

4 Wie schreiben wir die Verbindung aus Flußnamen *(Elbe, Oder, Aller)* und *aufwärts* oder *abwärts*?

Flußnamen
aufwärts
abwärts

4 An sich **klein und zusammen**: *elbeaufwärts, elbeabwärts.* Da aber ein eiliger Leser im ersten Moment leicht das klein geschriebene *oder* für ein Bindewort oder das klein geschriebene *aller* für den Genitiv von *alle* halten könnte, sollten wir gerade in diesen beiden Fällen die **Großschreibung** des Flußnamens beibehalten und koppeln: *Oder-aufwärts, Aller-abwärts.*

5 Wie heißen die Leute, die in *Cottbus, Putbus, Lebus, Lissabon, Amsterdam, Rotterdam, Potsdam, Husum* und *Jüterbog* wohnen? Vor allem: Wie schreibt man diese Einwohnernamen auf *-er*?

Einwohnernamen
Wie heißen die Einwohner von Süßen, Frechen, Köthen? **Nicht** *Süßer, Frecher, Köther.*
ERNST-GÜNTHER GEYL

5 Üblich ist die Verdoppelung des auslautenden Konsonanten noch bei *Lissabonner*, auch bei *Cottbusser* und *Putbusser*, obgleich als Nebenformen seit einigen Jahren die Formen mit nur einem Konsonanten zugelassen sind: *Cottbuser. Lebuser* existieren nur in dieser Form; das hängt mit der Aussprache zusammen: *Lebus* (an der Oder) wird mit langem ‚u' gesprochen. Die *Amsterdamer, Rotterdamer, Potsdamer* und *Husumer* bekommen kein zweites ‚m' mehr eingefügt, und die *Jüterboger* schreiben sich mit nur einem ‚g'.

Lissabon / Lissabonner
Cottbus / Cottbus(s)er
Amsterdam / Amsterdamer

6 Wenn beim ARD-Presseclub zwei *(a)merikanische*, zwei *(d)eutsche*, ein *(i)talienischer*, ein *(s)chweizer* und ein *(ö)sterreichischer* Journalist zugegen sind – würde man dann die (hier eingeklammerten) Anfangsbuchstaben der Nationalitätenbezeichnungen einheitlich groß oder einheitlich klein schreiben müssen?

Nationalitätsadjektive

6 Weder – noch: *Schweizer Journalist* (‚-er'-Ableitung von einem geographischen Namen) mit großem ‚S', alles andere klein, auch *italienischer* und *österreichischer*, denn hier handelt es sich nicht um erdkundliche Ableitungen auf *-er*; das *-er* ist vielmehr Flexionsform der klein zu schreibenden Ableitung auf *-isch*.

Schweizer Journalist

italienischer Journalist

Sil-ben-tren-nung

Nach Sprech- und nach Sprachsilben

Wer schreibt und drucken läßt, kann ein Lied davon singen: Korrekturlesen ist das Ödeste vom Öden, für mich: schlimmer als Zahnarzt. Aber ich komme nicht drum rum. Regelmäßig habe ich das zweifelhafte Vergnügen, gesetzten Text zweimal korrekturlesen zu dürfen, einmal die Fahnen-, einmal die Seitenabzüge. Um sachliche Änderungen geht es dabei kaum noch, hin und wieder sind ein paar Zeilen zu streichen oder hinzuzufügen. Mein Hauptaugenmerk muß sich darauf richten, die Satzfehler zu entdecken, die bei der Hauskorrektur überlesen wurden. Wissen Sie, was ich trotz computergesteuerter Silbentrennprogramme am häufigsten anzeichnen muß? „Falsch" getrennte Fremdwörter.

In einem Zeitschriftenartikel, der gedruckt wurde, als dieses Buchkapitel über Silbentrennung entstand, kommt das Wort *parodiert* vor. Der Setzer hatte es am Zeilenende trennen müssen und hatte es so getrennt, wie man es spricht und wie man es folglich als vernünftiger Mensch erwarten sollte: *paro-diert*. Ich korrigierte in der Fahne und fügte erklärend für den Setzer hinzu: „Trennung bitte nach Sprachsilben." Das muß ihn veranlaßt haben, die Endung abzuteilen. Auf dem Seitenabzug stand: *parod-iert*. Also wieder falsch. In der ausgedruckten Zeitschrift war das Wort endlich richtig getrennt: *par-odiert*. Dafür hatte sich, wie das gerade bei Schlußkorrekturen leicht passiert, in der gleichen Zeile eine weitere Kleinigkeit geändert: statt von parodierten Gedichten war nun von parodierten Geschichten die Rede.

Parodie

Weshalb ich das hier erzähle? Um zu zeigen, wie dudenrichtige Silbentrennung ins Auge gehen kann und – ins Geld. Gerade heute, wo die Satzherstellung immer stärker automatisiert wird, könnten Verlage und Druckereien wesentlich wirtschaftlicher arbeiten, wenn wir alle Wörter so trennen dürften, wie wir sie aussprechen – und genau das dürfen wir nicht.

Wie also dann?

Die Silbentrennung wird von zwei Prinzipien bestimmt:

Sprechsilbentrennung

 Einfache deutsche Wörter und geläufige Fremdwörter werden so getrennt, wie sie gesprochen werden: nach Sprechsilben.

Sprachsilbentrennung

 Zusammengesetzte deutsche Wörter und weniger geläufige Fremdwörter werden so getrennt, wie sie gebaut sind: nach Sprachsilben.

Trennung nach Sprechsilben

Für jeden, der sich einen Vers auf die Silbentrennung machen will, hat Erich Wagner die Grundregeln der Silbentrennung in Verse gesetzt (Seite 485). Dazu ein paar ergänzende Hinweise:

bei ‚ck' in der Sprechfuge wird aus ‚c' ein ‚k': *Fak-kel, dek-ken*. Personennamen jedoch bleiben auch da, wo Trennung unvermeidlich ist, im Schriftbild unverändert: *Fran-cke, Fun-cke, Bismar-ckisch*.

‚ck' in Personennamen

 Bei Zusammentreffen dreier gleicher Konsonanten kommt der dritte auf die neue Zeile:
vor Konsonant: *Papp-plakat, Auspuff-flamme*,
vor Vokal: *Brenn-nessel, wett-turnen* (ungetrennt: *Brennessel, wetturnen*).

Pappplakat
Auspuffflamme
Brennnessel
wettturnen

 Bei Ableitungen auf *-heit* lebt das ursprünglich im Wortstamm vorhandene, in Verbindung mit *-heit* abgestoßene ‚h' nicht wieder auf: *Ho-heit, Ro-heit, Rau-heit*. Entsprechendes gilt für das ausgefallene ‚n' in *dennoch* (Trennung *den-noch*) und das ausgefallene ‚t' in *Mittag* (Trennung *Mit-tag*) und *Dritteil* (Trennung *Drit-teil, Drit-tel*).

Hoheit
Roheit
Rauheit
dennoch
Mittag
Dritteil / Drittel

Trennung nach Sprachsilben

Daß zusammengesetzte Wörter nach Möglichkeit in der Wortfuge zu trennen sind, dürfte allgemein bekannt sein – beherzigt wird es nicht. Und das Ende vom Lied? Wenn Sie am Schluß einer Zeile lesen:

Mieter-, Aber-, Inge-, Berichter-, hier-, vollen-, Weggabe-,

sind Sie dann darauf gefaßt, daß es in der nächsten Zeile weitergeht mit *-höhung, -kennung, -nieurschule, -statter, -archisch, -den* oder *-lung*? Also vor allem darauf achten, daß am Zeilenende keine irreführende Trennung entsteht!

Was sind *Maluten-silien* und *Profit-rainer*? Schlecht getrennte *Malutensilien* und falsch getrennte *Profi-trainer*.

Bei einigen Zusammensetzungen deutschstämmiger Wörter ist die Wortfuge nicht mehr so deutlich erkennbar wie beispielsweise bei *Miet-erhöhung*. Merken wir uns darum einfach die Trennungen

dar-in[1], *hin-auf, her-über, vor-an, wor-um*[2], *war-um*[3], *beob-achten*[4], *Diens-tag*[5]

[1] *dar* – ihm entspricht englisch *there* – hat in Zusammensetzungen wie *dazu, damit* schon im Mittelhochdeutschen das ‚r' eingebüßt. Gehalten hat sich das ‚r' vor anlautendem Vokal: *dar-über, dar-unter*.

darin
dazu

[2] *wor* – ihm entspricht englisch *where* – hat die gleiche Entwicklung durchgemacht wie *dar*: Ausfall des ‚r' schon im Mittelhochdeutschen: *wobei, wohin*. Aber vor anlautendem Vokal: *wor-an, wor-auf*.

wobei
worauf

[3] *warum* aus mittelhochdeutsch *war-umbe*.

warum

[4] In *beob-achten, Ob-acht geben* steckt das heute außer in Ortsnamen (*Rothenburg ob der Tauber*) kaum noch als selbständiges Wort vorkommende *ob* = ‚ober', ‚über', ‚oberhalb'.

beobachten
Obacht geben
ob

Dienstag

⁵ *Diens-tag* hat nichts mit Dienst zu tun. Dieser Wochentag trägt den Namen des Gottes Mars Thingsus, des Thingbeschützers. Der Dienstag ist also eigentlich der Thingstag.

Deutschstämmige Wörter am Zeilenende richtig zu trennen ist nicht weiter schwer. Schwierig wird die Silbentrennung bei ungebräuchlichen Fremdwörtern oder unbekannten Wörtern aus der Retorte. Denn um solche Wörter richtig trennen zu können, muß man wissen, wie sie zusammengesetzt sind.

Kunstwörter trennen – ein kleines Kunststück!

Kunstwörter

Vitamin

Indanthren
Dural

Viele (nicht alle!) Kunstwörter werden nach Sprach- und nicht nach Sprechsilben getrennt. *Vitamin* (Trennung *Vit-amin*) ist ein solches Wort. Entstanden ist es aus den Sprachsilben *Vit* (aus lateinisch *vita* = Leben) und *Amine* (organische Stickstoffverbindungen). Entsprechend teilt man den licht- und waschechten Farbstoff *Indanthren* – zusammengezogen aus *Indigo* und *Anthrazen* – *Ind/an/thren* ab und die Legierung *Dural*, aus lateinisch *dur*us = ‚hart' und *Al*uminium zusammengezogen, *Dur/al*.

Schwierige Fremdwörter, richtig getrennt und richtig geschrieben

Fremdwörter

Auch wer keine Fremdsprachen kennt, kann lernen, Fremdwörter richtig anzuwenden; er muß nur aufmerksam lesen und genau zuhören. Fremdwörter richtig zu schreiben wird ihm beim besten Willen nicht immer gelingen. Fremdwörter am Zeilenende gar noch richtig abzuteilen scheint ein Ding der Unmöglichkeit. Trotzdem, kein Grund zum Resignieren! Wozu gibt es Eselsbrücken! Hier ist eine Zusammenstellung der Lautverbindungen, die in Fremdwörtern üblicherweise nicht getrennt werden:

In Fremdwörtern werden diese Lautverbindungen üblicherweise nicht getrennt.

bl pl fl gl cl kl	br pr dr tr fr vr gr kr phr thr str skr	ch ph th rh sh	gn kn mn sp pt
Repu-blik	Fa-brikant	Is-chias	Si-gnal
Diszi-plin	Re-produktion	Stenogra-phie	Py-kniker
Re-flex	Hy-draulik	äs-thetisch	Ana-mnese
Re-glement	kon-trovers	Diar-rhö	Korre-spondenz
Recy-cling	chif-frieren	Fa-shion	Asym-ptote
Zy-klus	Li-vree		
	Ag-gregat		
	ak-kreditieren		
	Ne-phritis		
	An-thropologe		
	Magi-strat		
	Manu-skript		

Prägen Sie sich bitte vor allem die Beispiele der rechten Spalte ein, ‚gn‘, ‚kn‘, ‚mn‘ und ‚pt‘ als Silbenanlaut ist uns von deutschen Wörtern her nicht vertraut.
Manche Sprachlehren rechnen auch ‚sz‘ zu den untrennbaren Lautverbindungen. Das trifft aber nur auf zusammengesetzte Fremdwörter zu:

> *in-szenieren, tran-szendent, Ab-szeß*

inszenieren
transzendent
Abszeß

Bei abgeleiteten Fremdwörtern wird getrennt:

> *fas-zinierend, Reminis-zenz, fluores-zieren*

faszinierend
Reminiszenz
fluoreszieren

Die Grundregel der Fremdworttrennung

 Geläufige einfache Fremdwörter werden nach Sprechsilben, weniger geläufige zusammengesetzte Fremdwörter nach Sprachsilben getrennt

verlangt von uns nicht wenig: Wir müssen nicht nur zwischen geläufigen und weniger geläufigen Fremdwörtern unterscheiden, sondern auch zwischen zusammengesetzten wie *Interesse* (Trennung nach Sprachsilben: *Inter-esse*; lateinisch *inter* = ‚dazwischen‘, *esse* = ‚sein‘) und abgeleiteten wie *Reminiszenz* (aus spätlateinisch *reminiscentia*; Trennung nach Sprachsilben: *Re-minis-zenz*). Mit anderen Worten: Um in der deutschen Silbentrennung keine Fehler zu machen, braucht man mehr als drei Semester Griechisch. Null Fehler schafft wahrscheinlich nur, wer sich als Altphilologe habilitiert hat. Ein befriedigender Zustand ist das nicht.

Interesse

Trennung zusammengesetzter Fremdwörter

Seit Jahrzehnten weist der Duden darauf hin, daß die Kenntnis der sprachlichen Gliederung eines Fremdworts „nicht allgemein" (!) oder „nicht immer" (!) vorhanden sei und man deshalb bei häufig vorkommenden zusammengesetzten Fremdwörtern statt nach Sprachsilben

> *Epis-ode, Trans-it, abs-trakt*

Episode
Transit
abstrakt

„im Zuge der Eindeutschung" nach Sprechsilben trennt:

> *Epi-sode, Tran-sit, ab-strakt* –

doch für *Pädagoge* (aus griechisch *pais* = ‚Knabe‘, ‚Kind‘ und *agogos* = ‚Führer‘) verzeichnet der Duden nur die Trennung nach Sprachsilben: *Päd-agoge*! Ist es wirklich nötig, durch die Silbentrennung daran erinnert zu werden, daß der Pädagoge einst bei den alten Griechen ein „Knabenführer" war? Wäre es nicht vernünftiger, unsere Pädagogen schlössen sich zusammen und schafften die schwierige Sprachsilbentrennung bei Fremdwörtern ab? Meine Empfehlung: Richten Sie sich in diesem Punkt nicht mehr unbedingt nach dem Duden. Trennen Sie, wenn Sie sich über die Zusammensetzung nicht im klaren sind, Fremdwörter so, wie Sie sie sprechen. Kein Einsichtiger wird die Trennung *Pä-da-go-ge* als Fehler ankreiden.

Pädagoge

Silbentrennung per Computer?

In den ersten Jahren nach der Umstellung vom Bleisatz auf den computergesteuerten Fotosatz servierten Zeitungsdruckereien ihren Lesern zum Frühstück Silbentrennungen, die manchem Magenschmerzen machten. Die Silbentrennungen für deutsche Wörter zu codieren ist zwar noch relativ leicht. Wie aber bringt man einem Automaten bei, das deutsche Wort *Knospe* nach Sprechsilben *(Knos-pe)* und das „Fremdwort" *Korrespondenz* nach Sprachsilben *(Korre-spondenz)* zu trennen? Selbst wenn man sich vorstellt, daß es mit hohem finanziellem Aufwand möglich sein müßte, auch die für die Silbentrennung von Fremdwörtern geltenden Regeln zu programmieren und dazu häufig vorkommende griechische Wortstämme zu codieren, etwa *skop* (von griechisch *skopein* = schauen) – wie würde der Automat am Zeilenende trennen? Größtenteils richtig: *Mikro-skopie, Rekto-skopie, Spektro-skopie, Uro-skopie, Daktylo-skopie* – *Lotterielo-skopie*.

Knospe
Korrespondenz

-skopie

Silbentrennungen vermeiden, die zu unvorhergesehenen Verwechslungen führen könnten, das schafft ein Automat nicht. Das kann nur der Mensch. Daraus folgt zweierlei: Wir könnten uns angesichts menschlicher Überlegenheit in die Brust werfen und auf die ganze Computerei pfeifen und im übrigen darauf vertrauen, daß die seit Jahrzehnten herbeigesehnte Rechtschreibreform eines schönen Tages die Silbentrennung vereinfachen wird. Wir könnten uns aber auch sagen: Statt auf dem herumzureiten, was ein Computer bei der Silbentrennung nicht kann, sollten wir uns kurz klarmachen, was er kann, wenn er richtig gefüttert wurde. Fragt sich nur, wie das Futter beschaffen sein muß. Oder auch: nach welchen Kriterien sich ein Silbentrennungsprogramm für Computer zu richten hat. Die Grundregel „Mehrsilbige Wörter trennt man nach Sprechsilben, die sich bei langsamem Sprechen von selbst ergeben" nützt dem Computer nichts, Automaten können nicht langsam vor sich hinsprechen. Programmierbar wäre hingegen eine Regel, die besagt, daß jede abgetrennte Silbe mit einem Konsonanten beginnen soll. Die Regel trifft in den meisten Fällen zu *(Meeresgrund, eh-renwert)* und in manchen daneben *(Meer-enge, Ehr-abschneider)*; der Computer kann ja nicht erkennen, wann das Wort hinter der Hauptfuge mit Vokal anlautet. Also müßten dem Computer weitere Befehle eingespeist werden, zum Beispiel, daß er Konsonantenverbindungen wie *sch, ch, ph, st* ungetrennt am Anfang einer neuen Silbe beläßt, daß er vor Endsilben wie *-schaft, -bar, -heit, -keit* und hinter Fugen-,s' trennen darf und daß er mit Vorsilben wie *ab-, ent-, ver-* und vielen anderen genauso verfährt. Aber selbst wenn der Computer das alles „gefressen" hat, kann es passieren, daß er *Abenteuer* „Ab-enteuer" oder „Abent-euer" trennt, weil er *ab-* und *ent-* für abtrennbare Vorsilben hält.

Silbentrennungs-
programm

Schlechte Vorbilder bleiben nicht ohne Folgen. Die vielen Falschtrennungen in den Zeitungen haben dazu beigetragen, daß an den Schulen in Schleswig-Holstein seit Herbst 1990 Trennfehler nicht mehr zählen. Die Schulbehörde des Landes gibt ihren Alleingang allerdings nicht als Reform aus; sie spricht in schönstem Behördendeutsch von einer „Fehlerbewertungsänderung mit erweitertem Toleranzbereich".

Da hilft nur eines: immer wieder vorkommende schwierige Fachtermini mit ihrer Silbentrennung dem Computer gesondert einzugeben. Dann trennt er sie nie mehr falsch und wäre somit jeder guten Sekretärin überlegen. Doch da die meisten von uns statt eines Computers das eigene Köpfchen bemühen müssen, sei auf die Seiten 685–724 verwiesen. Allen, die auf der Schule kein Griechisch und kein Latein lernen konnten und trotzdem die zusammengesetzten Fremdwörter dudenrichtig nach Sprachsilben trennen möchten, wollen die im Anhang enthaltenen Fremdworttabellen eine kleine Hilfe sein.

Ach, wie schön wär's doch, wenn jeder hätte stets die richtge Feder, um, wenn nötig, unsre Silben, die die meisten Wörter bilden, bei der Trennung zu zerteilen, daß er nicht braucht zu verweilen, ob's wohl richtig, ob verkehrt –
leider bleibt das wünschenswert.

Silbentrennungs-Song

Unsre Sprache hat Vokale,
Konsonanten, reich an Zahl.
Und sie hat auch ihre Tücken,
und die werden oft zur Qual.

Silbentrennung heißt das Thema,
das wir heute schneiden an.
Silbentrennung ist ganz einfach,
wenn man ein paar Regeln kann.

Trenne, wie du langsam sprichst,
Silben nach dem rechten Ton:
*lei-den, lo-ben, ta-deln, Brü-der,
Bräu-te, Flö-he, Te-le-fon.*

Hieraus sieht man klar und deutlich:
Konsonanten, wenn allein,
rutschen schnell mit ihrer Silbe
in die nächste Zeile rein.

Aber sind's der Konsonanten
mehrere, so achte drauf,
nur der letzte der Gesellen
rückt zur nächsten Zeile auf:

*Strümp-fe, Fahn-dung, Fried-rich, knusp-rig,
As-ses-soren* und *Ge-sand-ter,
Ärz-te, nied-rig, Most-rich, Karp-fen,
Kämp-fer, Kat-ze* und *Ver-wand-ter.*

es-cé-ha, cé-ha, pé-ha, té-ha,
„scharf" *es-zét* und auch *es-té* –
diese soll man niemals trennen,
ihnen tut die Trennung weh.

Trenne *Fla-sche, Sa-che, Zi-ther,
Hy-po-thek, Be-rei-che-rung,
Mi-kro-phon,* auch *Sech-stel, Ko-sten,
Stra-ße, Grü-ße, Spei-che-rung.*

Trenne niemals *Treue, Ehen,
Aster, Ostern, Amen* nicht.
Denn kein Selbstlaut steht alleine –
so zu dir die Regel spricht.

Wohingegen Doppellaute
trennt man ab zu jeder Zeit:
*Eu-le, Ei-er, Au-to, Eu-ter,
Ei-chen, äu-ßern, Ei-nig-keit.*

cé-ka bringt ein großes Opfer,
spaltet sich von ganz allein:
*Zuk-ker-bäk-ker, Pak-kung, Dek-kung,
Kuk-kuk-ke* und *Mek-ke-rein.*

Viele Wörter gibt's im Deutschen,
die zusammengesetzt sind.
Teile sie in Einzelwörter –
dann erst trenne sie geschwind.

Hier ein Beispiel: *Wás-ser-schútz-po-
lí-zei-pósten* trenne so.
Freilich trennt sich da viel leichter
amtlich kurz der *Wasch-po-po.*

Sei kein Witzbold, denke dran:
Jedes Wörtchen sollte beinhalten seinen Wortsinn klar
und nicht mißverständlich sein:

Búschauf-féur und *Talént-
wässerúng* und *Sálonál-
búmseríen,* auch *Endren-díte,
Trí-kothósen* – wie fatal!

Ostel-bíer und *Sén-destille* –
ob man die wohl trinken kann?
Nótar-rést ein Überbleibsel,
Urán-archist ein reicher Mann?

Genug für heut, der Song ist aus,
weil sonst die Lust am Spaße sinkt.
Auf Regeln kann man sich verlassen,
doch nicht auf seinen *Urin-stinkt.*

Erich Wagner

Testbogen 38

1 Unter den folgenden Falschtrennungen finden sich, damit es ein bißchen spannender wird, auch ein paar richtige. Fischen Sie bitte die falsch abgeteilten Wörter heraus und trennen Sie sie so, wie es der Duden tut: *eli-mi-nie-ren, Em-bry-o, Di-agno-se, Plas-tik, Tran-sport, A-nar-chie, Ab-sti-nenz, Li-ne-al, ide-ali-stisch, Na-i-vi-tät, Prog-ramm, Ad-op-ti-on*

Embryo
Diagnose
Plastik
Transport

Anarchie

Abstinenz

idealistisch

Naivität
Programm
Adoption
Lineal
Nottrennung

[1] Unter Beibehaltung der Reihenfolge und ohne die in der Aufgabe richtig abgetrennten Wörter müßte Ihre Lösung so aussehen:

Em-bryo (auch ein Fremdwort darf nicht so abgeteilt werden, daß ein Buchstabe allein auf einer Zeile steht); *Dia-gno-se* (Trennung nach Sprachsilben, aus griechisch *dia* = ‚durch' und *gi-gnos-kein* = ‚erkennen'; soviel wie „durch und durch erkennen"); *Pla-stik*; *Trans-port* (Trennung nach Sprech- und nach Sprachsilben, aus lateinisch *trans* = ‚hinüber' und *portare* = ‚bringen'); *An-ar-chie* (Trennung nach Sprachsilben, aus griechisch Verneinungs-*an*- und *archein* = ‚Führer sein'; soviel wie „ohne Herrscher"); *Abs-ti-nenz* (Trennung nach Sprachsilben, aus lateinisch *abs-tinere*; soviel wie „sich enthalten"); *idea-li-stisch* (eine aus nur einem Vokal bestehende Silbe im Wortinnern kommt bei Abtrennung mit auf die alte Zeile, das gilt auch für das nächste Beispiel); *Nai-vi-tät*; *Pro-gramm* (Trennung nach Sprech- und nach Sprachsilben; außerdem: ‚gr' in Fremdwörtern griechischer Herkunft bleibt üblicherweise ungetrennt); *Ad-op-ti(-)on* und, kurz vorher, *Li-ne(-)al* waren in der Aufgabe richtig getrennt; die durch Klammern gekennzeichnete Trennfuge gilt als Nottrennung.

2 Im Englischen trennt man, wo nötig, am Zeilenende die Endung *-ing* vom Stamm: *eat-ing, swing-ing, com-ing, fall-ing*. Wie verfahren wir bei kurzen englischen Zitaten in deutschen Texten? Wie trennen wir die Wörter auf *-ing*, wenn es heißt, der *coming man* sei *fishing for compliments*?

Nur bei längeren fremdsprachigen Zitaten gelten die Trennungsregeln der fremden Sprache.

[2] Nicht nach der englischen Art, sondern nach deutschen Trennungsregeln, also nach Sprechsilben: *co-ming man, fi-shing for compliments*.

3 Trennen wir Wörter mit ‚ß' wie *größer, reißen, spaßig*, kommt das ‚ß' auf die neue Zeile: *grö-ßer, rei-ßen, spa-ßig*. Wie aber trennen Sie diese drei, wenn Ihre Schreibmaschine kein ‚ß' hat?

‚ß'-Laut
bei Silbentrennung

in Deutschland

[3] Das hängt davon ab, wo Sie wohnen. In Deutschland – halten Sie sich fest! – kommen tatsächlich b e i d e ‚s' auf die neue Zeile! Trennung nach Duden: *grö-sser, rei-ssen, spa-ssig*.

in der Schweiz

In der Schweiz wird ‚ss' bei Silbentrennung gespalten: *grös-ser, reis-sen, spas-sig*. Die Schweizer, die ja nun schon seit den dreißiger Jahren kein ‚ß' mehr schreiben, verzichten damit auch auf die Kennzeichnung der Länge des dem ‚s'-Laut vorangehenden Vokals.

Bei uns weisen ‚ß' im Inlaut und die Trennung ‚-ss' meist auf langen Vokal, ‚ss' (Trennung ‚s-s' wie in *Schlös-ser, Fäs-ser, Ras-se*) hingegen auf kurzen Vokal. Auf Schreibmaschinen ohne ‚ß'-Taste können wir *Masse* mit langem ‚a' (sonst *Maße*) nicht anders schreiben als *Masse* mit kurzem ‚a'. Aber die deutschen Silbentrennungsregeln stellen den Unterschied wieder her: *Ma-sse* (= *Maße*) und *Mas-se* (= *Masse*).

Maße
Masse

4 ‚br' und ‚bl' gehören zu den Lautgruppen, die in Fremdwörtern üblicherweise nicht getrennt werden. Wie also trennt man *abreagieren* und *obligatorisch*?

[4] Natürlich nach S p r a c h s i l b e n : *ab-reagieren* und *ob-ligatorisch* (aus lateinisch *obligare* = ‚anbinden', ‚verbindlich machen', ‚verpflichten'). Daß ‚br' und ‚bl' nicht getrennt werden dürfen, gilt nicht für die Wortfuge zwischen Präfix und Stamm.

abreagieren
obligatorisch

5 Warum trennt der Duden die mit lateinisch *trans-* zusammengesetzten Wörter so inkonsequent: *Trans-plantat, trans-ferieren, trans-alpin,* aber *tran-szendent, tran-skribieren, Tran-sistor, Tran-sit*?

trans-

[5] Vor dem anlautenden ‚s' des Wortstamms ist das zu *trans-* gehörende ‚s' bei *tran-szendent* (aus lateinisch *trans* + *scandere* = ‚hinübersteigen') und *tran-skribieren* (aus lateinisch *trans* + *scribere* = ‚hinüberschreiben', einen Text lautgetreu in eine andere Schrift übertragen) schon im Lateinischen ausgefallen. – *Transistor* ist ein Retortenwort, wir haben es aus dem Englischen übernommen. Es ist zusammengezogen aus englisch *transfer* (= ‚Übertragung') und neulateinisch *resistor* (Widerstand). Das ‚s' in *Transistor* gehört also, etymologisch gesehen, nicht zur Vorsilbe *trans-*. – Bei der Trennung *Tran-sit* (Durchfuhr; aus lateinisch *trans-ire* = ‚hinübergehen') hat der Duden die ursprüngliche Trennung nach Sprachsilben (*Trans-it*) zugunsten der Sprechsilbentrennung (*Tran-sit*) aufgegeben.

transzendent
transkribieren

Transistor

Transit

6 Das ist etwas für Knobelfreunde. Damit Sie einen Blick dafür bekommen, welche ungeahnten Möglichkeiten, den Leser zu verwirren, in manchen Wörtern stecken, ist hier eine kleine Scherzaufgabe. Trennen Sie die folgenden Wörter bitte so, wie man es auf keinen Fall tun sollte: *Schreiberleichterung, Textillustration, Texterfassung, Seeleopard, Vatikan, babylonisch, Stiefeltern, Heimatmosphäre, Visagebühren.*

[6] *Schreiber-leichterung, Textil-lustration, Texter-fassung, Seele-opard, Vati-kan, baby-lonisch, Stiefel-tern, Heimat-mosphäre, Visage-bühren.*

sinnentstellende Trennungen

7 Das Wort für *Symptom* trennen die Franzosen *symp-tôme*, die Italiener *sin-to-mo*, die Spanier *sín-to-ma*, die Portugiesen *sin-to-ma*, die Engländer *symp-tom*. Und wie trennen wir *Symptom*?

[7] *Sym-ptom!* Woraus wieder einmal deutlich wird, daß wir, was die Silbentrennung von Fremdwörtern angeht, die altmodischsten Regeln haben.

Symptom

Ungeliebter Bindestrich

Lese-erleichterndes Schriftzeichen bei Wortzusammensetzungen

Der Bindestrich ist schon lange ein Zankapfel der Rechtschreibung. Heute gibt es zwei Lager, das der Bindestrichfreunde und das der Bindestrichfeinde. Die Bindestrichfreunde finden den Bindestrich so schick, daß sie ihn auch da setzen, wo er nicht hingehört. Sie schreiben zum Beispiel *Teppich-Lager, Umsatz-Chance, Presse-Meldung* – doch in Hauptwörtern, die aus nur zwei Gliedern bestehen, einen Bindestrich setzen, das heißt aus dem Bindestrich einen Zerhackstrich machen. Die Bindestrichfeinde – sie sind bei weitem in der Überzahl und häufig Gebrauchsgrafiker oder Werbeleute – finden den Bindestrich so veraltet, daß sie ihn gänzlich weglassen und Zusammengehöriges unverbunden nebeneinanderstellen. Sie schreiben *Kellpax Normtüren, Alno Anbauküchen, IBM Hauptverwaltung, Hans Holzmann Verlag*, was nicht nur ihrem Schönheitsempfinden, sondern vor allem ihrem Wunsch nach erhöhter Werbewirkung durch Alleinstellung des Firmen- oder Fabrikatsnamens entgegenkommt, aber nicht den Regeln unserer Rechtschreibung entspricht. Korrekt wäre: *Kellpax-Normtüren, Alno-Anbauküchen, IBM-Hauptverwaltung, Hans-Holzmann-Verlag*.

Allerdings: Namen haben das Recht, sich jeder Veränderung zu widersetzen; auch die Bindestrichkoppelung ist eine gewisse Veränderung.

„Heil Kräuter!"

Ja, manche Plakat- und Schildermaler gehen sogar so weit, ganz normale, übersichtlich zusammengesetzte Hauptwörter auseinanderzureißen:

nicht	**sondern**
Sonder Kollektion	Sonderkollektion
Auto Test	Autotest
Tanz Café	Tanzcafé
Vollmilch Schokolade	Vollmilchschokolade
Computer Arbeitsplatz	Computerarbeitsplatz

Ende der 80er Jahre kamen bindestrichlose Zusammenrückungen auf, mit Großbuchstaben in der Wortmitte. Die Post warb für ‚PostGiro. Das clevere Konto', und eine Weltfirma ließ DaimlerBenz auf ihre Briefbogen drucken. Die Redensart „Wer angibt, hat's nötig" scheint nicht mehr zu stimmen.

Man könnte meinen, wir hätten diese Art „Rechtschreibung" nach dem Kriege den Amerikanern abgeguckt – die dürfen Bestimmungs- und Grundwort unverbunden nebeneinanderstellen –, aber der Schein trügt, diese Mode gab es bei uns schon in der Hitlerzeit.
In Köln traf man auch damals Tünnes und Schäl, die Hauptgestalten des Kölner Humors. Nach einer heftig durchzechten Nacht fanden die beiden den Nachhauseweg nicht mehr. In der lauen Sommerluft legten sie sich zum Schlafen einfach aufs Trottoir. Gegenüber war eine Drogerie. Als Tünnes morgens erwachte, starrte er wie verhext auf das Schaufenster gegenüber. Wie, las er richtig? Schließlich rief er verblüfft: „Schäl, mer hann dausend Johr jeschloffe. Süch (sieh) dir ens an, wat do steht: ‚Heil Kräuter' – mer han en neu Reichsrejierung!"

Manchmal allerdings habe ich den Verdacht, Plakatmaler und Werbeleute zerhacken Wörter unter Mißachtung des Bindestrichs auch deshalb, weil sie sich mit den diesbezüglichen Regeln nicht auskennen. Das ließe sich ändern. Doch vor den wichtigsten Bindestrichregeln hier erst einmal eine Büro-Episode. Zum Anwärmen.

Frau Zwicky in Zürich schreibt einen Brief

„Neue Besen kehren gut", dachte Herr Naegeli, als er sah, wie flott Frau Zwicky, seine neue Sekretärin, maschineschreiben kann. Doch als sie ihm nachmittags die Post zum Unterschreiben vorlegt, runzelt er gleich beim ersten Brief die Stirn. Da steht nämlich zu lesen:

Firma Fenster Fröhlich
Krefelderstraße 17

D 7000 Stuttgart Bad Cannstatt

Dichtungsprofile

Sehr geehrte Damen und Herren

Auf Ihre Anfrage vom 12. April teilen wir Ihnen mit, daß Dichtungsprofile eine unserer Spezialitäten sind. Wir können Ihnen kurzfristig liefern frei Schweizergrenze: Gummi und Kunststoffprofile, selbstklebende Kautschuk und Zellkautschukflachprofile sowie Dekaplastfixdichtungsbänder. In der Entwicklung und Gestaltung von Dichtungsprofilen besitzen wir eine nahezu 20jährige Erfahrung, was auch für unsere Alu Verkleidungsprofile gilt. Wenn Sie Konstruktionen in Holzaluminiumverbundbauweise ausführen, können Sie selbstverständlich auch die für die Alu Anschlagprofile geeigneten Kunststoffdichtungen bei uns beziehen. Wir machen bei dieser Gelegenheit darauf aufmerksam, daß unsere Aluminiumprofile in Stangen von 5 m geliefert werden. Mit ganz Aluminiumkonstruktionen komplett einschließlich der Beschläge, Eckverbindungen und Zubehörteile können wir leider nicht dienen, hier wenden Sie sich besser an ein Aluminiumwerk.
Bitte, informieren Sie uns eingehender über Ihre Dichtungsprobleme, wir werden Ihnen dann unverzüglich unsere Vorschläge unterbreiten.

Mit freundlichen Grüßen
...

„Sagen Sie, Frau Zwicky, von Bindestrichen haben Sie wohl noch nie etwas gehört? In diesem Brief fehlt ein ganzes Dutzend! Bitte, schreiben Sie ihn noch einmal." Herr Naegeli seufzt hörbar und schüttelt den Kopf. Sollte er vom Regen in die Traufe gekommen sein? Gewöhnlich gehen Schreibdamen mit dem Bindestrich großzügiger um, als der Duden erlaubt. Seine frühere Sekretärin jedenfalls war in den Bindestrich so verliebt, daß sie ihn außer an allen möglichen auch an vielen unmöglichen Stellen unterbrachte. Frau Zwicky setzt sich zerknirscht an die Maschine und schreibt:

Bindestriche können differenzieren, können im Gegensatz zum *Lesezeichen* ein *Lese-Zeichen* sein. Der Literaturkritiker Marcel Reich-Ranicki galt lange als der *Vor-Leser* der Nation, nicht etwa als deren *Vorleser*. Und manchem Unternehmer ist ein *Mit-Arbeiter* ebensoviel wert wie drei *Mitarbeiter*.

Firma Fensterfröhlich
Krefelder-Straße 17

D 7000 Stuttgart-Bad-Cannstatt

Dichtungs-Profile

Sehr geehrte Damen und Herren

Auf Ihre Anfrage vom 12. April teilen wir Ihnen mit, daß Dichtungs-Profile eine unserer Spezialitäten sind. Wir können Ihnen kurzfristig liefern frei Schweizer-Grenze: Gummi und Kunststoffprofile, selbstklebende Kautschuk und Zellkautschukflach-Profile sowie Dekaplastfixdichtungs-Bänder. In der Entwicklung und Gestaltung von Dichtungs-Profilen besitzen wir eine nahezu 20-jährige Erfahrung, was auch für unsere Aluverkleidungs-Profile gilt. Wenn Sie Konstruktionen in Holzaluminium-Verbundbauweise ausführen, können Sie selbstverständlich auch die für die Aluanschlag-Profile geeigneten Kunststoff-Dichtungen bei uns beziehen. Wir machen bei der Gelegenheit darauf aufmerksam, daß unsere Aluminium-Profile in Stangen von 5 m geliefert werden. Mit Ganz-Aluminiumkonstruktionen komplett einschließlich der Beschläge, Eckverbindungen und Zubehörteile können wir leider nicht dienen, hier wenden Sie sich besser an ein Aluminium-Werk.
Bitte, informieren Sie uns eingehender über Ihre Dichtungs-Probleme, wir werden Ihnen dann unverzüglich unsere Vorschläge unterbreiten.

Mit freundlichen Grüßen
...

Nun, was meinen Sie, verehrter Leser, zu den Korrekturen? Sind Sie einverstanden? Hoffentlich nicht. Frau Zwicky hat nicht nur brav die zwölf fehlenden Bindestriche untergebracht, sondern vorsorglich gleich noch ein paar mehr – und so gut wie keiner sitzt an der richtigen Stelle. Was Frau Zwicky falsch gemacht hat, geht aus dem sich an dieses Kapitel anschließenden Frage-und-Antwort-Teil hervor.

Und hier das Wichtigste über den Bindestrich

 Es ist zu unterscheiden zwischen dem Bindestrich, der zur Kopplung von Wortgliedern und Wörtern dient, und dem Ergänzungs- oder Ersparungsbindestrich.

Ergänzungs-bindestrich

 Der Ergänzungsbindestrich steht, wenn zwei oder mehrere beieinanderstehende zusammengesetzte Wörter einen gemeinsamen Bestandteil haben und man den nicht gern wiederholen möchte: *beim Auf- und Abladen; Leichtmetall- und Kunststoffjalousien; Kehl-, Fräs- und Zapfenschlitzmaschine.*

Einsparen läßt sich ein Wortteil auch, wenn die beiden zusammengesetzten Wörter nicht unmittelbar nebeneinanderstehen:

Das ist keine *Tischler-*, sondern nach meiner Ansicht grobe *Zimmermannsarbeit*.

Selbstverständlich kann der Ersparungsbindestrich nicht nur den letzten Bestandteil eines Worts ersparen, sondern auch den ersten: Gegen die

Personalversicherungs- und -fürsorgeleistungen

der Firma Meyer & Co. ist vom rechtschreiblichen Standpunkt aus nichts zu sagen. Ohne Ergänzungsbindestrich müßte man von *Personalversicherungsleistungen* und *Personalfürsorgeleistungen* sprechen, was zweifellos recht umständlich wäre.

Fügungen wie *Motor- und Fahrradreparaturen* oder *Lauf- und Leitradschaufel* sind jedoch abzulehnen, weil sie nicht ganz eindeutig sind. Wer sie zu wörtlich nimmt, könnte meinen, es handle sich hier um Motorreparaturen und eine Laufschaufel. Eindeutigkeit erreicht man nur, wenn man das Bestimmungswort vor dem Ergänzungsbindestrich ausschreibt: *Motorrad- und Fahrradreparaturen, Laufrad- und Leitradschaufel*.

 Der eigentliche Bindestrich, zur Unterscheidung vom Ergänzungsbindestrich auch K o p p l u n g s b i n d e s t r i c h genannt, steht im allgemeinen nicht bei zweigliedrigen Zusammensetzungen. *Teppichfliesen, Fahrgestell, Papierqualität* schreibt man zusammen.

 Ist aber ein Name Grundwort (= hinterer Bestandteil) einer Zusammensetzung, wird mit einem Bindestrich gekoppelt: *Möbel-Müller, Samen-Sommer, Eisen-Richter*.

 Auch wenn das Bestimmungswort eine Buchstaben-Abkürzung ist, wird – so Duden – mit Bindestrich gekoppelt: *ITT-Konzern, S-Bahn, A4-Format*.

 Treffen in der Wortfuge eines Substantivs drei gleiche Vokale zusammen, steht ein Bindestrich: *Kaffee-Extrakt, See-Erz, Schnee-Erlebnis*.

Treffen aber nur zwei gleiche Vokale aufeinander, verlangt der Duden Zusammenschreibung: *Klimaanlage, Energieersparnis, Reiseerlaubnis*. Lese-erleichternd (nach Duden wäre *leseerleichternd* e i n Wort) ist das nicht. Dem Leser wäre wirklich mehr gedient, wenn wir beim Zusammentreffen zweier Vokale oder zweier gleicher Konsonanten in der Wortfuge einen Bindestrich setzen dürften. Deutlicher als *Duanrede* und *Reimport* sind bestimmt die Formen „Du-Anrede" und „Re-Import", und damit *Stillage* nicht wie *Stellage* gelesen wird, würde ich auch hier den Bindestrich vorziehen: „Stil-Lage". Doch der Duden schränkt den Gebrauch des Bindestrichs auf die wenigen Fälle ein, die sonst nur durch den Textzusammenhang geklärt werden könnten:

Druck-Erzeugnis / Drucker-Zeugnis; auch: *Musik-Erleben / Musiker-Leben; Lese-Revolution / Leser-Evolution*

Für Zusammensetzungen aus drei Bestandteilen gilt nach Duden:

Kopplungsbindestrich bei zweigliedrigen Zusammensetzungen

Möbel-Müller
Über Zusammensetzungen mit Namen als Bestimmungswort mehr auf den Seiten 470, 471 und 478.

A4-Format

Kaffee-Extrakt

Klimaanlage

Reimport

Stillage
Bindestrich zur Vermeidung von Mißverständnissen

Das Stauende auf der Autobahn erschließt sich dem Leser erst durch den Bindestrich als das *Stau-Ende*.

Bindestrich bei dreigliedrigen Zusammensetzungen

 Dreigliedrige Zusammensetzungen werden üblicherweise zusammengeschrieben.

Stahlrohrgestell, Schreibmaschinentastatur, Schnellnagelpistole sind, zusammengeschrieben, in der Tat übersichtlich genug. Trotzdem, scheuen Sie sich nicht, bereits bei dreigliedrigen Zusammensetzungen den Bindestrich zu verwenden, wo er Ihnen zur Verdeutlichung zweckmäßig scheint. Mit Bindestrich lesen sich Wörter wie *Alpenostrand, Urlaubereiland, Albispaßhöhe* (Alpen-Ostrand, Urlauber-Eiland, Albis-Paßhöhe) garantiert besser. Aber der Duden geht ausgesprochen knickerig mit dem Bindestrich in zusammengesetzten Wörtern um, selbst

Bindestrich bei vier- und mehrgliedrigen Zusammensetzungen

 Zusammensetzungen aus mehr als drei Wortgliedern werden nur dann mit Bindestrich geschrieben, wenn sie unübersichtlich sind.

Bei Wörtern wie *Sperrholzfachhandel, Feldelektronenmikroskop, Hochleistungstrockenhaube* mag das angehen. Menschenfreundlicher aber handelt, wer sich in diesem Punkt nicht nach dem Duden richtet und vier- und mehrgliedrig zusammengesetzte Wörter – vor allem Termini technici – mit Bindestrich schreibt:

Feuerraum-Unterdruckregelung, Unterwasser-Ölfelder, Spiralkegelräder-Abwälzfräsmaschine.

Die korrekt markierte Wortfuge trägt entscheidend zur Übersichtlichkeit bei.

Zusammenschreibung als Stilmittel

Zusammenschreibung ungewohnter längerer Wörter ist im Grunde nur da gerechtfertigt, wo sie bewußt als Stilmittel eingesetzt wird. Wenn ich zum Beispiel von einem Brief behaupte, er sei im *Kindergartentantenton* geschrieben, dann möchte ich damit durch Zusammenschreibung den Singsangrhythmus verdeutlichen.

Durchkopplung bei Aneinanderreihungen

Siehe auch Straßennamenschreibung Seite 472.

Bei Aneinanderreihungen wird mit Bindestrichen durchgekoppelt, auf dudendeutsch:

 Besteht die Bestimmung zu einem Grundwort aus mehreren Wörtern, dann werden alle Wörter durch Bindestrich verbunden: *Do-it-yourself-Bewegung, Haber-Bosch-Verfahren, Magen-Darm-Katarrh.*

September-Oktober-Ausgabe

Als Beispiel: Heft 9 einer monatlich erscheinenden Zeitschrift ist die *Septemberausgabe*, Heft 10 die *Oktoberausgabe*. Kommt eine Zeitschrift nur alle zwei Monate heraus, ist Heft 5 die (mit Bindestrichen durchgekoppelte) *September-Oktober-Ausgabe*, also die Ausgabe, die für September u n d Oktober gilt.

Ein altes Rezept: Bandwurmwörter durch Ausklammerung kürzen oder in präpositionale Fügungen umwandeln

Für Techniker ist der Bindestrich ein beliebtes Mittel zur Bildung von Bandwurmwörtern. Motto: „Nur ja nichts auslassen!" Dabei muß man wirklich nicht jedesmal alles sagen. Ein „Textverarbeitungs-Datenerfassungs-Terminal-Abrechnungscomputer" heißt schlicht *Textcomputer*. Aber nicht allen Bandwurmwörtern kann man durch Ausklammerung zu Leibe rücken. Was dann? Wie lassen sich zum Beispiel die Koppelungen *Klarsichtfolien-Mehrzweckhülle, Drehstrom-Kurzschlußläufer-Motor, Hochspannungs-Druckluft-Schnellschalter* übersichtlicher formulieren? Durch

Umschreibung mit Präpositionen: *Mehrzweckhülle aus Klarsichtfolie, Drehstrommotor mit Kurzschlußläufer, Druckluftschnellschalter für Hochspannung.*

Bei der Gelegenheit: Warum wird *Industrie- und Handelskammer* mit nur einem Bindestrich geschrieben? So, wie es hier gedruckt ist, mit Ergänzungsbindestrich, müßte man annehmen, wir hätten einmal eine Industriekammer und zum andern eine Handelskammer, also insgesamt zwei Kammern, von denen die eine für die Industrie und die andere für den Handel zuständig wäre. (Parallelbeispiel: *Hin- und Rückfahrt*; hier macht der Ergänzungsbindestrich kenntlich, daß es sich um zwei Fahrten handelt, die Hinfahrt und die Rückfahrt.) Jedermann weiß aber nun, daß wir nur eine Kammer haben, die die Interessen von Industrie und Handel in gleicher Weise vertritt. Folglich müßte man den Begriff mit Bindestrichen durchkoppeln und schreiben: *Industrie-und-Handels-Kammer*. Bis 1961 galt diese Schreibweise im Duden als allein richtig, heute nicht mehr: der D u r c h k o p p l u n g s b i n d e s t r i c h ist so unbeliebt, daß keine unserer 81 Kammern ihn in ihrem Namen führte. Dem Duden blieb nichts anderes übrig, als die eigentlich richtige Schreibweise *Industrie-und-Handels-Kammer* zugunsten der Schreibweise mit Ergänzungsbindestrich aufzugeben.

Zu unterscheiden von diesen additiven Aneinanderreihungen sind Wortkopplungen vom Typ

Inhaber-(Überbringer-)Scheck, Unfall-(Haftpflicht-)Versicherung, Gepäck-(Güter-)Aufbewahrung.

Die Einklammerung kennzeichnet eine Alternative, ein Oder mit einer leichten Einschränkung. Wird beispielsweise in einem Stellenangebot ein *Fachzeitschriften-(Fachbuch-)Redakteur* gesucht, heißt das soviel wie: Wir suchen einen Fachzeitschriftenredakteur, unter Umständen käme auch ein Fachbuchredakteur in Betracht oder eine *-redakteurin*. Sehr deutlich sind solche Kombinationen nicht. Am besten, Sie machen nur bei Platzmangel davon Gebrauch.

Wenn wir uns jetzt noch daran erinnern, daß auch hauptwörtlich gebrauchte Infinitivkonstruktionen – oft sind das Fügungen, die mit einer Präposition beginnen – durch Bindestriche zusammengehalten werden:

Das bedingungslose *An-den-Duden-Glauben* vieler Überängstlicher ist *zum Auf-die-Palme-Klettern,*

dann hätten wir zwar noch nicht alles aufgeführt, was über den Bindestrich zu sagen wäre, aber doch das Wichtigste.

Das Allerwichtigste: Haben Sie den Mut, den Bindestrich häufiger zu verwenden, als der Duden erlaubt. Daß man den Bindestrich mit Dudensegen erst ab viergliedrigen Wortzusammensetzungen verwenden darf (das aber nur, wenn die vier- oder mehrgliedrige Wortzusammensetzung unübersichtlich ist) – das ist eine Vorschrift, über die sich die Praxis längst hinweggesetzt hat. Zu Recht. Wer oft technische Texte lesen oder selbst Fachprosa verfassen muß, der hat längst mitbekommen, wie nützlich ein Bindestrich auch schon bei kürzeren Wörtern sein kann. Mit Bindestrich würde zum Beispiel dem *Nachteilzug* nichts Geheimnisvolles anhaften; er würde sich sofort präsentieren als das, was er sein soll: ein Nacht-Eilzug.

Präposition statt Bindestrich

Industrie- und Handelskammer
Ergänzungsbindestrich

Hin- und Rückfahrt

Durchkopplungsbindestrich

Fachzeitschriften-(Fachbuch-)Redakteur

zum Auf-die-Palme-Klettern

Testbogen 39

1 Probieren Sie bitte, ob Sie in Frau Zwickys Brief (Seite 490) die Bindestriche dudenkorrekt hinbekommen – und lesen Sie erst dann den korrigierten Text, in dem die korrigierten Stellen durch Kursivdruck hervorgehoben sind:

1 Firma *Fenster-Fröhlich*
Krefelder Straße 17

D-7000[1] *Stuttgart-Bad Cannstatt*[2]

Dichtungsprofile

Sehr geehrte Damen und Herren

Auf Ihre Anfrage vom 12. April teilen wir Ihnen mit, daß *Dichtungsprofile* eine unserer Spezialitäten sind. Wir können Ihnen kurzfristig liefern frei *Schweizer Grenze: Gummi- und Kunststoffprofile*, selbstklebende *Kautschuk- und Zellkautschuk-Flachprofile*[3] sowie *Dekaplast-Fix-Dichtungsbänder*. In der Entwicklung und Gestaltung von *Dichtungsprofilen* besitzen wir eine nahezu *20jährige*[4] Erfahrung, was auch für unsere *Alu-Verkleidungsprofile*[5] gilt. Wenn Sie Konstruktionen in *Holz-Aluminium-Verbundbauweise* ausführen, können Sie selbstverständlich auch die für *Alu-Anschlagprofile*[5] geeigneten Kunststoffdichtungen bei uns beziehen. Wir machen bei der Gelegenheit darauf aufmerksam, daß unsere *Aluminiumprofile* in Stangen von 5 m geliefert werden. Mit *Ganzaluminiumkonstruktionen* komplett einschließlich der Beschläge, Eckverbindungen und Zubehörteile können wir leider nicht dienen, hier wenden Sie sich besser an ein *Aluminiumwerk*.
Bitte, informieren Sie uns eingehender über Ihre *Dichtungsprobleme*, wir werden Ihnen dann unverzüglich unsere Vorschläge unterbreiten.

Mit freundlichen Grüßen
...

Hier ein paar weitere Anmerkungen zum Bindestrich:

[1] Bei Briefen, die ins Ausland gehen, wird zwischen Nationalitätskennzeichen und Postleitzahl ein Bindestrich gesetzt.
[2] An sich sollte man bei der Ortsteilbezeichnung Durchkopplung erwarten („Stuttgart-Bad-Cannstatt"). Als richtig gilt jedoch nur: *Stuttgart-Bad Cannstatt*; postalisch heute: *Stuttgart 50*, ohne Bindestrich.
[3] Als viergliedrige und nicht gerade übersichtliche Zusammensetzung sollte *Zellkautschuk-Flachprofile* mit Bindestrich geschrieben werden. Der Bindestrich ist natürlich an die Stelle zu setzen, an der bei deutlichem und sinngemäßem Sprechen der Einschnitt entsteht.
[4] Das Wort *20jährig* (ausgeschrieben: *zwanzigjährig*) bekommt kei-

---

Marginalien:

In der Schweiz ist die Schweizer Grenze eine Schweizergrenze, siehe auch Seite 472.

Bindestrich vor der Postleitzahl

Stuttgart-Bad Cannstatt

20jährig

nen Bindestrich. Bei Schreibung mit Ziffern ist darauf zu achten, daß zwischen Zahl und Grundwort kein Zwischenraum bleibt.

5 *Alu-Verkleidungsprofile* und *Alu-Anschlagprofile* sind als Zusammensetzungen mit einem nicht jedermann bekannten Kurzwort (*Alu* aus *Aluminium*) mit Bindestrich zu schreiben.

2 Eine Baugesellschaft, die Bungalows im Schwarzwald und im Tessin verkaufen möchte, lädt kurz vor Weihnachten per Zeitungsinserat zu einer Besichtigungsreise ein. Der Anzeige ist ein „Geschenkgutschein" eingedruckt, auf dem ein Er seiner Sie verspricht, ihr auf der gemeinsamen Besichtigungsreise den schönsten Bungalow auszusuchen. Der Geschenkgutschein ist gedacht „zum Ausschneiden und unter den Weihnachtsbaum legen". Wie finden Sie das?

2 Doch wohl auch nicht ganz richtig. Substantivierte Grundformen müssen groß geschrieben und durchgekoppelt werden, wenn es sich um Aneinanderreihungen handelt: *zum Ausschneiden und Unter-den-Weihnachtsbaum-Legen*.

zum Unter-den-Weihnachtsbaum-Legen

3 Auf ein unklar formuliertes Angebot geht eine Rückfrage ein. Darin heißt es: „Sie bieten Faltbriefe in Geschenkpackungen zu je 10 Stück an sowie 50 Stück-Packungen mit Klarsichtdeckel, beides sortiert in zehn Motiven. Für die Großpackungen nennen Sie einen Mengenrabatt, für die Geschenkpackungen zu 10 Stück geben Sie keine Rabattstaffelung an." Und was gibt der Rückfragende nicht an?

3 Die Koppelung eines zweigliedrigen Bestimmungswortes. „Stück-Packungen" gibt es nicht. Aber es gibt *Packungen zu 50 Stück* oder *Fünfzigstückpackungen* oder *Fünfzig-Stück-Packungen* oder eben *50-Stück-Packungen*. Da es sich um e i n e n Begriff handelt, darf man die Stückzahl nicht unverbunden voranstellen. Man muß, will man nicht zusammenschreiben, mit Bindestrichen durchkoppeln.

Durchkopplungs-bindestrich

50-Stück-Packung

4 „In unserem von ersten Kräften geleiteten Atelier werden elegante Kinder und Damenmoden gefertigt."
Wenn's stimmte, wäre das ein Verstoß gegen die guten Sitten – und weshalb?

4 Weil der Ergänzungsbindestrich fehlt. Es muß heißen: ... *werden elegante Kinder- und Damenmoden gefertigt*.

Ergänzungs-bindestrich

Bei der Gelegenheit: Wenn man Sie einmal dabei ertappt, daß Sie Zusammengehöriges unverbunden nebeneinandergestellt haben, dann können Sie sich darauf berufen, daß nicht einmal der Dudenverlag sich an die Dudenregeln hält. Da gibt er ein empfehlenswertes, 1989 in 2. Auflage erschienenes „Deutsches Universalwörterbuch" heraus. Und was steht auf Titel und Buchrücken? *Deutsches Universal Wörterbuch* – drei Wörter.

Die Rechtschreibung vereinfachen – aber wie?
Zur Diskussion um die seit langem geplante Rechtschreibreform

Nach Menschenjahren gezählt, steht unsere Rechtschreibung im hohen Greisenalter; ihren 90. Geburtstag hat sie schon hinter sich.
1880 erschien in Leipzig ein unscheinbares, nur 187 Seiten starkes Bändchen zum Preis von 1 Mark. Sein Titel: „Vollständiges Orthographisches Wörterbuch der deutschen Sprache", sein Verfasser: Dr. Konrad Duden, weiland Direktor des Königlichen Gymnasiums zu Hersfeld.
Ob man Duden heute für den Stifter oder den Anstifter der deutschen Rechtschreibung hält – der Orthographiediktator, der lebendige Sprech- und Schreibweisen in bürokratische Regeln zwängt, der war er ganz gewiß nicht. Als Schulmann ging es ihm zunächst darum, wenigstens an seinem Gymnasium dafür zu sorgen, daß nicht die eine Hälfte des Kollegiums die Schüler *Silbe, Getraide, Herd, Brod* und die andere Hälfte die Schüler *Sylbe, Getreide, Heerd, Brot* schreiben ließ. Auf die Vereinheitlichung der Schreibweisen kam es ihm an. Sein „Orthographisches Wörterbuch" wurde zur Grundlage einer Rechtschreibkonferenz, die im Juni 1901 in Berlin tagte und deren Beschlüsse „wirklich und wahrhaftig eine einheitliche Rechtschreibung für das ganze Deutsche Reich geschaffen" haben, wie Konrad Duden ein Jahr später schrieb. Da nicht nur die deutschen Bundesregierungen, sondern auch die österreichische Regierung und die Schweizer Bundesbehörden die „neue Rechtschreibung" anerkannten, konnte der „Duden" sein Titelblatt mit dem Zusatz versehen: „Nach den für Deutschland, Österreich und die Schweiz gültigen amtlichen Regeln." Und die sind noch heute verbindlich, wenn auch nur für den Schulgebrauch und das gedruckte Wort.
Die Situation ist schizophren: Solange der Mensch zur Schule geht, muß er sich nach der Rechtschreibnorm richten. Wird er Lehrer oder Drucker, so muß er das auch weiterhin, doch als Lehrer nur vor seinen Schülern und als Drucker nur bis zum Feierabend. Wird er aber etwas anderes, Industriekaufmann vielleicht oder Rechtsanwalt oder Tischlermeister, so kann niemand ihn zur Einhaltung der Dudenregeln verdonnern. Das kann nur die Einsicht in die Zweckmäßigkeit einer allgemein anerkannten Rechtschreibnorm. Aber ist diese Norm noch zeitgemäß?

Seit 1901 hat sich einiges getan: elektrisches Licht, Flugzeuge, Kohlrübenwinter, Rundfunk, Arbeitslose, goldene Zwanziger, zerbombte Städte, Wiederaufbau, Wiedergutmachung, Farbfernsehen, Computer, Gastarbeiter, Kernkraftwerke, Mitbestimmung, Mondbesuche, Überbeschäftigung, Ölkrisen, Baupleiten, Dollarstützung durch die D-Mark, Aussiedler, Umsiedler, Wiedervereinigung – aber *Orthographie* schreiben wir noch immer mit ‚th' und mit ‚ph' und hinten mit ‚ie' und vorn mit großem ‚O'. Das Problem der Rechtschreibung neu zu diskutieren und nach vernünftigen Lösungen zu suchen ist wirklich an der Zeit. Ist das Abschlachten der Großbuchstaben vernünftig? Die einen sagen siegessicher: „Ja, unbedingt!", die andern warnen: „Nein, auf keinen Fall!" Eine Einigung ist nicht in Sicht.

Die Geschichte mit der Reform ist bereits Geschichte

Die Bestrebungen, die Rechtschreibung zu reformieren, sind so alt wie die Rechtschreibung selbst. In den fünfziger Jahren hat sich der Ruf nach Reform deutlich akzentuiert, zuerst 1954 in den Stuttgarter Empfehlungen, die Entwurf geblieben sind, dann 1958 in den Wiesbadener Empfehlungen, auf die man sich weder in der Bundesrepublik noch in Österreich einigen konnte, die DDR verhielt sich indifferent, die Schweiz lehnte eindeutig ab. 1972 flackerten die Diskussionen um die Rechtschreibreform erneut auf, heftiger als zuvor. Während in den fünfziger Jahren die Anstöße vielfach aus der Wirtschaft gekommen waren, die sich von der Kleinschreibung Rationalisierungserfolge verspricht, waren es zwanzig Jahre später vornehmlich die Lehrer und ihre Gewerkschaft, die sich gegen die „herrschende" Rechtschreibung auflehnten.

Die Reformbestrebungen aus der ersten Hälfte der siebziger Jahre fußen auf den Wiesbadener Empfehlungen, sie betreffen vor allem diese sechs Punkte:

1. Einführung der gemäßigten Kleinschreibung;
2. Vereinfachung der Kommasetzung;
3. einheitliche Silbentrennung nach Sprechsilben;
4. Beseitigung rechtschreiblicher Doppelformen;
5. Angleichung der Fremdwörter an die deutsche Schreibweise;
6. Einschränkung der Zusammenschreibungen auf echte Zusammensetzungen.

Obgleich auch die Punkte 2 und 6 recht heikel sind, drehte sich die Diskussion immer nur um den brisanten Punkt 1. Einführung der gemäßigten Kleinschreibung würde bedeuten: Groß geschrieben würden in Zukunft nur noch:

- Satzanfänge
- Eigennamen (einschließlich der Namen Gottes!)
- Anredefürwörter in der 3. Person
- fachsprachliche Abkürzungen

Der Streit um die gemäßigte Kleinschreibung, der noch immer nicht ausgestanden ist, wurde und wird beherrscht von Ideologien und Emotionen – aber auch von sachlichen Argumenten, über deren Tragweite sich viele nicht im klaren sind. Hier eine Gegenüberstellung der strittigsten Punkte:

pro	contra
Chancengleichheit	
Die herrschende rechtschreibung ist eine un-recht-schreibung: sie ist repressiv, sie benachteiligt kinder aus unterprivilegierten schichten, sie ist ein mittel zur stabilisierung und legitimierung der bestehenden hierarchischen sozialstruktur.	Die Rechtschreibung ist jedermann zugänglich. Den Duden kann sich jeder kaufen, ohne deswegen darben oder frieren zu müssen. Daß es Dumme und Faule gibt, ist auch in einer Demokratie kein Grund, sich nach ihnen zu richten.

Eine sprache verliert weder an informationswert noch poesie, wenn sie – wie die englische und die dänische – von der groß- zur kleinschreibung übergeht. Ich habe außerdem noch einen subjektiven, oder besser gesagt, familienegoistischen grund, für die kleinschreibung zu plädieren: die entlastung meiner frau, die ich in fragen der groß- und kleinschreibung immer noch und immer wieder um rat fragen und in ihrer arbeit unterbrechen muß, und das seit nunmehr fast dreißig jahren!
HEINRICH BÖLL
(1917–1985)

Die gemäßigte Kleinschreibung ist in Wirklichkeit eine radikale.

Die Orthographie ist auf weite Strecken nichts weiter als ein Klassenfetisch.
HANS MAGNUS ENZENSBERGER

Nie sah ich ein gewisses, stets reformwütiges Schulmeisterdenken vollendeter widergespiegelt als nun in der neuen Orthographie.
FRIEDRICH DÜRRENMATT (1921–1991)

Wenn jemand Schwierigkeiten mit dem Autofahren hat, wird ja auch nicht gleich die Verkehrsordnung geändert, und auch die Chausseebäume werden nicht gleich gefällt.
CHRISTIAN STETTER

Recht finden recht bekommen

ins reine schreiben ins Blaue reden derartiges / Derartiges
Vgl. Seite 459.

pro	contra
Statt zum abbau von sprachbarrieren führt die herrschende rechtschreibung zur hörigkeit gegenüber einer überlieferten sprachnorm.	1. ist Rechtschreibung und Sprache zweierlei, 2. kann von Hörigkeit nicht die Rede sein, und 3. ist Sprache nicht nur da, um zu fragen: „Was kostet der Käse?"
Schulsituation	
Das einüben der rechtschreibung nimmt in der schule zuviel zeit weg. In dieser zeit könnte sehr viel nützlicheres geboten und gelernt werden.	Rechtschreibung ist in den Schulen jahrelang überbewertet worden. Sooo pingelig wie bisher braucht Rechtschreibung nicht praktiziert zu werden.
30 bis 50 prozent aller rechtschreibfehler kommen von der großschreibung.	Nach Angabe der Gesellschaft für deutsche Sprache sind es nur 14 bis allenfalls 20 Prozent.
Um hauptwörter groß schreiben zu können, muß man erst einmal wissen, woran man ein hauptwort erkennt. Um als lehrer großschreibung begreifbar machen zu können, muß man erst einmal ein grammatisches fundament gelegt haben. Die kleinschreibung würde nicht nur lehrern und schülern viel zeit sparen, sie würde auch den grammatikunterricht überflüssig machen.	Noch immer hängt der Erfolg im Leben eines jeden stark von seinem Ausdrucksvermögen ab. Ohne Grammatik ist Ausdrucksschulung nicht möglich. Wie soll ein Schüler den Wert eines verbalen Ausdrucks verstehen, wenn er Haupt- und Zeitwort nicht unterscheiden kann? Dem Schüler Steinchen aus dem Weg räumen heißt ihm in seine spätere Laufbahn Felsbrocken rollen.
Jedenfalls ist die schule nicht mehr in der lage oder nicht mehr bereit, die unzumutbare belastung durch die großschreibung länger hinzunehmen.	Liegt das womöglich an der Ganzheitsmethode? Frühere Generationen haben selbst in kleinsten Dorfschulen mühelos richtig schreiben gelernt.
Logik, Doppeldeutigkeiten	
Das Duden-taschenbuch „Wann schreibt man groß, wann schreibt man klein?" führt 76 regeln zur groß- und kleinschreibung auf, von denen sich viele logisch nicht begründen lassen. Mit intelligenz oder vernunft haben inkonsequenzen wie diese nicht das geringste zu tun: ich schreibe Maschine – ich habe maschinegeschrieben; Recht finden – recht bekommen; ins reine schreiben – ins Blaue reden; derartiges behaupten – etwas Derartiges behaupten.	Wegen der ärgerlichen Inkonsequenzen muß man nicht gleich die Großbuchstaben abschaffen. Die Grundregel ist einfach, jeder Schulanfänger kennt sie: Wörter, vor die man *der, die, das* setzen kann, werden groß geschrieben. Der Hamburger Verein für Sprachpflege und die Zeitschrift SPRACHE UND STIL schlugen vor: Man reformiere die Rechtschreibung durch konsequentes Großschreiben: *der Andere, ein Jeder, als Einzelner, ins Reine schreiben*.

pro

Noch mehr großschreibung wäre nicht fort-, sondern rück-schritt.

Konsequente kleinschreibung führe zu doppeldeutigkeiten, wird oft eingewandt, und dann werden beispiele genannt wie die: *alle alten wagen, er hatte liebe genossen, der gefangene floh, die deutschen spinnen.* Die beispiele sind an den haaren herbeigezogen. Daß eine lautform adjektiv *(alten)* oder verb *(wagen)* u n d substantiv *(Alten, Wagen)* sein kann, kommt selten vor. Der kontext klärt sofort, ob von deutschen spinnen oder spinnenden deutschen die rede ist.

Im übrigen besteht ja immer noch die möglichkeit, ausnahmsweise dort groß zu schreiben, wo es die deutlichkeit und die bessere verständlichkeit verlangen: *mit den arbeitenden Teilen / mit den Arbeitenden teilen.* Also: Großbuchstabe an der richtigen stelle, an der einzig richtigen, wenn's deutlich gesagt werden muß. – Die indonesier drücken die mehrzahl durch anfügen einer 2 aus. So könnten wir auch verfahren, wenn, seltene ausnahme, beides zusammen zutreffen sollte.

contra

Rückschritt ist ein Synonym für Umkehr, aber nicht für Unvernunft.

So selten sind die Fälle im Deutschen nicht. Schon heute treten durch Kleinschreibung Doppeldeutigkeiten auf. Als Beispiel: *In der Grenzstadt Rehau sind die meisten Flüchtlinge geblieben.* Sind nun die meisten Flüchtlinge in Rehau oder die meisten Rehauer ihr Leben lang Flüchtlinge geblieben? Wäre letzteres gemeint und wir hätten die konsequente Großschreibung, dann würde das substantivisch gebrauchte *(die) Meisten* unmißverständlich groß geschrieben.

Der Vorschlag „Groß nur, wenn es zur Unterscheidung deutlich gesagt werden muß" ist bestechend – und wie die meisten bestechenden Vorschläge nicht so einfach zu realisieren. Er setzt voraus, daß der Zweifelsfall bereits dem Schreiber auffällt, aber der ist gewöhnlich so in seiner Denkrichtung festgelegt, daß er durchaus nicht immer bemerkt, wo er mißverstanden werden könnte. Erst der Leser trägt den Zweifel an den Text heran oder aus dem Text heraus. Außerdem: Für Erwachsene, die die Rechtschreibung einigermaßen beherrschen, wäre die Umstellung auf das Kleinschreiben mit der Einschränkung, Substantivisches nur noch in echten Zweifelsfällen groß zu schreiben, eine Kleinigkeit. Erwachsene wissen, daß *weise reden* und *weise Reden* und *Weise reden* dreierlei ist.
Wie aber soll ein Schüler, der dank der Kleinschreibung nicht mehr zu lernen braucht, was eine Substantivierung ist, in Zweifelsfällen erkennen, welche der gleichlautenden Zweifelsformen er groß schreiben muß? Die handfeste Regel „Hinter *der, die, das* schreibt man groß" ist praktischer.

die meisten

Die Kleinschreibung ist, glaube ich, kein Denkproblem, sondern eine Empfindungsschwierigkeit. Es ist ganz sicher, daß die Kleinschreibung ein Fortschritt ist, aber es ist ebenso sicher, daß nicht jeder diesen Fortschritt mitmachen kann. Ich zum Beispiel werde nie an diesem Fortschritt teilnehmen.
MARTIN WALSER

Das meiste an der Großschreibung ist Pedanterie. Andererseits schärft sie sicher die Unterscheidungsfähigkeit in bezug auf Hauptwörter und ist insofern eine Denkhilfe. Man müßte sie wahrscheinlich auf Substantiva und Eigennamen beschränken. Das wäre mir am sympathischsten. (Goethe und Marx könnte ich mir auch klein geschrieben vorstellen.)
PETER HANDKE

Ein Engländer, ein Franzose und ein Bayer unterhalten sich über die Unterschiede zwischen Schreibweise und Aussprache. „Sehr schwierig bei uns", erklärt der Brite. „Wir schreiben zum Beispiel *Bir-ming-ham*, sprechen aber *Bör-ming-häm*."
„Kein Vergleich zu uns", trumpft der Franzose auf. „Wir schreiben *Bor-de-aux* und sagen *Bor-do*."
„Ois nix!" erklärt der Bayer. „Mir schreim *Wie meinen Sie bitte?* und sprechen *Ha?*"

---

pro

Stilkundler sind sich darin einig, daß Professor Gottsched einen fehlgriff tat, als er vor gut zweihundert jahren für das lateinische Wort *substantiv* die verdeutschung *hauptwort* erfand. Wenn schon *hauptwort*, dann müsse das verb das hauptwort sein. Es ist unlogisch, das „falsche" hauptwort groß zu schreiben.

Deutsche Extrawurst

Den luxus der großschreibung leisten sich nur die deutschen. Wieder mal typisch für uns. Warum müssen wir denn dauernd aus der reihe tanzen?

Die großschreibung der hauptwörter ist erst 400 jahre alt. Vordem kamen die deutschen mit der kleinschreibung zurecht.

Andere sprachen schreiben hauptwörter auch nicht groß. Dänemark hat 1948 die großschreibung abgeschafft, und zwar mit erfolg. Die ehemaligen gegner sind schnell verstummt. Nach zwanzig jahren war die reform abgeschlossen.

contra

Daß eigentlich das Verb „Hauptwort" sein müßte, ist ein stilistisches Postulat. Das Verb drückt Bewegung aus, ist dynamisch, belebt den Stil. Das Substantiv drückt Ruhe aus, es katalogisiert, klassifiziert, benennt. Heute werden Objekte und Begriffe (und damit Substantive) immer mehr zu „Hauptsachen".

Andere Sprachen haben andere Eigenheiten. Die Franzosen, die Spanier, die Portugiesen denken nicht daran, die Akzente, Tilden und Tremata wegzureformieren. Und was das Auseinanderklaffen von Laut und Schrift betrifft, sieht es in anderen Sprachen schlimmer aus als bei uns. Die Engländer sagen ‚ai' und schreiben *night, knight, write, eye, by, buy*. Die Franzosen sagen ‚o' und schreiben *au, aux, l'eau, trop, mot*.

Seit damals hat sich einiges getan – und nicht nur bei uns. Vor 400 Jahren, zu Shakespeares Zeiten, kamen auch die Engländer noch ohne den Apostroph aus. Uns erscheint der Apostroph altmodisch, wir brauchen ihn nicht mehr zur Kennzeichnung des Genitivs – fürs heutige Englisch ist er unentbehrlich: *The clerk's share increases* (Der Anteil des Angestellten erhöht sich); *The clerks' share increases* (Der Anteil der Angestellten erhöht sich); *The clerks share increases* (Die Angestellten verteilen die Mehreinnahmen unter sich).

Andere Sprachen haben andere Baugesetze. Das Dänische kennt nicht wie das Deutsche das Nachklappen des Verbs im Nebensatz. Bei unserem Hang, Zusammensetzungen zu bilden, und unserer flexiblen Wortstellung sind Großbuchstaben willkommene Markierungen.

pro

Kosten

die kleinschreibung würde in wirtschaft und verwaltung die kosten spürbar senken. Am bildschirm und an setz- und schreibmaschinen könnte 20 prozent schneller gearbeitet werden, weil das umschalten auf großbuchstaben entfällt. Außerdem brauchen die schreibkräfte nicht mehr so oft im Duden oder Knaur nachzuschlagen.

Lesbarkeit, Merkfähigkeit

Das lesen von texten in kleinschreibung macht keine schwierigkeiten. Wen der inhalt interessiert, der liest kleingedruckte texte, ohne das fehlen der großbuchstaben überhaupt wahrzunehmen. Fernschreiben und stenografie kommen seit eh und je ohne großbuchstaben aus.

Großbuchstaben verschlimmern die legasthenie (lese-rechtschreib-schwäche).

Die rolle der kleinschreibung beim lesen objektiv zu untersuchen ist überhaupt nicht möglich, da die versuchspersonen bereits auf die konventionelle gemischtschreibung festgelegt sind. Schüler der untersten klassen lesen texte in kleinschreibung leichter.

contra

Übersetzer wären froh, wenn fremde Substantive am Großbuchstaben zu erkennen wären; dem englischen *venture capital* sieht man nicht an, ob es Risikokapital ist oder die Aufforderung, Kapital zu riskieren.

Im Gegenteil, die Kleinschreibung würde uns teuer zu stehen kommen. Sämtliche Schulbücher müßten neu gedruckt werden. Wer soll das bezahlen? Und nicht nur das: Unsere Literatur, unser „kulturelles Erbe" (inklusive Lenz und Böll), wäre nach Einführung der gemäßigten Kleinschreibung veraltet.

Wir alle sind mehr Leser als Schreiber. Die „Verschriftlichung" der Sprache auf Industrienorm bringen zu wollen ist verfehlt; maßgeblich sollte nicht die Schreib-, sondern die Lese-Erleichterung sein. Gerade für diagonales Lesen setzen Großbuchstaben Signale.

Das Gegenteil ist richtig. Außerdem halten Deutsch lernende Ausländer Großbuchstaben für eine wohltuende Lesehilfe.

Versuche an Oberschulen haben ergeben, daß Texte in gewohnter Schreibweise nicht nur schneller gelesen, sondern vor allem schneller verstanden und besser wiedergegeben werden. Ausschlaggebend ist nicht das Leseverhalten von Schülern, sondern von Erwachsenen.

Ich wende mich gegen die geplante Verarmung, Verhäßlichung und Verundeutlichung des deutschen Schriftbildes. Mich stößt die Brutalität ab, die darin liegt, über die etymologische Geschichte der Worte rücksichtslos hinwegzugehen.
THOMAS MANN
(1875–1955)

Eine purifizierende Kleinschreibung würde unser gesamtes Schrifttum binnen dreißig Jahren fast unlesbar machen.
KARL KORN

Eine Umfrage bei amerikanischen Hochschulgermanisten, also bei Fachleuten, die die Eigentümlichkeiten, Vorzüge und Nachteile einer Schriftsprache mit und ohne Großschreibung kennen, hat ergeben: Von 32 befragten amerikanischen Germanisten lehnen 21 die Kleinschreibung für das Deutsche ab.
WERNER BETZ
(1912–1980)

Sie sehen es am Gegeneinander der Argumente: Keiner Seite wird es gelingen, die andere zu überzeugen, dazu ist die Kluft zu tief. Wie die Entscheidung auch ausfällt (und ob sie überhaupt fällt!) – in jedem Fall wird es eine Entscheidung gegen den Willen vieler sein.

Gegenvorschlag: Vereinfachte Großschreibung statt „gemäßigter kleinschreibung"

Mitte der 70er Jahre wendete sich das Blatt, die Befürworter einer liberalisierten Großschreibung verschafften sich Gehör.

Noch 1973 hatte sich die Gesellschaft für deutsche Sprache – mit ihren rund 2000 Mitgliedern aus allen Berufen fühlt sie sich als das deutsche Gegenstück der Académie Française: als das Gewissen eines „guten Deutsch(s)" – für die Einführung der Kleinschreibung ausgesprochen. 1974 entschied sie sich für die Beibehaltung der Großschreibung. 1976 legte sie neue Regeln für die Großschreibung vor, nach denen Substantivierungen grundsätzlich groß zu schreiben wären, also *im Großen und Ganzen, im Allgemeinen, der Letzte, ein Anderer*. Doch dann muß sie der Mut vor der eigenen Courage verlassen haben; sie machte Abstriche, modifizierte und tat geheimnisvoll: Zwar wolle sie die Groß- und Kleinschreibung so umsortieren, daß man auch mit durchschnittlichen Schulkenntnissen klarkomme, verkündete sie, doch aufschnüren wolle sie ihr Reformpäckchen erst auf der internationalen Orthographiekonferenz im Oktober 1979 in Wien.

> Der Fight der Argumente geht weiter, aber die Position der Kleinschreiber ist schwächer geworden. Eine Überrumpelung durch radikale Reformer wird es nicht geben. Nach den Missionaren von 1973 sind jetzt die Fachleute am Werk. Ihre Mühlen mahlen sicher trefflich fein – aber sie mahlen im Handbetrieb. Man wird sich gedulden müssen.
> DANKWART GURATZSCH im BÖRSENBLATT, Mai 1976

Und was geschah in Wien? Es saßen sich wieder einmal Groß- und Kleinschreiber gegenüber. Die Kleinschreiber drangen mit ihren Reformvorstellungen nicht durch, weil sie nicht definieren konnten, was ein (weiterhin groß zu schreibender) Eigenname ist. Und die Gesellschaft für deutsche Sprache mußte ihre Pläne zu konsequenterer Großschreibung zurückziehen, weil sie nicht genau sagen konnte, was als Hauptwort gelten soll.

beim alten bleiben

Die Kriterien für Hauptwörter und Eigennamen genauer zu bestimmen gelang auch in den folgenden Jahren nicht, und so blieb in Sachen Groß- und Kleinschreibung vorerst alles *beim alten* (und nicht *beim Alten*).

„Mei 1989: Um Haresbreite an der Enttronung des Keisers vorbei"

Da eine Reform der Groß- und Kleinschreibung steckengeblieben war, wandte man sich in den 80er Jahren anderen Bereichen der Rechtschreibung zu. 1987 beauftragten der bundesdeutsche Innenminister und die Ständige Konferenz der Kultusminister das Institut für deutsche Sprache in Mannheim mit der Ausarbeitung von Vorschlägen für eine Rechtschreibreform; die am heftigsten umstrittene Frage der Groß- und Kleinschreibung sollte dabei ausgeklammert werden. 1988 legte das Institut ein Gutachten vor. Hier die wichtigsten Vorschläge:

1. ss/ß

Nach kurzem Vokal in Zukunft ‚ss': Kuss (statt *Kuß*), *Lass es sein!* (statt *Laß es sein!*); nach langem Vokal bleibt es bei ‚ß': Maß, Fuß, Kloß.

2. drei gleiche Konsonanten

Keiner wird mehr gestrichen: *Schifffahrt* (statt *Schiffahrt*), *Brennnessel* (statt *Brennessel*), *Schlifffläche* (wie bisher).

3. Getrennt- und Zusammenschreibung

Verbindungen aus ‚Substantiv + Verb' oder ‚Verb + Verb' in den meisten Fällen wieder getrennt: *Rad fahren* (statt *radfahren*), *kennen lernen* (statt *kennenlernen*), *aneinander reihen* (statt *aneinanderreihen*).

4. Silbentrennung

Weitgehend nach Sprechsilben: *Wes-te*, *Lis-te* (statt *We-ste*, *Li-ste*); *wa-rum*, *hi-nauf* (statt *war-um*, *hin-auf*); *Zu-cker*, *Bä-cker* (statt *Zuk-ker*, *Bäk-ker*); auch *Pä-da-go-ge* und *Psy-chi-ater* (statt *Päd-ago-ge* und *Psych-ia-ter*).

5. Zeichensetzung

Komma vor *und* zwischen Hauptsätzen nicht mehr nötig, auch nicht mehr zwischen Haupt- und Infinitivsatz.

6. Konjunktion ‚daß'

In Zukunft nur noch *das*, wie Artikel und Relativpronomen.

7. Fremdwortschreibung

Keine einheitlichen Empfehlungen. Manchmal soll die fremde Schreibweise ganz getilgt werden: *Klub, Katastrofe, Tron* (nicht mehr *Club, Katastrophe, Thron*); manchmal soll sie beibehalten werden *(Chaiselongue, Theater)*; manchmal sollen beide Schreibweisen nebeneinander gelten *(Pitza, Mackaroni, Restorant* neben *Pizza, Makkaroni, Restaurant*).

8. Vereinheitlichung von Dehnungen und Diphthongen (Zwielauten)

aa und *oo* sollen zu *a* und *o* werden *(Al, Har, Stat, Bot, Mor* statt *Aal, Haar, Staat, Boot, Moor)*; *ee* soll bleiben *(Beet, Meer)*; *ai* soll zu *ei* werden *(Mei, Keiser* statt *Mai, Kaiser)*, *äu* zu *eu* *(reuspern, Seule* statt *räuspern, Säule)*; gibt es aber ein verwandtes Stammwort mit *a*, dann soll *e* zu *ä* werden: *hätzen* (statt *hetzen* wegen *Hatz*), *Stängel* (statt *Stengel* wegen *Stange*).

Auf einer Orthographietagung in Rostock Anfang 1989 zeigte sich, daß die DDR treu zum „Kaiser" stand.

Als diese Reformvorschläge des Instituts für deutsche Sprache im Februar 1989 als 254 Seiten starkes Buch vorlagen, ging ein Aufschrei durch die Presse. Für Empörung sorgten besonders die zuletzt genannten Positionen 6 bis 8. Der Protest der Printmedien verschreckte die Kultusministerkonferenz dermaßen, daß sie die Vorschläge zur Wortschreibung für „nicht realisierbar" erklärte. Über sie wird nicht weiter beraten, sie sind vom Tisch, während die Punkte 1 bis 5 in allen ihren Einzelheiten in Deutschland, Österreich und der Schweiz weiterdiskutiert werden.
Nicht vom Tisch ist außerdem das alte Problem der Groß- und Kleinschreibung. Das Institut für deutsche Sprache, dessen Mitarbeiter Anhänger der Kleinschreibung sind, erklärte Ende 1989, es werde diese Frage in einem zweiten Arbeitsschritt behandeln.
Und wieder rauschte es im Blätterwald. Empört fragten Journalisten, wem eigentlich die deutsche Rechtschreibung gehöre. Sie gehört gewiß nicht dem Institut für deutsche Sprache und auch nicht der Dudenredaktion; sie gehört uns allen. Fragt sich nur: Wem von uns gehört sie mehr – eher denen, die mehr schreiben, oder eher denen, die mehr lesen?

So kühn Journalisten bei der Verwendung einzelner Wörter sein mögen, so konservativ sind sie bei der Beachtung der Sprachregeln und der Schreibweisen. Denn selbstverständlich wissen sie, daß das Neue sich dann am leichtesten einbürgern läßt, wenn es in den alten Bahnen daherkommt.
KURT REUMANN

Fast jeder liest mehr, als er schreibt

> Wer es wagt, für die Beibehaltung der Großbuchstaben zu plädieren, der gilt als kleinkariert-greisenhafter, engstirnig-kapitalistischer, fortschrittfeindlich-privilegienfreundlicher Reaktionär. Ich plädiere ...
> HANS HABE (1911–1977)

Zur Zeit ist es um die Pläne zur Rechtschreibreform wieder einmal stiller geworden. Es setzt sich immer mehr die Erkenntnis durch, daß jeder von uns mehr liest als schreibt. Ein Taxifahrer, der an einem Tag nur die Bild-Zeitung gelesen (meist ist es mehr) und seine Quittungen ausgeschrieben hat, hat zwei- bis dreihundertmal mehr gelesen als geschrieben. Ein Forscher, der einen Beitrag für eine wissenschaftliche Zeitschrift verfaßt, hat vorher Quellen studiert und Material gesammelt und dazu hundert Fachartikel oder mehr gelesen. Nur bei zwei Berufen ist das Verhältnis von Schreiben und Lesen umgekehrt, bei Schriftsetzern und Phonotypistinnen. Für sie gehört die Rechtschreibung zum Handwerk.

Ergo: Die Schrift ist in erster Linie für den Leser und erst in zweiter für den Schreiber da.

Außerdem hat man eingesehen, daß jede Schreib-Erleichterung mit einer Lese-Erschwernis erkauft werden muß. Deshalb haben heute nicht mehr die Nöte der Lehrer oder die Verkürzung der Schreibzeiten im Büro in der Diskussion das größte Gewicht, sondern der Umstand, daß bei schneller Informationsaufnahme, beim Überfliegen längerer Schriftstücke, die Großbuchstaben als Kennzeichen der Begriffe willkomme Markierungspunkte sind. Ich selbst halte mich beim Diagonallesen nur an groß geschriebene Wörter. Damit habe ich die Begriffe und die Namen und damit wiederum eine ungefähre Vorstellung vom Inhalt. Klein geschriebene Wörter lese ich nur, wenn der Text interessant und wichtig wird. Beobachten Sie sich selbst: Wenn Sie auch viel lesen müssen, werden Sie ähnlich verfahren.

Daß die Markierung der Substantive durch Großbuchstaben tatsächlich eine Lesehilfe ist, zeigte sich auch bei Lesetests in einem Land, das klein schreibt. Am Max-Planck-Institut für Psycholinguistik in Nijmwegen gab ein Forscherteam mehreren Holländern niederländische Texte mit und ohne Großschreibung zu lesen. Das Ergebnis verblüffte: Die Texte mit groß geschriebenen Hauptwörtern wurden schneller gelesen, obwohl diese Form der Rechtschreibung für die Versuchspersonen völlig ungewohnt war.

Es gilt also, bei jedem Reformschritt die Vorteile beim Schreiben gegen die Nachteile beim Lesen abzuwägen – und darauf zu achten, daß nicht Lesehilfen wegreformiert werden, um die uns manch klein schreibender Ausländer beneidet.

daß / das

Überhaupt müssen wir aufpassen, daß die Reform keine Reform für die Dummen wird. Den inzwischen fallengelassenen Vorschlag, statt *daß* einheitlich *das* zu schreiben, hatte das Institut für deutsche Sprache 1989 mit dem Hinweis gestützt, neun Prozent der Schüler seien ohnehin nicht fähig, zwischen der Konjunktion *daß* und dem Relativpronomen *das* zu unterscheiden. Sollen sich deshalb die restlichen 91 Prozent nach den Dummerchen richten? Wer in der Schreibweise nicht mehr unterscheiden muß, braucht die Wortarten nicht mehr zu kennen. Wer aber als Kind nicht mitbekommt,

> *daß* das Wort, *das* am Anfang dieser Zeile steht,

eine Konjunktion ist, die auf noch Unbekanntes gespannt macht, während das *das* hinter dem Komma ein Relativpronomen ist, das immer an bereits Bekanntes anknüpft, der wird als Erwachsener unsicher sein, wenn es darum geht, sprachliche Mittel so einzusetzen, daß er das, was er will, auch erreicht.

> Die Schreibunterscheidung von *das* und *daß* ist als eine Lesehilfe von erheblicher Bedeutung zu beurteilen. Hier wird die Denklücke, die in dem Reformgutachten durch die konsequente Nichtberücksichtigung der Leserperspektive aufgerissen ist, besonders deutlich.
> HARALD WEINRICH

Was ließe sich am ehesten reformieren?

Um die Dinge mehr von der praktischen Seite zu nehmen: Halten Sie an dem Wort *Orthographie* das große ‚O' wirklich für das größte Ärgernis? Sollte man nicht lieber erst Näherliegendes reformieren? Warum schreiben wir *Orthographie* noch immer mit ‚ph'? Weil darin griech. *graphein* = ‚schreiben' steckt. Aber *Stenografie* und *Fotografie* haben den gleichen Wortstamm und kein ‚ph' mehr. Und warum schreiben wir *Orthographie* noch immer mit ‚th'? Weil da mal – vor Jahrtausenden – im Griechischen ein Theta stand. Und an dieses Theta muß heute noch durch ein stummes ‚h' erinnert werden? Wem nützt das? Allenfalls dem, der Fremdsprachen lernt. Im Englischen *(orthography)* wird dieses ‚th' sogar gesprochen. Und deshalb läßt sich das stumme ‚h' in deutschen Fremdwörtern griechischer Herkunft nicht ohne weiteres tilgen.

Orthographie
Stenografie
Fotografie
‚th'-Laut

Doch sonst gäbe es einiges, was wir ohne Informationsverlust aus unserer *Orthografie* hinausreformieren könnten:

Da sind zunächst die Absonderlichkeiten der Groß- und Kleinschreibung, die kein normaler Mensch begreifen geschweige denn behalten kann, etwa

Groß- und Kleinschreibung

> *in bezug auf – mit Bezug auf;*

bezug / Bezug

> *ernst nehmen – Ernst machen;*

ernst / Ernst

> *ich habe Angst – mir ist angst;*

angst / Angst

> *er hat recht / unrecht – ist im Recht – ihm geschieht Unrecht –*
> *sie verlangt zu Recht – kommt gut zurecht;*

recht / Recht
unrecht / Unrecht
zu Recht / zurecht

> *sie spricht Deutsch* (als Muttersprache) *– sie spricht deutsch*
> (mit einem Ausländer);

deutsch / Deutsch

> *willens sein – zu Willen sein;*
> *heute mittag – diesen Mittag –*

willens
zu Willen
heute mittag
Mittag

hier zu vereinheitlichen oder großzügig zwei Schreibweisen gelten zu lassen, das wäre eine Schreib-Erleichterung, die keinen Leser stört.

Sodann gibt es in deutschen Texten einen sonderbaren Buchstaben, ohne den sich's leben ließe: das ‚ß'. Die Schweizer lachen uns deswegen seit langem aus. Warum schreiben wir nicht wie sie ‚ss'? Weil wir damit ein Mittel zur Kennzeichnung der Vokallänge aufgeben würden? Ein Mittel, das reichlich unsicher funktioniert: *muß* (kurz) – *Muße* (lang); *Faß* (kurz) – *Spaß* (lang); *Schloß* (kurz) – *Schoß* (lang). Der Hinweis der ‚ß'-Liebhaber, die Schreibweise *Misserfolg* würde ein Mißerfolg, weil sich dadurch die Aussprache in „Mis-serfolg" ändern könnte, sticht nicht. Die Älteren werden sich daran erinnern: Um 1940 wurde das Rund- oder Schluß-‚s' abge-

‚ß'-Laut

schafft. Sprechen wir deshalb „Häu-schen", „Hän-schen" oder „Leben-schance"? Wir stolpern vielleicht ein bißchen, wenn – oft passiert das nicht – in der Wortfuge silbenschließendes ‚s' und -anlautendes ‚ch' aufeinandertreffen, aber kein Mensch weint deshalb dem Schluß-‚s' eine Träne nach.

Doch man muß nicht unbedingt ‚ß' durch ‚ss' ersetzen wollen; es gibt noch einen anderen, sehr vernünftigen und auch vom Institut für deutsche Sprache vorgebrachten Reformvorschlag: Man schreibe in Zukunft nach langem Vokal grundsätzlich ‚ß', zum Beispiel wie bisher *einigermaßen, süß, genießen, Soße, heißen*, nach kurzem Vokal grundsätzlich ‚ss', zum Beispiel *hassen, Hass* (statt *Haß*), *müssen, muss* (statt *muß*), *Schlösser, Schloss* (statt *Schloß*). Also:

    Mit *Gruß* (lang) und *Kuss* (kurz) Dein...

Wie nun weiter? *Julius*? Oder etwa „Juliuss"?
Sie sehen, die *ß/ss*-Schreibung läßt sich nicht vernünftig umsortieren, ohne das Schluß-‚s' einzubeziehen. Denn wer den Singular *Biß* wie den Plural *Bisse* mit ‚ss' schreiben will *(Biss)*, der müßte nicht nur *bißchen* mit zwei ‚s' schreiben *(bisschen)*, sondern auch den Singular *Erlebnis* analog zum Plural *Erlebnisse* mit Doppel-‚s' *(Erlebniss)*. Unsere Rechtschreibung ist eine Hydra; schlägt man ihr einen Knubbel ab, wachsen zwei neue nach.

Eine Rechtschreibreform muß gründlich durchdacht sein

Groß- und Klein-schreibung der Namen in anderen Sprachen

Um auf die Groß- und Kleinschreibung zurückzukommen: Wie halten es denn die Engländer und die Franzosen mit den Großbuchstaben bei der Schreibung von Namen? Der Engländer schreibt *Bible* und *Hell* groß, der Franzose die entsprechenden Wörter klein. Der Engländer schreibt: *He is French, he speaks French, he is a French boy* – der Franzose: *Il est Anglais, il parle anglais, il est un garçon anglais*. Der Engländer schreibt Wochentags- und Monatsnamen groß – der Franzose Wochentags- und Monatsnamen klein. Beide Sprachen verwenden die Großschreibung zur Hervorhebung, das Englische in immer stärkerem Maße, besonders bei Überschriften, in denen ja auch Verben, Adjektive und Adverbien groß geschrieben werden. Amerikaner schreiben heute in ihren Headlines mit Ausnahme der Artikel *the* und *a* jedes Wort groß.

Jeder hat sich über irgendeine Groß- oder Kleinschreibfrage schon einmal geärgert – wie sich jeder schon einmal über das Auto geärgert hat. Wird er aber deswegen für die grundsätzliche Abschaffung des Autos plädieren?
WERNER BETZ
(1912–1980)

So etwa sähe es dann nach Einführung der Kleinschreibung auch bei uns aus. Vielleicht wäre das Durcheinander noch ein bißchen größer: Die Werbegrafiker, die nach der Devise „Mach es anders als die anderen!" mit der Kleinschreiberei anfingen, würden als erste den Reiz der Großbuchstaben auch innerhalb des Textes wiederentdecken.

Nein, so sollte es nicht kommen. Wir brauchen eine Reform. Die Reform ist längst überfällig. Aber die Reformbestrebungen dürfen nicht versteinern zu der Alternative „Alles oder nichts!" Schrittweise und behutsam läßt sich die Reform eher durchsetzen.

Wichtiger als eine Rechtschreibreform ist allerdings seit der Wiedervereinigung etwas anderes: die Vereinheitlichung der Bedeutungserklärungen in deutschen Wörterbüchern. Und damit werden die Lexikonredaktionen in Ost und West vorläufig ausgelastet sein.

Rund 40 Jahre lang galten in Deutschland zwei verschiedene Duden, der Leipziger (5 Auflagen) und der umfangreichere Mannheimer (6 Auflagen). In der Rechtschreibung gab es keine Unterschiede, dafür aber im Wortbestand und in den Bedeutungsangaben. Während der Westduden DDR-typische Wörter wie *Kombine* (Mähdrescher) oder *Estrade* (Veranstaltung mit gemischtem Programm) verzeichnete, war das umgekehrt nicht der Fall. Außerdem war der DDR-Duden stark ideologisch eingefärbt. 1992 soll wieder ein gesamtdeutscher Duden erscheinen. Dazu muß der Wortschatz des Ostdudens entideologisiert, müssen Neubildungen wie *Wendehals* oder *Glasnost* und *Perestroika* aufgenommen werden. Wahrscheinlich wird sich der erste gesamtdeutsche Duden nur unwesentlich von seinem Mannheimer, aber stark von seinem Leipziger Vorläufer unterscheiden. Das *sozialistische Kollektiv* wird, wenn überhaupt, unter B wie *Belegschaft* rangieren, und die *Plan-Erfüllung* wird gar nicht mehr vorkommen, weil der Plan entfallen ist. Der *Broiler* wird wieder *Brathähnchen* heißen, das *Auslaufventil* wieder *Wasserhahn*, und *Freundschaft* wird wirklich nur Freundschaft bedeuten. Aus der Sicht der früheren DDR-Deutschen wird im ersten gesamtdeutschen Duden vieles „reformiert" sein, nur eines mit Bestimmtheit nicht: die Rechtschreibung. Wir werden uns gedulden müssen.

DDR-Deutsch

Seien Sie deswegen nicht enttäuscht, ergötzen Sie sich lieber an den folgenden Reformvorschlägen, die weit über die kühnsten Träume progressiver Köpfe hinausgehen.

Fünf Schritte zur Abschaffung der Orthographie

Erster Schritt:

wegfall der großschreibung

einer sofortigen einführung steht nichts im weg, zumal schon viele grafiker und werbeleute zur kleinschreibung übergegangen sind.

zweiter schritt:

wegfall der denungen und schärfungen

diese masname eliminirt schon di gröste felerursache in der grundschule, den sin oder unsin unserer konsonantenverdoplung hat onehin nimand kapirt.

driter schrit:

v und ph ersezt durch f
z und tz ersezt durch s
sch ersezt durch s

das alfabet wird um swei buchstaben redusirt, sreibmasinen und sesmasinen fereinfachen sich, wertfole arbeitskräfte könen der wirtsaft sugefürt werden.

firter srit:

q, c und ch ersest durch k
j und y ersest durch i
pf ersest durch f

iest sind son seks bukstaben ausgesaltet, di sulseit kan sofort von neun auf swei iare ferkürst werden, anstat aksig prosent rektsreibunterikt könen nüslikere fäker wi fisik, kemi, reknen mer geflegt werden.

fünfter srit:

wegfal fon ä, ö und ü seiken

ales uberflusige ist iest ausgemerst, di ortografi wider slikt und einfak. naturlik benotigt es einige seit, bis dise fereinfakung uberal riktig ferdaut ist, fileikt sasungsweise ein bis swei iare. anslisend durfte als nakstes sil di fereinfakung der nok swirigeren und unsinigeren gramatik anfisirt werden.

aus der seitsrift „korespondens, texten + sreiben" (hans holsman ferlag, 8939 bad worishofen)

Verfasser dieses Aufrufs ist H. R. Bachofen. Er veröffentlichte ihn erstmals 1964 in BACHOFEN'S DIGEST, dem technischen Bulletin der Bachofen-AG (Uster, Schweiz). Einige mögen damals schon darüber gelacht oder auch geschimpft haben. Doch erst als ich den Aufruf 1972 in der seinerzeit von mir redigierten Zeitschrift DIE KORRESPONDENZ abdruckte – die Rechtschreibreform war gerade wieder einmal ins Gespräch und ins Gerede gekommen –, machte er Furore. Immer wieder wurde er nachgedruckt, von Schüler-, Tages-, Wochenzeitungen, von Werk- und Fachzeitschriften, sogar von der DEUTSCHEN ZEITUNG FÜR SÜDAFRIKA. Er hatte sonderbarerweise viele Väter; im Sommer 1990 schrieb ihn die FRANKFURTER ALLGEMEINE dem Chef der hessischen Landtagsstenographen Arthur von Hinüber zu. So manchen Leser reizten die fünf Reformschritte zu Kommentaren, Korrekturen und Erweiterungsvorschlägen. Hier ein paar Auszüge aus Leserbriefen:

ik begruse das ser, iedok mus ik beanstanden, das si selbst ire regeln nikt einhalten! im sweiten srit sreiben si namlik „dise" mit e hinter dem i, im firten srit „fon" mit dem veralteten bukstaben v. ir forslag sol in unserer sulerseitung abgedrukt werden, aber das get nikt mit felern gleik im ursprung der refolution.

- roland foit (eigentlik sreibt sik mein nakname Voit), hagen

ik mus inen leider miteilen, das si eine stufe fergesen haben. si konten nok eine einsparung maken, wen si endlik den untersid swisen sarfen und weiken konsonanten beseitigen wurden:

d = t   g = k   b = p

si gonden nadurlig sig endseiden, ob si liber die weigen nemen oder di harden.
aber si gonen sig das ia nogmal uberlegen.
hirmid gehe ig mid inen gonform in der fereinfagung der deudsen sbrage.

- regina lexow, steten

bide ubernemen si nog folgenden srid 6 sur beseidigung der ordograwi: p ersesd durg b, t durg d, k durg g und f durg w.

- hans ioagim ben, bodendeig
(sonst Hans Joachim Benn, Realschulrektor, Bodenteich)

fals moglig hade ig gern einige gostenlose brobeegsemblare fon diser abhandlung um dise den hisigen sulgrafden swegs anwendung sur ferfugung su sdelen damid der stad hesen endlig gans eindeutig di fordsridlige sulpolitise furung demonsdriren kan.

ferner mogde ig auf den ungeueren wirdsafdlgen nusen diser regdsreibung hinweisen: di sreibmasinen werden einfager brife seidungen buger sreiben und ales gesribene wird gurser und gleigformiger.

ig slage for ale harden bugsdaben durg weige su ersesen. ferner slage ig for dise regdsreibung weidersuendwigeln mid dem sil das sreiben gans aufsugeben. ersd dan haben wir di folsdandige gansengleigheid.

- dogdor j m gramer (vormals: Dr. J. M. Krämer), seheim 1

Auch die STUTTGARTER ZEITUNG druckte die 5 Schritte – Anlaß genug für Josef Eberle, ihren ehemaligen Herausgeber, in einem weiteren Schritt einen sehr bemerkenswerten Vorschlag „nak forwarts" zu machen:

der sekste srit

dise fur das ferstandnis des naksteenden gedikts unfermeidlike fornotis halt sik harsarf an die forsriften der funf srite sur ferbeserung der deutsen rektsreibung (sihe stutgarter seitung fom sweiten iuni, seite funfsig). warum solen wir nikt nok einen srit weiter nak forwarts maken? jeder analfabet weis dok, das di mitlauter das knokengerust der worter sind, und das das folk der hebreer in seiner erwurdigen srift one das fleis der fokale auskomt. warum den nikt auk wir? lasen wir dok im sriftliken ferker di uberflusigen fokale ruig weg, di sik in iren fersidenen fonetisen niasen ia dok nikt eksakt sreiben lasen! ganz abgesen dafon, das mit diser seit- und platsersparnis „der wirtsaft wertfole arbeitskrafte sugefurt werden konen", wi es son fom driten srit heist. sum beispil der fabrikasion fon klosetpapir. um wifil ekonomiser das sistem des fon mir forgeslagenen seksten srits ware, get aus dem wol sonsten gedikt der deutsen sprake herfor, das ik hir nak der fokalosen ortografi umgesriben habe:

n glks

br ln gfln	km nn hk;
st rh,	d vgln swgn m wld.
n ln wfln	wrt nr, bld
sprst d	rhst d k.

im ubrigen emfele ik fur den unterikt fom ersten bis sum funften srit als lerbuk den brifweksel fon jozef filser.   J. E.

Wenn Sie's noch nicht entschlüsselt haben: Auf Seite 528 finden Sie das Gedicht in weniger fortschrittlicher Orthographie.

Und ob Sie es nun glauben oder nicht: Ich habe tatsächlich Briefe von Lesern bekommen, die enttäuscht waren, als sie merkten, daß es uns mit den 5 oder 6 Schritten zur Abschaffung der Orthographie gar so ernst nicht gewesen ist.

Zeichensetzung

Norm – Ausdrucksmittel – soziale Funktion

„Jeder Deutsche hat seine Interpunction wie seinen Glauben für sich." Der das behauptete, war einer der großen Dichter des 18. Jahrhunderts: Christoph Martin Wieland. Von Goethe weiß man, daß er in seine interpunktionslos niedergeschriebenen Texte die Satzzeichen nachträglich einsetzte – oder von seinem Sekretär einsetzen ließ. Aber denken Sie bitte nicht, so viel Souveränität in Sachen Kommasetzung sei eine Attitude des Dichterfürsten gewesen. Noch ein Menschenalter vor Goethe hatte sich kein Schreiber um die Interpunktion zu kümmern brauchen. Um 1700 war es üblich, daß Setzer und Korrektoren die Zeichensetzung in den Manuskripten nicht nur überwachten und den Prinzipien ihrer Druckerei anglichen – sie brachten die Satzzeichen oft überhaupt erst an. Das waren noch Zeiten!

Seitdem hat sich einiges geändert. Gründlich, wie wir Deutschen nun mal sind, haben wir inzwischen unsere Zeichensetzung straff geregelt und uns mit Kommaregeln eingedeckt wie keine andere Nation der Welt. Für jeden Zweifelsfall gibt's irgendeine Regel. Nur – kennen muß man sie! Wohin, denken Sie, gehört im nächsten Satz das Komma?

> Den Betrag rechtzeitig auf Ihr Konto zu überweisen war mir leider nicht möglich.

Vergleichen Sie bitte dazu die Seiten 516, 517.

Hinter *überweisen*? Falsch gedacht! Hier gehört überhaupt kein Komma her – obgleich der erweiterte Infinitiv mit ‚zu' sonst in der Regel durch Komma abgetrennt wird. Sie ahnen es bereits: Wir haben es außer mit den Regeln vor allem mit ihren Ausnahmen zu tun, und das ist das Vertrackte. Daß wir in dem Beispielsatz hinter *überweisen*, also in der Sprechfuge, kein Komma setzen dürfen, geht wohl jedem von uns gegen den Strich. Grund genug, die Regel „Kein Komma, wenn der erweiterte Infinitiv mit ‚zu' als Subjekt vorangeht" über Bord zu werfen, meinen Sie? Ja, wenn das so einfach wäre!

Zeichensetzung ist nämlich nicht nur etwas, was den Schreiber betrifft und ihm Kopfzerbrechen macht: Zeichensetzung hat eine soziale Funktion, sie ist in erster Linie für den Leser da. Ihm soll sie helfen, einen ihm unbekannten Text schnell und ohne Mißverständnisse zu erfassen. Das kann er aber nur, wenn alle Kommas an der richtigen, das heißt ihm vertrauten Stelle sitzen und er nicht über irgendwelche Interpunktionseigenwilligkeiten des Schreibers stolpern muß. Wie sehr Abweichungen von der Interpunktionsnorm die Lesegeschwindigkeit herabsetzen, können Sie leicht an sich selbst nachprüfen. Lesen Sie einmal Autoren, die sich in der Kommasetzung nicht an die Regeln halten, schlagen Sie ein paar Seiten von Binding, Stefan George oder Uwe Johnson auf oder das letzte Kapitel des „Ulysses" von James Joyce. Sie werden lange brauchen, bis das Fehlen der erwarteten Kommas Sie nicht mehr stört. Und Sie werden vielleicht sogar ein kleines bißchen Dankbarkeit empfinden, daß wir im Duden eine Art Institution haben, die über die Konvention der Zeichensetzung wacht. Wäre die Zeichensetzung freigestellt und könnte jeder seine Kommas setzen wie Uwe Johnson und seine Ausrufezeichen wie Arno Schmidt, dann wäre das gewiß nicht der Himmel auf Erden, sondern eine Quelle für Mißverständnisse ohnegleichen.

Zugegeben, manche Kommaregeln sind zu kompliziert und haben nicht viel Sinn – trotzdem sind in der Zeichensetzung genormte Sinnlosigkeiten, weil für jeden verbindlich, für uns allesamt eher erträglich als Seitensprünge aus Eitelkeit oder Unwissenheit.

Der Schrägstrich, erst seit nachantiker Zeit als Lesehilfe in die Texte eingefügt, wich im 17. Jahrhundert dem „Zwergstrichlein", unserem Komma.

Mit dem Komma ändert sich der Sinn – und das gar nicht so selten!

Kommt dem Komma wirklich sinnentscheidende Bedeutung zu? Oder haben alle diejenigen recht, die da meinen, auf richtige Kommas zu achten sei unnütze Pedanterie, denn was gemeint ist, verstehe man auch so? Wir werden sehen. Nur soviel vorab: Dieses Kapitel sei ganz besonders denen ans Herz gelegt, die bisher über Kommas großzügig hinweggesehen haben.

Der ehrbare Kaufmann im Massengrab

Hinz kehrt nach vielen Jahren in seine Heimatstadt zurück. Da muß er hören, daß sein alter Freund Kunz inzwischen gestorben ist. Hinz kauft einen Kranz und geht zum Friedhof. Fassungslos steht er vor dem Grab. Auf dem Grabstein steht:

> Moritz Kunz, ein ehrbarer Kaufmann und ein Wohltäter der Armen.

Hinz schüttelt den Kopf: „Der Kunz ist ja sein Leben lang ein Gauner gewesen – aber mit noch zwei anderen im selben Grab, das hat er nun doch nicht verdient!"
Die Grabinschrift enthält kein Komma zuviel und keines zuwenig. Trotzdem wird ein Witz daraus, wenn man wie Hinz als Aufzählung (*1. Kunz, 2. ein ehrbarer Kaufmann, 3. ein Wohltäter der Armen*) versteht, was als nähere Erklärung oder Apposition *(ein ehrbarer Kaufmann und ein Wohltäter der Armen)* zum Namen *(Moritz Kunz)* gemeint ist.
Die Regel für die Unterscheidung:

Komma

> ▶ Die Apposition (nachgestellter Beisatz) wird, wo sie Einschub ist, in Kommas eingeschlossen – wogegen zwischen dem letzten Glied einer Aufzählung und dem weitergeführten Satz kein Komma steht.

bei Apposition

bei Aufzählung

Wie sehr es darauf ankommen kann, zwischen Apposition (Komma vorn, Komma hinten) und Aufzählung (Komma nur vorn: *Moritz Kunz, Max Kunz und Malvine Kunz ruhen im Kunzschen Familiengrab*) zu unterscheiden, zeigt auch das nächste Histörchen.

Bitte nachzählen!

Von Oscar Wilde (1854–1900) wird erzählt, er habe einmal auf die Frage, womit er seinen Vormittag verbracht habe, geantwortet: „Ich habe in ein Gedicht ein Komma eingefügt." Und den Nachmittag? „Da habe ich es wieder gestrichen."

Die beiden Gelehrten von Haering und der Geograph Reuschle wollen gleichzeitig die Universität betreten.

Mit diesem Satz beginnt, völlig kommalos, eine Anekdote. Aha, sagt man sich da, zwei Gelehrte namens von Haering, anscheinend Brüder, und ein Geograph, das sind also drei. Doch das ist ein Trugschluß, der Setzer hat die Kommas ausgelassen. Ein einziges Komma zaubert eine weitere Person hinzu:

Die beiden Gelehrten, von Haering und der Geograph Reuschle wollen gleichzeitig ...

Jetzt drängeln sich also vier Leute vorm Universitätsportal. Doch nun die Frage: Wenn wir in dem Satz ein zweites Komma unterbringen, wie viele Personen sind es dann?

Die beiden Gelehrten, von Haering und der Geograph Reuschle, wollen gleichzeitig ...

Komischerweise bloß noch halb soviel, also zwei. Zum erstenmal ist jetzt, dank eines kleines Kommas, der Geograph Reuschle zum Gelehrten avanciert. Wir haben es also mit zwei Gelehrten zu tun, der eine heißt von Haering, der andere ist Geograph und heißt Reuschle. Grammatisch gesehen ist jetzt der Einschub *von Haering und der Geograph Reuschle* nicht mehr Teil einer Aufzählung, sondern Apposition zu *die beiden Gelehrten*. Daß diese Auffassung die einzig richtige ist, zeigt der Fortgang der Anekdote, die Hans Weis in seinem liebenswürdigen Büchlein „Spiel mit Worten – Deutsche Sprachspielereien" erzählt:

Reuschle läßt Haering den Vortritt. Aber der wehrt lächelnd ab und sagt: „Nach Ihnen, verehrter Herr Kollege, denn zuerst kommt das Räuschle und dann der Hering."

Vorsicht, nicht in die Kommafuge zwischen zwei Adjektiven purzeln!

Komma

zwischen attributiven Adjektiven

Wenn die Krankenschwester ins Protokoll einträgt:

Heute, am dritten, kritischen Tag gegen Abend plötzlicher Temperaturabfall auf 36,5°; die Patientin schläft ruhig, Atem regelmäßig –

darf man dann daraus schließen, daß die Kranke über den Berg ist? So ohne weiteres wohl nicht. Denn erstens kommt es auf die Art der Krankheit an, zweitens auf den Puls und drittens darauf, ob die Krankenschwester zwischen Beifügungen gleichen Grades und Beifügungen verschiedenen Grades unterscheiden kann.

mit Komma	ohne Komma	
Attribute gleichen Grades	Attribute verschiedenen Grades	**Attribute gleichen und verschiedenen Grades**
am dritten, kritischen Tag (der dritte Krankheitstag ist der kritische)	am dritten kritischen Tag (am dritten Tag der Krise)	
das obere, ausgebrannte Stockwerk muß abgerissen werden (nur das obere Stockwerk ist ausgebrannt)	das obere ausgebrannte Stockwerk muß abgerissen werden (die darunterliegenden Stockwerke sind auch ausgebrannt, brauchen aber nicht abgerissen zu werden)	

Wissen Sie, woran man erkennt, wann zwischen zwei attributiv verwendeten Adjektiven ein Komma steht und wann nicht?

K e i n K o m m a , wenn das erste Adjektiv stärker betont ist; denn dann gehört das zweite meistens fest zum folgenden Substantiv. (In der Sprache der Grammatik: Kein Komma, wenn das zweite Adjektiv „im Verhältnis der Einschließung" steht.)

Achten Sie auf die Betonung!

Liebe gnädige Frau! (auf berlinisch „Liiiebe 'nä Frau!", also Ton auf *Liebe*; *gnädige Frau* = e i n Begriff)

gnädige Frau

Ein erfolgreiches neues Jahr! (Ton auf *erfolgreiches*; *neues Jahr* = e i n Begriff; ein neues Jahr braucht man niemandem zu wünschen, es kommt von allein)

neues Jahr

echter holländischer Käse (Ton auf *echter*; *holländischer Käse* = beinahe e i n Begriff; *echter* wird betont, weil es auch „unechten" holländischen Käse gibt, etwa „dänischen Edamer")

K o m m a , wenn beide Adjektive gleich stark betont sind und sich statt des Kommas auch ein *und* einfügen ließe oder wenn beide Adjektive ihren Platz wechseln können, ohne daß sich der Sinn verändert:

ein nebliger, trüber Tag = ein nebliger und trüber Tag = ein trüber, nebliger Tag

Machen Sie die Umstellprobe!

Und wenn sich das noch so simpel anhört, richten Sie sich ruhig danach: Betonungsregel und Umstellprobe sind *handfeste* (Komma!) *in der Praxis erprobte* (= in der Praxis erprobte, handfeste) Unterscheidungsmöglichkeiten und nicht etwa *bloßer* (kein Komma!) *blauer* Dunst (weil es bloßen Dunst, blauen Dunst, bloßen blauen Dunst, aber keinen „blauen bloßen" gibt).

Leere Versprechungen, leere Drohungen

„In der ‚Schriftgutproduktion' nimmt man entweder die Kommaregeln ernst – oder peinliche Mißverständnisse in Kauf", heißt es in einer Bürozeitschrift. Dazu ein Fall aus der Praxis:

Dr. Werner, technischer Leiter im Werk Y, steht plötzlich ohne Sekretärin da: seine Frau Schmidt hat einen Autounfall nicht überlebt. Entsprechendes Fernschreiben an die Personalabteilung in B. Zwei Tage später gibt Personalleiter Ronge ein Telex an Dr. Werner durch. Der Wortlaut:

> Haben zwei Anwärterinnen, Frau Rose und Frau Lohmann, getestet. Frau Rose verspricht, in kürzester Zeit Ihre Erwartungen zu erfüllen. Ich schlage Frau Rose vor.

Dr. Werner fernschreibt an Ronge (wörtlich): „Von Versprechungen halte ich noch weniger als gar nichts, lieber Herr Ronge. Schicken Sie mir bitte Frau Lohmann."

Ronge ist sauer: schließlich hat er die beiden Damen getestet, und wenn er Frau Rose vorschlägt, dann hält er sie eben für die bessere.
Indessen: Dr. Werner ist mit Frau Lohmann zufrieden. Okay! Ronge erspart sich eine Attacke gegen Dr. Werner.

Fünf Wochen später in einer Konferenzpause in B.: Ronge kann es sich nicht verkneifen, Dr. Werners Fernschreiben „aufzuwärmen" – zu sehr wurmt es ihn noch immer, daß Dr. Werner sich über seine (Ronges) Empfehlung hinweggesetzt hat. Dr. Werner versteht überhaupt nicht, was Ronge will. Die Kopie des Fernschreibens muß her! Der Fall klärt sich auf: Ronges Sekretärin hat hinter *verspricht* ein Komma gesetzt, und Ronge hat das Komma beim Abzeichnen übersehen. Die Grundform *zu erfüllen*, hatte sich die Sekretärin gesagt, ist durch den Zusatz *in kürzester Zeit Ihre Erwartungen* erweitert, ergo: Komma vor *in*.

Kein Komma hinter Verben, die keine Vollverben sind!

versprechen

Was nicht nur manche Sekretärin nicht mehr weiß: Es gibt einige Verben, bei denen man sich überlegen muß, ob sie als selbständige verbale Aussage stehen (dann Komma!) oder ob sie als unselbständige, die Aussage nur modifizierende Verben anzusehen sind (dann kein Komma!). Durch das Komma ist *verspricht* eine Verbalform mit selbständiger Aussage geworden – gerade so, als ob Frau Rose wirklich ein Versprechen abgelegt hätte. Dabei hatte Ronge *verspricht* nur in hilfszeitwörtlicher Verwendung verstanden wissen wollen, im Sinne von ‚wird mit hoher Wahrscheinlichkeit'. Deshalb hat er das Komma nicht diktiert, Dr. Werner hat es „grammatisch richtig" gelesen – und in seinem Fernschreiben entsprechend reagiert.

Ein Parallelbeispiel: „Bei Überbeanspruchung dieses nicht geländegängigen Fahrzeugs drohen die Achsen, schnell heißzulaufen." Was der Satz sagen soll, ist klar. Trotzdem fragt es sich: Womit drohen Achsen, wo sie doch keinen Zeigefinger haben? Soll heißen: Zwischen *drohen* (mit erhobenem Zeigefinger) und *drohen* (im Sinne von ‚Gefahr laufen') gibt es einen kleinen Unterschied, der in der Zeichensetzung zu beachten ist: Wenn

drohen

drohen nicht wörtlich gemeint ist, wenn es die Aussage der Grundform nur modifiziert, indem es das wahrscheinliche Eintreffen von etwas Unangenehmem oder Gefährlichem ankündigt, dann ist *drohen* kein Vollverb mehr, und die erweiterte Grundform wird ohne Komma angeschlossen: *Die Achsen drohen schnell heißzulaufen.*

mit Komma	**ohne Komma**
Als er von dem Konkurs erfuhr, drohte er, sich das Leben zu nehmen.	drohte er ohnmächtig zu werden.

Gute Nacht!

Wenn einer aus der Schulzeit eine Kommaregel behalten hat, dann die:

Die reine Grundform mit *zu* wird in der Regel nicht durch Komma abgetrennt.

Komma beim reinen Infinitiv mit ‚zu'

Er hat sich vorgenommen *auszuschlafen*.
Auszuschlafen hat er sich fest vorgenommen.

Was aber wahrscheinlich die wenigsten von uns in der Schule überhaupt mitbekommen haben:

Die reine Grundform mit *zu* wird dann durch ein Komma abgetrennt, wenn sie als Satzgegenstand am Ende eines Satzes steht:

Es tut gut, *auszuschlafen*.
(*Wer* oder *was* tut gut? *Auszuschlafen* tut gut.)

Und das weiß wieder jedes Kind:

Vor der erweiterten Grundform mit *zu* steht in der Regel ein Komma.

Komma beim erweiterten Infinitiv mit ‚zu'

Er hat sich vorgenommen, *richtig auszuschlafen*.

Was nicht mehr jedes Kind weiß: Eine Grundform gilt bereits dann als erweitert, wenn *um zu, als zu, ohne zu* an die Stelle des einfachen *zu* treten. Auch *sich* genügt zur Erweiterung:

**um zu
als zu
ohne zu
sich**

Es ist ihm ein Bedürfnis, *sich auszuschlafen*.

Und was so gut wie kein Erwachsener weiß:

Geht der erweiterte Infinitiv als Subjekt voraus, steht kein Komma:

Sich auszuschlafen ist ihm ein Bedürfnis.
(*Wer* oder *was* ist ihm ein Bedürfnis? Sich auszuschlafen.)

Dagegen steht ein Komma, wenn der vorangehende erweiterte Infinitiv nicht Subjekt, sondern Akkusativobjekt ist:

Sich auszuschlafen, hat er nie gewagt.
(*Wen* oder was hat er nie gewagt? Sich auszuschlafen.)

Fragen Sie bitte nicht, weshalb das so ist. Aber solange die Regel nicht abgeschafft ist, sollte man sie wenigstens kennen. Und daran denken, daß für Partizipialgruppen ähnliches gilt:

Komma bei Partizipialgruppen

Ausgeschlafen bin ich ein ganz anderer Mensch.	Kein Komma, weil das Partizip *ausgeschlafen* nicht erweitert ist.
Gut ausgeschlafen (,) bin ich ein ganz anderer Mensch.	Meistens kein Komma, weil das Partizip nur kurz erweitert ist. Doch da man die Partizipialgruppe als verkürzten Nebensatz auffassen kann („gut ausgeschlafen *habend/seiend*"), wäre ein Komma kein Beinbruch.
Nach vollen acht Stunden prächtig ausgeschlafen, bin ich ein ganz anderer Mensch.	Komma, denn das Partizip *ausgeschlafen* ist deutlich erweitert.

Aber – genau wie bei der Grundformgruppe (= erweiterter Infinitiv mit *zu*) – kein Komma, wenn die Partizipialgruppe als Satzgegenstand vorausgeht.

In einer in Bad Homburg erschienenen, sonst sehr empfehlenswerten programmierten Unterweisung „Das Komma" wird diese Regel auch typographisch anschaulich dargestellt:

interpunktieren oder *interpungieren* (von lateinisch *inter-pungere*) bedeutet ‚dazwischenstechen', ‚durch Stiche, Punkte abteilen'. Aber lateinisch *pungere* bedeutet auch ‚kränken', ‚beunruhigen'. Muß man Klein Erna heißen, um daraus zu folgern: „Die Interpunktion heißt so, weil sie uns durch zwischengesteckte Striche, Kommas und Punkte beunruhigt"?

Satzgegenstand

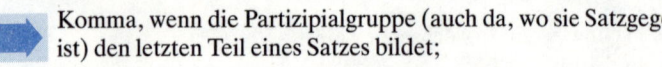

Die beste Medizin ist , *immer zeitig schlafen gegangen*.

Satzgegenstand

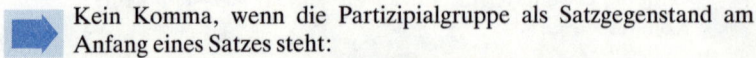

Immer zeitig schlafen gegangen ⊗ ist die beste Medizin.

Wunderbar klar:

➡ Komma, wenn die Partizipialgruppe (auch da, wo sie Satzgegenstand ist) den letzten Teil eines Satzes bildet;

➡ Kein Komma, wenn die Partizipialgruppe als Satzgegenstand am Anfang eines Satzes steht:

Immer zeitig schlafen gegangen ist die beste Medizin.

Nur eines verstehe ich an dem kommalosen Beispielsatz nicht: Warum ist die beste Medizin a) immer und b) überhaupt zeitig schlafen gegangen?

Der Sinn hat Vorrang vor der Regel!

Sie sehen es: Daß durch strikte Einhaltung der Kommaregeln eine Aussage plötzlich zweideutig wird, kann den klügsten Leuten passieren. Der Verfasser des programmierten Komma-Lehrgangs muß es nicht gemerkt haben. Sonst hätte er das Beispiel ausgewechselt oder daraus die allerwichtigste Kommaregel abgeleitet:

> Erst kommt der Sinn,
> dann die formale Richtigkeit.

Mit „falschem" Komma

 Immer zeitig schlafen gegangen, ist die beste Medizin

wäre der Satz wenigstens eindeutig – wenn auch beileibe noch kein gutes Deutsch. Wer kleidet seine Worte heute überhaupt noch in Partizipialkonstruktionen? Natürlich die Verfasser von Interpunktionslehren, damit sie alle erdenklichen Komma-Situationen schön vollzählig demonstrieren können. Aber sonst?

Wir sagen es mindestens im Infinitiv (ohne *zu*):

> *Immer zeitig schlafen gehen* ist die beste Medizin.

Oder wir verweisen durch *das* auf die vorangehende Infinitivgruppe zurück:

> Immer zeitig schlafen gehen, *das* ist die beste Medizin.

Wahrscheinlich erinnern wir uns daran, daß es auch noch andere Satzzeichen gibt:

> Immer zeitig schlafen gehen – das ist die beste Medizin. Die beste Medizin: Immer zeitig schlafen gehen!

Möglich sogar, daß wir noch stärker raffen. Rhythmische Sprache drängt zur Einsilbigkeit, und Verhaltensmaßregeln schleift man mit einsilbigen Wörtern am besten ein:

> Früh zu Bett – und du bleibst fit.

Aber das Durchspielen sprachlicher Möglichkeiten hat nichts mehr mit Zeichensetzung zu tun und schon gar nichts mehr mit der Frage, ob Kommas sinnentscheidend sind. Sind sie es? Sagen wir: sie können es sein. Diese Seiten haben es gezeigt. Doch um der Kommasetzung kein falsches Gewicht zu geben: Die hier beschriebenen Fälle sind amüsant, verblüffend, ärgerlich – typisch sind sie nicht. Normalerweise ist ein Komma nichts weiter als eine durch grammatische Konvention festgelegte Markierungshilfe im Text. Aber auch das ist gar nicht so wenig.

Zwischen *Also sprach Zarathustra* und *Also, sprach Zarathustra* ist ein kleiner Unterschied: im zweiten Fall hätte Zarathustra nur *also* gesagt.

Testbogen 40

1 Dieses „Räzel" gab schon der Verfasser einer Interpunktionslehre aus dem Jahre 1773 seinen Lesern auf:

Der dies geschrieben hat an die Wand
Der hatte zehn Finger an jeder Hand
Fünf und zwanzig an Händen und Füßen.

Wer's richtig wissen will, wird Zeichen setzen müssen.

Hat sich in den vergangenen zweihundert Jahren die Lösung bis zu Ihnen herumgesprochen? Wenn nicht: Selber denken!

> **1** Der dies geschrieben hat an die Wand,
> der hatte zehn Finger,
> an jeder Hand fünf,
> und zwanzig an Händen und Füßen.

2 An welcher Stelle müßte in der Aufforderung *Bitte helfen Sie uns durch pünktliche Zahlung die Verwaltungskosten zu senken* das Komma stehen?

> **2** Nicht hinter *uns*, denn dann würde aus der Zahlungsaufforderung ein Witz. *durch pünktliche Zahlung* gehört sinngemäß zu *helfen*, also: *Bitte helfen Sie uns durch pünktliche Zahlung* (K o m m a !) *die Verwaltungskosten zu senken.*

Komma zwischen attributiven Adjektiven

3 „Beanstandet werden *folgende (,) nachträglich eingefügte* Korrekturen..." Zwischen *folgende* und *nachträglich eingefügte* kann ein Komma stehen, muß aber nicht. Steht ein Komma, ändert sich der Sinn. Inwiefern?

> **3** O h n e K o m m a : von den nachträglich eingefügten Korrekturen nur die folgenden;
> m i t K o m m a : sämtliche nachträglich eingefügten Korrekturen; sie sind im folgenden aufgezählt.

4 Langen Sätzen mißtrauen viele. Vorsorglich setzen sie ein Komma, meistens an die falsche Stelle: „Über den, von den Brüdern E. und O. Henninger erbauten und am 4. Oktober 1912 eingeweihten Kaiser-Bau sagen die Archive kaum etwas." Wie heißt die Regel, nach der in diesem Satz kein Komma stehen darf?

Kein Komma bei deklinierten Partizipien

> ➤ **4** Kein Komma, wenn das Partizip dekliniert ist (erbaut*en*, eingeweih*ten*). Ein gebeugtes Partizip ist ein Attribut, das vom vorangehenden Artikel des Bezugswortes nicht durch ein Komma getrennt werden darf.

Komma vor *und zwar und das*

5 Nach der Regel steht vor *und zwar (und das)* ein Komma, wenn *und zwar (und das)* eine nachgestellte genauere Bestimmung anschließt. Setzen

Sie bitte in diesen Satz die Kommas ein: „Ihr Entwurf der uns vorliegt und zwar sachlich richtig aber nicht genügend werbewirksam ist wird von Herrn M. nochmals überarbeitet."

> **5** *Ihr Entwurf, der uns vorliegt und zwar sachlich richtig, aber nicht genügend werbewirksam ist, wird von Herrn M. nochmals überarbeitet.*
>
> Hier darf vor *und zwar* k e i n K o m m a stehen, denn hier schließt *und zwar* keine nachgestellte nähere Bestimmung an, sondern hier führt *und* einen Relativsatz weiter, dessen zweiter Teil mit *zwar* beginnt – und besser nicht mit *zwar* beginnen sollte. Komma-Kummer ist meist ein Zeichen dafür, daß an dem Satz etwas nicht stimmt. Daran gewöhnt, daß *und zwar* eine nachgestellte nähere Bestimmung einleitet, lesen wir den Beispielsatz im ersten Anlauf falsch: Wir beziehen die Stelle *und zwar sachlich richtig, aber...* zunächst irrtümlich auf *vorliegt* statt auf das nachklappende *ist*. Diese ungewollte Irreführung läßt sich vermeiden, wenn man das Relativpronomen korrekt wiederholt:
> *Ihr Entwurf, der uns vorliegt und* d e r *zwar sachlich richtig, aber nicht genügend werbewirksam ist...*

6 Die Apposition wird da, wo sie Einschub ist, in Kommas eingeschlossen. Ein Beispiel: „Schwerverdauliche Kost, *vor allem in Fett Gebackenes und Geräuchertes*, ist nichts für die kranke Galle." Wie nun, wenn wir das gleiche mit Eigenschaftswörtern ausdrücken? Setzen Sie bitte in diesen Satz die Kommas ein: „Schwerverdauliche *vor allem fritierte und geräucherte* Kost ist nichts für die kranke Galle."

Komma bei Apposition

> **6** Bitte keine falschen Analogieschlüsse! Obgleich sich der Sinn nicht ändert, ändert sich die Zeichensetzung: „Schwerverdauliche, *vor allem fritierte und geräucherte* Kost ist nichts für die kranke Galle."
>
> Also kein Komma zwischen *geräucherte* und *Kost*, „um" – so Duden-Taschenbuch 1 – „den Zusammenhang der Fügung nicht zu stören".

Kein schließendes Komma, wenn ein attributives Adjektiv durch weitere Attribute näher erklärt wird

7 In welchem Satz ist die Zeichensetzung korrekt?

a) Es ist leichter zu kritisieren als zu verbessern.
b) Es ist leichter zu kritisieren, als zu verbessern.
c) Es ist leichter, zu kritisieren, als zu verbessern.
d) Es ist leichter, zu kritisieren als zu verbessern.

> **7** Korrekt ist die Zeichensetzung in d), wenn mit dem Satz eine allgemeine Lebenserfahrung ausgesprochen werden soll: Kein Komma vor *als*, weil die beiden Infinitive *zu kritisieren* und *zu verbessern* als eng zusammengehörig anzusehen sind. Komma hinter *leichter*, weil zwei Infinitive dem Hauptsatz folgen. Steht das einleitende *Es* aber für ein Neutrum, beispielsweise für *Das Programm*, dann gilt die Zeichensetzung in b): Komma hinter *kritisieren*, weil der Infinitiv *zu verbessern* durch *als* erweitert ist.

Komma bei mehreren Infinitiven

Komma-Konflikte im Kaufmannsdeutsch
Und was sich dagegen tun läßt

„Die Satzzeichen geben dem Leser an, wo er eine Pause zu machen hat, wo er die Stimme sinken zu lassen oder zu heben hat. Ferner sind sie für das Auge des Lesers ein Hilfsmittel, um die Gliederung des Satzes leicht zu überblicken.

Nicht immer lassen sich die verschiedenen Zwecke der Zeichensetzung zugleich erreichen. Zuweilen erfordert die Gliederung des Satzes ein Zeichen, wo der Redende keine Pause macht, und umgekehrt. Oft kann auch der Schreibende die Satzzeichen zur feineren Schattierung des Gedankens verwenden.

Aus diesen Gründen lassen sich nicht für alle Fälle unbedingt gültige Regeln aufstellen; es muß vielmehr dem Schriftsteller eine gewisse Freiheit bewahrt bleiben."

Ahnen Sie, wer hier so großzügig für die „gewisse Freiheit" in der Zeichensetzung eintritt? Duden. Aber nicht der GROSSE aus Mannheim, sondern der Gymnasiallehrer Konrad aus Schleiz. Er veröffentlichte diese Sätze 1903, in der „Rechtschreibung der Buchdruckereien deutscher Sprache".

Die im sogenannten Buchdrucker-Duden gegebenen Richtlinien – sie umfassen ganze vier Druckseiten – sind im Laufe der Jahre immer stärker spezialisiert, präzisiert und erweitert worden. Im letzten Duden (19. Auflage) nehmen allein die Regeln über das Komma mehr als zehn Seiten ein.

Diese Regeln nicht hundertprozentig zu beherrschen ist gewiß keine Blamage – aber auch kein gutes Gefühl. Wer nicht stets mit dem schlechten Gewissen desjenigen schreiben will, der nicht genau Bescheid weiß, dem bleibt gar nichts anderes übrig, als sich um die Regeln zu kümmern. Tun wir das.

Gehen wir von einem Geschäftsbrief aus, wie er immer noch Tag für Tag in vielen Büros geschrieben wird. Stilistisch ist der Brief kein Musterexemplar, dazu enthält er viel zu viele bürodeutsche Formulierungen. Aber die brauchen wir für unser Vorhaben, denn gerade bei solchen papierenen Wendungen weiß man nie so recht: Muß nun ein Komma stehen oder nicht?

Der Brief an die Firma Weidemann enthält zehn kritische Stellen, gekennzeichnet durch eingeklammerte Zahlen. Lesen Sie bitte zunächst nur den Brief und zeichnen Sie sich ein oder schreiben Sie sich auf, wo Ihrer Meinung nach ein Komma stehen muß. Der folgende Text klärt und erklärt dann die zehn Komma-Konflikte.

Sehr geehrter Herr Weidemann

Unter Bezugnahme auf Ihr Schreiben vom 20. d. M. (1) möchten wir Ihnen nochmals unser Bedauern darüber ausdrücken, daß die Platten nicht Ihren Erwartungen entsprechen.
Hinsichtlich unseres Telefonats mit Ihrem Geschäftsführer (2) Herrn

Meyer (2a) können wir Ihnen jedoch bereits heute verbindlich zusagen, daß unser Außendienstmitarbeiter (3) Herr Baumann, Münster, Happoldstr. 17 (4) Sie Donnerstag, den 28. d. M. (5) aufsuchen wird. Schon morgen beabsichtigen wir (6) eine Ersatzlieferung von 50 Stück an Sie aufzugeben. Die Verpackung bitten wir (7) uns zu retournieren. Wir hoffen (8) wegen der bei diesem Material nicht ungewöhnlichen und im übrigen in unserem Liefervertrag festgelegten Toleranzen von weniger als ± 10 Prozent (9) recht bald zu einer Einigung zu kommen (10) und verbleiben mit freundlichen Grüßen

Ihr Elmi-Werk

- (1) Kein Komma. Aber mit Komma bei Mittelwortgruppe: *Bezug nehmend auf Ihr Schreiben vom 20. d. M., möchten wir*... **Komma bei Partizipialgruppe**

- (2, 2a) Anders herum wäre die Sache leicht: *mit Herrn Meyer, Ihrem Geschäftsführer,* ... Denn dann wäre *Ihrem Geschäftsführer* als Beisatz (Apposition) zum Namen in Kommas einzuschließen. Ohne *Herr* wäre es ganz unproblematisch, aber nicht höflich genug: *mit Ihrem Geschäftsführer Meyer.* Der Duden stellt in einem Fall wie (2, 2a) die Kommasetzung frei. Ich würde *Herrn Meyer* hier als Apposition auffassen und die beiden Kommas setzen. Begründung unter (3). **Komma bei Name + Titel**

- (3) Würden wir hier *Herr Baumann* als Apposition betrachten und auch in Kommas einschließen, sähe es aus, als hätte das Elmi-Werk nur einen einzigen Außendienstmitarbeiter. Deshalb besser kein Komma vor *Herr*. Unter (2, 2a) wurden die Kommas befürwortet, weil die Firma Weidemann nur einen Geschäftsführer hat.

- (4) Die Anschrift ist hier nachgestellte nähere Bestimmung zum Namen und wie eine Apposition zu behandeln. Hinter 17 steht also ein Komma. Anders sieht die Sache aus, wenn zur Wohnungsangabe ein Verhältniswort (z.B. *aus*) tritt: *daß Herr Baumann aus Münster, Happoldstr. 17 Sie aufsuchen wird.* Jetzt steht kein Komma hinter der Hausnummer, weil jetzt die Wohnungsangabe eine in den Satzablauf einbezogene Aufzählung ist. **Komma bei Wohnungsangaben**

- (5) Hier haben Sie die Wahl. Mit Komma, wenn Sie den Monatstag als Beisatz zum Wochentag auffassen: ... *Sie Donnerstag, den 28. d. M., aufsuchen wird;* ohne Komma, wenn Sie Wochentag und Monatstag als Glieder einer Aufzählung betrachten ... *Sie Donnerstag, den 28. d. M. aufsuchen wird.* **Komma beim Datum**

- (6) Wartet der Schreiber wirklich auf den nächsten Tag, um etwas zu beabsichtigen? Oder beabsichtigt er schon heute, am nächsten Tag etwas zu tun? Natürlich hat er die gute Absicht heute schon. Die normale Wortstellung wäre: *Wir beabsichtigen, schon morgen eine Ersatzlieferung abzuschicken.* Papierdeutschproduzenten verdrehen aber gern ihre Worte, vor allem im Zusammenhang mit *beabsichtigen, bitten* und *erwarten*. Die Grammatik spricht höflicherweise nicht vom Worteverdrehen, sondern von einer Verschränkung des Hauptsatzes mit der Grundformgruppe. Bei einer solchen Verschränkung darf kein Komma stehen, es würde den Sinn entstellen. Also kein Komma hinter *beabsichtigen wir*. **Komma bei Satzverschränkung**

beabsichtigen
bitten
erwarten

- (7) Ein Parallelbeispiel zu (6). Kein Komma, denn auch hier handelt es sich um eine Satzverschränkung. Würden wir das Komma fälschlich setzen, dann würde die Verpackung gebeten und nicht der Briefempfänger.

Komma bei ‚hoffen' + Infinitivgruppe

- (8) *hoffen* gehört zu den Verben, die, weil zu oft gebraucht, immer dünner und fadenscheiniger werden. Der Substanzverlust spiegelt sich in der Zeichensetzung. In vielen Wendungen hat *hoffen* nur noch den Wert eines Hilfszeitworts, dann darf die Grundformgruppe ohne Komma angeschlossen werden: *Wir hoffen bald eine Antwort zu haben.* Im Falle (8) aber muß ein Komma stehen, weil der erweiterte Infinitiv sich als Zwischensatz anschließt und der Hauptsatz mit *und* weitergeführt wird. Vgl. (10).

- (9) Die Länge des Einschubs *(mit den bei diesem Material nicht ungewöhnlichen und im übrigen in unserem Liefervertrag festgelegten Toleranzen von weniger als ± 10 Prozent)* darf nicht dazu verführen, daß man ihn als Zwischensatz betrachtet. Also kein Komma. Der Einschub besteht aus Ergänzungen und Umstandsangaben, und die werden nicht durch Komma vom übrigen Satz getrennt.

Komma vor ‚und'

- (10) Wann muß vor *und* ein Komma stehen? Wenn ein vollständiger Satz folgt. ... *und verbleiben mit freundlichen Grüßen* ist kein vollständiger Satz. Vollständig wäre er dann, wenn gesagt wird, wer mit freundlichen Grüßen was bleibt. Also erst wenn ein Subjekt (z. B. *wir*) hinzutritt, wird der Satz komplett: *..., und wir verbleiben mit freundlichen Grüßen Ihr Elmi-Werk.* Soll damit gesagt sein, daß in unserem Beispiel kein Komma stehen dürfe, weil dem *und*-Satz das Subjekt fehlt? Keineswegs. Das Komma muß stehen. Hier überlagern sich zwei Kommaregeln. Die eben erörterte wird aufgehoben durch die Festsetzung, daß unabhängig von dem auf *und* folgenden Satz dann vor *und* ein Komma zu stehen hat, wenn ein erweiterter Infinitiv als Zwischensatz vorausgeht.

Falls Sie sich über die satzzeichenlose Briefanrede gewundert haben: Moderne Briefschreiber setzen weder Komma noch Ausrufezeichen und beginnen die erste Briefzeile mit einem Großbuchstaben – das bewährt sich bei der Arbeit mit programmierten Texten.

Um Ihnen gleich noch ein Anwendungsbeispiel zu geben, lassen Sie mich auf bürodeutsch schließen: Ich hoffe (Komma) Ihnen mit meinen Ausführungen gedient zu haben (Komma) und bitte Sie, sich einmal zu fragen, was sich aus den zehn Komma-Kommentaren folgern läßt. Doch wohl dies: Komma-Konflikte (steht eins – steht keins?) sind meist ein Anzeichen dafür, daß wir uns nicht einfach genug ausdrücken. Wer kurze und klare Sätze bildet, hat mit den Kommas keine Scherereien.

Das Komma bei ‚bitte' und ‚bitten'

Kennen Sie sich aus? Probieren Sie es; entscheiden Sie, ob an den mit Klammern markierten Stellen ein Komma stehen muß. Warum es wie richtig ist, wird anschließend erklärt.

a) *Wir bitten () beide Ausfertigungen des Vertrages zu unterzeichnen () und uns eine davon zurückzuschicken.*

b) *Eine der beiden Ausfertigungen () bitten wir () uns unterzeichnet zurückzuschicken.*

c) *Unterschreiben Sie () bitte () beide Ausfertigungen () und schicken Sie eine an uns zurück.*

d) *Bitte () unterschreiben Sie beide Ausfertigungen () und zwar links unten auf Seite 5 () und schicken Sie eine an uns zurück.*

a) Das erste K o m m a *(Wir bitten, beide...)* muß stehen, denn es folgt eine Infinitivgruppe. An der zweiten Stelle *(...zu unterzeichnen und uns...)* darf kein Komma stehen, denn zwei durch *und* verbundene erweiterte Infinitive werden nicht durch ein Komma getrennt. *bitten*

b) *Eine der beiden Ausfertigungen bitten wir uns...* K e i n K o m m a , weil Hauptsatz und Infinitivgruppe miteinander verschränkt sind.

c) *Unterschreiben Sie bitte beide Ausfertigungen (,) und schicken Sie eine an uns zurück.* – *bitte*, obgleich verkürzt aus ‚ich bitte‘, besser n i c h t in Kommas einschließen, es ist hier nur Höflichkeitsformel. Das Komma vor *und* muß nach Ansicht der Dudenredaktion stehen, denn auch durch *und* aneinandergereihte Aufforderungssätze seien vollständige Hauptsätze und deshalb durch ein Komma zu trennen. Dem steht entgegen, daß beide Aufforderungen inhaltlich eng zusammengehören. Da sich die allerwenigsten Schreiber nach dieser Dudenregel richten – wem ginge das Komma vor *und* hier nicht gegen den Strich! –, möge es jeder halten, wie er mag. Ich setze in einem Fall wie diesem, wo die erste Aufforderung Voraussetzung der zweiten ist, kein Komma.

bitte

Komma bei zwei Imperativen

Vgl. auch Seite 525

d) *Bitte (,) unterschreiben Sie beide Ausfertigungen, und zwar links unten auf Seite 5, und schicken Sie eine an uns zurück.* Das Komma nach *bitte* ist A u f f a s s u n g s s a c h e ; es wird gesetzt, wenn *bitte* Dringlichkeit ausdrücken soll. Vor *und zwar* steht nach der Regel ein Komma. Vor dem zweiten *und* muß gleichfalls ein Komma stehen, denn erstens folgt ein vollständiger Aufforderungssatz, und zweitens geht dem *und* das zwischengeschobene *und zwar*-Satzstück voraus.

Näheres auf Seite 519

Vor *und*, das doch verbinden soll, ein Komma zu setzen, das trennen soll, hat nur in Ausnahmefällen etwas mit Logik zu tun. Die Befürworter der Rechtschreibreform wollen dieses Komma ja auch abschaffen. Ob dadurch bei uns paradiesische Zustände einkehren werden? Abwarten.

Komma vor ‚und‘

Daß Regeln nicht immer mit Logik zu tun haben, das haben Regeln so an sich. Dafür haben Regeln den Vorteil, daß jedermann sich nach ihnen richten... ja, was?... darf?,... kann?,... muß?,... soll? Sagen wir – mit kleinen Einschränkungen – im Falle Kommasetzung: sollte.

Testbogen 41

1 Wie könnte man den der kaufmannsdeutschen Mottenkiste entnommenen Brief von Seite 520/521 so umschreiben, daß er
a) in der Kommasetzung keine Schwierigkeiten mehr macht und
b) seinen Mottenkugelduft verliert?
Bevor Sie weiterlesen, probieren Sie es bitte selbst.

> **1** Sehr geehrter Herr Weidemann
>
> Daß die Thermoplatten nicht Ihren Erwartungen entsprechen, tut uns wirklich leid. Aber vielleicht werfen Sie einen Blick in Ihre Unterlagen. Nach unseren Vereinbarungen sind Toleranzen bis zu ± 10% zulässig. Bei dem für Thermoplatten verarbeiteten Material ist diese Toleranzbreite nicht ungewöhnlich.
> Am 28. Januar wird Sie Herr Baumann besuchen, um mit Ihnen die Angelegenheit zu besprechen. Herr Baumann ist unser „Mann in Westfalen". Ist Ihnen der Termin recht? Wenn nicht, schlagen Sie Herrn Baumann bitte einen neuen Termin vor. Seine Anschrift:
>
> Wolfgang Baumann
> Happoldstraße 17, Tel. (0251) 21 12 54
> 4400 Münster
>
> Sicher wird sich ein Weg finden lassen, die Sache ins reine zu bringen. Bereits morgen gehen 50 neue Platten an Sie ab. Schicken Sie uns die Verpackung bitte zurück.
>
> Mit freundlichen Grüßen
> Ihr Elmi-Werk

2 In Anwaltsbüros fangen Briefe häufig noch so an: „Zu Ihrem Schreiben vom 3. April in Sachen Schröder ./. Schmitz nehmen wir ( ) wie folgt ( ) Stellung" – mit oder ohne Komma an den markierten Stellen?

wie folgt

folgendermaßen

2 *wie folgt* ist von Haus aus verkürzter Nebensatz (= ‚wie es hier folgt'). Doch unter dem Einfluß der Amts- und Gesetzessprache ist *wie folgt* zu einer adverbialen Formel geworden, die – wie *folgendermaßen* – stets ohne Kommas steht:
. . . nehmen wir wie folgt Stellung.
. . . nehmen wir Stellung wie folgt.

Doppelpunkt

Ein modernerer Anwalt würde allerdings statt des altmodisch-steifen *wie folgt* einen Doppelpunkt setzen: *Unsere Stellungnahme zu Ihrem Schreiben vom 3. April in Sachen Schröder ./. Schmitz:*

Und ein moderner Anwalt würde gar nicht erst erklären, daß er Stellung nimmt, sondern gleich mit dem Stellungnehmen anfangen; denn der Bezug auf das Schreiben des Partners gehört in die Bezugszeichen- und die Angabe *Schröder ./. Schmitz* in die Betreffzeile.

3 „Ihr Schreiben ( ) betreffend die von uns am 24. Mai in Auftrag gegebenen 10 Ballen Wildseide ( ) traf gerade noch rechtzeitig bei uns ein." Steht an den markierten Stellen ein Komma?

3 Sie haben die Wahl. *betreffend*, eigentlich Mittelwort, hat im Laufe der Zeit – wie *entsprechend* – den Charakter einer Präposition angenommen. Ich würde in dem Beispielsatz die Kommas weglassen. Aber bei nachgestelltem *betreffend* setzt man besser die Kommas, denn dann ist der Einschub doch eher Partizipialgruppe als Adverbialbestimmung: ‚Ihr Schreiben, *die von uns am 24. Mai in Auftrag gegebenen 10 Ballen Wildseide betreffend,* erreichte uns gerade noch rechtzeitig.'

Am besten, Sie streichen das hölzerne *betreffend* ganz aus Ihrem Vokabular und setzen dafür *wegen,* und wo das nicht paßt, vielleicht *über* oder *für*.

betreffend
entsprechend

4 Die Grundregel zum Komma vor ‚und' ist einfach:

 Vor *und* steht dann ein Komma, wenn *und* beigeordnete, vollständige Sätze verbindet:

Ihr Angebot wird von unseren Technikern gründlich geprüft, und noch in diesem Monat geben wir Ihnen verbindlich Bescheid.

Komma vor ‚und'

Die Grundregel gilt auch, wenn *und* beiordnend ein Satzgefüge anschließt, das mit einem Nebensatz beginnt:

Ihr Angebot wird von unseren Technikern gründlich geprüft, und sobald wir das Ergebnis kennen, erhalten Sie Bescheid.

Diese Regel kennt jeder. Weniger bekannt sind die Abweichungen und deren Toleranzbreite.

Bitte entscheiden Sie, ob an den mit ( ) gekennzeichneten Stellen ein Komma zu setzen ist:

a) *Wir hoffen, damit all Ihre Fragen erschöpfend beantwortet zu haben ( ) und freuen uns auf Ihren Besuch.*

b) *Wir möchten Ihnen noch sagen, daß Sie uns jederzeit willkommen sind ( ) und wir uns sehr auf Ihren Besuch freuen.*

4 a) *... erschöpfend beantwortet zu haben, und freuen uns auf Ihren Besuch.* Das K o m m a vor *und* muß stehen, weil dem *und* ein satzwertiger Infinitiv (Grundformgruppe, erweiterter Infinitiv als eingeschobener Satz) vorausgeht.

Komma vor ‚und' nach erweitertem Infinitiv

b) *... willkommen sind und wir uns...* K e i n K o m m a, denn Nebensätze gleichen Grades werden nicht durch ein Komma getrennt.

in Nebensätzen gleichen Grades

5 Würden Sie in dem Satz „Bitte prüfen Sie unser Angebot ( ) und geben Sie uns bald Nachricht" das Komma setzen?

in Imperativsätzen

5 Da die beiden Aufforderungen vollständige Sätze sind, müßte an sich das Komma gesetzt werden. Nur sehr kurze, inhaltlich eng zusammenhängende Befehlsformen stehen mit Dudens Segen ohne Komma *(Tue recht und scheue niemand).* Doch die meisten Schreiber legen die Ausnahme-Regel weitherziger aus als der Duden. Lassen Sie getrost das Komma weg. Ein Regelbuch soll man nie so dicht vors Gesicht halten, daß es zum Brett vorm Kopf wird.

Was ein verrücktes Komma alles kann

Es läßt tief ins Eheleben blicken:
    Er will, sie nicht. – Er will sie nicht.

Es stellt des Onkel Doktors Verordnung auf den Kopf:
    Sie brauchen mehr Bewegung:
    Auto fahren nicht, radfahren sollten Sie!
    Auto fahren, nicht radfahren sollten Sie!

Es treibt mit unserem Arbeitsethos Spott:
    Zur Arbeit, nicht zum Müßiggang sind wir geboren.
    Zur Arbeit nicht, zum Müßiggang sind wir geboren.

Es macht aus Zustimmung Entrüstung:
    Was willst du mehr. – Was, willst du mehr?!

Es verhohnepipelt unsere Klassiker:
    Hier bin ich Mensch. (Goethe) – Hier b i n ich, Mensch!

Es sorgt für üble Nachrede auf Gegenseitigkeit:
    Herr Meyer sagt, Herr Müller sei ein Geizhals.
    Herr Meyer, sagt Herr Müller, sei ein Geizhals.

Es täuscht über die Auflagenzahl hinweg:
    2., verbesserte Auflage. – 2. verbesserte Auflage.

Es wandelt übertriebene Freundlichkeit in Grobheit:
    Wir bitten freundlichst, die Rechnung zu begleichen.
    Wir bitten, freundlichst die Rechnung zu begleichen.

Es unterstellt Kundendienstmonteuren unlautere Absichten:
    Trotz Zerlegen des Rotors gelang es uns nicht, die Fehlerursache zu
    entdecken. – ... gelang es uns, nicht die Fehlerursache zu entdecken.

Es macht aus Sex Fernweh:
    Liebe, dieses Abenteuer! – Liebe dieses Abenteuer!

Es verwandelt Einsichten in Ladenhüter:
    Es ist schwer, zu verkaufen. – Es ist schwer zu verkaufen.

Es stellt unverschämte Ansprüche an die Körpergröße:
    Mein Freund kannst du nicht länger sein.
    Mein Freund, kannst du nicht länger sein?

Es proklamiert eine neue Ethik:
    Der brave Mann denkt an sich selbst zuletzt. (Schiller)
    Der brave Mann denkt an sich, selbst zuletzt. (Herbert Bonewitz)

Es kehrt Sprichwörter um:
    Die kleinen Diebe hängt man, die großen läßt man laufen.
    Die Kleinen, die behängt man, die Großen läßt man laufen.

Pausenzeichen verschiedener Intensität
Strichpunkt, Punkt, Doppelpunkt

Zwischen Punkt und Komma: Das Semikolon

Das Angebot wird heute an Sie abgeschickt, wenn Sie sich gleich entscheiden, erhalten Sie die Ware noch zum alten Preis.

Klar, daß der Satz erst einmal falsch gelesen wird, weil hinter *abgeschickt* ein Komma steht anstelle des sinntrennenden Punkts. Der „Verleser" macht deutlich, worin sich Punkt und Komma unterscheiden: Ein Punkt gehört zum vergangenen Satz, er lenkt den Blick gleichsam auf ihn zurück; das Komma aber leitet den Leser vorwärts und verheißt eher Kommendes, als daß es Geschehenes schließt. *(Stilwert von Punkt und Komma)*

Statt eines Punkts hätte in der Sinnfuge des Beispielsatzes (hinter *abgeschickt*) genausogut ein Semikolon stehen können. Es ist das Zeichen, das stärker als das Komma trennt, aber schwächer als der Punkt – das Zeichen, das Trennung und Zusammengehörigkeit zugleich markiert. *(Stilwert des Semikolons)*

Ein Kolon (alter Name für ‚Doppelpunkt') besteht aus zwei Punkten. Ein Semikolon (= halbes Kolon) müßte folglich aus einem Punkt bestehen, doch es besteht aus einem Punkt mit einem Strich darunter. Also müßte es auf deutsch „Punktstrich" heißen, aber nein – es nennt sich ‚Strichpunkt'. *(Strichpunkt)*

Wie sagt doch Mascha Kaléko in ihrem Sechszeiler „Philo(un)logisches"?

> Wer etwas faltet, ist noch längst kein Falter,
> wer einen schmettert, längst kein Schmetterling.
> Ein ältrer Herr ist jünger als ein alter.
> Gut gings ihm nicht, wenns ihm auch besser ging.
> Die Leistung war nicht schwach. Nur, eben schwächer.
> Die Sprache ist so logisch wie ihr Sprecher.

Sagen wir lieber *Semikolon*. Fremdwörtern merkt man nicht so leicht an, wie schief sie manchmal sind.

Nichts für Einfältige

„Das Semicolon oder Comma mit einem Punct darüber (;) ist ein Zeichen, das die einfältigen wohl auslassen können, und ein Comma oder Colon dafür setzen. Dann die Gelehrten sind selbst nicht recht eins, wo es eigentlich stehen soll." So zu lesen in Joh. Bödikers „Grundsätzen der Teutschen Sprache", erschienen 1723. Heute, mehr als 250 Jahre später, halten sich die Einfältigen noch immer an den alten Ratschlag und lassen das Semikolon aus. Komischerweise kommen sie sich dabei hochmodern vor, denn sie sind der Meinung, das Semikolon sei altmodisch. Aber genau das ist es nicht. Es ist nur nicht so straff durch Regeln erfaßt wie das Komma. Und das wiederum ist kein ausreichender Grund, das Semikolon zu verachten.

> Als ich meinen Schülern sagte, der Gebrauch des Semikolons deute auf eine gewisse Stilreife, setzten etliche nur noch Semikola.
> EDUARD KOELWEL

Nützlich ist das Semikolon vor allem in drei Fällen

Warum heißt das rechts zitierte Goethe-Gedicht manchmal „Wandrers Nachtlied" und manchmal „Ein Gleiches"? Weil Goethe zwei seiner Gedichte „Wandrers Nachtlied" nannte. Werden in einem Goethe-Band beide Gedichte unmittelbar hintereinander abgedruckt, bekommt „Über allen Gipfeln", das immer an zweiter Stelle steht, den Titel „Ein Gleiches".

1. Es gliedert den mehrfach zusammengesetzten Satz, die Periode, in der Lyrik:

> Über allen Gipfeln
> Ist Ruh,
> In allen Wipfeln
> Spürest du
> Kaum einen Hauch;
> Die Vögelein schweigen im Walde.
> Warte nur, balde
> Ruhest du auch.

wie in der Zweckprosa:

> Französische Sprachkenntnisse sind von Vorteil; wir sind aber auch bereit, vorhandene Grundkenntnisse durch Intensivlehrgänge zu fördern.

Semikolon im mehrfach zusammengesetzten Satz

Faustregel:

 Enthält Ihr Satzgebilde schon mehrere Kommas, dann setzen Sie über das am stärksten trennende ein Pünktchen; das Semikolon macht den mehrfach zusammengesetzten Satz übersichtlicher und rascher erfaßbar.

Semikolon bei Aufzählungen

2. Es gliedert Aufzählungen, wobei es Gruppen gleichartiger Begriffe zusammenfaßt:

> Die städtische Gärtnerei liefert Buchen, Linden, Kastanien; Lärchen, Kiefern, Fichten; Rhododendron, Weißdorn, Liguster.

3. Es hilft Mißverständnisse vermeiden, weil es nicht wie der satzschließende Punkt die Großschreibung des folgenden Wortes verlangt.

Semikolon vor ‚sie'

Wahrscheinlich werden Sie, lieber Leser, schon öfter an Satzanfängen ganz bestimmte Stolperschwellen erst beim zweiten Anlauf haben nehmen können. Sie werden sich ... So, wie geht der Satz jetzt weiter? Entweder

> ... jetzt fragen, was das für Stolperschwellen sind

oder

> ... nie ganz vermeiden lassen, solange Satzanfänge groß geschrieben werden.

Im ersten Fall würde das groß geschriebene *Sie* Anredepronomen sein, im zweiten Stolperschwelle. Da jeder Leser egozentrisch genug ist, groß geschriebenes *Sie* zunächst auf sich selbst zu beziehen, sollte *Sie* am Satzanfang nur dann groß geschrieben werden, wenn es wirklich Anrede ist. Und was, wenn nicht? Dann ganz einfach statt „Punkt Sie" *(. Sie)* fortan „Semikolon sie" *(; sie)*.

Das Semikolon als Stilmittel

Die stilistische Leistung des Semikolons drückt sich da aus, wo es zwei gegensätzliche Gedanken zu einer höheren Einheit verbindet:

Stilwert des Semikolons

> Frage
>
> Mein Großvater starb
> an der Westfront;
> mein Vater starb
> an der Ostfront:
> an was
> sterbe ich?
>
> Volker von Törne in: „bundes deutsch"

Der Lyriker Volker von Törne starb 1980, wenige Jahre nach Erscheinen seiner „Frage", an Herzversagen.

Die wenigen Zeilen verdeutlichen gleichzeitig die Signalwirkung des Doppelpunkts. Während das Semikolon zwei sich trotz ihrer Gegensätzlichkeit entsprechende Aussagen im Gleichgewicht hält, verlagert der Doppelpunkt das Gewicht: Was hinter dem Doppelpunkt kommt, wiegt schwerer.

Stilwert des Doppelpunkts

Der Punkt als Schlußpunkt

> Deutsch für Anfänger
>
> Was der Schlachter für den Ochsen,
> was die Katze für den Spatz,
> was der Niederschlag beim Boxen,
> ist der Punkt für einen Satz.
> Ob er lang ist, ob er kurz ist,
> ob er gut ist oder schlecht,
> das ist etwas, was ihm schnurz ist;
> denn dem Punkt ist jeder recht.
> Es mag kluge Sätze geben,
> wohl durchdacht und durchaus wert,
> noch ein wenig fortzuleben,
> doch vergebens! Umgekehrt
> gibt es dumme, die nicht enden,
> weil sie nicht mehr wissen wie,
> und sich drehn und ziehn und wenden –
> doch vergebens auch für sie!
> Mancher, um ihm zu entweichen,
> stürzt mit Zweifeln oder Schrei'n
> in ein großes Fragezeichen
> oder Rufzeichen hinein.
> Mancher andere hingegen
> geht dem Ende stolz und grad
> wie ein wahrer Satz entgegen:
> Subjekt, Objekt, Prädikat.
>
> Dieter Höss in der SÜDDEUTSCHEN ZEITUNG

Daß der „wahre" Satz aus Subjekt, Objekt, Prädikat bestehen müsse, das ist auch so eine von den „Wahrheiten", die nicht totzukriegen sind. Die Wirklichkeit sieht oft ganz anders aus. Sogar die Braven, die sich beim Schreiben strikt an die Konvention der Grammatik halten und nur „wahre" (= vollständige) Subjekt-(Objekt-)Prädikat-Sätze zu Papier bringen – beim Morgenkaffee am Familienfrühstückstisch, da hört sich das, was sie zu sagen haben, weniger vollendet und dafür viel natürlicher an. Vor allem, wenn noch Emotionen im Spiel sind wie in Hermann Peter Piwitts Geschichte vom Großvater, der, als er achtzig wurde, Maler zu werden beschloß. Ein paar Auszüge:

> Wir saßen beim Morgenkaffee, der Kuchen war vom letzten Sonntag, Rosinenkuchen hart und kalt, wie seit dreißig Jahren; im Rundfunk lief die Morgengymnastik, Onkel Rasha las die Zeitung, mein Bruder Aroldo das Innenblatt, meine Mutter schob ein Handtuch unter den frischen Kaffeefleck auf der Tischdecke, es wird keine Flecken geben, das Furnier wird gerettet.
> Da trat Großvater an. Er trug einen weiten Kamelhaarmantel, der bis zu den Knöcheln fiel, einen Anzug aus ockerfarbigem Kordsamt, eine giftgrüne Weste mit Hornknöpfen und eine schwarze Samtschleife am Hals, dazu den flachen Hut... dazu der Margarinekarton, den er immer bei sich trug, wenn er auf Reisen ging, es war die Höhe.
> „Was soll das heißen", sagte meine Mutter, „willst du damit sagen, daß."
> „Ich reise noch heute", sagte mein Großvater, „München."
> Es war meine Urgroßmutter, die als erste die Worte wiederfand: „Meschugge", rief sie, „der Junge ist toll. Er ist nicht mehr mein Sohn, er bringt mich ins Grab, Flausen im Kopf und zuwenig Hiebe, das ist es, da hat man sie großgezogen, die Blase, das Kroppzeug, aber was Erziehung! wo der Vater selbst ein Räuber ist."
> „Der und erwachsen!" greinte meine Mutter.
> „Seuchen", stammelte die Urgroßmutter, „Haarausfall, Schwanzparade."
> Großvater blieb unbeirrt.
> „Ich werde auf die Akademie gehen, ich habe Geld."
> „Er hat Geld, woher hat er es", sie schrien durcheinander...
> „Heckmeck", sagte Aroldo, „wer hat ihn aufgewiegelt?"
> Ich war der Jüngste, 40, ich sagte nichts.

Wie die schimpfende Urgroßmutter hier in aneinandergereihten Kurzsätzen und Satzbrocken ihrem Zorn Luft macht, das ist an Eindringlichkeit in der Darstellung kaum mehr zu überbieten.

Der wunde Punkt

Texter haben seit eh und je einen Blick für gängige Satzstrukturen. Das Modell der Aneinanderreihung haben sie den Literaten vor langer Zeit schon abgeguckt. Mit einem Unterschied: Werbetexter trennen Kurzsätze und Satzbrocken nicht durch Komma, sondern durch Punkt. Das liest sich, Punkte mitgelesen, so:

Redestil

Aneinanderreihung von Kurzsätzen und Satzbrocken

in der Literatur

in der Werbung

> Wir wissen, was wir wollen Punkt Milde Frische mit Orangensaft Punkt Frische aus Orangen Punkt Saftige, milde Frische Punkt Mit klarem, frischem Wasser Punkt Und reinem Kristallzucker Punkt Sinalco-Orange Punkt – Über Frische sind wir uns einig Punkt

Über die Qualität dieser Werbung auch Punkt. Da man so etwas wirklich nicht mehr hören kann – der Hackepeter-Stil hatte seinen Höhepunkt in den sechziger Jahren –, liest man's zum Glück auch immer seltener. Die Werbetexter sind maßvoller geworden, ihre Sätze nicht mehr ganz so asthmatisch. Als typisch für den heutigen Werbestil hier eine Stelle aus einer Anzeige, mit der die Britischen Eisenbahnen zum England-Besuch einladen:

> **Mit Bahn und Schiff nach Großbritannien...**
>
> Das ist nicht teuer. Das ist recht bequem. Und außerdem, man kann eine Menge netter Leute kennenlernen. Denn die Bahn ist gut für einen Streifzug. Und auf dem Schiff gibt's viele Ankerplätze: Cafeterias, Bars, Lounges...

Geblieben sind die kurzen Sätze; geblieben ist der grammatisch inkorrekte Satzanschluß mit großem *Und* und großem *Denn*. Aber schon das genügt, der Aussage etwas Lapidares, Endgültiges zu geben. Und es genügt auch, den Leser zum langsameren Lesen zu zwingen. Denn beim Punkt hält jeder länger inne als beim Komma, über das gewohnheitsmäßig schnell hinweggelesen wird. Nur was langsam gelesen wird, prägt sich ein und wird behalten. Gute Werbung wird sich deshalb niemals von Kurzsatz und Satzschlußpunkt trennen.

Punkt vor ‚und' und ‚denn'

Überhaupt wird das niemand tun, der brillant zu schreiben versteht. Und wer unter den Textern und Literaturproduzenten hat den brillantesten Stil? Derjenige, dessen Stärke nicht die Dummheit ist: der Verfasser von Aphorismen.

Der gescheiteste Punkt ist der Punkt vor der Pointe

> Malicen soll man überhören. Es ist christlicher. Und ärgert mehr.
> Curt Goetz (1888–1960)

Die ersten beiden Sätze klingen brav und zahm. Der Satzanschluß durch beiordnendes *und* läßt an nichts Böses denken. Der Stich, der dann kommt, sitzt.

Stilwert des Punkts im Aphorismus

Der gedankliche Hakenschlag im Aphorismus ist nicht auf die *Und*-Anknüpfung angewiesen, wohl aber auf den Punkt hinter dem vorhergehenden Satz. Vom selben Autor:

> Man kann nicht behaupten, daß unsere Generation dümmer ist als die früheren. Man kann es nur vermuten.

Ein Komma anstelle des Punkts würde zu leicht überlesen, dadurch könnte die Pointe untergehen. Den auffälligen Gedankenstrich würde man zu schnell wahrnehmen und sich von vornherein darauf gefaßt machen, daß der Satz auf Überraschung, Verblüffung zielt. Ein Doppelpunkt würde genauso warnen: Vorsicht, der Knalleffekt kommt erst noch! Mit Punkt aber nimmt man den ersten Satz für bare Münze und wirft sich in die Brust: „Aha, wir sind nicht dümmer als frühere Generationen!" Erst hinter dem Punkt merkt man die Ironie. Man begreift, daß nicht *unsere Generation* und *die früheren* miteinander korrespondieren, sondern *behaupten* und *vermuten*.

> In *Punkt* und in *Pointe* steckt lat. *pungere* = ,stechen'.

Wenn wir den Aphorismus definieren als eine Vier-Fünftel-Wahrheit in maximal drei Sätzen, von denen der letzte einen Haken schlägt, dann wäre der Punkt d a s Satzzeichen vor dem Hakenschlag. *Punkt* und *Pointe* gehören eben nicht nur ihrer Herkunft nach zusammen. Am pointiertesten kommt die Pointe heraus, wenn ihr ein Punkt vorangeht.

Wechseln Sie ab!

Um kurz zusammenzufassen: Daß ein wahrer Satz aus Subjekt und Prädikat bestehen und womöglich noch ein Objekt haben müsse, ist eine Erfindung der Schulgrammatik. In lebendiger Rede, im Dialog kommt man ohne vollständige Sätze bestens zurecht. Einzelne Wörter und halbe Sätze genügen. Haben Sie also ruhig den Mut, stärker als bisher die Elemente des mündlichen Stils ins Schreiben einzubeziehen. Aber schreiben Sie beileibe nicht lauter unvollständige Sätze, auch nicht lauter kurze und auch nicht lauter lange. Wechseln Sie ab. Fangen Sie getrost mal einen Satz mit *Und*, vielleicht auch mit *Oder* an. Aber übertreiben Sie nicht. Satzanfänge mit *Und* wirken nur, wenn sie überraschend kommen und wenn sie Ausnahme bleiben. En masse sind sie Manie.

> **Punkt vor ,und'**

Das gegen die Schulgrammatik verstoßende „Punkt Und" ist übrigens nicht nur für Werbetext und Aphorismus typisch. Für die von hoher Musikalität getragene, schwermütig-zarte Lyrik Hugo von Hofmannsthals (um 1900) sind Zeilenanfänge mit *Und* so bezeichnend, daß sie immer wieder parodiert wurden. Parodie ist Übertreibung. Parodie bläht Eigenarten und Marotten auf, damit sie deutlicher werden. Zum Zeichen dafür, wie komisch der übertriebene Gebrauch eines Stilmittels wirkt, hier der Schluß einer Hofmannsthal-Parodie von Hans Heinrich von Twardowski. Das parodistische Gedicht ist überschrieben: „Monolog eines jungen Mannes von vierzig Jahren".

> Und sind noch immer wie vor zwanzig Jahren.
> Und wissen, daß wir werden, was wir waren.
> Und wedeln sanft.
> Und wandeln in der guten Abendröte.
> Und spielen gern und sehr den alten Goethe.
> Und sind sehr fein.
> Und schreiben edle Auf- und Niedersätze.
> Und stellen uns auf sehr belebte Plätze.
> Und denken nichts.
> Und haben einen sehr gepflegten Stil.
> Und nicken mit dem Kopfe ganz und viel.
> Und wirken sehr ornamental.
> Und sind in dieser Welt wie in der Fremde.
> Und tragen nachts ein seidnes Hemde.
> Und werden nächstens wohl katholisch werden.

Der Doppelpunkt: praktischer Satzgliederer und Jetzt-kommt-was-Interessantes-Zeichen

„Nun mach aber mal einen Punkt." Das sagt man, wenn's einem zu bunt wird. Schluß damit, aus, basta. Schwamm drüber, kein Wort mehr. Punktum. Der Punkt ist seinem Wesen nach immer Schlußpunkt. Er schließt Sätze ab.

„Nun mach aber mal einen Doppelpunkt" – das sagt man nicht. Aber man sollte es sagen, und zwar all denen, die es noch nicht selbst gemerkt haben: Der Doppelpunkt ist als Ankündigungssignal eines unserer effektvollsten Stilmittel. Er schließt Sätze auf.

Was der Doppelpunkt stilistisch zu leisten vermag – dafür ein kurzes Gedicht von Rainer Malkowski (aus „Was für ein Morgen", 1975):

> Schöne seltene Weide
>
> Manchmal, nach einem Herbststurm,
> wenn die Luft still und gefegt ist,
> gehe ich im Garten umher und zähle
> die abgeschlagenen Äste.
> Nur die Weide zeigt keine Veränderung.
> Ich bewundere sie lange:
> nicht immer sieht es so schön aus,
> wenn die Biegsamkeit überlebt.

Sechs Zeilen lang spielt sich das Gedicht in der Natur ab, als ginge es um sie – bis der Bewunderung ein Doppelpunkt folgt und damit der Abbruch der Idylle: „nicht immer sieht es so schön aus, wenn die Biegsamkeit überlebt". Der auf Naturlyrik eingestellte Leser hält betroffen inne, erschrickt: Biegsamkeit, Synonym für Angepaßtsein, betrifft nicht mehr die Weide, diese Biegsamkeit betrifft ihn selbst.
Wer Gedichte schreibt, weiß, welche Kraft im Doppelpunkt steckt. Doch um den Doppelpunkt als Stilmittel einzusetzen, muß man nicht Lyriker sein. Nur:

Was weiß man schon vom Doppelpunkt?

Meistens nicht mehr, als daß er die wörtliche Rede ankündigt.

> Herr Müller sagt: „Ich habe die Zahlungsbestätigung bis heute nicht erhalten."

Angekündigte wörtliche Rede wirkt naiv. So formulieren Zehnjährige. Auf dreierlei Art kann man solchen Sätzen ihre Primitivität nehmen:

1. Die direkte Rede läßt sich umwandeln in die indirekte:

> Herr Müller sagt, bis heute habe er die Zahlungsbestätigung nicht erhalten.

Stilwert von Punkt und Doppelpunkt

Sprichwort: „Der Mensch denkt. Gott lenkt."

Refrain aus Mutter Courages Lied von der großen Kapitulation:

„Der Mensch denkt: Gott lenkt. Keine Red davon!"
BERTOLT BRECHT
(1898–1956)

Doppelpunkt und direkte Rede

2. Man verzichtet darauf, die Ankündigung vorauszuschicken, und schaltet sie statt dessen in die direkte Rede ein:

> „Bis heute", sagt Herr Müller, „habe ich die Zahlungsbestätigung nicht erhalten."

Humoristen schreiben so, um durch Hinauszögern der Pointe die Spannung zu erhöhen:

> „Was wir wirklich gebraucht hätten", sagte mein Vater, als ich geboren war, „wäre eine Kommode fürs Wohnzimmer gewesen."

3. Der direkten Rede kann man dadurch ihre Schwerfälligkeit nehmen, daß man die Redeankündigung auf den Doppelpunkt reduziert:

> Herr Müller aufgeregt am Telefon: „Bis heute habe ich die Zahlungsbestätigung nicht erhalten."

Doppelpunkt als Redeankündigung

Manche Schriftsteller – Alfred Döblin zum Beispiel – vermeiden nach der Methode

> Den Schirm ließ sie ärgerlich fallen: „Laß mich doch los, Mensch!"

die Litanei des *sagte er / fragte sie / antwortete er*. Aber auch im Journalismus wird heute immer häufiger durch Verzicht auf *meinte / erklärte / stellte fest* allein dem Doppelpunkt die Ankündigung der direkten Rede überlassen. Das liest sich dann so:

> Wie viele ausländische Jugendliche es inzwischen tatsächlich sind, weiß nicht einmal das Erziehungsministerium in London: „Wir haben keine Ahnung."

In der gleichen knappen Diktion wird heute zitiert:

> Winston Churchill während des Zweiten Weltkriegs: „Die Geschichte wird uns glimpflich beurteilen, denn ich gedenke sie selbst zu schreiben."

Und gewitzelt:

> Wahlspruch der Einkommensteuerpflichtigen: Wer weniger angibt, hat mehr vom Leben.

Mit Doppelpunkten sind Sie up to date...

Typisch für den Zeitungsstil von heute ist die rhythmisch-harte Kurzankündigung. Die folgenden sechsundzwanzig Doppelpunkt-Einleitungen hat Paul Heise zusammengetragen – aus nur zwei Ausgaben der ZEIT.

Mit anderen Worten:	Überhaupt:
Damit nicht genug:	Der Grund:
Bleibt festzuhalten:	Wörtlich:
Sicher ist soviel:	Zweifellos:

Noch einmal die Frage:　　　Mehr noch:
Das bedeutet:　　　　　　　Ergebnis:
Hinzu kommt:　　　　　　　Resümee:
Die Wahrheit ist:　　　　　Immerhin:
Nur einige Zahlen:　　　　 Sicher ist:
Wie das so geht:　　　　　 Kein Wunder:
Das beweist wohl:　　　　　In der Tat:
Nicht so hier:　　　　　　 Nur leider:
Allen Dementis zum Trotz:　Im übrigen:

Der wortgewordene Doppelpunkt fehlt merkwürdigerweise in dieser Auf-　　*Folgendes:*
stellung: *Folgendes:*

Das ist die Stärke des Doppelpunkts: Er markiert die Stelle in der Satzverbindung, wo das Vorspiel zu Ende ist. Und nun: Vorhang auf für den dramatischen Höhepunkt.

... und ‚daß' und ‚nämlich' sparen Sie auch!

Kein Wunder, wenn gerade die Werbung den Doppelpunkt nutzt:

> Ein starker Wagen hat immer einen Sicherheitsfaktor mehr: die Flucht nach vorn

oder:

> Drei Dinge braucht der Mann: Feuer, Pfeife, Stanwell.

Natürlich ist man bei einer Aufzählung wie im letzten Beispiel nicht unbedingt auf den Doppelpunkt angewiesen. Man könnte ihn durch etwas anderes ersetzen. Wodurch? Unter anderem durch *nämlich*:

> Der Mann braucht drei Dinge, nämlich Feuer, Pfeife und Stanwell.　　*nämlich*

Vielleicht gar keine so schlechte Idee. Durch das schulmeisterliche *nämlich* dürfte den Lesern der Stanwell-Werbung der Geschmack am Rauchen eher vergehen als durch alle Warnungen der Mediziner.

Oder nehmen Sie diesen Slogan:

> Ihr größter Vorzug: BLECA-Fenster eignen sich für jedes Dach.

Und nun formen Sie ihn bitte um in ein Satzgefüge:

> Der größte Vorzug der BLECA-Fenster besteht darin, daß sie sich für　　*daß*
> jedes Dach eignen.

Sie sehen es: Einen Nachsatz mit *daß* einzuleiten ist ein vorzügliches Mittel zur Transformation von Dynamik in Langeweile. Anders herum ausgedrückt: Überlegen Sie bei jedem *daß* oder wenigstens bei jedem dritten, das Ihnen aus der Feder fließen will, ob es sich nicht durch einen Doppelpunkt ersetzen läßt. Nutzen Sie den Doppelpunkt. Ihr Stil wird einfacher, klarer, kräftiger.

Testbogen 42

denn

1 Haben Sie in der Schule, als die Zeichensetzung dran war, gut aufgepaßt? Dann werden Sie noch wissen, welches Satzzeichen vor *denn* zwingend vorgeschrieben ist. Welches?

Mehr darüber auf Seite 531

1 Falls Sie jetzt aufs Semikolon tippen, tippen Sie falsch. Genauer: nicht mehr richtig. Die Interpunktionslehren aus der ersten Hälfte des Jahrhunderts haben noch ein Semikolon gefordert. Heute darf offiziell vor *denn* g e n a u s o g u t e i n K o m m a stehen, inoffiziell sogar ein Punkt.

Satzzeichen hinter Überschriften

2 Hinter einer als Frage formulierten Überschrift steht ein Fragezeichen *(Reden wir noch Deutsch miteinander?)*, hinter einer als Ausruf formulierten ein Ausrufezeichen *(Wohnen und wohnen lassen!)*. Was für ein Satzzeichen steht hinter einer Überschrift, die ein vollständiger Aussagesatz ist? Beispiel: *Neureut unterliegt vor dem Staatsgerichtshof*

2 K e i n e s. Überschriften, auch die Betreffzeile im Geschäftsbrief, werden ohne Punkt geschrieben.

Punkt hinter Abkürzungen am Satzende

3 Endet ein Aussagesatz mit einer Abkürzung, ist der Abkürzungspunkt gleichzeitig Satzschlußpunkt. Beispiel: *Schreiben Sie statt etc. lieber usw.* Was aber, wenn die Abkürzungen durch Anführungszeichen hervorgehoben wären?

etc. / usw.

3 Dann wäre ein Satzschlußpunkt zu setzen:
Schreiben Sie statt „etc." lieber „usw.".

Punkt hinter listenartiger Aufstellung

4 Setzt man hinter einem Satz, der mit einer listenartigen Aufstellung schließt, einen Punkt oder nicht?

4 Für diesen Fall halten unsere Interpunktionslehren keine Regel parat. Dennoch geben sie indirekt Aufschluß, denn gerade Bücher über Zeichensetzung kommen nicht ohne Sätze aus, die mit eingerückten, listenartig aufgeführten Beispielen enden. Das Duden-Taschenbuch 1 („Komma, Punkt und alle anderen Satzzeichen") verfährt dabei so:

K e i n P u n k t wird gesetzt am Ende der listenartigen Aufstellung, wenn sie eingerückt ist und mit einer Kurzzeile endet:

Ein P u n k t wird gesetzt, wenn die letzte Zeile der Aufstellung bis zum rechten Rand läuft:

---.

Der Punkt steht also nur als optisches Signal, wo er zur Abgrenzung der Aufstellung von einem sich daran anschließenden Text nötig oder zweckmäßig ist.

[5] Eine Zeitungsüberschrift: *„Der Widerspenstigen Zähmung" von Shakespeare verfilmt.* Zu Shakespeares Zeiten war die Filmerei noch nicht erfunden. Trotzdem, sicher ist sicher. Wie kann man den Verdacht, Shakespeare habe das Stück verfilmt, von ihm ablenken? Ein Komma einfügen? *„Der Widerspenstigen Zähmung" von Shakespeare, verfilmt.* Das wäre durchaus eine Möglichkeit. Gibt es noch eine andere?

> [5] Zum Beispiel die U m s t e l l u n g : *Verfilmt: „Der Widerspenstigen Zähmung" von Shakespeare.*

[6] Ob zwischen einer Angabe wie *Telefon* und der Nummer ein Doppelpunkt stehen muß, darüber streiten die Gelehrten. Die Duden-Zeichensetzung (Taschenbuch 1) verlangt ihn, der Duden Band 9 erlaubte ihn früher und fordert ihn heute, die deutschen „Regeln für Maschinenschreiben" schweigen sich darüber aus, die Schweizer „Regeln für Maschinenschreiben" verbieten ihn. Und was sagt der gesunde Menschenverstand dazu?

Doppelpunkt vor Zahlenangaben

> [6] Falsch wäre der Doppelpunkt hinter *Telefon* nicht, aber ü b e r - f l ü s s i g .

[7] Zu der leidigen Frage, ob's nach dem Doppelpunkt groß oder klein weitergeht, hier die Faustregel:

> Fangen Sie nach dem Doppelpunkt grundsätzlich klein an, es sei denn, auf den Doppelpunkt folgt ein Substantiv, die *Sie*-Anrede, die wörtliche Rede, ein angekündigter vollständiger Satz oder ein ganzes Satzgefüge.

Schreibung hinter Doppelpunkt: groß oder klein?

Nur, heute bilden wir oft Sätze, die alles andere als vollständig sind. Das ist einer der Gründe für unsere Rechtschreibunsicherheit. Als Beispiel: *Da Sie sich auf dem Gebiet auskennen: (m)öchten Sie das Thema aufgreifen?* Ich habe neulich gezögert, als ich einem Mitarbeiter brieflich diese Frage stellte, und mich dann fürs große M entschieden. Warum wohl?

> [7] Weil das Satzstück vor dem Doppelpunkt eine A n k ü n d i g u n g ist, v e r k ü r z t a u s : *Da Sie sich auf dem Gebiet auskennen, frage ich Sie: Möchten Sie ...*

[8] In seinen Vorbemerkungen billigt der Duden dem Schreiber eine gewisse Freiheit in der Zeichensetzung zu. Gilt das auch für die Schreibung hinter Doppelpunkt?

> [8] Ja. Ob groß oder klein hinter Doppelpunkt – das wird sich n i e bis ins letzte r e g l e m e n t i e r e n l a s s e n . Vor allem in der Zäsur zwischen zwei innerlich voneinander abhängigen Sätzen ist die Schreibung Ermessensfrage:

> Schreiben Sie groß, wenn Ihnen der kleine Anfangsbuchstabe nicht deutlich genug ist; schreiben Sie klein, wenn Sie für den Doppelpunkt ein Komma setzen könnten.

Alle anderen Satzzeichen:

Weniger eine Frage der Zeichensetzung –
mehr eine Frage des Stils

Fragezeichen sorgen für Lebendigkeit

> Mutti? Darf der Apotheker
> alle seine Sachen essen?
> Mutti? Biste schon beim Bäcker
> mal im Ofen drin gesessen?
> Mutti? Was ist hinterm Himmel?
> Weiß der Löwe, was er denkt?
> Hat dem Bolle seine Bimmel
> seine Mutti ihm geschenkt?
> Warum ist mein Ball ein bunter?
> Woher hab ich mein Gesicht?
> Warum fällt der Mond nicht runter?
> Siehste, Mutti, weißte nicht.
> Paul Brandt

direkter Fragesatz

Um als Erwachsener die Dinge dieser Welt genauso ungeniert durch Fragen zu hinterfragen, muß man schon Wilhelm Busch heißen:

> Wozu nützen, warum sitzen
> an dem Frack die langen Spitzen?

Oder Bert Brecht:

Das allererste Fragezeichen soll in Fischarts „Flöh Haz" (1573) gestanden haben.

> In welchen Häusern des goldstrahlenden Lima wohnten die Bauleute? Wohin gingen an dem Abend, wo die chinesische Mauer fertig war, die Maurer?

Oder Pablo Neruda:

> Ist Trauriges auf der Welt
> als ein regloser Zug im Regen?

Der Erwachsene im Normalformat macht um das Fragezeichen einen Bogen. Warum? Weil direktes Fragen sich angeblich nicht schickt? Merkwürdig, jeder von uns schätzt klare Antworten und verbindliche Zusagen und vergißt, daß er am ehesten den Gesprächs- oder Briefpartner zu einer klaren Antwort bewegt, wenn er ihn direkt fragt. (Um auf direkte Fragen ausweichend antworten zu können, muß einer schon Routine haben.)

„Direkte Fragesätze gehören nicht in die Handelskorrespondenz", haben Generationen von Prinzipalen dem Nachwuchs gepredigt. Wer nicht hören wollte, mußte fühlen. Ein junger Ingenieur, der diktiert hatte:

> Anbei eine Lichtpause unseres Teils XP-100. Monatsbedarf 5000 Stück. Können Sie das für uns machen?

bekam seinen Kurzbrief zurück aus dem Allerheiligsten mit der „Verbesserung":

> Wir fragen an, ob Sie dieses Teil künftig für uns fertigen können.

Und eben weil jahrzehntelang der direkte Fragesatz bei Kaufleuten als plumpvertraulich galt („So können Sie vielleicht am Telefon reden oder Ihrer Braut schreiben!"), basteln noch heute manche Korrespondenten Sätze zusammen wie den:

> Wir wären Ihnen sehr verbunden, wenn Sie uns freundlicherweise mitteilen wollten, ob es Ihnen möglich wäre, sich mit unseren Vorschlägen anzufreunden.   (A)

Daß dies der Stil des 20. Jahrhunderts sei, wird wohl keiner behaupten wollen. Wie kann man Leute, die in der Scheu vor dem Fragezeichen aufgewachsen und grau geworden sind, zu einem frischeren Stil bekehren? Nicht dadurch, daß man ihnen ihr Weltbild auf den Kopf stellt mit der Empfehlung: Fragen Sie nicht hinten herum, fragen Sie direkt:

> Sind Sie einverstanden?   (B)

Zunächst sollte man ihnen behutsamere Verbesserungsvorschläge anbieten, etwa:

Kleine Fortschritte sind besser als keine.

> Schreiben Sie uns bitte bald, ob Sie sich mit unseren Vorschlägen anfreunden können   (C)

Beispiel A enthält einen indirekten Fragesatz.

 Hinter indirekten oder abhängigen Fragesätzen – oft werden sie durch *ob* eingeleitet – steht nach der Regel ein Punkt.

indirekter Fragesatz
ob

Die unverblümte Frage in Beispiel B ist ein direkter Fragesatz. Was aber ist jetzt Beispiel C? Direkter oder indirekter Fragesatz?

Natürlich ein indirekter, werden Sie sagen, denn am *ob* erkennt man ja den indirekten Fragesatz. Richtig. Aber nun sprechen Sie Satz C bitte laut und heben Sie bei *bald* die Stimme. Was jetzt? Jetzt sehen oder vielmehr hören Sie, daß *Schreiben Sie uns bitte bald* nicht nur Aufforderungs-, sondern auch direkter Fragesatz sein kann, dem ein mit *ob* eingeleiteter Nebensatz untergeordnet ist. Sie haben die Wahl; hinter Satz C kann Punkt oder Fragezeichen stehen. Ich würde mich fürs Fragezeichen entscheiden. Nichts macht einen Text – und das gilt auch für den Geschäftsbrief – so frisch und unkompliziert wie die zwischengestreute direkte Frage.

Schutzzeichen
Ich glaube, Gott selber erfand das Fragezeichen, als Versteck, wenn Besserwisser mit Ausrufezeichen auf ihn einschlagen.
DIETER FROST

Die Norm darf nicht zum Dogma werden

> Meine Gedanken sind oft bei Ihnen und Ihrer Schwester in Berlin, und ich frage mich, wie Sie beide sich wohl in der neuen Umgebung zurechtfinden und ob Sie unsere kleine Stadt und die, die darin leben, nicht doch ein bißchen vermissen

Fragezeichen hinter *vermissen* oder nicht? Nach Duden darf keines stehen, denn mit dem *wie* beginnt ein indirekter Fragesatz. Aber wen schert die Duden-Zeichensetzung, wenn er in einem Privatbrief nicht direkt fragen will, sondern nur zart andeuten möchte, daß er auf eine ganz bestimmte Antwort hofft? Auch Kleist setzte nach indirekten Fragen Fragezeichen.

Mit der gleichen Konsequenz, mit der der Duden das Fragezeichen nach indirekten Fragen verbietet, fordert er es nach rhetorischen. Der Satz

rhetorische Fragen
>Darf ich Ihnen meine Frau vorstellen?

ist nach dem Duden-Taschenbuch 1 tatsächlich mit Fragezeichen zu schreiben. Gerade so, als ob einer darauf antworten könnte: Nein, Sie dürfen nicht!

Mir schrieb neulich ein Makler, dudenbrav mit Fragezeichen:

>Ich danke Ihnen für Ihre Anfrage nach dem Einfamilienhaus am Frauenkopf. Darf ich Ihnen mitteilen, daß das Objekt bereits verkauft ist?

Wenn das kein Witz ist!

Die Lärmstange alias Ausrufezeichen

rhetorische Frage
Nach einer rhetorischen Frage ein Fragezeichen zu setzen, wie es die Vorschrift will, das ist zwar höchst korrekt, aber unvernünftig. Die Zeichensetzung in

Fragezeichen
>Darf ich Ihnen mitteilen, daß das Haus bereits verkauft ist?   (A)

entspricht allein der syntaktischen Form und dem Duden, nicht der Redeabsicht des Verfassers. Wo immer aus Regelhaftigkeit Widersinn wird, hat das eine natürliche Folge: Die Zeit setzt sich über das zur Formel Erstarrte hinweg.

>Weißer Puder zum hummerroten Jerseypyjama: die Valeska. Wer erinnert sich nicht an die gefeierte Grotesktänzerin der zwanziger Jahre   (B)

Welches Satzzeichen würden Sie hinter *Jahre* setzen?

Wer erinnert sich nicht ist eine rhetorische Frage, rhetorisch, weil der Schreiber der Reportage gar nicht daran interessiert ist zu erfahren, wer sich nicht erinnert. Für ihn und seine Leser ist *Wer erinnert sich nicht* austauschbar mit *Alle Welt erinnert sich noch gut* – beides gebräuchliche Übertreibungen. Im Originaltext (STERN) steht hinter *Jahre* ein schlichter

Punkt
Punkt. Also ein ganz normaler Satzausklang, ohne jeden Eklat.

Mit einem Punkt würde ich (so mir dieser Satz tatsächlich in einem unbedachten Augenblick aufs Papier geriete) Beispiel A abschließen. Bei Beispiel B würde ich schwanken, um mich dann – auch für den Punkt und nicht für Frage- oder Ausrufezeichen zu entscheiden.

Das Ausrufezeichen ist das lauteste unter den Satzzeichen. Mit lauten Zeichen muß man vorsichtig sein, zu leicht verfällt man sonst in einen schrillen Ton. Wenn das Ausrufezeichen überhaupt Berechtigung hat, dann am ehesten hinter Sätzen, die ihrem Wesen nach ein Ausruf, wenn auch ihrer Form nach eine Frage sind:

> Warum mußte er diesen Brief schreiben!

Wer beim Schreiben viele Ausrufzeichen verwendet, spricht auch sehr laut.
HEIMITO VON DODERER
(1896–1966)

Mixtur für Ausruf und Frage: das Interrobang

Ein Schreibmaschinenhersteller in den Vereinigten Staaten hat sich ein neues Satzzeichen ausgedacht, für das eigens eine Schreibmaschinentaste geschaffen wurde: das Interrobang, halb Frage-, halb Ausrufezeichen:

Das Interrobang, so erklärte damals die Schreibmaschinenfirma, soll zur Verwunderung anregen, aber auch ein in der Schwebe gehaltener Widerruf sein, ein Vorbehalt gegen letzte Glaubwürdigkeit, es soll Überraschung, Staunen, Skepsis, Unsicherheit und Problematik ausdrücken. Die in Zürich erscheinende TAT hatte sich dafür auch schon einen treffenden deutschen Namen einfallen lassen: Infragezeichen. Da aber die interrobange Geschichte wohl doch mehr eine Schreibmaschinenabsatzförderungsidee als das Aufspüren einer tatsächlichen Marktlücke war, scheint sie im Sande verlaufen zu sein. Jedenfalls haben wir in den erwähnten Situationen weiterhin die Qual der Wahl zwischen Fragezeichen, Ausrufezeichen und Punkt.

Kein Ausrufezeichen hinter dem abhängigen Satz

> Stellen Sie Ihr Radio endlich leiser!

ist ein klarer Befehlssatz. Ergo: Ausrufezeichen. Die Befehlsform ist nicht gerade die beste Umgangsform unter Nachbarn. Wer *bitte* sagt, macht sich nicht so schnell unbeliebt und aus dem Befehlssatz einen Aufforderungssatz mit Punkt dahinter:

> Stellen Sie Ihr Radio bitte leiser.

Welches Satzzeichen gehört nun hinter das nächste Beispiel?

> Ich erwarte von Ihnen, daß Sie Ihr Radio auf Zimmerlautstärke laufen lassen

Unter den Satzzeichen ist das Ausrufezeichen ein Luftikus, der häufig überflüssige Sprünge macht; das Semikolon ist ein gewissenhafter Geometer, der den Einschnitt an der richtigen Stelle vermerkt; das Komma ein kluge kleine Person, deren netter Spitzfindigkeit mancher starke Mann nicht gewachsen ist.
EDUARD KOELWEL

Ein Punkt. Denn hinter einem indirekten Imperativsatz (*daß Sie Ihr Radio...*) steht genausowenig ein Ausrufezeichen wie hinter einem indirekten Fragesatz ein Fragezeichen.

indirekter Imperativsatz

Na so was!

In einer Kritik an einer Sprachzeitschrift findet sich der Satz:

Dazu fällt mir noch etwas ein, das (!) *man wissen muß.*

Das eingeklammerte Ausrufezeichen drückt Vorwurf oder Zweifel aus, hier soviel wie: Ausgerechnet eine Sprachzeitschrift druckt *etwas, das,* wo es doch eigentlich *etwas, was* heißen müßte.

Wer schon einmal an einer lateinischen Sprachlehre gerochen hat und halbgebildet genug ist, sich gebildet geben zu wollen, ersetzt das eingeklammerte Ausrufezeichen durch *(sic!)*, ein entrüstetes *So etwas!*

Selbst die Werbung geht mit Ausrufezeichen sparsam um.

Allen andern aber, die ernsthaft an ihrem Stil arbeiten, sei dringend geraten: Verwenden Sie das Ausrufezeichen – ob mit, ob ohne Klammern – so selten wie möglich. Die Mittel der Emphase wirken nur, solange man sie sparsam nutzt. Wer hinter

   Glaube mir, ich habe es nicht so gemeint

drei Ausrufezeichen setzt und die Stelle zur Bekräftigung auch noch dick unterstreicht, der beweist damit nur, daß er noch reichlich jung und grün ist. Oder grün geblieben ist.

„Gänsefüßchen-Strichelei" = Wichtigtuerei

Matthias, zehn Jahre alt, beguckt sich lange ein Bild in einer Illustrierten. Dann schüttelt er ratlos den Kopf: „Vati, hier steht ‚Rasenmäher ohne Elektromotor'. Ich sehe auf dem Bild aber bloß zwei Schafe. Wo ist denn nun der Rasenmäher?"
Vati erklärt, die Bildunterschrift sei als Scherz gemeint, was man daran erkennen könne, daß „Rasenmäher ohne Elektromotor" in Anführungszeichen gesetzt sei.

Anführungszeichen

Matthias begreift und strahlt: „Jetzt weiß ich endlich, weshalb die Zeichen *Anführungszeichen* heißen: weil man damit die Leute anführen kann."

In der Tat: Mit Anführungszeichen kann man Worte und Leute anführen. So schillernd wie ihr Name ist ihre Funktion: Dank ihrer grammatischen Leistung kennzeichnen Anführungszeichen wörtliche Rede und Zitat; dank ihrer stilistischen Leistung signalisieren sie eine Hervorhebung, die – und das ist das Fatale – mal mit, mal ohne Unterton gelesen werden will. Auch die halben Anführungszeichen dienen recht verschiedenen Zwecken: einerseits markieren sie innerhalb einer Anführung eine zweite, die hintergründig gemeint sein kann oder auch nicht – andererseits werden sie immer häufiger zur bloßen Hervorhebung benutzt.

halbe Anführungszeichen

Direkte Rede und wörtlich wiedergegebene Gedanken

„Udo, komm mal her!" ruft Meister Kirschbaum und denkt, als der Stift sich in Bewegung setzt: Ein bißchen fixer könntest du Bengel wirklich laufen.

Alles, was einer wörtlich sagt, spricht, redet, schreit, ruft, fragt, flüstert, murmelt, brummt, näselt, stottert, vorliest, herschnattert oder sonstwie artikuliert von sich gibt, gilt als wörtliche oder direkte Rede und wird bei schriftlicher Wiedergabe in Gänsefüßchen eingeschlossen. Das ist allgemein bekannt und macht niemandem Schwierigkeiten. Was aber, wenn einer den Mund nicht auftut und trotzdem in Gedanken etwas formuliert, was von einem andern schriftlich festgehalten werden soll? Stehen Gänsefüßchen auch bei wörtlich wiedergegebenen Gedanken?

Eine strittige Frage, über die sich Grammatiker und Stilisten nicht einig sind. Ich stehe auf der Seite der Stilisten, die Anführungszeichen bei wörtlich wiedergegebenen Gedanken für pedantisch und also für entbehrlich halten, der Duden aber verlangt ausdrücklich auch für solche Fälle die Gänsefüße. Das Beispiel also dudengetreu:

„Udo, komm mal her!" ruft Meister Kirschbaum und denkt, als der Stift sich in Bewegung setzt: *„Ein bißchen fixer könntest du Bengel wirklich laufen."*

> **Anführungszeichen bei direkter Rede**
>
> **Anführungszeichen bei wörtlich wiedergegebenen Gedanken**
>
> Schon Knut Hamsun (1859–1952) verzichtete ganz auf die Anführungszeichen, auch bei wörtlicher Rede, ohne daß die Verständlichkeit seiner Texte darunter litt.

Mit dem Zitat ist's so im Leben ...

Wenn man an den kühlen und verregneten Sommer zurückdenkt, hat man den Eindruck, der deutsche Sommer ist weiter nichts als ein grün angestrichener Winter. Und wenn man diesen Gedankenblitz ohne Scheu und Anführungszeichen einfach so hinschreibt, betreibt man geistige Freibeuterei. Der hübsche Vergleich ist nämlich aufgeschnappt. Fairerweise sollte man den Urheber nennen:

Der deutsche Sommer ist, wie Heinrich Heine sagte ...

Bei einem so kurzen Zitat genügt die Nennung des Verfassers, Anführungszeichen sind nicht nötig. Besteht aber die angeführte Textstelle aus mehreren Sätzen, müssen die unbedingt in Anführungszeichen eingekrallt sein. Was man zitiert, ist nicht plagiiert, wenn es mit Zeichen angeführt.

Eingeflochtene Redewendungen aus fremden Sprachen brauchen nicht in Anführungszeichen zu stehen:

Dieser sine ira et studio geschriebene Aufsatz findet auch bei Andersdenkenden Anerkennung.

Lateinisch *sine ira et studio* (wörtlich: ohne Zorn und Eifer) bedeutet soviel wie ‚unbedingt sachlich'. Mit einer solchen Wendung kann man nur Lesern gegenüber brillieren wollen, denen das fremdsprachige Zitat nicht gar zu fremd ist. Stilistisch und charakterlich höher zu werten ist der Versuch, allgemeinverständlich auszudrücken, was man meint.

> **Zitat**
>
> „Mit dem Zitat ist's so im Leben:
> Mal geht's gut
> und mal daneben."
> (Soll von Goethe sein.)

Werktitel

Schon Gustav Wustmann sprach sich 1891 in seinem Buch „Allerhand Sprachdummheiten" dafür aus, bei bekannten Buchtiteln die Anführungszeichen wegzulassen. Also: Wustmanns Sprachdummheiten?

Titel bekannter Werke

Ist ein Werk wenigstens dem Namen nach allgemein bekannt, kann man gut und gern auf die Anführungszeichen verzichten. Unter *Goethes Faust* stellt sich keiner eine zusammengeballte Dichterhand vor, und auch *Schillers Wallenstein* hält niemand für einen verdruckten Gallenstein. Natürlich können Sie in beiden Fällen auch Anführungszeichen setzen, das ist eine Frage des Geschmacks.

An seinen Gänsefüßen verrät sich der Stilistiker

Das Wort ‚Gänsefüßchen' ist rund 200 Jahre alt, Jean Paul soll es erfunden haben. In älteren Grammatiken des 17. und 18. Jahrhunderts (Gottsched, Adelung) heißen die Anführungszeichen ‚Gänseaugen' oder ‚Hasenöhrchen'.

Unsere Überlegungen haben hier den Punkt erreicht, wo sich die grammatische Funktion der Anführungszeichen (Kennzeichnung von Titeln) mit der stilistischen Leistung überschneidet. Anführungszeichen verraten nämlich einiges über den Schreiber. Wer brav sämtliche Buchtitel in Anführungszeichen setzt, weist sich als ordentlicher und korrekter Mensch aus. Das ist die positive Seite. Wer aber bei den als bekannt geltenden Buchtiteln oder Namen von Opern und Operetten keine Ausnahme macht, gibt damit zu erkennen, daß die Werke ihm so bekannt nicht sind. Das ist die negative Seite.

Leute, die jeden Monat wenigstens ein Buch lesen, ab und an ins Theater und ins Konzert gehen, sich vom Dritten Programm nicht angeödet fühlen, mindestens zwei Zeitungen abonniert haben und Kunstgalerien auch von innen kennen – solche Leute sprechen zwar nicht allesamt die gleiche Sprache, aber sie haben eine gemeinsame Spracheigenheit: sie stellen sich – und zwar ohne Anführungszeichen! – Thomas Mann ins Bücherregal (und nicht etwa die Werke des Schriftstellers Thomas Mann); sie lieben Tschaikowski (und nicht etwa die Musik des russischen Komponisten Peter Iljitsch Tschaikowski); sie hängen sich einen Klee an die Wand (und nicht etwa ein Gemälde des Malers Paul Klee); sie gehen ins Theater, um Maximilian Schell zu sehen (und nicht etwa den berühmten Schauspieler Maximilian Schell); sie lesen auch nicht eine überregionale Tageszeitung wie die renommierte „FRANKFURTER ALLGEMEINE ZEITUNG", sie lesen – ohne Anführungszeichen – die FRANKFURTER ALLGEMEINE oder, noch kürzer, die F.A.Z.

Wem daheim seine gefüllten Bücherregale nicht bloß repräsentativer Wanddekor sind, wer wirklich mit seinen Büchern lebt, dem kann der Name eines Buches vertrauter sein als der Name seines Nachbarn. Für ihn besteht nicht der geringste Anlaß, den Namen eines Buches in Anführungszeichen zu setzen, den Namen seines Nachbarn aber nicht. Anführungszeichen sind Barrieren, mit denen sich der Schreiber vom angeführten Objekt distanziert. Unnütz gesetzte Anführungszeichen, die künstlich distanzieren, wo es nichts zu distanzieren gibt, müssen jedem Menschen mit ausgeprägtem Sprachempfinden ein Greuel sein. Stilistisch berechtigt sind Anführungszeichen wirklich nur da, wo ein Ausdruck hervorgehoben und der Leser zum Nachdenken über den angeführten Begriff veranlaßt werden soll.

Fazit: Mit Anführungszeichen sparsam umgehen, sparsamer als bisher. Wenn ein Text bei bloßer Draufsicht aussieht wie Hühnergekratze, lohnt sich das Lesen meist nicht.

Überflüssige und fehlende Verdeutlichungen

> Plastikfolien gehören in die Gruppe der sogenannten „unstabilen", das heißt nicht in sich steifen Kunststoffe.

Die Einkrallung von *unstabilen* ist kein Fehler, aber eine unnütze Verdeutlichung; nach *sogenannt* sollten wir grundsätzlich auf Anführungszeichen verzichten. *sogenannt*

> Auf frischem Kalk-, Kalkzement- und Zementputz hält Ölfarbe nicht; sie „verseift", wie der Fachmann sagt, und läßt sich mit Wasser herunterwaschen.

Auch hier macht der Zusatz *wie der Fachmann sagt* die Anführungszeichen überflüssig. Ohne diesen Zusatz müßte das Wort *verseift* aber in Anführungszeichen eingeschlossen werden, wenn sich der Text an Leser wendet, denen das Fachwort nicht geläufig ist.

Die Verlegenheitsfloskel *wie man so schön sagt* verrät ironische Distanz zur Sprache der anderen und enthebt den Schreiber zugleich der Mühe, statt eines abgenutzten Allerweltsausdrucks sich einen bessern einfallen zu lassen. Wenn einer seinen Brief mit der Bemerkung schließt ... *und sehen Ihrer geschätzten Rückäußerung mit Interesse entgegen, wie man so schön sagt*, dann will er damit ausdrücken: „Sprachgeschmack habe ich selbstverständlich." Nur macht er gerade keinen Gebrauch davon. Um aber wieder auf die Gänsefüße zu kommen: In der Floskel *wie man so schön sagt* sind sinngemäß die ironisierenden Anführungszeichen bereits enthalten; eine Einkrallung des zuvor benutzten Ausdrucks wäre pedantischste Pedanterie. *wie man so schön sagt*

Doch wovon handelt Ihrer Meinung nach ein Zeitungsartikel, der die Überschrift trägt:

> Leitende Angestellte schwer zu erfassen

Von einer Treibjagd auf leitende Angestellte, bei der die Manager immer wieder entkommen? Näher liegt wohl die Vermutung, daß leitende Angestellte sich schwer in irgendwelche Statistiken einordnen lassen. Was wirklich gemeint ist, merkt man erst beim Weiterlesen: Wer und was leitende Angestellte sind, das ist schwer zu beschreiben. Hier hätten die Anführungszeichen verdeutlichend gewirkt:

> Begriff „Leitende Angestellte" schwer zu fassen

Gänsefüßchen bitten um Entschuldigung

Aus einem Fachbericht:

> Der Werkstoff Holz hat Schwächen, auf deren Boden sich die Kunststoffe mit dem Vermerk, sie seien „unterhaltsfrei", ernähren.

Der Formulierungskünstler wollte wohl sagen: Kunststoffe sind dem Holz insofern überlegen, als sie wartungsfrei sind. Die Anführungszeichen sollten hier bedeuten: „Entschuldigung, das richtige Wort *(wartungsfrei)* fällt mir nicht ein." Doch mit Anführungszeichen kriegt man ein so verrutschtes Bild nicht wieder gerade.

Aus einem Bericht über Kunstausstellungen:

> Es „kunstmarktet" an allen Orten.

Mit diesen Gänsefüßchen wollte der Schreiber zu verstehen geben: „Ich weiß zwar, daß man von zusammengesetzten Hauptwörtern wie *Kunstmarkt* keine Zeitwörter ableiten kann, doch der von mir erfundene Ausdruck *es kunstmarktet* scheint mir so treffend, daß ich ihn zu gebrauchen wage." Schade. Wer mutig genug ist, ein neues Wort in die Welt zu setzen, sollte auch den Mut haben, es ohne Anführungszeichen zu schreiben.

Aus einer Zeitungsnotiz über einen Hochstapler:

> Als er unter den Gästen Mathilde N. erkannte, „kratzte er die Kurve".

Hier bittet der Reporter mit den Gänsefüßchen dafür um Entschuldigung, daß er einen Ausdruck aus dem Straßenjargon aufgriff. Entschuldigung kann ihm nicht gewährt werden, der Ausdruck ist in dem Zusammenhang zu grob. Eine geringschätzige Wendung, die noch auf normalem Sprachniveau gelegen hätte, wäre gewesen: ... *machte er sich davon.*

Vorsicht vor ironisierenden Anführungszeichen!

Ironie ist – nach einer einfältig klingenden und doch treffenden Definition –, wenn einer es anders meint, als er sagt.

> Wenn unsere liebe Tante Frieda uns tatsächlich für sechs Wochen beehrt, können wir uns gratulieren.

Jedem, der diesen Satz gesprochen hört, wird am Tonfall klar, daß hier das Gegenteil gemeint ist. Geschrieben hört man den Tonfall nicht. Das ist aber kein zureichender Grund, nun zu strichlen:

> Wenn unsere „liebe" Tante Frieda uns tatsächlich für sechs Wochen „beehrt", können wir uns „gratulieren".

Ironisierende Anführungszeichen sind ein Widerspruch in sich. Ironie beruht ja gerade darauf, daß sie dem Gesagten den Anschein der eigenen Billigung gibt und es dem Gesprächspartner oder dem Leser überläßt, hinter den Worten die wahre Meinung des Sprechers oder Schreibers zu entdecken. Ironisierende Anführungszeichen wirken, als ob einer ankündigen wollte: „Und was jetzt kommt, meine ich ironisch."

Zur Ironie gehören immer zwei: auch einer, der sie begreift.

Die schärfste Ironie verpufft, wenn der, auf den sie zielt, sie nicht bemerkt. Den Betreffenden durch Anführungszeichen auf die Doppelbödigkeit des Gesagten aufmerksam zu machen ist, wie wir eben gesehen haben, absurd. Was also tun, wenn man fürchtet, daß eine ironisch gemeinte Bemerkung wörtlich aufgefaßt werden könnte? Auf die Ironie verzichten. Offen zu schreiben, was man wirklich meint, ist nicht die schlechteste Voraussetzung für guten Stil.

Der Gedankenstrich – als Pausenzeichen nicht zu übersehen

> In M..., einer bedeutenden Stadt im oberen Italien, ließ die verwitwete Marquise von O..., eine Dame von vortrefflichem Ruf, und Mutter von mehreren wohlerzogenen Kindern, durch die Zeitungen bekannt machen: daß sie, ohne ihr Wissen, in andre Umstände gekommen sei, daß der Vater zu dem Kinde, das sie gebären würde, sich melden solle; und daß sie, aus Familienrücksichten, entschlossen wäre, ihn zu heiraten.

Das ist der Anfang der 1808 erschienenen Novelle „Die Marquise von O...". Autor: Heinrich von Kleist.

Die nächsten anderthalb Seiten der Geschichte blenden ein paar Monate zurück: Krieg. Russische Truppen drangen unter heftigem Haubitzengefecht in den Palast. Eine Rotte schleppte die Marquise in den hinteren Schloßhof, wo sie eben unter den schändlichsten Mißhandlungen zu Boden sinken wollte, als ein russischer Offizier erschien:

> Er stieß noch dem letzten viehischen Mordknecht, der ihren schlanken Leib umfaßt hielt, mit dem Griff des Degens ins Gesicht, daß er, mit aus dem Mund vorquellendem Blut, zurücktaumelte: bot dann der Dame, unter einer verbindlichen, französischen Anrede den Arm, und führte sie, die von allen solchen Auftritten sprachlos war, in den anderen, von der Flamme noch nicht ergriffenen, Flügel des Palastes, wo sie auch völlig bewußtlos niedersank. Hier – traf er, da bald darauf ihre erschrockenen Frauen erschienen, Anstalten, einen Arzt zu rufen; versicherte, indem er sich den Hut aufsetzte, daß sie sich bald erholen würde; und kehrte in den Kampf zurück.

Der zuletzt zitierte Satz enthält den berühmtesten und berüchtigsten Gedankenstrich der deutschen Literatur. Mit diesem winzigen Federstrich beschrieb Kleist wortlos das Ereignis, durch das sich die Marquise bald darauf zu der Zeitungsanzeige veranlaßt sah. Aber das kann der Leser erst nach und nach aus dem Gang der Erzählung entschlüsseln. So spannend wurde früher Sex dargestellt.

Gedankenstrich

Der Gedankenstrich früher und heute

Früher stand also der Gedankenstrich, unseren heutigen drei Auslassungspunkten vergleichbar, tatsächlich für Gedanken, die nicht niedergeschrieben wurden. Für den Leser war er das Signal, sich auf Unerwartetes gefaßt zu machen und dabei die eigene Phantasie zu bemühen. Heute hat sich die Verwendung des Gedankenstrichs kurioserweise fast ins Gegenteil verkehrt, aus einem Mittel der Spannungsverzögerung wurde ein Mittel der beschleunigten Spannungsentladung. Heute steht der Gedankenstrich nicht mehr für ausgelassene Gedanken, sondern für ausgelassene Wörter, *aber* zum Beispiel. Wir verwenden ihn als Pausenzeichen vor einer knappen Alternative und neuerdings – im Druck als Streckenstrich – zur Gliederung von Aufzählungen. Wie das aussieht, zeigt das nächste Beispiel.

Auslassungspunkte

Gedankenstrich vor listenartig Aufgezähltem

Eine Besprechung ohne Konzept – das wäre nicht nur Zeit-, das wäre auch Prestigeverlust. Den Mißerfolg hätte man sich selbst zuzuschreiben, etwa wegen
– mangelnder gedanklicher Vorbereitung
– unklarer Fixierung der Besprechungspunkte
– fehlender oder lückenhafter Unterlagen
– zu gefühlsbetonter Argumentation
– zu früher Bekanntgabe der eigenen Meinung
– wiederholter Abschweifung vom Thema
– zu langer oder zu kurzer Gesprächsdauer

Gedankenstriche als Schaltzeichen

Parenthese

Das ist die wichtigste Funktion des Gedankenstrichs: er hebt die Parenthese, den eingeschobenen Redeteil, deutlich aus dem Satzganzen heraus:

Der Mensch ißt ebensowenig, um zu leben, wie er lebt, um zu essen. Er ißt, weil er Hunger oder Appetit hat oder – in Deutschland – weil's zwölf Uhr schlägt.

Gewiß hätten statt der Gedankenstriche ebenso Kommas gesetzt werden können, dann wäre die Einschaltung *in Deutschland* weniger hervorgetreten; auch Einklammerung *(in Deutschland)* wäre möglich. Wer ein sehr feines Stilempfinden hat, trifft seine Wahl unter den Schaltzeichen nach der Intensität der Einschaltung. Stark vereinfachend könnte man sagen, es bedeuten:

K o m m a s: Das sollte man noch wissen.
G e d a n k e n s t r i c h e: Das darf man auf keinen Fall übersehen.

Klammern

K l a m m e r n: Das habe ich in Erfahrung bringen können, aber vielleicht bleibt's besser unter uns.

Normalerweise wird nicht so fein unterschieden; meist ist's nur eine Frage des Geschmacks, welche Schaltzeichen man wählt:

„Nur die Post", so einer der Betroffenen, „wird uns... erhalten bleiben."   (SPIEGEL)
„Wenn ich" – so Birnbaum – „eine Aufgabe habe..."   (ZEIT)
Britanniens „lächelnder Tod" (so ein Kahn-Mitarbeiter) sei ohnehin nicht zu vermeiden.   (SPIEGEL)

Wo ist denn nun der Witz dabei?

Etwas aus der alten Funktion des Gedankenstrichs hat sich bis heute gehalten: noch immer signalisiert er Unerwartetes, das jetzt aber im Gegensatz zu früher hart, knapp, präzise und vor allem schnell hinter dem Pausenzeichen einsetzen muß, will es seine Wirkung nicht verfehlen:

Er bekam ein Zimmer mit fließend Wasser – an den Wänden.

Von ihrer grammatischen Struktur her dürfte die adverbiale Bestimmung *an den Wänden* nicht durch ein Satzzeichen abgetrennt werden – vom Sinn her muß sie es; ohne Pause bliebe die Ironie unbemerkt. Allenfalls wäre der Gedankenstrich durch einen Doppelpunkt zu ersetzen; ein Komma wäre zu schwach.

Sollten Sie aus diesem Beispiel jedoch den Eindruck gewonnen haben, der Gedankenstrich sei d a s Zeichen für Spötter und Humoristen, dann wäre Skepsis angebracht. Aus einer Heiratsanzeige:

> Hier ist er! Ein richtiger Mann. Mit viel Herz. Auch für Kinder und Tiere. Groß, breitschultrig, schlank und sportlich. Ritterlich und verständnisvoll. Pfeifenraucher. Stimme: angeblich sympathisch und dunkel. Zuverlässiger Partner. Beruflich erfolgreich und kreativ. Hat schnellen Wagen, gemütliche Wohnung und – Humor.

Hätte der Inserent wirklich Humor und eine Ahnung vom Schreiben, dann hätte er sich den Gedankenstrich vor *Humor* geschenkt. Der Gedankenstrich ist ein schwerer Balken, er erschlägt den Humor, macht die nicht gerade umwerfende Überraschung, die in der aus ganzen fünf Buchstaben bestehenden und gleichzeitig mit dem Gedankenstrich erfaßten Pointe steckt, zunichte. So hätte der Satz kommen müssen:

> Hat schnellen Wagen, gemütliche Wohnung und Humor.

Dann hätte die gesuchte Traumfrau hinterher gelächelt, vielleicht hinterher gelächelt. Jedenfalls wäre ihr nicht schon vorher das Lachen vergangen.

Die gleiche Stilfigur, aber gekonnter (aus der HAMBURGER MORGENPOST über einen reich gewordenen Amerikaner):

> Heute hat er eine Luxusvilla in Detroit, einen weißen Cadillac-Eldorado, einen 20000-Mark-Diamantring am Finger, eine Frau und zwei Söhne.

Also keinen Gedankenstrich in humorvoll gemeinte Aufzählungen von Dingen, die im sachlichen Text nicht in einem Atemzug genannt werden dürfen. *Zeugma* nennt man diese hart an der Grenze zur Ironie liegende Spielart des Humors. Heinrich Heine war ein Meister darin. In seiner 1826 erschienenen „Harzreise" findet sich die vielzitierte Stelle

Zeugma

> Die Stadt Göttingen, berühmt durch ihre Würste und Universität... enthält 999 Feuerstellen, diverse Kirchen, eine Entbindungsanstalt, eine Sternwarte, einen Karzer, eine Bibliothek und einen Ratskeller, wo das Bier sehr gut ist.

Sie sehen es: kein Gedankenstrich vor oder hinter dem ersten *und*. Dem geistreichen Spötter und dem echten Humoristen ist der Gedankenstrich in seiner Überdeutlichkeit zu grob.

Schon Goethes Werther schrieb unter dem 10. Oktober 1772: „– Ich mache nicht gern Gedankenstriche, aber hier kann ich mich nicht anders ausdrücken –" Genaugenommen machte Werther 234 insgesamt, nicht gerade wenig.

Rund tausend Seiten dick ist das „Witze-Fabeln-Anekdoten-Handbuch" von Eberhard Puntsch, ich habe es hin und wieder in der Hand. Ahnen Sie, wie viele Gedankenstriche ich bisher unter drei Pfund Witzen entdecken konnte? Kein halbes Dutzend. Das spricht für den Autor und sollte uns – ich schließe mich nicht aus: auch mir geraten Gedankenstrich wie Doppelpunkt zu zahlreich aufs Papier – zu denken geben.

Testbogen 43

1 Wohin würden Sie bei Fragen, die mit einer listenartigen Aufzählung enden, das Fragezeichen setzen? Als Beispiel:

Können Sie uns bis zum 15. Februar folgende Testergebnisse mitteilen
– Belastbarkeit der Hängemappen
– Kraftaufwand für das Verschieben der Reiter
– Haltbarkeit der Reiter beim Verschieben

Fragezeichen bei listenartigen Aufstellungen

1 Bei den in dieser Art gegliederten Aufzählungen steht das Fragezeichen bereits h i n t e r d e r ü b e r g e o r d n e t e n F r a g e, hier hinter *mitteilen*.
Dagegen das gleiche im Fließtext: *Können Sie uns bitte bis zum 15. Februar folgende Testergebnisse mitteilen: Belastbarkeit der Hängemappen, Kraftaufwand für das Verschieben der Reiter, Haltbarkeit der Reiter beim Verschieben?*
Der Übersichtlichkeit halber ist die listenartige Aufgliederung unbedingt vorzuziehen.

2 Bitte in diese drei Sätze die Satzzeichen einsetzen:
Warum haben Sie das nicht gleich gesagt fragte der Richter
Das hätten Sie nicht verschweigen dürfen erklärte empört der Verteidiger
Es ist mir eben erst eingefallen entgegnete der Angeklagte kleinlaut
Und überlegen Sie bitte, welche Regel sich daraus ableiten läßt.

Zeichensetzung in der Fuge zwischen direkter Rede und Nachsatz

2 „Warum ... gesagt?" fragte der Richter.
„Das ... dürfen!" erklärte empört der Verteidiger.
„Es ... eingefallen", entgegnete der Angeklagte kleinlaut.

▶ Schließt die wörtliche Rede mit einem Ausrufe- oder einem Fragezeichen, wird der Nachsatz n i c h t durch Komma abgetrennt.

3 *Als er wegen seiner Bemerkung (?) „Der Alte ist ein Esel!" zum Chef gebeten wurde, rechnete er mit seiner Entlassung.*
Muß an der fraglichen Stelle (hinter *Bemerkung*) ein Doppelpunkt stehen?

Zitat

3 N e i n. Es handelt sich ja nicht um direkte Rede, sondern um ein in den Satz eingeschobenes Zitat.

halbe Anführungszeichen

4 Wird in eine wörtliche Rede eine zweite wörtliche Rede oder ein Zitat eingeschoben, hilft man sich mit halben Anführungszeichen. Udo erzählt seinem Meister: „Und da hat mich Frau Hannemann gefragt: ‚Kann ich am Dienstag auch bestimmt mit Ihnen rechnen?', und ich hab' nicht gewußt, was ich antworten sollte."
Wie ist das nun, wenn eine wörtliche Rede mit einer Anführung schließt – stehen dann tatsächlich drei Krakelfüße nebeneinander?

4 Nach Duden ja. Richtig wäre also in diesem Fall: Udo erzählte dem Meister: „Und da hat mich Frau Hannemann gefragt: ‚Kann ich am Dienstag auch bestimmt mit Ihnen rechnen?'"

5 Der Titel des Buches heißt (?) „Redekunst in der Praxis". Welches Zeichen gehört an die fragliche Stelle?

Satzzeichen hinter ‚heißt'

5 K e i n e s. In einem Gleichsetzungssatz steht sowenig ein Doppelpunkt, wie bei Umkehr ein Komma stünde: „Redekunst in der Praxis" (kein Komma) heißt der Titel des Buches.

6 Der britische Offizier, der diese Unterredung führte – sein Name ist nicht überliefert – wies den Unterhändler an, zu seiner Truppe zurückzukehren. Was fehlt in dem Satz?

6 Das Komma nach dem zweiten Gedankenstrich.

Komma hinter Schaltsätzen

▶ Hinter einem in Gedankenstriche oder Klammern gefaßten Einschiebsel steht dann ein Komma, wenn es auch ohne das Einschiebsel stehen müßte.

7 Stimmt die Interpunktion am Ende dieses Beispielsatzes?

Der Antrag ist bis zum 31. März ausgefüllt zurückzusenden (letzter Termin!).

7 J a.

schließende Klammer und Schlußpunkt

▶ Schließt ein Aussagesatz mit einer Einklammerung, die ein Ausrufe- oder ein Fragezeichen am Schluß aufweist, dann steht hinter der schließenden Klammer noch ein Punkt.

8 Wenn Sie jetzt am Schluß dieses Kapitels über Zeichensetzung gefragt würden, worin sich die Kommasetzung von der Verwendung der anderen Satzzeichen unterscheidet, und wenn Sie kurz angeben sollten, welches wohl die wesentlichsten Einsichten aus unseren Überlegungen zur Zeichensetzung sind – was würden Sie dann antworten?

8 K o m m a s e t z u n g   i s t   s t r a f f   g e r e g e l t; sie soll Lesehilfe sein, den Satz gliedern und dem Aufnehmenden das Verständnis erleichtern. Ausgelassene oder an falscher Stelle sitzende Kommas sind ein Zeichen von Gleichgültigkeit gegenüber dem Leser.

Grundregel für Zweifelsfälle: Lieber zwei Kommas zuwenig als eines zuviel.

Anders   die   übrigen   S a t z z e i c h e n. Über ihre Verwendung entscheidet n i c h t   s o   s e h r   d i e   R e g e l, mehr das Sprachempfinden und die Darstellungsabsicht. Gedankenstrich und Doppelpunkt, auch Punkt und Fragezeichen sind starke Stilmittel; das Ausrufezeichen ist bloß laut. Erst wer im Schreiben Erfahrung hat, begreift, daß er mit starken Mitteln sparsam umgehen muß.

Mit der Zeichensetzung ist's wie mit dem Kreislauf: Die Sache muß funktionieren, aber man darf sie nicht spüren. Sobald man Satzzeichen bemerkt, stimmt etwas nicht. Eigenwillige Zeichensetzung fällt immer auf, stört, lenkt vom Inhalt ab. In dem, was wir so täglich schreiben, halten wir uns am besten an die Norm.

Aküsprache

Nur für Eingeweihte!

Abkürzungen, Kurz- und Kunstwörter

Emma / EMMA **M**anche Leute denken, wenn sie den Namen *Emma* hören, an frisch gestärkte Schürzen über wohlgewölbten Hüften, andere ans genaue Gegenteil, an Alice Schwarzers Kampf für die Emanzipation der Frau. Manche Leute denken an Möwen, vorausgesetzt, sie kennen Morgenstern: „Die Möwen sehen alle aus, als ob sie Emma hießen." – Manche Leute denken an nichts. Sie haben keine Zeit dazu, darum kürzen sie ab. Sie sagen *Emma* und meinen die *E*rste *M*ärkische *M*asken*a*usstellung.

Eva / EVA Keinerlei Anlaß zu törichten Hoffnungen hat, wer mit der *Eva* einig wird: Hinter dem weiblichsten aller Namen verbirgt sich die *E*isenbahn-*V*erkehrsmittel-*A*G, Düsseldorf. Doch bei der einen *Eva* ist es nicht geblieben; inzwischen können die Evastöchter Reigen tanzen. Eine kam 1982 im Haus Louis Leitz in Stuttgart zur Welt, als System für *e*lektronisch *v*erwaltete *A*kten; eine andere wurde ein Jahr später in Hildesheim getauft, auf den Namen *E*lektronischer *V*erkehrslotse für *A*utofahrer, ein von der Firma Blaupunkt entwickeltes Navigationssystem; eine dritte ist ein himmlisches Wesen amerikanischer Nationalität und steht als Kürzel für *e*xtra*v*ehicular *a*ctivities, Spaziergänge im All.

Sonderbar, mit welcher Vorliebe Techniker weibliche Wesen als Patentanten mißbrauchen. *Katy, Suse, Doris* und *Pamela* bilden kein Damenkränzchen, sondern *Katy* steht für *Kat*al*y*sator, *Suse* für *su*praleitendes *Se*ktorzyklotron, *Doris* für *Do*ppel*ri*ng*s*peicher und *Pamela* für die *P*ilot*a*nlage *M*ol zur *E*rzeugung *l*agerfähiger *A*bfälle.

Nicht nur Personennamen widerfährt ein solches Schicksal. *Juli* meint außer einem Kalendermonat auch den *Ju*ng-*Li*beralen. *Eifel* ist nicht nur das Bergland zwischen Mosel und Kölner Bucht, sondern auch Abkürzung für das Begriffsmonstrum *E*lektronisches *I*nformations- und *F*ührungssystem für die *E*insatzbereitschaft der *L*uftwaffe. *Gau*, so belehren uns die Wörter-

Gau / GAU bücher, sei entweder ein Gäu, eine Landschaft wie das Allgäu, oder ein Bezirk oder der *g*rößte *a*nzunehmende *U*nfall.
Aber das ist längst überholt. Seit 1986, seit dem Reaktorunglück von Tschernobyl in der Ukraine, diskutiert die Presse den *Super-Gau* und seine Folgen.

Tabu Die Frage, ob die Menschheit durch Nutzung der Kernenergie nicht schon ihren Untergang besiegelt habe, ist kein *Tabu* mehr. Ein Tabu ist bekanntlich etwas, worüber man aus einer tiefsitzenden Scheu nicht reden mag. Aber wußten Sie, daß man sich ein Tabu auch kaufen kann? Gerade hat mir der Postbote eines gebracht. Die beiliegende Rechnung über 16 Mark ist ausgestellt für ein Fischer-Tabu von 208 Seiten.

Was halten Sie von der *Aküsprache*? Wie, Sie meinen, dieses Wort gäbe es nicht? Doch, es steht sogar im Duden als Kurzwort für ‚*Abkü*rzungssprache'. – In diesem Punkt sind wir uns sicher einig: Abzulehnen sind Abkürzungen, wenn sie unsere Vorstellung in die falsche Richtung lenken. Bei einem Gewebe aus *Wolcrylon* weiß nur der Eingeweihte, daß dieser Handelsname nicht auf Wollgehalt hinweisen will, sondern auf den Ort der Herstellung: Wolfen. – *Laster* ist in feinem Deutsch nur als Neutrum gestattet. Sie meinen, *das Laster* und *der Laster* (= Lastwagen) seien so grundverschieden, daß jede Zweideutigkeit von vornherein ausgeschlossen sei? „Das Autobahnrasthaus in S. scheint der Treffpunkt aller Laster zu sein." – „Die Stunden nach Mitternacht, das ist die Zeit, in der man dem Laster auf den Straßen am häufigsten begegnet." – Sind das nun Laster mit Rädern oder nicht?

Aküsprache

Laster

Verwirrend vieldeutig

Am 11. Januar 1986 veröffentlichte die FRANKFURTER ALLGEMEINE einen Nachruf, der so begann:

> Helga Wex, Vorsitzende der Frauenvereinigung der CDU und engagierte Verfechterin der Gleichberechtigung der Frauen in der beruflichen und gesellschaftlichen Wirklichkeit, ist im Alter von 61 Jahren in ihrer Heimatstadt Mülheim an der Ruhr gestorben. Frau Wex litt, so berichtete die Deutsche Presse-Agentur, an Krebs...

Ich las es mit Bestürzung. Wer hätte nicht der engagierten Politikerin, die vor allem für bessere Berufschancen der Frauen stritt, ein längeres, tätiges Leben gewünscht! Und ich las es zweimal, denn beim ersten flüchtigen Draufschauen hatte ich mich tatsächlich gefragt: Woran ist sie nun gestorben: an Krebs oder an der Ruhr?

Das klingt wie ein makabrer Scherz, ich weiß. Und bitte um Pardon. Doch so gern ich Ihnen das Beispiel erspart hätte – ich hatte keine Wahl. Von allen Textstellen, über die ich in letzter Zeit gestolpert bin, ist das die einzige, die durch eine Abkürzung *(Mülheim a. d. Ruhr)* oder durch eine Schrägstrichformulierung klarer geworden wäre:

> ... in ihrer Heimatstadt *Mülheim/Ruhr* gestorben.

Gewöhnlich sorgen Abkürzungen statt für Klarheit für Verwirrung. Manchmal verrät der Textzusammenhang, was gemeint ist, manchmal nicht. Wo beispielsweise geschrieben steht, die Daten könnten schnellstens von der DVA abgerufen werden, da wird der Leser sich ja denken, daß mit DVA nicht der Deutsche Verdingungsausschuß für Bauleistungen gemeint sein kann, aber er wird überlegen, ob nun die Deutsche Verkehrsausstellung oder die Deutsche Versicherungsanstalt Datenabrufer oder Datenlieferant ist. Es sei denn, ihm fällt rechtzeitig ein, daß DVA auch eine abgekürzte *Datenverarbeitungsanlage* ist.

Die FRANKFURTER ALLGEMEINE verwendet keine Abkürzungen, ohne sie zu erklären. Und auch die in Moskau erscheinende Fachzeitschrift ANTIBIOTIKI untersagte ihren Mitarbeitern jede Abkürzung mit Ausnahme der international verwendeten Zeichen für Einheiten und Maße und der chemischen Symbole. Eine vernünftige Regelung.

TV — Kennen Sie den Unterschied zwischen TV, TV, TV, TV, TV, TV, TV, TV, TV, TV, TV und TV? *Tarifvertrag, Television, Tennisverein, Teravolt, Terminverlegung, Territoriale Verteidigung, Testamentsvollstrecker, Textverarbeitung, Titelverteidiger, Treviso*/Italien (Kfz-Kennzeichen), *Touristenverein, Truppenvertrag, Turnverein.* Ein und dasselbe Monogramm für 13 Begriffe – wer bietet mehr?

Bei den Alten fing es an

Glauben Sie nicht, Abkürzungen seien in unserer Zeit erfunden worden; es gab sie schon im alten Rom, besonders bei Namen und juristischen Formeln: *C* stand für *Gaius*, vormals *Caius*; *P* für *Publius*, und *S. P. Q. R.* war das Kürzel für *Senatus Populusque Romanus*, Senat und Volk Roms. Damals, vor zweitausend Jahren, hatte das Abkürzen einen Sinn; es war eine zeitsparende Schreib-Erleichterung, man schrieb ja noch mit der Hand.

IHS — Wissen Sie, was die drei Buchstaben *IHS* bedeuten, denen man in Kirchen so oft begegnet? Nicht: *Jesus, Heiland, Seligmacher*; das ist nur eine volkstümliche Umdeutung. Nein, *IHS* sind die griechischen Großbuchstaben Jota (J), Eta (E) und Sigma (S). Die deutschen Schriftzeichen *JES* hätten uns eher an Jesus denken lassen.

Übrigens wird der Name ‚Jesus' auch in der Umgangssprache abgekürzt: *ojemine!* — *ojemine!* und *oje!* sind verstümmelt aus *o Jesu domine!* (= o Herr Jesus!).
oje!
v. Chr. — Wie liest man eigentlich die Abkürzung *333 v. Chr.*? Nicht *333 vor Christi*, sondern *333 vor Christus* oder *333 vor Christi Geburt. Christi* ist Wesfall. Im Lateinischen unterscheiden sich die Fälle nur durch die Endungen.

> Nominativ: Jesus Christus
> Genitiv: Jesu Christi
> Dativ: Jesu Christo
> Akkusativ: Jesum Christum
> Vokativ (Anredefall): Jesu Christe

333 n. Chr. ist entweder *333 nach Christus, 333 nach Christo* oder *333 nach Christi Geburt*.

chemische Elemente — Aus dem Lateinischen stammen auch die Kurzzeichen für die chemischen Grundstoffe. So ist das Symbol für Gold *Au* (aus lateinisch *aurum*), für Silber *Ag* (aus lateinisch *argentum*), für Eisen *Fe* (aus lateinisch *ferrum*), für Sauerstoff *O* (aus griechisch-lateinisch *oxygenium*), für Wasserstoff *H* (aus griechisch-lateinisch *hydrogenium*) und für Blei *Pb* (aus lateinisch *plumbum*). Daher die *Plombe*. Von einer „Goldplombe" zu sprechen ist eigentlich widersinnig; richtig wäre: *Goldfüllung*.

Snob — Dem *Snob* sieht man nicht an, woher er kommt; seine Herkunft ist dunkel, sagen die schlauen Wörterbücher. Daß er aus einer lateinischen Abkürzung entstanden sein soll, ist nichts als eine hübsche Erfindung, aber weil sie so hübsch ist, sei sie hier erzählt: Geprägt wurde dieses Wort angeblich an den beiden alten Universitäten Oxford und Cambridge, die in vergangenen Zeiten bevorzugt Adlige aufnahmen. Nun kann man aber in England einem Namen nicht ohne weiteres ansehen, ob er einem adligen Träger gehört oder nicht. Der englische Adelstitel vererbt sich nach dem Tode des Vaters auf den Sohn, der bis dahin einen bürgerlichen Namen führt. Um adlige und nichtadlige Studenten unterscheiden zu können, verlangten die Universitäten von den Bürgerlichen, daß sie ihren Namen mit dem lateinischen Zusatz *sine nobilitate* (ohne Adel) versahen, abgekürzt *s. nob.* Daraufhin sollen die Adligen ihre bürgerlichen Studiengenossen bald als *Snobs* bezeichnet haben. Heute versteht man unter *Snob* einen eingebildeten Menschen, der sich vornehmer gibt, als ihm nach Rang und Herkunft gebührt. Das wenigstens behauptet ein Lexikon, aber es trifft den Kern der Sache nicht. Ein Snob unseres sich seinem Ende nähernden Jahrhunderts kennzeichnet sich vielmehr dadurch, daß er glaubt, es genüge,

> Bärtchen und hohe Absätze zu tragen,
> einen Oldtimer zu fahren,
> indonesisch zu kochen,
> über Hochhäuser und ihre Bewohner die Nase zu rümpfen,
> auf elegante Zeitschriften abonniert zu sein,
> Golf zu spielen,
> seinen Kindern Vornamen aus dem 18. Jahrhundert zu geben,
> das Fernsehen als Informations- und Unterhaltungsquelle der unteren Mittelschicht abzutun
> und seine Mitmenschen auch bei Regenwetter herablassend durch die Sonnenbrille zu betrachten,

um „gesellschaftlich dazuzugehören". Die treffendste Definition fand ein Kölner Büttenredner:

> „Snobismus ist, wenn das Brett, das einer vorm Kopf hat, auch noch aus Teak sein muß."

Heute müßte man sagen: „aus Palisander" oder „aus Eiche gekalkt". Die Attribute wandeln sich, der Snobismus bleibt.

Snobistisch verhält sich, wer Abkürzungen verwendet, die der Briefpartner möglicherweise nicht kennt. Auf ein Telex in die USA, das mit *mfg* (= Mit freundlichen Grüßen) unterschrieben war, kam prompt die Rückfrage: „Can you tell me the name of Mr. mfg?"

Teils akzeptabel, teils unaussprechlich

Jenseits des großen Teichs hat man die *NASA*, den auf vier Buchstaben reduzierten amerikanischen Traum. Und was haben wir? Unsere luft- und raumfahrtforschende *DFVLR*. Beide Abkürzungen haben das gleiche Muster; beide sind Kopflaut- oder Initialwörter; Sprachwissenschaftler nennen sie A k r o n y m e (zu griech. *akros* = ‚zuoberst', ‚der äußerste' und *onyma* = Name). Doch eines läßt sich nicht übersehen: Bei der zweisilbigen *Nasa* (aus *N*ational *A*eronautics and *S*pace *A*dministration) bestehen die aneinandergekoppelten Anfangsbuchstaben aus zwei Konsonanten und zwei Vokalen; das läßt sich gut sprechen. Bei der fünfsilbigen *DFVLR* (aus *D*eutsche *F*orschungs- und *V*ersuchsanstalt für *L*uft- und *R*aumfahrt) sind fünf Konsonanten gekoppelt, die sich hintereinanderweg gelesen anhören, als spuckte einer seinen Kaugummi aus. *Nasa* kann man gut behalten, *DFVLR* gut verwechseln, beispielsweise mit *DGLRM*, der *D*eutschen *G*esellschaft für *L*uft- und *R*aumfahrt*m*edizin. Um solche Konsonantenwörter aussprechen zu können, muß man sie buchstabenweise lesen: DEEFVAUELER, DEGEELEREM – „Zungenbrecher" nannte man das früher.

NASA

DFVLR

Akronyme

DGLRM

Amerika, du kannst es besser ...

Im Erfinden von Abkürzungen, die sich flüssig sprechen lassen, sind uns die Amerikaner voraus. Oft hacken sie den Schwanz und meist auch noch den Rumpf eines Wortes einfach ab und schreiben *ad* (statt *advertisement* = Anzeige), *rep* (statt *representative* = Vertreter), *high tech* (statt *high technology*), *Met* (statt *Metropolitan Opera*), *Spacelab* (statt *Space Laboratory*), *sitcom* (statt *situation comedy* = Situationskomödie) oder *showbiz* (phonetisch gekürzt aus *show business*). Oder sie denken sich Kopflautwörter aus, die man bald nicht mehr als Abkürzungen empfindet, und die Briten stehen ihnen hierin nicht nach: *Nato* (aus <u>N</u>orth <u>A</u>tlantic <u>T</u>reaty <u>O</u>rganization), *OPEC* (aus <u>O</u>rganization of <u>P</u>etrol <u>E</u>xporting <u>C</u>ountries), *UNESCO* (aus <u>U</u>nited <u>N</u>ations <u>E</u>ducational, <u>S</u>cientific and <u>C</u>ultural <u>O</u>rganization).

Kurzwörter

Nato
OPEC
UNESCO

Preppies heißen die Absolventen der teuren *preparatory schools*, die die Kinder begüterter Familien auf das College vorbereiten. Die smarten jungen Karrieretypen, die in New York in Turnschuhen vom Parkplatz zum Büro joggen, die Aktentasche mit den eleganten Straßenschuhen unterm Arm, nennen sich *Yuppies*, ein Wort, dessen erste Silbe aus <u>Y</u>oung <u>U</u>rbane *Professionals* gekürzt ist. Leben sie kinderlos zu zweit zusammen, gelten sie als *Dinks*, Doppelverdiener (<u>D</u>ouble <u>I</u>ncome, <u>N</u>o <u>K</u>ids = doppeltes Einkommen, keine Kinder).

Yuppie

Dinks

Amerikaner bringen sogar das Kunststück fertig, einen ganzen Satz zu einem einzigen Wort zusammenzuziehen. *WYSIWYG* hieß 1987 die Zauberformel, mit der auch deutsche Computerhersteller Kunden zu gewinnen suchten. Es ging um den hochauflösenden Ganzseitenbildschirm, der selbst Proportionalschrift und unterschiedliche Schriftgrößen im Verhältnis 1:1 abbildet, so daß der Text auf dem Bildschirm genauso aussieht wie später auf der ausgedruckten Seite. In Langsamfassung: *What You See Is What You Get*; ‚Sie bekommen, was Sie sehen.'

WYSIWYG

WYSIWYG spricht sich nicht gut, schon deshalb wird das Wort bald vergessen sein. Gut sprechbare Kurzwörter aber haben immer die Chance, sich einzubürgern und eines Tages als ganz normale Wörter empfunden und gebraucht zu werden, auch im Deutschen.

Abkürzungen bremsen, Kurzwörter nicht

Jedes Kürzel, jeder Abkürzungspunkt unterbricht den Lesefluß. Sensible Naturen empfinden das als störend. Selbst Harmlosigkeiten wie *Abb. 1*, *bzw.*, *d. h.*, *m. E.*, *z. B.*, *usw.* oder *PS* gehen manchem gegen den Strich. Mit Recht. Schließlich lassen sie sich leicht vermeiden, nicht nur, indem man sie ausschreibt. Für *Abb. 1* kann man kurz *Bild 1* sagen, für *bzw.* auch *und* oder *oder*, *d. h.* läßt sich zur Abwechslung mit *genauer gesagt* umschreiben, *m. E.* mit *ich finde* oder *wenn ich es richtig sehe* und *z. B.* mit *etwa* oder *beispielsweise*; das Anhängsel *usw.* ist so gut wie immer entbehrlich, und das Postskriptum muß man nicht durch *PS* kennzeichnen, es läßt sich viel natürlicher mit *Übrigens* einleiten.

Abb. 1
bzw.
d. h.
m. E.
z. B.
usw.
PS

Weit besser als Abkürzungen lassen sich Kurzwörter lesen, logo! *Foto, Kripo, Abo* haben sich eingebürgert; kaum einer stört sich mehr daran, daß ihnen *-grafie, -lizei, -nnement* abhanden gekommen sind. Ja, manchmal haben wir sogar schon ganz vergessen, wie das Kurzwort ursprünglich hieß. Glauben Sie nicht? Lesen Sie weiter:

Kurzwörter

Als der Bus das Omni verlor

Der Ober steht ganz ohne Kellner,	*Ober*
das Mikro sucht nach Skop und Fon,	*Mikro*
und dem Piano flug das forte	*Piano*
durch eine Pforte flugs davon.	
Das Kilo, seht, der schlechte Hirte,	*Kilo*
verlor nicht ein, nein tausend Gramm,	
und manches Auto, das mobil war,	*Auto*
ließ diesen Teil in Schlick und Schlamm.	
Auch sucht die Limo ihre Nade	*Limo*
(nun ja, die Flasche hat ein Loch),	
und selbst der Bus verlor das Omni,	*Bus*
sonst aber hat er alles noch.	
Dem Zoo ganz logisch fehlt der Garten,	*Zoo*
im Füller fehlt der Federhalt,	*Füller*
dem Akku mangelt's am Mulator –	*Akku*
wer sich nicht sammelt, wird halt alt.	
Im Moped fehlt ein Torvelozi,	*Moped*
das Cello weint ums Violon,	*Cello*
manch Mofa fuhr dem Tor, dem Hrrad,	*Mofa*
weil frisch frisiert, auf und davon.	
Die Lok verließ die Omotive,	*Lok*
die Uni forscht nach Versität,	*Uni*
die Bahn verschluckt das ganze Eisen,	*Bahn*
schon darum kommt sie oft zu spät.	
Ach, dem Labor blieb nichts als Arbeit,	*Labor*
seit's kein Atorium mehr hat,	
und aus dem Kino strich man eilig	*Kino*
Graphentheater und Emat.	

Siegfried Macht, „Das Schmunzelratelesebuch",
Bund Verlag, Köln (in Vorbereitung für 1991/92)

Kurzwörter – auch das macht das Gedicht klar – brauchen oft Jahrzehnte, bis sie den Geruch des Saloppen verloren haben und als normalsprachliche Ausdrücke auch geschrieben und gedruckt verwendet werden können. Am längsten müssen Kurzwörter auf *-i* auf ihre Einbürgerungsurkunde warten.

Krimis, Schiris und Azubis

Uni

Kurzwörter auf -i

Was ist ein *Audimax*? Nicht der Max im AUDI (NSU), sondern studentisches Kurzwort für ‚Auditorium maximum' = größter Hörsaal

Abi

Schiri

Sani

Ari
Krimi

Wer von der *Uni* spricht, ohne selbst Student oder Professor zu sein, begeht einen Fauxpas. Nach einer ungeschriebenen Sprachregelung steht so ein Kurzwort, mit dem sich eine Gruppe nach außen hin abschirmt, nur den Dazugehörenden an. Nicht einmal die Zimmerwirtin und der zahlende Herr Papa dürfen von der *Uni* sprechen. Abgesehen davon, daß sie mit dem – albern klingenden – Kurzwort gegen den guten Geschmack verstießen, sie würden sich eine Vertraulichkeit anmaßen, die ihnen nicht zukommt. Das fängt schon auf der Schule an. Der Schüler darf ruhig einmal eine „*Mathe*- (oder *Mathese*-)Arbeit verhauen", aber wehe dem Vater, der sich zu vertraulich nach der „Mathe-Zensur" erkundigt! Er würde sich damit auf die Stufe des Sprößlings stellen und an Respekt verlieren. Der Oberschüler macht sein *Abi*, aber hat er einen guten Deutschlehrer gehabt, wird er nach der Schulentlassung bloß noch vom *Abitur* sprechen – obwohl die Schulbehörde über ein halbes Jahrhundert nur die ‚Reifeprüfung' kannte. – Von *Resis* statt von *Resistenzbestimmungen* zu erzählen wirkt peinlich, sobald ein Nicht-Mediziner es tut. Umgekehrt ist die Abkürzung *Schiri* aus dem Mund eines Mediziners, der nie eine Sportveranstaltung besucht, genauso unangebracht. Für ihn bleibt dieser Mann ein *Schiedsrichter*. – Vom *Sani* darf nur die Rede sein, wo eine Gruppe Soldaten oder Sportler auf einen Sanitäter angewiesen ist. – *Ari* als Kurzwort für *Artillerie* hat außerhalb der Kasernen keine Berechtigung. – *Krimis* sind sprachlich am Platze, wo Edgar Wallace und Agatha Christie bändeweise verschlungen werden. Setzt man sich aber wissenschaftlich mit dieser Literaturgattung auseinander, hat man es mit *Kriminalromanen* zu tun, obwohl das Kurzwort *Krimi* immer stärker in die Alltagssprache dringt – sehr zum Verdruß seines Erfinders übrigens, den man hier ausnahmsweise kennt. *Krimi* wurde von dem Kriminalromanverleger Wilhelm Goldmann kreiert, der mit dieser Wortschöpfung ursprünglich nur seine eigenen Verlagsprodukte werbewirksam benennen wollte. Aber so geht es in der Sprache: ein Kurzwort, das gefällt, wird von der Allgemeinheit aufgegriffen und wie ein vollständiges Wort gebraucht.

Das haben die genannten Kurzwörter mit den Fachwörtern gemein: Zwar dienen auch sie der schnelleren Verständigung, aber ausschlaggebender scheint ein psychologisches Moment: sie verleihen einer bestimmten Gruppe ein Gefühl der Zusammengehörigkeit und – ein Gefühl der Überlegenheit über alle, die nicht mit „vom Bau" sind.

Sozi
Nazi

Ami

Mitunter werden allerdings solche Kurzwörter nicht von der Gruppe, sondern von den Außenstehenden gebraucht, und zwar bewußt als Mittel zur Distanzierung. Wenn einer abwertend von *Sozis* und *Nazis* sprach, gab er damit zu erkennen, daß er weder zur Gruppe der *Sozialisten* noch zur Gruppe der *Nationalsozialisten* gezählt werden wollte. – Wer sein Deutsch taktvoll zu gebrauchen weiß, wird – zumindest in Gegenwart eines *Amerikaners* – nicht den Ausdruck *Ami* fallenlassen. *Amis* hießen sie immer dann, wenn sie „homegoen" sollten. In diesem Kurzwort, das nach dem letzten Krieg weit verbreitet war, schwang nicht nur das Ressentiment der Besiegten gegen den „Besatzer" mit, es klang auch eine durch nichts zu rechtfertigende Überheblichkeit an.

Auf Ablehnung stieß anfangs der *Azubi*, mehr noch die Langsamfassung *Auszubildender*. Zuerst hatte man aus dem *Lehrherrn* einen *Ausbilder* gemacht, weil *Lehrherr* sich für progressive Ohren zu autoritär anhört. Im Zuge der Demokratisierung wurde dann – mit dem Berufsbildungsgesetz vom 1. September 1969 – der *Lehrling* zum *Auszubildenden*. Der neue Name soll Ausbilder daran erinnern, daß der Lehrling von heute nicht mehr Laufbursche oder Vesperholer, sondern auszubilden ist. Das wenigstens war die ehrenwerte Absicht derjenigen, die sich den unmöglichen Passiv-Namen *Auszubildender* einfallen ließen. Wer Sprachgefühl hatte, war empört, zu Recht, denn Fügungen aus ‚zu + 1. Partizip' weisen in die Zukunft: *ein zu beantwortender Brief* muß noch beantwortet werden, *der zu operierende Patient* hat die Operation noch vor sich. So gesehen, ist auch *der Auszubildende* keiner, der ausgebildet wird, sondern nur einer, der ausgebildet werden soll. Das von Amts wegen eingeführte Wort trifft tatsächlich am Gemeinten vorbei. Eine Leserin schrieb damals an ihre Zeitung:

Azubi
Auszubildender

Lehrling

> Mein Ältester lernt jetzt als *Auszubildender* einen Beruf – welch ein Segen, daß ihm ein unwürdiges Lehrlingsdasein erspart bleibt. Sein jüngerer Bruder allerdings erwartet dringlich, vom Schüler zum *Zuschulenden* emporgestuft zu werden; denn dies sei nach dem Gleichbehandlungsgrundsatz nicht mehr als recht und billig. Was aber wird aus unserm Jüngsten? Hoffentlich recht bald ein *Zubekindergärtnernder*!

Die Umgangssprache machte mit dem umständlichen Wort kurzen Prozeß, aus dem *Auszubildenden* wurde bald der *Azubi*. Klingt übrigens ganz lustig, ein bißchen nach *Atze*, ein bißchen nach *Bubi*, und die spaßeshalber hinzuerfundene *Azubine* läßt an die kesse Biene denken. Ich kenne nur ein Wort, das mir besser gefällt: *Lehrling*.

Das Kurzwort *Azubi* wird eigentlich nur gönnerhaft von Ausbildern und Firmenchefs benutzt („Unsere fleißigen Azubis..."). Lehrlinge selbst nennen sich kaum so, obgleich Kurzwörter auf *-i* bei Jugendlichen ungemein beliebt sind. Wahrscheinlich liegt es an der Dreisilbigkeit; die bei *Teenies* – *Teens* heißen nach den englischen Zahlen 13 bis 19, die auf *-teen* enden – so beliebten *i*-Wörter haben alle nur zwei Silben. *Gruftis* sind die Uralten jenseits der Dreißig, *Spontis* die stets spontan, nie „reaktiv" Handeln(wollen)den, *Laschis* Leute, bei denen „alles irgendwie so hängt", *Softies* zumindest aus Sicht der „Scene-Frauen" lieb, weich und zärtlich und *Hirnis* die *Doofis* von gestern. Durch Kürzen entstandene *i*-Wörter gibt es natürlich auch: *Chauvi*(nist), *Promi*(nenter), *Prosti*(tuierte), *Zivi*(ldienstleistender).
Manche Kurzwörter sind allgemein bekannt geworden, sie sind nicht länger Vorrecht einer Gruppe oder ihrer Gegner. Hierher gehören zum Beispiel *Kombi* für den „kombinierten" Liefer- und Personenwagen"; *Profi* für engl. *Professional*; *Mini* und *Maxi* als Modewörter der Mode; *Multis* (nur Plural für ‚multinationale Unternehmen') als Buh-Wort der Wirtschaft. *Spezi*, Kurzwort aus lateinisch *specialis* (Busenfreund), ist wieder landschaftlich gebunden; das oberdeutsche *Spezi* dürfte in Norddeutschland nicht überall verstanden werden.

Teen / Teenie

Grufti
Sponti
Laschi
Softie
Hirni
Chauvi
Promi
Prosti

Kombi
Profi
Mini
Maxi
Multis
Spezi

Kurzwörter auf *-i* können verniedlichen *(Hasi, Uschi, Knacki)* oder herabsetzen *(Schlaffi, Schleimi, Werbeheini)*. Kurzwörter auf *-o* klingen gewalt-

Kurzwörter auf -o

Disko
Dispo
Info

tätig bis sachlich: *Macho, Anarcho, Brutalo, Realo*. Die Wortstummel *bio-, euro-, öko-* sind schon fast zu Vorsilben geworden, die Kürzungen *Disko*-(thek), *Dispo*(sition) und *Info*(rmation) zu selbständigen Wörtern mit sachlichem Touch.

Demo

Demo steht für *Demonstration*, auf dem Tageslichtprojektor wie auf der Straße. In seinem Buch „Anarchie ist machbar, Frau Nachbar", das sich mit den Zürcher Jugendkrawallen Anfang der achtziger Jahre auseinandersetzt, gebraucht der Schweizer Marcel Bucher ein Wortspiel, das unter die Haut geht. Wenn bei einer *Demo* eine Minderheit von zwanzig bis dreißig Militanten einer Mehrheit von einigen Tausenden ihren Krawallwillen aufzwinge, dann werde durch Freiheitsmißbrauch aus der *Demokratie* eine *Demo-Kratie*: „Als es 1980 mit der Demo-Kratie losging, wurde in englischen Zeitschriften noch eigens vermerkt, daß *demo* nicht die Abkürzung von *democracy*, sondern von *demonstration* sei. Inzwischen ist *demo* für ‚Demonstration' auch in den englischen Sprachschatz übergegangen, einer der wenigen Fälle der Beeinflussung durch deutsche Abkürzungen. Die Franzosen haben schon seit dem berühmt-berüchtigten Pariser Mai 1968 die *manif* für *manifestation* (Demonstration)."

Auto
Foto
Kilo
Kino
Klo
Kripo
Litho
Polio
Repro
Schuko
Steno
Trafo
Zoo

Anders als *Dispo* und *Info* werden heute kaum mehr als Kurzwörter empfunden: *Auto, Foto, Kilo, Kino, Klo, Kripo, Litho, Polio, Repro, Schukostecker, Steno, Trafo* und *Zoo*. (Vgl. Stichwortverzeichnis.)

Es scheint fast, als seien Kurzwörter auf ‚-o' eher geeignet, wie vollständige Wörter in den Wortschatz der Allgemeinheit überzugehen. Wahrscheinlich spielt hierbei eine Rolle, daß diese Bildungen ans Lateinische anklingen, im Lateinischen enden viele Wörter auf ‚-o'. Die Kurzwörter auf ‚-i' scheinen dagegen mehr an Gruppen gebunden zu bleiben. Vielleicht werden sie unbewußt als primitiv empfunden, da sie an Wörter der Kindersprache wie *Vati, Mutti, Bubi, Sigi, Hansi* und *Mausi* erinnern.

Wieweit man auf Kurzwörter verzichten sollte, hat das Taktgefühl zu entscheiden. Natürlich macht sich lächerlich, wer heute noch von Automobilen und Kinematographen reden wollte. Andererseits ist es nicht besonders taktvoll, vom Partner einfach zu erwarten, er müssen wissen, daß die *Alufolie* eine *Alu*miniumfolie, die DLRG die *D*eutsche *L*ebensrettungs-*G*esellschaft, FCKW *F*luor*c*hlor*k*ohlen*w*asserstoff, GELU die *Ge*sellschaft zur Verwertung *l*iterarischer *U*rheberrechte, *Hafraba* die Autobahn *Ha*mburg–*Fra*nkfurt–*Ba*sel, *Ikofa* die *I*nternationale *Ko*lonialwaren- und *F*einkost*a*usstellung und *Glaz* keine verschriebene Glatze, sondern die *gl*eitende *A*rbeits*z*eit ist.

Buchstabenwörter

Für das Buchstabenwort spricht, daß es bequem international zu verwenden ist. Bekommt es der Leser oft genug vorgesetzt, behält er es auch ganz gut. Aber was geschieht, wenn das dem Buchstabenwort zugrunde liegende Ursprungswort geändert werden muß? So etwas kommt vor. Wir hatten uns gerade an die OEEC gewöhnt, als aus der *O*rganization for *E*uropean *E*conomic *C*ooperation (Organisation für europäische wirtschaftliche Zusammenarbeit) eine *O*rganization for *E*conomic *C*ooperation and *D*evelopment (Organisation für wirtschaftliche Zusammenarbeit und Entwicklung) wurde. Hier blieb nur übrig, das Monogramm in OECD zu ändern.

OECD
RKW

Eleganter wurde der Fall RKW gelöst. Das Ursprungswort lautete: *Reichs-*

*k*uratorium für *W*irtschaftlichkeit. Als es nach 1945 kein Reich mehr gab, man aber an dem weithin bekannten Buchstabenwort festhalten wollte, faßte man den zugrunde liegenden Namen neu: *R*ationalisierungs-*K*uratorium der *D*eutschen *W*irtschaft.

Fragwürdiger Zeitgewinn

Es gibt Fälle, in denen simple, allgemein verständliche Abkürzungen dem guten Geschmack widersprechen. Ein Brief an „Fr. Sabine Schmitz" könnte die Dame verletzen, mit Recht. So viel Zeit hätte der Briefschreiber wohl haben dürfen, das kurze Wort *Frau* auszuschreiben. *Familie, Firma* oder *Professor* auf Briefanschriften abzukürzen ist nicht weniger unhöflich.

Frau

Familie / Firma
Professor

Sie werden einwenden, Höflichkeit sei schön und gut, aber entscheidend sei doch die Zeit, die der Briefschreiber durch Abkürzungen einsparen könne. Gewiß. *BMAuS* ist kurz genug, aber ehe Sie sich darüber klargeworden sind, daß es sich hier nicht um eine neue Mäuserasse handelt, ist vermutlich mehr Zeit vergangen, als wenn der Schreiber sich die Mühe gemacht hätte, gleich ungekürzt *B*undes*m*inisterium für *A*rbeits- *u*nd *S*ozialordnung zu schreiben.

Wissen Sie noch, was ein *Bupomiststück* ist? Genauer: wer sich spaßeshalber diese Abkürzung gefallen lassen mußte? *B*undes*po*st*m*inister *Stück*len, als er 1960 dünnere Telefonbücher einzuführen versuchte. „Man muß das Ding ja wenigstens in der Hand halten können", lautete die zwingende Begründung. Deshalb wurde radikal gekürzt. „Schulze, Balduin Ottokar, Bäcker- und Konditormeister, Berliner Str. 125" wurde zu „Schulze B O Bäck Berliner- 125" – wer wollte da etwas sagen? Aber daß *Vorst* ein Vorsteher, *Fo* dagegen eine Forstdienststelle, *Sch* – ganz nach Belieben – eine Schule oder ein Schaffner sein sollte, das war auch den gutwilligsten „Fsprbuben" (unabgekürzt: Fernsprechbuchbenutzern) zu viel. Von 1961 an gab es wieder dicke Telefonbücher.

Nützliche Abkürzungen
Stellen Sie sich vor, die Hinweisschilder für die U-Bahn wären mit *Untergrundbahn* gekennzeichnet. Oder in einer Werkseinfahrt stünde nicht ein pfeilförmiges Schild mit der Aufschrift *Lkw*, sondern ein viereckiges mit der Aufschrift *Lastkraftwagen rechts*. Abkürzungen können zu Symbolen werden, das ist ihr Vorteil.
JOACHIM BÖTTCHER

Auch der seltsame *WerbeBerat.*, bei dem die Post 1 Buchstaben sparte, heißt heute wieder *Werbeberater*.

Wenn man schon abkürzt, dann sinngemäß und nach Möglichkeit so, daß die Abkürzung ein wortähnliches Gebilde wird. Gelungene Wortkürzungen finden sich unter den Kunstwörtern.

Wörter aus der Retorte

Wenn neue Dinge einen Namen brauchen, verfahre man nach Art des Chemikers: Man gebe verschiedene Wortteile aus möglichst fremden Sprachen in die Retorte, füge auch ein paar klangvolle Endsilben wie *-al* und *-on* hinzu, schüttle alles gut durcheinander und erhitze das Ganze, bis sich die überflüssigen Bestandteile verflüchtigen. Dann betrachte man, was sich als Bodensatz herauskristallisiert hat. Geglückt ist das Experiment, wenn man dem Kunstwort seine Herkunft aus der Retorte nicht anmerkt.

Kunstwörter

Wer denkt heute noch bei dem Wort *Persil* daran, daß es aus *Per*borat und *Sil*ikat zusammengesetzt ist? *Fewa* ist entstanden aus *Fe*in*wa*schmittel. Für

Persil
Fewa

Gustin   die Speisestärke *Gustin* hat Dr. August Oetker eine Anleihe bei seinem
Eduscho   Vornamen gemacht; hinter *Eduscho* steckt der Kaffeeröster *Edu*ard
Sinalco   *Scho*pf. *Sinalco*, zur einen Hälfte lateinisch und zur anderen arabisch, ist
zusammengesetzt aus *sine alcohol*. Der Name soll darauf hinweisen, daß
das Getränk keinen Alkohol enthält (lateinisch *sine* = ohne). Eine *Leica* ist
Leica   eine *Lei*tz-*Ca*mera; *Nirosta* steht für: *ni*chtr*o*stender *Sta*hl. Niemand fiele
Nirosta   es ein, ‚*Fabbrica Italiana Automobili Torino*' zu sagen, ein jeder kürzt ab:
Fiat   *Fiat*. *Kodak* ist ein reines Klanggebilde, und *Veronal* heißt nur deshalb so,
Kodak   weil der Erfinder dieses Schlafmittels keine Zeit mehr hatte, sich einen
Veronal   andern Namen auszudenken, sonst hätte er seinen Zug nach Verona verpaßt.

Als das erste Fahrrad mit Hilfsmotor auf den Markt kam, hatte man für das neue Kind noch keinen Namen. Da „Hilfsmotor" nicht gerade werbewirksam klingt und da das Fahrzeug allmählich mehr nach einem Leichtmotorrad als nach einem Fahrrad aussah, veranstalteten die Herstellerfirmen 1953 ein Preisausschreiben. Gesucht wurde der zugkräftigste Name. Unter
Moped   den 1000 eingegangenen Vorschlägen wählten die Preisrichter *Moped* aus, eine Zusammenziehung von *Mo*tor + *Ped*al oder *Mo*tor + Velozi*ped* (vgl. S. 557). Das Kunstwort setzte sich überraschend schnell durch, nur in amtlichen Gesetzes- und Verordnungstexten hieß das Ding noch lange Zeit „Fahrrad mit Hilfsmotor".

Per Bus zum Kurlaub mit Brunch im Tirotel

Brunch   Langschläfer bevorzugen an Sonntagvormittagen den *Brunch* (gesprochen: *brantsch*), ein besonders kräftiges Frühstück, das die Mittagsmahlzeit überflüssig macht. *Brunch* ist zusammengezogen aus den beiden englischen Wörtern *br*eakfast und l*unch*, worunter man ein Morgenfrühstück und ein leichtes Mittagessen versteht.

-tel   Der Name *Hotel* erinnert noch an den Gast (lateinisch *hospes*). Das Kunst-
Motel   wort *Motel* – im Amerikanischen zusammengezogen aus *mo*torist + ho*tel* – setzt den Motor an die Stelle des Gastes. Nach diesem sprachlichen Vorbild
Eurotel   entstanden die *Eurotels* (aus: *Euro*pa + Ho*tel*), Hotels in Europa mit
Tirotel   tauschbaren Eigentumswohnungen. Als Gegenstück hierzu das *Tirotel*, das Ferienwohnungen in Tirol anbietet. Die Sippe scheint sehr fruchtbar zu
Flo(a)tel   sein. In Irland kann man seine Ferien auf einem *Floatel*, einem Hotelboot, verbringen (englisch *to float* = fließen). Auch Hochsee-Fährschiffe nennt man – schon ohne ‚a' – *Flotels*. Wer im Urlaub nicht am selben Ort bleiben
Rotel   will, wählt ein *Rotel*, ein *r*ollendes H*otel*, das aus einem Bus und einem Anhänger mit Schlafkojen und Reiseküche besteht. Wohlhabende Eltern
Babytel   können ihre Kinder in einem *Babytel* unterbringen, wenn sie ohne die geliebten Tyrannen verreisen wollen. Für Kühe ersann die „Essener Milch-
Ku(h)tel   verwertung" das *Kutel*; die „Herberge zur bunten Kuh" bietet 2000 Rindviechern Platz, sie ist mit einem Milchkarussell ausgerüstet, auf dem gleichzeitig 200 Kühe elektrisch gemolken werden. Das erste europäische *Bürotel*
Bürotel   – früher sagte man *Bürohaus* dazu – wurde 1969 im Fürstentum Liechtenstein in Betrieb genommen. Es heißt, man denke bereits an den Bau von
Skytel   *Skytels* (englisch *sky* = Himmel), für Leute, die demnächst mit eigenem Flugzeug in die Ferien fliegen.

Wer Kuraufenthalt und Urlaub verbinden will, macht, wie man heute hören kann, *Kurlaub*. Einem teutschgesinnten Sprachler ist diese Zusammenziehung ein Dorn im Auge. Entrüstet weist er darauf hin, daß in *Urlaub* schließlich unser schönes deutsches Wort *erlauben* stecke. (In *erlauben* ist das Präfix ‚ur-‘ zu ‚er-‘ abgeschwächt, weil es unbetont ist.) *Kur* dagegen komme aus dem Lateinischen (*cura* = Pflege). – Nun, befremdlich sind solche Zusammenziehungen nur, solange sie neu sind. Wer regt sich heute noch über *Ester* auf (aus: *Es*sig + Ä*ther*)? Der Chemiker möchte dieses Wort gewiß nicht missen, und der Geograph wird dankbar sein, daß er kurz und bündig von *Eurasien* sprechen kann, wenn er die größte zusammenhängende Landmasse der Erde bezeichnen will (*Europa* + *Asien*).

Kurlaub
Urlaub
erlauben
Kur

Ester

Eurasien

Für Rätselrater: ein Wort, zu dem drei Sprachen beigesteuert haben, aus vier Buchstaben. Nun? Sie werden kaum darauf kommen: der *Oberleitungsautomobilomnibus* hat einen deutschen Kopf, einen kurzen griechischen Rumpf und einen langen lateinischen Schwanz. Wir haben uns dieses Wortungetüm zu *Obus* verkürzt. (Über *Automobil* vgl. Seite 574/575.) *Omnibus* ist lateinisch und bedeutet ‚für alle‘. Bezeichnet wurde damit ursprünglich ein Gefährt, das allen Leuten dienen sollte, auch denen, die nicht genug Geld für ein eigenes hatten. Die Sprache geht seltsame Wege. – Schön ist das Wort *Omnibus* nicht gerade, und schon viele gescheite Köpfe haben nach einem deutschen Wort dafür gesucht. Gegen sie zog Jacob Grimm zu Felde, derselbe Mann, der zusammen mit seinem Bruder Wilhelm die deutschen Märchen sammelte und das große Deutsche Wörterbuch begann. „Dem Pedanten", so schrieb Jacob Grimm, „muß das Wort *Omnibus* unerträglich scheinen, aber statt auf die naheliegende Verdeutschung ‚Allen‘ zu geraten, wird ein steifstelliges ‚Allwagen‘, ‚Gemeinwagen‘, ‚Allheitsfuhrwerk‘ oder was weiß ich sonst für ein geradbrechtes Wort vorgefahren werden." – Jacob Grimm starb 1863. Heute können wir nur feststellen, daß er sich irrte. Die Sprache hat einfach den Zopf abgeschnitten: vom ganzen *Omnibus* blieb nur die letzte Silbe *Bus* in nahezu internationaler Gültigkeit übrig.

Obus

Omnibus / Bus

Kindermund
Mareike, fünf Jahre, fährt S-Bahn. Mareike: „Warum heißt das eigentlich S-Bahn, wo es doch nichts zu essen gibt?"

Bei der Gelegenheit: *S-Bahn* steht für ‚Schnellbahn‘, nicht für ‚Stadtbahn‘.

Ja, auf manches Wort müssen wir erst mit der Nase gestoßen werden, damit wir merken, daß es sich um ein Kurzwort handelt. *Flak* hieß ursprünglich *Fl*ug(zeug)*a*bwehr*k*anone, *Radar* ist entstanden aus englisch *ra*dio *d*etecting *a*nd *r*anging, *Laser* aus englisch *l*ight *a*mplification by *s*timulated *e*mission of *r*adiation (= ‚Lichtverstärkung durch Emissionsanregung von Strahlung‘); auf deutsch heißt *Laser* harmlos ‚Lichtverstärker‘.

Flak
Radar
Laser

Sprechende Kopflautwörter

Erinnern Sie sich noch an die *CARE*-Pakete der Nachkriegszeit? So manchen versorgten sie mit Lebensmitteln und Kleidung. Englisch *care* bedeutet ‚Fürsorge‘. Doch die Pakete aus Amerika waren keine „Fürsorge-Pakete", sondern Geschenksendungen einer Organisation, die sich unabgekürzt ‚*C*ooperative for *A*merican *R*emittances to *E*urope‘ nannte, was soviel wie ‚Organisation für amerikanische Hilfssendungen nach Europa‘ bedeutet. Ein glücklicher Zufall, daß der abgekürzte Name der Organisation – CARE – gleichzeitig Symbol ihrer Aufgabe war.

CARE
Kopflautwörter

Woman   Immer sind die Kürzel am gelungensten, die erkennen lassen, worum es geht. *Woman* ist der Name einer internationalen Frauenorganisation, der ‚*W*orld *O*rganization of *M*others of *A*ll *N*ations'.

SAD   Wenn die Tage kürzer und dunkler werden, beginnt für manche Menschen eine Leidenszeit, die Winterdepression. Mediziner sprechen von einer *sa*is*o*n*a*bhängigen *D*epression, abgekürzt *SAD*, gesprochen „ßäd"; englisch *sad* bedeutet ‚traurig'.

PEN-Club   Bei dem Namen der internationalen Schriftstellervereinigung PEN-Club kommt vielen sogleich der englische Name für ‚Schreibfeder' in den Sinn: *pen*. Gewiß war diese Gedankenverbindung bei der Namengebung beabsichtigt, doch haben wir uns den Namen anders zu erklären: die Vereinigung besteht aus „*p*oets and playwrights, *e*ditors and essayists, *n*ovelists", das sind Dichter, Dramatiker, Lektoren, Essayisten und Romanschriftsteller.

First
Team   1973 entschlossen sich fünfzehn deutsche Reisebüros, fortan unter dem Motto „*F*ührend *i*n *R*eise-*S*ervice und *T*ouristik" zusammenzuarbeiten. Ein umständlicher Slogan, aber seine Anfangsbuchstaben summieren sich zu *First* (= erst) und somit zu einem anspruchsvollen Markenzeichen. Weniger hochgestochen und entsprechend sympathischer wirkt *Team* (aus „*T*op *E*uropean *A*dvertising *M*edia"), der Name, unter dem sich vierzehn große europäische Zeitungen gemeinsam als Werbeträger empfehlen.

Erfolg   Sprechende Kopflautwörter zu bilden ist heute Mode und wird mit mehr oder weniger Erfolg praktiziert. Um gleich bei *Erfolg* zu bleiben: so nennt Siemens sein *E*rmittlungssystem *f*ür *o*ptimal *l*ukrative *G*eldanlagen, ein Softwareprogramm für Sparkassen und Banken.

Pegasos
Sesam
Inkas
Zeus   Bei diesem Verfahren entwickeln ausgerechnet EDV-Hersteller einen Hang zur Mythologie: *Pegasos* heißt nicht nur das Flügelroß der griechischen Sage, als *P*resse-*G*rosso-*A*nwender-*So*ftware-*S*ystem soll es auch den Vertrieb von Zeitungen und Zeitschriften beflügeln. *Sesam* ist nicht allein der Türöffner aus Tausendundeiner Nacht, es ist auch ein *S*ystem zur *S*peicherung *a*lphanumerischer *M*erkmale. Unter *Inkas* versteht die NCR (vormals National Registrierkassen G. M. B. H. aus englisch *N*ational *C*ash *R*egister Co.) nicht die berühmte ehemalige indianische Herrscherschicht in Peru mit ihrer früh entwickelten Hochkultur, *Inkas* ist für sie in erster Linie das „Programmpaket", das 1975 bei der Niedersächsischen Bädergesellschaft und bei der Kurverwaltung Baden-Baden eingeführt wurde, ein *I*ntegriertes *K*urverwaltungs-*A*brechnungs*s*ystem. Die IBM (vormals Internationale Büro-Maschinen GmbH) läßt *Zeus* sogar den Stundenplan machen: *Zeus* = *Z*eitplanerstellung für *U*nterrichts*s*tunden. Daß er eines Tages auf den Computer kommen würde, hat sich der König der griechischen Götter bestimmt nicht träumen lassen.

Abkürzungen ziehen Grenzen

EStG
ZPO   Steuerberater, die auf das Kürzel *EStG*, Juristen, die auf das Kürzel *ZPO* verzichten wollten, würden i h r e Zeit vergeuden – sollen die andern sich doch merken, daß die Kürzel für *Einkommensteuergesetz* und *Zivilprozeßordnung* stehen! Abkürzungssprache ist immer eine Sprache für Einge-

weihte. Buchstabenwörter ziehen Grenzen, über die hinweg der Deutsche den Deutschen nicht mehr versteht.

Eva Windmöller, STERN-Korrespondentin in Ost-Berlin, berichtete im Sommer 1976 über das Leben in der DDR und auch über die Art, wie die Leute reden: Abkürzungen wurden dort noch viel öfter gebraucht als in der Bundesrepublik.

Sprachgebrauch in der DDR

> „Auf der EOS trat er der GST bei, später wurde er Agrochemiker in einer KAP, als HGL-Vorsitzender pflegte er engen Kontakt mit der KWV."

Schwierigkeiten? Auf langsamdeutsch:

> Auf der Erweiterten Oberschule trat er der Gesellschaft für Sport und Technik bei, später wurde er Agrochemiker in einer kooperativen Abteilung Pflanzenproduktion, als Hausgemeinschaftsleitungs-Vorsitzender pflegte er engen Kontakt mit der Kommunalen Wohnungsverwaltung.

Aber das gehört der Vergangenheit an. Mit den DDR-typischen Einrichtungen verschwinden die Begriffe, mit den Begriffen die Namen und mit den Namen zum Glück auch deren Abkürzungen. Dafür werden die Bürger in den fünf neuen Bundesländern sich ein paar neue Abkürzungen merken müssen.

Merken und hinter die Ohren schreiben sollten sich in Ost und West außerdem diejenigen etwas, die neue Dinge, Einrichtungen oder Ideen benennen müssen: daß nämlich ein Name ein Name und keine Gebrauchsanweisung ist. Namen, die ein ganzes Programm enthalten, werden über kurz oder lang doch abgekürzt. Keiner bringt sein Auto zum *Technischen Überwachungsverein*, jeder fährt zum *TÜV*. Hätte er da nicht gleich zum *Tüff* fahren können?

TÜV

Und die Moral von der Geschicht'?

Abkürzungen sind ein heikles Kapitel. Es spricht wenig dafür und vieles dagegen. Abkürzungen sind oft problematisch und manchmal ganz zweckmäßig, nämlich dann, wenn sie da stehen, wo sie hingehören, auf dem eigenen Notizblock zum Beispiel, vorausgesetzt, daß man sie später wieder entziffern kann. Was nützt eine Abkürzung, wenn man beim Schreiben und Lesen drei Sekunden spart, aber wenigstens drei Minuten braucht, um zu erraten, was sich hinter ihr verbirgt?

Wer was zu sagen hat, hat keine Eile.
Er läßt sich Zeit und sagt's in einer Zeile.
ERICH KÄSTNER
(1899–1974)

Das meinte Karlchen auch. Karlchen ist in einem größeren Betrieb angestellt, von Beruf Vesperholer und von Natur ein bißchen langsam. Damit er nichts vergißt, schreibt er genau auf, was er in der Kantine holen soll. Von Meister Bär wird er ermahnt, Abkürzungen zu machen, auf daß es schneller gehe. Karlchen gehorcht, malt in Schönschrift „eine große Flasche Liebenzeller Mineralwasser" und kürzt den Namen seines Meisters ab: Bä!

Testbogen 44

Apostroph

[1] Der Apostroph steht bekanntlich für ein ausgelassenes ‚e'. Was halten Sie von dieser Passage aus dem Werbebrief einer Papierfabrik? *Farbige, h'haltige Papiere lassen sich ausgezeichnet zweiseitig bedrucken, denn selbst h'fetter Druck scheint nicht durch.*

h'haltig
h'fett

[1] Der Druckereifachmann weiß natürlich, daß hier von *holzhaltigen* Papieren und *halbfettem* Druck die Rede ist. Und da er als Drucker sich in der Rechtschreibung auskennt, weiß er auch, daß der Apostroph nicht nur das ‚e', sondern umgangssprachlich auch ganze Lautgruppen (bekannter Namen) ersetzen darf. Dennoch ist von solchen Kürzungen abzuraten. Gespart werden jeweils ganze zwei Anschläge. Das ist fast so sinnvoll, wie *Stück* zu *Stck.* abzukürzen.

Stck.

[2] Was bedeutet „Fleurop"?

Fleurop

[2] *Fleurop* ist verkürzt aus den lateinischen Wörtern F l o r e s E u r o p a e (= „Blumen Europas"). So heißt die internationale Organisation der Blumengeschäfte, die Blumengrüße ins In- und Ausland vermittelt.

[3] „Die *chemische und Schwerindustrie* waren besonders stark auf der Messe vertreten." Darf man so zusammenziehen?

[3] Die Fügung ist s p r a c h l i c h n i c h t e i n w a n d f r e i, kommt aber in der Praxis häufig vor. Bis vor kurzem galt sie noch als falsch. Besser ist auch heute noch: *die chemische Industrie und die Schwerindustrie*. Einwandfrei sind dagegen Zusammenziehungen wie: *die chemische und die metallverarbeitende Industrie* und *die eisen- und metallverarbeitende Industrie*.

Linoleum

[4] Wie trennt man das Kunstwort *Linoleum*?

[4] Ähnlich wie *Lein/öl*, also L i n / o l e u m, denn *Linoleum* ist aus lateinisch *linum* (Leinen) und *oleum* (Öl) zusammengezogen. Linoleum ist ein Belag aus Leinölfirnis, Kork, Harzen und Farbstoffen.

Abkürzungspunkt

[5] Seit ihrem Wahlkampf 1969 schreibt sich die F. D. P. mit drei Pünktchen, zum Unterschied von der punktelosen SPD. Der F. D. P.-Wahlkampf lief unter dem Motto „Wir schneiden alte Zöpfe ab". Aber Zöpfe abschneiden wollen und sich selbst mit Hilfe von drei Pünktchen einen uralten, längst abgeschnittenen wieder anstecken und dann noch glauben, der falsche Wilhelm werde den Wählern imponieren, das brachte damals keine Stimmen. Die drei Punkte blieben, sie stiften bei unserer sowieso nicht geringen Rechtschreibunsicherheit Verwirrung. Warum entspricht die Schreibweise F. D. P. nicht der Rechtschreibnorm, wie heißt die Regel?

5 Der Punkt steht nach Abkürzungen, die in vollem Wortlaut gesprochen werden. Beispiel: i. A. (gesprochen: *im Auftrag*).
Der Punkt steht nicht nach Abkürzungen, die als selbständige Wörter gesprochen werden. Beispiel: BGB (gesprochen: *begebe*).

Allerdings hält sich so mancher nicht an diese Regel. Mit konsequenter Inkonsequenz schildert die Bundesbahn sämtliche Hauptbahnhöfe mit punktlosem *Hbf* aus, obgleich kein Mensch „Köln habeef" sagt; wer mit der Bahn nach Köln fährt, fährt bis *Köln Hauptbahnhof*. – Der Duden hingegen läßt den Punkt hinter *Müller & Co.* gelten – neben dem der Regel entsprechenden *Co* ohne Punkt.

6 Etwas nach Schema F erledigen, was bedeutet das?

6 Eine Arbeit bürokratisch gleichartig, schablonenhaft tun. Die Redensart kommt aus dem preußischen Heerwesen. Frontrapporte, so verlangten es die Militärs, waren alle nach dem gleichen Schema abzufassen, nach Schema F.

Schema F

7 *Wie wir Ihnen am 17. vor. Mon. mitteilten...* Die Dame an der Schreibmaschine wollte Zeit sparen, als sie am 25. April an einen Lieferanten schrieb; deshalb kürzte sie ab. Könnte man *am 17. vorigen Monats* nicht vernünftiger kürzen?

vor. Mon.

7 Doch, könnte man: am 17. März.

8 Was heißt *u. a.*? Und spielt es eine Rolle, an welcher Stelle im Satz die Abkürzung eingefügt wird? Zwei Beispielsätze:

a) Die Abgeordneten Schneider, Schleevogt, Scheuerle u. a. unterstützen den Antrag auf Änderung des Geflügelfleischhygienegesetzes.
b) Die Abgeordneten Schneider, Schleevogt, Scheuerle unterstützen u. a. den Antrag auf Änderung des Geflügelfleischhygienegesetzes.

8 *u. a.* hat zwei Bedeutungen: *und andere* (so in a) und *unter anderem* (so in b). Ob *u. a.* eine Aufzählung von Substantiven fortsetzt (wie in a) oder ein Prädikat näher bestimmt (wie in b), spielt also eine Rolle. Verschonen wir darum unsere Leser mit dieser doppelgesichtigen Abkürzung, ausgeschrieben wird *u. a.* immer deutlicher sein.

u. a.

9 Abgekürzt heißt die Bundesrepublik BRD. Verwendet man im Ausland eigentlich das gleiche Kürzel, schreiben Engländer, Franzosen oder Polen auch BRD?

9 Nein. *Bundesrepublik Deutschland* heißt auf englisch GFR (German Federal Republic), auf französisch RFA (République Fédérale d'Allemagne), auf polnisch NRF (Niemiecka Republica Federalna).

BRD
GFR
RFA
NRF

Fremdwörter

Ein heißes Eisen

Jedes vierte Wort ist ein Fremdwort

Idiotikon

Idiom

Fremdwörter sind wirklich Glückssache: *Bananen* sagte sie, *Platanen* wollte sie sagen, *Pinien* meinte sie, und Kiefern waren es.

Der Deutsche meint, nur trübe Wasser können tief sein.
ALFRED POLGAR
(1873–1955)

Wissen Sie, was ein *Idiot* ist? Nun ja, ein bedauernswertes Geschöpf – jedenfalls nie man selbst, sondern immer der andere. Und ein *Idiotikon*? Nein, durchaus nicht das, was Ihr Herr Nachbar denken könnte, wenn Sie ihn heute abend einmal harmlos danach fragen. Ein Idiotikon ist ein Mundartenwörterbuch. Es steckt darin *Idiom* (Spracheigentümlichkeit).

Oder was neulich dem Gemüsegroßhändler Krause passierte: Ein Einzelhändler bestellte bei ihm drei Kisten Oberschienen. Krause dachte angestrengt nach, dann rief er die Ware ab: drei Kisten *Auberginen*.

Auf das gesamte deutsche Vokabular von etwa 400 000 Wörtern kommen, so schätzt man, 100 000 fremde, mithin ist jedes vierte Wort ein Fremdwort. In Fachtexten ist der Fremdwortanteil besonders hoch. Einem hochgelahrten Fachmann hat man böswillig diesen Satz untergeschoben:

> Unter impulsivem Einsatz immanenter, doch bis zum Moment der Effektuierung des Impulses latenter Energien löste sich die amphibielle Kreatur von ihrem habituellen Standort und verschwand – eine von den Wurfgesetzen diktierte Parabellinie beschreibend – nach Erreichung des ihr adäquaten Elementes in den mehr oder minder transparenten Räumen ihrer Existenz.

In die Umgangssprache übertragen, heißt das:

> Der Frosch sprang ins Wasser.

Und auch das Plakat an der Innenseite einer WC-Tür (Überschrift: „Dumme Sprüche für Gescheite") karikiert das Fremd-Fachwort-Gehabe:

> Die akute Ventilation des Digestionstraktes war von signifikanter Relevanz.

Das ist wirklich ein dummer Spruch für Gescheite, denn: Die Halbgescheiten verstehen ihn nicht.

Die Dreiviertelgescheiten werden seufzen: „Ach, wenn sich doch auch all die schlimmen Fremdwörter, die unsere schöne deutsche Sprache so verschandeln, mit hinunterspülen ließen!"

Und die Übergescheiten werden über die meliorative (bedeutungsverbessernde) Wirkung von Fremdwörtern (speziell von medizinischen Fremdwörtern lateinischer Herkunft) nachzudenken beginnen. Auf deutsch würde kein Mensch etwas so „Unfeines" sagen, geschweige denn drucken.

„Wenn ich so zwischen Hydropsie und Wassersucht die Wahl habe", läßt Fontane den alten Stechlin, der Fremdwörter eigentlich nicht mag, räsonieren, „bin ich immer für Hydropsie. Wassersucht hat etwas so kolossal Anschauliches."

Wer hat recht?

„Fremdwörter sind Glückssache. Weil man mit ihnen so oft einen Reinfall erlebt – entweder man gebraucht sie falsch oder man versteht sie falsch –, lasse man sie lieber gleich weg und nehme statt dessen ein gutes, deutsches Wort. Überhaupt sollte uns der Stolz auf unsere Muttersprache verbieten, sie durch zahllose Fremdwörter zu verhunzen",

sagen die einen.

„Fremdwörter sind unentbehrlich, für viele fehlt der entsprechende deutsche Ausdruck. Sie bereichern unsern Wortschatz, denn mit ihrer Hilfe lassen sich feinste Bedeutungsunterschiede wiedergeben. Technik und Wissenschaft kommen ohne Fremdwort nicht mehr aus",

sagen die andern.

Wer hat nun recht? Weder die Fremdwortfeinde noch die Fremdwortfreunde. Mit Vorurteilen kommt man dem Fremdwortproblem nicht bei. Versuchen wir, Für und Wider sachlich abzuwägen, vielleicht, daß sich dann eine brauchbare Antwort ergibt.

Fremdwörter gibt es seit eh und je

Fremdwörter gibt es, seit Menschen verschiedener Muttersprache miteinander in Berührung kamen. Schon das in griechischer Sprache verfaßte Neue Testament enthielt hebräische Einsprengsel, etwa für den obersten Teufel *Beelzebub* (Herr der Fliegen, Oberteufel). Fremdwörter dringen besonders dann ein, wenn die Kultur eines Volkes ein anderes Volk überlagert wie die griechische Kultur seit etwa 200 v. Chr. die Römer und die römische einige Jahrhunderte später die Germanen.

Beelzebub

Wer heute in seinem Garten *Kirschen, Birnen, Pfirsiche, Aprikosen, Pflaumen* oder *Quitten* pflückt, den *Wein* verschneidet und *Lilien, Tulpen, Veilchen, Aurikeln, Krokusse, Malven, Narzissen, Levkojen, Gladiolen* und *Rosen* begießt, denkt bestimmt nicht daran, daß diese längst heimisch gewordenen Früchte und Blumen fremde Namen tragen.

Lehnwörter

Der *Rhododendron* ist eigentlich ein Rosenbaum (griechisch *rhodon* = Rose, *dendron* = Baum). Auch die *Primel*, der erste Frühlingsbote, stammt aus dem Süden (lateinisch *primula* = die erste). Als unsere Vorfahren in alter Zeit *Obstkulturen* bei den Römern kennenlernten (*Kultur* kommt von lateinisch *cultura* = Ackerbau), übernahmen sie mit den Früchten auch die Bezeichnungen. Selbst das so deutsch klingende *Frucht* geht auf lateinisch *fructus* zurück, und sogar die *Pflanze* ist ein „antikes" Gewächs (lateinisch

Rhododendron
Primel

Kultur

Frucht
Pflanze

planta). Wie man die im Norden schon bekannte Holzbirne zu einer eßbaren Frucht veredelt, sahen die Germanen ebenfalls den Römern ab: *pfropfen* ist eine sehr alte Entlehnung aus lateinisch *propagare* = fortpflanzen. (Eine Fortpflanzung spezieller Art bezeichnete man fast zwei Jahrtausende später mit dem Fremdwort *Propaganda*.)

pfropfen

Propaganda

Auch was im Mittelalter die Mönche in ihren Klostergärten pflanzten, trug lateinische Namen, denn Latein war die Sprache der Klöster. Erst als die Kräuter und Gemüse außerhalb der Klostermauern angebaut wurden, machte man sich die fremden Namen mundgerecht: So wurde *petroselinum* zu *Petersilie* (wienerisch: *Petersil*, schwäbisch: *Peterling*); *lactuca* zu *Lattich* (Kopfsalat); *ligusticum* (eigentlich: ligurische Pflanze) zu *Liebstöckel* und *caepula* zu *Zwiebel*.

Petersilie
Lattich
Liebstöckel
Zwiebel

In allen modernen europäischen Sprachen sind die Ausdrücke für *Schule*, *Kirche* und *Theater* Fremdwörter, weil ganz Europa von den kulturell dominierenden Griechen und Römern mit den Einrichtungen auch die Bezeichnungen übernahm. Bevor die Germanen mit den Römern in Berührung kamen, hatten sie nur Lehm und Flechtwerk als Baumaterial gekannt. Mit der Kenntnis von der Steinbauweise drangen die Bezeichnungen *Gesims, Fenster, Kammer, Keller, Küche, Mauer, Pfahl, Pfeiler, Pforte, Pfosten, Speicher, Schindel, Ziegel, Platz, Straße, Wall* und viele andere nach Norden vor.

Lehnwörter

L e h n w ö r t e r nennt die Sprachwissenschaft die ausländischen Gäste, die sich bei uns häuslich niedergelassen haben. Es sind dies also Wörter fremdsprachlichen Ursprungs, die sich in Lautgestalt, Betonung und Beugung völlig unserer Sprache angepaßt haben. Auf sie vor allem trifft zu, was die Brüder Grimm 1854 im ersten Band ihres Deutschen Wörterbuchs über die sprachliche Angleichung sagten:

„Fällt von ungefähr ein fremdes Wort in den Brunnen einer Sprache, so wird es so lange darin umgetrieben, bis es ihre Farbe annimmt und seiner fremden Art zum Trotz wie ein heimisches aussieht."

Die „guten deutschen" Namen Hans und Grete

Personennamen

Wer denkt heute noch daran, daß auch ein sehr großer Teil unserer Personennamen fremden Ursprungs ist? Als zur Zeit Kaiser Karls des Großen Wanderprediger das Christentum nach Deutschland brachten, ermahnten sie die Leute, die sich taufen lassen wollten, ihre heidnischen Namen abzulegen und biblische anzunehmen. Das Alte Testament war in hebräischer, das Neue Testament in griechischer Sprache verfaßt, beides aber schon früh ins Lateinische übersetzt worden. So kamen hebräische, griechische und lateinische Namen zu uns.

Joachim
Johannes

Hans

John, Jens
Jons, Jean
Sean, Iwan

Aus dem Hebräischen stammt z. B. *Joachim*; *Joachim* bedeutet ‚Jehova richtet empor'. *Johannes* ist die griechische Form des hebräischen Namens *Jochanan*. Mancher wird sich vielleicht wundern, wenn er hört, daß der als typisch deutsch empfundene Name *Hans* die Kurzform von *Johannes* und somit hebräischen Ursprungs ist. *Johannes* bedeutet ‚Gott ist gnädig'. Mit dem Christentum kam dieser hebräisch-griechische Name auch zu andern Völkern. Engländer und Amerikaner kennen ihn als *John*, die Dänen als *Jens*, die Litauer als *Jons*, die Franzosen als *Jean*, die Iren als *Sean* und die

Russen als *Iwan*. Merkwürdig, *Hans, John* und *Iwan* sind nur drei verschiedene Lautformen ein und desselben Namens.

Aus Griechenland kommt der Name *Andreas*, was soviel heißt wie ‚Mann' oder ‚der Mannhafte'. *Eirene* nannten die Griechen die Göttin des Friedens, daher die deutsche *Irene*. *Georg*, im Mittelalter zu *Jürgen* eingedeutscht, bedeutet im Griechischen ‚Landwirt'.

Viele unserer Vornamen sind lateinischen Ursprungs. *Paul* ist der Kleine, *Magnus* der Große, *Max* ist am größten (verkürzt aus dem lateinischen Superlativ *maximus* = der Größte). *Beate* ist die Glückliche, *Felix* der Glückliche und *Felizitas* das Glück. *Auguste* ist die Erhabene, *Flora* die Blüte, *Klara* die Helle, die Glänzende – die Reihe ließe sich fortsetzen. Daß auch das blonde *Gretchen* einen fremden Namen trägt, wissen nur wenige von denen, die in der Ausrottung der Fremdwörter eine verdienstvolle Aufgabe sehen: *Margarete* ist griechisch-lateinischen Ursprungs und bedeutet ‚Perle'. Selbst der deutsche *Michel* ist von Haus aus Hebräer. Hebräisch *Michael* heißt soviel wie ‚wer ist wie Gott?'.

Andreas
Irene
Georg
Jürgen
Paul
Magnus, Max
Beate
Felix
Felizitas
Auguste
Flora
Klara
Margarete
Michael

Kampf dem Fremdwort (!) ?

Nicht nur bei uns wechselt in der Geschichte die Duldung der Fremdwörter mit ihrer Verfolgung. So hatten sich um 1600 in Florenz die Mitglieder der Accademia della Crusca zum Ziel gesetzt, das Italienische von *crusca*, von Kleie, zu reinigen. Nach diesem Vorbild wurden im 17. und 18. Jahrhundert auch in Deutschland S p r a c h g e s e l l s c h a f t e n gegründet, in denen Fürsten, Adlige und Bürger als gleichberechtigte Teilnehmer sich Sprachrichtigkeit und Sprachschönheit angelegen sein ließen. Ein Name wie „Deutschgesinnte Genossenschaft" verrät, was den Mitgliedern besonders am Herzen lag: der Kampf gegen das Überhandnehmen von Fremdwörtern, das ihnen als Ausdruck undeutscher Gesinnung erschien.

Sprachgesellschaften

Verdeutschung und Eindeutschung

Mit ihren Verdeutschungen schossen die Sprachgesellschaften oft übers Ziel hinaus – bescherten sie uns doch so schöne Wörter wie *Reitpuffer* für ‚Pistole', *Gesichtserker* für ‚Nase' und *Jungfernzwinger* für ‚Nonnenkloster'. (Unter ‚Verdeutschung' verstehen wir die mehr oder minder freie Übertragung eines Fremdworts ins Deutsche, während wir mit ‚Eindeutschung' die lautliche Angleichung bezeichnen, die ein ursprünglich fremdes Wort zu einem Lehnwort werden läßt.)

Seit 1977 herrschen in Frankreich strenge Sitten. Wehe dem, der in Gebrauchsanweisungen, Arbeitsverträgen, Ausschreibungen oder – man denke! – gar in der Werbung weiterhin Anglizismen verwendet: er muß mit einer Geldbuße bis zu 160 Franc rechnen. – Ob ein Gesetz, das man zwar erlassen, dessen Einhaltung man aber schwerlich kontrollieren kann, die Franzosen wirklich dazu bringen wird, geläufige Wörter englischer Herkunft durch ungeläufige französische zu ersetzen?

Freilich war die Zeit nach dem Dreißigjährigen Krieg fremdwortsüchtig. Man schielte zu gern nach Frankreich und übernahm mit der vornehmeren französischen Lebensart auch die Benennungen. Noch heute klingen *Robe* und *Diner* gewählter als *Amtstracht* und *Mittagessen*.

> „Frankreich hat es weit gebracht, Frankreich wird es schaffen,
> daß so manches Volk und Land wird zu seinem Affen",

spottete Friedrich von Logau (1604–1655) in einem seiner zeitkritischen Epigramme. Die Schuhe ließ man sich damals vom *Cordonnier* besohlen, die Kleider sich vom *Tailleur* anmessen, Stühle und Schränke vom *Menuisier* anfertigen. Wie sollte sich da einer auskennen, der des Französischen nicht mächtig war? Die Kluft zwischen arm und reich, zwischen gebildet und ungebildet wurde immer größer. 1750 schrieb der französische Schriftsteller und Philosoph Voltaire aus Potsdam, wohin Friedrich der Große ihn eingeladen hatte: „Ich bin hier in Frankreich. Man spricht nichts anderes als unsere Sprache. Deutsch ist für die Soldaten und für die Pferde; nur für die Straße ist es nütze."

Campe

So war es sehr zu begrüßen, daß Anno 1801 ein braunschweigischer Schulmeister namens J o a c h i m H e i n r i c h C a m p e (1746–1818) – Sie haben sicher früher einmal seine Übersetzung des englischen Abenteuerromans „Robinson Crusoe" verschlungen – ein „Wörterbuch zur Erklärung und Verdeutschung der unserer Sprache aufgedrungenen fremden Ausdrücke" herausgab. Die Damen nennt er darin *Ehrenmänninnen* und schenkt ihnen Bonbons, die er mit *Süßbriefchen* übersetzt. Wie Zeitungen gemacht werden, müßte man im Campeschen Deutsch schildern wie folgt: Die *Zeitschriftler* (Journalisten) liefern ihre Beiträge dem *Abfasser* (Redakteur, Schriftleiter), gleichviel, ob sie als *Schmeckherren* (Rezensenten und Kritiker) oder als *Bericht(stell)er* (Reporter, Berichterstatter, Berichter) auftreten, und dieser *reiht sie ein* (placiert sie, umbricht sie) nach dem Geschmack der *Allgemeinde* (des Publikums). – Rund 3400 Verdeutschungsvorschläge haben wir dem Schulmeister aus Braunschweig zu verdanken, ein Viertel davon können wir heute noch verwenden. Der *Amtstätigkeit* und der *Ernennungsurkunde* sieht man die Verdeutschung noch an – aber die von Campe geprägten Wörter *Körperbau, Randbemerkung* und *Scheinwerfer* wirken, als hätte es sie seit eh und je in der deutschen Sprache gegeben. Wie modern manche Campesche Prägung noch oder wieder ist, zeigt auch der Name, den sich das Land Sachsen, Bayern nacheifernd, im Oktober 1990 gab: *Freistaat* ist die Campesche Übersetzung von ‚Republik'.

An Wortbildungen Campes, die uns selbstverständlich sind, benutzen wir zum Beispiel: *Absage, Einzahl, Erdgeschoß, Festland, Flugblatt, Lehrgang, Minderheit, Öffentlichkeit.*

Freistaat

Pedant

Goethe hielt allerdings von solchen Verdeutschungsbestrebungen weniger; mehr als an der Reinheit der Sprache war ihm am Reichtum der sprachlichen Ausdrucksmöglichkeiten gelegen. Er spottete über die Puristen, nannte sie pedantische Tyrannen und stellte dem unerschrockenen Großreinemacher Campe in den „Xenien" die boshaft-kniffflige Frage:

> Sinnreich bist du, die Sprache von fremden Wörtern zu säubern;
> Nun, so sage doch, Freund, wie man *Pedant* uns verdeutscht.

Zerdeutschtes

So anerkennenswert Campes Leistung auch ist – drei Viertel seiner Worterklärungen scheinen uns heute mehr zerdeutscht als verdeutscht, etwa *Zwischenstille* für ‚Pause', *Dunst-* oder *Schweißlöcher* für ‚Poren' und gar *Dörr-* und *Balsamleiche* für ‚Mumie'.

Da Campe überzeugter Protestant war, merkt man hinter einigen Verdeutschungen die Absicht: der Soldat war für ihn ein *Menschenschlachter*, das Konklave ein *päpstlicher Wahlzwinger*, der Katholik ein *Zwangsgläubiger*, aber der Protestant ein *Freigläubiger*.

Der *Kahlkopfverlegenheitsabhelfer* für ‚Perücke' ist nicht von Campe erfunden, den dichtete man ihm später nur an. Aber die Übertreibung macht besser als alles andere deutlich, woran nicht nur Campes Verdeutschungsvorschläge kranken: die meist zusammengesetzten Substantive sind weniger

Wörter als Worterklärungen, Definitionen. Bei einer Neuprägung ist aber zu bedenken, daß sich von ihr möglichst mühelos neue Wörter ableiten lassen sollten. Wollten wir ‚Klima' mit *Luftbeschaffenheit* verdeutschen, müßten wir für ‚klimatisch' sehr umständlich *luftbeschaffenheitsmäßig* sagen. Fragt sich, was ‚optisch' sei, wenn wir ‚Optik' mit „Lichtstrahlausbreitungseigenschaftswissenschaft" zerdeutschen wollten. (Die „richtige Optik", die man nach neuerem Sprachgebrauch haben muß, bezeichnen wir besser als *Sehweise, Einstellung, Beurteilung* oder *Vorausschau*.)

Verdeutschungen und Ableitungen
Klima

Optik

Der *Orient* heißt auf deutsch ‚Morgenland'. Wir kennen das Wort, seit Luther in seiner Übersetzung des Matthäus-Evangeliums „die Weisen vom Morgenland gen Jerusalem" kommen ließ. Das Wort ist schön und gut – aber wie müßte demzufolge *sich orientieren* heißen? „sich vermorgenländern"???

Orient
Luther

sich orientieren

Während Joachim Heinrich Campe ‚Roman' als *Dichtgeschichte* verdeutschen wollte, schlug später F r i e d r i c h   L u d w i g   J a h n (1778–1852) dafür *Geschichtsel* vor. Seine Turnwörter wie *Riege, Hantel, Hechtsprung, Reck* und *Barren* – vor allen natürlich *turnen* – haben mehr Anklang gefunden. Nicht aufgenommen hat die Sprache den Jahnschen *Nahderer* (für: Spion), das *Urselbst* (für: Original) und den *Launenscherz* (für: Humor). In seiner Verdeutschungssucht ging der Turnvater so weit, daß er die Schlacht von Belle-Alliance (Waterloo) nicht anders als die Schlacht von *Schönbund* nannte, doch hat ihm das keiner nachgemacht. Unter der Spreu finden sich aber auch Weizenkörner: *Eilbrief, Hochstapler, Geschmeide, Maßregelung, Kleinstaat, Volks-* und *Schrifttum* wurden, wenn nicht von Jahn geprägt, so doch von ihm in den allgemeinen Sprachgebrauch gebracht.

Jahn

Eilbrief

Sprachverein auf Fremdwortjagd

1885 gründete das nationalgesinnte deutsche Bürgertum den A l l g e m e i n e n   D e u t s c h e n   S p r a c h v e r e i n, dessen Mitglieder sich alsbald auf Fremdwörterjagd begaben. Nach der Devise „Gedenke, daß du ein Deutscher bist" wollten sie die deutsche Sprache von welschen Einsprengseln reinigen und schossen dabei voll Eifer und guten Willens oft übers Ziel hinaus. Freilich übten sie auch einen günstigen Einfluß aus. Auf Anregung des Deutschen Sprachvereins ersetzten Post und Bahn um die Zeit des 1. Weltkriegs französische Bezeichnungen durch deutsche. Dem *Perron* (Bahnsteig), dem *Coupé* (Abteil) und dem *Conducteur* (Schaffner, Zugführer) weinen wir keine Träne nach, und mit *Stellwerk* für ‚Centralapparat' und *Postkarte* für ‚Correspondenzkarte' haben wir einen guten Tausch gemacht. Gegen *Fahrkarte* für ‚Billet' wäre nichts einzuwenden, wenn nicht inzwischen ein *Fahrtausweis* daraus geworden wäre. Noch deutscher geht's nimmer, nur „neudeutscher": *Ticket*. Doch die *Post* selbst abzuschießen, das wagten die Fremdwortjäger nicht. Wie, Sie haben bisher auch nicht gewußt, daß *Post* ein „Fremdwort" ist? Doch, doch. *Post* kommt aus dem Lateinischen. Bei der Post wird etwas niedergelegt, deponiert, lateinisch: *positum est*. Der *Fernsprecher* heißt allerdings auf deutsch noch immer *Telefon*, weil sich davon so bequem *telefonisch* und *telefonieren* ableiten läßt.

Allgemeiner Deutscher Sprachverein

Post

Telefon

Mehr als tausend Fremdwörter sollen Anfang des Jahrhunderts bei Post und Bahn eingedeutscht worden sein. Das war ganz nach dem Geschmack des Schriftstellers und Reichstagsstenographen Eduard Engel, der 1917 erklärte, Küchenlateinisch, Apothekergriechisch, Kellnerfranzösisch, Stallknechtenglisch und Leierkastenitalienisch hätten das Deutsche zu einer „Mengselsprache" herabsinken lassen. Um das zu ändern, schrieb er ein „Verdeutschungswörterbuch". Engels Wahlspruch: „Das Fremdwort ist der Feind der deutschen Volkseinheit."

„Der Muttersprache Not"

> Die Muttersprache zugleich reinigen und bereichern ist das Geschäft der besten Köpfe; Reinigung ohne Bereicherung erweist sich öfters geistlos: denn es ist nichts bequemer, als von dem Inhalt absehen und auf den Ausdruck passen. Der geistreiche Mensch knetet seinen Wortstoff, ohne sich zu bekümmern, aus was für Elementen er bestehe; der geistlose hat gut r e i n sprechen, da er nichts zu sagen hat.
> GOETHE

Der bisher gründlichste Versuch, unser Deutsch von schädlichen, fremden Bestandteilen zu säubern, wurde zu einer Zeit unternommen, als auf dem sonntäglich gedeckten bundesdeutschen Abendbrottisch mittlerer Einkommensschichten deutsches Bauern- und schwedisches Knäckebrot, dänische Butter, holländische Eier, Wiener Würstchen und echt ungarische Salami, italienischer Gorgonzola und Schweizer aus Emmental, für die Kleinen spanische Orangen und kalifornischer Grapefruitsaft und für die Großen eine Flasche französischer Rosé sich ein appetitliches Stelldichein gaben: 1960 veröffentlichte Ernst C. Schär ein Buch unter dem Titel „Der Muttersprache Not". Getreu dem Goethewort „Ein großer Vorsatz scheint im Anfang toll" erfindet der Autor mit bewundernswerter Konsequenz für jedes bekannte Fremdwort ein angeblich deutsches Wort. Selbst die Germanen sind ihm nicht deutsch genug, flugs macht er *Garmer* draus. *Leifart* und *Vollmenod* empfiehlt er für ‚Kultur' und ‚Zivilisation'. ‚dementieren' heißt *häsigen*, und für ‚Dementi' sagt er *Hasegon*. Eine Fußnote weist darauf hin, daß *Hasegon* der bekannten Redensart „Mein Name ist *Hase*, ich weiß von nichts" nachgebildet sei – eine wahrhaft überzeugende Etymologie. Nicht weniger einleuchtend wird die Industrie zur *Gromach*, weil sie alles im großen mache. Aus dem „kummerdeutschen" Baby – in der Hitlerzeit schon vergeblich als *Kleinstkind* zerdeutscht – macht Schär ein „mutterdeutsches" *Toso* (aus *Tochter* + *Sohn*). „Der Waffoltilledau spielte gepräug" soll bedeuten: Die Militärkapelle spielte im Takt. Der Elefant, den das Griechische schon als Fremdwort aufgenommen hatte, wird zum *Ampfedron*, das Auto zum *Brufort*. Hätten Sie Lust, demnächst per *Brufort* fortzubrummen? – Kaum zu glauben, daß so viel Unsinn einen Verleger fand.

Kleinstkind

Automobil

Was haben sich die Sprachreiniger schon allein um Verdeutschungen für *Automobil* abgemüht! Die Altsprachler ärgert das *Automobil*, weil es ein Zwitter ist, vorn griechisch, hinten lateinisch. Nach ihrer Ansicht dürfte der ‚Selbstbeweger' entweder nur griechisch „Autokinet" oder nur lateinisch „Ipsomobil" heißen.

Konrad Duden hatte einen andern Vorschlag, will man der Anekdote glauben. Zusammen mit einem Bekannten saß Duden eines Tages in einem Gartenlokal, das an einer Landstraße gelegen war. Auf einmal ratterte ein Automobil vorüber – damals noch ein seltener Anblick. Es zog eine riesige Staubwolke hinter sich her, die sich sacht auf Straße und Wirtsgarten senkte. Duden nahm einen kräftigen Schluck aus dem Glas und erklärte: „Jetzt habe ich endlich die Verdeutschung für *Automobil*." „Und wie heißt sie?" wollte sein Gegenüber wissen. „Ungezogener Wagen", antwortete Duden, ohne mit der Wimper zu zucken.

Uns Großstädtern von heute, für die ein Pferdefuhrwerk ein seltener Anblick geworden ist, will Dudens *ungezogener Wagen* nicht weniger verstaubt vorkommen als die ganze Anekdote. Was meinen Sie, ob das viele Chrom und Blech mit Motor draußen auf unsern Straßen mit „Geltungstriebwagen" nicht treffender zu zerdeutschen wäre?

Nun, die Sprache ging ihren eigenen Weg; vom *Automobil* amputierte sie *mobil* und überließ das *Auto* den Kindern als Spielzeug. Die Erwachsenen sitzen nicht hinterm Steuer ihres *Kraftwagens*, wie die langgesuchte Verdeutschung amtlicherseits lautet, sie begnügen sich in selbstbewußter Untertreibung mit dem *Wagen*. Tröstlich zu sehen, wie die Sprache auch ohne behördliche Sprachreinigung im Laufe der Zeit immer das Überflüssige abwirft und das Notwendige behält.

Auto
Kraftwagen

Wagen

Aus Fremdwortjägern werden Sprachauskunftgeber

Mehr als 43 000 Mitglieder zählte der Deutsche Sprachverein im Jahre 1930, verlor dann aber in der Hitlerzeit an Einfluß und mußte im letzten Kriegsjahr seine Tätigkeit einstellen. Unter dem Namen G e s e l l s c h a f t f ü r d e u t s c h e S p r a c h e wurde er 1947 neu gegründet. Traditionsbewußt nahmen seine führenden Köpfe sogleich wieder den Kampf gegen das Fremdwort auf. In ihrer Hauptvorstandssitzung vom 24. Januar 1953 bekannte sich die Gesellschaft für deutsche Sprache zu ihrem alten Grundsatz: „Kein Fremdwort für das, was gut deutsch gesagt werden kann!" Inzwischen scheine man dort etwas toleranter geworden zu sein, wenigstens unter der jüngeren Generation, nur – einig sei man sich nicht, berichtete im Sommer 1963 eine der führenden Zeitungen. Sie schrieb, in der Gesellschaft für deutsche Sprache habe es wegen der Stellung zum Fremdwort so heftige Auseinandersetzungen gegeben, daß sich das Fähnlein zumeist älterer aufrechter Recken zu einer neuen Vereinigung zusammengeschlossen habe. „Bei der Frage" – so hieß es wörtlich –, „ob ihre *Forschungsstelle* in Zukunft *Institut* heißen solle oder nicht, stimmten sich die Mitglieder endgültig auseinander. Der Bruch mit den jüngeren Gemäßigten, die mit dem *Institut* gesiegt hatten, war da."

Gesellschaft für deutsche Sprache

Mehr Verwirrung als das fremde Wort stiftet oft das Nebeneinander verschiedener Bezeichnungen für die gleiche Sache: Sind im Ausland *Generatoren* bestellt worden, die laut Rechnung als *Lichtmaschinen* geliefert werden, dann läßt womöglich der Zoll die Lieferung nicht durch.

Heute, rund drei Jahrzehnte später, sind aus den jüngeren Gemäßigten von damals abgeklärte Sprachwissenschaftler geworden, die sich in der Fremdwortfrage ausgesprochen tolerant verhalten, vielleicht zu tolerant. Die Einsichtigen unter ihnen fragen sich zuweilen, ob ihnen mit dem Eifern gegen eine „Überfremdung durch ausländische Wörter" nicht auch die Kreativität zu Neuschöpfungen und die Kraft, Verdeutschungen durchzusetzen, abhanden gekommen seien. Deutsche Wörter für *Image* und *Rooming-in*? Fehlanzeige. Für den *Petitionsausschuß* des Bundestages, die „Meckerecke der Nation", hatte sich die Sprachgesellschaft die gute Verdeutschung *Anrufungsausschuß* einfallen lassen – sie durchzuboxen ist ihr nicht gelungen. Das ist schade, denn vielen Menschen sagt der schwierige Name (von lat. *petitio* = Bitte, Anspruchsrecht) nichts. Das beweisen Briefe, die an den „Pietäts-", „Expeditions-" oder „Petticoationsausschuß" gerichtet sind – und darin an den „Umputzmann" (schwedisch *ombudsman* = Schiedsmann).

Petitionsausschuß

„Wir haben in den letzten Jahrzehnten meisterhaft argumentiert, kritisiert, analysiert, die entlegensten wissenschaftlichen Thesen bemüht", schreibt im Sommer 1989 Uwe Förster, Leiter des Sprachberatungsdienstes der Gesellschaft für deutsche Sprache, und fährt selbstkritisch fort: „Aber wir können nicht sagen: Diese drei Dutzend Wörter haben wir neu geprägt und so in Umlauf gesetzt, daß sie nunmehr zum sprachlichen Gemeingut gehören. In zwanzig Jahren haben wir eine einzige Verdeutschung durchgesetzt: *Aquaplaning = Wasserglätte*. Das ist zu wenig. Wir wenden uns nicht dem Zentrum des Problems zu, sondern seiner Peripherie. Wenn für den überdachten Autounterstand *Carport* gesagt wird, dann schlagen wir dafür kein deutsches Wort vor, sondern stellen auf Anfrage klar, daß es (wohl in Anlehnung an *Airport*) *der Carport* und nicht *das Carport* heißen müsse."

Wasserglätte

Carport

Vorurteilsfreiheit in Sachen Wortimporte ist an sich etwas Begrüßenswertes. Und doch drängt sich ein Verdacht auf: Sollte die Toleranz ihrer führenden Köpfe gegen fremde Wörter der Preis dafür sein, daß die Gesellschaft für deutsche Sprache heute kaum mehr als 2000 Mitglieder hat?

Importe aus England und den USA

Ersatz französischer Wörter durch englische

Längst haben Fremdwörter aus dem Englischen die früher vorherrschenden französischen verdrängt. Der *Playboy* ersetzte den *Belami*, das *Chanson* wandelte sich zum *Song*, die *Revue* zur *Show*, das *Potpourri* zum *Medley*, und aus der *Hautevolee* ist die *High Society* geworden. Das *Mannequin* nennt sich neuerdings *Model*, der *Bankier Banker* (sprich „Bänker"), der *LKW-Chauffeur Trucker*, und der *Friseur*, der sich zunächst zum *Modecoiffeur* toupierte, arbeitet statt in einem *Frisiersalon* jetzt eher in einem *Hair Styling Studio*. Perfekt *gestylt* sein ist *in*. Wie das? Es hängt wohl mit der deutschen Schwäche für amerikanische Lebensart zusammen.

Seit dem letzten Krieg hat uns eine Sturzflut amerikanischer Ausdrücke heimgesucht. Viele Wörter sind darunter, auf die die Fremdwortgegner schimpfen, ohne sich klarzumachen, daß die Fremdlinge auch ihre Vorzüge haben:

Top ist top (früher sagte man ‚Spitze'): *Topgehalt, Topsekretärin, Topmanager.*

Band, Blues, Boom, Crew, Drink, Drive, Fan, Fight, Gag, Hit, Jazz, Jeep, Job, Match, Pop, Quiz, Rock, Show, Streß, Team, Test, Trend, Top.

Einfachwörter aus dem Amerikanischen

Die einsilbigen Wörter – darunter Kurzwörter – sind unzerlegbar; wir könnten sie Einfachwörter nennen. Endlich einmal ein bißchen frischer Wind, ein bißchen Abwechslung unter den ach-so-beliebten vier- und fünfgliedrigen Zusammensetzungen, von denen unsere Sprache mehr als genug hat. Die kurzen Wörter sind überwiegend konkreten Inhalts. Schwierigkeiten gibt es bei Aussprache und Rechtschreibung, aber was sie bedeuten, dürfte den meisten bekannt sein.

Sales-promotion
Marketing
Air-Marketing

Public Relations

Hingegen sind die von der Werbung importierten Begriffe nur Eingeweihten geläufig; der zum „repräsentativen Querschnitt" gehörende bundesdeutsche Zeitungsleser weiß kaum, was sie bedeuten. *Sales-promotion* ist soviel wie ‚Verkaufsförderung'. *Marketing* geben wir am besten mit ‚Absatz-' oder ‚Marktplanung' wieder, doch für *Air-Marketing* einen entsprechenden kurzen Ausdruck zu finden ist nicht so einfach, möglich wäre ‚Luftfrachtplanung'. Schwierig wird die Sache bei *Public Relations*. Man hat versucht, diesen schillernden Begriff mit ‚Öffentlichkeitsarbeit' zu verdeutschen, ohne ihn im geringsten zu verdeutlichen. Wollte man das Kind beim Namen nennen, müßte man von ‚Image-‘ oder ‚Vertrauenswerbung‘ sprechen, vielleicht sogar von ‚Tiefenwerbung‘, aber das wäre eben zu deutlich. Die Sprache hat das getan, was sie immer tut, wenn ihr ein langes Wort zu spröde ist; sie kürzte ab: *PR*.

In der Werbung sind uns die Amerikaner um Jahre voraus – kein Wunder, daß unsere Werbeagenturen nach Amerika schielen. Daß Werbung auffallen muß, ist ein alter Grundsatz, und was fällt besser auf als eine Zeitungsanzeige im Großformat mit lauter amerikanischen Wörtern, bei denen sich ein normaler Deutscher nichts Rechtes denken kann? Ein Eigeninserat einer Werbeagentur wie das folgende ist keine Seltenheit:

> „Unsere full-service Agentur, die internationale Agency-Erfahrung besitzt, ... sucht im einzelnen:
> 2 Contacter, 1 Motiv-Forscher, 1 Merchandising-Referent,
> 1 Senior-Layouter, 2 Junior-Layouter, 2 Copy-Texter,
> 1 Referenten für Media-Planung und Research,
> 2 Media-Gruppenleiter und 1 FFF-Mittlungsleiter..."

Jeder deutsche Werbemann sein eigener Amerikaner!

Es fragt sich, ob der Anzeigentext den meisten der Leser, die er ansprechen soll, nicht zu spanisch – lies: amerikanisch – vorkommt. So viele aus Amerika importierte Wörter sind alles andere als Werbung für die Werbung.

Anglizismen und Amerikanismen haussieren nicht, sie *boomen*, auch im *Business*deutsch. Die schnöde Buchführung hat sich zum schneidigen *Accounting* gemausert, der Berater zum *Consultant*; Abrechnungen heißen *Clearings*, Handel heißt *Trading*. Was beim *Deal* herausspringt, ist nicht etwa der Gewinn – erst der *Profit* (gesprochen „Proffitt") macht wirklich stolz.

Anglizismen Amerikanismen

Die heute propagierten Firmengründungen zwischen West und Ost laufen als *Joint-ventures*, und das mit gutem Grund: es sind eben nicht bloß Gemeinschaftsunternehmen, wie die harmlose Übersetzung ins Deutsche besagt, sondern riskante Gemeinschaftsunternehmen (engl. venture = Wagnis, Risiko, *adventure* = Abenteuer). Wer heute für *Joint-ventures* wirbt, hat es offenbar ganz gern, wenn ihn nicht alle verstehen.

Joint-venture

English made in Germany

Nicht genug, daß wir englische Wörter in großer Zahl importieren – wir denken uns obendrein welche aus! So ist der *Showmaster* eine urdeutsche Erfindung; die Briten nennen ihn französisch *compère*, die Amerikaner *master of ceremonies*. Den *Pullover* (= zieh über!) haben wir Deutschen um 1925 von den Engländern übernommen, doch der *Pullunder* (= zieh unter!) ist ein deutsches Gewirk; auf englisch heißt er *slipover*. Apropos *Slip* (engl. to slip = gleiten): *Slips* sind Teil der deutschen Unterwäsche; Engländerinnen tragen *panties*, Engländer *briefs* und Amerikaner *shorts*. Der *Dressman*, der „Anzugmann", posiert nur auf deutschen Modeschauen, auf englisch ist er ein *male model*. Selbst der *Twen* erblickte in Deutschland das Licht der Welt; England war mit seiner Zahl *twenty* (= zwanzig) nur Namenspatron. Zu guter Letzt haftet sogar dem *Happy-End* etwas Deutsches an; in England heißt es *happy ending*.

Showmaster

Pullover
Pullunder
Slip

Dressman

Twen

Happy-End

Fremde Prägung mit deutschem Klang

Lebensqualität

Lebensqualität ist ein junges Wort, kaum älter als zwanzig Jahre. Es tauchte als Schlagwort der SPD im Wahlkampf 1972 auf, als sein Erfinder gilt Willy Brandt. Doch das stimmt nicht ganz. Das Wort existierte damals bereits, nicht im Deutschen, aber im Amerikanischen, als *quality of life*. Die sonnige SPD-Zielbeschreibung war nur eine Anleihe, eine sogenannte L e h n - ü b e r s e t z u n g .

Lehnübersetzung

Unter den rund 6000 aktuell belegbaren Anglizismen und Amerikanismen, die es heute im Deutschen geben soll, finden sich zahlreiche Lehnübersetzungen, so *Wechselwähler* (aus *floating voter*), *Gehirnwäsche* (aus *brainwashing*), *Gipfelkonferenz* (aus *summit conference*), aber auch *schneller Brüter* (*fast breeder*), *schweres Wasser* (*heavy water*), *weiche Landung* (*soft landing*). Die *Verhandlungen auf höchster Ebene* sind den *negotiations at the highest level* nachgebildet. Geburtsort solcher Prägungen sind die Zeitungen und mehr noch die Nachrichtenredaktionen in den Rundfunkanstalten, wo man viele Agenturmeldungen aus den Vereinigten Staaten schnell übersetzen muß.

Wechselwähler
Gehirnwäsche
Gipfelkonferenz
schneller Brüter
schweres Wasser
weiche Landung
auf höchster Ebene

Infrastruktur
Subkultur
Integration

Wissen Sie, woher die gleichfalls recht jungen Wörter *Infrastruktur*, *Subkultur* und *Integration* stammen? Wenn Sie jetzt nicht aufs Amerikanische, sondern aufs Lateinische tippen, hätten Sie nur zum Teil recht. Der Vorzug des Lateinischen besteht bekanntlich darin, daß es als tote Sprache springlebendig ist; überall auf der Welt lassen sich aus seinen Bestandteilen *(infra + structura, sub + cultura, integratio)* mit Leichtigkeit neue Wörter bilden. Es waren Amerikaner, die zuerst von *infrastructure, subculture* und *integration* sprachen; wir haben das nur übernommen. Auf den deutschen Wortschatz und damit auf das deutsche Denken hat das Amerikanische in der Nachkriegszeit stärker abgefärbt, als den meisten von uns bewußt ist.

Fremdwörter, die keine mehr sind

Die Gewalt einer Sprache ist nicht, daß sie das Fremde abweist, sondern daß sie es verschlingt.
GOETHE

Wie leicht sich das Deutsche schon immer fremdes Wortgut anzugleichen vermochte, lassen Lehnwörter erkennen, denen nur noch der Sprachler die fremde Herkunft anmerkt, und doch stammen

> *Bluse, Brise, Brosche* und *Rüsche* aus dem Französischen; *Film, Grog, Keks, Rekord, Schal, Scheck, Schlips, Sport, Tennis* und *Tunnel* aus dem Englischen; *Geiser* aus dem Isländischen; *Mole* aus dem Italienischen; *Gurke* aus dem Polnischen und *Düse* aus dem Tschechischen.

Die lautliche Angleichung ist wohl die glücklichste Art, fremde Wörter in die eigene Sprache einzugliedern. Doch vollzieht sich die Anpassung behutsam, niemals von heute auf morgen. Sie braucht Jahre, Jahrzehnte, oft ein ganzes Menschenleben. Wir alle können dazu beitragen, daß es ein bißchen schneller geht. Ein paar Beispiele:

Eindeutschungen
Jogging / Joggen

fit / fitter

Früher hielt man sich durch Dauerlauf in Form, heute durch *Jogging* fit. Warum nicht durch *Joggen*? Mit der deutschen Endung *-en* anstelle des englischen *-ing* hätte das Wort seinen Ausländerstatus verloren. *Fit*, vielleicht sogar topfit ist mancher noch mit Achtzig. Ist er demnach ein „topfiter" Senior? Nein, eher ein *topfitter*. Nur keine Angst vor der Konsonantenverdoppelung! Sie ist geradezu ein Gütezeichen für die Eingliederung von Fremdwörtern. Die feinen Leute vom Jetset *jetten*; Popfarben sind *poppig*. „fiter", „jeten", „popig" – das wären unbewältigte Fremdwörter.

jetten
poppig

Oder nehmen Sie das schwierige, aber unentbehrliche Wort *Recycling*, dessen deutsche Entsprechung ‚Wiederaufbereitung' zu unscharf und zu umständlich ist. Wie benamst man einen Stoff, der sich durch Recycling wiederverwerten läßt? Er ist recyclinggeeignet oder – kürzer – *recycelbar*. Haben wir doch den Mut, uns das englische Verb *to recycle* analog zu behand*eln*, ummod*eln*, vered*eln* als *recyceln* anzuverwandeln. „Wir recyceln Druckerfarbbänder, Tonerkassetten...", war 1990 in einer Anzeige zu lesen. Zur Nachahmung empfohlen.

Recycling / recyceln

Schofför, Scharm und Schokolade

Eindeutschend *Schofför* für ‚Chauffeur' zu schreiben mutet uns heute noch willkürlich an – wie willkürlich die Bezeichnung *Chauffeur* für ‚Fahrer' ist, machen wir uns ja nicht klar: der Chauffeur (französisch *chaud* = warm, *chauffer* = heizen) war einst der Heizer (einer Dampfmaschine). Der *Scharm* hat zwar allen Charme verloren, aber vielleicht gewöhnen wir uns dran, haben wir uns doch auch an die vereinfachten Schriftbilder *Büro* für ‚Bureau', *Porträt* für ‚Portrait', *Schokolade* für ‚Chocolate', *Sekretär* für ‚Secrétaire', *Silvester* für ‚Sylvester', *Sinfonie* für ‚Symphonie', *Frisör* und *Telefon* für ‚Friseur' und ‚Telephon' gewöhnt. Warum zögern wir noch, *Krem* für ‚Creme', *Madjar* für ‚Magyar', *Nugat* für ‚Nougat', *Rollo* für ‚Rouleau' und *Schose* für ‚Chose' zu schreiben, obwohl alle diese Eindeutschungen im Duden bereits verzeichnet sind?

eindeutschende Schreibweise
Schofför
Scharm
Büro
Porträt
Schokolade
Sekretär
Silvester
Sinfonie
Frisör
Telefon
Krem
Madjar
Nugat
Rollo
Schose

Doch im Duden verzeichnet sein ist keine Garantie für langes Leben. Die 15. Duden-Auflage von 1961 verzeichnete *Schef* und *Klaun* als eindeutschend für *Chef* und *Clown*. Aber *Schef* und *Klaun* sind nur bespöttelt und nicht aufgegriffen worden, seit der 16. Auflage von 1967 sind sie aus dem Duden verschwunden. *tränieren* – so noch in der 16. Auflage – taucht seit der 17. von 1973 nur noch mit original-englischem Wortstamm auf: *trainieren*. Die „Tur vermasselt" hat der Duden auch denen, die ihm seine Eindeutschungen *Tur* und *Rutine* abgenommen hatten; seit der 18. Auflage von 1980 gelten nur noch die Schreibweisen *Tour* und *Routine*. Auf ungewohnte Wortgebilde – noch dazu, wenn sie trübe Klangassoziationen wecken (*Klaun* – klauen; *tränieren* – Träne; *Rutine* – Rute) – reagieren wohl die meisten von uns allergisch.

Chef
Clown
trainieren

Tour
Routine

Der *Grafiker* hat aus „grafischen Gründen" das griechische *ph* aufgegeben. Dem humanistisch Gebildeten, dem Altsprachler, ist das griechische Verbum *graphein* kaum weniger vertraut als das deutsche Zeitwort *schreiben*. Verständlich, wenn sich ihm beim Anblick von *Grafik, Stenografie, Fotografie* die Haare sträuben. Aber mag er, wenn er Lust hat, an der etymologisch getreuen Schreibweise festhalten, auch ohne ihn hat sich die vereinfachende, eindeutschende Schreibung durchgesetzt.

Grafik

Stenografie
Fotografie

Allzu groben Vereinfachungen schiebt die Sprache selbst einen Riegel vor. So ist zwar unsere *Cousine* zur *Kusine* geworden, ihr Bruder aber bleibt weiterhin unser *Cousin*, falls wir ihn nicht *Vetter* nennen wollen. Das französische *Cousin* läßt sich im Deutschen schlecht lautgetreu wiederge-

Kusine
Cousin

Kontor

ben. Andererseits haben wir nicht gezögert, uns französisch *comptoir*, das auf lateinisch *computatorium* zurückgeht, mundgerecht zu machen und einfach *Kontor* zu schreiben.

‚c' in Fremdwörtern

Nicht immer wird wie in *Kusine* und *Kontor* das ‚c' eines Fremdworts bei der Eindeutschung zu ‚k', manchmal wird auch ein ‚z' daraus. Das hängt mit dem zweifachen Lautwert zusammen, den das ‚c' in den romanischen Sprachen hat. ‚c' vor *a, o, u*, vor Mitlauten und am Wortende wurde im Lateinischen immer wie ‚k' ausgesprochen und wird dementsprechend zu ‚k' eingedeutscht. ‚c' vor *e* und *i* wurde im Lateinischen ursprünglich auch wie ‚k' ausgesprochen, seit 600 n. Chr. aber wie ‚z'. Deshalb wird *ce* und *ci* bei Eindeutschungen zu *ze* und *zi*.

Zirkus
Kalzium
Penizillin
Spektrum
Kognak

Statt *Circus, Calcium, Penicillin, Spectrum* und *Cognac* schreiben wir heute *Zirkus, Kalzium, Penizillin, Spektrum* und *Kognak*.

Kaiser

Diese Regel gilt nicht nur für neuere Eindeutschungen, sie ist schon uralt. Der deutsche *Kaiser* und der russische *Zar* waren nämlich Namensvettern, und beider Namenspatron hieß Gajus Julius Cäsar (100–44 v. Chr.). Wie das zusammenhängt, müßten Sie sich selbst erklären können – vorausgesetzt, Sie haben eben gut aufgepaßt. Cäsar schrieb sich *Caesar*, was von seinen Zeitgenossen *ka-esar* gesprochen wurde. Nach Julius Cäsar führten viele römische Imperatoren den Beinamen *Caesar*, der schließlich für die Germanen gleichbedeutend mit „(römischer) Herrscher" wurde. Als unsere Vorfahren dazu übergingen, auch ihre eigenen Landesherren *keisar* zu nennen, besaß das Germanische sein erstes Fremdwort. Die Schreibung *Kaiser*

Zar

(mit *ai*) wurde erst im 17. Jahrhundert Mode. – Und *Zar*? Diesen Titel legten sich die Slawen erstmals 917 zu (ursprünglich *cesari* geschrieben, später *czar*), also zu einer Zeit, als Cäsar bereits wie heute mit ‚z'-Anlaut gesprochen wurde. – Das lateinische *corticem* (Akkusativ) gelangte zu uns

Kork
Kreuz

als *kortikem* und wurde zu *Kork*, das lateinische *crucem* (Akkusativ) kam als *krucem* und wurde zu *Kreuz*; denn der Kork kam früh mit dem Wein, das Kreuz spät mit dem Christentum.

Reneklode

Mitunter kann die eindeutschende Schreibung die Herkunft eines Wortes bis zur Unkenntlichkeit verdunkeln. Der *Reneklode* sieht man es – im Gegensatz zum französischen Schriftbild *Reineclaude* – nicht mehr an, daß diese Pflaumensorte nach der *reine Claude* (1499–1524), der französischen Königin Claudia, Gattin Franz' I., benannt wurde, weil sie der so gut geschmeckt haben soll. Trotzdem müssen wir diese Art von Verdunklungsgefahr in Kauf nehmen. Schließlich wollen wir ja die Sprache vor allem gebrauchen, richtig gebrauchen – die Etymologie der Wörter ist reizvolle Nebensache. Wir sind

Andere Nationen vereinfachen stärker als wir: Dänen und Schweden schreiben *diftong*, wir *Diphthong*, Italiener schreiben *ritmo*, wir *Rhythmus*.

die vereinfachende Schreibweise einfach denen schuldig, die auf der Schule nicht Gelegenheit hatten, Fremdsprachen zu lernen. Es bleibt zu wünschen, daß sich auch die Absolventen höherer Schulen nicht länger gegen Eindeutschungen sperren. Gelegenheit, ihre Bildung zu beweisen, läßt ihnen die Sprache auch außerhalb der etymologisch getreuen Schreibweise fremder Wörter genug.

Stewardeß = Flugschwester?

Allerdings kann die eindeutschende Schreibung auch einmal danebengehen. So geschehen bei einer größeren Tageszeitung. Hier lag aber wohl eine unfreiwillige Eindeutschung vor, ein Druckfehler: Von einem neuen italienischen Passagierschiff hieß es, es habe die besten Stuarts (statt *Stewards*) Italiens an Bord, worauf ein Leser in einer Zuschrift sein Bedauern darüber ausdrückte, daß nun auch die Nachkommen der Königin Maria Stuart zum verarmten Adel gehörten und ihr Brot durch die Betreuung gewöhnlicher Sterblicher verdienen müßten.

Wer sich in der angelsächsischen Geschichte auskennt, wird diese Bemerkung gar nicht so witzig finden; denn der Name des königlich-schottischen Geschlechts leitet sich ja von dem Wort *steward* her. Bevor ein Stuart 1371 den schottischen Thron bestieg – er schrieb sich damals noch Stewart –, hatte seine Familie bereits ein Jahrhundert lang das Amt des *Stewart* (= Seneschall) *von Schottland* versehen.

Steward

Erinnert Sie der Name *Stewart* nicht an irgendwen? Etwa an den *Block-* oder den *Betriebsfeierabendwart* unseligen Angedenkens? Ganz recht, die zweite Silbe ist unser deutsches -*wart* = *Wärter* und die erste Silbe eine Verkürzung aus altenglisch *stiga* = Stall. Der Steward war also ursprünglich ein Stallwart. Dies galt als hochangesehenes Amt, denn nur einem verläßlichen Mann konnte man die Sorge für das kostbare Gut, die Herde, übertragen. Ein merkwürdiger Bedeutungswandel: vom Stallwart über den Seneschall (= Oberhofbeamter) zum königlichen Geschlecht und – in einer Nebenlinie – wieder zurück zum gehobenen Dienstleistungspersonal.

Der von Hause aus deutsche *Steward* und seine weibliche Entsprechung, die *Stewardeß* (gesprochen: *stjuerdeß*, abgeteilt: *Ste/war/deß*), haben schon manchen Verdeutschungsversuch überlebt. So wurde vorgeschlagen, für die bei einer Luftfahrtgesellschaft angestellte Stewardeß *Aufwärterin, Bordbetreuerin, Flugzeugkellnerin, Flugmaid, Flugdirndl* oder *Flugtochter* zu sagen. Bei der Lufthansa entschied man sich für *Flugbegleiterin* – ein langer, umständlicher Name, aber immer noch besser als *Flugschwester*, wie in Anlehnung an ‚Krankenschwester' einer der Verdeutschungsvorschläge lautete. Noch biederer geht es wirklich nicht. Doch abgesehen davon, welchen deutschen Namen wollte man dann der *Bodenstewardeß* geben? Etwa „Bodenflugschwester"? Und wie sollte sich ein ausländischer Fluggast diese eigenartige Zusammensetzung auflösen? Vielleicht als „Schwester für den Bodenflug"? Sie sehen, wie schwierig es ist, für ein Fremdwort eine angemessene Verdeutschung zu finden.

Stewardeß

Flugbegleiterin

Der Zorn über die Fremdwörter erklärt sich ... aus dem Seelenzustand der Zornigen, denen irgendwelche Trauben zu hoch hängen ... Der Sack wird geschlagen, wo der Esel gemeint ist.
THEODOR W. ADORNO (1903–1969)

Wenn Sie jetzt meinen, man sollte doch ein so international gebräuchliches Wort wie *Stewardeß* nicht unbedingt verdeutschen wollen, dann sind wir der gleichen Ansicht, nur – so international gebräuchlich ist *Stewardeß* nun auch wieder nicht. Mitunter wird die junge Dame, die sich beim Flug der Gäste annimmt, auch *Air-hostess* (wörtlich: Luftwirtin) genannt.

Hosteß

Backfisch, Jungmädel, Teenager und Teen – vier Generationen

Zum Backfisch gehörte das Flügelkleid, zum Jungmädel die Kletterweste, zum Teenager der wippende Petticoat; der Teen trägt Jeans und Sweatshirt.

Woher der Name *Backfisch* kommt, weiß man so genau nicht. Er könnte sich auf den Fisch beziehen, der zu groß ist, um wieder ins Wasser geworfen zu werden, zum Kochen aber noch nicht taugt und deshalb gebacken wird.

Backfisch

Jungmädel   Möglich aber auch, daß in *Backfisch* das englische *back* (= zurück) steckt, der zu junge Fisch also, der zurück ins Meer geworfen wird. – *Jungmädel* war der offizielle Name für die zehn- bis vierzehnjährigen, in der „Staatsjugend" erfaßten Mädchen während der Zeit unterm Hakenkreuz. – Zu den *Teenager*   *Teenagern* zählten bis in die 80er Jahre die jungen Menschen zwischen dreizehn und neunzehn; diese Zahlen enden im Englischen auf *-teen*. Im letzten Jahrzehnt kam dem *Teenager* die zweite Hälfte abhanden. Übrig *Teen*   blieb der *Teen*, dem sich bald der *Teenie* zugesellte. Laut Lexikon gilt die *Teenie*   Koseform *Teenie* den jüngeren Teens, also den *Kids*, wie man die Zehn- bis *Kid*   Sechzehnjährigen neuerdings nennt. Das hätte sich Billy the Kid nicht träumen lassen.

Wie könnten wir *Teen* und *Teenie* verdeutschen? Gewiß nicht mit *Backfisch* oder *Jungmädel*, das wären schlimme Anachronismen, falsche zeitliche Zuordnungen. Wie aber dann? Beim Übersetzen aus dem Amerikanischen fällt mir immer wieder schmerzlich auf, wie sehr dem Deutschen Bezeichnungen für Heranwachsende fehlen. Wir werden uns mit *Teens*, *Teenies* und *Kids* arrangieren müssen – gewiß nicht für die Ewigkeit, dazu wandeln sich solche Benennungen zu schnell. Auch am *steilen Zahn* hat längst der Zahn der Zeit genagt.

Selbst Verdeutschungen sind nicht unsterblich

Stelldichein   „Eine sehr glückliche Verdeutschung hat Campe in dem völlig eingebürgerten *Stelldichein* geliefert", schrieb Ernst Wasserzieher, ein bekannter Sprachler und Pädagoge, in den zwanziger Jahren.

Und wie sieht es heute aus? Teenager und Twens würden die Nase rümpfen, verdächtigte man sie, ein Stelldichein zu haben wie Schmaltierchen und Backfisch von Anno dazumal. Nein, junge Leute, soweit sie hochdeutsch *Rendezvous*   sprechen, haben heute wieder ein *Rendezvous* oder eine *Verabredung*, ‚Stelldichein' klänge ihnen zu niedlich. *Verabredung* hört sich nüchterner an, und auch das Fremdwort scheint die Angelegenheit eher zu versachlichen. Übrigens hat das *Rendezvous* sprachlich durchaus nicht so romantische Hintergründe, wie sich's unsere Großmütter seinerzeit träumen ließen: *Rendezvous* stammt aus der Soldatensprache, war der Befehl des Offiziers an seine Untergebenen: *rendez-vous!* = begebt euch! (an diesen oder jenen Platz). Daß man heute von einer *Rendezvoustechnik* spricht, worunter man das Treffen und Kuppeln zweier oder mehrerer Raumfahrzeuge im Weltall versteht, hatte Wasserzieher nicht geahnt.

Aquaplaning   Im Oktober 1973 suchte der Hessische Minister für Wirtschaft und Technik zusammen mit dem Hessischen Rundfunk in einem Preisausschreiben das deutsche Wort für *Aquaplaning*. Die Entscheidung fiel auf *Wasserglätte*, es war das am häufigsten vorgeschlagene Wort. Eine gutzuheißende Entscheidung?
Jeder Autofahrer kennt den Aquaplaningeffekt: Zwischen regennasser Fahrbahn und Reifen bildet sich ein Wasserkeil, das Fahrzeug verliert die Bodenhaftung und gerät außer Kontrolle.
Trifft *Wasserglätte* diesen Vorgang? Wohl kaum. Es ist nur ein Verabredungswort, wie es für den, der kein Latein und kein Englisch kann, auch *Aquaplaning* ist. *Wasserglätte* sagt nichts aus über das „Aufschwimmen" der Reifen, nichts über die verlorene Bodenhaftung. Was noch fataler ist: Für

den Nichtfachmann verharmlost *Wasserglätte* die Gefahr. Das Wort steht zwar seit 1974 im Fremdwörter-Duden als Verdeutschung für *Aquaplaning* – doch durchsetzen konnte sich *Wasserglätte* nicht. Im Straßenzustandsbericht werden Autofahrer an Regentagen immer noch vor *Aquaplaning* gewarnt, jetzt allerdings immer öfter in deutscher Aussprache: auch das dritte a als *a* und nicht englisch als e^i gesprochen. Ein Gutes hat der Verdeutschungsversuch auf jeden Fall: er machte die Öffentlichkeit mit einer Gefahrensituation bekannt.

Anders als *Ferngespräch* als Gegenwort zu *Ortsgespräch* haben sich *Fernsprecher* und *fernsprechen* für *Telefon* und *telefonieren* nicht durchsetzen können – wieso nicht, steht auf Seite 573. Die Bundespost gab nach. Seit 1979 heißen die „amtlichen Fernsprechbücher" auch postamtlich so, wie sie im allgemeinen Sprachgebrauch immer hießen: *Telefonbücher*. *Telefonbuch*

Delikatesse – Feinkost und Zartgefühl

Zur Verteidigung des Fremdworts wird oft angeführt, man könne sich mit einem Fremdwort einem Ausländer leichter und schneller verständlich machen. Daran ist etwas Wahres.

Elektrizität heißt englisch *electricity*, französisch *électricité*, italienisch *elettricità*, spanisch *electricidad*, schwedisch *electricitet*, türkisch *elektrik*, neugriechisch *elektrismos*, polnisch *elektryczność*. Im Dritten Reich verwendete man viel Zeit und Kraft darauf, *Elektrizität* durch *Bernkraft, Bern, Allkraft* und *Glitz* zu ersetzen; der *bescheinigte Bernkraftwart* für ‚Diplom-Ingenieur der Elektrotechnik' war wohl mehr eine Spottbildung. Dabei hätte sich jeder Einsichtige an fünf Fingern abzählen können, daß sich dieses zwar unhandliche, aber international gebräuchliche Wort *Elektrizität* mit all seinen Ableitungen nicht einfach von einem einzigen Land erfolgreich „germanisieren" läßt. *Elektrizität*

Daß Ihnen in diesem Buch die Termini technici der lateinischen Grammatik nicht erspart bleiben, haben Sie sicher schon unter Stöhnen bemerkt. Vielleicht ist Ihnen sogar aufgefallen, daß mit den höheren Seitenzahlen die deutschen Fachausdrücke immer spärlicher werden. Wozu das nütze sein soll? Nun, merken Sie sich's nur, daß wir für die Zeitform ‚Zukunft' auch lateinisch *Futurum* oder – endungslos – *Futur* sagen können, um so leichter finden Sie sich in der Grammatik einer fremden Sprache zurecht: englisch *future*, französisch *future*, italienisch *futuro*, spanisch *futuro*, schwedisch *futurum*. *Futur*

Nun kann man aber auch Pech haben, falls man auf ein Wort verfällt, das inzwischen bei uns oder in der Fremde seine Bedeutung geändert hat.

Im Deutschen haben sich die *Delikatessen* unter anderem zu feinen Wurstwaren weiterentwickelt, im Amerikanischen zu Imbißstuben; in Frankreich ist *Delikatesse* geblieben, was sie ursprünglich war: Zartgefühl (diese Verdeutschung stammt von Campe). Nur bei uns wird *Toilette* als Euphemismus, als verhüllende Umschreibung, gebraucht; die Franzosen verstehen unter *Toilette* einen Frisiertisch mit Spiegel oder den Sonntagsstaat. Was wir *Toilette* nennen, heißt bei ihnen *cabinet*. Ihre Briefe stecken sie nicht ins *Kuvert*, denn *couvert* ist für sie ein Gedeck, für ‚Briefumschlag' sagen sie *enveloppe*. Damals, als Großvater die Großmutter nahm, befand sich auf deutschen *Delikatesse*

Toilette

Kuvert

Perron
Coupé

„... bemerkte sie, daß Friedrich still und geräuschlos ein Kuvert gelegt und ein Kabarett auf den Sofatisch gestellt hatte." Diesen Satz aus Theodor Fontanes „Effi Briest" (1895) versteht man heute nur noch aus dem Zusammenhang. Mit *Kuvert* meinte Fontane ein Gedeck, mit *Kabarett* ein Tablett.

Firma
Posten
Konfetti
Rekord
Videorecorder

Single

Mappe

Keks

Biskuit

Zwieback

Kontrolle

resignieren

Smoking

Bahnhöfen ein *Perron*, und wer verreisen wollte, hatte die Wahl zwischen dem *Coupé* erster, zweiter und dritter Klasse. *Perron* aber bedeutet im Französischen ‚Freitreppe', für ‚Bahnsteig' sagen die Franzosen *quai* und für ‚Abteil' nicht *coupé*, sondern *compartiment*.

Im Mittelalter und zu Beginn der Neuzeit eignete sich die deutsche Kaufmannssprache manches italienische Wort an, das heute nur bei uns noch in seiner ursprünglichen Bedeutung gebräuchlich ist, in Italien aber längst eine andere angenommen hat. So ist *la firma* im Italienischen ‚die Unterschrift', für ‚Firma' sagen die Italiener *la ditta*. Der zu verbuchende ‚Posten' ist in Italien *la partita*; *il posto* bedeutet längst ‚Sitzplatz' in einem Verkehrsmittel. Mit dem italienischen Karnevalstreiben kamen die *Konfetti* nach Deutschland. Auch heute bewerfen sich die Italiener noch mit bunten Papierschnitzeln, nennen sie aber nicht mehr *confetti*, sondern *corriandoli*; *confetti* heißen heute in Italien die Zuckermandeln, die man Neuvermählten schenkt.

Unter *Rekord* verstehen wir eine Höchstleistung, der Engländer denkt bei *record* heute zuerst an eine Schallplatte; der *Videorecorder* ist ein Speichergerät zum Aufzeichnen von Fernsehsendungen. Für eine kleine Schallplatte mit jeweils nur einem Stück auf Vorder- und Rückseite sagen wir jetzt oft *Single*; sonst meinen wir mit *Single* den aus freier Entscheidung Alleinlebenden – in England ist *single* erstens die Hinfahrkarte und zweitens das Einzel im Tennis. Unsere *Mappe* taucht im Englischen als *map* auf, bedeutet dort aber ‚Landkarte'. Das Wort stammt aus dem Punischen, der Sprache der Phönizier. Im Lateinischen erscheint es als *mappa*. Es bedeutete ursprünglich ‚Tuch', später auch ‚Leinwand mit dargestellten Erdteilen'. Daher die Bedeutung ‚Landkarte' im heutigen Englisch. Vor 150 Jahren gebrauchte Jean Paul *mappieren* für ‚eine Landkarte entwerfen'. Im Deutschen verschob sich die Bedeutung weiter über ‚Umschlag für Landkarte' zu *Schul-* und *Aktenmappe*.

Aus dem Englischen stammt unser *Keks*. *cakes* ist aber in England nicht ‚Kleingebäck', sondern die Mehrzahl von *cake* = Kuchen. Deutsche *Kekse* sind also zweimal in die Mehrzahl gesetzt. Für *Keks* sagen die Engländer *biscuit*, ein Wort, das sie sich aus dem Französischen geholt haben. Wenn deutsche Hausfrauen *Biskuit* backen, meinen sie damit aber ein lockeres Gebäck ohne Fett. Seiner Herkunft nach ist das Wort italienisch, es heißt soviel wie ‚zweimal gebacken' und entspricht sprachlich also unserem *Zwieback*.

Daß das englische *control* weniger *Kontrolle* als ‚Herrschaft', ‚Beherrschung', ‚Macht', in der Technik auch ‚Steuerung' bedeutet, ist manchem Übersetzer unbekannt. Englisch *self-control* ist nicht ‚Selbstkontrolle', sondern ‚Selbstbeherrschung'.

Als 1974 amerikanische Zeitungen Nixons Rücktritt mit der Schlagzeile *Nixon resigns* verkündeten, übersetzten das deutsche Zeitungen mit ‚Nixon resigniert'. Aber *Nixon resigns* bedeutet ‚Nixon tritt zurück'. *to resign* kann zwar auch für *resignieren* stehen, doch die Hauptbedeutung ist: von einem Regierungsamt zurücktreten, abdanken.

Tritt in einem englischsprachigen Roman ein Gentleman im *smoking-jacket* auf, dann irrt der Leser, der sich die Romanfigur im Smoking vorstellt; der Herr trägt vielmehr eine elegante Hausjacke, wie man sie aus alten Filmen kennt. Um zu gesellschaftlichen Ereignissen im *Smoking* zu erscheinen, muß man erstens zu den feinen Leuten gehören und zweitens Deutscher sein. Der Engländer trägt bei solchen Anlässen ein *dinner-jacket*, der Amerikaner einen *tuxedo*.

„False friends" nennt der Übersetzer auf englisch und „faux amis" auf französisch die tückischen „falschen Freunde" – Wörter, auf die der Anfänger immer wieder hereinfällt, weil sie sich in den verschiedenen Sprachen zwar äußerlich ähneln, aber in ihrer Bedeutung stark unterscheiden. Die amerikanische *billion* ist auf deutsch keine Billion, sondern eine *Milliarde*, und bei einem englischen *undertaker* handelt es sich auch nicht um einen Unternehmer, sondern um ein *Bestattungsinstitut*.

falsche Freunde

Fremdwörter sind keine Frage der Sprachschönheit

Das Lateinische hat seine Majestät und Monumentalität keineswegs dadurch eingebüßt, daß es zahlreiche griechische Fremdwörter beherbergt. Ovid (43 v. Chr. – 17 n. Chr.), einer der größten Römer, betitelte seine „Verwandlungen" nicht lateinisch *Mutationes*, sondern mit dem griechischen Wort *Metamorphoses*. Man stelle sich vor, Schiller hätte sein Lied von der Glocke französisch „La cloche" genannt! Wer sich die Mühe machen wollte, die Fremdwörter bei Shakespeare zu zählen, der käme auf eine stattliche Zahl. „Grau, teurer Freund, ist alle *Theorie*" – Mephistopheles verschmäht es, an dieser berühmten Stelle des „Faust" zwecks Reinerhaltung der deutschen Sprache von ‚Lehrmeinung' zu reden. „Daß wir ein Wort wie *Grazie* haben", sagte Hugo von Hofmannsthal (1874–1929), „gibt uns die Möglichkeit, das Wort *Anmut* für die höhere oder strengere Sprache aufzubewahren."

Theorie

Grazie
Anmut

Wer einmal aus einer fremden Sprache übersetzt hat, weiß, wie schwer es ist, für ein fremdes Wort den völlig entsprechenden, deckungsgleichen Ausdruck zu finden. *Methode* ist nicht dasselbe wie *Verfahren*, *Gouvernante* ist etwas anderes als *Erzieherin* und eine *Detonation* etwas ganz anderes als ein *heftiger Knall*. Wissen Sie eine brauchbare Verdeutschung für *Esprit*? Ich nicht. *Esprit* ist weder Geist noch Witz, noch Schlagfertigkeit. *Geist* wäre viel zu schwer, viel zu gründlich und viel zu deutsch, *Witz* zu oberflächlich, *Schlagfertigkeit* zu berlinisch-robust. Esprit ist eher eine Mischung aus Scharfsinn und französischem Charme, aber das wäre keine Verdeutschung, sondern eine Erklärung unter Zuhilfenahme eines weiteren unübersetzbaren Fremdworts. Esprit ist eben nur Esprit. Kein guter Schriftsteller wird sich, wenn er ehrlich ist, seinen Wortschatz von einem Fremdwortgegner beschneiden lassen. Die großen Deutschen haben zwar nicht Fremdwörter gehäuft, aber sie auch nicht ängstlich vermieden, auf keinen Fall da, wo sie ihnen zur Abstufung des Ausdrucks dienlich schienen.

Methode
Gouvernante
Esprit

Wenn einer sich klarmacht, daß *Oxford* auf deutsch *Ochsenfurt* heißt, dann hat die alte Universitätsstadt ein wenig Glanz für ihn verloren.
JOHANNES GROSS

Die gegen die Fremdwörter zu Felde zogen, gehörten selten zu den ganz Großen, eher zu deren Nachahmern, den Epigonen. Schulmeister waren darunter und Kritiker, Verfasser von Lehrbüchern der Poetik, auch Rauschebärte anderer Sparten. Der Kampf, der unter dem Vorwand der Sprachschönheit ausgefochten wurde, war oft aus einem anderen Motiv entbrannt: Man wollte die deutsche Sprache reinigen, um „auf diese Weise das deutsche Volksbewußtsein zu fördern", wie es in den Statuten des Deutschen Sprachvereins hieß. Ich habe den Verdacht, daß sich hinter der weitverbreiteten Mißbilligung, die auch heute noch neu – vor allem aus dem Amerikanischen – eindringenden Fremdwörtern entgegengebracht wird, eine Mißbilligung von Lebensformen verbirgt, die diese Fremdwörter bezeichnen.

Was heißt überhaupt „Fremdwort"? Ist *Auto* wirklich ein Fremdwort? Fremd ist mir im Grunde ein Wort nur, solange ich seinen Sinn nicht kenne.

Fremdwörter sind keine Frage nationaler Gesinnung

Nicht nur wir müssen uns mit der Fremdwortfrage auseinandersetzen, andern Nationen ergeht es ähnlich. Das Englische ist noch viel stärker als das Deutsche mit fremden Wörtern durchsetzt: nach Schätzung von Fachleuten stammt die Grundlage des Englischen zu mehr als 60 Prozent aus dem Lateinischen. Sehr viele Fremdwörter hat auch das Niederländische. Auf das Norwegische sei der Einfluß des Deutschen, vor allem des Niederdeutschen, so groß gewesen, daß heute zwei Norweger keine drei Minuten miteinander sprechen könnten, ohne ein ursprünglich deutsches Wort zu gebrauchen, meint ein norwegischer Wissenschaftler. Ein schwedischer Sprachler ist sogar der Ansicht, daß drei Viertel des gegenwärtigen schwedischen Wortguts aus dem Mittelniederdeutschen stammen.

Im großen und ganzen läßt sich sagen, daß die Fremdwörter überwiegend von West nach Ost wanderten. Der Einfluß des Französischen auf die deutsche Sprache war größer als umgekehrt; die Russen wiederum entlehnten mehr Wörter aus dem Deutschen als wir aus dem Russischen, was sich aus den kulturellen und wirtschaftlichen Beziehungen früherer Zeiten erklärt. Frankreich verkörperte für den Deutschen jahrhundertelang die höhere Lebensart. Für den Russen waren deutsche Hansekaufleute wichtige Handelspartner. Nischnij Nowgorod hatte bis 1494 ein Hansekontor. Später, in der friderizianischen Zeit (Mitte des 18. Jahrhunderts), wurde das russische Heerwesen stark von der preußischen Armee beeinflußt. Das alles schlug sich im Wortschatz nieder – mit einem Unterschied: Die Deutschen bemühten sich, die französische Aussprache beizubehalten, das hört sich so „gebüldet" an; die Russen dagegen glichen die deutschen Wörter sehr schnell der Lautgestalt ihrer Sprache an.

Es ist aufschlußreich zu sehen, welche deutschen Wörter – meist mit den Dingen, die sie benennen – auf große Reise gingen. So übernahmen vor noch nicht allzu langer Zeit:

> die Amerikaner: *angst, applestrudel* (Apfelstrudel), *autobahns, beer* (Bier), *blitz* (für: alles, was schnell und abrupt geschieht, zugrunde lag: *blitzkrieg*), *bratwurst, dirndl* (für: Dirndlkleid), *frankfurter* (Frankfurter Würstchen), *gemutlichkeit, hasenpfeffer, kaffeeklatsch, kindergarten* (für: Vorschule), *kitsch, kohlrabi, leberwurst, lederhose, pretzel* (Brezel), *pumpernickel, rathskeller, sauerbraten, sauerkraut* („Krauts" nennen uns die „Amis", scherzhaft und ein bißchen von oben herab; sie halten Sauerkraut für unser Leibgericht), *schnaps, volks* (für: Volkswagen), *waffle, waltz* (Walzer), *wiener* (Wiener Würstchen), *zeitgeist, zwieback;*
>
> die Engländer: *angst, blutwurst, flak* (für: Beschuß), *fräulein* (für: Gouvernante), *gemutlichkeit* (‚Gemütlichkeit' ist unübersetzbar, keine andere Sprache hat dafür ein eigenes Wort), *glockenspiel, hausfrau, hinterland, katzenjammer, kindergarten, kirsch, kuchen* (Hefekuchen), *kursaal, rucksack, schadenfreude, singspiel, sitzbath, sourcrout* (Sauerkraut), *waltz* (Walzer), *wanderlust, weinstube, weltpolitik, weltschmerz;*
>
> die Franzosen: *alpenstock, ausweis, bière* (Bier), *bourgmèstre* (Bürgermeister), *kougelhof* (Gugelhupf), *kummel, kirsch, kursaal, leitmotiv, lied, mettwurst, rollmops, schadenfreude, quetsche-wasser*

Wollte man eine Sprache von ihren „Eindringlingen" reinigen, bliebe nicht viel von ihr übrig.

Njemez kann im Russischen sowohl *Deutscher* wie auch *stumm* bedeuten. Ein Mensch, dessen Sprache man nicht verstehen kann, ist eben sprach-l o s. Und ein Mensch ohne Sprache ist – stumm. Ich sagte zu Lenin scherzhaft, es sei ungerecht, uns Deutsche als Stumme zu bezeichnen, wo die russische Sprache uns so viele Wörter verdanke. Er lachte schallend auf.
LUDWIG KROEBER-KENETH
in „Lenin als Philologe", 1976

Gemütlichkeit

(Zwetschgenwasser), *umweltschutz, vasistas* (für: Guckloch in der Tür, wörtlich: was ist das), *waldsterben*;

die Griechen: mpira (ausgesprochen: *bira*; Bier);

die Japaner: arubeito (eigentlich ‚Arbeit', aber mit Bedeutungsverschiebung zu ‚Nebenbeschäftigung'; der Japaner spricht das ‚u' nicht mit), *forukusu wagen* (Volkswagen), *gerende* (Gelände), *kontsuerun* (Konzern), *noiroze* (Neurose; Aussprache ‚z' = stimmhaftes ‚s'), *raika* (Leica; der Japaner kennt kein ‚l', er setzt dafür ‚r'), *ryukkusakku* (Rucksack), *wanda fogeru* (Wandervogel), *yakke* (Jacke);

die Niederländer: *geëigend* (geeignet), *heimwee* (Heimweh), *meerdere* (mehrere), *sowieso, überhaupt*;

die Rumänen: *bere* (Bier), *brandenburg* (für: Schnur an der Uniform), *chelner* (Kellner), *ersatz*;

die Russen: *butjerbrod* (‚Butterbrot' für: Schnitte Brot), *fleita* (Flöte), *galstuk* (‚Halstuch' für: Krawatte; das Russische hat keinen ‚h'-Anlaut, deutsches ‚h' wird mit ‚g' oder ‚ch' wiedergegeben, vgl. deutsch *Hermann*, russisch *German*), *gawan* (Hafen), *jarmarka* (Jahrmarkt), *kittel, landkarta, maschina, parikmacher* (‚Perückenmacher' für: Frisör), *papka* (Pappe), *pompa* (Pumpe), *poschtowaja karta* (Postkarte), *schlagbaum, schrift* (‚Schrift' für: Druck; Bedeutungsverschiebung);

die Schweden: *besserwisser, gemyt/gemytlig* (Gemüt/gemütlich), *kaputt, kitslig* (klein, empfindlich), *medvurst* (Mettwurst), *schwung, streber, virrvarr* (Wirrwarr), *yppig* (üppig), *wienerschnitzel*;

die Spanier: *kummel* (Kümmelschnaps) und – auf dem Umweg übers Amerikanische – *kindergarten*;

die Tschechen: *klempirsch* (Klempner), *malirsch* (Maler);

die Türken: *gestalt, hinterlant, kelner, kindergarten, salter* (Schalter in der Elektrotechnik), *snitzel* (Wiener Schnitzel), *vermaht* (Wehrmacht, 2. Weltkrieg).

Am beliebtesten erwies sich in der Fremde von allen deutschen Dingen anscheinend das *Bier*. Was sonst von der deutschen Speisekarte ins Ausland drang, das ist im großen und ganzen gutbürgerliche bis grobe Hausmannskost; die Feinheiten (Apfelstrudel, Wiener Schnitzel und Wiener Würstchen) steuerte die österreichische Küche bei. Den *Kindergarten*, der auf den deutschen Pädagogen Fröbel (1782–1852) zurückgeht, übernahmen verschiedene Länder von uns zugleich mit dem Namen. Auch die Wörter *Ersatz, Gemütlichkeit* und *Schadenfreude* tauchen in mehr als einer fremden Sprache wieder auf. Ob sich daraus oder aus dem Umstand, daß wir Deutschen kein Wort für *Fair play* haben, Rückschlüsse auf den deutschen Nationalcharakter ziehen lassen, sei dahingestellt.

Bier

Kindergarten

Ersatz
Gemütlichkeit
Schadenfreude
Fair play

Nach einer aus dem Herbst 1990 stammenden Auflistung der Gesellschaft für deutsche Sprache hat das Deutsche die Wörter *Nickel, Quarz* und *Gneis* in nahezu alle Nachbarstaaten exportiert – zusammen mit der im Harz, im Erzgebirge und in Böhmen früh entwickelten Bergwerkskunst.

Fremdwortgeschichte – ein Stück Kulturgeschichte

Nach Angaben des Romanisten Levy wurde im 18. Jahrhundert am Hof von Versailles mehr Deutsch gesprochen als am Hof von Potsdam. Nun ja, in Sanssouci parlierte man zur Zeit Friedrichs II. französisch, auch wenn Voltaire nicht zu Gast war. Aber auch das Französische hat im Laufe seiner Geschichte deutsche Wörter aufgenommen, etwa 1500 an der Zahl, von denen wir einen kleinen Teil rückentlehnt haben.

Rückentlehnungen

Balkon
Balkon: aus französisch *balcon*, das geht zurück auf althochdeutsch *balko* (Balken);

Biwak
Biwak: aus französisch *bivouac*, das wiederum aus mittelhochdeutsch *bi der waht* (bei der Wache);

Boulevard
Boulevard: aus französisch *boulevard* = breite Ringstraße. An der Stelle der Boulevards, die heute Paris umschließen, befanden sich früher Stadtbefestigungen, daher der Name: *boulevard* aus mittelniederländisch *bolwerc*, dem das deutsche *Bollwerk* entspricht.

Drogerie
Drogerie: (1505 erstmals als *Drogerey* = ‚Kräutergewölbe' belegt) aus französisch *droguerie*, darin steckt niederdeutsch *dröge* oder *drüge* (trocken);

Lorgnette
Lorgnette: von französisch *lorgner* (= heimlich betrachten), das geht zurück auf ein altes deutsches Wort *loren* oder *luren* (lauern);

Mannequin
Mannequin: geht zurück auf niederländisch *mannekin* = niederdeutsch *Männeken* (Männchen, kleiner Mann), inzwischen Bedeutungsverschiebung über ‚Gliederpuppe' zu ‚Vorführdame';

Paket
Paket: aus französisch *paquet*, einer Verkleinerungsform von mittelniederdeutsch *pak* (= der Pack, Packen, ein Wort des flandrischen Wollhandels);

Schick
Schick: aus französisch *chic*, geht zurück auf ein zunächst niederdeutsches Wort *schick* = was sich schickt, was schicklich ist. Etwa 1866 aus Frankreich rückentlehnt.

Zickzack
Wortgeschichte ist immer ein Stückchen Kulturgeschichte. Wie sollten wir uns sonst erklären, daß unser lautmalendes (onomatopoetisches) *Zickzack* im 17. Jahrhundert nach Frankreich gelangte und von dort z. B. ins Englische drang? Zu jener Zeit gab es noch befestigte Städte, die im Kriege vom feindlichen Heer belagert wurden. Die Laufgräben zur Annäherung an die belagerte Stadt legte der Feind im Zickzack an. Französische Krieger nahmen den Begriff für Zickzack-Wege mit heim, dort aber füllte er sich bald mit einem friedlicheren Inhalt. Mit ‚allée en zigzag' bezeichneten die Franzosen einen von streng beschnittenen Bäumen oder Hecken gesäumten Zickzackweg, wie man ihn noch heute in ihren berühmten Schloßgärten entlanggehen kann. Frankreichs geometrisch angelegte Gärten galten im 18. Jahrhundert in der gesamten westlichen Welt den Gartenarchitekten als Vorbild – und seither gibt es in Westeuropa kaum eine Sprache, in der unser *Zickzack* fehlt.

Dollar
Wissen Sie, woher der Name *Dollar* stammt? Aus Sankt Joachimsthal in Böhmen. Seit 1515 wurden aus dem Silber des dortigen Bergwerks Münzen geprägt, die anfangs *Joachimsthaler Guldengroschen* hießen. Der Name schliff sich immer mehr ab, bis schließlich vom *Joachimsthaler Gulden* über den *Joachimstaler* nur der *Taler* übrigblieb, der 1908 durch das Dreimarkstück ersetzt wurde. Der Name *Taler* war inzwischen auf große Wanderschaft gegangen. In den Niederlanden gab es den *(Rijks-)Daalder*, in der

Taler

Toscana den *Tallero*, in Dänemark den *Rigsdaler*. Alle diese Münzen sind heute außer Kurs. Geblieben ist allein der *Dollar*, der ursprünglich auch eine Silbermünze war.

„Nicht so klar, ob es sich um einen Rückläufer handelt", schreibt Hans-Jürgen Bäse, „ist es den Sprachwissenschaftlern bei französisch *bagages* (meist Plural, ‚Gepäck'), bei dem eine Verbindung zu englisch *bag* (‚Beutel', ‚Tasche') vermutet wird. In der deutschen Soldatensprache des 17. Jahrhunderts tauchte das Wort in der Bedeutung ‚Heeresgepäck' auf; die Landsknechte nannten ihr Gepäck *Plunder*. Heute werden bei uns *Bagage*, *Pack* und *Plunder* nur noch abwertend gebraucht, im Sinne von ‚Lumpenpack' und ‚Kram'. Warum wohl? Wahrscheinlich, weil in den Augen eines Frontsoldaten der Troß noch nie viel galt. – Im Französischen dagegen ist *bagages* wertneutral." Sollte es Ihnen bei Ihrer nächsten Reise nach Paris passieren, daß auf dem Gare du Nord einer „Bagage, Bagage" hinter Ihnen herbrüllt, dann seien Sie bitte nicht entsetzt: der Kerl wird kein Deutschenhasser sein, sondern einer der allerletzten Gepäckträger.

Bagage

Pack
Plunder

Und wenn Ihnen bei Ihrem nächsten Spanien-Urlaub *vino tinto* angeboten wird, brauchen Sie genausowenig zu erschrecken: als Adjektiv bezeichnet *tinto* in Spanien und Portugal die dunkelrote Farbe des Weins – obgleich das Substantiv *tinta* ‚Tinte' heißt. Sie haben es erraten, *Tinte* ist von Hause aus kein deutsches Wort. Es kommt von lateinisch *tincta* = gefärbte Flüssigkeit, *Tinktur*. Und weil die Mitlautfolge *nkt* schwer sprechbar ist, fiel der in der Mitte stehende ‚k'-Laut aus. Übrig blieb, was bei Goethe noch *Dinte* hieß und was erst seit hundert Jahren einheitlich mit ‚t'-Anlaut geschrieben wird: *Tinte*. Im Italienischen heißt *tinta* ‚Farbe', im Französischen hat sich aus lateinisch *tincta* unter anderem *teint* entwickelt, das sich bei uns als Fremdwort für ‚Gesichtsfarbe' im 18. Jahrhundert eingebürgert hat.

Tinte

Tinktur

Teint

Benachbarte Völker tauschten immer aus, Gegenstände und Lebensformen und deren Namen. Heute sind die Angehörigen auch nicht unmittelbar benachbarter Völker einander nähergekommen als je zuvor. Manch einer weiß in Finnland und auf Sri Lanka ein paar Menschen, die ihm vertrauter als seine Nachbarsleute sind.

Man dürfe ein „häßliches" Fremdwort bloß dann gebrauchen, wenn sich kein „gutes" deutsches Wort dafür finden lasse, wurde jahrzehntelang in den Schulen gepredigt. Merkwürdig nur, daß bisher noch keinem der Fremdworthasser ein „gutes, deutsches" Wort für *Nationalhymne* eingefallen ist! Wäre es nicht endlich an der Zeit, mit dem Vorurteil aufzuräumen, ein Wort sei häßlich, bloß weil es fremder, und gut, bloß weil es deutscher Herkunft ist?

Der Psychologe und Philosoph Ludwig Klages wurde mit den Jahren dem Fremdwort ausgesprochen feind. Das wirkte sich auf die Titel seiner Werke aus. So wurden aus den 1910 erschienenen „Prinzipien der Charakterologie" mit der 4. Auflage von 1926 die „Grundlagen der Charakterkunde".

Fremdwörter sind eine Frage des Takts

HIRSCHAU (Oberpfalz), 28. April (AP).

Unter den zahlreichen Glückwunschschreiben, die der neue evangelische Geistliche von Hirschau (Oberpfalz) nach seiner Amtseinführung (Installation) erhielt, war auch folgender Brief eines Klempnermeisters: „Ich beglückwünsche Sie dazu, daß Sie eine Installation durchführen wollen. Bitte, lassen Sie mich auch ein Angebot einreichen, ich bin sehr preisgünstig bei Wasserleitungsinstallationen."

Installation

„Mein Mann hat Prokura." – „Was sagt denn der Arzt?"

Als diese Meldung durch die Presse ging, wurde sie sicher ausgiebig belacht, Schadenfreude ist ein sehr menschlicher Zug. Woher soll ein Klempnermeister aber wissen, daß das selten gebrauchte neulateinische Verbum *installare* soviel wie ‚bestallen', ‚an eine Stelle setzen', ‚einsetzen' bedeutet und daß man nicht nur Wasserrohre in eine Wand, sondern auch einen Pfarrer in sein Amt einsetzen kann? Ohne daß sie es zugeben würden, werden die meisten Lacher auch erst beim Lesen dahintergekommen sein. Das wird sie aber nicht abhalten, bei nächster Gelegenheit mit dem neuerworbenen Fremdwort (*Installation* = Amtseinführung) zu protzen.

Allen, die aus Angabe einen Sack voll Fremdwörter mit sich herumschleppen, wäre zu wünschen, daß sie damit auf den „Gesichtserker" purzeln. Meistens merkt der Angeber ja nicht, wenn er stolpert, aber die andern kriegen es mitunter mit. Einigen jungen Paaren in der Tanzstunde ist neulich nicht entgangen, wie der Tanzlehrer auf dem spiegelblanken Parkett der Sprache ausglitt. Der tanzparkettgewandte Herr forderte die beste Tänzerin unter seinen Schülerinnen auf, führte einen gekonnten Tango vor, heimste tosenden Beifall ein und verbeugte sich: „Ja, meine Damen und Herren, das sind eben die Extremitäten!" (*extrem* = äußerst, im höchsten

extrem
Extremitäten

Grade; *Extremitäten* = Gliedmaßen).

Vier Uhr morgens. Zwei Polizisten gehen Streife. Vor dem Eingang zum Albrecht-Dürer-Gymnasium liegt ein Mann auf dem Straßenpflaster, stockbetrunken. Der eine Polizist zückt Block und Kugelschreiber und beginnt seine Meldung: „Am 8. November, vier Uhr fünf, liegt ein Betrunkener direkt vor dem Eingang zum ..." Da stutzt er. „Sag mal, Egon, weißt du, wie man *Gymnasium* schreibt?" Egon denkt nach. Dann: „Komm, faß an, wir legen den Kerl vor die Kaufhalle."

Und diese kleine Begebenheit trug sich in einem Stuttgarter Lebensmittelgeschäft zu: Ein Dreikäsehoch aus Italien schiebt seinen Einkaufszettel über den Ladentisch. Darauf steht in Großbuchstaben: FISCH PORT. Die Verkäuferin zögert einen Augenblick, dann drückt sie dem Kleinen eine Dose „Portugiesische Ölsardinen" in die Hand. Zehn Minuten später ist der Steppke zurück, nebst Ölsardinen, Mama, Papa und Tante, die lautstark gestikulierend klarstellen, was FISCH PORT heißen soll: frisches Brot.

Nun sei keiner von uns so vermessen zu glauben, nur Ausländer würden beim Einkaufen die merkwürdigsten Dinge verlangen. Hier ein Einkaufszettel, an dem Sie prüfen können, inwieweit Fremdwörter für Sie Glückssache sind. Alle Positionen enthalten komische Verwechslungen, bis auf eine. Die eine richtige Position ist dazwischengeschoben, damit die Sache spannender wird. Nun korrigieren Sie mal den Einkaufszettel und fragen Sie sich auch, was die verwechselten Begriffe bedeuten.

---

1 Packet Panniermehl (Semmelbrösel)
2 Dosen manirierte Heringsfilets, ohne Konversierungsstoffe
1 kleines Glas nikotinfreier Pulverkaffee
2 kg raffinierter Zucker
2 Würfel einer speziell für Magen- und Gallendiäten geeigneten Margarine
5 Scheiben durchwachsener Speck zum Füllen von Rolladen

Richtig wäre es so:

Paket

panieren

Kumpan

1 Paket Paniermehl; im Gegensatz zu *Päckchen* und *packen* wird *Paket* nur mit ‚k' geschrieben, weil es aus französisch *paquet* rückentlehnt wurde (vgl. Seite 588); *panieren* (in verquirltem Ei und Semmelbröseln wälzen) bekommt nur ein ‚n'. Zugrunde liegt lateinisch *panis* (Brot); ein *Kumpan* ist eigentlich einer, mit dem man das Brot teilt.

marinierte Heringsfilets ohne Konservierungsstoffe; *maniriert* = gekünstelt; *konversieren* (zu *Konversation*) = nicht mehr gebräuchliches Fremdverb für ‚sich unterhalten'.

mariniert
maniriert

koffeinfreier oder entkoffeinierter Pulverkaffee; *Nikotin* ist im Tabak.

raffinierter Zucker = korrekte, aber ungebräuchliche Bezeichnung, da Zucker fast nur gereinigt als Raffinade angeboten wird. Bestenfalls wird zwischen weißem und braunem Zucker unterschieden. *raffiniert* hat also zwei Bedeutungen: gereinigt und gerissen. Auf den Charakter bezogen, ist die Sache eindeutig: ein raffinierter Kerl ist niemals ein gereinigter.

raffiniert

für Magen- und Gallendiät; *Diäten* sind Aufwandsentschädigungen, Tagegelder (für Abgeordnete); für *Diät* (Schonkost) ist im Duden noch keine Mehrzahl genannt. Da aber ständig neue Fachplurale gebildet werden, kann man eine Bezeichnung wie *Magen- und Gallendiäten* kaum noch als falsch ansehen.

Diät
Diäten

Rouladen werden mit Speck gefüllt, *Rolladen* hängen am Fenster.

Roulade

Um auf unsere Ausgangsfrage zurückzukommen: Auf welche Seite schlagen wir uns jetzt, auf die der Fremdwortfreunde oder ihrer Gegner? Oder halten wir es lieber mit der immer stärker werdenden Gruppe der Neutralen, die das Fremdwort weder verhimmeln noch in Bausch und Bogen verdammen, vielmehr sich von Fall zu Fall entscheiden?

Da die Einstellung zum Fremdwort weniger eine sprachliche Frage ist als eine Frage des Takts, muß jeder die Antwort mit sich selbst ausmachen. Für mich gibt es zwei Fälle, in denen mir ein Fremdwort unangebracht scheint: wenn sich einer bloß aus Vornehmtuerei mit ihm schmücken möchte – noch mehr aber, wenn anzunehmen ist, daß der Partner das Fremdwort nicht kennt.

Fremdwörterbuch: Der Leser benutzt es, um nachzuschlagen, was das ihm fremde Wort bedeutet. Der Schreiber sollte es nutzen, um herauszufinden, wie er das ihm vertraute Wort vereinfachen kann.

Ein trauriger Witz

Um die Jahrhundertwende gaben die Mitglieder der Familie Raffke beliebte Witzblattfiguren ab. *Raffkes* nannte man die Neureichen. Wer nicht zu ihnen zählte oder zählen wollte, machte sich gern über ihre Vornehmtuerei und ihren Mangel an Bildung lustig.

> Frau Raffke erzählt ihrer Freundin, sie wolle ihren Sohn aufs Riehlgymnasium schicken. Die Freundin hört, staunt, begreift und entgegnet spitz: „Du meinst wohl Realgymnasium?" Darauf Frau Raffke: „Nee, nee, meine Liebe, ick weeß jetzt, wie Fremdwörter ausjesprochen werden. Ick blamier' mir nich mehr wie damals, als ick mir den teuren Seeaalpelzmantel koofen wollte."

Fremdwort, zerlegt: In *Idealismus* steckt der bedenkliche Satz *Ideal is Mus*.

Die Sache wäre zum Lachen, wenn sie nicht zum Heulen wär'. Wer keine Fremdsprachen kennt und – wie hier – nicht zwischen der Aussprache des lateinischen *real* und des englischen *seal* (gesprochen: ßihl) zu unterscheiden weiß, für den werden Fremdwörter immer Glückssache bleiben. Das – nur das! – sollte jeden, der fremde Sprachen lernen durfte, veranlassen, so wenig Fremdwörter wie möglich zu gebrauchen.

Testbogen 45

1 „Die wohlschmeckenden Champions lassen sich auf Pferdemist in Kellern züchten."
Was sagen Sie dazu?

Champignon

Champion

1 Daß man den Edelpilz Champignon in unterirdischen Räumen züchtet, ist bekannt. Daß aber jemand, den man zwar heute nicht mehr als Champion, sondern als *As, Favorit* und *Nummer 1* bezeichnet, auf Pferdemist gedeihen und noch dazu gut schmecken soll, ist etwas Neues. Für Begriffsstutzige: Der französische Name des Pilzes hat zwei Buchstaben mehr.

2 *Grafik* ist abgeleitet von griechisch *graphein* = schreiben. *graphein* bedeutet jedoch ursprünglich ‚eingraben' oder ‚einritzen'.
Wie kann man sich diesen Bedeutungswandel erklären?

schreiben
Reißbrett
Reißzeug
gravieren
Graphit
Griffel

Buch

Buchstabe

2 Bevor der Mensch das Papier erfand, hatte er seine Schriftzeichen in Stein, Tonscherben und Holztafeln geritzt. Auch das englische Wort für ‚schreiben', *to write*, bedeutete ursprünglich ‚ritzen'. Das Deutsche hat die alte Bedeutung in *Reißbrett* und *Reißzeug* bewahrt. Unser *schreiben* leitet sich von lateinisch *scribere* her und hat nichts mit ‚ritzen' zu tun; aber an griechisch *graphein* erinnern *gravieren, Graphit* (unser Bleistift ist in Wirklichkeit ein Graphitstift) und *Griffel*, an dessen sprachlicher Existenz außer ‚graphein' *Griff* und *greifen* beteiligt sind. Das *Buch* nennen wir nach dem Buchenholz, aus dem unsere Vorfahren zuerst die Schreibtafeln schnitten. Und was man später, als das Buch schon aus geheftetem Pergament bestand, an Zeichen hineinschrieb, wurde *Buchstaben* genannt. *Stab* nach dem senkrechten Hauptstrich der Rune. So sehr sich auch die Schreibtechnik gewandelt hat, die Namen sind geblieben. Jahrhunderte später wiederholte sich ein ähnlicher Vorgang. Zum Schreiben benutzte man im Mittelalter die Federn von Gänsen, Schwänen, Raben und Adlern. Als um 1750 die Stahlschreibfeder erfunden wurde, übertrug sich der alte Name auf das neue Produkt, und das nicht nur bei uns: französisch *plume* und russisch *peró* bedeuten sowohl ‚Flügel-' als auch ‚Schreibfeder'. Das Zeitwort *federn* ist eine

Feder
federn

Neubildung, für die ein gemeinsames Merkmal der alten und der neuen Federn, die Elastizität, ausschlaggebend war. Davon haben sich dann die Maschinenbauer ihre *Blatt-, Spiral-, Schrauben-* und *Kegelfedern* abgeleitet.

3 *Kassier, Tapezier, Dolmetsch* – sind das vollständige Wörter?

Kassier(er)
Tapezier(er)
Dolmetsch(er)

3 Ja. *Kassier* und *Tapezier* sind süddeutsche Nebenformen von *Kassierer* und *Tapezierer*. *Dolmetsch* wird vereinzelt im übertragenen Sinne gebraucht: *sich zum Dolmetsch machen*.

4 Ist *Apfelsine* eine Verdeutschung von *Orange*? Oder wie erklären wir uns das Nebeneinander zweier Bezeichnungen für dieselbe Frucht?

> **4** Die Norddeutschen essen Apfelsinen, die Süddeutschen Orangen. Das hängt mit den **verschiedenen Handelswegen** zusammen, auf denen die Frucht nach Deutschland kam. 1548 brachten Portugiesen den ersten „Goldapfel" aus China nach Europa. Er wurde in Frankreich *pomme d'orange* genannt (Apfel von Orange, Oranienapfel). *Orange*, heute ein nur etwa 26 000 Einwohner zählendes Städtchen nahe der Rhône, war in alter Zeit als Hauptort des ehemaligen Fürstentums Oranien ein bedeutender Handelsknotenpunkt, ein Durchfuhrort nach Norden. Von hier aus gelangte die Orange nach Süddeutschland. – Möglich aber auch, daß *Orange* sich von der persisch-arabischen Bezeichnung der Frucht, *nârandsch* (portugiesisch: *laranja*), herleitet und daß auch der Anklang an französisch *or* (Gold) eine Rolle spielt.   *Orange*
>
> Die *Apfelsine* dagegen kam unmittelbar aus ihrer chinesischen Heimat über Amsterdam und Hamburg nach Norddeutschland. China hieß damals *Sina*, und so entstand das niederländische *appelsien* (China-Apfel), das der Hamburger Handel als *Appelsina* übernahm. Seit 1716 ist die verhochdeutschte Form *Apfelsina* belegt. Das auslautende ‚-a' hat sich im Laufe des 18. Jahrhunderts zu ‚-e' abgeschwächt.   *Apfelsine*

5 Was unterscheidet den *Tenor* vom *Tenor*?

> **5** Die Betonung. Der *Tenor* (mit Ton auf der ersten Silbe) ist soviel wie Grundhaltung oder Sinn eines Textes; der *Tenor* (mit Ton auf der zweiten Silbe) ist eine hohe Männerstimme oder ein Sänger mit hoher Stimme.   *Tenor*

6 Erkennen Sie, was in diesen drei Sätzen nicht stimmt? Dreimal wurde ein Fremdwort verwechselt mit einem andern, das sich ähnlich anhört. Setzen Sie bitte die richtigen Wörter ein.

a) Der Arzt hat ihm ein Testament ausgestellt, das ihn für vierzehn Tage vom Dienst befreit.

b) Ein Angeklagter: „Hohes Gericht, ich möchte bemerken, daß ich wegen dieses Dialektes erst einmal vorbestraft bin."

c) Aus einem Pressedienst: „Der Traum, alle öffentlichen bundesdeutschen Schulen würden in den nächsten Jahren computerunterstützte Lehr- und Lernsysteme einsetzen, ist zerronnen: Berge von Papier zu diesem Thema – Marktstudien, Zeitschriftenartikel, Diplomaten-Arbeiten, Bücher – alles für die Katz! (Die Schulen haben kein Geld, und die Lehrer wollen nicht.)"   Peter liebt Fremdwörter. In einem Aufsatz über den Hühnerhof schreibt er: „Die Legalität der Hühner ist gut, hapern tut es nur mit der Brutalität."

> **6** *Attest – Delikt – Diplom-Arbeiten.*

Gesprächswörter

Wenn Briefe nicht wie Menschen reden

Elemente der gesprochenen Sprache machen
die geschriebene natürlicher

Jeden Abend um 22.30 Uhr schaltete Heinrich Böll (1917–1985) den Fernseher ein, um die Tagesthemen nicht zu versäumen. Um diese Zeit wird auch mancher andere Schriftsteller der Schreibmaschine den Rücken kehren und Auge und Ohr dem Bildschirm zuwenden: Selbst Menschen, die vom Schreiben leben, informieren sich in zunehmendem Maß durch das gesprochene Wort. Da bleibt es nicht aus, daß im Lauf der Zeit die typischen Elemente des mündlichen Stils auf die Schreibweise abfärben. Wie sehr das bereits der Fall ist, erkennt jeder, der beispielsweise eine Seite der Frankfurter Zeitung aus der Zeit vor dem Krieg mit einer Seite der heutigen Frankfurter Allgemeinen vergleicht. Unser Deutsch ist lesbarer geworden, die Syntax ist unkomplizierter, die Sätze sind kürzer. Aber da gibt es noch etwas, was bisher wenig beachtet wurde und doch eine Rolle spielt: kleine, unscheinbare, informationsarme Wörter, die dafür sorgen, daß ein Text nicht wie gedruckt, sondern wie gesprochen wirkt. Um diese Wörter geht es hier.

Wie uns das Ausland sieht

Deutsche essen Sauerkraut, tragen Lederhosen, trinken Bier, schleppen Aktenkoffer, besingen die Gemütlichkeit, führen stur Befehle aus, sind romantisch, eingebildet, arbeitsam, schrecklich gründlich und humorlos durch und durch. Fehlt noch was an dem Bild, das man sich jenseits der Grenze von uns macht? Ach ja: Deutsche Theoretiker sprechen und schreiben Superbandwurmendlossätze, in denen man das Zeitwort mit dem Fernrohr suchen muß. Deutsche Praktiker aber sind auf Zack; ihr Mitteilungsstil ist kurz, knapp, präzise: Ein Mann – ein Wort. Gesagt, getan, Und damit basta!
So sind wir Deutschen – von draußen beguckt. Wie aber sind wir wirklich?

Wir sind ein Volk von Schwätzern

Glauben Sie nicht? Stellen Sie sich vor, kurz vor Ihnen auf der Straße kippt ein Knirps mit einem Dreirad um und heult los. Sie sehen, dem Kleinen ist nichts passiert. Was sagen Sie im Vorübergehen zu ihm? Wohl kaum: „Das

ist nicht schlimm." Schon eher: „*Na, ganz so* schlimm wird's *ja nun wohl auch wieder* nicht sein – *nicht wahr?*", 15 Wörter statt vier – so viel verbalen Aufhebens können andere nicht machen. Auf englisch ergäbe das höchstens 12 Wörter: „Well now, it's not at all that bad, isn't it?"
Der Deutsche ist keineswegs, wie Hollywood meint, dem Kasernenhofton ergeben: „Los!" – „Raus hier!" – „Schnell, schnell!" Wir alle machen viel mehr Worte, als wir machen müßten. „*Da* freue ich mich *aber*, daß Sie sich *endlich auch mal wieder* blicken lassen." – „*Nun* kommen Sie *man auch* rein, *ja?*" – „*Jetzt* legen Sie *erst mal* ab, setzen sich *schön* hin, und *dann* trinken wir *zwei* beide *mal wieder* einen *richtig* guten Kaffee *zusammen, nicht wahr?*"
Das ist nicht bloß Kaffeetantendeutsch, es hängt eher mit dem Geburtsort zusammen. Wer mit Spreewasser getauft ist, ist ein Naturtalent im Leere-Worte-Machen. „*He, Sie, Männeken, sag'n Se mal,* is det *da vielleicht* Ihr Auto*mobil*, wat Se *mir nischt, dir nischt janz dicht* vor meine Neese jeparkt ham – *einfach so?*"

na / ganz / so / ja wohl / auch wieder nicht wahr?

da / aber / mal nun / man erst / schön

nicht wahr?

vielleicht

Die lange Leitung der Sprachwissenschaft

All die Winzlinge, die wir im zwanglosen Gespräch verwenden, obwohl sie nichts sagen, wurden von Philologen eine halbe Ewigkeit lang als „Füllwörter" betrachtet. Ludwig Reiners, der Säulenheilige des deutschen Stils, nannte sie in seiner 1951 erschienenen Stilfibel „Der sichere Weg zum guten Deutsch" sogar noch abschätziger „Flickwörter" und verlangte kategorisch: „Streichen Sie alle Flickwörter!"
Auf diesem Standpunkt ist mancher stehengeblieben, auch der bekannte Buchautor und Journalistiklehrer Wolf Schneider. Aus seinem 1987 erschienenen Buch „Deutsch für Kenner", das im Untertitel den Anspruch erhebt, „D i e neue Stilkunde" zu sein, erfährt der Leser über „Füllwörter" nicht viel mehr, als daß sie sich „aus jedem Text leicht tilgen lassen".
„Das Deutsche ist nicht vollkommen", hätte Goethe schreiben müssen, hätte er sich nach Ludwig Reiners oder Wolf Schneider gerichtet. Aber genau das tat Goethe nicht. Bei ihm heißt das füll- beziehungsweise flickwortreich: „In einer *so* wundersamen Sprache, wie die deutsche es ist, bleibt *freilich immer* etwas zu wünschen *übrig*."
Dichter haben sich noch nie an irgendwelche Stilregeln gehalten, schon gar nicht, wenn es ihnen darum ging, eine Äußerung zu modifizieren. So hielt Thomas Mann „Die Ratten" für Gerhart Hauptmanns „*vielleicht* bestes Stück". Wie sagte doch Wilhelm Busch? „Öffne dir ein Hinterpförtchen durch *vielleicht*, das nette Wörtchen."
Trotz solcher Empfehlungen aus Dichtermund haben Stilistiker die inhaltsarmen, aber die Aussage modifizierenden und den Stil färbenden Winzlinge immer nur über die Schulter angeguckt, und die Linguisten haben sie nicht einmal wahrgenommen.
Aufmerksam auf die Funktion dieser informationsleeren Wörter wurde die Sprachwissenschaft erst Mitte der siebziger Jahre, als sie untersuchte, weshalb das Deutsch der meisten Deutsch lernenden Ausländer auch nach Jahren noch so linkisch klingt. Die Erklärung liegt nahe: Ausländer lernen zwar deutsche Vokabeln und deutsche Grammatik, erfahren aber so gut wie nichts über das, was unser Deutsch sprechbar und geläufig macht.
Es war ein junger australischer Sprachforscher, ein Dr. Saunders, der 1975 auf die zahlreichen „Modal Particles" im Deutschen aufmerksam machte.

Sogar als „Läuse im Pelz der deutschen Sprache" wurden die „hartnäckigen kleinen Biester" früher geschmäht.

freilich

vielleicht

An der Freien Universität Berlin machte man sich erst 1979 an die Erforschung der lange Zeit verachteten Füllwörter.

Modalpartikeln

also

also ist die Lieblingsvokabel derer, die andere für dümmer halten als sich selbst. Man sagt etwas, dann wiederholt man sich und weist vorher mit *also* darauf hin, daß man sich wiederholt.
E. A. RAUTER

Gegenfrage: Kann eine verdeutlichende Wiederholung nicht auch ganz nützlich sein? Vorschlag zur Güte: *also* ist eine typische Vokabel des erklärenden Stils.

Die kleinen Wörter sind keineswegs überflüssig; sie legen vielmehr in der alltäglichen Kommunikation feine Bedeutungsunterschiede fest: Ohne *denn, oder, eigentlich* kann eine Frage oder Bemerkung zum Beispiel zu schroff oder zu unvermittelt klingen.
HARALD WEYDT

(*modal* kommt von lateinisch *modus* = Art und Weise, *particles*, auf deutsch *Partikeln*, von lateinisch *particula* = Teilchen. Als Partikeln gelten in der Grammatik alle nicht flektierbaren „Redeteilchen", *also* Konjunktionen, Präpositionen, Adverbien. Die Modalpartikeln, um die es hier geht, sind zur Hauptsache Modaladverbien, Umstandswörter der Art und Weise.)

Was Modalpartikeln bewirken

Vier Jahre lang hat Saunders Jagd auf Modalpartikeln gemacht und dabei 2 Millionen Wörter deutscher Autoren, Sprecher und Sprachforscher unter die Lupe genommen. Sein Ergebnis: Bedeutende Schreiber gebrauchen im Durchschnitt etwa 1 Prozent Modalpartikeln – der Durchschnittssprecher aber schwelgt in ihnen. „Modalpartikeln", so Saunders, „fügen zwar keine Information hinzu, sind aber doch ein wichtiges Element der Kommunikation, weil sie die Information auf die Gefühle des Sprechenden ausrichten." Man könnte auch sagen: Modalpartikeln sind informationsverstärkende oder informationslenkende Sprachimpulse, die Anteilnahme, persönliches Interesse, Ungeduld, Zweifel, Erstaunen, Vorbehalt, aber auch Bekräftigung und Beteuerung ausdrücken können.

„Würzwörter" haben manche Sprachforscher denn auch die Modalpartikeln genannt, auch „Einfühlungs-" und „Erlebniswörter". Inzwischen sind die ehemals als „Flickwörter" diffamierten Modalpartikeln zu „Gesprächswörtern" avanciert. Das ist ein treffender Name, macht er doch klar, was an den Modalpartikeln die Hauptsache ist: sie sind ein typisches Element der ungezwungenen Rede. Ein an Modalpartikeln reicher Text wirkt eher wie gesprochen und nicht wie gedruckt. Fehlen in einem gedruckten Dialog die Modalpartikeln, dann klingen Rede und Gegenrede unnatürlich steif. Wer als Texter das „Briefgespräch" sucht, darf die stimulierende Wirkung der winzigen Biester nicht unterschätzen.

Wenn Rationalisierer Nachfaßbriefe in die Mangel nehmen

Eine Druckerei hat der Personalabteilung einer Firma Formulare geliefert, Schnelltrennsätze in Endlosausführung. Vier Wochen später streckt die Druckerei die Fühler nach einem Anschlußauftrag aus. Prokurist Sauerbier, der eigentlich schon pensioniert sein müßte, setzt einen Brief auf mit vielen hübschen Schnörkeln wie „bitten wir Sie höflichst", „zu Ihrer vollsten Zufriedenheit" und „stets zu Ihren Diensten". Udo Knapp, ein junger Betriebswirt, der gerade einen Lehrgang „Geschäftsbriefe heute" absolviert und sogar ein Buch zu diesem Thema gelesen hat („Kürzer, knapper, präziser"), bekommt Wind von der Sache und schreibt Sauerbiers Text um. Jetzt fängt der Brief so an:

> Vor 4 Wochen haben Sie Formulare für die Lohn- und Gehaltsabrechnung von uns erhalten. Haben Sie ausrechnen lassen, wieviel Zeit und Kosten Sie mit diesen Formularen sparen?
> Auch andere Abteilungen Ihres Hauses könnten zweckmäßiger und billiger arbeiten, wenn sie unsere Endlos-Trennsätze verwenden würden...

Kein Schnörkel mehr, kein unnützes Wort, ein von Füllseln gesäuberter, ballastfreier Text. Mit anderen Worten: eine organisatorische Glanzleistung! Ein solcher Brief im forschen Mitteilungsstil moderner Führungskräfte spart Zeit und Kosten und nützt dem Firmenimage. Daß er außerdem Kunden vergrault – was schert's den Rationalisierungsfan? Sollen sich doch die Werbefritzen um neue Kunden kümmern! Udo Knapp ist keineswegs der einzige im Büro, der so denkt.
Sie aber denken anders – warum sonst läsen Sie dieses Buch? Sie sehen die Dinge nicht nur aus der Perspektive des auf knappe, kostensparende Briefe versessenen Schreibers; Ihnen ist klar, daß falsch verstandene Rationalisiererei beim Empfänger viel Porzellan zerschlagen kann. Wie hätten Sie den Brief formuliert? Im ersten Absatz vielleicht so:

> ...Haben Sie in der kurzen Zeit – *nur* vier Wochen! – *schon* feststellen können, welche Ersparnisse sich mit unseren Formularen erzielen lassen? Es würde uns interessieren.

nur / schon

Mit dem Hinweis, daß es Sie interessieren würde, wäre die Frage auch begründet.
Der zweite Absatz ist ein starkes Stück. Woher nimmt sich Udo Knapp das Recht, die Behauptung aufzustellen: „Auch andere Abteilungen Ihres Hauses könnten zweckmäßiger und billiger arbeiten, wenn..."? Der junge Mann fragt nicht etwa, ob es Möglichkeiten gibt, den einen oder andern Vordruck nutzbringend einzuführen. Nein, er zeigt dem Adressaten mit dem Hinweis auf dessen angeblich unzweckmäßig und zu teuer arbeitende Abteilungen, daß er ihn für einen Trottel hält.
Was aber dann? Zumindest daran denken, daß das Modaladverb *noch* eine Gardinenpredigt in ein Kompliment verwandeln kann:

> ...Auch andere Abteilungen Ihres Hauses könnten *noch* zweckmäßiger und kostengünstiger arbeiten, wenn...

noch

‚Teil 2 ist bemerkenswerter' heißt: ‚Teil 1 taugt nichts.'
‚Teil 2 ist *noch* bemerkenswerter' heißt: ‚Schon Teil 1 ist gut.'

In diesem Satz – das ist ein kleiner Trick – bleibt es dem Leser überlassen, ob er das *noch* nur auf ‚zweckmäßiger' oder auch auf ‚kostengünstiger' beziehen will.

Muß eine Schlagzeile klotzen?

Lange Zeit war Herbert W. für die Werbung einer Werkzeugmaschinenfabrik verantwortlich. Jetzt hat ein Jüngerer die Aufgabe übernommen; W. steht ihm vorerst noch mit Rat und, wenn's sein muß, auch mit Tat zur Seite.
Die erste Aufgabe des Nachfolgers besteht darin, drei Anzeigen zu entwerfen, die alle unter der gleichen Headline laufen sollen. Da die Schlagzeile für drei verschiedene Texte passen soll, muß sie notgedrungen allgemein gehalten sein. Der Nachfolger ist für *Kompetenz mit Zukunft*.
„Nein", sagt W., „das ist bloße Rhetorik, zu blaß." Er entscheidet sich nach längerem Überlegen für eine Headline in Variationen:

Schlagzeilen

- Wo es vorangeht, sind wir allemal dabei.
- Wo es um Fortschritt geht, sind wir allemal dabei.
- Wo es um Präzision geht, sind wir allemal dabei.

allemal

Aus langer Texterererfahrung weiß W., daß man alles, was gedruckt werden soll, wenn irgend möglich erst einmal liegenlassen und überschlafen muß; frisch ausgeschlafen ist man selbstkritischer. Und richtig, am nächsten Morgen findet W. seine Schlagzeilen zu lang. Er streicht aus allen das *allemal*.

Kürzer sind die Schlagzeilen nun geworden – auch besser? Der Zweifel meldet sich, kaum daß W. die korrigierten Anzeigenentwürfe an seinen Nachfolger abgeschickt hat.

Nun will es der Zufall, daß W. am selben Tag einen Brief von einem guten Bekannten erhält, einem Rechtsanwalt. Der hat davon erfahren, daß W. sich gerade in einem nervenaufreibenden Rechtsstreit wegen einer Grundstückssache mit der Gegenpartei durch einen Vergleich geeinigt hat. Als Anwalt weiß er aus Erfahrung, wie herb ein Vergleich für den sein kann, der darauf gehofft hat, den Prozeß zu gewinnen, und so tröstet er W. mit dem liebenswürdigen Hinweis:

> Auch wenn man bei einem solchen Vergleich einmal leer schlucken muß, ist das Beste an einem Prozeß allemal seine Beendigung.

Da ist es wieder, das altmodische, behäbig-vergnügliche *allemal*, das W. gerade aus seinen Schlagzeilen getilgt hat. W. findet Gefallen an dem Wort, greift zum Hörer und fragt, was ich denn dazu meine. Soll er das *allemal* doch wieder einsetzen? Wir überlegen gemeinsam und kommen zum gleichen Ergebnis:

> Wo es vorangeht, sind wir dabei –

das klingt jung, keck und klotzig – und nach Erfahrung im Gebrauch der Ellenbogen.

> Wo es vorangeht, sind wir allemal dabei

hört sich freundlicher und fröhlicher an, zuversichtlicher – und verläßlicher. Mit *allemal* wirkt die Aussage auf mich allemal sympathischer. So rate ich dazu, das Wort doch wieder einzufügen, wohl wissend, daß mein Rat nicht unbedingt richtig sein muß, sondern auch die Folge eines Geburtsfehlers sein kann: Ich bin eine Frau, und die meisten Frauen haben zu Gesprächswörtern ein unbefangenes Verhältnis.

Ein Mann, ein Wort. Eine Frau – ein Wörterbuch

Frauen, so heißt es, seien zwar die schlechteren Autofahrer, aber die besseren Briefeschreiber. Natürlich ist das ein Vorurteil. Doch meistens ist an Vorurteilen ein bißchen was dran. Und hier?

Frauen schreiben bestimmt nicht besser, aber sie schreiben – Ausnahmen bestätigen die Regel – anders als Männer. Frauen schreiben konkreter, unkomplizierter, ungenierter. Modalpartikeln verwenden sie beim Schreiben fast mit der gleichen Unbefangenheit wie im Gespräch. Das macht ihre Briefe natürlicher als Männerbriefe. Und geschwätziger.

> Liebe Leserin,
> ich möchte Sie heute einladen, den auf der Musterkarte abgebildeten Kuschel-Teddy nachzuarbeiten...

Marginalien:

Das liebenswürdige *allemal* ist informationsarm, aber nicht informationslos; es ist ein zurückgenommenes *immer* oder ein unbekümmertes *auf jeden Fall*.

Unbestimmtheitssignale wie *vielleicht, wohl, wahrscheinlich* kommen in Manuskripten von Frauen weit häufiger vor. Möglichen Einwänden soll im voraus mit Weichheit und Nachgiebigkeit begegnet werden.
ANGELA PRAESENT

Diesem ungelenken Anfang eines Werbebriefs ist nicht anzusehen, ob Männlein oder Weiblein ihn verbrochen hat. Auf die komische Idee, Leute zum Arbeiten einzuladen statt zum Geburtstag oder auf ein Glas Wein, kann jede Sorte Mensch mal kommen. Doch ein paar Absätze weiter läßt die Diktion klar erkennen, wes Sexus Kind den Brief getextet hat. Da heißt es nicht harsch und barsch: „Prüfen Sie *zunächst*...", sondern verbindlich.

> *Jetzt* sollten Sie *erst einmal* prüfen...;

nicht sachlich-maskulin: „Probieren Sie *auch* die anderen Vorschläge aus", sondern wortreich-feminin und rhythmisch ausgewogen: **Rhythmus**

> Probieren Sie die eine oder andere Idee *doch ebenfalls gleich einmal* aus.

Zwischen Wortdisziplin und Geschwätzigkeit

> Bemühen Sie sich, den Sachverhalt konkret auszudrücken,

rät ein Seminarreferent den Kursteilnehmern.

> Versuchen Sie *mal*, ob sich das Ganze nicht *ein bißchen* anschaulicher ausdrücken läßt,

würde eine Frau an seiner Stelle sagen.
Frauen neigen – und dazu verführt sie ihre Vorliebe für Gesprächswörter – zum Plätscherstil. Der wogt melodisch auf und ab, tonstarke und tonschwache Silben alternieren angenehm, und wo am Singsangrhythmus etwas fehlt, wird flugs ein Füllsel eingeflochten. Das alles rieselt wunderbar, zum einen Ohr rein, zum andern raus.
Männer neigen – und dazu verführt sie ihre Abneigung gegen Gesprächswörter – zu einem härteren Stil. Möglichst kurze Sätze. Punkt. Weil kurze Sätze in sind. Punkt. Und Eindruck machen. Punkt. Falls sie überhaupt (Gedankenstrich) Hackstil ist vielen Lesern zu beschwerlich (Gedankenstrich) gelesen worden sind. Punktum.
Das ist natürlich übertrieben, gar so kraß ist der Unterschied in der Diktion zwischen Frauen und Männern nicht. Es gibt auch Frauen, die kühl und sachlich schreiben, und Männer mit stärker emotional gefärbtem Stil. Erfahrenen Schreibern und Schreiberinnen gelingt es, ihren Individualstil der Sache und der Situation unterzuordnen und so zu formulieren, wie es der jeweiligen Aufgabe am besten bekommt.
Doch bis einer seinen Stil der Aufgabe entsprechend variieren kann, vergehen Jahre, sogar Jahrzehnte. Und in der Zwischenzeit? Da wäre es gut, wenn ein Texter seine Briefentwürfe, ein Autor seine Manuskripte von einer Kollegin und umgekehrt eine Frau die Rohfassung ihrer Arbeiten von einem Kollegen gegenlesen ließe. Vor allem der Gesprächswörter wegen, deren Zuwenig den Text trocken bis schroff und deren Zuviel ihn leicht lesbar bis verwaschen wirken läßt. Hier das rechte Maß zu finden macht zwar nicht die Kunst des Schreibens aus, kann aber darüber entscheiden, ob beispielsweise ein Werbebrief nach den ersten drei Sätzen aus der Hand gelegt oder interessiert zu Ende gelesen wird.

Testbogen 46

1 An der Tür zum Fleischerladen hängt ein Schild, auf dem ein Schnauzer abgebildet ist. Neben dem Bild steht nicht „Bleib draußen!", einen so schroffen Ton schlägt der Mensch dem Hund gegenüber nicht an. Wie könnte die Aufforderung heißen?

hübsch
schön

> **1** ‚Bleib *hübsch* draußen!' Oder auch ‚Du bleibst *schön* draußen!' Als Modalpartikeln sind *hübsch* und *schön* weit entfernt von ihrer eigentlichen Bedeutung; sie haben nur noch die Funktion, der Aufforderung die Schärfe zu nehmen.

ganz

2 Eine *ganze* Drehung ist eine Drehung um 360°, ein *ganzer* Kerl einer, mit dem man Pferde stehlen kann, und wer *ganz* Ohr ist, hört aufmerksam zu. *ganz* ist nicht halb, nicht dreiviertel, nein: hundert Prozent. Was aber,

ganz gut / gut

wenn Sie ein Bekannter auf der Straße fragt „Wie geht's?" und Sie ihm antworten „Och, *ganz gut*"? Dann klingt Ihre Antwort eher nach ‚mittelprächtig' als nach ‚ausgezeichnet'. Seltsam, *ganz gut* ist deutlich weniger als ‚hundertprozentig gut', auch *ganz nett, ganz schön, ganz froh* ist nur dreiviertel nett und schön und froh.
Es sieht so aus, als müßte *ganz* dazu herhalten, Erfreuliches, Positives zu schmälern. Wie ist das nun aber bei Negativem, Unerfreulichem? ‚Ich bin *ganz traurig*', ‚mir ist *ganz elend* zumute', ‚er ist *ganz ekelhaft* zu mir' – wirkt *ganz* hier auch abschwächend oder eher verstärkend?

ganz traurig / traurig

> **2** Auf den ersten Blick scheint *ganz* das Unerfreuliche zu verstärken, aber nur auf den ersten. Bei genauerem Hinsehen merken Sie, daß es auch hier dem folgenden Adjektiv etliche Prozente stiehlt. Sie brauchen *ganz* nur wegzulassen – schon haben die Gefühlsäußerungen mehr Tiefgang: *ganz traurig* kann sein, wer eine Absage zur Geburtstagsparty bekommt; *traurig* ist, wer einen Menschen verloren hat.

3 Aus der Hildesheimer Allgemeinen Zeitung:

> Aufatmen bei der deutschen Nationalelf und dem VfB Stuttgart: Karlheinz Förster erlitt im Länderspiel eine tiefe Fleischwunde am linken Bein.

Könnte hier eine Modalpartikel den schwarzen Humor beseitigen? Wenn ja, welche?

nur

> **3** Sie haben es sicher gleich gemerkt: es fehlt die abschwächende Partikel *nur*. Doch *nur* allein (... erlitt *nur* eine tiefe Fleischwunde) macht aus dem schwarzen Humor bestenfalls einen dunkelgrauen. Gemeint ist:
> Aufatmen bei ... Die tiefe Wunde, die Karlheinz F. am linken Bein erlitt, ist *zum Glück nur* eine Fleischwunde.

4 Aus einer Buchbesprechung in der Münchner Abendzeitung:

> Kempowskis Roman ist bis zur letzten Seite spannend, hinreißend bis zum Schluß – ein sensationelles Buch. *Gerade auch* für uns Deutsche.

Aus einem medizinischen Artikel in der Frankfurter Allgemeinen:

> Besonders häufig tauchen seit einiger Zeit neben den Inhalationsallergien *vor allem auch* durch Kosmetika, Medikamente und unverträgliche Nahrungsmittel verursachte Allergien auf.

Ist das *auch* in Wendungen wie *gerade auch, vor allem auch* *auch*
   a) sinnvoll?
   b) des Rhythmus wegen wünschenswert?
   c) widersinnig und deshalb zu streichen?

[4] Ich wäre für c). *gerade* und *vor allem* heben hervor, *auch* aber reiht an. Das verträgt sich nicht. Das kleine *auch* rutscht uns ohnehin viel zu leicht aufs Papier, wir brauchen es vor *noch* sowenig wie *noch* hinter *außerdem*.

gerade / vor allem auch noch

auch noch: Das *auch* wird durch das *noch* verdoppelt, das *noch* ist in diesem Fall ein *auch* in anderer Form.
E. A. RAUTER

[5] „Ich mag Wörter wie *gleichwohl* oder *immerhin* gern leiden", bekannte Christian Morgenstern (1871–1914), „denn sie erlauben, nach etwas Abfälligem noch eine Menge Anerkennendes zu sagen." Mit *allerdings* ist es umgekehrt, *allerdings* schränkt das zuvor Gesagte ein; was folgt, ist meistens weniger erfreulich.
Das nächste Beispiel stammt aus dem Werbebrief eines Geldinstituts:

außerdem noch
gleichwohl
immerhin
allerdings

> Die Laufzeit des Sparvertrags beträgt 7 Jahre. Sie zahlen 6 Jahre lang ein, das letzte Jahr ruht der Vertrag. Sie können die Laufzeit *allerdings* auf 6½ Jahre ermäßigen, wenn Sie den Vertrag noch bis zum 30. Juni dieses Jahres abschließen.

Wetten, daß Sie hier nicht *allerdings* geschrieben hätten? Der Hinweis auf die verkürzte Laufzeit soll ja nichts Negatives, keine Einschränkung sein, sondern ein lockender Vorteil.
Wie würden Sie das ausdrücken?

[5] Vielleicht so:

> ... ruht der Vertrag. *Freilich* müssen Sie keine vollen 7 Jahre zuwarten. Sie können die Laufzeit auf *nur* 6½ Jahre verkürzen, wenn Sie den Vertrag noch vor dem 1. Juli abschließen.

freilich
nur

[6] Aus einem Antwortbrief auf eine Mängelrüge:

> Der Inhalt Ihres geehrten Schreibens überrascht uns insofern, als unsere Markenerzeugnisse allen hochverwöhnten Ansprüchen entsprechen, die heute berechtigterweise gestellt werden können.

Wär's so nicht besser?

> Ihre Beschwerde überrascht uns, weil unsere Erzeugnisse doch hohen Anforderungen entsprechen.

doch

[6] Nein. Durch Einschmelzen wird ein langatmiger Briefanfang nicht automatisch besser, schon gar nicht, wenn man in die gekürzte Fassung ein auftrumpfendes *doch* einfließen läßt. Das rechthaberische *doch* gehört sowenig in die Antwort auf eine Reklamation wie der vor Entrüstung triefende Hinweis, man sei überrascht. *Daß Sie Ärger hatten, tut uns leid* ist ein besserer Einstieg in einen Antwortbrief an einen vergrätzten Kunden.

Achten Sie beim Diktieren auf Ihre „dochs" – kaum ein anderes Wort kann den Briefpartner so leicht verprellen wie diese bockbeinige Modalpartikel.

Sprach- und Denkklischees

Und wie man sich gegen sie wehrt:

Sprachbewußtsein schützt vor Verführbarkeit

Wo heute im Gesamtrahmen (!) eines Tagungsprogramms das Problem der Freizeitgestaltung Jugendlicher angesprochen wird (statt daß auf einer Tagung darüber gesprochen wird, wie junge Leute ihre freie Zeit sinnvoll verbringen können);

wo in der Kommunikationstechnik zwecks Beschleunigung der Informationsweitergabe die Reproduktion von Texten ständig an Bedeutung gewinnt (statt daß man erkennt: in unseren Büros wird immer mehr kopiert und vervielfältigt);

wo auf dem Sektor des Bauwesens alle Möglichkeiten zur Kosteneinsparung voll und ganz ausgeschöpft werden (statt daß man versucht, die Baukosten so niedrig wie möglich zu halten);

wo nach einer diesbezüglichen Unterredung die Feststellung gegenseitiger Übereinstimmung getroffen wird (statt daß man übereinkommt, etwas zu tun);

wo man sich zu dieser oder jener Denkungsart bekennt (statt daß man endlich zu denken anfängt) –

überall, wo „berechtigte und legitime Wünsche, die selbstverständlich einem dringenden Bedürfnis (!) entsprechen, zum Ausdruck gebracht werden", da gebraucht man Sprachklischees.

Geburtsort solcher vorgefertigten Redeteile ist oft irgendein Podium, auf dem irgendein Mensch anläßlich irgendeiner Tagung eine Rede hält. Seine originelle Ausdrucksweise,

> „deren ganzes Anliegen es ist, die Bedeutsamkeit des Geschehens mit der globalen Ausdruckskraft echten Menschseins und menschlichen Echtseins zugleich zu unterstreichen",

scheint bei den Zuhörern anzukommen. Gelehrig gliedern sie des Redners Floskeln ihrem eigenen Wortschatz ein, um bei nächster Gelegenheit vor Nichtdabeigewesenen damit zu protzen.

Oder aber – und dafür spricht mehr – diese tönernen Wendungen gehen bei den Hörern zum einen Ohr rein und (auf dem Umweg übers Stammhirn) zum andern Ohr raus. Bewußt werden sie gar nicht aufgenommen, bis in die Großhirnrinde dringen sie nicht; sie schleifen sich ins Unterbewußtsein ein und werden dann bei nächstbester Gelegenheit mechanisch heraufgeholt und abgespult: nachgesprochen, fortgepflanzt. Kaum einer fragt sich, was er da so gedankenlos als festen Redebestandteil übernimmt und weitergibt.

Hier hilft nur selber denken

Was ein Tagungsprogramm ist, weiß jeder. Der *Rahmen eines Tagungsprogramms* ergibt, wenn überhaupt, nur eine verschwommene Vorstellung, *Programm* legt ja schon den Ablauf der Tagung fest. Der *Gesamtrahmen des Tagungsprogramms* ist barer Unsinn, ist doch im *Rahmen (Bilder-, Stick-, Web-* und *Fensterrahmen)* sinngemäß das Einrahmen und Umrahmen bereits enthalten. *Rahmen*

Doch nicht darin, daß man Worte auf- und Sachverhalte übertreibt, liegt das Verhängnisvolle – so etwas kommt überall vor, wo man spricht oder schreibt. Bedenklicher bleibt, daß so viele Klischees nicht auf bestimmte Sprachbezirke beschränkt bleiben, sondern von uns allen bereitwillig benutzt werden. Wir merken gar nicht mehr, welch farbloses Zeug wir da aneinander hinschwätzen.

Wir sahen, daß die Sprache der Technik sich einen riesigen Fachwortschatz geschaffen hat; die Termini technici sind größtenteils Hauptwörter (vgl. Seite 38);

wir sahen, daß die Sprache der Verwaltung ohne Sammel- und Oberbegriffe nicht auskommen kann; diese Begriffe sind größtenteils Hauptwörter (vgl. Seite 174);

wir sahen, daß auf der Rednertribüne besonders gern – mitunter auch unbeabsichtigt – tönende, aber hohle Patentformulierungen geprägt und benutzt werden; diese Formulierungen bestehen vorwiegend aus Hauptwörtern –

wir müssen sehen, wie sich der Hang zur Begrifflichkeit, der sich im hauptwörtlichen Fach- und Klischee-Ausdruck kundtut, immer stärker auf Gemein- und Umgangssprache auswirkt.

Ein junges Paar will sich für Hochzeitsgeschenke und Gratulationen bedanken. Es läßt eine Danksagung in die Zeitung setzen, und darin steht zu lesen:

> „Unser Dank gilt allen Arbeitskollegen und Bekannten, insbesondere Herrn Pfarrer T. und dem hiesigen Gesangsverein ‚Nachtigall' für die liebevolle *Hilfeleistung bei der Durchführung unserer Eheschließung.*" *Durchführung*

Was tun, wenn es selbst im privaten Sprachbereich so bergab geht? Könnten wir doch all die vorgefertigten, bis zum Überdruß gehörten Redeteile einmotten oder auf eine ferne Insel verbannen! Schön wär's!

Euphemismus: gelenkte Sprache – manipulierte Sprache

Aber wir können etwas anderes: uns klarmachen, daß wir Sprache bewußter gebrauchen müssen als bisher und daß wir uns vor einer Kategorie vorgeprägter Redeweise besonders zu hüten haben, vor der gelenkten Sprache.

Preisangleichungen

Wo heute Preisangleichungen an die Kostensituation unvermeidbar geworden sind (statt daß Preise erhöht werden, weil die Kosten steigen);

Arbeitskräfte freisetzen

wo aus Rationalisierungsgründen Arbeitskräfte aus dem Produktionsprozeß ausgegliedert oder gar freigesetzt (statt entlassen) werden;

wo die Statistik plötzlich eine große Zahl an freien Arbeitskräften ausweist (statt an Arbeitslosen);

spontane Arbeitsniederlegungen

wo Zeitungen von spontanen Arbeitsniederlegungen berichten (statt von wilden Streiks);

Nullwachstum / Negativwachstum

wo Wirtschaftsexperten dem Bruttosozialprodukt zahlreicher Industriestaaten eine Entwicklung vom Null- zum Negativwachstum (statt vom Stillstand zur Schrumpfung) prophezeien;

Strukturhilfen handelspolitische Instrumente

überall, wo anstelle von Subventionen Strukturhilfen gewährt werden oder neue handelspolitische Instrumente zum Tragen kommen, die in deutlichem Deutsch Schutzzölle sind –

da wird mit Sprache manipuliert: ein freundlicher Ausdruck wird zur Verharmlosung eines unerfreulichen Tatbestandes benutzt.

Sprache bewußt aufnehmen und bewußt anwenden – wer das lernt, erreicht viel. Greifen wir uns in diesem Kapitel aus der Fülle der sprachlichen Möglichkeiten ein paar mit Vorliebe gebrauchte Wendungen, ein paar Modewörter heraus. Sehen wir uns ihre Geschichte an, fragen wir uns, wo dieses Wort zuerst auftauchte, was es ursprünglich bedeutete und welchen Sinn es heute enthält. Vielleicht, daß wir dabei hellhöriger und vorsichtiger werden, uns scheuen, ein Allerweltswort für Dinge zu verwenden, die sich mit einem minder gebräuchlichen Ausdruck treffender charakterisieren lassen. Vielleicht auch, daß wir dem Wort ein wenig von seinem Glanz zurückgewinnen, der ihm innegewohnt hatte, bevor es in den Vervielfältigungsapparat der heutigen Sprachmaschinerie geriet.

Frontbegradigung war im letzten Weltkrieg ein Synonym für ‚Rückzug‘, *vollschlank* ist noch heute ein freundliches Wort für ‚dick‘.

Kraft und -kräfte

Man sollte meinen, unser Chef schätze unsere *Arbeitskraft*, womöglich unsere *Urteilskraft* oder auch, wo wir körperlich etwas leisten müssen, unsere *Körperkraft*. Irrtum. Er schätzt an uns keinerlei Kräfte, sondern er schätzt uns selbst als Kräfte ein, und das ist etwas anderes. Wir treten eine neue Stellung nicht mehr als arbeitswillige Leute an, die einen Beruf erlernt haben, sondern als *Fachkräfte*: als Büro-, Schreib-, Zeichen-, Vorzimmer- oder *Entwurfskraft*, als *Spitzen-* oder *Verkaufskraft*, als *Lehr-* oder *Ersatzkraft*, als *Führungs-*, *Aufstiegs-* oder *Nachwuchskraft*. Geht eine Nachwuchskraft zur Post und dort zur Telefonauskunft, dann ist sie heute nicht mehr das „Fräulein vom Amt", sondern – auf daß sie ja nicht für einen

Kraft

sprechenden Computer gehalten werde – eine *menschliche Auskunftskraft*; so heißt das jetzt. Oder man stellt sie als pure *Kraft* ein, als Mädchen für alles. Früher verstand man unter *Vertrauenskraft* den Glauben, mit dem jemand in schweren Stunden auf bessere Zeiten vertraute – heute ist *Vertrauenskraft*, was vormals Wirtschafterin oder Dienstmädchen war. Der Weg vom *Dienstmädchen* zur *Vertrauenskraft* spiegelt ein Stück gesellschaftlicher Entwicklung wider.

Mädchen

Zu Beginn unseres Jahrhunderts standen jungen Mädchen wenige Berufe offen, viele Mädchen waren bis zur Heirat bei einer „Herrschaft" angestellt. *Dienstmädchen* war ursprünglich eine durchaus gebräuchliche Bezeichnung, welche die damals wenig angesehene Stellung kraß beim Namen nannte, aber niemand, nicht einmal das Dienstmädchen selbst, nahm Anstoß daran. Dabei drückt das Wort *Dienstmädchen* bereits eine Rangerhöhung aus. Wenige Jahrzehnte früher hatte man, im Süden zumal, noch von der *Magd* oder *Dienstmagd* gesprochen, ohne daß einer dies als Herabsetzung empfunden hätte. Als aber nach dem Ersten Weltkrieg immer mehr junge Mädchen auch außerhalb eines herrschaftlichen Haushalts ihr Brot verdienen konnten, setzte die Werbung um das bisher nicht sehr geachtete Dienstmädchen ein. Die Hausfrauen beschäftigten fortan nur noch *Mädchen* (sie unterschlugen also euphemistisch, beschönigend, die erste Hälfte des Wortes), dann boten sie Familienanschluß: sie suchten in den Stellenangeboten eine *Haustochter* oder *Tochter*. Das *Hausmädchen* selbst betrachtete sich als *Stütze*, beim Arbeitsamt wird sie als *Hausgehilfin* geführt. Je knapper die Arbeitskräfte werden, desto mehr wird das *Hausmädchen* umworben. Heute wird nach einer *Mitarbeiterin im Haushalt* oder nach einer *Vertrauenskraft zur Führung eines Zwei-Personen-Haushalts* inseriert. Immer verlockendere Umschreibungen, aber eben nur Umschreibungen; denn auch die Vertrauenskraft wird – wenn auch gegen bessere Entlohnung – genauso Fenster putzen müssen wie seinerzeit die Dienstmagd.

Euphemismus

Neuerdings werden in Anzeigen sogar *Damen* für die Raum- und Treppenhauspflege gesucht.

Vertrauen hin, Vertrauen her – zu denken gibt, daß vom ganzen Menschen nur noch die Kraft gewertet wird, von der sich der Arbeitgeber Leistung verspricht. Ob sich hinter der Zeichen- oder Lehrkraft Männlein oder Weiblein verbirgt, tut nichts zur Sache. Im organisierten Betriebsablauf zählt nur, was die Kraft kann und was die Kraft tut. – Kraft, eine Eigenschaft des Menschen, wird für den ganzen Menschen gesetzt. Als Teil fürs Ganze, als ‚pars pro toto', wie der lateinische Ausdruck lautet, ist *Kraft* zur Bezeichnung für das ins Betriebsgeschehen eingeplante Individuum geworden.

Kraft

Pars pro toto

Käsebewußtsein auf halbfetter Basis

Von außen wirken ständig Reize auf uns ein, auf die wir in irgendeiner Weise reagieren. Das machen wir meist unbewußt, wir denken nicht darüber nach. Schaltet sich aber zwischen den von außen kommenden Reiz und unsere Reaktion darauf das Bewußtsein ein, so kontrolliert es, wie wir uns verhalten. Bewußtsein ist eine Art Kontrollinstanz, eine geistige Fähigkeit. Wo Bewußtsein ist, sind Kritik und Urteilsvermögen nicht fern – sollte man meinen. Die Werbung ist drauf und dran, das Gegenteil nachzuweisen.

Bewußtsein

„Mehr *Milchbewußtsein*" wurde schon vor Jahren von den führenden Vertretern der Landwirtschaft gefordert. – Eine Kundenzeitschrift des Schuh-

> Es gibt nichts Lohnenderes, als der Schwachheit der Menschen durch ein schönes Wort zu Hilfe zu kommen. Verordne einem Patienten dreimal täglich Manulavanz, und er wird sich über alle erhaben fühlen, die sich bloß die Hände waschen.
> CHRISTIAN MORGENSTERN (1871–1914)

> Der Euphemismus kostet nichts, beruhigt das Gewissen und läßt Betroffenheit erkennen. Wer sein Problembewußtsein demonstriert hat, kann sich mit der Lösung Zeit lassen.
> KONRAD ADAM

macherhandwerks stellt befriedigt fest, daß die deutsche Frau von heute nicht nur mehr *Modebewußtsein* besitze, sondern vor allem *schuhbewußter* geworden sei. – Ein Hersteller von Herrenunterwäsche empfiehlt seine Ware als „*bewußt männlich* im internationalen Stil". (Oberster Grundsatz der Werbung: Ob die Behauptung sich beweisen läßt, ist Nebensache. Hauptsache, sie läßt sich nicht widerlegen. Und wer wollte sich schon unterfangen, die „bewußte Männlichkeit" von Herrenunterhosen anzuzweifeln?) – *Marktbewußtsein* heißt die Forderung an den Produzenten von heute, das heißt, ein Fabrikant muß eine ungefähre Vorstellung davon haben, was er an überflüssigen oder unnützen Dingen den armen Verbrauchern – lies: modernen Menschen – noch andrehen kann. – Im Sommer 1964 hielten zwei große Lebensmittelkonzerne die Zeit für gekommen, die Bundesbürgerin *tiefkühlbewußt* zu machen. 1973, in einer Zeit relativ niedriger Hähnchenpreise, sollten wir sogar *geflügelbewußt* werden. – 1978 verlangten die Linken uns mehr *Problem*- und die Grünen mehr *Umweltbewußtsein* ab: Wo es an Geld für Kläranlagen hapert, muß etwas zur Aktivierung des allgemeinen *Wasserbewußtseins* unternommen werden. – 1989 wurden Klagen aus dem Verteidigungsministerium laut, daß uns Deutschen das „*Bedrohungsbewußtsein* aus dem Osten" abhanden komme – gemeint war eher das Gefühl einer Bedrohung aus dem Osten oder in schlichtem Deutsch: die Angst vor den Russen. – Das neudeutsche *Käsebewußtsein* ließ sogar das Ausland aufhorchen. Eine Schweizer Zeitung druckte ab, was kurz zuvor ein deutsches Einzelhandelsblatt veröffentlicht hatte:

> „Zu einer überraschenden Prognose kam der Vertreter einer süddeutschen Käsefabrik vor Hamburger Hausfrauen: Nach schweren inneren Kämpfen um die Geschmacksrichtung hat sich die Hausfrau zu einem neuen, eindeutig deutschen Käsebewußtsein durchgerungen, das auf halbfetter Basis beruht."

Was geht hier vor? Solche Wortbildungen kommen ja nicht von ungefähr. Die Leute, die sie erfinden, verbinden eine Absicht damit, eine gefährliche, wie sich zeigen wird.

Stellen Sie sich vor, Sie machen einen kleinen Schwatz mit Ihrem Nachbarn und lassen im Laufe der Unterhaltung bewundernd einfließen, was für ein gescheiter Kerl er doch sei. Was meinen Sie, wie der sich fühlen wird! Je unauffälliger Sie dieses Kompliment anbringen, desto wohlwollender wird Ihnen der Gute in Zukunft gesinnt sein.

Nach dem gleichen Rezept macht die Werbung Frauen zu *schuh-*, *milch-*, *tiefkühl-*, *geflügel-* und *käsebewußten* Konsumentinnen. Wer wäre schon böse, wenn man ihm nachsagt, er verstehe es, sich bewußt zu verhalten? Viele Käuferinnen glauben inzwischen an das ihnen suggerierte *Schuhbewußtsein* und fühlen sich verpflichtet, flugs ein neues Paar zu kaufen, ein ganz besonders unbequemes mit 10 cm hohem Absatz und dünnen Riemchen an der Stelle, wo der Fuß den stärksten Halt braucht – kurz, ein Paar Schuhe, wie es das *Modebewußtsein* verlangt. Bewußtsein? Nein. Wo Bewußtsein ist, da ist Kritik, und wo Kritik ist, setzt man sich gegen Beeinflussungen eher zur Wehr, und das wäre den Werbeleuten höchst unangenehm.

Man sagt zwar, der geschickteste Verkäufer sei der, dem es gelingt, einem Bauern, der nur eine Kuh besitzt, zwei elektrische Melkmaschinen zu verkaufen und die Kuh als Anzahlung zu nehmen – doch fast scheint es, als ob die Werbung hier noch geschickter manipulierte. Sie greift sich den Begriff *Bewußtsein* heraus, weil es jedermann für etwas Gutes hält, unterhöhlt seine Bedeutung und kehrt sie ins Gegenteil: hinter dieser Art von Bewußtsein versteckt sich ein Anreiz zum Kauf.

Wer *sprachbewußt* ist, wird *Bewußtsein* nur als Ausdruck einer geistigen Haltung sehen. Niemand wird etwas einwenden gegen Begriffe wie *Schuldbewußtsein, Verantwortungsbewußtsein* oder gegen das *Preisbewußtsein*, das Verbraucherverbände und Bundeswirtschaftsministerium den Konsumentinnen bisher vergeblich zu suggerieren suchten, auch kaum gegen Zusammensetzungen wie *Standesbewußtsein* und *Selbstbewußtsein*, obwohl diese beiden letzten fragwürdige Werturteile enthalten. Aber ein Bewußtsein, das mit Käse kombiniert wird, verdient den Namen *Bewußtsein* nicht.

Unverantwortliches

In der Zeitung kann man lesen,

daß ein Richter die modernen Erziehungsmethoden in Schule und Elternhaus für das Anwachsen der Jugendkriminalität verantwortlich gemacht habe; *verantwortlich*

daß der geringere Auftragseingang in den Sommermonaten für die Entlassung von Arbeitern in einer Automobilfabrik verantwortlich zu machen sei;

daß der Arzt das Grippewetter für die Erkrankung des Ministers X verantwortlich mache.

Nicht selbst Verantwortung tragen zu müssen, sondern sie abwälzen zu können, ist bequem. Objekt solcher Transaktion sind hier aber nicht Personen, sondern Methoden und Ereignisse: die modernen Erziehungsmethoden, der geringere Auftragseingang und das Grippewetter – Dinge, denen Verantwortung auferlegt wird, die ihnen nicht ansteht. Verantwortlich kann nicht etwas für den Menschen sein, sondern immer nur der Mensch für etwas – auch wenn er sich noch so gern davor drückt.

Keine Scheu davor, „Verantwortung zu übernehmen", haben Gruppen, die ihre politischen Ziele durch Gewalt zu erreichen suchen und sich nach einem Terroranschlag ihrer Untat rühmen, indem sie sich zu ihr „bekennen". Was in solchen Menschen vorgeht, wird kein friedliebender Zeitgenosse jemals verstehen. Ebensowenig aber wird er für die Unbefangenheit Verständnis aufbringen, mit der Rundfunk- und Fernsehjournalisten, die ihre Anführungszeichen ja nicht mitsprechen können, Wörter und Wendungen der Terroristensprache in ihre Nachrichtensendungen übernehmen. *Verantwortung übernehmen* *bekennen*

„Könnten sich Presse, Rundfunk und Fernsehen denn nicht wenigstens einmal zu einer gemeinsamen Handlung, einem Akt des Anstands, der Vernunft und der sprachlichen Sauberkeit zugleich aufraffen und den fürchterlichen Ausdruck *Bekennerbrief*, wie er im Mordfall Beckurts/Goppler wieder überall geläufig war, ein für allemal verbannen?" fragte 1986 ein Schulamtsleiter in einem Leserbrief an seine Zeitung und fuhr fort: „Wenn *Bekennerbrief*

Menschen auf heimtückische und entsetzliche Art und Weise ermordet werden, so sind die unmenschlichen Attentäter doch keine *Bekenner*. Ein Bekenner hat ein Bekenntnis, eine Konfession, zu der er in Glaube und Tat offen steht. Auch die Folgen seines Bekenntnisses nimmt er auf sich. Denken wir nur an die mutigen Männer und Frauen, die im Dritten Reich wirklich Bekenner gewesen sind. Es ist eine Verleumdung und Entwürdigung aller wahren Bekennenden, wenn der für sie zutreffende Ausdruck auch auf hinterhältige Mörder angewendet wird."

Bezichtigungs-
schreiben
bezichtigen

Im selben Jahr sprach sich eine Vereinigung liberaler Kommunalpolitiker in einem Brief an den SPIEGEL gegen die unbedachte Verwendung der Begriffe *Bekennerbrief* und *Bekennerschreiben* aus; sie bat die Redaktion, im Zusammenhang mit Verbrechen statt ... *haben die Verantwortung übernommen* oder ... *haben sich bekannt* unmißverständlich zu schreiben: ... *haben ein Schuldgeständnis abgelegt*. Andere Nachrichtenredaktionen erhielten eine Kopie des Briefs. Genützt hat es nichts – damals nichts. 1990 aber tauchte in den Fernsehnachrichten ein neues Wort auf. Statt von einem *Bekennerbrief* war nun von einem *Bezichtigungsschreiben* die Rede und davon, daß sich eine bestimmte Gruppe eines Anschlags *bezichtigt* habe. Woraus ersichtlich ist, daß politisch motivierte Gewalttaten zwar andauerten, daß aber der Kampf gegen be-denkliche Wörter tatsächlich zu einem Umdenken führen kann.

„Götter, Gräber und Gelehrte"

Vor vielen Jahren brachte ein großer deutscher Verlag ein Buch heraus, betitelt *Götter, Gräber und Gelehrte*. Der Titel erwies sich als äußerst zugkräftig. Daraufhin probierte ein anderer Verlag die gleiche Masche: *Männer, Mächte, Monopole*. Dieser Titel zog genauso gut. Die Methode wurde Mode, auch bei Presse, Film und Funk. *Liebe, Lust und Leidenschaft – Trümmer, Tränen, Traurigkeit* usw. usw. *Mysten, Maurer und Mormonen* heißt eine Beschreibung der Geheimbünde, *Balken, Bakschisch und Basare* ein Reisebericht, *Masken, Mimen und Mimosen* eine Schilderung dessen, was sich hinter Theaterkulissen abspielt, *Pillen, Puls und Professoren* eine Sammlung von Medizineranekdoten. Den Buchtiteln folgten Zeitungsüberschriften: *Möbel, Moden und Modelle; Sonne, Sand und Segelboote; Schulen, Schüler und Scharmützel; Menschen, Motten, Moleküle; Penne, Pauker und Pennäler; Gammler, Girls und Geistliche*. Probieren Sie selbst, wie leicht sich so was texten läßt: „Kenner kaufen Knickebein" – „Männer mögen Mischgemüse". Haben Sie den Bogen raus? Dann dürfen Sie vierhebige Werbesprüche produzieren, solange Sie Lust haben. Niemand kann Sie wegen geistigen Diebstahls belangen, die Methode ist nicht neu.

Tetrameter

Der Rhythmus war schon bei den alten Griechen üblich. Es ist der trochäische Tetrameter (griechisch *Tetrameter* = Viermaß). Die Verszeile dieses Vierhebers besteht aus 4 tonstarken Stellen oder Hebungen und aus 4 oder 3 tonschwachen Stellen oder Senkungen. So sieht das Schema aus:

Männer – Mächte – Monopole   – = Hebung
                                            ∪ = Senkung

In der deutschen Literatur ist dieses Versmaß nicht ungebräuchlich. Johann Gottfried Herder (1744–1803) benutzte es zur Nachdichtung des spanischen Romanzenverses:

> Cid mit seinem schönen Antlitz,
> mit den hellen offnen Augen...

Aber noch eingängiger als der Rhythmus der erwähnten Titel ist ein anderes Merkmal: Wenn in der dritten Hebung nicht ein *und* steht, lauten die ersten drei Hebungen jeweils mit dem gleichen Konsonanten an. Auch das ist nicht eine Erfindung moderner Werbekunst, sondern eine Eigenart frühalthochdeutscher Dichtung. S t a b r e i m oder A l l i t e r a t i o n – so nennt man den Gleichklang der Anfangskonsonanten (vgl. Seite 169) – findet sich in Handschriften aus dem 8. bis 10. Jahrhundert, in Heldenepen und Zaubersprüchen. In einem der überlieferten Zaubersprüche beschwört der Germanengott Wotan die Heilung eines Rosses, das sich den Fuß verrenkt hat:

Alliteration

> *b*en zi *b*ena, *b*luot zi *b*luoda,
> *l*id ze ge*l*iden, sose ge*l*imida sin.
> (Bein zu Bein, Blut zu Blute,
> Glied zu Gliedern, als ob sie geleimet wären.)

Vom Ausgang des 9. Jahrhunderts an wurde der Stabreim vom Endreim verdrängt. Das war nicht Zufall, sondern Absicht. Der Endreim war die Form der kirchlich-lateinischen Hymnendichtung, und als Missionare diese Form der Dichtung im Zusammenhang mit der Christianisierung in Deutschland einführten, wollten sie mit ihrem Kampf gegen den germanischen Stabreim vor allem seine heidnischen Inhalte treffen.

Reste des alten Stabreims finden sich noch in Formeln wie *Haus und Hof, Wind und Wetter, Mann und Maus, Stock und Stein, Kind und Kegel* (*Kegel* = altes Wort für ‚uneheliches Kind') – aber das ist auch alles, die Kirche hat schon vor tausend Jahren gründliche Arbeit geleistet. Doch von seiner beschwörenden Kraft hat der Stabreim bis heute wenig eingebüßt, sonst würde ihn die Werbung nicht so strapazieren.

Kind und Kegel

„unverzichtbare Forderungen" und was dahintersteckt

Seit geraumer Zeit schon belieben unsere politischen Erleuchter auf „unverzichtbaren Grundsätzen" zu bestehen und ihre Forderungen als *unverzichtbar* zu deklarieren. Hat man grammatisch überhaupt das Recht, ein von einem Intransitiv abgeleitetes Adjektiv auf *-bar* zu bilden? Dann müßte man auch von „unschwimmbaren Gewässern" und „unschlafbaren Hotelbetten" sprechen dürfen.

unverzichtbar

-bar

Zunächst für alle, die nicht mehr genau wissen, was ein I n t r a n s i t i v ist: die Sorte Verb, mit der man die kürzesten Sätze bilden kann: *Ich friere. Du schläfst. frieren* und *schlafen* sind intransitive Verben oder nichtzielende Zeitwörter. Dagegen: *Er verschiebt...* Ja, wie weiter? Jetzt ist die Neugier geweckt, jetzt möchte man wissen, wen oder was er verschiebt: den Konfe-

Intransitiv
(siehe Seite 61)

renztermin?, eine Gerade um 3 mm nach rechts?, Devisen in die Schweiz? Zeitwörter, die wie *verschieben* eine Sinnergänzung im Akkusativ fordern, nennt man zielend oder t r a n s i t i v (von lateinisch *trans-ire* = ‚hinübergehen', hinüber auf ein Akkusativobjekt). Nur von transitiven Verben kann man mit dem Segen der Grammatik Adjektive auf *-bar* ableiten: *verschiebbar*.

Transitiv

verschiebbar

Forderungen kann man *annehmen, vertreten, durchsetzen, erfüllen, abweisen*. Also können Forderungen *annehmbar, vertretbar, durchsetzbar, erfüllbar, abweisbar* sein. Verzichtbar aber kann eine Forderung nicht gut sein, weil man Forderungen nicht verzichten, sondern nur *auf* sie verzichten kann; *verzichten* ist intransitiv. Gemessen am gewohnten Wortbildungsmuster ist *unverzichtbar* unverzeihbar.

Doch wer weiß, was uns in dieser Hinsicht noch blüht! Die „unschwimmbaren Gewässer" sind gar nicht so weit hergeholt. Als die ersten Bohrinseln in der Nordsee montiert wurden, hielt man sie für *unsinkbar*. Inzwischen weiß man, daß die Inseln mit ihren dünnen Beinen weder „unkenterbar" noch „unsinkbar" waren, und man weiß auch, so man Dudens „Hauptschwierigkeiten" von 1965 kennt: „Bildungen wie *unsinkbar, unverzichtbar* sind falsch." Trotzdem steht im Rechtschreibduden seit 1973 *unverzichtbar*, gleich unter *unverzeihlich*.

unsinkbar

Nun kann man je nach Temperament schimpfen oder resignieren. Man kann sich aber auch klarmachen, daß einem Atypisches nur auffällt, solange es neu ist. Am „unversiegbaren Quell reiner Freude" stören allenfalls Kitsch und Klischee – kaum der Umstand, daß *versiegen* ein Intransitivum und *unversiegbar* genauso falsch wie *unverzichtbar* ist.

unversiegbar

unverzichtbar

Entscheidender als die Frage, ob eine atypische Sprachform grammatisch Rechtens ist, ist die Frage nach dem Warum. Warum ist gerade für Politiker *unverzichtbar* quasi unverzichtbar geworden? Weil es kurz ist und ein entsprechendes Adjektiv fehlt? In korrektem Deutsch brauchte man einen N e b e n s a t z dafür. „Unsere unverzichtbaren Forderungen" sind eigentlich

Nebensatz

   Forderungen, auf die wir nicht verzichten ...

Wie weiter?

   ... nicht verzichten können / wollen / dürfen / sollen / werden?

Aus dem vielseitig auslegbaren *unverzichtbar* kann jeder heraushören, was er will.

Vielleicht rührt das Unbehagen, das uns das Wort *unverzichtbar* bereitet, gar nicht so sehr von seiner nicht rechtmäßigen Machart her. Vielleicht rührt es daher, daß diese Verschleierungsvokabel den Unterschied zwischen *können* und *wollen* verdeckt.

Dumme Sprüche

Jeder, der im Büro Briefe diktiert, ist mehr oder weniger unterbezahlt. Eine seiner bemerkenswertesten Fähigkeiten wird einfach nicht honoriert: seine Zweisprachigkeit. Er spricht Bürohdeutsch („Was, schon wieder ein Wisch von dem dicken Müller? Ich glaub', mein Goldzahn humpelt! Wie der sich wegen der paar Kratzer anstellt, da steigen mir ja die Tränen unter den Schädel") und diktiert Büfeindeutsch („Sehr geehrter Herr Müller, seien Sie bitte versichert, daß Ihre Angelegenheit schnellstens einer Prüfung unterzogen und unverzüglich bereinigt wird"). So ist das nun mit der Zweisprachigkeit in unsern Büros: Der Diktator sitzt am Schreibtisch, verlangt von seinen Mitarbeitern Pünktlichkeit und Präzision, und hinter ihm an der Wand prangt einer dieser dummen Sprüche: *Mit Arbeit versaut man sich den ganzen Tag* oder *Keine Sache ist so eilig, als daß sie durch Liegenlassen nicht noch eiliger werden könnte* oder *In jeder Firma gibt's ein paar Kollegen, die das Betriebsklima verderben: sie setzen sich einfach hin und arbeiten* oder *Ordnung ist das halbe Leben, aber eben nur das halbe* oder *Wer Ordnung hält, ist nur zu faul zum Suchen* oder *Was du heute kannst besorgen, verschieb getrost auf übermorgen* oder *Gott schuf die Zeit, von Eile hat er nichts gesagt.*

Redensarten

Viele von uns haben einen Hang zur Sprachspielerei: sie verdrehen Worte, reißen Witze, kalauern gern. Anderen fehlt jedes Verständnis für die Lust am Sprücheklopfen – besonders dann, wenn die Sprüche schon so abgeleiert sind wie die meisten Wandsprüche in den Büros. Diese anderen sind in der Überzahl. Durch Überlastung vergrätzte Mitarbeiter haben überhaupt keinen Sinn für sprachliche Zweigleisigkeiten, sehr junge Menschen noch kein Verständnis für Ironie. Was also tun? Daran denken, daß sattsam bekannte Wandwitzeleien auch nur Stereotype, Klischees sind, und – sich was Neues einfallen lassen.

„Wer Humor hat, der hat beinahe schon Genie. Wer nur Witz hat, der hat meistens nicht mal den."
ARTHUR SCHNITZLER
(1862–1931)

Raum- und Sprachpflege

Möbel werden heute nicht mehr abgestaubt oder poliert, sondern gepflegt. Die Pflege besorgt nicht mehr eine *Reinemache-* oder *Aufwartefrau* wie seinerzeit in Berlin, nicht mehr eine *Putzfrau* wie früher in Stuttgart, nicht mehr eine *Zuspringerin* wie damals in Nürnberg, nicht mehr eine *Spetterin* wie einst in Zürich, auch keine *Bedienerin* mehr wie vordem in Wien – sondern im ganzen deutschen Sprachgebiet die hochangesehene und noch höher bezahlte *Raumpflegerin*.

Raumpflege

Manchmal denke ich, man sollte die *Sprachpflege* an den Nagel hängen und lieber in die *Raumpflege* „einsteigen", da sähe man wenigstens, was man täglich an Staub wegwischt. Geschrieben habe ich das aber nur, um schnell noch ein paar Sprachklischees anzubringen, vor allem, um Ihnen ein fragwürdiges Wort vorzustellen, ein Wort, das unter Sprachlern gang und gäbe ist: *Sprachpflege*. Als ob unsere Sprache vor lauter Altersschwäche an Krücken ginge oder täglich mit Terpentin und Bohnerwachs „gereinigt" werden müßte!

Sprachpflege

Ein Armenpfleger pflegt die Armen, ein Krankenpfleger die Kranken, ein Gemeindepfleger die Gemeinde, ein Brauchtumspfleger das Brauchtum, ein Wagenpfleger die Wagen – ein Sprachpfleger die Sprache? Hoffentlich halten Sie mich nicht auch für so einen. Lassen Sie uns nicht die, sondern der Sprache pflegen, das heißt die Sprache gebrauchen, so gut und so kritisch wie möglich. Sprachpflege wird zu oft als Selbstzweck betrieben, als Dienst an der Sprache. Nein, nicht wir wollen der Sprache dienen, sondern wir wollen sie uns dienstbar machen, dienstbar zum Zwecke der Verständigung, die Voraussetzung für gegenseitiges Verstehen ist. Nützlicher und sinnvoller als Sprachpflege scheint Sprachkritik zu sein, vor allem da, wo sie zur Zeitkritik wird.

> Ich beherrsche die deutsche Sprache, aber sie gehorcht nicht immer.
> ALFRED POLGAR (1873–1955)

Person und Persönlichkeit

Person

Persönlichkeit

Jeder Mensch ist eine *Person*, unabhängig davon, wie alt er ist, wie groß er ist und welchen Beruf er ausübt. Nur wenige sind *Persönlichkeiten*. Eine *Persönlichkeit* ist ein Mensch, der sich durch Reife, Charakter und Produktivität auszeichnet. Das Menschlein in der Wiege ist eine *Person*, es ist noch keine *Persönlichkeit*.

Sonate
Konsonant
sonor

Vermutlich liegt die sprachliche Wurzel beider Wörter in dem lateinischen Verbum *personare*: *per* heißt ‚hindurch‘ und *sonare* heißt ‚tönen‘. Derselbe Wortstamm steckt in den Fremdwörtern *Sonate* (ein Musikstück), *Konsonant* (Mitlaut) und *sonor* (klangvoll). Was ‚hindurchtönen‘ mit dem Wort *Person* zu tun hat? Sehr viel. Dazu muß man wissen, daß mit diesem Zeitwort das Deklamieren der Schauspieler im antiken Theater bezeichnet wurde. Der Schauspieler trug damals eine Maske, in der sich eine Öffnung für den Mund befand. Durch diese Öffnung tönte die Stimme des Schauspielers hindurch. Aus dem Zeitwort *personare* wurde der Name für die Maske abgeleitet. ‚Maske‘ heißt im Lateinischen *persona*. Und später? Später kam das Wort *Person* als Fremdwort zu uns über die Alpen, und das hiervon abgeleitete Wort *Persönlichkeit* wurde zum Begriff für die schwerste Rolle, die ein Mensch übernehmen kann.

Das ist heute nicht mehr so. Der Begriff *Persönlichkeit* wird auf Hinz und Kunz angewandt und damit entwertet. Ein Blick in die Wochenendausgabe unserer Tageszeitungen bestätigt es. Auf einer einzigen Anzeigenseite werden manchmal fünf Persönlichkeiten gesucht. „Wir suchen eine Persönlichkeit, die in der Lage ist..." oder „Persönlichkeit in Vertrauensstellung gesucht", so ähnlich geht es weiter. In den meisten Fällen dürften diese Stellungen mit einem tüchtigen Buchhalter oder einem erfahrenen Konstrukteur besser besetzt sein als mit einer wirklichen Persönlichkeit; denn eine Persönlichkeit denkt und handelt selbständig. Welcher Chef hätte das gern?

> In Goethes „West-östlichem Divan" (1815) liest man es noch anders: „Höchstes Glück der Erdenkinder sei nur die Persönlichkeit."

Manche Inserenten scheuen sich nicht einmal, nach einer „*Nachwuchspersönlichkeit* bis zu 25 Jahren" zu suchen. Mit fünfundzwanzig kann noch keiner eine Persönlichkeit sein, und wenn er sich für noch so gescheit, talentiert und charaktervoll hält. Kein Wunder, wenn dem Betreffenden dann die „Nachwuchspersönlichkeit" zu Kopf steigt und er in seiner Heiratsanzeige von sich behauptet: „...besitze hohe *Persönlichkeitswerte*." Diesen Mann, liebe Leserin, nehmen Sie nicht! Wer von sich behauptet, er besitze Persönlichkeitswerte, beweist, daß sie ihm fehlen.

Lassen Sie uns etwas mehr Achtung vor dem Wort *Persönlichkeit* haben. Es wäre schade, wenn der Begriff in Zukunft mit ‚Sachbearbeiter' oder ‚Abteilungsleiter' gleichzusetzen wäre. Das würde bedeuten, daß die abgewirtschaftete Persönlichkeit sich in die *„Eigenpersönlichkeit"* flüchten müßte. Ansätze zu diesem Fluchtversuch sind leider schon vorhanden.

Gestaltung und Gestalter

Auch *Gestaltung* ist ein Wort, vor dem wir die Ehrfurcht verloren haben. *Gestaltung* geht auf *Gestalt* und *gestalten* zurück; diesen beiden Wörtern wiederum liegt ein altes Partizip *gestalt* zugrunde, unser heutiges *gestellt*, aber in der Bedeutung ‚geformt', ‚gebildet'.

Gestaltung
Gestalt

Früher *gestaltete* nur die Natur, indem sie dem Menschen eine schöne *Gestalt* verlieh oder ihn *ungestalt* (häßlich) machte. Ihr nach tat es der formende, bildende Künstler. Heute gestalten auch Tapezierer, Dekorateure und Möbelhändler. Sie statten nicht mehr ein Zimmer aus mit allem, was behaglich und wohnlich macht, sondern sie *gestalten* und nennen sich *Raumgestalter*. ‚Raumausstatter' klänge bescheidener.

gestalten
ungestalt

Raumgestalter

An das Wort *Schaufenstergestaltung* haben wir uns bereits gewöhnt, wenn auch der Franzl vom Feinkostgeschäft Hübner, der das Schaufenster neu dekoriert und Rollschinken, Ananas, Räucheraal und Flaschenwein geschickt anordnet oder aufbaut, beileibe noch nichts gestaltet.

Formgestalter hatten wir auch schon. So nannten sich eine Zeitlang die „Hüllenmacher der Industrie", wie Professor Wilhelm Wagenfeld (1900–1989) sie treffend charakterisierte. Vordem hatten sie als Zeichner, Mustermacher, Entwerfer und Konstrukteure gearbeitet. Dann aber merkten sie eines Tages, daß *Formgestalter* eine Tautologie ist, *Form* ist ja bereits *Gestalt*. Also änderten sie ihre Berufsbezeichnung in *Formgeber*.

Formgestalter

Tautologie
Formgeber

In der Erkenntnis, daß Häßlichkeit sich schlecht verkauft, gingen immer mehr Industriebetriebe dazu über, sich von einem Formgeber beraten zu lassen. Wer noch keinen engagiert hatte, setzte alsbald ein Inserat in die Zeitung – und erhielt zu seinem Erstaunen Zuschriften von Drehern und Fräsern. Wie es zu diesem Mißverständnis kam? In der Technik war es früher üblich, von spanloser und spanabhebender *Verformung* zu sprechen. *Verformung* ist aber zweideutig, der Laie wird zuerst an eine unbeabsichtigte Beschädigung eines Gegenstandes durch Schlag oder Stoß denken, an eine Delle. Um dem vorzubeugen, sprechen Techniker seit einiger Zeit von spanloser und spanabhebender *Formgebung*. Warum sollten sich also Dreher und Fräser nicht als Formgeber angesprochen fühlen?

Also wieder einmal höchste Zeit für die ehemaligen Mustermacher und Entwerfer, sich nach einem neuen Namen umzusehen. Diesmal verfielen sie auf *Designer*, übernahmen also die in den USA für diesen Berufsstand übliche und international verständliche Bezeichnung. Wer trotzdem den Verdacht haben sollte, im Namen *Designer*, der inzwischen auch in der Modebranche Mode ist, schwinge ein gewisser Snobappeal mit, der sei nur daran erinnert, daß sich der Drang nach Höherem auch bei andern Berufen

Designer

Gebäudereiniger
Raumpflegerin
Heimwerker
Chemikant
Zeitmeßtechniker
Florist
Hair-Stylist

findet. Aus Fensterputzern sind *Gebäudereiniger* geworden, aus Putzfrauen *Raumpflegerinnen*, aus Bastlern *Heimwerker*, aus Chemiefacharbeitern *Chemikanten*, aus Uhrmachern *Zeitmeßtechniker*; Blumenhändler sind zu *Floristen* avanciert und Friseure zu *Hair-Stylisten*. So hochgestochen ist übrigens das Wort *Designer* nicht. Ursprünglich bedeutete es ‚Ränkeschmied', aber das ist wohl den wenigsten Designern bekannt.

Die Last mit den Trägern

-träger

Wüßte man nicht, daß Atlas, der das Himmelsgewölbe auf den Schultern trägt, Grieche ist, könnte man ihn für einen typischen Deutschen halten: Kein anderes Volk trägt so viel und so schwer wie wir. Unter uns gibt es nicht bloß *Lastenträger*, *Krankenträger* oder *Briefträger*, sondern auch *Aus-*, *Zu-* und *Zwischenträger* sowie *Wasserträger* (Leute, die auf beiden Schultern tragen), auch *Fahnen-*, *Brillen-*, *Zopf-* und *Uniformträger*. *Hosenträger* haben in den seltensten Fällen zwei Beine, meist sollen sie nur ein Herunterrutschen verhindern. *Spaghettiträger* tragen keine Nudeln, sondern Seidenhemdchen oder Baumwolltops. *Flugzeugträger* tragen Flugzeuge, *Brückenträger* Brücken und *Bazillenträger* Bazillen; aber ein *Sympathieträger* trägt keine Sympathie; bestenfalls trägt sie ihn. Wer sich unter einem *fossilen Energieträger* einen Kohlenmann mit einem Zentner Briketts auf dem Buckel vorstellt, liegt falsch: *Energieträger* tragen sowenig Energie wie *Tonträger* Töne oder *Schulträger* Schulen; fossile Energieträger fielen früher als Öl, Gas, Kohle unter ‚Rohstoffe' oder ‚Bodenschätze'; Tonträger sind in deutlichem Deutsch Schallplatten oder Tonbänder und Schulträger der Staat, die Gemeinde oder eine andere Trägerschaft, die für die Errichtung und Erhaltung von Schulen zuständig ist. Welch schwere Bürde die Würde ist, zeigt der Name *Würdenträger*. Sogar eine hohe Auszeichnung wird im Deutschen als Last empfunden: Während Schweden den Nobelpreis nehmen, Engländer und Amerikaner ihn gewinnen *(Nobel prize winner)*, Franzosen sich als durch ihn gekrönt betrachten *(lauréat du prix Nobel)*, schleppt der deutsche *Nobelpreisträger* ihn für den Rest des Lebens mit sich herum. Der *Entscheidungsträger* trägt Entscheidungen, die er nicht gefällt hat. Dem *Leistungsträger* werden Leistungen zugerechnet, ob er sie nun erbringt oder nicht. Der *Geheimnisträger* ist nie einer gewesen, wie im Entdeckungsfall regelmäßig beteuert wird. Dem *Hoffnungsträger*, dieser von der Politik erfundenen Lichtgestalt, muß irgendein Spaßvogel den *Bedenkenträger* entgegengesetzt haben. Heute hört kaum mehr einer den Spott; *Bedenkenträger* ist zum bierernsten Schmähwort ewig zuversichtlicher Politiker geworden.

Nobelpreisträger

Hoffnungsträger

Bedenkenträger

Nichts gegen Neubildungen, sie dokumentieren den Reichtum der Sprache. Schade ist nur, wenn ein umständliches, fünfsilbiges Wort wie *Bedenkenträger* vergessen läßt, daß es ein solches Wesen schon immer gab; es hieß kürzer und anschaulicher *Schwarzmaler*.

Anhängselkultur

Kultur
kultivieren

Obst-, *Rosen-* oder *Pilzkulturen* erinnern uns an die ursprüngliche Bedeutung des Wortes *Kultur*: Für die Römer war *cultura* einst der Ackerbau; das *kultivierte* Land war das von Menschen bearbeitete, seinem anarchischen

Zustand entrissene Land. Wer außerhalb des kultivierten Landes lebte, galt den Römern als *barbarus*, als ungesitteter Rohling, als *Kulturbarbar*. Gemessen an früheren Lebensformen war der Übergang zur Bodenbewirtschaftung bereits ein Zustand verfeinerter Lebensart. Kein Wunder also, daß lat. *cultura* neben ‚Ackerbau' früh die Bedeutung ‚Pflege von Körper und Geist' annahm. Heute bringen wir den Begriff *Kultur* in enge Beziehung zu geistigen und künstlerischen Leistungen, auch zu gesittetem Verhalten; die Bedeutungskomponente ‚Körperpflege' ist seit langem aus unserem Bewußtsein verschwunden. Ich weiß noch, wie entgeistert ich war, als ich in fernen Kindertagen vor der ersten Fahrt ins Sommerlager lernen mußte, daß die reißverschlossene Plastiktasche für Zahnbürste und Waschlappen *Kulturbeutel* heißt. In der DDR hielt sich zwar die *Körperkultur* als DDR-eigenes Synonym für ‚Leibesübungen' – die Deutsche Hochschule für Körperkultur in Leipzig war das Gegenstück zur Deutschen Sporthochschule in Köln –, sonst aber ging es auch in der DDR, wenn das Wort *Kultur* fiel, um Höheres als um die 2,30-Meter-Marke beim Hochsprung. Als DDR-Intellektuelle im Frühjahr 1990 für eine „*Kulturpflicht* des Staates" auf die Straße gingen, demonstrierten sie für eine staatliche Förderung von Künstlern und Literaten; Turnlehrer und Bodybuilder zählten nie zu den *Kulturschaffenden*.

Barbar

Körperkultur

Kultur also ein anspruchsvolles Wort? Das ist vorbei. Heute hat jedes Interessengrüppchen seine Sonderkultur.

Die *Wohnkultur* ist eine Erfindung der Einrichtungshäuser. Von *Tischkultur* sprechen mit Vorliebe Porzellan- und Silberwarenfabrikanten. Die *Sitzkultur* haben Polstermöbelhersteller auf dem Gewissen. Tabakwarenhersteller beklagen den Niedergang der *Rauchkultur*. In der Werbung eines Stuttgarter Büroeinrichters ist mir 1990 erstmals die *Bürokultur* begegnet. Doch nicht nur die Werbung spannt die *Kultur* vor ihren Karren. Politiker liegen sich mit ihrer Forderung nach *politischer Kultur* oder *Streitkultur* in den Haaren; *Streitkultur* bedeutet im Grunde nur, daß man seinem Gegner nicht auch noch das Hemd vom Leib reißen soll. – Der letzte *Kulturminister* der DDR – heute heißen solche Leute auch in den fünf neuen Bundesländern wieder *Kultusminister* – hatte bei seinem Amtsantritt versprochen, sich besonders für die *Alltagskultur* einzusetzen. Wieweit er sein Versprechen hielt, ließ sich nie feststellen; das Schwammwort *Alltagskultur* ist undefinierbar. Der Ministerpräsident von Baden-Württemberg forderte 1989 seine Landsleute nicht auf, der wirtschaftlich darniederliegenden DDR zu helfen; er erfand vielmehr die *Kultur des Helfens*, statt schlicht an die Hilfsbereitschaft zu appellieren. Wer jetzt aber meint, daß wenigstens diejenigen, die in der Sprache zu Hause sind, mehr Kultur beweisen, indem sie weniger von Kultur reden, täuscht sich. Linguisten veranstalten Tagungen über *Sprachkultur*; die Zeitschrift ‚texten + schreiben' prophezeite in ihrer Ausgabe 3/89 eine Wiederkehr der *Schreibkultur*. Da sei Sankt Nimmerlein vor! Denn wo einer beim Schreiben „um eine kultivierte Ausdrucksweise bemüht" ist, kommen Frische und Unmittelbarkeit zu kurz.

-kultur

Streitkultur

Aus der ZEIT vom 4. November 1990: Wo in diesen Tagen von deutsch-deutscher Kulturpolitik die Rede ist, fallen Wörter wie *Chance, Freiheit* oder *Glück* nie. Das häufigste Wort lautet *Bach*, und gemeint ist nicht Johann Sebastian, sondern der rauschende: „Wenn jetzt nicht alles den Bach runtergehen soll..." Das offizielle Wort dafür heißt *Abwicklung*.
DIETER E. ZIMMER

Zusammengefaßt: Früher hatte *Kultur* einen gewissen Nimbus. Heute wird das Wort *Kultur* an die banalsten Dinge gehängt: *Eßkultur, Verkaufskultur, Sprechblasenkultur*. Dadurch ist eine Verflachung, sogar eine Sinnentleerung eingetreten. *-kultur* ist heute kaum noch positiv besetzt.

Worte und Werte

Merkwürdig, wie sich bei manchen Wörtern ein sprachgeschichtlicher Vorgang der Entwertung wiederholt. Fahren wir fort, *-gestalter, -persönlichkeit* und *-kultur* wahllos an jedes x-beliebige Substantiv zu hängen, so werden sie bald zu bloßen Nachsilben, die keine selbständige Bedeutung mehr haben – etwa wie die Nachsilbe *-schaft* in *Eigenschaft, Erbschaft, Genossenschaft*. Was sagt uns dieses *-schaft*? Nur, daß sein Hauptwort weiblichen Geschlechts ist, weiter nichts. Früher war das anders. Zur Zeit der Minnesänger war *schaft* ein selbständiges Wort, es bedeutete ‚Bildung‘, ‚Beschaffenheit‘, ‚Eigenschaft‘ und vor allem ‚Gestalt‘. Die Engländer haben das dem mittelhochdeutschen *schaft* entsprechende Wort *shape* besser bewahrt; im Englischen ist heute noch *shape* (Gestalt) ein selbständiges Substantiv.

Wenn wir mit den anspruchsvollen Wörtern weiterhin so freigebig umgehen – welcher Ausdruck bleibt uns dann noch, das Werk eines großen Künstlers angemessen zu bezeichnen? Wir müssen uns darüber klarwerden, wie sehr wir die großen Worte entwerten, wenn wir sie bei allen möglichen geringfügigen Anlässen gebrauchen. Eines Tages werden uns die Worte für die hohen Werte fehlen.

-schaft

Wenn sich die eigentümlichen Wörter verlieren, so verschwinden allgemach die Begriffe.
IMMANUEL KANT
(1724–1804)

Von den Müttern zum Signal-I in der EselInnenbrücke

Mit der oft zitierten Redewendung von den *Vätern des Grundgesetzes* fing in den 70er Jahren alles an. „Am Grundgesetz haben auch kluge und tüchtige Frauen mitgewirkt – wo bleiben die?" empörten sich damals Feministinnen und forderten, daß nur noch von den *Müttern und Vätern des Grundgesetzes* gesprochen werde oder von den *Gründungseltern*. Ob den Politikerinnen der ersten Stunde wirklich daran gelegen war, als Verfassungsmütter in die Geschichte einzugehen? Aber eines stimmt schon: Oberflächlich betrachtet, ist das Deutsche eine Männersprache. 99 Leserinnen und 1 Leser sind nach deutschem Usus *100 Leser*. Natürlich sind die nur ihrer grammatischen Form nach männlich. In Wirklichkeit schließen Plurale wie *Leser, Teilnehmer, Antragsteller* die Leserinnen, Teilnehmerinnen und Antragstellerinnen nicht aus.

Die bloße Behauptung, daß das männliche grammatische Geschlecht Frauen nicht einschließe, reicht eventuell aus, die Wahrheit der Behauptung zu bewirken.
WALTER DIECKMANN

Feministinnen sehen das anders. Seit Ende der 70er Jahre sind sie nicht mehr bereit, in der Masse der Maskulina zu verschwinden; sie wollen nicht länger zu den Studenten, Bürgern und Rechtsanwälten gehören – sie wollen *Studentinnen, Bürgerinnen* und *Rechtsanwältinnen* sein. Das durchzusetzen ist ihnen gelungen.

Berufsbezeichnungen, weibliche

Ingenieur / Ingenieurin
Wirtschaftskaufmann / -kauffrau

Weibliche Berufsbezeichnungen sind heute auch in Bereichen üblich, die früher männliche Domäne waren. Das läßt sich an einem Zeitzeugnis belegen. Von den 144 Abgeordneten der DDR-Volkskammer, die im Oktober 1990 dem Deutschen Bundestag beitraten, waren 35 Frauen. 29 gaben ihren Beruf in der weiblichen Form an; es waren zumeist *Ärztinnen* und *Lehrerinnen*, doch gab es unter ihnen neben anderen auch *Ingenieurinnen, Ökonominnen*, eine *Philosophin* und eine *Wirtschaftskauffrau*. Eine Abgeordnete versteckte sich hinter der geschlechtsneutralen Abkürzung *Dipl.-Ing.* Nur fünf Frauen wählten die männliche Form: *Ingenieur-Ökonom, Agrarökonom* (der *Ökonom* war in der DDR nicht Landwirt, sondern Wirtschaftswissenschaftler), *Japanologe, Gesellschaftswissenschaftler, Wirtschaftskaufmann.*

Ökonom / Ökonomin

Wenn sich beispielsweise Dörte M. *Ingenieurökonomin* nannte, Heidrun D. aber *Ingenieurökonom*, so zeugt das im zweiten Fall von einer gewissen Scheu vor dem verweiblichenden Anhängsel *-in*. Das ist einerseits verständlich, denn im Beruf zählt die Leistung und nicht, ob sie von einem Mann oder einer Frau erbracht worden ist. Anderseits ist die Scheu vor dem Suffix *-in* unbegründet, wird es doch seit Jahrhunderten zur Kennzeichnung weiblicher Wesen genutzt, auch in Wörtern, in denen es uns Leuten von heute befremdlich klingt:

Suffix -in

Nehmen Sie ein Wort wie *Gästin*, das es als *gestinne* schon im Mittelalter gab. Luther (1483–1546) kannte die *Blindin*, Lessing (1729–1781) die *Bekanntin*, Jean Paul (1765–1825) die *Flüchtlingin*, und Hölderlin (1770–1843) nannte Diotima eine *Fremdlingin* unter den Knospen des Mais. Für den Dichter und Übersetzer Johann Heinrich Voß (1751–1826) war die Rose die *Lieblingin* der Flora, und Rainer Maria Rilke klagte in den Sehnsuchtsversen von 1909: „... diese weichen / Nächte halten mich wie ihresgleichen / und ich liege ohne Lieblingin."

Gast / Gästin

Von der Poesie zurück zur Prosa. Nichts gegen das Anhängsel *-in* an Berufsbezeichnungen, die verdeutlichen sollen, daß eine Frau „ihren Mann steht". *Obmännin, Ratsherrin, Ministerin, Pastorin*, sogar *Bischöfin* – das alles klang noch vor ein paar Jahren sonderbar und klingt heute ganz normal. Eben darum nichts gegen ein einzelnes *-in*, aber alles gegen den Furor der Feministinnen, die bei jeder, aber auch jeder Gelegenheit mitgenannt werden wollen – eine Forderung, der die Öffentlichkeit, soweit sie aus Politikern und Firmenchefs besteht, kniefällig und kritiklos nachgibt. Daß die Sprache dadurch an Leichtigkeit und Lesbarkeit verliert, stört offenbar so gut wie keinen.

Rundfunkanstalten wenden sich nicht mehr an *Hörer*, sondern an *Hörer und Hörerinnen*, Messeleitungen werben um *Besucher(innen)*, Personalchefs suchen aus der großen Zahl der *Bewerber/innen* die *Kandidat/innen* für ein Vorstellungsgespräch aus. Und wehe der Redaktion, die es wagt, von Zeit zu Zeit den verehrten *Leser* direkt anzusprechen! Sofort hagelt es Proteste: „Wo, bitte, bleibt die Leserin?" Eine emanzipierte Leserin schreibt auch keinen *Leserbrief* mehr; sie verlangt, daß ihre Zuschrift an die Zeitung *Leser(in)brief* genannt werde. (Duden 8 verzeichnet den *Leserinbrief* übrigens schon seit 1986 – was kann der arme Brief dafür, daß er von einer Frau geschrieben worden ist!) Bei der Gelegenheit: Wußten Sie, daß eine moderne, selbstbewußte Frau heute ohne *Führerschein* fährt? Im Handschuhfach hat sie selbstverständlich den *Führerinnenschein*. Am schlimmsten treiben es die feministischen Linguistinnen. Eine kenne ich, die nennt dicke Bücher *Wälzerinnen* und schreibt ihre Texte auf einer *Compute*. Den gleichen „revolutionären" Geist bewies 1990 die Frauenbeauftragte des VW-Werks in Wolfsburg. Wer sie nach Büroschluß anrief, bekam vom Tonband zu hören: „Hier spricht die automatische *Anrufbeantworterin*..."

Leserbrief / Leserinbrief

Führerschein / Führerinnenschein

man / frau

Andere Frauen setzen hinter jedes *man* einen Schrägstrich und dahinter ein klein geschriebenes *frau* – als ob der Leser beim unbestimmten Pronomen ausgerechnet den „kleinen Unterschied" vorm geistigen Auge hätte! Kein Wunder, daß so mancher diese Allüre verspottet, indem er sie auf die Spitze treibt und der *Emanzipation* die „Efrauzipation", der *Erziehung* die „Siezichung", dem *Schwarzen Peter* die „Schwarze Petra", dem *Armleuchter* die „Armleuchterin" und dem *Piesepampel* die „Piesepampeline" folgen läßt.

> Jede Tugend erzwingt ihre eigene Heuchelei. Seit Gleichberechtigung soziale Tugend geworden ist, werden *Sekretär/innen* ausgeschrieben, obwohl jeder weiß, daß sich nur Mädchen melden.
> JOHANNES GROSS

Nicht wenig Schuld an den Klammerformen wie *Bewerber(innen)* oder an der Schrägstrichelei wie *Bewerber/innen* hat eine 1980 vom Deutschen Bundestag erlassene Vorschrift, derzufolge Stellenangebote geschlechtsneutral auszuschreiben sind. Das führte zu Formulierungen wie:

> Gesucht wird ein/e examinierter/examinierte Krankenpfleger/-schwester, der/die in der Lage ist, ein Haus mit 40 Patient(inn)en zu betreuen.
> Wir wünschen uns einen/eine evangelischen/-e Bewerber/in, der/die ...

Was beim konsequenten Durchstylen eines solchen beiden Seiten gerecht werden wollenden Anzeigentextes der Sprache angetan wird, geht auf keine Kuhhaut. So etwas ist weder les- noch sprechbar. Kein Wunder, daß findige Köpfe auf einen abkürzenden Ausweg verfielen.

Signal-I
TherapeutInnen

AutorInnenteam

Aufmerksam darauf wurde ich, als ich in den 80er Jahren erstmals in einer Schweizer Zeitschrift auf *TherapeutInnen* stieß. Zunächst hielt ich das große *I* für einen Druckfehler. Ein paar Zeilen später glaubte ich meinen Augen nicht mehr zu trauen, stand doch da tatsächlich das sonderbare Wort *AutorInnenteam*. Daraufhin suchte ich nach dem Pendant, hielt Ausschau nach dem *AutorAußenteam*, fand es aber nicht. Und so folgerte ich, daß hier feministische Ausschließlichkeit zwar nicht der Vater des Gedankens, aber die Mutter der Schnapsidee gewesen sein muß. Offenbar, nahm ich an, soll das große *I* im Wortinnern darauf aufmerksam machen, daß das Produkt des AutorInnenteams reine Weibersache war. Wieder danebengedacht! Aber das bekam ich erst später mit, erst 1989, als mich eine Sprachregelung des Berliner Innensenats über den (Un-)Sinn des Signal-*I* aufklärte: Mit *AnwältInnen*, *RichterInnen* und *SozialarbeiterInnen* sind nicht etwa Anwältinnen, Richterinnen und Sozialarbeiterinnen gemeint, sondern Anwältinnen und Anwälte, Richterinnen und Richter sowie Sozialarbeiterinnen und Sozialarbeiter. Zwar heißt es, daß klüger sei, wer aus dem Rathaus komme, aber was Ende der 80er Jahre aus dem Schöneberger Rathaus kam und als Richtlinie für den behördlichen Schriftverkehr ausgegeben wurde, war ein SchildbürgerInnenstreich. Schon weil man das Signal-*I* wohl lesen, aber nicht hören kann. Und genau dadurch gerät Berlin in ein schiefes Bild.

> Die SPD schließt sich der *I*-Unsitte immer mehr an. So lud sie unlängst zur Wahlkampfreise ihres Ehrenvorsitzenden „60 Journalistinnen" ein. Ein Journalist rief an und fragte, ob er trotz seines Geburtsfehlers mitreisen dürfe. Da erfuhr er, es hätte *JournalistInnen* mit großem *I* heißen müssen. Kleine Sünden straft der liebe Gott sofort.
> hls, 1990

Vielleicht erinnern Sie sich an den November 1990. Damals war es bei der Räumung besetzter Häuser im Berliner Bezirk Friedrichshain zu schweren Straßenkämpfen zwischen Polizei und Hausbesetzern gekommen. Kurz darauf wurde in einer Fernsehdiskussion über die Ursachen der Gewalt einer der beteiligten Jugendlichen nach seiner Sicht der Dinge gefragt. Er wies mehrmals darauf hin, daß nach seiner Beobachtung die Polizei damit begonnen habe, gewaltsam gegen die „Hausbesetzerinnen" vorzugehen – und so mancher Fernsehzuschauer wird sich kopfschüttelnd gefragt haben, wieso sich die Gewalt der Polizei ausschließlich gegen Frauen gerichtet habe.

Eine EselInnenbrücke, speziell für Feministinnen: Sch-i-d-o! Ungekürzt heißt das: Paßt auf, daß euer Kampf gegen die Männersprache kein *Schuß in den Ofen* wird! Denn wenn eines Tages nur noch von *ChaotInnen, HausbesetzerInnen, SteinwerferInnen* die Schreibe und von *Chaotinnen, Hausbesetzerinnen, Steinwerferinnen* die Rede ist, stehen die Männer als reinste Unschuldsengel da.

> Letzte Meldung vor Redaktionsschluß: Im Februar 1991 hat der Berliner Senat das Signal-*I* abgeschafft; *BerlinerInnen* heißen wieder *Berliner* und *Berlinerinnen*.

„Sprachbarrieren" sind Fachbarrieren

Sprachbarrieren – der Begriff taucht überall auf, wo um Bildungsreformen gestritten wird. Das Wort stammt aus den ausgehenden 60er Jahren. Die Sache selbst ist so alt wie Methusalem: Seit eh und je gibt es Geschriebenes und Gedrucktes (Gutachten, Urteilsbegründungen, Bedienungsanleitungen), dessen Sprache der einzelne um so weniger versteht, je weniger er den Vorgang selbst durchschaut: Hunderttausenden von Arbeitnehmern entgehen beim Lohnsteuerjahresausgleich oder bei der Nutzung prämienbegünstigten Sparens Jahr für Jahr große Geldbeträge; Antragsformulare und Kommentare sind zu schwer verständlich. Die Mitbestimmung wird schon dadurch fragwürdig, daß viele, die eigentlich mitbestimmen müßten, nicht mitbestimmen können, weil sie die ihnen vorgelegten Informationen nicht verstehen. Sie müssen denen die Entscheidung überlassen, die sich besser auskennen.

> „Sprachbarrieren"

Schuld daran ist nach Ansicht linker Bildungsreformer weder die Unfähigkeit vieler Schreiber, sich klar und verständlich auszudrücken, noch der Mangel an Bereitschaft der meisten Lohnabhängigen, sich auch mal in einen komplizierten Text hineinzuknien – schuld daran sei einzig und allein der Umstand, daß es in unserer Gesellschaft „Privilegierte und Unterprivilegierte" gebe.

Der Unterschied soll sich schon in der Schule spürbar auswirken. Jedes Kind bringt angeblich eine Privatsprache von zu Hause mit, und die Schule versucht nun, die „Verschiedensprachigkeit" einzuebnen mit dem Ziel, daß alle Schüler die gemeinsame Standardsprache nach und nach immer besser beherrschen. Das gelingt verschieden gut. Kinder, die im Elternhaus die Norm- oder Standard- oder Gemeinsprache benutzen und üben dürfen, sind gut dran. Kinder, die womöglich zu Hause verlacht werden, weil sie so geschwollen daherreden wie der Lehrer, haben es zugegebenermaßen schwerer. Aber damit sind diese Kinder nicht gleich unterprivilegiert: Grimms Märchen, Asterix-Hefte und die Sendungen mit der Maus sprechen in jedem Elternhaus die gleiche Sprache. Soll heißen: Auch das berühmte Arbeiterkind ist kraft eigner Mühewaltung befähigt, korrektes Deutsch zu lernen.

Manche Bildungstheoretiker stellen die Standardsprache selbst in Frage: Korrektes Deutsch sei weiter nichts als eine von einer Minorität (von Deutschlehrern) einer Majorität (von Unterprivilegierten) als Kulturgut verordnete Ausdrucksweise.

Noch aggressiver und absurder formulierte das Schulbuch „Drucksachen":

> Übrigens müßte man sich erst einigen, was man unter korrekter Sprache versteht. Die Sprachen werden von den Armen geschaffen, die sie dann immer weiterbilden und erneuern. Die Reichen hingegen legen sie fest, um jene verspotten zu können, die nicht so sprechen wie sie.

Deutsch von Bildungsreformern

Und wie sieht die Wirklichkeit aus? Gerade die eifrigsten und bemühtesten Bildungsreformer sind es, die sich am kompliziertesten und verklausuliertesten auszudrücken belieben. So forderte die Sprache der für den Schulunterricht ersonnenen hessischen Rahmenrichtlinien immer wieder den Spott heraus: Angeregt durch eine Kabinettsdiskussion über die Rahmenrichtlinien zur Gesellschaftslehre, ließ der hessische Justizstaatssekretär Horst Werner einen Jux-Entwurf für Rahmenrichtlinien zur Biologie die Runde machen. Der Text:

> Die Biene ist in ihrer sozial relevanten Struktur als sozio-ökonomisches Phänomen zur Supplementation der spätkapitalistischen Gesellschaft mit einer frustrationshemmenden Substanz namens Honig darzustellen; dabei muß auf ihre Funktion zur Repression unterprivilegierter Schichten, sogenannter Imker, durch gesellschaftlich nicht erzwungene Injizierung toxischer Substanzen und die Bewältigung der dadurch entstehenden Konflikte besonders eingegangen werden.

Werner soll einer korrigierten Zweitfassung seines Entwurfs nicht abgeneigt gewesen sein. Dieser Text:

> Die Biene versorgt uns mit Honig, sie kann auch stechen.

Was dabei herauskommen kann, wenn junge Soziologen und Pädagogen sich Arbeitern verständlich machen wollen, schildert die Journalistin Ute B. Fröhlich:

Soziologendeutsch

Im Frankfurter Stadtteil Bockenheim wurden die Eltern von Erstkläßlern von jungen Lehrern und Studenten eingeladen. Gemeinsam wollte man überlegen, wie man den Kindern den Start so leicht wie möglich machen, ihnen bei allen Schwierigkeiten in der Schule helfen und Einfluß auf den Unterricht nehmen könne. Besonders gern sähe man Eltern aus Arbeiterkreisen.

Erwartungsvoll fand sich eine Gruppe junger Eltern ein, um sich anzuhören, was für Vorschläge ihnen die Lehrer ihrer Kinder machen wollten. Doch ihre anfängliche Neugier wich bald äußerster Ratlosigkeit. Die jungen Pädagogen erörterten einer nach dem anderen ihre Vorstellungen etwa so:

> Nachdem der Katalog der Inhalte bisher weitgehend nur imitatives und rezeptives Lernen zuließ, muß jetzt kompensatorische Erziehung erprobt werden. Lernprozesse müssen die kognitiven und affektiven Kräfte des Schülers herausfordern. Die Lernsituationen erfordern Kommunikation; nach den in den Lerneinheiten relevanten allgemeinen verhaltensorientierten Lernzielen muß das Kind sich zu artikulieren lernen, frei von Zwängen, und zu einer optimalen Teil-

nahme an gesellschaftlichen Entscheidungsprozessen durch die Aufhebung ungleicher Lebenschancen gebracht werden. Es muß zur Verbalisierung eigener Bedürfnisse und Interessen, zur Argumentation befähigt werden und lernen, vorhandene Aggressionen nicht in diffuse zerstörerische Aktivitäten umzusetzen. Lernprozesse werden in der Regel durch Identifikationsprozesse in Gang gebracht. Voraussetzung ist, daß das Kind motiviert wird . . .

Die Eltern wurden immer verlegener. Keiner mochte zugeben, daß er kaum etwas von dem Vorgetragenen verstand, bis ein resoluter Vater aufsprang und darum bat, ihm doch das Wort „mitivieren" zu erklären. Darauf machte der Sprecher ein beinahe ebenso hilfloses Gesicht wie zuvor seine Zuhörer, verhedderte sich in vielen „äh, äh" und brachte doch keine befriedigende Definition zustande. Damit war das Gespräch beendet, und die Eltern gingen nach Hause, voller Bangen, was ihnen die Schulzeit des Kindes noch alles an Unverständlichem bringen werde.

Hier der Versuch, den eingangs wiedergegebenen Text in etwa verständlich zu machen. Gemeint ist, daß der Schüler nicht mehr auswendig lernen, Vorgedachtes übernehmen, sondern den Lehrstoff mit eigenen Gedanken erarbeiten soll (*rezeptiv* = aufnehmend, *kompensatorisch* = ausgleichend). Dabei soll er selbst etwas erkennen, sich sozusagen „mitreißen" lassen. Das Kind muß lernen, sich anderen mitzuteilen (*Kommunikation* = Mitteilung, Verbindung, Verkehr), sich auszudrücken (*artikulieren* = deutlich aussprechen). Es muß lernen, im wahrsten Sinne des Wortes ungezwungen (erst das „Soziologendeutsch" hat uns die Pluralbildung von *Zwang* und *Inhalt* beschert!) seine Bedürfnisse und Interessen in Worte zu fassen (*verbalisieren* von *verbal* = wörtlich), sie zu begründen (*Argumentation* = Beweisführung), und lernen, Angriffslust nicht in blinde Zerstörungswut umzusetzen (*diffus* = zerstreut, weitläufig). Lernen wird normalerweise dadurch gefördert, daß sich das Kind in jemandem wiedererkennt, sich mit jemandem gleichsetzen will (*identifizieren* = einander gleichsetzen, etwas genau wiedererkennen).

> Kommunikation
> Als sich bei einer Diskussion die anwesenden Arbeiter beschwerten sie verstünden die Sprache der Studenten nicht einigten sich diese stillschweigend hin und wieder zwischen ihren Fremdwörtern das Wort *Scheiße* einzufügen
> OTTO KÖHLER

Hätte man den – durchaus interessierten – Eltern auf diese Weise zunächst einmal klargemacht, was die Schule ihrem Kind beibringen will, so hätte mancher sich „motiviert" gefühlt mitzuarbeiten.

So aber wundert es nicht, wenn bei einem Elternabend in einer Schule in einem ausgesprochenen Arbeiterviertel einer der Väter am Ende des ähnlich unverständlichen Vortrags der jungen Lehrerin aufstand und die Meinung zahlreicher Eltern zusammenfaßte: „Geben Sie unseren Kindern mehr Schulaufgaben auf, und schlagen Sie sie ab und zu!"

Was Ute B. Fröhlich hier beschreibt, ist kein Beweis für Sprachbarrieren, nur ein Beweis für die Unfähigkeit vieler junger Hochschulabsolventen, sich klar und verständlich auszudrücken.

Wirkliche Sprachbarrieren werden schmerzlich spürbar, wenn man nur seine Muttersprache kennt und im Ausland etwas sagen oder fragen möchte und keiner da ist, der dolmetschen kann. Oder wenn man einem Nichtfachmann Fachzusammenhänge erklären muß und dabei keine Fachausdrücke verwenden darf. „Wer sein Auto liebt", schreibt Wolfgang Manekeller, "den werden Sie mit Fremdwörtern wie *Korrosion, Kardanwelle, Transistorzündung, Aquaplaning, driften, Kompressionsring* nicht in Verlegenheit bringen. Unterhalten Sie sich dagegen mit einem Nicht-Autofan über *Fliehkraftregler, Wandler, Unterbrecheramboß, Verteilerfinger, Drosselklappenwelle, Schrägstromvergaser,* so werden Sie kaum mehr als vage Vorstellungen antreffen, obgleich die Wörter doch alle schön deutsch sind."

<small>An „Sprachbarrieren" ist nicht das fremde Fachwort schuld.</small>

Schuld an den Verständigungsschwierigkeiten ist nicht das Fremdwort, nicht das Fachwort, schon gar nicht die Zugehörigkeit zu einer bestimmten Gesellschaftsschicht – schuld ist allein eine gewisse Interesselosigkeit des Partners, verursacht durch den Mangel an Fachkenntnis. Wenn ein Städtebauer und ein Geigenbauer und ein Ackerbauer übers Bauen fachsimpeln und schnell an den Punkt gelangen, wo ihre Unterhaltung zusammenfällt, dann liegt es nicht daran, daß der eine eine akademische, der andere eine künstlerisch-handwerkliche und der dritte keine nennenswerte Ausbildung hat, sondern daran, daß der eine Straßen, der zweite Geigen und der dritte Kartoffeln baut. Diese Art von Sprachbarrieren, von Soziolinguisten gern als Bildungsbarrieren „apostrophiert", sind nichts anderes als Fachbarrieren.

<small>Verständigungsschwierigkeiten zwischen Fachleuten verschiedener Fachrichtungen haben ihren Ursprung nicht in den Wörtern, sondern in den Sachen.
W. MANEKELLER</small>

Was kann man tun, diesen unerquicklichen Zustand zu ändern? Bessere Bildung für alle proklamieren (und dabei übersehen, daß sich die Chancen gleichmachen lassen, die Köpfe nicht)? Oder von den Fachleuten erwarten, daß sie fortan nur noch die Wörter benutzen, die auch der dümmste Depp aus Klein-Kleckersbach kennt (und dabei übersehen, daß in unserer spezialisierten Welt ohne Fachwörter kein Fachwissen gelehrt und keine Facharbeit geleistet werden kann)?

Proklamationen, Forderungen an andere sind selten der rechte Weg. Wer dazu beitragen will, die Welt ein kleines bißchen vernünftiger einzurichten, muß bei sich selbst anfangen. Auf die Sprache bezogen heißt das: bescheiden sein. Nehmen Sie nicht gleich jedem Fachmann jedes unbekannte Fachwort krumm, schlagen Sie selbst ruhig mal im Lexikon nach. Umgekehrt, gebrauchen Sie selbst fremde Fachwörter nur dann, wenn Sie sicher sind, daß Sie verstanden werden, sonst greifen Sie lieber zu erklärenden Umschreibungen. Jedem Nichtfachmann nützt verständliche Ungenauigkeit mehr als unverständliche Genauigkeit. Und Verständlichkeit ist grundsätzlich höher zu bewerten als alle noch so dudenbraven oder stilistisch schönen Formulierungen.

<small>**das wichtigste: Verständlichkeit**</small>

Statt der üblichen Fragen

zum Schluß eine Textprobe. Sie entstammt dem Bericht über die 2. Hauptversammlung der Gesellschaft für deutsche Sprache, abgedruckt in einer der ersten Nachkriegsausgaben der MUTTERSPRACHE. (Das Alter der Textvorlage ist Absicht, so braucht sich heute niemand mehr getroffen zu fühlen.) Die MUTTERSPRACHE ist eine höchst lesenswerte „Zeitschrift zur Pflege und Erforschung der deutschen Sprache". Herausgeber ist die genannte Gesellschaft.

> Der Schriftleiter, Herr Prof. Dr. Mackensen, stellte in wichtigen Ausführungen die Gesichtspunkte dar, die er zufolge seiner Beauf-

tragung durch den Vorstand der Gestaltung der „Muttersprache" zugrunde legt, und schilderte die Schwierigkeiten, die aus dem Mangel eines alten Mitarbeiterstammes und aus dem überaus knappen Raum für Veröffentlichungen herrühren, sowie die Spannungen, die sich aus dem neuartigen Versuch einer Zeitschrift ergeben, in der ein Mittelmaß zwischen echter Wissenschaft und breiter Allgemeinverständlichkeit gefunden werden muß.

Haben Sie beim ersten Lesen verstanden, was gemeint war? Ich nicht. Was ist denn der

> Vorstand der Gestaltung der „Muttersprache"...?

Ein Lesefehler unsererseits. Oder sind Sie nicht darüber gestolpert? Man braucht schon ein Weilchen, bis man merkt, daß *der Gestaltung* nicht Genitiv, sondern Dativ ist. Aber das ist nicht das schlimmste, der Satz ist viel zu lang. Bevor wir darangehen, ihn in verständliche Sätze zu zerlegen, prüfen wir ihn erst einmal auf Überflüssiges hin.

> Der Schriftleiter, Herr Prof. Dr. Mackensen, stellte *in wichtigen Ausführungen* die Gesichtspunkte dar...

Ausführungen, die dem Berichtenden berichtenswert scheinen, bedürfen nicht der Bescheinigung, daß sie wichtig sind.

> ...stellte die Gesichtspunkte dar...

Stellt man Gesichtspunkte dar? In gutem Deutsch nicht. Was fängt man mit Gesichtspunkten an? Nun, man betrachtet Dinge unter bestimmten, andern oder neuen Gesichtspunkten; man berücksichtigt gewisse Gesichtspunkte – am besten aber vermeidet man sie und drückt sich kürzer aus.

> ...die er zufolge seiner Beauftragung durch den Vorstand der Gestaltung der „Muttersprache" zugrunde legt...

Wohlgemerkt, das ist eine unrühmliche Ausnahme. So ist es sonst um die Muttersprache in der MUTTERSPRACHE nicht bestellt.

> ...der überaus knappe Raum...

Hören Sie, wie schön das tönt?

> ...ein Mittelmaß zwischen echter Wissenschaft und breiter Allgemeinverständlichkeit...

breite Allgemeinverständlichkeit – als ob es auch *schmale* gäbe! Von *echter* Wissenschaft dürfte nur die Rede sein, wenn man Wissenschaft gegen Sterndeutung und Handlesekunst abgrenzen wollte. *Wissenschaft* ist ein strenges Wort, es verträgt den Zusatz *echt* nicht, ohne zu verlieren. Überhaupt, mißtrauen Sie allem, was sich mit dem Attribut *echt* zu schmücken pflegt! Seien Sie auf der Hut vor Leuten, die, ohne mit der Wimper zu zucken, aus *echter Überzeugung* von *echten Werten*, *echter Ordnung*, *echter Macht*, *echten Bedürfnissen* und *echtem, deutschem Wesen* reden. Mit denen

echt

läßt sich nicht rechten, denn sie haben die Wahrheit, die andere ihr Leben lang suchen. Schon mancher „echte Rembrandt" hat sich als Fälschung erwiesen, und nur der echte Bruch ist ein Wert, mit dem sich wirklich rechnen läßt.

Zurück zum Text. Bevor Sie weiterlesen, versuchen Sie selbst, ihn zu verbessern. So würde ich es machen:

> Herr Prof. Dr. Mackensen, dem der Vorstand die Redaktion der „Muttersprache" übertragen hat, schilderte, wie er sich die Gestaltung der Zeitschrift denkt. Es müsse versucht werden, ein Mittelmaß zwischen Wissenschaft und Allgemeinverständlichkeit zu finden, was natürlich zu Spannungen führe. Schwierigkeiten ergäben sich auch dadurch, daß ein alter Mitarbeiterstamm fehle und aus Platzmangel nicht alle Beiträge veröffentlicht werden könnten.

Selbst wenn sich Ihr Verbesserungsvorschlag ganz anders anhört als dieser, der sich an den Wortlaut anlehnt, klingt er bestimmt „muttersprachlicher" als der verunglückte Satz aus der MUTTERSPRACHE.

Wer als Verfasser eines Sprachbuches selbst im Glashaus sitzt, hätte ja nun lieber nicht mit ausgestrecktem Finger auf einen dunklen Punkt in der Vergangenheit der Gesellschaft für deutsche Sprache zeigen sollen, deren maßgebliche Köpfe um so vieles gescheiter als sein eigener sind. Weshalb ich nicht eine unverfängliche Textstelle ausgewählt habe? Gewiß, es hätte sich mit Leichtigkeit eine noch schlechtere in jeder x-beliebigen Zeitschrift finden lassen; aber ich wollte Ihnen zeigen, daß es auch oder gerade unter Sprachhandwerkern eine Art Betriebsblindheit gibt. Da stellt man die schönsten Regeln auf, erklärt genau, weshalb dies so und jenes nicht anders sein dürfe – und auf der nächsten Seite stößt man die Regeln wieder um und merkt es nicht. Womit ich nicht um Nachsicht bitten wollte für die Fehler und Irrtümer, die mir unterlaufen sein mögen. Im Gegenteil. Helfen Sie mir, diese Fehler zu finden, schreiben Sie bitte dem Verlag, was nach Ihrer Ansicht an diesem Buch besser zu machen sei. Ich gehöre auch zu denen, die gerne lernen wollen – genau wie Sie. Vielen Dank.

Grammatikteil

Das Verb

Wir unterscheiden 2 Hauptformen:

1. das nichtpersonenbestimmte Zeitwort (das infinite Verb),
2. das personenbestimmte Zeitwort (das finite Verb).

Die infinite Form des Verbs läßt nur das Geschehen ohne Beziehung auf eine Person erkennen.

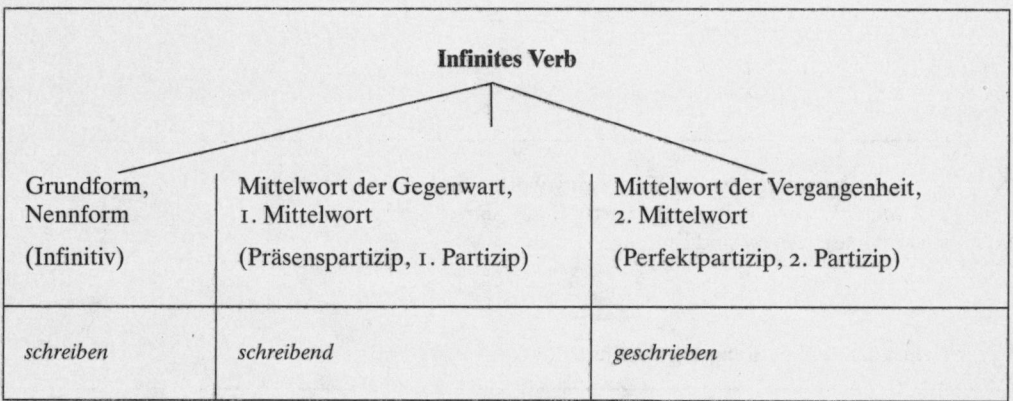

	Infinites Verb	
Grundform, Nennform (Infinitiv)	Mittelwort der Gegenwart, 1. Mittelwort (Präsenspartizip, 1. Partizip)	Mittelwort der Vergangenheit, 2. Mittelwort (Perfektpartizip, 2. Partizip)
schreiben	*schreibend*	*geschrieben*

Die finite Form des Verbs ist das abgewandelte (konjugierte) Zeitwort. Sie gibt Aufschluß über:

1. die Person	Wer tut etwas? Wer ist in das Geschehen einbezogen? a) sprechende Person: *ich, wir* b) angesprochene Person: *du, ihr, Sie* c) besprochene Person: *er, sie, es, sie*	
2. die Zahl (Numerus)	Wie viele tun etwas? Wie viele sind in das Geschehen einbezogen? Einzahl – Mehrzahl (Singular – Plural)	
3. die Zeit (Tempus)	Wann wird etwas getan? Wann geschieht etwas? Gegenwart – Vergangenheit – Zukunft (Präsens – Präteritum – Futur)	
4. die Handlungsart (Genus verbi)	Tue ich etwas, oder wird etwas getan? Tatform – Leideform (Aktiv – Passiv)	
5. die Aussageweise (Modus)	Wird wirklich etwas getan, geschieht wirklich etwas, oder ist es nur möglich? Wirklichkeitsform – Möglichkeitsform – Befehlsform (Indikativ – Konjunktiv – Imperativ)	

Ob ein Zeitwort stark oder schwach abgewandelt werden muß, erkennt man an den drei Stammformen, aus denen sich alle andern Beugungsformen herleiten lassen.

Stammformen		
Grundform (Infinitiv)	3. Person Einzahl der Wirklichkeitsform der 1. Vergangenheit (3. Person Singular Präteritum Indikativ)	Mittelwort der Vergangenheit (2. Partizip)
schreiben *hören*	*schrieb* *hörte*	*geschrieben* *gehört*

‚Stamm' oder ‚Wortstamm' ist der Kern eines Wortes. Die Zeitwortformen *verschreiben, beschrieb, schreibst, aufgeschrieben* haben die Wortstämme *schreib* und *schrieb*. *ver-, be-, auf-* und *ge-* sind Vorsilben (Präfixe); *-en, -st* sind Endungen.

Kennzeichen der starken Beugung (Konjugation)

> *schreiben – schrieb – geschrieben*
> *sehen   – sah   – gesehen*
> *singen   – sang   – gesungen*

1. Die starken Verben lauten ab, das heißt, sie verändern in der Vergangenheit ihren Stammvokal.

2. Das 2. Partizip endet auf *-en (geschrieben)*.

Kennzeichen der schwachen Beugung (Konjugation)

> *hören   – hörte   – gehört*
> *rechnen – rechnete – gerechnet*

1. Die schwachen Verben haben keinen Ablaut, das heißt, sie verändern ihren Stammvokal nicht.

2. Die Vergangenheit (das Präteritum) endet in der 1. und 3. Person Einzahl auf *-te (hörte)* oder auf *-ete (rechnete)*.

3. Das 2. Partizip endet auf *-t (gehört)* oder auf *-et (gerechnet)*.

Konjugation von ‚haben'

Tempus	Person	Pronomen	Indikativ	Konjunktiv
Präsens	1. Singular 2. Singular 3. Singular 1. Plural 2. Plural 3. Plural	*ich* *du* *er, sie, es* *wir* *ihr* *sie*	*habe* *hast* *hat* *haben* *habt* *haben*	*habe* *habest* *habe* *haben* *habet* *haben*
Präteritum	1. Singular 2. Singular	*ich* *du*	*hatte* *hattest*	*hätte* *hättest*
Perfekt	1. Singular 2. Singular	*ich* *du*	*habe gehabt* *hast gehabt* (vgl. Seite 153)	*habe gehabt* *habest gehabt*
Plusquam- perfekt	1. Singular 2. Singular	*ich* *du*	*hatte gehabt* *hattest gehabt*	*hätte gehabt* *hättest gehabt*
Futur I	1. Singular 2. Singular	*ich* *du*	*werde haben* *wirst haben*	*werde haben* *werdest haben*
Futur II	1. Singular 2. Singular	*ich* *du*	*werde gehabt haben* *wirst gehabt haben*	*werde gehabt haben* *werdest gehabt haben*

Imperativ des Singulars:	*habe!*
Imperativ des Plurals:	*habt! haben Sie!*
Infinitiv des Präsens:	*haben*
Infinitiv des Perfekts:	*gehabt haben*
1. Partizip:	*habend*
2. Partizip:	*gehabt*

Konjugation von ‚sein'

Tempus	Person	Pronomen	Indikativ	Konjunktiv
Präsens	1. Singular 2. Singular 3. Singular 1. Plural 2. Plural 3. Plural	*ich* *du* *er, sie, es* *wir* *ihr* *sie*	*bin* *bist* *ist* *sind* *seid* *sind*	*sei* *seiest* *sei* *seien* *seiet* *seien*
Präteritum	1. Singular 2. Singular	*ich* *du*	*war* *warst*	*wäre* *wärest*
Perfekt	1. Singular 2. Singular	*ich* *du*	*bin gewesen* *bist gewesen*	*sei gewesen* *seiest gewesen*
Plusquam- perfekt	1. Singular 2. Singular	*ich* *du*	*war gewesen* *warst gewesen*	*wäre gewesen* *wärest gewesen*
Futur I	1. Singular 2. Singular	*ich* *du*	*werde sein* *wirst sein*	*werde sein* *werdest sein*
Futur II	1. Singular 2. Singular	*ich* *du*	*werde gewesen sein* *wirst gewesen sein*	*werde gewesen sein* *werdest gewesen sein*

Imperativ des Singulars: *sei!*
Imperativ des Plurals: *seid! seien Sie!*

Infinitiv des Präsens: *sein*
Infinitiv des Perfekts: *gewesen sein*

1. Partizip: *seiend*
2. Partizip: *gewesen*

Konjugation von ‚werden‘

Tempus	Person	Pronomen	Indikativ	Konjunktiv
Präsens	1. Singular	*ich*	*werde*	*werde*
	2. Singular	*du*	*wirst*	*werdest*
	3. Singular	*er, sie, es*	*wird*	*werde*
	1. Plural	*wir*	*werden*	*werden*
	2. Plural	*ihr*	*werdet*	*werdet*
	3. Plural	*sie*	*werden*	*werden*
Präteritum	1. Singular	*ich*	*wurde*	*würde*
	2. Singular	*du*	*wurdest*	*würdest*
Perfekt	1. Singular	*ich*	*bin geworden*	*sei geworden*
	2. Singular	*du*	*bist geworden*	*seiest geworden*
Plusquam-perfekt	1. Singular	*ich*	*war geworden*	*wäre geworden*
	2. Singular	*du*	*warst geworden*	*wärest geworden*
Futur I	1. Singular	*ich*	*werde werden*	*werde werden*
	2. Singular	*du*	*wirst werden* (vgl. Seite 155)	*werdest werden*
Futur II	1. Singular	*ich*	*werde geworden sein*	*werde geworden sein*
	2. Singular	*du*	*wirst geworden sein* (vgl. Seite 156)	*werdest geworden sein*

Imperativ des Singulars:	*werde!*
Imperativ des Plurals:	*werdet! werden Sie!*
Infinitiv des Präsens:	*werden*
Infinitiv des Perfekts:	*geworden sein*
1. Partizip:	*werdend*
2. Partizip:	*geworden, worden* (vgl. hierzu Seite 126)

Konjugation des schwachen Zeitworts ‚hören'

Tempus	Person	Pronomen	Aktiv	
			Indikativ	Konjunktiv
Präsens	1. Singular	*ich*	*höre*	*höre*
	2. Singular	*du*	*hörst*	*hörest*
	3. Singular	*er, sie, es*	*hört*	*höre*
	1. Plural	*wir*	*hören*	*hören*
	2. Plural	*ihr*	*hört*	*höret*
	3. Plural	*sie*	*hören*	*hören*
Präteritum	1. Singular	*ich*	*hörte*	*hörte*
	2. Singular	*du*	*hörtest*	*hörtest*
Perfekt	1. Singular	*ich*	*habe gehört*	*habe gehört*
	2. Singular	*du*	*hast gehört*	*habest gehört*
Plusquam-perfekt	1. Singular	*ich*	*hatte gehört*	*hätte gehört*
	2. Singular	*du*	*hattest gehört*	*hättest gehört*
Futur I	1. Singular	*ich*	*werde hören*	*werde hören*
	2. Singular	*du*	*wirst hören*	*werdest hören*
Futur II	1. Singular	*ich*	*werde gehört haben*	*werde gehört haben*
	2. Singular	*du*	*wirst gehört haben*	*werdest gehört haben*

Tempus	Person	Pronomen	Passiv	
			Indikativ	Konjunktiv
Präsens	1. Singular	*ich*	*werde gehört*	*werde gehört*
	2. Singular	*du*	*wirst gehört*	*werdest gehört*
	3. Singular	*er, sie, es*	*wird gehört*	*werde gehört*
	1. Plural	*wir*	*werden gehört*	*werden gehört*
	2. Plural	*ihr*	*werdet gehört*	*werdet gehört*
	3. Plural	*sie*	*werden gehört*	*werden gehört*
Präteritum	1. Singular	*ich*	*wurde gehört*	*würde gehört*
	2. Singular	*du*	*wurdest gehört*	*würdest gehört*
Perfekt	1. Singular	*ich*	*bin gehört worden*	*sei gehört worden*
	2. Singular	*du*	*bist gehört worden*	*seiest gehört worden*
Plusquam-perfekt	1. Singular	*ich*	*war gehört worden*	*wäre gehört worden*
	2. Singular	*du*	*warst gehört worden*	*wärest gehört worden*
Futur I	1. Singular	*ich*	*werde gehört werden*	*werde gehört werden*
	2. Singular	*du*	*wirst gehört werden*	*werdest gehört werden*
Futur II	1. Singular	*ich*	*werde gehört worden sein*	*werde gehört worden sein*
	2. Singular	*du*	*wirst gehört worden sein*	*werdest gehört worden sein*

Konjugation des starken Zeitworts ‚sehen'

Tempus	Person	Pronomen	Aktiv	
			Indikativ	Konjunktiv
Präsens	1. Singular	ich	sehe	sehe
	2. Singular	du	siehst	sehest
	3. Singular	er, sie, es	sieht	sehe
	1. Plural	wir	sehen	sehen
	2. Plural	ihr	seht	sehet
	3. Plural	sie	sehen	sehen
Präteritum	1. Singular	ich	sah	sähe
	2. Singular	du	sahst	sähest
Perfekt	1. Singular	ich	habe gesehen	habe gesehen
	2. Singular	du	hast gesehen	habest gesehen
Plusquam-perfekt	1. Singular	ich	hatte gesehen	hätte gesehen
	2. Singular	du	hattest gesehen	hättest gesehen
Futur I	1. Singular	ich	werde sehen	werde sehen
	2. Singular	du	wirst sehen	werdest sehen
Futur II	1. Singular	ich	werde gesehen haben	werde gesehen haben
	2. Singular	du	wirst gesehen haben	werdest gesehen haben

Tempus	Person	Pronomen	Passiv	
			Indikativ	Konjunktiv
Präsens	1. Singular	ich	werde gesehen	werde gesehen
	2. Singular	du	wirst gesehen	werdest gesehen
	3. Singular	er, sie, es	wird gesehen	werde gesehen
	1. Plural	wir	werden gesehen	werden gesehen
	2. Plural	ihr	werdet gesehen	werdet gesehen
	3. Plural	sie	werden gesehen	werden gesehen
Präteritum	1. Singular	ich	wurde gesehen	würde gesehen
	2. Singular	du	wurdest gesehen	würdest gesehen
Perfekt	1. Singular	ich	bin gesehen worden	sei gesehen worden
	2. Singular	du	bist gesehen worden	seiest gesehen worden
Plusquam-perfekt	1. Singular	ich	war gesehen worden	wäre gesehen worden
	2. Singular	du	warst gesehen worden	wärest gesehen worden
Futur I	1. Singular	ich	werde gesehen werden	werde gesehen werden
	2. Singular	du	wirst gesehen werden	werdest gesehen werden
Futur II	1. Singular	ich	werde gesehen worden sein	werde gesehen worden sein
	2. Singular	du	wirst gesehen worden sein	werdest gesehen worden sein

‚hören'

Imperativ des Singulars:	*höre! hör!*
Imperativ des Plurals:	*hört! hören Sie!*
Infinitiv des Präsens:	a) Aktiv: *hören*
	b) Passiv: *gehört werden*
Infinitiv des Perfekts:	a) Aktiv: *gehört haben*
	b) Passiv: *gehört worden sein*
1. Partizip:	*hörend*
2. Partizip:	*gehört*

‚sehen'

Imperativ des Singulars:	*sieh!* (bei Hinweisen: *siehe!*)
Imperativ des Plurals:	*seht! sehen Sie!*
Infinitiv des Präsens:	a) Aktiv: *sehen*
	b) Passiv: *gesehen werden*
Infinitiv des Perfekts:	a) Aktiv: *gesehen haben*
	b) Passiv: *gesehen worden sein*
1. Partizip:	*sehend*
2. Partizip:	*gesehen*

Präfixe und ihre Bedeutung in der Sprache der Technik
(unter Benutzung der VDI-Richtlinie 2276)

Bedeutung der Vorsilben	be-	ent-	er-	ge-	ver-	zer-
				Vorsilbe		
1. ein Vorgang beginnt oder verläuft		*enflammen* (aufflammen lassen)	*erglühen* (zum Glühen bringen)			
2. ein Vorgang oder Zustand wird vermieden oder aufgehoben		*entstören* (Störungen beseitigen)				
3. etwas wird verbraucht oder zerstört oder verschwindet					*verrosten* (durch Rost zerstört werden)	*zerfallen* (sich auflösen)
4. ein Zustand wird geändert				*gerinnen* (ausflocken, koagulieren)	*verkochen* (sich kochend auflösen)	
5. etwas wird verbunden oder verschlossen					*verkleben* (durch Kleben verbinden)	
6. etwas wird mit etwas versehen oder überzogen	*beschichten* (eine Schicht auftragen)				*verputzen* (mit Putz überziehen)	
7. etwas wird getrennt, gesondert oder ersetzt		*entmischen* (ein Gemisch trennen)			*versetzen* (an eine andere Stelle setzen)	*zerlegen* (demontieren)
8. etwas wird oder ist vollständig getan oder vollendet	*berieseln* (ganz überrieseln lassen)	*entleeren* (völlig leer machen)	*erbauen* (fertigbauen)		*versickern* (voll in durchlässigen Untergrund einsickern)	
9. eine Aussage wird verstärkt oder auf eine andere Sache bezogen	*beleuchten* (etwas heller machen)				*vermessen* (ein- und ausmessen)	
10. etwas ist oder wird fehlerhaft ausgeführt					*verbohren* (falsch bohren)	

Das Substantiv

Wie wir nach den Fällen fragen

Bei der Fallbiegung oder Deklination wird das Hauptwort in die 4 Fälle oder Kasus (vgl. S. 190) gesetzt:

---

1. Fall oder Werfall   (Nominativ)   – Frage: *wer oder was?*

2. Fall oder Wesfall   (Genitiv)   – Frage: *wessen?*

3. Fall oder Wemfall   (Dativ)   – Frage: *wem?*

4. Fall oder Wenfall   (Akkusativ)   – Frage: *wen oder was?*

Wenn wir nicht sicher sind, in welchem Fall ein Hauptwort stehen muß, hilft uns die Fragemethode weiter.

Die Sprache unterscheidet den Menschen vom Tier. — Wer oder was unterscheidet den Menschen vom Tier? Die Sprache.
die Sprache = Nominativ

Wir bedienen uns der Sprache, um uns zu verständigen. — Wessen bedienen wir uns? Der Sprache.
der Sprache = Genitiv

Wir verdanken der Umgangssprache manches frische Wort. — Wem verdanken wir manches frische Wort? Der Umgangssprache.
der Umgangssprache = Dativ

Ein Kind lernt zuerst die Muttersprache. — Wen oder was lernt ein Kind zuerst? Die Muttersprache.
die Muttersprache = Akkusativ

Deklination

Wir unterscheiden 3 Deklinationsklassen:

1. die s t a r k e Deklination,
2. die s c h w a c h e Deklination und, zwischen beiden stehend,
3. die g e m i s c h t e Deklination.

Hauptkennzeichen der starken Deklination

Der Genitiv des Singulars der Maskulina und Neutra endet auf *-(e)s: des Weges, des Apfels, des Obstes, des Eigentums.*

U m l a u t im Plural weist stets auf starke Deklination: *die Bäume, die Länder, die Töchter.* (Unter „Umlaut" versteht man die Verwandlung eines ‚a' in ein ‚ä', eines ‚o' in ein ‚ö', eines ‚u' in ein ‚ü', eines ‚au' in ein ‚äu'.)

Hauptkennzeichen der schwachen Deklination

Der Nominativ des Plurals endet auf *-(e)n: die Affen, die Menschen, die Blumen, die Pflanzen,* ebenso der Genitiv des Singulars der Maskulina: *des Affen, des Menschen.*

Substantive der schwachen Deklination lauten im Plural niemals um.

Hauptkennzeichen der gemischten Deklination

Die Substantive dieser Deklinationsklasse, der Maskulina und Neutra angehören, werden im Singular s t a r k gebeugt, das heißt, ihr Genitiv endet im Singular auf *-(e)s: des Strahles, des Auges*; im Plural dagegen s c h w a c h , das heißt, ihr Nominativ endet im Plural auf *-(e)n: die Strahlen, die Augen.*

Die gemischte Deklination zeigt wie die schwache im Plural niemals Umlaut.

Das Maskulinum

1. Starke Deklination

(Genitiv Singular auf *-s* oder *-es*)

Kasus	Singular					
Nominativ	der	Weg	Mann	Vater	Deckel	Besen
Genitiv	des	Weg-es	Mann-(e)s	Vater-s	Deckel-s	Besen-s
Dativ	dem	Weg(-e)	Mann(-e)	Vater	Deckel	Besen
Akkusativ	den	Weg	Mann	Vater	Deckel	Besen

Kasus	Plural					
Nominativ	die	Weg-e	Männer	Väter	Deckel	Besen
Genitiv	der	Weg-e	Männer	Väter	Deckel	Besen
Dativ	den	Weg-en	Männer-n	Väter-n	Deckel-n	Besen
Akkusativ	die	Weg-e	Männer	Väter	Deckel	Besen

2. Schwache Deklination

(Genitiv Singular und Nominativ Plural auf *-n* oder *-en*)

Kasus	Singular			Plural		
Nominativ	der	Graf	Pole	die	Graf-en	Pole-n
Genitiv	des	Graf-en	Pole-n	der	Graf-en	Pole-n
Dativ	dem	Graf-en	Pole-n	den	Graf-en	Pole-n
Akkusativ	den	Graf-en	Pole-n	die	Graf-en	Pole-n

3. Gemischte Deklination

(Genitiv Singular auf *-s* oder *-es*, Nominativ Plural auf *-n* oder *-en*)

Kasus	Singular			Plural		
Nominativ	der	Schmerz	Stachel	die	Schmerz-en	Stachel-n
Genitiv	des	Schmerz-es	Stachel-s	der	Schmerz-en	Stachel-n
Dativ	dem	Schmerz(-e)	Stachel	den	Schmerz-en	Stachel-n
Akkusativ	den	Schmerz	Stachel	die	Schmerz-en	Stachel-n

Zur Deklination von Eigennamen mit Titeln

Nominativ	Kaiser Karl	der Kaiser Karl	Karl, der Kaiser	Karl der Große
Genitiv	Kaiser Karls	des Kaisers Karl	Karls, des Kaisers	Karls des Großen
Dativ	Kaiser Karl	dem Kaiser Karl	Karl, dem Kaiser	Karl dem Großen
Akkusativ	Kaiser Karl	den Kaiser Karl	Karl, den Kaiser	Karl den Großen

Nominativ	Paul VI.	Paul der Sechste	Papst Paul der Sechste folgte Johannes XXIII.
Genitiv	Pauls VI.	Pauls des Sechsten	Papst Pauls des Sechsten Weihnachtsbotschaft ...
Dativ	Paul VI.	Paul dem Sechsten	Man jubelte Papst Paul dem Sechsten zu.
Akkusativ	Paul VI.	Paul den Sechsten	Als Außenminister besuchte Brandt Papst Paul den Sechsten.

Nominativ	der frühere Bundespräsident Theodor Heuss	Altbundespräsident Theodor Heuss wurde 1884 geboren.
Genitiv	des früheren Bundespräsidenten Theodor Heuss	Brackenheim (Württ.) ist der Geburtsort Altbundespräsident Th. Heuss'.
Dativ	dem früheren Bundespräsidenten Theodor Heuss	1949 wurde Theodor Heuss zum Bundespräsidenten gewählt.
Akkusativ	den früheren Bundespräsidenten Theodor Heuss	Heinrich Lübke löste 1959 Heuss als Bundespräsident(en) ab.

Das Femininum

Alle Feminina sind in sämtlichen Fällen des Singulars endungslos. Die Deklination erkennt man nur am Plural. Eine gemischte Deklination gibt es nicht.

1. Starke Deklination
(im Plural Umlaut)

Kasus	Singular			Plural		
Nominativ	die	Hand	Tochter	die	Händ-e	Töchter
Genitiv	der	Hand	Tochter	der	Händ-e	Töchter
Dativ	der	Hand	Tochter	den	Hände-n	Töchter-n
Akkusativ	die	Hand	Tochter	die	Händ-e	Töchter

2. Schwache Deklination
(im Plural kein Umlaut, Nominativ Plural auf -*n* oder -*en*)

Kasus	Singular			Plural		
Nominativ	die	Kammer	Frau	die	Kammer-n	Frau-en
Genitiv	der	Kammer	Frau	der	Kammer-n	Frau-en
Dativ	der	Kammer	Frau	den	Kammer-n	Frau-en
Akkusativ	die	Kammer	Frau	die	Kammer-n	Frau-en

Das Neutrum

Alle Neutra werden im Singular **stark** dekliniert, sie gehören also entweder der starken oder der gemischten Beugung an.

1. Starke Deklination
(Genitiv Singular auf *-s* oder *-es*)

Kasus	Singular				
Nominativ	das	Tier	Kind	Rad	Segel
Genitiv	des	Tier-es	Kind-es	Rad-es	Segel-s
Dativ	dem	Tier(-e)	Kind(-e)	Rad(-e)	Segel
Akkusativ	das	Tier	Kind	Rad	Segel

Kasus	Plural				
Nominativ	die	Tier-e	Kind-er	Räd-er	Segel
Genitiv	der	Tier-e	Kind-er	Räd-er	Segel
Dativ	den	Tier-en	Kind-ern	Räd-ern	Segel-n
Akkusativ	die	Tier-e	Kind-er	Räd-er	Segel

2. Gemischte Deklination
(Genitiv Singular auf *-s* oder *-es*, Nominativ Plural auf *-n* oder *-en*)

Kasus	Singular			Plural		
Nominativ	das	Auge	Hemd	die	Auge-n	Hemd-en
Genitiv	des	Auge-s	Hemd-es	der	Auge-n	Hemd-en
Dativ	dem	Auge	Hemd(-e)	den	Auge-n	Hemd-en
Akkusativ	das	Auge	Hemd	die	Auge-n	Hemd-en

Der Artikel

Wir unterscheiden zwei Arten von Artikeln:

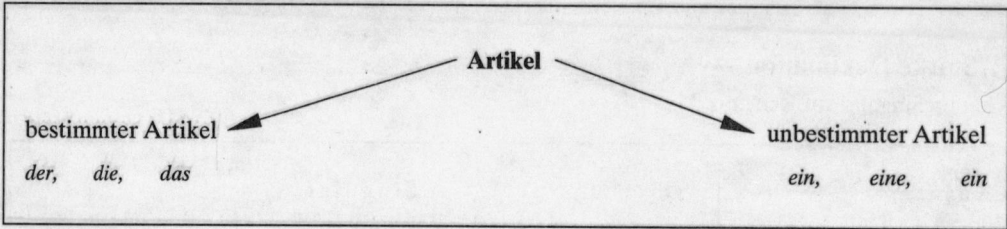

Deklination des bestimmten Artikels

Kasus	Singular			Plural
	maskulin	feminin	neutral	für alle Geschlechter
Nominativ	der	die	das	die
Genitiv	des	der	des	der
Dativ	dem	der	dem	den
Akkusativ	den	die	das	die

Deklination des unbestimmten Artikels

Kasus	Singular			Plural
	maskulin	feminin	neutral	fehlt!
Nominativ	ein	eine	ein	(Hier wird der Plural des Substantivs ohne Artikel verwendet.)
Genitiv	eines	einer	eines	
Dativ	einem	einer	einem	
Akkusativ	einen	eine	ein	

Das Adjektiv

Nicht dekliniert werden die prädikativen, als Artangabe stehenden Adjektive:
> Die Mine des Kugelschreibers *ist rot / schreibt rot*.

Dekliniert werden die attributiven, ein Substantiv näher bestimmenden Adjektive:
> Der Kugelschreiber hat *eine rote Mine*.

A. Deklination* des attributiven Adjektivs

Wie ein attributives Adjektiv dekliniert werden muß, hängt davon ab, was für ein Wort ihm vorausgeht.

1. Mehrere attributive Adjektive vor einem Substantiv
werden alle auf die gleiche Weise dekliniert, also parallel (vgl. Seite 280).

2. Ein allein vor einem Substantiv stehendes Adjektiv
wird stark dekliniert. Bis auf den Genitiv Singular der männlichen und sächlichen Adjektive stimmen die Endungen mit den entsprechenden Formen des bestimmten Artikels überein.

Starke Deklination (Hauptkennzeichen: Nominativ Plural endet auf *-e*)

Kasus	Singular		
	maskulin	feminin	neutral
Nominativ	*roter Saft*	*rote Rose*	*rotes Licht*
Genitiv	(statt) *roten** Saft(e)s*	*roter Rose*	*roten** Licht(e)s*
Dativ	(mit) *rotem Saft*	*roter Rose*	*rotem Licht*
Akkusativ	(für) *roten Saft*	*rote Rose*	*rotes Licht*

Kasus	Plural		
Nominativ	*rote Säfte*	*rote Rosen*	*rote Lichter*
Genitiv	(statt) *roter Säfte*	*roter Rosen*	*roter Lichter*
Dativ	(mit) *roten Säften*	*roten Rosen*	*roten Lichtern*
Akkusativ	(für) *rote Säfte*	*rote Rosen*	*rote Lichter*

* Die Regeln über die Adjektivdeklination gelten im allgemeinen auch für das Partizip.
** s. Seite 279/280.

3. Nach einem Für- oder Zahlwort ohne Beugungsendung
wird das Adjektiv ebenfalls stark dekliniert: *zwei kleine Jungen, kein neuer Fall, sein sonderbares Benehmen.*

4. Nach den Zahlwörtern ‚zwei' und ‚drei'
wird das Adjektiv im Genitiv heute nur noch stark (parallel) dekliniert: *die Arbeiten zweier namhafter Wissenschaftler; er entsann sich dreier merkwürdiger Ereignisse.*

5. Nach dem bestimmten Artikel
wird das Adjektiv schwach dekliniert.

Schwache Deklination
(Hauptkennzeichen: Plural endet in allen Fällen auf ‚-en')

Kasus	Singular		
	maskulin	feminin	neutral
Nominativ	der rote Saft	die rote Rose	das rote Licht
Genitiv	(statt) des roten Saftes	der roten Rose	des roten Lichtes
Dativ	(mit) dem roten Saft	der roten Rose	dem roten Licht
Akkusativ	(für) den roten Saft	die rote Rose	das rote Licht

Kasus	Plural		
Nominativ	die roten Säfte	die roten Rosen	die roten Lichter
Genitiv	(statt) der roten Säfte	der roten Rosen	der roten Lichter
Dativ	(mit) den roten Säften	den roten Rosen	den roten Lichtern
Akkusativ	(für) die roten Säfte	die roten Rosen	die roten Lichter

6. Nach einem Pronomen mit Beugungsendung
wird das Adjektiv ebenfalls schwach dekliniert: *wegen seiner schlechten Gesundheit, jedem kleinen Mädchen, von unserem an den Verlag gerichteten Schreiben.*

7. Nach ‚dessen' und ‚deren'
– diese beiden Demonstrativpronomen bleiben unverändert, lauten also in allen Kasus gleich – wird das Adjektiv stark dekliniert: *wegen dessen schlechter Gesundheit, mit deren kleinem Mädchen, von dessen an den Verlag gerichtetem Schreiben.*

8. Nach dem unbestimmten Artikel
wird das Adjektiv stark dekliniert, wenn *ein* keine Beugungsendung hat: *ein guter Rat, ein rotes Licht*
– sonst schwach: *aufgrund einer ausführlichen Besprechung, mit einem heftigen Knall*.

9. Nach dem Personalpronomen
wird das Adjektiv im allgemeinen stark dekliniert: *du armes Kind, ich alter Dummkopf, von dir jungem Dachs*. Im Dativ aller drei Geschlechter dringt allmählich schwache Beugung ein: *mir alten Mann, dir kleinen Frau* neben (früher nur stark): *mir altem Mann, dir kleiner Frau*. Nach *wir* und mehr noch nach *ihr* wird heute fast nur noch schwach gebeugt: *wir geplagten* (früher: *geplagte*) *Geschöpfe, ihr lieben* (früher: *liebe*) *Leute*.

10. Nach Pronominaladjektiven
ist die Deklination des folgenden Adjektivs sehr uneinheitlich. Die Schwankungen erklären sich daraus, daß Pronominaladjektive nicht als geschlossene Wortart angesehen werden können*. Hat das Pronominaladjektiv mehr pronominalen Charakter, wird das folgende Adjektiv schwach dekliniert. Hat das Pronominaladjektiv mehr adjektivische Funktion, dann wird es wie ein Adjektiv behandelt und entsprechend der Regel, daß beieinanderstehende attributive Adjektive die gleiche Flexionsendung haben müssen, mit dem folgenden Adjektiv parallel dekliniert**.
Wie groß allein im Nominativ die Schwankungen in der Flexion nach Pronominaladjektiven sind, geht aus der Übersicht Seite 646 hervor (in Klammern die weniger gebräuchlichen Nebenformen).
Vereinfachend läßt sich sagen: Nach *alle* und *keine* dekliniert das folgende Adjektiv nur schwach (Ausnahme: *alle halbe Jahre* neben schwach: *alle halben Jahre*), nach *einige, etliche, mehrere* und *viele* nur stark. Nach allen anderen Pronominaladjektiven schwankt die Deklination, oft von Fall zu Fall. Nach den endungslosen Formen der Pronominaladjektive wird regelmäßig stark dekliniert: *kein leichtes Leben, manch liebes Mal, solch stürmisches Wetter, viel unnützes Drum und Dran, welch gutes Herz, wenig heißes Wasser*.

Deklination von Substantiven, deren erstes Glied ein flektierbares Adjektiv ist:

Maskulinum	Femininum	Neutrum
der Dummejungenstreich	die Langeweile	das Hohelied
des Dumme(n)jungenstreichs	der Lange(n)weile	des Hohenlied(e)s
dem Dumme(n)jungenstreich	der Lange(n)weile	dem Hohenlied
den Dumme(n)jungenstreich	die Langeweile	das Hohelied
als (ein) Dummerjungenstreich	als Langeweile	als Hoheslied
wegen eines Dumme(n)jungenstreichs	wegen ihrer Lange(n)weile	wegen dieses Hohenliedes
aus einem Dumme(n)jungenstreich	aus Lange(r)weile	in Salomos Hohemlied
für seinen Dumme(n)jungenstreich	für seine Langeweile	für ein Hoheslied

Bei solchen Komposita schwankt der Sprachgebrauch. In *Hohelied* wird der erste Bestandteil immer flektiert, in vielen anderen Zusammensetzungen nur gelegentlich. Bei *Langeweile* gelten die doppelt flektierten Formen *(aus purer Langerweile)* als „gehoben", bei *Loseblattausgabe (in der Losenblattausgabe)* als „mehr alltagssprachlich".

* Unter ‚Pronominaladjektiven' versteht man eine Gruppe unbestimmter Für- und Zahlwörter, nach denen das folgende attributive oder substantivierte Adjektiv wie nach einem Pronomen, also schwach, oder wie nach einem Adjektiv, also parallel, gebeugt werden kann.
** Die Parallelbeugungsregel gilt auch, wenn die Adjektive nicht unmittelbar nebeneinanderstehen: *andere* aus dem Französischen *stammende* Wörter; aufgrund *weiterer*, den Angeklagten stark *belastender* Zeugenaussagen.

Deklination des Adjektivs nach Pronominaladjektiven

Schwach		Stark (parallel)	
Singular	Plural	Singular	Plural
alles winzige Getier	alle winzigen Tiere	–	–
–	–	anderes rohes Material	andere rohe Materialien
–	beide streitenden Parteien	–	(beide streitende Parteien)
einiges fachliche Wissen*	–	einiger guter Wille**	einige schöne Erinnerungen
–	–	–	etliche getragene Kleider
folgender neue Gesichtspunkt	(folgende neuen Gesichtspunkte)	–	folgende neue Gesichtspunkte
mancher stille Entschluß	keine freundlichen Worte	kein*** freundliches Wort	–
–	(manche stillen Entschlüsse)	–	manche stille Entschlüsse
–	–	mehr*** frisches Obst	mehrere frische Früchte
sämtliches verfügbare Geld	sämtliche verfügbaren Gelder	–	(sämtliche verfügbare Gelder)
solches seltene Exemplar	solche seltenen Exemplare	(solches seltenes Exemplar)	(solche seltene Exemplare)
vieles dumme Geschwätz*	–	vieler schöner Schmuck**	viele schöne Perlenketten
welcher weiterführende Kursus	welche weiterführenden Kurse	–	(welche weiterführende Kurse)
–	–	weniges schlechtes Essen	wenige gemeinsame Jahre

* Neutrum Singular dekliniert schwach   ** Maskulinum Singular dekliniert stark   *** unflektierte Form

B. Deklination des substantivierten Adjektivs (Partizips)

Das substantivierte Adjektiv (Partizip) wird im allgemeinen wie ein attributives Adjektiv gebeugt: *ein Kranker* wird dekliniert wie *ein kranker (Mann)*, *eine Berufstätige* wie *eine berufstätige (Frau)*, *der Vorsitzende* wie *der vorsitzende (Herr)*. Einige substantivierte Adjektive (Partizipien) haben sich allerdings so weit von ihrer ursprünglichen Wortart entfernt, daß sie ganz als Substantive empfunden und grammatisch wie Substantive behandelt werden, z. B. *der Junge, der Invalide*. Andere substantivierte Adjektive (Partizipien) sind erst im Begriff, sich zu reinen Substantiven zu entwickeln, daher die vielen Schwankungen in der Deklination. So wird z. B. das Wort *Angestellter* entsprechend den vorher genannten Regeln folgendermaßen gebeugt:

stark (wie ein Adjektiv)	**schwach** (wie ein Substantiv)
ein Angestellter	*der Angestellte*
unser Angestellter	*jeder Angestellte*
Angestellte der Firma Meier	*die Angestellten der Firma Meier*
zwei Angestellte (nicht: *zwei Angestellten*)	*beide Angestellten* (nicht mehr: *beide Angestellte*)
viele Angestellte (nicht mehr: *viele Angestellten*)	*alle Angestellten*
einige, mehrere Angestellte	*keine Angestellten*
wenige Angestellte	*(irgend)welche Angestellten*
ich / du kleiner Angestellter	*wir / ihr kleinen Angestellten* (nicht mehr: *wir / ihr kleine Angestellte*)
folgende Angestellte (Plural)	auch: *folgende Angestellten*
auch: *sämtliche Angestellte*	*sämtliche Angestellten*
manche kaufmännische Angestellte (Plural)	*manche kaufmännischen Angestellten* (nicht: *manche kaufmännische Angestellten*)
nach Ansicht mancher kaufmännischer Angestellter	*... mancher kaufmännischen Angestellten* (nicht: *... mancher kaufmännischer Angestellten*)
mir als Angestelltem	*mir als Angestellten*
mir als langjährigem Angestellten	auch schon: *mir als langjährigen Angestellten*

Komparation (Bildung der Vergleichsformen) des Adjektivs

Positiv (Grundstufe): *lieb*

Komparativ (Vergleichsstufe oder 1. Steigerungsstufe): *lieber*

Superlativ (Höchststufe oder 2. Steigerungsstufe): *am liebsten*

E l a t i v nennt man den absoluten Superlativ (ohne Vergleich): *„Liebste Monika!"*

1. Unregelmäßige Komparation

> *gut – besser – das beste, am besten*
> *viel – mehr – das meiste, am meisten*
> *wenig* – minder – das mindeste, am / zum mindesten*

2. Vergleichspartikeln

Im Positiv ‚wie': *(nicht) so groß wie er.*

Im Komparativ ‚als': *größer als er.* Auch nach *niemand, nichts, keiner, kein anderer* steht ‚als', nicht ‚wie'.

3. Vergleich mit Hilfe von ‚mehr'

Wenn der Grad zweier Eigenschaften verglichen werden soll: *mehr raffiniert als klug, mehr schlagfertig als geistreich.*

---

* daneben regelmäßig: *wenig – weniger – am wenigsten*

Das Pronomen

Wir unterscheiden sieben Arten von Pronomen:

lateinischer Name	deutscher Name	Beispiele
Personalpronomen	persönliches Fürwort	ich, du, er, sie, es
Reflexivpronomen	rückbezügliches Fürwort	sich, uns, euch
Possessivpronomen	besitzanzeigendes Fürwort	mein, dein, sein, unser
Demonstrativpronomen	hinweisendes Fürwort	das, dieser, jener
Relativpronomen	bezügliches Fürwort	der, welcher, wer
Interrogativpronomen	Fragefürwort	wer?, welcher?, was?
Indefinitpronomen	unbestimmtes Fürwort	all, jeder, kein

A. Das Personalpronomen

Deklination

Kasus	Singular				
	1. Person	2. Person	3. Person		
Nominativ	ich	du	er	sie	es
Genitiv	meiner (mein)	deiner (dein)	seiner (sein)	ihrer	seiner (sein)
Dativ	mir	dir	ihm	ihr	ihm
Akkusativ	mich	dich	ihn	sie	es

	Plural (aller drei Genera)		
Nominativ	wir	ihr	sie
Genitiv	unser	euer	ihrer (ihr)
Dativ	uns	euch	ihnen
Akkusativ	uns	euch	sie

Die eingeklammerten Kurzformen sind veraltet, sie haben sich nur in erstarrten Wendungen gehalten, z. B. *sie gedachte sein; er erinnerte sich dein;* auch: *Vergißmeinnicht.*

Die Deklination der Höflichkeitsanrede *Sie* entspricht der 3. Person Plural.

B. Das Reflexivpronomen

Es ist eigentlich keine selbständige Pronomenart, weil es weitgehend mit den Formen des Personalpronomens übereinstimmt. Nur im Dativ und Akkusativ der 3. Person hat es eine eigene Form: *sich*.

Kasus	Reflexivpronomen	Personalpronomen
Dativ	Ich helfe *mir* selbst. Du hilfst *dir* selbst. Er, sie, es hilft *sich* selbst. Wir helfen *uns* selbst. Ihr helft *euch* selbst. Sie helfen *sich* selbst.	Er hilft *mir*. Er hilft *dir*. Er hilft *ihm, ihr, ihm*. Er hilft *uns*. Er hilft *euch*. Er hilft *ihnen/Ihnen*.
Akkusativ	Ich kämme *mich*. Du kämmst *dich*. Er, sie, es kämmt *sich*. Wir kämmen *uns*. Ihr kämmt *euch*. Sie kämmen *sich*.	Sie kämmt *mich*. Sie kämmt *dich*. Sie kämmt *ihn, sie, es*. Sie kämmt *uns*. Sie kämmt *euch*. Sie kämmt *sie/Sie*.

Vom Reflexivpronomen, das sich immer auf das Subjekt des Satzes zurückbezieht, wird in manchen Grammatiken das r e z i p r o k e* P r o n o m e n unterschieden. Es drückt keine Rück-, sondern eine Wechselbezüglichkeit aus. Seine Formen stimmen jedoch mit denen des Reflexivpronomens überein *(uns, euch, sich)*. Wo reziprokes *sich* nicht deutlich genug ist, tritt *einander* ein: *Sie sind einander gram und grüßen sich nicht mehr.*

Reziprokes Pronomen	Reflexivpronomen
Wir helfen *uns* (gegenseitig). Ihr ärgert *euch* (einander). Sie lieben *sich*.	Wir helfen *uns* (selbst). Ihr ärgert *euch* (jeder sich). Sie lieben nur *sich* selbst.

C. Das Possessivpronomen

Es richtet sich einmal nach der Person oder Sache, auf die es sich bezieht, und deren Geschlecht, zum andern nach Numerus, Genus und Kasus des Substantivs, vor dem es steht. Bei attributivem Gebrauch wird das Possessivpronomen stark dekliniert wie *ein*; außer im Nominativ vor einzahligem Maskulinum und Neutrum und im Akkusativ vor einzahligem Neutrum stimmen seine Endungen mit denen des bestimmten Artikels überein.

---

* lat. *reciprocus* = rückwärts + vorwärts, auf demselben Wege zurückkehrend.

Deklination des Possessivpronomens

Kasus	Singular			Plural			Singular	Genus
	1. Person	2. Person	3. Person	1. Person	2. Person	3. Person		
Nominativ	mein meine	dein deine	sein, ihr, sein seine, ihre, seine	unser uns(e)re	euer eu(e)re	ihr ihre	Garten/Haus Wiese	Maskulinum/Neutrum Femininum
Genitiv	meines meiner	deines deiner	seines, ihres, seines seiner, ihrer, seiner	uns(e)res uns(e)rer	eu(e)res eu(e)rer	ihres ihrer	Gartens/Hauses Wiese	Maskulinum/Neutrum Femininum
Dativ	meinem meiner	deinem deiner	seinem, ihrem, seinem seiner, ihrer, seiner	unser(e)m uns(e)rer	euer(e)m eu(e)rer	ihrem ihrer	Garten/Haus Wiese	Maskulinum/Neutrum Femininum
Akkusativ	meinen mein meine	deinen dein deine	seinen, ihren, seinen sein, ihr, sein . seine, ihre, seine	unser(e)n unser uns(e)re	euer(e)n euer eu(e)re	ihren ihr ihre	Garten Haus Wiese	Maskulinum Neutrum Femininum
							Plural aller drei Genera	
Nominativ	meine	deine	seine, ihre, seine	uns(e)re	eu(e)re	ihre	Gärten/Häuser/Wiesen	
Genitiv	meiner	deiner	seiner, ihrer, seiner	uns(e)rer	eu(e)rer	ihrer	Gärten/Häuser/Wiesen	
Dativ	meinen	deinen	seinen, ihren, seinen	unser(e)n	euer(e)n	ihren	Gärten/Häusern/Wiesen	
Akkusativ	meine	deine	seine, ihre, seine	uns(e)re	eu(e)re	ihre	Gärten/Häuser/Wiesen	

In den flektierten Formen von *unser* und *euer* wird unbetontes ‚e' an den gekennzeichneten Stellen häufig ausgeworfen. Neben *unserm/unsern* kommen etwas seltener auch die Formen *unsrem/unsren* vor, neben *euerm/euern* häufiger die Formen *eurem/euren*.

Im Genitiv dürfen Personal- und Possessivpronomen nicht verwechselt werden:

Personalpronomen	Possessivpronomen
Er erinnerte sich *unser*. Wir werden *euer* herzlich gedenken.	Er erinnerte sich *unserer* gemeinsamen Kindheit. Wir werden *eurer* Kinder herzlich gedenken.

D. Das Demonstrativpronomen

Die Demonstrativpronomen sind:

>   der, die, das
>   dieser, diese, dieses
>   jener, jene, jenes
>   derjenige, diejenige, dasjenige
>   selber, selbst
>   derselbe, dieselbe, dasselbe
>   solcher, solche, solches

Das Demonstrativpronomen d e r , d i e , d a s dekliniert stark wie der bestimmte Artikel. Allerdings haben sich in Anlehnung an die Adjektivflexion im Genitiv beider Numeri und im Dativ Plural erweiterte Formen herausgebildet:

Kasus	Singular			Plural
	maskulin	feminin	neutral	alle drei Genera
Nominativ	der	die	das	die
Genitiv	(des) dessen	(der) deren	(des) dessen	(der) deren, derer*
Dativ	dem	der	dem	(den) denen
Akkusativ	den	die	das	die

Die eingeklammerten Kurzformen sind veraltet; sie kommen noch in Sprichwörtern vor *(Wes Brot ich ess', des Lied ich sing')* und in Zusammensetzungen: *deshalb, deswegen, desgleichen, dergleichen, indes(sen), unterdes(sen).*

---

* *derer* wird nur substantivisch gebraucht, als Hinweis auf einen folgenden Relativsatz (*Die Namen derer, die ...*; vgl. Seite 653).

Das Demonstrativpronomen d e r s e l b e , d i e s e l b e , d a s s e l b e wird zweifach dekliniert, der erste Teil wie der bestimmte Artikel, der zweite wie ein schwaches Adjektiv:

Kasus	Singular			Plural
	maskulin	feminin	neutral	alle drei Genera
Nominativ	derselbe	dieselbe	dasselbe	dieselben
Genitiv	desselben	derselben	desselben	derselben
Dativ	demselben	derselben	demselben	denselben
Akkusativ	denselben	dieselbe	dasselbe	dieselben

E. Das Relativpronomen

Die Relativpronomen sind:

> der, die, das
> welcher, welche, welches
> wer (für *derjenige, der*)
> was (in *alles, was*)
> wie (in *nach der Art, wie*)

Entstanden ist das Relativpronomen d e r , d i e , d a s aus dem Demonstrativpronomen *der, die, das*.

Demonstrativpronomen	Relativpronomen
Es war einmal ein König. *Der* hatte einen großen Floh.	Es war einmal ein König, *der* einen großen Floh hatte.

Das Relativpronomen *der, die, das* dekliniert wie das Demonstrativpronomen *der, die, das* – ausgenommen im Genitiv Plural, der beim Relativpronomen nur *deren* heißt:

Demonstrativpronomen	Relativpronomen
Auf dieser Bronzetafel stehen die Namen *derer*, die sich um die Stadt verdient gemacht haben.	Die Personen, *deren* Namen auf dieser Bronzetafel stehen, haben sich um die Stadt verdient gemacht.

F. Das Interrogativpronomen

Die Interrogativpronomen sind:

wer?, was?   welcher?, welche?, welches?   was für (ein, eine)?

Mit w e r ? fragen wir nach Personen aller Genera, mit w a s ? nach Sachen. Die Deklination von *wer?* und *was?* gleicht der des Relativpronomens.

Kasus	Singular und Plural	
Nominativ	wer?	was?
Genitiv	wessen (wes)?	wessen (wes)?
Dativ	wem?	– (wem)?
Akkusativ	wen?	was?

Die Kurzform *wes?* ist veraltet; außer in Sprichwörtern und Redewendungen *(Wes Geistes Kind?)* findet sie sich nur noch in den Zusammensetzungen *weshalb, weswegen.*

Der fehlende Dativ bei der Frage nach Sachen wird in der Umgangssprache durch die Fügung ‚Präposition + *was*' ersetzt. Stilistisch besser ist die Umschreibung durch Pronominaladverbien mit *wo-:*

umgangsprachlich Präposition + *was*	schriftsprachlich Pronominaladverb
An was fehlt es euch? Nach was hast du dich erkundigt? Mit was läßt sich der Fleck entfernen?	*Woran* fehlt es euch? *Wonach* hast du dich erkundigt? *Womit* läßt sich der Fleck entfernen?

G. Das Indefinitpronomen

Es bezieht sich auf Personen und Sachen, die ihrem Wesen nach nicht näher bekannt und der Zahl nach unbestimmt sind. Daher läßt sich das Indefinitpronomen von den Numeralien nicht scharf abgrenzen. Zum Indefinitpronomen gehören unbestimmte Für- und Zahlwörter wie:

man, einer, jemand, niemand, jedermann, irgendwer, irgend etwas, irgendein, kein, jeder, jeglicher, beide, viele, wenige, einige, mehrere, alle, sämtliche.

Deklination von *man, einer, jemand, niemand:*

Nominativ	man, einer	jemand	niemand
Genitiv	–	jemand(e)s	niemand(e)s
Dativ	einem	jemand(em)	niemand(em)
Akkusativ	einen	jemand(en)	niemand(en)

Im Dativ und Akkusativ von *jemand* und *niemand* stehen die älteren endungslosen und die jüngeren flektierten Formen gleichwertig nebeneinander.

Die Deklination von *jemand anders* (südd. *jemand anderer*) zeigt viele Schwankungen:

Nominativ:	Das ist nicht Lothar, sondern *jemand anders, jemand anderes, jemand anderer**.
Dativ:	Die Arbeit wurde zuerst von einem Fachmann beurteilt, dann *von jemand anders, von jemandem anders*, von jemand anderm, von jemandem andern**.
Akkusativ:	Er begrüßte zuerst seine Schwester, dann *jemand anders, jemanden anders**, *jemand anderen*.

Die durch * gekennzeichneten Formen gelten nicht als standardsprachlich.

Das Numerale

Wir unterscheiden **bestimmte** und **unbestimmte** Numeralien.

Die **unbestimmten Numeralien** weisen ohne genaue Zahlenangabe auf eine Menge, z. B.

einige, etliche, manche, mehrere, nichts, viele;

hierzu rechnet man auch

beide, alle, der andere u. ä.

Sie lassen sich von den Indefinitpronomen nicht scharf abgrenzen (vgl. Seite 655).

Bestimmte Numeralien

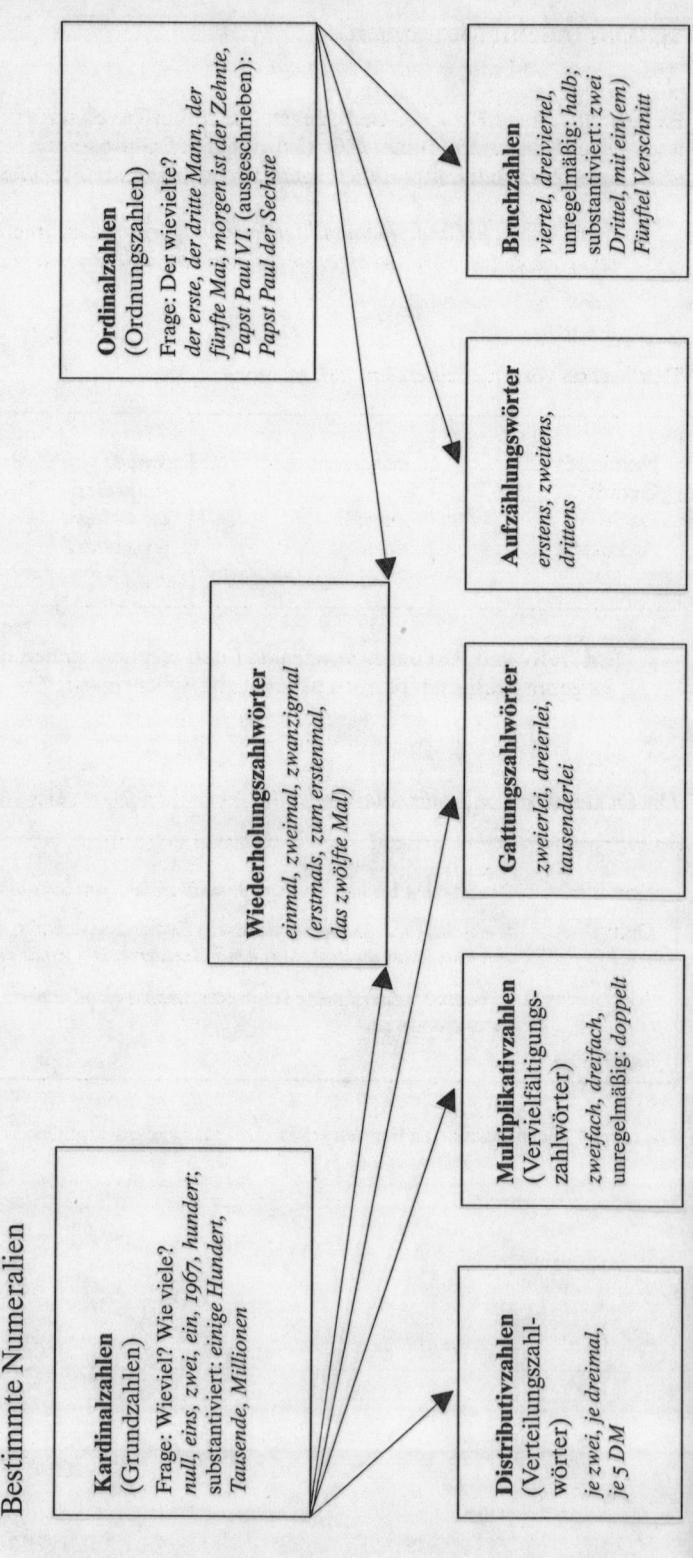

Deklination

Nicht gebeugt werden:

a) von Kardinalzahlen abgeleitete Wiederholungszahlwörter: *einmal, zweimal* usw.

b) Gattungszahlwörter: mit *zweierlei* Maß messen.

c) Aufzählungswörter: *erstens, zweitens, drittens.*

d) Bruchzahlen in attributiver Stellung: mit einem *viertel* Pfund Butter, (Ausnahme: *halb*; mit einem *halben* Brot).

Substantivierte Bruchzahlen bleiben ungebeugt, wenn man sie als reine Maßangabe auffaßt:

Mit zwei Drittel Stoffzugabe kommt man beim Kräuseln aus.

Tritt aber die Vorstellung einer genauen Maßangabe zurück, wird besser gebeugt:

Mit etwa zwei Dritteln der vorhandenen Summe müßte man auskommen.

e) Die Kardinalzahlen von *vier* an bleiben in attributiver Stellung ungebeugt: *mit vier Geschwistern, gegen neun Uhr.* Bei substantivischem Gebrauch können jedoch die Grundzahlen von zwei bis zwölf im Dativ gebeugt werden:

Sie hatten es *mit sechsen* zu tun und waren nur *zu zweien*.

Doch verwendet man bei alleinstehenden Zahlenangaben den Dativ nur noch selten. Heute ist gebräuchlicher:

Sie hatten es *mit sechs* zu tun und waren nur *zu zweit*.

Die Grundzahlen ‚eins' bis ‚drei'

In attributiver Stellung stimmt die Flexion des Zahlwortes *ein* mit der des unbestimmten Artikels überein (vgl. Seite 642). Alleinstehend (substantivisch) flektiert *ein* folgendermaßen:

Kasus	maskulin	feminin	neutral	
Nominativ	*einer*	*eine*	*eines*	wird gewinnen
Genitiv	–	*einer*	*eines*	entsinne ich mich
Dativ	*einem*	*einer*	*einem*	gab er den Preis
Akkusativ	*einen*	*eine*	*eines*	sah er genau

Bei attributiver Verwendung der Zahlen *zwei* und *drei* hat sich die Flexion nur im Genitiv erhalten, und auch nur dann, wenn der Genitiv nicht bereits durch ein vorangehendes Begleitwort kenntlich ist:

Er erinnerte sich *zweier Mitschüler*, aber: *seiner zwei Mitschüler*.

Entsprechendes gilt bei substantivischem Gebrauch:

Dreier (aber: *der drei*) konnte er habhaft werden.

Der Dativ von *zwei* und *drei* hat sich bei hauptwörtlicher Verwendung wohl aus rhythmischen Gründen gehalten:

> Er gab *uns zweien* (auch: *uns zwei*) je eine Mark; *den dreien* (auch: *den drei*) geht es gut.

Die Grundzahlen ‚hundert', ‚hundertundeins' und ‚tausend'

In attributiver Stellung wird klein geschrieben, auch nach unbestimmten Zahlwörtern: *hundert Leute, mehrere tausend Menschen*. Für die kaufmännische Maßbezeichnung *das Hundert* (Hunderterpackung) tritt Großschreibung ein, ebenso für den Plural zur Bezeichnung einer Menge von mehreren hundert oder tausend Personen oder Stück: *Tausende jubelnder Zuschauer, Hunderte von Papierfähnchen*.

In attributiver Stellung wird die Zahl 101 nicht als ‚hundertundeins' gelesen. Sie wird flektiert, wenn das folgende Substantiv im Singular steht:

> Das Buch hat *(fünf)hundertundeine Seite*;

sie bleibt unflektiert, wenn das folgende Substantiv im Plural steht:

> Er las das Buch *trotz seiner (fünf)hundertein Seiten* fast in einem Zuge.

Das Adverb

Die Adverbien werden unterschieden:
1. Nach Form oder Entstehung, 2. nach Art oder Sinn.

A. Die Formen der Adverbien

Ihrer Entstehung nach unterscheiden wir die ursprünglichen Adverbien von den aus andern Wortarten entstandenen.

1. Die ursprünglichen Adverbien wie *dort, sehr, bald, etwa, eben, fast, schon, oft* sind in der Minderzahl. Manche sind inzwischen zu Präpositionen geworden, so *ab, an, auf, aus* und *durch*; andere stehen auf der Grenze zu den Konjunktionen, z. B. *da, doch, auch, dann*.

2. Die aus andern Wortarten gebildeten Adverbien sind durch Ableitung oder Zusammensetzung entstanden, z. B. *flugs* (von *Flug*), *wahrlich* (von *wahr*), *neulich* (von *neu*), *ebenfalls* (von *ebenes Falls*), *keineswegs, einigermaßen, derart, freundlicherweise, abwärts, woran*.

B. Die Arten der Adverbien

Ihrem Sinn nach unterscheiden wir die Adverbien folgendermaßen:

lat. Name	deutscher Name	Frage	Beispiele
Lokaladverbien	Umstandswörter des Ortes	wo? wohin? woher?	*da, daher, dahin, dorthin, hierher, drinnen, innen, außen, draußen, hinten, vorn, links, rechts, oben, unten, vorwärts, rückwärts, überall, irgendwo, nirgends, unterwegs, bergauf, stromab, querfeldein*
Temporaladverbien	Umstandswörter der Zeit	wann? seit wann? bis wann? wie lange?	*jetzt, nie, jemals, niemals, bald, stets, immer, einst, seither, bisher, neuerdings, seitdem, jüngst, neulich, allezeit, heute, gestern, übermorgen, winters, zeitlebens, jahrelang, monatelang, stundenlang, vorher, nachher, ehemals*
Modaladverbien	Umstandswörter der Art und Weise	wie? wie sehr?* auf welche Art und Weise?	*allein, zusammen, allerdings, beinahe, fast, kaum, keinesfalls, nicht, oft, sehr, genau, gewiß, nur, gern, doch, durchaus, leider, möglicherweise, etwa, wohl, kopfüber*
Kausaladverbien	Umstandswörter des Grundes	warum? weshalb? wozu? wodurch? worüber?	*daher, darum, deswegen, demzufolge, folglich, dadurch, deshalb*

* Drückt das Adverb Verneinung oder subjektive Einstellung des Sprechers aus, kann man nicht mit ‚wie?' oder ‚wie sehr?' nach ihm fragen, z. B.: Willst du *nicht* kommen? Komm *doch* her!

Pronominaladverbien

Von den in der Übersicht Seite 659 aufgeführten Adverbien wird ein Teil den Pronominaladverbien zugerechnet, den Umstandsfürwörtern. Darunter versteht man hauptsächlich Zusammensetzungen aus den Adverbien *hier, da, wo* und den Präpositionen *an, auf, aus, bei, durch, für, gegen, hinter, in, mit, nach, neben, über, um, unter, von, vor, zu* und *zwischen*. Der pronominale Charakter dieser Adverbien zeigt sich darin, daß alle stellvertretend für einen substantivischen Ausdruck stehen können, z. B. *hiermit* = mit diesem Schreiben, *dafür* = für seine Hilfe, *wovor* = vor welchem Geschehen.

Zwischen *wo* oder *da* und vokalisch anlautenden Präpositionen tritt ,-r-' als Gleitlaut ein: *worein, darunter* (Silbentrennung: *wor/ein, dar/unter*). – Werden die Pronominaladverbien *wofür, wohin* usw. als Fragewörter gebraucht *(Wofür soll das sein?)*, sprechen manche Grammatiken spezifizierend von Frageadverbien; leiten sie einen Relativsatz ein *(Ich weiß nicht, wofür das sein soll)*, nennt man sie auch Relativadverbien.

Das Pronominaladverb steht im allgemeinen nur, wenn es sich auf einen ganzen Sachverhalt oder eindeutig auf einen Begriff oder eine Sache beziehen läßt, andernfalls tritt für das Pronominaladverb die als deutlicher empfundene Fügung ,Präposition plus Pronomen' ein.

Pronominaladverb bei Beziehung auf eine Sache, einen Begriff oder einen ganzen Satz	**Präposition + Pronomen** bei Beziehung auf Personen
Hat er von seinem Vorhaben gesprochen? Ja, er hat *davon* (nicht: *von ihm*) gesprochen.	Hat er von seinem Onkel gesprochen? Ja, er hat *von ihm* (nicht: *davon*) gesprochen.
Am 9. und 10. nächsten Monats und in den *darauf* folgenden Tagen...	Friedrich Wilhelm I. regierte von 1713 bis 1740, *auf ihn* folgte sein Sohn Friedrich II.
Er wird es dir beweisen, *worauf* du dich verlassen kannst!*	Er ist ein zuverlässiger Mensch, *auf den* du dich verlassen kannst.
Ich weiß nicht, *worüber* er sich geärgert hat.*	Ich weiß nicht, *über wen* er sich geärgert hat.

* Der Gebrauch der mit *wo* gebildeten Relativadverbien geht zurück. Bezieht sich das Relativadverb nicht auf einen übergeordneten Satz, sondern auf eine Sache oder einen Begriff, tritt heute auch schriftsprachlich die als deutlicher empfundene Fügung ,Präposition + Relativpronomen' an seine Stelle, z. B.: Das ist die Maschine, *auf der* (nur selten: *worauf*) dieser Brief geschrieben wurde; das Ziel, *nach dem* (auch noch: *wonach*) wir streben.

Ein Pronominaladverb darf nicht stehen, wenn unmittelbar darauf ein Gliedsatz folgt, z. B.

    Beschränken wir uns *auf das* (nicht: darauf), *was wichtig ist*.

C. Die Komparation des Adverbs

Das Adverb bildet im allgemeinen keine Vergleichsformen. Hier die wenigen Ausnahmen:

Positiv	Komparativ	Superlativ
bald*	früher	am frühesten
	eher	am ehesten
		baldigst
gern*	lieber	am liebsten
oft	öfter	am häufigsten
	öfters	(am öftesten)
sehr	mehr	am meisten

* Die regelmäßig gebildeten Komparative *bälder* und *gerner* sind mundartlich.

Die Präposition

Jede Präposition verlangt für das Substantiv oder das Pronomen, auf das sie sich bezieht, im allgemeinen eine bestimmte Deklinationsform, sie regiert einen Fall. Durch die Fähigkeit der Rektion unterscheiden sich die Präpositionen von Adverbien und Konjunktionen.

A. Herkunft der Präpositionen

Die echten Präpositionen sind aus Adverbien entstanden, sie regieren den Dativ oder den Akkusativ. Die sogenannten unechten Präpositionen sind größtenteils aus Substantiven, Adjektiven und Partizipien hervorgegangen. Die ehemaligen Substantive regieren meist den Genitiv, weil sie, bevor sie zu Präpositionen wurden, ein Genitivattribut bei sich hatten: *kraft seines Amtes* ist entstanden aus *in Kraft seines Amtes*.

B. Rektion der Präpositionen

Die holperigen Merkverse, mit denen schon unsern Urgroßvätern die richtige Handhabung der Präpositionen eingetrichtert wurde, sind bis heute leider nicht durch Besseres ersetzt.

Präpositionen mit dem Genitiv (Frage: Wessen?)

> *Unweit, mittels, kraft* und *während,*
> *laut, vermöge, ungeachtet,*
> *oberhalb* und *unterhalb,*
> *innerhalb* und *außerhalb,*
> *diesseits, jenseits, halber, wegen,*
> *statt,* auch *längs, zufolge, trotz*
> stehen mit dem Genitiv
> oder auf die Frage: Wessen?
> Doch ist hier nicht zu vergessen,
> daß bei diesen letzten drei
> auch der Dativ richtig sei.

Dazu noch: *abseits, abzüglich, anläßlich, betreffs, bezüglich, binnen, dank, einschließlich, gelegentlich, hinsichtlich, infolge, mangels, um ... willen, unbeschadet* und andere, so auch *außer* in der Wendung: *außer Landes gehen.*

Dativ oder flexionslose Form des Genitivs

1. Da bei alleinstehenden starken Substantiven im Plural der Genitiv nicht vom Nominativ und Akkusativ zu unterscheiden ist, darf man auf den Dativ ausweichen. Ist aber ein Begleitwort vorhanden, das den Genitiv kenntlich machen kann, dann muß er auch gesetzt werden.

Genitiv Plural	Dativ Plural (als Ausnahme)	Genitiv Plural bei flektiertem Begleitwort
während sechs Monate mangels Beweise mittels Nägel unterhalb 30 Meter	... sechs Monaten ... Beweisen ... Nägeln ... 30 Metern	... dreier Monate ... eindeutiger Beweise ... 15 cm langer Nägel ... der nächsten 30 Meter

2. Da zwei aufeinanderfolgende starke Genitive nicht gut klingen, darf nach Präpositionen, die an sich den Genitiv fordern, bei Zwischenstellung eines Genitivattributs das folgende Substantiv ausnahmsweise in den Dativ gesetzt werden.

statt zweier Genitive	besser Genitiv und Dativ
wegen meines Vaters alten Freundes infolge ihres Mannes plötzlichen Todes während Dr. Schneiders interessanten Referats	wegen meines Vaters altem Freund infolge ihres Mannes plötzlichem Tod während Dr. Schneiders interessantem Referat

3. Bei den Feminina lautet der alleinstehende Genitiv mit der flexionslosen Form des Hauptwortes gleich. Das hat zur Folge, daß der heutige Sprachgebrauch nach Präpositionen mit genitivischer Rektion auch bei starken Maskulina und Neutra das Genitiv-‚s' unterschlägt.

richtig	richtig, aber eher umgangssprachlich	richtig, aber fast nur noch schriftsprachlich
wegen Geschäftsaufgabe infolge Preiserhöhung mittels Druckluft	wegen Umbau infolge Preisauftrieb mittels Dampfdruck	wegen Umbaus infolge Preisauftriebs mittels Dampfdruckes

Nach *laut* gilt die unflektierte Form einzahliger Substantive bereits als korrekt: *laut Gesetz, laut Schreiben*.

Präpositionen mit dem Dativ (Frage: Wem?)

> *Mit, nach, nächst, nebst, samt,*
> *bei, seit, von, zu, zuwider,*
> *entgegen, gegenüber, außer, aus*
> schreib mit dem Dativ nieder.

Dazu noch: *dank, binnen, entsprechend, gemäß, laut.*

Präpositionen mit dem Akkusativ (Frage: Wen?)

> *Durch, für, ohne, um,*
> *sonder, gegen, wider*
> schreib mit dem vierten Fall,
> nie mit dem dritten nieder.

Dazu noch: *bis* und *außer* nach Verben der Bewegung: *außer allen Zweifel setzen.*

Präpositionen mit Dativ (Frage: Wo?) *oder Akkusativ* (Frage: Wohin?)

> *An, auf, hinter, neben, in,*
> *über, unter, vor* und *zwischen*
> stehen mit dem vierten Fall,
> wenn man fragen kann: Wohin?
> Mit dem dritten stehn sie so,
> daß man nur kann fragen: Wo?

Über das Nebeneinander von Präpositionen mit unterschiedlicher Rektion vgl. Seite 256, über Verschmelzung von Präposition und Artikel Seite 252–254.

Die Konjunktion

Konjunktionen und Adverbien

Weil die meisten Konjunktionen aus Adverbien entstanden sind und viele Adverbien weiterhin zu Konjunktionen werden, ist die Grenze zwischen den beiden Wortarten schwer zu ziehen. Konjunktionen dienen der Verbindung, Adverbien der näheren Bestimmung von Satzgliedern. Je nach seiner Stellung im Satz kann das gleiche Wort Konjunktion oder Adverb sein:

> Zweimal ist Herr Müller bereits gebührenpflichtig verwarnt worden, *trotzdem* (Konjunktion) parkt er wieder auf der falschen Straßenseite. – Er parkt *trotzdem* (Adverb) auf der falschen Straßenseite.

Manchmal unterscheidet sich die Konjunktion durch Zusammenschreibung von der adverbialen Bestimmung:

> Der Gedanke lag mir *so fern* (adverbiale Bestimmung), daß ich nicht danach fragte. – Ich hätte danach gefragt, *sofern* (Konjunktion) ich daran gedacht hätte.

Einteilung der Konjunktionen

1. Konjunktionen können zwei Sachverhalte koordinieren oder gleichwertig nebeneinanderstellen, dann spricht man von k o o r d i n i e r e n d e n, neben- oder beiordnenden Konjunktionen. Koordinierende Konjunktionen verbinden:

   a) grammatisch gleichwertige Satzglieder:
   Hinz *und* Kunz; er *oder* ich; *nicht nur* hoch, *sondern auch* breit;

   b) Hauptsätze:
   Es ist spät, *und* du solltest zu Bett gehen;

   c) Nebensätze gleichen Grades:
   Ich meine, daß es spät genug ist *und* du zu Bett gehen solltest.

2. Konjunktionen können aber auch einen (oft weniger wichtigen) Sachverhalt einem andern unterordnen, dann spricht man von s u b o r d i n i e r e n d e n oder unterordnenden Konjunktionen. Die subordinierenden Konjunktionen verbinden Haupt- und Nebensatz zum Satzgefüge:

   > Du solltest zu Bett gehen, *zumal* es spät genug ist.

Übersicht über die Konjunktionen

Einteilung nach der Verwendung	koordinierend	subordinierend
kopulative (anreihende) Konjunktionen	und, auch, wie, sowie, außerdem, zudem, überdies, desgleichen, dann, ferner, sowohl – als auch, weder – noch, nicht nur – sondern auch, bald – bald, teils – teils, halb – halb, zum einen – zum andern	
disjunktive (ausschließende) Konjunktionen	oder, entweder – oder, sonst, andernfalls	
adversative (entgegensetzende) Konjunktionen	aber, allein, doch, jedoch, dennoch, dagegen, hingegen, indes(sen), gleichwohl, nur, sondern (nach negiertem Satzteil)	während
temporale (zeitliche) Konjunktionen		während, indem, indessen, solange, sooft, als, wie, wenn, nun, nachdem, sobald, seit(dem), bis, bevor, ehe
modale (die Art und Weise bestimmende) Konjunktionen	so – wie, wie, als, also, ebenso, genauso, um so, desto, insofern, insoweit, geschweige (denn), ja, geradezu	indem, wie, gleichwie, sowie, so – wie, als, als ob, als wenn, wie wenn, je – desto, je nachdem, inwiefern, wiefern, sofern, soweit, soviel, ohne daß, kaum daß, statt daß
kausale und **konzessive** (begründende und einräumende) Konjunktionen	denn, doch, also, folglich, infolgedessen, mithin, somit, demnach, daher, darum, deswegen, deshalb, dazu, sonst, andernfalls, zwar – aber, trotzdem	weil, da, zumal (da), wo doch, daß, so daß, als daß, damit, um zu, wenn, falls, sofern, wofern, obgleich, obwohl, obschon, obzwar, wenngleich, wenn auch, wennschon, wiewohl, trotzdem, indem; dadurch, daß

Syntax

Die Satzarten

Nach der Art der Stellungnahme des Sprechenden unterscheidet man Aussage-, Aufforderungs-, Ausrufe-, Frage- und Wunschsatz. Oft kennzeichnet allein die Tonlage – schriftlich sichtbar gemacht durch Punkt, Ausrufe-, Fragezeichen – die Satzart.

Satzart	Beispiele
Aussagesatz	*Aussagesätze schließen mit einem Punkt.* *Sie werden mir schreiben.*
Aufforderungssatz (Imperativsatz)	*Setzen Sie nicht hinter jede Aufforderung ein Ausrufezeichen.* *Sie werden mir schreiben!*
Ausrufesatz	*Wie leicht man doch mit starken Ausdrucksmitteln überakzentuieren kann!* *Sie werden mir schreiben!*
Fragesatz (Interrogativsatz)	*Womit schließt ein Fragesatz?* *Werden Sie mir schreiben? / Sie werden mir doch schreiben?*
Wunschsatz	*Hätten Sie mir doch geschrieben!*

Die Bestandteile des Satzes

A. Wortart und Satzglied

Die Wortlehre befaßt sich mit den einzelnen Wortarten, die Satzlehre (Syntax) mit den verschiedenen Satzgliedern. Wortarten spielen in der Syntax nur insofern eine Rolle, als sie Kennzeichen eines Satzglieds (Prädikat, Subjekt, Objekt, adverbiale Bestimmung) oder Satzgliedteils (Attribut) sein können. Zwischen Wortart und Satzglied ist also zu unterscheiden.

Satzglied	Beispielsatz	Wortart
Subjekt	*Er*	Personalpronomen
Prädikat	*diktiert*	finites Verb
Adverbialbestimmung (temporal)	*gerade*	temporales Adverb
Dativobjekt	*seiner*	Possessivpronomen
mit Attribut	*Sekretärin*	Substantiv
Akkusativobjekt	*einen*	unbestimmter Artikel
mit adjektivischem Attribut	*längeren*	Adjektiv
	Bericht	Substantiv
und mit	*über*	Präposition
Präpositionalattribut	*die*	bestimmter Artikel
mit adjektivischem Attribut	*veränderte*	Perfektpartizip
	Absatzlage	Substantiv

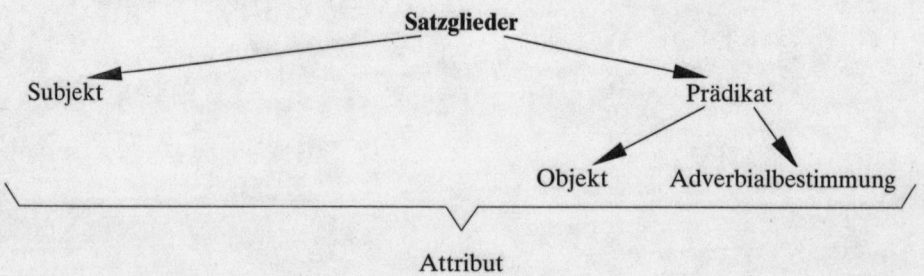

Satzglied	Beispielsatz	Frage	Kurzcharakteristik
Subjekt, Satzgegenstand als Substantiv als Pronomen als (subst.) Infinitiv als Infinitiv mit *zu*	*Das Buch* wurde nie geschrieben. *Das* stimmt. *Schreiben* ist ein Mißbrauch der Sprache. *Zu kritisieren* ist leicht.	Wer oder was (mit dem Prädikat)? Beispiel: Wer oder was wurde nie geschrieben? *Das Buch.*	Das **Subjekt** nennt das Wesen oder Ding, das Gegenstand der Aussage ist. Es steht immer im Nominativ.
Prädikat, Satzaussage a) einteiliges b) mehrteiliges	*Er schreibt.* *Er schreibt ab.* *Er hat einen Roman geschrieben.** *Er versucht zu schreiben.* *Er will einen Roman geschrieben haben.**	Was wird (vom Subjekt) ausgesagt? Beispiel: Was wird von ihm ausgesagt? *...schreibt/schreibt ab/ hat geschrieben/versucht zu schreiben/will geschrieben haben*	Das **Prädikat** ist das Kernstück des Satzes, es sagt etwas aus über das Subjekt und ist immer ein Verb (Hilfsverb) in seiner Personalform, oft mit abgetrenntem Verbzusatz (*schreibt ab*) oder mit infiniten Verbformen (*will ... geschrieben haben*). * Das „entzweite" (mehrteilige) Prädikat bildet die Satzklammer.
Gleichsetzungsnominativ	*Er ist Journalist.* *Schreiberling bleibt Schreiberling.*	Wer oder was (mit Prädikat und Subjekt)? Beispiel: Wer oder was ist er? *Journalist.*	**Gleichsetzungsnominativ**, weil durch die Verben *sein, werden, bleiben, sich dünken, heißen, scheinen* zwei Begriffe einander gleichgesetzt werden. Der Gleichsetzungsnominativ gilt heute als selbständiges Satzglied, als Ergänzung im Nominativ; früher galt er als Teil des Prädikats.
frühere Auffassung Subjekt —— Prädikat ———Kopula—— ——Prädikativum——	Beispielsatz *Schreiberling* —— —— *bleibt* —— —— *Schreiberling*	heutige Auffassung —— Subjekt —— Prädikat —— Gleichsetzungsnominativ	

Satzglied	Beispielsatz	Frage	Kurzcharakteristik
Objekt, Satzergänzung			Das Objekt ergänzt das Prädikat: es nennt den Gegenstand oder den Vorgang, auf den sich das im Prädikat ausgesagte Geschehen richtet.
1. Akkusativobjekt Gleichsetzungsakkusativ	Er schreibt *einen Brief*. Er nennt ihn *einen Schreiberling*.	Wen oder was (schreibt er)? Wen oder was (nennt er ihn)?	Transitive Verben verlangen ein Akkusativobjekt, viele intransitive ein Dativobjekt. Manche Verben verbinden sich mit Dativ- und Akkusativobjekt, dabei steht das Objekt der Person (Dativ) meist vor dem Objekt der Sache (Akkusativ).
2. Dativobjekt Dativ- + Akkusativobjekt	Er schreibt *ihr*. Er schreibt *ihr einen Brief*.	Wem (schreibt er)? Wem (schreibt er) was?	
3. Genitivobjekt	Er entsann sich *eines Goethewortes*.	Wessen (entsann er sich)?	Das Genitivobjekt wird immer stärker vom Präpositionalobjekt abgelöst.
4. Präpositionalobjekt	Er erinnerte sich *an ein Goethewort*.	Wird durch ein Fragewort erfragt, das die Präposition enthält: Woran/an was (erinnert er sich)?	Beim Präpositionalobjekt hängt die Rektion nicht vom Verb, sondern von der Präposition ab. Die Grenze zwischen Präpositionalobjekt und adverbialer Bestimmung ist fließend. Um ein Präpositionalobjekt handelt es sich immer dann, wenn die Präposition mit dem Verb (nicht mit dem Substantiv) eine feste Verbindung bildet. Beispiel: Er schreibt *an sie*. Frage: An wen? Verb: *schreiben an*. Also Präpositionalobjekt. Aber: Er schreibt *an die Wand*. Frage: Wohin? Verb: *schreiben*. Also adverbiale Bestimmung. Verben mit festen Präpositionen wie *bitten um, fragen nach, bestehen auf* verlangen ein Präpositionalobjekt.

Satzglied	Beispielsatz	Frage	Kurzcharakteristik
adverbiale Bestimmung, Umstandsbestimmung			Oft sind zur Vervollständigung einer Aussage weitere Angaben nötig. Der Hörer oder Leser will auch die näheren Umstände kennenlernen, unter denen sich das Geschehen abspielt. Nichts geschieht ohne Grund und Ursache, ohne Wirkung oder Folge, außerhalb von Raum und Zeit. Solche näheren Umstände werden durch die **adverbiale Bestimmung** ausgedrückt.
1. Lokalbestimmung (Umstandsbestimmung des Ortes)	Er schreibt *in dem Brief*... Er schreibt *aus München*... Er schreibt *an den Rand*...	Wo? Von wo? Wohin?	Die adverbiale Bestimmung bezieht sich auf das Geschehen, ist also eine nähere Bestimmung des Prädikats.
2. Temporalbestimmung (Umstandsbestimmung der Zeit)	Er schreibt Ihnen *am Wochenende*. Er schreibt an dem Roman *seit Ostern*. Er schreibt die Seite *bis morgen* ab. Er schreibt schon *stundenlang*. Er schreibt *alle vierzehn Tage*.	Wann? Seit wann? Bis wann? Wie lange? Wie oft?	Die Grenze zwischen der adverbialen Bestimmung und dem Präpositionalobjekt ist nicht immer klar zu ziehen. Um eine adverbiale Bestimmung handelt es sich meist dann, wenn nicht das Verb mit der Präposition, sondern die Präposition mit dem Substantiv eine feste Verbindung eingeht, wenn also dasselbe Verb Fügungen mit verschiedenen Präpositionen an sich binden kann. Adverbiale Bestimmungen sind: *Das geht an den Kragen/in die Brüche/ aus den Fugen/auf die Nerven/durch die Lappen/vor die Hunde/über die Hutschnur/zum Teufel.*
3. Modalbestimmung (Umstandsbestimmung der Art und Weise)	Er schreibt *klein*. Er schreibt *wie gestochen*. Er schreibt *zuviel*. Er schreibt *ohne Pause*. Er schreibt *vielleicht*. Er schreibt *bei Licht*. Er schreibt *mit Erfolg*.	Auf welche Art und Weise? Wie? Wieviel? Wie intensiv? Mit welcher Wahrscheinlichkeit? Unter welchen Begleitumständen?	

Satzglied	Beispielsatz	Frage	Kurzcharakteristik
4. Kausalbestimmung (Umstandsbestimmung des Grundes)	Er schreibt *aus Mangel an anderen Talenten*. Er schreibt *vor Aufregung* alles falsch.	Warum? Weshalb?	Die adverbialen Bestimmungen 4 bis 8 kann man auch zusammenfassend als Kausalbestimmungen im weiteren Sinne (Begründungsbestimmungen) ansehen.
5. Finalbestimmung (Umstandsbestimmung des Zwecks)	Er schreibt, *um gedruckt zu werden*. Er schreibt *zum eigenen Vergnügen*.	Wozu? Zu welchem Zweck?	
6. Konditionalbestimmung (Umstandsbestimmung der Bedingung)	Er schreibt *nur auf Bestellung*. Er schreibt *nicht gegen Pauschalhonorar*.	Unter welcher Bedingung?	
7. Konzessivbestimmung (Umstandsbestimmung der Einräumung)	Er schreibt *trotz seiner Handverletzung*.	Trotz welchen Umstands?	
8. Instrumentalbestimmung (Umstandsbestimmung des Mittels)	Er schreibt *mit der Maschine*. Er schreibt *auf dem Composer durch Eintasten der Steuerbefehle* Blocksatz.	Womit? Wodurch?	

C. Gliedteile

Gliedteil	Beispielsatz	Frage	Kurzcharakteristik
Attribut, Beifügung		Was für ein? Welcher, welche, welches? Beispiel: Was für einen Brief? Einen kurzen.	Wie das Prädikat vielfach auf eine nähere Erläuterung durch Objekte und Adverbialbestimmungen angewiesen ist, so braucht auch das einzelne Wort im Satz manchmal eine eigene nähere Erklärung. Eine solche Worterläuterung nennt man A t t r i b u t oder Beifügung (lat. *attributum* = das Zugeteilte).
1. beim Substantiv			
a) als Adjektiv	Er schreibt einen *kurzen* Brief.		
b) als Partizip	Er schreibt einen *verdrossenen* Brief.		
c) als Pronomen	Er schreibt *sein* Vortragskonzept.		
d) als Numerale	Er schreibt die *drei* Seiten neu.	Welche Seiten? Die *drei*.	
e) als Substantiv im Genitiv	Er schreibt das Werk *seines Lebens*.		Das Attribut ist kein selbständiges Satzglied, nur Teil eines Satzglieds (Gliedteil). Es kann Substantiv, Adjektiv oder Adverb charakterisieren, aber niemals Teil des Prädikats sein, also niemals ein Verb näher erläutern. Dadurch unterscheidet es sich von Präpositionalobjekten und adverbialen Bestimmungen, auch wenn es denen in manchen Fällen äußerlich gleicht.
f) als Substantiv mit Präposition	Er schreibt einen Brief *an die Hauptverwaltung*.		
g) als Adverb	Er schreibt diesen Satz *da* ab.		
h) als Infinitiv mit ‚zu'	Er hat das Talent *zu schreiben*.		
i) als Substantiv im gleichen Kasus (Apposition)*	*Rolf Schreiber*; *Fipps der Affe*; *Busch als Satiriker*		
2. beim Adjektiv			
a) als unflektiertes Adjektiv	Er schreibt einen *bemerkenswert* guten Stil.		Ob in einem Satz wie *Er schreibt noch einen Brief* das Adverb *noch* Attribut oder adverbiale Bestimmung ist, hängt vom Sinn des Satzes ab. Attribut: Er hat schon drei Briefe geschrieben; jetzt schreibt er noch einen. Adverbialbestimmung: Er hat schon viel/lange geschrieben, jetzt schreibt er immer noch, und zwar einen Brief.
b) als Adverb	Er schreibt einen *sehr* guten Stil.		
3. beim Adverb			
a) als unflektiertes Adjektiv	Er schreibt *ziemlich* oft.		
b) als Adverb	Er schreibt *noch* heute.		

* Zu i): Die A p p o s i t i o n ist ein substantivisches Attribut, das im gleichen Fall steht wie sein Bezugswort und bei enger Zusammengehörigkeit (zwei *Sack Mehl*, im *Staate Dänemark*, *Albrecht der Bär*) nicht durch Komma abgetrennt wird.

D. Zwischen Satzglied und Satz: Die Wortgruppe

Wortgruppe	Beispiel	Kurzcharakteristik
1. Infinitivgruppe auch Infinitivsatz, Grundformsatz, -gruppe, satzwertiger Infinitiv, verkürzter Nebensatz genannt a) umgewandelt in einen Gliedsatz b) umgewandelt in einen Hauptsatz c) umgewandelt in ein Satzglied (Präpositionalobjekt)	Ich bitte Sie, *sich einen Augenblick zu gedulden.* Ich bitte Sie darum, *daß Sie sich einen Augenblick gedulden.* Ich bitte Sie: *Gedulden Sie sich einen Augenblick.* Ich bitte Sie *um einen Augenblick Geduld.*	Die mit *zu, um zu, ohne zu, anstatt zu* eingeleitete Infinitivgruppe erschließt einen neuen Verbalkomplex. Ohne diese Konstruktionsmöglichkeit wäre der Sprecher gezwungen, immer neue Sätze zu bilden oder die Infinitivgruppe auf ein Satzglied zu reduzieren. Über das Komma bei der Infinitivgruppe s. Seite 515/516.
2. Partizipialgruppe auch Partizipialkonstruktion, Mittelwortsatz, -gruppe, satzwertiges Partizip, verkürzter Nebensatz genannt a) einfaches (Präsens-)Partizip b) Partizipialgruppe 1. oder Präsenspartizip c) Partizipialgruppe 2. oder Perfektpartizip d) umgewandelt in einen Gliedsatz e) umgewandelt in ein Satzglied (Temporalbestimmung)	 *Kopfschüttelnd* suchte er in den Papieren. *Bedenklich den grauen Kopf schüttelnd,* suchte er in den Papieren. *Aus der 8. Klasse der Hauptschule entlassen,* ging er auf den Bau. *Als er aus der 8. Klasse der Hauptschule entlassen wurde,* ging er auf den Bau. *Nach seiner Entlassung aus der 8. Klasse der Hauptschule* ging er auf den Bau.	Von einer Partizipialgruppe spricht man – ähnliches gilt übrigens auch für die Infinitivgruppe – erst dann, wenn das einfache Partizip (der reine Infinitiv) durch Hinzutreten mehrerer Wörter erweitert ist und dadurch einen gliedsatzähnlichen Wirkungsbereich zugewiesen bekommt. Über Bezug und Stilwert s. Seite 274/275, über Kommasetzung Seite 516.

Die 3 Satzzonen

Nach der Stellung des Verbs im Satz unterscheidet man drei markante Zonen: Vorfeld, Mittelfeld, Nachfeld. Für den Aussagesatz mit mehrteiligem Prädikat gilt:

Vorfeld: Was vor der Personalform (finiten, gebeugten Form) des Verbs steht.
Mittelfeld: Was zwischen der finiten und der infiniten Verbform oder dem abgetrennten Verbteil steht.
Nachfeld: Was hinter der infiniten Verbform oder dem abgetrennten Verbteil steht.

Im Neben- oder Gliedsatz fehlt gewöhnlich das Vorfeld, das Nachfeld, falls vorhanden, hinter dem Verbalkomplex.

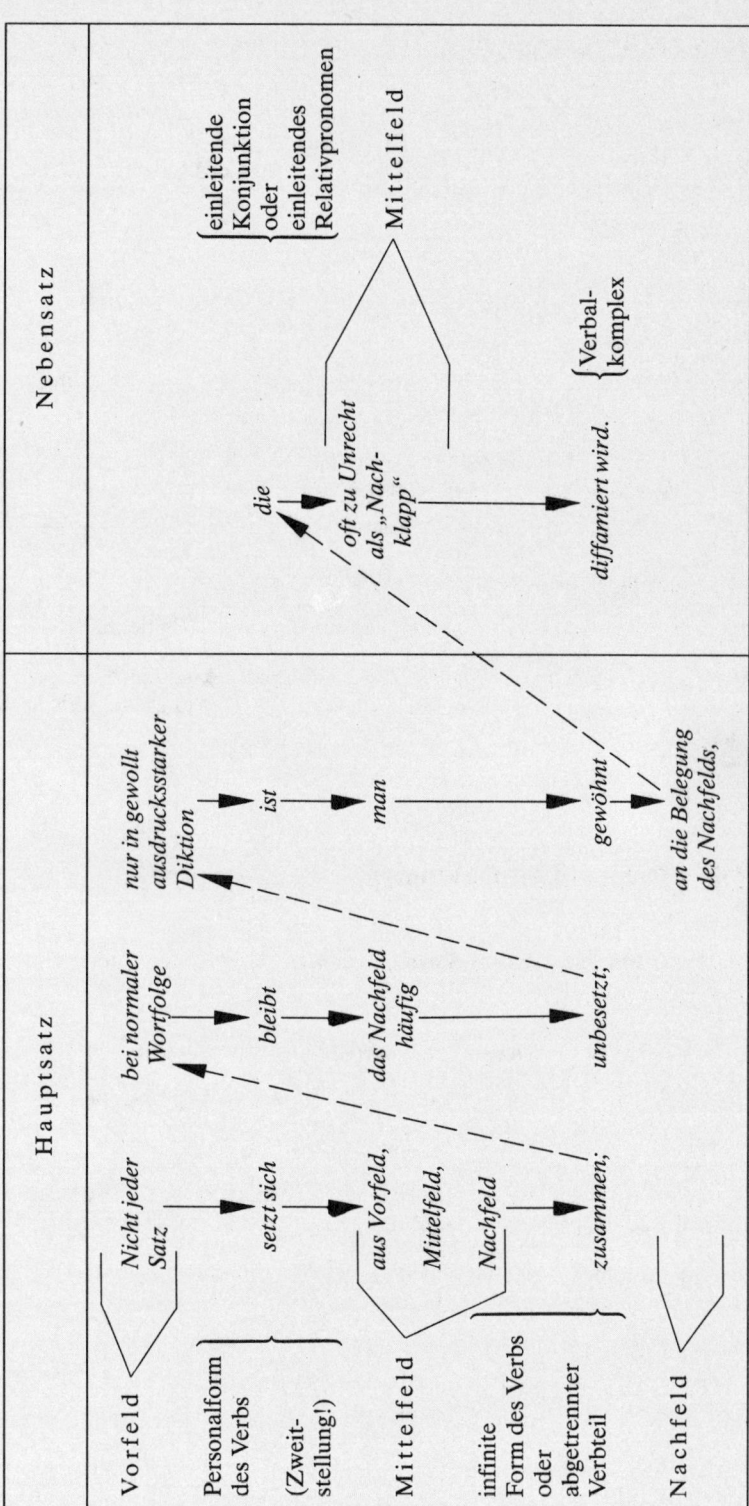

Zur Satzgliedfolge

Typisch für den deutschen Satz ist die Zweitstellung des Prädikats: die Personalform des Verbs steht an zweiter Stelle, hinter dem Vorfeld. Beinahe typisch für den deutschen Satz ist die Satzgliedfolge Subjekt – Prädikat – Objekt: das Vorfeld wird meistens vom Subjekt belegt. Rückt ein anderes Satzglied an die Stelle des Subjekts ins Vorfeld, erhält es durch diese „Vorzugsstellung" besonderes Gewicht.

Transformationsbeispiel	Das Vorfeld ist belegt mit
Man / stellt das Subjekt gewöhnlich dem Prädikat voran.	Subjekt
Das Subjekt / stellt man gewöhnlich dem Prädikat voran.	Akkusativobjekt
Dem Prädikat / stellt man gewöhnlich das Subjekt voran.	Dativobjekt
Gewöhnlich / stellt man das Subjekt dem Prädikat voran.	adverbialer Bestimmung

Wird auch noch der abgetrennte Verbteil nach vorn gezogen:

Dem Prädikat voran / stellt / man gewöhnlich das Subjekt,

dann rückt ein Teil des Mittelfeldes in die eindrucksstarke Nachfeldposition. Umstellprobe und Betonung machen es deutlich: Satzanfang und Satzende sind die Ausdrucks- und Eindrucksstellen des Satzes.

Die 3 Rahmenkonstruktionen

Nach der Fähigkeit einiger Satzteile zur Klammerbildung unterscheidet man drei Klammer- oder Rahmenkonstruktionen:

1. die Satzklammer (auch ‚Satzrahmen', ‚verbal-prädikativer', ‚verbaler Rahmen') im Hauptsatz mit mehrteiligem Prädikat:
Hierbei *wird* der Rahmen aus dem „entzweiten" Prädikat *gebildet*.

2. den konjunktional-prädikativen Rahmen im Nebensatz:
Im Nebensatz, *der* im Vorder-, Mittel- oder Nachfeld eines Hauptsatzes *stehen kann*,

wird der Rahmen durch das einleitende Relativpronomen oder die einleitende Konjunktion und den Verbalkomplex an seinem Ende gebildet.

3. den nominalen Rahmen:
Der nominale Rahmen umschließt
das zwischen einem Artikel oder einem Pronomen u. d. zugehörigen Substantiv eingefügte *Satzstück*.

Haupt- und Nebensatz (Gliedsatz)*

Nach ihrem grammatischen Eigenwert unterscheidet man Hauptsätze (selbständige Sätze) von Neben- oder Gliedsätzen (abhängigen Sätzen):

Funktion	Kurzcharakteristik	Beispiele
Hauptsatz	Kann für sich allein stehen. Das finite Verb steht gewöhnlich an zweiter Stelle im Satz, hinter dem Subjekt.	*Hauptsätze* sind für sich allein verständlich.
	Einleitende Wörter (koordinierende Konjunktionen oder adverbiale Bestimmungen) verändern die Wortfolge überhaupt nicht,	*Denn Hauptsätze sind* für sich allein verständlich.
	oder sie rücken das finite Verb näher an den Satzanfang.	*Bekanntlich sind Hauptsätze* für sich allein verständlich.
Nebensatz (Gliedsatz)	Steht (fast) immer mit einem Hauptsatz in Verbindung.	Sätze, *die die Funktion eines Satzgliedes ausüben*, heißen Gliedsätze.
	Gliedsätze werden eingeleitet durch subordinierende Konjunktionen oder Relativ- oder Fragepronomen; das finite Verb steht gewöhnlich am Satzende.	*Wie schon der Name sagt*, kann ein Gliedsatz ohne „Stammsatz" (Hauptsatz) nicht bestehen.
	Bei Sätzen ohne Einleitewort läßt sich schnell herausfinden, welches der Gliedsatz ist,	Ich nehme an, *ein jeder müßte jetzt Haupt- und Gliedsatz unterscheiden können*.
	wenn man sich das Einleitewort hinzudenkt.	..., *daß ein jeder jetzt Haupt- und Gliedsatz unterscheiden können müßte*.

* Etwa von Mitte der 60er bis Ende der 80er Jahre nannten Grammatiker den abhängigen Satz *Gliedsatz*. Doch der Terminus ist nicht eindeutig; er meint im engeren Sinn nur den abhängigen Satz, der ein Satzglied – also kein Attribut – vertritt, und im weiteren Sinn jeden abhängigen Satz. In dieser umfassenden Bedeutung ist *Gliedsatz* auch hier gebraucht.
Heute verwenden viele die Bezeichnung *Gliedsatz* nur noch im eingeschränkten Sinn zur Abgrenzung vom Attributsatz und nennen den abhängigen Satz schlechthin wieder so, wie er früher hieß: *Nebensatz*.

Satzreihe – Satzverbindung – Satzgefüge

Funktion	Kurzcharakteristik	Beispiele
Satzreihe	Aneinanderreihung relativ kurzer Hauptsätze.	*Jeder Satz wird als Hauptsatz gebildet. Nichts wird übergeordnet. Nichts wird untergeordnet. Satz wird an Satz gereiht. Dabei wird Hauptsatz von Hauptsatz durch einen Punkt getrennt.*
Satzverbindung	Verbindung von Hauptsätzen.	*Satz wird an Satz gereiht, dabei wird Hauptsatz von Hauptsatz durch Komma oder Semikolon getrennt.*
Satzgefüge	Verbindung von Hauptsatz und Gliedsatz oder von Hauptsatz und mehreren Nebensätzen.	*Satz wird an Satz gereiht,* — Hauptsatz *wobei Haupts. u. Nebens. durch Komma getrennt werden,* — Nebensatz 1. Grades *was aber im heutigen Deutsch weniger üblich ist,* — Nebensatz 2. Grades *weil man heute kürzere Sätze bevorzugt.* — Nebensatz 3. Grades

Einteilung der Nebensätze

A. Nach ihrer Stellung zum Hauptsatz

Vordersatz	*Da der Hauptsatz dem Nebensatz übergeordnet ist*, könnte man statt vom Hauptsatz auch vom übergeordneten Satz sprechen.
Zwischensatz	Man könnte, *da der Hauptsatz dem Nebensatz übergeordnet ist*, statt vom Hauptsatz auch vom übergeordneten Satz sprechen.
Nachsatz	Man könnte statt vom Hauptsatz auch vom übergeordneten Satz sprechen, *weil der Hauptsatz dem Nebensatz übergeordnet ist*.

B. Nach ihrer grammatischen Form

Konjunktionalsatz	*Wenn auch die mit subordinierenden Konjunktionen wie ‚als‘, ‚obgleich‘, ‚sobald‘ gebildeten Nebensätze immer mehr aus der Mode kommen*, sollte man doch daran denken, *daß es sie gibt*.
Relativsatz	‚der‘, ‚die‘, ‚das‘ – vormals ‚welcher‘, ‚welche‘, ‚welches‘ – sind die Pronomen, *mit denen ein Relativsatz eingeleitet wird*.
indirekter Fragesatz	Wenn Sie schwanken, *ob ein indirekter Fragesatz im Indikativ oder im Konjunktiv stehen soll/solle*, dann entscheiden Sie sich besser für den heute üblicheren Indikativ (‚soll‘).
verkappter Nebensatz	*Hätte der Satz ein Einleitewort (zum Beispiel ‚wenn‘)*, könnte man nicht von einem verkappten Nebensatz sprechen. (*verkappt* = getarnt, von lat. *cappa* = Mantel mit Kapuze; eigentlich: unter einem Kapuzenmantel verborgen.)

C. Nach der Funktion,

die Nebensätze, zum Satzglied umgewandelt, übernehmen würden.

Funktion	Nebensatz-Beispiel	Frage	als Satzglied
Subjektsatz	*Daß das Subjekt bei normaler Wortfolge vorn im Satz steht*, ist bekannt.	Wer oder was?	*Die Spitzenstellung des Subjekts bei normaler Wortfolge* ist bekannt.
Objektsatz im Akkusativ	*Daß in der Reihenfolge Subjekt-Prädikat-Objekt gebildete Sätze am besten verstanden werden*, erkennt jeder.	Wen oder was?	*Die Bestverständlichkeit von Subjekt-Prädikat-Objekt-Sätzen* erkennt jeder.
im Dativ	*Wem diese grammatischen Umformungen zu kleinkariert sind*, dem sei geraten umzublättern.	Wem?	*Dem Souveränen* sei geraten umzublättern.
Adverbialsatz Lokalsatz	Stoßseufzer eines Grammatik Lernenden: *Wo früher im Kopf Leere war*, herrscht jetzt ein Durcheinander.	Wo?	*In ehemals leeren Bezirken des Kopfes* herrscht jetzt ein Durcheinander.
Temporalsatz	*Seit der Gliedsatz wieder ‚Nebensatz' heißt*, findet sich mancher in der Grammatik leichter zurecht.	Seit wann?	*Seit der Wiederumbenennung des Gliedsatzes in ‚Nebensatz'* findet sich mancher in der Grammatik leichter zurecht.
Modalsatz	Nur hyperkorrekte Zeitgenossen bilden alle Sätze so, *wie es die Grammatik vorschreibt*.	Wie, auf welche Art und Weise?	Nur hyperkorrekte Zeitgenossen bilden alle Sätze *nach den Vorschriften der Grammatik*.
Kausalsatz	Für so manchen wird die Syntax eine Art Schweizer Käse mit vielen Löchern bleiben, *weil gerade die Satzanalyse nicht ganz einfach ist*.	Warum?	*Wegen einer gewissen Kompliziertheit gerade der Satzanalyse* wird für so manchen die Syntax eine Art Schweizer Käse mit vielen Löchern bleiben.
Finalsatz	*Damit Sie sich in diesem Buch besser zurechtfinden*, hat es am Schluß ein Fachwort- und ein Stichwortregister.	Wozu?	*Zu Ihrer besseren Orientierung* hat dieses Buch am Schluß ein Fachwort- und ein Stichwortregister.

Funktion	Nebensatz-Beispiel	Frage	als Satzglied
Konditionalsatz	*Wenn Ihnen beim Lesen nicht gleich alles klar wird,* probieren Sie es morgen noch einmal.	Unter welchen Bedingungen?	*Im Falle eines Verbleibens von Unklarheiten bei erstmaliger Lektüre* probieren Sie es morgen noch einmal.
Konzessivsatz	*Obgleich das Umwandeln der adverbialen Nebensätze in adverbiale Bestimmungen in diesem Teil des Buches nur Grammatikbeispiel sein soll,* wird doch deutlich, wie schwerfällig und steif der Nominalstil wirkt.	Trotz welchen Umstands?	*Trotz des in diesem Teil des Buches beabsichtigten bloßen Beispielcharakters der Umwandlung von adverbialen Nebensätzen in adverbiale Bestimmungen* wird doch die Steifheit und Schwerfälligkeit des Nominalstils deutlich.
Instrumentalsatz	Vieles wird dadurch anschaulicher, *daß man überzeichnet.*	Wodurch?	Vieles wird *durch Überzeichnung* anschaulicher.
Attributsatz als Relativsatz	Kurze Relativsätze sind übersichtliche Sätze, *die verhältnismäßig einfach gebaut sind.*	Was für ...? Welcher / welche / welches?	Kurze Relativsätze sind übersichtliche, *verhältnismäßig einfach gebaute* Sätze.
als Konditionalsatz	Die Meinung, *daß daß-Sätze zu den Konditionalsätzen gehören*, ist richtig.		Die Meinung *über die Zugehörigkeit der daß-Sätze zu den Konditionalsätzen* ist richtig.
als indirekter Fragesatz	Die Frage, *ob Grammatikkenntnisse wirklich von Nutzen sind*, muß man letzten Endes doch bejahen.		Die Frage *nach dem tatsächlichen Nutzen von Grammatikkenntnissen* muß man letzten Endes doch bejahen.

D. Nach dem Grad der Abhängigkeit
der Nebensätze vom übergeordneten Satz.

Nebensatz 1. Grades nennt man einen Satz, der unmittelbar vom Hauptsatz abhängt.

| Hauptsatz | Nebensatz 1. Grades |

Mit einem Nebensatz 2. Grades haben wir es zu tun, wenn sich in einem Satzgefüge ein Nebensatz auf den Nebensatz bezieht, der direkt vom Hauptsatz abhängt.

| Hauptsatz | Nebensatz 1. Grades | Nebensatz 2. Grades |

Eine Satzkonstruktion, in der Nebensätze 3., 4. oder gar 5. Grades vorkommen, die nun wirklich keine Zierde des Stils sind, weil sie den Satz über das Erträgliche hinaus dadurch in die Länge ziehen, daß Nebensatz an Nebensatz gehängt wird und der Leser zusehen darf, wie er sich durch solchen Text hindurchfindet, nennt man einen Treppensatz.

| Hauptsatz, 1. Teil | Nebensatz 1. Gr. | Nebensatz 2. Gr. | Nebensatz 3. Gr. | Nebensatz 4. Gr. | Nebensatz 5. Gr. | weitergeführter Hauptsatz |

Interpunktion

Zeichen	grammatische Leistung	stilistische Leistung	Hinweise zur Anwendung
Komma (Beistrich) ,	gliedert den Satz grammatisch; trennt Haupt- und Nebensatz, macht Einschübe und Zusätze kenntlich, unterteilt Aufzählungen	trennt schwach; Abweichungen von der Norm erschweren das Verständnis	Kommasetzung straff geregelt, Abweichungen gelten als Fehler
Semikolon (Strichpunkt) ;	gliedert Satzreihen; kennzeichnet innerhalb längerer Aufzählungen Zusammengehöriges als Gruppe	trennt stärker als das Komma, schwächer als der Punkt; erleichtert das Auffassen langer Satzgebilde	keine strengen Richtlinien; Gebrauch wird empfohlen
Punkt .	Schlußpunkt; kennzeichnet traditionell das Ende eines Aussagesatzes, in zunehmendem Maße auch das Ende von Teilsätzen und Satzstücken	trennt stark, auch zwischen Satzstücken; Abweichungen von der Norm setzen die Lesegeschwindigkeit herab	Punktsetzung klar geregelt; Abweichungen gelten als Fehler, setzen sich aber immer stärker durch. Empfehlung: Abtrennung von Teilsätzen und Satzstücken sollte Ausnahme bleiben
Doppelpunkt (Kolon) :	Ankündigungszeichen; kennzeichnet die Fuge vor der angekündigten direkten Rede und vor angekündigten Sätzen und Satzstücken, auch vor Folgerungen	schließt Sätze und Satzstücke auf, spart dabei Konjunktionen und Nebensätze ein; vereinfacht den Satzbau	nur vor wörtlicher Rede klar geregelt; sonst: sehr zu empfehlen
Fragezeichen ?	kennzeichnet direkte und rhetorische Fragen	stellt scheinbar eine Dialogsituation zwischen Autor und Leser her, belebt dadurch jeden Text; direkte Fragen schaffen Spannung, die erst durch die Antwort gelöst wird	Anwendung durch Konvention festgelegt; Abweichungen von der Norm (Fragezeichen auch hinter indirekten Fragen, nicht hinter rhetorischen) sind vertretbar; maßvolle Anwendung direkter Fragesätze ist zu empfehlen

Zeichen	grammatische Leistung	stilistische Leistung	Hinweise zur Anwendung
Ausrufezeichen !	Ton- und Schlußzeichen; steht hinter Ausrufen und Imperativen, nachdrücklichen Aufforderungen und Wunschsätzen	verleiht bei sparsamem Gebrauch der Formulierung Nachdruck; ist für sachliche Berichte zu emotional	Anwendung Ermessensfrage; Empfehlung: so sparsam wie möglich, lieber durch Punkt ersetzen
Anführungszeichen (Gänsefüßchen) „ "	Hervorhebungszeichen; heben wörtliche Rede, Zitate, Werktitel, Begriffe, aber auch ungewöhnliche Wörter und Fügungen hervor	kennzeichnen teils neutral, teils abschätzig; können dadurch den Leser verwirren; gehäuft, stören sie den Leseablauf	nur bei wörtlicher Rede klar geregelt; sonst möglichst sparsam verwenden
halbe Anführungszeichen ‚ '	kennzeichnen die Anführung in der Anführung	werden in zunehmendem Maße zur neutralen Hervorhebung einzelner Wörter verwendet	Gebrauch als Hervorhebungsmittel außerhalb der wörtlichen Rede entspricht nicht der Norm, ist aber wegen der Vieldeutigkeit der vollen Anführungszeichen vertretbar
Gedankenstrich —	kennzeichnet größere Pausen zwischen Sätzen und vor Teilsätzen; hebt Einschaltungen deutlich aus dem Kontext heraus; gliedert Aufzählungen	trennt stark; deutet Alternative oder Unerwartetes an; strafft die Diktion durch Einsparung von Konjunktionen und Nebensätzen; kann zur Überpointierung führen	Anwendung Ermessensfrage; maßvoller Gebrauch wird empfohlen; Häufung unbedingt vermeiden, vor allem bei Texten, die gedruckt werden
runde Klammern (Parenthese) ( )	enthalten erklärende Zusätze und Einschaltungen	trennen stärker als Kommas, schwächer als Gedankenstriche; ersparen Nebensätze; gelten (im Journalismus) als modernes Ausdrucksmittel	Ermessensfrage; Häufung ist zu vermeiden
eckige Klammern [ ]	enthalten eine Erläuterung innerhalb einer in runden Klammern stehenden Erläuterung	Sätze werden durch Verschachtelung unübersichtlich	Einschaltung in eckigen Klammern nach Möglichkeit vermeiden
Auslassungspunkte ...	kennzeichnen Auslassungen im Zitat und hinter abgebrochener Rede; immer drei Punkte	markieren Auslassungen deutlicher als der mit zu vielen Funktionen befrachtete Gedankenstrich	Auslassungen in Zitaten müssen gekennzeichnet werden; sonstige Auslassungspunkte gehören nicht in sachliche Texte; Häufung stört

Fremdworttabellen

Häufig vorkommende Vorsilben griechischen und lateinischen Ursprungs

Vorsilbe	Herkunft	Bedeutung	Beispiele
a-, an-	gr.	un-, nicht, -los	*a-* vor Konsonant: *amorph* = gestalt-, formlos (gr. *morphe* = Gestalt) *Apathie* = Teilnahmslosigkeit (gr. *pathos* = Leid) *an-* vor Vokal: *An/ämie* = Blutarmut (gr. *haima* = Blut) *anorganisch* = unorganisch, unbelebt
ab, abs	lat.	ab, weg, ent-	*abrupt* = abgebrochen, jäh (lat. *rumpere* = zerbrechen, zerreißen) *Ab/solution* = Freisprechung (lat. *solvere* = lösen) *Ab/stinenz* (aus lat. *abs-tinere*) = Enthaltsamkeit (lat. *tenere* = halten) *ab/strahieren* (aus lat. *abs-trahere*) = „abziehen", das Wesentliche vom Zufälligen, vom Dinglichen lösen (lat. *trahere* = ziehen)
ad	lat.	zu, hinzu, bei, an	*Advent* = Ankunft (Christi), (lat. *venire* = kommen) *Advokat* = Rechtsanwalt, eigentlich „der Herbeigerufene" (lat. *vocare* = rufen)
amb-, ambi	lat.	um, herum, ringsum	*Am/biente* = Umgebung, Milieu, Atmosphäre, Kolorit (lat. *amb-ire* = herumgehen, umgeben) *Am/bition* = Ehrgeiz, eigentlich: „das Herumgehen" (bei den Wählern, um sich deren Gunst zu erschleichen; lat. *amb-ire* = herumgehen)
amphi	gr.	doppel-, beid-, um...herum	*Amphibie* = Kriechtier, das in beiden Elementen, im Wasser und auf dem Lande, leben kann (gr. *bios* = Leben) *Amphitheater* = antikes Rundtheater
ana	gr.	auf, hinauf, gemäß, entsprechend	*analog* = etwas Vergleichbarem entsprechend (gr. *logos* = Sprechen, Wort, Vernunft) *Analyse* = aufgliedernde Untersuchung, Auseinanderlösen (gr. *lyein* = lösen)
ante	lat.	vor	*ante Christum natum* = vor Christi Geburt *Antependium* = Verkleidung des Altarunterbaus aus kostbarem Stoff, „Vorhang" (lat. *pendere* = hängen)

Vorsilbe	Herkunft	Bedeutung	Beispiele
anti	gr.	gegen, wider	*Antipathie* = Abneigung, Widerwillen (gr. *pathos* = Leid) *Antiphlogistikum* = entzündungshemmendes Mittel (gr. *phlogizein* = entzünden, in Brand setzen)
apo, aph-	gr.	von ... weg, ab	*Apokalypse* = Enthüllung, Offenbarung (gr. *kalyptein* = verhüllen) *Apo / stel* = „Abgesandter" (gr. *stellein* = schikken) *Apho / rismus* = geistreicher Ausspruch (gr. *aph-orizein* = abgrenzen, genau bestimmen)
con-, com-	lat.	mit, zusammen	*kondolieren* = „mit-leiden", Beileid aussprechen (lat. *dolere* = Schmerz empfinden, leiden) *com- / kom-* vor b, m, p: *kombinieren* = planmäßig zusammenstellen, folgern (lat. *bini* = je zwei; *combinare* = je zwei zusammenstellen) *Kommilitone* = Mitstudent, eigentlich „Mitsoldat" (lat. *militare* = Soldat sein) *komprimieren* = verdichten, zusammendrücken (lat. *premere* = pressen, drücken)
contra	lat.	gegen, wider	*kontradiktorisch* = sich widersprechend (lat. *dicere* = sagen, sprechen, *dictum* = das Gesagte) *Kontraindikation* = „Gegenanzeige"; Grund, ein Medikament oder Heilverfahren nicht anzuwenden (lat. *indicare* = anzeigen)
de	lat.	von ... weg, ent-	*Degeneration* = Entartung, Rückbildung (lat. *genus* = Geschlecht) *degradieren* = im Rang zurückstufen (lat. *gradus* = Schritt, Stufe, Rang)
dia	gr.	durch	*Dia / gnose* = „Durch-und-durch"-Erkennen einer Krankheit (gr. *gnosis* = Erkennen) *Diameter* = Durchmesser (gr. *metron* = Maß)
dis-	lat.	zer-, auseinander, los, miß-	*Dis / put* = Streitgespräch, Auseinandersetzung, eigentlich „Auseinanderschneiden" (lat. *putare* = schneiden) *Dissonanz* = Mißklang (lat. *sonare* = tönen, klingen)
dys-	gr.	miß-, übel, schlecht	*Dysgrammatismus* = Sprachstörung: Unfähigkeit, grammatisch richtige Sätze zu bilden *Dysphagie* = schmerzhafte Schluckstörung (gr. *phagein* = essen)

Vorsilbe	Herkunft	Bedeutung	Beispiele
ek	gr.	aus... heraus	*Ek/mnesie* = krankhafte Vorstellung, in einen früheren Lebensabschnitt zurückversetzt zu sein (gr. *mneme* = Erinnerung) *Ek/stase* = Verzückung, Begeisterung, das „Aussichheraustreten" (gr. *histanai* = setzen, stellen, legen)
ekto-	gr.	außen, außerhalb	*Ektoderm* = Außenhaut (gr. *ektos* = außen, *derma* = Haut) *ektophytisch* = in der Medizin: nach außen herauswachsend (gr. *physis* = Natur, Körper, Wuchs)
em-, en-	gr.	in... hinein	*Embolie* = Eindringen („Hineinwerfen") fester Körperchen in die Blutbahn (gr. *ballein* = werfen) *Em/phase* = Nachdruck, Eindringlichkeit (gr. *emphainein* = aufzeigen) *Engramm* = Erinnerungsbild, ins Zentralnervensystem „Eingeschriebenes" (gr. *graphein* = schreiben) *Enkulturation* = das Hineinwachsen des einzelnen in die Kultur der ihn umgebenden Gesellschaft
endo-	gr.	innen, innerhalb	*Endodermis* = innerste Zellschicht der Pflanzenrinde (gr. *endon* = innen, *derma* = Haut) *Endo/skop* = mit Lichtquelle und Spiegeln versehenes Instrument zur Untersuchung von Hohlorganen im Körper (gr. *skopein* = schauen)
epi	gr.	darauf (örtlich und zeitlich)	*Epigone* = unschöpferischer „Nachgeborener" bedeutender Vorgänger (gr. *epi-gonoi* von *gignesthai* = werden, entstehen) *Epigramm* = kurzes Sinn- oder Spottgedicht, eigentlich „Aufschrift" (gr. *graphein* = schreiben)
ex	lat.	aus, aus... heraus	*exhumieren* = Leiche ausgraben (lat. *humus* = Boden) *Export* = Ausfuhr (lat. *portare* = tragen)
exo-	gr.	aus... heraus, außerhalb	*exogen* = außerhalb des Organismus entstehend (gr. *gignesthai* = werden, entstehen) *exotisch* = fremdartig (gr. *exotikos* = außerhalb des eigenen Landes)
extra	lat.	außerhalb, besonders	*extraordinär* = außergewöhnlich, außerordentlich (lat. *ordinarius* = ordnungsgemäß) *extravagant* = ausgefallen, übertrieben (lat. *vagari* = umherschweifen)

Vorsilbe	Herkunft	Bedeutung	Beispiele
hyper	gr.	über	*hyperkri̱tisch* = überkritisch *Hyperthermi̱e* = „Überwärmung", Wärmestauung im Körper (gr. *thermos* = warm)
hypo	gr.	unter	*Hypocho̱nder* = einer, der an eingebildeten Krankheiten leidet (gr. *chondros* = Brustknorpel, „unterhalb des Brustknorpels" lag nach antiker Auffassung der Herd der Gemütskrankheiten) *Hypota̱xe* = „Unterordnung" (des Nebensatzes unter den Hauptsatz), Satzgefüge (gr. *taxis* = Ordnung)
in, in-	lat.	a) ein, hinein b) un-, nicht	*In/itia̱len* = große Anfangsbuchstaben (lat. *in-ire* = hineingehen) *Injektio̱n* = Einspritzung, eigentlich: „das Hineinwerfen" (lat. *in-icere* = hineinwerfen) *i̱ndirekt* = nicht unmittelbar *i̱ndiskutabel* = nicht der Erörterung wert
inter	lat.	zwischen	*Interva̱ll* = Zeitabschnitt, Zwischenraum; ursprünglich: Raum zwischen zwei Schanzpfählen (lat. *vallus* = Schanzpfahl) *interveni̱eren* = „dazwischentreten", sich einschalten (lat. *venire* = kommen)
intra	lat.	innerhalb, inwendig	*intrakuta̱n* = in die Haut (lat. *cutis* = Haut) *intramuskulär* = in den Muskel, innerhalb des Muskels (lat. *musculus* = Muskel)
intro	lat.	hinein, nach innen	*Introduktio̱n* = Einführung, Einleitung (lat. *ducere* = führen, lenken) *introverti̱ert* = nach innen gewandt (lat. *vertere* = wenden)
kata	gr.	herab, nieder	*Kataka̱mbe* = altchristliche unterirdische Begräbnisstätte (gr. *kymbe* = Vertiefung, Becken) *Katara̱kt* = Wasserfall (gr. *katarrhattein* = herabstürzen) *Kata̱rrh* = Erkältung (gr. *katarrhein* = herabfließen; weil man früher annahm, der Schleim komme beim Schnupfen aus dem Hirn geflossen)
meta	gr.	zwischen, hinter, nach	*Meta̱pher* = bildhafter Ausdruck: „Übertragung" eines konkreten Begriffs auf einen abstrakten, z. B. *kalt* für *gefühllos* (gr. *meta-pherein* = anderswo hintragen, übertragen) *Metathe̱se*, gr. *Meta̱thesis* = landschaftsgebundene „Umstellung" benachbarter Laute im gleichen Wort: *born* (Brunnen) in nordd. Ortsnamen

Vorsilbe	Herkunft	Bedeutung	Beispiele
			(Bornholt, Bornhöved, Quickborn) entspricht südd. *bronn: Heilbronn, Maulbronn, Warmbronn* (gr. *thesis* = das Setzen, Stellen)
ob	lat.	gegen, entgegen	*Objękt* = Sache, Gegenstand, eigentlich „das Entgegenworfene" (lat. *ob-icere* = entgegenwerfen) *Offęrte* (statt „ob-ferte") = „Entgegengetragenes", Angebot (lat. *ferre* = tragen)
para	gr.	vorbei, neben, über... hinaus, ähnlich	*paradǫx* = widersinnig, „über die allgemein übliche Meinung hinaus" (gr. *doxa* = Meinung) *Pạratyphus* = dem Typhus ähnliche, aber leichter verlaufende Infektionskrankheit
per	lat.	durch, hindurch, mit	*perfękt* = (durch und durch) vollkommen (lat. *perficere* = fertigmachen) *Perforatiǫn* = Durchbohrung (lat. *foramen* = Loch)
peri	gr.	ringsum, um... herum	*Perikạrd* = Herzbeutel (gr. *kardia* = Herz) *perinatạl* = um die Geburt herum (lat. *natus* = Geburt); die *Perinatalperiode* (*Periode* aus gr. *peri* + *hodos* = Weg) ist die Zeit zwischen der 29. Schwangerschaftswoche und dem 7. Tag des Neugeborenen *Peripherie̱* = Randgebiet (gr. *peripheia* = das Herumtragen, der Umlauf)
post	lat.	nach, hinter	*Postskrịptum* = Nachschrift (lat. *scribere* = schreiben) *postụm* = nachgelassen, nach dem Tode (lat. *postumus* = nach des Vaters Tod geboren; die Nebenform *posthụm* ist volksetymologisch an lat. *humus* = ‚Erde' und *humare* = ‚beerdigen' angeschlossen)
prae	lat.	vor	*prädestinie̱rt* = vorbestimmt (lat. *destinare* = bestimmen) *Prälụdium* = Vorspiel (lat. *ludus* = Spiel)
pro	lat.	vor, für	*Prolǫg* = Vorrede (gr. *logos* = das Sprechen, das Wort) *Pronǫmen* = Fürwort (lat. *nomen* = Name)
re-, red-	lat.	zurück, wider	*rea/gieren* = auf etwas ansprechen, „zurückhandeln" (lat. *agere* = treiben, tun, handeln) *Re/daktęur* = Schriftleiter, eigentlich „re-akteur" (lat. *red-igere* = redigieren, aus *agere*) *Red/undạnz* = Überfülle im Ausdruck (lat. *redundare* = überfließen, *unda* = Welle, Woge)

Vorsilbe	Herkunft	Bedeutung	Beispiele
retro	lat.	zurück, rückwärts	*retronasal* = „hinter der Nase", im Nasenrachenraum gelegen *Retrospektive* = Rückschau (lat. *spectare* = schauen)
se-	lat.	beiseite, von... weg	*Sekretion* = Absonderung, Ausscheidung (lat. *cernere* = scheiden); *Sekretär* = eigentlich „Geheimschreiber", aus lat. *secretarius* (zu lat. *secretus* = abgesondert, geheim) *separat* = gesondert bereitet (lat. *parare* = bereiten)
sub	lat.	unter, unten	*submarin* = unter der Meeresoberfläche lebend (lat. *mare* = Meer) *subtrahieren* = „unten etwas wegziehen", abziehen (lat. *trahere* = ziehen, fortschleppen) *Suffix* (statt „sub-fix") = Nachsilbe, „das unten Angeheftete" (lat. *fixus* = fest) *suggerieren* (statt „sub-gerieren") = einflüstern, „etwas von unten / unterderhand an jemand herantragen" (lat. *gerere* = tragen) *sukzessive* (statt „sub-zessive") = nach und nach (lat. *suc-cedere* = von unten nachrücken, nachfolgen) *supprimieren* (statt „sub-primieren") = unterdrücken (lat. *premere* = drücken, pressen)
super	lat.	über, übermäßig	*Supermarkt* *supermodern* = übermodern
supra	lat.	über, oberhalb	*supradental* = oberhalb der Zähne (lat. *dens*, Gen. *dentis* = Zahn) *supranatural* = übernatürlich
syn-, sym-	gr.	mit, zusammen	*synchron* = gleichzeitig erfolgend (gr. *chronos* = Zeit) *Synthese* = Zusammenfügung (zu einem höheren Ganzen; gr. *thesis* = das Setzen, Aufstellen eines Satzes) *Symbiose* = Lebensgemeinschaft zweier Organismen zu beiderseitigem Vorteil (gr. *bios* = Leben) *Symmetrie* = Gleichmaß, Ebenmaß (gr. *metron* = Maß) *Syllogismus* (statt „syn-logismus") = in der traditionellen Logik der Schluß *Sy/stem* (statt „syn-tem") = „das aus mehreren Teilen zusammengesetzte und gegliederte Ganze" (gr. *syn-istanai* = zusammenstellen, -fügen)

Vorsilbe	Herkunft	Bedeutung	Beispiele
trans	lat.	hinüber, jenseits	*transalpin* = jenseits der Alpen (von Rom aus gesehen) *Trans-Europ-Expreß* (TEE) = früher: in Westeuropa verkehrender Schnellzug *Transvestit* = Mann, der ins andere Geschlecht „hinüberwechselt", indem er sich wie eine Frau kleidet (lat. *vestire* = kleiden)
ultra	lat.	jenseits von, über (die menschliche Wahrnehmungsgrenze) hinaus	*Ultraschall* = Schall mit einer Frequenz von mehr als 20 Kilohertz, der für das menschliche Ohr nicht mehr wahrnehmbar ist *ultraviolett* = unsichtbare, jenseits des violetten Endes des Lichtspektrums liegende Strahlung
zis, cis	lat.	diesseits	*zis/alpin* = von Rom aus diesseits (südlich) der Alpen gelegen; das zisalpinische Gallien war im Altertum Oberitalien, im Gegensatz zum transalpinischen *zispadanisch* = von Rom aus diesseits (südlich) des Po gelegen

Nicht immer bleibt die Vorsilbe bei Zusammensetzungen unverändert, häufig gleicht sich ihr letzter Konsonant dem Anfangskonsonanten des Stammwortes an. Diese Lautangleichung nennt man **Assimilation**, ein Wort, das selbst durch Assimilation zustande gekommen ist (lateinisch *ad* + *simulatio* wurde zu *adsimulatio* zusammengezogen und zu *assimulatio* assimiliert, woraus sich *Assimilation* entwickelte, vgl. Seite 102). Weitere Beispiele, bei denen die Konsonantenangleichung allerdings schon im Lateinischen stattfand, sind:

*Ak*klimatisation	aus *Ad*klimatisation	(Anpassung an ein verändertes Klima oder an neue Umweltbedingungen)
*Kol*lision	aus *Kon*lision	(Zusammenstoß)
*im*materiell	aus *in*materiell	(unkörperlich)
*Dif*ferenz	aus *Dis*ferenz	(Unterschied)
*Op*position	aus *Ob*position	(Gegenpartei)
*Sur*rogat	aus *Sub*rogat	(Ersatz)

Außerdem verliert die Vorsilbe zuweilen ihren Endbuchstaben, vor allem vor Vokalen:

*Ko*existenz	aus *Kon*existenz	(Zusammenleben)
*An*tarktis	aus *Ant*arktis	(Gegenpart der Arktis, Südpolargebiet)
*di*elektrisch	aus *dis*elektrisch	(nichtleitend)
*E*volution	aus *Ex*volution	(allmähliche Entwicklung vom Niederen zum Höheren, Gegensatz: ‚Revolution')

Häufig vorkommende Grund- und Bestimmungswörter griechischen und lateinischen Ursprungs

Wortelement	Herkunft	Bedeutung	Beispiele
aequ	lat. *aequus*	gleich	*Äquator* = „Gleichmacher", teilt die Welt in eine nördliche und in eine südliche Hälfte *Äquinoktium* = Tagundnachtgleiche (lat. *nox* = Nacht) *äquivalent* = gleichwertig (lat. *valere* = gelten, wert sein)
aer(o)	gr. *aer*	Luft	*Aeroflot* = sowjetische Luftverkehrsgesellschaft *Aeronaut* = Luftschiffer (lat. *nauta* = Seemann) *Aerophobie* = Flugangst (gr. *phobos* = Angst) *air* (engl. franz.): *Air France, Airbus; airborne* = in der Luft befindlich, im Flugzeug
agr	lat. *ager*	Acker	*Agrarreform* = Bodenreform *Agrikultur* = Ackerbau (lat. *cultura* = Bearbeitung, Anbau) *Agronom* = wissenschaftlich ausgebildeter Landwirt
akro	gr. *akros*	steil, hoch	*Akrobat* = „Seiltänzer" (gr. *bainein* = gehen) *akrokarp* = in der Botanik: die Frucht an der Spitze tragend (gr. *karpos* = Frucht) *Akropolis* = „Hochstadt", Stadtburg in Athen (gr. *polis* = Stadt)
aku	lat. *acer*	scharf, spitz	*akuminös* = scharf zugespitzt *Akupunktur* = Heilbehandlung durch Nadeleinstiche (lat. *acus* = Nadel, *pungere* = stechen) *akut* = „scharf", brennend, dringend
alb	lat. *albus*	weiß	*Albe* = weißes liturgisches Untergewand der katholischen Geistlichen *Albino* = „Weißling", Mensch oder Tier mit ererbtem Pigmentmangel *Album* = „Weißbuch", ursprünglich: Buch mit weißen (leeren) Seiten
alg	gr. *algos*	Schmerz	*Algometer* = Gerät zur Messung der Schmerzempfindlichkeit (gr. *metron* = Maß) *Neur/algie* = Nervenschmerz (gr. *neuron* = Sehne, Nerv) *Nost/algie* = „Heimweh" nach früher; romantisierende Rückwendung zu einer von der Erinnerung verklärten Zeit (gr. *nostos* = Heimkehr)

Wortelement	Herkunft	Bedeutung	Beispiele
alpha	gr.	A	Alphabet = ABC, nach den beiden ersten Buchstaben des gr. Alphabets das A und O = das Alpha und Omega = Anfang und Ende des gr. Alphabets alphanumerisch = sowohl alphabetisch als auch numerisch (lat. numerus = Zahl)
alt(e)r	lat. alter	der andere	Alter ego = das andere, zweite Ich (treuer Freund; lat. ego = ich) Alternative = Entscheidung zwischen zwei Möglichkeiten (lat. alternus = wechselweise) Altruist = „der dem andern Zugewandte", Gegensatz: Egoist
ambul(a)	lat. ambulare	umhergehen, reisen	ambulante Behandlung = Arztbesuche; Gegensatz: stationäre Behandlung Ambulanz = (umherfahrender) Krankenwagen somnambul = schlafwandelnd (lat. somnus = Schlaf)
andr	gr. aner, Gen. andros	Mann	Andreas = der Mannhafte, Tapfere Androgen = männliches Geschlechtshormon (lat. genus = Geschlecht) Androgynie = „Vermännlichung", Auftreten von sekundären männlichen Geschlechtsmerkmalen bei der Frau (gr. gyne = Frau)
ann	lat. annus	Jahr	Annalen = Jahrbücher Anno 1912 = im Jahre 1912 Annuität = Jahreszahlung an Zinsen und Tilgungsraten
anthrop	gr. anthropos	Mensch	anthropomorph = von menschlicher Gestalt (gr. morphe = Gestalt) Anthroposophie = „Wissenschaft vom Menschen", Lehre Rudolf Steiners, 1861–1925 (gr. sophia = Weisheit) Sin/anthropos = Frühmensch, dessen fossile Reste in China gefunden wurden (Sina = alter Name für China)
aqua	lat. aqua	Wasser	Aquädukt = in der Antike: über eine Brücke geführte Wasserleitung (lat. ducere = führen) Aquaplaning = „Wassergleiten", Wasserglätte, Gefahr für Autofahrer Aquarell = mit Wasserfarben gemaltes Bild
arch	gr. archaios arche	alt Anfang	Archäologie = Altertumskunde (-logie aus gr. logos = Lehre von...) Archetyp = „zuerst geprägt", Urbild, Erstdruck (gr. typtein = schlagen, prägen)

Wortelement	Herkunft	Bedeutung	Beispiele
	archein	anfangen, herrschen, Haupt-, Ober-	*Archidiakon* = hoher geistlicher Würdenträger (gr. *diakonein* = dienen) *Architekt* = „Oberbaumeister" (gr. *tekton* = Baumeister) *Mon/arch* = „Alleinherrscher" (gr. *monos* = allein, einzig) *patriarchalisch* = nach Altväterweise, vaterrechtlich (lat. *pater* = Vater)
art(i)	lat. *ars*, Gen. *artis*	Kunst	*Artefakt* = etwas von Menschenhand Geschaffenes (lat. *factum* = das Gemachte) *artifiziell* = künstlich (lat. *facere* = machen) *Artist* = Zirkuskünstler *Art Director* = Chefgrafiker *Pop-art* = *popular art* (engl.) = „volkstümliche Kunst"
arthr	gr. *arthron*	Glied, Gelenk	*Ar/thralgie* = Gelenkschmerz (gr. *algos* = Schmerz) *Ar/thritis* = Gelenkentzündung (*-itis*, meist an Bezeichnungen für Körperteile angehängt, = -entzündung) *Arthroplastik* = künstliche Bildung eines neuen Gelenks (gr. *plasma* = Gebilde, *plattein* = bilden)
astr	gr. *aster* lat. *astrum*	Stern	*astral* = die Gestirne betreffend *Astromantie* = Wahrsagen aus den Sternen (gr. *manteuein* = wahrsagen) *Astronaut* = „Sternschiffer" (gr. *naus* = Schiff, *nautes* = Seemann)
audi	lat. *audire*	hören	*Audiovision* = Information durch Bild und Ton (lat. *videre* = sehen, *visus* = Anblick) *auditiv* = das Gehör betreffend *Auditorium* = Hörsaal, Zuhörerschaft
aut(o)	gr. *autos*	selbst	*aut/ark* = „sich selbst genügend", wirtschaftlich selbständig (gr. *arkein* = abwehren, helfen; ausreichen, genügen) *autodidaktisch* = sich selbst unterrichtend (gr. *didaskein* = lehren) *Auto(mobil)* = „Selbstbeweger" (lat. *mobilis* = beweglich)
basi	gr. *basis*	Schritt, Grundlage	*basieren* = beruhen, fußen *Basis* = Grundlage, Stützpunkt, Sockel *Basic English* (engl.) = „Grund-Englisch" *Abasie* = Unfähigkeit zu gehen (gr. *a-* = un-)

Wortelement	Herkunft	Bedeutung	Beispiele
bi	lat. *bi-*	zwei, doppel-	*Bi/ennale* = alle zwei Jahre stattfindende Kunstausstellung in Venedig (lat. *annus* = Jahr) *Bigamie* = Doppelehe (gr. *gamein* = heiraten) *bilateral* = zweiseitig (lat. *latus*, Gen. *lateris* = Seite)
biblio	gr. *biblion*	Buch	*Bibliographie* = Bücher-, Quellenverzeichnis (gr. *graphein* = schreiben) *Bibliophile* = Liebhaber wertvoller Bücher (gr. *philos* = Freund) *Bibliothek* = Bücherei (gr. *theke* = Aufbewahrungsort)
bio	gr. *bios*	Leben	*Biogenese* = Entwicklung(sgeschichte) der Lebewesen (gr. *genesis* = Abstammung) *Biographie* = Lebensbeschreibung (gr. *graphein* = schreiben) *Biologie* = „Lebenskunde" (*-logie* aus gr. *logos* = Lehre von...)
bon	lat. *bonus*	gut	*Bonifikation* = Vergütung, Gutschrift (lat. *facere* = machen) *Bonität* = guter Ruf im Hinblick auf Zahlungsfähigkeit *Bonus* = Sondervergütung
chol	gr. *chole*	Galle	*Cholera* = „Gallenbrechdurchfall" *Cholesterin* = Hauptbestandteil der Gallensteine (gr. *stear* = Fett) *Melancholie* = Schwermut, „Schwarzgalligkeit" (gr. *melas*, Gen. *melanos* = schwarz)
chir(o)	gr. *cheir*, Gen. *cheiros*	Hand	*Chiromantie* = Handlesekunst (gr. *manteuein* = weissagen) *Chiropraktik* = manuelles Einrenken verschobener Wirbel und Bandscheiben (gr. *praktike* = Lehre vom Tun und Handeln) *Chir/urg* = Operateur (altgr. *cheirowergos* = wer mit der Hand arbeitet; gr. *ergon* = Werk; wörtlich: Handwerker)
chron	gr. *chronos*	Zeit	*chronisch* = langsam verlaufend (von Krankheiten) *Chronist* = Geschichtsschreiber *asynchron* = nicht gleichzeitig, nicht mit gleicher Geschwindigkeit laufend (gr. *a-* = un-, *syn-* = gleich, zusammen)
daktylo	gr. *daktylos*	Finger	*daktylieren* = in der Finger- und Gebärdensprache der Taubstummen reden

Wortelement	Herkunft	Bedeutung	Beispiele
			Daktylitis = Fingerentzündung (*-itis* = -entzündung) *Daktylographin* = schweizerisch: Maschinenschreiberin (gr. *graphein* = schreiben)
dat	lat. *dare* *datum*	geben das Gegebene	*Dativ* = 3. Fall, „Gebefall", vgl. S. 199 *Datum* = Zeitangabe, Tag, die „gegebene Zeit" *Daten* = fest umrissene Angaben *Datei* = Kurzwort aus *Daten* + *Kartei*
deka	gr. *deka*	zehn	*Deka* = österreichische Kurzform von *Dekagramm* = 10 g *Dekade* = 10 Tage, 10 Stück *Dekan* = Superintendent, Vorsteher einer Fakultät (ursprünglich: „Führer von 10 Mann")
demo	gr. *demos*	Volk	*Demographie* = Beschreibung der wirtschafts- und sozialpolitischen Bevölkerungsbewegung (gr. *graphein* = schreiben) *Demokratie* = „Volksherrschaft" (gr. *kratein* = herrschen) *Demo/skopie* = Meinungsumfrage (gr. *skopein* = schauen)
dendr(o)	gr. *dendron*	Baum	*dendritisch* = verzweigt, verästelt *Dendrochronologie* = Jahresringforschung (gr. *chronos* = Zeit) *Philodendron* = eine Zier- und Kletterpflanze („Baumfreund", gr. *philos* = Freund)
dent(i)	lat. *dens*, Gen. *dentis*	Zahn	*Dental* = Zahnlaut (*d* und *t*) *Dentist* = früher: Zahntechniker mit Fachschulausbildung *Dentologie* = Zahnheilkunde
derm, dermato	gr. *derma*, Gen. *dermatos*	Haut	*Dermatologe* = Hautarzt *Dermatose* = Hautkrankheit *Epidermis* = Oberhaut
dextr(o)	lat. *dexter*	rechts	*dextrogyr* = die Ebene des polarisierten Lichts im Uhrzeigersinn drehend, nach rechts (gr. *gyros* = Kreis) *Dextrose* = Traubenzucker (wegen der rechtsdrehenden Wirkung des *Dextrins* auf die Ebene des polarisierten Lichts) *Dextropur* = Präparat aus reinem Traubenzucker (lat. *purus* =rein) *Dextrokardie* = Lagerung des Herzens auf der rechten Körperseite (gr. *kardia* = Herz)

Wortelement	Herkunft	Bedeutung	Beispiele
dez	lat. *decem*	zehn	*Dezẹmber* = 10. Monat, weil das römische Jahr bis ins zweite vorchristliche Jahrhundert von März bis Februar zählte *Dezẹnnium* = Zeitraum von 10 Jahren (lat. *annus* = Jahr) *dezimie̲ren* = ursprünglich: „jeden Zehnten töten", heute: stark vermindern
di	gr. *dis*	zweimal, doppel-	*dichromạtisch* = zweifarbig (gr. *chroma* = Farbe) *Di/phtho̲ng* = Zwielaut wie *au, eu* (gr. *phthongos* = Ton, Laut) *Dipol/antenne* = Antennenanordnung mit zwei gleichen, elektrisch leitenden Teilen
didakt	gr. *didaskein* *didaktikos*	lehren belehrend	*Didạktik* = Unterrichtslehre *Didạcta* = Name der Lehrmittelmesse *Autodidạkt* = wer sich sein Wissen selbst erworben hat (gr. *autos* = selbst)
dikt	lat. *dicere* *dictare*	sagen vorsprechen, vorschreiben, aufzwingen	*Diktạt* = Nachschrift *Diktatu̲r* = Gewaltherrschaft *Diktio̲n* = Ausdrucksweise
divid, divis	lat. *dividere* *divisio*	teilen Teilung	*Dividẹnde* = der auf eine Aktie entfallende Anteil am Reingewinn *Divisio̲n* = Teilung und militärische Abteilung *individuẹll* = von betonter Eigenart (lat. *individuus* = unteilbar)
dokt	lat. *docere* *doctus*	lehren gelehrt	*Dọktor* = eigentlich „Lehrer" *Doktrịn* = Lehrsatz, Grundsatzerklärung, z. B. Hallstein-, Breschnew-Doktrin (lat. *doctrina* = Unterricht, Wissenschaft) *indoktrinie̲ren* = massiv im Sinne einer politischen Doktrin beeinflussen (frz. *endoctriner*)
dom	lat. *domus*	Haus	*Dọm* = eigentlich „Haus der Kirchengemeinde" *(domus ecclesiae)* *Domestịk* = „Hausangestellter", früher: Dienstbote *domestizie̲ren* = wildlebende Tiere zu Haustieren zähmen
domin	lat. *dominus*	(Haus-)Herr	*Dọmina* = „Hausherrin"; Prostituierte mit masochistischer Kundschaft *Dominạnte* = vorherrschendes Merkmal *dominie̲ren* = beherrschen, vorherrschen
du(o)	lat. *duo*	zwei	*Du̲o* = Musikstück für zwei verschiedene Instrumente

Wortelement	Herkunft	Bedeutung	Beispiele
			Duodezimalsystem = Zwölfersystem (lat. *duodecim* = „zwei-zehn" = zwölf) *Duodenum* = Zwölffingerdarm
dukt	lat. *ducere*	führen	*Ductus* = in der Medizin: Ausführungsgang der Drüsen; Verbindung *Duktus* = Linienführung der Schriftzeichen, Charakter einer Handschrift *Viadukt* = Talbrücke, Überführung (lat. *via* = Weg, Straße)
dupl	lat. *duplex*	doppelt	*Duplikat* = Zweitausfertigung, Doppel *duplizieren* = verdoppeln *Duplizität* = zufälliges Zusammentreffen zweier sehr ähnlicher Ereignisse; Zweideutigkeit
dyna	gr. *dynasthai*	können, mächtig sein	*dynamisch* = aktiv, schwungvoll *Dynamo* = Vorrichtung zur Umwandlung mechanischer Energie in elektrische *Dynastie* = Herrschergeschlecht
ego	lat. *ego*	ich	*Egoismus* = Ichsucht *egozentrisch* = sich selbst in den Mittelpunkt stellend (lat. *centrum* = Mittelpunkt) das *Alter ego* = „das andere Ich", vgl. S. 695
erg(o)	gr. *ergon*	Werk, Arbeit	*Ergonomie* = Arbeitswissenschaft *Ergotherapeutin* = Beschäftigungstherapeutin (gr. *therapeia* = Behandlung, Heilung) *Energie* = Tatkraft (gr. *energeia*)
eu	gr. *eu*	gut	*Eugenik* = Lehre von der Erbgesundheit (gr. *genos* = Geschlecht) *Eukalyptus* = „der Wohlverhüllte", nach den haubenartig geschlossenen Blütenkelchen des Baumes (gr. *kalyptein* = verhüllen) *Euphemismus* = beschönigende Umschreibung (gr. *pheme* = Sprache, Wort)
extrem	lat. *extremus*	äußerst	*Extremist* = Vertreter einer äußersten Richtung, Radikaler *Extremitäten* = Gliedmaßen; „die äußersten Enden des Körpers"
fac(t)	lat. *facere*	machen	*Fakt(um)* = nachweisbare Tatsache (lat. *factum* = gemacht, getan) *Faktotum* = jemand, der alle nur möglichen Arbeiten und Besorgungen verrichtet (lat. *fac totum!* = mach alles!) *Fazit* = Ergebnis, Schlußfolgerung (lat. *facit* = es macht)

Wortelement	Herkunft	Bedeutung	Beispiele
fama	lat. *fama*	Gerücht, Ruf	*Fama* = Gerücht, Nachrede *famos* = großartig, herrlich (lat. *famosus* = viel besprochen, berühmt, berüchtigt) *diffamieren* = verleumden (aus lat. *dis-famare*)
fin, fina	lat. *finis* *finalis*	Ende, Zweck am Ende	*Finale* = Schlußstück, Endspiel *finaler Rettungsschuß* = Todesschuß *Finalität* = Zweckbestimmtheit *infinites Verb* = Verbform ohne Konjugationsendung = Grundform oder Partizip
firm	lat. *firmus*	fest, stark, zuverlässig	*Firma* = (Name eines) Unternehmen(s), ursprünglich: bindende Unterschrift eines Geschäftsinhabers unter einen Vertrag *Firmament* = Himmelsgewölbe, „der über der Erde befestigte Himmel" *konfirmieren* = einsegnen, im Glauben „festmachen", bestärken (lat. *con-* = mit, zusammen)
fix	lat. *fixus*	fest, angeheftet	*Fixstern* = scheinbar feststehender Stern *Kruzifix* = Bild des „ans Kreuz Gehefteten" (lat. *crux*, Gen. *crucis* = Kreuz) *Präfix* = Vorsilbe, „vorn angeheftet"
flect, flex	lat. *flectere* *flexus*	beugen gebeugt	*flektieren* = ein Wort abwandeln, es deklinieren oder konjugieren *Flexion* = Abwandlung eines Wortes *inflexibel* = unbiegsam, unelastisch, nicht flektierbar (lat. *in-* = un-)
flu(c)	lat. *fluere* *fluctus*	fließen Welle, Woge	*Fluid* = flüssiges Mittel *Fluktuation* = Schwanken, Wechsel *Fluor* = Ausfluß
frag, frak	lat. *frangere* *fractus*	brechen gebrochen	*fragil* = zerbrechlich *Fraktion* = (Bruch-)Teil einer Partei, Gesamtheit ihrer Vertreter im Parlament *Fraktur* = Knochenbruch
fung, funkt	lat. *fungi* *functio*	verrichten Verrichtung	*fungibel* = beliebig einsetzbar *fungieren* = ein Amt verwalten *Funktionär* = Amtsträger
fusio	lat. *fusio*	Verschmelzung	*Fusion* = „Verschmelzung" zweier Unternehmen *Konfusion* = Verwirrung (lat. *con-* = mit, zusammen) *Transfusion* = Blutübertragung (lat. *trans* = hinüber)
galakt	gr. *gala*, Gen. *galaktos*	Milch	*Galak/tor/rhöe* = Milchfluß, vermehrte Milchabsonderung (gr. *rhein* = fließen)

Wortelement	Herkunft	Bedeutung	Beispiele
			Galaktose = Zuckerart, die bei der Spaltung des Milchzuckers entsteht *Galaxis* = Milchstraße
gam	gr. *gamos*	Ehe	*Bigamist* = wer in Doppelehe lebt (lat. *bi-* = zwei-, *bis* = zweimal) *Monogamie* = Einehe (gr. *monos* = allein) *polygam* = in Vielehe lebend (gr. *polys* = viel)
gastr(o)	gr. *gaster*, Gen. *gastros*	Magen	*Gastro/enteritis* = Magen-Darm-Katarrh (gr. *enteron* = Darm, *-itis* = -entzündung) *Gastronom* = Chefkoch und Wirt eines Feinschmeckerlokals (*-nom* = svw. Sachverständiger) *Ga/stro/skopie* = Magenspiegelung (gr. *skopein* = schauen)
gen	gr. *gennan* *genos* *gignesthai*	erzeugen Geburt entstehen	*Gen* = Träger der Erbsubstanz *Generator* = Stromerzeuger *karzinogen* = krebsauslösend (gr. *karkinos* = Krebs)
geo	gr. *ge* oder *gaia*	Erde	*Geographie* = Erdkunde, „Erdbeschreibung" (gr. *graphein* = schreiben) *Geo/id* = erdähnlicher Körper (*-id* = -ähnlich, -artig) *Geometer* = Landvermesser (gr. *metron* = Maß)
ger, geront	gr. *geron*, Gen. *gerontos*	Greis	*Ger/ia/trie* = Altersheilkunde (gr. *iatros* = Arzt) *Gerontokratie* = Herrschaft eines Rates der Alten (gr. *kratein* = herrschen) *Gerontologie* = Alternsforschung (gr. *logos* = Lehre)
glob	lat. *globus*	Kugel	*Globus* = Erdkugel (Plural: *Globen*) *global* = weltweit, gesamt *Globalsumme* = (ungefähre) Gesamtsumme *Hämoglobin* = Blutfarbstoff (nach den kugelförmigen roten Blutkörperchen; gr. *haima* = Blut)
gloss, glott	gr. *glossa*, *glotta*	Zunge, Sprache	*Glosse* = Worterklärung, Randbemerkung, bissiger Kurzkommentar *Glossolalie* = unverständliches Sprechen (lat. *lalia* = Geschwätz) *Glottis* = Stimmapparat, Stimmritze (Pl. *Glottides*)
gon(o), gonio	gr. *gonia*	Winkel, Ecke	*Gonioskopie* = Untersuchung des Augenkammerwinkels durch Ausleuchten (gr. *skopein* = schauen) *Trigonometrie* = Dreieckslehre (gr. *treis* = drei, *metrein* = messen)

Wortelement	Herkunft	Bedeutung	Beispiele
			Pentagon = Fünfeck (gr. *pente* = fünf; das US-Verteidigungsministerium hat einen fünfeckigen Grundriß)
gramm(a)	gr. *gramma*	Schriftzeichen	*Grammophon* = Apparat, der Gesprochenes aufzeichnet (gr. *phonein* = tönen, sprechen) *Stenogramm* = in Kurzschrift Geschriebenes (gr. *stenos* = eng) *Telegramm* = telegrafisch übermittelte Nachricht (gr. *tele* = weit, fern)
graph	gr. *graphein*	schreiben	*Grafiker* = (Schriften-)Zeichner *Graphit* = Form des reinen Kohlenstoffs, die für Schreibminen verwendet wird; der Bleistift ist eigentlich ein Graphitstift *Graphologie* = Handschriftendeutung (*-logie* aus gr. *logos* = Lehre von ...)
grat	lat. *gratia* *gratus*	Dank dankbar, willkommen	*Gratias* = Dankgebet nach Tisch *gratis* = um den bloßen Dank, unentgeltlich *Gratifikation* = Sonderzuwendung *gratulieren* = beglückwünschen (lat. *gratulari* = Glück wünschen)
gravi	lat. *gravis*	schwer	*Gravidität* = Schwangerschaft *Gravitation* = Schwerkraft *gravitätisch* = würdevoll (eigentlich: belastet durch Würde)
gymn	gr. *gymnos*	nackt	*Gymnastik* = Leibesübungen (die alten Griechen waren dabei unbekleidet) *Gymnasium* = Oberschule mit Abitur (ursprünglich: Turnhalle) *Gymnospermen* = Nacktsamer (gr. *sperma* = Samen)
gyn, *gynäk*	gr. *gyne,* Gen. *gynaikos*	Frau	*Gynäkologe* = Frauenarzt *androgyn* = zwittrig (gr. *andros* = Mann) *Misogyn* = Frauenhasser (gr. *misein* = hassen)
hal(o)	gr. *hals,* Gen. *halos*	Salz	*Halit* = Steinsalz, Salzgestein (gr. *lithos* = Stein) *Halogen* = salzbildender chemischer Grundstoff (gr. *gennan* = erzeugen) *Halophyt* = auf Salzboden wachsende Pflanze (gr. *phyton* = Pflanze) Ortsnamen wie *Hall, Halle, Hallein, Friedrichshall* weisen auf Salzvorkommen
hämo	gr. *haima*	Blut	*Hämolyse* = Auflösung der roten Blutkörperchen (gr. *lyein* = lösen)

Wortelement	Herkunft	Bedeutung	Beispiele
			Hämor/rhoiden = knotenförmig erweiterte, zuweilen blutende Mastdarmvenen, „Blutfluß" (gr. *rhein* = fließen) *Olig/ämie* = akute Blutarmut infolge starker Blutungen (gr. *oligos* = wenig)
heka, hekt(o)	gr. *hekaton*	hundert	*Hekatombe* = ursprünglich ein Opfer von 100 Stieren, später jedes große Opfer; Verluste im Krieg *hektographieren* = vervielfältigen, eigentlich: „verhundertfachen" (gr. *graphein* = schreiben) *Hektoliter* = 100 l
heli(o)	gr. *helios*	Sonne, Licht	*heliophob* = „die Sonne fürchtend", schattigen Lebensraum bevorzugend (von Pflanzen und Tieren; gr. *phobos* = Furcht) *Heliotherapie* = Heilbehandlung mit Sonnenlicht (gr. *therapeia* = Behandlung, Heilung) *heliotrop* = phototrop, lichtwendig (von Pflanzen; gr. *trepein* = wenden) *Helium* = Edelgas, das zuerst durch Spektralanalyse auf der Sonne nachgewiesen wurde
hemi	gr. *hemi*	halb	*Hemialgie* = halbseitiger Kopfschmerz (gr. *algos* = Schmerz) *Hemiplegie* = Halbseitenlähmung (gr. *plessein* = schlagen) *hemizyklisch* = halbkreisförmig (gr. *kyklos* = Kreis)
hepta	gr. *hepta*	sieben	*Heptaeder* = Siebenflächner (gr. *hedra* = Fläche) *Heptan* = Kohlenwasserstoff mit sieben Kohlenstoffatomen *Heptateuch* = die ersten sieben Bücher des Alten Testaments (gr. *teuchos* = Rüstzeug, Buch)
hetero	gr. *heteros*	der andere	*Heterochromie* = verschiedene Färbung, z. B. der Iris der Augen (gr. *chroma* = Farbe) *Heterodoxie* = Irrglaube (gr. *doxa* = Glaube, Meinung) *heterogen* = „anders entstanden", ungleicher Herkunft (gr. *gignesthai* = werden, entstehen)
hex(a)	gr. *hex*	sechs	*hexagonal* = sechseckig (gr. *gonia* = Winkel) *Hexameter* = „Sechsmaß", Vers mit 6 Versfüßen (gr. *metron* = Maß) *Hexan* = Kohlenwasserstoff mit 6 Kohlenstoffatomen (Bestandteil des Benzins)
hippo	gr. *hippos*	Pferd	*Hippodrom* = Reitbahn (gr. *dromos* = Lauf) *Hippopotamus* = Flußpferd (gr. *potamos* = Fluß) *Hippotherapie* = Behandlung von Behinderungen durch Reiten

Wortelement	Herkunft	Bedeutung	Beispiele
hom(o)	gr. *homos*	gleich	*homogen* = gleichartig, von gleicher Herkunft (gr. *gignesthai* = werden, entstehen) *Hom/onyme* = gleichlautende Wörter mit verschiedener Bedeutung, z. B. *hast/Hast* (gr. *onoma, onyma* = Name) *homosexuell* = gleichgeschlechtlich empfindend (lat. *sexus* = Geschlecht)
hospi(t)	lat. *hospes*	Gast	*Hos/pital, Spital* = Krankenhaus *hos/pitieren* = als Gast an einer Unterrichtsstunde teilnehmen *Hos/piz* = christlich geführtes Fremdenheim Verwandt mit *hospes* sind auch *Hotel* und *Hostess*
human	lat. *humanus*	menschlich	*Humanität* = Menschlichkeit *Humanmedizin* = Medizin, soweit sie sich mit dem Menschen befaßt; Ggs. = *Veterinärmedizin* *Human Relations* (engl.) = „menschliche Beziehungen", Pflege des Betriebsklimas (lat. *relatio* = Beziehung)
hydr(o)	gr. *hydor*	Wasser	*Hydrant* = Zapfstelle zur Wasserentnahme aus Rohrleitungen *hydraulisch* = mit Flüssigkeitsdruck arbeitend *Hydrokultur* = Kultivierung von Pflanzen in Nährlösung statt in Erde
hypno	gr. *hypnos*	Schlaf	*Hypnose* = schlafähnlicher Bewußtseinszustand *Hypnosie* = krankhafte Schläfrigkeit *Hypnotikum* = Schlafmittel
iat(e)r	gr. *iatros*	Arzt	*iatrogene Krankheiten* = durch ärztliche Kunstfehler entstandene Krankheiten (gr. *gignesthai* = werden, entstehen) *Päd/iatrie* = Kinderheilkunde (gr. *pais*, Gen. *paidos* = Kind) *Psych/iater* = „Seelenarzt" (gr. *psyche* = Seele)
idio	gr. *idios*	eigen, selbst, besonders	*Idiolatrie* = „Selbstvergötterung" (gr. *latreia* = Gottesverehrung) *Idiolekt* = Individualsprache; die Sprache des einzelnen mit ihren Besonderheiten in Wortwahl, Aussprache, Satzfügung (gr. *legein* = auswählen, lesen) *idior/rhythmisch* = nach eigenem (Lebens-)Maß (gr. *rhythmos* = Takt)
ikon(o)	gr. *eikon*	Bild	*Ikone* = Kultbild der Ostkirche *Ikonolatrie* = Bilderverehrung (gr. *latreia* = Gottesverehrung)

Wortelement	Herkunft	Bedeutung	Beispiele
			Ikono / skop = speichernde Fernsehaufnahmeröhre (gr. *skopein* = schauen)
imag	lat. *imago*	Traumbild	*imaginär* = nur in der Einbildung existierend *Imagination* = Einbildungskraft, Phantasie *Image* (engl.) = Bild von jemand oder etwas in der öffentlichen Meinung
-ismus	gr.-lat.	Ableitungssilbe für ein System	*Calvinismus* = von Johann Calvin (1509–1564) ausgelöste Reformationsbewegung *Kubismus* = von geometrischen, würfelartigen Formen geprägte Richtung der Malerei zu Beginn des 20. Jahrhunderts (lat. *cubus* = Würfel) *Sozialismus* = dem *Kapitalismus* entgegengesetztes Gesellschaftssystem (lat. *socius* = Bundesgenosse)
iso	gr. *isos*	gleich	*Isobare* = Linie, die Orte gleichen Luftdrucks verbindet (gr. *baros* = Schwere) *iso / ma / gne / tisch* = gleiche erdmagnetische Werte aufweisend *isometrisch* = „gleichen Maßes", maßstabgetreu, längengerecht (gr. *metron* = Maß)
-itis	gr.	-entzündung	*Adnexitis* = Entzündung der seitlichen Anhänge der Gebärmutter: Eierstock-, Eileiterentzündung (lat. *annectere* = anhängen; *Annex* = Anhang) *Appendizitis* = Blinddarmentzündung (lat. *appendix*, Gen. *appendicis* = Anhängsel, hier: Wurmfortsatz; lat. *pendere* = hängen) *Ga / stritis* = Magenschleimhautentzündung (gr. *gaster* = Bauch, Magen)
jus, *jur*	lat. *ius,* Gen. *iuris,* Pl. *iura*	Recht	*Justiz* = Rechtswesen, Rechtspflege *Jura* = Rechtswissenschaft als Studienfach *Jurisdiktion* = Rechtsprechung (lat. *dicere* = sagen, sprechen)
kad	lat. *cadere*	fallen	*Kadenz* = in der Phonetik: Stimmabfall am Satzende *dekadent* = im Verfall *Kaskade* = Wasserfall
kako	gr. *kakos*	schlecht	*Kakographie* = fehlerhafte Schreibweise; Ggs.: *Orthographie* (gr. *graphein* = schreiben) *Kakophonie* = Mißklang; Ggs.: *Euphonie* (gr. *phonein* = tönen, sprechen) *Kako / stomie* = übler Mundgeruch (gr. *stoma* = Mund)

Wortelement	Herkunft	Bedeutung	Beispiele
kant	lat. *cantare*	singen	*Kantate* = Gesangstück *Kantor* = Leiter des Kirchenchors, Organist *Diskant* = höchste Stimmlage; eigentlich „Gegengesang" (lat. *dis-* = auseinander, entgegen)
kapital	lat. *caput*	Haupt	*Kapital* = Vermögen(sstamm) *Kapitale* = Hauptstadt *Kapitalverbrechen* = schweres Verbrechen (Mord)
karb(o)	lat. *carbo*	Kohle	*Karbid* = Calcium-Kohlenstoff-Verbindung *Karbonade* = Kotelett oder Rostbraten; eigentlich: „auf Kohle geröstetes Fleisch" *Karbonpapier* = Kohlepapier
kardi(o)	gr. *kardia*	Herz	*Kardiograph* = Gerät zum Aufzeichnen der Herzschwingungen (gr. *graphein* = schreiben) *Kardiologe* = Herzspezialist *kardiovaskulär* = Herz und Gefäße betreffend (lat. *vasculum* = kleines Gefäß)
kilo	gr. *chilioi*	tausend	*Kilogramm* = 1000 g *Kilometer* = 1000 m *Kilowatt* = 1000 W
kin(e)	gr. *kinein* *kinema*	bewegen Bewegung	*Kin / äs / the / sie* = Bewegungsgefühl, Muskelempfindung (gr. *aisthanesthai* = wahrnehmen) *kine / tisch* = auf die Bewegung bezüglich *Kino* aus *Kinematograph* = „Bewegungsschreiber" (gr. *graphein* = schreiben)
klaus(u), *klaustro*	lat. *clausus* *claustrum*	geschlossen geschlossener Raum	*Klause* = Einsiedelei, verwandt mit *Kloster*, *Klosett* *Klausel* = Vorbehalt in Verträgen (lat. *clausula* = abschließender Satz) *Klaustrophobie* = Angst vor dem Aufenthalt in geschlossenen Räumen (gr. *phobos* = Furcht) *Klausurtagung* = Tagung in „geschlossener Gesellschaft"
kolor	lat. *color*	Farbe	*kolorieren* = farbig ausmalen *Kolorimeter* = Gerät zur Bestimmung der Konzentration farbiger Lösungen (gr. *metrein* = messen) *Kolorit* = Farbgebung, Farbwirkung *colour* (engl.), *couleur* (frz.) = Farbe
-kratie	gr. *kratein*	herrschen	*Aristokratie* = „Herrschaft der Besten" (gr. *aristo* = sehr gut, best) *Bürokratie* = Beamtenapparat *Plutokratie* = „Herrschaft der Reichen" (*Pluton* = Gott des Reichtums)

Wortelement	Herkunft	Bedeutung	Beispiele
krypt(o)	gr. *kryptos*	verborgen	*Krypta* = Gruft in romanischen Kirchen *Krypten* = verborgene Einbuchtungen in den Rachenmandeln *Kryptogramm* = Verstext mit verborgener Nebenbedeutung (gr. *graphein* = schreiben)
labor	lat. *laborare*	arbeiten	*Labor(atorium)* = eigentlich „Arbeitsraum" *Elaborat* = schriftliche „Ausarbeitung", Zusammengeschriebenes (abwertend) (lat. *ex, e-* = aus) *kollaborieren* = mit einer Besatzungsmacht „zusammenarbeiten" (lat. *con-* = zusammen)
lakt(o)	lat. *lac*, Gen. *lactis*	Milch	*Laktobakterien* = Milchsäurebakterien *Laktose* = Milchzucker *laktovegetabile Kost* = Kost aus pflanzlichen Nahrungsmitteln, Milch und Milchprodukten (lat. *vegetare* = wachsen, gedeihen; verwandt damit *vegetarisch*, engl. *vegetable* = Gemüse)
lapid	lat. *lapis*, Gen. *lapidis*	Stein	*lapidar* = gedrängt, knapp im Ausdruck, „in Stein gehauen" *Lapidarium* = Skulpturensammlung *Lapislazuli* = blauer Schmuckstein (mittellat. *lazurium* = Blau)
laryng, laryngo	gr. *larynx*, Gen. *laryngos*	Kehlkopf	*Laryngal* = Kehlkopflaut *Laryng/ektomie* = operative Entfernung des Kehlkopfs (gr. *ek* = aus... heraus, *tome* = Schnitt) *Laryngo/skopie* = Kehlkopfspiegelung (gr. *skopein* = schauen)
later	lat. *later*, Gen. *lateris*	Seite	*lateral* = seitlich *Lateralinfarkt* = Infarkt im Bereich der vorderen und hinteren Herzkammer (lat. *infartus*, neulat. *infarctus* = hineingestopft) *unilaterale Verpflichtungen* = einseitige Verpflichtungen (lat. *unus* = ein einzelner)
leg	lat. *lex*, Gen. *legis*	Gesetz	*legal* = gesetzlich *Legislaturperiode* = Gesetzgebungsperiode *illegitim* = unrechtmäßig, außerehelich (lat. *in-* = un-)
leuk(o)	gr. *leukos*	weiß, hell	*Leukämie* = Weißblütigkeit (gr. *haima* = Blut) *Leukoplast* = Heftpflaster mit heller Innenseite (gr. *emplastron* = Pflaster) *Leukozyten* = weiße Blutkörperchen; *-zyt* = Zelle (gr. *kytos* = Höhlung, Urne)

Wortelement	Herkunft	Bedeutung	Beispiele
liber	lat. *liber*	frei	*Liberaldemokraten* = Freie Demokraten *Libero* = „freier Mann": Abwehrspieler ohne direkten Gegenspieler *Libertinismus* = ausschweifende Lebensweise engl. *liberty*, frz. *liberté* = Freiheit
lim	lat. *limes*	Grenze	*Limes* = römischer Grenzwall *Limit* = Begrenzung hinsichtlich Zeit und Zahl *limitieren* = begrenzen
liqu	lat. *liquid liquor*	flüssig Flüssigkeit	*liquide* = zahlungsfähig, über flüssige Mittel verfügend *liquidieren* = eine Firma auflösen (lat. *liquidare* = flüssig machen) *Liquor* = seröse Körperflüssigkeit; flüssiges Arzneimittel
lith(o)	gr. *lithos*	Stein	*Lithographie* = Kunstblatt in Steindruck *Cholelith* = Gallenstein (gr. *chole* = Galle) *Neolithikum* = Jungsteinzeit (gr. *neos* = neu, jung)
-log	gr. *logos*	Wort, Sprache	*Dialog* = „Unterredung, Gespräch", eingeengt auf: Zwie-, Wechselgespräch (gr. *dialogos* = Unterredung) *Katalog* = Verzeichnis (gr. *katalegein* = aufzählen, hersagen) *Monolog* = Selbstgespräch (gr. *monos* = allein)
-logie	gr. *logos*	Wort, Sprache, Vernunft, Rechenschaft, -kunde, -lehre	*Mythologie* = „Sagenkunde"; Wissenschaft, die sich mit der Sammlung und Erforschung der Mythen befaßt (gr. *mythos* = Sage, Erzählung) *Urologie* = Lehre von der Erkrankung der Harnorgane (gr. *ouron* = Harn) *Zoologie* = Tierkunde (gr. *zoon* = Lebewesen)
lok	lat. *locus*	Ort, Platz, Stelle	*Lokal* = „Örtlichkeit", Gastwirtschaft *lokalisieren* = „örtlich festlegen" *Lokomotive* = Maschine, die sich „von der Stelle bewegt" (lat. *movere* = bewegen)
lux, *luc*	lat. *lux,* Gen. *lucis*	Licht	*Lux* = Einheit der Beleuchtungsstärke *Luzerne* = Futterpflanze mit hell glänzenden Samen *luzider Stil* = ein klarer, einleuchtender Stil *Luzifer* = Name des Teufels, eigentlich „Lichtbringer", weil er angeblich „wie ein Blitz vom Himmel fällt"
lys, *-lyse*	gr. *lysis*	Lösung	*Lysol* = eine ölige Desinfektionslösung (lat. *oleum* = Öl)

Wortelement	Herkunft	Bedeutung	Beispiele
			Elektrolyse = elektrische Zersetzung chemischer Verbindungen *Paralyse* = Lähmung, eigtl. „Auflösung" (gr. *paralyein* = auflösen)
makr(o)	gr. *makros*	lang, groß	*Makroklima* = Großklima *Makrokosmos* = Weltall *Makromolekül* = Riesenmolekül (aus mindestens 1000 Atomen; frz. *molécule* zu lat. *moles* = Masse)
-manie	gr. *mania*	Sucht, Raserei	*Kleptomanie* = Stehlsucht (gr. *kleptein* = stehlen) *Monomanie* = auf einen Punkt gerichtete Wahnvorstellung (gr. *monos* = einzeln) *Nymphomanie* = übersteigerter Geschlechtstrieb bei Frauen (gr. *nymphe* = Braut; *Nymphen* [medizinisch] = kleine Schamlippen)
mani, manu	lat. *manus*	Hand	*Manipulation* = geschickte Handhabung, Kunstgriff (lat. *manipulus* = eine Handvoll, *plere* = vollmachen, füllen) *manuell* = mit der Hand *Manufaktur* = vorindustrieller größerer Handwerksbetrieb (lat. *facere* = machen)
mater, matri	lat. *mater*	Mutter	*maternisierte Milch* = Milch, die in der Zusammensetzung der Muttermilch angeglichen ist *Matriarchat* = „Mutterherrschaft" (gr. *archein* = herrschen) *Matrize* = bei der Setzmaschine die in einem Metallkörper befindliche Hohlform zur Aufnahme der *Patrize*, von lat. *pater* = Vater (lat. *matrix* = Gebärmutter)
medi(o)	lat. *medius*	mittel-	*medial* = in der Anatomie: zur Mitte hin gerichtet, Ggs. *lateral* *mediäval* = mittelalterlich (lat. *aevum* = Zeitalter) *Mediokrität* = Mittelmäßigkeit (lat. *mediocris* = mittelmäßig)
mega(lo)	gr. *megas*, Gen. *megalou*	groß	*Megalith* = „großer Stein" aus vorgeschichtlichen Grabbauten (gr. *lithos* = Stein) *Megalomanie* = „Größenwahn" (gr. *mania* = Sucht) *Megaphon* = Schallverstärker (gr. *phonein* = tönen)
melan(o)	gr. *melanos*	schwarz	*Melanchthon* = gräzisierte Form des Namens *Schwarzert* = schwarze Erde (gr. *chthon* = Erde; Philipp Melanchthon, 1497–1560)

Wortelement	Herkunft	Bedeutung	Beispiele
			Melanie (Vorname) = „die Dunkelfarbige, Schwarze"
			Melanom = braune bis blauschwarze, meist bösartige Hautgeschwulst (*-om* in der Medizin = -geschwulst)
mes(o)	gr. *mesos*	in der Mitte von	*Mesolithikum* = Mittelsteinzeit (gr. *lithos* = Stein)
			Mesopotamien = „Zwischenstromland" zwischen Euphrat und Tigris (gr. *mesopotamos* = zwischen zwei Flüssen liegend)
			Mesozoikum = Erdmittelalter (gr. *zoon* = Lebewesen, Tier)
metr,	gr. *metrein*	messen	*Metrik* = Lehre von den Versmaßen
metro	*metron*	Maß	*Metronom* = Taktgeber (gr. *nemein* = zuteilen)
			Tachometer = Geschwindigkeitsmesser (gr. *tachos* = Geschwindigkeit)
mikro	gr. *mikros*	klein	*Mikroben* = Kleinstlebewesen, *Mikroorganismen*
			mikrobizid = Mikroorganismen tötend, entkeimend (*-zid* = tötend, Tötung, aus lat. *caedere* = töten)
			Mikrokosmos = Welt der Kleinlebewesen
mill(i)	lat. *mille*	tausend	*Millefleurs* (frz.) = „1000 Blumen", Name für Stoffe mit Streublümchenmuster
			Milliarde = 1000 Millionen
			Millimeter = ¹⁄₁₀₀₀ Meter
mini	lat. *minimus*	der kleinste	*Miniatur* = Kleinmalerei
			Minigolf = Kleingolf
			minimieren = verringern
mobil	lat. *mobilis*	beweglich	*Mobiliar* = bewegliche Habe: *Möbel*
			Mobilmachung = Einberufung der Reserve
			Immobilien = „unbewegliches" Vermögen (Gebäude, Grundstücke; lat. *in-, im-* = un-)
mono	gr. *monos*	einzeln, allein	*Mon / okel* = Augenglas für nur ein Auge (lat. *oculus* = Auge)
			Monopol = alleiniges Verkaufsrecht (gr. *polein* = verkaufen)
			monoton = eintönig (gr. *teinein* = spannen)
morph	gr. *morphe*	Gestalt	*Morphem* = kleinste bedeutungstragende Einheit in der Sprache, z. B. *ab* in *abfahren*
			Metamorphose = Verwandlung, Änderung der Gestalt (gr. *meta* = zwischen, nach, hinüber)
			polymorph = viel-, verschiedengestaltig (innerhalb einer Art von Organismen; gr. *polys* = viel)

Wortelement	Herkunft	Bedeutung	Beispiele
multi	lat. *multi*	viele	*multilaterale Verträge* = „mehrseitige", zwischen mehr als zwei Staaten geschlossene Verträge (lat. *latus*, Gen. *lateris* = Seite) *multiple Sklerose* = „vielfache" Sklerose: Erkrankung des Gehirns und Rückenmarks unter Bildung zahlreicher Verhärtungsherde (gr. *skleros* = hart, *-ose* = Ableitungssilbe für Krankheitsnamen) *Multiplikation* = „Vervielfachung" (lat. *-plex*, Gen. *-plicis* = -fach)
myo	gr. *mys*, Gen. *myos*	Muskel	*Myokard* = Herzmuskel (gr. *kardia* = Herz) *Myokardinfarkt* = Herzinfarkt (lat. *infartus*, neu-lat. *infarctus* = hineingestopft) *Myom* = gutartige Muskelgeschwulst (*-om* = -geschwulst) *Myotonie* = Muskelkrampf (gr. *tonos* = Spannung)
nau *naut*	gr. *naus* *nautes*, *nautilos*	Schiff Seemann	*Nausea* = Übelkeit, Brechreiz (gr. *nausia* = Seekrankheit) *Nautilus* = erstes amer. Atom-U-Boot, unterfuhr 1958 das Eis am Nordpol *nautische Meile* = Seemeile: 1,85 km
nekr(o)	gr. *nekros*	tot	*Nekrolog* = Nachruf auf einen Verstorbenen (gr. *logos* = Wort, Sprache, Rede, Rechenschaft) *Nekromantie* = Weissagung durch Geister- und Totenbeschwörung (gr. *mantia* = Weissagung) *Nekrose* = Absterben von Gewebe, Brand (gr. *nekrosis* = das Töten)
neo	gr. *neos*	neu	*Neofaschismus* = faschistische Bestrebungen nach dem Zweiten Weltkrieg *Neologismus* = neue, künstliche Wortbildung (gr. *logos* = Wort, Sprache; *-ismus* = Ableitungssilbe für ein System) *Neon* = „neues" Edelgas, entdeckt 1898
nephr(o)	gr. *nephros*	Niere	*Nephritis* = Nierenentzündung (*-itis* = -entzündung) *Nephrom* = eine vom Nierengewebe ausgehende Geschwulst (gr. *-om* = -geschwulst) *Nephro/ptose* = Wanderniere (gr. *ptosis* = das Fallen, der Fall)
neur(o)	gr. *neuron*	Nerv	*neur/algisch* = auf Nervenschmerz beruhend, sehr problematisch, kritisch (gr. *algos* = Schmerz) *Neuro/chir/urgie* = Nervenchirurgie *Neu/rom* = Nervenfasergeschwulst (*-om* = -geschwulst)

Wortelement	Herkunft	Bedeutung	Beispiele
nom(en)	lat. nomen	Name	*Nomen* = Nennwort, Namenwort, Substantiv; daher *Nominalstil* = hauptwörtliche Ausdrucksweise *nominell* = nur dem Namen nach *nominieren* = benennen, jemand namentlich vorschlagen
non	lat. non	nicht	*Non-food-Abteilung* = Abteilung im Supermarkt, die Gebrauchsgüter, aber keine Lebensmittel führt (engl. *food* = Nahrung) *Non / plus / ultra* = das „Nichtmehrdarüberhinaus", das Unübertreffliche (lat. *plus* = mehr, *ultra* = darüber hinaus) *Nonsens* = Unsinn (lat. *sensus* = Sinn)
norm(a)	lat. norma	Regel, Richtschnur	*normativ* = als Norm geltend, maßgebend *abnorm* = vom *Normalen* abweichend, krankhaft *enorm* = außerordentlich (frz. *énorme*, lat. *e-normis* = außerhalb der Norm, ungeheuer)
nov	lat. novus	neu	*Novum* = das Neue, neuer Gesichtspunkt *renovieren* = „wieder neu machen", erneuern (lat. *re-* = wieder) *Innovation* = Entwicklung neuer Ideen, Techniken, Produkte (lat. *in* = ein, hinein)
numer	lat. numerus	Zahl	*Numerale* = Zahlwort *numerieren* = benummern *numerisch* = der Zahl nach, mit Ziffern *Numerus* = Zahlform (Einzahl, Mehrzahl)
-oid	gr.	ähnlich	*faschistoid* = wie ein Faschist *Kristalloid* = kristallähnlicher Körper, Stoff mit kristallähnlicher Struktur *mongoloid* = den Mongolen ähnlich
öko	gr. oikos	Haus	*Ökologie* = Lehre vom Haushalt der Natur (gr. *logos* = Lehre) *Ökonom* = Gutsverwalter; Wirtschaftswissenschaftler (gr. *nomos* = Gesetz) *ökonomisch* = sparsam in der Lebensführung, wirtschaftlich *Ökotrophologin* = Haushalts- und Ernährungswissenschaftlerin (gr. *trophe* = Nahrung, Ernährung)
okt(o)	gr. okto lat. octo	acht	*Oktav* = Buchformat bis 22,5 cm Höhe, bei dem der Druckbogen aus acht Blatt besteht *Oktober* = dem Namen nach nicht der zehnte, sondern der achte Monat, weil das altrömische Jahr mit dem März begann

Wortelement	Herkunft	Bedeutung	Beispiele
			Oktopoden = Achtfüßler, Kraken (gr. *pous*, Gen. *podos* = Fuß)
olig	gr. *oligos*	wenig	*Olig/archie* = Herrschaft einiger weniger, einer privilegierten Minderheit (gr. *archein* = herrschen) *Oligopol* = Marktform, bei der wenige Großanbieter vielen kleinen Nachfragern gegenüberstehen (gr. *polein* = verkaufen) *Olig/urie* = stark verminderte Harnausscheidung (gr. *ourein* = harnen)
-om	gr.	-geschwulst	*Fibrom* = gutartige „Fasergeschwulst" (lat. *fibra* = Faser, *Fiber*) *Karzinom* = Krebsgeschwulst (gr. *karkinos* = Krebs) *Sarkom* = „Fleischgewächs", bösartige Bindegewebsgeschwulst (gr. *sarx*, Gen. *sarkos* = Fleisch)
optim	lat. *optimus*	der beste	*optimal* = bestmöglich *optimieren* = technische und wirtschaftliche Prozesse bestmöglich gestalten *Optimismus* = Lebensfreude, Erwartung des Bestmöglichen
ortho	gr. *orthos*	richtig, gerade, aufrichtig	*orthogonal* = rechtwinklig (gr. *gonia* = Winkel) *Orthographie* = Rechtschreibung (gr. *graphein* = schreiben) *Orthopädie* = eigentlich „Erziehung zu gerader, aufrechter Haltung", Behandlung von Erkrankungen des Bewegungsapparats (gr. *paideia* = Erziehung)
-ose	gr.	Ableitungssilbe für Krankheitsnamen	*Psychose* = seelische Störung (gr. *psyche* = Seele) *Toxikose* = Vergiftung (gr. *toxon* = Pfeil und Bogen, *toxikon* = Gift für die Pfeile) *Tuberkulose* = Schwindsucht (lat. *tuberculum* = kleiner Höcker, Knötchen, vom Tuberkelbazillus hervorgerufen)
osteo	gr. *osteon*	Knochen	*Osteoarthritis* = Knochen- und Gelenkentzündung (gr. *arthron* = Glied, Gelenk, *-itis* = -entzündung) *Osteoplastik* = Knochenplastik, operatives Schließen von Knochenlücken (gr. *plassein* = gestalten, *plastikos* = plastisch) *Osteoporose* = das *Porös*werden der Knochen (gr. *poros* = Durchgang; damit verwandt: *Pore*)
ov(u)	lat. *ovum*	Ei	*oval* = eiförmig *Ovar(ium)* = Eierstock *Ovulation* = Eisprung, Ausstoßen eines reifen Eis

Wortelement	Herkunft	Bedeutung	Beispiele
päd	gr. *pais*, Gen. *paidos*	Knabe, Kind	*Päd/agoge* = Lehrer, Erzieher (gr. *agein* = führen) *Päd/erast* = Knaben zugewandter Homosexueller (gr. *erastes* = Liebhaber) *Pädologie* = Wissenschaft vom Kinde (*-logie* aus gr. *logos* = Lehre)
paläo	gr. *palaios*	alt	*Paläolithikum* = Altsteinzeit (gr. *lithos* = Stein) *Paläolith* = Steinwerkzeug des Paläolithikums *Paläontologie* = Lehre von den Lebewesen der vergangenen Erdperioden (*Ontologie* = Wissenschaft vom Seienden; gr. *on*, Gen. *ontos* = seiend, *logos* = Lehre)
pan(to)	gr. *pan*	all, ganz, gesamt, völlig	*Pan/orama* = Rundblick (gr. *horama* = das Sehen, das Geschaute) *Panslawismus* = Bestrebung, alle slawischen Völker in einem Großreich zu vereinigen *Pantomime* = Gebärden- und Mienenspiel, „alles nachahmend" (gr. *mimeisthai* = nachahmen)
part(i)	lat. *pars*, Gen. *partis*	Teil	*partiell* = teilweise *Partikel* = Redeteilchen wie *wohl, gar* (lat. *particula* = Teilchen) *Partner* = Teilhaber
path	gr. *pathos*	Leid	*pathetisch* = übertrieben leidenschaftlich, salbungsvoll *Allopathie* = mit „gegensätzlichen" Mitteln behandelndes Heilverfahren, Schulmedizin (gr. *allos* = ein anderer) *Homöopathie* = Heilverfahren, das die Bildung von Abwehrstoffen mit Arzneimitteln anregt, die beim Gesunden „ähnliche Krankheiten" hervorrufen (gr. *homoios* = ähnlich)
pat(r)	lat. *pater*	Vater	*Pate* = Taufzeuge, „geistlicher Vater" aus lat. *pater spiritualis* *Paternoster* = „Vaterunser" und an den Rosenkranz erinnernder türloser Umlaufaufzug (lat. *noster* = unser) *Patron* = Schutzherr, Schutzheiliger
pati passi	lat. *pati* *passivus*	dulden, leiden leidend	*Patient* = „der Leidende" *Passiv* = Leideform *passiv* = erduldend
ped	lat. *pes*, Gen. *pedes*	Fuß	*Pedal* = Tretkurbel, Fußhebel *Pediküre* = Fußpflege (lat. *cura* = Sorge) *per pedes* (lat.) = zu Fuß *pesen* = nordd. für rennen, rasen

Wortelement	Herkunft	Bedeutung	Beispiele
pent(a)	gr. pente	fünf	*Pentade* = Zeitraum von fünf Tagen *Pentameter* = fünffüßiger Vers (gr. *metron* = Maß) *Pentekoste* = Pfingsten (50. Tag nach Ostern)
petri, petro	lat. *petra* gr. *petra*	Stein	*petrifizieren* = versteinern, zu Stein werden lassen (lat. *facere* = machen) *Petroglyphe* = Felszeichnung (gr. *glyphein* = einschneiden) *Petroleum* = Erdöl, eigentlich „Steinöl" (lat. *oleum* = Öl) *Petrochemie* = Erdölchemie
pharma, pharmako	gr. *pharmakon*	Heilmittel	*Pharmakon* = Arzneimittel, Pl. *Pharmaka* *Pharmakant* = Facharbeiter in der *Pharma*industrie *Pharmareferent* = Ärztebesucher *Pharmazeut* = Apotheker
phil	gr. *philos*	Freund, lieb	*Phil/atelist* = Briefmarkensammler (gr. *atelis* = steuerfrei) *Phil/ipp* = „Pferdefreund" (gr. *hippos* = Pferd) *Philosophie* = „Liebe zur Weisheit" (gr. *sophia* = Weisheit)
-phobie	gr. *phobos*	Furcht	*Agoraphobie* = Platzangst; zwanghafte Angst, einen freien Platz zu überqueren (gr. *agora* = Marktplatz) *Phonophobie* = krankhafte Furcht eines Stotterers vorm Sprechen *Thanatophobie* = krankhafte Furcht vorm Sterben (gr. *thanatos* = Tod)
phon(o)	gr. *phonein*	tönen	*Phon* = Maß der Lautstärke *Phonodiktat* = auf Tonband gesprochenes Diktat (lat. *dictare* = diktieren) *Telefon* = „Fernsprecher" (gr. *tele* = weit, fern)
photo	gr. *phos*, Gen. *photos*	Licht	*Fotokopie* = „Ablichtung", Vervielfältigung mittels Licht (lat. *copia* = Menge) *Photophobie* = „Lichtscheu", gesteigerte Schmerzempfindlichkeit der Augen (gr. *phobeisthai* = fürchten) *Photozelle* = Vorrichtung, die Lichtschwankungen in Stromschwankungen umwandelt
physi(o)	gr. *physis*	Natur	*Physis* = körperliche Beschaffenheit des Menschen *physisch* = körperlich *Physikum* = Vorexamen der Medizinstudenten „in den Naturwissenschaften" *Physiologie* = Lehre von den Lebensvorgängen

Wortelement	Herkunft	Bedeutung	Beispiele
plex	lat. *plexus*	Geflecht	*plexiform* = geflechtartig (in der Medizin) *Solarplexus* = „Sonnengeflecht", Nervengeflecht im Oberbauch (lat. *solaris* = auf die Sonne bezogen) *komplex* = vielschichtig, verflochten, schwer durchschaubar
pod	gr. *pous*, Gen. *podos*	Fuß	*Podest* = Treppenabsatz, Sockel *Podium* = kleine Bühne, trittartige Erhöhung *Antipode* = „Gegenfüßler": am entgegengesetzten Punkt der Erde Lebender; auf entgegengesetztem Standpunkt Stehender (gr. *anti* = gegen)
poly	gr. *polys*	viel	*polychrom* = bunt (gr. *chroma* = Farbe) *Polyglotte* = einer, der viele Sprachen beherrscht (gr. *glotta* = Zunge, Sprache) *Polyp* = gutartige, gestielte Geschwulst der Schleimhäute (lat. *polypus* = „Vielfuß" nach dem Meerpolypen: Tintenfisch, Krake)
prim	lat. *primus*	der erste	*Primadonna* = „Erste Dame", Darstellerin der weiblichen Hauptpartie in der Oper (it. *donna* von lat. *domina* = Herrin des Hauses, lat. *domus* = Haus) *primär* = zuerst vorhanden, wesentlich *primitiv* = „erstlingsartig", dürftig, auf niedrigem Niveau
prot(o)	gr. *protos*	der erste, wichtigste	*Prot/agonist* = Vorkämpfer (gr. *agon* = Wettkampf) *Protoplasma* = „Urgebilde", Grundbestandteil einer Zelle (gr. *plasma* = Gebilde) *Prototyp* = Urbild, Inbegriff (gr. *typos* = Gepräge)
pseud(o)	gr. *pseudesthai* *pseudes*	lügen falsch	*pseudowissenschaftlich* = nur dem Anschein nach wissenschaftlich *Pseud/onym* = Deckname (gr. *onyma* = Name) *Pseudokrupp* = Kehlkopfkatarrh, der das Erscheinungsbild eines Krupp, einer Kehlkopfdiphtherie, vortäuscht
psych(o)	gr. *psyche*	Seele	*psychedelisch* = in einem durch Rauschmittel hervorgerufenen euphorischen Gemütszustand (gr. *delosis* = Offenbarung) *Psychopharmakon* = auf die Psyche einwirkendes Arzneimittel (gr. *pharmakon* = Heilmittel) *psychosomatisch* = die „seelisch-körperlichen" Wechselwirkungen betreffend (gr. *soma* = Leib)

Wortelement	Herkunft	Bedeutung	Beispiele
publik	lat. *publicus*	öffentlich	*Publikum* = Öffentlichkeit *publizieren* = veröffentlichen *Republik* = eigentlich „öffentliche Sache" (lat. *res* = Sache), Volksstaat
pyr(o)	gr. *pyr*	Feuer	*Pyretikum* = fiebererzeugendes Mittel (gr. *pyretos* = Fieber) *Pyromanie* = Trieb zur Brandstiftung (gr./lat. *mania* = Wahnsinn, Raserei) *Pyrotechniker* = Feuerwerker
quad(r)	lat. *quattuor*	vier	*Quader* = „viereckiger Stein" *Quadrat* = Viereck mit vier gleichen Seiten *Quadriga* = antiker zweirädriger, mit vier Pferden bespannter Wagen (wie auf dem Brandenburger Tor; lat. *iugum* = Joch)
radi(o)	lat. *radius*	Strahl	*radioaktiv* = strahlend *Radiator* = Heizkörper, der Wärme abstrahlt *Radius* = Halbmesser (der wie ein Strahl vom Kreismittelpunkt ausgeht)
ratio	lat. *ratio*	Vernunft, Verstand, Berechnung	*Ration* = „berechneter Anteil", zugeteilte Verpflegung *Rationalismus* = Geisteshaltung, die das rationale Denken als einzige Erkenntnisquelle ansieht (*-ismus* = Ableitungssilbe für ein System) *irrational* = mit der *Ratio*, dem Verstand, nicht faßbar (lat. *in-, ir-* = un-)
real	lat. *realis*	sachlich, wirklich	*Realität* = Wirklichkeit, tatsächliche Lage *realiter* (lat.) = in Wirklichkeit *Reallexikon* = Sachwörterbuch
reg rekt	lat. *regere* *rectus*	regieren, leiten richtig, recht, gerade verlaufend	*Rektion* = Fallsetzung (Fähigkeit von Wörtern, einen Fall zu *regieren*) *Rektor* = Schulleiter *Rektum* = Mastdarm, eigentlich: „gerade verlaufender Darm"
rub	lat. *ruber* *rubeus*	rot	*Rubin* = roter Edelstein *Rubrik* = Sparte, Spalte, ursprünglich: rote Zwischenüberschrift *Rubrum* = kurze Inhaltsangabe auf Akten, eigentlich: „das mit roter Tinte Geschriebene"
sakr	lat. *sacer*	heilig	*Sakralbau* = kirchliches Bauwerk, Ggs. *Profanbau* *Sakrileg* = Vergehen gegen Heiliges (lat. *sacrilegium* = Tempelraub) *Sakristei* = Kirchenraum für den Geistlichen und kirchliches Gerät

Wortelement	Herkunft	Bedeutung	Beispiele
sal	lat. *sal*, Gen. *salis*	Salz	*Saline* = Anlage zur Salzgewinnung *Salmiak* = Ammoniumchlorid (lat. *sal ammoniacus* = beim Tempel des Jupiter Ammon gefundenes Salz) *Salpeter* = Nitrat, eigentlich „Salz des Steins", weil es sich aus Stein bildet (lat. *petra* = Stein)
san	lat. *sanus*	gesund	*Sanatorium* = Heilstätte (lat. *sanare* = heilen) *sanieren* = wieder leistungsfähig oder bewohnbar machen *Sanitäreinrichtung* = Ausstattung für Bad und WC
seism	gr. *seismos*	Erderschütterung	*Seismik* = Erdbebenkunde *Seismogramm* = Aufzeichnung von Erdbeben (gr. *gramma* = das Geschriebene) *Seismometer* = Gerät zur Messung der Erdbebenstärke (gr. *metrein* = messen, *metron* = Maß)
sekund	lat. *secundus*	der zweite	*Sekunda* = früher: zweite Klasse am Gymnasium (von oben gerechnet) *Sekundant* = Beistand, Zeuge (bei einem Zweikampf) *sekundär* = zweitrangig, untergeordnet
semi	lat. *semi*	halb	*Semifinale* = Halbfinale, Vorschlußrunde zur Ermittlung der Endkampfteilnehmer (lat. *finis* = Ende) *semilunar* = halbmondförmig (lat. *luna* = Mond) *semipermeabel* = halbdurchlässig; semipermeable Membranen lassen nur Wasser, aber keine gelösten Substanzen durch (lat. *per* = durch, *meare* = gehen)
sen	lat. *senex*, Gen. *senis*	Greis, alt	*Senat* = „Rat der Alten", Landesregierung in Hamburg, Bremen und Berlin *senil* = altersschwach *Seniorchef* = der ältere von zwei oder mehreren Teilhabern (lat. *senior* = älter)
sens, sent	lat. *sensus* *sentire*	Gefühl, Empfinden fühlen, empfinden	*sensibel* = empfindsam, empfindlich *sensitiv* = leicht reizbar, überempfindlich *sentimental* = übertrieben gefühlvoll, rührselig Verwandt damit: *Sensation, sensationell*
serv	lat. *servus*	Sklave	*servil* = liebedienerisch (lat. *servilis* = sklavisch) *Servus!* = „Ihr Diener!" (österreichischer Gruß) *Kundenservice* = Kundendienst
sign	lat. *signum*	Zeichen	*Si/gnal* = verabredetes Zeichen

Wortelement	Herkunft	Bedeutung	Beispiele
			Si / gnatur = Kurzzeichen als Namenszug *si / gni / fikant* = „bezeichnend", bedeutsam (lat. *signum facere* = Zeichen machen)
-skop(ie)	gr. *skopein*	schauen	*Rekto / skopie* = Mastdarmspiegelung (lat. *rectum* = Mastdarm) *Stetho / skop* = Hörrohr zum Abhören von Herztönen und Atemgeräuschen (gr. *stethos* = Brust) *Tele / skop* = Fernrohr (gr. *tele* = weit, fern)
skrib skript	lat. *scribere* *scriptum*	schreiben Schriftstück	*Skribent* = Schreiberling *de / skriptiv* = beschreibend, Ggs. *präskriptiv* = vorschreibend, Normen setzend *Manu / skript* = „das mit der Hand Geschriebene" (lat. *manus* =Hand)
son	lat. *sonare*	tönen	*Sonate* = ein instrumentales Musikstück *sonore Stimme* = klangvolle, tönende Stimme *Konsonant* = Mitlaut (lat. *con* = mit)
sozi(o)	lat. *socius*	Bundesgenosse	*Sozius* = Teilhaber, Beifahrer *sozial* = gesellschaftlich, gemeinnützig, wohltätig *Soziolekt* = Sprachgebrauch einer bestimmten gesellschaftlichen Gruppe (gr. *dialektos* = Redeweise)
spekt	lat. *spectare*	schauen	*Spektakel* = Schauspiel, „Theater", Aufsehen *spektakulär* = aufsehenerregend *Re / spekt* = Hochachtung (lat. *respectus* = Zurückblicken, Rücksichtnahme)
spezi	lat. *species*	Art	*Spezialist* = Fachmann auf einem besonderen Gebiet *speziell* = von besonderer Art *spezifisch* = arteigen
-sphäre	gr. *sphaira*	Kugel	*Atmo / sphäre* = Lufthülle, eigentlich: „Dunstkugel" (gr. *atmos* = Dunst), weil in antiker Vorstellung die *Sphäre* die Erde kugelig umschließt *Strato / sphäre* = mittlere Schicht der Erdatmosphäre (lat. *stratum* = Decke) *Intimsphäre* = persönlichster, für die Außenwelt tabuisierter Lebensbereich (lat. *intimus* = innerst, vertrautest)
spirit	lat. *spiritus*	Hauch, Atem, Geist, Weingeist	*Spiritus Sanctus* = Heiliger Geist (lat. *sanctus* = heilig) *Spiritismus* = Geisterglaube *Spirituosen* = geistige Getränke

Wortelement	Herkunft	Bedeutung	Beispiele
stat	lat. *status* *stare*	Zustand stehen	*Station* = Haltestelle *Stativ* = Gestell für den Fotoapparat *Statue* = Standbild
stella	lat. *stella*	Stern	*stellar* = die Fixsterne betreffend *interstellar* = zwischen den Fixsternen und Sternsystemen (lat. *inter* = zwischen) *Konstellation* = Stellung der Gestirne zueinander; Zusammentreffen von Umständen (lat. *con-* = mit, zusammen)
stru, struk	lat. *struere*	errichten	*Struktur* = gegliederter Aufbau, Gefüge *destruktiv* = zerstörend (lat. *de* = von... weg, ent-) *instruieren* = anleiten, unterweisen (lat. *in* = hinein)
tele	gr. *tele*	weit, fern	*Telepathie* = Gedankenübertragung (gr. *pathos* = Leid, Empfindung) *Television* = „Fernsehen" (lat. *videre* = sehen) *Telex* = „Fernschreiber-Austausch" (aus engl. *teleprinter exchange*)
tend tens	lat. *tendere* *tensus*	spannen, streben gespannt	*tendieren* = in eine bestimmte Richtung streben *Tendenz* = Entwicklungsrichtung *Tension* = Spannung (bei Gasen und Dämpfen) *Intention* = Absicht, Bestreben (lat. *intentio* = Anspannung, Absicht)
terr(a)	lat. *terra*	Erde	*Terrain* = Gebiet, Gelände *Terrakotta* = gebrannter Ton (lat. *coquere* = kochen, brennen) *Terrasse* = Vorplatz am Erdgeschoß; Erdstufe *Terrazzo* = mosaikartiger Fußbodenbelag *terrestrisch* = auf dem Land lebend, zur Erde gehörend
tetra	gr. *tetra-*	vier-	*Tetragon* = Viereck (gr. *gonia* = Ecke) *Tetralogie* = vier zusammenhängende Romane (gr. *logos* = Wort, Rede) *Tetrameter* = Vers mit vier Hebungen (gr. *metron* = Maß)
-thek	gr. *theke*	Ablage, Aufbewahrungsort	*Theke* = Schanktisch, Ladentisch *Diskothek* = Schallplattenarchiv; Tanzlokal für Jugendliche, in dem Platten gespielt werden (gr. *diskos* = Wurfscheibe) *Infothek* = Speicheranlage für Verkehrsinformationen, z. B. an der Autobahn (*Info* = Kurzwort für *Information*)
theo	gr. *theos*	Gott	*Theodor* = „Gottesgeschenk" (gr. *doron* = Geschenk, Gabe)

Wortelement	Herkunft	Bedeutung	Beispiele
			Theokratie = „Gottesherrschaft"; Herrschaftsform, bei der die Staatsgewalt allein religiös legitimiert wird (gr. *kratein* = herrschen) *Theomanie* = religiöser Wahnsinn (gr. *mania* = Sucht, Raserei)
therm	gr. *thermos*	warm	*Thermalquelle* = warme Quelle *thermoplastisch* = in erwärmtem Zustand formbar (gr. *plasma* = Gebilde, *plattein* = bilden, formen) *Thermosflasche* = doppelwandiges Gefäß zum Warm- oder Kühlhalten von Getränken
-tomie	gr. *temnein*	schneiden	*Anatomie* = „Aufschneidung", Lehre vom Körperbau (gr. *ana* = auf) *Ektomie* = „Herausschneiden" eines Organs (gr. *ek* = aus... heraus) *Tonsill / ektomie* = vollständige Herausschälung der Mandeln (lat. *tonsilla* = Mandel)
tot(al)	lat. *totu* mlat. *totalis*	ganz gänzlich	*Totale* = Kameraeinstellung, die das Ganze einer Szene erfaßt *Totaloperation* = Exstirpation; vollständige Entfernung von Eierstöcken und Gebärmutter *in toto* (lat.) = im großen und ganzen
tox	gr. *toxon*	Pfeil und Bogen	*Toxikum* = Gift (gr. *toxikon* = Pfeilgift) *toxisch* = giftig, den Körper schädigend *Tox / albumin* = giftiger Eiweißstoff (lat. *albus* = weiß)
trah, trakt	lat. *trahere* lat. *tractus*	ziehen Zug, Lauf	*Traktor* = Zugmaschine *attraktiv* = „anziehend" (lat. *ad* = an) *kontrahieren* = „zusammenziehen" (lat. *con-* = zusammen)
tri	gr., lat. *tri*	drei	*Triangel* = „Dreieck"; Musikinstrument in Form eines dreieckig gebogenen Stahlstabes (lat. *angulus* = Winkel) *Trikolore* = dreifarbige Fahne, bes. die Nationalfahne der Franzosen (lat. *color* = Farbe) *Trilogie* = Romanwerk in drei Bänden (gr. *logos* = Wort, Sprache, Rede)
turb	lat. *turbo*, Gen. *turbinis*	Wirbel(wind), Kreisel	*Turbellarien* = Strudelwürmer *Turbine* = eine Kraftmaschine *Turboprop* = Turbinen-Propeller-Flugzeug (lat. *propellere* = vorantreiben) *Luftturbulenzen* = Luftwirbel

Wortelement	Herkunft	Bedeutung	Beispiele
ultim	lat. *ultimus*	der letzte	*Ultimo* = der Monatsletzte *Ultima* = letzte Silbe eines Wortes *Ultima ratio* = letztes Mittel, letzter Ausweg *Ultimatum* = letzte, befristete Aufforderung
ur	gr. *ouron*	Harn	*Urin* = Harn *Urämie* = Harnvergiftung (gr. *haima* = Blut) *Urethra* = Harnröhre (gr. *ourethra* = Uringang) *uretisch* = harntreibend *Urologe* = Arzt für Krankheiten der Harnorgane
uter	lat. *uterus*	Bauch, Unterleib	*Uterus* = Gebärmutter, Pl. *Uteri* *intra / uterin* = innerhalb der Gebärmutter (lat. *intra* = innerhalb) *Extra / uteringravidität* = Bauchhöhlenschwangerschaft (lat. *extra* = außerhalb; *graviditas* = Schwangerschaft)
vaka *vaku*	lat. *vacare* *vacuus*	leer sein leer	*Vakanz* = freie, unbesetzte Stelle *Vakatseite* = unbedruckte Buchseite *Vakuum* = luftleerer Raum; Leere *evakuieren* = luftleer machen; Bewohner aussiedeln (lat. *e, ex* = aus)
vas(o)	lat. *vas*	Gefäß	*Vase* = Ziergefäß *vaskulär* = die Blutgefäße betreffend (lat. *vasculum* = kleines Gefäß) *vasomotorische Nerven* = Nerven, die die Weite der Gefäße regulieren (lat. *motor* = Beweger)
verb	lat. *verbum*, Pl. *verba*	Wort	*Verb* = Zeitwort *verbalisieren* = in Worte fassen *Verbal / injurie* = Beleidigung mit Worten (lat. *iniuria* = Unrecht, Rechtsverletzung)
vid, vis	lat. *videre* *visio*	sehen das Sehen	*Videorecorder* = Gerät zum Aufzeichnen von Bild und Ton (lat. *video* = ich sehe; engl. *record* = Schallplatte, *recorder* = Gerät für Aufzeichnung und Wiedergabe) *Visum* = „das Gesehene", Sichtvermerk im Paß, Erlaubnis zur Einreise in ein fremdes Land *revidieren* = „wieder hinsehen", überprüfen (lat. *re-* = wieder)
visit	lat. *visitare*	besuchen, durchsuchen	*Visite* = Besuch des Arztes am Krankenbett *Visitenkarte* = Besuchskarte *visitieren* = durchsuchen
vit(a)	lat. *vita*	Leben	*Vita* = Lebensbeschreibung *vital* = lebenskräftig, lebendig

Wortelement	Herkunft	Bedeutung	Beispiele
			Vit / amin = lebenswichtiger Wirkstoff (aus *vita* + *amin*; *Amin* = organische Stickstoffverbindung)
vox *vok*	lat. *vox*, Gen. *vocis* *vocare*	Stimme, Laut rufen, nennen	*Vokal* = Selbstlaut *Vokabel* = Einzelwort *provozieren* = hervorrufen, herausfordern (lat. *provocare* = auffordern, reizen)
zent(i)	lat. *centum*	hundert	*Zentifolie* = Rosenart mit dicht gefüllten Blüten (lat. *centifolius* = „hundertblättrig") *Zentimeter* = ¹/₁₀₀ Meter *Zentner* = 100 Pfund; in Österreich und in der Schweiz 100 Kilogramm
zentr	lat. *centrum*	Mittelpunkt	*zentral* = im Mittelpunkt *zentrifugal* = den Mittelpunkt fliehend (lat. *fugere* = fliehen) *zentripetal* = auf den Mittelpunkt zustrebend (lat. *petere* = auf etwas zueilen, nach etwas streben)
zephal(o)	gr. *kephale*	Kopf	*Zephalopoden* = „Kopffüßer" (z. B. Tintenfische; gr. *pous*, Gen. *podos* = Fuß) *Enzephalitis* = Gehirnhautentzündung (gr. *enkephalos* = Gehirn, *-itis* = -entzündung) *makrozephal* = langschädelig (gr. *makros* = lang)
zereb(r)	lat. *cerebrum*	Gehirn	*zerebral* = das *Zerebrum* (Großhirn) betreffend *Zerebellum* = Kleinhirn *zerebrospinal* = zu Gehirn und Rückenmark gehörend (lat. *spina* = Rückgrat; die *spinale* Kinderlähmung ist eine Viruserkrankung des Rückenmarks)
zirk	lat. *circus*	Kreis, Ring, Arena	*Zirkel* = Gerät zum Kreiszeichnen, auch: geselliger, z. B. literarischer Kreis *Zirkulationsstörung* = Störung des Blutkreislaufs *zirkulieren* = kreisen, im Umlauf sein Verwandt damit auch *zirka* und *Bezirk*
zykl	gr. *kyklos*	Kreis	*Zyklus* = Kreislauf; Folge inhaltlich zusammenhängender Werke *Zyklop* = einäugiger Riese der griechischen Sage, eigentlich „der Rundäugige" (gr. *ops* = Auge) *antizyklisch* = dem Konjunktur*zyklus* entgegenwirkend (gr. *anti* = gegen)
zyst(o)	gr. *kystis*	Blase, Harnblase	*Zyste* = kapselartiger, mit Flüssigkeit oder Talg gefüllter Hohlraum im Körper, Geschwulst *Zystitis* = Entzündung der Harnblase (gr. *-itis* = -entzündung) *Zysto / skopie* = Blasenspiegelung (gr. *skopein* = schauen)

Anhang

Stichwortverzeichnis · Fachwortverzeichnis
Weiterführende Literatur

Stichwortverzeichnis

Die Zahlen hinter den Stichwörtern verweisen auf die Seiten, halbfette Seitenzahlen auf den wichtigeren Eintrag.

A
a- 687
Aar/Adler 114, **242**
ab *(Gebrauch)* 358
ab/von ... an 358
ab- 91
ab- *(lat.)* 687
abändern/ändern 91
Abänderungen vornehmen/ändern 239
Abasie *(Herkunft)* 696
Abb. 1 *(Stil)* 556
abdiktieren/diktieren 91
aber *(Stil)* **378**, 595
abgerechnet/ohne 355
abhalten *(Gebrauch)* 425
abhanden kommen *(Rechtschreibung)* 467
Abi/Abitur 558
abkindern *(Stil)* 91
abklären/klären 91
abkopieren/kopieren 91
Ablage/Ablegen/Ablegung 240
Abmessungen/Maße 92
abmildern/mildern 102
abnorm *(Herkunft)* 713
abraten *(Gebrauch)* 425
abreagieren: ab-reagieren 487
abrupt *(Herkunft)* 687
abs- 687
absaugen: abgesaugt 65
abschlägig/abschläglich 292
abschreibbar/abschreibungsfähig 288
abseits *(Rektion)* 662
absichern/sichern 91
absinken/sinken 90, 91
Absolution *(Herkunft)* 687
Abstinenz: Abs-tinenz *(Herkunft)* 486, **687**
abstottern *(Stil)* 91
abstrahieren *(Herkunft)* 687
abstrakt: ab-strakt 483
Abszeß: Ab-szeß 483
abwärts/elbeabwärts *(Rechtschreibung)* 479
abziehbar/abzugsfähig 288
abzüglich *(Rektion)* 662
abzüglich/ohne 355
abzugsfähig/abziehbar 288
Abzweig/Abzweigung 177
acht *(Herkunft)* 339
achten: nicht des Weges/nicht auf den Weg achten 197
ad- 687

Adler/Aar 114, **242**
Admiral: die Admirale/Admiräle 216
Adnexitis *(Herkunft)* 706
Adoption: Ad-op-ti(-)on 486
Advent *(Herkunft)* 687
Advokat *(Herkunft)* 687
Aeroflot *(Herkunft)* 694
Aeronaut *(Herkunft)* 694
Aerophobie *(Herkunft)* 694
Agoraphobie *(Herkunft)* 716
Agrarreform *(Herkunft)* 694
Agrikultur *(Herkunft)* 694
Agronom *(Herkunft)* 694
Ähre/Ehre 452
airborne *(Bedeutung, Herkunft)* 694
Airbus *(Herkunft)* 694
Air France *(Herkunft)* 694
Air-Marketing *(Bedeutung)* 576
Akklimatisation *(Herkunft)* 693
Akku/Akkumulator 557
Akrobat *(Herkunft)* 694
akrokarp *(Herkunft)* 694
Akropolis *(Herkunft)* 694
Akt/Akte 179
akuminös *(Herkunft)* 694
Akupunktur *(Herkunft)* 694
Aküsprache *(Herkunft)* **553**
akut *(Herkunft)* 694
-al 290
Albe *(Herkunft)* 694
Albino *(Herkunft)* 694
Album: die Alben 216
Album *(Herkunft)* 694
Algometer *(Herkunft)* 694
alle/die ganzen 304
alle halbe/halben Jahre 645
alle winzigen Tiere *(Deklination)* 646
allein *(Gebrauch)* 45
allein *(Herkunft)* 336
allemal *(Stil)* 597, 598
allen Ernstes *(Bildung)* 280
allenfalls *(Bildung)* 280
Aller-abwärts/elbeabwärts 479
allerdings *(Stil)* 601
alles mögliche/Mögliche 459
alles winzige Getier *(Deklination)* 646
allgemeinverständlich/allgemein verständlich 463
Allopathie *(Herkunft)* 715
Alpha und Omega *(Herkunft)* 695
Alphabet *(Herkunft)* 695
alphanumerisch *(Herkunft)* 695
als *(Gebrauch)* 648
als als/denn als 298
als auch/wie auch 379
als bis *(Gebrauch)* 390
als 13jähriger/13jährigen 282

als: ihm als tüchtigem Mitarbeiter/ihm als Tüchtigem 281
als: klüger als **297**, 344, 648
als ob (er liefe) 133
als/wenn 331, **390**
als wenn (er liefe) 133
als/wie **297**, 344, 648
als/wie er die Tür aufschließt 390, 391
als zu *(Komma)* 515
also *(Stil)* 596
alt: beim alten bleiben *(Rechtschreibung)* 502
alt Schreinermeister/Altschreinermeister 278
alte/ältere Dame 295
Alter ego *(Herkunft)* 695, 700
altern: ist/hat gealtert 106
Alternative *(Herkunft)* 695
Altruist *(Herkunft)* 695
am Dienstag/am Tag(e) 201, 202
am Dienstag vormittag/dienstags vormittags 353
am gestrigen Tag(e) 201
am häufigsten/öftesten 661
am/im/beim Weggehen 359
amb- 687
ambi- 687
Ambiente *(Herkunft)* 687
Ambition *(Herkunft)* 687
ambulante Behandlung *(Herkunft)* 695
Ambulanz *(Herkunft)* 695
Ami/Amerikaner 558
amorph *(Herkunft)* 687
amphi- 687
Amphibie *(Herkunft)* 687
Amphitheater *(Herkunft)* 687
Amsterdam: Amsterdamer 479
Amtfrau/Amtmännin 186
Amtsschimmel *(Herkunft)* 102
an *(Rektion)* 664
an *(Gebrauch)* 356, **359**, 368, 375
an/in der ... Straße wohnen 356
an/mit ihm verlieren wir ... 368
an/zu Ostern/Ostern 356
an was/woran 654
an- 91
an- *(gr.)* 687
ana- 687
anachronistisch *(Bedeutung)* 286
analog *(Herkunft)* 687
Analyse *(Herkunft)* 687, 710
Anämie *(Herkunft)* 687
Anarchie: An-archie 486
Anatomie *(Herkunft)* 722
anbelangen/anlangen 92
anberaumen: ich beraume an/anberaume 71
anbetreffen/betreffen **92**, 103
ander: die anderen/der andere *(Rechtschreibung)* 332, 460

ander *(Herkunft)* 338
ander: das eine – das andere 338
andere rohe Materialien *(Deklination)* 646
andererseits *(Stil)* 380
anderes *(Rechtschreibung)* 459
anderes rohes Material *(Deklination)* 646
anderthalb *(Herkunft)* 338
anderthalb mal so lang wie / länger als 302
Andeutungen machen / andeuten 239
Andreas *(Bedeutung)* 571, 695
Androgen *(Herkunft)* 695
androgyn *(Herkunft)* 703
Androgynie *(Herkunft)* 695
anempfehlen / empfehlen 93
anerkennen: ich erkenne an / anerkenne 71
anfangs / Anfang August 352
anfragen *(Gebrauch)* 92
angeben, daß *(Gebrauch)* 148
Angebot an / in / von Elektrogeräten 375
Angebot auf die Ausschreibung 375
Angebot über / für die Lieferung von 375
angehen: das ging Sie an 166
Angestellter / Angestellte *(Deklination)* 281, 283, 335, **647**
Angst / Ängste *(Stil)* 221
Angst haben / mir ist angst 505
anheben: Preise anheben 90
anklagen: sie des Diebstahls 197
ankommen / Anklang finden 93
anlangen / anbelangen 92
anläßlich *(Rektion)* 662
anläßlich / zu 354
anlasten *(Stil)* 93
anlernen / lehren 82
anliegend *(Stil)* 275
anmieten / mieten 93
Anmut: die 188
Anmut / Grazie 585
Annalen *(Herkunft)* 695
Anno 1912 *(Herkunft)* 695
Annuität *(Herkunft)* 695
anorganisch *(Herkunft)* 687
anraten / raten 93
Anrichte *(Bildung)* 177
anrufen *(Gebrauch)* 118
anrufen / fernsprechen / telefonieren 75
ans *(nicht:* an's) 446
ansaugen: angesaugt 68
anscheinend / scheinbar 26
anscheißen *(Stil)* 114
anschmieren *(Stil)* 114
anschreiben / schreiben (an) 92, 93
anschwemmen / einschwimmen 67
ansprechen *(Stil)* 91, 92
anstatt zu *(Gebrauch)* 674

anstechen / anstecken 84
ansteigen / steigen 90
anstelle / an Stelle 355
Antarktis *(Herkunft)* 693
ante- 687
ante Christum natum *(Herkunft)* 687
antelefonieren / anrufen 92
Antependium *(Herkunft)* 687
anthropomorph *(Herkunft)* 695
Anthroposophie *(Herkunft)* 695
anti- 688
Antipathie *(Herkunft)* 688
Antiphlogistikum *(Herkunft)* 688
Antipode *(Herkunft)* 717
antizyklisch *(Herkunft)* 724
Antlitz *(Stil)* 113
Antriebskraft / Triebkraft 228
antwortlich / auf 354
anvertrauen: ich vertraue an 71
Anzahl *(Gebrauch)* 413
Apathie *(Herkunft)* 687
Apfelsine / Orange 593
aph- 688
Aphorismus *(Herkunft)* 688
apo- 688
Apokalypse *(Herkunft)* 688
Apostel *(Herkunft)* 688
Apostroph: der 183
Appendizitis *(Herkunft)* 706
applizieren *(Bedeutung)* 102
Aquädukt *(Herkunft)* 695
Aquaplaning / Wasserglätte 576, **582**, 583, 695
Aquarell *(Herkunft)* 695
Äquator *(Herkunft)* 694
Äquinoktium *(Herkunft)* 694
äquivalent *(Herkunft)* 694
Ar: das / der 183
Arbeit *(Herkunft, Bedeutungswandel)* 42
Arbeitsaufwand / -aufwendung 240
Arbeitskräfte freisetzen / entlassen 604
Archäologie *(Herkunft)* 695
Archetyp *(Herkunft)* 695
Archidiakon *(Herkunft)* 696
Architekt *(Herkunft)* 696
Argot: das / der 183
Ari / Artillerie 558
Aristokratie *(Herkunft)* 707
Aroma: die Aromen / Aromas 216
Art Director *(Herkunft)* 696
Artefakt *(Herkunft)* 696
Arthralgie *(Herkunft)* 696
Arthritis *(Herkunft)* 696
Arthroplastik *(Herkunft)* 696
artifiziell *(Herkunft)* 696
Artist *(Herkunft)* 696
Assessor: die Assessoren 208
Assimilation *(Herkunft)* 693
assimilieren *(Herkunft)* 102
astral *(Herkunft)* 696
Astromantie *(Herkunft)* 696
Astronaut *(Herkunft)* 696

asynchron *(Herkunft)* 697
-ation 241
Atlas: die Atlasse / Atlanten 223
Atmosphäre *(Herkunft)* 720
attraktiv *(Herkunft)* 722
auch *(Stil)* 595, **601**
auch noch *(Stil)* 601
Audiovision *(Herkunft)* 696
auditiv *(Herkunft)* 696
Auditorium *(Herkunft)* 696
auf *(Rektion)* 664
auf *(Gebrauch)* **360**, 375
auf das, was *(nicht:* darauf, was) 661
auf dem laufenden *(Rechtschreibung)* 460
auf der / worauf 660
auf / in der Schule 360
auf eigenen Wunsch *(Gebrauch)* 360
auf / geöffnet 271
auf höchster Ebene *(Herkunft)* 578
auf / offen 349
Auf Wiedersehen! / Auf Wiederschauen! 83
auf- 93
aufapplizieren / applizieren 102
aufbrauchen: ich brauche auf 70
Aufbrechen / Aufbruch 240
auferlegen: ich erlege auf / auferlege 71
aufgrund / auf Grund 355
aufgrund / infolge / wegen / durch **363–365**, 374
Aufheben: viel, wenig Aufheben / Aufhebens 197
aufkündigen / kündigen 93
aufnehmen (in den Bericht) 166
aufoktroyieren / oktroyieren 102
aufs *(nicht:* auf's) 446
aufs äußerste / Äußerste 459
aufs gleiche *(Rechtschreibung)* 459
aufsaugen: aufgesaugt 68
Auftrag auf / zur Lieferung von 375
Auftrag über 30 Kühltruhen 375
aufwachen / aufwecken 68
aufwärts / elbeaufwärts *(Rechtschreibung)* 479
aufwecken / aufwachen 68
aufzeigen / zeigen 93
Augenblicke, wo 320
Auguste *(Bedeutung)* 571
A und O *(Herkunft)* 695
aus *(Rektion)* 664
aus aller Herrn Länder / Ländern 360
aus der Lamäng *(Herkunft)* 259
aus ... heraus 360
aus Wolle / in Wolle 367
aus- 93, 94
ausbleiben *(Gebrauch)* 425
ausdrucken / drucken 94

ausgehen/wo er aus und ein geht 75
ausgenommen/ohne 355
Ausland/ausländische Staaten 213
auslöschen: ausgelöscht 64
ausmerzen/März 451
ausnahmsweise (Gebrauch) 348
Auspuffflamme: Auspuff-flamme 481
Ausschank/ausschenken 454
ausschildern (Stil) 94
ausschöpfen (Stil) 93
außen/draußen 349
außer (Rektion) 375, 662, 664
außer acht lassen (Rechtschreibung) 467
außer/ohne 355
Außerachtlassung (Stil) 241
außerdem noch/außerdem 601
außerhalb (Rektion) 662
Außerkraftsetzung (Stil) 241
Auszubildender/Azubi/Lehrling 559
auszugsweise (Gebrauch) 348
autark (Herkunft) 696
Auto/Automobil 557, 560, **574**, 575, 696
Autodidakt (Herkunft) 699
autodidaktisch (Herkunft) 696
Auto fahren/radfahren 464
Autor: dem Autor 199, **200**
AutorInnenteam (Bedeutung) 618
A4-Format (Rechtschreibung) 491
Avis: der/das 183
Azubi/Auszubildender 559

B

Baby: die Babys 217
Baby/Kleinstkind 574
Babytel (Herkunft) 562
backen: backte/buk 55
Backfisch (Herkunft) 581, 582
badefähig (Stil) 288
Bafög (Bildung) 226
Bagage (Herkunft) 589
Bahn/Eisenbahn 557
Bahre (Herkunft) 25
bairisch/bay(e)risch 453
bald: früher/bälder 661
Balkon: die Balkons/Balkone 212
Balkon (Herkunft) 588
Ball (Herkunft) 36
Ballon: die Ballons/Ballone 212
Band: die Bande/Bänder/Bände 218, 219
Bande: die Banden (Herkunft) 219
Bank: die Banken/Bänke 219
-bar 286–289, 293, 609, 610
Barbar (Herkunft) 615
Barock: das/der 183
Basic English (Herkunft) 696
basieren (Herkunft) 696
Basis: die Basen 261
Basis (Herkunft) 696

Bau: die Baue/Bauten/Gebäude 219
Bauer: die Bauer/Bauern 222
Bausch und Bogen (Herkunft) 181
bausparen (Gebrauch) 73
bay(e)risch/bairisch 453
be- **94–97**, 635
beabsichtigen wir (Komma) 521
Beamter/Beamtin (Deklination) 281
Beate (Bedeutung) 571
beauftragen/befassen 95, 96
bedanken/danken 95, 96
bedenken/gedenken 96
Bedenkenträger/Schwarzmaler 614
bedeuten/darstellen/sein 79
bedienen (Stil) **94**, 197
Bediensteter/Bedienter/Diener 94, 95
-bedingt (Stil) 266
bedürfen (Stil) 77
bedürfen (Gebrauch) 88
Beelzebub (Herkunft) 569
befassen/beauftragen 95, 96
Befinden/Befund 240
begrüßen/grüßen 94, 95
beharren auf (seinem Standpunkt) 161
behaupten (Gebrauch) 148
beheimaten (Stil) 97
behende/Hand 451
bei (Rektion) 664
bei (Gebrauch) 361
bei sich haben 361
beibringen (Gebrauch) 81, 82
beide/die beiden 338
beide erste/die ersten beiden 338
beide streitende/streitenden Parteien 646
beiliegend (Stil) 275
beim/bei dem 252
beim alten bleiben (Rechtschreibung) 502
beim/im/am Weggehen 359
beinhalten/enthalten 95
Beinhaltung/Inhalt 101
beißen: sie/ihr ins Bein 24, 164, **165**
bekanntmachen/bekannt machen 468
bekennen/Verantwortung übernehmen 607
Bekennerbrief/Bezichtigungsschreiben 607, 608
bekommen (einen Brief; Stil) 114
beleidigungsfähig (Stil) 288
beliefern/liefern 96
bemängeln (Gebrauch) 425
bemustern/Muster schicken 96
Bengel: die Bengel/Bengels 212
benötigen (Stil) 77
beobachten: beob-achten 481
beraten (Gebrauch) 95
berenten (Stil) 97

Bernstein (Herkunft) 42
Berufsverbot (Bildung) 226
beschädigt (Stil) 347
bescheißen (Stil) 115
beschenken/schenken 96
bescheren: die Kinder/den Kindern 160, 161
beschicken (Messen mit Standpersonal) 97
beschuldigen (sie des Diebstahls) 197
beschulen (Stil) 96
Beschwerde einlegen/sich beschweren 238
beschwören: beschwor, beschworen 58
besitzen (Stil) 88
besitzen/haben 78, 79
besonders: nichts Besonderes/im besonderen 461
besser/gut 295
bestehen: auf seinem/sein Recht 161
bestehen aus (Gebrauch) 87
besteingerichtet (nicht: guteingerichtet) 297
Bestellung über/von 3000 l Heizöl 375
bestücken (Stil) 96
bestvorbereitet (Bildung) 303
betanzen/tanzen mit 96
Beton: die Betons/Betone 212
betreffen/anbetreffen 92
betreffend/betroffen 309
betreffend (Komma) 525
betreffs (Rektion) 662
betriebstechnisch (Stil) 291
betroffen/betreffend 309
betrügen (Stil) 114
bevor (Gebrauch) 154, 155
bevor/bevor nicht 425, **426**
bewegen: bewegt/bewogen 55
beweisen/unter Beweis stellen 262
-bewußt 605–607
Bewußtsein (Stil) 605–607
bezahlen/zahlen 87
bezeigen/bezeugen **79**, 88
beziehungsweise (Stil, Gebrauch) 380, 381, 414
Bezichtigungsschreiben/Bekennerbrief 607, 608
Bezirk (Herkunft) 724
-bezogen (Stil) **266**, 291
bezüglich (Rektion) 662
bezüglich/auf 354
bezuschussen (Stil) 97
bezweifeln (Gebrauch) 425
bi- 697
Bibliographie (Herkunft) 697
Bibliophile (Herkunft) 697
Bibliothek (Herkunft) 697
Biennale (Herkunft) 697
Bier (in anderen Sprachen) 587
Bigamie (Herkunft) 697
Bigamist (Herkunft) 702

bilateral *(Herkunft)* 697
-bild 195
bilden / sein 89
Bildung *(Gebrauch)* 240
billig *(Herkunft)* 270
billigen *(Herkunft)* 270
binnen *(Rektion)* 662, 664
binnen / in / innerhalb 362
bio- 697
Biogenese *(Herkunft)* 697
Biographie *(Herkunft)* 697
Biologie *(Herkunft)* 697
Birne / Dez / Kopf / Haupt 114
bis *(Rektion)* 664
bis *(Gebrauch)* **362**, 381
bis / als bis 390
bis auf 362, 363
bis auf weiteres *(Rechtschreibung)* 459
bis einschließlich 362
bis / mit 374
bis / wenn 381
bis zu 352
bisher / seither 350
Biskuit: das / der 183
Biskuit *(Herkunft)* 584
bißchen / Bissen 459
Bistum *(Bildung)* 226
bitte *(Komma)* 523
bitten wir *(Komma)* 521, **523**
Biwak *(Herkunft)* 588
blau / die Farbe Blau 474
blau / in, mit Blau 474
blau: ins Blaue reden 498
Bläue / verbleuen 450
Blaugas *(Herkunft)* 471
blaugelb / blau-gelb 475
blaugrün / blau-grün 446
Bleib hübsch draußen! 600
blind sein / erblinden 80
Blitzableiter *(Herkunft, Bildung)* 225
Block: die Blocks / Blöcke 212
Bonbon: der / das 183
Bonifikation *(Herkunft)* 697
Bonität *(Herkunft)* 697
Bonus *(Herkunft)* 697
-born / -bronn 690, 691
Bouillon: die Bouillon 182
Boulevard *(Herkunft)* 588
brandmarken: ich brandmarke 70
Brandy: die Brandys 217
brauchen / gebrauchen 76–78
brauchen / gebraucht 111
braucht nicht (zu) kommen 77, 78
Braunschweiger Wurst / braunschweigische Mettwurst 475
BRD / Bundesrepublik Deutschland 567
BRD / GFR / RFA / NRF 567
brechbar / zerbrechlich 287
brennen *(Herkunft)* 42
Brennessel: Brenn-nessel 481
Broadway: der Broadway 182

-bronn / -born 690, 691
Brunch *(Herkunft)* 562
Buch *(Herkunft)* 592
Buchstabe *(Herkunft)* 592
Buffet / Büfett: die Buffets / Büfetts / Büfette 216
bügelfeucht / bügeltrocken 266
Buna *(Herkunft)* 36
Bundespräsident Theodor Heuss *(Deklination)* 639
Bündnis: des Bündnisses 208
Bunny: die Bunnies 217
Bürgerliches Gesetzbuch *(Bildung)* 231
Büro / Bureau 579
Bürokratie *(Herkunft)* 707
Bürotel *(Herkunft)* 562
Bus / Omnibus 557, **563**
Butter: die Butter 185
bzw. *(Gebrauch, Stil)* 556

C

Calcium / Kalzium 580
Calvinismus *(Herkunft)* 706
CARE *(Herkunft)* 563
Carport / Airport 576
Cello: die Cellos / Celli 216
Cello / Violoncello 557
Champignon / Champion 592
Charakter: die Charaktere 216
Charme / Scharm 579
Chauffeur / Schofför 579
Chauvi / Chauvinist 559
Chef / Schef 579
Chemikant / Chemiefacharbeiter 614
-chen *(Genus)* 176
Chiromantie *(Herkunft)* 697
Chiropraktik *(Herkunft)* 697
Chirurg *(Herkunft)* 697
Cholelith *(Herkunft)* 709
Cholera *(Herkunft)* 697
Cholesterin *(Herkunft)* 697
Chor: der / das Chor 183
Chose / Schose 579
Chrom: das Chrom 183
chronisch *(Herkunft)* 697
Chronist *(Herkunft)* 697
cis- / zis- 693
City: die Citys 217
Clown / Klaun 579
Cognac / Kognak 580
com- 688
con- 688
contra- 688
Cottbus / Cottbus(s)er 479
Coupé / Abteil 584
Courage: die Courage 182
Cousin / Vetter 579
Cousine / Kusine 579
creme *(Gebrauch)* 302
Creme / Krem 579
Curry: der / das Curry 183

D

da *(Partikel)* 595
da / weil **381**, 382, 385, 386
dadurch, daß / dadurch, weil 384
daherkommen / daher kommen, daß 462
daktylieren *(Herkunft)* 697
Daktylitis *(Herkunft)* 698
Daktylographie *(Herkunft)* 698
Dame / dämlich *(Rechtschreibung)* 449
damit *(Gebrauch)* 387, **406**
dank *(Rektion)* 662, 664
dank *(Herkunft, Gebrauch)* 363
danken / bedanken 95
danksagen / Dank sagen 464
dann / denn 382
dann: wenn ... dann 142
darauf / auf ihn 660
darein / darin 350
darin: dar-in 481
Darlehen / Darlehn 235
darstellen / bedeuten / sein 79
darum / um es 316
darunter *(Bildung)* 660
das *(Deklination)* **642**, 652, 653
das *(Herkunft)* 249
das / daß **390**, 450, 504
das eine – das andere 338
das gleiche / dasselbe 324
das / was 326, 327
daß *(Stil, Gebrauch)* 376, **383**, 384, 439, **535**
daß / das **390**, 450, 504
daß / ob 384
daß / weil 384
dasselbe *(Deklination)* 653
dasselbe / das gleiche 324
Datei *(Herkunft)* 698
Dativ *(Herkunft)* 199, 698
Datum: die Daten 216
Datum *(Herkunft)* 199, 698
Dauerlauf / Jogging 171
dauern / halten 89
davon / von ihm 660
dazu *(Bildung)* 481
dazu bringen, daß *(Rechtschreibung)* 466
de- 688
Deck: die Decks / Decke 212
Deckel: die Deckel 638
defekt *(Stil)* 347
Degeneration *(Herkunft)* 688
degradieren *(Herkunft)* 688
dein *(Deklination)* 651
deiner / dein gedenken 649
deka- 698
Deka *(Herkunft)* 698
Dekade *(Herkunft)* 339, 698
dekadent *(Herkunft)* 706
Dekan *(Herkunft)* 698
Delikatesse *(Bedeutung)* 583
Delta: die Deltas / Delten 216

dementieren *(Gebrauch)* 425
Demo / Demonstration 560
Demographie *(Herkunft)* 698
Demokratie *(Herkunft)* 698
Demoskopie *(Herkunft)* 698
Demut: die Demut 188
demzufolge / dem zufolge 468
dendritisch *(Herkunft)* 698
Dendrochronologie *(Herkunft)* 698
Denkart / Denkungsart 247
Denkmal: die Denkmäler / Denkmale 215
denn *(Stil, Gebrauch)* **382**, 531
denn *(Komma)* 536
denn als / als als 298
denn / dann 382
dennoch: den-noch 481
Dental *(Herkunft)* 698
Dentist *(Herkunft)* 698
Dentologie *(Herkunft)* 698
der *(Deklination)* **642**, 652, 653
der *(Herkunft)* 249
der andere **332**, 338, 460
der der / welcher der 325
der / dieser 323
der / er 323
der dritte / Dritte 458, 459
der erste / Erste 458, **459**, 460
der frühere Bundespräsident Theodor Heuss *(Deklination)* 639
der / welcher 325
der zweite / Zweite 458, 459
derartiges / etwas Derartiges 498
deren / der 652
deren / derer 323, 627, **628**
deren / ihr(e) **321**, 335
dergleichen *(Bildung)* 652
Dermatologe *(Herkunft)* 698
Dermatose *(Herkunft)* 698
derselbe *(Deklination)* 653
derselbe *(Stil)* 321
derzeit / derzeitig *(Bedeutung)* 308, **350**
des / dessen Lied 652
desgleichen *(Bildung)* 652
deshalb *(Bildung)* 652
Designer / Formgeber / Formgestalter 613
deskriptiv *(Herkunft)* 720
dessen / deren 323, 324
dessen / des Lied ich sing' 652
dessen / sein 321
destruktiv *(Herkunft)* 721
deswegen *(Bildung)* 652
Detail: die Details 216
Detlev *(Bedeutung)* 27
deutlich *(Herkunft)* 27
deutsch / Deutsch *(in Namen)* 477
deutsch / Deutsch sprechen 505
deutsch *(Herkunft)* 27
deutsche Literaturgeschichte *(Bildung)* 231
dextrogyr *(Herkunft)* 698

Dextrokardie *(Herkunft)* 698
Dextropur *(Herkunft)* 698
Dextrose *(Herkunft)* 698
Dez / Birne / Kopf / Haupt 114
Dezember *(Herkunft)* 339, 699
Dezennium *(Herkunft)* 699
dezimieren *(Herkunft)* 699
DFVLR *(Herkunft)* 555
DGLRM *(Herkunft)* 555
d. h. *(Stil)* 556
di- 699
dia- 688
Diabetes: der Diabetes 183
Diagnose: Dia-gnose 486
Diagnose *(Herkunft)* 688
Dialog *(Herkunft)* 709
Diameter *(Herkunft)* 688
Diät / Diäten 591
dichromatisch *(Herkunft)* 699
Didacta *(Herkunft)* 699
Didaktik *(Herkunft)* 699
die *(Deklination)* **642**, 652, 653
die *(Häufigkeit)* 40
die *(Herkunft)* 249
die anderen *(nicht:* die Anderen) **332**, 460
die beiden / beide 338
die Erkenntnis gewinnen, daß / erkennen, daß 239
die Farbe Blau / blau färben 474
die meisten *(Rechtschreibung)* 499
die meisten von uns *(Gebrauch)* 422
dielektrisch *(Herkunft)* 693
dienen *(Stil)* 438
Dienstag: Diens-tag 482
dienstags morgens / dienstag morgens 198
dienstags vormittags / Dienstag vormittags 353
dieselbe *(Deklination)* 653
diesen Mittag / heute mittag 505
diesen / nächsten Samstag 322
dieser *(Stil)* **413**, 439
dieser / der / er 323
dieser / jener 321, 322
diesseits *(Rektion)* 662
Dieter *(Bedeutung)* 27
Dietlinde *(Bedeutung)* 27
Dietmar *(Bedeutung)* 27
Dietrich *(Bedeutung)* 27
diffamieren *(Herkunft)* 701
Differenz *(Herkunft)* 693
diffusionsglühen 73
Diktat *(Herkunft)* 699
Diktatur *(Herkunft)* 699
Diktion *(Herkunft)* 699
Dilemma: die Dilemmas / Dilemmata 216
Ding: die Dinge / Dinger 219
Dinks *(Herkunft)* 556
Diphthong *(Herkunft)* 580, **699**
Dipolantenne *(Herkunft)* 699
dis- 688

Diskant *(Herkunft)* 707
Disko / Diskothek 560
Diskothek *(Herkunft)* 721
Dispo / Disposition 560
Disput *(Herkunft)* 688
Dissonanz *(Herkunft)* 688
Dividende *(Herkunft)* 699
Division *(Herkunft)* 699
doch *(Stil)* **353**, 601
Dock: die Docks / Docke 212
Dogma: die Dogmen 216
Doktor *(Herkunft)* 699
Doktor / Frau Doktor 187
Doktor / Herr Doktor *(Deklination)* 206
Doktrin *(Herkunft)* 699
Dollar *(Herkunft)* 588
Dolmetsch / Dolmetscher 592
Dom *(Herkunft)* 699
Domestik *(Herkunft)* 699
domestizieren *(Herkunft)* 699
Domina *(Herkunft)* 699
Dominante *(Herkunft)* 699
dominieren *(Herkunft)* 699
Domino: der / das Domino 183
doppel- / doppelt- 336
doppelt *(Herkunft)* 338
doppelt so lang wie / als 344
doppeltkohlensauer *(Bildung)* 338
Dopplereffekt *(Herkunft)* 471
Dossier: das Dossier 183
Drama: die Dramen 216
drängen / drängeln 40
drängen / dringen 63, 68
draußen / außen 349
drei *(Deklination)* 657, 658
dreier / der drei habhaft werden 657
dreimal *(Herkunft)* 337
dreißig *(Herkunft)* 345
dreiviertel / drei Viertel 339
dreiwöchentlich / dreiwöchig 284
Dressman *(Bildung)* 577
drillen *(Herkunft)* 339
Drillich *(Herkunft)* 339
Drillinge *(Herkunft)* 339
dringen / drängen **63**, 68
drinnen / innen 349
dritt: der dritte / Dritte 458, 459
Dritteil: Drit-teil 481
Drittel *(Deklination)* 657
Drittel *(Herkunft)* 182, **339**
Drogerie *(Herkunft)* 588
drohen *(Komma)* 515, 516
Druck: die Drucke / Drücke 219
drücken: mich drückt der Schuh 167
Dschungel: der / das Dschungel 183
du *(Deklination)* 649
du / Du 313
Ductus *(Herkunft)* 700
Dudenredaktion / Duden-Taschenbuch 471, **478**

Duktus *(Herkunft)* 700
Dummerjungenstreich / wegen eines Dumme(n)jungenstreichs 645
dünken: mir / mich dünkt / deucht 167
duo- 699
Duo *(Herkunft)* 699
Duodenum *(Herkunft)* 700
Duodezimalsystem *(Herkunft)* 700
Duplikat *(Herkunft)* 700
duplizieren *(Herkunft)* 700
Duplizität *(Herkunft)* 700
Dural: Dur-al 482
durch *(Rektion)* 664
durch *(Gebrauch)* 370, 371
durch / mit 371
durch / von uns informiert 370
durch / wegen / aufgrund / infolge 363–365, 374
durch- 97
durcharbeiten: durchgearbeitet 71
durchbohren: durchgebohrt / durchbohrt 72
durchbrechen: durchgebrochen / durchbrochen **71**, 73
durchdringen: durchgedrungen / durchdrungen 71
durchfliegen: durchgeflogen / durchflogen 71
durchführen *(Stil)* 97
Durchführung *(Stil)* 239, **246**, 603
durchklären / klären 97
durchlaufen: durchgelaufen / durchlaufen 71
durchnässen: durchnäßt 72
durchrationalisieren / rationalisieren 97
durchregnen: durchgeregnet 72
Durchreiche *(Bildung)* 177
durchreparieren / reparieren 97
durchschlafen: durchgeschlafen / durchschlafen 72
durchschlagen: durchgeschlagen / durchschlagen 72
durchsetzen: durchgesetzt / durchsetzt 71
durchstanzen: durchgestanzt / durchstanzt 72
durchstoßen: durchgestoßen / durchstoßen 72
durchwärmen: durchgewärmt / durchwärmt 72
dürfen *(als Modalverb)* 49, **109**, 140
dürfen: darf / dürfte ich Sie bitten? 139
Dutzend *(Herkunft)* 340
dynamisch *(Herkunft)* 700
Dynamit: das Dynamit 183
Dynamo *(Herkunft)* 700
Dynastie *(Herkunft)* 700
dys- 688
Dysgrammatismus *(Herkunft)* 688
Dysphagie *(Herkunft)* 688

E

ebenfalls *(Herkunft)* 658
echt *(Stil)* 624
Eck / Ecke 179
edel / Adel 451
edieren / editieren 244
Eduscho *(Herkunft)* 562
Effekt: die Effekte, *aber:* Effekten 222
Egoismus *(Herkunft)* 700
Egoist / Altruist 695
egozentrisch *(Herkunft)* 700
ehebrechen / die Ehe brechen 73
eher *(Herkunft)* 337
Ehre / Ähre 452
Eilbrief *(Herkunft)* 573
Eimer *(Herkunft)* 25
ein *(Deklination)* 642
ein *(Herkunft)* 249, **336**
ein bißchen / Bissen 459
ein: das eine – das andere 338
ein dritter *(Rechtschreibung)* 461
ein erfolgreiches neues Jahr! *(Komma)* 513
ein Paar / ein paar 453
ein und aus gehen *(Rechtschreibung)* 75
ein zweiter *(Rechtschreibung)* 461
ein- 97
einander / sich gegenseitig 317, **650**
Einback *(Herkunft)* 25
einbaubar / einbaufähig 288
Einbezugnahme *(Stil)* 241
eine *(Deklination)* 642, 657
eine Zeitlang / zeit seines Lebens 461
einer *(Deklination)* 655, **657**
einer *(Herkunft)* 336
einer Prüfung unterziehen / prüfen 239
einerseits – andererseits 380
eines *(Deklination)* 657
einfach *(Herkunft)* 338
einfältig *(Herkunft)* 338
eingehen / wo er aus und ein geht 75
eingerechnet / mit 355
einige schöne Erinnerungen *(Deklination)* 646
einiger guter Wille *(Deklination)* 646
einiges fachliche Wissen *(Deklination)* 646
einlegen *(Gebrauch)* 69
Einleg- / Einlegesohlen 229
einlernen / lehren 82
einliegend / inliegend 69
Einlieger *(Bildung)* 69
einmal *(Herkunft)* 337
einmal mehr *(Herkunft)* 337
einmalig *(Gebrauch)* 294
Einrichtung *(Gebrauch)* 240
eins *(Herkunft, Bedeutung)* 336

einsam *(Herkunft)* 336
einsaugen: eingesogen 65
einschließlich *(Rektion)* 662
einschließlich / mit 355
einschwimmen / anschwemmen 67
einsteigen / eintreten (in ein Thema) 97
Eintragungen vornehmen / eintragen 239
eintreten: tritt ein! 146
einverleiben: ich verleibe ein / einverleibe 71
einzeln: jeder einzelne 460
eislaufen / Ski laufen 464
ek- 689
Ekmnesie *(Herkunft)* 689
Ekstase *(Herkunft)* 689
ekto- 689
Ektoderm *(Herkunft)* 689
Ektomie *(Herkunft)* 722
ektophytisch *(Herkunft)* 722
Elaborat *(Herkunft)* 708
elbeabwärts / Oder-aufwärts 479
elektrisch *(Herkunft)* 42
Elektrische *(Deklination)* 283
Elektrizität / Bernkraft 583
Elektrolyse *(Herkunft)* 710
elektroschweißen: ich schweiße elektrisch 74
elf *(Herkunft)* 339
-ell 289, 290
Eltern: das / der Elter 213
Eltern *(Herkunft)* 451
Elternliebe *(Bildung)* 195
em- 689
Embolie *(Herkunft)* 689
Embryo: Em-bryo 486
Emma / EMMA 552
empfangen (einen Brief; *Stil*) 114
Empfänger (eines Briefs; *Stil*) 114
Emphase *(Herkunft)* 689
en- 689
endlich *(Gebrauch)* 271
endo- 689
Endodermis *(Herkunft)* 689
Endoskop *(Herkunft)* 689
Endresultat / Resultat 246
Energie *(Herkunft)* 700
Engramm *(Herkunft)* 689
Enkelkind *(Herkunft)* 241
Enkulturation *(Herkunft)* 689
enorm *(Herkunft)* 713
ent- 635
entbinden: hat / wurde entbunden 107, 108
entgegen *(Rektion)* 664
entgegengesetzt *(Gebrauch)* 294
Entgelt: das / der Entgelt 181
Entgelt / Geld 450
entlang *(Gebrauch)* 355
entlassen / freisetzen 604
entlassen: er wird entlassen *(Bedeutung)* 127
entnehmen: dem Brief / aus dem Brief 201

entscheiden / sich entschließen 79, 80
entschließen: daß ich mich entschlösse 138
entschulden / entschuldigen 89
entsprechend *(Rektion)* **363**, 664
entsprechend / laut 367
entsprechend *(Komma)* 525
entstehen *(Gebrauch)* 273
entweder – oder *(Gebrauch)* 414
entzwei / entzweigegangen 347
entzwei / kaputt 347
Enzephalitis *(Herkunft)* 724
epi- 689
Epidermis *(Herkunft)* 698
Epigone *(Herkunft)* 689
Epigramm *(Herkunft)* 689
Episkopat: das / der Episkopat 183
Episode: Epi-sode 483
er *(Deklination)* 649
er *(Stil)* 315, **323**
er / der / dieser 323
er- **98**, 635
-er 182, **472**, 475
-er / -ler 176
Erachten: meines Erachtens / nach meinem Erachten 197
Erbauer: die Erbauer 222
erblinden / blind sein 80
erfahren / in Erfahrung bringen 238
ERFOLG *(Akronym)* 564
erfolgen *(Stil)* **98**, 102, 123, 238, 277
Erfüllung / Erfüllungen *(Stil)* 221
ergeben: Ihr ergebener ... 335
ergiebig / es ergibt sich 451
Ergonomie *(Herkunft)* 700
Ergotherapie *(Herkunft)* 700
erhalten *(Gebrauch)* 120, 127
erhalten (einen Brief; *Stil)* 114
erinnern: ihn / sich an ihn 161
erinnern: sich dieses Ereignisses / an dieses Ereignis 197
erkältet / stärker erkältet 296
erkenntlich / kenntlich 309
erkoren *(Herkunft)* 162
erkranken / krank sein 80, 81
erlauben / Urlaub 563
erlöschen: erloschen / gelöscht 63
ernst nehmen / Ernst machen 505
Ersatz *(in anderen Sprachen)* 587
ersaufen / ersäufen 64
erscheinen / scheinen 83
erschrecken: erschreckt / erschrocken **64**, 68
erst / zuerst 595
erst: der erste / Erste 458, **459**, 460
erste *(Herkunft)* 337
erstellen *(Stil)* 98
ersterer – letzterer **337**, 439
erstklassig *(Gebrauch)* 294
ertränken / ertrinken 64
erwägen / wägen 88
erwägen / in Erwägung ziehen 440

erwarten wir *(Komma)* 521
es *(Deklination)* 649
es *(Gebrauch, Stil)* **316**, 415
es erscheint / scheint 83
es hat / es gibt 105
-esk 478
Eskimo: die Eskimo / Eskimos 216
Espresso: der / das Espresso 183
Esprit / Geist / Witz 585
Essay: der / das Essay 183
essen: iß! **147**, 149
essen *(Valenz)* 61
essen / speisen / futtern / fressen 114
Ester *(Herkunft)* 563
EStG / Einkommensteuergesetz 564
Etage: die Etage 182
Etikett(e) / Etikette(n) 183, **216**
etliche getragene Kleider *(Deklination)* 646
etwas, was / etwas, das 326, 327
euer *(Deklination)* 651
Eugenik *(Herkunft)* 700
Eukalyptus *(Herkunft)* 700
Euphemismus *(Herkunft)* 700
euphemistisch *(Bedeutung)* 286
Eurasien *(Herkunft)* 563
eurem / euerm 651
Eurotel *(Herkunft)* 562
Eva / EVA 552
evakuieren *(Herkunft)* 723
Evolution *(Herkunft)* 693
ex- 689
exhumieren *(Herkunft)* 689
exo- 689
exogen *(Herkunft)* 689
exotisch *(Herkunft)* 689
Export *(Herkunft)* 689
extra- 689
extraordinär *(Herkunft)* 689
Extrauteringravidität *(Herkunft)* 723
extravagant *(Herkunft)* 689
extrem / Extremitäten **590**, 700
Extremist *(Herkunft)* 700

F

Fachmann: Fachleute / Fachmänner 214
Fachzeitschriften-(Fachbuch-)Redakteur *(Rechtschreibung)* 493
-fähig 287, 288
fahren: daß er führe 138
fahren: ist / hat gefahren 106
Fair play *(Gebrauch)* 587
Faksimile *(Herkunft)* 102
Fakt / Faktum: die Fakten / Fakta 216
Faktum *(Herkunft)* 700
Faktotum *(Herkunft)* 700
fallen / fällen 64
fallenlassen / fallen lassen 467
fallenlassen / fallen lassen: hat fal-

lenlassen / fallen lassen *(nicht: gelassen)* 117
Fama *(Herkunft)* 701
Familie *(nicht:* Fam.) 561
famos *(Herkunft)* 701
farbig / farblich 285
Färse / Ferse 452
faschistoid *(Herkunft)* 713
faszinierend: fas-zinierend 483
Fazit *(Herkunft)* 700
Feder *(Herkunft)* 592
federn *(Herkunft)* 592
feiern *(Herkunft)* 222
Feldsee *(Bildung)* 226
Felix *(Bedeutung)* 192, **571**
Felizitas *(Bedeutung)* 571
Ferien *(Herkunft, Gebrauch)* **222**, 259
Fernamt *(Bildung)* 226
Fernrohr *(Bildung)* 225
fernsprechen / anrufen / telefonieren 75
Fernsprecher *(Bildung)* 226
Ferse / Färse 452
fertig / Fahrt *(Herkunft)* 451
fertig haben / fertigbekommen 466
feststehen *(Rechtschreibung)* 463
feststellen: ich stelle fest 70
Feuersbrunst *(Herkunft)* 241
Fewa *(Herkunft)* 561, 562
Fiat *(Herkunft)* 562
Fiber 453
Fibrom *(Herkunft)* 714
Filter: der / das Filter 180
filtrieren / filtern 243
Finale *(Herkunft)* 701
finaler Rettungsschuß *(Bedeutung)* 701
Finalität *(Herkunft)* 701
Fingerring / Ringfinger 230
Firma *(nicht:* Fa.) 561
Firma *(Herkunft)* 584, **701**
Firmament *(Herkunft)* 701
FIRST *(Akronym)* 564
fischverarbeitende Industrie / Fisch verarbeitende Hausfrau 464
fit / fitter 578, 579
Fixstern *(Herkunft)* 701
Fixum: die Fixa 218
Flak *(Herkunft)* 563
Fleck: die Flecke / Flecken 219
flektieren *(Herkunft)* 701
Fleurop *(Herkunft)* 566
Flexion *(Herkunft)* 701
fliegen: daß ich flöge 138
fließen / flößen 63
Flo(a)tel *(Herkunft)* 562
Floppy disk / Diskette 189
Flora *(Bedeutung)* 701
Florist / Blumenhändler 614
flößen / fließen 63
Flugbegleiterin / Stewardeß 581
flugs *(Herkunft)* 658
Fluid *(Herkunft)* 701
Fluktuation *(Herkunft)* 701

Fluor *(Herkunft)* 701
fluoreszieren: fluores-zieren 483
Flur *(Synonyme)* 32
Föhn / Fön 453
Folge leisten / folgen 239
folgen: hat / ist gefolgt 116
folgen: ihm wird gefolgt 120
folgende neue / neuen Gesichtspunkte 646
folgender neue Gesichtspunkt *(Deklination)* 646
folgendermaßen / wie folgt *(Komma)* 524
Folgendes: *(Stil)* 535
Fön / Föhn 453
-fon / -phon 448
formal / formell 289, 290
Formgeber / Formgestalter / Designer 613
fortfahren: ist fortgefahren 116
Fortschritte erzielt haben / fortgeschritten sein 238
Foto / Fotografie 560
Fotografie / Photographie **452**, 505, 579
Fotokopie *(Herkunft)* 716
Frage / Problem 261
fragen: fragte *(nicht:* frug) 55
fragil *(Herkunft)* 701
Fraktion *(Herkunft)* 701
Fraktur *(Herkunft)* 701
Frau *(nicht:* Fr.) 561
Frau / Fräulein 176, **189**
frau / man 618
Frau Professor / Professorin 187
Frauenkirche *(Bildung)* 227
Fräulein: die Fräulein / Fräuleins 212
Fräulein / Frau 176, **189**
-frei 293
Freiheit *(Häufigkeit)* 40
freilich *(Stil)* 595, 601
freimachen / frei machen 74, **466**, 467
Freimut: der Freimut 188
freischaufeln / frei machen 467
freischwimmen / frei schwimmen 462
freisetzen / entlassen 604
Freistaat *(Herkunft)* 572
fremdsprachig / fremdsprachlich 285
fressen: friß! 149
fressen / futtern / speisen / essen 114
freuen: sich freuen an / auf / über 355
-freundlich 266
Friede / Frieden 192
Friedrichshafen / Wilhelmshaven 446
Friedrichshall *(Herkunft)* 703
frieren: ich friere / mich friert an den Fingern 68
-frisch 266
Frisör / Friseur 579

frohen / frohes Herzens 279
Frontbegradigung / Rückzug 604
Frucht *(Herkunft)* 569
fruchtbar *(Herkunft)* 25
führende Politiker *(nicht:* führendste) 296
Führerschein / Führerinnenschein 617
Füllfederhalter / Füllhalter / Füller **227**, 557
Fünfzigpfennigmarke / 50-Pf-Marke 341
Fünfzigstückpackung / Fünfzig-Stück-Packung / 50-Stück-Packung 495
fungibel *(Herkunft)* 701
fungieren *(Herkunft)* 701
Funke / Funken 192
Funktionär *(Herkunft)* 701
für *(Rektion)* 664
für *(Gebrauch, Stil)* 365, **366**, 375
Fürchtegott *(Herkunft, Gebrauch)* 225
fürchten *(Gebrauch)* 425
Furnier: das Furnier 183
fürs *(nicht:* für's) 446
fürsorglich / vorsorglich 307
Fusion *(Herkunft)* 701
futtern / fressen / speisen / essen 114
Futur / Zukunft 583

G

Gabardine: der / die Gabardine 183
Gag / Geck 447
Galaktorrhöe *(Herkunft)* 701
Galaktose *(Herkunft)* 702
Galaxis *(Herkunft)* 702
gang und gäbe *(Gebrauch)* 271
ganz *(Partikel)* 595, **600**
ganz gut / gut 600
ganz traurig / traurig 600
ganze / alle 304
Garage: die Garage 182
gären: gegärt / gegoren 55
Gast / Gästin 617
Gastritis *(Herkunft)* 706
Gastroenteritis *(Herkunft)* 702
Gastronom *(Herkunft)* 702
Gastroskopie *(Herkunft)* 702
Gau / GAU 552
ge- 635
gebären *(Herkunft)* 25
Gebäudereiniger / Fensterputzer 614
geben *(Valenz, Gebrauch)* **61**, 199
geben: gib! 147
geboren / geboren worden 119
gebrauchen / brauchen **76–78**
Geburtstag *(Gebrauch)* 345
Geck / Gag 447
Gedanke / Gedanken 192
Gefallen: der / das Gefallen 180
gegen *(Rektion)* 664

gegen / gegenüber 366
gegen / zu 366
gegenüber *(Rektion)* 664
gegenüber *(Stil)* 366
gehabt: hat ... gehabt 153
Gehalt: das / der Gehalt 14, **181**
gehandarbeitet / handgearbeitet 70
gehen: geh!, gehe! 146
gehen *(Synonyme)* 40
Gehirnwäsche *(Herkunft)* 578
gehörend / gehörig 308
Geisel: die / der Geisel 189
Geißel: die Geißel 189
Geld / Entgelt 450
Gelee: das / der Gelee 183
gelegentlich *(Rektion)* 662
Gelenk *(Herkunft)* 248
gelten: es gilt 58
gelüsten: mich gelüstet / ich habe Appetit 112, 113
gemäß *(Rektion)* **363**, 664
-gemäß / -mäßig 290, 291
gemeinsam / zusammen 309
Gemütlichkeit *(in anderen Sprachen)* 586, 587
Gen *(Herkunft)* 702
Genaueres / Genaues 295
genaugenommen *(Rechtschreibung)* 466
General: die Generale / Generäle 215
Generator: die Generatoren 216
Generator *(Herkunft)* 702
genug *(Gebrauch)* 271
geo- 702
Geographie *(Herkunft)* 702
Geoid *(Herkunft)* 702
Geometer *(Herkunft)* 702
Georg *(Bedeutung)* 571
gerade auch / gerade 601
Geriatrie *(Herkunft)* 702
geringschätzen: geringgeschätzt 74
geringschätzen / gering schätzen 468
gern: lieber / gerner 661
Gerontokratie *(Herkunft)* 702
Gerontologie *(Herkunft)* 702
geschehen *(Stil)* 123
Geschichte / Geschichten machen 221
Geschmacksache / Geschmackssache 227
gesenkschmieden *(Gebrauch)* 72
gesetzt den Fall *(nicht:* der) 166
Gesicht: die Gesichter / Gesichte 220
gesinnt / gesonnen 57
gesprächsweise *(Gebrauch)* 271
Gestalt *(Herkunft, Stil)* 613
gestalten *(Herkunft, Stil)* 613
Gestaltung *(Herkunft, Stil)* 613
gestehen: gestanden 104
getrennt schreiben / zusammenschreiben 445, **462**
Gewerkschafter / Gewerkschaftler 176

gewinnen: daß er gewänne/
    gewönne 148
gewöhnen: gewohnt/gewöhnt 56
geworden/worden 107
Gipfelkonferenz *(Herkunft)* 578
Girl: das Girl 182
Glaube/Glauben 192
glauben: glaubt davon gehört zu
    haben 110
Gläubige/Gläubiger 220
gleich/gleicher 299
gleichwohl *(Stil)* 601
Gliedsatz *(Bedeutung)* 677
global *(Herkunft)* 702
Globalsumme *(Herkunft)* 702
Globus: die Globen/Globusse 216
Globus *(Herkunft)* 702
Glosse *(Herkunft)* 702
Glossolalie *(Herkunft)* 702
Glottis *(Herkunft)* 702
glückliches neues Jahr! *(Bildung)*
    277
Gneis *(in anderen Sprachen)* 587
Gong: der/das Gong 183
Gonioskopie *(Herkunft)* 702
Gott *(Herkunft)* 178
gottbewahre!/Gott sei Dank! 469
Gouvernante/Erzieherin 585
Grad/Grat 453
Grafik/Graphik **452**, 579
Grafiker *(Herkunft)* 703
Grammophon *(Herkunft)* 703
-graph 452, **703**
Graphik/Grafik **452**, 579
Graphit *(Rechtschreibung)* 452
Graphit *(Herkunft)* 592, 703
Graphologie *(Herkunft)* 703
Grat/Grad 453
Gratias *(Herkunft)* 703
Gratifikation *(Herkunft)* 703
gratis *(Herkunft)* 703
gratulieren *(Herkunft)* 703
gräulich/greulich 447
Gravidität *(Herkunft)* 703
gravieren *(Herkunft)* 592
Gravitation *(Herkunft)* 703
gravitätisch *(Herkunft)* 703
Grazie/Anmut 585
Greuel/Grauen 447
greulich/gräulich 447
Griffel *(Herkunft)* 592
Gros *(Herkunft)* 340
Groschen *(Herkunft)* 340
groß schreiben *(Rechtschreibung)*
    445
größer als *(nicht:* größer wie) 298
Grufti *(Herkunft)* 559
Grund und Boden: des Grund und
    Bodens 208
-gründe: aus Gesundheitsgründen/
    der Gesundheit zuliebe 242
Grundprinzip/Prinzip 246
Gruppe: die Gruppe 182
grüßen/begrüßen 94, 95
gucken *(Stil)* 83

Gulasch: das/der Gulasch 183
Gully: der/das Gully 183
Gummi: der/das Gummi 183
Gustin *(Herkunft)* 562
gut *(Stil)* **260**, 295, 305
gut/besser **295**, 648
gut/ganz gut 600
gut/schön 305
gutaussehend *(Rechtschreibung)*
    466
gutgehen/gut gehen 468
gutschreiben/gut schreiben 462
Gymnasium *(Herkunft)* 703
Gymnastik *(Herkunft)* 703
Gymnospermen *(Herkunft)* 703
Gynäkologe *(Herkunft)* 703

H

Haar: graues Haar/graue Haare
    220
haben *(Konjugation)* 629
haben *(als Hilfsverb)* 40,
    104–108, 110–112, 116, 117,
    272, 305
haben *(Häufigkeit)* 40
haben/besitzen 78, 79
-hafen/-haven 446
Haff: die Haffs/Haffe 212
-haft 478
hageln *(Valenz)* 61
Hahn: die Hähne/Hahnen 215
Hair-Stylist/Friseur 614
halb *(Deklination)* 657
halbe/die Hälfte 304
halber *(Rektion)* 662
halbfett/h'fett 566
Halbliterflasche/½-l-Flasche 341
halbstündig/halbstündlich 284
Hälfte *(Gebrauch)* 413
Halfter: die/der/das Halfter 180
Halit *(Herkunft)* 703
Hall, Halle, Hallein *(Herkunft)*
    703
Halleffekt *(Herkunft)* 471
Halogen *(Herkunft)* 703
Halophyt *(Herkunft)* 703
halten/dauern 89
Hämoglobin *(Herkunft)* 702
Hämolyse *(Herkunft)* 703
Hämorrhoiden *(Herkunft)* 704
handarbeiten *(Gebrauch)* 70
handelspolitische Instrumente/
    Schutzzölle 604
handgearbeitet/gehandarbeitet 70
handhaben: ich handhabe 70
Handvoll *(Gebrauch)* 413
hängen: gehängt/gehangen 64,
    65, 69
Hans *(Bedeutung)* 570
Happy-End *(Bildung)* 577
hätte *(statt:* haben würde) 142
hauen: gehauen/gehaut 56
häufig/oft 347
Haupt/Kopf/Birne/Dez 114

haushalten: sie hält haus 465
-haven/-hafen 446
Hehl: kein/keinen Hehl aus etwas
    machen 180, **188**
heimelig/heimisch/heimlich 284
Heimwerker/Bastler 614
Heinisch/heinisch 470
heiser: heiserer 296
heißen/geheißen: er hat dich das
    tun heißen 111
heißt Öl ins Feuer gießen
    (Komma) 116
heißt „Redekunst" *(Komma)* 551
-heit *(Genus)* 176
-heit (Krankheitskosten) 228
Hekatombe *(Herkunft)* 704
hektographieren *(Herkunft)* 704
Hektoliter *(Herkunft)* 704
helfen: hilf! 147
helfen: ihm wird geholfen 118
helfen/geholfen: hat bügeln hel-
    fen/geholfen 111
Helge (sie/er) 188
heliophob *(Herkunft)* 704
Heliotherapie *(Herkunft)* 704
heliotrop *(Herkunft)* 704
Helium *(Herkunft)* 704
Hellschreiber *(Herkunft)* 471
Hemialgie *(Herkunft)* 704
Hemiplegie *(Herkunft)* 704
hemizyklisch *(Herkunft)* 704
henken/hängen 65
Henne/Hahn 451
Heptaeder *(Herkunft)* 704
Heptan *(Herkunft)* 704
Heptateuch *(Herkunft)* 704
her/hin 351
Herabminderung/Minderung 242
hergeben/hingeben 351
Herr *(Gebrauch)* 206, **258**
herunterschlucken/hinunter-
    schlucken 351
Heterochromie *(Herkunft)* 704
Heterodoxie *(Herkunft)* 704
heterogen *(Herkunft)* 704
Heuschrecke *(Herkunft)* 64
heute mittag/diesen Mittag 505
hexagonal *(Herkunft)* 704
Hexameter *(Herkunft)* 704
Hexan *(Herkunft)* 704
h'fett/halbfett 566
h'haltig/holzhaltig 566
hin/her 351
Hin und Her: des Hin und Hers
    208
Hin- und Rückfahrt *(Rechtschrei-
    bung)* 493
hindern *(Gebrauch)* 425
hingeben/hergeben 351
hinsichtlich *(Rektion)* 662
hinter/nach 367
hinter- 99
hinterfragen/fragen 99
hinunterschlucken/herunter-
    schlucken 351

hinzukommen: hinzu kommt, daß 463
Hippodrom *(Herkunft)* 704
Hippopotamus *(Herkunft)* 704
Hippotherapie *(Herkunft)* 704
Hirni *(Bedeutung)* 559
Hobby: das Hobby / die Hobbys 182, **217**
hoch- *(Stil)* 267
hochfliegendste Pläne *(nicht: höchstfliegende)* 297
Hochmut: der Hochmut 188
höchstgelegen *(nicht: hochgelegenst)* 297
hoffen *(Komma)* 110, 522
Hoffnungsträger / Bedenkenträger 614
Hoheit: Ho-heit 481
höhere / Höhere Fachschule 477
Hoheslied / im Hohenlied 645
holzhaltig / h'haltig 566
homogen *(Herkunft)* 705
Homonym *(Herkunft)* 705
Homöopathie *(Herkunft)* 715
homosexuell *(Herkunft)* 705
hören *(Konjugation)* **632**, 634
hören / gehört: hat ihn husten hören / gehört 111
Hose / Hosen 26
Hospital: die Hospitale / Hospitäler 216
Hospital *(Herkunft)* 705
hospitieren *(Herkunft)* 705
Hospiz *(Herkunft)* 705
Hosteß / Air-hostess / Stewardeß **581**, 705
Hotel *(Herkunft)* 705
hübsch *(Partikel)* 600
Humanität *(Herkunft)* 705
Humanmedizin *(Herkunft)* 705
Human Relations *(Herkunft)* 705
Hummel: die Hummeln 222
Hummer: die Hummer 222
hundert / Hunderte 461, **658**
hundertundeine Seite / hundertein Seiten 658
hungern / Hunger haben 112
Hydrant *(Herkunft)* 705
hydraulisch *(Herkunft)* 705
Hydrokultur *(Herkunft)* 705
Hymen: das / der Hymen 183
hyper- 690
hyperkritisch *(Herkunft)* 690
Hyperthermie *(Herkunft)* 690
Hypnose *(Herkunft)* 705
Hypnosie *(Herkunft)* 705
Hypnotikum *(Herkunft)* 705
hypo- 690
Hypochonder *(Herkunft)* 690
Hypotaxe *(Herkunft)* 690

I

-i 558, 559
iatrogen *(Herkunft)* 705
ich *(Deklination)* 649

ich *(Stil)* 315, **396**, 397
ich darf Sie bitten *(Stil)* 140
ich würde sagen *(Stil)* 137, 138
idealistisch: idea-listisch 486
Idiolatrie *(Herkunft)* 705
Idiolekt *(Herkunft)* 705
Idiom *(Bedeutung)* 568
idiorrhythmisch *(Herkunft)* 705
Idiotikon *(Herkunft)* 568
Idyll: das Idyll 183
Idylle: die Idylle 183
-ie 218
-ieren 74, **243**, 244
-ierung 241
-ig 284, **285**, 292
ihm als Vorsitzenden / Vorsitzendem 281
ihm / sich 650
Ihnen *(Stil)* 315
ihr *(Deklination)* **649**, 651
ihr / Ihr 313
ihr lieben / liebe Leute 645
ihr / sein 320
ihr(e) / deren 321, 335
Ihre: das Ihre 320
ihrer / sich 316
ihrerseits / Ihrerseits 313
IHS *(Bedeutung, Herkunft)* 554
Ikone *(Herkunft)* 705
Ikonolatrie *(Herkunft)* 705
Ikonoskop *(Herkunft)* 706
illegitim *(Herkunft)* 708
im / am / beim Weggehen 359
im besonderen / nichts Besonderes 461
im betrunkenen Zustand *(Bildung)* 277
im einzelnen *(Rechtschreibung)* 459, 460
im guten Deutsch / in gutem Deutsch 252
im klaren sein *(Rechtschreibung)* 460
im nächsten Jahr / Jahre 201
im Unrecht sein / unrecht haben 459
Image *(Herkunft)* 706
imaginär *(Herkunft)* 706
Imagination *(Herkunft)* 706
immateriell *(Herkunft)* 693
immerhin *(Stil)* 601
Immobilien *(Herkunft)* 711
Imperator *(Herkunft)* 129
in *(Rektion)* 664
in *(Gebrauch, Stil)* **361**, 362, 367, 368, 375
in- *(lat.)* 690
-in *(Genus)* 177, **617**
in Absetzung bringen / absetzen 239
in / an der ... straße wohnen 356
in Angriff nehmen / beginnen 239
in Anregung bringen / anregen 239
in bezug auf / unter Bezug auf 355, **447**, 460

in Blau / blau 474
in die / zur Schule gehen 360
in Erfahrung bringen / erfahren 238
in Erwägung ziehen / erwägen / überlegen 239, **440**
in Frage kommen *(Rechtschreibung)* 467
in gutem Deutsch / im guten Deutsch 252
in / innerhalb / binnen 361, 362
in keinster Weise *(Bildung)* 431
in / mit ihm verläßt uns 368
in / nach 361
in Textilien handeln 21, **367**
in toto *(Herkunft)* 722
in Verbindung setzen *(Synonyme)* 246
in Vormerkung nehmen / vormerken 239
in Wegfall kommen / wegfallen 239
in Wolle / aus Wolle 367
Inangriffnahme *(Stil)* 241
Inauftragnahme *(Stil)* 241
Inaugenscheinnahme *(Stil)* 241
inbegriffen / mit 355
Indanthren: Ind-an-thren 482
indem *(Herkunft, Gebrauch, Stil)* **385**, 387
indem / während 385, 386
indes / indessen 652
Index: die Indexe / Indizes 216
indirekt *(Herkunft)* 690
indiskutabel *(Herkunft)* 690
individuell *(Herkunft)* 699
Individuum: die Individuen 216
indoktrinieren *(Herkunft)* 699
Industrie- und Handelskammer *(Rechtschreibung)* 493
infinites Verb *(Bedeutung)* 701
inflexibel *(Herkunft)* 701
Info / Information 560
infolge *(Rektion)* 42, 662, **663**
infolge / wegen / aufgrund / durch **363–365**, 374
informell / formell 290
Infothek *(Herkunft)* 721
Infrastruktur *(Herkunft)* 578
Ingenieur / Ingenieurin 616
Initialen *(Herkunft)* 690
Injektion *(Herkunft)* 690
INKAS *(Akronym)* 564
inliegend / einliegend 69
innen / drinnen 349
innerhalb *(Rektion)* **374**, 662
innerhalb / in / binnen **362**, 374
Innovation *(Herkunft)* 713
ins *(nicht: in's)* 446
ins Blaue reden *(Rechtschreibung)* 498
ins reine schreiben *(Rechtschreibung)* 445, 498
Inspektor: die Inspektoren 208
Installation *(Herkunft)* 589, 590
instruieren *(Herkunft)* 721

inszenieren: in-szenieren 483
Integration *(Herkunft)* 578
Intendant: dem Intendanten 199
Intention *(Herkunft)* 721
inter- 690
Interesse: Inter-esse 483
interessiert *(Herkunft)* 48
Interglazialzeit *(Herkunft)* 48
Interim *(Herkunft)* 48
Interjektion *(Herkunft)* 48
international *(Herkunft)* 48
interstellar *(Herkunft)* 721
Intervall *(Herkunft)* 48, **690**
intervenieren *(Herkunft)* 690
Intimsphäre *(Herkunft)* 720
intra- 690
intrakutan *(Herkunft)* 690
intramuskulär *(Herkunft)* 690
intrauterin *(Herkunft)* 723
intro- 690
Introduktion *(Herkunft)* 690
introvertiert *(Herkunft)* 690
Invalide *(Deklination)* 647
-ion (Reklamationsanspruch) 228
Irene *(Bedeutung)* 571
irrational *(Herkunft)* 718
-isch 470, **475**
-isch / -lich 284
Ischias: der / das / die Ischias 184
-ismus 218, **706**
Isobare *(Herkunft)* 706
isomagnetisch *(Herkunft)* 706
isometrisch *(Herkunft)* 706
-istisch 285, **286**, 478
italienischer Journalist / Schweizer Journalist 476, **479**
-itis 706
Iwan *(Bedeutung)* 570

J

ja *(Partikel)* 595
Jahr: im nächsten Jahr(e) 201
-jährlich / -jährig 284
Jean *(Bedeutung)* 570
je ein Muster wird ... 414
jeden Monats / jedes Monats 333
jedenfalls / keinesfalls 280
jeder: eines jeden Tages 333
jeder einzelne *(Rechtschreibung)* 460
jemand *(Deklination)* 655
jemand anders *(Deklination)* 655
jener / dieser 321, **322**, 439
Jens *(Bedeutung)* 570
jenseits *(Rektion)* 662
Jersey: der / das Jersey 184
jetten / Jet 579
Joachim *(Bedeutung)* 570
Jogging / Dauerlauf 171
Jogging / Joggen 578
Joghurt: der / das Joghurt 184
Johannes *(Bedeutung)* 570
John *(Bedeutung)* 570
Joint-venture *(Bedeutung)* 577

Jons *(Bedeutung)* 570
Jubiläum: die Jubiläen 216
Jubiläum: 25jähriges 284, 285
Junge *(Deklination)* 647
Junge: die Jungen / Jungens / Jungs 212
Jüngling *(veraltend)* 29
Jungmädel *(Bedeutung)* 582
Jura *(Herkunft)* 706
Jürgen *(Bedeutung)* 571
Jurisdiktion *(Herkunft)* 706
Justiz *(Herkunft)* 706

K

Kadenz *(Herkunft)* 706
Kaffee-Extrakt *(Rechtschreibung)* 491
Kai (sie / er) 188
Kaiser Karl *(Deklination)* 639
Kaiser / Zar 580
Kakographie *(Herkunft)* 706
Kakophonie *(Herkunft)* 706
Kakostomie *(Herkunft)* 706
Kaktus / Kaktee: die Kakteen / Kaktusse 216
Kalbfleisch / Kalbsbraten / Kälbermagen 227
Kalzium / Calcium 580
Kamin: der / das Kamin 184
Kanalisation / Kanalisierung 241
Kantate *(Herkunft)* 707
Kanton: die Kantone 216
Kantor *(Herkunft)* 707
Kapital *(Herkunft)* 707
kapital / kapitalistisch 286
Kapitale *(Herkunft)* 707
Kapitalverbrechen *(Herkunft)* 707
Kapitel / Kapitell 446
kaputt / entzwei 347
Karbid *(Herkunft)* 707
Karbonade *(Herkunft)* 707
Karbonpapier *(Herkunft)* 707
Kardiograph *(Herkunft)* 707
Kardiologe *(Herkunft)* 707
kardiovaskulär *(Herkunft)* 707
Karl der Große *(Deklination)* 639
Karten spielen / kegelschieben 464
Kartoffel: die Kartoffeln 215
karzinogen *(Herkunft)* 702
Karzinom *(Herkunft)* 702
Käsbrot / Käsebrot 229
Kaskade *(Herkunft)* 706
Kassier / Kassierer 592
Kasten Konfekt / Konfektkasten 229
kata- 690
Katakombe *(Herkunft)* 690
Katalog *(Herkunft)* 709
Katarakt *(Herkunft)* 690
Katarrh *(Herkunft)* 690
Katheder: das / der Katheder 184
kauen: kau! / kaue! 149
kaufen / abkaufen / verkaufen 127
kegelschieben / Karten spielen 464

kein / nicht 427, 428
keine freundlichen Worte *(Deklination)* 646
keiner *(Gebrauch)* 422
keiner als 648
keinesfalls / jedenfalls 280
-keit *(Genus)* 176
-keit (Abhängigkeitsverhältnis) 228
Keks *(Herkunft)* 584
kennenlernen: ich lerne kennen 70
kenntlich / erkenntlich 309
Kerl: die Kerle / Kerls 212
Kid / Teenie 582
Kiefer: die Kiefer / Kiefern 222
Kilo / Kilogramm 557, **560**
Kilogramm *(Herkunft)* 707
Kilometer *(Herkunft)* 707
Kilowatt *(Herkunft)* 707
Kinästhesie *(Herkunft)* 707
Kind und Kegel *(Bedeutung)* 609
Kindergarten *(in anderen Sprachen)* 587
kinetisch *(Herkunft)* 707
Kino / Kinematographentheater 557, 560, **707**
Kirmes *(Bildung)* 226
Kirschblüte *(Bildung)* 226
Kirsten (sie / er) 188
Klafter: der / die / das Klafter 180
Klara *(Bedeutung)* 571
klasse *(Gebrauch)* 279
Klause *(Herkunft)* 707
Klausel *(Herkunft)* 707
Klaustrophobie *(Herkunft)* 707
Klausurtagung *(Herkunft)* 707
kleiden: das kleidet sie 162
kleiden in (ein langes Gewand) 162
klein schreiben *(Rechtschreibung)* 445
Kleinstkind / Baby 574
Kleptomanie *(Herkunft)* 710
Klima: die Klimas / Klimate 216
Klima / klimatisch *(Bildung)* 573
Klimaanlage *(Rechtschreibung)* 491
klingen / zum Klingen bringen 67
klipp und klar *(Gebrauch)* 271
Klo / Klosett 560
Knabe *(veraltend)* 29
knapp *(Stil)* 269
kneifen: sie / ihr in den Arm 164
Knie: die Knie 222
Knipse *(Bildung)* 177
Knödel: die Knödel 215
Knospe: Knos-pe 484
Know-how: des Know-how / Know-hows 198
kochen / sieden 58
Kodak *(Herkunft)* 562
Koexistenz *(Herkunft)* 693
Kognak / Cognac 580
kollaborieren *(Herkunft)* 708
Kollision *(Herkunft)* 693

kolorieren *(Herkunft)* 707
Kolorimeter *(Herkunft)* 707
Kolorit *(Herkunft)* 707
Kombi *(Herkunft)* 559
kombinieren *(Herkunft)* 688
Kommentar: der Kommentar 184
Kommilitone *(Herkunft)* 688
Kommunion (Kommuni<u>on</u>kind) 228
Kompaß: die Kompasse 216
komplex *(Herkunft)* 717
Komplexkompensation *(Stil)* 438
komprimieren *(Herkunft)* 688
Kompromiß: der / das Kompromiß 184
kondolieren *(Herkunft)* 688
Konfektkasten / Kasten Konfekt 229
Konfetti *(Herkunft)* 584
konfirmieren *(Herkunft)* 701
Konfusion *(Herkunft)* 701
Königsallee / Königstraße 228
können *(als Modalverb)* 49, **109**
können: können / könnten Sie mir sagen...? 139
können *(Häufigkeit)* 40
Konsonant *(Herkunft)* 612, **720**
Konstellation *(Herkunft)* 721
Kontakt / Kontakte *(Stil)* 221
Konto: die Konten / Kontos / Konti 216
Kontor: die Kontore 208
Kontor / Comptoir 580
kontradiktorisch *(Herkunft)* 688
kontrahieren *(Herkunft)* 722
Kontraindikation *(Herkunft)* 688
Kontrolle *(Bedeutung)* 584
Konzil: die Konzile / Konzilien 216
konzipieren / konzeptionieren 244
Kopf / Haupt / Birne / Dez 114
kopfstehen: ich stehe kopf 70
kopfstehen / Schlange stehen 464
koppeln / kuppeln 88
Kork *(Herkunft)* 580
Körperkultur / Leibesübungen 615
Korrespondenz: Korre-spondenz 484
Korsett: die Korsetts / Korsette 212
kostbar *(Herkunft)* 162
kosten: kostet ihr / sie 162
kosten *(Herkunft)* **37**, 162
Kraft *(Stil, Bedeutung)* 604, 605
kraft *(Rektion)* 662
kraft *(Herkunft)* **355**, 662
-kraft 604, 605
Kraftverkehr *(Bildung)* 226
Kraftwagen / Wagen 575
krank sein / erkranken 80
-kratie 706
Kreisleiter / Kreissägemeister 233
Krem / Creme 579
Kreuz *(Herkunft)* 580
kriegen (einen Brief; *Stil*) 114
Krimi / Kriminalroman 558

Kripo / Kriminalpolizei 560
Kristall: der / das Kristall 184
Kristalloid *(Herkunft)* 713
Kruzifix *(Herkunft)* 701
Krypta *(Herkunft)* 708
Krypten *(Herkunft)* 708
Kryptogramm *(Herkunft)* 708
Kubismus *(Herkunft)* 706
Kücken / Küken 455
Ku(h)tel *(Herkunft)* 562
kultivieren *(Herkunft)* 614, 615
Kultur *(Herkunft)* 569, **614**, 615
-kultur *(Stil)* 614, **615**
Kumpan *(Herkunft)* 590
Kumpel: die Kumpel / Kumpels 212
Kundenservice *(Herkunft)* 719
kündigen: sie kündigen / ihr den Vertrag kündigen 163
kuppeln / koppeln 88
Kur *(Herkunft)* 563
Kür *(Herkunft)* 162
kuren *(Herkunft)* 245
Kurfürst *(Herkunft)* 162
Kurlaub *(Herkunft)* 563
Kurs / Kursus: die Kurse 216
Kusine / Cousine 579
Kuvert: die Kuverts / Kuverte 216
Kuvert / Umschlag / Gedeck 583

L

Labor: die Labors / Labore 216
Labor / Laboratorium 557, **708**
lackieren / lacken 243
Lady: die Ladys / Ladies 217
Laib / Leib 452
Laktobakterien *(Herkunft)* 708
Laktose *(Herkunft)* 708
laktovegetabile Kost *(Herkunft)* 708
Lamäng: aus der Lamäng *(Herkunft)* 259
Lampenschirm *(Bildung)* 227
Land: die Länder / Lande 220
landen / länden 67
Langeweile / aus Lange(r)weile 645
langjährig *(Gebrauch)* 285
längs *(Rektion)* 662
lapidar *(Herkunft)* 708
Lapidarium *(Herkunft)* 708
Lapislazuli *(Herkunft)* 708
Lapsus: die Lapsus 216
Lärche / Lerche 452
Laryngal *(Herkunft)* 708
Laryngektomie *(Herkunft)* 708
Laryngoskopie *(Herkunft)* 708
Laschi *(Bildung)* 559
Laser *(Herkunft)* 563
lassen *(als Modalverb)* 109
lassen / gelassen: hat ihn laufen lassen 111
Lasso: das / der Lasso 184
Laster: der / das Laster 553

Lastwagen *(Bildung)* 226
lateral *(Herkunft)* 708
Lateralinfarkt *(Herkunft)* 708
Lattich *(Herkunft)* 570
laufen: daß er laufe / liefe 131
laufen: ist / hat gelaufen **104**, 106
laufend *(Gebrauch)* 271
Lausbub / Lauseiunge 229
laut *(Rektion)* **367**, 368, 662, **663**, 664
laut / entsprechend 367, 368
laut / nach Angabe 367
laut loslachen / lautlos lachen 462
-le **19**, 176
leben: seinem Beruf / für seinen Beruf 201
lebendig *(Gebrauch)* 294
Lebensqualität *(Herkunft)* 578
Leberecht *(Herkunft, Gebrauch)* 225
leer *(Gebrauch)* 295
leersaugen: leergesaugt / leergesogen 65
legal *(Herkunft)* 708
legen / liegen 65
Legislaturperiode *(Herkunft)* 708
lehren / lernen / anlernen 81, 82
Lehrling / Auszubildender 559
Leib / Laib 452
Leica *(Herkunft)* 562
leichtverdaulich / leicht verdaulich 464
leiden: hat / ist gelitten 117
leiden an / unter 359
leihweise *(Gebrauch)* 348
-lein *(Genus)* 176
lenken *(Herkunft)* 248
-ler / -er 176
Lerche / Lärche 452
lernen / lehren 81, 82
lesen: lies! 147
Leserbrief / Leserinbrief 617
letzterer *(Stil)* 337
Leuchte *(Bildung)* 177
leugnen *(Gebrauch)* 425
Leukämie *(Herkunft)* 708
Leukoplast *(Herkunft)* 708
Leukozyten *(Herkunft)* 708
Leutnant: die Leutnants / Leutnante 212
Lexikon: die Lexika / Lexiken 216
Liberaldemokraten *(Herkunft)* 709
Libero *(Herkunft)* 709
Libertinismus *(Herkunft)* 709
-lich 284, **285**–287, 292
lichtbogenschweißen *(Gebrauch)* 73
Lid / Lied 453
Liebe *(Häufigkeit)* 40
liebe gnädige Frau *(Komma)* 513
Liebstöckel *(Herkunft)* 570
Lied / Lid 453
lieferbar *(Gebrauch)* 293
liefern / beliefern 96
Liege *(Bildung)* 177

liegen haben 105
liegen: hat / ist gelegen 104
liegen / legen 65
liegende Stellung *(Bildung)* 277
lila / lilafarben 278
Limes *(Herkunft)* 709
Limit *(Herkunft)* 709
limitieren *(Herkunft)* 709
Limo / Limonade 557
Lindwurm *(Herkunft)* 241
Lineal: Li-ne(-)al 486
-ling *(Genus)* 176
-ling (Lehrlingsausbildung) 228
Linoleum *(Herkunft)* 566
liquide *(Herkunft)* 709
liquidieren *(Herkunft)* 709
Liquor *(Herkunft)* 709
Lissabon: Lissabonner 479
Liter *(Gebrauch)* 184, **341**, 342
Litho / Lithographie 560
Lithographie *(Herkunft)* 709
Lobby: die Lobbys / Lobbies 217
-log 709
-logie 709
Lohn / Löhne *(Stil)* 221
lohnen: lohnt die / der Mühe 167
Lohnpause *(Bedeutung, Bildung)* 226
Lok / Lokomotive 557, **709**
Lokal *(Herkunft)* 709
lokalisieren *(Herkunft)* 709
Lorgnette *(Herkunft)* 588
Lorke *(Herkunft)* 259
los sein / loswerden 466
-los / -frei 293
lösbar / löslich 287
löschen: gelöscht / erloschen 63
loswerden / los sein 466
loswerden: wird los 466
Louis XV / Ludwig XV. 234
Louis-quinze-Möbel 234
Luft holen *(Rechtschreibung)* 466
Luftturbulenzen *(Herkunft)* 722
lügen *(Synonyme)* 52
lügen: daß ich löge 138
Lux *(Herkunft)* 709
Luzerne *(Herkunft)* 709
luzider Stil *(Herkunft)* 709
Luzifer *(Herkunft)* 709
-lyse 709, 710
Lysol *(Herkunft)* 709

M

machen *(Wortfeld)* 52
Machorka: der Machorka 182
Mädchen: die Mädchen / Mädel / Mädels 212
Mädchen *(Herkunft)* **34**, 176, 605
Mädchen: es / sie 186
Mädchenhandelsschule *(Bildung)* 233
Madjar / Magyar 579
Magnet: die Magnete / Magneten 216

Magnus *(Bedeutung)* 571
Makroklima *(Herkunft)* 710
Makrokosmos *(Herkunft)* 710
Makromolekül *(Herkunft)* 710
makrozephal *(Herkunft)* 724
mal / Mal 459
mal *(Partikel)* 595
mal *(Herkunft)* 337
malen *(Herkunft)* 337
Malheur: das Malheur 182
man *(Deklination)* 655
man *(Stil)* 125
man / frau 618
man *(Partikel)* 595
manch liebes / manches liebe Mal 645
manche stille / stillen Entschlüsse 646
mancher stille Entschluß *(Deklination)* 646
mangels *(Rektion)* 662, 663
mangels Beweisen / eindeutiger Beweise 663
-manie 710
Manipulation *(Herkunft)* 710
maniriert / mariniert 591
Mann / Mensch *(Herkunft)* 451
Mannequin: das / der Mannequin 184
Mannequin *(Herkunft)* 588
manuell *(Herkunft)* 710
Manufaktur *(Herkunft)* 710
Manuskript *(Herkunft)* 720
Mappe *(Herkunft)* 584
Margarete *(Bedeutung)* 571
mariniert / maniriert 591
Marketing / Absatzplanung 576
Märzglöckchen / Merzvieh 451
maschineschreiben: ich schreibe Maschine 70, 445, **465**
Masse *(Gebrauch)* 413
Maße / Masse 487
-mäßig 290, 291
maßregeln: ich maßregele 70
Match: das / der Match 184
materniserte Milch *(Herkunft)* 710
Matriarchat *(Herkunft)* 710
Matrize *(Herkunft)* 710
mauve *(Gebrauch)* 302
Max *(Bedeutung)* 571
Maxi *(Herkunft)* 559
maximal *(nicht:* maximalst) 302
Maximum: die Maxima 218
m. E. *(Stil)* 556
medial *(Herkunft)* 710
mediäval *(Herkunft)* 710
Mediokrität *(Herkunft)* 710
medizinisch-technische / Medizinisch-technische Assistentin 477
Megalith *(Herkunft)* 710
Megalomanie *(Herkunft)* 710
Megaphon *(Herkunft)* 710
mehr raffiniert als klug 648
mehrere frische Früchte *(Deklination)* 646

meiden / vermeiden 82
mein *(Deklination)* 651
meines Erachtens / meinem Erachten nach 197
meistbesucht *(nicht:* vielbesuchtest) 297
Melancholie *(Herkunft)* 697
Melanchthon, Philipp *(Herkunft des Namens)* 710
Melanie *(Bedeutung)* 711
Melanom *(Herkunft)* 711
Menge *(Gebrauch)* 413
Mensch *(Deklination)* 202
Mensch / Mann *(Herkunft)* 451
Mensch / Menschen *(Stil)* 221
Merzvieh / März *(Herkunft)* 451
Mesolithikum *(Herkunft)* 711
Mesopotamien *(Herkunft)* 711
Mesozoikum *(Herkunft)* 711
meta- 690
Metallabschluß *(Bildung)* 227
Metamorphose *(Herkunft)* 711
Metapher *(Herkunft)* 690
Metathese *(Herkunft)* 690
Meteor: der / das Meteor; die Meteore 184, 216
Meter: das / der Meter 180, 181
Meter *(Gebrauch)* 341, 342
Methode / Verfahren 585
Metrik *(Herkunft)* 711
Metronom *(Herkunft)* 711
mich / mir 167
Michael *(Bedeutung)* 571
Miene / Mine 453
Mikro: Mikroskop / Mikrofon 557
Mikroben *(Herkunft)* 711
mikrobizid *(Herkunft)* 711
Mikrofon / Mikrophon 452
Mikrokosmos *(Herkunft)* 711
mildern / abmildern 102
Millefleurs *(Herkunft)* 711
Milliarde *(Herkunft)* 711
Millimeter *(Herkunft)* 711
mindestens / zumindest 352
Mine / Miene 453
Mini *(Herkunft)* 559
Miniatur *(Herkunft)* 711
Minigolf *(Herkunft)* 711
minimal *(nicht:* minimalst) 302
minimieren *(Herkunft)* 711
Minimum: die Minima 218
Ministerin: Frau Ministerin / Frau Minister 187
mir altem / alten Mann 645
mir ist angst / ich habe Angst 505
mir / mich 167
Misogyn *(Herkunft)* 703
mit *(Rektion)* 664
mit *(Stil, Gebrauch)* 355, 366, **368**, 371
mit achtundvierzig / Achtundvierzig 344
mit allem Nachdruck die Frage aufwerfen / nachdrücklich fragen 239

mit / an / in ihm verlieren wir 368
mit Ausnahme von / ohne 355
mit / bis 374
mit Blau / blau 474
mit der Durchführung beginnen / anfangen 239
mit / durch 371
mit Hilfe / mit 355
mit knapper Mühe *(Bildung)* 269
mit sechs / sechsen 657
mit / trotz 368
mit / unter Bezug auf / in bezug auf 355, **447**, 460
mit was / womit 654
mit / zu 369
mitgezählt / mit 355
Mittag / heute mittag 505
Mittag: Mit-tag 481
mittels *(Rektion)* 662, 663
mittels / mit **103**, 355
mittels Nägeln / 15 cm langer Nägel 663
mitunterschreiben / mit unterschreiben 469
mitunterzeichnen / mit unterzeichnen 469
Möbel: die Möbel 216
Möbel-Müller *(Rechtschreibung)* 491
möbeltechnisch *(Stil)* 291
Mobiliar *(Herkunft)* 711
Mobilmachung *(Herkunft)* 711
Modul: die Moduln / Module 216, 217
Mofa / Motorfahrrad 557
mögen *(als Modalverb)* 109
mögen: mögest du / möge Ihnen 148
Mohr / Moor 453
Moment: das / der Moment 181
Monarch *(Herkunft)* 696
-monatlich / -monatig 284
Mönch *(in der Fachsprache)* 37
Mond *(Genus, Herkunft)* 178
mongoloid *(Herkunft)* 713
Monogamie *(Herkunft)* 702
Monokel *(Herkunft)* 711
Monolog *(Herkunft)* 709
Monomanie *(Herkunft)* 710
Monopol *(Herkunft)* 711
monoton *(Herkunft)* 711
Moor / Mohr 453
Moped *(Herkunft)* 557, **562**
morgendlich / abendlich 455
Morphem *(Herkunft)* 711
Motel *(Herkunft)* 562
Motor: die Motoren / Motore 217
Motto: die Mottos 217
Möwe / Möve 455
multilateral *(Herkunft)* 712
multiple Sklerose *(Herkunft)* 712
Multiplikation *(Herkunft)* 712
Multis / multinationale Unternehmen 559
Mus: die Muse 223

Museum: die Museen 217
Muskel: die Muskeln 222
müssen *(als Modalverb)* 49, **109**
müssen: müssen / müßten Theorie bleiben 135
-mut *(Genus)* 188
Mutter: die Mütter / Muttern 220
Myokard *(Herkunft)* 712
Myokardinfarkt *(Herkunft)* 712
Myom *(Herkunft)* 712
Myotonie *(Herkunft)* 712
Mythologie *(Herkunft)* 709
Mythos / Mythus / Mythe 184

N

na *(Partikel)* 595
nach *(Rektion)* 664
nach *(Gebrauch)* 356, **361**, 367, 371
nach dem / wonach 660
nach Hause gehen *(Rechtschreibung)* 467
nach Hause / zu Hause 361
nach / hinter 367
nach / laut Angabe 367
nach was / wonach 654
nach / zufolge 371
Nachbar: dem Nachbar / Nachbarn 208
nachdem *(Gebrauch)* 154, 155, **386**
nachdem / da 486
nachfragen *(Gebrauch)* 92
nachprüfen / prüfen 91
nächst *(Rektion)* 664
nächsten / diesen Samstag 322
Nächstenliebe *(Bildung)* 195
Nacht: des Nachts 178, 179
nahe *(Rektion)* 363
Naivität: Nai-vität 486
Name / Namen 192
nämlich *(Rechtschreibung)* 449
nämlich *(Stil)* 535
NASA *(Herkunft)* 555
national / nationalistisch 286
Nato *(Herkunft)* 556
Nausea *(Herkunft)* 712
Nautilus *(Herkunft)* 712
nautische Meile *(Herkunft)* 712
Nazi / Nationalsozialist 558
neben *(Rektion)* 664
nebst *(Rektion)* 664
Negativwachstum / Schrumpfung 604
nehmen: nimm! 147
Nekrolog *(Herkunft)* 712
Nekromantie *(Herkunft)* 712
Nekrose *(Herkunft)* 712
Neofaschismus *(Herkunft)* 712
Neolithikum *(Herkunft)* 709
Neologismus *(Herkunft)* 712
Neon *(Herkunft)* 712
Nephritis *(Herkunft)* 712
Nephrom *(Herkunft)* 712

Nephroptose *(Herkunft)* 712
Neue Geschichte *(Rechtschreibung)* 477
neues Jahr *(Rechtschreibung)* 477
neues Jahr *(Gebrauch)* 513
neulich *(Gebrauch)* 271
neulich *(Herkunft)* 658
neun *(Herkunft)* 339
Neuralgie *(Herkunft)* 694
neuralgisch *(Herkunft)* 712
Neurochirurgie *(Herkunft)* 712
Neurom *(Herkunft)* 712
neutral *(Herkunft)* 175
nicht *(Häufigkeit)* 40
nicht *(in der Satzfuge)* 430
nicht bevor / nicht bevor nicht 425, 426
nicht eßbar / nichteßbare Pilze 431
nicht / kein 427, 428
nicht: können Sie nicht . . . ? 424
nicht . . . nicht 425
nicht nur – sondern auch *(Gebrauch)* 415
nicht – sondern *(Gebrauch)* 379, **391**
nicht unberechtigt / berechtigt 429
nicht wahr? *(Stil)* 595
nichts als **298**, 648
nichts Besonderes / im besonderen 461
nichtsdestotrotz *(Bildung)* 431
Nickel *(in anderen Sprachen)* 587
nie ein / nie kein 424
niemand *(Deklination)* 655
niemand als 648
nieseln *(Stil)* 113
Niet: der Niet 181
Nirosta *(Herkunft)* 562
-nis *(Genus)* 188
Nobelpreisträger / Nobel prize winner 614
noch *(Stil)* 597
Nomen *(Herkunft)* 713
nominell *(Herkunft)* 713
nominieren *(Herkunft)* 713
Non-food-Abteilung *(Herkunft)* 713
Nonne *(in der Fachsprache)* 37
Nonplusultra *(Bedeutung)* 713
Nonsens *(Herkunft)* 713
Normalkopierer *(Bedeutung, Bildung)* 227
normativ *(Herkunft)* 713
Nostalgie *(Herkunft)* 694
Not / Nöte *(Stil)* 221
nötig / notwendig 305
Notlage / Not 243
Nougat / Nugat 579
Novum *(Herkunft)* 713
Null *(Herkunft)* 336
null und nichtig *(Gebrauch)* 271
Nulltarif *(Gebrauch)* 34
Nullwachstum / Stillstand 604
Numerale *(Herkunft)* 713
numerieren *(Herkunft)* 713

741

numerieren / nummern / Nummer 446
numerisch *(Herkunft)* 713
Numerus *(Herkunft)* 713
Nummer *(Herkunft, Rechtschreibung)* 210, 446
nummern / numerieren 446
nun *(Stil)* 595
nur *(Stil)* 346, 597, **600**, 601
Nut: die Nut 181
Nymphomanie *(Herkunft)* 710

O

-o 559, 560
ob *(Stil)* 539
ob / daß 384
ob / ob nicht 424
ob: ob der Tauber 481
ob- *(lat.)* 691
Obacht: Ob-acht 48
obengenannt / oben genannt 270, **463**
Ober / Oberkellner 557
oberhalb *(Rektion)* 662
Oberhaupt *(Stil)* 242
Oberregierungsrat *(Bildung)* 232
Obfrau / Obmännin 186
obgleich *(Stil)* 387
obiges / obengenanntes Schreiben 270
Objekt *(Herkunft)* 691
obligatorisch: ob-ligatorisch 487
obschon *(Stil)* 387
Obus *(Herkunft)* 563
obwohl *(Stil)* 387
obzwar *(Stil)* 387
Odem *(Stil)* 113
oder *(Stil, Gebrauch)* **380**, 414
OECD / OEEC 560
offen / auf 349
offene Fragen *(Gebrauch)* 261
Offerte *(Herkunft)* 691
oft / häufig 347
oft: öfter / öfters 661
Ohmsches Gesetz / ohmscher Widerstand 470
ohne *(Rektion)* 664
ohne *(Stil)* 355
ohne es *(nicht: darohne)* 316
ohne zu *(Komma)* **515**, 674
-oid 713
oje! / o jemine! *(Herkunft)* 554
Ökologie *(Herkunft)* 713
Ökonom *(Herkunft)* 713
Ökonom / Ökonomin 617
ökonomisch *(Herkunft)* 713
Ökotrophologin *(Herkunft)* 713
Oktav *(Herkunft)* 713
Oktober *(Herkunft)* 714
Oktopoden *(Herkunft)* 714
Oktroi *(Bedeutung)* 102
oktroyieren *(Herkunft)* 102
Oligämie *(Herkunft)* 704
Oligarchie *(Herkunft)* 714

Oligopol *(Herkunft)* 714
Oligurie *(Herkunft)* 714
oliv / olivfarben 278
ölproduzierend / Öl produzierend 464
-om 714
Omelett / Omelette 184
Omnibus / Bus 557, **563**
OPEC *(Akronym)* 556
Opposition *(Herkunft)* 693
Optik / optisch *(Bildung)* 573
optimal *(nicht: optimalst)* 303
optimal *(Herkunft)* 714
optimieren *(Herkunft)* 714
Optimismus *(Herkunft)* 714
Optimum: die Optima 218
-or 200, 208
Orange / Apfelsine 593
orange / orangefarben 278
Orbit: der Orbit 184
Order: die Orders / Ordern 211
Organismus: die Organismen 217
Orient / sich orientieren 573
-orientiert 266, 291
original / originell 290
orthogonal *(Herkunft)* 714
Orthographie *(Rechtschreibung)* 505
Orthographie *(Herkunft)* 714
Orthopädie *(Herkunft)* 714
Örtliches Fernsprechbuch *(Bildung)* 231
-ose 714
Osteoarthritis *(Herkunft)* 714
Osteoplastik *(Herkunft)* 714
Osteoporose *(Herkunft)* 714
Ostern: schöne / schönes Ostern! 223
Ostern: zu / an Ostern 356
oval *(Herkunft)* 714
Ovarium *(Herkunft)* 714
Ovulation *(Herkunft)* 714
Oxid / Oxyd 453

P

Paar *(Gebrauch)* 413
Paar / paar 453
Pack *(Herkunft)* 589
Pädagoge: Päd-agoge *(Herkunft)* **483**, 715
paddeln *(Herkunft)* 32
Päderast *(Herkunft)* 715
Pädiatrie *(Herkunft)* 705
Pädologie *(Herkunft)* 715
Paket *(Herkunft)* 588, 590
Paläolith *(Herkunft)* 715
Paläolithikum *(Herkunft)* 715
Paläontologie *(Herkunft)* 715
panieren *(Herkunft)* 590
Panorama *(Herkunft)* 715
Panslawismus *(Herkunft)* 715
Pantomime *(Herkunft)* 715
Panty: die Panties 217
Papier / Papiere *(Stil)* 214

Pappplakat: Papp-plakat 481
Papst Paul VI. *(Deklination)* 639
para- 691
paradox *(Herkunft)* 691
Paragraph *(Häufigkeit)* 40
parallel zu / mit 355
Paratyphus *(Herkunft)* 691
Pardon: der / das Pardon 184
Park: die Parks / Parke 211
Parkett: das Parkett; die Parkette / Parketts 184, **217**
Parodie: Par-odie 480
partiell *(Herkunft)* 715
Partikel *(Herkunft)* 715
Partner *(Herkunft)* 715
Passepartout: das / der Passepartout 184
Passiv *(Herkunft)* 715
passiv *(Herkunft)* 715
Pate *(Herkunft)* 715
Paternoster *(Herkunft)* 715
pathetisch *(Herkunft)* 715
Patient *(Herkunft)* 715
patriarchalisch *(Herkunft)* 696
Patron *(Herkunft)* 715
Paul *(Bedeutung)* 571
Paul VI. *(Deklination)* 639
Pauschale: das / die Pauschale *(Herkunft)* 181
Pavillon: die Pavillons 217
pazifisch / pazifistisch 286
PC / Personalcomputer 226
Pedal *(Herkunft)* **242**, 715
Pedant *(Gebrauch)* 572
Pediküre *(Herkunft)* 715
PEGASOS *(Akronym)* 564
PEN-Club *(Herkunft)* 564
Penizillin / Penicillin 580
pensee *(Gebrauch)* 302
Pensum: die Pensen / Pensa 217
Pentade *(Herkunft)* 716
Pentagon *(Herkunft)* 703
Pentameter *(Herkunft)* 716
Pentekoste *(Herkunft)* 716
per- 691
per pedes *(Bedeutung)* 715
perfekt *(Herkunft)* 691
Perforation *(Herkunft)* 691
peri- 691
Perikard *(Herkunft)* 691
perinatal *(Herkunft)* 691
Peripherie *(Herkunft)* 691
Perlon *(Herkunft)* 36
Perron / Bahnsteig 584
Persil *(Herkunft)* 561
Person / Persönlichkeit 339, **612**, 613
pesen *(Herkunft)* 715
Petersilie *(Herkunft)* 570
Petitionsausschuß / Anrufungsausschuß 575
Petra *(Bedeutung)* 225
petrifizieren *(Herkunft)* 716
Petrochemie *(Herkunft)* 716
Petroglyphe *(Herkunft)* 716

Petroleum *(Herkunft)* 716
Petschaft: das Petschaft 184
Pfennig: 10 Pfennig / 10 Pfennige 220, 221
Pfingsten: schöne / schönes Pfingsten 223
Pflanze *(Herkunft)* 569
Pflanzenhaarfarben / Pflanzen-Haarfarben 233
pflegen: pflegt mich zu besuchen 110
pflegen: pflegte / pflog der Ruhe 59
pfropfen *(Herkunft)* 570
Pharmakant *(Herkunft)* 716
Pharmakon *(Herkunft)* 716
Pharmareferent *(Herkunft)* 716
Pharmazeut *(Herkunft)* 716
Philatelist *(Herkunft)* 716
Philipp *(Bedeutung)* 716
Philodendron *(Herkunft)* 698
Philosophie *(Herkunft)* 716
-phobie 716
-phon / -fon 448
Phon *(Herkunft)* 716
Phonodiktat *(Herkunft)* 716
Phonophobie *(Herkunft)* 716
Photographie / Fotografie 452, **579**
Photophobie *(Herkunft)* 716
Photozelle *(Herkunft)* 716
Physikum *(Herkunft)* 716
Physiologie *(Herkunft)* 716
Physis *(Herkunft)* 716
physisch *(Herkunft)* 716
Piano / Pianoforte 557
pieksauber *(Rechtschreibung)* 446
Pik *(Rechtschreibung)* 446
Pik-As *(Rechtschreibung)* 446
pilgerschrittwalzen *(Gebrauch)* 73
Pizza: die Pizzas / Pizzen 217
Plaid: das / der Plaid 184
Plastik: Pla-stik 486
Plastik / Plaste 172
plastischer Chirurg *(Bildung)* 277
Plattdeutsch *(Herkunft)* 43
plexiform *(Herkunft)* 717
Plexiglas *(Herkunft)* 36
Plombe *(Herkunft)* 554
Plunder *(Herkunft)* 589
plural / pluralistisch 285, 286
Plutokratie *(Herkunft)* 707
Podest *(Herkunft)* 717
Podium *(Herkunft)* 717
Polio / Poliomyelitis 560
Politik *(Stil)* 36
Polster: die Polster / Pölster 222
polychrom *(Herkunft)* 717
polygam *(Herkunft)* 702
Polyglotte *(Herkunft)* 717
polymorph *(Herkunft)* 711
Polyp *(Herkunft)* 717
Pony: der / das Pony; die Ponys **184**, 217
Pop-art *(Herkunft)* 696
Popelin / Popeline 259

poppig / Popfarben 579
Porto: die Portos / Porti 217
Porträt / Portrait 579
Post *(Herkunft)* 573
post- 691
Posten *(Herkunft)* 584
Poster: das / der Poster 182
posthum *(Herkunft)* 691
Postskriptum *(Herkunft)* 691
postum *(Herkunft)* 691
prä- 691
prädestiniert *(Herkunft)* 691
Präfix *(Herkunft)* 691
Praktik: die Praktiken 217
Praktikum: die Praktika 217
Präludium *(Herkunft)* 691
Präsident *(Deklination)* 206
Praxis: die Praxen 217
Preisangleichung / Preiserhöhung 604
preiswert *(Stil)* 29
Prestige: des Prestige / Prestiges 198
prima *(Gebrauch)* 279
Primadonna *(Herkunft)* 717
primär *(Herkunft)* 717
Primat: das / der Primat 184
Primel *(Herkunft)* 569
primitiv *(Herkunft)* 717
Prisma: die Prismen 217
pro- 691
probefahren *(Gebrauch)* 73
Problem / Probleme *(Stil)* 221, 261
Professor *(nicht:* Prof.*)* 561
Professor: Frau Professor 187
Profi / Professional 559
Programm: die Programme 217
Programm: Pro-gramm 486
programmieren *(Herkunft)* 243
Programmierte Textverarbeitung *(Bildung)* 231
progressiv / progressistisch 286
Prolog *(Herkunft)* 691
Promi / Prominenter 559
promovieren: hat / wurde promoviert 108
Pronomen *(Herkunft)* 691
Propaganda *(Herkunft)* 570
propagieren / propagandieren 244
Prospekt: der Prospekt 184
Prosti / Prostituierte 559
Protagonist *(Herkunft)* 717
Protoplasma *(Herkunft)* 717
Prototyp: der Prototyp 184
Prototyp *(Herkunft)* 717
provozieren *(Herkunft)* 724
prüfen: nachprüfen / überprüfen 99
PS *(Stil)* 556
Pseudokrupp *(Herkunft)* 717
Pseudonym *(Herkunft)* 717
pseudowissenschaftlich *(Herkunft)* 717
psychedelisch *(Herkunft)* 717
Psychiater *(Herkunft)* 705
Psychopharmakon *(Herkunft)* 717

Psychose *(Herkunft)* 714
psychosomatisch *(Herkunft)* 717
Public Relations / PR 576, 577
Publikation / Publizierung 241
Publikum *(Herkunft)* 718
publizieren *(Herkunft)* 718
Pudding: die Puddinge / Puddings 217
Pullover *(Herkunft)* 577
Pullunder *(Herkunft)* 577
Pult: das Pult 184
Punkt *(Herkunft)* 532
punktschweißen *(Gebrauch)* 73
Puzzle / Puzzlespiel 242
Pyjama: der / das Pyjama 184
Pyretikum *(Herkunft)* 718
Pyromanie *(Herkunft)* 718
Pyrotechniker *(Herkunft)* 718

Q

Quader *(Herkunft)* 718
Quadrat *(Herkunft)* 718
Quadriga *(Herkunft)* 718
qualitativ einwandfrei *(Stil)* 309
Quantum: die Quanten 217
Quark *(Synonyme)* 32
Quarz *(in anderen Sprachen)* 587
Quentchen / Quantum 451
Quinta *(Herkunft)* 451
Quintett *(Herkunft)* 451

R

Rad *(Bedeutung, Stil)* 168, 169
Radar: das / der Radar 184
Radar *(Herkunft)* 563
radfahren / Auto fahren 464
Radio: das / der Radio 184
radioaktiv *(Herkunft)* 718
Radiator *(Herkunft)* 718
Radius: die Radien 217
Radius *(Herkunft)* 718
Raffaelisch / raffaelisch 470
raffiniert *(Bedeutung)* 591
Rahmen *(Stil)* 603
Ration *(Herkunft)* 718
rational / rationell 289
rationalisieren *(Bedeutung)* 289
Rationalismus *(Herkunft)* 718
Ratsherrin / Ratsherr 186
Rauheit: Rau-heit 481
Raumgestalter / Raumausstatter 613
Raumpflege / Sprachpflege 611, 612
Raumpflegerin / Putzfrau 614
re- 691
Reagenz: die Reagenzien 217
reagieren *(Herkunft)* 691
real / reell 289
Realität *(Herkunft)* 718
realiter *(Herkunft)* 718
Reallexikon *(Herkunft)* 718
Rebus: der / das Rebus 184

Rechnung *(Gebrauch)* 240
recht haben / im Recht sein 505
recht und billig *(Herkunft)* 270
recyceln / Recycling 579
red- 691
Redakteur *(Herkunft)* 691
Redundanz *(Herkunft)* 691
reell / real 289
regnen *(Valenz)* 61
Reibe *(Bildung)* 177
Reihe *(Gebrauch)* 413
reihen: gereiht 58
Reimport / Re-Import 491
Reineclaude / Reneklode 580
reines / reinen Herzens 279
Reis: die Reiser / Reise 223
Reise *(Bedeutung)* 223
Reißbrett *(Herkunft)* 592
reißender Absatz *(Bildung)* 269
Reißzeug *(Herkunft)* 592
Rekord *(Bedeutung)* 584
Rektion *(Herkunft)* 718
Rektor *(Herkunft)* 718
Rektoskopie *(Herkunft)* 720
Rektum *(Herkunft)* 718
Reminiszenz: Reminis-zenz 483
Ren / Rentier 453
Rendezvous / Stelldichein 582
Reneklode / Reineclaude 580
renovieren *(Herkunft)* 713
Rentier / Ren 453
Repro / Reprographie 560
Republik *(Herkunft)* 718
resignieren *(Bedeutung)* 584
Respekt *(Herkunft)* 720
retro- 692
retronasal *(Herkunft)* 692
Retrospektive *(Herkunft)* 692
Revers: das / der Revers 184
revidieren *(Herkunft)* 723
Rheuma: das Rheuma 184
Rheumatismus: der Rheumatismus 184
Rhododendron *(Herkunft)* 569
Rhombus: die Rhomben 217
richtig / richtiger 298
Rinderbraten / Rindsbraten 227
Ringfinger / Fingerring 230
Risotto: der / das Risotto 184
RKW *(Herkunft)* 560, 561
Roheit: Ro-heit 481
Rohr / Röhre 215
Rolladen: die Rolladen / Rolläden 222
Rolladen / Rouladen 591
Rollo / Rouleau 579
rosa / rosafarben 278, **302**
rot *(Gebrauch)* 302
rotblühend / rot blühend 463
Rotel *(Herkunft)* 562
rote Rose *(Deklination)* 643
roter Saft *(Deklination)* 643
rotes Licht *(Deklination)* 643
Rouladen / Rolladen 591
Rouleau / Rollo 579

Routine / Rutine 579
Rubin *(Herkunft)* 718
Rubrik *(Herkunft)* 718
Rubrum *(Herkunft)* 718
Rückerinnerung / Erinnerung 242
Rücksichtnahme / Rücksicht 243
rudern: ist / hat gerudert 106
rufen: er ruft ihr / ruft sie 163, 164
rühmen: sich dreier Dinge rühmen 344
rühren *(Rechtschreibung)* 450
rund(e) tausend Meter / runder Tausender 269

S

SAD *(Akronym)* 564
Saite / Seite 446
Sakko: der / das Sakko 184
Sakralbau *(Herkunft)* 718
Sakrileg *(Herkunft)* 718
Sakristei *(Herkunft)* 718
Sales-promotion / Verkaufsförderung 576
Saline *(Herkunft)* 719
Salmiak *(Herkunft)* 719
Salpeter *(Herkunft)* 719
Salzburg *(Herkunft, Bildung)* 226
Samba: die / der Samba 185
Same / Samen 192
samt *(Rektion)* 664
sämtliche verfügbaren / verfügbare Gelder 646
sämtliches verfügbare Geld *(Deklination)* 646
Sanatorium *(Herkunft)* 719
sandstrahlen: gesandstrahlt / sandgestrahlt 73
Sani / Sanitäter 558
sanieren *(Herkunft)* 719
Sanitäreinrichtung *(Herkunft)* 719
Sarkom *(Herkunft)* 714
sauberhalten / sauber halten 466
saugen: gesaugt / gesogen **65**, 68
saugen / säugen 65
S-Bahn *(Herkunft)* 563
Schade / Schaden 192
Schadenersatz / Schadensersatz 228
Schadenfreude *(in anderen Sprachen)* 587
schadhaft *(Stil)* 347
schaffen: geschafft / geschaffen 56
-schaft *(Genus)* 176
-schaft *(Herkunft)* 616
-schaft (Genossenschaftsbank) 228
-schafter / -schaftler 176
Schal: die Schals 211
Schank / Schenke / Schänke 454
Scharm / Charme 579
schauen / sehen 83, 84
Scheck: die Schecks 211
scheinbar / anscheinend 26
scheinen / erscheinen 83
scheinen: scheint sich Sorgen zu machen 110

Schema: die Schemas / Schemata / Schemen 217
Schema F *(Herkunft)* 567
Schenke / Schank / Schänke 454
schenken *(Herkunft)* 454
scheuen: daß sie sich nicht scheuten / scheuen würden 135
Schi / Ski 452
Schick *(Herkunft)* 588
schief / schräg 305
schiefe Ebene *(Gebrauch)* 306
schiefgehen / schief gehen 468
schiefgewickelt / schief geladen 469
Schildpatt *(Herkunft)* 32
Schiri / Schiedsrichter 558
Schisma: das Schisma 187
schlafen *(Gebrauch)* 118
schlafen *(Valenz)* 61
schlafen: daß er schlafe / schliefe 131
schlagen: ihn schlagen / ihm ins Gesicht schlagen 164
schlagen: werden geschlagen / sind geschlagen 118
Schlange stehen / kopfstehen 464
Schlegel / schlagen 451
schleifen: geschleift / geschliffen 56
schmälzen *(Herkunft)* 66
schmecken *(Herkunft)* 305
schmelzen: geschmelzt / geschmolzen 65
Schneeschmelze *(Herkunft)* 65
schneiden: mich schneiden / mir in den Finger schneiden 164
schnelle Auffassungsgabe *(Bildung)* 230
schneller Brüter *(Herkunft)* 578
schnelltrocknend / schnell trocknend 463
Schofför / Chauffeur 579
Schokolade / Chokolate 579
schon *(Stil)* 597
schön *(Partikel)* 595, **600**
schön / gut 305
Schose / Chose 579
schranktrocken *(Stil)* 266
Schreibe *(Bildung)* 177
schreiben *(Wortfeld)* 51
schreiben *(Herkunft)* 592
schreiende Farben: schreiendere Farben 296
schreiende Kinder: die lauter schreienden Kinder 296
schriftstellern: ich schriftstellere 70
schrittweise *(Gebrauch)* 271, **348**
Schuko / Schutzkontakt (Schukostecker) 579
schuld haben / schuld sein 116
Schurz / Schürze 179
Schütte *(Bildung)* 177
Schwangerschaftsunterbrechung / Schwangerschaftsabbruch 240

schwarzer Markt / Schwarzes Brett 477
Schwarzwälder Schinken / westfälischer Schinken 476
schwarzweiß *(Rechtschreibung)* 446, **475**
Schweinebraten / Rindsbraten 227
Schweizer Journalist / italienischer Journalist 479
schwellen: geschwellt / geschwollen 69
schwemmen / schwimmen 63
schwer / schwierig 306, 307
schweres Wasser *(Herkunft)* 578
Schwermut: die Schwermut 188
schwierig / schwer 306, 307
schwimmen / schwemmen 63
schwören: schwor, geschworen 58
se- 692
Sean *(Bedeutung)* 570
Sechser *(Herkunft)* 340
Sechstagerennen / 6-Tage-Rennen 341
Seele / selig 446
segeln: ist / hat gesegelt 106
sehen *(Konjugation)* 633, 634
sehen: sieh! 146
sehen / gesehen / hat es kommen sehen 111, 117
sehen / schauen 83, 84
sehr (mehr, am meisten) 661
seid / seit 108
sein *(Konjugation)* 630
sein *(als Hilfsverb)* 49, **104–108**, 112, 116, 117, 272, 305
sein / bilden 89
sein / darstellen / bedeuten 79
sein: ist / war gewesen 159
sein: Seien Sie... / Sind Sie...? **145**, 146, 149
sein *(Deklination)* 651
sein / dessen 321
sein / ihr 320
seinem Bedauern Ausdruck geben / bedauern 239
seinen Dank abstatten / danken 239
seiner / sein gedenken 649
seinerzeit / ihrerzeit 350
seinerzeit / zu seiner Zeit 459
Seismik *(Herkunft)* 719
Seismogramm *(Herkunft)* 719
Seismometer *(Herkunft)* 719
seit *(Rektion)* 664
seit *(Gebrauch)* 358, 359
seit alters / von alters her 352
seit / seid 108
seitdem *(Herkunft)* 387
Seite / Saite 446
Seiteneinsteiger *(Stil)* 97
seitens / von seiten / von **127**, 354
seither / bisher 350
Sekretär *(Herkunft)* 579
Sekretion *(Herkunft)* 692
Sekunda *(Herkunft)* 719

Sekundant *(Herkunft)* 719
sekundär *(Herkunft)* 719
selbst / selbständig 446
selig / Seele 446
Sellerie: der / die Sellerie 185
selten schön *(Bedeutung)* 45, **348**
Semifinale *(Herkunft)* 719
Semikolon: das Semikolon 185
semilunar *(Herkunft)* 719
semipermeabel *(Herkunft)* 719
Senat *(Herkunft)* 719
senden: gesendet / gesandt 56
senden Jutta und Familie 414
sendet Jutta mit Familie 414
senil *(Herkunft)* 719
Seniorchef *(Herkunft)* 719
senken / sinken 63
Sensation *(Herkunft)* 719
sensationell / 719
sensibel *(Herkunft)* 719
sensitiv *(Herkunft)* 719
sentimental *(Herkunft)* 719
separat *(Herkunft)* 692
September-Oktober-Ausgabe *(Rechtschreibung)* 492
servil *(Herkunft)* 719
Servus! *(Herkunft)* 719
SESAM *(Akronym)* 564
setzen / sitzen 66
Showmaster *(Herkunft)* 577
sich *(Gebrauch)* 274, 313, 316, 317, **318**, **319**, 334, 650
sich / einander **317**, 650
sich / ihm 650
sich / ihrer 316
sich / uns 317, **334**
sich + Infinitiv mit ‚zu' *(Komma)* 515
sich beschweren / Beschwerde einlegen 238
sich dreier Dinge rühmen 334
sich einer Sache bezichtigen / sich zu etwas bekennen 607, 608
sich enthalten *(Gebrauch)* 425
sich entschließen / sich entscheiden 79, 80
sich erinnern: an sie / ihrer **161**, 162, 197
sich erwehren / sich entziehen 197
sich freischwimmen / frei schwimmen 462
sich freuen an / auf / über 355
sich freuen: der Geburt eines Sohnes / über die Geburt eines Sohnes 197
sich gegenseitig / einander 317, **650**
sich gliedern / zerfallen 87
sich hüten *(Gebrauch)* 425
sich in Verbindung setzen *(Stil)* 246
sich orientieren / Orient 573
sich schämen: eines falschen / wegen eines falschen Wortes 197

sich wehren / währen 452
sich wohl fühlen *(Rechtschreibung)* 468
sich zu etwas bekennen / sich einer Sache bezichtigen 607, 608
sich zurückerinnern / sich erinnern 162
sich zusammensetzen aus *(Gebrauch)* 87
sichergehen / sicher gehen 23
sie / Sie *(Deklination)* 649
Sie / sie *(Rechtschreibung)* 312, **313**, 528
Sie *(Stil)* 123, 313, 315, **397**
Sie *(Herkunft)* 312
siebente / siebte 339
sieden: gesiedet / gesotten 58
Signal *(Herkunft)* 719
Signatur *(Herkunft)* 720
signifikant *(Herkunft)* 720
silberne Hochzeit / Silberner Sonntag 477
Silo: der / das Silo 185
Silvester / Sylvester 579
Similistein *(Herkunft)* 102
Sinalco *(Herkunft)* 562
Sinanthropos *(Herkunft)* 695
Sinfonie / Symphonie 579
Single *(Bedeutung)* 584
Single: der / die / das Single 185
sinken / senken 63
Sinnhaftigkeit / Sinn 243
sitzen / setzen 63
sitzen: hat / ist gesessen 104
sitzende Lebensweise *(Bildung)* 277
sitzenbleiben / sitzen bleiben 453
sitzenlassen / sitzen lassen 453
Skala / Skale: die Skalen 217
Ski / Schi 452
Ski laufen / eislaufen 464
-skopie 484, **720**
Skribent *(Herkunft)* 720
Skytel *(Herkunft)* 562
Slip *(Herkunft)* 577
Smoking *(Bedeutung)* 584
Snob *(vermeintliche Herkunft)* 554
so *(Partikel)* 595
so daß *(Rechtschreibung)* 469
so klug wie **297**, 648
sobald / so bald wie 469
Soda: die / das Soda 185
sofern / so fern 665
Softie *(Bedeutung)* 559
sogenannt *(Stil)* 545
Sohle / Sole 453
solange / so lange wie 469
solange / solange nicht 426
Solarplexus *(Herkunft)* 717
solch stürmisches / solches stürmische Wetter 645
solche seltenen / seltene Exemplare 646
solches seltene / seltenes Exemplar 646

Sole / Sohle 453
sollen *(als Modalverb)* 109
sollen: soll verunglückt sein 139
Solo: die Solos / Soli 217
somnambul *(Herkunft)* 695
Sonate *(Herkunft)* 612, **720**
sonder *(Rektion)* 664
sondern: nicht – sondern 379, **391**, 431
Sonnabend *(Herkunft, Bildung)* 226
Sonne *(Genus, Herkunft)* 178
Sonnenlicht *(Bildung)* 227
sonor *(Herkunft)* 612, 720
sooft / so oft wie 469
sophistisch *(Bedeutung)* 286
Sorge / Sorgen *(Stil)* 221
Sorge tragen / sorgen 239
sosehr / so sehr, daß 469
sowie *(Stil, Gebrauch)* **379**, 415
sowohl – als auch *(Stil, Gebrauch)* 379, 415, **428**, 429
Sozi / Sozialist 558
sozial / sozialistisch 286
sozial *(Herkunft)* 720
Sozialismus *(Herkunft)* 706
Soziolekt *(Herkunft)* 720
Sozius *(Herkunft)* 720
Spalt / Spalte 179
spalten: gespaltet / gespalten 59
Spargel: die Spargel / Spargeln 215
speisen / essen / futtern / fressen 114
Spektakel *(Herkunft)* 720
spektakulär *(Herkunft)* 720
Spektrum: die Spektren / Spektra 217
Spektrum *(Bildung)* 580
Spenden- / Steuerbescheinigung 270
Spezi *(Herkunft)* 559
Spezialist *(Herkunft)* 720
speziell *(Herkunft)* 720
spezifisch *(Herkunft)* 720
-sphäre 720
Spind: der / das Spind 175
Spiritismus *(Herkunft)* 720
Spirituosen *(Herkunft)* 720
Spiritus Sanctus *(Herkunft)* 720
Spital *(Herkunft)* 705
spontane Arbeitsniederlegung / wilder Streik 604
Sponti *(Herkunft)* 559
Sprachpflege / Raumpflege 611, 612
sprechen: sprich! **147**, 149
sprengen / springen 66
spritzgießen *(Gebrauch)* 73
Spüle *(Bildung)* 177
spurten: ist / hat gespurtet 106
Stachel: die Stacheln 222
Standard / Standarte 446
Star: die Stars / Stare 222
starten *(Gebrauch)* 126
Station *(Herkunft)* 721
Stativ *(Herkunft)* 721

statt *(Rektion)* 375, 662
statt unser 334
stattfinden *(Gebrauch)* 272, 273
Statue *(Herkunft)* 721
Staub: die Staube / Stäube 214
staubsaugen / Staub saugen: staubgesaugt / Staub gesaugt **65**, 73
Stauende / Stau-Ende 491
Stck. / Stück 566
stechen / stecken 84
Steckbrief *(Herkunft)* 84
stehen: ist / hat gestanden 104
stehen haben *(Gebrauch)* 105
steilen *(Stil)* 112, 113
stellar *(Herkunft)* 721
Stelldichein / Rendezvous 582
Stengel / Stange 451
Steno / Stenographie 560
Stenografie / Stenographie **452**, 505, 579
Stenogramm *(Herkunft)* 703
sterben: stirb! 149
sterben / versterben 83, 84
Stethoskop *(Herkunft)* 720
-steuer: Körperschaft- / Körperschaftssteuer 228
steuerbar / steuerpflichtig 287
steuerbegünstigt *(Gebrauch)* 269
Steuer- / Spendenbescheinigung 270
steuern: ein Schiff / einer Notlage 167
Steward / Stuart 581
Stewardeß, Hosteß / Flugbegleiterin 581
Stiel / Stil 453
Stillage / Stil-Lage 491
Stillschweigen *(Stil)* 242
Stillstand *(Stil)* 242
Story: die Storys / Stories 217
stoßen: ist / hat gestoßen 106
Straße *(Gebrauch)* 356
Straßengebühr *(Bildung)* 226
Stratosphäre *(Herkunft)* 720
Strauß: die Sträuße / Strauße 220
streichbar / streichfähig 287
Streik: die Streiks 211
streitbar *(Gebrauch)* 287
Streitkultur *(Stil)* 615
Strichpunkt / Semikolon 527
Strick / stricken 177
Struktur *(Herkunft)* 721
Strukturhilfen / Subventionen 604
strumpfestrickend / Strümpfe strickend 464
Stück / Stck. 566
stückweise *(Gebrauch)* 271
stufenweise *(Gebrauch)* 271, **348**
Stuttgart-Bad Cannstatt 494
sub- 692
Subkultur *(Herkunft)* 578
submarin *(Herkunft)* 692
subtrahieren *(Herkunft)* 692
südlich / südwärts 308
Suffix *(Herkunft)* 692

suggerieren *(Herkunft)* 692
sukzessive *(Herkunft)* 692
super- 692
Supermarkt *(Herkunft)* 692
supermodern *(Herkunft)* 692
supprimieren *(Herkunft)* 692
supra- 692
supradental *(Herkunft)* 692
supranatural *(Herkunft)* 692
Surrogat *(Herkunft)* 693
Syllogismus *(Herkunft)* 692
Sylvester / Silvester 579
sym- 692
Symbiose *(Herkunft)* 692
Symmetrie *(Herkunft)* 692
Symphonie / Sinfonie 579
Symptom: Sym-ptom 487
syn- 692
synchron *(Herkunft)* 692
Synthese *(Herkunft)* 692
System *(Herkunft)* 692

T

Tabu *(Bedeutung)* 552
Tachometer *(Herkunft)* 711
Tag: am gestrigen Tag(e) 201
Tagblatt / Tageblatt 229
Tagwerk / Tagewerk 229
taktieren *(Herkunft)* 243
Taler *(Herkunft)* 588, 589
tanzen: ist / hat getanzt 106
Tapezier / Tapezierer 592
-tät *(Qualitätsverbesserung)* 228
tausend / Tausende 658
Taxi / Taxe: Taxis / Taxen 217
TEAM *(Akronym)* 564
Teamwork: das Teamwork 182
-technisch 291
technische / Technische Universität 477
technischer Direktor *(Bildung)* 277
Teddy: die Teddys 217
Teen / Teenie *(Herkunft)* 559, **582**
Teenager / Teen 582
Teil: das / der Teil 182
teilen *(Gebrauch)* 87
teilweise *(Gebrauch)* 271
Teint *(Herkunft)* 589
-tel 562
Telefon / Telephon **452**, 579
Telefon *(Gebrauch)* 573
Telefon *(Herkunft)* **226**, 716
Telefonbuch / Fernsprechbuch 583
telefonieren / anrufen / fernsprechen 75, **573**
telegrafieren *(Rechtschreibung)* 452
Telegramm *(Herkunft)* 703
Telepathie *(Herkunft)* 721
Teleskop *(Herkunft)* 720
Television *(Herkunft)* 721
Telex *(Herkunft)* 721
Teller: der Teller 185

Tendenz *(Herkunft)* 721
tendieren *(Herkunft)* 721
Tenor *(Bedeutung)* 593
Tension *(Herkunft)* 721
Terpentin: das/der Terpentin 185
Terrain *(Herkunft)* 721
Terrakotta *(Herkunft)* 721
Terrasse *(Herkunft)* 721
Terrazzo *(Herkunft)* 721
terrestrisch *(Herkunft)* 721
Test: die Tests/Teste 211
Test/Testversuch 242
Tetragon *(Herkunft)* 721
Tetralogie *(Herkunft)* 721
Tetrameter *(Herkunft)* 421
Thanatophobie *(Herkunft)* 716
-thek 721
Theke *(Herkunft)* 721
Thema: die Themen/Themata 216
Theodor *(Bedeutung)* 721
Theokratie *(Herkunft)* 722
Theomanie *(Herkunft)* 722
Theorie/Lehrmeinung 585
TherapeutInnen *(Bedeutung)* 618
Thermalquelle *(Herkunft)* 722
thermoplastisch *(Herkunft)* 722
Thermosflasche *(Herkunft)* 722
Thermostat: der Thermostat 185
Thermostat: die Thermostate/
  Thermostaten 217
tiefkühlen *(Gebrauch)* 72
Tinktur *(Herkunft)* 589
Tinnef: der Tinnef 185
Tinte *(Herkunft)* 589
Tirotel *(Herkunft)* 562
tod-/tot- 454
Todestag *(Gebrauch)* 345
Toilette *(Bedeutung)* 583
Toni (sie/er) 188
Tonikum: die Tonika 218
Tonsillektomie *(Herkunft)* 722
Top- 576
topfglühen *(Gebrauch)* 73
tot *(Gebrauch)* 294
tot-/tod- 454
Totale *(Herkunft)* 722
Totaloperation *(Herkunft)* 722
Totalvermarktung *(Bedeutung, Stil)* 101
Tour/Tur 579
Toxalbumin *(Herkunft)* 722
Toxikose *(Herkunft)* 714
Toxikum *(Herkunft)* 722
toxisch *(Herkunft)* 722
Trafo/Transformator 560
Tragbahre *(Herkunft)* 25
tragbar/tragfähig 287
tragen: daß er trüge 136
-träger *(Stil)* 614
trainieren/tränieren 579
Traktat: der/das Traktat 185
Traktor *(Herkunft)* 722
tränken/trinken 66
trans- 487, **693**
transalpin *(Herkunft)* 693

Trans-Europ-Expreß *(Herkunft)* 693
Transfusion *(Herkunft)* 701
Transistor: Tran-sistor 487
Transit: Tran-sit 483, **487**
transkribieren: tran-skribieren 487
Transport: Trans-port 486
Transvestit *(Herkunft)* 693
transzendent: tran-szendent 483, **487**
Traugott *(Gebrauch)* 225
traurig/ganz traurig 600
trennschleifen *(Gebrauch)* 72
Tresor *(Deklination)* **200**, 208
treten: ist/hat getreten 106
treten: sie getreten/ihr auf den Fuß getreten 164
Triangel *(Herkunft)* 722
Triebkraft/Antriebskraft 228
triefen: getrieft/getroffen 59
Trigonometrie *(Herkunft)* 702
Trikolore *(Herkunft)* 722
Trikot: der/das Trikot 185
Trilogie *(Herkunft)* 722
trinken *(Valenz)* 61
trinken/tränken 66
trotz *(Rektion)* 662
trotzdem *(Gebrauch, Stil)* 103, 386, **387**, 665
Tuberkulose *(Herkunft)* 714
-tum (Eigentumsbildung) 228
Tumor: die Tumoren/Tumore 208
tun: tat, getan 151
tun: wenn er ... täte 142
tun, als ob *(Gebrauch)* 148
Turbellarien *(Herkunft)* 722
Turbine *(Herkunft)* 722
Turboprop *(Herkunft)* 722
TÜV *(Akronym)* 565
TV *(Bedeutungen)* 554
Twen *(Bildung)* 577

U

u. a.: und andere/unter anderem 567
über *(Rektion)* 664
über *(Gebrauch)* **369**, 375
über- 99
überführen: übergeführt/überführt 74
überführen: sie des Diebstahls 197
überhandnehmen *(Rechtschreibung)* 467
überprüfen/prüfen 99
überrunden/überholen 99
übers/über das 252
überschätzen/unterschätzen 117
UdSSR: die UdSSR hat ... 213
Ultima *(Herkunft)* 723
Ultima ratio *(Herkunft)* 723
Ultimatum *(Herkunft)* 723
Ultimo *(Herkunft)* 723
ultra- 693
Ultraschall *(Herkunft)* 693

ultraviolett *(Herkunft)* 693
um *(Rektion)* 664
um *(Gebrauch, Stil)* 369
um es/darum 316
um ... willen *(Rektion)* 662
um zu *(Gebrauch, Stil)* 20, 24, **387**, 388, 391, 406, 674
um zu/damit **387**, 406
um zu/zu 391
um zu *(Komma)* 515
-um 218
Umlaufvermögen/Umlauf(s)geschwindigkeit 228
Umsteig-/Umsteigebahnhof 229
un- 295, 430, **431**
unbeschadet *(Rektion)* 662
Unbill/Unbilden 223
und *(Gebrauch)* 414
und *(Stil)* 377, **378**, 380, 389, 399, 403, 531, **532**
und *(Komma)* **522**, 523, 525
und das *(Komma)* 518, 519
und zwar *(Gebrauch, Stil)* 407
und zwar *(Komma)* 518, 519
unempfindlich *(Gebrauch)* 295
UNESCO *(Akronym)* 556
-ung *(Stil)* **239**, 247, 440
-ung *(Genus)* 175
-ung (Tagungsprogramm) 228
ungeachtet *(Rektion)* 662
ungestalt *(Herkunft)* 613
Uni/Universität 557, 558
unilateral *(Herkunft)* 708
unklar *(Gebrauch)* 295
Unkosten *(Bedeutung)* 431
Unmasse *(Gebrauch)* 413
Unmasse *(Herkunft)* 431
Unmenge *(Herkunft)* 431
Unmut: der Unmut 188
unordentlich *(Gebrauch)* 295
unrecht haben/im Unrecht sein **459**, 505
unrettbar *(Gebrauch)* 295
uns (gegenseitig)/uns (selbst) 650
uns/sich 317, **334**
uns: unserer 316
unser *(Deklination)* 335, **651**
unser/unserer 334, 335, **652**
unserem/unserm/unsrem 651
unsinkbar *(Bildung)* 610
unsterblich *(Gebrauch)* 295
Unsumme *(Herkunft)* 431
unter *(Rektion)* 664
unter Beweis stellen/beweisen 262
unter Bezug auf/in bezug auf 355, **447**, 460
unter Zuhilfenahme/mit 103
unter/zwischen 372
Unterbrechung/Unterbruch 240
unterdes/unterdessen 652
unterhalb *(Rektion)* 662, 663
unterhalb 30 Metern/der nächsten 30 Meter 663
unterschätzen/überschätzen 117

unterzeichnen *(Herkunft, Gebrauch)* **28**, 281
Unterzeichnender / Unterzeichneter / Unterzeichner 281
Untiefe *(Bedeutung)* 308, **431**
unvergeßbar / unvergeßlich 286
unverlierbar *(Gebrauch)* 295
unversiegbar *(Bildung)* 610
unverzichtbar *(Bildung)* 609, 610
unweit *(Rektion)* 662
Unwetter *(Herkunft)* 431
Unzahl *(Gebrauch)* 413
Unzahl *(Herkunft)* 431
Urämie *(Herkunft)* 723
Urethra *(Herkunft)* 723
uretisch *(Herkunft)* 723
Urin *(Herkunft)* 723
Urlaub / erlauben 563
Urologe *(Herkunft)* 723
Urologie *(Herkunft)* 709
-us 198
USA: die USA haben ... 213
usw. *(Gebrauch)* 411, **556**
Uterus *(Herkunft)* 723 .

V

v. Chr. *(Gebrauch)* 554
Vakanz *(Herkunft)* 723
Vakatseite *(Herkunft)* 723
Vakuum *(Herkunft)* 723
Vase *(Herkunft)* 723
vaskulär *(Herkunft)* 723
vasomotorisch *(Herkunft)* 723
ver- **99–101**, 635
Verabfolgung *(Stil)* 101
veraltern *(Bedeutung)* 101
Veranstaltungen durchführen / veranstalten 239
verantwortlich für *(Gebrauch, Bedeutung)* 359, **607**
Verantwortung übernehmen / sich zu etwas bekennen 607
Verb *(Herkunft)* 723
Verbalinjurie *(Herkunft)* 723
verbalisieren *(Herkunft)* 723
verbeamten *(Stil)* 99
verbieten *(Gebrauch)* 425
verbieten / verbitten 85, 86
verbleiben *(Bedeutung)* 101
verbleuen / Bläue 450
verbringen *(Stil)* 100
verbunden: Ihr Ihnen verbundener ... 335
verdächtigen: sie des Diebstahls 197
verderben: verderbt / verdorben 57
Verdienst: das / der Verdienst 181
verdieseln *(Bedeutung)* 100
verfahrenstechnisch *(Stil)* 291
verfehlen / Verfehlung 441
vergebens / vergeblich 347
vergessen: vergiß! 146
vergessen: er wird vergessen *(Bedeutung)* 127

vergießen / gießen 101
Vergißmeinnicht *(Bildung)* **146**, 649
vergleichen: sie einer Rose / mit einer Rose vergleichen 201
vergleichsweise *(Gebrauch)* 271
verhangen *(Gebrauch)* 69
verhängen: verhängt / verhangen 69
verhindern *(Gebrauch)* 425
verhüten *(Gebrauch)* 425
verkappt *(Herkunft)* 679
verkraften *(Bedeutung)* 100
verlassen: verließ, verlassen 151
verlegen *(Bedeutung)* 101
verlöschen: verloschen 63
vermeiden *(Gebrauch)* 430, 431
vermeiden / meiden 82
vermittels(t) / mit 355
vermöge *(Rektion)* 662
Veronal *(Herkunft)* 562
veropern *(Bedeutung)* 101
verrückt werden: ist verrückt worden / geworden 126
Versand / versandt 56
Versand: zum Versand bringen / versenden 254
verschiebbar *(Bildung)* 610
verschlafen: hat / ist verschlafen 105
verschriftlichen *(Bedeutung)* 100
verschwenden / verschwinden 66
versichern: versichert sie / ihr 165, 166
versprachlichen *(Bedeutung)* 100
versprechen *(Bedeutung)* 99
versprechen *(Komma)* 515
verständig / verständlich 292, 293
verstarb / starb 83, 84
verstromen *(Bedeutung)* 100
versuchen: versucht sich zu bessern *(Komma)* 110
versuchsweise *(Gebrauch)* 271
verunfallen *(Herkunft)* 100
verunklaren / verunklären 100
verunmöglichen *(Bildung)* 100
verunschicken *(Bedeutung, Herkunft)* 103
verunsichern *(Bildung, Bedeutung)* 100
verwaltungstechnisch *(Stil)* 291
verwalzen / walzen 101
verweigern *(Gebrauch)* 425
Verweildauer *(Stil)* 101
verwenden: verwendet / verwandt 67
verwiegen / wiegen 101
verwirren: verwirrt / verworren 57
Verwurmung *(Bedeutung)* 101
verzetteln *(Bedeutung)* 100
Verzicht leisten / verzichten 239
Vetter: die Vettern 222
Vetter / Vater *(Herkunft)* 451
Viadukt *(Herkunft)* 700

Videorecorder *(Herkunft)* 584, **723**
viel: mehr, am meisten 648
viel unnützes / vieles unnütze Drum und Dran 645
viel / viele 344
viel / wenig Aufheben(s) 197
viele schöne Perlenketten *(Deklination)* 646
vieler schöner Schmuck *(Deklination)* 646
vieles dumme Geschwätz *(Deklination)* 646
vielleicht *(Stil)* 595
viereckig *(Gebrauch)* 294
viermonatig / viermonatlich 284
vierteljährig / vierteljährlich 293
Vierzimmerwohnung / 4-Zimmer-Wohnung 341
Virus: das / der Virus; die Viren **185**, 217
Visite *(Herkunft)* 723
Visitenkarte *(Herkunft)* 723
visitieren *(Herkunft)* 723
Visum: die Visa / Visen 217
Visum *(Herkunft)* 723
Vita *(Herkunft)* 723
vital *(Herkunft)* 723
Vitamin: Vit-amin *(Herkunft)* 482, **724**
Vokabel: die / das Vokabel 185
Vokabel *(Herkunft)* 724
Vokal *(Herkunft)* 724
völlig / vollkommen 307
vollsaugen: vollgesaugt / vollgesogen 65
vollschlank / dick 604
von *(Rektion)* 373, **664**
von *(Gebrauch)* 193, 358, **370**, 373, 375
von *(in Personennamen)* **205**, 471
von / durch uns informiert 370
von / von seinen / seitens 127
von alters her / seit alters 352
von ... an / ab 358
von ihm / davon 660
vor *(Rektion)* 664
vor *(Gebrauch)* 356, **359**
vor allem auch *(Stil)* 601
vor. Mon. *(Stil)* 567
Vorbedingung *(Stil)* 242
Vorbereitungen treffen / vorbereiten 239
Vorlage / Vorlegung 240
Vorsitzender *(Deklination)* 281
vorsorglich / fürsorglich 307

W

Waagen / Wagen 452
Wägemeister *(Herkunft, Bedeutung)* 86
Wagemut: der Wagemut 188
Wagen: die Wagen / Wägen 215
Wagen / Kraftwagen / Auto 575

wägen / erwägen 88
wägen / wiegen **86**, 101
währen / sich wehren 452
während *(Rektion)* 662, 663
während *(Gebrauch, Stil)* 275, 361, **385**, 386
währenddessen / währenddem 361
wahrlich *(Herkunft)* 658
wahrscheinlich *(Stil)* 598
Wallstreet: die Wallstreet 182
Wand *(Herkunft)* 67
wann / wenn 382, 383
ward / wart 108, 109
wäre *(statt:* würde sein*)* 142
warmer Mantel *(Bildung)* 269
warnen *(Gebrauch)* 425
wart / ward 108, 109
warten: deiner / auf dich 197
-wärts 308
warum: war-um 481
warum / worum 351
was *(Deklination)* 654
was *(Gebrauch)* 191, 326, **327**
was / das 326, 327
was für (ein)? / welcher? 331
Wasserglätte / Aquaplaning 576, **582**, 583
weben: gewebt / gewoben 57
Wechselwähler *(Herkunft)* 578
weder – noch *(Gebrauch, Stil)* 415, **422**, 429
wegen *(Rektion)* 662, 663
wegen / durch / infolge / aufgrund **363–365**, 374
wehren / währen 452
weibisch / weiblich 284
weiche Landung *(Herkunft)* 578
Weihnacht / Weihnachten: Weihnachten ist / sind ... 222, 223
weil *(Gebrauch)* **382**, 384
weil / da 381
weil / daß 384
weilen *(Stil)* 29, 30
-weise 271, **348**
weißgestrichen / weiß gestrichen 474
weitgehendst / weitestgehend 297
welch gutes / welches gute Herz 645
welche weiterführenden / weiterführende Kurse 646
welcher / der 325
welcher? / was für (ein)? 331
welcher weiterführende Kursus *(Deklination)* 646
wenden: wendete / wandte 57
wenden / winden 66
wenig *(Stil, Gebrauch)* **378**, 426
wenig heißes Wasser *(Deklination)* 645
wenig / viel Aufheben(s) 197
wenige gemeinsame Jahre *(Deklination)* 646
weniger / minder 648

weniges schlechtes Essen *(Deklination)* 646
wenn / als 331, **390**
wenn auch *(Stil)* 387
wenn / wann 382, 383
wenn ... (würde) 141
wenngleich *(Stil)* 387
wennschon *(Stil)* 387
wer *(Deklination)* 654
wer *(Gebrauch)* **191**, 654
wer / derjenige, der 653
werden *(Konjugation)* 631
werden *(Gebrauch)* 124
werden *(als Hilfsverb)* 49, **107**–109, 118, 126, 158
werden: werde! 147
werden: worden / geworden 126
werden *(Häufigkeit)* 40
werfen: wirf! 146
-Werke *(Gebrauch)* 418
werten *(Stil)* 88
Werwolf *(Herkunft)* 191
wessen / wes 192, 652, **653**
Westfälischer Friede / westfälischer Schinken 476, 477
westfälischer Schinken / Schwarzwälder Schinken 476
wetteifern: ich wetteifere 70
wetturnen: wett-turnen 481
wider *(Rektion)* 664
wie / als er die Tür aufschließt 390, 391
wie: so klug wie 297, **648**
wie folgt *(Komma)* 524
wie man so schön sagt *(Stil)* 545
wie wenn (er liefe) 133
wieder *(Gebrauch, Stil)* 595
wiederherstellen / wieder herstellen 469
Wiege *(Herkunft)* 86
Wiegemesser *(Herkunft)* 86
wiegen / wägen 86, 101
wieviel / wie viele 344
wiewohl *(Stil)* 387
Wilhelmshaven / Friedrichshafen 446
Wille / Willen 192
willens / zu Willen 505
Windel *(Herkunft)* 67
winden / wenden 66
windschief *(Herkunft)* 306
winken: gewinkt 59
wir *(Deklination)* 649
wir *(Gebrauch, Stil)* 314, 395, **396**, 399, 402
Wirtschaftskaufmann / -kauffrau 616
wissen: weiß sich zu benehmen 110
wissen um *(Stil)* 369, 370
wo *(Gebrauch, Stil)* 330
wobei *(Bildung)* 481
-wöchentlich / -wöchig 284
Wodka: der Wodka 182
wogegen / während 386

wohl *(Partikel)* 595
wohltun *(Rechtschreibung)* 468
wohltuendste Anteilnahme *(nicht:* wohlesttuende*)* 297
wohlwollen *(Rechtschreibung)* 468
wollen *(als Modalverb)* 109
wollen: Sie wollen bitte ...! 145
WOMAN *(Akronym)* 564
womit / mit was 654
wonach / nach dem 660
wonach / nach was 654
wo(r)- 660
woran / an was 654
worauf / auf der 660
worauf: wor-auf 481
worden / geworden 107
worein *(Bildung)* 660
worein / worin 350
Wort: Wörter / Worte 221
wörterbuchfähig *(Stil)* 38
worüber / über wen 660
worum / warum 351
Wrack: die Wracks / Wracke 212
wunschgemäß *(Stil)* 69
würde *(Gebrauch)* 133, 135, **137**, 138, 140, 141
WYSIWYG *(Akronym)* 556

Y

-y 217
Yuppie *(Herkunft)* 556

Z

Zahl *(Gebrauch)* 413
Zahl / Ziffer 340, 341
zahlbar in 30 Tagen 289
zahlen / bezahlen 87
Zar / Kaiser 580
zartfühlendste Äußerung *(nicht:* zartestfühlende*)* 297
z. B. *(Stil)* 556
zehn *(Herkunft)* 339
Zeit *(Häufigkeit)* 40
zeit seines Lebens / eine Zeitlang 461
zeitgemäß / zeitmäßig 290
Zeitmeßtechniker / Uhrmacher 614
Zeitungsfrau *(Bildung)* 227
zeitweise *(Gebrauch)* 271
Zentifolie *(Herkunft)* 724
Zentimeter *(Herkunft)* 724
Zentner *(Deklination)* 341, 342
Zentner *(Herkunft)* 724
zentral *(Herkunft)* 724
zentraler / Zentraler Schreibdienst 477
zentrifugal *(Herkunft)* 724
zentripetal *(Herkunft)* 724
Zentrum: die Zentren 217
Zephalopoden *(Herkunft)* 724
zer- 635
zerbrechlich / brechbar 287

Zerebellum *(Herkunft)* 724
zerebral *(Herkunft)* 724
zerebrospinal *(Herkunft)* 724
zerfallen / sich gliedern 87
ZEUS *(Akronym)* 564
Zickzack *(Herkunft)* 588
Zielsetzung / Ziel 243
Ziffer / Zahl 340, 341
-zig *(Herkunft)* 339
Zigarillo: der / das Zigarillo 185
zirka *(Herkunft)* 724
Zirkel *(Herkunft)* 724
Zirkulationsstörung *(Herkunft)* 724
zirkulieren *(Herkunft)* 724
Zirkus: die Zirkusse 217
Zirkus / Circus 580
zis- 693
zisalpin *(Herkunft)* 693
zispadanisch *(Herkunft)* 693
Zölibat: das / der Zölibat 185
Zoo / Zoologischer Garten 557, **560**
Zoologie *(Herkunft)* 709
zoologischer / Zoologischer Garten 477
ZPO / Zivilprozeßordnung 564
zu *(Rektion)* 664
zu *(Gebrauch)* 361, **369**, 375, 391
zu + Infinitiv *(Komma)* 515
zu Ostern / an Ostern 356
zu gegebener Zeit / zur gegebenen Zeit 252
zu / gegen 366
zu / geschlossen 271
zu Hause / nach Hause 361
zu lösende Aufgabe *(Bedeutung)* 272
zu Recht / zurecht 505
zu schön, um ... 24
zu seiner Zeit / seinerzeit 459
zu / um zu 391

zu Willen / willens 505
zu / zum / zur 253
zu / zum Versand bringen 253
zu zweien / zu zweit 657
Zuber *(Herkunft)* 25
zufolge *(Rektion)* 662
zufolge / nach 371
zugängig / zugänglich 309
zugrunde gehen *(Rechtschreibung)* 75, **467**
Zuhilfenahme: unter Zuhilfenahme / mittels / mit 103
zuhören: hören Sie zu! *(Stil)* 144
zum / zu dem 252
zum Auf-die-Bäume-Klettern *(Rechtschreibung)* 457
zum Auf-die-Palme-Klettern *(Rechtschreibung)* 493
zum Ausgleich bringen / ausgleichen 239
zum Beispiel *(Gebrauch)* 411
zum Unter-den-Weihnachtsbaum-Legen *(Rechtschreibung)* 495
zum / zu Versand bringen 253, 254
zum / zu / zur 253
zumindest / mindestens 352
zur Absendung bringen / absenden 239
zur gegebenen Zeit / zu gegebener Zeit 252
zur Einsicht gelangen / einsehen 239
zur Feststellung gelangen / bemerken 239
zur Schule / in die Schule gehen 360
zur Überweisung bringen / überweisen 239
zur / zu der 252
zurecht / zu Recht 505
Zurruhesetzung *(Stil)* 241
Zurverfügungstellung *(Stil)* 241

zusammen / gemeinsam 309
zusammen schreibt man ... *(Rechtschreibung)* 463
zusammenschreiben / getrennt schreiben 445, **462**, 463
zusammenschreiben / zusammen schreiben 445
zustande kommen *(Rechtschreibung)* 75
zustimmungsfähig / akzeptabel 288
zuteil werden *(Rechtschreibung)* 467
zutiefst *(Stil)* 300
zuwider *(Rektion)* 664
zuzüglich / mit 355
zwanzigjährig / 20jährig 494
-zwecke: zu Aufschnittzwecken / als Aufschnitt 242
zwecks *(Stil)* 372
zwei *(Deklination)* 657, 658
zwei *(Herkunft)* 25
zweier / seiner zwei Mitschüler 657
zweifelsohne *(Bildung)* 431
zweit: der zweite / Zweite 458, **459**, 460
zweiter / Zweiter Weltkrieg 337
Zwieback *(Herkunft)* **25**, 584
Zwiebel *(Herkunft)* 570
Zwiegespräch *(Herkunft)* 25
Zwielicht *(Herkunft)* 25
Zwiespalt *(Herkunft)* 25
Zwietracht *(Herkunft)* 25
Zwillinge *(Herkunft)* 25
zwischen *(Rektion)* 664
zwischen / unter 371, 372
zwo *(Gebrauch)* 338
zwölf *(Herkunft)* 339
Zyklop *(Herkunft)* 724
Zyklus *(Herkunft)* 724
Zyste *(Herkunft)* 724
Zystitis *(Herkunft)* 724
Zystoskopie *(Herkunft)* 724

Fachwortverzeichnis

Die Zahlen verweisen auf die Seiten. Halbfette Seitenzahlen kennzeichnen einen wichtigeren oder ausführlicheren Hinweis.

Abkürzungen, Aküsprache
allgemein 552–567
Kurzwörter, Bildung 556, **557**
Kurzwörter auf -i 558, 559
Kurzwörter auf -o 559, 560
Buchstabenwörter 560
Akronyme (Kopflautwörter) 555, 563, **564**
chemische Elemente 554
Kunstwörter 36, 561
widersprüchliche Schreibweisen 350
Signal-I zur Bezeichnung beider Geschlechter 618
Punkt hinter Abkürzungen 566, 567
Satzschlußpunkt hinter Abkürzungen 536
s. auch Apostroph

Ablaut (Wechsel des Stammvokals)
im Indikativ Präteritum starker Verben 136

Ableitung (Mittel der Wortbildung)
verbale aus deutschstämmigen Substantiven 243, 244, **245**
verbale aus fremdsprachlichen Substantiven **243**, 244, 573
adjektivische auf -(i)sch von Personennamen 470
adjektivische auf -istisch, -haft und -esk von Personennamen 478
adjektivische auf -er von erdkundlichen Namen 475, 476
adjektivische auf -isch von erdkundlichen Namen 475, 476

Abstraktum (begriffliches Hauptwort)
Abgrenzung vom Konkretum **49**, 170
ohne Artikel 253

Adjektiv (Eigenschaftswort)
allgemein **260–309, 643**–648
Name 268
attributives Adjektiv 49, 230, 268
attributives in stehenden Wendungen 260, 261
attributives als schmückendes Beiwort 264
attributives, Stellung 278
attributives, Bezug auf das Grundwort 229, **230**–232, 235
irrtümlich attribuiertes 269
Abgrenzung vom Adverb **268**, 347
als Art- oder Umstandsangabe 268, 279, 347
auf -all-ell 289, 290
auf -igl-lich 284, **285**, 292, 293
auf -lichl-barl-fähig 286–**288**, 289, 293
auf -lichl-isch 284
auf -istisch 285, 286
auf -losl-frei 293
auf -mäßigl-gemäß 290, 291
auf -technisch 291
neue Adjektivkomposita 265–267, 301
vergleichsunfähige Adjektive 294, 302, 303
Vergleichsformen s. Komparation
starke Deklination 643
schwache Deklination 644
Parallelbeugung **280**, 282, 645
Deklination nach Artikel 644
Deklination nach Pronomen 282, 283, 644, **645**
Deklination nach Pronominaladjektiven 645, **646**
Deklination des substantivierten Adjektivs 281, 335, 647
Unterlassung der Deklination 278

Adverb (Umstandswort)
allgemein **346**–353, **658**–661
Name und Funktion 346, 347
Formen, Arten 658, **659**
Abgrenzung vom Adjektiv 268, **347**
Attribuierung 271, **348**, 349
auf -weise 271, 348, **349**
s. auch Pronominaladverbien

Adverbialbestimmung (Umstandsbestimmung)
möglichst nahe beim Bezugswort 401
Kurzcharakteristik und Einteilungsübersicht 671, 672

Akkusativ (Wenfall, 4. Fall)
Name und Funktion 202
Zusammenfall mit Nominativ 202
Unterscheidung vom Dativ 209
von Personennamen, früher und heute 206
nach Präpositionen 664
Akkusativobjekt in Spitzenstellung 121, **398**, 402, 427
Akkusativobjekt, Kurzcharakteristik 670

Akronym (Initial- oder Kopflautwort) s. Abkürzungen, Aküsprache

Aktiv (Tatform)
Name und Funktion 118, 119
als Stilmittel 121, **124**, 125, 370

Alliteration (Stabreim)
als Stilmittel 169, **609**

Althochdeutsch
von 750 bis 1050: **28**, 249

Anakoluth (Satzbruch)
als Stilmittel im Konditionalsatz 142, 143

Analogie (Wortbildung nach vorhandenem Muster) 55, **177**, 178, 254, 269
Attributionsanalogie 269, 270, **277**

Aneinanderreihung
Durchkopplung mit Bindestrichen 341, **492**

Zusammenschreibung mehrgliedriger Komposita 341
Stilwert in eins geschriebener Aneinanderreihungen
469, 492

Anführungszeichen
bei direkter Rede 543
bei wörtlich wiedergegebenen Gedanken 543
bei Zitaten 543
bei Werktiteln 544
halbe 542, **550**, 684
Stilwert 542, **544**–**546**
Kurzcharakteristik 684

Anglizismen (aus dem Englischen übernommene Spracheigenarten), **Amerikanismen** 38, 161, **577**

Anrede
als Stilmittel **123**, 144, 145, **315**, **397**
Anredepronomen s. Personalpronomen

Apostroph (Auslassungszeichen)
im Genitiv von Personennamen 204, **208**
bei der Auslassung von Lautgruppen 566
keiner beim Imperativ 146
keiner bei Verschmelzung von Artikel und Präposition 446
Stilwert 446

Apposition (Beisatz)
Funktion 419
Kasuskongruenz **419**, 420
im anderen Numerus 416
im Nominativ („Nullkasus") 419
im Dativ („neuer Nullkasus"?) 420, 421
mit *als* 281, **282**, 423
Kurzcharakteristik 673

Artikel (Geschlechtswort)
allgemein **248**–**259**, 642
Name und Entstehung 45, **248**, 249
bestimmter 249, **250**, 251, 642
unbestimmter 203, **250**, 258, 642
sinnentscheidender 250, 251, 255, **259**
mit oder ohne? **251**, 254, 255
in formelhaften Wendungen 253–255
verschmolzen mit Präposition 252–254
bei Präpositionen mit unterschiedlicher Rektion 256
bestimmter Artikel statt Possessivpronomen 258
Schwinden des bestimmten Artikels 257
Deklination 642

Assimilation (Konsonantenangleichung)
in lateinischen Wörtern 693

Asyndeton (konjunktionslose Aufzählung)
als Stilmittel 378

Attribut (Beifügung)
Abgrenzung vom Adjektiv 49, **668**
Attribute gleichen und verschiedenen Grades 513

fälschlich aufs Bestimmungswort bezogenes 229, 230–232, 235, 276
2. Partizip als Attribut 272
irrtümliche Attribuierung von Adjektiven **269**, 309
fragwürdige Attribuierung von Adverbien 271, 276, **348**, 349
Genitiv- oder Präpositionalattribut **231**, 357
Präpositionalattribut: deutlicher als Kompositum 231–233, 493
Stellung des Präpositionalattributs 283
Kurzcharakteristik, Einteilungsübersicht 673

Ausklammerung (Verkürzung des Satzrahmens)
Name und Funktion 406, 407
im Englischen 407
in Literatur- und Alltagssprache 408
der Vergleichsbestimmung mit *als* 411
als verdeutlichendes Stilmittel **407**, 408
kein Allheilmittel 410

Auslassungspunkte
oder Gedankenstrich? 547
Kurzcharakteristik 684

Ausrufezeichen
Stilwert 540–542
Kurzcharakteristik 684

Aussprache
mundartlich gefärbte 43
von *-ig* im In- und Auslaut 292, 449, **450**
von *sehen* 448
von *sp* und *st* 455

Bedeutungsunterschiede
bei starken und schwachen Formen desselben Verbs 55
bei trennbar und untrennbar zusammengesetzten Formen desselben Verbs 71
bei zwei Pluralformen desselben Substantivs 218–223
zwischen Verb und entsprechendem Nominalausdruck 238, 239

Berufsbezeichnungen, weibliche
Gebrauchsweisen 186, **187**, 616–619
Suffix *-in* 186, **187**, 617
Signal-I zur Bezeichnung beider Geschlechter 618

Bestimmungswort (Vorderglied eines Kompositums)
Name und Funktion **230**, 234
bei Mengenangaben 229
fälschlich aufs Bestimmungswort bezogenes Attribut 229, **230**–232, 235, 276

Bindestrich
allgemein **488**–495
bei zweigliedrigen Komposita 491
bei dreigliedrigen Komposita 492
bei vier- und mehrgliedrigen Komposita 492

als Durchkopplungsstrich 234, 341, **492**, 493, 495
in Zusammensetzungen mit Personennamen **470**, 478, 491
in Farbnamen 446
zur Vermeidung von Mißverständnissen 491
vor der Postleitzahl 494
Ergänzungsbindestrich **490**, 493, 495

Dativ (Wemfall, 3. Fall)
Name und Funktion 199
Unterscheidung vom Akkusativ 209
bei Fremdwörtern 199, **200**, 202
bei Straßennamen 200
von Personennamen, früher und heute 206
als „neuer Nullkasus" bei der Apposition 421
nach Präpositionen 663, **664**
Dativ-‚e' 201, 202
Dativobjekt, Kurzcharakteristik 670

Datum
und Bezugswort nicht zu weit auseinander 401
Schreibung nach DIN und nach ISO 343
Flexion nach Präpositionen 358, **359**, 362
Komma beim Datum 521

DDR-Deutsch
Fremd- und Fachwörter 171
Vorliebe für Abkürzungen 565
Entideologisierung des Wortschatzes 507

Deklination (Fallbiegung)
Name 44, **248**
die Fragen nach dem Kasus 636
vgl. Deklination des Substantivs, Artikels, Adjektivs (Partizips), Pronomens, Numerales

Demonstrativpronomen (hinweisendes Fürwort)
allgemein 321–324
Name und Funktion 249, **321**
oder Possessivpronomen? 321
Unterscheidung vom Relativpronomen 653
Stilwert 321, **322**, 323
Deklination 652, 653

Dialekt (Mundart)
als Sprachbarriere und Lokalkolorit 32

Diminutiv (Verkleinerungsform)
Name 34
geschlechtsbestimmendes 176

direkte Rede (wörtliche Rede)
im Indikativ 129, 130
stilistische Varianten 130, **533**, 534
Doppelpunkt als Redeankündigung 534
direkte Rede oder Zitat? 550
als Stilmittel in der Literatur 530
Zeichensetzung zwischen direkter Rede und weitergeführtem Satz 550

Doppelpunkt (Kolon)
und direkte Rede 533, 534
als Redeankündigung 524, **534**
Stilwert 524, 529, **533**–535
Schreibung hinter Doppelpunkt 537
Kurzcharakteristik 683

Elativ (absolute Höchststufe, ohne Vergleich)
Gebrauch und Stilwert **300**, 648

Ellipse (Auslassungssatz)
Beispiele 279, 309, 410, **416**, 422, 423

Etymologie (wortgeschichtliche Erklärung)
25, 27, 34, **42**, 102, 162 und auf zahlreichen anderen Seiten

Euphemismus (beschönigende Umschreibung)
Name 700
Gebrauch z. B. 604–607

Fachsprache
bekannte Wörter in fremder Bedeutung 36, 37
Berufssprachen – nur für Eingeweihte 36, 37
Fachverben mit *be-* **94**–97, 635
Fachverben mit *ver-* **101**, 635
Präfixe in der Sprache der Technik 635
Verbkomposita in der Sprache der Technik 72, 73
Substantivkomposita ohne *-ung* 247
Fachplurale 214, 215
fachsprachliche Schreibweisen 453

Faktitiv (Kausativ, bewirkendes Zeitwort)
Verben mit bewirkenden Nebenformen 63–69

„falsche Freunde" (Wörter, die sich in verschiedenen Sprachen äußerlich ähneln, aber in ihrer Bedeutung stark unterscheiden) 584, 585

Farbnamen
Schreibweise: klein, groß, getrennt, zusammen 473–475
Bindestrich oder Zusammenschreibung 446, **474**, 475
Deklination 278, 643, 644
Vergleichsformen 302

Femininum (weibliches Hauptwort)
auf *-ie* im Plural 217
Deklination 640
s. auch Genus 175

Finalsatz (Absichtssatz)
mit *um zu* und *damit* **387**, 388, 406
ungewollte Folge 388
Umformung in ein Satzglied 680

Flexion (Beugung, Oberbegriff für ‚Deklination' und ‚Konjugation')
Name 44, **248**, 701
s. Deklination und Konjugation

Fragezeichen
nach direkten Fragen 538
nach rhetorischen Fragen 540
laut Duden nicht nach indirekten Fragen 539
bei listenartig gegliederten Fragen 550
Stilwert 538–540
Kurzcharakteristik 683

Fremdwörter
allgemein 35, 36, **42**, **568**–593, **685**–724
aus dem Griechischen **685**–724
aus dem Lateinischen **685**–724
aus dem Amerikanischen **171**, 576, 577
aus dem Russischen 171
Verdeutschungen **571**–574
Eindeutschungen 571, 578, **579**
Rückentlehnungen 588, 589
Ersatz französischer Wörter durch englische 576
English made in Germany 577
Genus 182–185
Silbentrennung **482**–484
th in Fremdwörtern 451
ph in Fremdwörtern 452
c in Fremdwörtern 580
Pluralformen 216, 217
Fremdverben auf -*ieren* 74, **243**, 244
Substantive auf -*ierung* und -*ation* 241
Substantive im Dativ 202
auf -*ant* und -*ent* im Dativ Singular 199
auf -*or* im Dativ Singular 200
auf -*us* im Genitiv Singular 198
auf -*ie* im Plural 217
auf -*ismus* im Plural 218
auf -*or* im Plural 200, **208**
auf -*um* im Plural 218
auf -*y* im Plural 217
meliorative Wirkung medizinischer Fremdwörter 569
Stilwert 569, 572, 575, **585**, 591

Fugenlaute (Bindelaute)
Fugen-‚o' 74
Binde-‚s' 227–229
Binde-‚e' 229

Funktionsverben (Vollzug anzeigende, inhaltsarme Zeitwörter)
vom Typ *erfolgen* 52, 437, **438**
in Streckkonstruktionen **239**, 247

Futur (Zukunft)
Name und Gebrauch 155, 156
Bildung 107
als Futurum exaktum/Futur II 156
als Umschreibung einer Vermutung 156
als Umschreibung des Imperativs 156
erzählendes 156
ersetzt durch das Präsens 156
Futur I und II ersetzt durch Präsens und Perfekt 159
futuristische Sätze mit *würde* + Infinitiv 138, 139

Gedankenstrich
oder Auslassungspunkte? 547
als Schaltzeichen 548
als Streckenstrich bei Aufzählungen 548
Stilwert 548, 549
Kurzcharakteristik 684

Gemeinsprache (Allgemeinsprache)
innerhalb der Stilschichten 35, **113**

Genitiv (Wesfall, 2. Fall)
Name und Herkunft 192
voller auf -*es* 202
ohne -*s* 187
bei Fremdwörtern 198
in der Umgangssprache 192
Umschreibung mit *von* **193**, 209
Häufung von Genitiven 196
Genitiv des Subjekts 195
Genitiv des Objekts 195
partitiver 197
in Maß- und Mengenangaben 342
alter in der Wortfuge 227
Genitiv-‚s' als Binde-‚s' 227, 228
Schwinden des Genetiv-‚s' **198**, 206, 280
Rückgang des Genitivs 197
Präpositionen mit dem Genitiv 662, 663
Genitiv- oder Präpositionalattribut **231**, 357
Genitivobjekt, Kurzcharakteristik 670

Genus (Geschlecht, vor allem des Hauptworts)
allgemein **175**–189
als Fachwort 15
ausgedrückt durch den Artikel 248
früher ausgedrückt durch Endungen 249
geschlechtsbestimmend: Grundwort, Endungen 176
natürliches und grammatisches 103, **175**, 176
der Fremdwörter 182–185
von Schiffsnamen 178
von Wochentagen 178
schwankendes 25, **183**–187
Genuswechsel 179

Genus verbi (Handlungsart des Zeitworts)
s. Aktiv und Passiv **118**–127

Gesprächswörter (Modalpartikeln)
allgemein **594**–601
im Geschäftsbrief 596, 597
in der Schlagzeile 597, 598
oft als Flickwörter diffamiert 595
bei Frauen beliebter als bei Männern 598, 599
Stilwert 599

Getrenntschreibung
allgemein **462**–469
Grundregel 462
in wörtlicher Bedeutung **75**, 117
wenn der erste Bestandteil als selbständig empfunden wird 463

unfester Verbindungen 463–469
präpositional gebrauchter Wendungen 355
der Verbindung von Adjektiv und Partizip 445, **474**
bei aussagend gebrauchtem 2. Partizip 117
bei der Verbindung *nicht* + Adjektiv (Partizip) 431
bei Farbnamen 474

Gleichsetzungssatz (früher: Prädikativsatz)
Name und Funktion 413
Gleichsetzungsnominativ 669
Gleichsetzungsakkusativ 670

Gliedsatz
s. Nebensatz

Großschreibung
allgemein **456**–461
nach Artikel 457
nach Demonstrativpronomen 457
nach Indefinitpronomen 457
hinter Doppelpunkt 537
von „Dingwörtern" 170
wenn das sinntragende Wort als Hauptwort empfunden wird 116, **355**
von (artikellosen) Substantivierungen 457, 461
des substantivierten Infinitivs **460**, 461
des Infinitivs als Subjekt 58, **458**, 460
des substantivierten Indefinitpronomens 332
von Namen allgemein 477
von Namen in anderen Sprachen 506
von Farbnamen 474
der von Personennamen abgeleiteten Wörter auf -(*i*)*sch* 470
der von erdkundlichen Namen abgeleiteten Wörter auf -*er* 475, 476
von Altersangaben 345
von Anredepronomen 313
von Possessivpronomen 320
von Superlativen 299, **303**, 457
von Numeralien 337, 339, **458**, **459**, 658
in formelhaften Wendungen **459**, 505
zur Vermeidung von Mißverständnissen 499
„vereinfachte Großschreibung" als Reformvorschlag 502

Grundwort (hinteres Glied eines Kompositums)
Name und Funktion **230**, 234
geschlechtsbestimmend 176
bei Mengenangaben 229
mit falsch aufs Bestimmungswort bezogenem Attribut 229, **230**–232, 235, 276

Hauptsatz
Haupt- und Nebensatz 675, **677**, 682
Kurzcharakteristik 677

Hilfsverb (Hilfszeitwort)
allgemein **104**–109, 629–631
keine selbständige Wortart 46
als Vollverb 49

Abgrenzung vom Modalverb 49
Stilwert **112**–115

Hochdeutsch
und Niederdeutsch 31, 32
und Hochsprache 43
hochdeutsche Lautverschiebung 30, 31
Frühneuhochdeutsch von 1350 bis 1650: 28
Neuhochdeutsch seit 1650: 28

Hochsprache, Standardsprache
als Stilschicht 35, **113**
und Hochdeutsch 43

Homonym (Wort, das mit einem Wort anderer Bedeutung gleich lautet)
Name 705
Beispiele 37
in der Fachsprache 101

Hypotaxe (Unterordnung von Sätzen im Satzgefüge)
Name 690
als Satzmodell 441

Idiolekt (Individualsprache)
Name 705

Imperativ (Befehls-, Aufforderungsform)
allgemein **143**–147
Name und Funktion 129, 144
mit und ohne -*e* in der 2. Person Singular 146
e/i-Wechsel bei starken Verben mit Stammvokal *e* 64, **146**, 147, 149
‚s'-Laut in der 2. Person Singular 146
kein Apostroph in der 2. Person Singular 146
von *wollen* 145
von *sein* 145, **146**, 149, 379, 630
Umschreibungen 147, 156
Wiederholung des Subjekts im 2. Imperativ 402
indirekter Imperativsatz 541

Imperfekt (1. Vergangenheit) s. Präteritum

Indefinitpronomen (unbestimmtes Für- und Zahlwort)
Name und Funktion 332
Groß- oder Kleinschreibung? 332
Deklination **333**, 655

Indikativ (Wirklichkeitsform)
Name und Funktion 128
im Vernehmungsprotokoll 130
schwacher Verben im Präteritum 136
starker Verben im Präteritum 136
anstelle des Konjunktivs 139, 149
im Konditionalgefüge 148

indirekte Rede (abhängige Rede)
im Indikativ 129
im Konjunktiv 130

im Vernehmungsprotokoll 130
Stilwert 533

Infinitiv (Nenn-, Grundform)
Name und Funktion 53
als Subjekt **58**, 116, 515
nach Bitten 379
statt Perfektpartizip bei Modalverben 110, 111
mit *zu* oder mit *um zu*? 391
mit oder ohne *zu* bei *brauchen* 77
mit *zu* nach modal gebrauchten Verben 110
mit *zu* hinter *ist* **117**, 147
mit *zu* hinter *hat* 147
ohne *zu* nach modal gebrauchten Verben 109, 110
Infinitivgruppe als Umschreibung des Imperativs 147
Infinitivgruppe, Kurzcharakteristik 674
Infinitivkonjunktionen *um zu* und *zu* 391

Instrumentalsatz (Umstandssatz des Mittels)
Umformung in ein Satzglied 681

Interjektion (Ausrufewort)
Name 48
als Wortart 46

Interpunktion (Zeichensetzung)
allgemein **510**–551, **683**, **684**
hinter Überschriften 536
s. unter Komma, Punkt, Semikolon usw.

Interrogativpronomen (Fragefürwort)
Name und Funktion 331
Deklination 654
Umschreibung durch Pronominaladverb 654

Interrogativsatz (Fragesatz)
direkter, Stilwert 538, 539
indirekter **539**, 540, 679, 681
rhetorischer 540

Intransitiv (nichtzielendes Zeitwort)
Name und Funktion **61**, 609
Passiv intransitiver Verben **92**, 120

Inversion („ungerade" Wortstellung)
veraltet: kaufmannsdeutsche Inversion 378, 379, 403
wenn Inversion am Satzanfang, dann auch nach *und* 399, 400

Irreal (Konjunktiv des unerfüllbaren Wunsches)
Name und Funktion 133, 134
als Konjunktiv der Erleichterung 149
irrealer Konditionalsatz 134

Jargon (saloppe Sondersprache einer Gruppe)
als Sprach- und Stilschicht 35
Journalistenjargon 251

Kakophonie (Mißklang)
194, 280 und an anderen Stellen des Buches

Kardinalzahlen (Grundzahlen)
alte auf *-e* 339
Groß- und Kleinschreibung in Namen 339
Gliederung 656
Deklination 657, 658

Kasus (Fall)
Name 190
Frage nach den Kasus 636
s. auch Nominativ, Genitiv, Dativ, Akkusativ

Kausalsatz (Nebensatz des Grundes)
Umformung in ein Satzglied 680

Kausativ (Faktitiv, bewirkendes Zeitwort)
Verben mit bewirkenden Nebenformen 63–69

Klammerform (Mittel der Wortbildung)
bei Substantiven 226

Klammern (Satzzeichen)
bei der Parenthese 548
schließende Klammer und Schlußpunkt 551
eckige Klammer 684
Kurzcharakteristik 684

Kleinschreibung
allgemein **456**–461
von Superlativen 299, **303**, 457
von Anredepronomen 313
von Possessivpronomen 320
von Indefinitpronomen 332, **458**
von Ordinalzahlen **337**, 339, 458
von Numeralien 658
von Altersangaben 345
von Farbnamen 474
von Namen in anderen Sprachen 506
der von Personennamen abgeleiteten Adjektive auf
 -(i)sch 470
der von erdkundlichen Namen abgeleiteten Wörter
 auf *-isch* 475, 476
des Adjektivs in namenähnlichen Verbindungen 477
des abgetrennten Bestandteils einer unfesten Verbindung 465
des Infinitivs als Subjekt 58, 458
bei Bezug auf vorangehendes Substantiv 458
in formelhaften Wendungen 116, 355, **459**, 505
hinter Doppelpunkt 537

Komma (Beistrich)
allgemein **511**–526
zwischen attributiven Adjektiven 25, **512**, 513, 518
bei der Aufzählung **511**, 512
bei der Apposition **511**, 512, 519, 521
bei der „Adjektiv-Apposition" 519
vor *und* 522, 523, **525**
vor *und zwar, und das* 518, 519
bei zwei Imperativen 523, 525
bei mehreren Infinitiven 519
bei reinem Infinitiv mit *zu* 515

vor erweitertem Infinitiv 110, 515, 516
nach modal gebrauchten Verben vor erweitertem
    Infinitiv 110, **514**, 515, 522
bei Partizipialgruppen **516**, 517, 521
bei deklinierten Partizipien 518
bei Satzverschränkung 521, 522
bei *bitte* und *bitten* 522, 523
bei Wohnungsangaben 521
beim Datum 521
vor oder hinter *nicht* 430
im Zusammenhang mit *heißt* **116**, 551
zwischen direkter Rede und weitergeführtem Satz
    550
hinter Schaltsätzen 551
Stilwert 527
Kurzcharakteristik 683

Komparation (Bildung von Vergleichsformen, Steigerung)
allgemein **294**–303, 648
vergleichsunfähige Adjektive 294, 302, 303
Vergleichsformen zusammengesetzter Adjektive
    (Partizipien) 297
unregelmäßige Komparation 648
Vergleich mit Hilfe von *mehr* 648
Komparation des Adverbs 661
Vergleichspartikeln 297, **298**, 648
Grundstufe s. Positiv
1. Vergleichsstufe s. Komparativ
Höchststufe (2. Vergleichsstufe) s. Superlativ

Komparativ (1. Vergleichsstufe)
Bildung 298, **648**
mit *als*, nicht mit *wie* 298
von Partizipien 296
bei Vergleich zweier Personen 302
Stilwert 298

Kompositum (zusammengesetztes Wort)
trennbar und untrennbar zusammengesetzte Verben
    70–75
Substantivkomposita, allgemein 224–235
neue Substantivkomposita 171
vielgliedrige Substantivkomposita 224, 225
Stilwert vielgliedriger, in eins geschriebener Komposita 469, 492
Bindestrich bei Zusammensetzungen mit Personennamen 470
deutlicher: Einfachwort + Präpositionalattribut 232, 233
neue Adjektivkomposita 265–267, 301
unübersichtliche Adjektivkomposita 267
Partizipialkomposita in der Vergleichsform
    297

Konditional (Bedingungsform)
allgemein **141**–143
als Sonderfall des Konjunktivs 141
Anakoluth im Konditionalsatz 142, 143
irrealer Konditionalsatz 134

Konditionalgefüge: gänzlich im Konjunktiv oder
    gänzlich im Indikativ 148
Konditionalsatz: Umformung in ein Satzglied 681

Kongruenz (formale Übereinstimmung zusammengehöriger Satzglieder)
allgemein **412**–423
im Genus **186**, 188, 189, **254**, 350, 417
bei Firmennamen 417, 418
im Kasus 317, **326**
bei der Apposition 418–420
bei Ellipsen 423
im Numerus **255**, 258, 412, 422
zwischen Subjekt und Prädikat 24, 259, **416**
bei zwei Einzelsubjekten 415
bei zwei Infinitiven als Einzelsubjekte 416
wenn eines der Einzelsubjekte verneint ist 417
bei finitem Verb in Spitzenstellung 416, 417
zwischen Subjekt und Attribut 417
von Personal- und Reflexivpronomen **316**, 317, 334
vgl. Synesis

Konjugation (Beugung des Zeitworts)
Name und Funktion 44, 54
starke 54–59, 136, 628, **633**, 634
schwache 54–59, 136, 628, **632**, 634
unregelmäßige 629–631
e/i-Wechsel bei starken Verben mit Stammvokal *e* 64, **146**, 147, 149

Konjunktion (Bindewort)
allgemein **376**–391, 665, **666**
Name und Funktion 376
Abgrenzung vom Adverb 665
Einteilung in koordinierende und subordinierende
    Konjunktionen 666
mehrgliedrige **379**, 380, 415
Stellung 378
Infinitivkonjunktionen *zu* und *um zu* 391
Stilwert 377, **378**, 389, 428, 429
Konjunktionalsatz 679

Konjunktiv (Möglichkeitsform)
allgemein **129**–140
Name und Funktion 129, 130
Konjunktiv in der indirekten Rede 129, 130
im Vernehmungsprotokoll 130
in futuristischen Sätzen 138, 139
als Irreal 133, 134
Konjunktiv I und II 131–133, 148, 149
Konjunktiv II starker Verben 136
Konjunktiv II schwacher Verben 78, 136
Konjunktiv, verdrängt durch den Indikativ 139

Konkretum (gegenständliches Hauptwort)
Abgrenzung vom Abstraktum **49**, 170

Kontamination (Wortkreuzung)
91–93, 97, 102, 103, 160, 161, 162, 197, 352, 359, 374, 431 und an anderen Stellen des Buches

Konzessivsatz (Einräumungssatz)
Umformung in ein Satzglied 681

Kopula (Satzband; Hilfs- oder Modalverb, das Subjekt und Prädikat verknüpft) 111, 158

Lehnwörter
Name und Funktion 570
Beispiele 36, **569**–571
Lehnübersetzungen 172, **578**
Rückentlehnungen 588, 589
vgl. Fremdwort

Litotes (Stilfigur des verneinten Gegenteils)
Beispiele 429

Lokalsatz (Nebensatz des Ortes)
Umformung in ein Satzglied 680

Maskulinum (männliches Hauptwort)
starkes im Dativ 199
schwaches im Dativ 199
auf *-ismus* im Plural 218
Deklination 638
vgl. Genus 175

Maß- und Mengenbezeichnungen
Schreibung mit Ziffern und Zahlwörtern 341
nur noch selten im partitiven Genitiv 197, **342**
Adjektiv zur Kennzeichnung der Dimension 306
pluralische im Gleichsetzungssatz (Kongruenz) 412, **413**
Deklination 341, **657**, 658

Metathese (Lautumstellung innerhalb eines Wortes)
Name, Kurzerläuterung 690

Mittelhochdeutsch
von 1050 bis 1350: 28, **29**, 249

Modalsatz (Nebensatz der Art und Weise)
Umformung in ein Satzglied 680

Modalverben
allgemein **109**–111
Name und Funktion 49, **109**
modal gebrauchte Verben 109, 110
in zusammengesetzten Zeiten 158
Stilwert **112**–115

Modus (Aussageweise des Zeitworts)
s. Indikativ, Konjunktiv, Imperativ **128**–149

Morphem (kleinste bedeutungstragende Einheit im Wort)
Name 711

Nachfeld
Belegung durch Ausklammern 406, 407, **675**

Nachklapp
erschwerend für die Verständlichkeit 409
und Ausklammerung 409

Name
allgemein 203–207, **470**–479
Name und fester Begriff 476
Name, nicht Definition 225
Eigennamen 209, 476
Eigennamen im Genitiv 209
Gattungsnamen 476
Sammelnamen 174
Personennamen mit Titeln, Beugung **203**–207, 639
Personennamen, ohne und mit Artikel 251
Personennamen aus alten Sprachen 570, 571
ß in Personennamen 470
Bindestrich bei Zusammensetzungen mit Personennamen 470, **478**
Schreibung der von Personennamen abgeleiteten Adjektive auf *-(i)sch* 470
Personennamen-Ableitungen auf *-istisch*, *-haft* und *-esk* 478
Vornamen, denen man das Geschlecht nicht ansieht 188, 225
weibliche Vornamen heute oft in den Medien nicht mehr genannt 203
weibliche Vornamen in der Unterschrift ausschreiben 207
Regentennamen 204, 205, **234**, 639
Firmennamen, Genuskongruenz mit der Rechtsform 417, 418
Firmennamen, Numeruskongruenz 418
Ländernamen mit und ohne Artikel **251**, 361
Einwohnernamen 479
Nationalitätsadjektive 479
erdkundliche Namen ohne Genitiv-‚s' 198
Großschreibung der Ableitungen auf *-er* **475**, 476, 477
Kleinschreibung der Ableitungen auf *-isch* **475**, 476, 477
von Flußnamen abgeleitete Adverbien (Schreibung) 479
Schiffsnamen (Genus) 178
s. auch Farbnamen, Straßennamen, Titel

Nebensatz (Gliedsatz)
als Vorder-, Zwischen-, Nachsatz 679
als Konjunktional-, Relativ-, indirekter Fragesatz 679
als verkappter Nebensatz 679
als Subjekt-, Objekt-, Adverbialsatz 680, 681
als Attributsatz 681
1. bis 5. Grades 682
deutlicher als ein Attribut 272, 273, **357**, 610
Kurzcharakteristik 677
s. auch Konditional- und Relativsatz

Negation (Verneinung)
allgemein **424**–431
kein oder *nicht?* 427
satzverneinendes *nicht* 428
wort- und wortgruppenverneinendes *nicht* 428

Stellung des *nicht* im Satz 428
verneinte Frage 424
verneinter Konditionalsatz 426, **430**
doppelte Verneinung **424**–**426**, **430**
Wörter mit verneinendem Sinn nicht nochmals verneinen 425
nicht, bevor oder *nicht, bevor nicht*? 425, 426
un-, Verneinungs- oder Verstärkungspräfix 430, 431
vgl. Litotes

Neologismen (Neuwörter)
jährlicher Zuwachs 38

Neutrum (sächliches Hauptwort)
auf *-um* im Plural 218
Deklination 641
s. auch Genus 175

Niederdeutsch (Plattdeutsch)
und Hochdeutsch (Verbreitung) 31, 32
niederdeutsche Wörter im Hochdeutschen 32
Plattdeutsch, Name 43
mi für Dativ und Akkusativ 167

Nomen (Nennwort, Hauptwort)
Name 713

Nominalisierung (um sich greifende hauptwörtliche Ausdrucksweise)
als typisch für die Gegenwart 170–173, **236**–**247**
Streckkonstruktionen **239**, 247
nominale Ketten 435
nominaler Anfang – nominale Fortsetzung 436
Nominalstil 172, **173**, 236, **237**, 435, 436, 440, 441

Nominativ (Werfall, 1. Fall)
Name 192
Doppelformen im Nominativ 192
als Nullkasus 192, **419**
Zusammenfall mit Akkusativ 202

norddeutscher Sprachgebrauch
Binde-,e' 229
grammatische Besonderheiten **105**, 157, 161

Numerale (Zahlwort)
allgemein 249, **336**–**345**, 656–658
Einteilung der bestimmten Numeralien 656
unbestimmte Numeralien s. Indefinitpronomen
Herkunft 45, **336**
Groß- oder Kleinschreibung? **337**–**339**, 345
Schreibung von Zahlen und Zahlengliederungen nach DIN 342, 343
in Aneinanderreihungen 341
Maß- und Mengenangaben **341**, 342, 344, 657
Deklination verschiedener Grundzahlen 657, 658
vgl. Kardinal- und Ordinalzahlen

Numerus (Zahlform)
allgemein **210**–**223**

Name 210
s. Singular und Plural

Objekt (Satzergänzung)
Kurzcharakteristik 670
s. Genitiv, Dativ, Akkusativ

onomatopoetischer Ausdruck (lautmalender Ausdruck)
Beispiele **113**, 588

Ordinalzahlen (Ordnungszahlen)
Gliederung 656
Groß- und Kleinschreibung? 337, 339

Orthographie (Rechtschreibung)
Name 714
s. Rechtschreibung

Österreichisches
Lokalkolorit in Texten 33
Fugen-,s' 227, 228
Präpositionen 356

Parataxe (Nebenordnung von Sätzen oder Satzgliedern)
als typisch für die Gegenwart 441

Parenthese (Einschaltung, Schaltsatz)
mit Kommas, Klammern oder Gedankenstrichen 548
als Name für Klammern 684
im Vergleich zum Zwischensatz (Stilwert) 441
Stilwert 684

Pars pro toto (Stilfigur, bei der ein „Teil fürs Ganze" steht)
Beispiele 283, **605**

Partikel (Redeteilchen, unbeugbares Wort)
Name 715
innerhalb der Wortarten 47
s. auch Gesprächswörter 594–601

Partizip (Mittelwort)
teils Verb, teils Adjektiv 45, 46
überflüssiges 262
verdeutlichendes 263, **273**
reflexiver Verben 159, **273**, 274
2. Partizip in attributiver Verwendung 272
Präsens- statt Perfektpartizip 272
substantiviertes (Deklination) 281
Vergleichsformen (Bildung) 296, 303
Vergleichsformen zusammengesetzter Partizipien **297**, 303

Partizipialgruppe (Mittelwortgruppe)
Bezug auf das Subjekt 274
falsch bezogen 274, **276**
meist deutlicher: ein Relativsatz 272, 273, **372**, 373
Stilwert 275
Kurzcharakteristik 674

Passiv (Leideform)
Name und Funktion 118, 119
Bildung 107
echtes 118
Handlungspassiv 119, 120
Zustandspassiv 119, 120
unpersönliches von Intransitiven 92, **120**
unpersönliches von reflexiven Verben 120, **126**, 159
keines von Verben mit passivischem Sinn **120**, 127
zur Verdeutlichung 121
doppeldeutiges 127
Stilwert **121**–125, 127, 397
Passivpräpositionen 370, 371
um zu nach passivischem Hauptsatz 388

Perfekt (2. Vergangenheit)
Name und Hauptfunktion 152, 153
oder Präteritum? **154**, 156, 157
Einstiegsperfekt 157
Ausstiegsperfekt 157
anstelle des 2. Futurs 159

Personalpronomen (persönliches Fürwort)
allgemein **312**–317
im Unterschied zum Possessivpronomen **334**, 335, 652
Kongruenz mit Reflexivpronomen **316**, 317, 334
Anredepronomen, 3. Person Singular 144, 312
Anredepronomen, 3. Person Plural 145, 312, **314**, 315
Pluralis majestatis 314
Pluralis modestiae 314
Groß- oder Kleinschreibung? 313
Stellung im Satz 396, 397
Stilwert 315, 396, **397**
Deklination 649, 650

Pleonasmus (Häufung sinngleicher Ausdrücke)
er pflegte immer . . . 59
vgl. Tautologie

Plural (Mehrzahl)
Vielfalt in der Pluralbildung 210, 211
,s'-Plural 210, **211**–213
englischer, niederdeutscher, französischer 211, 212
„preußischer" 212
von Buchstaben- und Kurzwörtern 213
zwei Plurale, kein Bedeutungsunterschied 215, 222
zwei Plurale, zwei Bedeutungen 218–223
Fachplurale 214, 215
Pluralis majestatis 314
Pluralis modestiae 314
bei Fremdwörtern, allgemein 216–218
beim Fremdwort auf *-y* englischer Herkunft 217
beim Femininum auf *-ie* 217
beim Maskulinum auf *-ismus* 218
beim Neutrum auf *-um* 218
Singular und Plural als Stilmittel 221

Pluraletantum (Hauptwort, das nur in der Mehrzahl vorkommt)
Name und Beispiele **213**, 214, 218

Plusquamperfekt (3. Vergangenheit, Vorvergangenheit)
Name und Funktion **154**, 155, 159

Positiv (Grundstufe des Adjektivs)
als Basis der Komparation 648
von 1. Partizipien als Rechtschreibhilfe 303

Possessivpronomen (besitzanzeigendes Fürwort)
allgemein **319**, 320
im Unterschied zum Personalpronomen **334**, 335, 652
oder Demonstrativpronomen bei Verwandtschaftsbezeichnungen 321
Groß- oder Kleinschreibung? 320
Stilwert 315
Deklination 650, 651

Prädikat (Satzaussage)
antwortet auf die Frage „Was wird ausgesagt?" 268, 269
Kurzcharakteristik 669
s. auch Verb, Satzklammer

Präfix (Vorsilbe)
Name und Funktionen 90, 91, **701**
als Mittel der Wortbildung 37
Präfixe griechischer Wörter **687**–693
Präfixe lateinischer Wörter 48, **687**–693
Präfixe von Verben **90**–103
Präfixe von Verben und ihre fachsprachliche Bedeutung 635
un-: Verneinungs- u. Verstärkungspräfix 430, 431

Präposition (Verhältniswort)
allgemein **354**–375, **662**–664
Name und Funktion 354
Herkunft **355**, 662
mit Artikel verschmolzen 252, 253
nach Verben und nach Substantiven 357
statt Bindestrich 493
von einem Kompositum abhängige 359
Passivpräpositionen 370, 371
Häufung vermeiden 372, 373
Präpositionen mit dem Genitiv 662
Präpositionen mit Dativ oder flexionsloser Form anstelle des Genitivs 663
Präpositionen mit dem Dativ 235, 664
Präpositionen mit dem Akkusativ 664
zwei Präpositionen nebeneinander mit unterschiedlicher Rektion 256

Präpositionalattribut (Beifügung aus Präposition + Substaniv, Adjektiv oder Adverb)
s. Attribut

Präpositionalobjekt (Verhältnisergänzung)
Kurzcharakteristik 670

Präsens (Gegenwart)
Name und Hauptfunktion 151, 152
historisches 152
anstelle des Futurs **156**, 157, 159

Präteritum (1. Vergangenheit)
Name und Hauptfunktion 153, 154
oder Perfekt? 153, **154**, 156, 157
als Erzähltempus 153, **157**, 159

Pronomen (Fürwort)
allgemein **310**–335, **649**–655
Name und Funktionen **310**, 691
Arten 311, **649**
vgl. Personal-, Reflexivpronomen, reziprokes Pronomen, Possessiv-, Demonstrativ-, Relativ-, Interrogativ-, Indefinitpronomen

Pronominaladjektiv (unbestimmtes Für- oder Zahlwort, nach dem das folgende Eigenschaftswort stark oder schwach gebeugt werden kann)
Deklination nach Pronominaladjektiven 645, 646

Pronominaladverb (Umstandsfürwort)
Name und Funktion 660
Gebrauch 350, 351
oder Präposition + Pronomen 316, **660**
Rückgang der Pronominaladverbien 350, **660**
Frage- und Relativadverbien 660

Punkt (Satzzeichen)
hinter Aufforderungssätzen 540
hinter Abkürzungen 566, 567
hinter Abkürzungen am Satzende 536
hinter listenartiger Aufzählung 536, 537
keiner hinter Überschriften 536
Schlußpunkt und schließende Klammer 551
vor *und* und *denn* 531, 532
im Werbetext 530, 531
Stilwert 527, **530**–532, 540
Kurzcharakteristik 683

Rahmen
Satzklammer, konjunktional-prädikativer Rahmen, nominaler Rahmen 676

Rechtschreibung (Orthographie)
allgemein **442**–509
phonologisches Prinzip 448, 449
morphologisches Prinzip 450
grammatisches Prinzip 450
historisches Prinzip 450–452
logisches Prinzip 452, 453
graphisch-formales Prinzip 454
Unterscheidungsschreibungen 452, 453
fachsprachliche Schreibweisen 453
Diphthonge *eu* und *äu* **447**, 448
Vokallänge 449
i-Laut 449
ä-Laut 451
Dehnungs-*h* 454
x-Laut 449
ß-Laut 505
ß bei der Silbentrennung 486, 487
ß in Personennamen 470

ck in Personennamen 481
d und *t* als Gleitlaut 455
th in Fremdwörtern **451**, 505
ph in Fremdwörtern 452
Signal-I zur Bezeichnung beider Geschlechter 618
zur Diskussion um die geplante Rechtschreibreform 496–509
Reformvorschläge 1989: 502, 503
s. Groß-, Klein-, Getrennt-, Zusammenschreibung, Silbentrennung

Rechts-links-Bezug
erschwerend für die Verständlichkeit 400

Redundanz (Mehrfachkennzeichnung derselben Information)
als „Verständlichmacher" 437

reflexives Verb (rückbezügliches Zeitwort)
nur unpersönliches Passiv **120**, 126, 159
2. Partizip nur begrenzt attributiv verwendbar 159

Reflexivpronomen (rückbezügliches Fürwort)
allgemein **317**–319
Kongruenz mit Personalpronomen **316**, 317, 334
uns/sich 334, 650
im Dativ 318
Stellung im Satz 318, 319
Deklination 650

Rektion (Fallfolge)
Name und Funktion 160
der Verben 24, **160**–167, 317, 344
der Präpositionen 358, 360–362, 368, 373, **662**–664
Präpositionen mit unterschiedlicher Rektion 256

Relativadverb (bezügliches Umstandswort)
wo: Bezug auf Ort und Zeit 330

Relativpronomen (bezügliches Fürwort)
allgemein **324**–331
Name und Funktion 324
Entstehung, Herkunft 653
Unterscheidung vom Demonstrativpronomen 653
nach Substantiven 327
nach substantivierten Superlativen 327
bei Bezug auf den übergeordneten Satz 327
gleich hinters Bezugswort 327, 328
Deklination 653

Relativsatz (Bezugswortsatz)
oder Hauptsatz? 329
statt Partizipialgruppe 272, 273, **276**, 372, 373
mit unklarem Bezug 327–329
meist deutlicher als ein Attribut 610
Umformung in ein Satzglied 681
Kurzcharakteristik 679, 681

reziprokes Pronomen (wechselbezügliches Fürwort)
zum Unterschied vom Reflexivpronomen 650

Satzarten
Aussage-, Imperativ-, Ausrufe-, Interrogativ-, Wunschsatz 667

Satzbau s. Syntax

Satzgefüge (Verbindung von Haupt- und Nebensatz)
als Treppensatz 682
Kurzcharakteristik 678

Satzglieder und -gliedteile
und Wortarten (Gegenüberstellung) 668
Übersicht **669**–673, 680, 681
Satzgliedfolge 676
s. Subjekt, Prädikat, Objekt, Adverbialbestimmung, Attribut

Satzklammer s. verbaler Rahmen

Satzreihe (Aneinanderreihung kurzer Hauptsätze)
Kurzcharakteristik 678

Satzverbindung (Verbindung von Hauptsätzen)
Kurzcharakteristik 678

Satzzeichen
allgemein **510**–551
Übersicht **683**, **684**
vgl. Interpunktion

Satzzonen (Vor-, Mittel-, Nachfeld)
Kurzcharakteristik 675

Schriftsprache
als Sprach- und Stilschicht 35
Entstehung 42

Schweizerisches
Lokalkolorit in Texten 32, 71
Besonderheiten im Wortschatz 99, 100, 103, **176**, 278, **356**
in der Grammatik 71

Semikolon (Strichpunkt)
im mehrfach zusammengesetzten Satz 528
bei Aufzählungen 528
statt Punkt vor *sie* 528
Stilwert 527, **529**
Kurzcharakteristik 683

Signalformeln
als Stilmittel 383

Silbentrennung
allgemein **480**–487
Regeln in Versen 485
nach Sprechsilben **480**, 481
nach Sprachsilben **480**–483
Nottrennung 486
von Kunstwörtern 482
von Fremdwörtern **482**–484

per Computer 484
sinnentstellende 487
ß-Laut bei Silbentrennung in Deutschland und in der Schweiz 486
Aufgaben zur Silbentrennung 26, **447**

Simplex (nicht zerlegbares Wort, Stammwort)
Name 242
keine neuen Simplexe mehr 171
Einfachwörter aus dem Amerikanischen 576

Singular (Einzahl)
bei Additionen 414
und Plural, Bildung **210**–215
und Plural bei Fremdwörtern 216–218
und Plural als Stilmittel 221

Singularetantum (Hauptwort, das nur in der Einzahl vorkommt)
Name und Beispiele **213**, 214, 218

„Sprachbarrieren"
meist Fachbarrieren 619–622

Sprachrichtigkeit
Regeln können sich ändern 23

Sprach- und Denkklischees
vorgeformt und nachgesprochen, Beispiele **602**–624
Redensarten 611
s. auch Berufsbezeichnungen, weibliche

Stilschichten
normal, bildungssprachlich, gehoben, dichterisch – umgangssprachlich, salopp, derb, vulgär 113–115
vgl. Umgangs-, Gemein-, Hochsprache, Jargon, „Sprachbarrieren"

Straßennamen
Schreibweise **471**–473
auf *-er* 25, 472
Durchkopplung 471, 478, **479**
Adels-*von* in Straßennamen 471
Fugen-,s' in Straßennamen 228
Deklination 200

Subjekt (Satzgegenstand)
antwortet auf die Frage „Wer oder was?" 267
Infinitiv als Subjekt **58**, 116, 515
Wiederholen des Subjekts nach *und* **399**, 402
Verzicht auf Wiederholung 400
Kurzcharakteristik 669

Substantiv (Hauptwort)
allgemein **168**–247, **636**–641
auf *-ung* **98**, 239, 240, 247, 440
Stilwert **51**, 168, 169, 236, 237
Deklination **190**–209, **636**–641
vgl. Nominativ, Genitiv, Dativ, Akkusativ – Abstraktum, Konkretum – Maskulinum, Femininum, Neutrum – Nominalisierung

Substantivierung
sämtlicher Wörter möglich 45
substantivierte Adjektive und Partizipien, Stellung im Satz 283
substantivierte Adjektive und Partizipien, Deklination 281, **647**
Großschreibung substantivierter Wörter 48, **450**

süddeutscher Sprachgebrauch
kein Binde-,e' 229
grammatische Besonderheiten **105**, 157, 318

Suffix (Nachsilbe)
substantivische Suffixe 98, **176**, 239, **617**
adjektivische **284**–293
Suffixoide wie -*technisch*, -*orientiert* 291

Superlativ (Höchststufe, 2. Vergleichsstufe)
Bildung 648
von Partizipien 303
zusammengesetzter Partizipien **297**, 303
übergenaue Superlative 263
Groß- oder Kleinschreibung? 299, **303**
Stilwert 299–301

Synesis (Konstruktion nach dem Sinn)
Bedeutung und Funktion 413
bei zwei Einzelsubjekten 415
hinter Mengenangaben 422
vgl. Kongruenz

Synonym (Wort, das einem anderen in der Bedeutung gleicht)
Name 40
bedeutungsähnlich, nicht völlig gleich 51, 52

Syntax (Satzbau)
allgemein **392**–441, **667**–682
in der Diskussion um eine neue Grammatik 46
Eindrucks-, Ausdrucks-, Schwächststelle im Satz 395, 396
stark und schwach besetztes Vorfeld 395
verbaler Rahmen und Ausklammerung **404**–411
Spitzenstellung des Akkusativobjekts 398, **402**, 427
Schachtelsatz 432
Bandwurmsatz 433
unvollständiger Satz 410
durchschnittliche Satzlänge 434
nominale Kette 435
Zwischensatz, Plazierung 440
Zwischensatz oder Parenthese, Stilwert 441
vgl. Haupt-, Neben-, Relativsatz, Ellipse, Parenthese, Apposition, Negation, Wortstellung, Inversion, Klammerform, Nachklapp, Kongruenz, Synesis, Satzarten bis Satzverbindung

Tautologie (Fügung, die einen Sachverhalt doppelt wiedergibt)
Name und Beispiele **241**–243, 246, 613
in Wendungen mit Fremdwörtern **261**, 309

Temporalsatz (Umstandssatz der Zeit)
mit *wenn, als* und *wie* 390, 391
Umformung in ein Satzglied 680

Tempus (Zeitform)
allgemein **150**–159
vgl. Präsens, Präteritum, Perfekt, Plusquamperfekt, Futur

Tetrameter (Vers mit vier Hebungen)
als Stilmittel 608, 609

Titel und Funktionsbezeichnungen
Personennamen mit Titeln **203**–207, 251
flexionsloses Nebeneinander in mehrgliedriger Funktionsbezeichnung 197, 198

Titel von Zeitschriften und Büchern
mit oder ohne Anführungszeichen 544
Deklination 200

Transitiv (zielendes Zeitwort)
Name und Funktion **61**, 118, 610

Transitivierung
durch Vorsilben 62
durch Umlaut 63–69
von Wörtern technischen Inhalts 126

Uhrzeit
Schreibweisen 345

Umgangssprache, Alltagssprache
als Sprach- und Stilschicht 35, **113**–115
Genitiv in der Umgangssprache 192

Umlaut
Name und Bedeutung 637
bei der Bildung faktitiver Verben 63
im Konjunktiv II starker Verben 136

Unterschrift
bei Frauen: mit ausgeschriebenem Vornamen 207

Valenz (Wertigkeit)
der Verben 62, 63

Verb (Zeitwort)
allgemein **50**–167, **627**–635
als Wort der Tat 50
und Substantiv 51, 169
starke Verben 54–59, **628**
schwache Verben 54–59, **628**
starke und schwache im Indikativ und Konjunktiv Präteritum 136
transitive **60**–63, 610
intransitive **60**–63, 609
Valenz 62, 63
persönliche, unpersönliche 68

reflexive **120**, 126, 159, 273, 274
perfektive 80, 81, **359**
trennbar und untrennbar zusammengesetzte
    70–75
auf *-ieren* 74, **243**, 244
Verben der Bewegung, mit *haben* oder *sein* 106
finite und infinite Verbformen 627
Stammformen 151, **628**

verbaler Rahmen (Satzklammer)
Name und Funktion **405**, 406
Satzklammer nicht überdehnen **404**–411
Kurzcharakteristik 676

Verbzusatz, Halbpräfix
zum Unterschied vom Präfix 90

Vergleichsformen s. Komparation

Vergleichspartikeln (Vergleichswörter)
beim Positiv und beim Komparativ 297, 298, 648

Vorfeld
stark und schwach besetztes 395
graphisch dargestellt 675

Wiederholung
des Subjekts nach *und* 400, 402
als Stilmittel und der Deutlichkeit halber 439
Satzwiederholungen vermeiden 439

Wohnungsangabe
Zeichensetzung 521

Wortarten
allgemein **44**–47
traditionelle Einteilung 44, **47**
neuere Einteilung 46
Zuordnung (Aufgabe) 334

Wortbestand
der Gemeinsprache 38, 39
der Fachsprachen 38
veraltende Wörter 29
Neologismen 38

Wortbildung
keine neuen Faktitive mehr 67
keine neuen Simplexe mehr 171
neue Verben mit Hilfe von Vorsilben 37, 90–103
neue Verben aus Substantiven 243–245
neue Fremdverben aus *-ieren* 243, 244
Verbkomposita in der Sprache der Technik 72, 73
Streckkonstruktionen 239
Substantivkomposita auf *-ung* 239–241
Substantivkomposita ohne *-ung* 247
neue Feminina auf *-e* 177
Aneinanderreihungen 341
Nebeneinanderstellung statt Kompositum 197
Klammerformen 226, 227

neue Adjektivkomposita 265–267, 301
Attribuierung von Adverbien 271, 348, 349
vgl. Ablaut, Ableitung, Analogie, Kontamination, Kompositum, Fachsprachen

Wortschatz
des einzelnen 39
von Dichtern, Politikern, Journalisten 39
meistgebrauchte Wörter 40
Sprechleistung pro Tag 41

Wortstellung, Wortfolge
allgemein **393**–403
„gerade": Subjekt – Prädikat – Objekt 394
Flexibilität 398
Akkusativobjekt in Spitzenstellung 121, **398**, 402, 427
Reichweite der Spitzenstellung 399
Stellung des *nicht* im Satz 428
Stellung des *sich* im Satz 318, 319
Stellung des Genitivobjekts 193
Präpositionalattribut vor das substantivierte Adjektiv/Partizip 283
Wortstellung im Gliedsatz mit zwei Infinitiven 111
von Modalverben in zusammengesetzten Zeiten 158
vgl. Ausklammerung, Nachfeld, Vorfeld, Parenthese, Zwischensatz

Zeitenfolge
Vorzeitigkeit **150**, 151, 158, 159
im Satzgefüge mit *nachdem* 386

Zeugma (Stilfigur, in der sich ein Satzglied auf mehrere Wörter bezieht, ohne zu allen zu passen)
als Spielart des Humors 549

Zitat
in Anführungszeichen 543
in den Satzablauf einbezogenes 550

Zusammenschreibung
allgemein **462**–469
Grundregel 462
in übertragener Bedeutung **74**, 75, 117
trennbar zusammengesetzter Verben 462, 463
trennbar zusammengesetzter Verben im Infinitiv mit *zu* 469
unfester Verbindungen 463, 469
adjektivisch gebrauchter Verbindungen 75, **463**, 474
zweigliedriger Farbadjektive 446, 474
der Verbindung von Adjektiv und Partizip 445
der Verbindung von *nicht* + Adjektiv (Partizip) 431
präpositional gebrauchter Wendungen 355
von Zusammensetzungen mit Personennamen **471**, 478
von Aneinanderreihungen 341
Stilwert in eins geschriebener Aneinanderreihungen 469, 492

Zusammensetzung s. Kompositum

Verzeichnis weiterführender Literatur

Bedeutungswörterbücher

Brockhaus-Wahrig: *Deutsches Wörterbuch*, 6 Bände, F. A. Brockhaus, Wiesbaden 1980–1984
Duden: *Deutsches Universalwörterbuch*, Bibliographisches Institut, Mannheim, 2. Auflage 1989
Duden: *Das große Wörterbuch der deutschen Sprache*, 6 Bände, Bibliographisches Institut, Mannheim 1976–1981
Duden 5: *Fremdwörterbuch*, Bibliographisches Institut, Mannheim, 5. Auflage 1990
Duden 10: *Bedeutungswörterbuch*, Bibliographisches Institut, Mannheim, 2. Auflage 1985
Strauß/Haß/Harras: *Brisante Wörter von Agitation bis Zeitgeist – Ein Lexikon zum öffentlichen Sprachgebrauch*, de Gruyter, Berlin und New York 1989
Wahrig, Gerhard: *Deutsches Wörterbuch*, Neuausgabe, Mosaik, München 1986
Werlin, Josef: *Wörterbuch der Abkürzungen*, Duden-Taschenbuch 11, Bibliographisches Institut, Mannheim, 3. Auflage 1987

Synonymwörterbücher

Dornseiff, Franz: *Der deutsche Wortschatz nach Sachgruppen*, de Gruyter, Berlin und New York, 7. Auflage 1970
Duden 8: *Die sinn- und sachverwandten Wörter*, Bibliographisches Institut, Mannheim, 2. Auflage 1986
Peltzer/v. Normann: *Das treffende Wort – Wörterbuch sinnverwandter Ausdrücke*, Ott, Thun (Schweiz), 20. Auflage 1988
Wehrle/Eggers: *Deutscher Wortschatz*, Klett, Stuttgart, 14. Auflage 1989
Textor, A. M.: *Sag es treffender*, Rowohlt-Taschenbuch, Reinbek, 11. Auflage 1984

Wortwahlwörterbücher

Duden 2: *Stilwörterbuch*, Bibliographisches Institut, Mannheim, 7. Auflage 1988
Ebner, Jakob: *Wie sagt man in Österreich? – Wörterbuch der österreichischen Besonderheiten*, Duden-Taschenbuch 8, Bibliographisches Institut, Mannheim, 2. Auflage 1980
König, Werner: *dtv-Atlas zur deutschen Sprache – Tafeln und Texte – Mit Mundartkarten*, Deutscher Taschenbuch Verlag, München, 8. Auflage 1991
Küpper, Heinz: *Wörterbuch der deutschen Umgangssprache*, Neuausgabe, Klett, Stuttgart 1987
Meyer, Kurt: *Wie sagt man in der Schweiz? – Wörterbuch der schweizerischen Besonderheiten*, Duden-Taschenbuch 22, Bibliographisches Institut, Mannheim 1989
Müller, Wolfgang: *Die richtige Wortwahl – Ein vergleichendes Wörterbuch sinnverwandter Ausdrücke* (Schülerduden), Bibliographisches Institut, Mannheim, 2. Auflage 1990
Müller-Thurau, Claus-Peter: *Lexikon der Jugendsprache*. Econ, Düsseldorf und Wien 1985
Seibicke, Wilfried: *Wie sagt man anderswo? – Landschaftliche Unterschiede im deutschen Sprachgebrauch*, Duden-Taschenbuch 15, Bibliographisches Institut, Mannheim, 2. Auflage 1983

Sternberger / Storz / Süskind: *Aus dem Wörterbuch des Unmenschen*, Erweiterte Neuausgabe, Ullstein-Taschenbuch, Berlin 1986

Herkunftswörterbücher und Wortgeschichten

Bartels, Klaus: *Wie die Amphore zur Ampel wurde – 49 Wortgeschichten*, Deutscher Taschenbuch Verlag, München 1987
Beyer, Horst und Annelies: *Sprichwörterlexikon*, Beck, München 1987
Dittrich, Hans: *Redensarten auf der Goldwaage*, Dümmler, Bonn, Neuausgabe 1975
Duden 7: *Herkunftswörterbuch*, Bibliographisches Institut, Mannheim, 2. Auflage 1989
Haller, Klaus Jürgen: *Wörter wachsen nicht auf Bäumen – 99 Allerweltsbegriffen auf der Spur*, Econ, Düsseldorf und Wien 1989
Kluge, Friedrich: *Etymologisches Wörterbuch der deutschen Sprache*, de Gruyter, Berlin und New York, 22. Auflage 1989
Röhrich, Lutz: *Das große Lexikon der sprichwörtlichen Redensarten*, 3 Bände, Herder, Freiburg 1990/1991
Scheffler, Heinrich: *Wörter auf Wanderschaft*, Verlag Günther Neske, Pfullingen, 2. Auflage 1987
Wasserzieher, Ernst: *Woher? – Ableitendes Wörterbuch der deutschen Sprache*, Dümmler, Bonn, 18. Auflage 1974

Sprachzweifel-Wörterbücher und Grammatiken

Bünting / Eichler: *ABC der deutschen Grammatik*, Athenäum, Königstein 1982
Dückert / Kempcke: *Wörterbuch der Sprachschwierigkeiten – Zweifelsfälle, Normen und Varianten im gegenwärtigen deutschen Sprachgebrauch*, VEB Bibliographisches Institut, Leipzig 1986
Duden 9: *Richtiges und gutes Deutsch – Wörterbuch der sprachlichen Zweifelsfälle*, Bibliographisches Institut, Mannheim, 3. Auflage 1985
Duden 4: *Grammatik*, Bibliographisches Institut, Mannheim, 4. Auflage 1984
Griesbach, Heinz: *Neue deutsche Grammatik*, Langenscheidt, Berlin und München 1986
Heuer / Flückiger / Gallmann: *Richtiges Deutsch*, Verlag Neue Zürcher Zeitung, Zürich, 20. Auflage 1990
Kremer / Nimtz: *Grammatik mit Grips – Übungen und Lösungen für Anspruchsvolle*, Ehrenwirth, München, 8. Auflage 1991

Führer durch Rechtschreibung und Interpunktion

Duden 1: *Die Rechtschreibung*, Bibliographisches Institut, Mannheim, 19. Auflage 1986
Stetter, Christian: *Richtige Groß- und Kleinschreibung durch neue, vereinfachte Regeln*, Falken, Niedernhausen 1988
Baudusch, Renate: *Punkt, Punkt, Komma, Strich – Regeln und Zweifelsfälle der deutschen Zeichensetzung*, VEB Bibliographisches Institut, Leipzig, 2. Auflage 1986
Berger, Dieter: *Komma, Punkt und alle anderen Satzzeichen – Mit umfangreicher Beispielsammlung*, Duden-Taschenbuch 1, Bibliographisches Institut, Mannheim, 2. Auflage 1982
Stetter, Christian: *Richtige Zeichensetzung durch neue, vereinfachte Regeln*, Falken, Niedernhausen 1987

Sprach- und Stilratgeber

Berger, Dieter: *Fehlerfreies Deutsch – Grammatische Schwierigkeiten verständlich erklärt*, Duden-Taschenbuch 14, Bibliographisches Institut, Mannheim, 2. Auflage 1982

Das Beste (Hg. und Verlag): *Gut gesagt und formuliert* – 6 Wörterbücher in einem Band, Stuttgart 1988

Böttcher/Ohrenschall: *Gutes Deutsch kann jeder lernen – Leitfaden für Briefstil und gutes Deutsch*, Hans Holzmann Verlag, Bad Wörishofen, 3. Auflage 1986; Econ-Taschenbuch seit 1988

Bünting, Karl-Dieter: *Auf gut deutsch*, Lingen, Köln 1986

Carstensen, Broder: *Beim Wort genommen – Bemerkens-wertes in der deutschen Gegenwartssprache*, Gunter Narr Verlag, Tübingen 1986

Duden 6: *Aussprachewörterbuch*, Bibliographisches Institut, Mannheim, 2. Auflage 1974

Hallwass, Edith: *Deutsch müßte man können! – Ein Sprachquiz für jedermann*, Hans Holzmann Verlag, Bad Wörishofen, 3. Auflage 1989; Verlag des Schweizerischen Kaufmännischen Verbandes, Zürich, 2. Auflage 1987; Econ-Taschenbuch, 2. Auflage 1991

Hallwass, Edith: *Deutsch für Texter und andere kluge Köpfe – Ein vergnüglicher Sprachkurs in Frage und Antwort*, Rentrop, Bonn 1989; Verlag des Schweizerischen Kaufmännischen Verbandes, Zürich 1989

Hallwass, Edith: *Deutsch: locker, frisch, präzise – Ein vergnügliches Sprachtraining mit 444 Fragen und Antworten*, Hans Holzmann Verlag, Bad Wörishofen 1990; Verlag des Schweizerischen Kaufmännischen Verbandes, Zürich 1990

Hirsch, Eike Christian: *Deutsch für Besserwisser*, Deutscher Taschenbuch Verlag, München 1988

Leonhardt, Rudolf Walter: *Auf gut deutsch gesagt*, Severin und Siedler, Berlin o. J.

Lobentanzer, Hans: *Deutsch muß nicht schwer sein – Eine vergnügliche Sprach- und Stilkunde*, Deutscher Taschenbuch Verlag, München, 2. Auflage 1986

Lobentanzer, Hans: *Jeder sein eigener Deutschlehrer*, Ehrenwirth, München, 9. Auflage 1991

Mackensen, Lutz (Hg.): *Gutes Deutsch in Schrift und Rede*, Neuausgabe, Orbis, München 1988

Manekeller, Wolfgang/Reinert-Schneider, Gabriele: *Gutes Deutsch schreiben und sprechen*, Falken, Niedernhausen 1989

Müller, Heidrun: *Übungen zum Wortschatz* (Schülerduden-Übungsbücher), Bibliographisches Institut, Mannheim 1988

Müller-Thurau, Claus Peter: *Laß uns mal 'ne Schnecke angraben – Sprache und Sprüche der Jugendszene*, Econ, Düsseldorf und Wien 1983

Müller-Thurau, Claus Peter: *Über die Köpfe hinweg – Sprache und Sprüche der Etablierten*, Econ, Düsseldorf und Wien 1984

Pörksen, Uwe: *Plastikwörter – Die Sprache einer internationalen Diktatur*, Klett-Cotta, Stuttgart 1988

Reiners, Ludwig: *Stilfibel*, Deutscher Taschenbuch Verlag, München, 24. Auflage 1991 (Originalausgabe 1951 bei Beck, München)

Reiners, Ludwig *Deutsche Stilkunst*: Originalausgabe 1943 bei Beck, München

Rothacker/Seile: *Ich weiß nicht, was soll es bedeuten – Grundfragen der Semantik*, Westdeutscher Verlag, Opladen 1986

Sanders, Willy: *Gutes Deutsch – Besseres Deutsch; Praktische Stillehre der deutschen Gegenwartssprache*, Wissenschaftliche Buchgesellschaft, Darmstadt 1986

Schneider, Wolf: *Wörter machen Leute – Magie und Macht der Sprache*, Piper, München, 4. Auflage 1987

Schneider, Wolf: *Deutsch für Kenner – Die neue Stilkunde*, Gruner + Jahr, Hamburg, 4. Auflage 1989
Schreiner, Kurt: *Richtiges Deutsch*, Falken, Niedernhausen, Neuauflage 1989
Zimmer, Dieter E.: *Redens Arten. Über Trends und Tollheiten im neudeutschen Sprachgebrauch*, Haffmanns Verlag, Zürich 1986

Zitatenbücher

Kirchberger, J. H.: *Das große Krüger Zitatenbuch*, Krüger, München, 2. Auflage 1981
Peltzer / v. Normann: *Das treffende Zitat*, Ott, Thun (Schweiz), 9. Auflage 1989
Puntsch, Eberhard: *Zitatenhandbuch I*, Moderne Verlagsgesellschaft, München, 11. Auflage 1990
Puntsch, Eberhard: *Zitatenhandbuch II*, Moderne Verlagsgesellschaft, München, 2. Auflage 1991
Ronner, Markus M.: *Die treffende Pointe*, Ott, Thun (Schweiz), 3. Auflage 1979
Ronner, Markus M.: *Neue treffende Pointen*, Ott, Thun (Schweiz) 1978
Ronner, Markus M.: *Der treffende Geistesblitz*, Ott, Thun (Schweiz) 1990

Sprachzeitschriften

Der Sprachdienst, herausgegeben im Auftrag der Gesellschaft für deutsche Sprache, Wiesbaden
Muttersprache – Zeitschrift zur Pflege und Erforschung der deutschen Sprache, herausgegeben von der Gesellschaft für deutsche Sprache, Wiesbaden
Sprachpflege und Sprachkultur – Zeitschrift für gutes Deutsch, Bibliographisches Institut, Leipzig
Sprachreport – Informationen und Meinungen zur deutschen Sprache, herausgegeben vom Institut für deutsche Sprache, Mannheim
texten + schreiben – Magazin für gutes Deutsch und wirksamen Text, Hans Holzmann Verlag, Bad Wörishofen

Erhältlich überall dort, wo es Bücher gibt.

HEINZ RUTKOWSKY · MAX REPSCHLÄGER

DER NEUE HAUSJURIST

Arbeitsrecht · Autokauf · Betriebsrat · Bürgschaft
Ehevertrag · Firmengründung · Geschäftsführung
Gewerbegesetze · Haftung · Handwerksordnung · Kaufvertrag
Mietrecht · Schadensersatz · Scheidung · Strafgesetz
Testament · Unterhalt · Urkunden · Verjährung · Versicherungen

MOSAIK VERLAG

§ DAS GROSSE HANDBUCH RECHT FÜR ALLE JURISTISCHEN PROBLEME DES ALLTAGS

Das große Handbuch Recht
für alle juristischen
Probleme des Alltags.
944 Seiten
ISBN 3-570-03013-X

Der Klassiker unter den Rechtsberatern.
Jetzt als Neuausgabe.

Das Autorenteam Rutkowsky/Repschläger beweist uns, daß rechtliche Probleme auch auf vergnügliche und vor allem verständliche Weise vermittelt werden können. Die beiden nehmen uns mit auf eine Reise durch das Leben des Karl Jedermann und lassen uns teilhaben an den juristischen Fallstricken des Alltags, die Karl Jedermann und seine Familie im wahrsten Sinne des Wortes von der Wiege bis zum Tod begleiten. Profis wie Laien werden dabei an der lebendigen, humorvollen Art und Weise der Wissensvermittlung ihre Freude haben!

Mosaik
Die M neuen Seiten
des Lebens